2015ANTIQUES AUCTION RECORDS

拍卖年鉴 全彩版

2014.1.1～2014.12.31

欣弘 主编

cns 湖南美术出版社

图书在版编目(CIP)数据

2015古董拍卖年鉴·杂项/欣弘主编.—长沙：湖南美术出版社，2015.3
ISBN 978-7-5356-7151-6

I. ①2… II. ①欣… III. ①历史文物－拍卖－价格－中国－2015－年鉴 IV. ①F724.787-54

中国版本图书馆CIP数据核字(2015)第019409号

2015古董拍卖年鉴·杂项

主　　编：欣　弘
策　　划：易兴宏　李志文
责任编辑：李　坚

湖南美术出版社出版发行(长沙市东二环一段622号)
湖南省新华书店经销
雅昌文化(集团)有限公司制版、印刷
(本书采用CTP工艺制版、印刷)
开本：787×1092　1/16　印张：25
2015年3月第1版　2015年3月第1次印刷
ISBN 978-7-5356-7151-6
定价：158.00元

邮购联系：0731-84787105　邮编：410016　网址：http://www.arts-press.com/
电子邮箱：market@arts-press.com
如有倒装、破损、少页等印装质量问题，请与印刷厂联系斢换。

目　　录

凡　例

1.《2015古董拍卖年鉴》分瓷器卷、玉器卷、杂项卷、珠宝翡翠卷、书画卷共五册。收录了纽约、伦敦、香港、澳门、台北、北京、上海、广州、昆明、天津、重庆、成都、安徽、云南、南京、西安、沈阳、济南等城市或地区的几十家拍卖公司几百个专场的2014年度拍卖成交记录与拍品图片。

2.本书内文条目原则上保留了原拍卖记录，按拍品号、朝代、品名、估价、成交价、尺寸、拍卖公司名称、拍卖日期等排序，部分原内容缺或不详的，即不注明，书画卷内文条目还有作者姓名、作品形式、创作年代等内容。

3.因境外拍卖公司宿地不同，本书拍品中有多种币种：RMB人民币，USD美元，EUR欧元，GBP英磅，HKD港币，TWD台币。但本书所有拍品成交价均采用按汇率转换成RMB(人民币)币种。

4.需查看更多图片资料，请登陆“www.artron.net”进入“中国艺搜”栏目，输入要查看拍品的完整名称或名称的关键词语点击搜索即可。

竹 雕

4658 清早期 竹根雕寿星摆件
估　价：RMB 300,000～500,000
成交价：RMB 1,127,000
高21cm 中国嘉德 2014.05.19

4827 清乾隆 竹根雕仙翁献寿像
估　价：RMB 80,000～120,000
成交价：RMB 184,000
高33.5cm 中国嘉德 2014.03.24

2856 明 竹雕持卷观音像
估　价：RMB 800,000～1,200,000
成交价：RMB 1,552,500
高24.5cm 西泠拍卖 2014.05.06

3097 清 竹雕刘海戏金蟾摆件
估　价：RMB 320,000～400,000
成交价：RMB 368,000
高5.5cm 西泠拍卖 2014.12.13

3826 清中期 竹根雕童子献寿
估　价：RMB 50,000～80,000
成交价：RMB 172,500
高18cm 北京翰海 2014.05.11

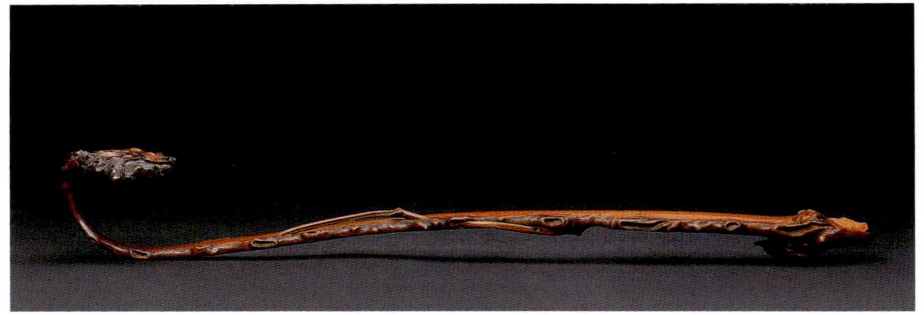

1034 清早期 竹雕过枝灵芝如意
估　价：RMB 1,500,000～2,000,000
成交价：RMB 3,450,000
长40cm 古天一 2014.12.05

3114 清 竹雕松鼠葡萄摆件
估　价：HKD 180,000～250,000
成交价：RMB 168,008
高6.7cm 保利香港 2014.10.07

971 清康熙 御制竹雕苍松鼠戏纹杯（一对）
估　价：RMB 800,000～1,200,000
成交价：RMB 1,265,000
高7cm 保利厦门 2014.11.01

237 清 竹雕葫芦万代
估　价：RMB 200,000～250,000
成交价：RMB 230,000
长27cm 翰风国际 2014.04.30

257 18世纪 竹雕寿老童子立像
估　价：GBP 15,000～25,000
成交价：RMB 186,038
高30.5cm 伦敦苏富比 2014.11.05

2436 明 竹根雕太师少师杯
估　价：RMB 100,000～150,000
成交价：RMB 161,000
高8cm；长12cm 北京翰海 2014.05.10

590 清乾隆 竹黄松山访友图葵式盖盒
估　价：RMB 900,000～1,000,000
成交价：RMB 1,035,000
直径23.5cm 北京东正 2014.05.18

2855 明 项元汴款竹雕素身盖盒
估　价：RMB 350,000～500,000
成交价：RMB 402,500
高3.2cm；直径10cm
西泠拍卖 2014.05.06

1038 清早期 竹雕西厢记香筒
估　价：RMB 600,000～800,000
成交价：RMB 977,500
高27cm 古天一 2014.12.05

1310 清乾隆 竹黄嵌宝花卉渔樵耕读大捧盒
估　价：RMB 300,000～500,000
成交价：RMB 460,000
高22cm；直径45.5cm 北京传是 2014.06.05

23 明末清初 竹根雕“太师少师”香薰
估　价：RMB 100,000～150,000
成交价：RMB 195,500
长15cm；高11cm 远方拍卖 2014.06.02

4271 清乾隆 竹雕竹林七贤香筒
估　价：RMB 420,000～450,000
成交价：RMB 483,000
高23cm 北京匡时 2014.06.04

3207 清 竹雕庭院人物图鸟笼
估　价：RMB 280,000～350,000
成交价：RMB 322,000
高45cm 西泠拍卖 2014.12.13

5144 清中期 湘妃竹山水人物纹扇骨
估　价：RMB 260,000～360,000
成交价：RMB 632,500
长50cm 中国嘉德 2014.11.22

3123 清乾隆 御制竹根雕镂空桃式盆
估 价：HKD 500,000～700,000
成交价：RMB 1,265,600
长18.7cm 香港苏富比 2014.10.08

478 清 湘妃竹茶盝
估 价：RMB 80,000～120,000
成交价：RMB 195,500
高28cm；宽36cm 长风拍卖 2014.01.05

8028 明万历 御制竹雕花鸟纹笔
估 价：RMB 300,000～500,000
成交价：RMB 598,000
长24.3cm 北京保利 2014.06.05

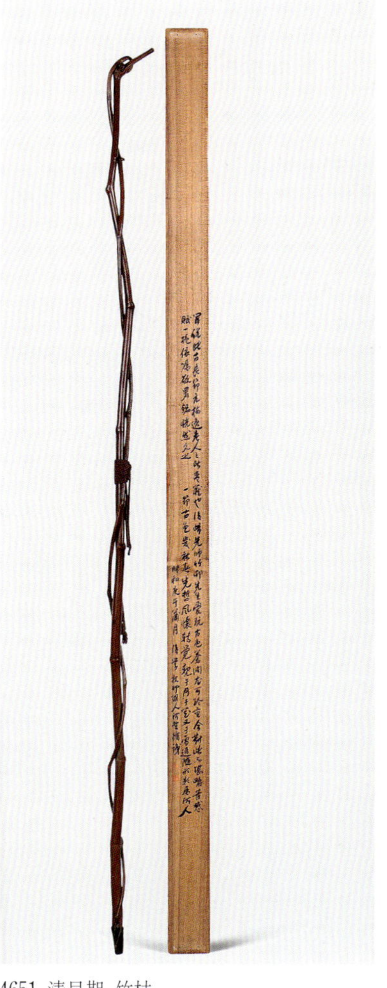

4651 清早期 竹杖
估 价：RMB 30,000～50,000
成交价：RMB 126,500
高183cm 中国嘉德 2014.05.19

2694 明 朱三松制刘阮入天台竹雕笔筒
估 价：RMB 280,000～450,000
成交价：RMB 460,000
高12.9cm 西泠拍卖 2014.12.13

6342 清乾隆 周芷岩制并刻“秋山行旅图”薄意笔筒
估 价：RMB 500,000～800,000
成交价：RMB 713,000
高16cm 北京保利 2014.06.04

5754 清康熙 吴之璠制竹雕“王桥飞舄”故事笔筒
估　价：RMB 1,600,000～2,600,000
成交价：RMB 1,840,000
高15.7cm 北京保利 2014.12.03

3589 清早期 竹雕笔筒
估　价：HKD 1,000,000～1,600,000
成交价：RMB 1,286,400
高13cm 佳士得 2014.05.28

639 清早期 竹雕虎溪三笑图笔筒
估　价：RMB 400,000～600,000
成交价：RMB 828,000
高16cm 北京华辰 2014.04.27

4600 清早期 吴之璠铭竹雕松溪浴马图笔筒
估　价：RMB 500,000～900,000
成交价：RMB 713,000
直径11cm；高15cm 中国嘉德 2014.05.19

3500 清中期 竹雕山水人物笔筒
估　价：RMB 800,000～1,000,000
成交价：RMB 1,058,000
高18.5cm 北京匡时 2014.06.03

642 清中期 竹雕竹林七贤笔筒
估　价：RMB 600,000～1,300,000
成交价：RMB 1,380,000
高12.5cm 保利厦门 2014.11.02

336 周笠 竹雕笔筒
估　价：RMB 3,000,000～3,800,000
成交价：RMB 5,750,000
口经16.7cm；高17.8cm 江苏九德 2014.11.15

6343 清乾隆 邓渭制竹雕诗文笔筒
估　价：RMB 400,000～600,000
成交价：RMB 713,000
高13cm 北京保利 2014.06.04

1036 清早期 竹雕潘西凤刻孔子像臂搁
估　价：RMB 400,000～600,000
成交价：RMB 977,500
长24cm 古天一 2014.12.05

3586 清早期 竹雕折枝梅椿水盂
估　价：HKD 250,000～350,000
成交价：RMB 254,380
宽6.5cm 保利香港 2014.04.07

3461 民国 竹刻莲房清露臂搁
估　价：RMB 40,000～60,000
成交价：RMB 322,000
长30.5cm 北京翰海 2014.05.11

251 清乾隆 竹雕“小绿天俺主庐山行脚图”臂搁
估　价：RMB 350,000～450,000
成交价：RMB 782,000
长38.3cm 翰风国际 2014.04.30

2663 清乾隆 竹雕佛手文镇
估　价：RMB 350,000～400,000
成交价：RMB 517,500
带座高11cm 西泠拍卖 2014.12.13

木雕

2754 清 沉香雕金蟾把件
估　价：RMB 18,000～30,000
成交价：RMB 172,500
长9cm 西泠拍卖 2014.12.13

2457 近代 黑奇楠“斋戒”牌
估　价：RMB 360,000～560,000
成交价：RMB 460,000
4cm×6cm 北京翰海 2014.10.25

6285 清乾隆 沉香嵌鎏金珠扳指、手串（一套）
估　价：RMB 1,000,000～1,500,000
成交价：RMB 1,610,000
长28.5cm；直径3.5cm 北京保利 2014.06.04

2921 近代 沉香龙牌
估　价：RMB 240,000～320,000
成交价：RMB 322,000
4.5cm×6.5cm 北京翰海 2014.05.11

4450 清 伽楠手串
估　价：RMB 180,000～280,000
成交价：RMB 782,000
直径1.7cm×18 中国嘉德 2014.05.19

2951 近代 沉香手串（14粒）
估　价：RMB 1,500,000～2,000,000
成交价：RMB 2,185,000
重27.8g 北京翰海 2014.05.11

3366 清中期 伽楠香朝珠串（108粒）
估　价：RMB 2,800,000～3,600,000
成交价：RMB 3,450,000
北京翰海 2014.10.25

2954 近代 奇楠珠串（108粒）
估　价：RMB 5,600,000～6,600,000
成交价：RMB 6,785,000
北京翰海 2014.05.11

979 汉 木雕马
估　价：HKD 20,000～30,000
成交价：RMB 32,120
高78cm 中国嘉德 2014.04.09

3365 清中期 伽楠香朝珠串（108粒）
估　价：RMB 1,600,000～2,600,000
成交价：RMB 2,242,500
北京翰海 2014.10.25

4268 明 沉香雕卧牛摆件
估 价：RMB 900,000～1,000,000
成交价：RMB 1,035,000
长21cm；高14.7cm
北京匡时 2014.06.04

2171 黄花梨天地同酣
估 价：RMB 5,000,000～6,000,000
成交价：RMB 5,750,000
长60cm 北京翰海 2014.10.25

3601 清 瘿木仿赏石
估 价：HKD 350,000～450,000
成交价：RMB 345,625
高77cm 香港苏富比 2014.04.07

2170 黄花梨血脉
估 价：RMB 4,800,000～5,800,000
成交价：RMB 5,520,000
高120cm 北京翰海 2014.10.25

2907 近代 沉香渡世三十三观音摆件
估 价：RMB 5,500,000～6,500,000
成交价：RMB 6,555,000
长74cm 北京翰海 2014.05.11

2928 近代 沉香思恋摆件
估 价：RMB 2,800,000～3,600,000
成交价：RMB 3,220,000
57cm×10cm×16cm 北京翰海 2014.05.11

6990 嘉里曼丹沉香 高山流水
估 价：RMB 3,000,000～4,200,000
成交价：RMB 3,565,000
5cm×2.4cm×3cm 北京保利 2014.06.05

2168 黄花梨蕉影书香
估 价：RMB 380,000～500,000
成交价：RMB 517,500
长68cm 北京翰海 2014.10.25

2939 近代 沉香睡莲摆件
估 价：RMB 850,000～1,000,000
成交价：RMB 1,035,000
16cm×7cm 北京翰海 2014.05.11

2944 近代 老山檀富贵捆竹摆件
估 价：RMB 600,000～900,000
成交价：RMB 897,000
26cm×20cm×44cm 北京翰海 2014.05.11

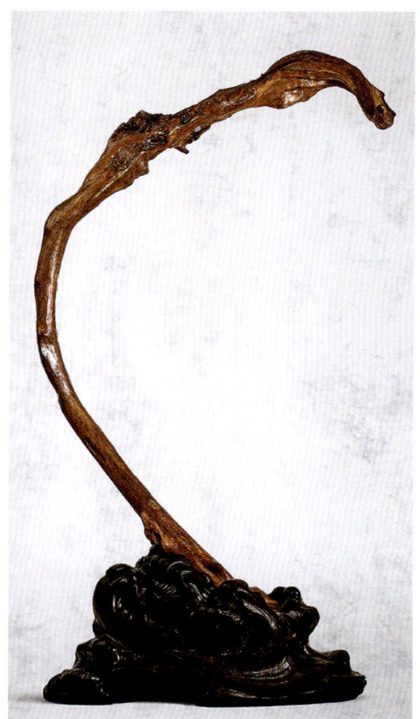

6995 印度尼西亚红土 沉香 龙弓
成交价：RMB 6,900,000
4.6cm × 2.5cm × 11cm 北京保利 2014.06.05

6991 越南惠沉香 九州华夏
估 价：RMB 3,500,000 ~ 4,500,000
成交价：RMB 4,025,000
1.3cm × 1.2cm × 4.7cm；重1168g 北京保利 2014.06.05

2941 近代 沉香田间雅趣摆件
估 价：RMB 3,600,000 ~ 4,200,000
成交价：RMB 4,427,500
86cm × 22cm × 28cm 北京翰海 2014.05.11

2929 近代 老山檀荷塘情趣摆件
估 价：RMB 1,200,000 ~ 1,800,000
成交价：RMB 1,437,500
88cm × 20cm × 34cm 北京翰海 2014.05.11

6994 越南横丝 红土沉 扇形摆件
估 价：RMB 3,300,000 ~ 5,000,000
成交价：RMB 3,795,000
重约1420g 北京保利 2014.06.05

2922 近代 沉香侯门多福寿摆件
估 价：RMB 900,000～1,200,000
成交价：RMB 1,092,500
30cm×9cm×13cm 北京翰海 2014.05.11

3050 宋 木雕释迦牟尼像
估 价：RMB 280,000～400,000
成交价：RMB 552,000
中鸿信 2014.11.22

258 元/明 14世纪 木雕菩萨像
估 价：USD 20,000～30,000
成交价：RMB 230,063
高59.7cm 纽约苏富比 2014.03.18

2967 越南棋楠香摆件
估 价：HKD 5,000,000～7,000,000
成交价：RMB 4,292,160
长47.7cm 佳士得 2014.11.26

259 明早期 木雕毗卢遮那佛坐像
估 价：USD 20,000～30,000
成交价：RMB 840,495
高44.4cm 纽约苏富比 2014.03.18

302 宋/元初 木雕彩绘水月观音坐像
估 价：GBP 30,000~50,000
成交价：RMB 722,264
高84cm 伦敦苏富比 2014.05.14

6382 明 王世襄藏、赠韵荪木胎彩漆弥勒
估 价：RMB 50,000~80,000
成交价：RMB 368,000
高70cm 北京保利 2014.06.05

1844 明 木雕白衣观音立像
估 价：RMB 600,000~800,000
成交价：RMB 690,000
高128cm 北京保利 2014.04.27

615 明末清初 沉香木雕铁拐李
估 价：RMB 350,000~500,000
成交价：RMB 483,000
高22.1cm 保利厦门 2014.11.02

2036 明末清初 黄杨木雕鱼篮观音立像
估 价：RMB 1,100,000~1,500,000
成交价：RMB 1,150,000
高45.5cm 古天一 2014.06.05

2955 清 沉香雕采药老人坐像
估　价：RMB 180,000～400,000
成交价：RMB 287,500
高15.5cm 西泠拍卖 2014.12.13

2943 近代 沉香九龙观音像
估　价：RMB 1,200,000～1,600,000
成交价：RMB 1,725,000
高49cm 北京翰海 2014.05.11

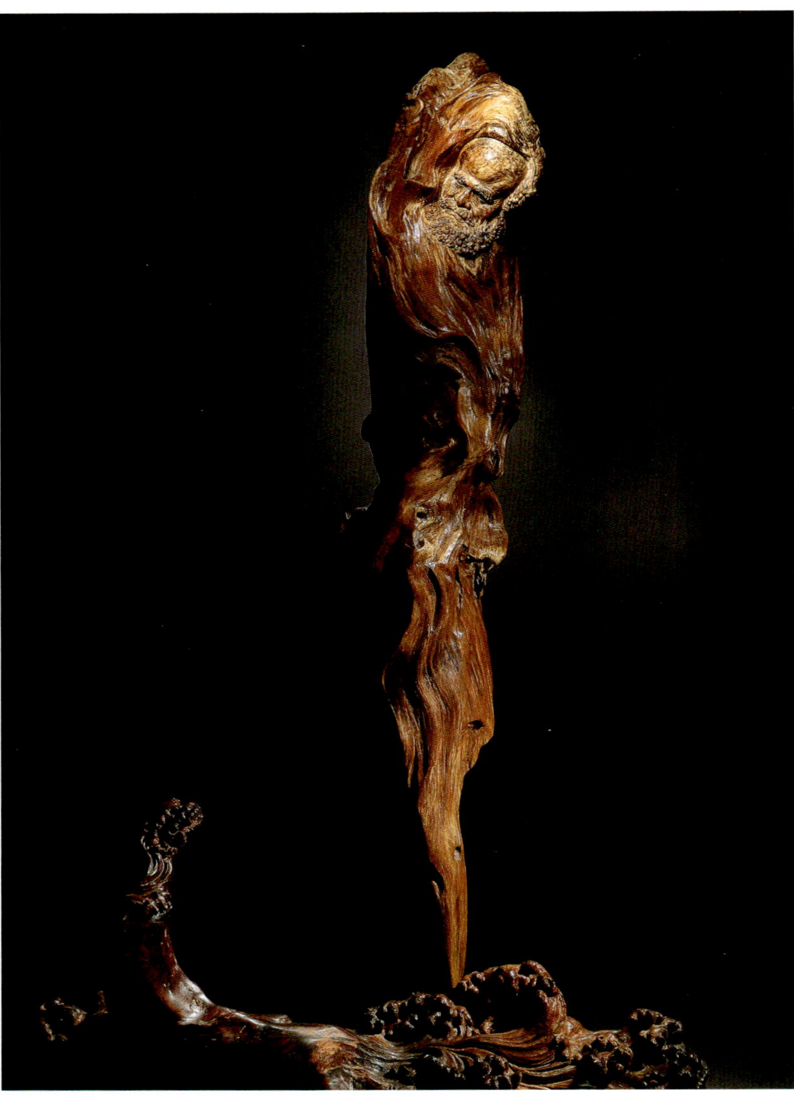

2940 近代 沉香一苇渡江摆件
成交价：RMB 33,120,000
80cm×25cm×118cm 北京翰海 2014.05.11

4673 伊利安黄油格沉香观音雕件
估　价：RMB 1,000,000～1,200,000
成交价：RMB 1,150,000
高15.5cm；重240.4g 北京匡时 2014.06.05

3060 清 沉香雕一品当朝如意
估 价：RMB 800,000～1,000,000
成交价：RMB 920,000
长61cm 西泠拍卖 2014.12.13

6993 越南惠安 岁寒三友沉香如意
估 价：RMB 2,200,000～3,000,000
成交价：RMB 2,530,000
3.8cm×2.2cm×1.7cm
北京保利 2014.06.05

6332 清乾隆 金漆彩绘宝相花紫檀托盘
估 价：RMB 150,000～200,000
成交价：RMB 437,000
长50cm；宽38cm 北京保利 2014.06.04

3010 18世纪 沉香棋楠木雕福寿双全如意
估 价：HKD 1,500,000～2,500,000
成交价：RMB 1,479,360
长35.5cm 佳士得 2014.05.28

690 清早期 沉香木雕山水图杯
估 价：RMB 580,000～680,000
成交价：RMB 667,000
宽10.2cm；高9.2cm 北京诚轩 2014.05.19

496 清乾隆 紫檀木雕绳纹嵌镂空碧玉四方瓶
估 价：RMB 300,000～350,000
成交价：RMB 345,000
高35.1cm 北京东正 2014.11.20

3002 18世纪 沉香木雕喜上眉梢杯
估　价：HKD 350,000～450,000
成交价：RMB 502,500
高11.4cm 佳士得 2014.05.28

2954 明 沉香木雕梅花纹花插
估　价：HKD 1,000,000～1,500,000
成交价：RMB 978,360
高21cm 佳士得 2014.11.26

689 清早期 黄花梨瓜棱形围棋罐（一对）
估　价：RMB 50,000～70,000
成交价：RMB 161,000
宽12cm；高7.5cm×2 北京诚轩 2014.05.19

455 18世纪 紫檀错银饕餮纹螭龙柄出戟杯
估　价：GBP 8,000～12,000
成交价：RMB 421,760
长15cm 伦敦邦瀚斯 2014.05.15

2916 近代 沉香荷花杯
估　价：RMB 500,000～600,000
成交价：RMB 632,500
6cm×6cm×14cm 北京翰海 2014.05.11

3090 明晚期 黄花梨百宝嵌花鸟纹笔筒
估 价：RMB 500,000～700,000
成交价：RMB 690,000
高15.5cm；口径17cm 西泠拍卖 2014.12.13

3363 清乾隆 紫檀兽面纹琮式炉
估 价：RMB 280,000～360,000
成交价：RMB 345,000
高12.3cm 北京翰海 2014.10.25

3061 明晚期/清早期 沉香雕山水笔筒
估 价：RMB 800,000～1,500,000
成交价：RMB 1,552,500
高9.2cm 西泠拍卖 2014.12.13

3376 清乾隆 伽楠木雕仿青铜器纹海棠形炉瓶盒（一组三件）
估 价：RMB 550,000～650,000
成交价：RMB 667,000
尺寸不一 北京匡时 2014.06.03

1565 明 沉香松枝形大笔筒
估 价：RMB 800,000～1,200,000
成交价：RMB 3,220,000
高20cm；直径20cm 北京翰海 2014.10.25

3059 清早期 沉香雕山水人物笔筒
估　价：RMB 280,000～400,000
成交价：RMB 1,265,000
高14cm；口径16.5cm 西泠拍卖 2014.12.13

3362 清中期 紫檀嵌螺钿雕松鼠葡萄纹笔筒
估　价：RMB 3,000,000～4,000,000
成交价：RMB 4,025,000
高18.5cm 北京翰海 2014.10.25

3485 清早期 沉香随型雕古松图笔掭
估　价：RMB 160,000～180,000
成交价：RMB 195,500
长20cm 北京匡时 2014.06.03

4444 明晚期/清早期 黄花梨树瘤大笔筒
估　价：RMB 350,000～550,000
成交价：RMB 575,000
直径26.5cm；高22.2cm 中国嘉德 2014.05.19

925 清乾隆 卢映之制紫檀髹漆嵌百宝梅花诗文笔筒
估　价：HKD 900,000～1,500,000
成交价：RMB 825,930
高15.3cm 中国嘉德 2014.04.09

3952 清 黄花梨刻山水人物诗文笔筒
估　价：RMB 55,000～60,000
成交价：RMB 1,035,000
直径19.5cm；高18cm 北京匡时 2014.06.04

2479 近代 越南惠安沉香料
成交价：RMB 13,800,000
长约98cm；圆径约24cm；尾径约16cm
北京翰海 2014.10.25

2959 近代 达拉干沉香料
成交价：RMB 36,225,000
重约:10060g 北京翰海 2014.05.11

3067 明以前 奇楠香料
估　价：RMB 4,800,000～6,000,000
成交价：RMB 5,520,000
长29.5cm 西泠拍卖 2014.12.13

2956 近代 加里曼丹沉香料
估　价：RMB 8,800,000～12,000,000
成交价：RMB 10,752,500
重约:5055g 北京翰海 2014.05.11

2963 近代 越南沉香料
估 价：RMB 12,000,000～16,000,000
成交价：RMB 13,800,000
重约:3910g 北京翰海 2014.05.11

410 18世纪末/19世纪初 紫檀雕庭院婴戏图笔筒
估 价：GBP 20,000～30,000
成交价：RMB 1,554,900
斯沃德 2014.04.29

2998 清早期 紫檀嵌螺钿高士图印匣
估 价：RMB 150,000～250,000
成交价：RMB 172,500
高13.5cm 中国嘉德 2014.06.22

2504 近代 柬埔寨沉香老料
估 价：RMB 2,600,000～4,600,000
成交价：RMB 3,450,000
高约36cm 北京翰海 2014.10.25

牙 雕

6914 宋 牙雕罗汉立像
估　价：NTD 600,000～800,000
成交价：RMB 217,536
高9.3cm；直径4cm 台湾世家 2014.04.13

706 明末清初 象牙刀马人物笔筒
估　价：RMB 180,000～260,000
成交价：RMB 356,500
高15.5cm 江苏爱涛 2014.07.06

1807 明 牙雕伏虎罗汉座像
估　价：NTD 800,000～100,000
成交价：RMB 222,480
高9cm 台湾世家 2014.04.13

3134 元 牙雕胡人立像
估　价：HKD 1,800,000～2,500,000
成交价：RMB 2,496,400
高36.2cm 香港苏富比 2014.04.08

2039 明 象牙雕送子观音
估　价：RMB 350,000～400,000
成交价：RMB 368,000
4.2cm×6cm×12.5cm 古天一 2014.06.05

2051 清雍正 象牙雕染色博古纹如意
估 价：RMB 200,000～300,000
成交价：RMB 356,500
长37cm 古天一 2014.12.05

2043 清乾隆 象牙染色雕蕉叶形斋戒牌
估 价：RMB 60,000～90,000
成交价：RMB 345,000
7cm×3.5cm 古天一 2014.06.05

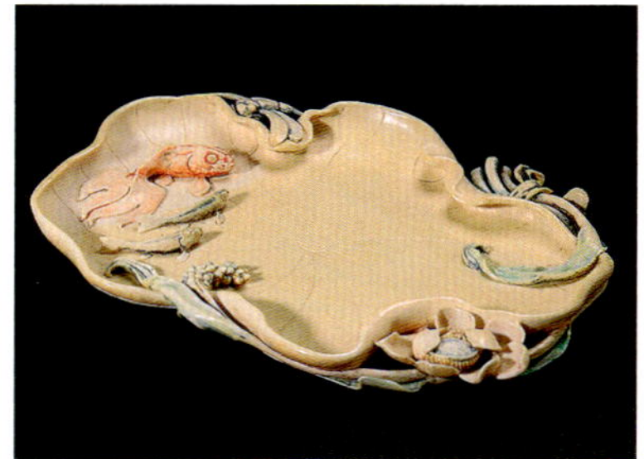

2046 清中期 象牙雕金玉满堂洗
估 价：RMB 220,000～280,000
成交价：RMB 253,000
17.5cm×13cm 古天一 2014.06.05

2049 清晚期 于硕刻象牙宫碗（一对）
估 价：RMB 1,200,000～1,500,000
成交价：RMB 1,322,500
8.2cm×8.8cm×2 古天一 2014.06.05

3137 清乾隆 御制牙雕八臂观音菩萨立像云龙纹庵
估 价：HKD 1,200,000～1,500,000
成交价：RMB 2,306,800
高20.6cm 香港苏富比 2014.04.08

1813 清乾隆 牙雕达摩
估 价：NTD 750,000～1,000,000
成交价：RMB 296,640
直径33cm 台湾世家 2014.04.13

448 清乾隆/嘉庆 象牙雕山水人物图笔筒
估 价：GBP 10,000～15,000
成交价：RMB 184,520
高15cm 伦敦邦瀚斯 2014.05.15

2044 清中期 象牙染色雕灵芝如意
估 价：RMB 120,000～180,000
成交价：RMB 368,000
长37cm 古天一 2014.06.05

6898 虎牙天珠13颗
估 价：RMB 400,000～480,000
成交价：RMB 920,000
3.3cm×1.2cm 北京保利 2014.06.05

241 18世纪 象牙雕花鸟纹树干形笔筒
估 价：GBP 15,000～20,000
成交价：RMB 1,038,584
高15.3cm 伦敦邦瀚斯 2014.05.15

3777 18世纪 象牙加漆刻“梅竹瑞鸟图”六方笔筒
估 价：HKD 400,000～600,000
成交价：RMB 2,119,880
高14.3cm 香港苏富比 2014.10.08

角 雕

15 明 角雕大吉人物牌
估　价：RMB 80,000～100,000
成交价：RMB 105,800
长5.3cm 深圳市拍 2014.01.05

3019 清康熙 犀角雕“螳螂芭蕉图”杯
估　价：HKD 2,800,000～3,500,000
成交价：RMB 2,780,800
直径15.5cm 香港苏富比 2014.04.08

482 明 角雕童子戏佛摆件
估　价：RMB 50,000～100,000
成交价：RMB 80,500
高4.6cm 苏州东方 2014.10.30

3016 明晚期/清早期17世纪 犀角雕观音菩萨坐像
估　价：HKD 800,000～1,200,000
成交价：RMB 1,548,400
高15.5cm 香港苏富比 2014.04.08

3022 17世纪 犀角雕布袋佛坐像
估　价：HKD 500,000～700,000
成交价：RMB 1,169,200
高6.6cm 香港苏富比 2014.04.08

3014 明晚期 尤通制犀角雕“张骞乘槎”杯
估　价：HKD 5,000,000～7,000,000
成交价：RMB 8,563,600
直径31.6cm 香港苏富比 2014.04.08

3781 17世纪 犀角雕“月下玉兔图”杯
估　价：HKD 2,500,000～3,000,000
成交价：RMB 2,499,560
直径15.5cm 香港苏富比 2014.10.08

3017 17世纪/18世纪 犀角镂雕“莲花”杯
估　价：HKD 1,000,000～1,500,000
成交价：RMB 1,358,800
高25.5cm 香港苏富比 2014.04.08

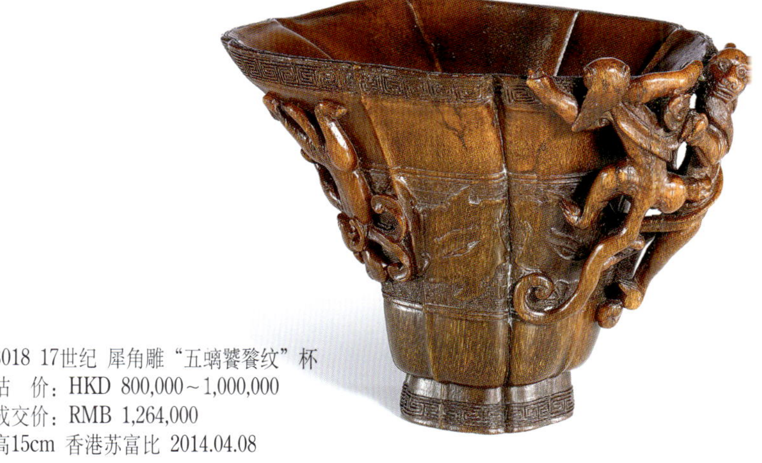

3018 17世纪 犀角雕“五螭饕餮纹”杯
估　价：HKD 800,000～1,000,000
成交价：RMB 1,264,000
高15cm 香港苏富比 2014.04.08

3790 17世纪/18世纪 犀角雕“梅花图”杯
估　价：HKD 500,000～700,000
成交价：RMB 1,835,120
长17.6cm 香港苏富比 2014.10.08

222 角雕七级浮屠塔
估　价：HKD 10,000,000～20,000,000
成交价：RMB 9,600,000
通高50.5cm 荣盛国际 2014.07.26

3009 17世纪 犀角雕“八仙庆寿”杯
估　价：HKD 2,000,000～3,000,000
成交价：RMB 2,401,600
长16cm 香港苏富比 2014.04.08

3783 17世纪/18世纪 犀角雕“松溪图”杯
估　价：HKD 800,000～1,200,000
成交价：RMB 1,360,520
长19cm 香港苏富比 2014.10.08

3021 18世纪 犀角雕“螭龙攀叶”荷叶杯
估　价：HKD 300,000～500,000
成交价：RMB 932,200
长13.5cm 香港苏富比 2014.04.08

石 雕

704 北魏 石佛造像
估　价：RMB 120,000～150,000
成交价：RMB 246,400
高49cm 安徽艺海 2014.04.30

170 唐 石灰岩雕弥勒佛造像碑
估　价：USD 8,000～12,000
成交价：RMB 84,356
高28.5cm 纽约苏富比 2014.03.18

2685 唐 武则天有关平定吐蕃之碑刻原石
估　价：RMB 12,000,000～20,000,000
成交价：RMB 20,700,000
碑身长39.3cm；宽16.1cm；厚10.4cm
西泠拍卖 2014.12.13

3612 唐 石雕坐狮
估　价：HKD 800,000～1,200,000
成交价：RMB 1,548,400
高105cm 香港苏富比 2014.04.07

166 唐 灰石雕弥勒佛坐像
估　价：USD 25,000～35,000
成交价：RMB 306,750
高40cm 纽约苏富比 2014.03.18

2391 宋 青石莲瓣纹束腰底座连黄太湖石
估　价：RMB 140,000～180,000
成交价：RMB 218,500
197cm×40cm×39cm 西泠拍卖 2014.05.05

3636 宋至清 祁连石“桥虹迭翠”摆件
估　价：HKD 1,000,000～1,500,000
成交价：RMB 2,875,600
石直径12.2cm 香港苏富比 2014.04.07

3234 金 汉白玉罗汉人物
估　价：HKD 1,500,000～2,500,000
成交价：RMB 2,926,560
高83.8cm 佳士得 2014.05.28

3796 明以前 汉白玉满工高浮雕石盆
估　价：RMB 600,000～800,000
成交价：RMB 2,300,000
68cm×68cm×44cm 西泠拍卖 2014.12.14

3801 明或更早 白石莲瓣纹石盆带束腰底座
估　价：RMB 600,000～800,000
成交价：RMB 1,265,000
93cm×92cm×92cm 西泠拍卖 2014.12.14

1313 明早期 九狮图汉白玉石盆
成交价：RMB 727,720
直径92cm 中国嘉德 2014.10.07

3881 明以前 青石八角开窗井圈
估　价：RMB 160,000～350,000
成交价：RMB 368,000
110cm×110cm×42cm 西泠拍卖 2014.12.14

3438 明 白石象
估　价：HKD 80,000～100,000
成交价：RMB 72,680
长39cm；高24.5cm 保利香港 2014.04.07

4295 明 青石雕仙人乘槎摆件
估　价：RMB 250,000～280,000
成交价：RMB 287,500
20.5cm×19cm 北京匡时 2014.06.04

3817 明 青白石石狮（一对）
估　价：RMB 500,000～600,000
成交价：RMB 862,500
174cm×62cm×32cm 西泠拍卖 2014.12.14

3882 明 汉白玉寿字葵花纹门枕石（一对）
估 价：RMB 200,000～270,000
成交价：RMB 322,000
108cm×99cm×22cm 西泠拍卖 2014.12.14

3873 明 青白石花卉纹花几（一对）
估 价：RMB 400,000～600,000
成交价：RMB 897,000
85cm×45cm×45cm 西泠拍卖 2014.12.14

3850 明 汉白玉铺首鼓墩（一对）
估 价：RMB 260,000～300,000
成交价：RMB 345,000
60cm×60cm×51cm 西泠拍卖 2014.12.14

3677 明 大理石浮雕“螭龙”番莲纹构件
估 价：HKD 300,000～400,000
成交价：RMB 345,625
28cm×115cm×9.5cm 香港苏富比 2014.04.07

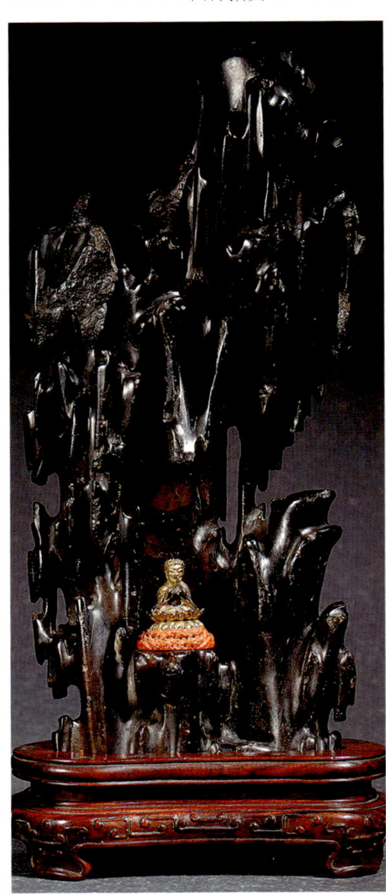

3021 明 寿山石雕佛龛宝座摆件
估 价：RMB 1,000,000～1,500,000
成交价：RMB 1,150,000
带座高41.5cm 西泠拍卖 2014.12.13

2403 明 汉白玉满工缠枝莲石桌
估 价：RMB 160,000～200,000
成交价：RMB 230,000
164cm×92cm×75cm 西泠拍卖 2014.05.05

2561 明晚期/18世纪 寿山石送子观音坐像
估 价：USD 10,000～15,000
成交价：RMB 76,688
高15cm 纽约佳士得 2014.03.20

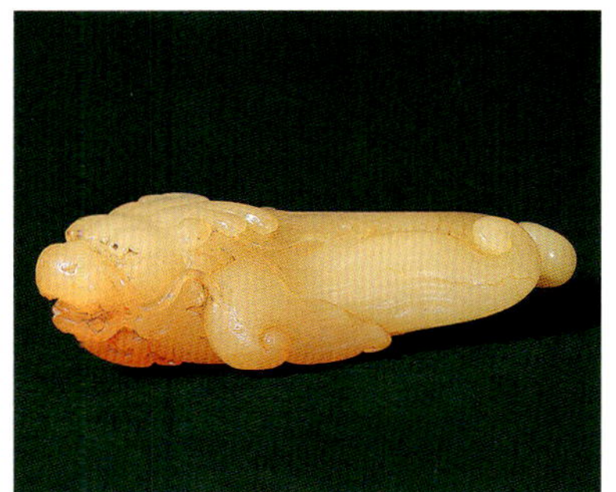

484 清早期 芙蓉石雕瑞兽暖手
估 价：RMB 120,000～150,000
成交价：RMB 138,000
长9.2cm 北京东正 2014.11.20

4976 清早期 田黄石七宝罗汉像
估 价：RMB 5,000,000～7,000,000
成交价：RMB 9,315,000
5.7cm×4cm×6cm 西泠拍卖 2014.12.15

5142 清早期 魏汝奋制寿山石降龙罗汉
估 价：RMB 90,000～150,000
成交价：RMB 1,955,000
11.4cm×8.1cm×10cm 中国嘉德 2014.11.22

8090 清康熙 寿山石太狮少狮摆件
估 价：HKD 380,000～608,000
成交价：RMB 347,328
长18cm 罗芙奥 2014.05.25

1015 清乾隆 红寿山雕夔龙描金熏炉
估 价：RMB 600,000～800,000
成交价：RMB 851,000
高15cm 上海敬华 2014.07.01

3599 清乾隆 寿山石雕麻姑乘槎摆件
估 价：HKD 600,000～800,000
成交价：RMB 545,100
高40cm；长36cm 保利香港 2014.04.07

4722 清中期 田黄布袋罗汉
估 价：RMB 1,100,000～1,500,000
成交价：RMB 1,380,000
长5.6cm 北京翰海 2014.10.26

4708 清中期 石雕山水人物诗文山子
估 价：RMB 40,000～60,000
成交价：RMB 667,000
长11.5cm 北京翰海 2014.10.26

3670 清 “霁云峰”灵璧石供
估 价：HKD 1,800,000～2,500,000
成交价：RMB 1,738,000
总高68.8cm 香港苏富比 2014.04.07

3864 清 高浮雕瑞兽钱币纹花台（一对）
估 价：RMB 200,000～220,000
成交价：RMB 276,000
44cm×44cm×35cm 西泠拍卖 2014.12.14

1004 清 “子秀”款寿山石罗汉像
估 价：RMB 500,000～600,000
成交价：RMB 632,500
高11cm 上海敬华 2014.07.01

3849 清 汉白玉皇家六角形雕铺首满工石鼓墩（一对）
估 价：RMB 250,000～450,000
成交价：RMB 483,000
32cm×32cm×46cm 西泠拍卖 2014.12.14

3812 清 汉白玉刻卷草纹石座连太湖石立峰
估 价：RMB 600,000～800,000
成交价：RMB 4,945,000
288cm×110cm×110cm 西泠拍卖 2014.12.14

3868 清 汉白玉满工卷草纹石座
估　价：RMB 280,000～350,000
成交价：RMB 322,000
57cm×57cm×43cm 西泠拍卖 2014.12.14

3795 清 黑青石莲花送子盆
估　价：RMB 180,000～220,000
成交价：RMB 253,000
65cm×65cm×39cm 西泠拍卖 2014.12.14

3802 清 青石八面开光刻高浮雕人物纹石盆（一对）
估　价：RMB 400,000～800,000
成交价：RMB 713,000
112cm×110cm×64cm 西泠拍卖 2014.12.14

3885 清 汉白玉三狮戏球抱鼓型门枕石（一对）
估　价：RMB 90,000～150,000
成交价：RMB 368,000
99cm×90cm×15cm 西泠拍卖 2014.12.14

3823 清 汉白玉长凳
估　价：RMB 95,000～165,000
成交价：RMB 368,000
211cm×51.5cm×53cm 西泠拍卖 2014.12.14

3605 清 太湖石
估 价：HKD 1,000,000～1,500,000
成交价：RMB 1,169,200
总高140.5cm 香港苏富比 2014.04.07

2714 清 王冶梅铭灵璧石摆件
估 价：RMB 200,000～350,000
成交价：RMB 1,092,500
带座高23cm 西泠拍卖 2014.12.13

3632 清 英石供
估 价：HKD 1,200,000～1,500,000
成交价：RMB 1,453,600
高71cm 香港苏富比 2014.04.07

4720 清 田黄雕山水人物摆件
估 价：RMB 1,100,000～1,300,000
成交价：RMB 1,380,000
长11.1cm 北京翰海 2014.10.26

891 冯志杰作 田黄石滚狮把玩件
估　价：RMB 1,000,000～1,200,000
成交价：RMB 1,897,500
高3cm 福建东南 2014.10.25

124 陈达作 田黄石第一把玩件
估　价：RMB 3,500,000～3,800,000
成交价：RMB 5,807,500
高3.6cm 福建东南 2014.10.24

5023 白田石汉钟离摆件
估　价：RMB 280,000～400,000
成交价：RMB 322,000
7.5cm×3.8cm×7.2cm 西泠拍卖 2014.12.15

2987 19世纪/20世纪 寿山石描金大香盒
估　价：RMB 160,000～260,000
成交价：RMB 218,500
直径17.6cm 北京翰海 2014.05.11

4732 郭懋介 牧童遥指杏花村 寿山田黄石薄意摆件
估　价：RMB 2,000,000～3,000,000
成交价：RMB 2,300,000
6cm×3cm×4.2cm 中国嘉德 2014.05.17

10909 金华玉“渡”摆件
估　价：RMB 300,000～400,000
成交价：RMB 345,000
高11cm 北京博观 2014.04.20

895 郭懋介作 田黄石桃源洞天薄意摆件
估　价：RMB 1,800,000～2,000,000
成交价：RMB 4,370,000
高9.9cm 福建东南 2014.10.25

87 林文举作 田黄石抱琴访友薄意摆件
估　价：RMB 280,000～300,000
成交价：RMB 805,000
高4.6cm 福建东南 2014.05.24

892 林文举作 田黄石渔樵耕读薄意随形摆件
估　价：RMB 5,300,000～5,600,000
成交价：RMB 6,095,000
高6.2cm 福建东南 2014.10.25

774 民国 林依友雕银包金田黄九螭穿钱摆件
估　价：RMB 600,000～1,300,000
成交价：RMB 1,380,000
重131.8g 保利厦门 2014.11.02

2769 青田蓝星海底世界摆件
估　价：RMB 80,000～100,000
成交价：RMB 115,000
高27cm 上海嘉泰 2014.06.19

2087 青州石摆件
估　价：RMB 80,000～160,000
成交价：RMB 115,000
长47cm 北京翰海 2014.10.25

1495 石盆
估　价：RMB 300,000～500,000
成交价：RMB 391,000
长78cm 北京翰海 2014.05.09

4995 田黄冻石岁寒三友薄意摆件
估　价：RMB 3,000,000～4,000,000
成交价：RMB 3,450,000
5.6cm × 3.5cm × 4.8cm 西泠拍卖 2014.12.15

5350 王铨俤作寿山荔枝冻石送子观音摆件
估　价：RMB 280,000～400,000
成交价：RMB 437,000
高17cm 西泠拍卖 2014.12.15

130 周彬作 田黄石汉钟离人物摆件
估　价：RMB 4,800,000～5,000,000
成交价：RMB 5,520,000
高5.7cm 福建东南 2014.10.24

126 郑世斌作 田黄石山居即景薄意摆件
估　价：RMB 2,500,000～2.600,000
成交价：RMB 5,232,500
高4.4cm 福建东南 2014.10.24

5015 叶子贤作田黄石寿星摆件
估　价：RMB 600,000～800,000
成交价：RMB 1,035,000
4cm×2.3cm×5.7cm 西泠拍卖 2014.12.15

5134 香山九老图 寿山田黄石把件
估　价：RMB 1,500,000～2,000,000
成交价：RMB 2,415,000
5.1cm×3.5cm×4.2cm 中国嘉德 2014.05.17

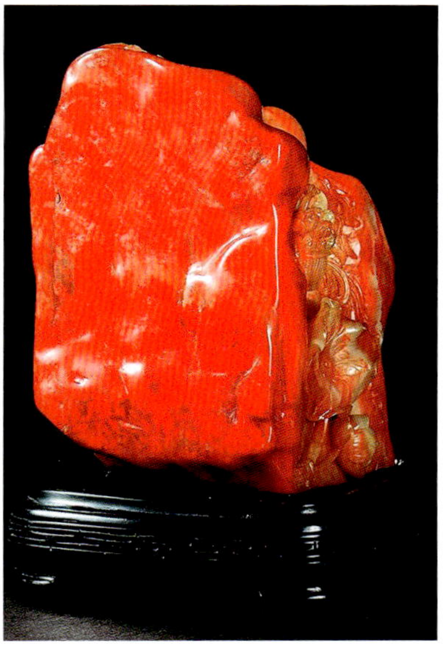

2769 吴肖斌作巴林鸡血石八宝献瑞摆件
估　价：RMB 1,000,000～1,200,000
成交价：RMB 1,725,000
13.3cm×11.6cm×16.5cm 西泠拍卖 2014.05.05

889 郭功森 硬田石古兽把玩件
估　价：RMB 32,000～35,000
成交价：RMB 218,500
高4.5cm 福建东南 2014.10.25

893 郑世斌作 田黄石春江水暖薄意摆件
估　价：RMB 7,000,000～8,000,000
成交价：RMB 8,050,000
高9.2cm 福建东南 2014.10.25

155 寿山石(苦尽甘来)
估 价：HKD 720,000~1,440,000
成交价：RMB 600,000
重743g 重418g 荣盛国际 2014.07.26

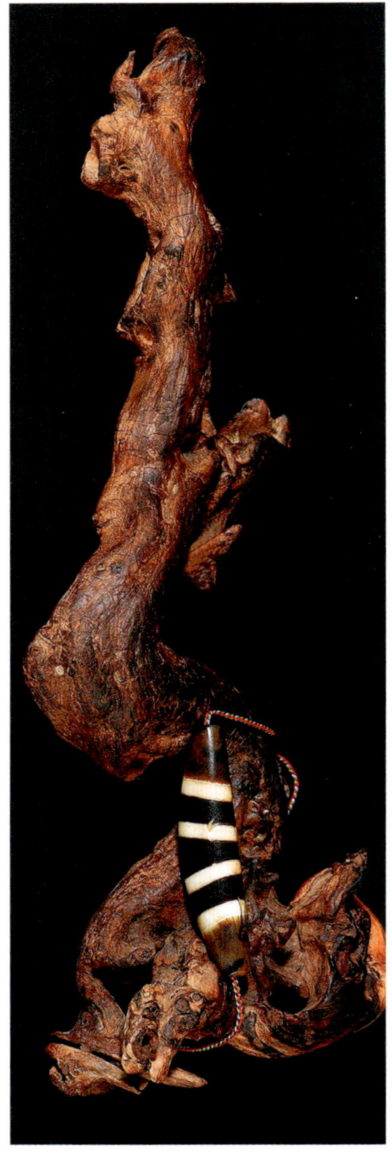

790 天珠王
成交价：RMB 36,960,000
12.5cm×2.9cm 未来四方 2014.05.23

762 九眼 水纹 长寿天珠
估 价：RMB 2,000,000~2,400,000
成交价：RMB 22,400,000
九眼4.7cm×1.2cm；水纹3.6cm×1.1cm；长寿3.6cm×1.1cm 未来四方 2014.05.23

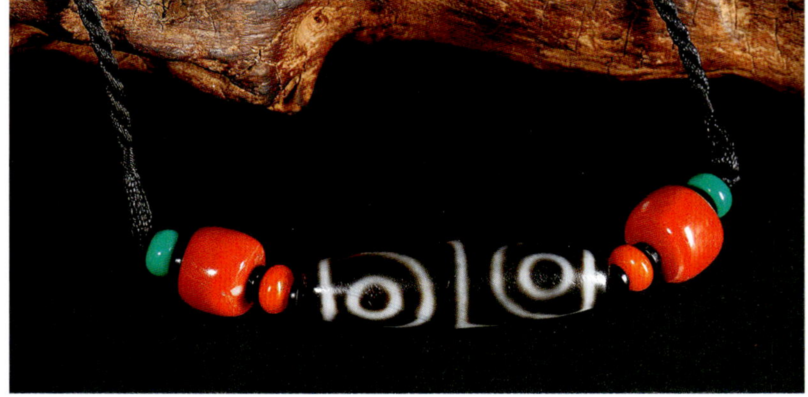

759 四眼莲花天珠
估 价：RMB 800,000~900,000
成交价：RMB 2,240,000
4.9cm×1.4cm 未来四方 2014.05.23

其他雕刻

2727 商 黄般若旧藏甲骨残片(一组七件)
估 价：RMB 220,000～400,000
成交价：RMB 460,000
尺寸不一 西泠拍卖 2014.12.13

3866 清中期 骨制串(108粒)
估 价：RMB 100,000～200,000
成交价：RMB 230,000
北京翰海 2014.05.11

337 明末清初 核雕人物（三件）
估 价：RMB 80,000～100,000
成交价：RMB 92,000
高4.2cm；高4.2cm；高3.8cm 翰风国际 2014.04.30

3162 清 核雕降龙、伏虎罗汉摆件
估 价：RMB 10,000～20,000
成交价：RMB 32,200
高3cm 西泠拍卖 2014.05.06

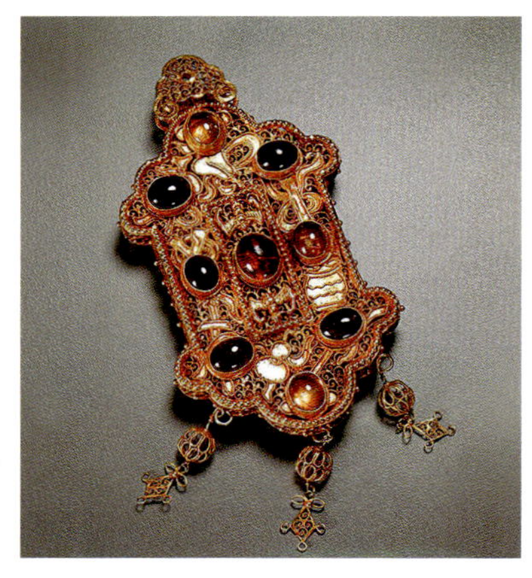

3700 清 螺丝嵌宝福寿珮
估 价：RMB 160,000～250,000
成交价：RMB 322,000
长14.5 中鸿信 2014.11.22

3958 清早期 龙纹药香十八子
估 价：RMB 280,000～380,000
成交价：RMB 322,000
直径：12cm 中鸿信 2014.11.22

钟 表

2165 马库斯公司 黄金、宝石、钻石及珐琅中国座钟
估　价：HKD 1,000,000～2,000,000
成交价：RMB 1,400,070
保利香港 2014.10.06

6311 1855年（法国）铜鎏金天使双面诗文座钟
估　价：RMB 2,600,000～3,600,000
成交价：RMB 3,105,000
长73cm；高69cm 北京保利 2014.06.04

5728 清雍正 仿哥釉扁瓶镶法国皇室铜鎏金座钟
估　价：RMB 1,650,000～2,000,000
成交价：RMB 1,955,000
高73cm 北京保利 2014.12.03

2330 Gérald Genta“魔法师” 黄金、钻石、红宝石、绿宝石、蓝宝石、玉石、珐琅及多彩珠母贝音乐春宫人偶镂空座钟 编号G 3432.7 66798，年份约1990
估　价：HKD 2,500,000～3,500,000
成交价：RMB 2,022,400
直径34cn 香港苏富比 2014.04.08

2461 爱彼 18K金半镂空腕表
估 价：HKD 620,000～960,000
成交价：RMB 996,960
佳士得 2014.05.28

2180 Richard Mille RM012 AG PT型号 铂金酒桶形镂空陀飞轮腕表
估 价：HKD 2,400,000～3,200,000
成交价：RMB 3,065,200
3.9cm × 4.8cm 香港苏富比 2014.04.08

2161 Greubel Forsey 手动上弦腕表 擒纵机芯GF01C
估 价：HKD 1,800,000～2,500,000
成交价：RMB 1,882,580
直径4.35cm 香港苏富比 2014.10.08

2296 百达翡丽 5207P/001型号 铂金三问瞬跳万年历陀飞轮腕表
估 价：HKD 5,200,000～6,200,000
成交价：RMB 5,340,400
直径4.1cm 香港苏富比 2014.04.08

2056 百达翡丽 18k玫瑰金表壳手动上弦腕表 擒纵机芯RTO 27 PS QR
估　价：HKD 4,700,000～5,500,000
成交价：RMB 4,303,040
直径3.95cm 香港苏富比 2014.10.08

2308 百达翡丽 22K金摆陀黑色漆绘表盘镶梯形钻石自动上弦腕表 擒纵机芯R27 Q
估　价：HKD 4,800,000～5,500,000
成交价：RMB 4,587,800
直径4.2cm 香港苏富比 2014.10.08

2620 百达翡丽 铂金腕表 型号5207
估　价：HKD 5,000,000～7,000,000
成交价：RMB 4,470,240
佳士得 2014.05.28

2612 百达翡丽 铂金链带腕表 型号5004
估　价：HKD 4,000,000～6,000,000
成交价：RMB 3,891,360
佳士得 2014.05.28

2435 宝玑 3857型号 铂金三间万年历陀飞轮腕表
估　价：HKD 2,200,000～3,200,000
成交价：RMB 2,496,400
直径4.0cm 香港苏富比 2014.04.08

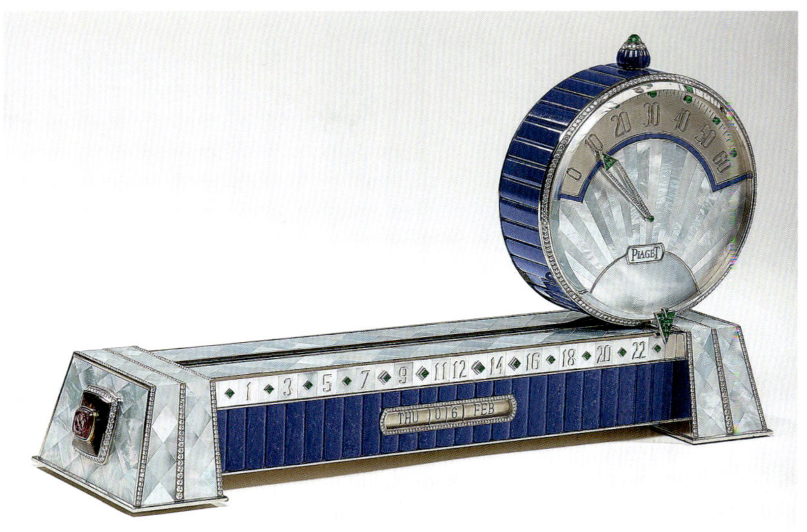

2329 伯爵 白金、青金石、珠母贝、钻石、绿宝石及红宝石双逆跳座钟
估　价：HKD 2,500,000～3,500,000
成交价：RMB 3,065,200
宽41cm 香港苏富比 2014.04.08

2274 播威 18K白金镶钻石半镂空三用时计腕表
估　价：HKD 1,200,000～2,000,000
成交价：RMB 1,286,400
佳士得 2014.05.28

2284 高珀富斯 18K白金非对称形腕表
估　价：HKD 2,000,000～3,000,000
成交价：RMB 2,733,600
佳士得 2014.05.28

2478 海瑞温斯顿 18K红金镂空腕表 型号400/MMTWR45R
估 价：HKD 950,000～1,400,000
成交价：RMB 1,093,440
佳士得 2014.05.28

2298 积家 18K白金长方形镂空两面反转腕表 型号247.307
估 价：HKD 1,600,000～2,500,000
成交价：RMB 1,672,320
佳士得 2014.05.28

2482 积家 18K白金镶钻石腕表 型号187.3.46.S
估 价：HKD 2,400,000～4,000,000
成交价：RMB 2,540,640
佳士得 2014.05.28

2258 卡地亚 天然水晶，钻石及宝石神秘钟
估 价：HKD 1,500,000～2,200,000
成交价：RMB 1,400,070
保利香港 2014.10.06

9435 江诗丹顿 Kalla Lune系列 型号83630/W01G/9305 18K白金手动上弦镶钻腕表
估 价：RMB 2,200,000～3,200,000
成交价：RMB 2,530,000
表径4.05cm；全表长约18cm
北京保利 2014.12.04

2366 卡地亚 18K金镶钻石、黑玛瑙及绿宝石女装石英腕表 型号3057
估 价：HKD 320,000～480,000
成交价：RMB 1,093,440
佳士得 2014.05.28

2637 瑞士制 金及珐琅镶珍珠腕表
估 价：HKD 4,500,000～6,500,000
成交价：RMB 4,663,200
佳士得 2014.05.28

49 瑞驰迈迪 型号RM002 白金镶钻石半镂空酒桶形腕表备陀飞轮、动力能量及扭距指示器，编号36，年份约二〇〇四年。
估 价：HKD 750,000～1,000,000
成交价：RMB 1,170,680
香港苏富比 2014.10.07

2332 雅典 18K金自动上弦腕表 型号136/77/9
估 价：HKD 90,000～130,000
成交价：RMB 2,444,160
佳士得 2014.05.28

2289 雅典 749/80型号“MINUTE REPEATER CIRCUS” 铂金三问腕表
估　价：HKD 1,200,000～2,200,000
成交价：RMB 1,358,800
直径4.15cm 香港苏富比 2014.04.08

2671 劳力士 不锈钢自动上弦腕表 型号5513
估　价：HKD 600,000～800,000
成交价：RMB 900,480
佳士得 2014.05.28

2303 詹姆斯 考克斯 玛瑙及黄金洛可可式浮雕迷你座钟，为中国宫廷订造
估　价：HKD 1,200,000～2,200,000
成交价：RMB 1,120,056
保利香港 2014.10.06

2243 宇舶 碳纤维半镂空腕表 型号 704.QX.1137.GR
估　价：HKD 1,200,000～2,000,000
成交价：RMB 1,189,920
佳士得 2014.05.28

铜 器

3 商晚期 公元前13至11世纪 己祖乙尊
估　价：USD 300,000～400,000
成交价：RMB 7,760,775
高31cm 纽约苏富比 2014.03.18

3637 商 青铜卫父卣
估　价：RMB 10,000,000～15,000,000
成交价：RMB 14,950,000
高34cm 北京翰海 2014.05.11

5733 商代晚期/西周早期 公元前12至公元前10世纪 光方鼎
估　价：RMB 8,600,000～9,500,000
成交价：RMB 9,890,000
高22.8cm；重2360g 中国嘉德 2014.11.22

1854 商 青铜饕餮纹方彝
估　价：NTD 40,000,000～50,000,000
成交价：RMB 11,865,600
高20cm 台湾世家 2014.04.13

127 商晚期/西周早期 公元前11至公元前10世纪 青铜大铙
估　价：USD 60,000～80,000
成交价：RMB 536,638
高46.4cm 纽约苏富比 2014.09.16

2790 商晚期 青铜兽面纹斝
估　价：RMB 4,000,000～6,000,000
成交价：RMB 9,545,000
高33cm 西泠拍卖 2014.12.13

6 商晚期 公元前13至公元前11世纪 青铜饕餮蕉叶纹觚
估　价：GBP 100,000～200,000
成交价：RMB 2,406,085
高33cm 伦敦苏富比 2014.11.05

103 商晚期 公元前13至11世纪 天黾父乙角
估 价：USD 400,000～600,000
成交价：RMB 14,754,675
高23.8cm 纽约苏富比 2014.03.18

2793 商晚期 青铜龙纹盂
估 价：RMB 1,500,000～2,200,000
成交价：RMB 2,185,000
高13.5cm 西泠拍卖 2014.12.13

637 商晚期/西周 兽面纹方鼎
估 价：HKD 1,500,000～3,000,000
成交价：RMB 8,075,760
高26.5cm 中国嘉德 2014.04.09

2787 商晚期 辛爵
估 价：RMB 300,000～500,000
成交价：RMB 977,500
高20.4cm 西泠拍卖 2014.12.13

3635 西周 青铜勾云纹壶
估 价：RMB 900,000～1,200,000
成交价：RMB 1,092,500
高41.5cm 北京翰海 2014.05.11

108 西周中期 公元前10至9世纪 鲁侯簋
估　价：USD 180,000～280,000
成交价：RMB 6,288,375
高27cm；高26cm 纽约苏富比 2014.03.18

3566 西周 青铜提梁卣
估　价：HKD 3,200,000～4,000,000
成交价：RMB 7,631,400
高21cm；高37.5cm 保利香港 2014.04.07

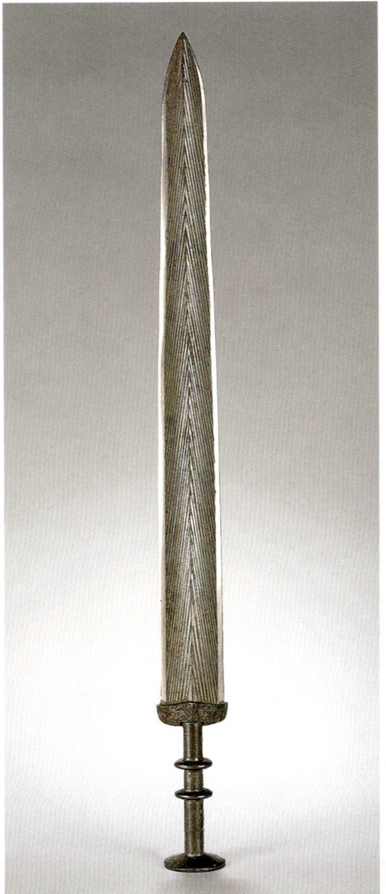

3469 春秋 错银青铜剑
估　价：HKD 450,000～500,000
成交价：RMB 485,358
长54.5cm 保利香港 2014.10.07

634 春秋 夔龙纹镈
估　价：HKD 800,000～1,500,000
成交价：RMB 734,160
高35.1cm 中国嘉德 2014.04.09

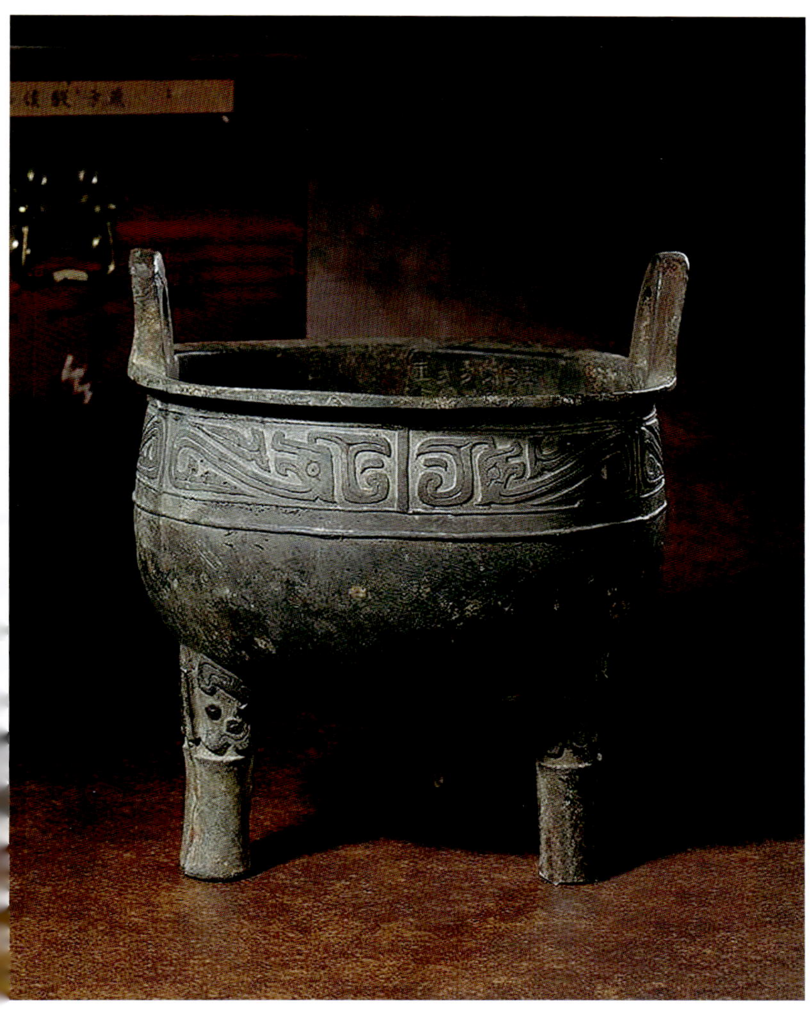

2792 西周厉王 噩侯驭方鼎
估　价：RMB 2,800,000～5,000,000
成交价：RMB 8,395,000
高35.5cm 西泠拍卖 2014.12.13

2795 西周早期 鬲
估　价：RMB 300,000～500,000
成交价：RMB 920,000
高15.2cm 西泠拍卖 2014.12.13

2800 春秋晚期 青铜交龙火纹盥缶
估　价：RMB 280,000～380,000
成交价：RMB 437,000
高33.5cm 西泠拍卖 2014.12.13

6928 东周 鸾凤珮
估　价：NTD 200,000～300,000
成交价：RMB 128,544
台湾世家 2014.04.13

431 战国 青铜蟠螭纹连盖罍
估　价：HKD 850,000～1,000,000
成交价：RMB 739,680
高43.5cm 大唐国际 2014.05.27

653 战国 错金银龙纹盖鼎
估 价：HKD 3,000,000～5,000,000
成交价：RMB 5,506,200
高15cm 中国嘉德 2014.04.09

1859 战国 铜错金虎
估 价：NTD 1,480,000～2,960,000
成交价：RMB 365,856
宽13.3cm 台湾世家 2014.04.13

659 战国 铺首衔环（一对）
估 价：HKD 60,000～100,000
成交价：RMB 91,770
宽12.8cm 中国嘉德 2014.04.09

640 西汉 错金鸟兽纹马车饰
估 价：HKD 60,000～100,000
成交价：RMB 367,080
高6.4cm 中国嘉德 2014.04.09

128 西汉 八乳博局走兽镜圆形
估　价：RMB 20,000～40,000
成交价：RMB 126,500
直径16.5cm 中国嘉德 2014.05.24

2801 西汉 弘农青铜升
估　价：RMB 300,000～500,000
成交价：RMB 1,150,000
高8.6cm 西泠拍卖 2014.12.13

208 唐 青铜海兽葡萄纹镜
估　价：USD 30,000～50,000
成交价：RMB 345,094
直径17.7cm 纽约苏富比 2014.03.18

1850 汉 青铜马
估　价：NTD 15,000,000～17,500,000
成交价：RMB 4,202,400
高130cm；长91cm 台湾世家 2014.04.13

184 东汉 青铜仙人纹镜
估　价：USD 5,000～7,000
成交价：RMB 26,841
宽12cm 纽约苏富比 2014.03.18

2923 东晋十六国 铜鎏金佛饰件
估 价：RMB 250,000～300,000
成交价：RMB 356,500
高11.4cm 宽11.2cm 西泠拍卖 2014.05.06

2809 唐 铜军持
估 价：HKD 150,000～250,000
成交价：RMB 410,687
高35.5cm 保利香港 2014.10.06

159 唐 天马龙凤飞鸟铭文镜
估 价：RMB 500,000～600,000
成交价：RMB 935,000
直径18cm 中信拍卖 2014.07.14

2860 唐 铜鎏金麒麟瑞兽摆件
估 价：RMB 480,000～600,000
成交价：RMB 690,000
高20cm 西泠拍卖 2014.05.06

130 唐 铜五岳瑞兽八花镜
估 价：USD 50,000～70,000
成交价：RMB 766,625
直径21.3cm 纽约苏富比 2014.09.16

197 唐 青铜云龙纹镜
估 价：USD 15,000～20,000
成交价：RMB 115,031
宽18.3cm 纽约苏富比 2014.03.18

872 唐 铜鎏金錾刻葡萄纹扣手杯（一对）
估　价：HKD 100,000～200,000
成交价：RMB 312,018
宽8.5cm 中国嘉德 2014.04.09

1817 唐/辽金 青铜坐龙
估　价：NTD 1,500,000～2,500,000
成交价：RMB 568,560
高16.4cm 台湾世家 2014.04.13

1801 唐 青铜三山五岳纹镜
估　价：NTD 750,000～1,250,000
成交价：RMB 309,000
直径21.5cm 台湾世家 2014.04.13

3449 宋 清宫旧藏错金银仲驹卣
估　价：HKD 3,800,000～5,000,000
成交价：RMB 4,246,879
高30.5cm 保利香港 2014.10.07

249 元/明初 鎏金铜嵌银释迦牟尼苦行立像
估　价：HKD 2,500,000～3,500,000
成交价：RMB 2,401,600
高21.6cm 香港苏富比 2014.04.08

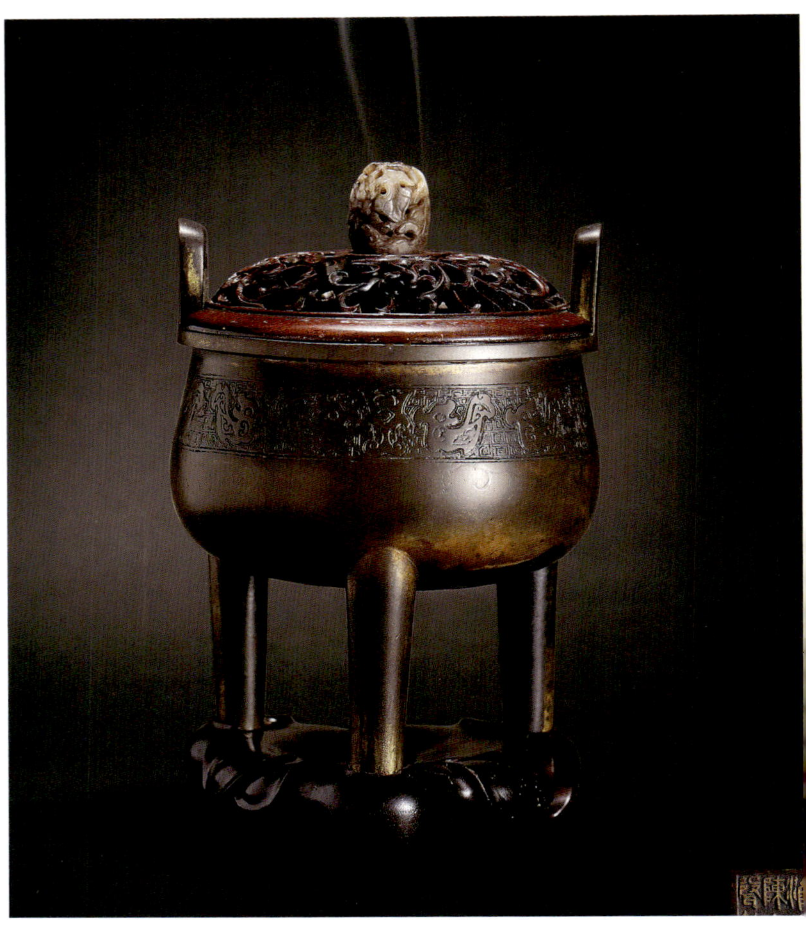

2979 12世纪/15世纪 仿古彝鼎炉
成交价：RMB 5,750,000
高21.2cm 北京翰海 2014.05.11

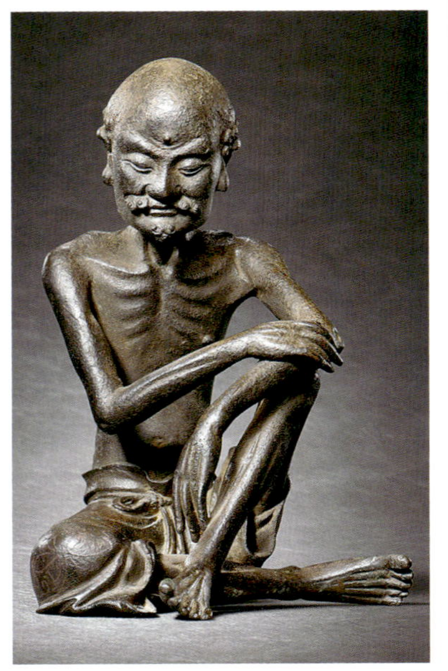

224 元/明初 铜错银释迦牟尼苦行像
估　价：HKD 480,000～520,000
成交价：RMB 1,927,600
高13.8cm 香港苏富比 2014.04.08

3030 明以前 人物车马铜镜
估　价：RMB 350,000～500,000
成交价：RMB 540,500
直径21.7cm 西泠拍卖 2014.12.13

5633 宋 铜错金银提梁罐
估　价：RMB 800,000～1,200,000
成交价：RMB 1,127,000
高6.5cm 北京保利 2014.12.04

85 明宣德 鎏金铜“宝鸭”熏炉
估　价：HKD 20,000,000～25,000,000
成交价：RMB 23,099,600
高28.5cm 香港苏富比 2014.04.08

5635 明天启 铜鎏金嵌银丝八仙祝寿图大碗
估　价：RMB 800,000～1,200,000
成交价：RMB 1,380,000
直径21.7cm 北京保利 2014.12.04

4561 明正德 宫廷阿文炉瓶盒三事
估　价：RMB 6,900,000～7,200,000
成交价：RMB 7,245,000
瓶口径4.5cm；炉口径15.2cm；盒口径10.7cm 北京翰海 2014.10.26

8010 明 青铜仿古兽面纹觥
估　价：RMB 500,000～800,000
成交价：RMB 1,265,000
高39.5cm 北京保利 2014.06.05

2238 明 冲耳炉
估　价：RMB 1,400,000～1,600,000
成交价：RMB 9,200,000
口径28.2cm 北京翰海 2014.05.10

7486 明崇祯 蚰龙耳炉
估　价：RMB 1,500,000～2,500,000
成交价：RMB 3,335,000
直径12.2cm 北京保利 2014.06.05

233 明宣德 铜鎏金甪端熏炉
估　价：HKD 3,500,000～4,500,000
成交价：RMB 3,349,600
直径16cm 香港苏富比 2014.04.08

293 明 铜鎏金镶嵌宝石瑞兽摆件
估 价：RMB 900,000～1,000,000
成交价：RMB 1,897,500
14.5cm×8cm 北京东正 2014.11.20

5636 17世纪 铜胎彩釉描金童子摆件掐丝珐琅座（一对）
估 价：RMB 800,000～1,200,000
成交价：RMB 1,127,000
高23.5cm 北京保利 2014.12.04

7402 明 铜錾刻海水云龙双螭耳洗口瓶
估 价：RMB 180,000～280,000
成交价：RMB 667,000
高49.5cm 北京保利 2014.12.04

673 明晚期 甪端形大铜香薰
估 价：RMB 200,000～300,000
成交价：RMB 759,000
高60cm 北京诚轩 2014.05.19

2978 15世纪/16世纪 棋首悬环钵盂炉
成交价：RMB 5,980,000
高10cm 北京翰海 2014.05.11

8831 明 铜鎏金云龙纹盏、托（一套）
估　价：RMB 150,000～250,000
成交价：RMB 1,955,000
托宽15.5cm；盏直径9.5cm
北京保利 2014.06.06

3318 明晚期 铜错金银四爱图碗
估　价：HKD 150,000～200,000
成交价：RMB 933,380
直径9.3cm 香港苏富比 2014.10.08

5632 15世纪 铜鎏金宝鸭香薰
估　价：RMB 2,000,000～3,000,000
成交价：RMB 2,760,000
高16cm；长18.5cm 北京保利 2014.12.04

2988 15世纪/16世纪 仿青铜器簋式炉
成交价：RMB 6,785,000
底径17.4cm；高12.4cm；
直径12.5cm 北京翰海 2014.05.11

3323 15世纪/16世纪 铜铸阿拉伯文香盒
估　价：HKD 120,000～180,000
成交价：RMB 1,740,200
直径14.5cm 香港苏富比 2014.10.08

2989 17世纪 钵盂炉
成交价：RMB 20,125,000
直径11.8cm；高8.5cm
北京翰海 2014.05.11

4243 清早期 铜点金双兽首三足炉
估　价：RMB 800,000～1,800,000
成交价：RMB 3,105,000
27.8cm×34cm；重量5880g
北京匡时 2014.06.04

229 16世纪/17世纪 铜错银沙弥立像
估　价：HKD 1,400,000～2,500,000
成交价：RMB 1,358,800
高21.5cm 香港苏富比 2014.04.08

5223 清早期 “宣德年制”铭马槽炉
估　价：RMB 600,000～900,000
成交价：RMB 1,495,000
直径17.7cm；高8.5cm 中国嘉德 2014.11.22

6831 清康熙 错银如意云头纹冲耳炉
估　价：RMB 1,200,000～2,200,000
成交价：RMB 2,760,000
直径12cm 北京保利 2014.12.04

208 清康熙 铜莲瓣纹三足双冲耳熏炉
估 价：HKD 2,000,000~3,000,000
成交价：RMB 1,927,600
高27cm 香港苏富比 2014.04.08

5750 清乾隆 和硕諴亲王制铜龙钮大钟
估 价：RMB 2,000,000~3,000,000
成交价：RMB 2,760,000
座高193cm；宽90cm；钟高83cm
北京保利 2014.12.03

3011 清乾隆 鎏金铜錾花镶彩料福寿如意盖瓶
估 价：HKD 5,000,000~7,000,000
成交价：RMB 5,338,560
高32.4cm 佳士得 2014.05.28

8845 清乾隆 铜鎏金八宝葫芦莲花式熏炉
估 价：RMB 900,000~1,200,000
成交价：RMB 1,035,000
高15.5cm 北京保利 2014.06.06

2320 清乾隆 铜缠枝花卉纹大瓶
估 价：USD 100,000~150,000
成交价：RMB 840,495
高60.4cm 纽约佳士得 2014.03.20

6283 清乾隆 铜鎏金九龙乾隆御笔“金轮殿”匾
估 价：RMB 3,000,000～5,000,000
成交价：RMB 7,475,000
匾高19cm 北京保利 2014.06.04

737 清乾隆 铜鎏金龙纹大烛台（一对）
估 价：RMB 450,000～650,000
成交价：RMB 977,500
高38cm 远方拍卖 2014.06.02

1766 清中期 铜鎏金龙纹宫灯（两件）
估 价：RMB 650,000～800,000
成交价：RMB 747,500
高37.5cm 北京翰海 2014.10.25

5525 清乾隆 铜鎏金三镶翡翠三多八宝如意
估 价：RMB 1,200,000～2,200,000
成交价：RMB 1,955,000
长49.5cm 北京保利 2014.12.03

2324 清乾隆 铜太平有象摆件
估 价：USD 150,000～200,000
成交价：RMB 2,828,235
长39.4cm 纽约佳士得 2014.03.20

3417 17世纪/18世纪 铜冲天耳三乳足炉连盖
估 价：HKD 100,000～150,000
成交价：RMB 2,404,640
直径24.3cm 香港苏富比 2014.10.08

3525 17世纪早期 铜鎏金钟馗像
估 价：HKD 700,000～900,000
成交价：RMB 703,500
高20.9cm 佳士得 2014.05.28

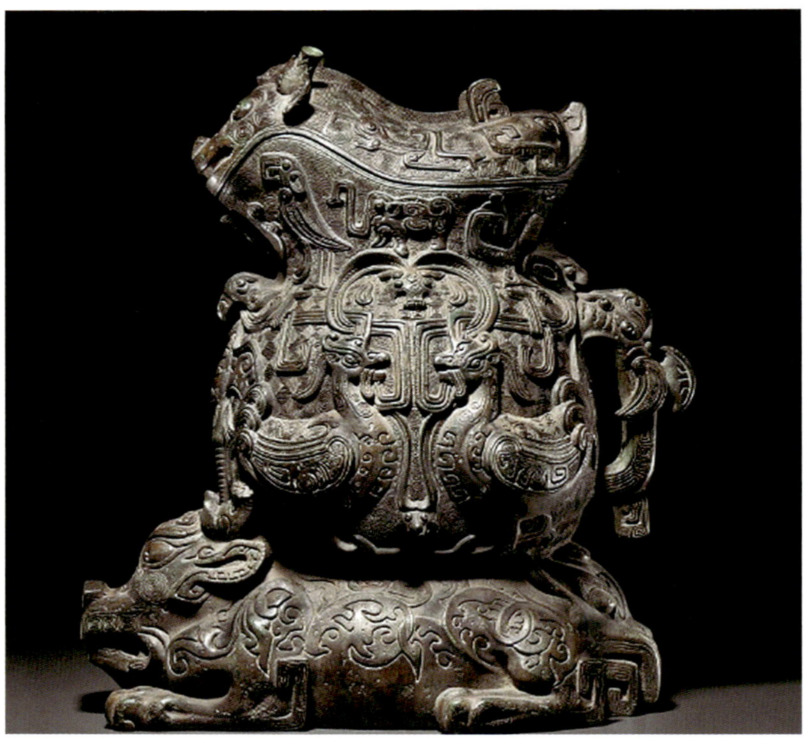

2039 清 铜仿古兽面觥
估 价：USD 8,000～12,000
成交价：RMB 2,717,805
高51cm 纽约佳士得 2014.03.20

126 清道光 铜火炮（一对）
估 价：GBP 15,000～25,000
成交价：RMB 679,657
长102cm 伦敦苏富比 2014.11.05

1597 清中期 铜嵌百宝雕花麒麟献瑞
估 价：RMB 500,000～800,000
成交价：RMB 977,500
高44cm 北京翰海 2014.10.25

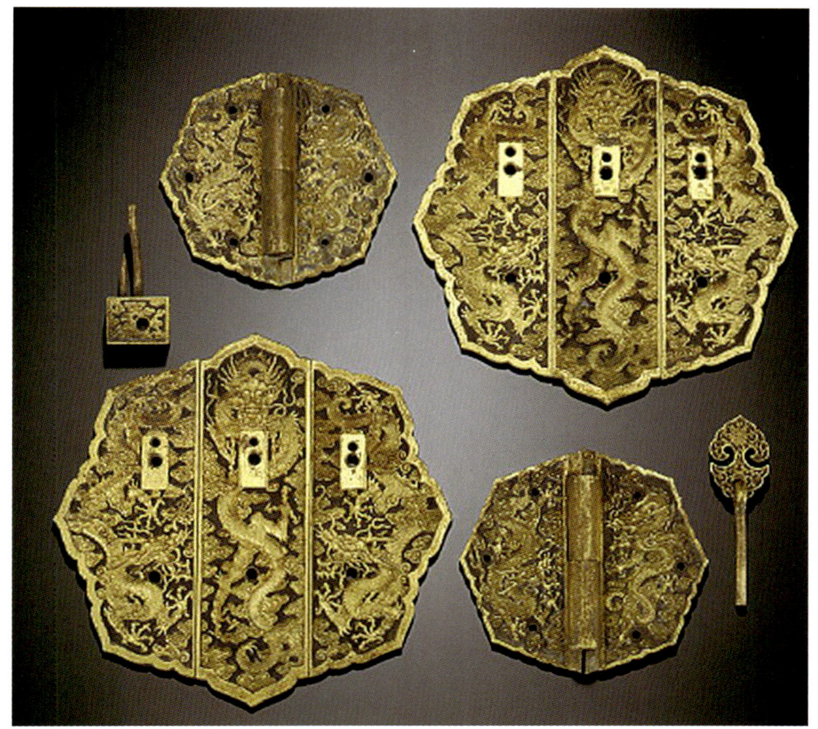

3516 18世纪 铜锁
估　价：HKD 500,000～700,000
成交价：RMB 900,480
高19.2cm 佳士得 2014.05.28

6022 四熊镜
估　价：RMB 1,300,000～2,000,000
成交价：RMB 2,300,000
直径22cm 北京保利 2014.12.04

9515 蟠龙海兽葡萄镜
估　价：RMB 800,000～1,200,000
成交价：RMB 920,000
直径16.8cm 上海泓盛 2014.07.21

7198 四仙骑镜
估　价：RMB 450,000～600,000
成交价：RMB 782,000
直径16.3cm 北京保利 2014.06.05

5951 镂空镜
估　价：RMB 500,000～800,000
成交价：RMB 632,500
直径12cm 北京保利 2014.12.04

7199 三龙大型海兽葡萄镜
估　价：RMB 600,000～800,000
成交价：RMB 690,000
直径21.3cm 北京保利 2014.06.05

5981 “吾作”半圆方枚神兽镜
估　价：RMB 400,000～600,000
成交价：RMB 713,000
直径15.8cm 北京保利 2014.12.04

7403 明宣德 铁错金银云龙寿字盖罐
估　价：RMB 200,000～300,000
成交价：RMB 1,380,000
宽13.5cm 北京保利 2014.12.04

铁 器

3405 明嘉靖 平遥观音阁八卦星相铁钟
估　价：RMB 120,000～150,000
成交价：RMB 172,500
高72cm 上海嘉泰 2014.06.19

4338 明治期 龟文堂铃木光重形制山水纹铁壶
估　价：RMB 250,000～280,000
成交价：RMB 287,500
长17.5cm 北京匡时 2014.12.04

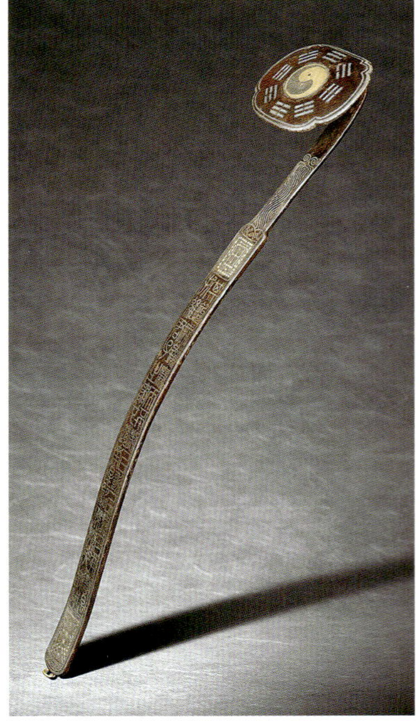

215 明天启 铁错金银太极八卦图如意
估　价：HKD 450,000～550,000
成交价：RMB 444,375
长49cm 香港苏富比 2014.04.08

4372 明治期 黑漱宗世作铁打出布袋和尚置物
估　价：RMB 180,000～200,000
成交价：RMB 230,000
长22cm；高17.5cm 北京匡时 2014.12.04

4700 明治期 龙文堂六代安之介造嵌金银柿柿如意铁壶
估　价：RMB 300,000～400,000
成交价：RMB 322,000
高20.5cm 北京匡时 2014.06.05

4714 江户期 柳富甚次郎造点金葡萄纹铁包银壶
估　价：RMB 380,000～500,000
成交价：RMB 437,000
高20cm 北京匡时 2014.06.05

513 明治期 铁包银波浪纹银壶
估　价：RMB 200,000～300,000
成交价：RMB 460,000
高23cm 长风拍卖 2014.01.05

锡 器

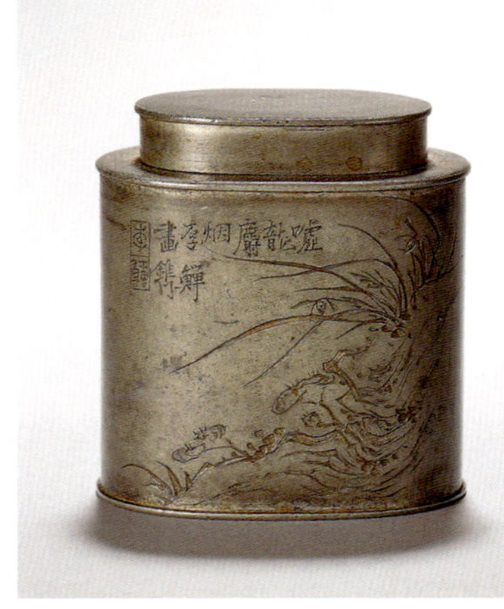

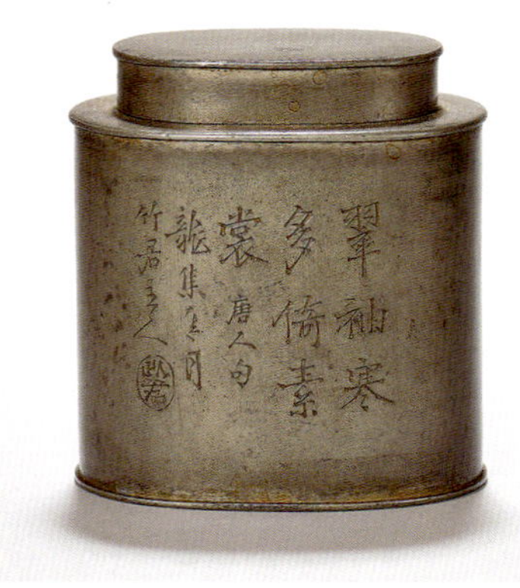

3601 清 沈存周制李鳝刻 锡罐
估　价：HKD 380,000～450,000
成交价：RMB 345,230
高7.3cm 保利香港 2014.04.07

3780 清道光 朱石梅刻铭锡制 方斗量壶
估　价：RMB 180,000～220,000
成交价：RMB 230,000
宽17cm 中国嘉德 2014.05.18

3779 清 孙尔翘制款锡制 棱式提梁壶
估　价：RMB 100,000～120,000
成交价：RMB 322,000
高25.8cm 中国嘉德 2014.05.18

紫 砂

5039 明末清初 紫砂加漆文官座像
估　价：RMB 200,000～300,000
成交价：RMB 230,000
高19.5cm 北京保利 2014.12.03

3867 蒋蓉制 紫砂冬瓜枕摆件
估　价：RMB 600,000～800,000
成交价：RMB 690,000
长28cm 中国嘉德 2014.05.18

1820 徐秀棠制 紫砂“前情后趣”摆件
估　价：RMB 300,000～500,000
成交价：RMB 517,500
长39cm 北京传是 2014.06.05

1819 徐秀棠制 紫砂观音摆件
估　价：RMB 250,000～350,000
成交价：RMB 402,500
高30cm 北京传是 2014.06.05

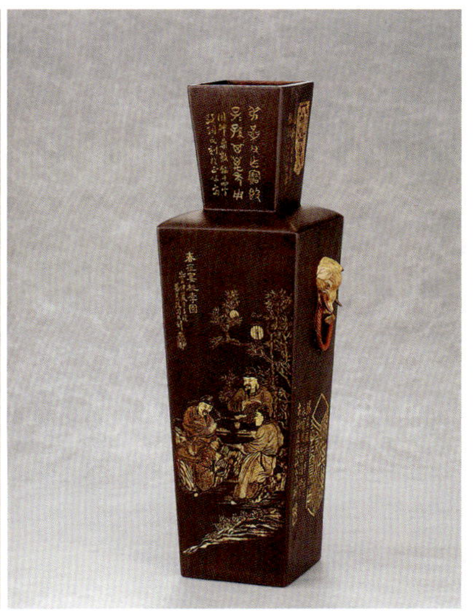

3816 民国 俞国良制企陶铭刻 春夜宴桃李园图象铺首衔环巧色四方瓶
估　价：RMB 360,000～460,000
成交价：RMB 690,000
高52.5cm 中国嘉德 2014.05.18

5605 明晚期 陈仲美制 仿古紫砂牺尊
估　价：RMB 4,500,000～5,500,000
成交价：RMB 5,290,000
长26.5cm；高21.3cm 北京保利 2014.12.03

3818 清乾隆 陈觐侯制 百寿团龙贡碗
估 价：RMB 200,000～400,000
成交价：RMB 299,000
直径20cm 中国嘉德 2014.05.18

5604 清早期 陈鸣远制 仿古紫砂簋
估 价：RMB 800,000～1,200,000
成交价：RMB 1,058,000
宽12.2cm 北京保利 2014.12.03

3837 清乾隆 杨季元制 萼怡斋款彩泥堆绘长方盆
估 价：RMB 1,800,00 0～2,200,000
成交价：RMB 3,680,000
23.3cm×34.3cm 中国嘉德 2014.05.18

4720 清康熙 陈鸣远制 岁寒三友紫砂茶杯（一组）
估 价：RMB 800,000～1,200,000
成交价：RMB 920,000
尺寸不一 西泠拍卖 2014.12.15

5616 清乾隆 仿树桩紫砂随形大花盆
估 价：RMB 1,500,000～1,800,000
成交价：RMB 2,070,000
高22.5cm 北京保利 2014.12.03

1397 顾景舟 木瓜双耳罐
估 价：RMB 500,000～800,000
成交价：RMB 920,000
高9.8cm；宽15cm
北京翰海 2014.05.09

721 明 陈仲美瑞兽壶
估　价：RMB 2,000,000～3,000,000
成交价：RMB 5,865,000
宽17cm 远方拍卖 2014.06.02

4053 清早期“先民之遗风也”款魁方壶
估　价：RMB 2,600,000～3,200,000
成交价：RMB 4,025,000
高13cm×宽15.8cm 上海春秋堂 2014.09.07

3624 清早期 陈伯芳 风卷葵壶
估　价：RMB 1,800,000～2,200,000
成交价：RMB 2,070,000
长18.5cm 北京匡时 2014.06.04

711 明末清初 陈辰制 朱砂六瓣葵形旋纹壶
估　价：RMB 1,000,000～1,200,000
成交价：RMB 1,150,000
宽16.2cm 北京诚轩 2014.05.19

920 明末清初 时大彬铺砂菱形壶
估　价：RMB 1,000,000～1,200,000
成交价：RMB 1,840,000
宽19cm 远方拍卖 2014.06.03

3834 清早期 许龙文制 紫泥掺砂藏六壶
估 价：RMB 58,000~80,000
成交价：RMB 575,000
宽14.2cm 中国嘉德 2014.05.18

3828 清康熙 白泥贴花佛手壶
估 价：RMB 100,000~120,000
成交价：RMB 138,000
宽14.5cm 中国嘉德 2014.05.18

1827 清乾隆 段泥彩绘山水人物壶
估 价：RMB 300,000~600,000
成交价：RMB 368,000
长15cm 北京传是 2014.06.05

4689 清早期 萧绍贤制紫泥六方壶
估 价：RMB 80,000~150,000
成交价：RMB 2,300,000
9cm×17.2cm 西泠拍卖 2014.12.15

728 清乾隆 蓴怡斋朱泥堆泥圆壶
估 价：RMB 1,000,000~1,200,000
成交价：RMB 1,725,000
高7.5cm；宽15.5cm 远方拍卖 2014.06.02

4713 清嘉庆 杨彭年制、陈曼生作铭紫泥扁石壶
估 价：RMB 3,200,000～3,800,000
成交价：RMB 5,347,500
5.9cm×15.5cm 西泠拍卖 2014.12.15

4276 清乾隆 御制描金山水诗文壶
估 价：RMB 1,800,000～2,300,000
成交价：RMB 2,070,000
长15cm 北京保利 2014.12.03

6072 清乾隆 紫泥椭圆花篮形宫灯提梁壶
估 价：RMB 360,000～460,000
成交价：RMB 598,000
高17cm 北京保利 2014.06.04

4028 清乾隆 无款堆泥绘山水圆壶
估 价：RMB 120,000～150,000
成交价：RMB 517,500
高8.5cm×宽16.6cm 上海春秋堂 2014.09.[illegible]7

4275 清道光 瞿子冶、杨彭年 紫泥刻竹诗文石瓢壶
估 价：RMB 1,200,000～1,500,000
成交价：RMB 1,725,000
长14.5cm 北京保利 2014.12.03

3623 清中期 史继长 黑泥绘方葫芦壶
估 价：RMB 2,600,000～3,600,000
成交价：RMB 3,220,000
长20cm 北京匡时 2014.06.04

6454 清 “饮之长寿”紫砂壶
估 价：RMB 15,000～18,000
成交价：RMB 690,000
长14.5cm 北京保利 2014.06.05

1019 清 行有恒堂描金扁腹壶
估 价：RMB 800,000～1,000,000
成交价：RMB 1,610,000
高7.5cm；宽19cm 远方拍卖 2014.06.03

3819 清道光 朱石梅制 白泥西厢记长方壶
估 价：RMB 1,500,000～1,800,000
成交价：RMB 1,897,500
宽20.5cm 中国嘉德 2014.05.18

2648 清 陈曼生制 飞鸿延年井栏壶
估 价：RMB 1,500,000～2,500,000
成交价：RMB 2,070,000
高6.5cm；宽11cm 北京翰海 2014.10.25

1027 清 吴昌硕刻 黄玉麟制扁圆壶
估　价：RMB 800,000～1,000,000
成交价：RMB 3,450,000
高6cm；宽16cm 远方拍卖 2014.06.03

5001 民国 1916年 宝庆款、吴昌硕刻 瓜棱壶
估　价：RMB 1,600,000～2,000,000
成交价：RMB 1,840,000
长18.5cm 北京保利 2014.06.04

3621 清晚期 何心舟 红泥提梁壶
估　价：RMB 1,200,000～1,800,000
成交价：RMB 1,610,000
高15cm 北京匡时 2014.06.04

746 清 玉成窑匏瓜壶
估　价：RMB 700,000～800,000
成交价：RMB 1,092,500
高12cm；宽18cm 远方拍卖 2014.06.02

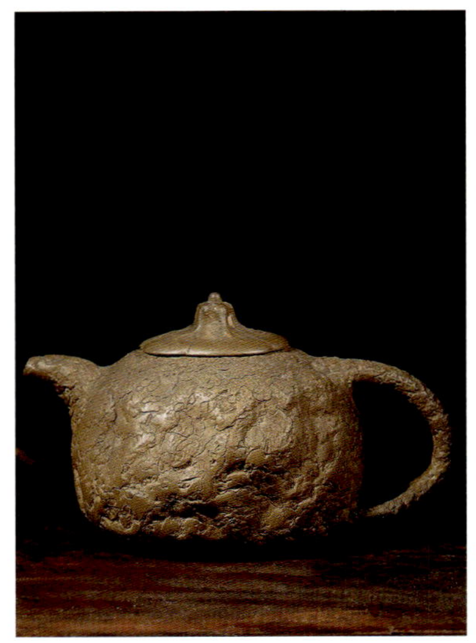

4697 清晚期 黄玉麟制段泥供春壶
估 价：RMB 800,000～1,200,000
成交价：RMB 943,000
12cm×19cm 西泠拍卖 2014.12.15

711 清 子冶石瓢壶
估 价：RMB 1,500,000～1,800,000
成交价：RMB 2,760,000
高7.5cm；宽15cm 远方拍卖 2014.06.02

4208 民国 何道洪 岁寒三友壶
估 价：RMB 3,500,000～4,500,000
成交价：RMB 5,347,500
北京匡时 2014.12.04

4209 民国 何道洪 石瓢提梁壶
估 价：RMB 3,200,000～3,800,000
成交价：RMB 4,600,000
长25.3cm；高23.4cm 北京匡时 2014.12.04

356 民国 卢元璋制 大型东坡提梁壶
估 价：RMB 300,000～600,000
成交价：RMB 1,150,000
容量5000ml 上海道明 2014.04.12

748 民国 朱可心墨绿泥云龙套组
估 价：RMB 1,200,000~1,500,000
成交价：RMB 4,600,000
尺寸不一 远方拍卖 2014.06.02

4277 笨岩 紫泥堆泥绘王维诗意瓜棱壶
估 价：RMB 1,800,000~2,400,000
成交价：RMB 2,357,500
长14.5cm 北京保利 2014.12.03

3802 民国 朱可心制劲松报春壶
估 价：RMB 350,000~400,000
成交价：RMB 1,265,000
宽21cm；高14cm 中国嘉德 2014.11.21

1039 民国 任淦庭 顾景舟 段泥竹节壶
估 价：RMB 2,800,000~3,800,000
成交价：RMB 3,220,000
高8cm 上海敬华 2014.07.01

3771 高振宇 青铜的遐想系列壶 历史的回顾壶（一组共十二件）
估 价：RMB 6,800,000～10,000,000
成交价：RMB 8,970,000
尺寸不一 北京匡时 2014.06.04

3634 民国 裴石民 扁圆壶
估 价：RMB 360,000～420,000
成交价：RMB 437,000
长18cm 北京匡时 2014.06.04

4969 1998年 陈国良 鹰松壶
估 价：RMB 500,000～700,000
成交价：RMB 575,000
长18cm 北京保利 2014.06.04

3890 高振宇制 红泥金盉壶
估 价：RMB 800,000～1,000,000
成交价：RMB 1,495,000
宽24cm 中国嘉德 2014.11.21

2698 陈景亮制 走泥壶#886
估 价：RMB 220,000～320,000
成交价：RMB 230,000
容量150ml 北京翰海 2014.10.25

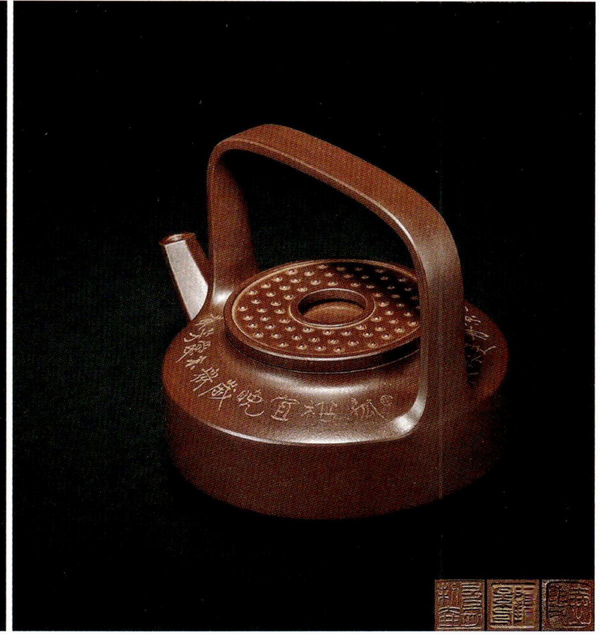

4145 顾景舟刻并制 玉璧提梁壶
估　价：RMB 6,000,000～8,000,000
成交价：RMB 16,330,000
容量530ml 上海春秋堂 2014.09.07

3769 顾景舟 秦权壶
估　价：RMB 3,800,000～5,200,000
成交价：RMB 4,600,000
长16.8cm 北京匡时 2014.06.04

1918 顾景舟 宝菱壶
估　价：RMB 3,800,000～5,000,000
成交价：RMB 6,325,000
高8.3cm；宽17.5cm
北京翰海 2014.10.25

3770 顾景舟 汉铎壶
估　价：RMB 4,000,000～5,500,000
成交价：RMB 6,210,000
长15.5cm 北京匡时 2014.06.04

3912 顾景舟制 九头咏梅茶具
估　价：RMB 5,000,000～6,000,000
成交价：RMB 28,750,000
直径11.3cm；宽14.3cm；宽24cm
中国嘉德 2014.05.18

4147 顾景舟制 五头高腰线提梁茶具套组
估　价：RMB 6,000,000～8,000,000
成交价：RMB 9,200,000
容量480ml 上海春秋堂 2014.09.07

4843 顾景舟制 牛盖莲子壶
估 价：RMB 3,800,000～4,500,000
成交价：RMB 5,520,000
容量470ml 上海春秋堂 2014.12.21

4266 季益顺 养、康、益、寿茶具（六件）
估 价：RMB 600,000～800,000
成交价：RMB 2,300,000
尺寸不一 北京保利 2014.12.03

3729 季益顺 十六竹（五件套组）
估 价：RMB 500,000～800,000
成交价：RMB 1,840,000
尺寸不一 北京匡时 2014.06.04

4210 顾景舟 掇球壶
估 价：RMB 3,500,000～4,500,000
成交价：RMB 4,025,000
长17.4cm；高11cm；容积520m
北京匡时 2014.12.04

4963 季益顺 八方龙头一捆竹壶
估 价：RMB 550,000～650,000
成交价：RMB 977,500
长19cm 北京保利 2014.06.04

3746 顾绍培 天地方圆壶
估 价：RMB 190,000～300,000
成交价：RMB 483,000
长21.7cm 北京匡时 2014.06.04

593 蒋蓉 牡丹紫砂壶
估　价：RMB 700,000～800,000
成交价：RMB 805,000
容积600ml 北京艺融 2014.06.03

1351 江建翔 高义茶具
估　价：RMB 300,000～350,000
成交价：RMB 690,000
高15.5cm 北京翰海 2014.05.09

4956 吕尧臣 井底蛙套组
估　价：RMB 450,000～550,000
成交价：RMB 517,500
尺寸不一 北京保利 2014.06.04

4177 江建翔 君雅组壶（三头）
估　价：RMB 2,000,000～3,000,000
成交价：RMB 4,025,000
尺寸不一 北京匡时 2014.12.04

3866 蒋蓉制 荷塘趣味套组（十一头）
估　价：RMB 650,000～800,000
成交价：RMB 747,500
壶容积370cc 中国嘉德 2014.05.18

1914 汪寅仙 高寿梅桩茶具
估　价：RMB 1,400,000～1,600,000
成交价：RMB 1,725,000
高12.8cm；宽18.8cm 北京翰海 2014.10.25

749 汪寅仙栀子花壶
估　价：RMB 1,200,000～1,500,000
成交价：RMB 2,012,500
高12.5cm；宽17cm 远方拍卖 2014.[illegible].02

4181 施小马制五头宝菱茶具套组
估　价：RMB 300,000～350,000
成交价：RMB 483,000
容量260ml
上海春秋堂 2014.09.07

4204 蒋新安 四季花语壶
估　价：RMB 300,000～400,000
成交价：RMB 575,000
尺寸不一 北京保利 2014.12.03

4183 唐彬杰制 莲生壶
成交价：RMB 1,265,000
容量350ml 上海春秋堂 2014.09.07

1913 汪寅仙 松竹梅三友壶
估　价：RMB 1,200,000～1,500,000
成交价：RMB 1,725,000
高11.8cm；宽13.8cm 北京翰海 2014.10.25

3641 王寅春 朱泥梅花周盘壶
估　价：RMB 1,150,000～1,250,000
成交价：RMB 1,322,500
长16.5cm 北京匡时 2014.06.04

1342 张正中 秋临壶
估　价：RMB 300,000～350,000
成交价：RMB 575,000
宽18.5cm 北京翰海 2014.05.09

747 王寅春周盘套组
估　价：RMB 800,000～1,000,000
成交价：RMB 1,610,000
尺寸不一 远方拍卖 2014.06.02

4965 2013年 吴扣华 景舟石瓢对壶
估　价：RMB 1,200,000～1,500,000
成交价：RMB 1,380,000
长16.5cm 北京保利 2014.06.04

4248 徐汉棠 四世同堂
估　价：RMB 600,000～800,000
成交价：RMB 690,000
尺寸不一 北京保利 2014.12.03

3880 徐徐制 徐秀棠铭逸公壶（一对）
估 价：RMB 120,000～200,000
成交价：RMB 437,000
宽12.5cm；宽12cm 中国嘉德 2014.05.18

3740 周桂珍 双圈壶
估 价：RMB 460,000～650,000
成交价：RMB 529,000
长16cm 北京匡时 2014.06.04

4278 清雍正/乾隆 杨季初 泥绘牧牛图笔筒
估 价：RMB 2,200,000～2,600,000
成交价：RMB 2,530,000
高15.5cm 北京保利 2014.12.03

4227 朱勤勇制 汉风壶
成交价：RMB 483,000
容量480ml 上海春秋堂 2014.09.07

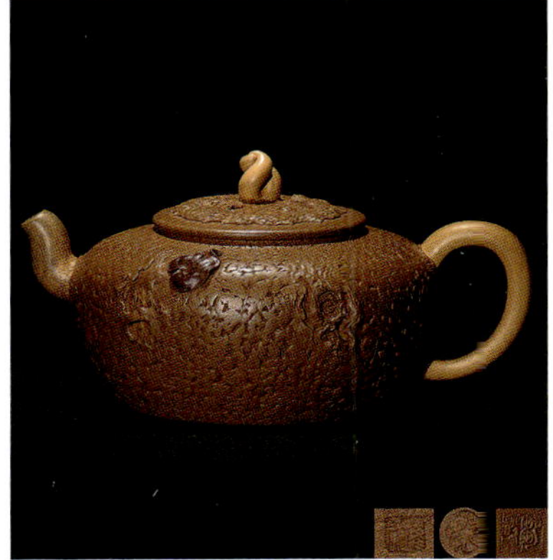

1433 邹跃君 林语生机壶
估 价：RMB 150,000～180,000
成交价：RMB 437,000
宽14.5cm 北京翰海 2014.05.09

5609 清乾隆 杨季初制 彩泥绘山水渔舟通景笔筒
估 价：RMB 2,600,000~3,600,000
成交价：RMB 4,255,000
高15.3cm；宽15.5cm 北京保利 2014.12.03

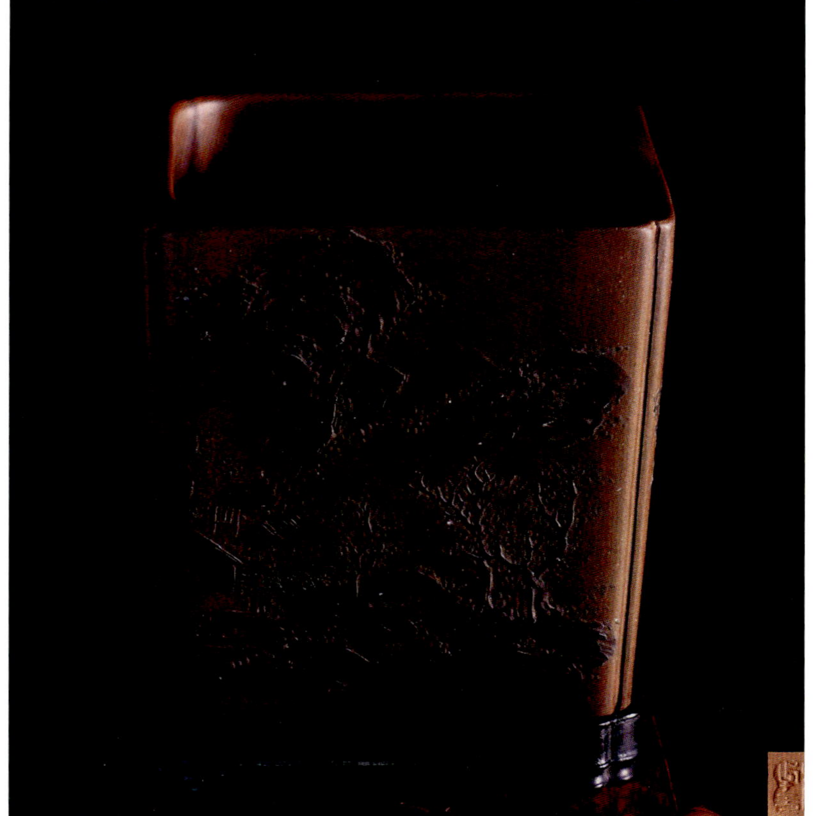

1008 清乾隆 杨季元制 四方抽角堆泥笔筒
估 价：RMB 1,200,000~1,500,000
成交价：RMB 2,070,000
高11.8cm 远方拍卖 2014.06.03

3361 清乾隆 紫砂加彩山水人物笔筒
估 价：RMB 700,000~900,000
成交价：RMB 920,000
高12cm 北京翰海 2014.10.25

漆 器

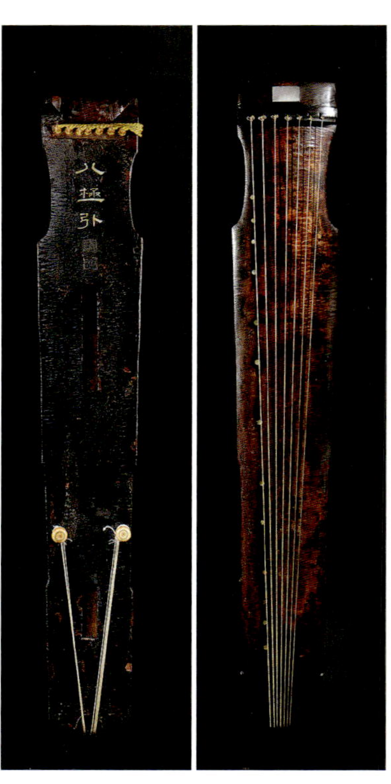

3630 宋 卢家炳旧藏 仲尼式“八极引”琴
估 价：HKD 5,800,000~7,000,000
成交价：RMB 5,269,300
长121cm；肩宽19.5cm
保利香港 2014.04.07

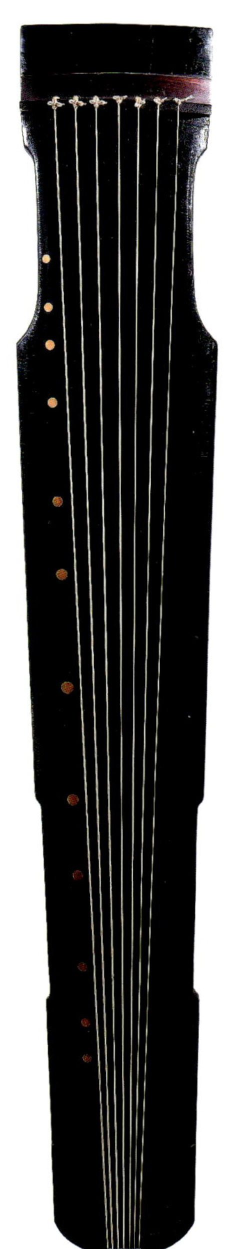

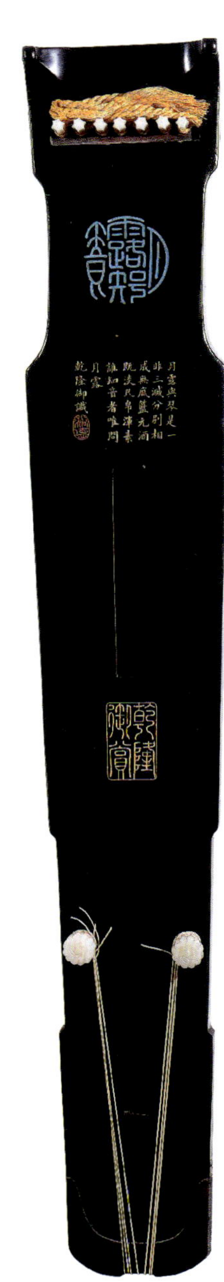

5625 明早期 乾隆御赏“头等十六号”月露知音琴
成交价：RMB 33,120,000
琴长121cm；弦长110.5cm；头宽19cm；肩宽19cm；尾宽13.5cm 北京保利 2014.12.03

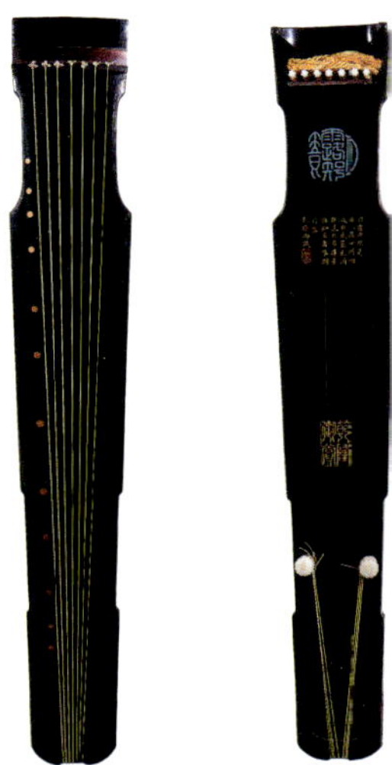

5625 明早期 乾隆御赏“头等十六号”月露知音琴
估　价：RMB 3,800,000～5,000,000
成交价：RMB 9,200,000
琴长122.5cm；额宽18cm；肩宽19.5cm；尾宽13.2cm 西泠拍卖 2014.12.13

5184 明 宪宗御制“洛象”琴
估　价：RMB 6,000,000～8,000,000
成交价：RMB 6,900,000
119.5cm×20cm×12.5cm 中国嘉德 2014.11.22

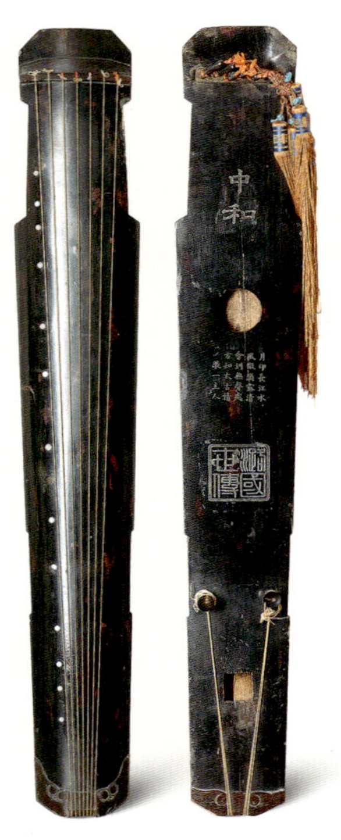

5183 明晚期 潞王制“中和”琴
估　价：RMB 3,600,000～6,000,000
成交价：RMB 4,370,000
120cm×17.5cm×11cm 中国嘉德 2014.11.22

705 明 夹纻漆金布袋和尚
估　价：RMB 550,000～850,000
成交价：RMB 1,035,000
高77cm 远方拍卖 2014.06.02

31 南宋 黑漆嵌螺钿梅花葵瓣式盘
估　价：HKD 1,000,000～1,500,000
成交价：RMB 1,169,200
直径17.3cm 香港苏富比 2014.04.08

6353 清乾隆 剔彩百宝嵌龙舟竞渡挂屏
估　价：RMB 400,000～600,000
成交价：RMB 2,070,000
长129cm；高90cm 北京保利 2014.06.04

3127 宋 褐漆葵形盘
估　价：HKD 350,000～450,000
成交价：RMB 326,683
直径17cm 保利香港 2014.10.07

2921 元 褐漆嵌螺钿“列女传”人物故事图盏托
估　价：HKD 600,000～800,000
成交价：RMB 493,125
宽16.2cm 佳士得 2014.11.26

3006 明早期 剔红“五伦图”椭圆形盘
估　价：HKD 1,000,000～1,500,000
成交价：RMB 804,000
宽20cm 佳士得 2014.05.28

591 明永乐 剔红花卉纹开光人物故事葵口盖盒
估　价：RMB 2,200,000～2,500,000
成交价：RMB 2,875,000
直径23.5cm 北京东正 2014.05.18

3121 元 剔红“游归图”葵式盘
估　价：HKD 500,000～700,000
成交价：RMB 932,200
直径32.8cm 香港苏富比 2014.04.08

42 明嘉靖 剔彩麒麟纹盘
估　价：HKD 600,000～800,000
成交价：RMB 1,453,600
直径16.8cm 香港苏富比 2014.04.08

43 16世纪或以前 剔红四季花卉纹盏托
估　价：HKD 400,000～600,000
成交价：RMB 1,264,000
直径16.8cm 香港苏富比 2014.04.08

5642 清乾隆 剔彩寿春宝盒
估　价：RMB 1,000,000～2,000,000
成交价：RMB 1,782,500
直径31cm 北京保利 2014.12.04

375 清乾隆 黑地剔红缠枝莲托梵文纹高足碗（一对）
估　价：USD 40,000～60,000
成交价：RMB 536,813
高12cm 纽约苏富比 2014.03.18

548 明万历 剔彩海水龙纹长方盖盒
估　价：USD 80,000～120,000
成交价：RMB 2,017,757
长31.7cm 纽约苏富比 2014.09.16

37 明永乐 剔红周敦颐爱莲图圆盒
估　价：HKD 3,500,000～4,500,000
成交价：RMB 2,496,400
直径26.5cm 香港苏富比 2014.04.08

5044 清乾隆 漆彩绘描金花卉佛日常明盘
估　价：RMB 600,000～800,000
成交价：RMB 920,000
直径22cm 北京翰海 2014.10.26

3016 18世纪 编竹加漆“大吉”葫芦式三层提盒
估　价：HKD 600,000～800,000
成交价：RMB 996,960
高64.8cm 佳士得 2014.05.28

1444 清乾隆 剔红百宝嵌水浒人物笔筒
估　价：RMB 300,000～400,000
成交价：RMB 3,450,000
高17cm 北京盘古 2014.06.25

50 明嘉靖 剔红雕漆寿鹤凤凰纹官皮箱
估　价：GBP 80,000～120,000
成交价：RMB 1,572,637
长33cm 伦敦苏富比 2014.11.05

50 清乾隆 戗金填漆婴戏图“万代胜盒”
估　价：HKD 1,500,000～2,000,000
成交价：RMB 1,453,600
宽31.7cm 香港苏富比 2014.04.08

294 清乾隆 剔红"群仙祝寿图"桃形捧盒
估　价：RMB 700,000～800,000
成交价：RMB 862,500
长37.3cm 北京东正 2014.11.20

3421 清乾隆 葫芦印如意纹碗
估　价：RMB 110,000～200,000
成交价：RMB 126,500
直径16cm 北京匡时 2014.06.03

8784 清中期 剔红皮球花缠枝莲纹香车
估　价：RMB 800,000～1,200,000
成交价：RMB 1,150,000
长41cm×27cm×30cm 北京保利 2014.06.06

匏 器

8303 清乾隆 白玉葫芦坠配葫芦
估　价：RMB 200,000～300,000
成交价：RMB 345,000
葫芦高14cm；玉长6cm 北京保利 2014.12.05

5161 清乾隆 匏制山禽花卉纹玉壶春瓶
估　价：RMB 30,000～60,000
成交价：RMB 78,200
直径10.9cm；高13cm 中国嘉德 2014.11.22

5159 清中期 押花山水树石纹蛐蛐葫芦
估　价：RMB 200,000～300,000
成交价：RMB 230,000
直径7.8cm；高21.5cm 中国嘉德 2014.11.22

1010 清道光 官模“道光年制”缠枝莲匏制渣斗
估　价：RMB 80,000～120,000
成交价：RMB 92,000
高7.8cm 古天一 2014.06.05

404 17世纪 缂丝“释迦坐像”轴
估　价：RMB 2,000,000～2,500,000
成交价：RMB 2,645,000
136cm×76.5cm 北京匡时 2014.12.02

织绣

7561 明万历 明黄色妆花罗彩云龙凤纹藏式袍
估　价：RMB 120,000～180,000
成交价：RMB 310,500
长220cm；高154cm 北京保利 2014.12.05

7582 清乾隆 黄色满纳竹石花果团夔龙纹桌帷
估　价：RMB 1,200,000～1,500,000
成交价：RMB 1,380,000
长254cm；高74cm 北京保利 2014.12.05

3349 清乾隆 龙袍
估　价：HKD 2,500,000～3,500,000
成交价：RMB 2,058,240
长140cm；宽230.6cm 佳士得 2014.05.28

8604 清乾隆 缂丝群仙祝寿图
估　价：RMB 800,000～1,200,000
成交价：RMB 1,092,500
225cm×94cm 北京保利 2014.06.06

8510 清乾隆 绛色缂丝彩云金龙纹女朝袍
估　价：RMB 550,000～850,000
成交价：RMB 667,000
长180cm；高145cm 北京保利 2014.06.06

7646 清乾隆 明黄色绸绣福寿连绵坐垫面
估　价：RMB 200,000～300,000
成交价：RMB 563,500
128.5cm×93cm 北京保利 2014.12.05

512 清乾隆 御制黄缎绛丝凤凰金龙纹吉服
估 价：USD 150,000～250,000
成交价：RMB 1,134,605
长138.4cm；阔213.5cm 纽约苏富比 2014.09.16

7520 清乾隆 蓝色绸平金银绣云龙纹龙袍
估 价：RMB 1,600,000～2,000,000
成交价：RMB 1,840,000
长176cm；高137cm 北京保利 2014.12.05

8608 清嘉庆 杏黄地纳纱九龙大挂帐
估 价：RMB 600,000～900,000
成交价：RMB 2,012,500
长466cm×300cm 北京保利 2014.06.06

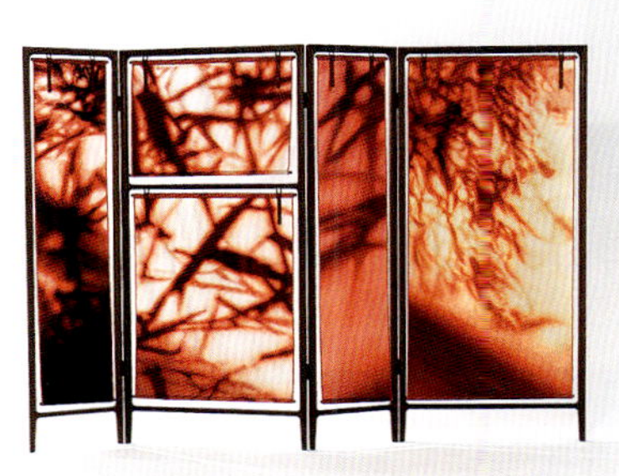

08 2014年作 “君子” 手工双面绣四联屏风
估 价：RMB 800,000～1,200,000
成交价：RMB 1,470,000
240cm×176cm×34cm
佳士得（上海）2014.10.24

7619 清中期 打籽绣九龙大挂账
估 价：RMB 700,000～900,000
成交价：RMB 1,725,000
470cm×328cm 北京保利 2014.12.05

玻璃器

2361 清康熙/雍正 宝石蓝料菊瓣盘
估　价：USD 4,000～6,000
成交价：RMB 291,413
直径14cm 纽约佳士得 2014.03.20

2365 19世纪 透明料如意云足烟灯
估　价：USD 6,000～8,000
成交价：RMB 368,100
高16.5cm 纽约佳士得 2014.03.20

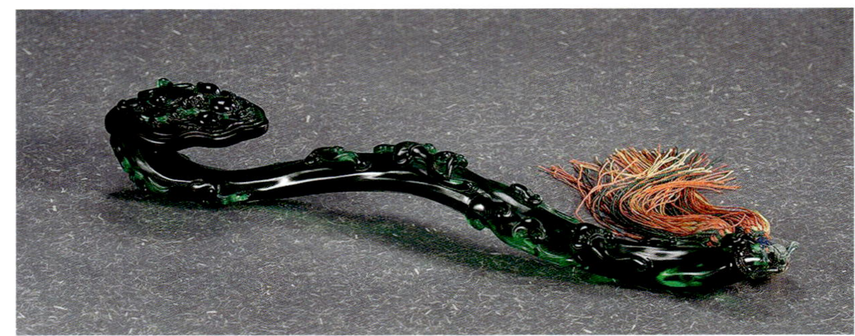

3296 清乾隆 绿料白猴献寿纹灵芝形如意
估　价：RMB 480,000～600,000
成交价：RMB 552,000
长31cm 西泠拍卖 2014.12.13

3494 清乾隆 绿色玻璃盆
估　价：HKD 300,000～400,000
成交价：RMB 1,189,920
长20cm；21.3cm 佳士得 2014.05.28

2366 清乾隆 雪霏地套红料英雄图笔筒
估　价：USD 7,000～9,000
成交价：RMB 368,100
高17.2cm 纽约佳士得 2014.03.20

3497 清乾隆 绿松石玻璃瓶
估　价：HKD 800,000～1,200,000
成交价：RMB 1,093,440
高35.9cm 佳士得 2014.05.28

金银器

1848 战国 纯金带金饰（一组十二件）
估　价：NTD 2,500,000～4,000,000
成交价：RMB 964,080
直径5.8cm 台湾世家 2014.04.13

172 唐 银刻花卉纹小盖盒
估　价：USD 6,000～8,000
成交价：RMB 153,375
直径4.5cm 纽约苏富比 2014.03.18

171 唐 银犬
估　价：USD 10,000～12,000
成交价：RMB 107,363
高13.6cm 纽约苏富比 2014.03.18

7433 明 金嵌宝石头面（一套十二件）
估　价：RMB 2,200,000～3,200,000
成交价：RMB 2,530,000
尺寸不一 北京保利 2014.12.04

3369 清乾隆 银兽面门环（两件）
估　价：RMB 8,000,000～12,000,000
成交价：RMB 11,500,000
高26cm 北京翰海 2014.10.25

668 清晚期/民国 金质高浮雕龙凤纹熏炉
估　价：RMB 250,000～400,000
成交价：RMB 782,000
高26cm；重642.4g 中国嘉德 2014.05.24

589 清中期 银制云龙赶珠纹嵌宝围棋盒（一对）
估　价：RMB 800,000～900,000
成交价：RMB 1,035,000
直径15cm 北京东正 2014.05.18

2978 银制伪满洲国徽四足冲天耳鼎（一对）
估　价：HKD 110,000～150,000
成交价：RMB 681,375
高34cm；宽26.5cm×2
保利香港 2014.04.07

7931 元 铜胎掐丝珐琅缠枝花卉碗
估　价：RMB 300,000～500,000
成交价：RMB 483,000
直径25.5cm 北京保利 2014.06.05

542 江户 宗味款铁钓手打出金瓶
估　价：RMB 500,000～600,000
成交价：RMB 920,000
高13cm 长风拍卖 2014.01.05

7932 元 铜胎掐丝珐琅花果纹盘
估　价：RMB 500,000～800,000
成交价：RMB 1,610,000
直径19.7cm 北京保利 2014.06.05

2642 二世臧六造 商祖辛盉式纯银水注
估　价：RMB 100,000～200,000
成交价：RMB 437,000
17.5cm×12cm×19.5cm
北京翰海 2014.10.25

珐琅器

7302 元 御制铜胎掐丝珐琅缠枝莲纹出戟花觚
估　价：RMB 2,000,000～3,000,000
成交价：RMB 2,990,000
高30.6cm 北京保利 2014.12.04

7307 明嘉靖 御制铜胎掐丝珐琅婴戏图碗
估　价：RMB 1,200,000～1,500,000
成交价：RMB 1,380,000
直径16cm 北京保利 2014.12.04

7308 明万历 御制铜胎掐丝珐琅花卉纹六方盖盒
估　价：RMB 1,800,000～2,800,000
成交价：RMB 2,070,000
宽11cm 北京保利 2014.12.04

7304 明宣德 御制铜胎掐丝珐琅缠枝莲纹双象耳三足炉
估　价：RMB 4,600,000～6,600,000
成交价：RMB 5,520,000
直径36.4cm 北京保利 2014.12.04

7936 明宣德 铜胎掐丝珐琅缠枝莲纹龙耳炉
估　价：RMB 2,000,000～3,000,000
成交价：RMB 4,255,000
宽21cm 北京保利 2014.06.05

2472 明晚期 掐丝珐琅五供
估　价：RMB 2,500,000～3,500,000
成交价：RMB 2,990,000
烛台高47cm；香炉高32.5cm；花觚高34.5cm 北京翰海 2014.10.25

7943 15世纪 铜胎掐丝珐琅花卉纹梅瓶
估　价：RMB 800,000～1,200,000
成交价：RMB 3,105,000
高19.5cm 北京保利 2014.06.05

7310 明中期 铜胎掐丝珐琅缠枝纹铺首耳仿汉小壶
估　价：RMB 700,000～900,000
成交价：RMB 1,897,500
高19.5cm 北京保利 2014.12.04

7303 15世纪 铜胎掐丝珐琅华盖莲瓣纹小酒杯
估　价：RMB 350,000～550,000
成交价：RMB 1,782,500
直径6.8cm 北京保利 2014.12.04

7942 15世纪早期 铜胎掐丝珐琅缠枝莲纹兽耳倭角瓶
估　价：RMB 1,500,000～2,500,000
成交价：RMB 3,565,000
高21cm 北京保利 2014.06.05

5638 清康熙 铜胎掐丝珐琅西洋人物像
估　价：RMB 2,800,000～3,800,000
成交价：RMB 3,910,000
高42cm 北京保利 2014.12.04

7319 清康熙 御制铜胎掐丝珐琅蕃人烛台
估　价：RMB 1,700,000～2,700,000
成交价：RMB 1,955,000
高26.5cm 北京保利 2014.12.04

3329 清雍正 珐琅壶
估　价：HKD 3,000,000～5,000,000
成交价：RMB 2,926,560
高16.5cm 佳士得 2014.05.28

3104 清康熙 掐丝珐琅云龙纹多穆壶（一对）
估　价：HKD 2,500,000～3,500,000
成交价：RMB 3,065,200
高60.5cm 香港苏富比 2014.04.08

3103 清乾隆 掐丝珐琅番莲夔龙拐子纹双层熏炉（一对）
估　价：HKD 5,000,000～7,000,000
成交价：RMB 11,407,600
高103.8cm；高104.3cm
香港苏富比 2014.04.08

3368 清雍正 铜胎画珐琅花卉执壶
估　价：RMB 2,000,000～3,000,000
成交价：RMB 6,325,000
高16cm 北京翰海 2014.10.25

7958 16世纪晚期 铜鎏金彩漆填珐琅小皇子立像
估　价：RMB 3,000,000～5,000,000
成交价：RMB 4,600,000
高14.5cm 北京保利 2014.06.05

3022 清乾隆 掐丝珐琅福寿双全桃式三足大盘
估　价：HKD 3,500,000～4,500,000
成交价：RMB 3,408,960
长55.7cm 佳士得 2014.05.28

3102 清乾隆 铜胎画北京珐琅“番莲”图 八棱盖盒（一对）
估　价：HKD 3,000,000～5,000,000
成交价：RMB 2,875,600
12.2cm 香港苏富比 2014.04.08

3333 清乾隆 掐丝珐琅镂空桶形凳子（一对）
估　价：HKD 2,500,000～3,500,000
成交价：RMB 2,444,160
高53.3cm 佳士得 2014.05.28

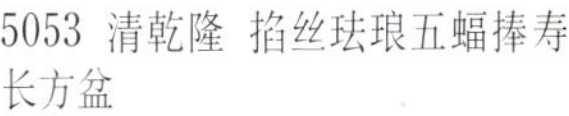

5053 清乾隆 掐丝珐琅五蝠捧寿长方盆
估　价：RMB 480,000～600,000
成交价：RMB 598,000
长52.5cm 北京翰海 2014.10.26

1192 清乾隆 铜胎画珐琅黄地缠枝花卉纹龙首耳觚（一对）
估 价：HKD 1,000,000～2,000,000
成交价：RMB 4,639,215
高63cm 中国嘉德 2014.10.07

975 清乾隆 铜胎掐丝珐琅麒麟招财童子（一对）
估 价：RMB 6,000,000～8,000,000
成交价：RMB 8,625,000
高34cm 上海敬华 2014.07.01

5637 清乾隆 铜胎掐丝珐琅吹笛童子牧牛摆件
估 价：RMB 1,200,000～2,200,000
成交价：RMB 2,070,000
高43.5cm 北京保利 2014.12.04

5644 清乾隆 铜胎掐丝珐琅兽面纹出戟罍
估 价：RMB 1,200,000～2,200,000
成交价：RMB 2,242,500
高23.5cm 北京保利 2014.12.04

5646 清乾隆 铜胎掐丝珐琅鸟笼及架
估 价：RMB 1,800,000～2,800,000
成交价：RMB 2,990,000
笼高40cm；架高129cm 北京保利 2014.12.04

5645 清乾隆 铜胎掐丝珐琅三足炉
估 价：RMB 1,200,000～2,200,000
成交价：RMB 2,127,500
高38.5cm 北京保利 2014.12.04

1207 清 掐丝珐琅三镶如意
估 价：RMB 300,000～400,000
成交价：RMB 3,450,000
长41cm 北京盘古 2014.06.25

7337 清乾隆 御制铜胎掐丝珐琅甪端香熏
估 价：RMB 1,000,000～2,000,000
成交价：RMB 1,782,500
高15cm 北京保利 2014.12.04

7331 清乾隆 御制铜胎掐丝与内填珐琅狮子摆件
估 价：RMB 3,000,000～5,000,000
成交价：RMB 3,335,000
高15.5cm；长20cm 北京保利 2014.12.04

238 清约1745年 铜胎画珐琅瑞典皇家徽章花鸟纹茶叶箱
估 价：GBP 20,000～30,000
成交价：RMB 4,192,045
25.3cm×47.7cm×24.5cm 伦敦苏富比 2014.11.05

1554 清中期 铜胎掐丝珐琅百宝灵芝盆景（两件）
估 价：RMB 600,000～800,000
成交价：RMB 3,220,000
高33cm 北京翰海 2014.10.25

鼻烟壶

781 清乾隆 厂官釉梅瓶式鼻烟壶
估 价：RMB 20,000~30,000
成交价：RMB 92,000
高6.7cm 北京东正 2014.11.20

3401 清乾隆 白玉御制诗文梅花图烟壶
估 价：RMB 200,000~300,000
成交价：RMB 368,000
高5.6cm 中国嘉德 2014.05.18

3413 清中期 黑白玉双联烟壶
估 价：RMB 300,000~400,000
成交价：RMB 345,000
高6cm 中国嘉德 2014.05.18

760 清乾隆 御制粉彩开光婴戏图鼻烟壶
估 价：RMB 200,000~300,000
成交价：RMB 690,000
高5cm 北京东正 2014.11.20

1036 清乾隆 白玉带皮烟壶
估 价：HKD 160,000~260,000
成交价：RMB 209,220
高7.5cm 中国嘉德 2014.10.07

6946 清 翡翠仿古鹦鹉纹烟壶
估 价：RMB 100,000～150,000
成交价：RMB 379,500
高6.3cm 北京保利 2014.12.05

797 清 蜜蜡嵌八宝夔龙纹鼻烟壶
估 价：RMB 150,000～200,000
成交价：RMB 368,000
高6.6cm 北京东正 2014.11.20

3450 清 白玉金皮籽料烟壶
估 价：RMB 500,000～700,000
成交价：RMB 575,000
高5.5cm 中国嘉德 2014.11.20

3404 清 缠丝玛瑙鹿形烟壶
估 价：RMB 250,000～300,000
成交价：RMB 322,000
高6cm 中国嘉德 2014.05.18

2469 1850年/1900年 红碧玺刻喜上眉梢图鼻烟壶
估 价：USD 10,000～15,000
成交价：RMB 498,469
高4.8cm 纽约佳士得 2014.03.20

1213 清 绿玻璃合卺杯鼻烟壶
估　价：RMB 400,000～600,000
成交价：RMB 552,000
高6.7cm 北京华辰 2014.05.17

805 清乾隆 铜胎掐丝珐琅西番莲纹鼻烟壶
估　价：RMB 120,000～150,000
成交价：RMB 172,500
高5.3cm 北京东正 2014.11.20

251 1903年 马少宣 作玻璃内画二乔共读鼻烟壶
估　价：USD 10,000～15,000
成交价：RMB 122,660
高6.1cm 纽约苏富比 2014.09.16

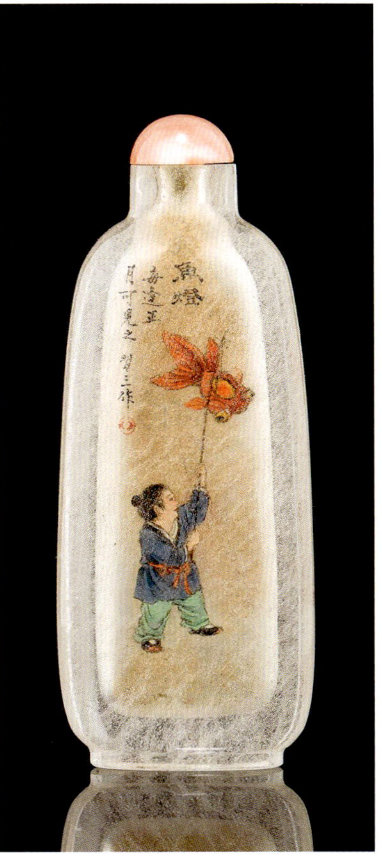

8035 1966年 王习三 水晶内画人物鼻烟壶
估　价：USD 4,000～6,000
成交价：RMB 145,659
高6.3cm 邦瀚斯 2014.09.15

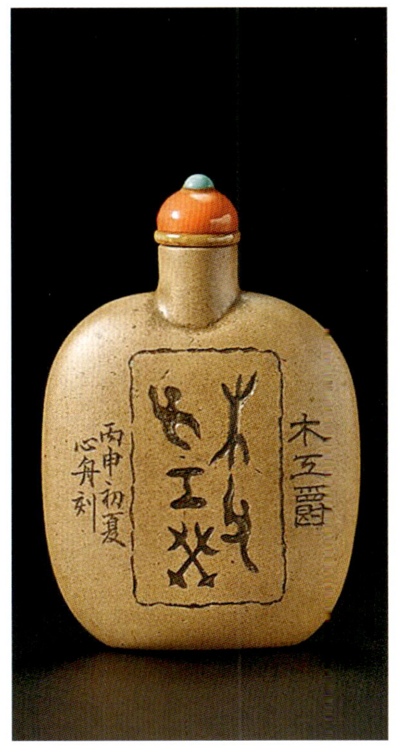

231 1896年 紫砂刻金文鼻烟壶
估　价：USD 40,000～60,000
成交价：RMB 306,650
高5.4cm 纽约苏富比 2014.09.16

古典家具

64 17世纪 樟木围子床
估 价：HKD 1,000,000～1,500,000
成交价：RMB 3,823,600
76.5cm×213cm×118cm 香港苏富比 2014.04.08

4412 明晚期 黄花梨六柱十字海棠纹架子床
成交价：RMB 12,075,000
宽221cm；厚142.5cm；高220cm；座高52cm
中国嘉德 2014.05.17

1228 明式铁梨木罗汉床
估 价：RMB 1,800,000～2,800,000
成交价：RMB 4,370,000
205cm×95cm×75cm 中贸圣佳 2014.07.06

18 2014年作 “大天地”黄檀三屏靠祥龙石图罗汉床
估 价：RMB 1,800,000～2,200,000
成交价：RMB 2,310,000
209.6cm×98.1cm×72cm
佳士得（上海） 2014.10.24

600 明 黄花梨素工大圆角柜
估 价：RMB 2,900,000～3,500,000
成交价：RMB 3,220,000
115 cm×53 cm×171cm
北京艺融 2014.12.08

4421 明或清前期 黄花梨大方角柜成对
成交价：RMB 16,100,000
宽105.2cm；厚52.5cm；高175cm
中国嘉德 2014.05.17

1247 明中期 黄花梨嵌百宝婴戏图书柜
估 价：RMB 3,000,000～4,500,000
成交价：RMB 5,175,000
84.5cm×77.5cm×46cm
中贸圣佳 2014.07.06

4407 明晚期 黄花梨方角炕柜成对
估 价：RMB 1,200,000～2,200,000
成交价：RMB 1,380,000
宽45cm；厚30.5cm；高55cm
中国嘉德 2014.05.17

4411 明晚期 黄花梨木轴门圆角柜
估 价：RMB 5,600,000～10,000,000
成交价：RMB 9,430,000
宽95.2cm；厚49.6cm；高185.1cm
中国嘉德 2014.05.17

6345 清乾隆 紫檀竹丝雕云龙纹小柜
估　价：RMB 1,000,000～1,500,000
成交价：RMB 1,725,000
35.5cm×17.5cm×58cm 北京保利 2014.06.04

347 17世纪 黄花梨圆角柜
估　价：GBP 200,000～300,000
成交价：RMB 2,556,920
92cm×48.5cm×高174cm
伦敦邦瀚斯 2014.05.15

5623 清乾隆 紫檀高浮雕吉庆有余顶箱式四件柜
估　价：RMB 15,000,000～25,000,000
成交价：RMB 22,425,000
高210.5cm；宽101cm；进深55.8cm 北京保利 2014.12.03

2313 明晚期/清早期 黄花梨图书行柜（一对）
估　价：USD 500,000～700,000
成交价：RMB 5,920,275
高70.3cm，宽61.6cm，深38.1cm 纽约佳士得 2014.03.20

599 清 黄花梨雕龙二联橱
估 价：RMB 1,200,000～1,500,000
成交价：RMB 1,150,000
115cm×54cm×92.5cm
北京艺融 2014.12.08

3017 18世纪 紫檀木雕勾云纹长方小柜
估 价：HKD 1,000,000～1,500,000
成交价：RMB 1,865,280
高41.9cm；宽32.5cm；厚24.2cm
佳士得 2014.05.28

382 19世纪 红木小柜连座
估 价：USD 5,000～7,000
成交价：RMB 613,500
高61.6cm 纽约苏富比 2014.03.18

579 越南黄花梨顶箱柜（一对）
估 价：RMB 9,000,000～9,900,000
成交价：RMB 10,925,000
288cm×134cm×68cm×2 北京艺融 2014.06.03

3652 明晚期17世纪 黄花梨圆角柜（一对）
估 价：HKD 1,200,000～1,800,000
成交价：RMB 1,169,200
94cm×59cm×34cm
香港苏富比 2014.04.07

71 海南黄花梨多宝架格（一对）
估　价：RMB 2,700,000
成交价：RMB 11,088,000
高106cm；长96cm；宽32.5cm
上海联合 2014.12.06

601 明 黄花梨卡子花大画桌
估　价：RMB 3,800,000～4,500,000
成交价：RMB 4,600,000
210cm×56cm×86cm 北京艺融 2014.12.08

3377 清 红木雕梅纹玻璃橱（一对）
估　价：RMB 1,200,000～1,800,000
成交价：RMB 1,380,000
高170cm；长54cm；宽40cm
西泠拍卖 2014.12.13

66 16世纪 黄花梨画桌
估　价：HKD 7,000,000～9,000,000
成交价：RMB 8,089,600
84.4cm×180.5cm×99.6cm 香港苏富比 2014.04.08

2296 黄花梨镂雕莲纹亮格柜
估 价：USD 180,000～250,000
成交价：RMB 1,355,835
高132.2cm，宽82.6cm，深50.1cm 纽约佳士得 2014.03.20

4413 明晚期 黄花梨高束腰霸王枨条桌
估 价：RMB 3,800,000～7,200,000
成交价：RMB 5,980,000
宽140cm；厚56.7cm；高79.5cm 中国嘉德 2014.05.17

4417 明晚期 黄花梨画桌
成交价：RMB 16,100,000
宽225cm；厚73cm；高87cm 中国嘉德 2014.05.17

394 17世纪 黄花梨画桌
估 价：USD 250,000～350,000
成交价：RMB 4,263,825
高86.5cm；宽223.5cm；深73.6cm 纽约苏富比 2014.03.18

4425 明晚期 黄花梨有束腰马蹄足半桌
估 价：RMB 800,000～1,300,000
成交价：RMB 2,070,000
宽95.4cm；厚47.4cm；高86.7cm 中国嘉德 2014.05.17

4405 明晚期 黄花梨有束腰卷草纹马蹄足小炕桌
估 价：RMB 500,000～900,000
成交价：RMB 862,500
宽51.2cm；厚35.4cm；高20.2cm
中国嘉德 2014.05.17

3379 民国 红木嵌大理石面有束腰西番莲纹长桌
估 价：RMB 1,200,000～1,800,000
成交价：RMB 1,552,500
高78cm；长118cm；宽63cm
西泠拍卖 2014.12.13

387 18世纪/19世纪 紫檀月牙桌（一对）
估 价：USD 200,000～300,000
成交价：RMB 4,447,875
高91cm；宽114.3cm. 纽约苏富比 2014.03.18

3385 清 红木嵌云纹石圆桌椅（一组五件）
估 价：RMB 800,000～1,000,000
成交价：RMB 1,092,500
高90cm 西泠拍卖 2014.12.13

6287 清乾隆 御制紫檀高浮雕西番莲方桌
估 价：RMB 4,500,000～6,500,000
成交价：RMB 5,980,000
87.5cm×87.5cm×88cm 北京保利 2014.06.04

1530 当代 阴沉金丝楠镶和田玉留韵龙饰圆桌（六件套）
估 价：RMB 2,800,000～3,800,000
成交价：RMB 3,220,000
圆桌直径92cm×70cm；圆凳直径44cm×42cm×5 北京翰海 2014.08.

4426 明晚期 黄花梨高靠背南官帽椅成对
估　价：RMB 7,800,000～13,800,000
成交价：RMB 16,675,000
宽59.2cm；厚45.7cm；高117.7cm 中国嘉德 2014.05.17

6289 清 紫檀嵌瘿木雕云雷纹写字台
估　价：RMB 1,600,000～2,600,000
成交价：RMB 1,840,000
153cm×76cm×84cm 北京保利 2014.06.04

2289 明晚期/18世纪 黄花梨镂雕云龙纹宝座式镜台
估　价：USD 20,000～30,000
成交价：RMB 690,188
高74.9cm，宽59.2cm，深34.8cm
纽约佳士得 2014.03.20

4419 明晚期 黄花梨四出头高靠背官帽椅
估　价：RMB 4,800,000～6,600,000
成交价：RMB 6,670,000
宽57cm；厚47.6cm；高119.1cm
中国嘉德 2014.05.17

4404 明晚期 黄花梨灯挂椅
估　价：RMB 700,000～1,200,000
成交价：RMB 4,715,000
宽50cm；厚40cm；高108cm
中国嘉德 2014.05.17

4406 明晚期 黄花梨圈椅成对
估　价：RMB 3,300,000～6,200,000
成交价：RMB 5,750,000
宽60.8cm；厚46.5cm；高99.5cm 中国嘉德 2014.05.17

2310 明晚期/18世纪 紫檀直棂式圈椅（一对）
估　价：USD 750,000～850,000
成交价：RMB 6,656,475
高91.7cm，宽63.5cm，深58.1cm
纽约佳士得 2014.03.20

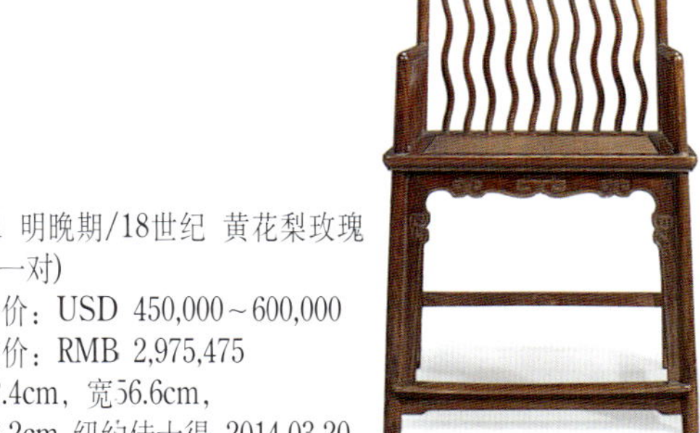

2311 明晚期/18世纪 黄花梨玫瑰椅（一对）
估　价：USD 450,000～600,000
成交价：RMB 2,975,475
高82.4cm，宽56.6cm，
深43.2cm 纽约佳士得 2014.03.20

3513 17世纪/18世纪 黄花梨圈椅（一对）
估 价：HKD 2,000,000～3,000,000
成交价：RMB 1,961,760
高98.5cm；宽67cm；深56cm 佳士得 2014.05.28

419 17世纪/18世纪 黄花梨四出头官帽椅
估 价：USD 300,000～400,000
成交价：RMB 1,797,555
高118cm；宽59.5cm；深46cm
纽约苏富比 2014.03.18

568 清中期 紫檀嵌银丝雕缠枝莲八角凳（成对）
估 价：RMB 1,000,000～1,500,000
成交价：RMB 1,380,000
长35cm；宽35cm；高42.5cm
银座国际 2014.06.01

1312 清早期 树根制天然木扶手椅
估 价：HKD 400,000～600,000
成交价：RMB 363,860
93cm×79cm×69cm 中国嘉德 2014.10.07

7019 明末清初 黄花梨如意梅花四出头官帽椅
估 价：RMB 2,600,000～3,600,000
成交价：RMB 2,990,000
长64cm；宽54cm；高117.5cm
北京保利 2014.12.04

7278 妙缘古树 海南黄花梨圆后背交椅
估 价：RMB 1,000,000～2,000,000
成交价：RMB 1,150,000
长81cm；宽71cm；高103.5cm
北京保利 2014.12.05

63 17世纪 黄花梨倭角方凳（一对）
估 价：HKD 2,400,000～2,800,000
成交价：RMB 2,875,600
51cm×58cm×48cm 香港苏富比 2014.04.08

61 18世纪 黄花梨条凳（一对）
估 价：HKD 1,500,000～2,000,000
成交价：RMB 1,738,000
52.7cm×125.1cm×35.8cm 香港苏富比 2014.04.08

4418 明晚期 紫檀木三弯腿霸王枨带托泥圆凳
估 价：RMB 2,800,000～5,500,000
成交价：RMB 3,220,000
直径38.5cm；高57cm 中国嘉德 2014.05.17

608 紫檀雕云龙纹托泥宝座
估 价：RMB 2,200,000～2,600,000
成交价：RMB 1,955,000
128cm×90cm×118cm 北京艺融 2014.12.08

263 小叶紫檀云龙纹宝座
估　价：HKD 4,500,000～9,000,000
成交价：RMB 6,160,000
通宽65cm；通长130cm；通高110cm 荣盛国际 2014.07.26

1536 当代 留韵大画案 官帽椅
估　价：RMB 5,800,000～6,800,000
成交价：RMB 7,820,000
长画案303cm×106cm×84cm；四出官帽椅62cm×50cm×117cm 北京翰海 2014.08.23

4422 明晚期 黄花梨夹头榫平头案
估　价：RMB 3,800,000～6,600,000
成交价：RMB 4,830,000
宽199.5cm；厚59.5cm；高80.8cm 中国嘉德 2014.05.17

577 清 海南黄花梨条案
估　价：RMB 2,200,000～2,600,000
成交价：RMB 2,875,000
150cm×68cm×85cm 北京艺融 2014.06.03

4410 明清前期 黄花梨四足卷草凤纹三弯腿长方香几
估　价：RMB 3,000,000～6,000,000
成交价：RMB 4,370,000
宽51.7cm；厚41.5cm；高86cm
中国嘉德 2014.05.17

1244 黄花梨翘头长条案
估　价：RMB 150,000～350,000
成交价：RMB 3,105,000
140cm×38cm×84.5cm
中贸圣佳 2014.07.06

49 清乾隆 褐地彩漆描金花卉纹方几
估　价：GBP 60,000～80,000
成交价：RMB 785,528
45cm×45cm×102.3cm
伦敦苏富比 2014.05.14

408 17世纪 黄花梨香几
估　价：USD 25,000～35,000
成交价：RMB 1,576,695
高68.6cm；宽46.2cm；深35.2cm
纽约苏富比 2014.03.18

669 清中期 紫檀雕龙纹拐子绳结纹下卷式琴案
估　价：RMB 1,800,000～2,800,000
成交价：RMB 2,070,000
长131cm；宽38cm；高85cm 银座国际 2014.06.01

3795 清康熙 戗金填漆云龙纹葵花式六足香几
估　价：HKD 1,200,000～1,500,000
成交价：RMB 1,170,680
83.6cm×46cm 香港苏富比 2014.10.08

37 18世纪末 紫檀夔龙花卉卷草纹香几
估　价：GBP 60,000～80,000
成交价：RMB 3,063,032
99cm×41.5cm×41.5cm
伦敦苏富比 2014.05.14

2712 清 过云楼主人藏黄花梨书卷式小博古架（一对）
估 价：RMB 200,000～300,000
成交价：RMB 920,000
高60.4cm；长42.5cm；宽13.8cm；
高60.4cm；长42.5cm；宽13.8cm
西泠拍卖 2014.12.13

480 清 湘妃竹髹漆莳绘博古架
估 价：RMB 400,000～600,000
成交价：RMB 1,265,000
高98cm；宽94cm；深27.5cm
长风拍卖 2014.01.05

4403 明清前期 黄花梨圆盒
估 价：RMB 180,000～260,000
成交价：RMB 402,500
直径21.9cm；高5.6cm
中国嘉德 2014.05.17

7016 明晚期 黄花梨衣箱
估 价：RMB 1,300,000～2,000,000
成交价：RMB 1,495,000
长69.2cm；宽39.3cm 北京保利 2014.12.04

4423 明晚期 黄花梨画匣
估 价：RMB 400,000～700,000
成交价：RMB 713,000
宽62.5cm；厚46.8cm；高21cm 中国嘉德 2014.05.17

74 海南黄花梨大官皮箱
估 价：RMB 300,000
成交价：RMB 1,120,000
高35cm；长71.5cm；宽45cm 上海联合 2014.12.06

972 明末清初 黄花梨三撞提盒
估　价：HKD 100,000～200,000
成交价：RMB 229,425
23.5cm × 34.8cm × 18.7cm
中国嘉德 2014.04.09

2054 清乾隆 白玉文徵明洛神赋插屏
估　价：RMB 1,500,000～2,000,000
成交价：RMB 3,910,000
高26cm 古天一 2014.12.05

3465 清乾隆 紫檀嵌百宝花鸟长方盒
估　价：RMB 500,000～700,000
成交价：RMB 632,500
26.1cm × 16cm × 8.7cm
北京翰海 2014.05.11

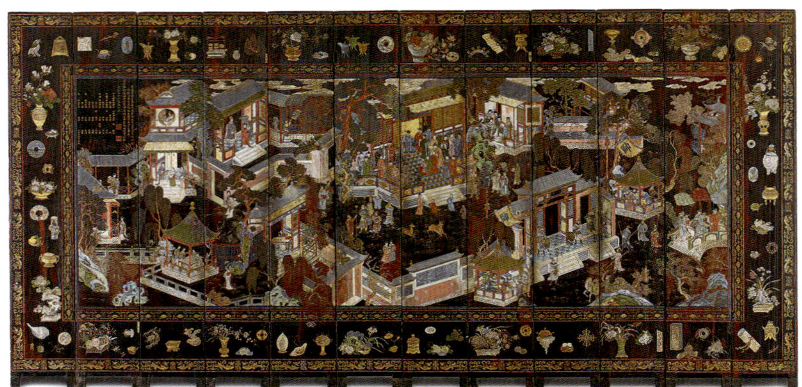

410 清康熙 1671年 髹漆加彩刻郭子仪祝寿图十二扇屏风
估　价：USD 100,000～150,000
成交价：RMB 1,061,355
高277.5cm；宽47cm 纽约苏富比 2014.03.18

5639 清康熙36年 御制紫檀鸡翅木百宝嵌《大宝箴》柜式大屏
估　价：RMB 5,000,000～8,000,000
成交价：RMB 7,245,000
长198cm；宽147cm 北京保利 2014.12.04

2828 王琦、王大凡、汪晓棠 粉彩挂屏（十两件）
估　价：RMB 10,000,000～16,000,000
成交价：RMB 14,950,000
37.7cm×24.7cm×12 北京匡时 2014.06.03

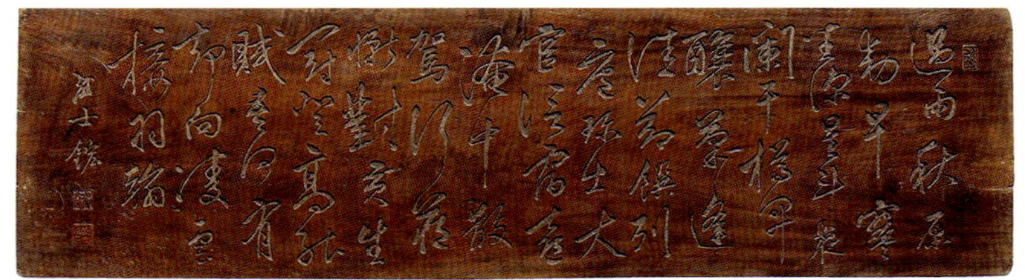

3359 清早期 汪士鋐楠木草书文房匾
估　价：RMB 150,000～180,000
成交价：RMB 391,000
长179.5cm 高50.6cm 西泠拍卖 2014.12.13

3201 清乾隆 云龙戏珠纹“奉旨贞寿之门”匾额
估　价：RMB 150,000～180,000
成交价：RMB 207,000
180cm×86 中鸿信 2014.11.22

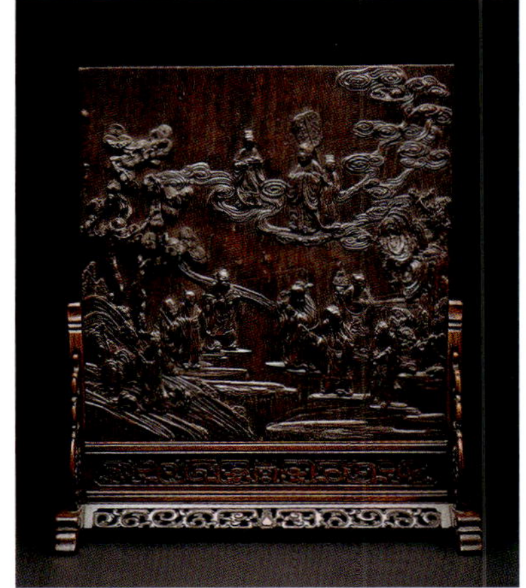

2022 清乾隆 沉香木雕八仙祝寿插屏
估　价：RMB 3,000,000～4,000,000
成交价：RMB 4,025,000
55cm×56.5cm；3300g 古天一 2014.06.05

1540 当代 金丝楠木留韵金瓯永固瓶
估 价：RMB 1,800,000~2,800,000
成交价：RMB 2,875,000
直径138cm×260cm 北京翰海 2014.08.23

1243 清 雕龙纹穿衣镜
估 价：RMB 1,200,000~2,200,000
成交价：RMB 2,875,000
127cm×67cm×200cm 中贸圣佳 2014.07.06

1111 湘妃竹茶棚（一对）
估 价：RMB 350,000~400,000
成交价：RMB 402,500
81cm×62cm×29cm 北京歌德 2014.06.01

2309 18世纪/19世纪 紫檀雕三龙戏珠纹面板（一对）
估 价：USD 60,000~80,000
成交价：RMB 1,282,215
高148cm，宽63.2cm，深4.2cm 纽约佳士得 2014.03.20

佛教文物

3056 明永乐 鎏金铜金刚橛
估 价：HKD 4,000,000～6,000,000
成交价：RMB 6,667,600
长23.7cm 香港苏富比 2014.04.08

3313 清乾隆 白法螺
估 价：HKD 300,000～400,000
成交价：RMB 272,550
长16cm 保利香港 2014.04.07

3340 北齐 大理石释迦牟尼佛立像
估 价：HKD 1,950,000～2,800,000
成交价：RMB 4,996,750
高104cm 保利香港 2014.04.07

295 清乾隆 铜局部鎏金大佛塔
估 价：GBP 40,000～60,000
成交价：RMB 527,200
高49cm 伦敦邦瀚斯 2014.05.15

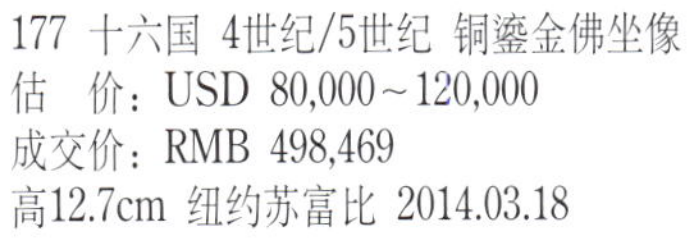

177 十六国 4世纪/5世纪 铜鎏金佛坐像
估 价：USD 80,000～120,000
成交价：RMB 498,469
高12.7cm 纽约苏富比 2014.03.18

2048 隋 铜鎏金杨柳观音立像
估　价：USD 30,000～50,000
成交价：RMB 613,500
高17.2cm 纽约佳士得 2014.03.20

3472 北齐 石雕迦牟尼佛立像
估　价：HKD 2,800,000～3,500,000
成交价：RMB 5,786,956
高126cm 保利香港 2014.10.07

3604 北齐 砂岩石雕佛首
估　价：HKD 400,000～600,000
成交价：RMB 513,500
高20.6cm 香港苏富比 2014.04.07

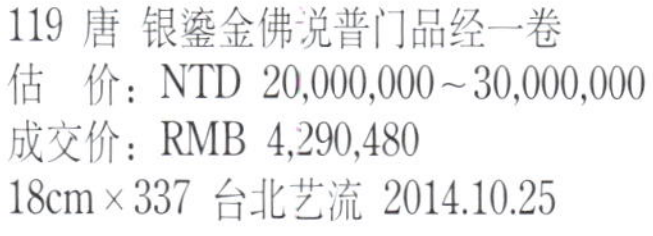

119 唐 银鎏金佛说普门品经一卷
估　价：NTD 20,000,000～30,000,000
成交价：RMB 4,290,480
18cm×337 台北艺流 2014.10.25

3650 唐 砂岩石雕刻铭释迦牟尼佛坐像
估　价：HKD 400,000～600,000
成交价：RMB 740,625
高93.5cm 香港苏富比 2014.04.07

3333 元/明早期 木胎金髹释迦牟尼佛苦修像
估　价：HKD 2,400,000～3,000,000
成交价：RMB 2,180,400
高63.5cm 保利香港 2014.04.07

6674 7世纪 莲花手观音像
估　价：RMB 600,000～800,000
成交价：RMB 1,150,000
高8.5cm 北京保利 2014.12.04

3405 唐 铜鎏金释迦牟尼佛坐像
估　价：HKD 1,100,000～1,500,000
成交价：RMB 999,350
高23cm 保利香港 2014.04.07

3371 辽/金 铜鎏金大日如来佛
估　价：RMB 1,500,000～2,600,000
成交价：RMB 1,840,000
高18cm 北京翰海 2014.10.25

7390 元/明早期 药师佛
估 价：RMB 3,500,000～5,500,000
成交价：RMB 6,670,000
高51cm 北京保利 2014.06.05

3319 11世纪/13世纪 大理国铜制漆金三世佛（三件一组）
估 价：HKD 1,700,000～2,800,000
成交价：RMB 1,817,000
高26cm 保利香港 2014.04.07

4488 14世纪至15世纪 释迦牟尼佛
估 价：RMB 2,800,000～3,500,000
成交价：RMB 4,830,000
高34.5cm 北京翰海 2014.10.26

3948 13世纪 大日如来佛
估 价：RMB 600,000～700,000
成交价：RMB 805,000
高32cm 北京匡时 2014.12.03

6676 12世纪 帝释天
估 价：RMB 3,500,000～5,500,000
成交价：RMB 13,110,000
高26.5cm 北京保利 2014.12.04

3106 明永乐 鎏金铜文殊菩萨坐像
估　价：HKD 12,000,000～15,000,000
成交价：RMB 14,233,560
高24.9cm 佳士得 2014.11.26

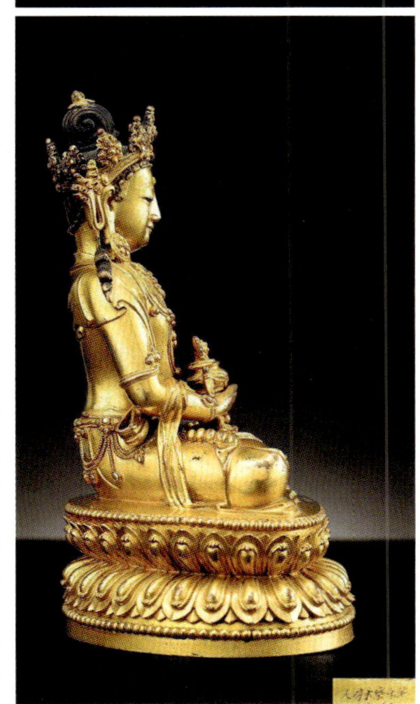

247 明永乐 铜鎏金无量寿佛
估　价：RMB 11,000,000～12,000,000
成交价：RMB 14,375,000
高20.5cm 上海道明 2014.03.27

3590 明永乐/宣德 铜鎏金二臂大黑天
估　价：RMB 50,000～100,000
成交价：RMB 2,645,000
高18.5cm 中国嘉德 2014.11.20

3658 明永乐 铜鎏金四臂观音像
估 价：RMB 9,500,000～11,000,000
成交价：RMB 10,925,000
高21.5cm 中国嘉德 2014.05.18

3105 明永乐 铜鎏金释迦牟尼佛像
估 价：HKD 12,000,000～18,000,000
成交价：RMB 11,393,160
高27.5cm 佳士得 2014.11.26

3107 明宣德 铜鎏金金刚手坐像
估 价：HKD 8,000,000～10,000,000
成交价：RMB 8,552,760
高25.8cm 佳士得 2014.11.26

3031 明宣德 铜鎏金观音菩萨像
估 价：HKD 12,000,000～18,000,000
成交价：RMB 11,200,560
高26cm 保利香港 2014.10.07

3373 明宣德 铜鎏金绿度母像
估　价：RMB 8,000,000～12,000,000
成交价：RMB 12,650,000
高26cm 北京翰海 2014.10.25

3108 明正统 铜鎏金佛像
估　价：HKD 1,500,000～2,500,000
成交价：RMB 2,493,240
高24cm 佳士得 2014.11.26

3925 明 阿弥陀佛
估　价：RMB 3,000,000～3,500,000
成交价：RMB 3,450,000
高53cm（带座）北京匡时 2014.12.03

264 明 铜镇门天王立像（一对）
估　价：USD 30,000～50,000
成交价：RMB 3,785,295
高86.4cm 纽约苏富比 2014.03.18

3640 15世纪 汉藏铜鎏金大威德金刚像
估　价：RMB 500,000～600,000
成交价：RMB 4,140,000
高25.8cm 中国嘉德 2014.05.18

4447 15世纪 萨迦祖师像
估　价：RMB 200,000～250,000
成交价：RMB 1,725,000
高30cm 北京翰海 2014.10.26

3418 明 木雕彩绘迦里迦尊者
估　价：HKD 1,000,000～1,800,000
成交价：RMB 908,500
高101cm 保利香港 2014.04.07

7457 明 铜泥金韦陀立像
估　价：RMB 500,000～800,000
成交价：RMB 1,437,500
高65cm 北京保利 2014.12.04

5653 17世纪/18世纪 铜鎏金上师像
估　价：RMB 1,200,000～2,200,000
成交价：RMB 2,070,000
高64cm 北京保利 2014.12.04

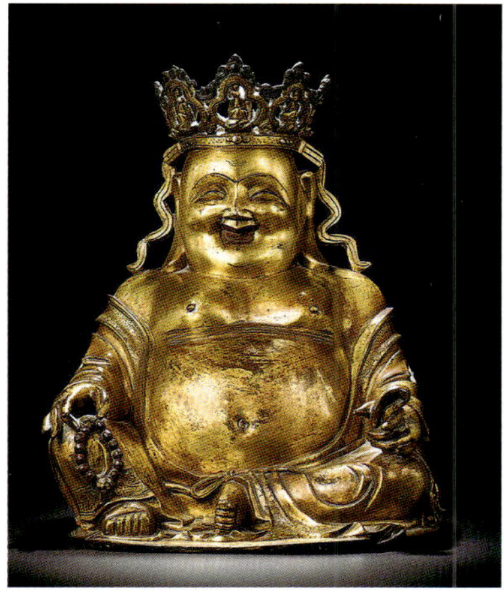
156 17世纪 鎏金铜布袋佛坐像
估　价：GBP 8,000～12,000
成交价：RMB 593,100
高36.2cm 伦敦苏富比 2014.05.14

3335 清早期 御制木胎金髹菩萨像
估　价：HKD 2,400,000～3,500,000
成交价：RMB 2,180,400
高121cm 保利香港 2014.04.07

7389 明 旃檀佛
估　价：RMB 2,000,000～3,000,000
成交价：RMB 3,335,000
高50cm 北京保利 2014.06.05

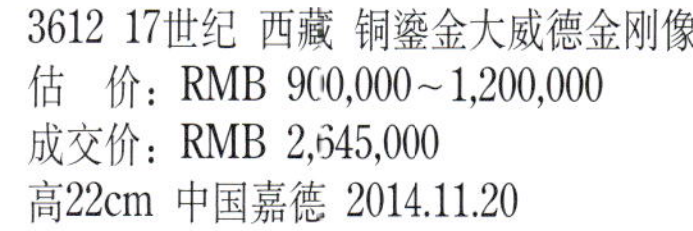
3612 17世纪 西藏 铜鎏金大威德金刚像
估　价：RMB 900,000～1,200,000
成交价：RMB 2,645,000
高22cm 中国嘉德 2014.11.20

6747 清康熙 无量寿佛
估　价：RMB 1,500,000～2,500,000
成交价：RMB 2,530,000
高43.2cm 北京保利 2014.12.04

3058 明晚期/清早期17世纪 鎏金铜释迦牟尼佛坐像
估　价：HKD 3,000,000～5,000,000
成交价：RMB 2,875,600
高39.9cm 香港苏富比 2014.04.08

88 清顺治 鎏金铜执莲观音坐像
估　价：HKD 10,000,000～12,000,000
成交价：RMB 15,578,800
高107cm 香港苏富比 2014.04.08

2182 清乾隆 地藏菩萨像
估 价：RMB 2,200,000～2,600,000
成交价：RMB 6,555,000
高50cm 北京翰海 2014.05.10

4299 清乾隆 铜鎏金大白伞盖佛母像
估 价：RMB 1,500,000～2,500,000
成交价：RMB 1,725,000
高38.5cm 中国嘉德 2014.09.22

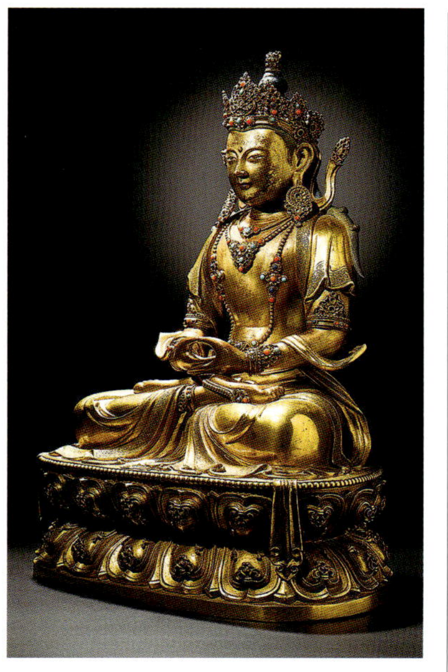

18 清康熙 御制铜鎏金无量寿佛坐像
估 价：GBP 200,000～300,000
成交价：RMB 5,382,685
高42.5cm 伦敦苏富比 2014.11.05

92 清康熙 鎏金铜文殊菩萨坐像
估 价：GBP 30,000～40,000
成交价：RMB 1,797,752
高25.3cm 伦敦苏富比 2014.05.14

634 清乾隆 铜鎏金千手千眼大悲观音像
估 价：RMB 1,500,000～1,800,000
成交价：RMB 4,140,000
高71.5cm 北京东正 2014.11.20

3361 清乾隆 铜鎏金十一面观音像
估 价：HKD 1,600,000～2,000,000
成交价：RMB 2,816,350
高34.5cm 保利香港 2014.04.07

3611 清乾隆 紫金琍玛无量寿佛
成交价：RMB 8,970,000
高22.7cm 中国嘉德 2014.11.20

3363 清乾隆 御制紫檀雕描金八吉祥纹无量寿佛五连佛龛
估 价：HKD 1,900,000～2,500,000
成交价：RMB 3,270,600
长99cm；高75cm；宽26cm 保利香港 2014.04.07

4501 18世纪 黑财神像
估 价：RMB 250,000～350,000
成交价：RMB 1,127,000
高14.8cm 北京翰海 2014.10.26

6622 18世纪 尊胜佛母
估 价：RMB 320,000～420,000
成交价：RMB 1,380,000
高18cm 北京保利 2014.12.04

613 18世纪 法界妙音自在佛
估 价：RMB 2,200,000～2,800,000
成交价：RMB 3,450,000
高38cm；座宽27cm 北京保利 2014.02.05

6639 18世纪 阎魔天
估 价：RMB 480,000～600,000
成交价：RMB 1,610,000
高38cm 北京保利 2014.12.04

3914 14世纪 二臂黑袍持鼓护法
估 价：RMB 1,200,000～1,800,000
成交价：RMB 1,897,500
长48cm；宽37cm 北京匡时 2014.12.03

7649 清早期 蓝色缎一线绣唐卡
估 价：RMB 110,000～150,000
成交价：RMB 1,058,000
363cm×202cm 北京保利 2014.12.05

唐 卡

6741 14世纪 吉祥天母
估 价：RMB 1,000,000～1,500,000
成交价：RMB 1,035,000
35cm×31cm 北京保利 2014.12.04

3324 清乾隆 承德须弥福寿庙 御制释迦牟尼本尊唐卡
估 价：HKD 2,600,000～3,500,000
成交价：RMB 2,362,100
143.5cm×83.5cm 保利香港 2014.04.07

3627 清乾隆 棉布矿物颜料文殊菩萨唐卡
估 价：RMB 100,000～120,000
成交价：RMB 2,415,000
130.5cm×38.5cm 中国嘉德 2014.05.18

3663 17世纪/18世纪 汉藏 无量寿刺绣唐卡
估 价：RMB 20,000～30,000
成交价：RMB 575,000
118.5cm×114cm 中国嘉德 2014.05.18

6742 19世纪 迦诺迦跋黎堕阇尊者
估 价：RMB 1,000,000～1,800,000
成交价：RMB 1,725,000
62cm×43.5cm 北京保利 2014.12.04

2146 18世纪 红财宝天王唐卡
估 价：RMB 1,100,000～1,300,000
成交价：RMB 1,150,000
长105cm；宽67cm 北京翰海 2014.05.10

3941 18世纪/19世纪 本生如意藤唐卡
估 价：RMB 800,000～1,000,000
成交价：RMB 977,500
长80.5cm；宽54.5cm 北京匡时 2014.12.03

文房用品

3654 明 黑漆剔犀毫笔
估　价：HKD 250,000～280,000
成交价：RMB 246,875
长22.2cm 香港苏富比 2014.04.07

3126 清乾隆 描金山水图石笔筒
估　价：HKD 600,000～800,000
成交价：RMB 885,920
高10.8cm 香港苏富比 2014.10.08

1329 清 沉香梅花纹笔架
估　价：HKD 180,000～280,000
成交价：RMB 318,378
宽24.5cm 中国嘉德 2014.10.07

3312 明嘉靖/万历 铜一路连科三峰笔搁
估　价：HKD 100,000～150,000
成交价：RMB 375,725
长15.7cm 香港苏富比 2014.10.08

3776 清乾隆 象牙雕“福寿双全”笔掭
估　价：HKD 100,000～150,000
成交价：RMB 543,813
长18.4cm 香港苏富比 2014.10.08

44 16世纪 剔红文会图笔管及笔帽
估 价：HKD 150,000~200,000
成交价：RMB 316,000
长32.5cm 香港苏富比 2014.04.08

3762 清乾隆 涅白地套绿料螭龙纹水丞
估 价：HKD 500,000~700,000
成交价：RMB 494,375
直径6.3cm 香港苏富比 2014.10.08

2363 18世纪/19世纪 涅白地套三色料双螭纹水丞
估 价：USD 6,000~8,000
成交价：RMB 92,025
直径5.7cm 纽约佳士得 2014.03.20

3149 清中期 紫檀雕朱漆描金包袱印盒
估 价：HKD 250,000~350,000
成交价：RMB 233,345
高18cm 保利香港 2014.10.07

6305 清早期 张希黄竹刻留青“受天百禄”臂搁
估 价：RMB 60,000~80,000
成交价：RMB 322,000
长17.2cm 北京保利 2014.12.04

5612 清早期 陈子畦制紫砂盘螭龙水呈
估 价：RMB 1,600,000～2,600,000
成交价：RMB 2,300,000
宽9cm 北京保利 2014.12.03

3101 清康熙 铜胎画北京珐琅“四季花卉”图六棱倭角小水盂
估 价：HKD 500,000～700,000
成交价：RMB 979,600
宽4.5cm 香港苏富比 2014.04.08

5601 明 陈仲美鼓钉纹方形水盂
估 价：RMB 350,000～550,000
成交价：RMB 747,500
宽8.4cm 北京保利 2014.12.03

5607 清 陈鸣远双色葫芦水呈
估 价：RMB 600,000～800,000
成交价：RMB 690,000
长11cm 北京保利 2014.12.03

3034 清雍正 透明红料水盂
估 价：HKD 600,000～800,000
成交价：RMB 641,875
宽5.6cm 香港苏富比 2014.04.08

5611 清早期 陈汉文制 鸳鸯形水洗
估 价：RMB 1,500,000~2,500,000
成交价：RMB 2,070,000
长13cm 北京保利 2014.12.03

3044 明 沈怡如制 血珀雕福海瀛洲云纹洗
估 价：RMB 500,000~800,000
成交价：RMB 747,500
带座高12.5cm 西泠拍卖 2014.05.06

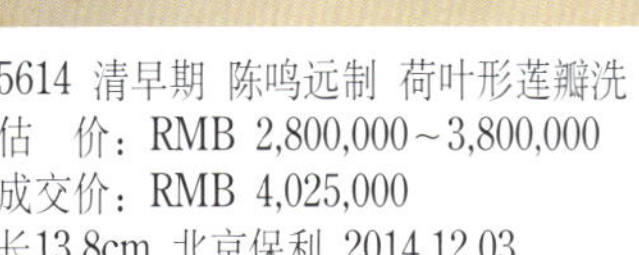

5614 清早期 陈鸣远制 荷叶形莲瓣洗
估 价：RMB 2,800,000~3,800,000
成交价：RMB 4,025,000
长13.8cm 北京保利 2014.12.03

1919 顾景舟 紫泥水注
估 价：RMB 400,000~500,000
成交价：RMB 1,380,000
高3.8cm；宽13.8cm 北京翰海 2014.10.25

5613 清早期 陈鸣远制 洒红桃形洗
估 价：RMB 2,000,000~3,000,000
成交价：RMB 2,875,000
长10.2cm 北京保利 2014.12.03

3497 清中期 寿山石回纹倭角方洗
估　价：RMB 400,000～500,000
成交价：RMB 517,500
长9.3cm 北京翰海 2014.05.11

5196 明 “王铎”铭宋坑端砚
估　价：RMB 1,200,000～2,200,000
成交价：RMB 1,380,000
16.5cm×10.7cm×3.1cm
中国嘉德 2014.11.22

5026 明 歙石抄手砚
估　价：RMB 180,000～280,000
成交价：RMB 437,000
长26.8cm 中国嘉德 2014.09.22

5155 明晚期 “陈邦彦”铭荷叶纹诗文端砚
估　价：RMB 230,000～330,000
成交价：RMB 460,000
12cm×10cm×2cm 中国嘉德 2014.11.22

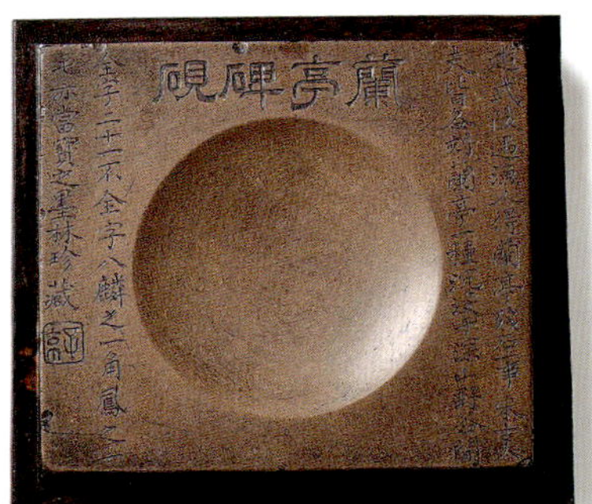

6390 明 项子京铭兰亭碑砚
估　价：RMB 60,000～80,000
成交价：RMB 552,000
12cm×10.8cm 北京保利 2014.12.04

4731 清早期 紫袍玉带长方端砚
估　价：RMB 780,000～850,000
成交价：RMB 920,000
长18.7cm 北京翰海 2014.10.26

3377 清乾隆 端砚
估　价：HKD 2,000,000～3,000,000
成交价：RMB 1,865,280
14cm×10cm 佳士得 2014.05.28

4821 清康熙 御铭獬豸纹松花石砚
估　价：RMB 500,000～800,000
成交价：RMB 1,092,500
8.8cm×13.8cm×1.5cm 西泠拍卖 2014.12.15

4477 清早期 黄任铭端砚
估　价：RMB 600,000～900,000
成交价：RMB 2,300,000
17cm×15.5cm×2cm 中国嘉德 2014.05.19

49 清雍正 朱漆暗刻填金“石砚赋”砚盒连松花石草叶纹砚
估　价：HKD 800,000～1,200,000
成交价：RMB 1,548,400
长12.9cm 香港苏富比 2014.04.08

4823 清乾隆 御铭仿汉未央砖海天初月紫砂砚
估　价：RMB 3,000,000～5,000,000
成交价：RMB 4,600,000
16.1cm×11.2cm×2.8cm 西泠拍卖 2014.12.15

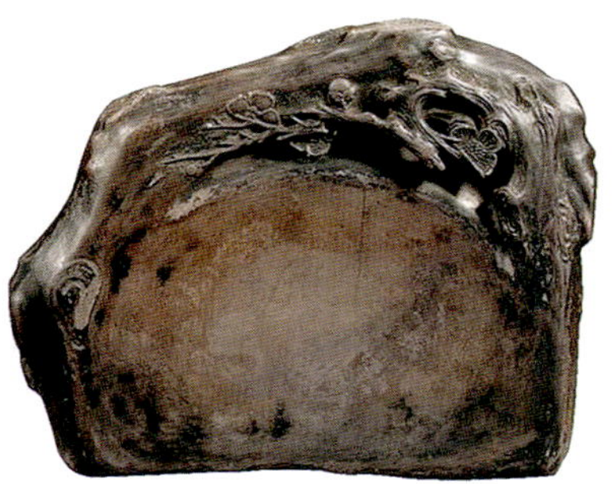

4797 清 李鸿章自用梅桩形端砚
估　价：RMB 1,300,000～1,500,000
成交价：RMB 1,610,000
11.5cm×14.3cm×3.3cm 西泠拍卖 2014.12.15

956 清乾隆 纪晓岚铭虽非砚
估　价：RMB 1,500,000～2,600,000
成交价：RMB 2,185,000
长13cm；宽9cm；高2.6cm
保利厦门 2014.11.01

3785 顾二娘制 黄华田 余甸铭端砚
估　价：RMB 1,300,000～1,800,000
成交价：RMB 3,105,000
20.5cm×18cm×5cm
北京匡时 2014.12.03

29 梁金凌“清明上河图”砚
估　价：RMB 10,000,000～12,000,000
成交价：RMB 17,250,000
138.5cm×77cm×6cm
广州皇玛 2014.01.02

4793 吴昌硕铭，沈石友藏牧牛端砚
估　价：RMB 1,500,000～2,500,000
成交价：RMB 2,990,000
15.5cm×10.1cm×1.9cm
西泠拍卖 2014.12.15

4794 沈石友铭木瓜砚
估　价：RMB 500,000～700,000
成交价：RMB 977,500
17.4cm×13cm×2.5cm
西泠拍卖 2014.12.15

3039 清乾隆 乾隆帝御宝田白雕出游图玺
估　价：HKD 9,000,000～12,000,000
成交价：RMB 8,563,600
高9.2cm 香港苏富比 2014.04.08

939 清嘉庆 白芙蓉浮雕双龙捧寿纹“嘉庆御题昭仁殿”玺
估 价：HKD 2,000,000～3,000,000
成交价：RMB 1,927,170
宽6.5cm 中国嘉德 2014.04.09

2678 秦 鼻钮绿松石印
估 价：RMB 10,000～20,000
成交价：RMB 23,000
1.5cm×1.5cm×1.2cm 西泠拍卖 2014.05.05

1242 元 獬兽钮“承净”铜印
成交价：RMB 28,750
2.7cm×2.7cm×3.7cm
北京保利 2014.04.27

2681 汉 双面铜印
估 价：RMB 40,000～60,000
成交价：RMB 48,300
2.4cm×2.3cm×0.9cm 西泠拍卖 2014.05.05

2724 明以前 克军将军犀钮印、常乐苍龙曲侯龟钮印及熙宁三年平定县印（一组三件）
估 价：RMB 110,000～150,000
成交价：RMB 126,500
尺寸不一 西泠拍卖 2014.12.13

4827 清康熙“清宁之宝”寿山石印章
成交价：RMB 20,700,000
4.5cm × 4.5cm × 6.4cm 中国嘉德 2014.05.17

1232 明 天禄纽范成大自用铜印
成交价：RMB 32,200
4.1cm × 2.2cm × 4.1cm 北京保利 2014.04.27

2041 清“龙石”款田黄云纹方章
成交价：RMB 17,250,000
高5.8cm；3.5cm×3.5cm；重148.8g 古天一 2014.12.05

5035 清 1859年作 吴让之刻青田石张树伯自用对章
估 价：RMB 300,000~400,000
成交价：RMB 1,955,000
4.3cm×4.3cm×6.8cm×2 西泠拍卖 2014.12.15

1406 清早期 周尚均雕昌化鸡血石夔龙纹博古章
估 价：RMB 250,000~350,000
成交价：RMB 345,000
1.8cm×0.7cm×6.3cm 朵云轩 2014.06.28

6274 清早期 “和斋”铭田黄冻六面长方章
估 价：RMB 2,200,000~3,200,000
成交价：RMB 2,990,000
3cm×2.7cm×6.7cm 北京保利 2014.06.04

1277 清 黑田雕神龙见首不见尾印章
估　价：RMB 350,000～500,000
成交价：RMB 402,500
长4.1cm 中贸圣佳 2014.06.01

3494 清 鸡血石雕人物方章
估　价：RMB 550,000～650,000
成交价：RMB 667,000
高9.5cm 北京翰海 2014.05.11

3036 清 田黄方印章（两方）
估　价：HKD 3,000,000～4,000,000
成交价：RMB 7,805,200
4.7cm；重77g；5cm；重93g. 香港苏富比 2014.04.08

2494 清 尚均款田黄石赑屃钮方章
估　价：RMB 3,500,000～4,500,000
成交价：RMB 5,980,000
3cm×3cm×5.3cm
西泠拍卖 2014.05.05

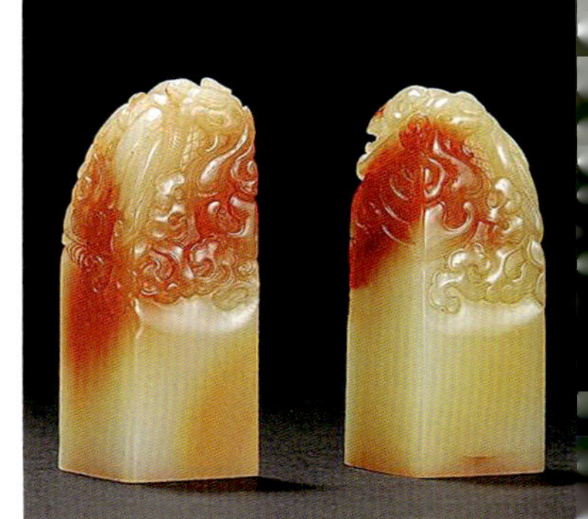

2458 清 寿山红花芙蓉石凤钮对章
估　价：RMB 20,000～30,000
成交价：RMB 230,000
2.5cm×2.5cm×6.7cm×2
西泠拍卖 2014.05.05

4983 清 田黄石秋菊舞蝶薄意章
估 价：RMB 4,500,000～6,000,000
成交价：RMB 8,050,000
4.7cm×2.1cm×7.7cm 西泠拍卖 2014.12.15

5317 巴林豆青地鸡血石方章
估 价：RMB 2,000,000～3,000,000
成交价：RMB 2,300,000
3.8cm×3.8cm×20.4cm
西泠拍卖 2014.12.15

2493 清 田黄石松鼠葡萄纹方章
估 价：RMB 5,000,000～8,000,000
成交价：RMB 9,200,000
2.4cm×2.9cm×5.6cm 西泠拍卖 2014.05.05

5033 清 赵之谦刻猴钮寿山石自用印
估 价：RMB 200,000～300,000
成交价：RMB 632,500
1.5cm×1.4cm×3.1cm 西泠拍卖 2014.12.15

5315 昌化鸡血石大红袍素方章
估　价：RMB 600,000～800,000
成交价：RMB 1,012,000
2.3cm×2.3cm×9.5cm 西泠拍卖 2014.12.15

112 郭祥忍 将军洞芙蓉石蒲牢钮章
估　价：RMB 90,000～100,000
成交价：RMB 1,046,500
7.3cm×4.5cm×4.4cm 福建东南 2014.10.24

123 陈达 芙蓉晶石菊花薄意章
估　价：RMB 480,000～500,000
成交价：RMB 1,495,000
9.8cm×3.1cm×3cm 福建东南 2014.10.24

4998 陈达 田黄冻石水中瑞兽薄意随形章
估　价：RMB 2,800,000～3,500,000
成交价：RMB 3,220,000
5.6cm×3cm×8.3cm
西泠拍卖 2014.12.15

1568 韩天衡篆刻 芙蓉冻闲章
估　价：RMB 300,000～380,000
成交价：RMB 920,000
4.5cm×3.2cm×7cm 朵云轩 2014.06.28

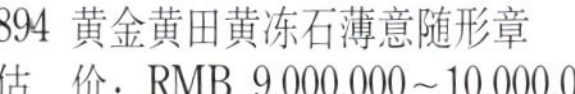

894 黄金黄田黄冻石薄意随形章
估　价：RMB 9,000,000～10,000,000
成交价：RMB 10,350,000
5.4cm×6.8cm×3.8cm 福建东南 2014.10.25

2107 1972年 来楚生 刻青田石印章（一枚）
估　价：RMB 180,000～200,000
成交价：RMB 483,000
3cm×3cm×3.8cm 北京匡时 2014.06.05

2169 黄花梨印玺
估　价：RMB 1,000,000～1,600,000
成交价：RMB 1,150,000
长20cm 北京翰海 2014.10.25

2486 1952年 黎泽泰 刻田黄冻石杨得云自用印
估　价：RMB 600,000～900,000
成交价：RMB 1,955,000
1.5cm×2cm×4.3cm 西泠拍卖 2014.05.05

243 李红善伯 洞石螭虎博古纹饰方章
估 价：RMB 48,000～50,000
成交价：RMB 460,000
11cm×3cm×3cm 福建东南 2014.05.24

830 荔枝洞石云纹方章
估 价：RMB 1,100,000～1,200,000
成交价：RMB 1,840,000
11cm×2.5cm×2.5cm 福建东南 2014.10.25

2184 林荣发 寿山荔枝洞石“八仙”薄意方章
估 价：RMB 2,000,000～3,000,000
成交价：RMB 2,242,500
尺寸不一 北京匡时 2014.12.02

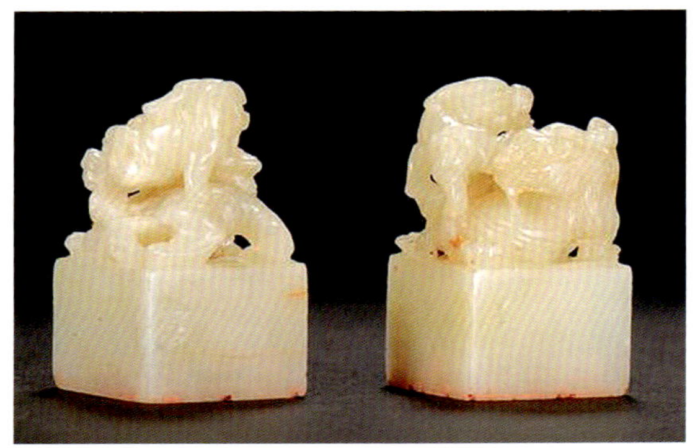

5055 齐白石刻 子母兽钮寿山芙蓉石杨粲三自用对章
估 价：RMB 500,000～800,000
成交价：RMB 1,150,000
2.8cm×2.8cm×5.1cm×2 西泠拍卖 2014.12.15

5249 林清卿 寿山善伯石竹林七贤薄意随形章
估 价：RMB 350,000～500,000
成交价：RMB 1,265,000
7cm×2.8cm×8.2cm 西泠拍卖 2014.12.15

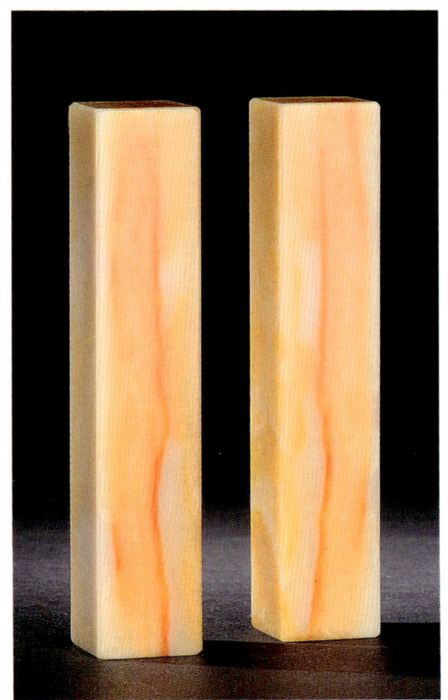

625 旗降石素对章
估 价：RMB 40,000～45,000
成交价：RMB 253,000
11.2cm×2.1cm×2.1cm
福建东南 2014.05.25

5136 桃花源记 寿山田黄石章
估 价：RMB 6,000,000～8,000,000
成交价：RMB 6,900,000
4.7cm×4.7cm×6.1cm 中国嘉德 2014.05.17

5135 千年一醉 寿山三色荔枝洞石方章
估 价：RMB 1,200,000～1,800,000
成交价：RMB 2,760,000
3cm×3cm×11.2cm 中国嘉德 2014.05.17

1316 童大年刻 黄芙蓉石闲章
估 价：RMB 25,000～50,000
成交价：RMB 552,000
3.5cm×1.7cm×4.5cm 朵云轩 2014.06.28

4719 钱松刻 青田石方章
估 价：RMB 350,000～550,000
成交价：RMB 1,265,000
3.2cm×3.2cm×7.2cm 中国嘉德 2014.05.17

320 汶洋石双螭钮章
估　价：RMB 380,000～400,000
成交价：RMB 747,500
12.8cm×3.8cm×3.2cm
福建东南 2014.05.24

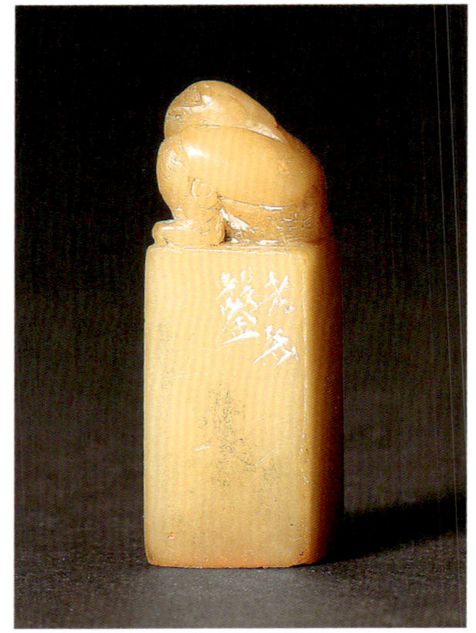

2056 吴昌硕刻 寿山石任霞自用印
估　价：RMB 500,000～700,000
成交价：RMB 805,000
1.5cm×1.5cm×4cm 北京匡时 2014.06.05

74 吴让之刻 寿山石双面自用印
估　价：RMB 1,800,000～2,000,000
成交价：RMB 2,070,000
3.2cm×2.3cm×2.4cm 福建东南 2014.10.24

1335 现代 寿山石善伯冻艾叶绿三阳开泰章料
估　价：RMB 550,000
成交价：RMB 1,150,000
高5.5cm 印千山 2014.07.19

1329 吴昌硕刻 李国松田黄冻自用印
估 价：RMB 800,000～1,300,000
成交价：RMB 2,530,000
2.7cm×1.9cm×4.1cm 朵云轩 2014.06.28

2294 徐三庚刻 寿山牛角冻石牧牛钮方章
估 价：RMB 650,000～800,000
成交价：RMB 713,000
3.2cm×1.7cm×7cm 北京匡时 2014.12.02

1836 战国 青铜鎏金鹿形嵌贝席镇
估 价：NTD 2,000,000～3,000,000
成交价：RMB 494,400
长12cm；高6cm 台湾世家 2014.04.13

3328 北朝 滑石狮镇（一对）
估 价：HKD 180,000～250,000
成交价：RMB 163,530
高14.5cm；高15.3cm 保利香港 2014.04.07

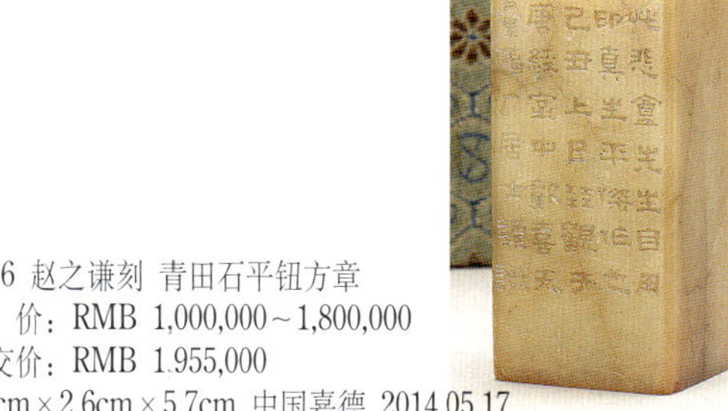

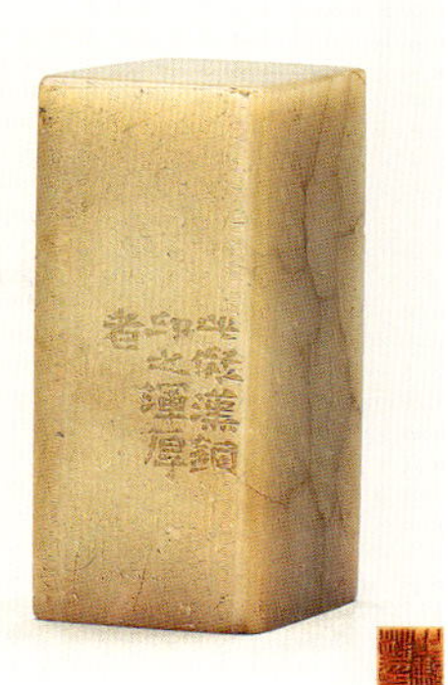

4716 赵之谦刻 青田石平钮方章
估 价：RMB 1,000,000～1,800,000
成交价：RMB 1,955,000
2.7cm×2.6cm×5.7cm 中国嘉德 2014.05.17

906 14世纪 铜鎏金牛纸镇
估　价：HKD 120,000～220,000
成交价：RMB 752,514
宽9cm 中国嘉德 2014.04.09

4583 明晚期 程君房古法制款围棋墨
估　价：RMB 300,000～550,000
成交价：RMB 172,500
直径10.1cm；高1.8cm
中国嘉德 2014.05.19

7317 清康熙 御制铜胎掐丝珐琅狮钮轴镇
估　价：RMB 600,000～800,000
成交价：RMB 943,000
高18cm 北京保利 2014.12.04

2382 清乾隆 铜鎏金云龙纸镇（两件）
估　价：RMB 800,000～1,000,000
成交价：RMB 1,092,500
长23cm 北京翰海 2014.05.10

700 清嘉庆 胡开文制 御园图集锦墨（十六锭）
成交价：RMB 402,500
最大长9.3cm；宽7.1cm；高1.1cm；最小长3.7cm；宽7.4cm；高1.3cm 北京诚轩 2014.05.19

770 清 胡开文制 人物墨
估　价：RMB 500,000～600,000
成交价：RMB 782,000
高21cm×2 江苏爱涛 2014.07.06

5218 清乾隆 五色官绢（一套）
估　价：RMB 100,000～200,000
成交价：RMB 368,000
538cm×277cm 中国嘉德 2014.11.22

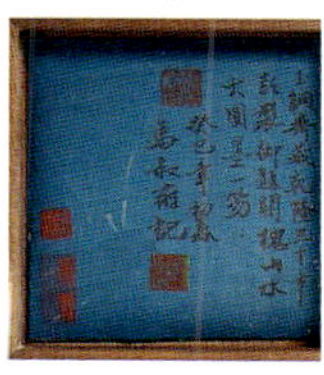

4917 马叔雍旧藏，清乾隆 御制诗墨
估　价：RMB 150,000～250,000
成交价：RMB 253,000
直径14cm；厚1.7cm 西泠拍卖 2014.12.15

2682 宋金粟山藏经纸（1张）
估　价：RMB 100,000～150,000
成交价：RMB 299,000
57cm×28cm 中国嘉德 2014.05.19

钱币邮品

183 春秋 大型原始铲布
估　价：RMB 60,000～100,000
成交价：RMB 69,000
通长131.3mm 中国嘉德 2014.11.26

11113 战国 平肩实首布“文字待考”一枚
估　价：RMB 500,000～600,000
成交价：RMB 839,500
北京保利 2014.12.01

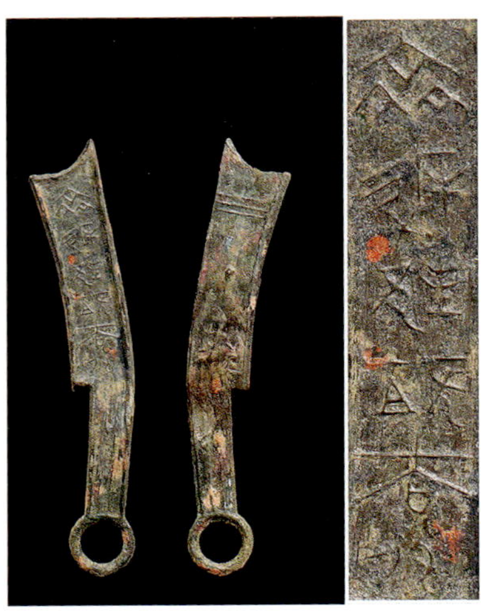

3542 战国 齐国“齐返邦长法化”背“化”六字刀
估　价：RMB 750,000～950,000
成交价：RMB 862,500
西泠拍卖 2014.05.06

2704 战国齐 齐返邦长大化
估　价：RMB 700,000
成交价：RMB 782,000
朵云轩 2014.06.29

11116 战国 桥足布“梁半釿、梁半釿反书、梁一釿、梁二釿”一套四枚
估　价：RMB 200,000～250,000
成交价：RMB 230,000
北京保利 2014.12.01

3541 汉 一刀平五千、契刀五百一组二枚
估　价：RMB 25,000～55,000
成交价：RMB 46,000
西泠拍卖 2014.05.06

2746 王莽 十布全套十枚
估　价：RMB 180,000
成交价：RMB 197,800
朵云轩 2014.06.29

235 秦“半两”
估　价：RMB 8,000～20,000
成交价：RMB 94,300
重量25.5g 中国嘉德 2014.05.24

288 战国 赵 大型“离石”圆足布
估　价：RMB 40,000～80,000
成交价：RMB 149,500
通长7.71cm 中国嘉德 2014.05.24

12158 北宋“圣宋通宝当五”试样一枚
估　价：RMB 400,000～600,000
成交价：RMB 552,000
北京保利 2014.06.08

295 新莽“中泉三十”
估　价：RMB 30,000～40,000
成交价：RMB 71,300
直径2.15cm 中国嘉德 2014.11.26

3488 宋 象棋钱一组三十二枚
估　价：RMB 120,000～220,000
成交价：RMB 138,000
西泠拍卖 2014.05.06

3552 南北朝 永光铜钱
估　价：RMB 38,000～70,000
成交价：RMB 43,700
西泠拍卖 2014.05.06

433 唐 史思明 “顺天元宝”背上月、“得壹元宝”背上月一组两枚
估 价：RMB 10,000～25,000
成交价：RMB 51,750
直径3.76cm；3.62cm 中国嘉德 2014.05.24

5543 五代十国 天德重宝背殷
估 价：RMB 90,000～200,000
成交价：RMB 184,000
西泠拍卖 2014.12.15

404 新莽 六泉一套
估 价：RMB 380,000～450,000
成交价：RMB 437,000
直径1.48cm；1.6cm；1.75cm；1.95cm；2.19cm；2.64cm 中国嘉德 2014.05.24

374 宋 符咒背生肖马花钱
估 价：RMB 20,000～25,000
成交价：RMB 69,000
直径4.55cm 中国嘉德 2014.11.26

宋 “本命星官”生肖猪背符咒花钱
估 价：RMB 15,000～18,000
成交价：RMB 59,800
直径5.74cm 中国嘉德 2014.11.26

5551 明 大中、洪武通宝背桂五（一对）
估　价：RMB 50,000～90,000
成交价：RMB 92,000
西泠拍卖 2014.12.15

3530 清 太平天国背圣宝大花钱
估　价：RMB 260,000～500,000
成交价：RMB 299,000
西泠拍卖 2014.05.06

0062 金/元“泰和重宝”背蝶纹花钱
估　价：RMB 6,000～15,000
成交价：RMB 82,800
直径4.35cm 中国嘉德 2014.05.24

5448 清 大型咸丰通宝背龙凤雕钱
估　价：RMB 310,000～500,000
成交价：RMB 356,500
西泠拍卖 2014.12.15

3493 元 天下太平背十二生肖花钱
估　价：RMB 15,000～28,000
成交价：RMB 17,250
西泠拍卖 2014.05.06

3236 1904年甲辰奉天省造光绪元宝二十文铜币一枚
估　价：RMB 200,000～300,000
成交价：RMB 713,000
北京诚轩 2014.11.22

1608 1897年奉天省造光绪元宝库平七钱二分铝合金试铸样币、库平三钱六分铜质试铸样币、库平一钱四分四厘铜镀银试铸样币、库平七分二厘铜质试铸样币各一枚
估　价：RMB 1,600,000～2,000,000
成交价：RMB 1,840,000
重6.9g；直径4.0cm；重13.2g；直径2.35cm；直径2.4cm；重5.3g；直径1.88cm；重2.4g
北京诚轩 2014.05.21

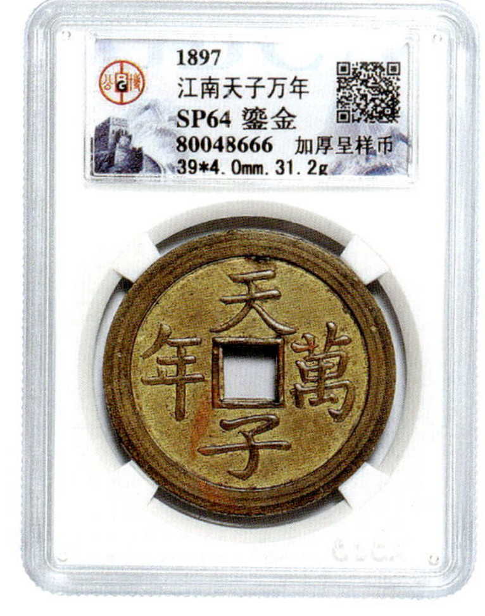

3098 清光绪二十三年（1897年）“江南试造当十制钱”背“天子万年”机制方孔铜币样币一枚
估　价：RMB 200,000～300,000
成交价：RMB 437,000
直径39mm；厚度4mm；重31.2g 北京诚轩 2014.11.22

539 清“咸丰重宝”背“宝福二十、计重一两”
估　价：RMB 100,000～350,000
成交价：RMB 391,000
直径4.73cm 中国嘉德 2014.05.24

5668 战国 楚郢爰三联金块
估 价：RMB 70,000～90,000
成交价：RMB 80,500
西泠拍卖 2014.12.15

5451 南宋 太平通宝宫廷赏赐金钱
估 价：RMB 350,000～500,000
成交价：RMB 460,000
西泠拍卖 2014.12.15

5714 南宋 “相五郎”二十五两金铤
估 价：RMB 450,000～700,000
成交价：RMB 517,500
中国嘉德 2014.11.22

5669 南宋 陈二郎十分金十两金铤
估 价：RMB 650,000～950,000
成交价：RMB 862,500
西泠拍卖 2014.12.15

8016 明嘉靖 “大明嘉靖四十年十月内户部造”五十两金锭
估　价：RMB 5,000,000~7,000,000
成交价：RMB 7,475,000
长12.2cm 北京保利 2014.06.05

806 民国三年（1914年）袁世凯像壹圆银模金质样币
估　价：RMB 1,200,000~1,500,000
成交价：RMB 1,552,500
中国嘉德 2014.05.24

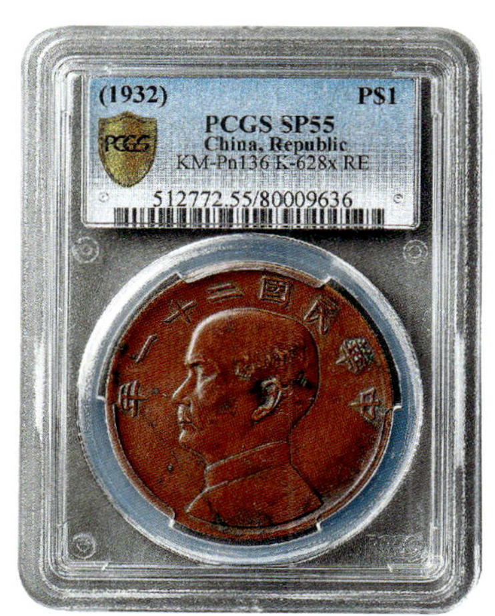

15091 民国二十一年孙中山像金本位币壹圆
估　价：RMB 100,000~150,000
成交价：RMB 414,000
北京保利 2014.12.01

3355 光绪丙午年造大清金币库平一两样币一枚
估　价：RMB 600,000~800,000
成交价：RMB 897,000
北京诚轩 2014.11.22

88 金“行人郝震”五十两银铤
估 价：RMB 80,000~120,000
成交价：RMB 241,500
重1910g 中国嘉德 2014.11.26

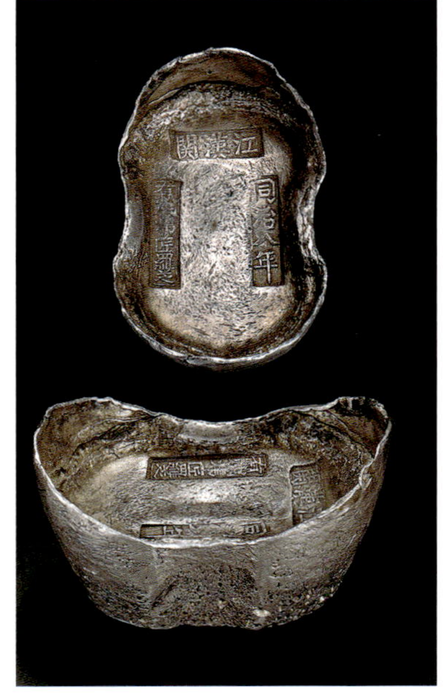

168 清 湖北“江汉关 同治八年 有成号匠罗芝”五十两银锭
估 价：RMB 300,000~350,000
成交价：RMB 483,000
重1839g 中国嘉德 2014.11.26

158 大清银币宣统三年大尾龙
估 价：HKD 1,220,000~2,440,000
成交价：RMB 976,000
直径3.9cm 荣盛国际 2014.07.26

210 清光绪元宝广东省造库平七钱二分
估 价：HKD 1,250,000~2,500,000
成交价：RMB 1,040,000
直径3.9cm 荣盛国际 2014.07.26

1406 1890年广东省造光绪元宝库平七钱三分银币一枚
估 价：RMB 200,000~300,000
成交价：RMB 920,000
北京诚轩 2014.05.21

2826 1903年黑龙江省造光绪元宝库平七钱二分银币试铸样币一枚
估　价：RMB 600,000～800,000
成交价：RMB 2,012,500
北京诚轩 2014.11.22

3348 宣统三年大清银币“长须龙”版壹圆样币一枚
估　价：RMB 1,200,000～1,500,000
成交价：RMB 1,725,000
北京诚轩 2014.11.22

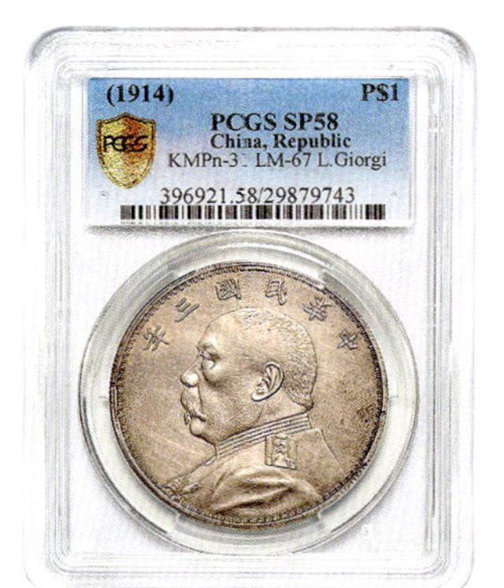

3383 民国三年袁世凯像壹圆“L.GIORGI”签字版银币试铸样币一枚
估　价：RMB 150,000～200,000
成交价：RMB 747,500
北京诚轩 2014.11.22

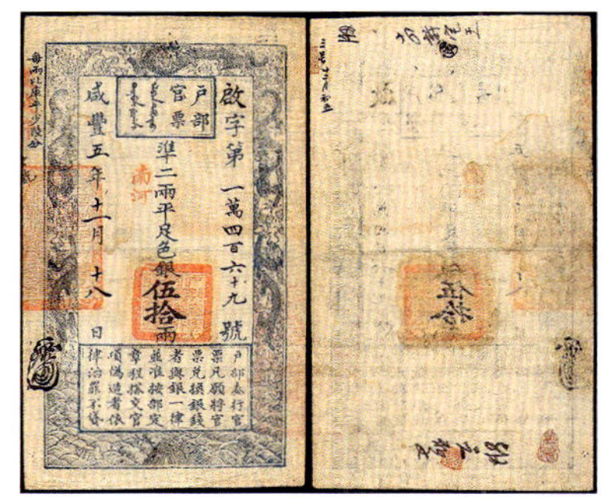

2406 咸丰五年户部官票五拾两一枚
估　价：RMB 80,000～150,000
成交价：RMB 189,750
北京诚轩 2014.05.22

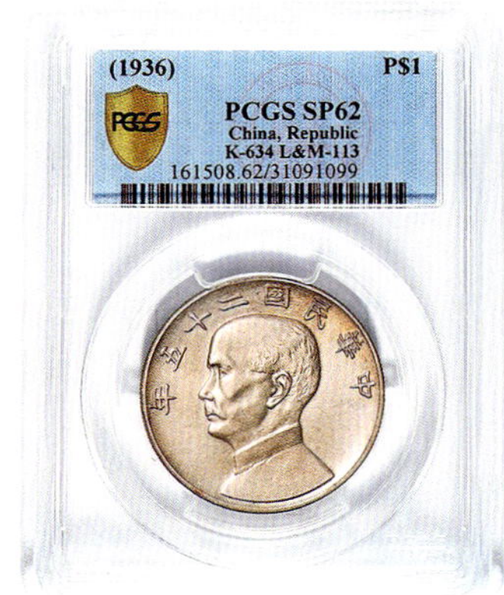

2267 民国二十五年孙中山像背帆船壹圆、中圆银币样币各一枚
估　价：RMB 600,000～900,000
成交价：RMB 920,000
直径3.2cm；2.65cm 北京诚轩 2014.05.21

3011 宣统元年驻津吉林官银号银元票拾圆样票一枚
估　价：RMB 150,000～250,000
成交价：RMB 575,000
北京诚轩 2014.05.22

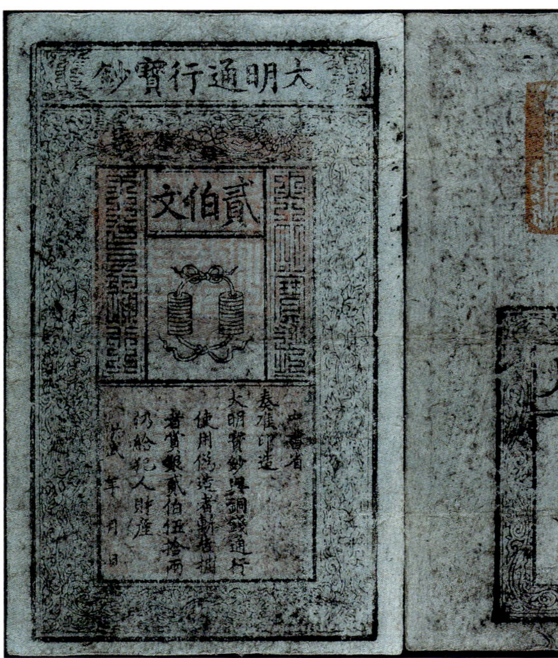

1163 大明通行宝钞中书省贰佰文
估　价：RMB 2,400,000～3,000,000
成交价：RMB 2,760,000
223cm×342mm 中国嘉德 2014.05.25

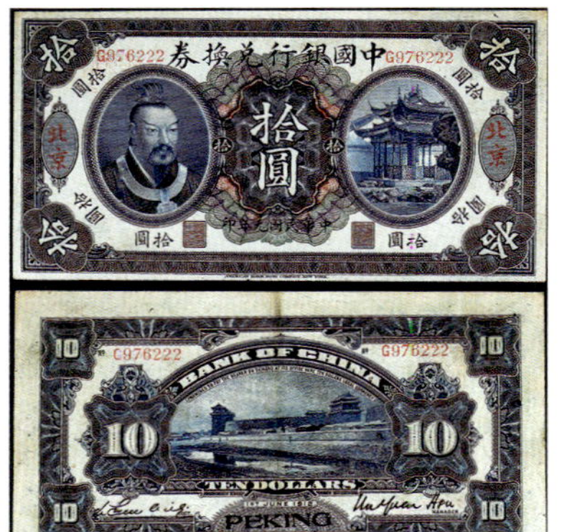

1036 民国元年（1912年）中国银行兑换券北京拾圆
估　价：RMB 200,000～300,000
成交价：RMB 299,000
中国嘉德 2014.05.25

11310 光绪丙午年造李鸿章像北洋经武银号库平足银叁两银票样票一枚
估　价：RMB 200,000～300,000
成交价：RMB 414,000
北京保利 2014.06.08

1015 大清宝钞一套八枚
估　价：RMB 120,000～200,000
成交价：RMB 212,750
中国嘉德 2014.11.27

3091 1932年满洲中央银行壹仟圆一枚
估　价：HKD 360,000～460,000
成交价：RMB 327,060
保利香港 2014.04.07

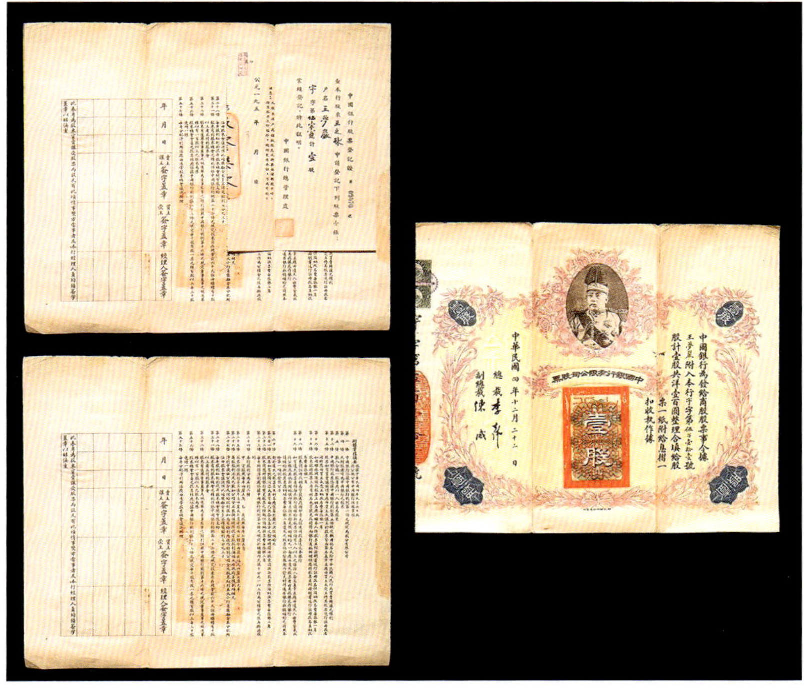

3624 民国四年（1915年）中国银行有限公司股票壹股股票
估　价：RMB 380,000～500,000
成交价：RMB 437,000
西泠拍卖 2014.05.06

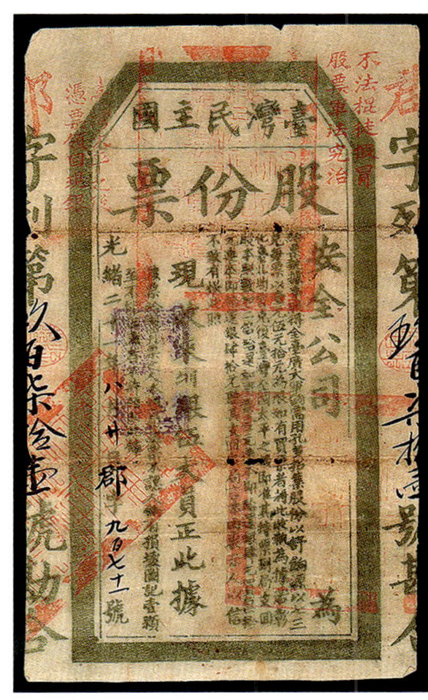

11307 光绪二十一年台湾民主国股份票五大员一枚
估　价：RMB 1,000～2,000
成交价：RMB 115,000
北京保利 2014.06.08

5724 第二版人民币拾圆纸币
估　价：RMB 42,000～80,000
成交价：RMB 69,000
20.9cm × 8.4cm 西泠拍卖 2014.12.15

5583 南宋 宝庆元宝背汉月小平铁母
估 价：RMB 450,000～650,000
成交价：RMB 632,500
西泠拍卖 2014.12.15

5721 第三版人民币枣红壹角一百枚连号
估 价：RMB 500,000～700,000
成交价：RMB 747,500
西泠拍卖 2014.12.15

1799 第一版人民币单面样票一组四张
估 价：RMB 150,000～200,000
成交价：RMB 241,500
中国嘉德 2014.05.25

2818 清光绪 一等二级双龙宝星勋章
估 价：HKD 110,000～150,000
成交价：RMB 345,230
宽10cm；高9.5cm 保利香港 2014.04.07

5707 第一版人民币壹万圆（驼队图）
估 价：RMB 70,000～90,000
成交价：RMB 97,750
西泠拍卖 2014.12.15

2958 伪满州国一等兰花大授勋章
估　价：HKD 530,000～650,000
成交价：RMB 481,505
宽9.2cm；高12.4cm 保利香港 2014.04.07

3048 袁世凯正装像奖章
估　价：HKD 32,000～52,000
成交价：RMB 218,040
直径4cm 保利香港 2014.04.07

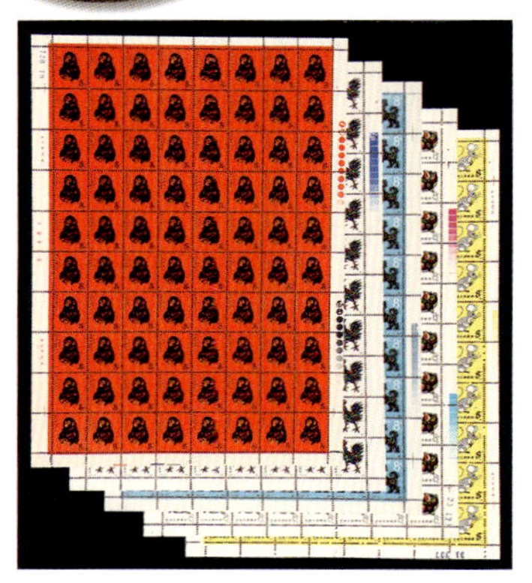

2704 ★ T46猴至T158羊第一轮生肖邮票八十枚全张十二全
估　价：RMB 700,000～1,200,000
成交价：RMB 920,000
中国嘉德 2014.11.27

2886 1923年曹锟武装像光边加厚金质纪念章一枚
估　价：RMB 80,000～150,000
成交价：RMB 345,000
北京诚轩 2014.11.22

2535 ○ 全国山河一片红（撤销发行）邮票一枚
估　价：RMB 220,000～400,000
成交价：RMB 483,000
中国嘉德 2014.05.25

2697 ★ T46庚申年（猴）十方连
估　价：RMB 60,000～100,000
成交价：RMB 115,000
中国嘉德 2014.11.27

2175 ★ 北京一版帆船2元邮票中心倒印一枚
估　价：RMB 650,000～1,200,000
成交价：RMB 747,500
中国嘉德 2014.05.25

10818 1949年湖北银元邮票1分、5分、10分、30分全组共四枚新票。其中罕见的5分与30分均带专家顾问证书。此票目前市场伪品甚多
估　价：RMB 200,000～300,000
成交价：RMB 253,000
北京保利 2014.06.07

10808 1897年红印花加盖当伍圆新票一枚
估　价：RMB 500,000～700,000
成交价：RMB 667,000
北京保利 2014.06.07

2638 ★ 全国山河一片红（撤销发行）邮票一枚
估　价：RMB 800,000～2,000,000
成交价：RMB 1,127,000
中国嘉德 2014.11.27

10848 1952年纪20伟大的苏联十月革命三十五周年纪念未发行新票全套四枚
估 价：RMB 250,000～350,000
成交价：RMB 391,000
北京保利 2014.06.07

2510 M/S 纪94M梅兰芳舞台艺术小型张新一枚
估 价：RMB 100,000～150,000
成交价：RMB 126,500
中国嘉德 2014.05.25

2096 C 1901年江西九江寄德国慕尼黑挂号封
估 价：RMB 500,000～600,000
成交价：RMB 575,000
中国嘉德 2014.11.27

10849 1962年纪92古代科学家（8/1）蔡伦新票版张一件
估 价：RMB 200,000～300,000
成交价：RMB 368,000
北京保利 2014.06.07

2116 PS 1907年奉天沈阳寄德国国际往返双明信片
估　价：RMB 200,000～400,000
成交价：RMB 368,000
中国嘉德 2014.11.27

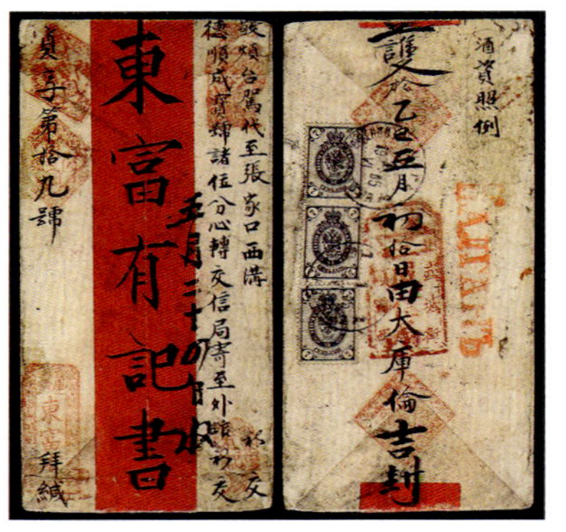

2365 C 1905年库伦寄北京外馆红条封
估　价：RMB 300,000～400,000
成交价：RMB 345,000
中国嘉德 2014.05.25

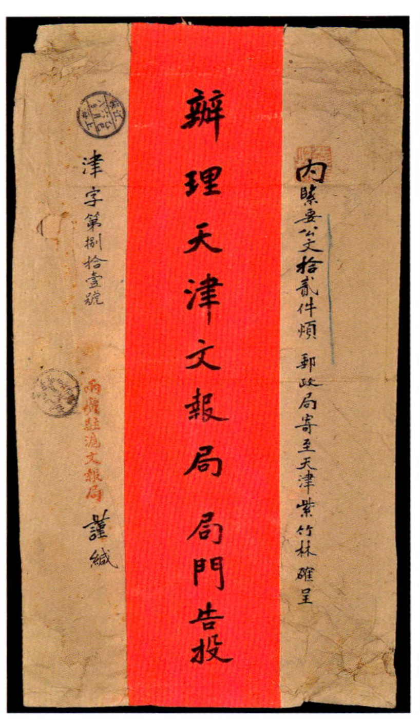

10139 两广驻沪文报局寄天津文报局总包
估　价：RMB 300,000～500,000
成交价：RMB 862,500
北京保利 2014.12.02

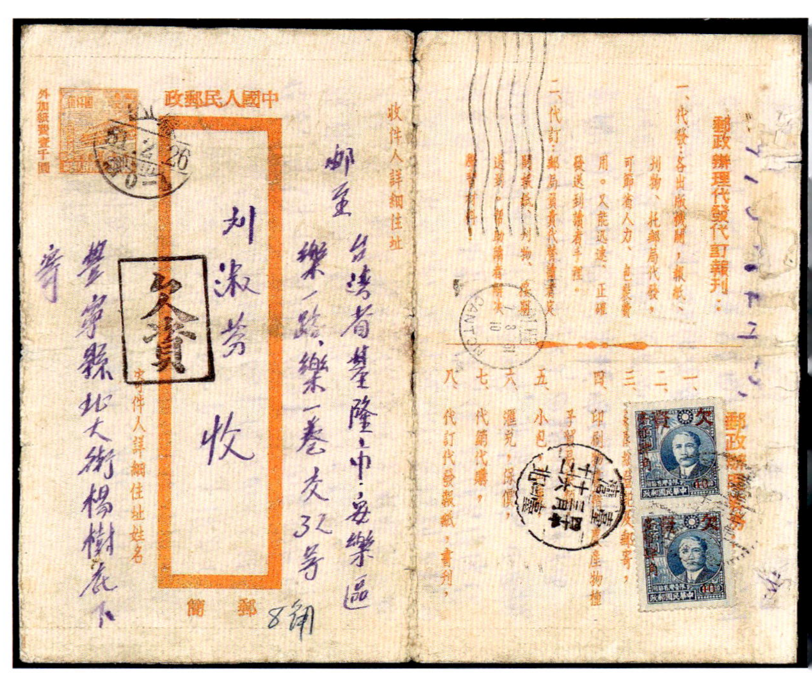

10838 普东2天安门图5000元橙色邮简
估　价：RMB 350,000～500,000
成交价：RMB 632,500
北京保利 2014.06.07

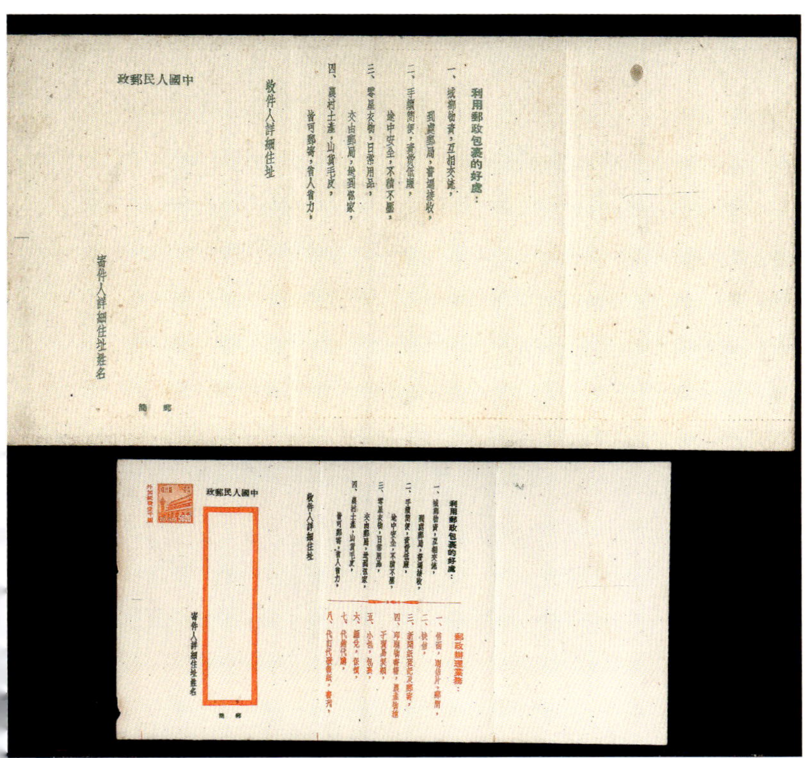

2367 PS 普东1天安门图双色邮资邮简两件
估　价：RMB 500,000～800,000
成交价：RMB 575,000
中国嘉德 2014.11.27

4071 吴昌硕（缶庐）自题画诗稿
估　价：RMB 32,000～35,000
成交价：RMB 2,990,000
北京保利 2014.06.03

2444 PS 文革红绿木刻邮资封
估　价：RMB 400,000～600,000
成交价：RMB 460,000
中国嘉德 2014.11.27

古籍善本

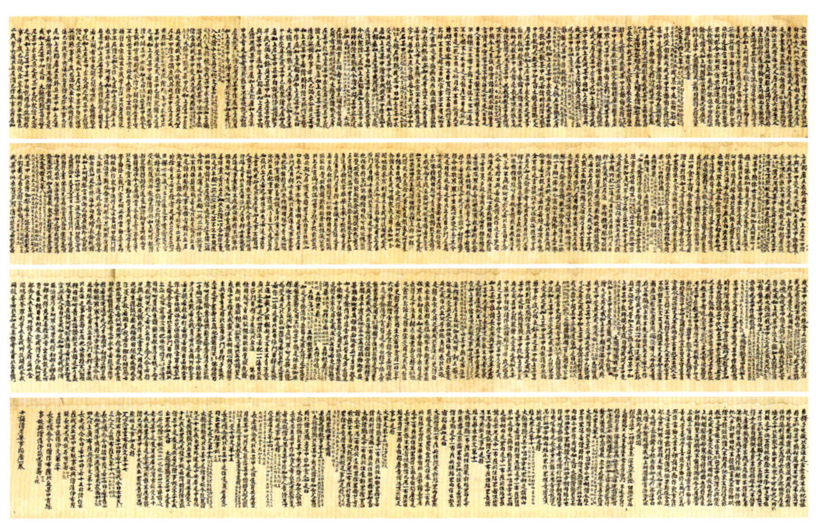

2185 十诵僧尼要事羯磨一卷
估　价：RMB 160,000～170,000
成交价：RMB 4,542,500
北京保利 2014.12.03

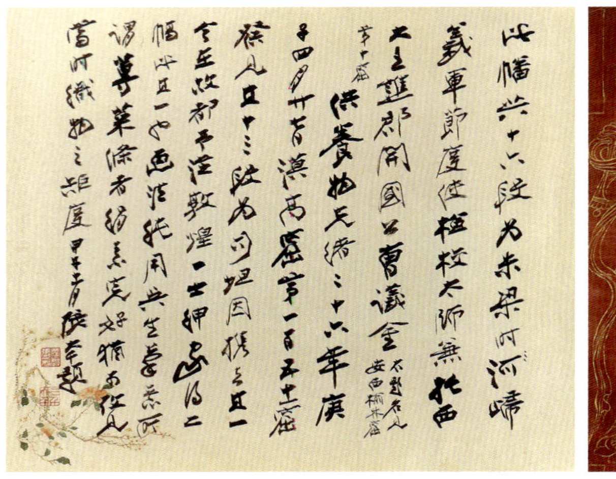

2445 佚名 五代敦煌供养菩萨像
估 价：RMB 2,800,000～3,200,000
成交价：RMB 6,325,000
56.5cm×180cm 中国嘉德 2014.05.20

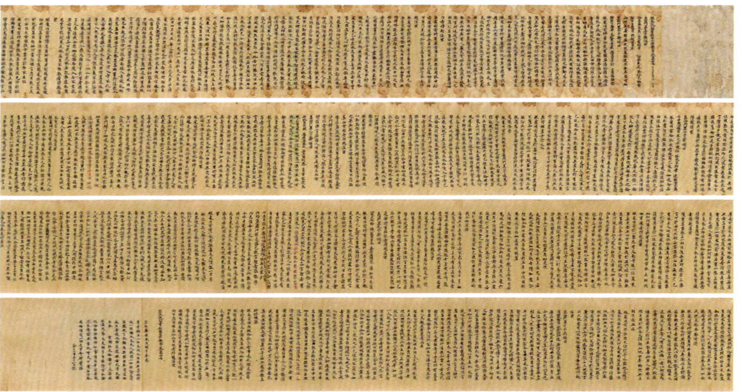

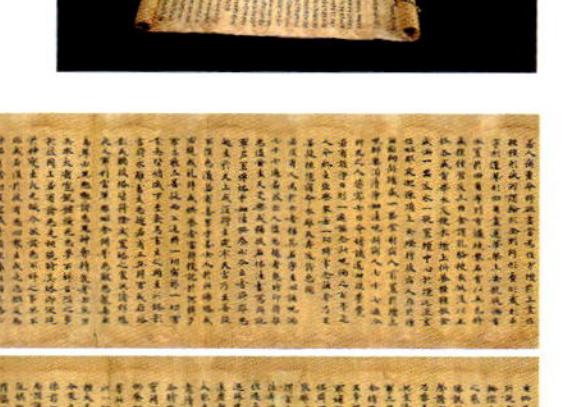

2203 根本说一切有部毗奈耶杂事卷第十七
估 价：RMB 600,000～650,000
成交价：RMB 3,162,500
北京保利 2014.12.03

2178 无垢净光大陀罗尼经一卷
估 价：RMB 140,000～150,000
成交价：RMB 4,427,500
北京保利 2014.12.03

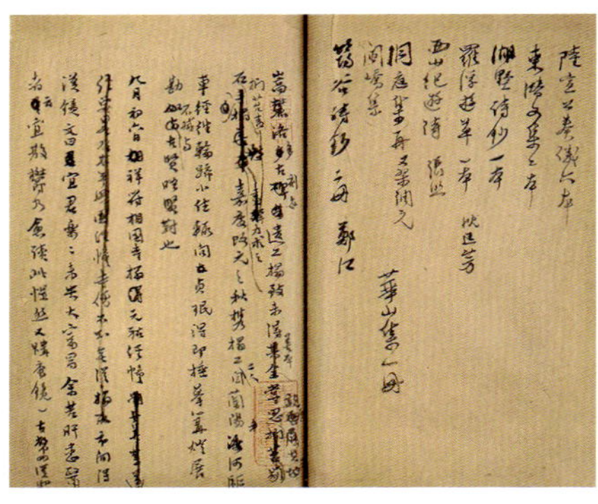

1895 黄易《嵩洛访碑日记》暨丙辰随录手稿
（清）黄易著
估 价：RMB 1,200,000～1,800,000
成交价：RMB 2,070,000
西泠拍卖 2014.05.05

1708 1926年作 徐志摩 《结婚日记》原稿一册
估 价：RMB 1,200,000～1,800,000
成交价：RMB 2,415,000
西泠拍卖 2014.12.15

3471 佛说摩伽经第一
估 价：RMB 160,000～180,000
成交价：RMB 4,025,000
北京保利 2014.06.03

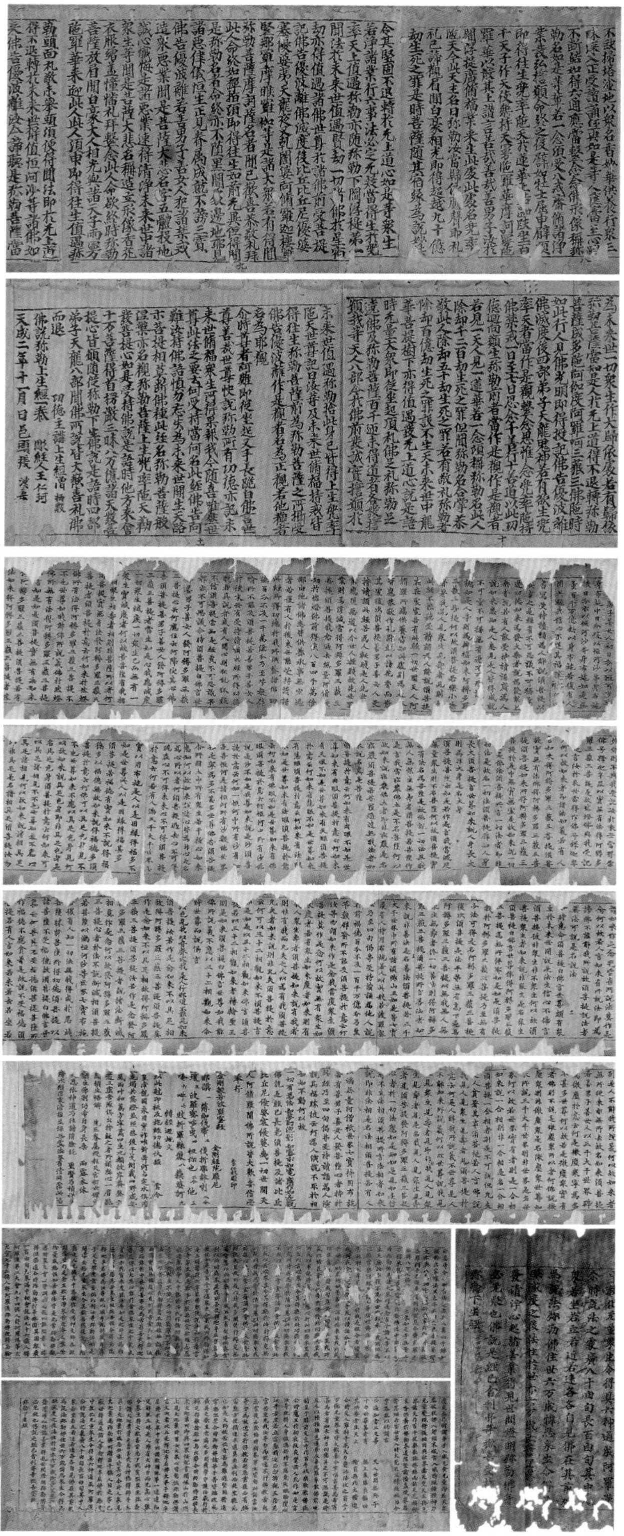

2173 佛说弥勒上生经一卷 李仁锐金刚经 弥勒下生经
成交价：RMB 25,300,000
北京保利 2014.12.03

2417 朱彝尊《明诗综》手稿（清）朱彝尊撰
估　价：RMB 1,200,000~1,800,000
成交价：RMB 1,955,000
西泠拍卖 2014.12.13

3114 清乾隆三十六年（1771） 高宗《御临米芾尺牍》册
估　价：HKD 2,000,000~3,000,000
成交价：RMB 12,371,240
香港苏富比 2014.10.08

3104 清乾隆十一年（1746）《御笔画秋山亭子》卷
估　价：HKD 4,000,000～6,000,000
成交价：RMB 21,357,000
香港苏富比 2014.10.08

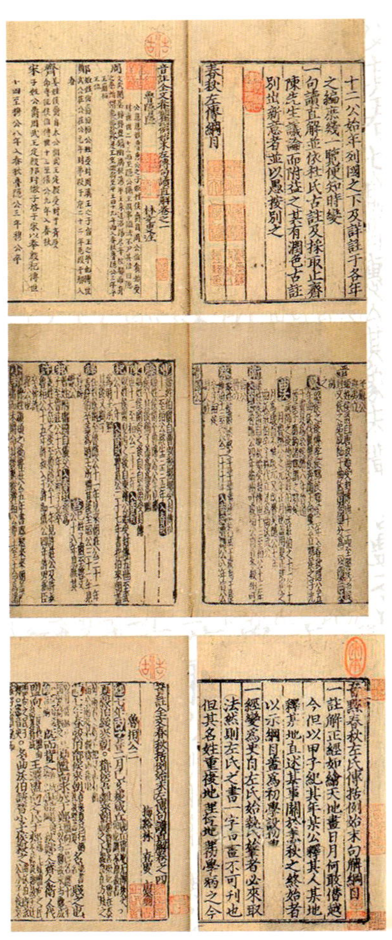

2436 宋刻《音注全文春秋括例始末左传句读直解七十卷》（宋）林尧叟注
估　价：RMB 4,000,000～6,000,000
成交价：RMB 4,600,000
西泠拍卖 2014.12.13

2346 清乾隆 御制佛说大智度论释学空不证品
估　价：RMB 2,400,000～3,400,000
成交价：RMB 2,200,000
北京九歌 2014.12.17

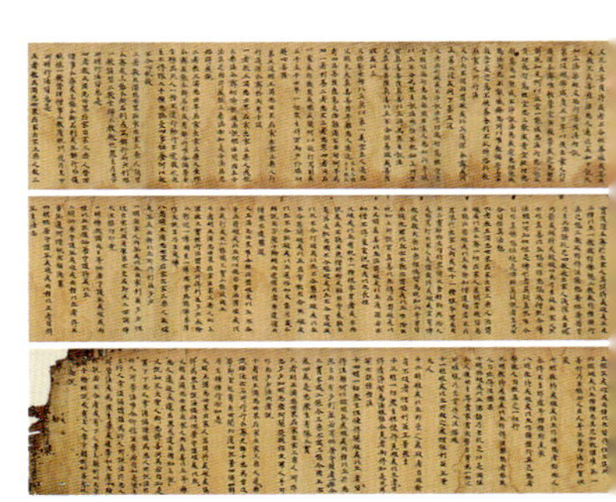

3465 对根起行法一卷
估　价：RMB 40,000～45,000
成交价：RMB 1,782,500
北京保利 2014.06.03

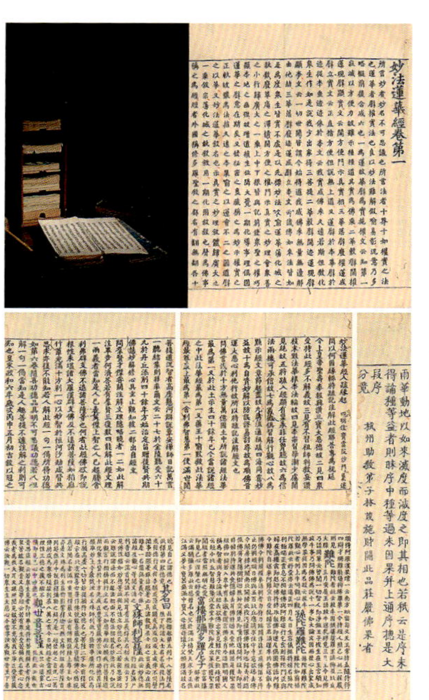

2433 北宋刻《妙法莲华经入注七卷》（姚秦）鸠摩罗什译，（隋）智者疏并记，（宋）道威入注
估　价：RMB 5,000,000～8,000,000
成交价：RMB 9,430,000
西泠拍卖 2014.12.13

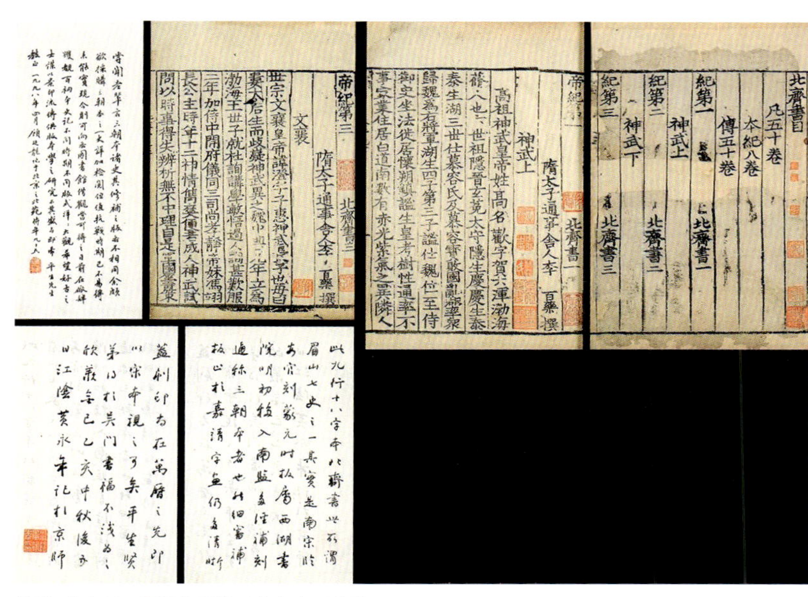

1960 黄永年、顾廷龙题跋《北齐书五十卷》
估　价：RMB 1,200,000～1,500,000
成交价：RMB 1,610,000
西泠拍卖 2014.05.05

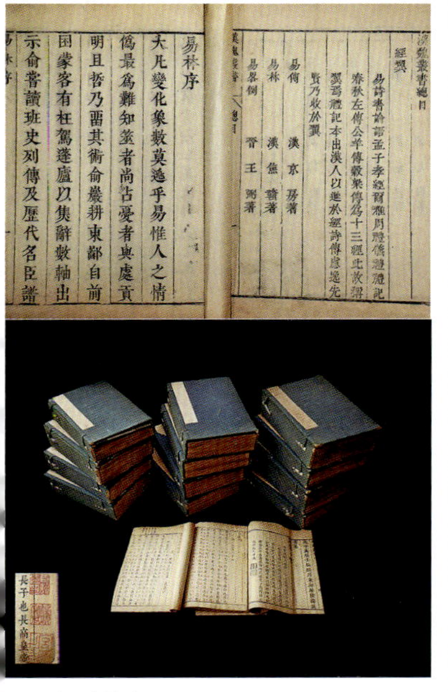

2848 汉魏丛书
成交价：RMB 1,725,000
北京翰海 2014.10.25

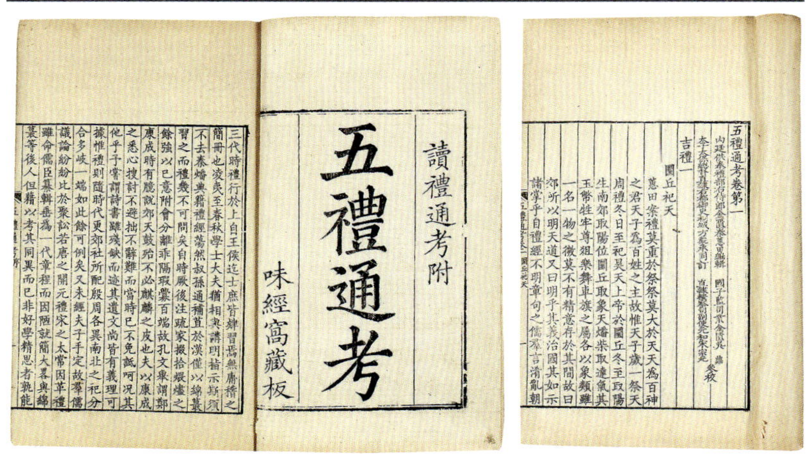

2804 五礼通考二百六十二卷首四卷
成交价：RMB 1,150,000
北京翰海 2014.10.25

2434 宋拓画帖《华严经入法界品善财参问变相经》（北宋）忠禅师撰并绘
估　价：RMB 1,500,000～3,000,000
成交价：RMB 6,210,000
西泠拍卖 2014.12.13

936 2009年作 邱志杰 给邱家瓦的三十封信（三幅）
估　价：HKD 1,800,000～2,800,000
成交价：RMB 5,238,960
佳士得 2014.11.24

12 19世纪末 窸斋所藏吉金图拓本
估　价：USD 100,000～150,000
成交价：RMB 3,711,675
纽约苏富比 2014.03.18

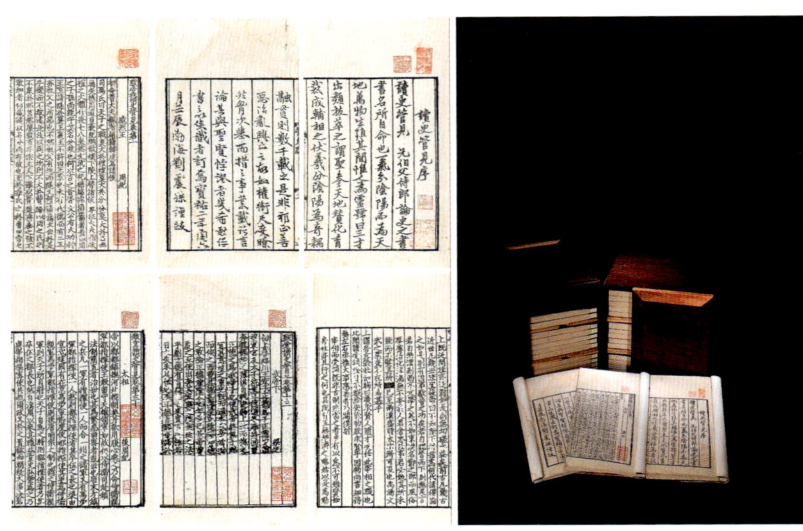

2323 致堂读史管见三十卷（清早期徐紫珊旧藏）宋胡寅撰
估　价：RMB 180,000～200,000
成交价：RMB 1,092,500
北京保利 2014.12.03

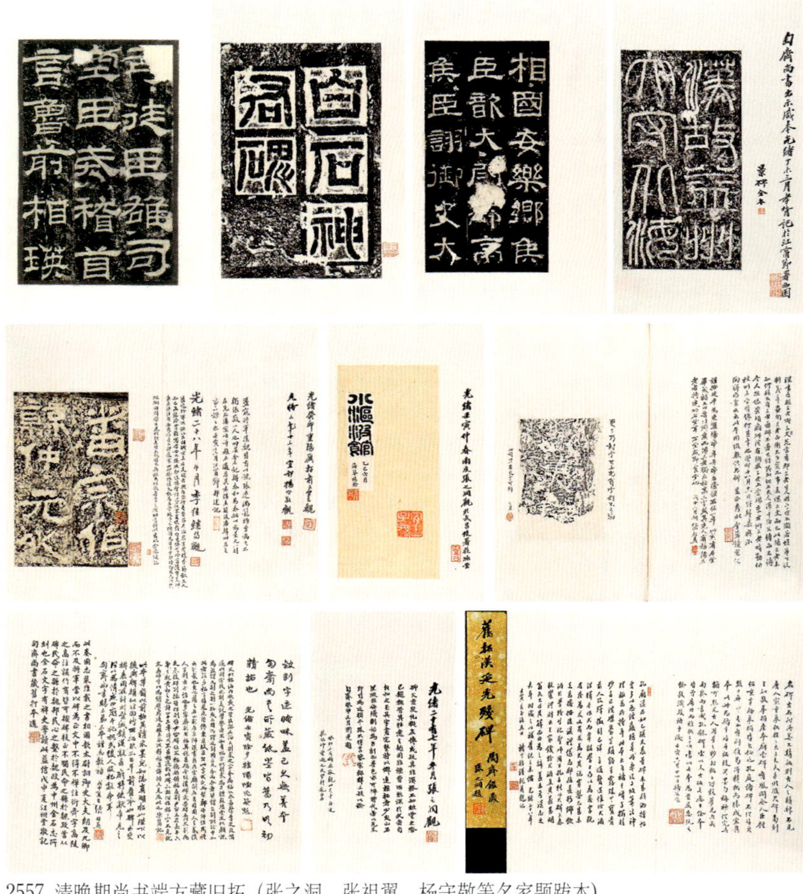

2557 清晚期尚书端方藏旧拓（张之洞、张祖翼、杨守敬等名家题跋本）
估　价：RMB 850,000～950,000
成交价：RMB 3,737,500
北京保利 2014.12.03

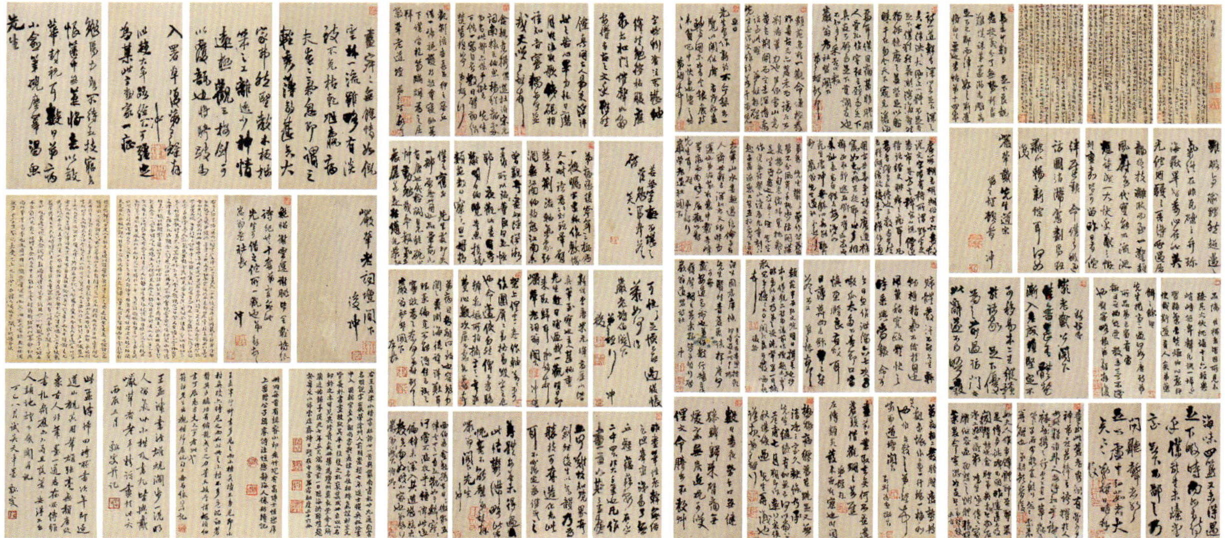

3421 王铎 致戴明说札
估 价：RMB 3,000,000～4,800,000
成交价：RMB 18,630,000
北京保利 2014.12.03

81 1939年摄 周恩来、邓颖超 题赠钟赤兵合影
估 价：RMB 100,000～200,000
成交价：RMB 747,500
西泠拍卖 2014.05.03

2903 郁冈斋法帖
估 价：RMB 2,000,000～3,000,000
成交价：RMB 3,220,000
北京翰海 2014.10.25

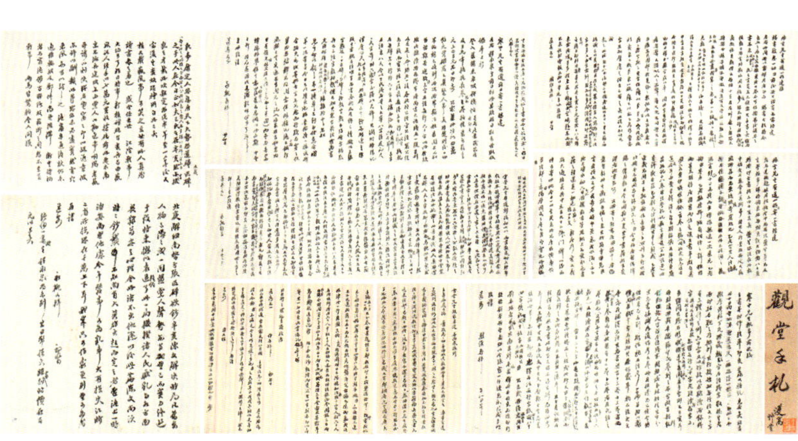

2583 观堂王国维致罗振玉书札十九通（罗继祖旧藏）
估 价：RMB 350,000～380,000
成交价：RMB 6,440,000
北京保利 2014.12.03

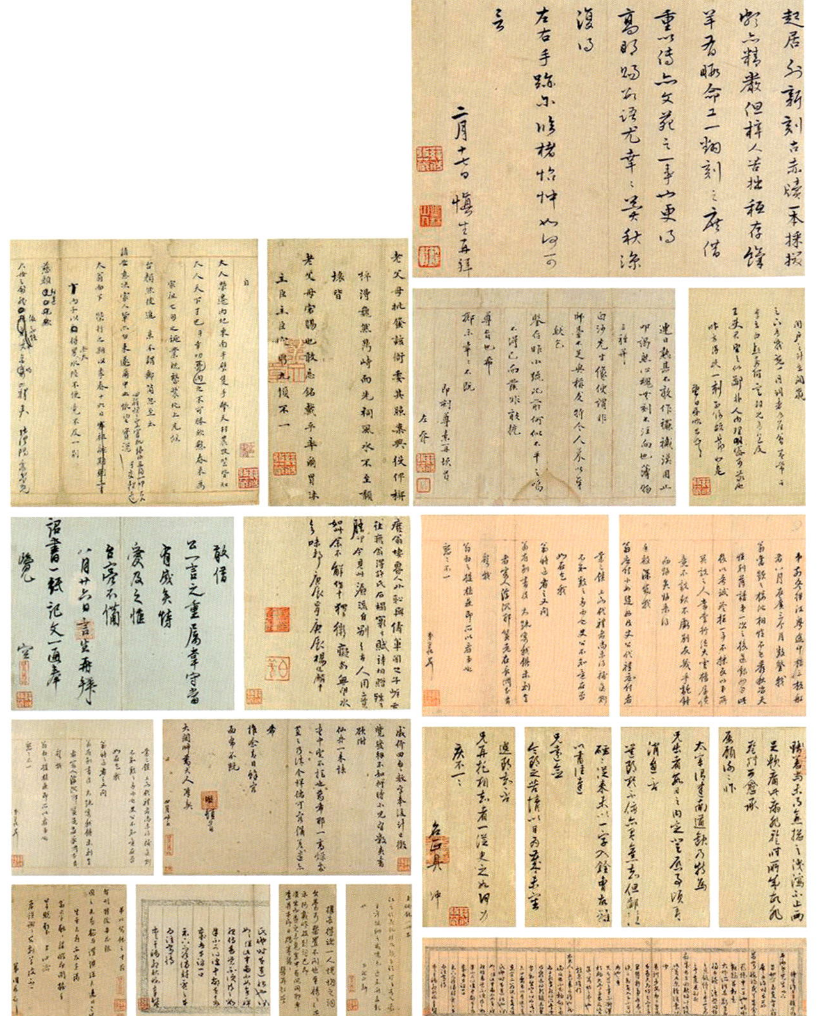

1075 史可法、左光斗、杨慎、熊廷弼、夏言、祁彪佳、黄尊素、徐文华等　明贤忠烈尺牍集册
估　价：RMB 7,000,000～9,000,000
成交价：RMB 9,200,000
西泠拍卖 2014.12.14

兵　器

1348 19世纪 皮鞘佐官刀
估　价：RMB 25,000～50,000
成交价：RMB 46,000
长117cm 北京传是 2014.06.05

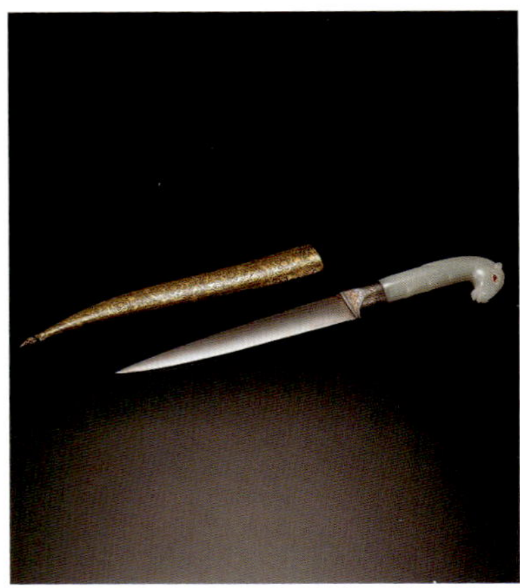

1178 清乾隆 大马士革马首刀
估　价：NTD 2,500,000～3,800,000
成交价：RMB 736,320
长40.5cm 帝图艺术 2014.06.22

茶　品

3052 陈年大红袍私房茶
估　价：RMB 224,000～384,000
成交价：RMB 287,500
重4000g 北京翰海 2014.05.11

621 煎茶茶席（一组八组）
估　价：RMB 200,000～300,000
成交价：RMB 287,500
尺寸不一 广东省拍 2014.12.07

4448 清晚期民国 同昌黄文兴圆茶
估　价：RMB 300,000～320,000
成交价：RMB 345,000
重330g 北京匡时 2014.12.04

2970 陈年普洱私房茶（50年）
估　价：RMB 70,000～120,000
成交价：RMB 97,750
重1500g 北京翰海 2014.05.11

2527 金奖大红袍 （丹霞颂008）
估　价：RMB 800,000～1,500,000
成交价：RMB 1,150,000
重10000g 北京翰海 2014.10.25

4427 约20世纪80年代 下关茶厂繁体八六五三圆茶
估　价：RMB 100,000～120,000
成交价：RMB 115,000
重2443.7g 北京匡时 2014.12.04

藏 酒

2231 1955年产五星牌茅台酒（1瓶）
估　价：RMB 500,000～700,000
成交价：RMB 667,000
902g 北京翰海 2014.10.25

2232 1959年9月9日产五星牌茅台酒（1瓶）
估　价：RMB 380,000～500,000
成交价：RMB 977,500
872g 北京翰海 2014.10.25

3772 国窖1573 西泠印社110周年华诞纪念酒（1瓶）
估　价：RMB 50,000～60,000
成交价：RMB 57,500
3500ml 西泠拍卖 2014.05.06

2330 1988年产麦穗牌五粮液（12瓶）
估　价：RMB 80,000～120,000
成交价：RMB 115,000
500ml/瓶 北京翰海 2014.10.25

3156 20世纪80年代初期产红城牌红城董酒（2瓶）
估 价：RMB 150,000～180,000
成交价：RMB 195,500
500ml/瓶 北京翰海 2014.05.11

681 1963年泸州老窖陈年老酒
估 价：RMB 4,000,000
成交价：RMB 7,475,000
重386kg 上海嘉禾 2014.10.30

1021 20世纪80年代产方瓶剑南春酒（6瓶）
估 价：RMB 30,000～50,0C0
成交价：RMB 34,500
500ml/瓶 北京翰海 2014.11.22

13159 红星牌二锅头典藏纪念酒 6斤装 （1瓶）
估 价：RMB 25,000
成交价：RMB 28,750
北京保利 2014.12.02

1686 20世纪80年代初 洋河大曲（1瓶）
估 价：RMB 11,000～15,000
成交价：RMB 12,650
500ml/瓶 中贸圣佳 2014.07.06

4494 1986/1991年西凤酒（20瓶）
估　价：RMB 40,000～50,000
成交价：RMB 46,000
500ml/瓶 西泠拍卖 2014.12.14

1265 1980年黑金龙（2瓶）
估　价：HKD 19,000～27,000
成交价：RMB 14,934
600ml/瓶 保利香港 2014.10.06

4337 波尔多1855年列级酒庄大瓶装（1.5升）大全套2010年份（60支）
估　价：RMB 230,000～280,000
成交价：RMB 276,000
中国嘉德 2014.11.21

1 DRC/罗曼尼·康帝1988（12瓶）
估　价：RMB 950,000～1,400,000
成交价：RMB 1,102,500
佳士得（上海） 2014.10.24

4316 柏翠酒庄大瓶装（1.5升）1988年份（3支）
估　价：RMB 105,000～125,000
成交价：RMB 126,500
中国嘉德 2014.11.21

1537 格兰花格60年（1瓶）
估　价：HKD 140,000～200,000
成交价：RMB 116,673
700ml 保利香港 2014.10.06

4252 拉菲古堡1982年份（12支）
估　价：RMB 380,000～450,000
成交价：RMB 448,500
750ml/瓶 中国嘉德 2014.11.21

4208 玛歌红亭大瓶装（12升）2010年份（1支）
估　价：RMB 30,000～42,000
成交价：RMB 103,500
中国嘉德 2014.11.21

2434 20世纪60年代末产透明盒路易十三（6瓶）
估　价：RMB 100,000～200,000
成交价：RMB 138,000
700ml/瓶 北京翰海 2014.10.25

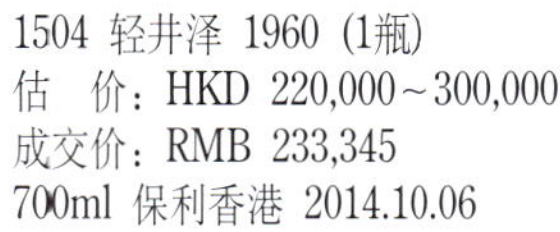

1504 轻井泽 1960（1瓶）
估　价：HKD 220,000～300,000
成交价：RMB 233,345
700ml 保利香港 2014.10.06

2450 2000年产罗曼尼康帝（1瓶）
估　价：RMB 70,000～120,000
成交价：RMB 80,500
700ml 北京翰海 2014.10.25

2441 单一麦芽麦卡伦 1879年（1瓶）
估　价：RMB 300,000～450,000
成交价：RMB 368,000
700ml 北京翰海 2014.10.25

盆 景

3609 约18世纪 博兰盆景
估　价：HKD 250,000～300,000
成交价：RMB 246,875
85cm×70cm 香港苏富比 2014.04.07

4627 榆树
估　价：RMB 280,000～380,000
成交价：RMB 345,000
高160cm；宽180cm 西泠拍卖 2014.12.15

3692 约19世纪 黄槿木盆景
估 价：HKD 250,000～300,000
成交价：RMB 345,625
130cm×55cm 香港苏富比 2014.04.07

4601 黑松
估 价：RMB 1,200,000～1,500,000
成交价：RMB 1,840,000
高95cm；宽120cm 西泠拍卖 2014.12.15

4622 赤松
估 价：RMB 450,000～550,000
成交价：RMB 517,500
高115cm；宽120cm 西泠拍卖 2014.12.15

4598 真柏
估 价：RMB 280,000～350,000
成交价：RMB 368,000
高80cm；宽110cm 西泠拍卖 2014.12.15

手 包

435 爱马仕 凯莉28 鳄鱼皮手袋
估 价：HKD 80,000～130,000
成交价：RMB 132,821
高22cm×宽28cm 日本伊斯特 2014.06.01

2215 蒂芙尼 18k金镶嵌钻石手包
估 价：HKD 150,000～220,000
成交价：RMB 139,830
17cm×8.3cm×3cm 保利香港 2014.04.06

3699 国王蓝色鸵鸟皮32公分凯莉包附黄金配件
估 价：HKD 80,000～120,000
成交价：RMB 197,250
33cm×23cm×11cm 佳士得 2014.11.24

3709 蓝宝石、鸢尾花及马耳他蓝三色鸵鸟皮30公分GHILLIES柏金包附精铜配件
估 价：HKD 220,000～280,000
成交价：RMB 443,813
30cm×22cm×15cm 佳士得 2014.11.24

3614 亮面BRAISE色POROSUS鳄鱼皮30公分柏金包附钯金配件
估 价：HKD 200,000～300,000
成交价：RMB 345,188
30cm×22cm×15cm 佳士得 2014.11.24

3686 深灰色蜥蜴皮25公分柏金包附钯金配件
估　价：HKD 100,000～150,000
成交价：RMB 414,225
25cm×21cm×13cm 佳士得 2014.11.24

3689 雾面石墨色尼罗鳄鱼皮35公分柏金包附黄金配件
估　价：HKD 350,000～450,000
成交价：RMB 443,813
35cm×25cm×18cm 佳士得 2014.11.24

3609 雾面H红色短吻鳄皮40公分柏金包附钯金配件
估　价：HKD 300,000～400,000
成交价：RMB 394,500
40cm×32cm×20cm 佳士得 2014.11.24

摄影器材

101 加里宁 俄国革命照相底片一卷及自用相机一台
估　价：RMB 30,000～50,000
成交价：RMB 51,750
尺寸不一 西泠拍卖 2014.05.03

现代艺术

1020 1949年 芬 尤 Chieftain Chair/2 Seater 双人酋长椅（限量版）
估 价：RMB 272,000
成交价：RMB 312,800
148cm×88cm×92.5cm 北京保利 2014.06.02

279 2013年 陈暄 “本能”
估 价：RMB 260,000～360,000
成交价：RMB 299,000
200cm×100cm×95cm 中国嘉德 2014.11.20

1129 2014年 四面平“书香茗”组合
估 价：RMB 166,000
成交价：RMB 287,500
北京保利 2014.06.02

1062 林冻 茶桌 致敬克里姆特（限量版1/8）
估 价：RMB 140,000
成交价：RMB 195,500
209.1cm×69.5cm×69.5cm 北京保利 2014.06.02

药 材

6388 麝香
估 价：RMB 3,000～5,000
成交价：RMB 126,500
长9.5cm 北京保利 2014.06.05

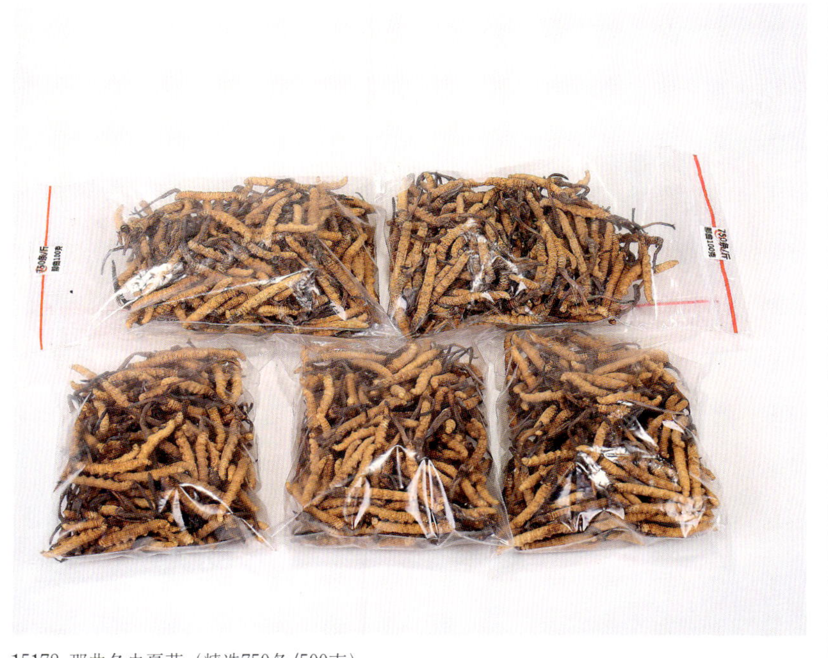

15178 那曲冬虫夏草（精选750条/500克）
估　价：RMB 230,000～260,000
成交价：RMB 264,500
北京保利 2014.06.04

3117 宋/明 虢叔旅铁甬钟
估　价：RMB 400,000～500,000
成交价：RMB 460,000
钟高19.5cm 西泠拍卖 2014.05.06

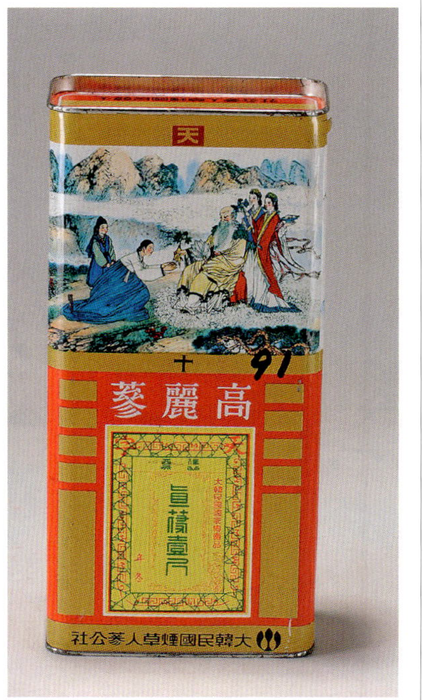

15163 1991年韩国正官庄高丽参（天10）
估　价：RMB 97,000～120,000
成交价：RMB 111,550
北京保利 2014.06.04

乐器

9462 德国 STEINWAY & SON 施坦威 “伯爵” 细木拼花贴面鎏金三角钢琴
估　价：RMB 2,000,000～3,200,000
成交价：RMB 2,645,000
钢琴长度220cm 北京保利 2014.06.05

音 响

6917 近代 RCA 12吋双蝶翼五丘陵全音域单体扬声器（音响）
成交价：RMB 247,200
长51.7cm；宽31.4cm；高150.2cm
台湾世家 2014.04.13

9453 瑞士，日内瓦 BORNARD FRERES “旋转木马”馆藏级活动人偶音乐盒
估　价：RMB 160,000～260,000
成交价：RMB 471,500
66cm×56cm×56cm 北京保利 2014.06.05

工艺品其他

2063 汉 龙纹画像柱砖（两件）
估　价：USD 5,000～7,000
成交价：RMB 69,019
129.5cm×18.8cm；128cm×18.8cm
纽约佳士得 2014.03.20

3033 清乾隆 仿雄黄料海棠式水仙盆
估　价：HKD 200,000～300,000
成交价：RMB 641,875
长21cm 香港苏富比 2014.04.08

14197 ACE//7三轮场地竞技车全球限量9台车
估　价：RMB 950,000～1,150,000
成交价：RMB 920,000
北京保利 2014.06.06

223 驷马出巡
估　价：HKD 12,250,000～24,500,000
成交价：RMB 11,200,000
通长75cm；通宽30cm；通高29cm 荣盛国际 2014.07.26

2014杂项拍卖成交汇总

(成交价RMB：1万元以上)

拍品名称	物品尺寸	成交价RMB	拍卖公司	拍卖日期
竹 雕				
摆件				
明 竹雕寿仙童子摆件	高13.6cm	322,000	浙江世贸	2014.04.13
明 竹雕寿星	高8.5cm	207,000	古天一	2014.06.05
明 竹雕持卷观音像	高24.5cm	1,552,500	西泠拍卖	2014.05.06
明 竹雕关公坐像	高25cm	66,700	上海嘉泰	2014.06.19
明 竹雕弥勒佛座像	高14cm	322,000	北京东正	2014.05.18
明晚期/清早期 竹雕仙女立像	高14cm	55,356	伦敦邦瀚斯	2014.05.15
清早期 竹雕太白醉酒	7cm×2.5cm×4cm	55,200	中国嘉德	2014.05.19
清早期 竹雕卧牛	5cm×3.5cm×3cm	32,200	中国嘉德	2014.05.19
清早期 竹根雕东方朔	高7.5cm	23,000	中国嘉德	2014.05.19
清早期 竹根雕寿星摆件	高21cm	1,127,000	中国嘉德	2014.05.19
清早期 竹雕刘海戏金蟾摆件	高6.5cm	66,700	江苏爱涛	2014.07.06
清早期 竹雕渔翁摆件	高15.6cm	230,000	江苏爱涛	2014.07.06
清早期 竹透雕松鹿摆件	高21.6cm	138,000	北京翰海	2014.05.11
清早期 竹雕寿星像	高10.4cm	69,000	中国嘉德	2014.03.24
清早期 竹根雕钟馗造像	高11cm	276,000	古天一	2014.12.05
清早期 竹根雕笑狮罗汉	高7cm	287,500	古天一	2014.12.05
清康熙 竹雕刘海戏金蟾	高18.5cm	172,500	江苏爱涛	2014.07.06
清乾隆 竹根雕仙翁献寿像	高33.5cm	184,000	中国嘉德	2014.03.24
清中期 竹雕禄星造像	高47.5cm	126,500	广东省拍	2014.12.07
清中期 竹雕罗汉	高7cm	91,770	中国嘉德	2014.04.09
清中期 竹根雕观音坐像	高13.4cm	57,500	北京诚轩	2014.05.19
清中期 竹根雕童子献寿	高18cm	172,500	北京翰海	2014.05.11
清中期 竹黄刻鼓瑟图执扇	38cm×18.5cm	20,700	中国嘉德	2014.11.22
清中期 竹雕群仙祝寿图山子	17cm×15.5cm×30cm	101,200	中国嘉德	2014.05.19
清中期 竹雕如意观音	高16.5cm	178,250	古天一	2014.06.05
清中期竹根雕十八罗汉像(九件)	尺寸不一	31,640	中都国际	2014.05.24
清 时敏款竹雕罗汉摆件	高7.3cm	74,750	西泠拍卖	2014.12.13
清 竹雕拜寿童子、蟋蟀筒(各一件)	长5.1cm高18.5cm	46,000	香港淳浩	2014.07.30
清 竹雕刘海戏金蟾摆件	高32cm	34,500	西泠拍卖	2014.05.06
清 竹雕刘海戏金蟾摆件	高5.5cm	368,000	西泠拍卖	2014.12.13
清 竹雕刘海戏金蟾玩件	高7cm	11,500	广州皇玛	2014.01.02
清 竹雕松鼠葡萄摆件	高6.7cm	168,008	保利香港	2014.10.07
清 竹雕童子牧牛摆件	高29.5cm	43,700	中国嘉德	2014.05.19
清 竹雕童子牧牛摆件	高6.6cm	86,250	西泠拍卖	2014.05.06
清 竹根雕佛手摆件	长8cm	322,000	古天一	2014.12.05
清 竹根仿太湖石摆件	高11.5cm	11,250	中鸿信	2014.11.22
清 竹雕人物山子	高10.5cm	11,500	北京翰海	2014.01.12
清 竹雕人物山子摆件	高17.5cm	57,500	深圳市拍	2014.01.05
清 竹雕松石人物山子摆件	带座高9cm	149,500	西泠拍卖	2014.12.13
清 竹雕采药老人	高15cm	48,300	深圳市拍	2014.01.05
清 竹雕采芝老人	高15cm	57,500	北京盘古	2014.06.25
清 竹雕东方朔偷桃像	高15.7cm	28,750	中国嘉德	2014.03.24
清 竹雕罗汉	高15cm	34,500	北京翰海	2014.04.12
清 竹雕罗汉立像	高38cm	11,500	浙江世贸	2014.04.13
清 竹雕寿星	高38cm	28,750	华艺国际	2014.04.13
清 竹雕寿星	高26cm	37,950	北京保利	2014.10.26
清 竹雕铁拐李像	高19.5cm	11,500	西泠拍卖	2014.12.13
清 竹刻陶渊明像笔筒	高14.3cm	23,000	中鸿信	2014.11.22
清 竹雕对狮教子供	20.5cm×14cm	17,250	上海嘉泰	2014.06.19
清 竹雕葫芦万代	长27cm	230,000	翰风国际	2014.04.30
17世纪 竹根雕和合二仙供	高16.5cm	11,500	上海嘉泰	2014.06.19
18世纪 竹雕寿老童子立像	30.5cm	186,038	伦敦苏富比	2014.11.05
王新明刻 竹雕达摩摆件	高21.5cm	57,500	福建东南	2014.10.26
张泰中"濂溪意趣"竹刻摆件	32cm×13.5cm	86,250	北京艺融	2014.12.08
刘海戏金蟾竹雕雅玩	高14.5cm	13,800	福建东南	2014.10.26
竹雕青蛙	径2.0cm×4.2cm	18,400	北京保利	2014.02.05
竹雕西游记(一套四件)	尺寸不一	55,000	北京九歌	2014.12.17
清早期 竹雕过枝灵芝如意	长40cm	3,450,000	古天一	2014.12.05
清早期 竹根如意	长32cm	11,500	北京匡时	2014.09.17
清中期 竹雕灵芝如意	长18cm	230,000	古天一	2014.06.05
清中期 竹雕随形灵芝如意	长43cm	92,000	北京翰海	2014.10.25
清 贴簧福寿双全如意	长31.5cm	40,250	西泠拍卖	2014.05.06
清 竹雕灵芝如意	长29.8cm	36,800	西泠拍卖	2014.05.06
清 竹雕灵芝如意	43.9cm	69,213	香港苏富比	2014.10.08
清 竹雕如意	长43cm	138,000	北京东正	2014.11.20
清 竹雕竹林七贤如意	长44cm	17,250	太平洋	2014.06.25
生活用品				
清中期 竹雕博古提梁壶	高16cm	126,500	古天一	2014.06.05
清 竹雕松虬壶	长13.7cm	46,000	深圳市拍	2014.01.05

拍品名称	物品尺寸	成交价RMB	拍卖公司	拍卖日期
清乾隆 黄莘田铭瘿木竹编纹盘	长18.2cm	63,250	浙江世贸	2014.04.13
清 斑竹笔 香盘	尺寸不一	34,500	北京翰海	2014.04.12
清 湘妃竹方盘	长40cm	13,800	中鸿信	2014.11.22
清 竹黄刻山水文盘	长36.5cm	23,000	西泠拍卖	2014.12.13
明 三松款竹雕松枝形小杯	高4.5cm	74,750	上海泓盛	2014.06.26
明 竹根雕太师少师杯	长12cm	161,000	北京翰海	2014.05.10
16世纪 竹雕松枝纹犀角式杯	宽5.2cm	65,184	纽约佳士得	2014.03.20
明 竹雕大漆仿犀角螭龙杯	高11.5cm	97,750	浙江世贸	2014.07.27
清早期 竹雕花卉纹杯	高11cm	51,750	中国嘉德	2014.05.19
清乾隆 竹雕松树杯	宽11cm	17,250	北京保利	2014.01.11
清中期 竹雕仿犀角玉兰花卉杯	高12.5cm	69,000	北京翰海	2014.10.26
清 竹根雕松树形杯	长11.6cm	53,064	罗芙奥	2014.05.25
清 竹雕花卉杯	宽15cm	11,500	北京保利	2014.01.11
清 竹雕寿桃杯	高3.4cm	39,550	江苏爱涛	2014.07.06
清 竹雕松虬杯	高8.5cm	10,350	中国嘉德	2014.03.24
清 竹雕喜鹊登梅杯	高10.6cm	43,700	北京翰海	2014.05.11
清 竹根雕螭龙杯	高12cm	23,000	北京翰海	2014.05.10
18世纪/19世纪 竹根雕刻"兰亭序"双耳扇式杯	高6.3cm	148,313	香港苏富比	2014.10.08
清康熙 御制竹雕苍松鼠戏纹杯(一对)	高7cm	1,265,000	保利厦门	2014.11.01
清 竹雕松树杯(一对)	高10.3cm	92,000	西泠拍卖	2014.12.13
清 湘妃竹二层漆面茶棚	长44.5cm	36,800	浙江世贸	2014.04.13
清 竹制茶棚	高34cm	11,500	中国嘉德	2014.05.19
斑竹茶棚	高35.4cm	14,950	上海工美	2014.11.02
竹编茶棚	高33.5cm	97,750	北京匡时	2014.06.05
清 漆木镶湘妃竹翡翠提环茶箱	长35cm	51,750	浙江世贸	2014.04.13
清 湘妃竹茶箱	长29cm	138,000	西泠拍卖	2014.05.06
明末清初 竹根雕"太师少师"香薰	长15cm	195,500	远方拍卖	2014.06.02
清中期 竹雕松荫对弈图小香薰	高10cm	32,200	中国嘉德	2014.05.19
清 竹刻祥龙出海香薰	高7.5cm	17,250	浙江世贸	2014.07.27
清 竹璜人物香熏	长23cm	11,500	雍和嘉诚	2014.05.31
明 竹根狮耳三足炉	11cm×13cm	20,700	上海嘉泰	2014.06.19
清早期 竹雕饕餮纹香炉	直径11cm	161,000	古天一	2014.12.05
清中期 蔡时敏竹雕衔芝鹤龟熏炉	15.5cm×16cm	34,500	上海嘉泰	2014.06.19
清 竹雕小香炉	高5.8cm	28,750	西泠拍卖	2014.12.13
近代 朱炳文制竹刻花卉虫罐	高7.5cm	43,700	西泠拍卖	2014.05.06
徐春静刻 留青竹筒小罐	高11.2cm	20,700	福建东南	2014.10.26
明 项元汴款竹雕素身盖盒	直径10cm	402,500	西泠拍卖	2014.05.06
清早期 竹根雕秋虫葫芦盒	高10cm	460,000	古天一	2014.12.05
清乾隆 文竹夔龙黼黻纹盖盒	长7cm	368,000	北京诚轩	2014.11.20
清乾隆竹黄嵌宝花卉渔樵耕读大捧盒	高22cm径45.5cm	460,000	北京传是	2014.06.05
清乾隆 竹黄松山访友图葵式盖盒	直径23.5cm	1,035,000	北京东正	2014.05.18
清中期 竹雕葫芦形盖盒	长8.5cm	207,000	古天一	2014.06.05
清中期 竹根雕松树松鼠纹椭圆盒	长12.8cm	86,250	北京翰海	2014.05.11
清 贴黄盘式香盒	高4.5cm	287,500	西泠拍卖	2014.12.13
清 竹雕瓜叶盖盒	长9cm	23,000	西泠拍卖	2014.05.06
清 竹雕花果纹菱花盒	直径12cm	28,750	西泠拍卖	2014.05.06
清 竹黄文玩盒	高22.3cm	20,700	中国嘉德	2014.03.24
清 竹贴簧转盒	长23cm	37,950	北京保利	2014.04.27
清 芝山款竹雕围棋盒(一对)	直径12.5cm×2	253,000	江苏爱涛	2014.07.06
清 马一浮旧藏竹编提篮及沉檀香盒(一组两件)	尺寸不一	13,800	西泠拍卖	2014.12.13
明 方竹香筒	长41cm	69,000	北京翰海	2014.10.25
明晚期 竹雕西厢记纹香筒	高20.0cm	63,250	上海泓盛	2014.06.26
清早期 老子出关图竹香筒	高25cm	322,000	保利厦门	2014.11.02
清早期 竹雕礼佛图香筒	高21.4cm	57,500	中国嘉德	2014.03.24
清早期 竹雕刘海戏蟾香筒	高20cm	322,000	翰风国际	2014.04.30
清早期 竹雕刘海戏金蟾香筒	高22cm	89,700	古天一	2014.12.05
清早期 竹雕曲水流觞人物故事图香筒	长21.8cm	20,700	中国嘉德	2014.03.24
清早期 竹雕人物香筒	高21.2cm	172,500	古天一	2014.12.05
清早期 竹雕仕女梳妆香筒	高18cm	310,500	古天一	2014.06.05
清早期 竹雕松阴仕女图香筒	高18.2cm	74,750	北京诚轩	2014.11.20
清早期 竹雕西厢记香筒	高27cm	977,500	古天一	2014.12.05
清早期 竹雕西园雅集图香筒	高19cm	137,655	中国嘉德	2014.04.09
清早期竹雕西厢记人物故事图香筒	高23cm	57,500	华艺国际	2014.12.09
清乾隆 竹雕竹林七贤香筒	高23cm	483,000	北京匡时	2014.06.04
清中期 竹雕松下人物香筒	高12cm	74,750	北京翰海	2014.05.11
清中期 竹透雕博古纹香筒	高21.7cm	57,500	北京翰海	2014.05.11
清中期 竹透雕松下人物香筒	高18cm	57,500	北京翰海	2014.05.11

*查看图片请参照凡例4方法

2014杂项拍卖成交汇总

(成交价RMB：1万元以上)

拍品名称	物品尺寸	成交价RMB	拍卖公司	拍卖日期
清中期 竹透雕松下婴戏图香筒	高21.2cm	149,500	北京翰海	2014.05.11
清 斑竹溪山行旅图香筒	长35.8cm	11,500	中国嘉德	2014.05.19
清 文竹嵌竹丝香筒	长11.2cm	74,750	西泠拍卖	2014.12.13
清 竹雕晋升如意图香筒	高21.5cm	119,301	中国嘉德	2014.04.09
清 竹雕刘海香筒	高20.5cm	55,200	北京传是	2014.06.05
清 竹雕龙纹香筒	高17.5cm	34,500	北京保利	2014.10.26
清 竹雕牧牛纹香筒	高21.5cm	63,250	上海泓盛	2014.06.26
清 竹雕千叟人物香筒	高17.8cm	51,750	西泠拍卖	2014.05.06
清 竹雕人物故事纹香筒	高21.4cm	13,800	上海泓盛	2014.06.26
清 竹雕人物香筒	长34.5cm	52,900	北京翰海	2014.08.24
清 竹雕人物香筒	长34cm	52,900	北京翰海	2014.08.24
清 竹雕十八罗汉香筒	高10.7cm	11,500	西泠拍卖	2014.05.06
清 竹雕十六应真香筒	长41cm	20,700	上海嘉泰	2014.06.19
清 竹雕仕女香筒	高17.5cm	16,100	北京保利	2014.10.26
清 竹雕竹下高士香筒	高21cm	184,000	西泠拍卖	2014.12.13
清 竹刻香筒“遥望齐州一点香”	长34cm	43,700	北京保利	2014.10.26
清晚期 竹制鸟笼	高44.5cm	172,500	中国嘉德	2014.05.19
清 竹雕鸟笼	高62cm	32,200	中国嘉德	2014.03.24
清 竹雕庭院人物图鸟笼	高45cm	322,000	西泠拍卖	2014.12.13
清 竹黄绣眼鸟笼	高35cm	17,250	印千山	2014.07.19
清 竹嵌银丝刻井地纹鸟笼	高24.5cm	103,500	西泠拍卖	2014.12.13
清 竹制鸟笼	高45cm	230,000	中国嘉德	2014.05.19
竹制鸟笼(一对)	高30cm	20,700	中国嘉德	2014.09.22
竹制鸟笼(一对)	高30cm	20,700	中国嘉德	2014.09.22
清中期 湘妃竹山水人物纹扇骨	长50cm	632,500	中国嘉德	2014.11.22
清 黄易、张大千款竹扇(各一)	尺寸不一	20,700	西泠拍卖	2014.05.06
清 湘妃竹扇骨	长35cm	86,250	西泠拍卖	2014.05.06
清 湘妃竹扇骨	长34cm	230,000	西泠拍卖	2014.12.13
清 湘妃竹扇骨	长32.4cm	138,000	苏州东方	2014.10.30
清 于右任藏骨制诗文扇骨	长29.2cm	46,000	西泠拍卖	2014.05.06
清于子安刻乌木竹雕扇骨(四件)	长32cm	51,750	西泠拍卖	2014.05.06
清 竹雕、檀香木雕、菠萝漆制扇骨(三件)	尺寸不一	11,500	西泠拍卖	2014.05.06
清 竹雕梅花扇骨	长30.5cm	13,800	古天一	2014.12.05
清 竹刻花鸟扇骨	长31cm	28,750	古天一	2014.12.05
清 竹刻花鸟纹 花卉纹扇骨各一把	长30.2cm	10,350	中国嘉德	2014.03.24
清 竹刻金文扇骨，檀香木刻金文扇骨(两件)	长32.5cm 长32cm	36,800	西泠拍卖	2014.05.06
清 竹刻留青花卉纹折扇	长31cm	51,750	古天一	2014.12.05
清 竹制扇骨(一组十九件)	尺寸不一	120,750	北京保利	2014.08.02
清庄子、衎香制竹雕扇骨(两件)	尺寸不一	36,800	西泠拍卖	2014.05.06
清 子云制乌木诗文扇骨、竹雕梅花扇骨、乌木镂空雕松鼠葡萄扇骨	尺寸不一	17,250	西泠拍卖	2014.05.06
清至民国 竹制扇骨(四十件)	尺寸不一	138,000	中国嘉德	2014.09.20
民国 李若虚徽刻竹扇骨		23,000	北京艺融	2014.12.08
民国 名家款刻竹扇		25,300	北京翰海	2014.05.09
民国 名家款刻竹扇		13,800	北京翰海	2014.05.09
民国 寿石工吴镜汀款诗画扇骨	长32.5cm	20,700	中鸿信	2014.11.22
民国 王勋制刻人物贴黄扇	长40cm	115,000	西泠拍卖	2014.12.13
民国 吴敬恒 王师子竹雕竹雀图行书成扇		17,250	北京艺融	2014.12.08
“王冰铁”款竹刻金石文扇骨	长31.8cm	40,250	苏州东方	2014.10.30
蔡念群 梅花形湘妃竹柄夹面团扇	长42.5cm	25,300	北京保利	2014.06.05
陈漱石 赵鹤亭 刻扇骨(二柄)	长31.5cm长31cm	40,250	北京诚轩	2014.11.19
各式扇股	尺寸不一	80,640	天津文物	2014.11.15
各式扇股	尺寸不一	31,360	天津文物	2014.11.15
韩潮 刻钟鼎款识扇骨	高31cm	414,000	上海泓盛	2014.12.15
江寒汀、唐云、白蕉、陈鸿寿、金城书画扇骨(五柄)		11,500	北京翰海	2014.10.25
金东溪刻金城画稿扇骨	高30.5cm	310,500	北京诚轩	2014.05.17
金西厓刻唐人句书法扇骨	高32cm	207,000	北京诚轩	2014.05.17
梅鹿湘妃扇骨	长31cm×2	28,750	北京保利	2014.04.26
扇骨	长31cm×2	23,000	北京保利	2014.10.26
扇骨(三件)		20,700	上海道明	2014.10.15
扇骨(四把)	高31cm	23,000	上海泓盛	2014.12.15
扇骨 八把	尺寸不一	22,080	香港淳浩	2014.07.29
孙更贯 浅刻扇骨	高32cm	69,000	上海泓盛	2014.12.15
谭维德刻赵云壑书法扇骨	高31cm	92,000	北京诚轩	2014.05.17
王健 18方古方双色飞金玉竹扇	长30cm	23,000	北京保利	2014.06.05
王健 泥金湘妃竹柄腰扇	长49cm	172,500	北京保利	2014.06.05

拍品名称	物品尺寸	成交价RMB	拍卖公司	拍卖日期
湘妃扇骨	长31cm	11,500	北京保利	2014.04.26
湘妃扇骨	长31cm	11,500	北京保利	2014.04.26
湘妃竹扇骨	34.5cm	40,250	鼎天国际	2014.05.24
湘妃竹扇骨	长32cm	19,550	苏州东方	2014.10.30
湘妃紫花蜡地十四档扇骨		172,500	北京亨申	2014.03.23
张大千、郑慕康等画 佚名刻扇骨(四十五把)	尺寸不一	89,700	长风拍卖	2014.01.05
张石园 彩绘扇骨	高31cm	126,500	上海泓盛	2014.12.15
张志鱼刻扇骨	长31cm	17,250	北京保利	2014.04.26
竹、大漆刻扇骨(二件)	尺寸不一	24,150	苏州东方	2014.10.30
竹刻“唐云”、“马公愚”花卉诗文扇骨	长31.5cm	11,500	苏州东方	2014.10.30
明治期 尚节款湘妃竹冰裂纹佛龛	高54.5cm	103,500	长风拍卖	2014.01.05
湘妃竹佛龛	高54cm	74,750	朵云轩	2014.06.29
明 兰古刀款竹雕下山虎啸筒	高38.8cm	25,300	上海嘉泰	2014.06.19
明晚期/清早期 竹雕东山报捷图小筒	高12.5cm	140,700	佳士得	2014.05.28
清早期 贴竹黄山水人物拜匣	长31cm	23,000	银座国际	2014.06.01
清早期 竹杖	高183cm	126,500	中国嘉德	2014.05.19
清乾隆 御制竹根雕镂空桃式盆	18.7cm	1,265,600	香港苏富比	2014.10.08
清中期 诗文凤纹竹笛	长65.5cm	28,750	上海嘉泰	2014.06.19
清中期 竹制网褂	长180cm	43,700	北京保利	2014.06.06
清 “和硕恭亲王”包金梅鹿竹画杖	长116cm	55,200	上海嘉泰	2014.06.19
清 贵妃斑竹画竿	长127.0cm	18,974	日本伊斯特	2014.05.31
清 贴黄茶板	长36.5cm	11,500	远方拍卖	2014.06.03
清 湘妃竹茶盏	宽36cm	195,500	长风拍卖	2014.01.05
清 湘妃竹台几 多宝架	高68cm	58,500	中鸿信	2014.11.22
清 竹编虫笼	高11.5cm	11,500	中贸圣佳	2014.06.01
清 竹雕茶托	直径17.5cm	109,020	保利香港	2014.04.07
清 竹雕刻“冲静得自然”茶仓	高8.5cm	23,000	长风拍卖	2014.01.05
清 竹雕夔龙芭蕉纹渣斗	高7.5cm	11,500	西泠拍卖	2014.12.13
清 竹雕龙凤罗帐对勾	尺寸不一	25,300	远方拍卖	2014.06.03
清 竹雕群贤雅集信筒	高12.5cm	43,700	西泠拍卖	2014.12.13
清 竹雕人物信筒	高10.7cm	34,500	西泠拍卖	2014.12.13
清 竹雕开光人物香囊	高7cm	17,250	西泠拍卖	2014.05.06
清 蕉叶如意纹凉炉及老竹提篮	提篮高49cm	59,800	长风拍卖	2014.01.05
竹编花篮	高112cm	23,000	上海泛华	2014.10.29
文房用品				
明万历 御制竹雕花鸟纹笔	长24.3cm	598,000	北京保利	2014.06.05
清中期 斑竹毛笔	长18cm	69,000	中国嘉德	2014.05.19
民国 湘妃竹象牙头毛笔	长25cm	34,500	北京翰海	2014.05.10
杨文 红湘妃斑竹狼毫笔(一套)	尺寸不一	69,000	北京保利	2014.06.05
明 朱三松制刘阮入天台竹雕笔筒	高12.9cm	460,000	西泠拍卖	2014.12.13
明 竹雕松林探泉笔筒	高15.8cm	138,000	浙江世贸	2014.04.13
明 竹雕文王问贤笔筒	高14.8cm	437,000	浙江世贸	2014.04.13
明末清初 竹雕高士图笔筒	高11.3cm	66,074	中国嘉德	2014.04.09
明末清初 竹雕高士图笔筒	高13.8cm	80,500	北京诚轩	2014.11.20
明末清初 竹雕庭院仕女图笔筒	高14.2cm	690,000	翰风国际	2014.04.30
明万历 竹雕花鸟纹笔管及笔筒	高24.6cm	272,855	伦敦苏富比	2014.11.05
清早期三松铭竹雕赤壁夜游图笔筒	高15cm	86,250	中国嘉德	2014.05.19
清早期 王易作竹雕胡人戏马图题诗笔筒	高15cm	345,000	北京保利	2014.06.05
清早期 吴之璠铭竹雕松溪浴马图笔筒	高15cm	713,000	中国嘉德	2014.05.19
清早期 云山款竹雕石榴诗文笔筒	高11.5cm	57,500	西泠拍卖	2014.12.13
清早期 竹雕赤壁夜游笔筒	高15.5cm	506,000	古天一	2014.06.05
清早期 竹雕东山报捷图笔筒	高16cm	897,000	古天一	2014.12.05
清早期 竹雕虎溪三笑图笔筒	高16cm	828,000	北京华辰	2014.04.27
清早期 竹雕麻姑献寿图笔筒	高13.5cm	287,500	古天一	2014.12.05
清早期 竹雕山水人物笔筒	高16cm	115,000	北京保利	2014.10.26
清早期 竹雕透雕雅集图笔筒	高14.1cm	163,530	保利香港	2014.04.07
清早期 竹雕竹林七贤笔筒	高14.5cm	327,060	保利香港	2014.04.07
清早期 竹根雕鹿鹤延年笔筒	高13cm	69,000	北京保利	2014.12.04
清早期 竹刻刘海戏金蟾图笔筒	高14.8cm	94,300	中国嘉德	2014.03.24
清早期 竹刻山水人物笔筒	高11.4cm	115,000	苏州东方	2014.05.30
清早期 竹刻陶公采菊图笔筒	高14cm	264,500	苏州东方	2014.10.30
清早期 吴之璠竹雕陶渊明爱菊笔筒	高16cm	195,500	北京匡时	2014.12.03
清早期 竹雕笔筒	高13cm	1,286,400	佳士得	2014.05.28
清早期 竹雕高士图笔筒	高15cm	109,250	华艺国际	2014.05.31
清早期 竹雕柳荫高士笔筒	高14.8cm	66,700	华艺国际	2014.05.31
清早期 竹雕竹林七贤笔筒	高11.2cm	287,500	江苏爱涛	2014.07.0[illegible]

拍品名称	物品尺寸	成交价RMB	拍卖公司	拍卖日期
清顺治 竹镂雕采药遇仙图笔筒	高14.5cm	322,000	华艺国际	2014.05.31
清康熙 文右款竹雕仕女笔筒	高15.8cm	460,000	古天一	2014.06.05
清康熙 吴之璠制竹雕"王乔飞舄"故事笔筒	高15.7cm	1,840,000	北京保利	2014.12.03
清康熙 竹雕"竹林七贤"笔筒	高16cm	287,500	远方拍卖	2014.06.02
清康熙 竹雕抚孤松而盘桓图笔筒	高12.4cm	109,250	北京诚轩	2014.11.20
清康熙 竹雕松荫钟馗图笔筒	高15cm	115,000	北京诚轩	2014.11.20
清乾隆"景荣"款竹刻笔筒	高12cm	218,500	远方拍卖	2014.06.02
清乾隆 邓渭制竹雕诗文笔筒	高13cm	713,000	北京保利	2014.06.04
清乾隆 沈全林制竹雕白菜草虫笔筒	高13.7cm	402,500	北京保利	2014.06.04
清乾隆 周芷岩刻竹石山居图笔筒	高11cm	402,500	西泠拍卖	2014.12.13
清乾隆 周芷岩制并刻"秋山行旅图"薄意笔筒	高16cm	713,000	北京保利	2014.06.04
清乾隆 竹雕高士图笔筒	高15cm	92,000	上海道明	2014.12.11
清乾隆 竹雕诗文笔筒	高11.5cm	20,700	保利厦门	2014.11.02
清乾隆 竹雕通景人物图笔筒	高23cm	977,500	华艺国际	2014.12.09
清嘉庆 邓渭刻琵琶行诗文笔筒	高11.9cm	299,000	西泠拍卖	2014.12.13
清嘉庆 韩潮刻诗文笔筒	高15.8cm	172,500	北京诚轩	2014.05.19
清道光 王恒款竹雕山水人物笔筒	高12cm	57,500	西泠拍卖	2014.05.06
清道光 竹雕夜游赤壁笔筒	高12cm	33,600	武汉中信	2014.10.23
清中期 高垲款竹刻兰亭序诗文笔筒	高11.8cm	115,000	中国嘉德	2014.03.24
清中期 钱大昕 竹雕诗文笔筒	高12cm	46,000	中国嘉德	2014.11.22
清中期 少溪款竹雕夜游赤壁图笔筒	高11.8cm	20,700	北京中汉	2014.05.17
清中期 朱鹤款竹雕赤壁赋笔筒	高12.2cm	115,000	西泠拍卖	2014.12.13
清中期 竹雕赤壁夜游笔筒	高12.3cm	92,000	中国嘉德	2014.05.19
清中期 竹雕二十四孝图笔筒	高15.5cm	36,800	北京传是	2014.06.05
清中期 竹雕花卉诗文笔筒	高14cm	137,655	中国嘉德	2014.04.09
清中期 竹雕加官图诗文笔筒	高14.5cm	34,500	中国嘉德	2014.05.19
清中期 竹雕留青"云游四海"小笔筒	高13.3cm	74,750	北京保利	2014.12.04
清中期 竹雕秋崧螳螂纹笔筒	高14.2cm	89,700	中国嘉德	2014.05.19
清中期 竹雕山水人物笔筒	高18.5cm	1,058,000	北京匡时	2014.06.03
清中期 竹雕诗文笔筒	高13.5cm	137,655	中国嘉德	2014.04.09
清中期 竹雕诗文笔筒	高11cm	128,478	中国嘉德	2014.04.09
清中期 竹雕诗文笔筒	高11.5cm	23,000	北京传是	2014.06.05
清中期 竹雕松下弄箫图笔筒	高14.5cm	78,200	华艺国际	2014.05.31
清中期 竹雕西园雅集琴棋书画图笔筒	高14cm	138,000	北京中汉	2014.11.21
清中期 竹雕夜游赤壁笔筒	高12cm	69,000	广州皇玛	2014.04.27
清中期 竹雕竹林高仕图笔筒	高126cm	74,750	北京中汉	2014.11.21
清中期 竹雕竹林七贤笔筒	高11.5cm	218,500	古天一	2014.06.05
清中期 竹雕竹林七贤笔筒	高12.5cm	1,380,000	保利厦门	2014.11.02
清中期 竹刻竹石诗文笔筒	高12.8cm	34,500	北京翰海	2014.10.26
清中期 滋田款竹雕诗文笔筒	高12cm	23,000	西泠拍卖	2014.05.06
清晚期 竹雕山居图笔筒	高15.5cm	51,750	北京艺融	2014.06.03
清晚期/民国 竹制板桥竹石图笔筒	高17cm	17,250	中国嘉德	2014.03.22
清"鳌图"款竹雕诗文笔筒	高13cm	92,000	古天一	2014.12.05
清"成亲王"款竹刻诗文笔筒	高16cm	172,500	远方拍卖	2014.06.02
清"潘味庵"款竹刻山水人物笔筒	高15.4cm	32,200	苏州东方	2014.10.30
清"小松"款竹刻松下人物故事图笔筒	高15cm	88,550	苏州东方	2014.10.30
清"芸谷"款竹雕花卉草虫笔筒	高13cm	188,700	北京华辰	2014.04.27
清"芝山"款刻栖霞仙馆图笔筒	高11.5cm	57,500	上海敬华	2014.07.01
清"仲谦"款竹雕松下高士图笔筒	高12.8cm	78,200	苏州东方	2014.10.30
清 赤壁夜游图竹笔筒	高15.5cm	172,500	保利厦门	2014.11.02
清 邓渭 竹刻诗文曲式笔筒	高8.8cm	69,000	中国嘉德	2014.11.22
清 邓渭款竹雕兰亭序山水人物纹笔筒	高18.5cm	184,000	中国嘉德	2014.09.22
清 二泉款竹刻诗文笔筒	高12.8cm	17,250	西泠拍卖	2014.05.06
清 二山款竹雕花卉笔筒	高11.2cm	11,500	西泠拍卖	2014.05.06
清康田、时鉴刻竹雕村庄镇集图笔筒	高16.4cm	471,500	西泠拍卖	2014.12.13
清 钱大昕款竹刻诗文笔筒	高12.7cm	63,250	西泠拍卖	2014.12.13
清 沈周 周灏款竹刻山水诗文笔筒	高14.5cm	57,500	中国嘉德	2014.09.22
清 王涛款竹雕诗文笔筒	高10cm	36,800	西泠拍卖	2014.05.06
清 翁大年款竹雕垂钓图笔筒	高14.7cm	17,250	西泠拍卖	2014.05.06
清 吴大澂款竹刻山水诗文笔筒	高11.2cm	45,000	中鸿信	2014.11.22
清 吴之璠款竹刻和合二仙笔筒	高14cm	97,750	西泠拍卖	2014.05.06
清 吴之璠制竹雕饲马图笔筒	高13.5cm	16,261	中信国际	2014.03.30
清 饮中八仙竹雕笔筒	高14.1cm	460,000	西泠拍卖	2014.12.13
清 云樵山人款竹雕白菜笔筒	高13.3cm	57,500	西泠拍卖	2014.12.13
清 允楷制竹木笔筒	直径10.5cm	17,250	朵云轩	2014.06.29

拍品名称	物品尺寸	成交价RMB	拍卖公司	拍卖日期
清 周笠(款)竹雕浴马图笔筒	高16cm	66,700	北京艺融	2014.06.03
清 朱三松款竹雕竹节纹笔筒	高14.5cm	149,500	西泠拍卖	2014.12.13
清 朱世泉款竹雕松下高士图笔筒	高17cm	126,500	深圳市拍	2014.01.05
清 竹雕"人物"笔筒	高16.5cm	64,280	万昌斯	2014.05.25
清 竹雕八仙过海笔筒	高11.8cm	10,350	印千山	2014.07.19
清 竹雕薄意松纹图笔筒	高13.8cm	322,000	江苏爱涛	2014.07.06
清 竹雕笔筒	高15.3cm	201,000	佳士得	2014.05.28
清 竹雕赤壁夜游图笔筒	高14.5cm	34,500	中国嘉德	2014.03.24
清 竹雕东坡夜游图文笔筒	高15.8cm	138,000	浙江世贸	2014.04.13
清 竹雕对弈图笔筒	高17cm	34,500	广州皇玛	2014.01.02
清 竹雕佛手诗文笔筒	高15.5cm	36,800	西泠拍卖	2014.12.13
清 竹雕观画图笔筒	高15.7cm	28,750	中国嘉德	2014.09.22
清 竹雕寒林钟馗笔筒	高14.4cm	310,500	西泠拍卖	2014.12.13
清 竹雕和合二仙笔筒	高12cm	28,750	保利厦门	2014.11.02
清 竹雕九老图笔筒	高15.5cm	17,250	中国嘉德	2014.06.22
清 竹雕菊石图笔筒	高14.5cm	13,800	西泠拍卖	2014.05.06
清 竹雕刘海戏金蟾笔筒	高14cm	23,000	江苏爱涛	2014.07.06
清 竹雕留青花鸟笔筒	高14cm	31,798	保利香港	2014.04.07
清 竹雕罗汉图笔筒	高13.6cm	57,500	浙江世贸	2014.04.13
清 竹雕罗汉图诗文笔筒	高16.5cm	40,250	北京匡时	2014.12.03
清 竹雕梅花诗文笔筒	高18cm	23,000	北京保利	2014.10.26
清 竹雕梅花随形笔筒	高13.7cm	19,550	西泠拍卖	2014.05.06
清 竹雕梅花纹笔筒	高13.6cm	10,350	中国嘉德	2014.09.22
清 竹雕牧归图笔筒	高11cm	46,000	北京翰海	2014.11.22
清 竹雕牧牛图笔筒	高16cm	92,000	北京翰海	2014.05.11
清 竹雕品茗图笔筒	高15.2cm	138,000	西泠拍卖	2014.12.13
清 竹雕人物笔筒	高14cm	34,500	上海敬华	2014.07.01
清 竹雕人物笔筒	高15cm	126,500	北京保利	2014.10.26
清 竹雕人物笔筒	高16cm	11,500	北京翰海	2014.11.22
清 竹雕人物故事笔筒	高15cm	11,500	印千山	2014.07.19
清 竹雕人物故事笔筒	高16cm	10,350	北京传是	2014.06.05
清 竹雕人物故事笔筒	高14.1cm	10,350	中鸿信	2014.11.22
清 竹雕人物纹笔筒	高13.4cm	17,250	中国嘉德	2014.09.22
清 竹雕山水人物纹笔筒	直径15.5cm	17,250	中国嘉德	2014.03.24
清 竹雕山水诗文笔筒	高12cm	55,200	江苏爱涛	2014.07.06
清 竹雕山水诗文笔筒	高14.5cm	172,500	西泠拍卖	2014.12.13
清 竹雕诗文笔筒	高11.5cm	11,200	成都金沙	2014.11.16
清 竹雕仕女图笔筒	高14.8cm	11,500	中国嘉德	2014.03.24
清 竹雕蔬果清供图笔筒	高13cm	74,750	西泠拍卖	2014.12.13
清 竹雕双连笔筒	高11.6cm	82,800	江苏爱涛	2014.07.06
清 竹雕松下高士图笔筒	高11.5cm	63,250	上海敬华	2014.07.01
清 竹雕松下罗汉图笔筒	高14.5cm	46,000	广东省拍	2014.12.07
清 竹雕踏雪寻梅笔筒	高15cm	138,000	西泠拍卖	2014.05.06
清 竹雕太白醉酒笔筒	高14cm	80,500	中国嘉德	2014.05.19
清 竹雕西园雅集笔筒	高15.5cm	23,000	西泠拍卖	2014.05.06
清 竹雕西园雅集笔筒	高11.8cm	34,500	西泠拍卖	2014.12.13
清 竹雕仙人对答图笔筒	高15cm	195,500	西泠拍卖	2014.05.06
清 竹雕仙人指路笔筒	高16cm	11,500	东拍国际	2014.07.31
清 竹雕香山九老图笔筒	高14cm	34,500	中国嘉德	2014.03.24
清 竹雕驯马图笔筒	高16cm	23,000	北京传是	2014.06.05
清 竹雕婴戏笔筒	高15cm	57,500	北京保利	2014.04.27
清 竹雕游赤壁图笔筒	高15cm	11,500	广州皇玛	2014.01.02
清 竹雕游春图笔筒	高15cm	276,000	西泠拍卖	2014.05.06
清 竹雕游园图笔筒	高14.5cm	31,640	广东省拍	2014.06.22
清 竹雕渔家乐图笔筒	高15cm	17,250	中国嘉德	2014.09.22
清 竹雕渔樵耕读人物故事图笔筒	高14.7cm	59,800	中国嘉德	2014.09.22
清 竹雕渔翁笔筒	高15.5cm	138,000	西泠拍卖	2014.12.13
清 竹雕子谨款兰亭序笔筒	高12.6cm	172,500	西泠拍卖	2014.12.13
清 竹浮雕二乔笔筒	高13.5cm	21,850	广州皇玛	2014.01.02
清 竹根雕笔筒	高14.2cm	148,125	香港苏富比	2014.04.07
清 竹刻松下高士笔筒	高13cm	17,250	浙江世贸	2014.07.27
清 竹刻踏雪寻梅笔筒	高12cm	92,000	苏州东方	2014.05.30
清 竹刻太白醉酒笔筒	高15cm	55,200	古天一	2014.06.05
清 竹刻文人雅集笔筒	高11cm	23,000	朵云轩	2014.06.29
清 竹刻夜游赤壁图笔筒	高11cm	22,069	中信国际	2014.03.30
清 竹刻有竹图诗文笔筒	高13.8cm	20,250	中鸿信	2014.11.22
清 竹刻竹林七贤笔筒	高14cm	78,400	成都金沙	2014.11.16
清 竹刻竹石诗文笔筒	高12.1cm	57,500	北京翰海	2014.10.26
清 竹留青山水楼阁图笔筒	高15.3cm	48,300	中国嘉德	2014.09.22

2014杂项拍卖成交汇总

(成交价RMB：1万元以上)

拍品名称	物品尺寸	成交价RMB	拍卖公司	拍卖日期
17世纪/18世纪 竹镂雕“仕女赏画”图笔筒	高14.2cm	395,000	香港苏富比	2014.04.08
18世纪 竹雕山水人物图笔筒	高15.9cm	402,000	佳士得	2014.05.28
18世纪 竹刻文笔筒	高18.5cm	69,125	香港苏富比	2014.04.07
18世纪/19世纪 竹雕人物故事图笔筒	高16.2cm	500,840	伦敦邦瀚斯	2014.05.15
18世纪/19世纪 竹雕人物故事图笔筒	高15cm	171,340	伦敦邦瀚斯	2014.05.15
18世纪/19世纪 竹刻行书诗文笔筒	高16cm	65,184	纽约佳士得	2014.03.20
19世纪 竹雕人物故事图笔筒	高13.5cm	52,720	伦敦邦瀚斯	2014.05.15
民国 云峰刻顾绳武上款贴簧方笔筒	高14.5cm	40,250	西泠拍卖	2014.05.06
民国 竹雕东山报捷笔筒	高15cm	23,000	浙江世贸	2014.04.13
顾珏刻西园雅集竹笔筒	高14cm	336,000	未来四方	2014.05.23
顾珏刻竹林七贤竹笔筒	高16.1cm	560,000	未来四方	2014.05.23
周笠 竹雕笔筒	高17.8cm	5,750,000	江苏九德	2014.11.15
竹雕海水龙纹笔筒	高13.3cm	17,250	中国嘉德	2014.09.22
竹雕人物笔筒	高17cm	16,500	北京中孚	2014.05.25
竹雕人物笔筒	高16cm	16,500	北京中孚	2014.05.25
竹雕人物笔筒	高14cm	16,500	北京中孚	2014.05.25
渔夫聚图竹雕笔筒	高17cm	520,740	中国艺海	2014.11.15
清 竹雕高士图笔筒 (两件)	高15.4cm高14cm	23,000	中国嘉德	2014.06.22
竹雕二乔并读图笔筒 花梨木大笔筒各一件	高21.2cm高16cm	10,350	中国嘉德	2014.09.22
清 竹雕五老图笔筒 仕女图香筒各一件	高23.7cm高17cm	23,000	中国嘉德	2014.06.22
清 竹雕二乔并读诗文笔筒 竹刻诗文笔筒各一件	高17cm高15cm	23,000	中国嘉德	2014.03.24
清 竹雕五螭龙笔架	高10cm	92,000	西泠拍卖	2014.05.06
清 竹根雕香山五老笔山	长10.6cm	57,500	西泠拍卖	2014.12.13
清 竹雕五蝠捧寿纹扇挂	高104cm	123,200	江苏爱涛	2014.07.06
清 紫檀竹节纹笔隔	高22cm	10,170	广东省拍	2014.06.22
18世纪 竹雕苍松纹笔搁	长19.4cm	105,440	伦敦苏富比	2014.05.14
19世纪 竹刻蟋蟀芙蓉图笔搁	长14.9cm	42,178	纽约佳士得	2014.03.20
香妃竹笔架	高45.5cm	57,500	上海工美	2014.06.28
清早期 竹雕潘西凤刻孔子像臂搁	长24cm	977,500	古天一	2014.12.05
清乾隆 竹雕“小绿天庵主庐山行脚图”臂搁	长38.3cm	782,000	翰风国际	2014.04.30
清道光 崔亭款竹刻诗文臂搁	高37cm	17,250	上海敬华	2014.07.01
清中晚期 铁梅铭竹雕臂搁	长29cm	23,000	中国嘉德	2014.05.19
清晚期 竹雕诗文臂搁	长40cm	11,500	北京传是	2014.06.05
清 “梅景书屋”素面琴形臂搁	高31cm	46,000	上海敬华	2014.07.01
清 文鼎铭 竹雕“相迎帖”臂搁	长34cm	10,350	北京艺融	2014.06.03
清 吴昌硕刻诗文竹臂搁	长27cm	207,000	浙江世贸	2014.04.13
清 云樵山人款竹雕兰亭序臂搁	长41.5cm	40,250	西泠拍卖	2014.05.06
清 云松款竹雕石竹石纹臂搁	长23.4cm	23,000	西泠拍卖	2014.12.13
清 竹雕黄慎诗文书法臂搁	长24.5cm	109,250	古天一	2014.12.05
清 竹雕吉金铭文臂搁	长27cm	11,500	西泠拍卖	2014.12.13
清 竹雕仕女舞剑图诗文臂搁	长28.2cm	207,000	浙江世贸	2014.04.13
清 竹雕童子放鸢图臂搁	长21cm	71,300	中国嘉德	2014.05.19
清 竹刻诗文臂搁	长21.5cm	13,800	中国嘉德	2014.03.24
清 子治款竹雕一苇横江臂搁	长16.2cm	34,500	西泠拍卖	2014.05.06
民国 金西厓竹刻蕉阴清暑臂搁	长24cm	115,000	上海嘉泰	2014.06.19
民国 湘妃竹臂搁	长19cm	74,750	北京翰海	2014.05.10
民国 竹刻莲房清露臂搁	长30.5cm	322,000	北京翰海	2014.05.11
民国 竹刻诗文臂搁 (三支)	尺寸不一	13,440	天津文物	2014.05.16
壬辰朱小华刻　竹雕留青猛虎图臂搁	高25.4cm	33,600	北京荣宝	2014.03.23
现代 徐素白、唐云竹制留青臂搁	长32cm	172,500	中国嘉德	2014.05.19
现代 朱小华制竹雕侍女图臂搁	长26cm	13,800	中国嘉德	2014.05.19
现代 朱小华制竹雕侍女图臂搁	长28cm	20,700	中国嘉德	2014.05.19
竹刻花卉纹臂搁	长24.4cm	11,500	中国嘉德	2014.06.22
清 竹雕竹石臂搁、澄泥制诗文方洗、寿山石笔架、红木刻梅花镇纸文房 (一组四件)	尺寸不一	25,300	西泠拍卖	2014.05.06
清 张志鱼刻双联竹臂搁及图章(各一)	长13.9cm	63,250	西泠拍卖	2014.05.06
清 竹刻游仙诗文臂搁及竹刻“云林小景”臂搁 (各一件)	长37.8cm，长27.8cm	65,184	纽约佳士得	2014.03.20
18世纪/19世纪 竹刻松枝图臂搁及竹刻仕女图臂搁 (各一件)	长26cm 长23cm	46,013	纽约佳士得	2014.03.20
清中期 竹刻诗文臂格	长34.8cm	57,500	北京翰海	2014.10.26
清 陈源刻竹雕襄阳砚痴臂搁	长33.2cm	149,500	西泠拍卖	2014.05.06
清 竹雕八卦纹水丞	高4cm	10,350	中国嘉德	2014.03.24

拍品名称	物品尺寸	成交价RMB	拍卖公司	拍卖日期
清 竹雕如意水丞	高13cm	23,000	中贸圣佳	2014.07.06
清中期 竹雕梅花水呈	长6.2cm	28,750	北京翰海	2014.05.11
清早期 竹雕折枝梅椿水盂	宽6.5cm	254,380	保利香港	2014.04.07
清 封锡禄款竹雕玉兰花水盂	长12.5cm	138,000	西泠拍卖	2014.12.13
明 竹根雕松桩形笔洗	长9cm	138,000	远方拍卖	2014.06.02
清乾隆 竹雕“瓜瓞绵绵”瓜式洗	长13.8cm	144,720	罗芙奥	2014.05.25
清晚期 竹雕赵之谦铭小洗	直径8cm	51,750	北京诚轩	2014.05.19
清 竹雕荷叶洗	长13.5cm	46,000	西泠拍卖	2014.05.06
清 竹雕松枝纹水洗	长14cm	13,800	北京艺融	2014.06.03
清 竹根雕花卉洗、佛像圆章	长11.5cm	230,000	北京保利	2014.06.06
清 宝瓶竹石诗文砚	长17cm	36,800	北京保利	2014.04.27
清 竹蝠纹老坑随形端砚	长12.6cm	13,800	西泠拍卖	2014.05.06
清 竹节纹砚	长16cm	10,350	北京保利	2014.04.27
清中期 贴竹黄婴戏纹砚屏	长22cm	402,500	北京东正	2014.05.18
清中期 竹根雕随形钮长方章	高7.6cm	23,000	北京诚轩	2014.05.19
清 羼提长者款竹闲章	长3.5cm	36,800	北京保利	2014.04.27
清 竹根闲章	高3.9cm	36,800	北京保利	2014.04.27
清 竹根闲章	高5.8cm	23,000	西泠拍卖	2014.05.05
清 竹根闲章	长7.5cm	11,500	北京保利	2014.04.27
清 竹根印章	高6.0cm	66,410	日本伊斯特	2014.05.31
清乾隆 竹雕佛手文镇	带座高11cm	517,500	西泠拍卖	2014.12.13
清 竹根雕琵琶墨床	长9.7cm	63,250	北京保利	2014.06.05
清杨龙石刻博古清供竹筒(一对)	高28cm	92,000	上海嘉泰	2014.06.19
其他物品				
明治期 湘妃竹茶量	长14cm宽5cm	51,750	长风拍卖	2014.01.05
清 湘妃竹茶量	长15cm宽4.5cm	115,000	长风拍卖	2014.01.05
清 竹制茶量	长22.5cm	62,150	宣石国际	2014.01.25
民国 竹黄盒 斋戒牌 (三件)	长8.6cm长6.9cm	11,500	中国嘉德	2014.03.24
清 竹簧斋戒牌	长6.5cm	12,650	北京保利	2014.08.02
清 竹根印“宝祚无穷”	高18.7cm	86,250	北京保利	2014.06.05
清 竹黄文玩架 裁纸刀各一件	尺寸不一	13,800	中国嘉德	2014.06.22
张希黄款前后赤壁赋竹刻(一枝)	长38cm	32,200	北京匡时	2014.12.03
民国 竹雕象棋	直径3.7cm	11,500	北京保利	2014.10.26
竹黄裁纸刀 (两把)	长33.5cm	23,000	中国嘉德	2014.03.24
木雕				
佩玩件				
明 沉香木雕瑞兽坠	长8.1cm	32,200	北京翰海	2014.04.13
清早期 沉香木雕螭龙献瑞佩	高5.6cm	17,250	北京翰海	2014.05.11
清早期 沉香木雕花鸟佩	高6.1cm	57,500	北京翰海	2014.05.11
清早期 伽楠白菜挂件	长7cm	51,750	中国嘉德	2014.05.19
清乾隆 福寿香牌	长6.8cm	218,500	中宝拍卖	2014.07.06
清中期 沉香雕松竹牌	高5.2cm	103,500	中鸿信	2014.11.22
清中期 沉香木透雕吉庆如意佩	高5.7cm	66,700	北京翰海	2014.10.26
清中期 沉香木透雕云鹤纹佩	高4.8cm	28,750	北京翰海	2014.05.11
清中期 沉香斋戒牌	5.5cm × 4cm	20,700	北京匡时	2014.09.17
清 沉香雕金蟾把件	长9cm	172,500	西泠拍卖	2014.12.13
清 沉香龙纹坠	长6cm	11,500	北京保利	2014.06.06
清 木雕佛龛挂件	长2.6cm	17,250	西泠拍卖	2014.12.13
清 紫檀浮雕人物宫牌	高5.9cm	34,500	西泠拍卖	2014.12.13
18世纪/19世纪 沉香木雕仙人图斋戒牌	高6cm	131,800	伦敦邦瀚斯	2014.05.15
清沉香粉镂雕如意纹香囊(一对)	宽6.7cm	138,000	西泠拍卖	2014.12.13
“自在观音”挂件		89,700	北京保利	2014.06.05
邦提克木珠三颗		23,000	北京保利	2014.06.05
邦提克木珠项饰		230,000	北京保利	2014.06.05
沉香雕斋戒牌	6cm × 4cm	83,688	中国嘉德	2014.10.07
沉香佛牌挂件		23,000	上海嘉禾	2014.10.30
沉香龙牌	高6cm	28,000	中联环球	2014.01.12
沉香木串饰	长81cm	10,350	中国嘉德	2014.09.22
沉香菩萨挂件		16,100	上海嘉禾	2014.10.30
黄杨木雕龙球	3.6cm × 3.6cm	17,250	北京保利	2014.02.05
近代 沉香如意牌	4cm × 6cm	138,000	北京翰海	2014.05.11
近代 “御赐养老”香牌	4cm × 6.5cm	161,000	北京翰海	2014.10.25
近代 沉香观音挂件	3.7cm × 6.5cm	195,500	北京翰海	2014.05.11
近代 沉香荷塘情趣牌	4.3cm × 6.1cm	109,250	北京翰海	2014.05.11
近代 沉香龙牌	4.5cm × 6.5cm	322,000	北京翰海	2014.05.11
近代 沉香岁岁平安牌	4.8cm × 6cm	126,500	北京翰海	2014.05.11
近代 黑奇楠“斋戒”牌	4cm × 6cm	460,000	北京翰海	2014.10.25
李凤强制越南芽庄白棋楠观音牌	长7cm宽6cm	402,500	浙江世贸	2014.04.13
梅花发簪		13,800	北京保利	2014.06.05
貔貅挂坠		46,000	北京保利	2014.06.05

(成交价RMB：1万元以上)

拍品名称	物品尺寸	成交价RMB	拍卖公司	拍卖日期
平安无事沉香牌	6cm×4cm	103,500	福建东南	2014.05.25
文莱阳刻凤纹方牌		92,000	北京保利	2014.06.05
文莱阳刻铺首纹方牌		161,000	北京保利	2014.06.05
文莱阳刻云龙纹方牌		92,000	北京保利	2014.06.05
文莱阳刻云龙纹随形牌		149,500	北京保利	2014.06.05
汶莱沉香沉香四六方牌	高6.2cm	138,000	北京匡时	2014.12.04
吴元星制加里曼丹沉香缠绵牌	高6.5cm	172,500	浙江世贸	2014.04.13
阳刻"赤壁夜游"挂牌		144,900	北京保利	2014.06.05
阳刻"斋戒"牌和108粒念珠		184,000	北京保利	2014.06.05
印度尼西亚沉香雕水月观音挂坠	长8.2cm	13,800	北京艺融	2014.06.03
印度尼西亚沉香雕云龙纹挂牌	长5.6cm	13,800	北京艺融	2014.06.03
圆珠挂件		51,750	北京保利	2014.06.05
圆珠挂件		51,750	北京保利	2014.06.05
越南顺化沉香 沉香无事牌	高6cm	100,062	仕宏拍卖	2014.11.08
当代 文莱沉香软丝佛挂坠	重12.4克	40,250	中鸿信	2014.11.23
当代 文莱沉香软丝米勒佛挂牌	重16.7克	52,900	中鸿信	2014.11.23
清乾隆 沉香嵌鎏金珠扳指、手串(一套)	长28.5cm	1,610,000	北京保利	2014.06.04
清 沉香粉阴刻填金诗文扳指	长3.2cm	23,000	中国嘉德	2014.03.24
清 黄杨木戏狮纹扳指	直径3.3cm	25,300	上海道明	2014.03.27
清 镶金寿字纹扳指	直径3.5cm	72,000	北京九歌	2014.12.17
清乾隆 迦楠香镶金粟寿字手钏	重43g	1,265,000	翰风国际	2014.04.30
清中期 沉香木手串		138,000	北京翰海	2014.10.26
清中期 沉香木手串		69,000	北京翰海	2014.10.26
清中期 沉香手串		253,000	北京翰海	2014.05.11
清中期 沉香手串		46,000	北京翰海	2014.05.11
清中期 伽楠香木十八籽手串	长19cm	166,750	北京匡时	2014.06.03
清中期 枷楠香手串(18粒)		770,500	北京翰海	2014.05.11
清中期 奇楠手串		552,000	华艺国际	2014.12.09
清 沉香棋楠香手串	重26.6g	172,500	北京盈时	2014.12.07
清 沉香佛珠手串		103,500	北京翰海	2014.10.25
清 沉香木手串	长38.5cm	2,114,520	佳士得	2014.11.26
清 沉香木手串		299,000	北京翰海	2014.10.26
清 沉香木手串(20颗)		621,000	北京翰海	2014.04.13
清 沉香木手串(两串)	直径1.2cm	32,200	中国嘉德	2014.06.22
清 沉香木手串(两串)	尺寸不一	43,700	中国嘉德	2014.09.22
清 沉香木手串(两件)	直径10cm	28,750	北京保利	2014.04.27
清 沉香木手串(两件)	长14cm	25,300	北京保利	2014.01.11
清 沉香十八子持珠		23,000	西泠拍卖	2014.12.13
清 沉香十八子手串		22,400	武汉中信	2014.10.23
清 沉香十二子手串	手串直径8cm	23,000	西泠拍卖	2014.05.06
清 沉香手串		448,000	天津文物	2014.05.16
清 沉香手串		46,000	北京翰海	2014.05.11
清 沉香手串		253,000	古天一	2014.06.05
清 沉香手串		224,250	古天一	2014.06.05
清 沉香手串		179,200	天津文物	2014.11.15
清 沉香手串	长23cm	57,500	中国嘉德	2014.11.20
清 沉香手串		57,500	北京盈时	2014.12.07
清 沉香手串		13,440	武汉中信	2014.10.23
清 沉香手串(十八颗)		10,925	北京翰海	2014.01.12
清沉香手串绿松石印泥盒(三件)	尺寸不一	11,500	北京保利	2014.01.11
清 沉香团寿纹手串	长13cm	20,700	中贸圣佳	2014.06.01
清 伽南香手串(14颗)		13,800	北京翰海	2014.04.13
清 伽楠手串	直径1.7cm×18	782,000	中国嘉德	2014.05.19
清 宫廷十八子伽楠提珠	直径2.1cm/粒	2,645,000	中宝拍卖	2014.07.06
清 迦南香手串	直径1.8cm	69,000	中国嘉德	2014.03.24
清 九眼天珠星月菩提持珠		550,000	北京九歌	2014.12.17
清 木串		23,000	北京翰海	2014.04.13
清 菩提串		11,500	北京翰海	2014.04.13
清 棋楠沉香手串	12颗	23,000	中鸿信	2014.11.22
清 棋楠十八子手钏	重50g	345,000	翰风国际	2014.04.30
清 棋楠香提珠串	重67.5g(含配件)	632,500	翰风国际	2014.04.30
"般若"印度檀香青金持钏		10,080	北京荣宝	2014.06.15
"大隐"越南老料沉香松石手钏		33,600	北京荣宝	2014.06.15
"蜕变"越南沉香蜜蜡手钏		10,080	北京荣宝	2014.06.15
沉香雕瑞狮戏球蜜蜡手串	重量30.07g	17,250	北京艺融	2014.06.03
沉香木 沉香粉手串各一串	直径1.7cm直径1.4cm	20,700	中国嘉德	2014.06.22
沉香木串饰	长40cm	32,200	中国嘉德	2014.09.22
沉香木手串	直径1.7cm	23,000	中国嘉德	2014.06.22
沉香木手串	直径1.5cm	17,250	中国嘉德	2014.03.24
沉香木手串	直径1.4cm	17,250	中国嘉德	2014.06.22

拍品名称	物品尺寸	成交价RMB	拍卖公司	拍卖日期
沉香木手串	直径1.7cm	13,800	中国嘉德	2014.06.22
沉香木手串	直径1.6cm	11,500	中国嘉德	2014.06.22
沉香木手串(两串)	直径1.5cm	25,300	中国嘉德	2014.03.24
沉香木手串(两串)	直径1.8cm直径1.6cm	23,000	中国嘉德	2014.06.22
沉香木手串(两串)	直径1.9cm	11,500	中国嘉德	2014.03.24
沉香木手捻(一对)	直径5cm	28,750	深圳市拍	2014.01.05
沉香手串	1.3cm×1.4cm	51,750	北京保利	2014.06.05
沉香手串		138,000	福建东南	2014.05.25
沉香手串		138,000	上海嘉禾	2014.10.30
沉香手串		115,000	上海嘉禾	2014.10.30
沉香手串	长11cm	81,869	中国嘉德	2014.10.07
沉香手串	1.5cm	69,000	北京保利	2014.12.02
沉香随形手串	尺寸不一	17,250	广东省拍	2014.12.07
沉香圆珠手链		23,000	上海嘉禾	2014.10.30
达拉干随行手串		32,200	北京保利	2014.06.05
达拉干随形手串		34,500	北京保利	2014.06.05
达拉干随形手串		23,000	北京保利	2014.06.05
海南黄花梨紫油梨手串	直径1.8cm	16,500	上海联合	2014.12.06
黄花梨水波纹带弟子珠手串		10,350	银座国际	2014.06.01
黄花梨瘿瘤纹手串		12,650	银座国际	2014.06.01
加布拉竹节手串		17,250	北京保利	2014.06.05
加里曼丹沉香手珠	直径1.6cm	161,000	浙江世贸	2014.04.13
金丝奇楠手串	长9cm	236,509	仕宏拍卖	2014.11.08
近代 沉香节节高手珠串		86,250	北京翰海	2014.05.11
近代 沉香手串		149,500	北京翰海	2014.05.11
近代 沉香手串(十八籽)	直径2cm	43,700	北京翰海	2014.10.25
近代 沉香手串(14粒)	重约27.8g	2,185,000	北京翰海	2014.05.11
近代 达拉干沉香手串	直径1cm	97,750	北京翰海	2014.10.25
近代 海南奇楠串(18籽)		920,000	北京翰海	2014.10.25
近代 绿奇楠手串(十四籽)	直径1.6cm	356,500	北京翰海	2014.10.25
近代 越南绿奇楠手串	直径1.6cm	1,035,000	北京翰海	2014.10.25
绿奇楠珠串		345,000	福建东南	2014.05.25
绿奇楠珠串		126,500	福建东南	2014.05.25
奇楠随型手串		172,500	北京保利	2014.06.05
文莱手串		69,000	北京保利	2014.06.05
小叶金星手串		16,800	中联环球	2014.01.12
药沉手串	直径1.3cm	28,750	北京保利	2014.02.05
印尼加里曼丹沉香手珠	长19.5cm	11,500	北京匡时	2014.12.04
越南芽庄沉香108手串	直径1cm	51,750	西泠拍卖	2014.05.06
越南芽庄绿棋楠手提珠	直径1.8cm	920,000	浙江世贸	2014.04.13
越南芽庄奇楠沉香手串	手串直径8.5cm	103,500	西泠拍卖	2014.05.06
越南芽庄奇楠沉香手串	手串直径7.5cm	80,500	西泠拍卖	2014.05.06
当代 达拉干沉香沉香手串(12颗)	直径2cm/颗	747,500	中鸿信	2014.11.23
当代 加里曼丹沉香手串	重11.9克	52,900	中鸿信	2014.11.23
当代 印度软丝沉香佛珠手串	重40.5克	74,750	中鸿信	2014.11.23
清早期 星月菩提108颗佛珠	直径0.9cm	32,200	中鸿信	2014.11.22
清中期 沉香朝珠	直径1.3cm×100	92,000	中国嘉德	2014.11.22
清中期 沉香朝珠及沉香扳指	长103cm	184,000	中国嘉德	2014.11.22
清中期 沉香木朝珠	长180cm	230,000	保利厦门	2014.11.02
清中期 枷楠香朝珠串		3,450,000	北京翰海	2014.10.25
清中期 枷楠香朝珠串		2,242,500	北京翰海	2014.10.25
清 草花梨108子佛珠		10,350	深圳市拍	2014.01.05
清 沉香朝珠串		345,000	北京翰海	2014.01.11
清 沉香朝珠串		230,000	北京翰海	2014.10.26
清 沉香佛珠	长76cm	92,000	北京保利	2014.12.04
清 沉香佛珠		89,600	天津文物	2014.11.15
清 沉香佛珠		16,800	武汉中信	2014.10.23
清 沉香木108子佛珠	重130g	218,500	远方拍卖	2014.06.02
清 沉香木朝珠		132,250	北京翰海	2014.04.13
清沉香木朝珠、手串、官帽(一组)	尺寸不一	13,800	北京保利	2014.10.26
清 沉香木佛珠	长70cm	23,000	北京保利	2014.01.11
清 沉香木佛珠	长68cm	10,350	北京保利	2014.04.27
清 沉香木佛珠	长72cm	71,300	中国嘉德	2014.06.22
清 沉香木佛珠、扳指	长64cm	11,500	北京保利	2014.10.26
清 沉香木花朝珠	长70cm	11,500	北京保利	2014.08.02
清 沉香寿字佛珠	长21cm	272,895	中国嘉德	2014.10.07
清 沉香珠串(108)		44,800	武汉中信	2014.10.23
清 沉香珠串(108)		31,360	武汉中信	2014.10.23
清 凤眼菩提佛珠		12,650	银座国际	2014.06.01
清 官帽 沉香朝珠	长76cm	36,800	北京保利	2014.01.11

2014杂项拍卖成交汇总

(成交价RMB：1万元以上)

拍品名称	物品尺寸	成交价RMB	拍卖公司	拍卖日期
清 官帽 沉香木朝珠（一组）	长80cm长32.5cm	74,750	中国嘉德	2014.03.24
清 官帽、沉香木朝珠（一组）	长80cm	36,800	北京保利	2014.04.27
清 木朝珠		82,800	北京翰海	2014.04.13
清 菩提佛珠		20,160	天津文物	2014.05.16
清 药沉朝珠108子	珠径1.5cm	11,500	西泠拍卖	2014.12.13
清 紫檀雕云龙纹朝珠盒	直径14.7cm	172,500	华艺国际	2014.05.31
清晚期 沉香佛珠	直径1.5cm×108	552,000	中国嘉德	2014.05.19
民国 紫檀佛珠(间蜜蜡、牙头)		10,350	华艺国际	2014.09.28
“如素”印度尼西亚沉香桶珠108粒佛珠		20,160	北京荣宝	2014.06.15
“寻禅”印度尼西亚沉香蜜蜡108粒佛珠		16,800	北京荣宝	2014.06.15
沉香108颗佛珠		225,400	北京保利	2014.06.05
沉香108颗佛珠		66,700	北京保利	2014.06.05
沉香佛珠		115,000	福建东南	2014.05.25
沉香木朝珠	直径1.4cm	66,700	中国嘉德	2014.03.24
沉香木朝珠	长90cm	48,300	中国嘉德	2014.06.22
沉香木朝珠	长83cm	36,800	中国嘉德	2014.09.22
沉香木朝珠 官帽一套	长64cm	59,800	中国嘉德	2014.09.22
沉香木朝珠一串 碧玉御制诗文扳指一件	长82cm	23,000	中国嘉德	2014.09.22
沉香木串饰	长43.5cm	43,700	中国嘉德	2014.09.22
沉香木佛珠	长34cm	51,750	中国嘉德	2014.03.24
沉香木佛珠	长44cm	40,250	中国嘉德	2014.06.22
沉香木佛珠	长43cm	11,500	中国嘉德	2014.06.22
沉香手捻大佛珠	直径2.5cm×19	126,500	北京艺融	2014.06.03
达拉干108粒念珠		31,050	北京保利	2014.06.05
大凤眼菩提108颗念珠	直径1.0cm	28,750	北京保利	2014.02.05
大金刚菩提108颗念珠	直径1.1cm	23,000	北京保利	2014.02.05
大紫檀108颗念珠	直径0.8cm	11,500	北京保利	2014.02.05
吊口香佛珠		12,650	上海嘉禾	2014.10.30
吊口香佛珠		12,650	上海嘉禾	2014.10.30
佛珠六串及手炼三串	尺寸不一	49,848	香港拍得高	2014.05.27
惠安一百零八粒十毫米老沉香佛珠	长111cm	272,895	仕宏拍卖	2014.11.08
贾布拉沉香念珠	直径0.8cm	172,500	浙江世贸	2014.04.13
金刚菩提108颗念珠	直径1.1cm	17,250	北京保利	2014.02.05
近代 沉香朝珠	长90cm	17,250	北京保利	2014.04.27
近代 奇楠珠串(108粒)		6,785,000	北京翰海	2014.05.11
麻丝油佛珠		28,750	上海嘉禾	2014.10.30
马来108粒念珠		17,250	北京保利	2014.06.05
菩提根108颗念珠	径0.9cm	16,100	北京保利	2014.02.05
文莱一百零八粒八毫米沉香佛珠	长88cm	163,737	仕宏拍卖	2014.11.08
星月菩提108颗念珠	径1.1cm	46,000	北京保利	2014.02.05
越南芽庄沉香念珠	重34g	276,000	北京歌德	2014.06.01
当代 加里曼丹沉香108颗佛珠	重17.5克	80,500	中鸿信	2014.11.23
当代 加里曼丹沉香捻珠	19颗	920,000	中鸿信	2014.11.23
当代 留韵佛珠	直径4.5cm	32,200	北京翰海	2014.08.23
当代 留韵佛珠	直径3cm	23,000	北京翰海	2014.08.23
当代 文莱老料108颗沉香捻珠	重446克	1,725,000	中鸿信	2014.11.23
当代 越南惠安沉香108颗佛珠	直径0.8cm	126,500	中鸿信	2014.11.23
当代 越南芽庄沉香棋楠108颗佛珠	直径0.6cm	322,000	中鸿信	2014.11.23
摆件				
汉 木雕马	高78cm	32,120	中国嘉德	2014.04.09
明 沉香雕卧牛摆件	长21cm	1,035,000	北京匡时	2014.06.04
明 沉香木雕慧可罗汉摆件	高37cm	448,000	盛世嘉宝	2014.11.02
明末清初 沉香雕“一甲传胪”	重80.3g	207,000	翰风国际	2014.04.30
清早期 沉香雕太狮少狮	高9.5cm	32,200	北京翰海	2014.05.11
清早期 黄花梨戗子	29cm×7cm	11,500	中国嘉德	2014.03.22
清乾隆 紫檀刻拐子龙背面花叶蝴蝶挂屏心	53cm×48cm	25,300	北京保利	2014.10.26
清中期 紫檀描金舍利塔	高30.8cm	74,750	中鸿信	2014.11.22
清 沉香雕卧羊摆件	长8cm	28,750	西泠拍卖	2014.12.13
清 沉香木摆件	高30cm	383,438	纽约佳士得	2014.03.20
清 根木鸟树形雕塑	54cm	62,013	伦敦苏富比	2014.11.05
清 黄花梨雕貔貅大摆件	长60cm	92,000	北京保利	2014.12.05
清 黄花梨灵芝形摆件	长27cm	55,200	深圳市拍	2014.01.05
清 黄花梨瘿木甪端兽	长40cm	36,800	中鸿信	2014.11.22
清 黄杨木荷塘清趣摆件	高8.5cm	28,750	深圳市拍	2014.01.05
清 木雕鱼化龙木鱼	长62cm	36,800	中鸿信	2014.11.22
清 木根随形摆件	33.5cm×43cm	148,125	香港苏富比	2014.04.07
清 天然瘿木摆件	高12cm	57,500	古天一	2014.12.05

拍品名称	物品尺寸	成交价RMB	拍卖公司	拍卖日期
清 仰天长啸沉香大摆件	高79cm	3,450,000	东拍国际	2014.07.31
清 瘿木仿赏石	高77cm	345,625	香港苏富比	2014.04.07
清 紫檀戗子	长43.5cm	10,350	北京翰海	2014.10.25
清 紫檀五福捧寿托（一对）	直径17cm	13,800	北京保利	2014.08.02
18世纪 木根雕摆件	高87cm	395,000	香港苏富比	2014.04.07
18世纪/19世纪 “流云岫”奇木供	宽21cm	543,125	香港苏富比	2014.04.07
民国 黄杨木释迦塔	高44cm	17,250	北京保利	2014.10.26
民国 紫檀雕荷叶河蟹摆件	长37cm	34,500	银座国际	2014.06.01
民国 紫檀兽衔灵芝摆件	长35.5cm	20,700	北京保利	2014.10.26
20世纪 黄杨木鹳雀楼摆件	高37cm	17,250	中国嘉德	2014.09.22
20世纪 黄杨木黄鹤楼摆件	高36cm	34,500	中国嘉德	2014.06.22
“松”茶则沉香摆件	长14cm	207,000	西泠拍卖	2014.12.13
壁立千仞		51,750	北京保利	2014.06.05
曹篁生制印度棋楠金蝉荷叶摆件	高8.7cm	322,000	浙江世贸	2014.04.13
曹篁生制越南沉香螭龙荷叶摆件	长6cm	172,500	浙江世贸	2014.04.13
曹篁生制越南横丝沉香横丝灵芝摆件	高19cm	483,000	浙江世贸	2014.04.13
沉香雕荷塘清趣摆件	重量86.4g	34,500	北京艺融	2014.06.03
沉香雕山林之乐摆件		207,000	北京保利	2014.12.02
沉香雕卧狮	长7cm	43,700	北京翰海	2014.05.10
沉香红土雕件		92,000	上海嘉禾	2014.10.30
沉香木雕摆件	重量1208g	3,384,810	中国艺海	2014.11.15
沉香随形摆件		15,525	广东省拍	2014.12.07
达拉干 苏门答腊沉香 春色撩人	尺寸不一	690,000	北京保利	2014.12.02
达拉干 沉香 竹报平安	重约797.7g	2,530,000	北京保利	2014.06.05
达拉干 沉香 劲竹		87,400	北京保利	2014.06.05
达拉干沉香沉香摆件		667,000	浙江世贸	2014.07.27
红木根 风月无边	高70cm	43,700	北京保利	2014.12.03
惠安沉香 扶摇九天	重203g	2,070,000	北京保利	2014.12.02
海南黄花梨和谐大摆件	高105cm	537,600	上海联合	2014.12.06
荷塘清趣		414,000	北京保利	2014.06.05
鹤氅	高100cm	34,500	北京保利	2014.12.03
黄花梨雕貔貅	长34cm	11,200	上海联合	2014.12.06
黄花梨蕉影书香	长68cm	517,500	北京翰海	2014.10.25
黄花梨龙虾	长53cm	11,200	上海联合	2014.12.06
黄花梨龙鱼摆件	长135cm	112,000	上海联合	2014.12.06
黄花梨天地同酣	长60cm	5,750,000	北京翰海	2014.10.25
黄花梨血脉	高120cm	5,520,000	北京翰海	2014.10.25
嘉里曼丹沉香 高山流水	高5cm	3,565,000	北京保利	2014.06.05
江晓作 泛舟图沉香摆件	10cm×39cm	402,500	福建东南	2014.05.25
金丝楠阴沉木V形摆件	高160cm(连座)	33,600	上海联合	2014.12.06
金丝楠阴沉木禅意大摆件	高160cm	39,200	上海联合	2014.12.06
金丝楠阴沉木鳄鱼摆件	长132cm	72,800	上海联合	2014.12.06
金丝楠阴沉木海狮摆件	高100cm	179,200	上海联合	2014.12.06
金丝楠阴沉木鹰摆件	高92cm	25,760	上海联合	2014.12.06
近代 “荷塘清趣”雕件	长约14cm	414,000	北京翰海	2014.10.25
近代 “松月生夜凉”沉香摆件	长24cm	345,000	北京翰海	2014.10.25
近代 “溪山春晓”沉香摆件	长36cm	218,500	北京翰海	2014.10.25
近代 沉香《憩》摆件	长22cm	132,250	北京翰海	2014.05.11
近代 沉香《清莲》摆件	长55cm	2,990,000	北京翰海	2014.05.11
近代 沉香《睡莲》摆件	16cm×7cm	1,035,000	北京翰海	2014.05.11
近代 沉香《思恋》摆件	长57cm	3,220,000	北京翰海	2014.05.11
近代 沉香螭龙摆件	高14.5cm	230,000	北京翰海	2014.05.11
近代 沉香螭龙摆件	高6cm	66,700	北京翰海	2014.05.11
近代 沉香赤壁游摆件	高16cm	66,700	北京翰海	2014.05.11
近代 沉香渡世三十三观音摆件	长74cm	6,555,000	北京翰海	2014.05.11
近代 沉香荷花摆件	长23cm	333,500	北京翰海	2014.05.11
近代 沉香荷花摆件	长24cm	322,000	北京翰海	2014.05.11
近代 沉香荷塘情趣摆件	长72cm	1,748,000	北京翰海	2014.05.11
近代 沉香荷叶摆件	长29cm	425,500	北京翰海	2014.05.11
近代 沉香侯门多福寿摆件	长30cm	1,092,500	北京翰海	2014.05.11
近代 沉香侯门多福寿摆件	长7cm	32,200	北京翰海	2014.05.11
近代 沉香人参摆件	长25cm	437,000	北京翰海	2014.05.11
近代 沉香瑞兽摆件	长7cm	109,250	北京翰海	2014.05.11
近代 沉香三多摆件	长30cm	218,500	北京翰海	2014.05.11
近代 沉香寿星摆件	高7cm	322,000	北京翰海	2014.05.11
近代 沉香双鱼戏珠摆件	长7cm	109,250	北京翰海	2014.05.11
近代 沉香岁寒三友摆件	长29cm	1,265,000	北京翰海	2014.05.11
近代 沉香岁寒三友摆件	长16cm	322,000	北京翰海	2014.05.11

拍品名称	物品尺寸	成交价RMB	拍卖公司	拍卖日期
近代 沉香田间雅趣摆件	长86cm	4,427,500	北京翰海	2014.05.11
近代 沉香知足常乐摆件	高12cm	184,000	北京翰海	2014.05.11
近代 沉香竹笋摆件	高15.5cm	402,500	北京翰海	2014.05.11
近代 加里曼丹沉香摆件	高约15.5cm	92,000	北京翰海	2014.10.25
近代 老山檀富贵捆竹摆件	高44cm	897,000	北京翰海	2014.05.11
近代 老山檀荷塘情趣摆件	长88cm	1,437,500	北京翰海	2014.05.11
林建军制加里曼丹沉香寿比南山摆件	高40cm	115,000	浙江世贸	2014.04.13
林建军制越南富森红土沉香浴火摆件	高86cm	3,105,000	浙江世贸	2014.04.13
凌波顾盼	高106cm	43,700	北京保利	2014.12.03
木犹龙	高109cm	43,700	北京保利	2014.06.04
奇楠雕刘海戏金蟾摆件	高4.4cm	92,000	北京艺融	2014.06.03
秋山涵月	高56cm	48,300	北京保利	2014.12.03
如意木雕	口通长76cm	200,000	荣盛国际	2014.07.26
神龟探海		517,500	北京保利	2014.12.02
水波纹根雕	高170cm	138,000	东方大观	2014.05.20
松鼠摆件		51,750	北京保利	2014.06.05
听风	高80cm	57,500	北京保利	2014.12.03
王世襄藏赵子玉"倭瓜瓤"养盆、虫篓(一组)	尺寸不一	25,300	北京保利	2014.06.05
吴元星制达拉干沉香一团和气摆件	高5.5cm	149,500	浙江世贸	2014.04.13
吴元星制加里曼丹沉香三狮戏珠摆件	长6cm	207,000	浙江世贸	2014.04.13
吴元星制文莱沉香清供摆件	高8cm	172,500	浙江世贸	2014.04.13
吴元星制越南富森红土沉香红巢三义摆件	长15.5cm	322,000	浙江世贸	2014.04.13
小松鼠		74,750	北京保利	2014.06.05
小叶紫檀雕松鹤延年摆件	连座高68cm	16,800	上海联合	2014.12.06
印度尼西亚春华秋实全油沉香摆件	长43cm	145,544	仕宏拍卖	2014.11.08
印度尼西亚红土 沉香 龙弓	高11cm	6,900,000	北京保利	2014.06.05
印尼巴布雅沉香随型摆件	重1386g	322,000	北京歌德	2014.06.01
印尼沉香随形摆件	高15.5cm	103,500	北京歌德	2014.06.01
印尼沉香随型摆件	重3578g	230,000	北京歌德	2014.06.01
越南横丝 红土沉 扇形摆件	重约1420g	3,795,000	北京保利	2014.06.05
越南惠安沉香随型摆件	重654.8g	131,100	北京歌德	2014.06.01
越南惠沉香 九州华夏	重1168g	4,025,000	北京保利	2014.06.05
越南奇楠种特大摆件	重10.282kg	1,138,500	北京歌德	2014.06.01
越南棋楠香摆件	长47.7cm	4,292,160	佳士得	2014.11.26
越南棋楠香摆件	高28.2cm	4,197,480	佳士得	2014.11.26
越南芽庄 沉香瑞兽	重约249.3g	483,000	北京保利	2014.06.05
越南芽庄白棋楠熟香小件	长13cm	138,000	浙江世贸	2014.04.13
越南芽庄沉香木摆件	直径124.5cm	3,345,360	佳士得	2014.11.26
越南芽庄红土白棋楠龙凤呈祥摆件	高28.5cm	632,500	浙江世贸	2014.04.13
越南芽庄棋楠熟香平沙落雁摆件	长36cm	1,552,500	浙江世贸	2014.04.13
越南雅庄随型摆件	重1836g	149,500	北京歌德	2014.06.01
紫奇楠摆件	高18cm	418,439	仕宏拍卖	2014.11.08
紫檀古琴梅花弄	长61cm	92,000	北京翰海	2014.10.25
紫檀莲的传说	高50cm	667,000	北京翰海	2014.10.25
紫檀莲蓬	长8.5cm	18,400	北京翰海	2014.10.25
紫檀清卷文心	长18cm	20,700	北京翰海	2014.10.25
紫檀无言记	长23cm	66,700	北京翰海	2014.10.25
现代 沉香雕灵芝摆件	高13cm	23,000	北京传是	2014.06.05
现代 沉香雕全家福摆件	长12cm	23,000	北京传是	2014.06.05
现代 沉香雕云松摆件	长35cm	57,500	北京传是	2014.06.05
现代 沉香山形摆件	高53cm	57,500	北京传是	2014.06.05
现代 沉香树形摆件	高138cm	63,250	北京传是	2014.06.05
现代 沉香松鹤延年摆件	长36cm	92,000	北京传是	2014.06.05
当代 加里曼丹沉香节节高雕件	高15.8cm	52,900	中鸿信	2014.11.23
当代 柬埔寨沉香蘑菇摆件	重13.6克	32,200	中鸿信	2014.11.23
当代 柬埔寨虎斑沉香软丝摆件	重836克	575,000	中鸿信	2014.11.23
当代 柬埔寨虎斑沉香软丝摆件	重595克	402,500	中鸿信	2014.11.23
当代 老挝沉香摆件	重1868克	747,500	中鸿信	2014.11.23
当代 印尼(巴布亚)指日高升陈水摆件	重134.5克	287,500	中鸿信	2014.11.23
当代 印尼达拉干沉香龙龟摆件	重46克	184,000	中鸿信	2014.11.23
当代印尼达拉干沉香双龙戏珠摆件	重56克	97,750	中鸿信	2014.11.23
当代 印尼加里曼丹瑞兽沉香摆件	重108克	322,000	中鸿信	2014.11.23
当代 越南沉香双龙摆件	重40.5克	97,750	中鸿信	2014.11.23
当代 越南富森沉香摆件	重819.6克	460,000	中鸿信	2014.11.23
当代 越南芽庄沉香摆件	长34.8cm	57,500	中鸿信	2014.11.23

拍品名称	物品尺寸	成交价RMB	拍卖公司	拍卖日期
当代 越南芽庄黑棋摆件	重124克	172,500	中鸿信	2014.11.23
宋 木雕释迦牟尼像		552,000	中鸿信	2014.11.22
宋/元初 木雕彩绘水月观音坐像	高84cm	722,264	伦敦苏富比	2014.05.14
元/明 14世纪 木雕菩萨像	高59.7cm	230,063	纽约苏富比	2014.03.18
明早期 木雕毗卢遮那佛坐像	高44.4cm	840,495	纽约苏富比	2014.03.18
明中期 京作檀香木雕漆金菩萨像	高22.8cm	103,500	西泠拍卖	2014.12.13
明 沉香阿弥陀佛	高19cm	89,600	成都金沙	2014.11.16
明 沉香木雕持经观音	高20cm	184,000	北京翰海	2014.10.26
明 红豆杉雕达摩立像	高60cm	862,500	江苏爱涛	2014.07.06
明 红豆杉木雕描金彩绘持珠观音	高71cm	805,000	华艺国际	2014.12.09
明 红豆杉木雕描金悬裳观音坐像	高40.5cm	138,000	华艺国际	2014.12.09
明 红豆杉木雕漆金彩绘文人像	高51cm	184,000	华艺国际	2014.12.09
明 红榉木雕张果老成仙立像	高45cm	253,000	江苏爱涛	2014.07.06
明 黄杨木雕高士像	高26cm	74,750	西泠拍卖	2014.05.06
明 京作木雕漆金文昌帝君像	带座高30.2cm	92,000	西泠拍卖	2014.12.13
明 木雕阿难迦叶像	高28cm	69,000	北京翰海	2014.04.12
明 木雕白衣观音立像	高128cm	690,000	北京保利	2014.04.27
明 木雕彩绘赵公明像	高65.5cm	667,000	华艺国际	2014.12.09
明 木雕大漆彩绘人物立像	高40cm	437,000	中贸圣佳	2014.06.01
明 木雕金漆天王像(一对)	高74cm	345,000	北京保利	2014.04.27
明 木雕金漆韦陀	高65cm	517,500	华艺国际	2014.05.31
明 木雕菩萨像	高60cm	138,000	江苏爱涛	2014.07.06
明 木雕漆金观音	高14.8cm	55,200	北京翰海	2014.10.26
明 木雕漆金水月观音	高50cm	414,000	华艺国际	2014.12.09
明 木雕漆金送子观音	高20cm	57,500	北京翰海	2014.10.26
明 木雕漆金韦陀立像	高120cm	690,000	华艺国际	2014.12.09
明 木雕释迦摩尼坐像	高41cm	126,500	浙江世贸	2014.04.13
明 木雕水月观音像	高39cm	103,500	西泠拍卖	2014.05.06
明 木胎金漆释迦牟尼佛坐像	高36.5cm	290,720	保利香港	2014.04.07
明 楠木加彩思维罗汉	高73cm	333,500	北京保利	2014.04.27
明 漆金释迦牟尼坐像	高22cm	207,000	西泠拍卖	2014.12.13
明 檀香木雕释迦牟尼	17.8cm×12.5cm	89,600	武汉中信	2014.10.23
明 檀香木雕释迦牟尼坐像	高40cm	379,500	江苏爱涛	2014.07.06
明王世襄藏、赠韵荪木胎彩漆弥勒	高70cm	368,000	北京保利	2014.06.05
明 紫檀木观音	高83cm	813,648	大唐国际	2014.05.27
明晚期 沉香木弥勒摆件	高8cm	185,000	北京九歌	2014.12.17
明晚期16世纪/17世纪 木雕彩绘天王像	高118.8cm	130,369	纽约佳士得	2014.03.20
明晚期/18世纪 木漆金佛坐像	高72.5cm	138,038	纽约佳士得	2014.03.20
明末清初 沉香木雕铁拐李	高22.1cm	483,000	保利厦门	2014.11.02
明末清初 黄花梨雕达摩站像	高18.2cm	28,750	北京传是	2014.06.05
明末清初 黄杨木雕鱼篮观音立像	高45.5cm	1,150,000	古天一	2014.06.05
清早期 木雕漆金人物(三件)	高45cm高37.5cm	23,000	北京保利	2014.04.27
清早期 木胎金漆善财童子摆件	高63cm	126,500	北京保利	2014.04.27
清早期 木胎漆金胁侍菩萨立像	高53.5cm	299,000	中国嘉德	2014.05.19
清早期 紫檀漆金财宝天王坐像	高12cm	46,230	大唐国际	2014.05.27
清康熙 黄杨木雕观音坐像	高20cm	149,500	江苏爱涛	2014.07.06
清乾隆 黄杨木雕铁拐李	高11cm	17,250	中鸿信	2014.11.22
清乾隆 木雕菩萨	高83cm	207,000	北京翰海	2014.04.12
清乾隆 紫檀描金度母立像	高23cm	207,000	浙江世贸	2014.07.27
清乾隆 紫檀木雕度母像	高21.7cm	230,000	上海道明	2014.03.27
清中期 黄杨木雕刘海像	高24.5cm	92,000	中鸿信	2014.11.22
清中期 檀香木观音	高16.5cm	241,500	古天一	2014.06.05
清 沉香雕采药老人坐像	高15.5cm	287,500	西泠拍卖	2014.12.13
清 沉香雕刘海戏蟾	高8.5cm	36,800	古天一	2014.12.05
清 沉香雕神仙图摆件	高13cm	207,000	东拍国际	2014.07.31
清 沉香雕释迦牟尼佛	高33cm	138,000	西泠拍卖	2014.12.13
清 沉香雕仙人乘槎摆件	长17.5cm	161,000	北京匡时	2014.09.17
清 沉香木雕人物诗文摆件	高22cm	25,300	北京保利	2014.10.26
清 沉香木罗汉	高11cm	28,000	成都金沙	2014.11.16
清 沉香木罗汉戏童子摆件	高20cm	23,000	中国嘉德	2014.06.22
清 沉香仙人乘槎摆件	长16cm	92,000	北京传是	2014.06.05
清 大漆木雕达摩像	高15.7cm	17,250	中国嘉德	2014.09.22
清 根雕寿星	高58cm	11,500	北京保利	2014.10.26
清 鹤顶红雕人物故事摆件	长22cm	46,000	北京传是	2014.06.05
清 黄炳勋制黄杨木雕达摩像	带座高31cm	207,000	西泠拍卖	2014.12.13
清 黄花梨大黑天摆件	高37cm	34,500	北京传是	2014.06.05
清 黄花梨雕达摩立像	高31cm	36,800	中鸿信	2014.11.22
清 黄花梨释迦像	高24.5cm	13,800	中国嘉德	2014.06.22
清 黄杨雕观音像	高20.5cm	69,000	北京保利	2014.06.05
清 黄杨木财神	高25cm	35,840	成都金沙	2014.11.16

2014杂项拍卖成交汇总

(成交价RMB：1万元以上)

拍品名称	物品尺寸	成交价RMB	拍卖公司	拍卖日期
清 黄杨木达摩像	高27cm	28,750	中鸿信	2014.11.22
清 黄杨木雕八仙物摆件	高25.5cm	13,800	北京翰海	2014.08.24
清 黄杨木雕观音	高13cm	46,000	上海敬华	2014.07.01
清 黄杨木雕观音	高28.3cm	25,300	北京翰海	2014.10.26
清 黄杨木雕老者	高11.5cm	23,000	北京翰海	2014.05.10
清 黄杨木雕罗汉		322,000	文津阁	2014.06.22
清 黄杨木雕弥勒坐像	高11.7cm	40,250	北京保利	2014.06.06
清 黄杨木雕寿星像	高33cm	40,250	西泠拍卖	2014.12.13
清 黄杨木雕铁拐李像	高33cm	25,300	西泠拍卖	2014.05.06
清 黄杨木雕渔家丰收摆件	长14.2cm	23,000	西泠拍卖	2014.12.13
清 黄杨木刘海戏金蟾像	长18cm	13,800	中国嘉德	2014.09.22
清 黄杨木麻姑献寿像	高24.5cm	10,350	中国嘉德	2014.03.24
清 黄杨木铁拐李像	长18.2cm	11,500	中国嘉德	2014.09.22
清 黄杨仕女立像	高20cm	18,400	北京保利	2014.10.26
清 黄杨五子闹弥勒	高23cm	13,800	北京保利	2014.10.26
清 加里曼丹沉香弥勒佛	高18.5cm	13,800	香港淳浩	2014.07.30
清 金漆木雕和合二仙像	高85cm高84cm	11,500	中国嘉德	2014.03.24
清 敬安刻沉香文殊菩萨	19.5cm × 11.8cm	149,500	上海嘉泰	2014.06.19
清 龙眼木达摩	高48cm	36,800	北京保利	2014.01.11
清 龙眼木东方朔造像	高36.5cm	17,250	广东省拍	2014.12.07
清 龙眼木刘海戏金蟾摆件	长45cm	17,250	北京保利	2014.01.11
清 龙眼木戏狮罗汉	高53cm	23,000	北京保利	2014.01.11
清 木雕彩绘关公坐像	高80cm	149,500	江苏爱涛	2014.07.06
清 木雕漆金释迦摩尼像	高24cm	149,500	中鸿信	2014.11.22
清 木雕释迦摩尼坐像	高60cm	43,700	中鸿信	2014.11.22
清 檀香木雕人物摆件	高12cm	172,500	江苏爱涛	2014.07.06
清 朱子常制黄杨木农夫像	带座高14.5cm	149,500	西泠拍卖	2014.12.13
清 紫檀雕书卷观音像	带座高19.5cm	57,500	西泠拍卖	2014.12.13
清 紫檀关公像	高19cm	11,500	北京保利	2014.10.26
清晚期 木雕漆金四大金刚	高45cm	172,500	浙江世贸	2014.04.13
18世纪 大威德金刚	高60cm	299,000	北京保利	2014.12.04
18世纪/19世纪 木漆金关帝坐像	高99.1cm	199,388	纽约佳士得	2014.03.20
1900年代 黄花梨人物雕刻(一对)	高23cm高26cm	34,500	上海泛华	2014.10.29
19世纪 嵌银丝红木雕寿星立像		41,464	斯沃德	2014.04.29
民国 紫檀雕罗汉摆件	高7.5cm	20,700	中贸圣佳	2014.07.06
民国 紫檀墨财神	高35cm	34,500	太平洋	2014.06.25
半天然小叶紫檀木达摩	高41cm	29,366	香港今是	2014.05.04
沉香雕观音摆件	高17cm	63,676	中国嘉德	2014.10.07
沉香雕山水人物摆件	高91cm	115,000	东拍国际	2014.07.31
沉香雕寿星摆件	高17cm	103,500	北京艺融	2014.06.03
沉香木雕佛像	高23cm	218,500	上海泛华	2014.10.29
沉香木观音像	高24cm	13,800	中国嘉德	2014.06.22
沉香木释迦像	高19cm	25,300	中国嘉德	2014.06.22
沉香木寿星像	高25cm	23,000	中国嘉德	2014.06.22
大日如来		368,000	北京保利	2014.06.05
桂圆木伏虎罗汉	高52cm	28,750	朵云轩	2014.06.29
海南黄花梨财神摆件	高22cm	115,000	上海金艺	2014.12.17
海南黄花梨雕八仙摆件	长73cm	10,080	上海联合	2014.12.06
海南黄花梨雕李白摆件	高63cm	11,200	上海联合	2014.12.06
海南黄花梨雕全家福摆件	长126cm	560,000	上海联合	2014.12.06
海南黄花梨雕钟馗摆件	高42.5cm	22,400	上海联合	2014.12.06
黄花梨雕五子登科摆件	长114cm	89,600	上海联合	2014.12.06
黄花梨雕笑狮罗汉摆件	高78cm	76,160	上海联合	2014.12.06
黄花梨寿星木雕		1,600,000	荣盛国际	2014.07.26
黄杨木雕山水人物纹案头摆件	长13cm	16,800	北京荣宝	2014.03.23
嘉里曼丹 八分沉 松下问童子	高5cm	793,500	北京保利	2014.06.05
金成夫 黄杨木雕"吉祥九宝"	连座高63cm	23,520	上海联合	2014.12.06
近代 沉香雕关公	高28cm	11,500	北京保利	2014.01.11
近代 沉香观音像	高65cm	805,000	北京翰海	2014.05.11
近代 沉香观音像	高31.5cm	667,000	北京翰海	2014.05.11
近代 沉香观音像	高45cm	632,500	北京翰海	2014.05.11
近代 沉香观音像	高40cm	299,000	北京翰海	2014.05.11
近代 沉香济公摆件	高24cm	414,000	北京翰海	2014.05.11
近代 沉香江上渔者摆件	高12cm	287,500	北京翰海	2014.05.11
近代 沉香九龙观音像	高49cm	1,725,000	北京翰海	2014.05.11
近代 沉香刘海戏蟾摆件	高15cm	414,000	北京翰海	2014.05.11
近代 沉香一苇渡江摆件	高118cm	33,120,000	北京翰海	2014.05.11
木雕彩绘罗汉立像 (两尊)	高109.5cm × 2	395,400	伦敦邦瀚斯	2014.05.15
十八罗汉行云图		437,000	北京保利	2014.06.05
世间觉法像	高68cm	704,000	荣盛国际	2014.07.26

拍品名称	物品尺寸	成交价RMB	拍卖公司	拍卖日期
泰国19世纪 木涂金嵌料石和尚跪地像两尊		98,875	邦瀚斯	2014.10.09
檀香雕关公立像	高68.5cm	230,000	北京保利	2014.12.04
王笃芳 黄杨木雕"傣女"	高28cm	14,112	上海联合	2014.12.06
王笃芳 黄杨木雕"济公醉酒"	高28cm	17,696	上海联合	2014.12.06
王笃芳 黄杨木雕"老烟枪"	连座高26cm	18,816	上海联合	2014.12.06
王笃芳 黄杨木雕"莲花观音"	高28cm	14,112	上海联合	2014.12.06
小叶紫檀雕"送子观音"摆件	高75cm	42,560	上海联合	2014.12.06
小叶紫檀雕仕女摆件	高37cm	13,440	上海联合	2014.12.06
杨华春 黄杨木雕"李白"	连座高40cm	11,760	上海联合	2014.12.06
叶胜才 黄杨木雕"春满人间"	长43cm	15,120	上海联合	2014.12.06
一苇渡江		46,000	北京保利	2014.06.05
伊利安黄油格沉香沉香观音雕件	高15.5cm	1,150,000	北京匡时	2014.06.05
竹林七贤		92,000	北京保利	2014.06.05
自在观音		20,700	北京保利	2014.06.05
现代 沉香雕寿星	高12cm	34,500	北京翰海	2014.11.22
现代 沉香木观音立像	高27.5cm	94,300	北京翰海	2014.01.11
现代 沉香木观音立像	高26cm	92,000	北京翰海	2014.01.11
当代 沉香观音像	高9.7cm	149,500	中鸿信	2014.11.23
当代 加里曼丹喜笑人生沉香摆件	重21.6克	57,500	中鸿信	2014.11.23
当代 柬埔寨沉香罗汉摆件	重57.4克	195,500	中鸿信	2014.11.23
当代金丝楠阴沉木雕"农家乐"摆件	长162cm	115,000	中鸿信	2014.11.22
当代 马来高山黑油沉香"济公"摆件	重53.1克	161,000	中鸿信	2014.11.23
当代印尼达拉干沉香"五老"摆件	重93.4克	299,000	中鸿信	2014.11.23
当代 印尼达拉干沉香观音摆件	重46.6克	69,000	中鸿信	2014.11.23
当代 越南芽庄沉香"念"摆件	重440克	2,070,000	中鸿信	2014.11.23
明 沉香雕山溪隐居山子	长16cm	115,000	浙江世贸	2014.07.27
明 沉香随形山子	长17cm	345,000	北京翰海	2014.10.25
清早期 沉香雕高仕图山子	高8.5cm	322,000	古天一	2014.12.05
清中期 紫檀一木整挖浮雕随形玉山子座	长14.2cm	57,500	北京匡时	2014.06.05
清 沉香雕山子摆件	高13.7cm	253,000	西泠拍卖	2014.12.13
清 沉香佛祖参拜浮屠山子	高59cm	310,500	上海嘉泰	2014.06.19
清 沉香木雕山水人物山子	高20cm	57,500	太平洋	2014.03.21
清 沉香木山水人物山子	长24cm	20,700	中国嘉德	2014.06.22
清 沉香木山子摆件	宽19cm	17,250	北京保利	2014.04.27
清 沉香木山子摆件	高27cm	16,100	北京保利	2014.10.26
清 沉香木随形山子	高22cm	25,300	北京保利	2014.04.27
清 沉香木随形山子	高58.5cm	149,500	北京翰海	2014.10.26
清 沉香木随形山子摆件	高24.5cm 高15cm	23,000	西泠拍卖	2014.05.06
清 沉香山水人物山子	长20cm	57,500	太平洋	2014.06.25
清 沉香山水人物山子摆件	长18.7cm	13,800	中国嘉德	2014.03.24
清 沉香山子	高61cm	575,000	北京翰海	2014.10.25
清 沉香山子摆件	高27.8cm	115,000	西泠拍卖	2014.12.13
清 黄杨木雕山子摆件	高6.2cm	17,250	西泠拍卖	2014.12.13
清 楠木瘿随形山子	长82cm	148,125	香港苏富比	2014.04.07
清 随形木雕山子摆件	带座高43cm	23,000	西泠拍卖	2014.12.13
清 铜麒麟 沉香木山子 (三件)	尺寸不一	23,000	中国嘉德	2014.06.22
清 瘿木随形山子 (两件)	高19cm高14cm	46,000	西泠拍卖	2014.12.13
18世纪 紫檀山子	长11.5cm	52,091	伦敦苏富比	2014.11.05
18世纪/19世纪 木根随形山子	长36cm	148,125	香港苏富比	2014.04.07
民国时期 沈香木雕山子	高17.6cm	76,663	邦瀚斯	2014.09.15
沉香雕香山九老图山子	高51cm	345,667	中国嘉德	2014.10.07
沉香木观音山子 (两件)	高30cm高28cm	23,000	中国嘉德	2014.03.24
沉香木山水楼阁山子	长31.8cm	40,250	中国嘉德	2014.06.22
沉香木山子	高67cm	103,500	北京保利	2014.12.04
沉香木山子	高48cm	92,000	上海工美	2014.11.02
沉香木香山九老诗文山子	高26cm	28,750	中国嘉德	2014.06.22
沉香山子		483,000	北京保利	2014.06.05
沉香山子		483,000	北京保利	2014.06.05
沉香山子		28,750	北京保利	2014.06.05
柬埔寨黑棋楠沉香山子	高37cm	7,475,000	浙江世贸	2014.04.13
近代 沉香大山子摆件	高20cm	172,500	北京保利	2014.08.02
近代 沉香罗汉山子	高23cm	23,000	北京保利	2014.08.02
近代 沉香山子	高19.5cm	563,500	北京翰海	2014.05.11
近代 沉香山子	高约20cm	172,500	北京翰海	2014.10.25
近代 沉香山子摆件	高约24cm	161,000	北京翰海	2014.10.25
越南芽庄紫棋楠山子	高5cm	333,500	浙江世贸	2014.04.13
当代 加里曼丹沉香山子	高110cm	115,000	中鸿信	2014.11.23
当代 柬埔寨棋楠山子	长20.5cm	184,000	中鸿信	2014.11.23

拍品名称	物品尺寸	成交价RMB	拍卖公司	拍卖日期
明 沉香木佛手	长13cm	92,000	上海金艺	2014.12.17
清 黄杨木雕佛手摆件	高 17.8cm	24,532	纽约苏富比	2014.09.16
民国 白石款竹雕佛手杯、白石题木雕“福禄寿”三星摆件	高11cm高35cm	25,300	北京保利	2014.06.05
“福禄长守”印度尼西亚沉香配南红佛手项链		24,640	北京荣宝	2014.06.15
东马顶级沉香佛手摆件	长8cm	29,900	北京匡时	2014.09.17
越南芽庄白棋楠佛手摆件	长11cm	287,500	浙江世贸	2014.04.13
当代 柬埔寨沉香“佛手”	长18cm	147,200	中鸿信	2014.11.23
明晚期 黄杨木一木整挖如意摆件	长23.3cm	23,000	北京匡时	2014.06.05
明/清 沉香木道教群仙如意	宽61cm	221,904	香港普艺	2014.05.31
清早期 沉香雕喜上眉梢如意	长51cm	138,000	浙江世贸	2014.07.27
清早期 沉香木雕群仙祝寿图如意	长53cm	345,000	中鸿信	2014.11.22
清乾隆 黄杨木雕石榴如意	长40.5cm	897,000	古天一	2014.12.05
清乾隆 紫檀镂空雕百宝嵌如意	长47cm	402,500	江苏爱涛	2014.07.06
清乾隆 紫檀嵌白玉三镶如意	长48cm	805,000	北京匡时	2014.12.03
清乾隆 紫檀三镶白玉错金银如意	长47cm	402,500	北京翰海	2014.10.25
清道光 定郡清赏款黄杨木雕螭龙纹如意	长45.5cm	207,000	上海泓盛	2014.06.26
清中期 黄杨木雕灵芝如意	长42cm	78,200	北京翰海	2014.05.11
清中期 紫檀错银丝三镶剔红如意	长46cm	207,000	北京翰海	2014.05.10
清中期 紫檀木嵌玉三羊开泰如意(一对)	长32cm×2	460,000	北京保利	2014.06.05
清中期 紫檀嵌青白玉龙纹如意	长44cm	218,500	华艺国际	2014.05.31
清中期 紫檀嵌玉三镶如意	长40cm	48,300	北京保利	2014.10.26
清中期紫檀三镶白玉太平有象如意	长43cm	195,500	北京翰海	2014.10.25
清中期紫檀三镶白玉喜鹊登梅如意	长51cm	322,000	北京翰海	2014.10.25
清中期 紫檀三镶福寿纹如意	直径48.5cm	192,100	广东省拍	2014.06.22
清中期 紫檀云蝠如意	长50.5cm	184,000	北京保利	2014.12.04
清中期 紫檀雕佛手如意	长35.5cm	51,750	北京匡时	2014.09.17
清 紫檀雕佛手如意	长34cm	63,250	西泠拍卖	2014.05.06
清 白玉雕祝寿纹三镶如意	52.5cm	201,600	天津文物	2014.05.16
清 沉香螭龙灵芝如意	长42cm	13,800	中鸿信	2014.11.22
清 沉香雕灵芝如意摆件	长24.5cm	13,800	西泠拍卖	2014.12.13
清 沉香雕一品当朝如意	长61cm	920,000	西泠拍卖	2014.12.13
清 沉香福禄寿喜如意	长57.6cm	862,500	翰风国际	2014.04.30
清 沉香灵芝如意	高39cm	109,250	北京翰海	2014.05.10
清 沉香木雕“一品当朝”如意	长47cm	644,000	远方拍卖	2014.06.02
清 沉香木雕福寿如意	长49cm	57,500	中鸿信	2014.11.22
清 沉香木群仙祝寿图如意	长45cm	13,800	中国嘉德	2014.03.24
清 沉香木如意	长38cm	34,500	中国嘉德	2014.06.22
清 沉香如意摆件	长25cm	552,000	华艺国际	2014.05.31
清 沉香如意雕件	长30.5cm	100,062	仕宏拍卖	2014.11.08
清 沉香镶玳瑁花卉纹如意	长38.5cm	115,000	北京匡时	2014.06.03
清 海柳如意	长35cm	13,800	北京翰海	2014.10.25
清 红木嵌沉香福寿三多如意	长47cm	26,450	中鸿信	2014.11.22
清 红木嵌沉香如意	长38cm	69,000	南京经典	2014.08.04
清 红木三镶白玉梅花如意	长52cm	115,000	北京保利	2014.10.26
清 红木镶灵芝如意	长49cm	23,000	华艺国际	2014.09.28
清 黄杨木雕灵芝如意	长38.1cm	34,500	北京翰海	2014.05.11
清 黄杨木雕灵芝如意摆件	长39cm	34,500	西泠拍卖	2014.12.13
清 黄杨木雕竹节如意(一双)	长29cm长34cm	17,250	银座国际	2014.06.01
清 黄杨木灵芝如意	长37cm	69,000	北京翰海	2014.05.10
清 黄杨木灵芝如意	高36cm	46,000	深圳市拍	2014.01.05
清 黄杨木灵芝如意	长37cm	28,750	北京翰海	2014.10.25
清 黄杨木灵芝如意	长33cm	17,250	中鸿信	2014.11.22
清 黄杨木梅花如意	长36cm	10,350	中国嘉德	2014.03.24
清 黄杨木如意	长29.5cm	55,000	北京九歌	2014.12.17
清 龙眼木雕莲蓬如意	长30cm	80,500	古天一	2014.12.05
清 紫檀 沉香木 黄杨木如意各一件	尺寸不一	17,250	中国嘉德	2014.06.22
清 紫檀雕灵芝如意摆件	长19cm	13,800	西泠拍卖	2014.05.06
清 紫檀福禄万代如意	长40cm	13,800	中国嘉德	2014.03.24
清 紫檀福禄万代如意	长38cm	36,800	中国嘉德	2014.09.22
清 紫檀灵芝如意	长47cm	126,500	中国嘉德	2014.05.19
清 紫檀嵌白玉雕龙纹如意	长44.5cm	207,000	西泠拍卖	2014.12.13
18世纪沉香棋楠木雕福寿双全如意	长35.5cm	1,479,360	佳士得	2014.05.28
18世纪 黄杨木雕灵芝如意	长33.5cm	53,664	纽约苏富比	2014.09.16
18世纪 木嵌白玉万寿吉祥如意	长45.1cm	83,938	香港苏富比	2014.04.08
18世纪/19世纪 木镶白玉雕鹿鹤同春纹如意	长49.5cm	153,375	纽约苏富比	2014.03.18
19世纪 黄杨木刻诗句灵芝形如意	长35.5cm	53,664	纽约苏富比	2014.09.16

拍品名称	物品尺寸	成交价RMB	拍卖公司	拍卖日期
19世纪 木嵌白玉太平有象万寿如意	长54.6cm	98,750	香港苏富比	2014.04.08
19世纪 木嵌银丝镶白玉雕寿字纹如意	长56.5cm	99,694	纽约苏富比	2014.03.18
19世纪 木嵌银丝镶青白玉雕寿字纹如意	长52cm	99,694	纽约苏富比	2014.03.18
清晚期 紫檀如意	长23cm	40,250	朵云轩	2014.12.19
民国 李嘉福款随形如意摆件	长35cm	51,750	西泠拍卖	2014.12.13
民国 紫檀嵌玉云龙诗文如意(一对)	长50cm	18,400	北京保利	2014.04.27
黄杨木雕人物如意	长35cm	20,700	北京翰海	2014.08.24
江晓刻 黄杨木吉祥如意	长42cm	126,500	福建东南	2014.10.26
近代 沉香荷塘情趣如意摆件	长59cm	1,748,000	北京翰海	2014.05.11
近代 沉香灵芝如意	长12cm	402,500	北京翰海	2014.05.11
硬木兽面纹三镶玉如意	长40cm	11,500	中国嘉德	2014.09.22
越南惠安 岁寒三友沉香如意	长3.8cm	2,530,000	北京保利	2014.06.05
紫檀三镶玉如意	长49cm	149,500	上海泛华	2014.10.29
紫檀云龙纹如意	长48.5cm	10,350	中国嘉德	2014.06.22
清早期 黄花梨一木整挖“松竹梅”佛龛	高37cm	207,000	远方拍卖	2014.06.02
清中期 紫檀葫芦形佛龛	高39.5cm	1,265,000	翰风国际	2014.04.30
清 红木佛龛	69cm×39cm×26cm	13,800	中贸圣佳	2014.06.01
民国 红木佛龛	62cm×46cm×68cm	13,800	北京保利	2014.10.26
近代 沉香随形佛龛		391,000	北京翰海	2014.05.11
紫檀佛龛	高31cm	20,700	银座国际	2014.06.01
当代 沉香“佛龛”形摆件	高27cm	64,400	中鸿信	2014.11.23
生活用品				
清乾隆 紫檀木雕绳纹嵌镂空碧玉四方瓶	高35.1cm	345,000	北京东正	2014.11.20
清 沉香雕山水四方瓶	高45.8cm	245,440	帝图艺术	2014.06.22
清 沉香福禄万代瓶	高16cm	11,500	中鸿信	2014.11.22
近代 黄杨木雕瓶形摆件(一对)	高162cm	20,700	北京保利	2014.08.02
铜镶小叶紫檀壁瓶	高20cm	72,000	北京九歌	2014.12.17
明 黄花梨双陆棋盘	41.5cm×21.6cm	51,750	北京翰海	2014.05.11
清早期 紫檀大漆花卉珍禽都承盘	长51cm	253,000	翰风国际	2014.04.30
清乾隆 金漆彩绘宝相花紫檀托盘	长50cm	437,000	北京保利	2014.06.04
清中期 红木石面托盘	30.8cm×30.8cm	17,250	中国嘉德	2014.03.22
清中期 紫檀都承盘	32cm×32cm	115,000	华艺国际	2014.04.13
清中期 红木雕龙纹文盘	高3.5cm	23,000	西泠拍卖	2014.05.06
清 硬木芭蕉诗文盘	长34cm	17,250	北京翰海	2014.05.10
清 紫檀嵌黄杨托盘	宽32cm	11,500	北京保利	2014.08.02
清 紫檀圆盘(一套)	直径14.5cm×9	57,500	北京传是	2014.06.05
清 潆园藏款双桃形紫檀香盘	长21.4cm	28,750	西泠拍卖	2014.12.13
清 湘妃竹茶盘	直径49.8cm	17,250	西泠拍卖	2014.12.13
清 湘妃竹髹漆芭蕉叶形香盘	长42cm	92,000	长风拍卖	2014.01.05
清 湘妃竹瘿木茶盘	长44cm	57,500	长风拍卖	2014.01.05
清 湘妃竹圆茶盘	直径33cm	55,200	长风拍卖	2014.01.05
清 湘妃竹长方形文盘	宽45cm	36,800	长风拍卖	2014.01.05
清 紫檀托盘	长43.3cm	17,250	中国嘉德	2014.09.22
清 紫檀镶香妃竹茶盘	长73cm	32,200	北京匡时	2014.06.05
18世纪/19世纪 黄花梨方形托盘(一对)	高3.4cm	99,694	纽约佳士得	2014.03.20
斑竹四方茶盘	42cm×42cm	23,000	北京匡时	2014.06.05
茶海	长85cm	32,200	中国嘉德	2014.06.22
海南黄花梨都承盘	宽36cm	28,000	上海联合	2014.12.06
海南黄花梨撇口盘	直径24.5cm	13,440	上海联合	2014.12.06
横云山眠镌 花草纹紫檀木整挖大香盘	43.5cm×38.5cm	97,750	福建东南	2014.10.26
红木嵌银丝香盘	35cm×26cm	32,200	福建东南	2014.10.26
黄花梨撇口盘	直径33cm	31,360	上海联合	2014.12.06
近代 仿漆器海水龙纹长方盘 青花轴头(一对)	长31.5cm长5cm	18,400	北京保利	2014.08.02
湘妃竹红木叶形茶盘	长78.7cm	20,700	上海泓盛	2014.12.10
湘妃竹蕉叶形茶盘	长69.5cm	13,800	中国嘉德	2014.03.24
湘妃竹蕉叶形茶盘	长79cm	13,800	中国嘉德	2014.03.24
18世纪 黄花梨方盘	宽34.3cm	36,430	纽约苏富比	2014.03.18
2014年 陈美婵“栽墨”都承盘	40cm×25cm	11,500	北京保利	2014.06.02
沉香木雕苍松纹香盘	长23cm	112,000	北京荣宝	2014.06.15
甘而可 绿金斑木胎托盘	长42cm	184,000	北京保利	2014.06.05
近代 紫檀茶盘	40cm×38cm	19,550	北京保利	2014.01.11
缕空草夔镶银纹木方盘	32cm×24cm	49,044	香港拍得高	2014.05.27

2014杂项拍卖成交汇总

(成交价RMB：1万元以上)

拍品名称	物品尺寸	成交价RMB	拍卖公司	拍卖日期
清早期 沉香木雕山水图杯	宽10.2cm	667,000	北京诚轩	2014.05.19
清早期 沉香木雕松树纹杯	高11.5cm	212,750	远方拍卖	2014.06.02
清早期 沉香山水杯	直径9.3cm	713,000	翰风国际	2014.04.30
清早期 松下高士图沉香小杯（一对）	高5cm	46,000	北京盈时	2014.12.07
清乾隆 沉香雕山水杯（一组）	尺寸不一	1,035,000	古天一	2014.06.05
清乾隆 紫檀嵌三多果纹小杯（一对）	直径6.5cm×2	46,000	北京匡时	2014.06.03
清 沉香雕梅纹杯	高10cm	163,737	仕宏拍卖	2014.11.08
清 沉香兰花杯	高6.5cm	92,000	北京传是	2014.06.05
清 沉香木随形杯	高8.5cm	71,300	北京翰海	2014.10.26
清 沉香人物杯（一组五个）	高5.5cm	356,500	远方拍卖	2014.06.02
清 沉香小杯	高4.2cm	11,500	北京保利	2014.06.06
清 沉香小杯	高5.7cm	80,500	西泠拍卖	2014.12.13
清 根木随形杯	长14.6cm	22,999	纽约苏富比	2014.09.16
清 四季花卉紫檀杯	直径10cm×4	112,700	江苏爱涛	2014.07.06
清 随形沉香杯	高14.2cm	101,200	江苏爱涛	2014.07.06
清 紫檀仿青铜器爵杯	长13cm	57,500	北京传是	2014.06.05
清 紫檀石榴花杯	长10cm	20,700	中国嘉德	2014.03.24
清 紫檀银胎杯（一对）	直径6.1cm	10,350	中国嘉德	2014.03.24
清 沉香渔樵耕读杯	高15.5cm	241,500	北京歌德	2014.06.01
17世纪 沉香木梅雀报喜纹杯	高9cm	223,245	伦敦苏富比	2014.11.05
18世纪 沉香木雕喜上眉梢杯	高11.4cm	502,500	佳士得	2014.05.28
18世纪 紫檀错银饕餮纹螭龙柄出戟杯	长15cm	421,760	伦敦邦瀚斯	2014.05.15
民国 紫檀梅花杯	宽10.5cm	10,350	北京保利	2014.01.11
沉香杯		138,000	北京保利	2014.12.02
沉香木山水人物纹杯	高9.5cm	17,250	中国嘉德	2014.09.22
沉香木随形杯	长12.6cm	32,200	中国嘉德	2014.09.22
近代 沉香螭龙杯	高13cm	299,000	北京翰海	2014.05.11
近代 沉香荷花杯	高14cm	632,500	北京翰海	2014.05.11
近代 沉香荷花杯	长24.5cm	322,000	北京翰海	2014.05.11
近代 沉香龙纹爵杯	高17cm	310,500	北京翰海	2014.05.11
明 紫檀净水碗	径14.5cm	25,300	北京传是	2014.06.05
清早期 紫檀净水碗	直径14cm	71,300	北京诚轩	2014.05.19
近代 顶级手工精致红土沉卧香（两盒）		20,700	北京翰海	2014.05.11
近代 顶级手工精致红土沉卧香（三盒）		32,200	北京翰海	2014.05.11
近代 顶级越南红土水沉卧香（三盒）		12,650	北京翰海	2014.05.11
明末清初 黄花梨瓜棱形围棋罐（一对）	直径10.5cm	161,000	远方拍卖	2014.06.02
清早期 黄花梨瓜棱形围棋罐（一对）	高7.5cm×2	161,000	北京诚轩	2014.05.19
清早期 黄花梨围棋罐（一对）	宽12.5cm	34,500	北京保利	2014.04.27
清黄杨木整挖瓜棱围棋罐（一对）	宽13cm×2	20,700	北京保利	2014.12.04
清 双盖沉香木锡包茶叶罐	长14cm	32,200	北京保利	2014.10.26
18世纪/19世纪 紫檀匣棋盖盒（一对）	宽12.7cm	115,031	纽约苏富比	2014.03.18
海南黄花梨围棋罐（一对）	直径13cm	19,440	上海联合	2014.12.06
明 沉香木雕梅花纹花插	高21cm	978,360	佳士得	2014.11.26
明末清初紫檀黄花梨花插（两个）	高16cm	207,000	远方拍卖	2014.06.02
清中期 沉香瑞兽瓜棱花插	高27cm	138,000	中鸿信	2014.11.22
清中期 黄杨木雕梅花竹纹花插	高9.4cm	46,000	北京翰海	2014.05.11
清中期 黄杨木花插	高11.7cm	115,000	北京匡时	2014.06.04
清中期 紫檀雕松桩花插	高18.5cm	28,750	北京保利	2014.12.05
清 沉香雕喜上眉梢花插	高15cm	172,500	西泠拍卖	2014.12.13
清 金丝楠木随形花插	高22cm	11,500	北京翰海	2014.10.25
清 随形木花插	带座高33.6cm	230,000	西泠拍卖	2014.12.13
清 紫檀雕梅花花插	高18.7cm	40,250	西泠拍卖	2014.05.06
清 紫檀花插	高14cm	33,600	成都金沙	2014.11.16
清 紫檀花插	高18cm	23,000	北京保利	2014.10.26
清 紫檀花插黄杨木小山子	高14cm高10cm	23,000	朵云轩	2014.12.19
曹篁生制加里曼丹沉香梅竹花插	高19cm	747,500	浙江世贸	2014.04.13
近代 罂粟花插	高约18.5cm	184,000	北京翰海	2014.10.25
清乾隆 伽楠木雕仿青铜器纹海棠形炉瓶盒（一组三件）	尺寸不一	667,000	北京匡时	2014.06.03
清乾隆 紫檀兽面纹琮式炉	高12.3cm	345,000	北京翰海	2014.10.25
清 沉香雕冲耳三足鼎式炉	高12cm	172,500	西泠拍卖	2014.12.13
清 沉香雕簋式炉	高7.4cm	172,500	西泠拍卖	2014.12.13

拍品名称	物品尺寸	成交价RMB	拍卖公司	拍卖日期
清 沉香雕龙穿花纹香炉连座	高7cm	63,250	北京匡时	2014.06.05
清/民国 酸枝底座、紫檀笔架、黄花梨围棋罐	尺寸不一	11,500	华艺国际	2014.09.28
民国 黄杨木雕五狮香熏炉	高22cm	34,500	南京经典	2014.04.27
民国 紫檀雕炉瓶三事摆件	尺寸不一	13,800	太平洋	2014.09.19
沉香木雕弦纹双铺耳炉	直径9.5cm	56,000	北京荣宝	2014.03.23
沉香香炉	高12.5cm	127,066	日本伊斯特	2014.04.26
清早期 沉香木镂雕海八怪纹香筒	高27cm	109,250	中鸿信	2014.11.22
清中期 木雕人物托白玉菊瓣盘形烛台	高26cm	92,000	中鸿信	2014.11.22
清 沉香木山水人物纹香筒	高23.5cm	17,250	中国嘉德	2014.09.22
清 黄杨木竹节形香插	高14cm	17,250	北京艺融	2014.06.03
清 紫檀香插	高15.5cm	43,700	北京翰海	2014.10.25
清 紫檀香筒（一对）	单只长21cm	28,750	南京经典	2014.04.27
近代 沉香荷花香插	8cm×6cm	80,500	北京翰海	2014.05.11
吴元星制越南富森红土螭龙盘云香筒	高29cm	862,500	浙江世贸	2014.04.13
清 瘿木随形香薰	高30cm	103,500	北京翰海	2014.05.10
海南黄花梨香薰	高28cm	16,200	上海联合	2014.12.06
李九生 紫檀云纹如意香薰	高25cm	34,500	北京保利	2014.12.05
清 红木嵌铜鸟具（两件）	长5.3cm×2	126,500	远方拍卖	2014.06.02
黄花梨大鸟笼（一对）	高72cm	10,350	中国嘉德	2014.09.22
黄花梨大鸟笼（一对）	高72.5cm	46,000	中国嘉德	2014.03.24
黄花梨大鸟笼（一对）	高71cm	46,000	中国嘉德	2014.06.22
近代 黑檀木鸟笼（一对）	高28cm	20,700	北京保利	2014.01.11
近代 黑檀木鸟笼（一对）	直径20cm	13,800	北京保利	2014.04.27
近代 黄花梨大鸟笼	高70cm	20,700	北京保利	2014.08.02
近代 黄花梨鸟笼	高66cm	20,700	北京保利	2014.01.11
近代 黄花梨鸟笼	高73cm	13,800	北京保利	2014.04.27
近代 黄花梨鸟笼（一对）	直径29cm	25,300	北京保利	2014.08.02
近代 紫檀嵌银丝鸟笼	高25cm	20,700	北京保利	2014.04.27
清 乌木刻金文扇骨	长32cm	43,700	西泠拍卖	2014.05.06
清 紫檀扇骨（两件）	长30cm	12,650	北京保利	2014.04.27
沉香扇子	高23cm	34,500	北京保利	2014.12.02
沉香扇子	高23cm	17,250	北京保利	2014.12.02
沉香扇子	高17cm	11,500	北京保利	2014.12.02
各式团扇 芭蕉扇（七件）	尺寸不一	32,200	中国嘉德	2014.06.22
清中期 紫檀雕卷草纹案上绣墩（二件）	高9.4cm	40,250	北京翰海	2014.10.25
清 黄花梨瘿木钵	直径18cm	115,000	中鸿信	2014.11.22
清 木根随形大碗	长39.4cm	38,331	纽约苏富比	2014.09.16
清 紫檀宫灯（一对）	高87cm	322,000	华艺国际	2014.05.31
清 紫檀嵌珐琅宫灯（一对）	高64cm	103,500	北京保利	2014.04.27
清 紫檀如意文房座（一组）	如意长47cm	17,250	朵云轩	2014.06.29
清 紫檀饕餮纹簋	长26cm	13,800	中鸿信	2014.11.22
清 黄花梨算盘	长35.1cm	13,800	中国嘉德	2014.03.24
清 黄花梨算盘	45cm×17.4cm	13,800	中国嘉德	2014.06.22
清 黄花梨小算盘	长29cm	11,500	北京保利	2014.10.26
民国 紫檀宫灯（一对）	高42cm	23,520	上海国拍	2014.11.30
民国 紫檀宫灯（一对）	高42cm	23,520	上海国拍	2014.11.30
黄花梨大茶壶（一对）	尺寸不一	67,200	上海联合	2014.12.06
黄花梨大香桶	长45.5cm	11,200	上海联合	2014.12.06
黄花梨雕茶圣煮茗纹茶海	长76cm	28,000	上海联合	2014.12.06
金丝楠阴沉木茶海	69cm×39cm	17,920	上海联合	2014.12.06
近代 沉香茶勺	长8cm	78,200	北京翰海	2014.05.11
文房用品				
明 沉香松枝形大笔筒	高20cm	3,220,000	北京翰海	2014.10.25
明 黄花梨笔海	高18cm	51,750	西泠拍卖	2014.05.06
明 黄花梨笔筒	高16cm	57,500	北京匡时	2014.06.05
明 黄花梨大笔筒	直径20cm	51,750	华艺国际	2014.09.28
明 黄花梨木雕树桩形大笔筒	高19cm	644,000	浙江世贸	2014.07.27
明 黄杨木雕八仙笔筒	高14cm	34,500	西泠拍卖	2014.12.13
明 黄杨木雕随形笔筒	高16.5cm	51,750	北京传是	2014.06.05
明 鸡翅木雕树瘤笔筒	高9cm	17,250	北京传是	2014.06.05
明 三松款竹石纹紫檀笔筒	高15.5cm	63,250	西泠拍卖	2014.12.13
明 小松款沉香木人物笔筒	高16cm	67,500	中鸿信	2014.11.22
明 紫檀笔海	高19.5cm	66,700	西泠拍卖	2014.05.06
明 紫檀笔筒	高13cm	40,250	西泠拍卖	2014.05.06
明 紫檀小笔筒	高7.5cm	20,700	西泠拍卖	2014.05.06
明晚期 黄花梨松鹤延年笔筒	直径16.4cm	347,328	罗芙奥	2014.05.25
明晚期 黄花梨笔筒	直径18.7cm	34,500	中国嘉德	2014.03.22

拍品名称	物品尺寸	成交价RMB	拍卖公司	拍卖日期
明晚期 黄花梨雕根瘤大笔筒	直径26cm	473,018	中国嘉德	2014.10.07
明晚期 黄花梨弦纹笔筒	高15.1cm	74,750	北京诚轩	2014.05.19
明晚期 黄花梨弦纹笔筒	高13.5cm	34,500	北京诚轩	2014.11.20
明晚期/清早期 海南黄花梨素笔筒	高16cm	82,800	北京艺融	2014.12.08
明或清前期 黄花梨笔筒	高15.8cm	78,200	中国嘉德	2014.11.22
明或清前期 黄花梨画斗	高19.4cm	230,000	中国嘉德	2014.11.22
明或清前期 紫檀木天然笔筒	高14.6cm	322,000	中国嘉德	2014.11.22
明晚期 黄花梨百宝嵌花鸟纹笔筒	高15.5cm	690,000	西泠拍卖	2014.12.13
明晚期/18世纪 黄花梨笔筒	直径22.1cm	168,713	纽约佳士得	2014.03.20
明末清初 沉香雕南极仙翁笔山	高6.5cm	322,000	翰风国际	2014.04.30
明晚期/清早期 沉香雕山水笔筒	高9.2cm	1,552,500	西泠拍卖	2014.12.13
明晚期/清早期 黄花梨笔筒	高23.3cm	92,000	中国嘉德	2014.11.22
明晚期/清早期 黄花梨活底大笔筒	高20.5cm	195,500	北京传是	2014.06.05
明晚期/清早期 黄花梨如意纹束腰笔海	直径20.5cm	517,500	江苏爱涛	2014.07.06
明晚期/清早期 黄花梨树瘤大笔筒	高22.2cm	575,000	中国嘉德	2014.05.19
明晚期/清早期 鸡翅木犀皮漆大笔筒	高22.5cm	529,000	远方拍卖	2014.06.02
明晚期/清早期 随形树瘿笔筒	高14.8cm	57,500	北京诚轩	2014.11.20
清早期 沉香雕人物故事纹笔筒	高11cm	34,500	太平洋	2014.06.25
清早期 沉香雕山水人物笔筒	高14cm	1,265,000	西泠拍卖	2014.12.13
清早期 沉香雕松树笔筒	高14.6cm	258,888	澳门中信	2014.06.08
清早期 沉香雕松下高仕图笔筒	高9.5cm	138,000	北京匡时	2014.06.03
清早期 沉香木随形笔筒	高17.5cm	345,000	北京翰海	2014.10.26
清早期 沉香木随形梅花纹笔筒	高14cm	51,750	中鸿信	2014.11.22
清早期 沉香随型雕古松图笔添	长20cm	195,500	北京匡时	2014.06.03
清早期 黄花梨把玩笔筒	高10cm	17,250	北京匡时	2014.06.05
清早期 黄花梨笔筒	高11.5cm	28,750	北京传是	2014.06.05
清早期 黄花梨笔筒	高14.6cm	63,250	北京匡时	2014.06.03
清早期 黄花梨笔筒	高15cm	34,500	北京匡时	2014.06.03
清早期 黄花梨笔筒	高18.2cm	59,800	中国嘉德	2014.05.19
清早期 黄花梨笔筒	高15.7cm	56,897	中国嘉德	2014.04.09
清早期 黄花梨笔筒	高13.8cm	23,000	中国嘉德	2014.03.24
清早期 黄花梨笔筒	高16.5cm	23,000	中国嘉德	2014.09.20
清早期 黄花梨大笔筒	宽23cm	48,300	北京保利	2014.08.02
清早期 黄花梨大笔筒	高19cm	184,000	北京匡时	2014.06.05
清早期 黄花梨大笔筒	直径20.5cm	90,965	中国嘉德	2014.10.07
清早期 黄花梨带座小笔筒	高17.7cm	23,000	中国嘉德	2014.05.19
清早期 黄花梨雕喜鹊登梅笔筒	高14.5cm	207,000	北京翰海	2014.10.25
清早期 黄花梨花卉笔筒	高15cm	172,500	江苏爱涛	2014.07.06
清早期 黄花梨木笔筒	高19.5cm	123,750	中鸿信	2014.11.22
清早期 黄花梨木笔筒	高17cm	51,750	中鸿信	2014.11.22
清早期 黄花梨嵌八宝梅花笔筒	直径14cm	218,500	远方拍卖	2014.06.02
清早期黄花梨嵌八宝三阳开泰笔筒	高14.2cm	97,750	西泠拍卖	2014.05.06
清早期 黄花梨诗文笔筒	高12cm	92,000	北京翰海	2014.10.25
清早期 黄花梨树瘤笔筒	高17.4cm	287,500	北京传是	2014.06.05
清早期 黄花梨树瘤笔筒	直径18cm	138,000	北京保利	2014.06.05
清早期 黄花梨弦纹三足笔筒	高13.5cm	46,000	西泠拍卖	2014.05.06
清早期 黄花梨小笔筒	高12cm	11,500	北京保利	2014.04.27
清早期 黄杨木雕树段形笔筒	高13.9cm	80,500	北京诚轩	2014.05.19
清早期 金丝楠木笔筒	高16cm	172,500	北京匡时	2014.06.04
清早期 木雕山水人物笔筒	高12.8cm	28,750	北京东正	2014.11.20
清早期 紫檀笔筒	高14cm	11,500	北京匡时	2014.06.05
清早期 紫檀笔筒	高14.3cm	34,500	中国嘉德	2014.11.22
清早期 紫檀大笔筒	高16.5cm	115,000	北京传是	2014.06.05
清早期 紫檀带足笔筒	高11.5cm	25,300	北京传是	2014.06.05
清早期 紫檀雕树瘤笔筒	高23cm	1,265,000	远方拍卖	2014.06.02
清早期 紫檀瓜棱笔筒	高18cm	172,500	中国嘉德	2014.05.19
清早期 紫檀刻松竹梅笔筒	高13cm	34,500	北京保利	2014.04.27
清早期 紫檀嵌百宝笔筒	高17.3cm	1,012,000	翰风国际	2014.04.30
清早期 紫檀嵌三友图笔筒	高16cm	100,947	中国嘉德	2014.04.09
清早期 紫檀素笔筒	高14cm	80,500	北京翰海	2014.05.10
清早期 紫檀随形树瘤笔筒	高14.5cm	46,000	中鸿信	2014.11.22
清早期 紫檀细线纹笔筒	高13.1cm	69,000	北京诚轩	2014.05.19
清早期 紫檀整挖百宝嵌"四有安居图"方型笔筒	高16.5cm	517,500	翰风国际	2014.04.30
清早期 紫檀整挖瘤根笔筒	高17cm	425,500	北京翰海	2014.10.25
清早期 黄花梨诗文笔筒	高15cm	110,000	北京九歌	2014.12.17
清康熙 紫檀嵌百宝笔筒	高17cm	598,000	远方拍卖	2014.06.02
清乾隆 伽楠香雕山水人物笔筒	高8.8cm	201,894	中国嘉德	2014.04.09
清乾隆 卢映之制紫檀髹漆嵌百宝梅花诗文笔筒	高15.3cm	825,930	中国嘉德	2014.04.09

拍品名称	物品尺寸	成交价RMB	拍卖公司	拍卖日期
清乾隆 紫檀镶百宝笔筒	高9.4cm	36,800	北京匡时	2014.06.03
清道光 黄花梨人物诗文笔筒	高14.7cm	287,500	北京翰海	2014.10.26
清中期 沉香雕高士图笔筒	高14.3cm	115,000	华艺国际	2014.12.09
清中期 沉香木雕松下人物笔筒	高17.1cm	517,500	北京翰海	2014.05.11
清中期 黄花梨笔筒	高21.2cm	109,250	北京翰海	2014.05.11
清中期 黄花梨笔筒	高17cm	86,250	北京翰海	2014.05.11
清中期 黄花梨刻山水笔筒	高13.6cm	63,250	北京翰海	2014.05.11
清中期 黄花梨阴刻梅花诗文笔筒	高13.5cm	55,062	中国嘉德	2014.04.09
清中期 黄杨木雕竹桩螳螂笔筒	高9.3cm	43,700	北京保利	2014.12.04
清中期 吴鲁珍 黄杨山水人物笔筒连座	高14.7cm	36,800	北京王时	2014.06.03
清中期 小叶紫檀束腰素笔筒	高14.5cm	46,000	北京艺融	2014.12.08
清中期 瘿子木笔筒	高15.2cm	82,800	中贸圣佳	2014.07.06
清中期 紫檀雕螭龙献瑞莲瓣笔筒	高17.7cm	172,500	北京翰海	2014.10.26
清中期 紫檀雕三足笔筒	高16cm	172,500	中贸圣佳	2014.07.06
清中期 紫檀雕松下人物笔筒	高18.7cm	230,000	北京翰海	2014.10.26
清中期 紫檀木刻诗文笔筒	直径12.6cm	172,500	北京东正	2014.11.20
清中期 紫檀嵌螺钿雕松鼠葡萄纹笔筒	高18.5cm	4,025,000	北京翰海	2014.10.25
清中期 紫檀素笔筒	高19.2cm	299,000	西泠拍卖	2014.12.13
清光绪 浅刻花卉木笔筒	高11.5cm	16,100	朵云轩	2014.04.21
清 沉香笔筒 山子(两件)	高12cm高24cm	11,500	北京保利	2014.01.11
清 沉香雕魁星点斗笔架	高12cm	17,250	北京传是	2014.06.05
清 沉香雕人物故事纹笔筒	高12cm	34,500	太平洋	2014.06.25
清 沉香雕喜鹊登梅纹笔筒	高10.9cm	115,000	西泠拍卖	2014.12.13
清 沉香论道图笔筒	高15cm	69,000	太平洋	2014.06.25
清 沉香木雕荷蟹笔筒	25.5cm	106,400	天津文物	2014.11.15
清 沉香木雕花人物笔筒	高11.5cm	75,900	北京匡时	2014.06.03
清 沉香木雕人物故事笔筒	高11cm	115,000	印千山	2014.07.19
清 沉香木雕仙女图笔筒	高14.5cm	34,500	太平洋	2014.03.21
清 沉香木雕仙人乘槎笔筒	高15.9cm	126,500	中鸿信	2014.11.22
清 沉香木访友图笔筒(两件)	高14.3cm高12.6cm	25,300	中国嘉德	2014.03.24
清 沉香木山水人物纹笔筒	高18cm	28,750	中国嘉德	2014.03.24
清 沉香木深山访友诗文笔筒	高17.5cm	11,500	中国嘉德	2014.09.22
清 沉香木竹林七贤笔筒	高17cm	13,800	中鸿信	2014.11.22
清 沉香人物笔筒	高10cm	18,400	北京保利	2014.08.02
清 沉香松鹤延年笔筒	高16cm	40,250	太平洋	2014.03.21
清 沉香松树小笔筒	高9.5cm	32,200	北京保利	2014.04.27
清 根雕随形大笔海	高33cm	17,250	北京传是	2014.06.05
清 花梨笔筒	高20.5cm	10,350	北京保利	2014.04.27
清 花梨刻山水诗文笔筒	高20cm	92,000	北京翰海	2014.10.26
清 花梨木大笔筒	直径27.7cm	11,500	中国嘉德	2014.03.24
清 花梨木花卉纹笔筒	高14cm	11,500	中国嘉德	2014.03.24
清 花梨嵌百宝喜鹊登梅笔筒	高12.7cm	57,500	北京翰海	2014.10.26
清 黄花梨百宝嵌高士童子笔筒	高15cm	23,000	北京保利	2014.12.04
清 黄花梨笔筒	高18cm	25,300	北京保利	2014.08.02
清 黄花梨笔筒	高18cm	23,000	北京保利	2014.04.27
清 黄花梨笔筒	高15cm	21,850	北京保利	2014.08.02
清 黄花梨笔筒	高15cm	40,250	北京翰海	2014.01.11
清 黄花梨笔筒	直径19.5cm	101,200	广州皇玛	2014.04.27
清 黄花梨笔筒	高17cm	46,000	太平洋	2014.03.21
清 黄花梨笔筒	高14.5cm	13,800	中国嘉德	2014.03.24
清 黄花梨笔筒	高15.5cm	86,250	中贸圣佳	2014.07.06
清 黄花梨笔筒	高12.3cm	25,000	北京九歌	2014.12.17
清 黄花梨笔筒(两件)	高13cm	23,000	北京保利	2014.10.26
清 黄花梨笔筒(两件)	高14.5cm高12.5cm	13,800	北京保利	2014.10.26
清 黄花梨笔筒(三件)	高17.5cm×3	79,080	伦敦邦瀚斯	2014.05.15
清 黄花梨笔筒(三件)	尺寸不一	36,800	中国嘉德	2014.03.24
清 黄花梨螭龙葵口笔筒	直径19cm	48,300	北京保利	2014.04.27
清 黄花梨螭龙葵口笔筒	直径22cm	11,500	北京保利	2014.01.11
清 黄花梨大笔筒	高19.2cm	218,500	西泠拍卖	2014.12.13
清 黄花梨大笔筒	直径22cm	34,500	北京保利	2014.10.26
清 黄花梨大笔筒	直径21	25,300	中鸿信	2014.11.22
清 黄花梨雕刻笔筒	高15cm	36,800	南京经典	2014.04.27
清 黄花梨刻山水人物诗文笔筒	高18cm	1,035,000	北京匡时	2014.06.04
清 黄花梨棱口笔筒	高14.5cm	34,500	北京翰海	2014.01.11
清 黄花梨梅花诗文笔筒	高13.2cm	17,250	中国嘉德	2014.03.24
清 黄花梨漆地开光描金西番莲纹笔筒	高16.8cm	115,000	翰风国际	2014.04.30
清 黄花梨嵌螺钿花鸟大笔筒	直径22cm	23,000	北京保利	2014.01.11
清 黄花梨嵌铜文房四宝笔筒	高14cm	26,450	北京保利	2014.10.26

(成交价RMB：1万元以上)

拍品名称	物品尺寸	成交价RMB	拍卖公司	拍卖日期
清 黄花梨人物笔筒	高15.5cm	11,500	北京保利	2014.10.26
清 黄花梨诗文笔筒	高16cm	10,350	中鸿信	2014.11.22
清 黄花梨束腰笔筒	高13cm	23,000	西泠拍卖	2014.05.06
清 黄花梨树瘤笔筒	高22.5cm	86,250	西泠拍卖	2014.05.06
清 黄花梨素笔筒	高12.5cm	20,700	北京传是	2014.06.05
清 黄花梨素笔筒	高16.2cm	48,300	西泠拍卖	2014.05.06
清 黄花梨素笔筒	高16.5cm	40,250	西泠拍卖	2014.05.06
清 黄花梨素笔筒	高19.8cm	32,200	西泠拍卖	2014.05.06
清 黄花梨素笔筒	高21.5cm	103,500	西泠拍卖	2014.12.13
清 黄花梨素工笔筒	高15cm	12,650	南京经典	2014.04.27
清 黄花梨素面笔筒	高19.2cm	132,250	江苏爱涛	2014.07.06
清 黄花梨素身笔筒	高12cm	20,700	西泠拍卖	2014.05.06
清 黄花梨随形笔筒	高16cm	23,000	北京翰海	2014.10.25
清 黄花梨瘿瘤笔筒	高12.7cm	18,400	中国嘉德	2014.03.24
清 黄花梨玉兰花纹笔筒	高14cm	10,350	中国嘉德	2014.09.22
清 黄花梨竹节笔筒	高12.5cm	20,700	北京保利	2014.04.27
清 黄花梨竹节笔筒	高13cm	16,100	北京保利	2014.10.26
清 黄花梨竹纹笔筒	高14.5cm	26,450	北京保利	2014.04.27
清 黄花梨竹纹诗句笔筒	高15cm	32,200	北京保利	2014.10.26
清 黄杨木雕山水人物笔筒	高10.5cm	11,500	西泠拍卖	2014.05.06
清 黄杨木雕亭台楼阁人物笔筒	高11.6cm	82,800	北京翰海	2014.10.26
清 黄杨木雕庭院人物随形笔筒	高10cm	17,250	西泠拍卖	2014.05.06
清 黄杨木雕携琴访友图笔筒	高12.7cm	86,250	西泠拍卖	2014.05.06
清 黄杨木雕雅集图笔筒	高12.5cm	23,000	西泠拍卖	2014.12.13
清 黄杨木佛手笔筒	高10cm	28,750	深圳市拍	2014.01.05
清 黄杨木随形雕游园图笔筒	高11.5cm	51,750	广东省拍	2014.12.07
清 黄杨树根形笔筒	高13cm	10,350	北京保利	2014.08.02
清 嘉乐堂铭沉香梅桩笔筒	高10.5cm	109,250	上海嘉泰	2014.06.19
清 江福生款沉香木人物笔筒	高15cm	138,000	中鸿信	2014.11.22
清 金农款黄花梨诗文笔筒	高10cm	23,000	西泠拍卖	2014.05.06
清 金星紫檀笔筒	高16.7cm	103,960	广东省拍	2014.06.22
清 珂亭款沉香木渔家乐图笔筒	高15.8cm	103,500	中鸿信	2014.11.22
清 李堃制黄花梨缫丝图笔筒	高12cm	101,200	西泠拍卖	2014.05.06
清 李幼兰款潜居士款黄花梨雕兰花笔筒	高15cm	51,750	西泠拍卖	2014.05.06
清 李渔款紫檀诗文笔筒	高12.2cm	36,800	西泠拍卖	2014.05.06
清 梁诗正款紫檀诗文笔筒	高14cm	28,750	西泠拍卖	2014.05.06
清 梁同书铭黄花梨诗文笔筒	高13.5cm	161,000	浙江世贸	2014.07.27
清 木笔筒	高17cm	26,450	北京翰海	2014.01.12
清 木笔筒	高18cm	16,100	北京翰海	2014.01.12
清 木笔筒	高12cm	10,350	北京翰海	2014.01.12
清 木根刻文随形笔筒	高29.5cm	296,250	香港苏富比	2014.04.07
清 潘西凤款黄花梨雕人物笔筒	高15cm	51,750	西泠拍卖	2014.12.13
清 潘西凤款梅花诗文黄杨笔筒	高11.5cm	80,500	上海敬华	2014.07.01
清 树根笔筒 (一件)	高35cm	18,170	香港富得	2014.03.29
清 孙衣言款鸡翅木诗文笔筒	高16cm	34,500	西泠拍卖	2014.12.13
清 檀香亭台楼阁图笔筒	高16cm	103,500	北京翰海	2014.05.10
清 汪士慎款黄花梨笔筒	高12.5cm	34,500	西泠拍卖	2014.05.06
清 王石谷款黄花梨刻竹石笔筒	高10.2cm	55,200	西泠拍卖	2014.12.13
清 伊秉绶款黄花梨弦纹笔筒	高12.6cm	74,750	西泠拍卖	2014.12.13
清 瘿木笔筒	高16cm	40,250	北京保利	2014.12.04
清 瘿木大笔筒	高22cm	120,000	江苏爱涛	2014.07.06
清 赵之谦刻梅花图紫檀笔筒	高15.2cm	368,000	浙江世贸	2014.04.13
清 周芷岩刻紫檀诗文笔筒	带座高16.2cm	138,000	西泠拍卖	2014.12.13
清 紫檀笔筒	高15cm	23,000	北京保利	2014.01.11
清 紫檀笔筒	高13cm	10,350	北京保利	2014.04.27
清 紫檀笔筒	高13.6cm	13,800	中国嘉德	2014.03.24
清 紫檀笔筒	高13.5cm	25,300	深圳市拍	2014.01.05
清 紫檀笔筒	直径17cm	12,650	北京保利	2014.10.26
清 紫檀笔筒 (三件)	尺寸不一	20,700	中国嘉德	2014.09.22
清 紫檀唇口笔筒	高15cm	28,750	北京传是	2014.06.05
清 紫檀大笔筒	直径20cm	20,700	北京保利	2014.01.11
清 紫檀大笔筒	直径26cm	48,300	北京保利	2014.01.11
清 紫檀雕博古纹笔筒	高15.5cm	345,000	北京翰海	2014.10.25
清 紫檀雕茶花笔筒	高14.2cm	177,975	香港苏富比	2014.10.08
清 紫檀雕葵口笔筒	高15cm	13,800	西泠拍卖	2014.05.06
清 紫檀雕树瘤笔筒	高16cm	51,750	西泠拍卖	2014.12.13
清 紫檀雕五龙戏水随形大笔筒	高20.5cm	103,500	西泠拍卖	2014.12.13
清 紫檀浮雕螭龙纹大笔筒	高17cm	287,500	中国嘉德	2014.11.22
清 紫檀浮雕诗竹纹笔筒	高13.5cm	138,000	广州皇玛	2014.01.02
清 紫檀根形笔筒	高12.5cm	17,250	北京保利	2014.04.27

拍品名称	物品尺寸	成交价RMB	拍卖公司	拍卖日期
清 紫檀瓜菱形金纹笔筒	高11.8cm	207,000	翰风国际	2014.04.30
清 紫檀海水龙纹笔筒	高15cm	126,500	南京经典	2014.08.04
清 紫檀荷塘花卉笔筒	高13cm	138,000	北京翰海	2014.05.10
清 紫檀花图纹笔筒	高14.5cm	46,000	上海敬华	2014.07.01
清 紫檀活榫方笔筒	高12cm	11,500	中鸿信	2014.11.22
清 紫檀开光石板笔筒	高13.2cm	13,440	天津文物	2014.05.16
清 紫檀开光四季花卉纹方笔筒	高13cm	18,400	北京艺融	2014.06.03
清 紫檀六角笔筒	高13cm	92,000	保利厦门	2014.11.02
清 紫檀梅纹笔筒	高11cm	40,250	南京经典	2014.08.04
清 紫檀起宽线整挖笔筒	高13cm	40,250	北京保利	2014.10.26
清 紫檀嵌湘妃竹六棱笔筒	高15cm	48,300	西泠拍卖	2014.05.06
清 紫檀嵌象牙梅桩笔筒	高13cm	172,500	远方拍卖	2014.06.02
清 紫檀人物故事笔筒	高13.5cm	17,250	北京传是	2014.06.05
清 紫檀山水人物笔筒	高20cm	201,600	武汉中信	2014.10.23
清 紫檀诗文笔筒	高14cm	36,800	北京保利	2014.10.26
清 紫檀树瘤笔筒	高22cm	19,550	太平洋	2014.03.21
清 紫檀树瘤笔筒	高17cm	230,000	浙江世贸	2014.04.13
清 紫檀树瘤笔筒	高11.5cm	36,800	西泠拍卖	2014.12.13
清 紫檀树桩笔筒	高32cm	43,700	西泠拍卖	2014.05.06
清 紫檀松虬笔筒	高18.6cm	20,700	中国嘉德	2014.09.22
清 紫檀素笔筒	高20.4cm	86,250	西泠拍卖	2014.05.06
清 紫檀素笔筒	高22.3cm	92,000	西泠拍卖	2014.12.13
清 紫檀素身笔筒	高12cm	17,250	广东省拍	2014.12.07
清 紫檀随形小笔筒、红木福寿笔筒、葫芦八方摆件	葫芦宽7.5cm	20,700	北京保利	2014.06.05
清 紫檀透雕灵芝纹笔筒	高15cm	145,360	保利香港	2014.04.07
清 紫檀万寿无疆笔筒	高16.5cm	23,000	中国嘉德	2014.09.22
清 紫檀小笔筒	高7.5cm	10,350	北京保利	2014.04.27
清 紫檀阴刻王素仕女图笔筒	高13cm	132,250	古天一	2014.12.05
清 紫檀瘿子笔筒	高11cm	28,750	北京传是	2014.06.05
清 紫檀瘿子三足笔筒	高14cm	126,500	北京传是	2014.06.05
清 紫檀整挖笔筒	高10.5cm	20,700	北京保利	2014.04.27
清 紫檀整挖树瘤笔筒	高12cm	55,200	北京传是	2014.06.05
17世纪 黄花梨笔筒	高14.5cm	124,025	伦敦苏富比	2014.11.05
17世纪/18世纪 木雕树桩形笔筒	高14.4cm	345,625	香港苏富比	2014.04.07
18或19世纪 黄花梨笔筒(两件)	高16.5cm	49,831	邦瀚斯	2014.09.15
18世纪 黄花梨笔筒	直径16.2cm	34,509	纽约佳士得	2014.03.20
18世纪 黄花梨六瓣式花口笔筒	高16.5cm	138,038	纽约佳士得	2014.03.20
18世纪 紫檀笔海	高25.8cm	172,500	上海嘉泰	2014.06.19
18世纪/19世纪 黄花梨笔筒	直径23.8cm	76,688	纽约佳士得	2014.03.20
18世纪/19世纪 黄花梨及硬木笔筒 (四件)	高16.5cm	107,363	纽约苏富比	2014.03.18
18世纪/19世纪 黄花梨竹节式笔筒	高12.7cm	49,847	纽约佳士得	2014.03.20
18世纪/19世纪 硬木雕人物故事图笔筒	直径26.4cm	368,100	纽约佳士得	2014.03.20
18世纪/19世纪 紫檀岁寒三友图小笔山	长8.2cm	53,681	纽约佳士得	2014.03.20
18世纪末/19世纪初 紫檀雕庭院婴戏图笔筒		1,554,900	斯沃德	2014.04.29
19世纪 黄杨木树干形笔筒	高16cm	22,999	纽约苏富比	2014.09.16
19世纪 紫檀木树干形笔筒	高19.6cm	306,650	纽约苏富比	2014.09.16
民国 红湘妃笔筒	高13cm	17,250	中鸿信	2014.11.22
民国 花梨木大笔筒	直径22.8cm	13,800	中国嘉德	2014.03.24
民国 花梨木大笔筒	直径24.5cm	13,800	中国嘉德	2014.03.24
民国 黄花梨大笔筒	高15cm	101,200	北京艺融	2014.06.03
民国 黄花梨木刻诗文笔筒	高24cm	24,150	太平洋	2014.03.21
民国 黄杨木雕松鹤笔筒	高12.5cm	11,500	北京翰海	2014.08.24
民国 紫檀百宝嵌花鸟笔筒	高19cm	13,800	北京保利	2014.08.02
民国 紫檀开光花卉笔筒	高14cm	34,500	中鸿信	2014.11.22
松竹人物紫檀木笔筒	高16cm	1,110,912	中国艺海	2014.11.15
沉香笔筒	高11.9cm	103,500	福建东南	2014.05.25
沉香木雕山水纹笔筒	高9cm	67,200	北京荣宝	2014.03.23
黄花梨 紫檀笔筒各一件	尺寸不一	36,800	中国嘉德	2014.06.22
黄花梨笔筒	高20.1cm	11,500	中国嘉德	2014.06.22
黄花梨笔筒 (两件)	尺寸不一	17,250	中国嘉德	2014.06.22
黄花梨笔筒 (两件)	尺寸不一	13,800	中国嘉德	2014.06.22
黄花梨笔筒 (两件)	尺寸不一	10,350	中国嘉德	2014.06.22
黄花梨笔筒 (三件)	尺寸不一	17,250	中国嘉德	2014.03.24
黄花梨笔筒 (一对)	高14.5cm	23,000	中国嘉德	2014.09.22
黄花梨大笔筒	直径23.9cm	66,700	中国嘉德	2014.03.24
黄花梨雕山林庭院人物故事笔筒	高16cm	138,000	北京保利	2014.12.04

拍品名称	物品尺寸	成交价RMB	拍卖公司	拍卖日期
黄花梨嵌百宝花鸟纹笔筒	高19cm	28,750	中国嘉德	2014.03.24
黄花梨素笔筒	高15cm	18,400	上海工美	2014.11.02
黄杨木笔筒	高15.5cm	13,800	中国嘉德	2014.09.22
近代 沉香笔筒	高11.8cm	172,500	北京翰海	2014.10.25
近代 盛丙云制黄杨木花卉图笔筒	高16.4cm	287,500	中国嘉德	2014.05.19
李九生 紫檀雕渔樵耕读笔筒	高19cm	46,000	北京保利	2014.12.05
罗叔重书、骆晓山刻 紫檀笔筒	高14.5cm	115,000	福建东南	2014.10.26
小叶紫檀笔筒(大)	高13.7cm	15,000	上海驰翰	2014.04.18
小叶紫檀雕竹纹笔筒	高15cm	17,920	中联环球	2014.01.12
徐素白刻来楚生诗画紫檀笔筒	高17cm	195,500	北京匡时	2014.06.05
徐孝穆刻来楚生诗文紫檀笔筒	高16.5cm	207,000	北京匡时	2014.06.05
赵华新 紫檀浅雕花鸟笔筒	直径23cm	172,500	北京保利	2014.12.05
紫檀笔筒	高11.6cm	11,500	中国嘉德	2014.03.24
紫檀雕山水人物图笔筒	直径10cm	11,500	华艺国际	2014.09.28
紫檀堆漆松鼠图笔筒	高21.5cm	10,350	中国嘉德	2014.03.24
紫檀木整挖素笔筒	高17.5cm	23,000	福建东南	2014.10.26
紫檀嵌百宝三羊开泰笔筒	高16.5cm	71,300	北京保利	2014.12.04
紫檀瘿瘤笔筒	高14.8cm	11,500	中国嘉德	2014.03.24
当代 留韵根雕笔筒	直径53cm	78,200	北京翰海	2014.08.23
当代 留韵根雕笔筒	直径33cm	52,900	北京翰海	2014.08.23
当代 留韵镂雕笔筒	直径13cm	92,000	北京翰海	2014.08.23
当代 留韵镂雕笔筒	直径10cm	57,500	北京翰海	2014.08.23
当代 王世襄篆"天保九如章"紫檀笔筒	直径20.5cm	287,500	远方拍卖	2014.06.02
明晚期/18世纪 黄花梨胡人牵象图臂搁	高9cm	115,031	纽约佳士得	2014.03.20
清早期 乌木山水人物随形臂搁	长22cm	92,000	北京匡时	2014.06.05
清中期 紫檀琴形臂搁	长31cm	11,500	中国嘉德	2014.03.22
清 沉香雕山水人物臂搁	长27.4cm	43,700	西泠拍卖	2014.05.06
清 沉香雕竹节臂搁	长26.5cm	34,500	中贸圣佳	2014.06.01
清 红木沈振名款臂搁	27.6cm×5.4cm	34,500	中国嘉德	2014.05.19
清 季标款红木雕梅花臂搁	长30cm	40,250	西泠拍卖	2014.05.06
清 楠木清供图臂搁	20cm×8cm	32,200	中国嘉德	2014.05.19
清 紫檀木雕诗文臂搁	长23.3cm	402,500	江苏爱涛	2014.07.06
沉香木文玩臂搁		207,000	北京保利	2014.06.05
清 黄花梨松叶镇纸	长13cm	13,800	太平洋	2014.06.25
清 紫檀龙纹镇尺(一对)	长29.2cm	10,350	中国嘉德	2014.03.24
清 紫檀嵌南红诗文纸镇	长28cm	11,500	北京保利	2014.04.27
清 紫檀嵌竹人物镇纸(一对)	长30cm	25,300	北京保利	2014.08.02
清 紫檀镇纸(一对)	长23cm	20,700	南京经典	2014.01.06
清 紫檀镇纸(一对)	长23cm	19,550	南京经典	2014.04.27
清 沉香木山水人物水丞	长7cm	10,350	中国嘉德	2014.06.22
清 沉香木松虬水滴	高5cm	20,700	中国嘉德	2014.03.24
清 沉香水洗	长15cm	230,000	中宝拍卖	2014.07.06
清 沉香松树水盂	长15cm	32,200	北京保利	2014.01.11
清 黄杨木雕灵芝笔舔	长14.5cm	13,800	西泠拍卖	2014.05.06
清 紫檀雕诗文洗	直径12.7cm	69,000	中贸圣佳	2014.07.06
清早期 紫檀嵌螺钿高士图印匣	高13.5cm	172,500	中国嘉德	2014.06.22
清乾隆 奚冈刻王文治自用紫檀木椭圆印	高7.3cm	86,250	北京保利	2014.04.27
清 "刘海戏金蟾"钮核雕印	高1.8cm	11,500	北京保利	2014.04.27
清 黄花梨印匣	高15.5cm	34,500	北京传是	2014.06.05
清早期 紫檀官印箱	长10cm	161,000	华艺国际	2014.05.31
清早期 紫檀嵌石雕三阳开泰砚屏	高20cm	86,250	西泠拍卖	2014.05.06
清 黄花梨嵌大理石砚屏	高28.2cm	34,500	中国嘉德	2014.03.24
清 黄花梨嵌雕瓷山水人物砚屏	高23.3cm	36,800	西泠拍卖	2014.05.06
明 鸡翅木帖架	长40cm	13,800	中国嘉德	2014.06.22
清早期 黄花梨帖架	长24.1cm	59,800	中国嘉德	2014.11.22
清 黄花梨帖架	长35cm	20,700	北京保利	2014.01.11
清 木雕福寿笔架	长17cm	11,500	北京保利	2014.04.27
17世纪/18世纪 黄花梨画筒	高24.5cm	138,250	香港苏富比	2014.04.07
18世纪 紫檀笔搁	长18.6cm	38,344	纽约佳士得	2014.03.20
金丝楠阴沉木大画筒	高42cm	14,560	上海联合	2014.12.06
其他				
16世纪 经板	长76cm	57,500	北京保利	2014.12.04
清乾隆 双面工雕海水云龙纹扶手板(一对)	长40cm	149,500	保利厦门	2014.11.02
清 黄花梨螭龙纹牙板(两件)	长52cm	13,800	中国嘉德	2014.03.24
清 京剧打板(七件)		11,500	北京翰海	2014.01.12
清 木雕刀马人物花板	115cm×190cm	113,000	东拍国际	2014.07.31
清 瘿木茶道板	长145cm	20,700	中贸圣佳	2014.06.01

拍品名称	物品尺寸	成交价RMB	拍卖公司	拍卖日期
清 瘿木茶道板	长113cm	17,250	中贸圣佳	2014.06.01
清晚期民国 木雕饕餮纹金石文字木板(两块)	100cm×21cm	48,300	北京东正	2014.11.20
清中期 白玉龙首紫檀云龙杖	长95cm	172,500	北京保利	2014.06.06
清 木嵌银丝拐杖(两件)	长90cm长87.5cm	10,350	中国嘉德	2014.09.22
民国 紫檀龙首黄花梨嵌银丝拐杖	长84.5cm	34,500	西泠拍卖	2014.12.13
海南黄花梨竹节拐杖	长97cm	27,000	上海联合	2014.12.06
清乾隆 紫檀雕云蝠纹挂框	长62.5cm	34,500	北京东正	2014.11.20
清乾隆 紫檀礼器	高20cm	264,500	北京匡时	2014.06.04
清 沉香木雕鹿衔灵芝暖手	长9.2cm	43,700	北京匡时	2014.06.03
清 黄花梨花口签筒	高9cm	28,750	北京传是	2014.06.05
清 黄花梨围棋	直径1.5cm×2	57,500	中贸圣佳	2014.06.01
清 黄杨木雕灵芝拂尘	长19cm	17,250	北京东正	2014.11.20
清 木根雕佛尘	长79cm	39,540	伦敦苏富比	2014.05.14
海南黄花梨笛子	长46.5cm	10,080	上海联合	2014.12.06
黄花梨勾莲云纹嵌斑竹茶则		20,700	北京匡时	2014.06.05
黄花梨枕	长30cm	13,800	中国嘉德	2014.06.22
金丝楠阴沉木锅盖	直径82cm	20,160	上海联合	2014.12.06
当代 海南棋楠线香三筒	每桶18克	11,500	中鸿信	2014.11.23
明以前 奇楠香料	长29.5cm	5,520,000	西泠拍卖	2014.12.13
清 沉香料(两件)		34,500	西泠拍卖	2014.05.06
清 奇楠随形香料	长14.8cm	48,300	西泠拍卖	2014.05.06
清 紫檀木料(两件)	长164cm	50,600	北京保利	2014.10.26
A级原木	高91cm	322,000	西泠拍卖	2014.12.13
沉香"沙漠之花"	高23.0cm	564,738	日本伊斯特	2014.04.26
沉香随形雕件		184,000	上海嘉禾	2014.10.30
沉香雅玩	4.9cm×5cm	43,700	福建东南	2014.10.26
得拉干特级沉香	长36cm410g	161,000	北京匡时	2014.09.17
富森红土 原材料		276,000	北京保利	2014.06.05
富森红土 原材料		248,400	北京保利	2014.06.05
富森红土 原材料		247,250	北京保利	2014.06.05
富森红土 原材料		230,000	北京保利	2014.06.05
富森红土 原材料		179,400	北京保利	2014.06.05
海南沉香料	长19cm	92,000	西泠拍卖	2014.05.06
红土水沉原料	6.8cm×18.5cm	253,000	福建东南	2014.05.25
惠安沉香原料		1,138,500	北京保利	2014.06.05
金丝楠顶立柱	长233cm	345,000	北京艺融	2014.06.03
近代 沉香木料	长约103cm	690,000	北京翰海	2014.10.25
近代 达拉干沉香料	重约10060g	36,225,000	北京翰海	2014.05.11
近代 东马来西亚沉香老料	高约23.5cm	862,500	北京翰海	2014.10.25
近代 东马来西亚沉香老料	高约40cm	632,500	北京翰海	2014.10.25
近代 黄花梨原木(两件)	长220cm	115,000	北京保利	2014.01.11
近代 黄花梨原木(两件)	长220cm	80,500	北京保利	2014.01.11
近代 黄花梨原木(两件)	长190cm长188cm	36,800	北京保利	2014.08.02
近代 黄花梨原木(两件)	长189cm长219cm	25,300	北京保利	2014.08.02
近代 黄花梨原木(两件)	长223cm长222cm	20,700	北京保利	2014.04.27
近代 黄花梨原木(两件)	长226cm长280cm	17,250	北京保利	2014.04.27
近代 黄花梨原木(三件)	尺寸不一	29,900	北京保利	2014.04.27
近代 黄花梨原木(一根)	长188cm	80,500	北京保利	2014.01.11
近代 黄花梨原木(一根)	长182cm	80,500	北京保利	2014.01.11
近代 加布拉沉香料		3,277,500	北京翰海	2014.05.11
近代 加里曼丹沉香老料	高约62cm	540,500	北京翰海	2014.10.25
近代 加里曼丹沉香料	重约5055g	10,752,500	北京翰海	2014.05.11
近代 加里曼丹沉香料		3,507,500	北京翰海	2014.05.11
近代 加里曼丹沉香料	高约37cm	977,500	北京翰海	2014.10.25
近代 柬埔寨沉香老料	高约36cm	3,450,000	北京翰海	2014.10.25
近代 柬埔寨菩萨沉料	高约75cm	3,105,000	北京翰海	2014.10.25
近代 柬埔寨菩萨沉料	长82cm	966 000	北京翰海	2014.10.25
近代 马来西亚沉香料	长122.5cm	1,322,500	北京翰海	2014.10.25
近代 马尼涝沉香料		1,552,500	北京翰海	2014.10.25
近代 缅甸沉香老料	长约62cm	805,000	北京翰海	2014.10.25
近代 七十年代海南沉香料		195,500	北京翰海	2014.05.11
近代 文莱沉香老料	高约59cm	1,725,000	北京翰海	2014.10.25
近代 印度沉香老料	高约34cm	2,185,000	北京翰海	2014.10.25
近代 印度尼西亚达拉干沉香料		195,500	北京翰海	2014.05.11
近代 印度尼西亚伊利安沉香		63,250	北京翰海	2014.05.11
近代 印尼沉香老料		5,232,500	北京翰海	2014.05.11
近代 印尼伊利安沉香		161,000	北京翰海	2014.05.11
近代 印尼伊利安沉香		126,500	北京翰海	2014.05.11
近代 越南沉香老料		9,315,000	北京翰海	2014.05.11
近代 越南沉香老料	高约32cm	1,610,000	北京翰海	2014.10.25

2014杂项拍卖成交汇总

(成交价RMB：1万元以上)

拍品名称	物品尺寸	成交价RMB	拍卖公司	拍卖日期
近代 越南沉香料	重约3910g	13,800,000	北京翰海	2014.05.11
近代 越南沉香料	长约30.5cm	1,610,000	北京翰海	2014.10.25
近代 越南富森红土沉香料	长19cm	230,000	北京翰海	2014.10.25
近代 越南富森红土料	长18cm	897,000	北京翰海	2014.05.11
近代 越南富森熟结红土料		828,000	北京翰海	2014.05.11
近代 越南红土沉香料	长约21cm	345,000	北京翰海	2014.10.25
近代 越南惠安沉香料	长约98cm	13,800,000	北京翰海	2014.10.25
近代 越南惠安沉香料	长约50cm	69,000	北京翰海	2014.10.25
近代 越南绿奇楠	长17cm	943,000	北京翰海	2014.05.11
近代 越南芽庄沉香料		1,495,000	北京翰海	2014.10.25
近代 越南芽庄沉香料		1,380,000	北京翰海	2014.10.25
近代 越南芽庄黑土水沉	重约302g	1,207,500	北京翰海	2014.05.11
近代 越南芽庄熟结绿奇楠		287,500	北京翰海	2014.05.11
近代 越南芽庄熟结绿奇楠	长22.5cm	1,437,500	北京翰海	2014.10.25
绿奇楠		460,000	上海嘉禾	2014.10.30
绿奇楠原料	13.4cm×7.7cm	690,000	福建东南	2014.05.25
奇楠	长31.3cm	2,117,769	日本伊斯特	2014.04.26
奇楠	长25.3cm	1,835,400	日本伊斯特	2014.04.26
奇楠	长13.2cm	1,129,477	日本伊斯特	2014.04.26
熟结黑土奇肉水沉原料	4.4cm×25.7cm	264,500	福建东南	2014.05.25
汶莱顶级沉香	长13.5cm重49g	78,200	北京匡时	2014.09.17
吴元星制加里曼丹沉香达摩	高29cm	172,500	浙江世贸	2014.04.13
香港产黄奇楠	重81.4g	230,000	北京歌德	2014.06.01
野生红土沉香老料	长19.3cm	552,000	北京匡时	2014.12.04
原材料		8,970,000	北京保利	2014.06.05
原材料		402,500	北京保利	2014.06.05
越南产 沉香	重量44g	303,547	日本伊斯特	2014.04.26
越南福森熟结红土沉香(一组七件)	重445g	345,000	北京匡时	2014.06.05
越南广义沉香沉香	重1600.5g	3,335,000	北京匡时	2014.06.05
真南蛮沉香		115,000	上海嘉泰	2014.06.19
郑尧锦 越南红土沉香湖石木供	高23cm	1,380,000	北京保利	2014.06.05
现代 海南黄花梨木	长203cm	195,500	北京盘古	2014.06.25
当代 沉香黑棋楠	尺寸不一	1,437,500	中鸿信	2014.11.23
当代 加里曼丹沉香原料	长48cm	92,000	中鸿信	2014.11.23
当代 加里曼丹老料沉香	重292.4克	172,500	中鸿信	2014.11.23
当代 柬埔寨沉香沉香	长53cm	322,000	中鸿信	2014.11.23
当代 柬埔寨沉香	长60cm	69,000	中鸿信	2014.11.23
当代 柬埔寨沉香料	长38.9cm	437,000	中鸿信	2014.11.23
当代 柬埔寨菩萨沉香沉香	长23cm	69,000	中鸿信	2014.11.23
当代 柬埔寨菩萨沉香	长31cm	230,000	中鸿信	2014.11.23
当代 香港沉香老料(半沉)	长29.4m	46,000	中鸿信	2014.11.23
当代印尼达拉干沉香沉香(一组)	尺寸不一	287,500	中鸿信	2014.11.23
当代 印尼达拉干沉香(一组)	尺寸不一	80,500	中鸿信	2014.11.23
当代 印尼加里曼丹沉香沉香(一组)	尺寸不一	460,000	中鸿信	2014.11.23
当代 印尼加里曼丹沉香沉香(一组)	尺寸不一	310,500	中鸿信	2014.11.23
当代 印尼加里曼丹沉香沉香(一组)	尺寸不一	149,500	中鸿信	2014.11.23
当代 印尼加里曼丹沉香(一组)	尺寸不一	92,000	中鸿信	2014.11.23
当代 印尼加里曼丹沉香老料	重412.2克	230,000	中鸿信	2014.11.23
当代 越南芽庄沉香沉香	尺寸不一	189,750	中鸿信	2014.11.23
当代 越南芽庄棋肉沉香	长15.1cm	138,000	中鸿信	2014.11.23
牙雕				
宋 牙雕罗汉立像	高9.3cm	217,536	台湾世家	2014.04.13
元 牙雕胡人立像	高36.2cm	2,496,400	香港苏富比	2014.04.08
明 象牙雕汉钟离	高21cm	112,700	古天一	2014.06.05
明 象牙雕魁星立像	高22cm	132,250	古天一	2014.06.05
明 象牙雕牛郎织女笔筒	高14.5cm	115,000	古天一	2014.06.05
明 象牙雕送子观音	高12.5cm	368,000	古天一	2014.06.05
明 牙雕伏虎罗汉座像	高9cm	222,480	台湾世家	2014.04.13
明末清初 象牙刀马人物笔筒	高15.5cm	356,500	江苏爱涛	2014.07.06
16世纪/17世纪 象牙雕花鸟纹笔筒	高14.6cm	79,080	伦敦邦瀚斯	2014.05.15
清早期 象牙雕观音	高19cm	97,750	古天一	2014.06.05
清康熙 象牙浅刻人物诗文长方牌(一对)	20.2cm×10.2cm	132,250	苏州东方	2014.05.30
清雍正 象牙雕染色博古纹如意	长37cm	356,500	古天一	2014.12.05
清乾隆 象牙染色雕蕉叶形斋戒牌	7cm×3.5cm	345,000	古天一	2014.06.05
清乾隆 牙雕达摩	直径33cm	296,640	台湾世家	2014.04.13
清乾隆 御制牙雕八臂观音菩萨立像云龙纹庵	高20.6cm	2,306,800	香港苏富比	2014.04.08
清乾隆/嘉庆 象牙雕山水人物图笔筒	高15cm	184,520	伦敦邦瀚斯	2014.05.15
清中期 染色象棋(一副)	棋直径3.6cm	621,000	古天一	2014.06.05
清中期 象牙雕花神	高16cm	172,500	古天一	2014.06.05
清中期 象牙雕金玉满堂洗	长17.5cm	253,000	古天一	2014.06.05
清中期 象牙雕人物渡船	长14cm	109,250	古天一	2014.06.05
清中期 象牙染色雕灵芝如意	长37cm	368,000	古天一	2014.06.05
清中期 象牙透雕山水图套球	直径12cm	126,500	古天一	2014.06.05
清 象牙雕梅花纹笔筒	高13cm	161,000	古天一	2014.06.05
清 象牙雕人物臂搁	茶25cm	138,000	古天一	2014.06.05
清 象牙雕三国故事方盖盒	长14.5cm	54,204	宝港国际	2014.11.27
清 象牙雕云龙纹牌	长6cm	103,500	古天一	2014.06.05
清 牙骷髅手钏	长15cm	17,250	北京东正	2014.06.07
清约1840年 广东制象牙镂雕船	长31.5cm	37,208	伦敦苏富比	2014.11.05
18世纪 象牙雕花鸟纹树干形笔筒	高15.3cm	1,038,584	伦敦邦瀚斯	2014.05.15
18世纪 象牙雕蓬莱岛图桃形如意	长34cm	89,624	伦敦邦瀚斯	2014.05.15
18世纪 象牙加漆刻“梅竹瑞鸟”图六方笔筒	高14.3cm	2,119,880	香港苏富比	2014.10.08
18世纪/19世纪初 象牙水波云龙纹带扣	长7.5cm	72,490	伦敦苏富比	2014.05.14
19世纪 广东制象牙镂雕器(一组六件)	尺寸不一	68,214	伦敦苏富比	2014.11.05
19世纪 广东制象牙文具(三件)	尺寸不一	68,214	伦敦苏富比	2014.11.05
19世纪 象牙镂雕葫芦香囊	长13cm	37,208	伦敦苏富比	2014.11.05
清晚期 于硕刻象牙宫碗(一对)	直径8.2cm×2	1,322,500	古天一	2014.06.05
雕龙人物象牙(内有门下姓氏人名)、象牙扇	尺寸不一	13,220	台湾富德	2014.08.24
虎牙天珠	1.8cm×1.6cm	322,000	北京保利	2014.06.05
虎牙天珠13颗	3.3cm×1.2cm	920,000	北京保利	2014.06.05
描金漆扇 镂雕象牙扇	长43cm长31.5cm	13,220	台湾富德	2014.08.24
民国 “于硕”款象牙山水人物扇骨	长17.8cm	97,750	古天一	2014.12.05
民国 牙雕松山款松鹤纹香盒	高10cm	13,800	北京东正	2014.06.07
民国 牙雕香盒	直径7.6cm	13,800	北京东正	2014.06.07
民国 于硕微雕诗文扇骨	长32cm	69,000	西泠拍卖	2014.05.06
象牙刺绣成扇	长51cm	12,918	台湾富德	2014.04.27
象牙雕龙凤纹凤尾瓶	高29.5cm	80,400	香港拍得高	2014.05.27
象牙雕山水人物盖瓶	高30cm	110,952	香港拍得高	2014.05.27
象牙福禄寿三星	高20.5cm高21cm	36,800	香港拍得高	2014.08.01
象牙福禄寿三星	高15.5cm	24,120	香港拍得高	2014.05.27
象牙开光山水人物盖瓶	高32cm	43,240	香港拍得高	2014.08.01
象牙开光云龙纹盖瓶	高40cm	36,800	香港拍得高	2014.08.01
象牙口沿附盖葫芦瓶	长17.5cm	18,361	台湾富德	2014.08.24
象牙镂雕五十二层玲珑	直径16.5cm	155,303	日本伊斯特	2014.04.26
象牙扇骨	长32cm	22,033	台湾富德	2014.08.24
象牙羽毛成扇(雕工满工)	28cm×50cm	19,585	台湾富德	2014.08.24
象牙羽毛画花鸟扇	26cm×49cm	12,918	台湾富德	2014.04.27
牙雕暗八仙笔筒	高11.5cm	2,603,700	中国艺海	2014.11.15
牙雕镂空龙纹筒	长5.5cm	12,272	帝图艺术	2014.06.22
角雕				
明 角雕大吉人物牌	长5.3cm	105,800	深圳市拍	2014.01.05
明 角雕寿星像	高15cm	51,750	苏州东方	2014.10.30
明 角雕童子戏佛摆件	高4.6cm	80,500	苏州东方	2014.10.30
明 剔犀如意云纹杯	高8cm	23,000	中国嘉德	2014.06.22
15世纪 犀角雕“苍龙教子”图杯	高10.8cm	592,500	香港苏富比	2014.04.08
明晚期/清早期17世纪 犀角雕观音菩萨坐像	高15.5cm	1,548,400	香港苏富比	2014.04.08
明晚期 尤通制犀角雕“张骞乘槎”杯	长31.6cm	8,563,600	香港苏富比	2014.04.08
清早期 角雕鬼谷子下山图杯	高11.5cm	1,472,640	帝图艺术	2014.06.22
清早期 角雕山水人物诗文插牌	20cm×9.9cm	34,500	苏州东方	2014.10.30
清康熙 犀角雕“螳螂芭蕉”图杯	高15.5cm	2,780,800	香港苏富比	2014.04.08
清乾隆 犀角雕仿古螭龙“饕餮”纹杯	高16.7cm	1,074,400	香港苏富比	2014.04.08
清 斑竹牛角包镶笔挂	高39.2cm	53,681	纽约佳士得	2014.03.20
清 鹤顶红狮纹带扣(一组)	长8.5cm长10.5cm	36,800	北京保利	2014.01.11
清 角雕红珊瑚项链(红珊瑚佩珠)		11,500	苏州东方	2014.10.30
清 角雕人物故事笔筒	高13.8cm	34,500	苏州东方	2014.10.30
清 角雕手串	最大长2.8cm	63,250	苏州东方	2014.10.30

拍品名称	物品尺寸	成交价RMB	拍卖公司	拍卖日期
清 童子献寿犀角杯	高10.5	1,072,620	台北艺流	2014.10.25
17世纪 犀角雕“月下玉兔”图杯	高15.5cm	2,499,560	香港苏富比	2014.10.08
17世纪 犀角雕“八仙庆寿”杯	长16cm	2,401,600	香港苏富比	2014.04.08
17世纪 犀角雕“寒梅”图杯	高9.9cm	543,125	香港苏富比	2014.04.08
17世纪 犀角雕“五螭饕餮纹”杯	高15cm	1,264,000	香港苏富比	2014.04.08
17世纪 犀角雕布袋佛坐像	高6.6cm	1,169,200	香港苏富比	2014.04.08
17世纪/18世纪 犀角雕“苍松图”杯	高15cm	543,813	香港苏富比	2014.10.08
17世纪/18世纪 犀角雕“荔枝图”杯	高15.2cm	885,920	香港苏富比	2014.10.08
17世纪/18世纪 犀角雕“梅花图”杯	高17.6cm	1,835,120	香港苏富比	2014.10.08
17世纪/18世纪 犀角雕“梅桩”杯	高12.8cm	741,563	香港苏富比	2014.10.08
17世纪/18世纪 犀角雕“山水高士”图杯	高15.5cm	1,170,680	香港苏富比	2014.10.08
17世纪/18世纪 犀角雕“松溪图”杯	高19cm	1,360,520	香港苏富比	2014.10.08
17世纪/18世纪 犀角雕仿瘿木“树瘤”杯	高12cm	346,063	香港苏富比	2014.10.08
17世纪/18世纪 犀角雕海红蜀葵杯	高14.1cm	642,688	香港苏富比	2014.10.08
17世纪/18世纪 犀角雕锦纹杯	高10.1cm	444,938	香港苏富比	2014.10.08
17世纪/18世纪 犀角雕梅花螭龙纹杯	长15.5cm	553,560	伦敦邦瀚斯	2014.05.15
17世纪/18世纪 犀角雕梅花纹杯	长16cm	1,038,584	伦敦邦瀚斯	2014.05.15
17世纪/18世纪 犀角雕树干形杯	长14.2cm	1,038,584	伦敦邦瀚斯	2014.05.15
17世纪/18世纪 犀角雕松竹仙鹤“祝寿图”杯	长11cm	641,875	香港苏富比	2014.04.08
17世纪/18世纪 犀角雕饕餮纹螭龙柄杯	长13.8cm	722,264	伦敦邦瀚斯	2014.05.15
17世纪/18世纪 犀角镂雕“莲花”杯	高16cm	494,375	香港苏富比	2014.10.08
17世纪/18世纪 犀角镂雕“莲花”杯	高25.5cm	1,358,800	香港苏富比	2014.04.08
18世纪 犀角雕“路路连科”图杯	高16.5cm	692,125	香港苏富比	2014.10.08
18世纪 犀角雕“松桩”杯	高11.4cm	692,125	香港苏富比	2014.10.08
18世纪犀角雕“螭龙攀叶”荷叶杯	高13.5cm	932,200	香港苏富比	2014.04.08
18世纪 犀角雕“梅花”图杯	高15.3cm	1,358,800	香港苏富比	2014.04.08
18世纪 犀角雕“松树桩”杯	高14.5cm	1,074,400	香港苏富比	2014.04.08
18世纪 犀角雕螭龙柄杯	长12.4cm	722,264	伦敦邦瀚斯	2014.05.15
18世纪 犀角雕荷叶式杯	长14.1cm	342,680	伦敦邦瀚斯	2014.05.15
18世纪 犀角雕饕餮纹杯	长14.5cm	369,040	伦敦邦瀚斯	2014.05.15
民国 角雕扇骨(二件)	尺寸不一	21,850	苏州东方	2014.10.30
犀牛角雕	高22cm	1,301,850	中国艺海	2014.11.15
鹤顶红观音	长10.5cm	23,000	太平洋	2014.06.25
鹤顶红平安扣	长4cm	11,500	太平洋	2014.06.25
鹤顶红手串	尺寸不一	138,000	太平洋	2014.06.25
鹤顶红松石手钏		61,600	北京荣宝	2014.06.15
角雕串饰	长72cm	13,800	中国嘉德	2014.03.24
角雕串饰	长56cm	11,500	中国嘉德	2014.03.24
角雕黄汉侯仿郑板桥、黄慎书法扇骨	长32.1cm	69,000	苏州东方	2014.10.30
角雕七级浮屠塔	通高50.5cm	9,600,000	荣盛国际	2014.07.26
角雕五蝠捧寿把玩件	直径4.1cm	34,500	苏州东方	2014.10.30
角制手杖	长51cm	184,000	雍和嘉诚	2014.05.31
近代 鹤顶红释迦像	长7.5cm	10,350	北京保利	2014.08.02
石 雕				
佩玩件				
汉 翁仲工字佩	长4.5cm	78,591	大唐国际	2014.05.27
清早期 芙蓉石雕瑞兽暖手	长9.2cm	138,000	北京东正	2014.11.20
清 寿山石福寿纹磬	长25.5cm	34,500	中国嘉德	2014.03.24
清 玉、石多宝串		230,000	北京翰海	2014.10.26
18世纪/19世纪 寿山石把件(三件)	直径11.5cm	65,184	纽约佳士得	2014.03.20
巴西顶级芙蓉石手工挂件		22,000	北京九歌	2014.12.17
陈达作 田黄石第一把玩件	高3.6cm	5,807,500	福建东南	2014.10.24
儿孙满堂 寿山石 把件(八件)	尺寸不一	14,950	北京匡时	2014.06.05
冯志杰作 田黄石滚狮把玩件	高3cm	1,897,500	福建东南	2014.10.25
芙蓉石把玩套件		17,250	福建东南	2014.05.24
芙蓉石古兽把玩件	长12.5cm	43,700	福建东南	2014.05.24
芙蓉石古兽把玩件	长7.7cm	36,800	福建东南	2014.05.24
芙蓉石古兽把玩件	长5.8cm	17,250	福建东南	2014.05.24
芙蓉石古兽把玩套件	长8.4cm 长8cm	13,800	福建东南	2014.05.24

拍品名称	物品尺寸	成交价RMB	拍卖公司	拍卖日期
芙蓉石好彩头把玩件	长8.7cm	20,700	福建东南	2014.05.24
芙蓉石梅花文玩套件(四件套)	尺寸不一	43,700	福建东南	2014.10.25
芙蓉石兔把玩件	长8.7cm	13,800	福建东南	2014.05.24
芙蓉石文玩套件(六件套)	尺寸不一	36,800	福建东南	2014.10.25
芙蓉石章鱼把玩件	长9.1cm	10,350	福建东南	2014.05.24
福在眼前 寿山田黄石挂件	长4.6cm	46,000	北京匡时	2014.06.05
高山石、善伯洞石瑞兽把玩套件	尺寸不一	25,300	福建东南	2014.05.24
高山石、汶洋石、芙蓉石把玩套件(十一件套)	尺寸不一	20,700	福建东南	2014.05.24
郭功森 硬田石古兽把玩件	高4.5cm	218,500	福建东南	2014.10.25
郭功森作 高山牛角冻石古兽三链把玩件(三件套)	尺寸不一	51,750	福建东南	2014.10.25
郭祥忍等作乌鸦皮田黄石佛手挂件	尺寸不一	55,200	西泠拍卖	2014.05.05
郭祥忍作 汶洋石古兽把玩件	长9.9cm	80,500	福建东南	2014.05.24
郭祥忍作 高山玛瑙洞石夏蝉把玩件	长9.6cm	87,400	福建东南	2014.10.25
郭祥忍作 高山牛角冻石夏鸣把玩件	长7.5cm	41,400	福建东南	2014.10.25
郭祥忍作 荔枝洞石螭虎把玩套件	长6.2cm 长6.5cm	40,250	福建东南	2014.10.25
何光速作 芙蓉石荷塘文玩套件	长7.9cm 长6.9cm	59,800	福建东南	2014.10.25
黄建林作 芙蓉石海上升明月把玩件	长8.1cm	37,950	福建东南	2014.10.25
金线线珠	6.5cm × 1.6cm	291,200	未来四方	2014.05.23
林永源作 品种石古兽把玩套件(十二件套)	尺寸不一	126,500	福建东南	2014.10.25
林元珠款白芙蓉如意把件	长9cm	17,250	中国嘉德	2014.03.24
龙生九子 寿山芙蓉石 高山石 手把件(十件)	尺寸不一	11,500	北京匡时	2014.06.05
旗降石/高山石/坑头石把玩套件(三件套)	尺寸不一	35,650	福建东南	2014.10.25
千年太极珠配虎牙项链		300,000	上海驰翰	2014.06.26
三色线珠项饰	长7.2cm	109,250	北京保利	2014.06.05
善伯洞石、高山石古兽把玩套件	尺寸不一	17,250	福建东南	2014.05.24
石癫作田黄石四季平安挂件	高4.5cm	46,000	西泠拍卖	2014.05.05
寿山石伎人福瓜把件	长5.7cm	43,700	北京博观	2014.11.16
寿山石手把件(十二枚)	尺寸不一	11,500	北京匡时	2014.09.17
寿山汶洋石雕莲蓬、蟠桃(二件)	尺寸不一	11,500	西泠拍卖	2014.12.15
田黄石福在眼前手钏	尺寸不一	25,300	西泠拍卖	2014.05.05
田黄石金蟾挂件	高3cm	20,700	福建东南	2014.05.24
田黄石手链		23,000	福建东南	2014.05.24
田黄石寿桃挂件	高3.4cm	17,250	福建东南	2014.05.24
田黄石项链	尺寸不一	28,750	西泠拍卖	2014.05.05
田黄石项链	尺寸不一	28,750	西泠拍卖	2014.12.15
田黄石云蝠纹手钏	尺寸不一	17,250	西泠拍卖	2014.05.05
汶洋石把玩套件(四件套)	尺寸不一	23,000	福建东南	2014.05.24
汶洋石莲蓬把玩件	长8cm	40,250	福建东南	2014.05.24
汶洋石梅兰竹菊薄意对牌	长10.4cm	28,750	福建东南	2014.10.25
汶洋石梅雀争春把玩件	长7.7cm	103,500	福建东南	2014.05.24
汶洋石岁朝清供手牌	长10.7cm	115,000	福建东南	2014.10.25
汶洋石偕山老人手牌	长8.5cm	63,250	福建东南	2014.05.24
汶洋石一叶芭蕉把玩件	长12.8cm	17,250	福建东南	2014.05.24
汶洋石竹节雕件	长7.8cm	34,500	福建东南	2014.10.25
西安绿情思无限把件	长8.5cm	59,800	北京博观	2014.11.16
香山九老图 寿山田黄石把件	长5.1cm	2,415,000	中国嘉德	2014.05.17
药师线珠	4.8cm × 1.5cm	235,200	未来四方	2014.05.23
周宝庭作 旗降石独角瑞兽把玩件	6cm × 6.7cm	48,300	福建东南	2014.10.25
白毫两眼天珠	5cm × 1.4cm	1,848,000	未来四方	2014.05.23
财宝门五眼天珠	4.7cm × 1.3cm	3,360,000	未来四方	2014.05.23
大双线天珠	7.6cm × 1.7cm	392,000	未来四方	2014.05.23
大朱砂十二眼天珠	6.3cm × 1.4cm	1,008,000	未来四方	2014.05.23
黑白六眼天珠	4.2cm × 1.4cm	336,000	未来四方	2014.05.23
黑白双线两眼 天地两眼天珠手串	尺寸不一	179,200	未来四方	2014.05.23
黑白双线两眼天珠	4.9cm × 1.4cm	582,400	未来四方	2014.05.23
黑白双线两眼天珠	4.3cm × 1.2cm	168,000	未来四方	2014.05.23
红双线两眼天珠	4.1cm × 1.4cm	168,000	未来四方	2014.05.23
虎牙天珠手串	长1.6cm径1.0cm	43,700	北京保利	2014.02.05
虎牙天珠手串	长1.5cm径1.0cm	34,500	北京保利	2014.02.05
虎牙天珠手串	长1.2cm径1.3cm	34,500	北京保利	2014.02.05
虎牙天珠手串	长2.2cm径1.0cm	34,500	北京保利	2014.02.05
虎牙天珠手串	长2.0cm径0.9cm	34,500	北京保利	2014.02.05
虎牙天珠手串	长1.5cm径1.0cm	28,750	北京保利	2014.02.05
虎牙天珠手串	长2.2cm径1.0cm	28,750	北京保利	2014.02.05
护法两眼天珠(一对)	3.5cm × 1.2cm	138,000	北京保利	2014.12.02

2014杂项拍卖成交汇总

(成交价RMB：1万元以上)

拍品名称	物品尺寸	成交价RMB	拍卖公司	拍卖日期
怀法两眼天珠（一对）	3.1cm×1.5cm	207,000	北京保利	2014.12.02
怀法两眼天珠（一对）	3.2cm×1.3cm	207,000	北京保利	2014.12.02
金刚杵天珠	5.1cm×1.5cm	616,000	未来四方	2014.05.23
金刚三眼天珠	3.3cm×1.3cm	241,500	北京保利	2014.12.02
金刚水纹财神三眼天珠	4.1cm×1.3cm	1,456,000	未来四方	2014.05.23
九眼 水纹 长寿天珠	尺寸不一	22,400,000	未来四方	2014.05.23
九眼天珠配宝瓶和线珠珊瑚	尺寸不一	2,016,000	未来四方	2014.05.23
三眼 天地两眼 线珠	尺寸不一	336,000	未来四方	2014.05.23
莲花天珠	3.2cm×1.3cm	145,600	未来四方	2014.05.23
两颗虎牙天珠手串	长2.6cm径1.0cm	69,000	北京保利	2014.02.05
两眼天珠	长3.5cm	115,000	北京匡时	2014.06.04
两眼天珠	长3.3cm	97,750	北京匡时	2014.06.04
两眼天珠	2.6cm×1.2cm	126,500	北京保利	2014.12.02
两眼天珠（一对）	尺寸不一	115,000	北京保利	2014.12.02
六眼天珠	4.6cm×1.3cm	224,000	未来四方	2014.05.23
千年二眼天珠配椰片手串	天珠长4cm	117,300	浙江世贸	2014.04.13
千年极品至纯天珠项链	尺寸不一	2,760,000	浙江世贸	2014.04.13
千年奇品四牙二眼满朱砂至纯天珠项链	长3.5cm	483,000	浙江世贸	2014.04.13
千年至纯金刚三眼天珠	长1.5cm	138,000	东拍国际	2014.07.31
千年至纯九眼龟背长寿天珠项链	长4cm	50,000	上海驰翰	2014.06.26
千年至纯九眼天珠配老南红手串	长4.1cm	30,000	上海驰翰	2014.06.26
千年至纯九眼天珠项链	尺寸不一	10,000	上海驰翰	2014.06.26
千年至纯两眼天珠	长3.5cm	207,000	东拍国际	2014.07.31
千年至纯两眼天珠	长2.5cm	138,000	东拍国际	2014.07.31
千年至纯七眼天珠配22颗天地虎牙天珠项链	尺寸不一	80,000	上海驰翰	2014.06.26
千年至纯七眼陨石天珠项链	长5cm	30,000	上海驰翰	2014.06.26
千年至纯三眼绿玉髓天珠项链	长4.4cm	60,000	上海驰翰	2014.06.26
千年至纯双线如意天珠配老蜜蜡手串	长4.4cm	80,000	上海驰翰	2014.06.26
千年至纯双线水纹天珠项链	长3.6cm	120,000	上海驰翰	2014.06.26
千年至纯四眼天珠配天地珠古董蜜蜡手串	长3.7cm	16,000	上海驰翰	2014.06.26
千年至纯天地天珠	长2.5cm	230,000	东拍国际	2014.07.31
千年至纯天地天珠	长2.2cm	207,000	东拍国际	2014.07.31
千年至纯陨石七眼天珠项链	长5.3cm	30,000	上海驰翰	2014.06.26
三佛眼财宝门天珠	6cm×1.5cm	2,240,000	未来四方	2014.05.23
十二眼天珠	4.7cm×1.2cm	1,176,000	未来四方	2014.05.23
双天地天珠	5.5cm×1.3cm	896,000	未来四方	2014.05.23
双线白毫坛城大三眼天珠	5.2cm×1.8cm	224,000	未来四方	2014.05.23
双线财神三眼天珠	5.7cm×1.2cm	1,680,000	未来四方	2014.05.23
双线地门四眼天珠	4.1cm×1.2cm	145,600	未来四方	2014.05.23
双线黑白大两眼天珠	5.3cm×1.4cm	1,120,000	未来四方	2014.05.23
双线两眼天珠	4.9cm×1.2cm	504,000	未来四方	2014.05.23
双线七眼天珠	5.1cm×1.2cm	1,680,000	未来四方	2014.05.23
双线天门两眼天珠	4.9cm×1.5cm	134,400	未来四方	2014.05.23
水纹天珠	4.8cm×1.5cm	504,000	未来四方	2014.05.23
四山两眼天珠	3.1cm×1.2cm	115,000	北京保利	2014.12.02
四眼莲花天珠	4.9cm×1.4cm	2,240,000	未来四方	2014.05.23
坛城三眼天珠	3.7cm×1.2cm	291,200	未来四方	2014.05.23
坛城三眼天珠	4.6cm×1.2cm	224,000	未来四方	2014.05.23
特殊虎皮九眼天珠手把件	长5.8cm	10,000	上海驰翰	2014.06.26
天地两眼 白毫两眼 虎牙天珠	尺寸不一	336,000	未来四方	2014.05.23
天地两眼天珠	3.3cm×1.2cm	336,000	未来四方	2014.05.23
天地两眼天珠	4.7cm×1.3cm	224,000	未来四方	2014.05.23
天地两眼天珠	4.1cm×1.4cm	201,600	未来四方	2014.05.23
天地两眼天珠（一对）	3cm×1cm	264,500	北京保利	2014.12.02
天地天珠	长2.1cm	184,000	北京保利	2014.06.05
天地天珠	3.4cm×1.3cm	276,000	北京保利	2014.12.02
天地天珠	4.1cm×1.3cm	264,500	北京保利	2014.12.02
天地天珠	3.1cm×1.3cm	195,500	北京保利	2014.12.02
天地天珠（一对）	3.1cm×1.2cm	230,000	北京保利	2014.12.02
天珠王	12.5cm×2.9cm	36,960,000	未来四方	2014.05.23
小两眼天珠（一对）	2.8cm×1.1cm	126,500	北京保利	2014.12.02
页岩八眼天珠	长4cm	12,000	上海驰翰	2014.02.22
至纯九眼天珠	长4.1cm	12,000	上海驰翰	2014.02.22
朱砂六眼天珠	3.9cm×1.2cm	224,000	未来四方	2014.05.23
朱砂三眼天珠	3.7cm×1.2cm	134,400	未来四方	2014.05.23
朱砂天地两眼天珠	4.3cm×1.3cm	224,000	未来四方	2014.05.23
朱砂天门两眼天珠	3.6cm×1.4cm	313,600	未来四方	2014.05.23

拍品名称	物品尺寸	成交价RMB	拍卖公司	拍卖日期
摆件				
北魏 石佛造像	高49cm	246,400	安徽艺海	2014.04.30
唐 白石力士身躯	高53.5cm	218,040	保利香港	2014.04.07
唐 灰石雕弥勒佛坐像	高40cm	306,750	纽约苏富比	2014.03.18
唐 石灰岩雕弥勒佛造像碑	高28.5cm	84,356	纽约苏富比	2014.03.18
金 汉白玉罗汉人物	高83.8cm	2,926,560	佳士得	2014.05.28
明以前 汉白石佛像	高25cm	155,250	安徽艺海	2014.04.30
明以前 石佛造像	高37cm	168,000	安徽艺海	2014.04.30
明 青石雕仙人乘槎摆件	20.5cm×19cm	287,500	北京匡时	2014.06.04
明 寿山石雕立观音（一尊）	高21cm	224,000	上海国拍	2014.05.18
明 寿山石文昌星君像	高19cm	115,000	中鸿信	2014.11.22
明 四面佛石雕摆件	高9cm	69,345	大唐国际	2014.05.27
明晚期/18世纪 寿山石送子观音坐像	高15cm	76,688	纽约佳士得	2014.03.20
明末清初 寿山石漆金送子观音坐像	高6.2cm	34,500	北京诚轩	2014.05.19
清早期 黑端石雕罗汉坐像	高10cm	126,500	江苏爱涛	2014.07.06
清早期 黑寿山石雕“太白醉酒”坐像	高6cm	241,500	远方拍卖	2014.06.02
清早期 寿山石雕观音像	高7.8cm	80,500	北京保利	2014.12.04
清早期 寿山石雕观音坐像	高14.3cm	112,700	江苏爱涛	2014.07.06
清早期 田黄石七宝罗汉像	高6cm	9,315,000	西泠拍卖	2014.12.15
清早期 魏汝奋制寿山石降龙罗汉	高10cm	1,955,000	中国嘉德	2014.11.22
清康熙 芙蓉石观音麒麟摆件	高18.5cm	264,500	雍和嘉诚	2014.05.31
清康熙 寿山白芙蓉石雕布袋和尚坐像	高10.7cm	172,500	北京诚轩	2014.11.20
清乾隆 寿山石雕麻姑乘槎摆件	高40cm	545,100	保利香港	2014.04.07
清乾隆 寿山石制自在观音像	高13cm	218,040	保利香港	2014.04.07
清中期 青田石雕关公阅仓像	高19cm	92,000	北京诚轩	2014.11.20
清中期 寿山石雕持经罗汉	高7cm	287,500	北京翰海	2014.10.26
清中期 寿山石雕挖耳罗汉	高10.2cm	149,500	北京翰海	2014.10.26
清中期 寿山石伏虎罗汉	高9cm	92,000	广东省拍	2014.12.07
清中期 寿山石魁星点斗	高15.5cm	28,750	北京保利	2014.12.05
清中期 田黄布袋罗汉	长5.6cm	1,380,000	北京翰海	2014.10.26
清 “子秀”款寿山石罗汉像	高11cm	632,500	上海敬华	2014.07.01
清 黄寿山石小罗汉	高6cm	32,200	北京翰海	2014.05.10
清 将军洞芙蓉石雕送子观音	高8cm	161,000	上海敬华	2014.07.01
清 青田石罗汉	高14.5cm	40,250	朵云轩	2014.06.29
清 寿山持经坐罗汉（一尊）	高9.5cm	11,200	上海国拍	2014.11.30
清 寿山石雕八仙人物摆件（一组八件）	高10.4cm	69,000	西泠拍卖	2014.12.13
清 寿山石雕持经罗汉坐像	高11cm	74,750	西泠拍卖	2014.12.13
清 寿山石雕东方朔	高14.5cm	14,950	北京保利	2014.10.26
清 寿山石雕伏虎罗汉	高10cm	28,750	北京翰海	2014.05.10
清 寿山石雕观音	高9.5cm	32,200	北京保利	2014.10.26
清 寿山石雕观音坐像	高9.8cm	115,000	中贸圣佳	2014.07.06
清 寿山石雕老寿星	高56cm	80,500	北京翰海	2014.05.10
清 寿山石雕刘海戏金蟾坐像	高11.5cm	57,500	西泠拍卖	2014.12.13
清 寿山石雕罗汉图摆件	高15.5cm	32,200	西泠拍卖	2014.05.06
清 寿山石雕罗汉像	高7.5cm	74,750	西泠拍卖	2014.12.13
清 寿山石雕罗汉坐像	高13.2cm	51,750	西泠拍卖	2014.12.13
清 寿山石雕罗汉山子		207,000	北京翰海	2014.10.25
清 寿山石镂雕人物山子	15cm×20cm	28,000	武汉中信	2014.10.23
清 寿山石雕书卷观音像	高16.5cm	115,000	中鸿信	2014.11.22
清 寿山石雕送子观音座像	高9.8cm	105,800	北京华辰	2014.04.27
清 寿山石雕掏耳罗汉像	高14cm	74,750	西泠拍卖	2014.05.06
清 寿山石雕天女散花人物摆件	高17.5cm	34,500	西泠拍卖	2014.05.06
清 寿山石雕文官坐像	高15cm	28,750	北京传是	2014.06.05
清 寿山石刘海戏金蟾摆件	长19cm	13,800	中国嘉德	2014.03.24
清 寿山石禄星像	高20cm	13,800	中国嘉德	2014.06.22
清 寿山石罗汉	高18cm	32,200	北京翰海	2014.05.10
清 寿山石罗汉像	高10.4cm	11,500	中国嘉德	2014.03.24
清 寿山石弥勒佛摆件	长14cm	17,250	南京经典	2014.04.27
清 寿山石仕女	高41cm	80,500	北京保利	2014.01.11
清 寿山石仕女	高40cm	46,000	北京保利	2014.10.26
清 寿山石寿星摆件	高20cm	22,400	武汉中信	2014.10.23
清 寿山石童子拜观音	高11cm	51,750	北京保利	2014.01.11
清 寿山石坐罗汉（一尊）	高9cm	19,040	上海国拍	2014.11.30
清 寿山桃花冻捧桃罗汉	高15cm高18cm	161,000	北京翰海	2014.10.25
清 田黄雕山水人物摆件	长11.1cm	1,380,000	北京翰海	2014.10.26
清晚期 寿山石雕书卷观音	高13.4cm	23,000	北京保利	2014.12.05
民国 青田石雕八仙	高15-16cm	40,250	中鸿信	2014.11.22
民国 寿山石圆锥罗汉	高6.5cm	23,000	北京保利	2014.08.02

拍品名称	物品尺寸	成交价RMB	拍卖公司	拍卖日期
民国 寿山随形山水人物纹摆件(二件)	尺寸不一	11,500	广东省拍	2014.12.07
17世纪/18世纪 寿山石罗汉坐像	高8cm	93,019	伦敦苏富比	2014.11.05
17世纪/18世纪初 寿山石观音坐像	高20.3cm	111,623	伦敦苏富比	2014.11.05
18世纪 寿山石雕人物摆件	高34cm	203,400	辽宁建投	2014.06.08
18世纪 寿山石雕仙女立像	高23.5cm	61,350	纽约苏富比	2014.03.18
18世纪/19世纪 寿山石雕罗汉	高10.7cm	46,130	伦敦邦瀚斯	2014.05.15
19世纪 寿山石雕寿佬立像	高31.5cm	45,998	纽约苏富比	2014.09.16
60年代 寿山石雕自在观音坐像	长40cm	119,025	中信国际	2014.05.18
巴林石雕罗汉摆件	长13cm	36,960	上海联合	2014.10.11
白田石布袋弥勒摆件	高3.6cm	86,250	福建东南	2014.10.25
白田石汉钟离摆件	高7.2cm	322,000	西泠拍卖	2014.12.15
昌化鸡血姜太公钓鱼	高11.8cm	22,000	上海驰翰	2014.04.18
昌化鸡血石“童子拜寿”摆件	高13.5cm	437,000	南京经典	2014.08.04
昌化鸡血石雕山水人物随形摆件	连底座高16.5cm	55,200	西泠拍卖	2014.05.05
昌化鸡血石人物摆件(一组三件)	长11.6cm	28,750	中国嘉德	2014.11.22
陈孝贤 金华玉荷仙摆件	高12cm	172,500	北京博观	2014.04.20
二号矿石童子戏弥勒摆件	高9.3cm	86,250	福建东南	2014.05.24
芙蓉石弥勒摆件	长10.5cm	69,000	福建东南	2014.05.24
芙蓉石弥勒摆件	长10.9cm	32,200	福建东南	2014.05.24
芙蓉石仕女摆件	长18.7cm	23,000	福建东南	2014.05.24
甘文生等作田黄石随形人物摆件	长3.2cm 长3.4cm	80,500	西泠拍卖	2014.05.05
郭功森作 旗降石骑犼观音摆件	长13.7cm	368,000	福建东南	2014.10.25
郭功森作 田黄石老子出关摆件	高7.4cm	805,000	福建东南	2014.05.24
郭功森作 掘性寿山石刘海戏蟾摆件	长7.4cm	59,800	福建东南	2014.10.25
郭懋介 牧童遥指杏花村 寿山田黄石薄意摆件	长6cm	2,300,000	中国嘉德	2014.05.17
郭懋介 作寿山田黄石“香山九老”薄意随形摆件	长7cm	460,000	北京匡时	2014.12.02
郭懋介作 黄巢洞石八尊者浮雕摆件	长10.5cm	483,000	福建东南	2014.10.24
郭懋介作 芙蓉石刘海戏蟾摆件	长7cm	92,000	福建东南	2014.10.25
郭懋介作 芙蓉石长寿仙翁摆件	长5.7cm	74,750	福建东南	2014.10.25
郭威作 田黄石八仙摆件套件		86,250	福建东南	2014.05.24
郭卓怀作 田黄石牧童摆件	高5.5cm	322,000	福建东南	2014.05.24
郭卓怀作 田黄石羲之爱鹅薄意摆件	高7.1cm	287,500	福建东南	2014.10.25
合和二仙寿山芙蓉石摆件(二件)	高6cm高6.5cm	20,700	北京匡时	2014.06.05
洪建国作 芙蓉石罗汉戏狮摆件	长6.3cm 长7.4cm	55,200	福建东南	2014.05.24
黄丽娟 寿山石高山女孩摆件	高11.4cm	115,000	北京博观	2014.04.20
黄丽娟作 高山石少女摆件	长13.1cm	80,500	福建东南	2014.10.25
黄寿山太白醉酒摆件	高8cm	172,500	上海泛华	2014.06.30
灰田石老子摆件	高2.6cm	28,750	福建东南	2014.10.25
鸡血石山水人物大摆件	连座高50cm	437,000	浙江世贸	2014.04.13
江秀影作 荔枝洞石弥勒薄意摆件	长9.3cm	57,500	福建东南	2014.05.24
金包银田黄石踏雪寻梅薄意摆件	高7.1cm	368,000	福建东南	2014.10.25
金华玉“渡”摆件	高11cm	345,000	北京博观	2014.04.20
旧工 芙蓉石罗汉摆件	长8.8cm	218,500	福建东南	2014.05.24
坑头晶石童子戏弥勒摆件	长9.4cm	43,700	福建东南	2014.05.24
蜡烛红芙蓉石童子拜观音摆件	长14.2cm	86,250	福建东南	2014.10.25
荔枝冻“刘海戏金蟾”摆件	高8cm	13,800	荣宝斋(上海)	2014.05.09
荔枝冻石人物摆件	长10.4cm	649,600	上海联合	2014.06.29
荔枝洞石罗汉摆件	高5.9cm	48,300	福建东南	2014.10.25
荔枝洞石弥勒摆件	长18.5cm	161,000	福建东南	2014.10.25
荔枝洞石牧羊童摆件	长8.2cm	40,250	福建东南	2014.05.24
林碧英作 旗降石浮雕人物摆件	长12.3cm	63,250	福建东南	2014.05.24
林东作 二号矿石笑口常开摆件	长10.4cm	109,250	福建东南	2014.05.24
林东作 芙蓉石师生情摆件	长14.3cm	80,500	福建东南	2014.05.24
林东作田黄石和合二仙摆件	高5.9cm	517,500	西泠拍卖	2014.12.15
林发述作 李红旗降石罗汉摆件	长8.1cm	51,750	福建东南	2014.10.25
林飞 寿山石芙蓉海的女儿摆件	长18.0cm	207,000	北京博观	2014.04.20
林飞作 芙蓉石太白醉酒摆件	长11.5cm	97,750	福建东南	2014.05.24
林飞作 荔枝洞石山鬼摆件	长10.1cm	437,000	福建东南	2014.10.25
林飞作 田黄石双子弥勒摆件	高6.5cm	9,775,000	福建东南	2014.05.24
林飞作 芙蓉石海的女儿摆件	长17.9cm	63,250	福建东南	2014.10.25
林飞作 芙蓉石裸女摆件	长9.7cm	51,750	福建东南	2014.10.25
林飞作田黄石弥勒摆件	长4.2cm	69,000	西泠拍卖	2014.12.15
林金元作 银包金田黄石踏雪寻梅摆件	高4.7cm	241,500	福建东南	2014.10.25
林金元作 旗降石遥指杏花村摆件	长7.9cm	36,800	福建东南	2014.10.25
林清卿作 高山石渔家水作田薄意摆件	长13.3cm	1,092,500	福建东南	2014.05.24
林清卿作田黄石秋江泛舟薄意摆件	长5.1cm	1,725,000	福建东南	2014.10.24
林文举作田黄石抱琴访友薄意摆件	高4.6cm	805,000	福建东南	2014.05.24
林文举作 田黄石福寿薄意摆件	高5.5cm	218,500	福建东南	2014.10.25
林文举作田黄石梅妻鹤子薄意摆件	高5.7cm	1,092,500	福建东南	2014.10.24
林文举作 田黄石寻梅图摆件	高7.8cm	2,070,000	福建东南	2014.05.24
林文举作 田黄石渔樵耕读薄意随形摆件	高6.2cm	6,095,000	福建东南	2014.10.25
林元康 高山猪油白“达摩”摆件	高16.5cm	69,000	荣宝斋(上海)	2014.05.09
林元康 坑头冻石达摩摆件	长12.6cm	145,600	上海联合	2014.06.29
林元庆刻 寿山石骑犼观音	长8.8cm	86,250	福建东南	2014.10.26
林志峰作 芙蓉石送子观音摆件	长10.1cm	161,000	福建东南	2014.10.25
刘北山 作寿山白芙蓉石对马摆件(两件)	长10cm 长10cm	115,000	北京匡时	2014.12.02
刘传斌作 田黄石待渡薄意摆件	高3.6cm	34,500	福建东南	2014.05.24
刘传斌作 掘性寿山石五老观太极薄意摆件	长8.9cm	66,700	福建东南	2014.10.25
刘东 田黄石相依相伴摆件	长4cm	154,000	华软信诚	2014.01.01
刘东作 金砂地善伯洞石怀素书蕉摆件	长12.2cm	40,250	福建东南	2014.05.24
刘东作 山间访友 寿山结晶芙蓉石摆件	高7.7cm	43,700	北京匡时	2014.06.05
尼泊尔十二世纪 灰石雕漆绘大成就者萨巴日巴坐像碑		158,200	邦瀚斯	2014.10.09
潘泗生作 旗降石笑口常开摆件	长13.6cm	36,800	福建东南	2014.05.24
潘泗生作 芙蓉石羲之爱鹅摆件	长10cm	46,000	福建东南	2014.10.25
旗降石、高山石人物套件(三件套)	尺寸不一	28,750	福建东南	2014.05.24
旗降石八君子薄意摆件	长16.5cm	59,800	福建东南	2014.10.25
旗降石十八罗汉摆件	长18cm	165,186	中信国际	2014.04.19
巧色杜陵人物雕件	高19.5cm	20,700	荣宝斋(上海)	2014.05.09
寿山芙蓉石弥勒摆件	长13.5cm	92,000	中国嘉德	2014.05.17
寿山芙蓉石人物摆件 (四件)	尺寸不一	25,300	西泠拍卖	2014.12.15
寿山芙蓉石夜游赤壁摆件	高8.9cm	69,000	西泠拍卖	2014.12.15
寿山高山水晶洞石观音摆件	高10cm	101,200	中国嘉德	2014.11.22
寿山荔枝石罗汉摆件	长6.8cm	32,200	中国嘉德	2014.11.22
寿山善伯洞石人物摆件(一组二件)	高15cm高11.7cm	40,250	中国嘉德	2014.05.17
寿山石伏虎罗汉像	高12.5cm	10,350	中国嘉德	2014.06.22
寿山石观音	高37.5cm	34,500	深圳市拍	2014.01.05
寿山石九老图摆件	高21cm	23,000	朵云轩	2014.12.19
寿山石罗汉摆件	长12cm	28,750	南京经典	2014.08.04
寿山石罗汉摆件	高11cm	16,000	北京九歌	2014.12.17
寿山石送子观音像	高22.7cm	10,350	中国嘉德	2014.09.22
寿山石送子观音像	高15cm	23,000	中国嘉德	2014.06.22
寿山石童子拜观音像	高14cm	13,800	中国嘉德	2014.03.24
寿山田黄石人物摆件	长4.5cm	207,000	中国嘉德	2014.11.22
寿山田黄石寿翁摆件	高3.8cm	89,700	中国嘉德	2014.11.22
寿山田石香山九老薄意随形摆件	高10.3cm	287,500	西泠拍卖	2014.05.05
双色芙蓉“济公”摆件	高12.5cm	13,800	荣宝斋(上海)	2014.05.09
桃花芙蓉石刘海戏蟾摆件	长9.3cm	13,800	福建东南	2014.05.24
田黄薄意雕摆件	高5.5cm	172,500	荣宝斋(上海)	2014.05.09
田黄冻石薄意雕松下高士图摆件	重78g	207,000	北京艺融	2014.06.03
田黄冻石岁寒三友薄意摆件	长5.6cm	3,450,000	西泠拍卖	2014.12.15
田黄观音件	高5cm	112,560	香港拍得高	2014.05.27
田黄石八仙人物套件		74,750	福建东南	2014.05.24
田黄石皆大欢喜摆件	高5.2cm	747,500	福建东南	2014.05.24
田黄石酒仙摆件	高4.8cm	402,500	西泠拍卖	2014.05.05
田黄石老者摆件	高3.1cm	46,000	福建东南	2014.05.24
田黄石刘海戏蟾摆件	高3.8cm	115,000	福建东南	2014.05.24
田黄石罗汉薄意摆件	高6.4cm	1,104,000	福建东南	2014.05.24
田黄石弥勒摆件	高3.2cm	46,000	福建东南	2014.05.24
田黄石秋山行旅薄意摆件	高4.1cm	184,000	福建东南	2014.05.24
田黄石人物摆件 (二方)	尺寸不一	57,500	西泠拍卖	2014.05.05
田黄石人物套件		34,500	福建东南	2014.05.24
田黄石山水人物薄意摆件	高4.1cm	55,200	福建东南	2014.05.24
田黄石山水人物薄意摆件	高7.2cm	1,725,000	福建东南	2014.10.24

2014杂项拍卖成交汇总

(成交价RMB：1万元以上)

拍品名称	物品尺寸	成交价RMB	拍卖公司	拍卖日期
田黄石深山访友薄意摆件	高4.4cm	92,000	福建东南	2014.05.24
田黄石双罗汉摆件	高5.3cm	57,500	福建东南	2014.10.25
田黄石松下高士薄意摆件	高4.9cm	138,000	西泠拍卖	2014.05.05
田黄石松下高士薄意随形摆件	高3.3cm	69,000	西泠拍卖	2014.05.05
田黄石童子献寿摆件	长4.2cm	242,000	华软信诚	2014.01.01
田黄石幽溪摆渡摆件	高3.3cm	138,000	福建东南	2014.05.24
田黄石渔翁摆件	高2.6cm	43,700	福建东南	2014.10.25
田黄石长眉罗汉摆件	高4.1cm	69,000	福建东南	2014.10.25
田黄寿翁	高7cm	230,000	上海泛华	2014.06.30
田黄随型弥勒佛	高2cm	34,500	北京匡时	2014.06.03
王雷霆作 鹿目石松下策杖薄意摆件	高7.7cm	230,000	福建东南	2014.05.24
王雷霆作 民国二高山赤壁夜游薄意摆件	高7.8cm	253,000	福建东南	2014.05.24
王铨俤作 寿山荔枝冻石送子观音摆件	高17cm	437,000	西泠拍卖	2014.12.15
王孝前作 芙蓉朱砂冻石罗汉摆件	高9.3cm	63,250	福建东南	2014.10.25
王祖光作 都成坑石观音摆件	高12cm	253,000	福建东南	2014.10.25
乌鸦皮田黄石伏虎罗汉薄意随形摆件	高3.9cm	230,000	西泠拍卖	2014.05.05
杨留海作 芙蓉石罗汉套件 (三件套)	尺寸不一	230,000	福建东南	2014.05.24
叶星光作 旗降石童子戏弥勒摆件	高13cm	253,000	福建东南	2014.05.24
叶子贤作 旗降石、高山石人物套件	高8.9cm 高5.9cm	51,750	福建东南	2014.05.24
叶子贤作 田黄石寿仙摆件	高3.8cm	74,750	福建东南	2014.05.24
叶子贤作 二号矿石铁拐李渡鸡摆件	高12.1cm	138,000	福建东南	2014.10.25
叶子贤作 旗降石祖孙乐摆件	高8.7cm	57,500	福建东南	2014.10.25
叶子贤作田黄石寿星摆件	高5.7cm	1,035,000	西泠拍卖	2014.12.15
银包金旗降石赤壁赋摆件	高11cm	32,200	福建东南	2014.05.24
银包金旗降石仙人摆件	高10cm	230,000	福建东南	2014.05.24
佑鑫居士广西鸡血石观音雕件	高30cm	104,500	广东汇誉	2014.09.13
俞世英作 松柏岭石罗汉摆件	高10.5cm	69,000	福建东南	2014.05.24
郑国锋 寿山石雕鸿运当头摆件	高10.6cm	98,560	上海联合	2014.10.11
郑国锋 寿山石雕十八罗汉摆件	最大高5.5cm	190,400	上海联合	2014.10.11
郑国锋 汶洋石十八罗汉摆件	尺寸不一	282,240	上海联合	2014.06.29
郑继 寿山芙蓉石秦淮风月摆件	长12.8cm	230,000	北京博观	2014.04.20
郑世斌作 高山石李拐渡鸡摆件	长9cm	40,250	福建东南	2014.05.24
郑幼林 寿山黑田石弥勒摆件	高5.5cm	57,500	中国嘉德	2014.05.17
郑幼林作 高山石童子献寿摆件	长6cm	34,500	福建东南	2014.05.24
郑幼林作 荔枝洞石李白醉酒摆件	高8.4cm	97,750	福建东南	2014.05.24
郑幼林作 善伯洞石弥勒摆件	高8.1cm	36,800	福建东南	2014.05.24
郑幼林作 田黄石刘海戏蟾摆件	高4.4cm	92,000	福建东南	2014.10.25
周彬作 田黄石汉钟离人物摆件	高5.7cm	5,520,000	福建东南	2014.10.24
周鸿作 芙蓉石伏虎罗汉摆件	高7.9cm	55,200	福建东南	2014.05.24
唐 石雕卧狮 (一对)	高20.1cm	527,200	伦敦苏富比	2014.05.14
唐 石雕坐狮	高105cm	1,548,400	香港苏富比	2014.04.07
唐 石灰石坐狮	高12.2cm	316,000	香港苏富比	2014.04.07
宋 汉白玉石狮 (一对)	高93cm	747,500	西泠拍卖	2014.05.05
辽 砂石狮子坐像	高29cm	145,360	保利香港	2014.04.07
元 汉白玉石狮 (一只)	高94cm	43,700	西泠拍卖	2014.05.05
元 青石石狮 (一只)	高97cm	43,700	西泠拍卖	2014.05.05
明以前 青石案兽 (一对)	高17cm	69,000	西泠拍卖	2014.05.05
明以前 青石雕兔摆件	高9.2cm	34,500	西泠拍卖	2014.05.06
明 白石象	长39cm	72,680	保利香港	2014.04.07
明 汉白石太平象 (一件)	长166cm	138,000	安徽艺海	2014.04.30
明 汉白玉刻字款石狮 (一对)	长133cm	460,000	西泠拍卖	2014.12.14
明 汉白玉石狮 (一对)	长104cm	517,500	西泠拍卖	2014.12.14
明 汉白玉石狮连须弥座	长60cm	218,500	西泠拍卖	2014.12.14
明 青白石石狮 (一对)	长174cm	862,500	西泠拍卖	2014.12.14
清早期 寿山芙蓉石雕螭龙纹摆件	长13cm	115,000	中国嘉德	2014.11.22
清康熙 寿山石太狮少狮摆件	长18cm	347,328	罗芙奥	2014.05.25
清 汉白玉牌坊狮 (一对)	长151cm	437,000	西泠拍卖	2014.12.14
清 汉白玉牌楼狮 (一对)	长115cm	126,500	西泠拍卖	2014.12.14
清 青石案狮	长30cm	51,750	西泠拍卖	2014.12.14
清 青石石狮 (一对)	长92cm	345,000	西泠拍卖	2014.05.05
清 青石石狮 (一对)	长114cm	368,000	西泠拍卖	2014.12.14
清 石雕狮子 (一对)	高88cm×2	126,500	中贸圣佳	2014.07.06
清 田黄雕鸣凤摆件	长4.5cm	218,500	西泠拍卖	2014.05.06
清晚期 寿山石加彩文殊骑狮摆件	高21.5cm	57,500	北京保利	2014.06.06
昌化鸡血石“龙凤呈祥”摆件	高15.3cm	437,000	南京经典	2014.08.04
昌化鸡血石“松鹤延龄”摆件	高42cm	632,500	南京经典	2014.08.04
陈敬祥雕大吉摆件	长21cm	23,000	朵云轩	2014.12.18

拍品名称	物品尺寸	成交价RMB	拍卖公司	拍卖日期
陈礼忠作 高山石鹤寿摆件	长11.3cm	34,500	福建东南	2014.10.25
丹东石天鹿摆件	高9.4cm	23,000	西泠拍卖	2014.12.15
芙蓉石九龙献珠	长18.2cm	123,200	上海联合	2014.06.29
芙蓉石立狮摆件	长9.1cm	92,000	福建东南	2014.10.25
郭懋介 作寿山芙蓉石“君子在野”摆件	长5.2cm	115,000	北京匡时	2014.12.02
郭懋介 作寿山高山石“羲之爱鹅”摆件	高9.3cm	126,500	北京匡时	2014.12.02
郭威作 田黄石牧鹅图摆件	高3.7cm	86,250	福建东南	2014.10.25
黄冻鸡血石金蟾摆件	长9.8cm	32,200	荣宝斋(上海)	2014.05.09
江秀影作 田黄石麒麟摆件	高3.8cm	92,000	福建东南	2014.10.25
结晶芙蓉石太狮少狮摆件	高6.8cm	126,560	上海联合	2014.03.30
坑头石福在眼前摆件	高9.4cm	32,200	福建东南	2014.10.25
赖庆光作 芙蓉石龙凤呈祥摆件	高10.3cm	25,300	福建东南	2014.05.24
林亨云 寿山焓红旗降石白熊摆件	长22cm	55,200	中国嘉德	2014.05.17
林亨云作 母爱 寿山焓红旗降石摆件	长6cm	55,200	北京匡时	2014.06.05
林荣发作寿山结晶性芙蓉石象鼻山摆件	高13.7cm	218,500	西泠拍卖	2014.12.15
林文举、林其俤作 田黄石梅雀争春薄意摆件	高6.4cm	253,000	福建东南	2014.10.25
灵璧石金昌鱼	高18cm	176,000	浙江六通	2014.10.19
石癫作乌鸦皮田黄石三狮戏球摆件	长4.7cm	172,500	西泠拍卖	2014.12.15
寿山白田石螭龙献宝摆件	长5.3cm	115,000	中国嘉德	2014.11.22
寿山芙蓉石三狮摆件	长9.3cm	40,250	西泠拍卖	2014.12.15
寿山芙蓉石双凤呈祥摆件	高11.6cm	97,750	西泠拍卖	2014.12.15
寿山黄芙蓉石凤衔灵芝摆件	长9.2cm	23,000	西泠拍卖	2014.12.15
寿山善伯洞石瑞兽摆件	长8.5cm	25,300	中国嘉德	2014.11.22
田黄石群龙戏珠薄意摆件	高5.7cm	161,000	西泠拍卖	2014.05.05
田黄石狮子滚球摆件 (二件)	尺寸不一	69,000	西泠拍卖	2014.12.15
田黄石松鹤薄意随形摆件	长5.5cm	218,500	西泠拍卖	2014.05.05
田黄石松鹤延年薄意摆件	高3cm	28,750	福建东南	2014.10.25
田黄石卧牛摆件	高4.1cm	51,750	西泠拍卖	2014.12.15
田黄石喜鹊眉梢薄意摆件	高3.3cm	690,000	福建东南	2014.10.25
吴肖斌作巴林鸡血石八宝献瑞摆件	高16.5cm	1,725,000	西泠拍卖	2014.05.05
犀牛摆件	重量2500g	329,802	中国艺海	2014.11.15
谢麟 巴林黄冻瑞兽呈祥 (一组三个)	尺寸不一	1,092,500	宇辰拍卖	2014.11.02
羊脂冻鸡血石金蟾	长13cm	32,200	荣宝斋(上海)	2014.05.09
张永科“招财进宝”鸡血石摆件	高34cm	172,500	荣宝斋(上海)	2014.05.09
周宝庭 善伯洞“双狮戏球”摆件	高7cm	52,900	荣宝斋(上海)	2014.05.09
宋至清 祁连石“桥虹迭翠”摆件	石直径12.2cm	2,875,600	香港苏富比	2014.04.07
明 寿山石雕佛龛宝座摆件	带座高41.5cm	1,150,000	西泠拍卖	2014.12.13
明 大理石“七曲”矮几	长127cm	444,375	香港苏富比	2014.04.07
清中期 洞石摆件	高44cm	17,250	中鸿信	2014.11.22
清“卷云”灵璧石摆件	高24.5cm	34,500	保利厦门	2014.11.02
清 畊石篆款寿山红花芙蓉笔山摆件	带座高7cm	23,000	西泠拍卖	2014.12.13
清 顾皋铭歙石雕山水渔乐砚形摆件	长27cm	195,500	西泠拍卖	2014.12.13
清 黄蜡石摆件	宽28cm	92,025	纽约佳士得	2014.03.20
清 黄太湖“千山竞秀”摆件	长110cm	25,300	北京传是	2014.06.05
清 钱大昕藏“蛟龙峰”摆件	高70cm	44,850	北京传是	2014.06.05
清 太湖石“福至”摆件	高58cm	10,350	北京传是	2014.06.05
清 王冶梅铭灵璧石摆件	带座高23cm	1,092,500	西泠拍卖	2014.12.13
清 吴熙载铭灵璧石摆件	高72cm	155,250	北京保利	2014.06.05
清 英石“玲珑”摆件	高57cm	10,350	北京传是	2014.06.05
清晚期 英石摆件	高15cm	23,000	中贸圣佳	2014.07.06
清晚期民初 田黄薄意唐人诗意摆件	高3.4cm	195,500	北京华辰	2014.04.27
民国 林依友雕银包金田黄九螭穿钱摆件		1,380,000	保利厦门	2014.11.02
民国 绿松石羊羊得意摆件	宽11cm	48,300	朵云轩	2014.12.19
民国 青金石卧马摆件	长14.5cm	34,500	朵云轩	2014.12.19
民国 肉石摆件	高16cm	23,000	中国嘉德	2014.03.24
民国 松石雕麒麟送书摆件	长13cm	69,000	中鸿信	2014.11.22
“心经”铭灵璧石摆件	高40cm	97,750	朵云轩	2014.12.19
“松影垂野”黄花梨树根摆件	高105cm	17,250	北京容海	2014.09.22
巴林鸡血石摆件	长22cm	149,500	中国嘉德	2014.11.22
昌化 巴林石 摆件 (五件)	尺寸不一	20,700	北京匡时	2014.06.05

拍品名称	物品尺寸	成交价RMB	拍卖公司	拍卖日期
昌化鸡血石“暗香”摆件	高32.5cm	230,000	南京经典	2014.08.04
昌化鸡血石“雨后春笋”摆件	高50cm	207,000	南京经典	2014.08.04
昌化鸡血石摆件	高23cm	460,000	南京经典	2014.08.04
昌化鸡血石摆件	高6.3cm	10,000	上海驰翰	2014.04.18
昌化鸡血石摆件	长30cm	402,500	中国嘉德	2014.05.17
昌化鸡血石摆件(一组两件)	尺寸不一	57,500	中国嘉德	2014.11.22
昌化鸡血原石随形摆件	高9.5cm	345,000	南京经典	2014.01.06
陈达刻字 芙蓉石旭日东升摆件	高8cm	115,000	福建东南	2014.05.24
当代 鸡血石“瑰宝”原石摆件	68cm×53cm	253,000	中鸿信	2014.11.22
当代 叶青雕佛手摆件	高7cm	11,500	中鸿信	2014.11.23
芙蓉石玉兰花摆件	高11.5cm	32,200	福建东南	2014.10.25
高山石节节高摆件	长5.7cm	20,700	福建东南	2014.05.24
郭懋介作 掘性石瓜熟酒香摆件	高6.5cm	80,500	福建东南	2014.05.24
郭懋介作 田黄石春风得意摆件	高5.7cm	494,500	福建东南	2014.05.24
郭懋介作 田黄石桃源洞天薄意摆件	高9.9cm	4,370,000	福建东南	2014.10.25
黄苗子为王世襄刻“小石乡”摆件	长18cm	92,000	北京保利	2014.06.05
黄忠忠作 银包金旗降石薄意摆件	长10.9cm	46,000	福建东南	2014.05.24
结晶三色芙蓉石莲花摆件	长9.3cm	123,200	上海联合	2014.03.30
荔枝洞石山水薄意摆件	长18.8cm	55,200	福建东南	2014.10.25
林大榕作寿山石 摆件(三件)	尺寸不一	28,750	北京匡时	2014.06.05
林金元作 田黄石四君子薄意摆件	高4.7cm	86,250	福建东南	2014.05.24
林清卿作寿山鹿目石梅竹双清薄意随形摆件	长7cm	253,000	西泠拍卖	2014.12.15
林文举作 大山晶石江南好薄意摆件	长11.5cm	149,500	福建东南	2014.10.25
刘北山 作寿山结晶红白芙蓉石“大富贵”摆件	长12cm	172,500	北京匡时	2014.12.02
刘传斌作 田黄石山居即景摆件	高5.5cm	241,500	福建东南	2014.10.25
潘泗生 寿山旗降石薄意摆件	长11cm	92,000	中国嘉德	2014.05.17
青田蓝星海底世界摆件	高27cm	115,000	上海嘉泰	2014.06.19
青州石摆件	长47cm	115,000	北京翰海	2014.10.25
肉石摆件	高17.7cm	34,500	中国嘉德	2014.06.22
石瑞作 旭日东升 寿山结晶芙蓉石摆件	长10.2cm	48,300	北京匡时	2014.06.05
寿山独石薄意迎春图摆件	长9.5cm	46,000	中国嘉德	2014.05.17
寿山芙蓉石佛手摆件	高11.6cm	11,500	西泠拍卖	2014.12.15
寿山芙蓉石捆竹摆件	高12.2cm	48,300	西泠拍卖	2014.12.15
寿山芙蓉石奇石摆件	高20.5cm	20,700	中国嘉德	2014.05.17
寿山芙蓉石玉兰花摆件	长22.7cm	48,300	西泠拍卖	2014.12.15
寿山花坑石薄意摆件	高16cm	10,350	中国嘉德	2014.11.22
寿山荔枝洞石游山图摆件	高7.8cm	43,700	中国嘉德	2014.05.17
寿山品种石、巴林鸡血石摆件(一组四件)	尺寸不一	103,500	中国嘉德	2014.11.22
寿山品种石摆件(一组八件)	尺寸不一	20,700	中国嘉德	2014.11.22
寿山品种石摆件(一组八件)	尺寸不一	17,250	中国嘉德	2014.05.17
寿山品种石摆件(一组九件)	尺寸不一	36,800	中国嘉德	2014.11.22
寿山品种石摆件(一组七件)	尺寸不一	28,750	中国嘉德	2014.11.22
寿山石(苦尽甘来)		600,000	荣盛国际	2014.07.26
寿山石摆件(三件)	尺寸不一	14,950	北京匡时	2014.06.05
寿山田黄石 薄意摆件(三件)	尺寸不一	55,200	北京匡时	2014.06.05
寿山田黄石摆件(一组两件)	高4.2cm	55,200	中国嘉德	2014.11.22
寿山田黄石竹节摆件	高6.5cm	109,250	中国嘉德	2014.11.22
寿山乌鸦皮田黄石薄意摆件	高3.6cm	13,800	中国嘉德	2014.11.22
寿山银包金旗降石、山秀园石摆件(一组两件)	高4.8cm高9.2cm	34,500	中国嘉德	2014.11.22
桃花芙蓉“旭日东升”摆件	高9cm	11,500	荣宝斋(上海)	2014.05.09
田黄石竹节摆件	高4cm	57,500	福建东南	2014.10.25
田黄小摆件	尺寸不一	33,600	上海联合	2014.10.11
王雷庭作 旗降石梅菊薄意摆件	长9.1cm	40,250	福建东南	2014.10.25
王雷霆作 掘性都成坑石疏林秋色薄意摆件	长7.4cm	86,250	福建东南	2014.05.24
王雷霆作 蛇匏石山林隐逸图薄意摆件	长8.1cm	51,750	福建东南	2014.05.24
王一帆作 牧牛 寿山高山石摆件	长6.2cm	28,750	北京匡时	2014.06.05
王一帆作 善伯洞石执卷书生摆件	长10.7cm	34,500	福建东南	2014.05.24
王一帆作 田黄石劲节摆件	高3.7cm	97,750	福建东南	2014.10.25
王一帆作 田黄石秋江泛舟摆件	高4.8cm	172,500	福建东南	2014.05.24
徐丹作 二号矿石薄意摆件	高6.8cm	20,700	福建东南	2014.05.24
郑世斌作 田黄石春江水暖薄意摆件	高9.2cm	8,050,000	福建东南	2014.10.25
郑世斌作 田黄石山居即景薄意摆件	高4.4cm	5,232,500	福建东南	2014.10.24

拍品名称	物品尺寸	成交价RMB	拍卖公司	拍卖日期
周龙云作田黄石云梅薄意随形摆件	高4.9cm	115,000	西泠拍卖	2014.12.15
唐武则天有关平定吐蕃之碑刻原石	碑身长39.3cm	20,700,000	西泠拍卖	2014.12.13
宋 青石莲瓣纹石座连黄太湖石	长142cm	126,500	西泠拍卖	2014.05.05
宋青石莲瓣纹束腰底座连黄太湖石	长197cm	218,500	西泠拍卖	2014.05.05
元 汉白玉龙纹座圆形石盆连黟县青石	长152cm	86,250	西泠拍卖	2014.05.05
明或更早“廷坚”款小石山子	长16cm	13,800	北京保利	2014.06.05
明或更早 洞天岫	高120cm	57,500	中鸿信	2014.11.23
明或更早 有道	高52cm	207.000	中鸿信	2014.11.23
明或更早 白石莲瓣纹石盆带束腰底座	长93cm	1,265,000	西泠拍卖	2014.12.14
明 汉白玉鹤纹莲花盆连英石立峰	长173cm	437,000	西泠拍卖	2014.12.14
明 汉白玉花卉纹石座连黄太湖石	长205cm	253,000	西泠拍卖	2014.05.05
明 汉白玉莲瓣纹底座连红太湖石	长220cm	218,500	西泠拍卖	2014.05.05
明 汉白玉莲花瓣方座连黄太湖石	长93cm	86.250	西泠拍卖	2014.12.14
明 汉白玉如意足底座连黄太湖石	长207cm	195,500	西泠拍卖	2014.05.05
明 灵璧石山子	高29cm	148,320	台湾世家	2014.04.13
明 灵璧赏石	高17cm	23,000	中贸圣佳	2014.07.06
明 青石海棠形石盆连太湖石	高77cm	69,000	西泠拍卖	2014.05.05
明青石莲花瓣束腰圆座连白太湖石	长177cm	161,000	西泠拍卖	2014.12.14
明 青石四面开光花卉纹底座连白太湖石	长237cm	414,000	西泠拍卖	2014.12.14
明 青石长方形石盆连太湖石	长72cm	36,800	西泠拍卖	2014.05.05
明 太湖石莲花盆连太湖石	长210cm	425,500	西泠拍卖	2014.05.05
明 太湖石长方形石盆连赏石	长64cm	57,500	西泠拍卖	2014.05.05
明/清 小皱云	高53cm	138,000	中鸿信	2014.11.23
明晚期 灵璧石赏石	高31cm	71,300	中国嘉德	2014.05.19
清或更早 平底刻铭英石	高27.5cm	493,750	香港苏富比	2014.04.07
清早期 灵璧石立峰	高71cm	59,800	中国嘉德	2014.05.19
清早期 祁连石五峰式山子	高14cm	460,000	中国嘉德	2014.05.19
清乾隆“碧云峰”崂山石	高30cm	296,250	香港苏富比	2014.04.07
清乾隆 寿山石山水人物山子	高7.5cm	35,800	北京传是	2014.06.05
清中期 玛瑙俏色巧雕双螭灵芝小山子	长10cm	69,000	北京保利	2014.06.05
清中期 赏石摆件	高40cm	17,250	北京传是	2014.06.05
清中期 石雕山水人物诗文山子	长11.5cm	667,000	北京翰海	2014.10.26
清中期 汉白石赏盆带托三件套连座带托	16cm×14.5cm	34,500	北京匡时	2014.06.03
清“阮元”款孤峰漏月赏石	高15.5cm	40,250	古天一	2014.12.05
清“霁云峰”灵璧石供	总高68.8cm	1,738,000	香港苏富比	2014.04.07
清 白石雕海棠形四面开光赏盆，带太湖供石	供石高70cm	138,000	西泠拍卖	2014.12.13
清 白太湖山子	高102cm	10,350	北京传是	2014.06.05
清 白太湖石雪浪	182cm×70cm	138,000	中鸿信	2014.11.23
清 苍山秋烟灵璧供石	带座高55cm	1,495,000	西泠拍卖	2014.12.13
清 乘风灵璧石文房供石	带座高45cm	115,000	西泠拍卖	2014.05.06
清 程庭鹭藏灵璧石山子	高168cm	46,000	北京传是	2014.06.05
清 程桢义藏灵璧石“云枧”	高82cm	20,700	北京传是	2014.06.05
清 丹青意思	120cm×48cm	46,000	中鸿信	2014.11.23
清 邓廷桢藏太湖石“绘月”	高66cm	11,500	北京传是	2014.06.05
清 洞天福地	长44cm	20,700	中鸿信	2014.11.23
清 方式庶藏太湖石“横云”	长67cm高61cm	34,500	北京传是	2014.06.05
清 匪思石	68cm×27cm	22,500	中鸿信	2014.11.23
清 风阙岩	64cm×82cm	25,300	中鸿信	2014.11.23
清 高凤翰藏灵璧石“巉岩”	长60cm	32,200	北京传是	2014.06.05
清 艮岳意韵	高103cm	13,500	中鸿信	2014.11.23
清 供石	石高38cm桌高84cm	218,500	北京保利	2014.12.04
清 供石	石高73cm	184,000	北京保利	2014.12.04
清 供石(配“赤壁赋”画)	宽53cm	89,700	北京保利	2014.06.05
清 供石诗文山子	宽37cm	13,800	北京保利	2014.01.11
清 观云石	48cm×48cm	23,000	中鸿信	2014.11.23
清 汉白玉花卉纹石盆连束腰石座	长82.5cm	345,000	西泠拍卖	2014.05.05
清 汉白玉刻卷草纹石座连太湖石立峰	长288cm	4,945,000	西泠拍卖	2014.12.14
清 横峰灵璧山子	长82cm	402,500	中国嘉德	2014.11.22
清 横峰赏石	长20cm	63,250	北京保利	2014.12.04
清 红花芙蓉石雕山子摆件	带座高17.5cm	63,250	西泠拍卖	2014.12.13
清 红石山子横峰	宽82cm	23,000	北京保利	2014.06.05
清 红太湖山子	高180cm	11,500	北京传是	2014.06.05
清 胡锡珪藏灵璧石“透月岩”	长50cm	28,750	北京传是	2014.06.05
清 华岩藏太湖石“涵碧”	长47cm	23,000	北京传是	2014.06.05

2014杂项拍卖成交汇总

(成交价RMB：1万元以上)

拍品名称	物品尺寸	成交价RMB	拍卖公司	拍卖日期
清 幻云	长60cm	17,250	中鸿信	2014.11.23
清 黄蜡石文房山子	带座高20cm	57,500	西泠拍卖	2014.12.13
清 黄寿山石雕五老图山子	长10.1cm	20,700	中鸿信	2014.11.22
清 黄太湖“卧虎”	高130cm	25,300	北京传是	2014.06.05
清 黄太湖山子	高105cm	21,850	北京传是	2014.06.05
清 黄太湖山子	高162cm	20,700	北京传是	2014.06.05
清 黄太湖山子	高91cm	11,500	北京传是	2014.06.05
清 江山雪霁图	33cm×85cm	25,300	中鸿信	2014.11.23
清 菊花石山子带原座	高47cm	11,500	中国嘉德	2014.03.22
清 孔雀石山子	长25cm	69,000	古天一	2014.12.05
清 昆石山子	高57cm	333,500	北京翰海	2014.10.25
清 昆石山子	含座高28.3cm	36,800	北京诚轩	2014.11.20
清 朗朗清卿		17,250	中鸿信	2014.11.23
清 老君骨	长112cm	46,000	中鸿信	2014.11.23
清 灵碧石立峰山子	高32cm	172,500	中国嘉德	2014.05.19
清 灵璧大供石	石高73cm	103,500	北京保利	2014.12.04
清 灵璧供石	带座高56.5cm	1,380,000	西泠拍卖	2014.12.13
清 灵璧山形供石	高34cm	34,500	北京保利	2014.12.04
清 灵璧赏石	高89.5cm	790,000	香港苏富比	2014.04.07
清 灵璧石摆件	宽75cm	11,500	北京保利	2014.01.11
清 灵璧石摆件	高24.8cm	92,025	纽约佳士得	2014.03.20
清 灵璧石摆件	带座高32cm	36,800	西泠拍卖	2014.12.13
清 灵璧石供石摆件	带座高36.5cm	632,500	西泠拍卖	2014.12.13
清 灵璧石供石摆件	带座高14cm	92,000	西泠拍卖	2014.12.13
清 灵璧石供石摆件	带座高40.5cm	46,000	西泠拍卖	2014.12.13
清 灵璧石横峰摆件、供石摆件(两件)	宽44cm	23,000	北京保利	2014.06.06
清 灵璧石立峰	高90cm	32,200	北京保利	2014.01.11
清 灵璧石山形摆件	长50cm	40,250	北京传是	2014.06.05
清 灵璧石山子	高46cm	230,000	北京保利	2014.12.04
清 灵璧石山子	高65cm	92,000	北京保利	2014.12.04
清 灵璧石山子摆件	带座高8.1cm	11,500	西泠拍卖	2014.05.06
清 灵璧石小山子	高13cm	59,800	中国嘉德	2014.05.19
清 灵璧石研山	长35cm	138,000	北京保利	2014.12.04
清 灵岫峰	高190cm	138,000	中鸿信	2014.11.23
清 灵岩	高45cm	43,700	中鸿信	2014.11.23
清 玲珑青丘	59cm×49cm	34,500	中鸿信	2014.11.23
清 刘承干铭山形文房供石摆件	带座高43.2cm	46,000	西泠拍卖	2014.12.13
清 六石山馆珍藏英石供石	带座高57cm	46,000	西泠拍卖	2014.05.06
清 绿松石山子	高91cm	322,000	北京传是	2014.06.05
清 满载而归赏石	高11.5cm	82,800	中国嘉德	2014.05.19
清 梦道士	190cm×50cm	46,000	中鸿信	2014.11.23
清南邨款崂山绿凝黄杯翠供石摆件	带座高12cm	207,000	西泠拍卖	2014.05.06
清 潘恭寿藏灵璧石山子	高163cm	78,200	北京传是	2014.06.05
清 栖霞石立峰	高100cm	11,500	北京传是	2014.06.05
清 奇石多宝格(一组十件)	尺寸不一	32,200	北京传是	2014.06.05
清 起云	123cm×50cm	57,500	中鸿信	2014.11.23
清 千山偕秀	高58cm	32,200	中鸿信	2014.11.23
清 秦祖永藏太湖石“晦云起晴”	长61.5cm	20,700	北京传是	2014.06.05
清 青石花卉瑞兽六角底座连白太湖石	长232cm	172,500	西泠拍卖	2014.12.14
清 青石莲花瓣圆座连黄太湖石	长116cm	63,250	西泠拍卖	2014.12.14
清 青石如意纹底座连红太湖赏石立峰(一对)	长198cm	437,000	西泠拍卖	2014.12.14
清 青石石匾	长169cm	69,000	西泠拍卖	2014.12.14
清 青嶂骨	28cm×44cm	20,700	中鸿信	2014.11.23
清 清供	高62cm	25,300	中鸿信	2014.11.23
清 如定	75cm×35cm	40,250	中鸿信	2014.11.23
清 阮元藏太湖石“锁碧”	长72cm	25,300	北京传是	2014.06.05
清 阮元刻圆镜智	高84cm	36,800	北京保利	2014.12.03
清 蕊寒香冷	高54cm	24,750	中鸿信	2014.11.23
清 山清	长53cm	20,700	中鸿信	2014.11.23
清 尚均铭寿山石山子摆件	高度26.6cm	115,000	西泠拍卖	2014.12.13
清 寿山石雕兰石山子摆件	带座高10.7cm	32,200	西泠拍卖	2014.12.13
清 寿山石文房山子摆件	带座高24cm	241,500	西泠拍卖	2014.05.06
清 太湖石	总高140.5cm	1,169,200	香港苏富比	2014.04.07
清 太湖石(带汉白玉石盆)	高73cm	32,200	北京传是	2014.06.05
清 太湖石(带石盆)	高145cm	34,500	北京传是	2014.06.05
清 太湖石“卷云透月”	高185cm	92,000	北京传是	2014.06.05
清 太湖石“擎秀峰”	高220cm	172,500	北京传是	2014.06.05
清 太湖石“翥云峰”	高58cm	23,000	北京保利	2014.06.05

拍品名称	物品尺寸	成交价RMB	拍卖公司	拍卖日期
清 太湖石拱形山子	高87cm	23,000	中贸圣佳	2014.06.01
清 太湖石供石	高25.2cm	40,883	保利香港	2014.04.07
清 太湖石供石	高80cm	34,500	广东省拍	2014.12.07
清 太湖石供石摆件	带座高34cm	92,000	西泠拍卖	2014.12.13
清 太湖石六角盆连太湖赏石	80cm×65cm	57,500	西泠拍卖	2014.12.14
清 太湖石山子	高95cm	34,500	北京保利	2014.01.11
清 太湖石山子	高90cm	12,650	北京保利	2014.01.11
清 听石	59cm×24cm	34,500	中鸿信	2014.11.23
清 汪士慎款寿山石寒江独钓诗文山子	高14cm	13,800	中国嘉德	2014.03.24
清 汪洙款寿山石雕山水人物山子摆件	带座高10cm	97,750	西泠拍卖	2014.12.13
清 王文治藏灵璧“异石”	高43cm	36,800	北京传是	2014.06.05
清 文石山子古供石摆件	带座高54.5cm	126,500	西泠拍卖	2014.12.13
清 吴鼒藏太湖石“玲珑”	高50cm	17,250	北京传是	2014.06.05
清 吴鼒藏太湖石“探云”	高85cm	36,800	北京传是	2014.06.05
清 小供石两件(两件)	宽32cm宽21cm	11,500	北京保利	2014.06.05
清 徐枋藏太湖石“苍山凝翠”	高49cm	13,800	北京传是	2014.06.05
清 玄碧岩	130cm×50cm	23,000	中鸿信	2014.11.23
清 杨伯润藏太湖石“岚岫”	高80cm	32,200	北京传是	2014.06.05
清 杨晋藏五彩灵璧山子	高190cm	51,750	北京传是	2014.06.05
清 杨晋款英石山子摆件	带座高21cm	34,500	西泠拍卖	2014.05.06
清 一屏秋色	45cm×57cm	13,800	中鸿信	2014.11.23
清 英石 罗寻幽道	高46cm	48,300	中鸿信	2014.11.23
清 英石“风谷贞贞”	高67cm	23,000	北京传是	2014.06.05
清 英石“孤峭”	高66cm	11,500	北京传是	2014.06.05
清 英石供	高71cm	1,453,600	香港苏富比	2014.04.07
清 英石供	高12.8cm	187,625	香港苏富比	2014.04.07
清 英石供石	带座高34.5cm	32,200	西泠拍卖	2014.05.06
清 英石供石	高30.7cm	168,008	保利香港	2014.10.07
清 英石供石	带座高25.5cm	17,250	西泠拍卖	2014.12.13
清 英石立峰山子	高18cm	115,000	中国嘉德	2014.05.19
清 英石立峰山子	高39cm	10,170	广东省拍	2014.12.07
清 英石立峰小山子	高47cm	103,500	中国嘉德	2014.05.19
清 英石山子	高44cm	345,000	中国嘉德	2014.05.19
清 英石山子	含座高22.3cm	40,250	北京诚轩	2014.11.20
清 英石山子	高10cm	36,800	广东省拍	2014.12.07
清英石山子(带红木几)(一组)	尺寸不一	11,500	北京传是	2014.06.05
清 英石山子文房供石	带座高45.5cm	57,500	西泠拍卖	2014.05.06
清 英石赏石	高9.2cm	148,125	香港苏富比	2014.04.07
清 英石随形山子	长12cm	23,000	古天一	2014.12.05
清 英石小山子	高10.2cm	57,500	北京诚轩	2014.05.19
清 云窦纵横	76cm×80cm	40,250	中鸿信	2014.11.23
清 韫玉岩	78cm×50cm	23,000	中鸿信	2014.11.23
清 翟大坤藏太湖石“玲珑”	高80cm	25,300	北京传是	2014.06.05
清 张赐宁藏灵璧石“坤灵凝秀”	高123cm	56,350	北京传是	2014.06.05
清 张家口石圆形石盆连底座(一对)	27cm×27cm	126,500	西泠拍卖	2014.05.05
清 执中含和	54cm×16cm	23,000	中鸿信	2014.11.23
清 紫霜岩	62cm×24cm	46,000	中鸿信	2014.11.23
清 紫芝岩	70cm×24cm	40,250	中鸿信	2014.11.23
清 邹一桂藏灵璧石“蒸云”	高60cm	40,250	北京传是	2014.06.05
清 醉留癫笔	16cm×28cm	17,250	中鸿信	2014.11.23
清 醉云峰	62cm×28cm	10,350	中鸿信	2014.11.23
清 坐岩	高33.5cm	23,000	中鸿信	2014.11.23
清韵灵璧莲花供石	高63cm	115,000	福建东南	2014.10.26
近代 巴林三彩冻石雕硕果累累(一件)	高38cm	336,000	上海国拍	2014.06.28
近代 红太湖石立峰	高114cm	40,250	北京保利	2014.04.27
近代 红太湖石立峰	高83cm	34,500	北京保利	2014.04.27
近代 红太湖石山子	高80cm	11,500	北京保利	2014.01.11
近代 黄太湖立峰	高73cm	11,500	北京保利	2014.01.11
近代 黄太湖石立峰	高126cm	39,100	北京保利	2014.04.27
近代 黄太湖石立峰	高13.5cm	36,800	北京保利	2014.04.27
近代 黄太湖石立峰	高70cm	13,800	北京保利	2014.01.11
近代 太湖石立峰	高150cm	51,750	北京保利	2014.04.27
近代 太湖石立峰	高73cm	25,300	北京保利	2014.01.11
近代 太湖石立峰	高74cm	11,500	北京保利	2014.01.11
近代 太湖石山子	高134cm	41,400	北京保利	2014.04.27
近代 太湖石山子	高123cm	40,250	北京保利	2014.04.27
近代 田黄石薄意梅春图	高3.9cm	163,530	保利香港	2014.04.07

拍品名称	物品尺寸	成交价RMB	拍卖公司	拍卖日期
近代 田黄石山子摆件	高7.5cm	138,000	北京翰海	2014.01.12
近代 黟县青石山子	高19.5cm	40,250	中国嘉德	2014.05.19
“傲霜”菊花石	长49cm	17,250	北京容海	2014.09.22
“八面玲珑”古石八方组合	高80cm	20,700	北京容海	2014.09.22
“苍雲烟鬟”灵璧石堂供	高143cm	14,950	北京容海	2014.09.22
“层叠冰梢”白太湖供石	高92cm	11,500	北京容海	2014.09.22
“巉玉”太湖供石	高73cm	10,350	中贸圣佳	2014.09.27
“黛立”灵璧供石	高112cm	17,250	中贸圣佳	2014.09.27
“丹邱云壑”太湖供石	高132cm	20,700	中贸圣佳	2014.09.27
“飞岩霞云”太湖供石	长73cm	10,350	中贸圣佳	2014.09.27
“古山幽空”太湖供石	长78cm	11,500	北京容海	2014.09.22
“横雲叠翠”英石供石	高105cm	10,350	北京容海	2014.09.22
“静观”白英石供石	高83cm	13,800	中贸圣佳	2014.09.27
“流雲青岽”灵璧供石	高73cm	11,500	北京容海	2014.09.22
“柳月涵秋”灵璧供石	高106cm	11,500	北京容海	2014.09.22
“南屏峰”太湖供石	长65cm	13,800	中贸圣佳	2014.09.27
“凝香”白太湖供石	高137cm	25,300	中贸圣佳	2014.09.27
“青霄”西楼石丈	高118cm	23,000	中贸圣佳	2014.09.27
“岁寒三友”古石三方组合	尺寸不一	17,250	中贸圣佳	2014.09.27
“溪山烟雨”太湖石堂供	高156cm	40,250	中贸圣佳	2014.09.27
“雪晴”白太湖供石	高76cm	20,700	中贸圣佳	2014.09.27
“雪香云蔚”白太湖供石	高149cm	40,250	中贸圣佳	2014.09.27
“雪霄”太湖供石	高83cm	10,350	北京容海	2014.09.22
“曳藜”灵璧供石	长58cm	28,750	中贸圣佳	2014.09.27
“云桂嵯峨”灵璧供石	高152cm	17,250	中贸圣佳	2014.09.27
“紫气东来”红太湖供石	高107cm	13,800	中贸圣佳	2014.09.27
17世纪/18世纪 英石赏石	总高56cm	1,074,400	香港苏富比	2014.04.07
18世纪 仿灵璧髹漆瓷赏石	5.1cm×17.5cm	148,125	香港苏富比	2014.04.07
18世纪/19世纪 黄蜡石山子	高17.2cm	37,208	伦敦苏富比	2014.11.05
18世纪/19世纪 石山子	高18cm	47,130	伦敦苏富比	2014.11.05
2014 关柏春 逍遥游	31cm×10.5cm	299,000	北京保利	2014.12.01
巴林粉冻瑞兽呈祥	尺寸不一	1,150,000	宇辰拍卖	2014.11.02
巴林鸡血石山子摆件	长19.5cm	402,500	中国嘉德	2014.05.17
白芙蓉雕十八罗汉山子	高27cm长34cm	184,000	北京匡时	2014.09.17
白果石山子带石座	高230cm	94,300	北京翰海	2014.05.09
白太湖石立峰	高137cm	48,300	中国嘉德	2014.03.24
白太湖石山子	高95cm	17,250	中国嘉德	2014.09.22
白太湖石山子	长68cm	34,500	北京翰海	2014.10.25
白太湖石山子	长45cm	34,500	北京翰海	2014.10.25
白太湖石山子带石盆	高80cm	34,500	北京翰海	2014.05.09
白太湖石山子带石座	高165cm	71,300	北京翰海	2014.05.09
白太湖石山子带石座	高99cm	17,250	北京翰海	2014.05.09
白英石山子带石盆	高122cm	59,800	北京翰海	2014.05.09
包金仿太湖石	长58cm	69,000	北京翰海	2014.10.25
包金仿祥龙石配油画	高58cm	690,000	北京翰海	2014.10.25
北太湖石山子	高64cm	115,000	北京翰海	2014.10.25
遍看云窟	高78cm	40,250	北京保利	2014.12.03
博山石 万山红	高40cm	17,250	北京保利	2014.12.03
博山石 烟云叠嶂	高52cm	51,750	保利厦门	2014.11.02
苍劲博古供石 画 凌云幽兰石 画	15cm×22cm	12,650	北京艺融	2014.12.08
苍岭飞岩	高75cm	36,800	北京保利	2014.12.03
昌化鸡血石	尺寸不一	25,300	西泠拍卖	2014.12.15
昌化鸡血石 (五件)	尺寸不一	16,100	北京匡时	2014.06.05
昌化鸡血石山子摆件	高18cm	40,250	中国嘉德	2014.05.17
陈达作丹东石翎管 (二件)	2.8cm×10.8cm	195,500	西泠拍卖	2014.12.15
陈达作寿山芙蓉石翎管	2.0cm×13.8cm	115,000	西泠拍卖	2014.12.15
陈国煌 寿山石 (六件套)	尺寸不一	17,250	荣宝斋(上海)	2014.05.09
陈明志作巴林石宝如壶	长18cm	132,250	北京匡时	2014.06.05
陈晓军作 芙蓉石一生平安挂牌	7.2cm×5.8cm	25,300	福建东南	2014.05.24
楚天悬翠	高64cm宽12cm	10,350	北京保利	2014.12.03
穿云	高66cm宽23cm	17,250	北京保利	2014.12.03
春山新雨	高60cm宽43cm	28,750	北京保利	2014.12.03
当代寿山田黄石刘东刻“相依相伴”	重21g	112,700	中鸿信	2014.11.22
杜陵坑薄意山子	高16cm	17,250	上海泛华	2014.06.30
风砺岩	123cm×36cm	17,025	中鸿信	2014.11.23
风清云淡	高50cm宽21cm	40,250	北京保利	2014.12.03
风翼	高56cm宽52cm	28,750	北京保利	2014.12.03
芙蓉石山子摆件	11cm×5.2cm	11,500	福建东南	2014.05.24
供石	高47cm宽47cm	25,300	北京保利	2014.12.04
供石	高50cm	23,000	北京保利	2014.12.04

拍品名称	物品尺寸	成交价RMB	拍卖公司	拍卖日期
广东英石 柳月涵秋	60cm×36cm	23,000	保利厦门	2014.11.02
广东英石云笈	高51cm宽19cm	23,000	北京保利	2014.12.03
广西黑太湖云蒸霞蔚	44cm×64cm×29cm	59,800	保利厦门	2014.11.02
广西太湖石 汉舞赋	高100cm宽32cm	17,250	北京保利	2014.12.03
广西太湖石 和气	高80cm宽52cm	40,250	北京保利	2014.12.03
广西太湖石 虚云	高80cm宽60cm	34,500	北京保利	2014.12.03
过桥灵璧石	高17cm	27,600	朵云轩	2014.06.29
汉黄石山子	高62cm	94,300	北京翰海	2014.10.25
汉黄石山子	高49cm	71,300	北京翰海	2014.10.25
黑灵璧石	高89cm	138,000	北京匡时	2014.06.03
黑灵璧石 一树清风	高180cm宽77cm	69,000	北京保利	2014.12.03
黑太湖石沉云	高47cm宽27cm	21,850	北京保利	2014.06.04
黑太湖石探云	36cm×50cm	78,200	保利厦门	2014.11.02
黑太湖石月迹云痕	高56cm宽41cm	48,300	北京保利	2014.06.04
红灵璧石山子	长57cm	34,500	北京翰海	2014.05.09
红太湖赏石	高109cm	20,160	北京荣宝	2014.03.23
红太湖赏石	高123cm	11,200	北京荣宝	2014.06.15
红太湖赏石	高109cm	20,160	北京荣宝	2014.11.30
红太湖石山子	高106cm	23,000	北京翰海	2014.05.09
红太湖石山子	高134cm	55,200	中国嘉德	2014.03.24
黄龙玉金华火腿	15cm×27cm×23cm	418,000	浙江六通	2014.10.19
黄太湖石 奥府	高85cm宽56cm	46,000	北京保利	2014.12.03
黄太湖石 灵机	高15cm宽20cm	28,750	北京保利	2014.12.03
黄太湖石 顽石清芝	高70cm宽74cm	57,500	北京保利	2014.12.03
黄太湖石洞天福地	40cm×52cm	36,800	保利厦门	2014.11.02
黄太湖石立峰	高168cm	23,000	北京翰海	2014.05.09
黄太湖石山子	高143cm	94,300	北京翰海	2014.05.09
黄太湖石山子	高100cm	16,800	北京荣宝	2014.03.23
黄太湖石山子带石盆	高49cm	69,000	北京翰海	2014.05.09
黄太湖石山子带双层石座	高165cm	36,800	北京翰海	2014.10.25
灰太湖石 万寿山	高88cm宽30cm	28,750	北京保利	2014.12.03
灰太湖石碧远峰	49cm×38cm	40,250	保利厦门	2014.11.02
灰太湖石祥云兆瑞	60cm×38cm	34,500	保利厦门	2014.11.02
灰太湖石涌云	60cm×38cm	48,300	保利厦门	2014.11.02
鸡骨石绽放	28cm×25cm	193,600	浙江六通	2014.10.19
鸡血石山子	高32.8cm	69,000	中国嘉德	2014.03.24
菊花石山子	高56cm	34,500	北京翰海	2014.05.09
孔雀石山子	高74cm	253,000	北京翰海	2014.05.09
昆石 祥云	高52cm宽32cm	69,000	北京保利	2014.12.03
昆石矿外石山子带石盆	高82cm	345,000	北京翰海	2014.05.09
昆石山子	高40cm	34,500	北京翰海	2014.10.25
昆石蒸云	高50cm宽22cm	109,250	北京保利	2014.12.03
蓝田烟霞	66cm×51cm	34,500	中鸿信	2014.11.23
琅琊石山子	高100cm	40,250	北京翰海	2014.05.09
琅琊石山子	高92cm	34,500	北京翰海	2014.05.09
琅琊石山子带石座	高126cm	36,800	北京翰海	2014.05.09
老莲遗爱	高46cm宽28cm	34,500	北京保利	2014.12.03
灵璧禅石(配画)	长43cm	690,000	北京翰海	2014.10.25
灵璧石	高99cm	16,800	北京荣宝	2014.03.23
灵璧石	高99cm	16,800	北京荣宝	2014.11.30
灵璧石摆件	长40cm	11,500	北京翰海	2014.10.25
灵璧石摆件	长29cm	71,300	北京翰海	2014.10.25
灵璧石摆件	高25cm	69,000	北京翰海	2014.10.25
灵璧石摆件	长99cm	69,000	北京翰海	2014.10.25
灵璧石立峰带石盆	高99cm	14,950	北京翰海	2014.10.25
灵璧石山子	高18cm	23,000	北京翰海	2014.10.25
灵璧石山子	长15cm	23,000	北京翰海	2014.10.25
灵璧石山子	高60cm	11,500	北京翰海	2014.10.25
灵璧石山子	高47cm	11,500	北京翰海	2014.10.25
灵璧石山子	高95cm	69,000	北京翰海	2014.10.25
灵璧石山子	高18cm	57,500	北京翰海	2014.10.25
灵璧石山子	高23cm	34,500	北京翰海	2014.10.25
灵璧石山子	高28cm	34,500	北京翰海	2014.10.25
灵璧石山子带石座	高82cm	13,800	北京翰海	2014.10.25
灵璧石 巨燕	高46cm	17,250	北京保利	2014.12.03
灵璧石摆件	高85cm	17,250	中贸圣佳	2014.09.27
灵璧石摆件	高62cm	11,500	中贸圣佳	2014.09.27
灵璧石摆件	高80cm	28,750	中贸圣佳	2014.09.27
灵璧石立峰	高106cm	57,500	北京翰海	2014.05.09
灵璧石山子	长58cm	34,500	北京翰海	2014.05.09
灵璧石山子	高62cm	28,750	北京翰海	2014.05.09

2014杂项拍卖成交汇总

(成交价RMB：1万元以上)

拍品名称	物品尺寸	成交价RMB	拍卖公司	拍卖日期
灵璧石山子	高41cm	18,400	北京翰海	2014.05.09
灵璧石山子	高52cm	17,250	北京翰海	2014.05.09
灵璧石山子	高15.2cm	12,266	邦瀚斯	2014.09.15
灵璧石山子	高45cm	13,800	中贸圣佳	2014.09.27
灵璧石山子	高72cm	13,800	中贸圣佳	2014.09.27
灵璧石山子	高43cm	28,750	中国嘉德	2014.09.22
灵璧石山子	高38cm	11,500	中国嘉德	2014.09.22
灵璧石山子	高224cm	36,800	中国嘉德	2014.03.24
灵璧石山子	高128cm	34,500	中国嘉德	2014.03.24
灵璧石山子	高27cm	10,350	中国嘉德	2014.03.24
灵璧石山子	高163cm	10,350	中国嘉德	2014.06.22
灵璧石山子	长17.8cm	30,665	邦瀚斯	2014.09.15
灵璧石山子(星耀斗牛)	高156cm	92,000	北京翰海	2014.05.09
灵璧石山子带石座	高152cm	101,200	北京翰海	2014.05.09
灵璧石山子带石座	高150cm	94,300	北京翰海	2014.05.09
灵璧石山子带石座	高90cm	17,250	北京翰海	2014.05.09
灵璧石山子带双层座	高130cm	40,250	北京翰海	2014.05.09
灵璧石五峰山子	长18.7cm	153,325	纽约苏富比	2014.09.16
灵璧石小山子	长9.1cm	11,000	上海驰翰	2014.04.18
灵璧石带楠木座(配画)	长15cm	230,000	北京翰海	2014.10.25
灵璧石紫金如意	高178cm	51,750	北京保利	2014.12.03
灵璧烟云苍岚供石	高40.8cm	84,329	纽约苏富比	2014.09.16
灵璧鱼形石“锦鳞”	长79cm	94,300	北京翰海	2014.05.09
灵芝/灵璧赏石	高1.9m	21,850	北京艺融	2014.12.08
玲珑石卷云	高40cm	43,700	北京保利	2014.06.04
龙骨石山子带石盆	高55cm	36,800	北京翰海	2014.05.09
鹿目石传统题材套件	尺寸不一	74,750	福建东南	2014.05.24
摩尔石	长89cm	34,500	北京翰海	2014.05.09
墨玉玲珑	高163cm	36,800	北京保利	2014.06.04
木化石山子	长42cm	69,000	北京翰海	2014.10.25
木化石山子(配书法)	长130cm	92,000	北京翰海	2014.10.25
南太湖赏石	高28cm	17,920	北京荣宝	2014.06.15
青云—黄太湖石案供 祥云/黑太湖石案供	尺寸不一	16,100	北京艺融	2014.12.08
青州石	高33cm	92,000	北京翰海	2014.10.25
青州石	长60cm	57,500	北京翰海	2014.10.25
青州石山子	高79cm	92,000	北京翰海	2014.10.25
青州石山子	高55cm	36,800	北京翰海	2014.10.25
秋山高远	高76cm	23,000	北京保利	2014.12.03
日本古谷石混沌材	高12.5cm	11,500	北京保利	2014.06.04
日本古谷石小仇池	宽11cm	17,250	北京保利	2014.06.04
山形灵璧石	直径30cm	29,900	朵云轩	2014.06.29
少狮峰	高220cm	57,500	北京保利	2014.12.03
石灰岩“落雁峰”小山子	高15.2cm	18,399	纽约苏富比	2014.09.16
石山子香薰	高39cm	28,750	北京翰海	2014.08.24
寿山芙蓉石山子摆件	高15cm	55,200	中国嘉德	2014.11.22
寿山坑头冻石山子 (两件)	尺寸不一	25,300	西泠拍卖	2014.12.15
寿山田黄石 (三件)	尺寸不一	21,850	北京匡时	2014.06.05
四箴石	65cm×27cm	13,800	中鸿信	2014.11.23
松风冷	176cm×65cm	135,000	中鸿信	2014.11.23
太湖石 汲古	高170cm	57,500	北京保利	2014.12.03
太湖石 巨斤	高28cm	11,500	北京保利	2014.12.03
太湖石摆件	高102cm	23,000	中贸圣佳	2014.09.27
太湖石摆件	高76cm	17,250	中贸圣佳	2014.09.27
太湖石摆件	高60cm	17,250	中贸圣佳	2014.09.27
太湖石摆件	高190cm	34,500	中贸圣佳	2014.09.27
太湖石雏龙醒醉	高182cm	195,500	北京保利	2014.06.04
太湖石带海棠盆、石座	高163cm	48,300	北京翰海	2014.10.25
太湖石憨云	高90cm	172,500	北京保利	2014.06.04
太湖石卷云邀月	高85cm	103,500	北京保利	2014.06.04
太湖石空山寂	高57cm	34,500	中鸿信	2014.11.23
太湖石灵云	高19cm	11,500	北京保利	2014.06.04
太湖石霓云卧波	宽110cm	138,000	北京保利	2014.06.04
太湖石凝云	高37cm	27,600	北京保利	2014.06.04
太湖石山子	长45cm	40,250	北京翰海	2014.05.09
太湖石山子	高72cm	34,500	北京翰海	2014.05.09
太湖石山子	高61cm	10,350	北京翰海	2014.05.09
太湖石山子	长48cm	23,000	北京翰海	2014.10.25
太湖石山子	高35cm	12,650	北京翰海	2014.10.25
太湖石山子	高46cm	13,800	中国嘉德	2014.06.22
太湖石山子	长62cm	34,500	北京翰海	2014.10.25

拍品名称	物品尺寸	成交价RMB	拍卖公司	拍卖日期
太湖石山子带石盆	高86cm	57,500	北京翰海	2014.05.09
太湖石山子带石盆	高98cm	57,500	北京翰海	2014.05.09
太湖石山子带石盆	高52cm	36,800	北京翰海	2014.05.09
太湖石山子带石盆	高53cm	25,300	北京翰海	2014.05.09
太湖石山子带石盆	高56cm	13,800	北京翰海	2014.05.09
太湖石山子带石座	高172cm	95,450	北京翰海	2014.05.09
太湖石山子带石座	高131cm	40,250	北京翰海	2014.05.09
太湖石山子一对带石座	高143cm	105,800	北京翰海	2014.05.09
太湖石赏石	高79cm	13,440	北京荣宝	2014.03.23
太湖石小岫云	高94cm	195,500	北京保利	2014.06.04
田黄石薄意套件		57,500	福建东南	2014.05.24
田黄石薄意套件		63,250	福建东南	2014.10.25
田黄石套件		34,500	福建东南	2014.05.24
王世襄藏、赠韵荪吴昌硕“石阙颜云”黑灵璧靠山	长76cm	253,000	北京保利	2014.06.05
危岫峰	40cm×23cm	20,700	中鸿信	2014.11.23
现代 白云生处有人家(昌化鸡血石) (一件)	长38cm	280,000	上海国拍	2014.06.28
徐丹作 芙蓉石、汶洋石文玩套件	尺寸不一	40,250	福建东南	2014.05.24
烟云供养	62cm×28cm	46,000	中鸿信	2014.11.23
英石 流山	宽66cm	40,250	北京保利	2014.12.03
英石 雨过秋林	高112cm	43,700	北京保利	2014.12.03
英石摆件	高100cm	23,000	中贸圣佳	2014.09.27
英石摆件	高66cm	13,800	中贸圣佳	2014.09.27
英石摆件	高64cm	11,500	中贸圣佳	2014.09.27
英石摆件	长85cm	25,300	北京翰海	2014.10.25
英石碧云清远	高140cm	50,600	北京保利	2014.06.04
英石层云凌霄	高67cm	35,650	北京保利	2014.06.04
英石冲霄悬翠	高45cm	34,500	北京保利	2014.06.04
英石大漠孤烟	高25cm	23,000	北京保利	2014.06.04
英石大云顶	高43cm	34,500	北京保利	2014.06.04
英石范宽行远	高20cm	17,250	北京保利	2014.06.04
英石风云际会	高94cm	98,900	北京保利	2014.06.04
英石富春秋岭	高17cm	23,000	北京保利	2014.06.04
英石耕云峰	高20cm	41,400	北京保利	2014.06.04
英石关山映月	宽52cm	23,000	北京保利	2014.06.04
英石海搓	宽51cm	23,000	北京保利	2014.06.04
英石驾鹤	高52cm	27,600	北京保利	2014.06.04
英石金岭含晖	宽36cm	23,000	北京保利	2014.06.04
英石静观	高41cm	39,100	北京保利	2014.06.04
英石立峰	高89cm	23,000	北京翰海	2014.10.25
英石立峰	高145cm	241,500	北京翰海	2014.10.25
英石岭上观云	高42cm	26,450	北京保利	2014.06.04
英石六朝风骨	高48cm	23,000	北京保利	2014.06.04
英石起云峰	高21cm	48,300	北京保利	2014.06.04
英石千山万径	宽77cm	23,000	北京保利	2014.06.04
英石仁者寿	高134cm	92,000	北京保利	2014.06.04
英石瑞芝云英	高36cm	42,550	北京保利	2014.06.04
英石山子	高47cm	23,000	北京翰海	2014.10.25
英石山子	长38cm	23,000	北京翰海	2014.10.25
英石山子	高43cm	11,500	北京翰海	2014.10.25
英石山子	高196cm	172,500	北京翰海	2014.10.25
英石山子	长48cm	69,000	北京翰海	2014.10.25
英石山子 (两件)	高28cm	10,350	中国嘉德	2014.03.24
英石山子带石盆	高138cm	59,800	北京翰海	2014.05.09
英石山子带石盆	高85cm	34,500	北京翰海	2014.05.09
英石山子带石盆	长45cm	18,400	北京翰海	2014.05.09
英石山子带石盆	高66cm	11,500	北京翰海	2014.05.09
英石山子带石座	高156cm	97,750	北京翰海	2014.05.09
英石山子带石座	高175cm	59,800	北京翰海	2014.05.09
英石山子带石座	高176cm	34,500	北京翰海	2014.05.09
英石山子带双层石座	高169cm	172,500	北京翰海	2014.10.25
英石蜀道	高79cm宽26cm	31,050	北京保利	2014.06.04
英石太湖石山子带石座 (一对)	高182cm高166cm	207,000	北京翰海	2014.10.25
英石探云峰	高35cm宽36cm	23,000	北京保利	2014.06.04
英石万峰笼烟	高38cm宽29cm	115,000	北京保利	2014.06.04
英石万壑云蒸	高34cm宽60cm	69,000	北京保利	2014.06.04
英石无欲则刚	高39cm宽56cm	23,000	北京保利	2014.06.04
英石玄北之门	高16cm宽18cm	25,300	北京保利	2014.06.04
英石雨过巷岩	高31cm宽45cm	34,500	北京保利	2014.06.04
英石玉屏叠嶂	高31cm宽47cm	23,000	北京保利	2014.06.04

拍品名称	物品尺寸	成交价RMB	拍卖公司	拍卖日期
英石云横九脉	高14cm宽26cm	17,250	北京保利	2014.06.04
英石云中君	高65cm宽21cm	49,450	北京保利	2014.06.04
英石重天之云	高84cm宽20cm	34,500	北京保利	2014.06.04
云洞—旧藏太湖石	52cm×78cm	17,250	北京艺融	2014.12.08
张志在作 田黄石荷塘清趣套件	高2.7cm高5.3cm	36,800	福建东南	2014.10.25
芝云峰	高45cm宽25cm	17,250	北京保利	2014.12.03
钟乳石三峰竞秀山子	45cm×46cm	34,500	保利厦门	2014.11.02
生活用品				
明以前 汉白玉石刻香炉	高13.5cm	287,500	西泠拍卖	2014.12.13
明 斑石弦纹罐	高10.5cm	17,250	中国嘉德	2014.03.24
清乾隆 红寿山雕夔龙描金熏炉	高15cm	851,000	上海敬华	2014.07.01
清乾隆 青田加彩福寿双龙耳杯	宽12cm	172,500	北京保利	2014.01.11
清 芙蓉石雕活环耳瓶	高15.5cm	195,500	远方拍卖	2014.06.02
清 芙蓉石花插	高20cm	108,768	台湾世家	2014.04.13
清 汉白玉刻金文葵形石盘	30cm×30cm	23,000	西泠拍卖	2014.05.05
清 金星料兽面纹盖瓶 (一对)	高26cm	172,500	八益拍卖	2014.10.24
清 罗聘款寿山石刻梅花诗句香盒	高3.5cm	28,750	西泠拍卖	2014.05.06
清 青金石盖瓶 (一件)	高21.5cm	13,440	上海国拍	2014.11.30
清 青金石饕餮炉觚摆件	高21.8cm	23,000	上海泓盛	2014.12.15
清 青石三足草龙纹香炉	36cm×36cm	20,700	西泠拍卖	2014.12.14
清寿山石雕松石人物香筒(一对)	高26cm	126,500	西泠拍卖	2014.05.06
清 寿山石雕玉兰杯	直径9cm高6.5cm	32,200	中鸿信	2014.11.22
清 寿山石龙凤纹盖盒	长16cm宽12cm	138,000	北京翰海	2014.05.10
清寿山石阴刻填蓝岁寒三友诗文炉	直径10.5cm	32,200	中国嘉德	2014.03.24
19世纪 寿山石雕莲塘鸳鸯图花插	高16cm	46,013	纽约佳士得	2014.03.20
19世纪/20世纪 寿山石描金大香盒	直径17.6cm	218,500	北京翰海	2014.05.11
丹东石荷芳清远香插	通长18.1cm	23,000	西泠拍卖	2014.12.15
芙蓉石一叶知秋香插	高9.7cm	17,250	福建东南	2014.05.24
虎睛石菊花香盘	12.5cm×12.5cm	11,500	北京博观	2014.11.16
黄淑英作 古凤杯 寿山杜陵石摆件	7cm×4.2cm	20,700	北京匡时	2014.06.05
灵璧石香熏	高38cm	25,300	北京翰海	2014.05.09
田黄瑞兽香插	长5.3cm	28,750	中国嘉德	2014.03.24
其他				
明以前 汉白玉满工高浮雕石盆	68cm×68cm	2,300,000	西泠拍卖	2014.12.14
明早期 九狮图汉白玉石盆	直径92cm	727,720	中国嘉德	2014.10.07
明 汉白玉敞口瓜棱形石盆	52cm×52cm	86,250	西泠拍卖	2014.05.05
明 汉白玉海棠形石盆	32cm×23cm	32,200	西泠拍卖	2014.05.05
明 汉白玉莲瓣纹花盆 (一对)	23cm×23cm	69,000	西泠拍卖	2014.05.05
明 汉白玉莲瓣纹圆形石盆	53cm×53cm	138,000	西泠拍卖	2014.05.05
明 汉白玉四面开光花卉纹长方形石盆	87cm×50cm	586,500	西泠拍卖	2014.12.14
明 汉白玉素工起线长方形石盆	82cm×42cm	92,000	西泠拍卖	2014.12.14
明 灰灵璧配汉白玉海棠盆赏石	高44cm	69,000	北京保利	2014.12.04
明 青白石葵口圆形石盆	58cm×58cm	46,000	西泠拍卖	2014.05.05
明 青白石四面开光草龙纹海棠盆	74cm×58cm	55,200	西泠拍卖	2014.12.14
明 青石缠枝莲圆形石盆	62cm×62cm	86,250	西泠拍卖	2014.05.05
明青石高浮雕暗八仙纹长方形石盆	96.5cm×44.5cm	264,500	西泠拍卖	2014.12.14
明 青石花卉纹三面工长方形石盆	65cm×46cm	166,750	西泠拍卖	2014.05.05
明 太湖石海棠形石盆	112cm×88cm	97,750	西泠拍卖	2014.05.05
清 白石大长方盆	长157cm高17cm	74,750	北京保利	2014.06.05
清 白石海棠式盆	长69cm宽48cm	28,750	北京保利	2014.06.05
清 白石宽边束腰长方形石盆	49cm×33cm	34,500	西泠拍卖	2014.12.14
清 大理石水仙盆	长50cm	55,200	北京保利	2014.01.11
清汉白玉“冰清玉润”款方形石盆	48cm×48cm	184,000	西泠拍卖	2014.05.05
清 汉白玉“昆山”铭梅竹长方形石盆	45cm×29cm	172,500	西泠拍卖	2014.12.14
清 汉白玉敞口方型石盆	24cm×24cm	20,700	西泠拍卖	2014.05.05
清汉白玉敞口长方形石盆(一对)	83cm×46cm	172,500	西泠拍卖	2014.05.05
清 汉白玉方形石盆	88cm×88cm	92,000	西泠拍卖	2014.05.05
清 汉白玉海棠形石盆	70cm×45cm	264,500	西泠拍卖	2014.05.05
清汉白玉花卉纹三面工长方形石盆	93cm×42cm	287,500	西泠拍卖	2014.05.05
清 汉白玉花口西式花盆	59cm×47cm	241,500	西泠拍卖	2014.05.05
清 汉白玉刻字款石盆 (一对)	尺寸不一	86,250	西泠拍卖	2014.12.14
清 汉白玉六角形石盆	35cm×35cm	36,800	西泠拍卖	2014.12.14
清 汉白玉瓢口圆形石盆	57cm×57cm	55,200	西泠拍卖	2014.05.05
清汉白玉三面刻高浮雕花卉纹石盆	94cm×42cm	322,000	西泠拍卖	2014.12.14
清 汉白玉四面葵花纹长方形石盆	94cm×58cm	230,000	西泠拍卖	2014.12.14
清 汉白玉素方盆	长43cm宽25cm	11,500	西泠拍卖	2014.12.13
清 汉白玉倭角长方形石盆	41cm×26cm	86,250	西泠拍卖	2014.05.05
清 汉白玉弦纹长方形石盆	68cm×31cm	55,200	西泠拍卖	2014.05.05
清 汉白玉弦纹长方形石盆	34cm×20cm	34,500	西泠拍卖	2014.05.05

拍品名称	物品尺寸	成交价RMB	拍卖公司	拍卖日期
清 汉白玉弦纹长方形石盆	69cm×31cm	25,300	西泠拍卖	2014.05.05
清 汉白玉腰形石盆	59cm×41cm	48,300	西泠拍卖	2014.12.14
清 汉白玉长方形石盆	91cm×51cm	207,000	西泠拍卖	2014.12.14
清 汉白玉长方形石盆	122cm×58cm	184,000	西泠拍卖	2014.12.14
清 汉白玉长方形石盆	85cm×56cm	43,700	西泠拍卖	2014.12.14
清 汉白玉长方形石盆	64cm×35cm	23,000	西泠拍卖	2014.12.14
清 汉白玉长方形石盆	68cm×25cm	23,000	西泠拍卖	2014.12.14
清 汉白玉长方形折沿石盆	89.5cm×48.5cm	63,250	西泠拍卖	2014.05.05
清 汉白玉折沿长方形石盆	122cm×55cm	172.500	西泠拍卖	2014.05.05
清 黑青石莲花送子盆	65cm×65cm	253,000	西泠拍卖	2014.12.14
清 青白石八角石盆	47cm×47cm	195,500	西泠拍卖	2014.05.05
清 青石八面开窗如意足葵口石盆	33.5cm×14cm	63,250	西泠拍卖	2014.05.05
清 青石八面开光刻高浮雕人物纹石盆 (一对)	112cm×110cm	713,000	西泠拍卖	2014.12.14
清 青石花卉纹瓜棱形石盆	45cm×32cm	36,800	西泠拍卖	2014.05.05
清 青石花卉纹长方形石盆	43cm×29.5cm	36,800	西泠拍卖	2014.05.05
清 石雕刻花卉诗句四方水仙盆	长27cm宽27cm	74,750	西泠拍卖	2014.12.13
清 英石配汉白玉落叶盆赏石	长31cm	34,500	北京保利	2014.12.04
葵口石盆	直径42cm	11,500	中国嘉德	2014.03.22
灵璧石随形鱼盆	长83cm	57,500	北京翰海	2014.10.25
六棱石盆	高45cm	40,250	北京翰海	2014.05.09
青白石石盆	长89cm	138,000	北京翰海	2014.10.25
青石盆	长60cm	23,000	北京翰海	2014.10.25
石盆	长78cm	391,000	北京翰海	2014.05.09
石盆	长50cm	18,400	北京翰海	2014.05.09
石盆	长50cm	12,650	北京翰海	2014.05.09
石盆	长135cm	11,500	北京翰海	2014.10.25
石盆 (一对)	长47cm×2	28,750	北京翰海	2014.05.09
四面开光长方石盆	59cm×31cm	11,500	中国嘉德	2014.03.22
吴昌硕款汉白玉诗文花盆	长32cm	184,000	北京保利	2014.06.05
明 汉白玉花卉纹花台	64cm×29cm	57,500	西泠拍卖	2014.12.14
明 青石满工高浮雕瑞兽纹花台 (一对)	47cm×47cm	195,500	西泠拍卖	2014.12.14
清高浮雕瑞兽钱币纹花台(一对)	44cm×44cm	276,000	西泠拍卖	2014.12.14
清 汉白玉八面开光中束腰花台 (一对)	74cm×74cm	138,000	西泠拍卖	2014.12.14
清 汉白玉缠枝连花台 (一对)	44cm×44cm	126,500	西泠拍卖	2014.05.05
清 汉白玉缠枝莲花台 (一对)	50cm×40cm	138,000	西泠拍卖	2014.05.05
清汉白玉瓜棱花卉纹花台(一对)	34cm×34cm	46,000	西泠拍卖	2014.05.05
清 汉白玉瓜棱形花台 (一对)	49cm×49cm	195,500	西泠拍卖	2014.12.14
清 汉白玉瓜棱型花台 (一对)	33cm×33cm	74,750	西泠拍卖	2014.05.05
清 汉白玉花台 (一对)	79cm×79cm	207,000	西泠拍卖	2014.12.14
清 汉白玉开光花台 (一对)	37cm×37cm	46,000	西泠拍卖	2014.05.05
清 汉白玉刻“瓶升三级”纹花台 (一对)	99cm×30cm	172,500	西泠拍卖	2014.12.14
清 汉白玉莲瓣纹花台 (一对)	37cm×37cm	63,250	西泠拍卖	2014.05.05
清 汉白玉如意铺首纹瓜棱形花台	70cm×58cm	46,000	西泠拍卖	2014.12.14
清汉白玉瑞兽花卉纹花台(一只)	33cm×33cm	69,000	西泠拍卖	2014.05.05
清 青石高浮雕花卉纹花台	33cm×81cm	126,500	西泠拍卖	2014.12.14
清 青石开光雕花卉六角花台	71cm×32cm	172,500	西泠拍卖	2014.12.14
清 青石浅浮雕刻福禄寿纹花台 (一对)	31.5cm×48cm	55,200	西泠拍卖	2014.12.14
清 青石三层莲瓣纹花台 (一对)	54cm×36cm	230,000	西泠拍卖	2014.05.05
红灵璧石茶台	长108cm	13,800	北京翰海	2014.05.09
石缸及台座	高83cm	57,500	中国嘉德	2014.03.22
明茶园石束腰石桌连鼓墩(一对)	尺寸不一	115,000	西泠拍卖	2014.12.14
明 汉白石桌连鼓墩 (一套)	尺寸不一	253,000	安徽艺海	2014.04.30
明 汉白玉方形石桌	84.5cm×84.5cm	86,250	西泠拍卖	2014.05.05
明 汉白玉满工缠枝莲石桌	164cm×92cm	230,000	西泠拍卖	2014.05.05
明 汉白玉长方形石桌	161cm×78cm	161,000	西泠拍卖	2014.05.05
明 蛇蟠石如意足莲瓣纹石桌	130cm×90cm	149,500	西泠拍卖	2014.12.14
清 汉白玉方形桌面 (一套)	67.5cm×67.5cm	46,000	西泠拍卖	2014.05.05
清 汉白玉刻康熙款石桌	170cm×78cm	218,500	西泠拍卖	2014.12.14
清 汉白玉如意足石桌	83cm×83cm×70cm	92,000	西泠拍卖	2014.12.14
清 汉白玉石桌加鼓墩 (一套)		115,000	西泠拍卖	2014.12.14
清 汉白玉四足长方形石桌	146cm×92cm	126,500	西泠拍卖	2014.12.14
清 汉白玉中束腰马蹄足石桌	130cm×72cm	40,250	西泠拍卖	2014.12.14
清 青白石梅兰竹菊石桌 (一套)	85cm×85cm	86,250	西泠拍卖	2014.05.05
清 青石竹纹翘头案	166cm×78cm	92,000	西泠拍卖	2014.12.14
清 太湖石石桌	123cm×84cm	46,000	西泠拍卖	2014.12.14
金陵红石桌(三层)	高87cm	138,000	北京翰海	2014.10.25

2014杂项拍卖成交汇总

(成交价RMB：1万元以上)

拍品名称	物品尺寸	成交价RMB	拍卖公司	拍卖日期
明 大理石海水纹基座	27cm×39cm	118,500	香港苏富比	2014.04.07
明 汉白玉中束腰刻卷草纹石座	70cm×45cm	126,500	西泠拍卖	2014.12.14
明 青白石束腰圆石台座	73cm×73cm	287,500	西泠拍卖	2014.05.05
明 青石如意足六角形石座	44cm×44cm	23,000	西泠拍卖	2014.05.05
明 石质卷云纹足器座	13.7cm×13.7cm	13,800	北京匡时	2014.06.05
清 汉白玉连珠束腰莲瓣纹须弥座	71cm×71cm	218,500	西泠拍卖	2014.12.14
清 汉白玉满工卷草纹石座	57cm×57cm	322,000	西泠拍卖	2014.12.14
清 汉白玉如意纹四足承座	73cm×53cm	80,500	西泠拍卖	2014.12.14
清 汉白玉圆形禅座	94cm×94cm	172,500	西泠拍卖	2014.05.05
青石双层石座	高72cm	74,750	北京翰海	2014.10.25
石丈带石座	高115cm	17,250	北京翰海	2014.10.25
文石带须弥座	高206cm	230,000	北京翰海	2014.05.09
汉白玉石座 (一对)	高68cm×2	69,000	北京翰海	2014.10.25
明汉白玉寿字葵花纹门枕石(一对)	108cm×99cm	322,000	西泠拍卖	2014.12.14
明 青石素工门枕石 (一对)	156cm×95cm	149,500	西泠拍卖	2014.12.14
清 汉白玉抱鼓门枕石 (一对)	109cm×97cm	276,000	西泠拍卖	2014.05.05
清 汉白玉抱鼓门枕石 (一对)	81cm×50cm	86,250	西泠拍卖	2014.05.05
清汉白玉花卉瑞兽门枕石(一对)	56cm×19cm	207,000	西泠拍卖	2014.12.14
清 汉白玉刻凤采牡丹长方形门枕石 (一对)	89cm×70cm	172,500	西泠拍卖	2014.12.14
清 汉白玉梅花花卉纹门枕石 (一对)	52cm×43cm	40,250	西泠拍卖	2014.12.14
清 汉白玉门枕石 (一对)	72cm×67.5cm	36,800	西泠拍卖	2014.05.05
清 汉白玉瑞兽披巾纹门枕石 (一对)	66cm×56cm	115,000	西泠拍卖	2014.12.14
清 汉白玉瑞兽纹长方形门枕石 (一对)	90.5cm×70.5cm	86,250	西泠拍卖	2014.05.05
清 汉白玉瑞兽纹长方形门枕石 (一对)	81cm×72cm	69,000	西泠拍卖	2014.05.05
清 汉白玉瑞兽纹长方形门枕石 (一对)	82cm×77cm	34,500	西泠拍卖	2014.05.05
清汉白玉三狮抱鼓门枕石(一对)	107cm×105cm	138,000	西泠拍卖	2014.05.05
清汉白玉三狮抱鼓门枕石(一对)	85cm×78cm	86,250	西泠拍卖	2014.05.05
清 汉白玉三狮戏球抱鼓型门枕石 (一对)	99cm×90cm	368,000	西泠拍卖	2014.12.14
清 汉白玉素面门枕石 (一对)	106cm×84cm	66,700	西泠拍卖	2014.12.14
清 汉白玉万字纹长方形门枕石 (一对)	62cm×56cm	48,300	西泠拍卖	2014.05.05
清 汉白玉长方形门枕石 (一对)	100cm×80cm	80,500	西泠拍卖	2014.05.05
清 汉白玉长方形门枕石 (一对)	74.5cm×63cm	23,000	西泠拍卖	2014.05.05
清 汉白玉长方形门枕石 (一对)	96cm×73cm	80,500	西泠拍卖	2014.12.14
清青石螭龙花卉纹门枕石(一对)	65cm×24cm	63,250	西泠拍卖	2014.12.14
清 青石瑞兽纹长方形门枕石 (一对)	83cm×75cm	63,250	西泠拍卖	2014.05.05
清 太湖石线刻龙凤呈祥门枕石 (一对)	57cm×56cm	43,700	西泠拍卖	2014.12.14
清 汉白玉长凳	211cm×51.5cm	368,000	西泠拍卖	2014.12.14
清 汉白玉长凳	210cm×50cm	97,750	西泠拍卖	2014.12.14
清 汉白玉长方形石凳	145cm×50cm	34,500	西泠拍卖	2014.12.14
清 黑青石石凳	136cm×48cm	57,500	西泠拍卖	2014.12.14
清 青石祥云纹马蹄足长凳	165cm×57cm	138,000	西泠拍卖	2014.12.14
清 青白石四面兽首乳钉纹鼓凳 (一对)	35cm×35cm	184,000	西泠拍卖	2014.12.14
明汉白玉浮雕铺首鼓墩 (一对)	46cm×34cm	80,500	西泠拍卖	2014.05.05
明 汉白玉花卉纹鼓墩 (一对)	47cm×36cm	115,000	西泠拍卖	2014.05.05
明 汉白玉铺首鼓墩 (一对)	60cm×60cm	345,000	西泠拍卖	2014.12.14
明 汉白玉铺首连座鼓墩 (一对)	50cm×47cm	264,500	西泠拍卖	2014.05.05
明 汉白玉铺首乳钉纹鼓墩连底座 (一对)	50cm×47cm	241,500	西泠拍卖	2014.12.14
明 汉白玉乳钉纹鼓墩连底座 (一对)	58cm×46cm	103,500	西泠拍卖	2014.12.14
明 汉白玉双面开光鹤鹿纹鼓墩带底座 (一对)	53cm×42cm	149,500	西泠拍卖	2014.12.14
明太湖石满工草龙纹鼓墩(一对)	50cm×50cm	69,000	西泠拍卖	2014.12.14
清 汉白玉带座铺首鼓墩 (一对)	60cm×60cm	391,000	西泠拍卖	2014.12.14
清 汉白玉皇家六角形雕铺首满工石鼓墩 (一对)	32cm×32cm	483,000	西泠拍卖	2014.12.14
清汉白玉开窗花卉纹鼓墩(一对)	49cm×43cm	149,500	西泠拍卖	2014.05.05
清 汉白玉两面开光刻花卉纹铺首鼓墩 (一对)	42cm×36cm	86,250	西泠拍卖	2014.12.14
清 汉白玉铺首凤纹鼓墩 (一对)	55cm×47cm	218,500	西泠拍卖	2014.05.05

拍品名称	物品尺寸	成交价RMB	拍卖公司	拍卖日期
清 汉白玉铺首鼓墩 (一对)	50cm×46cm	126,500	西泠拍卖	2014.05.05
清 汉白玉铺首鼓墩 (一对)	40cm×37cm	74,750	西泠拍卖	2014.05.05
清 汉白玉铺首鼓墩 (一对)	42cm×42cm	46,000	西泠拍卖	2014.12.14
清 汉白玉铺首连座鼓墩 (一对)	55cm×42cm	230,000	西泠拍卖	2014.05.05
清 汉白玉钱币纹鼓墩 (一对)	34cm×25cm	92,000	西泠拍卖	2014.05.05
清 汉白玉双凤纹鼓墩 (一只)	47cm×39cm	32,200	西泠拍卖	2014.05.05
清 青石单面花卉纹古墩 (一对)	高45cm	69,000	北京保利	2014.06.05
清 青石铺首鼓墩 (一对)	45cm×36cm	63,250	西泠拍卖	2014.05.05
清 青石如意纹鼓墩 (一对)	40cm×36cm	57,500	西泠拍卖	2014.12.14
清 青石乳钉纹鼓墩 (一对)	40cm×36cm	57,500	西泠拍卖	2014.12.14
清青石乳钉纹鼓墩带底座(一对)	45cm×33cm	86,250	西泠拍卖	2014.05.05
清 青石双狮铺首鼓墩 (一个)	63cm×63cm	34,500	西泠拍卖	2014.12.14
清 青石竹编纹鼓墩 (一对)	29cm×25cm	46,000	西泠拍卖	2014.05.05
清 石雕门礅 (一对)	56cm×27cm×2	51,750	中贸圣佳	2014.07.06
清 太湖石刻花卉纹连底座鼓墩 (一对)	44cm×44cm	126,500	西泠拍卖	2014.12.14
清 太湖石披巾连座鼓墩 (一对)	45cm×35cm	40,250	西泠拍卖	2014.12.14
红灵璧佛龛	高70cm	40,250	北京翰海	2014.10.25
灵璧对石佛龛	高61cm	17,250	北京翰海	2014.05.09
灵璧石佛龛	高131cm	17,250	北京翰海	2014.08.24
明 青白石花卉纹花几 (一对)	85cm×45cm	897,000	西泠拍卖	2014.12.14
清 汉白玉暗八仙花卉纹花几 (一只)	56cm×26cm	80,500	西泠拍卖	2014.05.05
清 青石树根形几	高58cm	92,000	北京保利	2014.06.05
清 青石花卉满工阴刻束腰四足花几 (一对)	33cm×33cm	80,500	西泠拍卖	2014.12.14
灵璧石随形花几	高68cm	48,300	北京保利	2014.06.05
明大理石浮雕"螭龙"香莲纹构件	28cm×115cm	345,625	香港苏富比	2014.04.07
明以前 青石八角开窗井圈	110cm×110cm	368,000	西泠拍卖	2014.12.14
明 万历款太湖石井圈	70cm×70cm	46,000	西泠拍卖	2014.12.14
清 汉白玉六角井圈	53cm×46cm	69,000	西泠拍卖	2014.05.05
1880年代 大理石铜鎏金花柱	高107cm	34,500	上海泛华	2014.10.29
其他雕刻				
商 黄般若旧藏甲骨残片 (一组七件)	尺寸不一	460,000	西泠拍卖	2014.12.13
明末清初 核雕人物 (三件)	尺寸不一	92,000	翰风国际	2014.04.30
明以前 陈邦怀藏骨刻三代图案	尺寸不一	57,500	西泠拍卖	2014.12.13
清早期 龙纹药香十八子	直径12cm	322,000	中鸿信	2014.11.22
清中期 骨制串		230,000	北京翰海	2014.05.11
清中期 和尚头式油壶鲁葫芦	高13.4cm	115,000	中国嘉德	2014.11.22
清中期 桃核雕济公坠	高3.4cm	34,500	北京诚轩	2014.11.20
清中期 椰壳雕寿喜扳指	内直径2.1cm	48,300	北京翰海	2014.10.26
清 草籽串		36,800	北京翰海	2014.04.13
清 玳瑁雕人物首饰盒	直径9cm	28,750	北京盈时	2014.05.31
清 玳瑁雕松鼠葡萄香筒	高24.5cm	126,500	西泠拍卖	2014.12.13
清玳瑁嵌暗八仙纹金钟葫芦(一对)	高8cm	11,500	中国嘉德	2014.06.22
清 玳瑁梳 核雕多宝串	长5.7cm	40,250	古天一	2014.12.05
清 橄榄 木雕罗汉等 (五件)		13,800	北京翰海	2014.01.12
清 高浮雕人物风景玳瑁盒	口径12.3cm	149,062	宝港国际	2014.11.27
清 骨制麻将牌 (一组)	尺寸不一	17,250	西泠拍卖	2014.05.06
清 骨质镂雕朝珠串		34,500	北京翰海	2014.10.26
清 果核雕花卉手串		23,000	古天一	2014.12.05
清 果核雕十二生肖	尺寸不一	230,000	古天一	2014.06.05
清 核雕佛珠	长128cm	11,500	北京匡时	2014.06.04
清 核雕花卉印章及竹雕花卉纹香囊 (一组两件)	香囊高4.5cm	23,000	西泠拍卖	2014.05.06
清 核雕降龙、伏虎罗汉摆件	高3cm	32,200	西泠拍卖	2014.05.06
清 核雕人物 (一组三件)	尺寸不一	23,000	西泠拍卖	2014.12.13
清 核雕人物佛珠	数量108颗	25,300	西泠拍卖	2014.05.06
清 核雕十八罗汉		11,500	西泠拍卖	2014.12.13
清 核雕渔家乐诗文小摆件	长4.5cm	25,300	北京保利	2014.04.27
清 核桃 (十三个)	尺寸不一	13,800	中国嘉德	2014.03.24
清 鹤顶红松下人物挂牌	高7m	13,800	中鸿信	2014.11.22
清 鹤顶红透雕螭龙纹带扣	长11cm	57,500	西泠拍卖	2014.12.13
清 弘一、良佑藏核雕侍文十八子持珠	尺寸不一	80,500	西泠拍卖	2014.12.13
清 壳质浮雕山水人物圆方形盖盒	宽6cm	11,095	香港普艺	2014.05.31
清 榄核透雕船	宽4cm	29,587	香港普艺	2014.05.31
清 料仿红宝石十八籽念珠	尺寸不一	22,400	盛世嘉宝	2014.11.02
清 螺丝嵌宝福寿佩	长14.5	322,000	中鸿信	2014.11.22
清 贴沉香椰壳杯	高5cm	40,250	西泠拍卖	2014.05.06

拍品名称	物品尺寸	成交价RMB	拍卖公司	拍卖日期
清 星月菩提手串		11,500	北京翰海	2014.01.12
清 椰壳雕云龙纹大碗(一对)	直径16.5cm×2	28,750	中鸿信	2014.11.22
清 朱文右制竹雕香山五老图笔筒	高15cm	74,750	北京艺融	2014.12.08
清晚期 螺钿莳绘花鸟纹摆件(一对)	24cm×26.2cm×2	63,250	北京匡时	2014.12.03
清晚期 松鼠葡萄纹椰壳蒙烫画山水人物纹蝈蝈葫芦	长13cm	10,350	中国嘉德	2014.09.22
19世纪 玳瑁蕾丝扇	长35cm	16,950	广东省拍	2014.12.07
19世纪 玳瑁羽毛扇	长39cm	14,690	广东省拍	2014.12.07
20世纪 鹤顶红项链 手串各一串	长25cm长10cm	20,700	中国嘉德	2014.06.22
邦提克木珠配琉璃玛瑙隔珠项链		17,250	北京保利	2014.02.05
邦提克木珠三颗项链		17,250	北京保利	2014.02.05
蔡念群 八角形卷云纹团龙罗面黄杨柄团扇	长37cm	18,400	北京保利	2014.06.05
蔡念群 蕉叶形清杭罗面镂雕柄团扇	长35cm	23,000	北京保利	2014.06.05
陈云华 核雕细水长流、吉祥八仙手串及达摩、八仙单籽	尺寸不一	34,500	中国嘉德	2014.11.22
玳瑁枕	长39cm	25,300	中国嘉德	2014.03.24
凤眼菩提108颗	1cm×0.8cm	40,250	北京保利	2014.06.05
凤眼菩提配珊瑚隔珠	0.8cm×0.8cm	63,250	北京保利	2014.06.05
福禄寿人物核雕		16,000	北京保利	2014.02.05
嘎巴拉念珠	径0.7cm×0.9cm	71,300	北京保利	2014.02.05
橄榄核手串	直径1.7cm×10	115,000	中国嘉德	2014.11.22
骨雕"一帆风顺"摆件(手把件)	28g长7.6cm	10,350	北京艺融	2014.12.08
核雕单籽(四粒)	尺寸不一	23,000	中国嘉德	2014.11.22
核雕尸陀林念珠	1.5cm×1.5cm	34,500	北京保利	2014.06.05
核雕四面佛念珠	0.9cm×0.9cm	11,500	北京保利	2014.12.02
胡小兰款橄榄核雕双面十八罗汉手串	2.3cm×1.9cm	17,250	北京保利	2014.06.05
金刚菩提配多宝佛珠	长84.5cm	40,250	北京匡时	2014.06.04
金刚菩提配海蓝宝隔珠	0.8cm×0.9cm	23,000	北京保利	2014.06.05
近代 各式竹刻扇骨(十一件)	尺寸不一	36,800	北京保利	2014.10.26
近代 各式竹刻扇骨(十一件)	尺寸不一	25,300	北京保利	2014.10.26
近代 各式竹刻扇骨(十一件)	尺寸不一	17,250	北京保利	2014.10.26
近代 徐孝穆刻唐云款自赏骨雕插屏	高33cm	57,500	西泠拍卖	2014.12.13
老朱砂108籽手串		106,400	中联环球	2014.01.12
莲花菩提	直径1cm	17,250	北京保利	2014.12.02
灵骨108颗	0.9cm×0.6cm	46,000	北京保利	2014.06.05
满工雕罗汉橄榄核5粒	直径3.4cm	55,200	北京保利	2014.02.05
民国 鹤顶红观音像	长11.5m	17,250	中鸿信	2014.11.22
民国 名家刻扇骨(五件一组)	尺寸不一	63,250	北京保利	2014.10.26
民国 竹骨麻将牌(一付)		16,100	上海工美	2014.11.02
牛骨110粒	半径0.8cm	11,500	北京保利	2014.06.05
菩提根108颗	0.8cm×0.9cm	13,800	北京保利	2014.06.05
尚艺山房 核雕十八手串、金刚经扇面	尺寸不一	17,250	北京保利	2014.12.05
孙小娟 核雕代代传福手串及诗情画意、一路连科单籽两粒	尺寸不一	13,800	中国嘉德	2014.11.22
王禔、奚冈书画扇骨(二柄)		66,700	北京翰海	2014.10.25
吴廷康 精雕手串	直径1.2cm	92,000	泰和嘉成	2014.11.30
星月菩提108颗	0.7cm×0.8cm	78,200	北京保利	2014.06.05
星月菩提108颗	1cm×1cm	51,750	北京保利	2014.06.05
星月菩提108颗	0.9cm×0.8cm	51,750	北京保利	2014.06.05
星月菩提108颗	1.1cm×0.9cm	20,700	北京保利	2014.06.05
星月菩提108颗配南红隔珠	0.8cm×0.7cm	69,000	北京保利	2014.06.05
许忠英 核雕小弥勒手串及弥勒单籽		11,500	中国嘉德	2014.11.22
殷晨月款橄榄核雕双面十八罗汉手串	2.8cm×1.9cm	17,250	北京保利	2014.06.05
赵华新 常随佛学橄榄核手串	长15cm	51,750	北京保利	2014.12.05
赵华新 常随佛学橄榄核小长串	长20cm	40,250	北京保利	2014.12.05
赵华新 常随佛学桃核手串	长11cm	28,750	北京保利	2014.12.05
赵华新 福慧双修橄榄核手串	长17cm	28,750	北京保利	2014.12.05
赵华新 橄榄核舟记	长5cm	46,000	北京保利	2014.12.05
赵华新 古泉币橄榄核手串	长17cm	17,250	北京保利	2014.12.05
赵华新 汉韵橄榄核长串	长42cm	92,000	北京保利	2014.12.05
赵华新 九子戏弥勒橄榄核手串	长13cm	28,750	北京保利	2014.12.05
赵华新 梦里水乡橄榄核长串	长41cm	51,750	北京保利	2014.12.05
赵华新 瑞鹤图桃核长串	长31cm	34,500	北京保利	2014.12.05
赵华新 桃核(一组二件)	尺寸不一	17,250	北京保利	2014.12.05

拍品名称	物品尺寸	成交价RMB	拍卖公司	拍卖日期
赵华新 桃核(一组三件)	尺寸不一	34,500	北京保利	2014.12.05
赵华新 香山九老橄榄核单籽	长4cm	17,250	北京保利	2014.12.05
赵华新 一万八千僧橄榄核长串	长16cm	40,250	北京保利	2014.12.05
赵华新 一万八千僧桃核长串	长21cm	51,750	北京保利	2014.12.05
赵华新 渔樵耕读橄榄核单籽	长4cm	17,250	北京保利	2014.12.05
周建明 核雕八宝观音手串	长12cm	57,500	中国嘉德	2014.11.22
周建明 核雕麻姑献寿单籽	2.1cm×4.1cm	28,750	中国嘉德	2014.11.22
钟表(成交价RMB50万元以上)				
1855年(法国)铜鎏金天使双面诗文座钟	长73cm高69cm	3,105,000	北京保利	2014.06.04
Cecil Purnell陀飞轮腕表		1,495,000	华艺国际	2014.05.31
Christophe Claret "21 BLACKJACK" 白金PVD涂层处理钛金属自动上链腕表	直径4.5cm	837,400	香港苏富比	2014.04.08
De Grisogono 黑色PVD涂层18K白金腕表		502,500	佳士得	2014.05.28
Franck Muller 8889 T G SQT BR NR型号 "GIGA TOURBILLON" 白金酒桶形镂空陀飞轮腕表	直径4.4cm	592,500	香港苏富比	2014.04.08
Franck Muller 铂金酒桶形腕表		852,240	佳士得	2014.05.28
G é rald Genta "魔法师" 黄金、钻石、红宝石、绿宝石、蓝宝石、玉石、珐琅及多彩珠母贝音乐春宫人偶镂空座钟 编号G 3432.7 66798，年份约1990	直径34cn	2,022,400	香港苏富比	2014.04.08
G é rald Genta "魔法师的门徒" 黄金、钻石、黄宝石、红宝石、水晶、玫瑰石、珠母贝、青金石及珐琅音乐人偶响闹座钟	直径27cm	2,022,400	香港苏富比	2014.04.08
Greubel Forsey "TOURBILLON 24 SECONDS INCLINE INVENTION PIECE 3" 白金24秒陀飞轮腕		1,643,200	香港苏富比	2014.04.08
Greubel Forsey 39颗宝石手动上弦腕表 机芯GF02e	直径4.45cm	1,759,184	香港苏富比	2014.10.08
Greubel Forsey 手动上弦腕表 擒纵机芯GF01C	直径4.35cm	1,882,580	香港苏富比	2014.10.08
MB&F "LEGACY MACHINE NO 1" 白金两地时间腕表	直径4.0cm	740,625	香港苏富比	2014.04.08
MB&F "LEGACY MACHINE NO 1" 白金两地时间腕表	直径4.4cm	543,125	香港苏富比	2014.04.08
RGM 18K红金腕表		603,000	佳士得	2014.05.28
Richard Mille 18K白金女装酒桶形半镂空自动上弦腕表 型号RM007		502,500	佳士得	2014.05.28
Richard Mille 18K红金及钛金属酒桶形半镂空自动上弦腕表		502,500	佳士得	2014.05.28
Richard Mille 18K红金及钛金属自动上弦镂空腕表		552,750	佳士得	2014.05.28
Richard Mille 18K红金酒桶形腕表 型号RM004		753,750	佳士得	2014.05.28
Richard Mille 68颗宝石单一金属摆轮镂空表盘腕表 机芯RM/011	4.1cm×5.0cm	543,813	香港苏富比	2014.10.08
Richard Mille RM012 AG PT型号铂金酒桶形镂空陀飞轮腕表	3.9cm×4.8cm	3,065,200	香港苏富比	2014.04.08
Richard Mille RM019 AJ WG/09型号 "CELTIC KNOT" 白金镶钻石及黑钻石酒桶形镂空陀飞轮腕表	直径4.5cm	1,595,800	香港苏富比	2014.04.08
Richard Mille RM021型号 "AERODYNE" 白金酒桶形镂空陀飞轮腕表	4.8cm×3.9cm	1,074,400	香港苏富比	2014.04.08
ROMAIN J ROME 铁达尼氧化钢及PVD电镀钢手动上链双陀飞轮腕表，限量9枚，编号09		746,704	保利香港	2014.10.06
爱彼 白金及玉石镶钻石镂空怀表	直径5.2cm	543,125	香港苏富比	2014.04.08
爱彼 "JULES AUDEMARS" 白金三问陀飞轮腕表	直径4.0cm	808,960	香港苏富比	2014.04.08
爱彼 18K金半镂空腕表		996,960	佳士得	2014.05.28
爱彼 38颗宝石双敲簧三问功能陀飞轮黑色表盘手动上弦腕表 擒纵机芯2874	直径4.3cm	761,338	香港苏富比	2014.10.08

拍品名称	物品尺寸	成交价RMB	拍卖公司	拍卖日期
爱彼　皇家橡树系列，950铂金　自动上弦密镶钻腕表	表径4cm	1,150,000	北京保利	2014.12.04
百达翡丽 1327型号“骏马”镀铜太阳能座钟	高22cm	691,250	香港苏富比	2014.04.08
百达翡丽 18K白金表壳手动上弦腕表 擒纵机芯27/70 Q	直径3.65cm	1,218,140	香港苏富比	2014.10.08
百达翡丽 18K白金及珐琅镶钻石链带腕表 型号5720		2,444,160	佳士得	2014.05.28
百达翡丽 18K白金镂空自动上弦链带腕表 型号5180		603,000	佳士得	2014.05.28
百达翡丽 18K白金腕表 型号5270		804,000	佳士得	2014.05.28
百达翡丽 18K白金腕表 型号5970		2,540,640	佳士得	2014.05.28
百达翡丽 18K白金自动上弦腕表 型号5039		852,240	佳士得	2014.05.28
百达翡丽 18K红金腕表 型号3939		1,093,440	佳士得	2014.05.28
百达翡丽 18K红金腕表 型号5004		1,382,880	佳士得	2014.05.28
百达翡丽 18K红金腕表 型号5070		502,500	佳士得	2014.05.28
百达翡丽 18K红金腕表 型号5339		2,926,560	佳士得	2014.05.28
百达翡丽 18K黄金表壳镶钻表圈镂空镀金腕表 擒纵机芯17/170	直径4.65cm	1,645,280	香港苏富比	2014.10.08
百达翡丽 18K金怀表		1,189,920	佳士得	2014.05.28
百达翡丽 18K金酒桶形自动上弦腕表 型号5013		2,058,240	佳士得	2014.05.28
百达翡丽 18K金腕表 型号1518		1,768,800	佳士得	2014.05.28
百达翡丽 18K金自动上弦腕表 型号5131		804,000	佳士得	2014.05.28
百达翡丽 18k玫瑰金表壳手动上弦腕表 擒纵机芯RTO 27 PS QR	直径3.95cm	4,303,040	香港苏富比	2014.10.08
百达翡丽 22k黄金迷你摆陀银色表盘自动上弦腕表 擒纵机芯240	直径3.95cm	885,920	香港苏富比	2014.10.08
百达翡丽 22K金摆陀黑色漆绘表盘镶梯形钻石自动上弦腕表 擒纵机芯R27 Q	直径4.2cm	4,587,800	香港苏富比	2014.10.08
百达翡丽 22K金迷你摆陀自动上弦镀铑腕表 擒纵机芯240/165	直径4.3cm	1,265,600	香港苏富比	2014.10.08
百达翡丽 22K迷你金摆陀Gyromax摆轮自动上弦腕表 擒机芯240	直径4.4cm	1,502,900	香港苏富比	2014.10.08
百达翡丽 24颗宝石Gyromax摆轮黑色表盘配镶钻石时标手动上弦腕表 擒纵机芯CH 27/70 Q	直径3.6cm	662,463	香港苏富比	2014.10.08
百达翡丽 24颗宝石Gyromax摆轮蓝色表盘手动上弦腕表 擒纵机芯27/70	直径4.2cm	741,563	香港苏富比	2014.10.08
百达翡丽 24颗宝石Gyromax摆轮银色表盘手动上弦腕表 擒纵机芯27/70 Q	直径4.0cm	838,460	香港苏富比	2014.10.08
百达翡丽 24颗宝石Gyromax摆轮银色表盘手动上弦腕表 擒纵机芯27/70 Q	直径4.0cm	791,000	香港苏富比	2014.10.08
百达翡丽 24颗宝石Gyromax摆轮银色表盘手动上弦腕表 擒纵机芯27/70Q	直径4.0cm	838,460	香港苏富比	2014.10.08
百达翡丽 24颗宝石Gyromax摆轮游丝银制表盘配黑色条状时标手动上弦腕表 擒纵机芯27/70Q	直径4.0cm	1,170,680	香港苏富比	2014.10.08
百达翡丽 27颗宝石单一金属摆轮22k迷你摆轮黑色掐丝珐琅表盘自动上弦腕表 擒纵机芯240	直径3.8cm	791,000	香港苏富比	2014.10.08
百达翡丽 27颗宝石单一金属摆轮22k迷你摆陀掐丝珐琅表盘自动上弦腕表 擒纵机芯240	直径3.8cm	791,000	香港苏富比	2014.10.08
百达翡丽 29颗宝金边摆轮满天星镶钻石表盘自动上弦腕表 擒纵机芯335 SC	直径3.5cm	791,000	香港苏富比	2014.10.08
百达翡丽 29颗宝石Gyromax摆轮22K黄金迷你摆陀灰色表盘自动上弦腕表 擒纵机芯240/164	直径4.0cm	741,563	香港苏富比	2014.10.08
百达翡丽 29颗宝石双金属补偿摆轮配螺旋形蓝钢摆轮游丝腕表 擒纵机芯21'''RMDQ 配Earnshaw游丝棘爪擒纵机构	直径5.8cm	1,455,440	香港苏富比	2014.10.08
百达翡丽 30颗宝石Gyromax摆轮灰色日辉纹表盘自动上弦腕表 擒纵机芯324 S QR	直径3.5cm	771,225	香港苏富比	2014.10.08
百达翡丽 30颗宝石Gyromax摆轮银色滑面表盘自动腕表 擒纵机芯324	直径3.95cm	543,813	香港苏富比	2014.10.08
百达翡丽 33颗宝石Gyromax摆轮22k黄金迷你摆陀银色表盘自动上弦腕表 擒纵机芯240	直径3.95cm	741,563	香港苏富比	2014.10.08
百达翡丽 33颗宝石Gyromax摆轮银色表盘手动上弦腕表 擒纵机芯29/535	直径4.1cm	771,225	香港苏富比	2014.10.08
百达翡丽 34颗宝石手动上弦腕表擒纵机芯CHR 29/535PS Q	直径4.0cm	1,835,120	香港苏富比	2014.10.08
百达翡丽 37颗宝石Gyromax摆轮游丝18K黄金摆陀银色表盘配黄金条状时标自动上弦腕表 擒纵机芯27/460 QB	直径3.75cm	1,170,680	香港苏富比	2014.10.08
百达翡丽 3800/108型号“NAUTILUS”白金镶钻石炼带腕表	宽3.8cm	979,600	香港苏富比	2014.04.08
百达翡丽 3939P型号 铂金三问陀飞轮腕表	直径3.3cm	2,686,000	香港苏富比	2014.04.08
百达翡丽 3970EP型号 铂金万年历计时腕表	直径3.6cm	790,000	香港苏富比	2014.04.08
百达翡丽 3974J型号 黄金自动上链三问万年历腕表	直径3.6cm	2,117,200	香港苏富比	2014.04.08
百达翡丽 4555/3型号 女装黄金镶蓝宝石及钻石炼带腕表	宽2.45cm	592,500	香港苏富比	2014.04.08
百达翡丽 5033/100P/001 型号 铂金镶钻石自动上链三问年历腕表	3.8cm × 4.0cm	3,254,800	香港苏富比	2014.04.08
百达翡丽 5070P型号 铂金计时腕表	直径4.2cm	691,250	香港苏富比	2014.04.08
百达翡丽 5077/100R/013型号“日式和服”女装粉红金镶钻石自动上链腕表	直径3.8cm	932,200	香港苏富比	2014.04.08
百达翡丽 5078P型号 铂金自动上链三问腕表	直径3.75cm	2,591,200	香港苏富比	2014.04.08
百达翡丽 5101P型号 铂金长方形陀飞轮腕表	3.0cm × 5.1cm	1,358,800	香港苏富比	2014.04.08
百达翡丽 5101R型号 粉红金长方形陀飞轮腕表	3.0cm × 5.1cm	1,169,200	香港苏富比	2014.04.08
百达翡丽 5131J 型号 黄金自动上链世界时间腕表备	直径3.95cm	770,250	香港苏富比	2014.04.08
百达翡丽 5159G/001型号 白金自动上链万年历腕表	直径3.8cm	543,125	香港苏富比	2014.04.08
百达翡丽 5207P/001型号 铂金三问瞬跳万年历陀飞轮腕表	直径4.1cm	5,340,400	香港苏富比	2014.04.08
百达翡丽 5270G型号 白金万年历计时腕表	直径4.1cm	770,250	香港苏富比	2014.04.08
百达翡丽 5951P型号 铂金万年历单按钮追针计时腕表	直径3.7cm	3,349,600	香港苏富比	2014.04.08
百达翡丽 5970P/001型号 铂金自动上链万年历计时腕表	直径4.0cm	1,074,400	香港苏富比	2014.04.08
百达翡丽 5971P型号 铂金镶钻石万年磨计时腕表	直径4.0cm	1,501,000	香港苏富比	2014.04.08
百达翡丽 703型号“公鸡”镀铜太阳能座钟	高22cm	740,625	香港苏富比	2014.04.08
百达翡丽 宝石Gyromax摆轮手动上弦腕表 擒纵机芯17/70Q	直径3.65cm	1,360,520	香港苏富比	2014.10.08
百达翡丽 铂金酒桶形自动上弦腕表 型号5033		2,347,680	佳士得	2014.05.28
百达翡丽 铂金链带腕表 型号5004		3,891,360	佳士得	2014.05.28
百达翡丽 铂金腕表 型号5004		1,479,360	佳士得	2014.05.28
百达翡丽 铂金腕表 型号5207		4,470,240	佳士得	2014.05.28
百达翡丽 铂金镶钻石自动上弦腕表型号5961		900,480	佳士得	2014.05.28
百达翡丽 铂金长方形腕表 型号5105		502,500	佳士得	2014.05.28
百达翡丽 铂金自动上弦腕表 型号5078		2,347,680	佳士得	2014.05.28
百达翡丽 铂金自动上弦腕表 型号5130		1,286,400	佳士得	2014.05.28

拍品名称	物品尺寸	成交价RMB	拍卖公司	拍卖日期
百达翡丽 手动上弦宝石腕表 擒纵机芯20/70Q	3.7cm×3.6cm	1,740,200	香港苏富比	2014.10.08
百达翡丽 手动上弦腕表 擒纵机芯20'''GC	直径6.0cm	4,113,200	香港苏富比	2014.10.08
百达翡丽 手动上弦腕表 擒纵机芯27/70 Q	直径4.0cm	1,977,500	香港苏富比	2014.10.08
百达翡丽 铜镀金太阳能座钟 型号1427		1,479,360	佳士得	2014.05.28
百达翡丽 型号5016J 18K黄金 手动上弦腕表	表径3.7cm	3,450,000	北京保利	2014.06.05
百达翡丽 型号5077P Calatrava系列 950铂金 自动上弦腕表	表径3.85cm	747,500	北京保利	2014.06.05
百达翡丽 型号5101R 18K玫瑰金手动上弦腕表		1,610,000	北京保利	2014.04.29
百达翡丽 型号5102G CELESTIAL系列 18K白金自动上弦腕表	表径4.3cm	1,495,000	北京保利	2014.06.05
百达翡丽 自动上弦腕表 擒纵机芯R27 PS	直径3.75cm	2,357,180	香港苏富比	2014.10.08
百达翡丽 自动上弦腕表 擒纵机芯R27 PS QR	直径4.05cm	3,353,840	香港苏富比	2014.10.08
百达翡丽 钻石腕表(全新)	宽1.5cm	600,990	大唐国际	2014.05.27
百达翡丽“大象戏水”黄金镶钻石石英座钟	宽42cm高35cm	2,499,560	香港苏富比	2014.10.08
百达翡丽5101G精美极其罕有18K白金长方形陀飞轮配备10天动力储存显示腕表		1,955,000	华艺国际	2014.12.09
百达翡丽5102PR精美极其罕有自动上链配备星体运行及月相盈亏显示天文腕表		2,415,000	华艺国际	2014.12.09
百达翡丽Patek Philippe Annual Calendar Chronograph豪华型年历计时码腕表，型号5961P	口径4.05cm	800,492	中国嘉德	2014.10.07
百达翡丽Patek Philippe Gondolo一套四款腕表，型号5109		575,000	中国嘉德	2014.05.19
百达翡丽Patek Philippe三问腕表，型号5078P		2,127,500	中国嘉德	2014.05.19
百达翡丽Patek Philippe万年历计时腕表		678,500	华艺国际	2014.05.31
宝玑 21颗宝石单一金属摆轮镂空表盘手动上弦腕表 擒纵机芯533 SQ	直径4.1cm	885,920	香港苏富比	2014.10.08
宝玑 3857型号 铂金三问万年历陀飞轮腕表	直径4.0cm	2,496,400	香港苏富比	2014.04.08
宝玑 手动上弦镂空腕表 擒纵机芯558 SQ2	直径4.0cm	514,150	香港苏富比	2014.10.08
宝玑Classique Grandes Complications系列5317型号18K玫瑰金陀飞轮配备五天动力显示腕表		759,000	华艺国际	2014.12.09
宝珀Blancpain陀飞轮万年历飞返双追针计时腕表		1,725,000	华艺国际	2014.05.31
播威 18K白金三用时计腕表		552,750	佳士得	2014.05.28
播威 18K白金镶钻石半镂空三用时计腕表		1,286,400	佳士得	2014.05.28
伯爵 白金、青金石、珠母贝、钻石、绿宝石及红宝石双逆跳座钟	宽41cm	3,065,200	香港苏富比	2014.04.08
伯爵 18K白金镶钻石及蓝宝石正方形石英链带腕表		996,960	佳士得	2014.05.28
伯爵 18K金镶钻石正方形链带腕表 型号97280		623,100	佳士得	2014.05.28
伯爵满天星镶钻男士腕表	表径3.2cm	897,000	北京艺融	2014.12.08
法国FERDINANDBERTHOUD 铜鎏金座钟	高约98cm	874,000	北京保利	2014.06.05
高珀富斯 18K白金非对称形腕表		2,733,600	佳士得	2014.05.28
高珀富斯 18K红金非对称形腕表		2,540,640	佳士得	2014.05.28
海瑞温斯顿“OPUS X”白金腕表	直径4.6cm	740,625	香港苏富比	2014.04.08
海瑞温斯顿 18K红金镂空腕表 型号400/MMTWR45R		1,093,440	佳士得	2014.05.28
海瑞温斯顿 手动上弦宝石腕表 擒纵机芯ARCAP P40	阔4.55cm	885,920	香港苏富比	2014.10.08
积家“JOAILLERIE RIVIERE 101”女装铂金炼带腕表		543,125	香港苏富比	2014.04.08

拍品名称	物品尺寸	成交价RMB	拍卖公司	拍卖日期
积家“MASTER MINUTE REPEATER”钛金属三问腕表	直径4.4cm	543,125	香港苏富比	2014.04.08
积家 14k金摆轮宝石手动上弦腕表 擒纵机芯177	直径4.3cm	1,455,440	香港苏富比	2014.10.08
积家 18K白金镶钻石腕表 型号187.3.46.S		2,540,640	佳士得	2014.05.28
积家 18K白金长方形镂空两面反转腕表 型号247.307		1,672,320	佳士得	2014.05.28
江诗丹顿 18K金腕表 型号30010		996,960	佳士得	2014.05.28
江诗丹顿 47070型号“LES METIERS D' ART 探险家系列——郑和下西洋”黄金自动上链腕表	直径4.0cm	592,500	香港苏富比	2014.04.08
江诗丹顿 LES COMPLICATIONS TOURBILLON系列 18K黄金 手动上弦腕表	表径3.8cm	667,000	北京保利	2014.06.05
江诗丹顿 铂金酒桶形镂空腕表 型号30066		753,750	佳士得	2014.05.28
江诗丹顿 铂金腕表 型号30050		502,500	佳士得	2014.05.28
江诗丹顿 铂金镶钻石八角形链带腕表 型号39549/989		603,000	佳士得	2014.05.28
江诗丹顿 Kalla Lune系列 型号83630/W01G/9305 18K白金手动上弦镶钻腕表	表径4.05cm	2,530,000	北京保利	2014.12.04
江诗丹顿Vacheron Constantin 18K白金 手动上弦机腕表		862,500	华艺国际	2014.05.31
卡地亚 天然水晶，钻石及宝石神秘钟		1,400,070	保利香港	2014.10.06
卡地亚 18K白金表壳配以镶钻手动上弦腕表 机芯437MC	直径4.3cm	980,840	香港苏富比	2014.10.08
卡地亚 18K白金镶钻石女装非对称形腕表		552,750	佳士得	2014.05.28
卡地亚 18K金及珐琅镶钻石正方形自动上弦腕表 型号2732J		552,750	佳士得	2014.05.28
卡地亚 18K金镶钻石、黑玛瑙及绿宝石女装石英腕表 型号3057		1,093,440	佳士得	2014.05.28
卡地亚 18K金镶钻石及蓝宝石自动上弦链带腕表		603,000	佳士得	2014.05.28
卡地亚 手动上弦腕表 擒纵机芯9452 MC	阔4.1cm	543,813	香港苏富比	2014.10.08
昆仑 18k白金表壳镶钻手动上弦腕表 擒纵机芯CO372	直径4.5cm	741,563	香港苏富比	2014.10.08
昆仑 铂金镶钻石女装十二边形石英链带腕表 型号64.995.79 M45		552,750	佳士得	2014.05.28
昆仑Romvlvs Billionaire Tourbillon系列18K白金全镂空腕表		1,150,000	华艺国际	2014.12.09
朗格“LANGE ZEITWERK”铂金跳时跳分腕表	直径4.2cm	671,500	香港苏富比	2014.04.08
朗格 镶钻石陀飞轮支架银制表盘手动上弦腕表 机芯L072.1	直径4.2cm	838,460	香港苏富比	2014.10.08
劳力士 116599型号“COSMOGRAPH DAYTONA EXOTIC”白金镶钻石自动上链计时腕表	直径3.9cm	513,500	香港苏富比	2014.04.08
劳力士 18388型号“DAY/DATE”黄金镶钻石及红宝石自动上链炼带腕表	直径3.5cm	543,125	香港苏富比	2014.04.08
劳力士 18K白金镶钻石自动上弦链带腕表 型号1803		552,750	佳士得	2014.05.28
劳力士 18K金链带腕表 型号16618		522,600	佳士得	2014.05.28
劳力士 18K金链带腕表 型号6263		582,900	佳士得	2014.05.28
劳力士 不锈钢及18K金自动上弦链带腕表 型号16613		502,500	佳士得	2014.05.28
劳力士 不锈钢链带腕表 型号6241		1,189,920	佳士得	2014.05.28
劳力士 不锈钢自动上弦腕表 型号5513		900,480	佳士得	2014.05.28
罗杰杜彼 19颗宝石单一金属摆轮银制表盘配钻石及红宝石手动上弦腕表 擒纵机芯RD09	直径4.0cm	593,250	香港苏富比	2014.10.08
马库斯公司 黄金、宝石、钻石及珐琅中国座钟		1,400,070	保利香港	2014.10.06

2014杂项拍卖成交汇总

(成交价RMB：1万元以上)

拍品名称	物品尺寸	成交价RMB	拍卖公司	拍卖日期
沛纳海 PAM00350型号“LO SCIENZIATO RADIOMIR TOURBILLON GMT CERAMICA” 陶瓷镂空两地时间陀飞轮腕表	直径4.8cm	691,250	香港苏富比	2014.04.08
沛纳海 不锈钢枕形腕表 型号PAM00203		603,000	佳士得	2014.05.28
清光绪 铜鎏金太平有象人物座钟	高53cm	575,000	北京盈时	2014.05.31
清乾隆 御制铜鎏金八宝纹鲤跃龙门座钟	高36.5cm	635,950	保利香港	2014.04.07
清雍正 仿哥釉扁瓶镶法国皇室铜鎏金座钟	高73cm	1,955,000	北京保利	2014.12.03
瑞驰迈迪 型号RM002 白金镶钻石半镂空酒桶形腕表备陀飞轮、动力能量及扭距指示器，编号36，年份约二〇〇四年。		1,170,680	香港苏富比	2014.10.07
瑞士制 金及珐琅镶珍珠腕表		4,663,200	佳士得	2014.05.28
雅典 18K金自动上弦腕表 型号136/77/9		2,444,160	佳士得	2014.05.28
雅典 749/80型号“MINUTE REPEATER CIRCUS” 铂金三问腕表	直径4.15cm	1,358,800	香港苏富比	2014.04.08
宇舶 黑色PVD涂层钛金属非对称形腕表 型号902.ND.1140.RX		948,720	佳士得	2014.05.28
宇舶 碳纤维半镂空腕表 型号704.QX.1137.GR		1,189,920	佳士得	2014.05.28
宇舶 碳纤维及钛金属半镂空腕表 型号308.QX.1110.HR.SCF11		603,000	佳士得	2014.05.28
詹姆斯考克斯 玛瑙及黄金洛可可式浮雕迷你座钟，为中国宫廷订造		1,120,056	保利香港	2014.10.06
芝柏 18K白金自动上弦腕表 型号99193/53/000/BA6A		502,500	佳士得	2014.05.28
铜器				
佩玩件				
东周 鸾凤佩		128,544	台湾世家	2014.04.13
战国 铜错银鸟纹车管 (两件)	尺寸不一	109,020	保利香港	2014.04.07
西汉 铜铺首 (一对)	高19cm	72,680	保利香港	2014.04.07
清 铜鎏金云龙纹圣旨牌	长7.9cm	34,500	中国嘉德	2014.03.24
清晚期 铜鎏金嵌宝石双龙戏珠形领约带珐琅嵌珊瑚锁形牌	直径21.6cm	114,994	纽约苏富比	2014.09.16
铜鎏金云龙纹圣旨合牌	长11.5cm	57,500	中国嘉德	2014.09.22
西周 青铜龙纹车饰	长10.9cm	15,338	纽约佳士得	2014.03.20
东周 青铜双马车饰	长8.2cm	38,344	纽约佳士得	2014.03.20
战国 错金银几何纹马车饰(九件)	尺寸不一	128,478	中国嘉德	2014.04.09
战国 错银几何纹环形口沿饰及三足底饰	直径11.5cm	50,474	中国嘉德	2014.04.09
战国晚期/汉 铜错金银饰 (一对)	高9cm	168,713	纽约佳士得	2014.03.20
西汉 错金鸟兽纹马车饰	高6.4cm	367,080	中国嘉德	2014.04.09
西汉 鎏金足饰 (两件)	尺寸不一	18,354	中国嘉德	2014.04.09
汉 青铜镂雕山羊纹带饰	长12.2cm	76,688	纽约佳士得	2014.03.20
东晋十六国 铜鎏金佛饰件	高11.4cm	356,500	西泠拍卖	2014.05.06
北魏 青铜饕餮饰	宽11.8cm	61,350	纽约佳士得	2014.03.20
战国 双铺首衔环	高6cm	32,120	中国嘉德	2014.04.09
战国 铺首衔环 (一对)	宽12.8cm	91,770	中国嘉德	2014.04.09
清中期 铜兽首门环 (一对)	高15.2cm	23,000	上海道明	2014.12.11
清乾隆 铜鎏金瑞兽门环 (一套十件)	尺寸不一	407,880	台湾世家	2014.04.13
清乾隆 铜鎏金錾夔龙纹嵌翡翠带饰 (三件)	尺寸不一	40,250	北京翰海	2014.05.11
清 铜鎏金嵌玛瑙带饰	尺寸不一	34,500	西泠拍卖	2014.12.13
战国 错金银带钩 (两件)	长17.3cm长17cm	41,297	中国嘉德	2014.04.09
战国 错金银带钩 (两件)	长18.3cm长16.3cm	73,416	中国嘉德	2014.04.09
战国 错金银蟠螭纹带钩	高27.7cm	119,301	中国嘉德	2014.04.09
战国 虎噬野山羊纹带钩	长10.8cm	32,120	中国嘉德	2014.04.09
战国 铜错金银嵌松石带钩	高29.5cm	56,003	保利香港	2014.10.07
明以前 错银嵌绿松石带钩 (一组两件)	长12.3cm长20.6cm	11,500	西泠拍卖	2014.12.13
清乾隆 铜鎏金龙纹香囊带钩	长9.5cm	13,800	中鸿信	2014.11.22
铜鎏金嵌五色宝石带钩	长13.7cm	118,656	台湾世家	2014.04.13
清雍正 带扣	宽5.2cm	42,024	台湾世家	2014.04.13

拍品名称	物品尺寸	成交价RMB	拍卖公司	拍卖日期
清中期 铜鎏金嵌红绿宝石珐琅花卉带扣	长6.7cm	55,200	北京翰海	2014.05.11
清中期 铜鎏金寿字纹带扣	长5.5cm	11,500	北京传是	2014.06.05
清 铜鎏金龙纹带扣	6cm	67,200	天津文物	2014.11.15
清 铜鎏金嵌碧玺带扣	长7.8cm	43,700	北京保利	2014.06.06
清 铜鎏金龙首带板	长5.5cm	28,750	西泠拍卖	2014.05.06
清 铜鎏金龙首带板	长7cm	20,700	西泠拍卖	2014.05.06
清 木柄铜鎏金龙纹鸟笼钩	长53cm	13,800	北京保利	2014.04.27
摆件				
北齐 力士像	高8.5cm	74,160	台湾世家	2014.04.13
西元8世纪/9世纪 东北印度 帕拉王朝 铸青铜鬼母子坐像	高8cm	108,409	宝港国际	2014.11.27
唐 昆仑奴像	高6.3cm	98,880	台湾世家	2014.04.13
宋/元 铜侍女立像 (一对)	尺寸不一	74,156	香港苏富比	2014.10.08
宋至明 鎏金铜仕女立像	高12.8cm	34,606	香港苏富比	2014.10.08
元/明早期 鎏金铜嵌银释迦牟尼苦行立像	高21.6cm	2,401,600	香港苏富比	2014.04.08
元/明早期 铜错银释迦牟尼苦行像	高13.8cm	1,927,600	香港苏富比	2014.04.08
明以前 铜力士像	带座高41cm	69,000	西泠拍卖	2014.12.13
明 铜加彩漆高士立像	高49cm	230,063	纽约苏富比	2014.03.18
明 铜鎏金坐鹿寿星	高22.2cm	299,000	北京华辰	2014.04.27
明 铜泥金彩绘文昌君像	高30cm	149,500	翰风国际	2014.04.30
明 铜水月观音	高20cm	89,700	北京匡时	2014.09.17
明 铜文官像	高30cm	34,500	太平洋	2014.06.25
明 铜文官像	高30cm	80,500	中鸿信	2014.11.22
明 铜铸文官立像	高22cm	13,800	中国嘉德	2014.11.22
明晚期 铜鎏金三缄其口立像	高20.2cm	207,000	北京诚轩	2014.11.20
明晚期/清早期 局部鎏金铜文官立像	高22.3cm	39,550	香港苏富比	2014.10.08
明末清初 17世纪 铜胎彩釉描金童子摆件一对及掐丝珐琅座	高23.5cm	1,127,000	北京保利	2014.12.04
明末清初 铜制老子坐像	高10.5cm	66,700	西泠拍卖	2014.05.06
15世纪/16世纪 铜漆金龙女立像	高35cm	84,044	香港苏富比	2014.10.08
16世纪/17世纪 铜错银沙弥立像	高21.5cm	1,358,800	香港苏富比	2014.04.08
16世纪/17世纪 铜鎏金托狮跪像	高16cm	263,600	伦敦邦瀚斯	2014.05.15
清早期 铜文官立像	高17.8cm	57,500	北京翰海	2014.05.11
清中期 铜雕胡人戏狮摆件	高19cm	63,250	北京匡时	2014.12.03
17世纪/18世纪 铜官员坐像	高26cm	72,853	纽约佳士得	2014.03.20
清 铜胡人献宝	宽5.8cm	29,366	中国嘉德	2014.04.09
清 铜魁星点斗像	高19cm	17,250	北京保利	2014.10.26
清 铜刘海戏金蟾摆件	高15.5cm	126,500	远方拍卖	2014.06.02
清 铜鎏金龙像 (一对)	105cm×49cm	448,500	北京华辰	2014.04.27
清 铜制罗汉	高11cm	17,250	中贸圣佳	2014.07.06
清 铜制昭君出塞摆件	高18.5cm	92,000	西泠拍卖	2014.05.06
清 铜钟馗纳福坐像	高26cm	46,000	中鸿信	2014.11.22
17世纪/18世纪 鎏金铜周仓立像	14.6cm	237,000	香港苏富比	2014.04.08
17世纪早期 铜鎏金钟馗像	高20.9cm	703,500	佳士得	2014.05.28
19世纪 法国19世纪铜雕像	高85cm	82,800	中鸿信	2014.11.23
江户期 金屋五郎三郎造童子形铜盖置	高4.5cm	13,800	北京匡时	2014.06.05
漫之邦 铜雕白马王子摆件	高30.5cm	13,800	太平洋	2014.06.25
铜仿古瑞兽摆件	长32.5cm	76,663	纽约苏富比	2014.09.16
19世纪 天女像佛柱	高122cm	55,200	北京翰海	2014.04.12
商晚期/西周初 青铜兽耳	高20.5cm	979,600	香港苏富比	2014.04.07
战国 铜错金虎	宽13.3cm	365,856	台湾世家	2014.04.13
汉 青铜马	高130cm	4,202,400	台湾世家	2014.04.13
6世纪/7世纪 铜鎏金翼狮	高5cm	76,663	纽约苏富比	2014.09.16
唐 铜鎏金麒麟瑞兽摆件	高20cm	690,000	西泠拍卖	2014.05.06
唐/辽金 青铜坐龙	高16.4cm	568,560	台湾世家	2014.04.13
唐 鎏金猪首	长8cm	54,384	台湾世家	2014.04.13
唐 铜鎏金狮子	高9.5cm	296,640	台湾世家	2014.04.13
明以前 铜犀牛错金银摆件	带座高5cm	207,000	西泠拍卖	2014.12.13
明 铜错金银朝天吼	宽10.5cm	146,832	中国嘉德	2014.04.09
明 铜鹅	高10cm	34,500	北京翰海	2014.04.12
明 铜鎏金镶嵌宝石瑞兽摆件	14.5cm×8cm	1,897,500	北京东正	2014.11.20
明 铜鎏金狮子	高18cm	322,000	江苏爱涛	2014.07.06
明 铜漆金玄武	高6.6cm	13,800	中国嘉德	2014.06.22
明 铜犀牛望月摆件	长37.6cm	115,000	西泠拍卖	2014.12.13
明 铜翼龙	长33cm	34,500	北京翰海	2014.04.12
明 铜鎏金瑞兽	长43cm	310,500	北京翰海	2014.01.12
明晚期/清早期 鎏金铜立牛	直径17.2cm	395,000	香港苏富比	2014.04.08
16世纪 狮子与神猴	高4.6cm高6cm	11,500	北京翰海	2014.08.23

拍品名称	物品尺寸	成交价RMB	拍卖公司	拍卖日期
清乾隆 铜太平有象摆件	长39.4cm	2,828,235	纽约佳士得	2014.03.20
清中期 铜鎏金麒麟(二件)	长15.7cm	287,500	北京翰海	2014.10.26
清中期 铜螃蟹	长23cm	57,500	北京翰海	2014.05.11
清中期 铜嵌百宝雕花麒麟献瑞	高44cm	977,500	北京翰海	2014.10.25
清 "万历年制"款铜狮(一对)	高32.5cm×2	368,000	江苏爱涛	2014.07.06
清 精铜麒麟	高60cm	138,000	中鸿信	2014.11.23
清 铜鎏金马驮宝珠	长8.5cm	69,000	北京保利	2014.12.05
清 铜鎏金瑞兽	高11cm	46,000	北京保利	2014.04.27
清 铜太平有象(一对)	高30cm	13,800	北京保利	2014.04.27
清 铜雁(一对)	高33.5cm高36cm	287,500	江苏爱涛	2014.07.06
清 万寿无疆铜象	长12cm	34,500	北京翰海	2014.04.12
西藏18世纪 合金铜熊与铜鎏金牛	高17cm高10.3cm	74,750	中国嘉德	2014.05.18
西周 青铜角(一对)	高18cm	766,320	台湾世家	2014.04.13
汉 鸭首型器		49,440	台湾世家	2014.04.13
汉 铜鎏金银马腿	长19cm	109,020	保利香港	2014.04.07
清早期 铜鎏金寿桃	长5cm	46,000	古天一	2014.12.05
清乾隆 铜鎏金九龙乾隆御笔"金轮殿"匾	匾高19cm	7,475,000	北京保利	2014.06.04
清晚期 民初 铜仿太湖石	52cm	276,500	香港苏富比	2014.04.08
清早期 灵芝形铜如意	长37cm	115,000	古天一	2014.12.05
清乾隆 铜鎏金七珍八宝如意	长37cm	402,500	北京翰海	2014.10.25
清乾隆 铜鎏金三镶翡翠三多八宝如意	长49.5cm	1,955,000	北京保利	2014.12.03
铜鎏金嵌百宝冰梅纹如意	长43cm	13,800	中国嘉德	2014.06.22
铜鎏金嵌百宝冰梅纹如意	长44cm	23,000	中国嘉德	2014.09.22
铜鎏金嵌百宝高士图如意	长47cm	13,800	中国嘉德	2014.06.22
铜嵌银丝灵芝如意	长33.5cm	17,250	中国嘉德	2014.09.22
银鎏金爨丝如意(一对)	长27cm	10,350	中国嘉德	2014.03.24
生活用品				
宋/元 铜六方象耳小瓶 铜弦纹贯耳小瓶	高9.1cm高10cm	12,854	香港苏富比	2014.10.08
宋至明早期 铜英雄双连瓶	高14cm	84,044	香港苏富比	2014.10.08
元 铜凤首净瓶	高19cm	128,538	香港苏富比	2014.10.08
元/明早期 铜八卦纹长颈瓶	高26cm	69,213	香港苏富比	2014.10.08
元/明早期 铜蝉纹铺首耳瓶	高25.5cm	168,088	香港苏富比	2014.10.08
元/明早期铜铺首活环耳袖珍六方瓶	高11.1cm	34,606	香港苏富比	2014.10.08
明正德 阿文瓶	口径4.3cm	402,500	北京翰海	2014.05.10
明 仿古兽面纹双龙耳香瓶	高9.8cm	69,000	北京保利	2014.12.04
明 胡文明制铜鎏金三清图香箸瓶	高10.5cm	69,000	华艺国际	2014.12.09
明 铜错金银缠枝莲纹香瓶	高12cm	65,495	中国嘉德	2014.10.07
明 铜鎏金香瓶	高13cm	23,000	北京翰海	2014.04.12
明 铜如意耳瓶(一对)	高27cm	153,325	纽约苏富比	2014.09.16
明 铜洒金螭耳瓶		207,000	中鸿信	2014.11.22
明 铜双兽首螭龙纹出戟贯耳瓶	高47.6cm	103,500	西泠拍卖	2014.12.13
明 铜錾刻海水云龙双螭耳洗口瓶	高49.5cm	667,000	北京保利	2014.12.04
明晚期 铜鎏金四季花卉图琮式瓶	高20.6cm	34,500	北京诚轩	2014.11.20
明晚期 铜弦纹瓶	高17.5cm	54,381	香港苏富比	2014.10.08
15世纪/16世纪 铜错银饕餮纹瓶	高16cm	27,685	香港苏富比	2014.10.08
17世纪局部鎏金铜"蝶恋花"小瓶	高10.5cm	138,250	香港苏富比	2014.04.08
17世纪局部鎏金铜错银番莲纹小瓶	高11.5cm	276,500	香港苏富比	2014.04.08
17世纪 局部鎏金铜花卉图小瓶	高10.4cm	148,125	香港苏富比	2014.04.08
17世纪 螭龙铜瓶	高40cm	43,700	北京翰海	2014.04.12
17世纪 石叟铜瓶	高30cm	264,500	北京翰海	2014.04.12
清早期 狻猊耳琮式瓶	口径7.4cm	253,000	北京翰海	2014.05.10
清早期 铜阿拉伯文双耳瓶	高21cm	437,000	北京东正	2014.05.18
清早期 铜阿文双耳瓶	高14.5cm	483,000	北京匡时	2014.06.04
清早期 铜点金盘口如意耳活环瓶	高21.2cm	34,500	北京诚轩	2014.11.20
清早期 铜洒金兽面双耳瓶	高27cm	172,500	北京保利	2014.01.11
清早期 铜洒金兽面纹双龙耳瓶	高27cm	115,000	北京保利	2014.10.26
清早期 铜洒金兽面纹双兽耳方瓶	高49cm	568,974	中国嘉德	2014.04.09
清早期 铜洒金双耳联瓶	高22cm	174,363	中国嘉德	2014.04.09
清早期 铜洒金香瓶	高15cm	92,000	北京保利	2014.10.26
清早期 铜双耳莲瓣纹方瓶	高16cm	63,250	中国嘉德	2014.11.22
清早期 铜松鹿纹香瓶	高10.5cm	17,250	西泠拍卖	2014.12.13
清早期 铜象耳瓶	高17.5cm	11,500	北京保利	2014.10.26
清乾隆 鎏金铜錾花镶彩料福寿如意盖瓶	高32.4cm	5,338,560	佳士得	2014.05.28
清乾隆青铜祥龙吉凤大瓶(一对)	高122.5cm×2	109,250	中鸿信	2014.11.22
清乾隆 铜缠枝花卉纹大瓶	高60.4cm	840,495	纽约佳士得	2014.03.20
清乾隆 铜缠枝莲纹狮耳衔环瓶(一对)	高27.8cm	287,500	中国嘉德	2014.03.24

拍品名称	物品尺寸	成交价RMB	拍卖公司	拍卖日期
清乾隆 铜雕龙纹双耳游环瓶(一对)	高27cm	632,500	北京保利	2014.01.11
清乾隆 铜浮雕龙纹瓶	高30.6cm	80,500	北京翰海	2014.05.11
清乾隆 铜莲瓣纹双龙耳瓶	高26.1cm	126,500	北京翰海	2014.05.11
清乾隆 铜鎏金螭龙纹双联瓶	高10.8cm	69,000	西泠拍卖	2014.12.13
清乾隆 铜鎏金龙纹双联瓶	高20.3cm	782,000	西泠拍卖	2014.05.06
清乾隆 铜洒金螭龙耳棱形瓶	高23.5cm	287,500	浙江世贸	2014.07.27
清乾隆 铜云龙纹方瓶	高43cm	715,806	中国嘉德	2014.04.09
清乾隆 铜云龙纹瓶	高32cm	477,204	中国嘉德	2014.04.09
清乾隆 铜制龙纹双环耳大供瓶	高57.5cm	920,000	北京华辰	2014.05.17
清 铜包袱瓶	高9cm	31,360	天津文物	2014.11.15
清 铜点金螭龙胆瓶	高13.5cm	192,100	江苏爱涛	2014.07.06
清 铜仿西周凤鸟纹瓶	高37cm	69,000	北京翰海	2014.05.10
清 铜贯耳瓶	高17cm	11,500	北京保利	2014.10.26
清 铜蕉叶纹筒瓶	高16cm	31,360	天津文物	2014.11.15
清 铜鎏金双耳瓶	高18cm	43,700	北京保利	2014.10.26
清 铜龙纹花觚式瓶	高11.4cm	36,800	西泠拍卖	2014.05.06
清 铜漆金兽面纹双夔龙耳方瓶	高51.1cm	57,500	西泠拍卖	2014.12.13
清 铜胎錾花螭龙耳瓶	高33.5cm	74,750	中国嘉德	2014.11.22
清 铜天鸡耳瓶	高14.7cm	13,800	中国嘉德	2014.03.24
17世纪/18世纪 洒金铜螭龙纹玉壶春瓶	高8.8cm	65,900	伦敦苏富比	2014.05.14
17世纪/18世纪 铜洒金饕餮纹瓶	高15.9cm	61,330	纽约苏富比	2014.09.16
18世纪 铜洒金螭龙耳瓶	高31.7cm	72,853	纽约苏富比	2014.03.18
18世纪 铜洒金弦纹盘口瓶	高21.2cm	65,184	纽约佳士得	2014.03.20
19世纪 法国19世纪拿破仑三世玻璃装饰盖瓶(一对)	高73cm	31,050	中鸿信	2014.11.23
民国 铜双象耳瓶	高62cm	21,850	北京保利	2014.08.02
民国 铜双象耳瓶	高60cm	21,850	北京保利	2014.08.02
金美作铜嵌金银大吉图小瓶(一对)	高15.5cm×2	29,900	北京匡时	2014.06.05
铜鎏金嵌百宝大吉葫芦瓶	高27.3cm	20,700	中国嘉德	2014.09.22
约1890年 法国 拿破仑三世时期钴蓝釉陶瓷镶嵌铜鎏金及梅森瓷花装饰花瓶(一对)	高70cm	92,000	北京保利	2014.12.04
昭和期 京田藤二作唐铜鸠纹银镶嵌花瓶(原共箱)	高20cm	18,400	上海春秋堂	2014.12.21
昭和期 龙仙作青铜花瓶	高21cm	12,650	上海春秋堂	2014.12.21
商 青铜兽面纹觚	高24cm	181,700	保利香港	2014.04.07
商 青铜饕餮纹觚	高27cm	863,075	保利香港	2014.04.07
商 青铜饕餮纹觚	高24cm	69,019	纽约佳士得	2014.03.20
商 殷墟三期 亚古父己觚	高21cm	1,090,200	保利香港	2014.04.07
商晚期 青铜兽面纹觚		1,150,000	西泠拍卖	2014.05.06
商晚期 父己青铜兽面纹觚		437,000	西泠拍卖	2014.05.06
商晚期 公元前13至11世纪 省作父丁觚	高25cm	1,650,315	纽约苏富比	2014.03.18
商晚期 公元前13至公元前11世纪青铜饕餮蕉叶纹觚	高33cm	2,406,085	伦敦苏富比	2014.11.05
商晚期 青铜兽面纹觚	高29.6cm	1,322,500	西泠拍卖	2014.12.13
商晚期 青铜兽面纹觚	高23.5cm	920,000	西泠拍卖	2014.12.13
商周 青铜觚	高26.4cm	593,280	台湾世家	2014.04.13
商晚期 青铜饕餮蕉叶纹觚	高32.5cm	1,503,075	纽约佳士得	2014.03.20
商晚期 青铜饕餮纹觚	高32cm	1,134,975	纽约佳士得	2014.03.20
商晚期 青铜饕餮纹觚	高30cm	383,438	纽约佳士得	2014.03.20
西周早期 公元前11至公元前10世纪 史见觚	高21cm	1,610,000	中国嘉德	2014.11.22
元 铜锦地夔龙纹六方花觚	高21.8cm	108,763	香港苏富比	2014.10.08
明 铜仿古纹出戟觚	高22cm	59,325	香港苏富比	2014.10.08
明 铜蕉叶出戟花觚	高34.5cm	180,800	江苏爱涛	2014.07.06
明 铜夔龙纹方觚	宽18.2cm	69,213	香港苏富比	2014.10.08
明 铜鎏金云鹤纹双环耳花觚	高24cm	747,500	翰风国际	2014.04.30
明晚期 清早期 铜九龙觚	高26cm	88,875	香港苏富比	2014.04.08
15世纪/16世纪 铜饕餮纹方觚	高22.6cm	237,300	香港苏富比	2014.10.08
清早期 铜洒金花觚	高20cm	275,310	中国嘉德	2014.04.09
清康熙 锦地五伦图铜花觚	高26.5cm	212,750	北京诚轩	2014.05.19
清康熙 铜螭龙纹觚	高27.3cm	61,330	纽约苏富比	2014.09.16
清乾隆 铜鎏金嵌绿松石方花觚(一对)	高20.5cm	460,000	北京保利	2014.06.06
清 铜嵌银丝花觚	高13cm	11,500	北京保利	2014.06.06
清 铜兽面纹花觚	高28cm	11,500	北京保利	2014.04.27
清 铜饕餮纹觚	高15.6cm	18,668	保利香港	2014.10.07

2014杂项拍卖成交汇总

(成交价RMB：1万元以上)

拍品名称	物品尺寸	成交价RMB	拍卖公司	拍卖日期
17世纪/18世纪 铜错金饕餮纹出戟觚	高30.3cm	257,075	香港苏富比	2014.10.08
藏六渗金花觚	高23cm	36,800	北京翰海	2014.10.25
商 青铜兽面纹尊	高27cm	726,800	保利香港	2014.04.07
商晚期公元前13至11世纪己祖乙尊	高31cm	7,760,775	纽约苏富比	2014.03.18
西周 青铜饕餮纹尊	高20cm	322,088	纽约佳士得	2014.03.20
西周日本藏六旧藏子青铜兽面纹尊	高26.2cm	632,500	西泠拍卖	2014.05.06
战国 错金银鐏(两件)	尺寸不一	73,416	中国嘉德	2014.04.09
宋 错金银雁形尊	高10.5cm	575,000	华艺国际	2014.05.31
宋 铜饕餮纹龙耳尊	尺寸不一	296,625	香港苏富比	2014.10.08
宋/元 铜饕餮纹象首尊	高26.3cm	257,075	香港苏富比	2014.10.08
宋/明早期 铜饕餮纹羊首尊	高21.5cm	118,650	香港苏富比	2014.10.08
宋至明 铜错金银牺尊	高8.5cm	84,044	香港苏富比	2014.10.08
元 铜仿古纹龙耳花口尊	高27cm	88,988	香港苏富比	2014.10.08
元 铜饕餮纹铺首耳尊	高18cm	39,550	香港苏富比	2014.10.08
元 铜饕餮纹象耳尊	高26.6cm	237,300	香港苏富比	2014.10.08
元/明 铜错银牺尊	高25.7cm	1,680,084	保利香港	2014.10.07
元/明早期 铜仿古纹出戟尊	高15cm	74,156	香港苏富比	2014.10.08
元/明早期 铜海水锦纹双龙耳尊	高28.2cm	276,850	香港苏富比	2014.10.08
元/明早期 铜夔龙纹龙耳尊	高22cm	257,075	香港苏富比	2014.10.08
明或更早 青铜兽耳尊	高23.5cm	51,750	北京匡时	2014.12.03
明早期 铜麒麟尊	高21.4cm	375,725	香港苏富比	2014.10.08
明 铜海棠式狮耳小尊	高9cm	346,063	香港苏富比	2014.10.08
明 铜铺首活环耳尊	高17cm	158,200	香港苏富比	2014.10.08
明 铜兽面纹四方尊	高44cm	713,000	远方拍卖	2014.06.02
明 铜饕餮纹铺首活环耳尊	高16.2cm	41,528	香港苏富比	2014.10.08
明 铜牺尊	长34cm	414,000	远方拍卖	2014.06.02
明 铜弦纹素尊	高20cm	118,650	香港苏富比	2014.10.08
明晚期 铜弦纹蒜头尊	高26.8cm	98,875	香港苏富比	2014.10.08
清早期 铜洒金汉壶尊	高51cm	624,036	中国嘉德	2014.04.09
清乾隆 铜点金双耳尊	高38cm	517,500	北京保利	2014.10.26
清乾隆 铜仿古云纹尊	高31.1cm	641,063	佳士得	2014.11.26
清乾隆 铜鎏金嵌绿松石凤凰尊	高30.5cm	1,667,500	远方拍卖	2014.06.02
清 铜出戟觚式尊	高26cm	184,000	江苏爱涛	2014.07.06
清 铜点金饕餮纹方尊	高36cm	112,700	江苏爱涛	2014.07.06
清 铜鎏金凤首尊	高11cm	103,500	北京保利	2014.12.04
清 铜鎏金嵌百宝英雄尊	高18cm	977,500	北京保利	2014.06.06
清 铜嵌绿松石“太平有象”尊(一对)	高44.5cm	264,500	远方拍卖	2014.06.02
18世纪 铜三羊尊	高16.2cm	296,625	香港苏富比	2014.10.08
铜兽面纹铺首尊	高28.7cm	10,350	中国嘉德	2014.03.24
铜天鸡尊	高18cm	59,800	上海工美	2014.11.02
商 青铜饕餮纹斝	高18cm	405,216	大唐国际	2014.05.27
商晚期 公元前13世纪 青铜斝	高30.2cm	1,282,215	纽约苏富比	2014.03.18
商晚期 青铜兽面纹斝	高33cm	9,545,000	西泠拍卖	2014.12.13
商早期 兽面纹斝	高25.3cm	1,651,860	中国嘉德	2014.04.09
商晚期 青铜饕餮纹斝	高29.8cm	914,115	纽约佳士得	2014.03.20
西周 青铜勾云纹壶	高41.5cm	1,092,500	北京翰海	2014.05.11
春秋晚期 青铜蟠虺纹提梁壶	高41.9cm	766,875	纽约佳士得	2014.03.20
战国 青铜弦纹盉	高16.8cm	84,356	纽约佳士得	2014.03.20
西汉 铜曲颈蒜头壶	高32.7cm	76,688	纽约佳士得	2014.03.20
宋 铜铺首活环耳壶连盖	高37cm	276,850	香港苏富比	2014.10.08
宋 铜饕餮纹铺首耳方壶	高19.5cm	88,988	香港苏富比	2014.10.08
南宋/元 铜锦纹地贯耳壶	高33.1cm	741,563	香港苏富比	2014.10.08
宋/元 铜仿汉袖珍温壶 及 铜象首方瓶	尺寸不一	23,730	香港苏富比	2014.10.08
宋/元 铜开光锦纹贯耳方壶	高17.9cm	276,850	香港苏富比	2014.10.08
宋/元 铜夔龙纹贯耳方壶	高21.7cm	79,100	香港苏富比	2014.10.08
宋/元 铜铺首耳袖珍方壶	高10.1cm	54,381	香港苏富比	2014.10.08
宋/元 铜蒜头扁壶	宽34.3cm	46,013	纽约佳士得	2014.03.20
宋/元 铜饕餮纹贯耳壶	高24.6cm	257,075	香港苏富比	2014.10.08
元 铜开光锦纹如意云耳六方壶	高22.5cm	79,100	香港苏富比	2014.10.08
明正德 铜鎏金暗刻执壶	高26.5cm	759,000	翰风国际	2014.04.30
明 错金银羽翅纹铜壶	高42.5cm	186,676	保利香港	2014.10.07
明 铜错金银仿古双耳壶	高24cm	230,000	北京保利	2014.06.06
明 铜错金银仿古天鸡流提梁盉	高20cm	437,000	北京保利	2014.12.04
明 铜仿古兽面纹凤耳方壶	高57.4cm	93,019	伦敦苏富比	2014.11.05
明 铜饕餮纹提梁壶	高26cm	28,750	中鸿信	2014.11.22
明晚期 铜錾花开光花鸟纹茶壶	宽13.7cm	49,438	香港苏富比	2014.10.08
明晚期/清早期 铜铺首耳方壶	高20cm	21,753	香港苏富比	2014.10.08

拍品名称	物品尺寸	成交价RMB	拍卖公司	拍卖日期
明治期 弘美款灵芝形铜壶座	直径12cm	34,500	长风拍卖	2014.01.05
15世纪/16世纪 铜错金银龙纹铺首耳壶	高14.5cm	84,044	香港苏富比	2014.10.08
16世纪 铜饕餮纹游龙投壶	高62cm	138,425	香港苏富比	2014.10.08
清乾隆 铜弦纹执壶	27.2cm	148,125	香港苏富比	2014.04.08
清 松鼠葡萄壶	高8cm	113,712	台湾世家	2014.04.13
清 铜鎏金花蝶壶	宽13cm	20,700	北京保利	2014.10.26
清 铜重环纹螭耳壶	高26.8cm	13,800	中国嘉德	2014.06.22
17世纪/18世纪 铜蝉纹狮首耳方壶	高13.6cm	237,300	香港苏富比	2014.10.08
17世纪/18世纪 铜错银双兽耳方壶	高13cm	52,720	伦敦邦瀚斯	2014.05.15
17世纪/18世纪 铜错银题诗花卉纹铺首耳方壶	高10.6cm	84,044	香港苏富比	2014.10.08
19世纪 局部鎏金银镶玉牌宝石蒙古式执壶	高42cm	137,993	纽约苏富比	2014.09.16
近代 日本铜茶壶(一对)	高16cm	11,500	北京保利	2014.01.11
本间琢斋作斑紫铜壶	高26cm	63,250	北京匡时	2014.12.04
铜壶 铜镀银壶 铁壶(十把)	尺寸不一	11,500	中国嘉德	2014.09.22
商 青铜饕餮纹爵	高20.5cm	659,000	伦敦邦瀚斯	2014.05.15
商 青铜弦纹爵	高20.3cm	72,853	纽约佳士得	2014.03.20
商 兽面纹爵	高16cm	110,124	中国嘉德	2014.04.09
商晚期 公元前13至11世纪 父丁爵	高21.6cm	199,388	纽约苏富比	2014.03.18
商晚期 公元前13至11世纪 融父爵	高20cm	690,188	纽约苏富比	2014.03.18
商晚期 爵	高19.8cm	598,000	西泠拍卖	2014.12.13
商晚期 青铜史爵	高17cm	402,500	西泠拍卖	2014.05.06
商晚期 辛爵	高20.4cm	977,500	西泠拍卖	2014.12.13
商早期 二里头文化 青铜弦纹爵	高14.5cm	122,700	纽约佳士得	2014.03.20
商晚期 青铜饕餮纹爵	高22.8cm	690,188	纽约佳士得	2014.03.20
商晚期 青铜饕餮纹爵	高18cm	245,400	纽约佳士得	2014.03.20
西周早/中期 青铜饕餮纹爵	高17.5cm	145,706	纽约佳士得	2014.03.20
西周 青铜饕餮纹爵杯	高17cm	129,444	大唐国际	2014.05.27
唐铜鎏金錾刻葡萄纹扣手杯(一对)	宽8.5cm	312,018	中国嘉德	2014.04.09
宋至明 铜爵	宽15.1cm	25,708	香港苏富比	2014.10.08
元 铜爵	宽11.5cm	12,854	香港苏富比	2014.10.08
明成化 铜云雷纹爵杯	高18.7cm	40,250	北京保利	2014.06.06
明 铜荷塘清趣杯	长12cm	34,500	西泠拍卖	2014.12.13
明 铜兽面纹爵杯	高20.5cm	23,000	中国嘉德	2014.09.22
明晚期 铜饕餮纹袖珍爵	宽8.6cm	15,820	香港苏富比	2014.10.08
明末清初 铜鎏金牛首杯	长11cm	57,500	北京保利	2014.12.04
清乾隆 铜鎏金开光人物福禄斗杯	高4.5cm	80,500	北京翰海	2014.05.11
清乾隆 铜兽面纹爵杯	高20.2cm	32,200	中鸿信	2014.11.22
清乾隆 铜饕餮纹爵杯	高18cm	69,000	北京盈时	2014.12.07
17世纪/18世纪 铜雷纹爵	高16.4cm	34,606	香港苏富比	2014.10.08
18世纪 铜仿古饕餮纹爵	高24.8cm	30,675	纽约苏富比	2014.03.18
民国 朱碧山款仙人乘槎杯	高19cm	20,700	北京保利	2014.10.26
二里头时期 交织纹爵	高16.5cm	165,186	中国嘉德	2014.04.09
西周中期 青铜兽体卷曲纹盘		138,038	纽约佳士得	2014.03.20
宋至明 铜花瓣式盘	长10cm	19,775	香港苏富比	2014.10.08
明 铜莲瓣盘	长17.2cm	246,875	香港苏富比	2014.04.08
清早期 铜鎏金螭龙纹海棠形盘	宽17cm	34,567	中国嘉德	2014.10.07
清乾隆 铜鎏金喜鹊登梅纹香盘	长12cm	460,000	北京盈时	2014.05.31
清乾隆 铜胎剔红山水人物盘	直径19cm	92,000	北京翰海	2014.10.26
清乾隆 御制题诗香盘	长12.5cm	1,380,000	江苏爱涛	2014.07.06
清咸丰 海棠式香橼铜盘	长13.5cm	25,300	北京保利	2014.12.04
清 大明宣德年制款铜三足盘	直径13.8cm	17,250	西泠拍卖	2014.05.06
清 铜阿拉伯文葵口大盘	直径63cm	293,664	中国嘉德	2014.04.09
法国帝政风格铜鎏金盛盘	高约28cm	46,000	北京保利	2014.06.05
日本铜香道盘	长22.3cm	17,250	上海工美	2014.06.28
铜伪满洲国建设纪念盘	直径23.8cm	13,628	保利香港	2014.04.07
明天启 铜鎏金嵌银丝八仙祝寿图大碗	直径21.7cm	1,380,000	北京保利	2014.12.04
明 局部鎏金铜庭院人物纹碗	直径14.6cm	79,080	伦敦苏富比	2014.05.14
明晚期 铜错金银四爱图碗	直径9.3cm	933,380	香港苏富比	2014.10.08
明晚期/清早期 铜错金银仿古饕餮纹碗	直径21cm	49,847	纽约苏富比	2014.03.18
明晚期/清早期 铜撇口碗	直径17.3cm	11,865	香港苏富比	2014.10.08
清中期 铜鎏金渔樵耕读宫碗	直径9.5cm	328,032	罗芙奥	2014.05.25
春秋 青铜龙纹匜	长27.5cm	207,000	西泠拍卖	2014.05.06
春秋 兽形匜	长23cm	75,251	中国嘉德	2014.04.09
宋至明早期 铜兽匜	宽14cm	138,425	香港苏富比	2014.10.08
明 铜凤鸟纹匜	长20cm	28,750	中鸿信	2014.11.22
明晚期 铜开光花鸟纹兽鋬匜	长9.4cm	19,775	香港苏富比	2014.10.08

(成交价RMB：1万元以上)

拍品名称	物品尺寸	成交价RMB	拍卖公司	拍卖日期
商 青铜回纹绳把提梁卣	高19cm	323,610	大唐国际	2014.05.27
商 青铜卫父卣	高34cm	14,950,000	北京翰海	2014.05.11
商/周 青铜獣面纹卣	高22.8cm	75,898	日本伊斯特	2014.05.31
商晚期 公元前13至11世纪 父乙卣	高31cm	1,944,795	纽约苏富比	2014.03.18
商晚期 青铜兽面纹卣	高23cm	828,000	西泠拍卖	2014.12.13
商晚期 铜夔凤纹四足提梁卣	高27cm	3,220,000	北京翰海	2014.05.11
西周早期 卣	器高23.9cm	2,530,000	西泠拍卖	2014.12.13
西周 青铜提梁卣	高21cm高37.5cm	7,631,400	保利香港	2014.04.07
宋 清宫旧藏错金银仲驹卣	高30.5cm	4,246,879	保利香港	2014.10.07
明 铜错金银兽面纹带盖提梁卣	高30.2cm	848,792	伦敦苏富比	2014.05.14
商 青铜雷纹带盖觯	高15.5cm	198,440	伦敦苏富比	2014.11.05
商晚期 公元前13至11世纪 父辛觯	高15.2cm	184,050	纽约苏富比	2014.03.18
西周早期 公元前11至10世纪 父乙觯	高17cm	115,031	纽约苏富比	2014.03.18
明 铜鎏金饕餮纹觯	高17cm	103,500	华艺国际	2014.12.09
清早期 铜洒金兽面纹觯	高12.5cm	27,531	中国嘉德	2014.04.09
商晚期 青铜龙纹盂	高13.5cm	2,185,000	西泠拍卖	2014.12.13
春秋晚期 青铜交龙火纹盥缶	高33.5cm	437,000	西泠拍卖	2014.12.13
春秋晚期 青铜龙耳缶	高29cm	291,413	纽约佳士得	2014.03.20
战国 团花纹铜敦	高13cm	192,717	中国嘉德	2014.04.09
战国 团花纹铜敦	高16cm	256,956	中国嘉德	2014.04.09
战国晚期 青铜敦	高25cm	76,688	纽约佳士得	2014.03.20
西周早期 公元前11至10世纪 青铜觥	高29.2cm	1,650,315	纽约苏富比	2014.03.18
明 青铜仿古兽面纹觥	高39.5cm	1,265,000	北京保利	2014.06.05
清 铜仿古兽面觥	高51cm	2,717,805	纽约佳士得	2014.03.20
西周早期 鬲	高15.2cm	920,000	西泠拍卖	2014.12.13
西周 青铜鬲	高21.2cm	131,800	伦敦苏富比	2014.05.14
战国 青铜蟠螭纹连盖罍	高43.5cm	739,680	大唐国际	2014.05.27
清 铜嵌银丝罍	高22.5cm	43,700	北京保利	2014.12.05
汉 凤钮钫	高41.5cm	87,182	中国嘉德	2014.04.09
明 青铜仿古甗	高14cm	46,000	北京保利	2014.12.05
明末清初 青铜四足双耳甗	高37cm	43,700	中国嘉德	2014.05.19
汉 错金豆	高9.5cm	143,376	台湾世家	2014.04.13
明弘治 铜锦纹兽面图豆	高17.5cm	177,975	香港苏富比	2014.10.08
清 铜豆	高17cm	17,250	北京保利	2014.10.26
清 铜回纹豆	高17.5cm	23,000	中国嘉德	2014.06.22
明以前 铜兽耳雷纹方簠	长35cm	299,000	浙江世贸	2014.07.27
商代晚期 青铜兽面目雷纹乳丁簋(盂)	直径25cm	1,680,084	保利香港	2014.10.07
商晚期 公元前13至11世纪 己冉簋	宽27.3cm	536,813	纽约苏富比	2014.03.18
商晚期/西周 饕餮纹簋	高10cm	91,770	中国嘉德	2014.04.09
商晚期/西周早期 青铜兽面纹簋	直径27.3cm	306,750	纽约佳士得	2014.03.20
西周早期 公元前11至10世纪 天豕妣辛簋	高16.5cm	3,564,435	纽约苏富比	2014.03.18
西周早期 公元前11至10世纪 仲凫父簋	高14.3cm	2,680,995	纽约苏富比	2014.03.18
西周早期 公元前11至公元前10世纪 伯簋	长26.7cm	1,944,161	纽约苏富比	2014.09.16
西周早期 青铜兽面纹簋	高13.4cm	2,127,500	西泠拍卖	2014.12.13
西周早期 青铜饕餮纹簋	宽29.2cm	498,469	纽约佳士得	2014.03.20
西周早期 青铜直纹簋	直径19.3cm	726,800	保利香港	2014.04.07
西周中期 公元前10至9世纪 鲁侯簋	高27cm高26cm	6,288,375	纽约苏富比	2014.03.18
西周中期 公元前10至公元前9世纪 亚若父己簋	高20cm	4,140,000	中国嘉德	2014.11.22
西周 簋		113,712	台湾世家	2014.04.13
西周 簋		222,480	台湾世家	2014.04.13
西周 夔龙纹簋	直径18.5cm	568,974	中国嘉德	2014.04.09
西周 青铜“伯”簋	直径19cm	272,550	保利香港	2014.04.07
西周 青铜簋	直径15.5cm	272,550	保利香港	2014.04.07
西周 青铜兽面纹簋	口径19cm	483,000	西泠拍卖	2014.05.06
西周晚期 妊小簋	高22.8cm	5,060,000	西泠拍卖	2014.12.13
宋 青铜鸟纹簋	口径17.4cm	218,500	西泠拍卖	2014.05.06
明/清 青铜膺公兽面纹簋	口径18cm	253,000	西泠拍卖	2014.05.06
青铜兽耳弦纹簋	宽37.5cm	172,500	上海嘉泰	2014.06.19
商 青铜夔龙蝉纹鼎	高23cm	347,270	伦敦苏富比	2014.11.05
商代晚期/西周早期 公元前12至公元前10世纪 光方鼎	高22.8cm	9,890,000	中国嘉德	2014.11.22
商晚期 兽面纹鼎	高31cm	181,700	保利香港	2014.04.07
商晚期 聿鼎	高14.7cm	977,500	西泠拍卖	2014.12.13
商晚期/西周 夔龙蝉纹鼎	高24cm	1,560,090	中国嘉德	2014.04.09
商晚期/西周 夔龙纹方鼎	高15.2cm	275,310	中国嘉德	2014.04.09
商晚期/西周 兽面纹方鼎	高26.5cm	8,075,760	中国嘉德	2014.04.09

拍品名称	物品尺寸	成交价RMB	拍卖公司	拍卖日期
商晚期 青铜饕餮垂叶纹鼎	高16.2cm	230,063	纽约佳士得	2014.03.20
商晚期 青铜饕餮纹鼎	高21cm	4,447,875	纽约佳士得	2014.03.20
商晚期/西周早期 青铜垂叶蝉纹鼎	高24.5cm	5,184,075	纽约佳士得	2014.03.20
西周 夔龙纹鼎		113,712	台湾世家	2014.04.13
西周 兽面纹鼎	高22.7cm	642,390	中国嘉德	2014.04.09
西周厉王 噩侯驭方鼎	高35.5cm	8,395,000	西泠拍卖	2014.12.13
西周晚期 公元前9至8世纪 伯休父鼎	高37.8cm	1,944,795	纽约苏富比	2014.03.18
西周晚期 青铜窃曲纹三足鼎	通高29cm	3,513,480	大唐国际	2014.05.27
春秋晚期 青铜交龙纹三牺鼎	高17cm	1,035,000	西泠拍卖	2014.12.13
春秋中期 公元前7至6世纪 徐王鼎	高24.2cm	2,092,035	纽约苏富比	2014.03.18
战国 错金银龙纹盖鼎	高15cm	5,506,200	中国嘉德	2014.04.09
战国 青铜万字纹盖鼎	通高29cm	166,428	大唐国际	2014.05.27
汉 青铜三足盖鼎	宽20cm	72,490	伦敦邦瀚斯	2014.05.15
宋 铜几何纹冲天耳三足鼎	高24.8cm	217,525	香港苏富比	2014.10.08
明 三足鼎		74,160	台湾世家	2014.04.13
明 铜内用九狮宝鼎	高91cm	1,150,000	河南日信	2014.06.01
明 铜瑞兽冲天耳方鼎	高20.5cm	197,750	香港苏富比	2014.10.08
明晚期 胡文明制铜鎏金兽面纹文王方鼎	高17.9cm	322,000	北京诚轩	2014.11.20
清 朝天耳深腹鼎	高10cm	168,000	天津文物	2014.11.15
清 铜鎏金四足鼎	高13.5cm	95,200	天津文物	2014.11.15
清 铜兽面纹鼎	高24cm	34,500	北京保利	2014.06.06
清 铜兽面纹鼎	高16cm	13,800	北京翰海	2014.04.13
清 铜双耳三足立鼎	高23.5cm	72,829	邦瀚斯	2014.09.15
清 铜饕餮纹三足立鼎	高23.8cm	22,999	邦瀚斯	2014.09.15
清 铜饕餮纹双耳三足鼎(一件)	高40cm	168,000	上海国拍	2014.05.18
近代 铜嵌金银丝鼎	宽18cm	32,200	北京保利	2014.10.26
青铜凤鸟纹三足盖鼎	高27.5cm	230,000	上海嘉泰	2014.06.19
青铜窃曲纹三足鼎	高26cm	692,160	台湾世家	2014.04.13
汉 鎏金博山炉	高8.2cm	203,412	大唐国际	2014.05.27
北宋宣和15年 铜香炉	高13.3cm	402,000	佳士得	2014.05.28
宋 铜错金银饕餮纹冲天耳鼎式炉	高19cm	642,683	香港苏富比	2014.10.08
12世纪 铜制竹节炉	直径11cm	46,000	中贸圣佳	2014.07.06
12世纪/15世纪 仿古彝鼎炉	高21.2cm	5,750,000	北京翰海	2014.05.11
元 铜雷纹地夔凤纹三足炉	高18cm	54,381	香港苏富比	2014.10.08
元 铜双螭龙耳三足炉	高14.5cm	217,525	香港苏富比	2014.10.08
元 铜高浮雕童子寿字双龙耳炉	直径15cm	552,000	华艺国际	2014.05.31
元/明 铜鎏金银豆式熏炉	高18cm	517,500	远方拍卖	2014.06.02
明宣德 鎏金铜“宝鸭”熏炉	高28.5cm	23,099,600	香港苏富比	2014.04.08
明宣德 铜冲天耳炉	直径27cm	51,750	北京匡时	2014.09.17
明宣德 铜浮雕云龙纹兽耳香炉	高18.5cm	691,250	香港苏富比	2014.04.08
明宣德 铜鎏金甪端熏炉	直径16cm	3,349,600	香港苏富比	2014.04.08
明成化 二龙戏珠大香炉	高53cm	4,025,000	河南日信	2014.06.01
明正德 阿拉伯文铜炉	高8.5cm	179,200	成都金沙	2014.11.16
明正德 阿拉伯文铜筒式炉	高8.7cm	92,000	西泠拍卖	2014.12.13
明正德 阿拉伯文筒式炉	直径10.7cm	552,000	北京保利	2014.12.04
明正德 阿拉伯文压经炉	直径14cm	1,058,000	华艺国际	2014.12.09
明正德 阿文炉	口径14.2cm	322,000	北京翰海	2014.10.26
明正德 铜阿拉伯文鬲式炉	直径18.5cm	2,242,500	北京保利	2014.06.05
明正德 铜阿拉伯文香炉	直径15.5cm	690,000	北京东正	2014.11.20
明正德 铜阿拉伯纹筒式炉	直径8.5cm	149,500	北京翰海	2014.05.10
明正德 铜番莲开光阿拉伯文香炉	高10.2cm	2,496,400	香港苏富比	2014.04.08
明正德 铜回纹双耳三足炉	高7.6cm	126,500	北京翰海	2014.10.26
明正德 铜回纹筒式三足炉	高6.6cm	92,000	北京翰海	2014.10.26
明正德 宫廷 阿文炉瓶盒三事	炉口径15.2cm	7,245,000	北京翰海	2014.10.26
明嘉靖 铜朝冠耳三足炉	高36cm	143,750	江苏爱涛	2014.07.06
明嘉靖 万历 凤耳荷塘清趣图洗式炉	直径8.9cm	86,250	北京保利	2014.12.04
明中期 宫廷苍龙教子洗式炉	口长33cm	2,875,000	北京翰海	2014.10.26
明中期 铜鎏金缠枝莲纹朝天耳炉	直径9cm	253,000	华艺国际	2014.12.09
明中期 铜甪端式熏炉	长19cm	753,750	佳士得	2014.05.28
明中期 香几座一筒天下瓶式炉	高18cm	920,000	华艺国际	2014.05.31
明万历 鎏金錾刻八吉祥纹簋式炉	高15cm	287,500	北京保利	2014.06.05
明万历 龙耳四足鼎式炉	高15.7cm	115,000	北京保利	2014.06.05
明崇祯 冲天耳铜炉	直径8cm	897,000	华艺国际	2014.05.31
明崇祯 崇祯纪年款如意耳炉	口径11.4cm	2,242,500	北京翰海	2014.05.10
明崇祯 崇祯年制铭蚰耳炉	直径16.7cm	184,000	中国嘉德	2014.05.19
明崇祯 铜桥耳三足炉	直径26cm	517,500	中国嘉德	2014.05.19
明崇祯 铜三足炉	高5.1cm	287,500	北京翰海	2014.05.11
明崇祯 铜双耳三足炉	高5.9cm	287,500	北京翰海	2014.05.11
明崇祯 铜倭角双耳四足长方炉	高5.5cm	69,000	北京翰海	2014.10.26

2014杂项拍卖成交汇总

(成交价RMB：1万元以上)

拍品名称	物品尺寸	成交价RMB	拍卖公司	拍卖日期
明崇祯 蚰龙耳炉	直径12.2cm	3,335,000	北京保利	2014.06.05
明“借棲楼”款马槽铜炉	高5.8cm	1,955,000	古天一	2014.12.05
明“松月侣”款鬲式铜炉	直径8.5cm	207,000	古天一	2014.12.05
明“云间胡文明制”铭铜鎏金温炉	直径32cm	322,000	中国嘉德	2014.11.22
明 钵式铜香炉	直径15.5cm	747,500	南京经典	2014.01.06
明 螭龙耳簋式炉	宽20cm	218,500	北京保利	2014.10.26
明 冲耳炉	口径28.2cm	9,200,000	北京翰海	2014.05.10
明 冲耳炉	口径14.7cm	253,000	北京翰海	2014.05.10
明 冲耳三足阿文炉		575,000	北京保利	2014.10.26
明 冲天耳炉	口径13.9cm	345,000	北京翰海	2014.05.10
明 冲天耳炉	直径12cm	287,500	北京翰海	2014.05.11
明 冲天耳炉	口径11.4cm	230,000	北京翰海	2014.10.26
明 冲天耳三足炉	直径12cm	414,000	华艺国际	2014.12.09
明 冲天耳铜炉	直径15cm	173,600	天津文物	2014.11.15
明 冲天耳铜炉	直径15cm	89,600	天津文物	2014.11.15
明 崇祯辛未年制 铜蚰耳炉	口径11cm	805,000	西泠拍卖	2014.12.13
明 错银丝兽耳簋式铜炉	长13cm	138,000	北京东正	2014.05.18
明大明宣德年制铭铜冲天耳三足炉	直径16cm	11,500	中国嘉德	2014.05.19
明 带座桥耳花式三足炉	高13cm	230,000	北京保利	2014.06.05
明 仿古夔龙耳簋式炉	直径7.1cm	230,000	北京保利	2014.06.05
明 仿古兽面簋式炉	直径11.7cm	69,000	北京保利	2014.12.04
明 辅首衔环耳筒式炉	宽12cm	94,300	北京保利	2014.10.26
明 鬲式炉	口径13.6cm	149,500	北京翰海	2014.05.10
明 鬲式炉	口径15.4cm	97,750	北京翰海	2014.05.10
明 鬲式炉	口径13.4cm	92,000	北京翰海	2014.10.26
明 胡文明制铜鎏金冲天耳炉	直径9cm	115,000	华艺国际	2014.12.09
明 胡文明制铜鎏金花卉纹钵式炉	高7cm	264,500	西泠拍卖	2014.05.06
明 戟耳筒式炉	宽12cm	46,000	北京保利	2014.10.26
明 局部鎏金铜阿拉伯文纹炉	阔连炉耳24.1cm	1,281,797	纽约苏富比	2014.09.16
明 局部鎏金铜蟠桃式熏炉	直径36cm	791,000	香港苏富比	2014.10.08
明 连环方耳三足乳炉	宽10cm	40,250	北京保利	2014.10.26
明 莲花六角形铜香炉	高3cm	57,500	古天一	2014.12.05
明 鎏金铜龙耳簋式炉	直径15.2cm	316,400	香港苏富比	2014.10.08
明 角端形熏	高22.5cm	1,035,000	北京保利	2014.12.04
明 马槽炉	宽7.8cm	517,500	北京翰海	2014.05.10
明 明戟耳炉	口径14.6cm	782,000	北京翰海	2014.05.10
明 铺首衔环鼓式炉	直径8.7cm	57,500	北京保利	2014.06.05
明 桥耳炉	高17cm	552,000	北京翰海	2014.05.11
明 如意耳倭角四方炉	直径6.3cm	276,000	北京保利	2014.12.04
明 洒金铜桥耳三乳足炉	直径18.6cm	1,930,040	香港苏富比	2014.10.08
明 洒金铜桥耳三足炉	直径8cm	98,875	香港苏富比	2014.10.08
明 狮首耳鬲式炉	宽20cm	46,000	北京保利	2014.10.26
明 狮首耳簋式炉	宽13cm	48,300	北京保利	2014.10.26
明 狮首耳簋式炉	宽13cm	43,700	北京保利	2014.10.26
明 狮首耳簋式炉	宽18cm	40,250	北京保利	2014.10.26
明 兽首耳簋式炉	宽16cm	43,700	北京保利	2014.10.26
明 兽首耳三足盉式炉	直径10cm	43,700	北京保利	2014.10.26
明 兽首耳四方炉	宽12cm	43,700	北京保利	2014.10.26
明 兽首衔环菊瓣式炉	直径9.8cm	149,500	北京保利	2014.12.04
明 兽足方炉	高23cm	143,376	台湾世家	2014.04.13
明 双耳三足炉	宽14cm	43,700	北京保利	2014.10.26
明 双耳三足筒式炉	宽16cm	43,700	北京保利	2014.10.26
明 水仙盆式炉	直径11.7cm	115,000	北京保利	2014.06.05
明 私款冲耳炉	口径10.5cm	322,000	北京翰海	2014.05.10
明 天鸡耳簋式炉	直径9cm	287,500	华艺国际	2014.12.09
明 铜“大明崇祯年制”冲耳炉	长14cm	690,000	远方拍卖	2014.06.02
明 铜“大明正德年制”西番莲鬲式炉	直径22cm	4,025,000	远方拍卖	2014.06.02
明 铜阿拉伯文簋式炉	直径23cm	598,000	远方拍卖	2014.06.02
明 铜钵式炉	直径12cm	287,500	北京东正	2014.11.20
明 铜冲耳三足炉	直径10.4cm	132,250	北京匡时	2014.06.04
明 铜冲耳小炉	直径4cm	287,500	古天一	2014.06.05
明 铜冲天耳炉	直径13.8cm	230,000	华艺国际	2014.05.31
明 铜冲天耳炉	口径12cm	172,500	西泠拍卖	2014.12.13
明 铜鬲式三足炉	直径11.8cm	86,832	罗芙奥	2014.05.25
明 铜簋式炉	宽15.5cm	57,500	北京保利	2014.12.04
明 铜海水异兽龙纹香炉	长24	437,000	中鸿信	2014.11.22
明 铜九元三极炉	宽14cm	1,360,520	香港苏富比	2014.10.08
明 铜鎏金海水璘兽双耳熏炉	高12cm	92,000	北京匡时	2014.06.04
明 铜鎏金荷花炉	直径21.5cm	53,760	天津文物	2014.11.15
明 铜鎏金婴戏图手炉	高8.5cm	510,600	北京华辰	2014.04.27

拍品名称	物品尺寸	成交价RMB	拍卖公司	拍卖日期
明 铜鎏金紫红斑蚰耳炉	高8cm	414,000	古天一	2014.06.05
明 铜镂雕松鹿同春盖熏炉	直径11.5cm	108,763	香港苏富比	2014.10.08
明 铜马槽式炉	长16.2cm	1,437,500	上海道明	2014.12.11
明 铜錾耳压经三足炉	长18cm	207,000	北京翰海	2014.05.10
明 铜桥耳三乳足炉	直径20cm	316,400	香港苏富比	2014.10.08
明 铜洒金双耳带座香炉	口径10.5cm	343,887	香港华洋	2014.06.26
明 铜渗金四方鼎式炉	高18cm	825,930	中国嘉德	2014.04.09
明 铜绳纹耳方炉	长15cm	207,000	北京翰海	2014.05.10
明 铜狮形香炉	直径30.3cm	105,440	伦敦苏富比	2014.05.14
明 铜手炉 (一组两件)	尺寸不一	17,250	北京传是	2014.06.05
明 铜双耳三足炉	高9.4cm	1,207,500	北京翰海	2014.10.26
明 铜双耳长方四足炉	高8.9cm	43,700	北京翰海	2014.05.11
明 铜双狮耳四足方炉	长17cm	57,500	北京盈时	2014.05.31
明 铜双兽耳香炉	高7.5cm	179,200	未来四方	2014.07.29
明 铜台几炉	直径20cm	1,120,000	天津文物	2014.11.15
明 铜饕餮纹鼎式香炉	高34cm	43,700	中鸿信	2014.11.22
明 铜弦纹炉	直径9cm	287,500	古天一	2014.06.05
明 铜弦纹三足奁式炉	宽11.4cm	118,650	香港苏富比	2014.10.08
明 铜押经炉	口径12.5cm	218,500	西泠拍卖	2014.12.13
明 铜蚰龙耳炉	直径25.4cm	2,122,560	罗芙奥	2014.05.25
明 铜蚰龙耳炉	直径25.5cm	724,500	北京匡时	2014.09.17
明 铜鸳鸯式香炉	高19.2cm	295,875	佳士得	2014.11.26
明 铜云龙纹兽耳炉	高32cm	172,500	河南日信	2014.06.01
明 铜錾刻暗八仙香炉	直径10cm	36,800	古天一	2014.12.05
明 筒式炉	高8.6cm	1,380,000	华艺国际	2014.12.09
明 文房冲耳炉	口径8.3cm	103,500	北京翰海	2014.05.10
明 洗式炉	口长12.6cm	51,750	北京翰海	2014.05.10
明 弦纹筒式炉	直径10cm	80,500	北京保利	2014.12.04
明 象首耳弦纹簋式炉	宽13cm	74,750	北京保利	2014.10.26
明 宣德年制铭铜螭耳三足炉	直径26cm	667,000	中国嘉德	2014.05.19
明 蚰龙耳炉	直径11.5cm	1,725,000	北京翰海	2014.05.11
明 张鸣岐 腰圆形手炉	高7.5cm	115,000	江苏爱涛	2014.07.06
明/清 铜簋式炉 琴炉	耳距10cm	13,800	北京翰海	2014.04.12
明/清 铜制兽面纹鼎式炉	高17.8cm	23,000	西泠拍卖	2014.05.06
明晚期 螭龙耳水仙盆式炉	直径11.5cm	138,000	北京保利	2014.06.05
明晚期 法盏炉	直径10.7cm	460,000	北京保利	2014.06.05
明晚期 胡文明制铭暗八仙筒式炉	直径11.5cm	63,250	中国嘉德	2014.05.19
明晚期 锦边天鸡耳炉	直径8.8cm	59,800	北京保利	2014.06.05
明晚期 夔龙纹三足熏炉	高27.1cm	920,000	北京保利	2014.06.05
明晚期 马槽炉	直径8.2cm	1,058,000	北京保利	2014.06.05
明晚期 平口三足炉	直径7.8cm	82,800	北京保利	2014.06.05
明晚期 清早期 鎏金铜佛狮熏炉	直径10.9cm	592,500	香港苏富比	2014.04.08
明晚期 清早期 铜冲耳三乳足炉	直径11.6cm	444,375	香港苏富比	2014.04.08
明晚期 清早期 铜冲天耳三乳足炉	直径27.5cm	296,250	香港苏富比	2014.04.08
明晚期 清早期 铜海水瑞兽纹螭龙耳熏炉	直径15.9cm	474,000	香港苏富比	2014.04.08
明晚期 清早期 铜双狮首耳三足炉	直径35.5cm	444,375	香港苏富比	2014.04.08
明晚期洒金铜冲天耳乳足熏炉连座	直径13.8cm	641,875	香港苏富比	2014.04.08
明晚期 铜阿拉伯文冲天耳三足炉	直径21.9cm	257,075	香港苏富比	2014.10.08
明晚期 铜冲天耳袖珍鬲式炉	直径10cm	34,606	香港苏富比	2014.10.08
明晚期 铜错金兽面纹三足炉	高12.9cm	112,006	保利香港	2014.10.07
明晚期 铜错金银“五子登科图”三足香炉	直径10.7cm	1,169,200	香港苏富比	2014.04.08
明晚期 铜错金银夔龙纹簋式炉	直径28.5cm	2,119,880	香港苏富比	2014.10.08
明晚期 铜错银丝兽面纹簋炉	宽13.2cm长8.5cm	230,000	上海道明	2014.12.11
明晚期 铜错银饕餮纹簋式炉	直径16.3cm	59,325	香港苏富比	2014.10.08
明晚期 铜点金冲耳炉	高7.4cm宽13.5cm	448,022	保利香港	2014.10.07
明晚期 铜仿宋至德坛方炉	直径15.5cm	54,381	香港苏富比	2014.10.08
明晚期 铜胡人骑狮熏炉	直径47cm	1,358,800	香港苏富比	2014.04.08
明晚期 铜花式双桥耳三足炉	直径11.1cm	59,250	香港苏富比	2014.04.08
明晚期 铜戟耳三足盏炉	直径12cm	346,063	香港苏富比	2014.10.08
明晚期 铜局部鎏金螭龙纹双耳炉	宽11.7cm	79,080	伦敦邦瀚斯	2014.05.15
明晚期 铜鎏金海八怪纹簋式炉	直径15.8cm	345,000	上海道明	2014.03.27
明晚期 铜镂雕云龙纹盖熏炉	直径11.3cm	64,269	香港苏富比	2014.10.08
明晚期 铜镂空锦纹盖手炉	直径13.9cm	1,407,980	香港苏富比	2014.10.08
明晚期 铜镂空松鼠葡萄纹盖手炉	直径17.8cm	138,425	香港苏富比	2014.10.08
明晚期 铜铺首活环耳炉	直径12.5cm	98,875	香港苏富比	2014.10.08
明晚期 铜麒麟熏炉	高15.5cm	276,850	香港苏富比	2014.10.08
明晚期 铜洒金桥耳炉	直径14.4cm	368,000	北京保利	2014.12.04
明晚期 铜三足小鬲式炉	直径10cm	93,931	香港苏富比	2014.10.08
明晚期 铜双凤活环耳莲花熏炉	直径15.2cm	414,750	香港苏富比	2014.04.08

拍品名称	物品尺寸	成交价RMB	拍卖公司	拍卖日期
明晚期 蚰耳簋式炉	直径7.4cm	632,500	北京保利	2014.12.04
明晚期 蚰耳簋式炉	直径6.2cm	207,000	北京保利	2014.12.04
明晚期 蚰龙耳炉	直径9.9cm	230,000	北京保利	2014.06.05
明晚期 张鸣岐制手炉	直径8.5cm	126,500	远方拍卖	2014.06.02
明晚期/18世纪 铜错金银海水云龙纹四足长方炉	长19.9cm	138,038	纽约佳士得	2014.03.20
明晚期/18世纪 铜方形双耳炉	宽13.9cm	61,350	纽约佳士得	2014.03.20
明晚期/18世纪 铜鎏金仿古簋式炉	宽10.1cm	69,019	纽约佳士得	2014.03.20
明晚期/清早期 铜蚰龙耳彝炉连座	直径18.5cm	642,688	香港苏富比	2014.10.08
明末清初 钵式炉	直径9.2cm	437,000	北京保利	2014.06.05
明末清初 冲天耳炉	口径12.4cm	149,500	北京翰海	2014.10.26
明末清初 点金象耳簋式炉	直径15.8cm	690,000	北京保利	2014.06.05
明末清初 鬲式炉	口径14cm	207,000	北京翰海	2014.10.26
明末清初 桥耳炉	口径16.2cm	207,000	北京翰海	2014.10.26
明末清初 铜冲天耳炉	外径9.5cm	1,495,000	中鸿信	2014.11.22
明末清初 铜点金戟耳炉	直径12cm	517,500	苏州东方	2014.10.30
明末清初 铜鬲式炉	直径20.4cm	212,951	景薰楼	2014.06.15
明末清初 纹盖兽钮衔环琴炉	宽10cm	69,000	北京保利	2014.12.04
明治期 寿字纹盖净益款铜香炉	直径11cm	17,250	长风拍卖	2014.01.05
明治期满工兽面纹大火钵纯铜火炉	宽50cm	11,500	上海春秋堂	2014.12.21
15世纪/16世纪 仿青铜器簋式炉	直径12.5cm	6,785,000	北京翰海	2014.05.11
15世纪/16世纪 棋首悬环钵盂炉	口径9.4cm	5,980,000	北京翰海	2014.05.11
16世纪 法盏炉	高11cm	287,500	北京翰海	2014.05.11
16世纪 狮首耳炉	高10.6cm	322,000	北京翰海	2014.05.11
16世纪 铜龙耳三足小炉	高13.8cm	148,313	香港苏富比	2014.10.08
16世纪/17世纪 虎眼式桥耳炉	高9.5cm	414,000	北京翰海	2014.05.11
16世纪/17世纪 铜洒金簋式炉	直径18cm	421,781	纽约佳士得	2014.03.20
16世纪/17世纪 铜洒金双兽耳三足炉	宽7cm	315,600	佳士得	2014.11.26
17世纪 局部鎏金铜瑞兽纹簋式炉	直径17.5cm	444,375	香港苏富比	2014.04.08
17世纪 鎏金铜四季花卉纹桶形三足香炉	直径10.2cm	276,500	香港苏富比	2014.04.08
17世纪 铜鎏金四季花卉纹桶形三足炉	直径13.3cm	296,250	香港苏富比	2014.04.08
17世纪 钵盂炉	直径11.8cm	20,125,000	北京翰海	2014.05.11
17世纪 成化年款铜炉	口径 35cm	322,000	北京翰海	2014.04.12
17世纪 鬲式炉	底径15.6cm	402,500	北京翰海	2014.05.11
17世纪 铜仿古鸟纹兽耳炉	直径31.5cm	80,616	伦敦苏富比	2014.11.05
17世纪 铜海水瑞兽云龙纹熏炉	高31cm	174,363	中国嘉德	2014.04.09
17世纪 铜活环耳钵式炉	宽10.5cm	329,500	伦敦邦瀚斯	2014.05.15
17世纪 铜狮耳炉	直径13.3cm	45,998	纽约苏富比	2014.09.16
17世纪 铜狮子戏球香炉	直径27.5cm	79,080	伦敦苏富比	2014.05.14
17世纪 铜双耳三足炉	直径13.3cm	57,497	纽约苏富比	2014.09.16
17世纪 铜饕餮纹冲天耳袖珍鼎式炉	直径8.4cm	27,685	香港苏富比	2014.10.08
清早期 "万年永宝"款铜鎏金饕餮纹三足鼎式炉	高14.5cm	287,500	古天一	2014.12.05
清早期 "大明宣德年制"铭天鸡耳炉	直径18.5cm	11,500	中国嘉德	2014.11.22
清早期 "宣德年制"铭马槽炉	直径17.7cm	1,495,000	中国嘉德	2014.11.22
清早期 "之宝"铭朝天耳三足炉	直径9.5cm	51,750	中国嘉德	2014.11.22
清早期 钵式炉	口径10cm	713,000	北京翰海	2014.05.10
清早期 朝冠耳炉	直径7.9cm	57,500	北京保利	2014.06.05
清早期 朝冠耳三足炉	宽13cm	43,700	北京保利	2014.10.26
清早期 冲天耳炉	直径14.7cm	115,000	北京匡时	2014.12.03
清早期 冲天耳炉	高11.8cm	55,200	华艺国际	2014.12.09
清早期 大明宣德年制铭狮耳铜炉	直径24cm	55,200	中国嘉德	2014.05.19
清早期 大明宣德年制铭铜马槽炉	直径18.6cm	92,000	中国嘉德	2014.05.19
清早期 大明宣德年制铭铜蚰耳炉	直径23cm	57,500	中国嘉德	2014.05.19
清早期 带座鋬耳压经炉	宽22cm	690,000	北京保利	2014.12.04
清早期 带座蚰耳簋式炉	宽28cm	1,725,000	北京保利	2014.12.04
清早期 带座蚰耳簋式炉	直径12.2cm	149,500	北京保利	2014.12.04
清早期 点金狮耳莲瓣纹炉	口径13cm	333,500	西泠拍卖	2014.05.06
清早期 点金双环耳钵式炉	宽18.5cm	644,000	北京保利	2014.12.04
清早期 方耳三足铜炉	宽17.6cm	172,500	北京诚轩	2014.05.19
清早期 仿古夔龙耳簋式炉	直径10.8cm	230,000	北京保利	2014.06.05
清早期 鬲式炉	高7.8cm	443,808	澳门中信	2014.06.08
清早期 鬲式炉	口径20.9cm	747,500	北京翰海	2014.05.10
清早期 海兽钵式炉	口径6.5cm	92,000	北京翰海	2014.10.26
清早期 海棠式炉	高6.5cm	57,500	北京保利	2014.06.05
清早期 黑漆古冲耳三足铜炉	宽16.4cm	69,000	北京诚轩	2014.11.20
清早期 胡文明款仿古炉	直径9.8cm	181,700	保利香港	2014.04.07
清早期 戟耳炉	口径10.5cm	34,500	北京翰海	2014.10.26
清早期 锦边天鸡炉	口长27.4cm	149,500	北京翰海	2014.05.10
清早期 马蹄足鼎耳炉	口径10.3cm	368,000	北京翰海	2014.05.10
清早期 平口簋式炉	宽11cm	43,700	北京保利	2014.10.26
清早期 平口三足乳炉	宽10cm	43,700	北京保利	2014.10.26
清早期 桥耳三足乳炉	宽11cm	103,500	北京保利	2014.10.26
清早期 桥耳三足铜炉	宽25.2cm	207,000	北京诚轩	2014.05.19
清早期 深腹乳足戟耳炉	口径10.7cm	322,000	北京翰海	2014.05.10
清早期 诗文款压经炉	口径14.5cm	483,000	北京翰海	2014.05.10
清早期 狮耳点金铜炉	高6.4cm	97,750	古天一	2014.12.05
清早期 狮耳簋式炉	直径11cm	115,000	北京保利	2014.06.05
清早期 狮耳簋式炉	直径8.2cm	103,500	华艺国际	2014.12.09
清早期 狮耳炉	口径18.9cm	161,000	北京翰海	2014.05.10
清早期 狮耳筒式炉	口径9.6cm	80,500	北京翰海	2014.10.26
清早期 狮首耳簋式炉	宽19cm	46,000	北京保利	2014.10.26
清早期 狮兽耳方炉	宽15cm	43,700	北京保利	2014.10.26
清早期 石叟款铜嵌银丝兽面纹炉	高16cm	36,800	中国嘉德	2014.03.24
清早期 寿字纹索耳三足炉	直径7.1cm	92,000	北京保利	2014.12.04
清早期 兽首耳簋式炉	宽14cm	48,300	北京保利	2014.10.26
清早期 兽首三足炉	宽13cm	43,700	北京保利	2014.10.26
清早期 兽首衔环耳竹节式小炉	宽10cm	43,700	北京保利	2014.10.26
清早期 双耳三足炉	宽11.5cm	57,500	北京保利	2014.10.26
清早期 双龙耳簋式炉	宽14cm	43,700	北京保利	2014.10.26
清早期 私款冲耳炉	口径16.4cm	109,250	北京翰海	2014.10.26
清早期 四足方炉	宽13cm	43,700	北京保利	2014.10.26
清早期 天鸡耳簋式炉	直径7.3cm	529,000	北京保利	2014.06.05
清早期 铜阿拉伯筒式炉	直径10cm	112,006	保利香港	2014.10.07
清早期 铜阿拉伯文筒式炉	直径12cm	1,610,000	远方拍卖	2014.06.02
清早期 铜八卦纹寿星钮炉	高20cm	17,250	中国嘉德	2014.06.22
清早期 铜板耳三足炉	高4.5cm	101,200	北京翰海	2014.10.25
清早期 铜钵式炉	宽11.5cm	65,550	北京保利	2014.04.27
清早期 铜冲耳乳足炉	宽16.5cm	57,500	北京保利	2014.06.05
清早期 铜冲天耳炉	直径16.5cm	195,500	北京东正	2014.05.18
清早期 铜冲天耳炉	宽14cm	23,000	北京保利	2014.10.26
清早期 铜冲天耳炉(原配紫檀座)	直径5cm	115,000	华艺国际	2014.05.31
清早期 铜冲天耳三足炉	直径12.5cm	287,500	长风拍卖	2014.01.05
清早期 铜点金双兽首三足炉	高34cm	3,105,000	北京匡时	2014.06.04
清早期 铜飞云阁香炉	高11.0cm	123,200	未来四方	2014.07.29
清早期 铜鬲式炉	直径11cm	184,000	北京东正	2014.05.18
清早期 铜鬲式炉	直径14cm	172,500	北京保利	2014.10.26
清早期 铜鬲式炉	直径10.5cm	71,300	北京盈时	2014.12.07
清早期 铜鬲式炉(带原座)	直径21cm	1,150,000	北京翰海	2014.10.25
清早期 铜戟耳炉	高11.5cm	276,000	中国嘉德	2014.03.24
清早期 铜夔凤纹簋式炉	长29cm	11,500	中国嘉德	2014.06.22
清早期 铜鎏金鼎式炉	宽14cm	109,250	北京保利	2014.06.05
清早期 铜鎏金甪端香炉	高27.3cm	345,230	保利香港	2014.04.07
清早期 铜鎏金甪端熏炉	高20cm	345,000	江苏爱涛	2014.07.06
清早期 铜鎏金云龙纹熏炉	直径19cm	382,053	中国嘉德	2014.10.07
清早期 铜嵌银丝兽面纹炉	宽16cm	69,000	北京保利	2014.12.04
清早期 铜桥耳炉	直径15.8cm	402,500	北京东正	2014.05.18
清早期 铜洒金"凤眼"炉	连座高17.5cm	552,000	江苏爱涛	2014.07.06
清早期 铜洒金狮耳法盏炉	直径13.5cm	97,750	北京翰海	2014.10.25
清早期 铜洒金狮钮四方朝冠耳炉	高13.3cm	287,500	西泠拍卖	2014.12.13
清早期 铜洒金双耳炉	宽13cm	68,828	中国嘉德	2014.04.09
清早期 铜洒金围腰双鱼耳炉	宽12cm	287,500	北京保利	2014.10.26
清早期 铜洒金小炉	宽9.5cm	253,000	北京保利	2014.04.27
清早期 铜狮耳大炉	长31.8cm	20,700	中国嘉德	2014.03.24
清早期 铜狮耳炉	直径22cm	82,800	长风拍卖	2014.01.05
清早期 铜狮首耳簋式炉	直径24cm	540,500	北京翰海	2014.10.25
清早期 铜双耳炉	高10.8cm	299,000	北京翰海	2014.10.25
清早期 铜双耳四足炉	高5.5cm	460,000	北京翰海	2014.10.26
清早期 铜天鸡耳熏炉	高15.4cm	63,250	北京匡时	2014.06.04
清早期 铜象足弦纹炉	直径17cm	17,250	北京保利	2014.10.26
清早期 铜雪花金阿文鼎式炉	高18cm	1,610,000	远方拍卖	2014.06.02
清早期 铜压经炉	直径14.2cm	287,500	北京东正	2014.05.18
清早期 铜压经炉	直径13cm	230,000	北京东正	2014.11.20
清早期 铜压经炉连座	直径10cm	402,500	北京匡时	2014.06.04
清早期 铜竹节筒式戟耳炉	直径11.3cm	1,092,500	北京东正	2014.11.20
清早期 文房鬲式炉	口径9.2cm	86,250	北京翰海	2014.10.26
清早期 文房马槽炉	口长6.8cm	97,750	北京翰海	2014.10.26
清早期 弦纹钵式炉	直径9.8cm	138,000	北京保利	2014.12.04

2014杂项拍卖成交汇总

(成交价RMB：1万元以上)

拍品名称	物品尺寸	成交价RMB	拍卖公司	拍卖日期
清早期 象耳筒式炉	直径10.6cm	276,000	北京保利	2014.12.04
清早期 象足鼎式炉	口径10.3cm	92,000	北京翰海	2014.05.10
清早期 宣德款钵式炉	高6.3cm	43,700	西泠拍卖	2014.05.06
清早期 宣德款蚰耳炉	高9.8cm	363,400	保利香港	2014.04.07
清早期 压经炉	直径11.3cm	1,207,500	北京保利	2014.06.05
清早期 压经炉	口径14cm	402,500	北京翰海	2014.05.10
清早期 压经炉	直径14cm	1,725,000	华艺国际	2014.12.09
清早期 雁翎法盏炉	口径8.6cm	69,000	北京翰海	2014.05.10
清早期 蚰耳炉	直径9.2cm	115,000	华艺国际	2014.12.09
清早期 蚰龙耳簋式炉	宽15cm	43,700	北京保利	2014.10.26
清早期 蚰龙耳炉	口径12.2cm	287,500	北京翰海	2014.10.26
清早期 篆书款蚰耳炉	口径14.8cm	172,500	北京翰海	2014.05.10
清康熙 冲耳三足炉	直径14cm	172,500	北京保利	2014.12.04
清康熙 错银如意云头纹冲耳炉	直径12cm	2,760,000	北京保利	2014.12.04
清康熙 马槽炉	长13.8cm	100,800	成都金沙	2014.11.16
清康熙 如意纹冲耳四足炉	直径6.2cm	322,000	北京保利	2014.12.04
清康熙 铜莲瓣纹三足双冲耳熏炉	高27cm	1,927,600	香港苏富比	2014.04.08
清康熙 铜龙耳簋式炉	直径16.5cm	118,650	香港苏富比	2014.10.08
清康熙 雍正 蚰耳簋式炉	宽13.3cm	138,000	北京保利	2014.12.04
清乾隆 八宝索耳炉	口径8.1cm	103,500	北京翰海	2014.10.26
清乾隆 钵盂炉	直径14cm	230,000	北京翰海	2014.05.11
清乾隆 冲耳炉	直径11.7cm	1,322,500	北京保利	2014.06.05
清乾隆 鎏金朝冠耳炉	高14.1cm	471,500	北京保利	2014.06.05
清乾隆 宫廷龙凤熏炉	口径22.3cm	1,725,000	北京翰海	2014.05.10
清乾隆 如意足狮耳炉	口径10.4cm	115,000	北京翰海	2014.05.10
清乾隆 洒金螭龙耳香炉	高10cm	618,000	台湾世家	2014.04.13
清乾隆 兽耳铜香炉	直径12cm	45,200	辽宁建投	2014.06.08
清乾隆 台几式铜洒金香炉	直径25.5cm	494,500	北京华辰	2014.04.27
清乾隆 铜阿拉伯纹铜炉	直径11cm	48,300	中鸿信	2014.11.22
清乾隆 铜冲天耳乳足大炉	直径26cm	747,500	西泠拍卖	2014.12.13
清乾隆 铜官帽耳四方香炉	宽16cm	739,688	佳士得	2014.11.26
清乾隆 铜鎏金"宣德年制"款蚰耳炉	宽17.5cm	1,092,500	远方拍卖	2014.06.02
清乾隆 铜鎏金八宝葫芦莲花式熏炉	高15.5cm	1,035,000	北京保利	2014.06.06
清乾隆 铜鎏金炉瓶盒(三件套)	尺寸各一	138,000	翰风国际	2014.04.30
清乾隆 铜鎏金铺首耳瓜形三足炉	高5.7cm	43,700	北京翰海	2014.10.26
清乾隆 铜鎏金錾梅花双耳三足熏炉	高11.5cm	69,000	北京翰海	2014.05.11
清乾隆 铜如意耳象足炉	高9cm	74,750	北京翰海	2014.05.11
清乾隆 铜如意耳象足炉	高8.3cm	667,000	北京翰海	2014.10.26
清乾隆 铜洒金凤纹六方香炉	长16cm	287,500	浙江世贸	2014.07.27
清乾隆 铜双耳炉	高9cm	437,000	北京翰海	2014.05.11
清乾隆 铜双龙耳海八怪纹熏炉	高24cm	345,000	北京翰海	2014.05.10
清乾隆 铜雪花金鼎式炉	高24.5cm	632,500	浙江世贸	2014.04.13
清乾隆 铜蚰耳炉	长25.5cm	207,000	浙江世贸	2014.04.13
清乾隆 铜制洒金双桥耳炉	直径17cm	172,500	北京华辰	2014.05.17
清乾隆 宣德款铜洒金狮耳炉	直径13.2cm	345,230	保利香港	2014.04.07
清乾隆 押经炉	直径14cm	805,000	北京翰海	2014.05.11
清乾隆 造办处制铜错金山水人物纹狮耳炉	高6.3cm	92,000	西泠拍卖	2014.12.13
清乾隆 造办处制铜鎏金兽面纹簋式炉	高7.6cm	287,500	西泠拍卖	2014.12.13
清乾隆 鎏金熏炉	口长8.6cm	69,000	北京翰海	2014.10.26
清乾隆 铜鎏金莲瓣纹钵	直径24.5cm	71,300	中国嘉德	2014.05.19
清雍正 冲耳炉	直径8.1cm	138,000	北京保利	2014.06.05
清雍正 冲天耳炉	直径8.8cm	920,000	北京翰海	2014.05.11
清雍正/乾隆 带座象耳簋式炉	宽22cm	1,552,500	北京保利	2014.12.04
清雍正/乾隆 方耳盏式炉	直径14.6cm	253,000	北京保利	2014.12.04
清雍正/乾隆 鬲式炉	直径7.6cm	322,000	北京保利	2014.12.04
清雍正 铜钵式香炉	直径8.2cm	740,625	香港苏富比	2014.04.08
清雍正 铜洒金双耳三足炉	高6.7cm	172,500	北京翰海	2014.05.11
清雍正 铜三足桥耳炉	直径16cm	862,500	保利厦门	2014.11.01
清雍正 铜制戟耳彝炉	直径11.7cm	313,600	北京荣宝	2014.06.15
清中期 冲耳方炉	宽12cm	43,700	北京保利	2014.10.26
清中期 冲耳三足炉	直径19.4cm	230,000	北京保利	2014.12.04
清中期 鬲式炉	直径28cm	460,000	北京保利	2014.10.26
清中期 鬲式炉	直径17.5cm	195,500	北京保利	2014.12.04
清中期 乾清宫款绳索桥耳三足炉	直径8.3cm	38,592	罗芙奥	2014.05.25
清中期 狮首耳簋式炉	宽14cm	43,700	北京保利	2014.10.26
清中期 狮首耳簋式炉	宽17cm	43,700	北京保利	2014.10.26
清中期 狮首耳簋式炉	宽21cm	40,250	北京保利	2014.10.26
清中期 双螭耳铜香炉	高5.8cm	32,200	广东省拍	2014.12.07
清中期 铜朝天耳炉	直径12.7cm	25,300	中国嘉德	2014.06.22
清中期 铜冲天耳炉	直径11.5cm	34,500	中鸿信	2014.11.22
清中期 铜仿古嵌银饕餮纹三足炉	高16.8cm	63,250	北京保利	2014.06.06
清中期 铜鬲式炉	直径8cm	32,200	北京保利	2014.04.27
清中期 铜瓜棱双耳四足炉	高4.5cm	34,500	北京翰海	2014.05.11
清中期 铜官帽耳炉	长25cm	506,000	北京翰海	2014.05.10
清中期 铜花蝶瓜形手炉	高12cm	34,500	北京翰海	2014.10.26
清中期 铜回纹三足炉	高7.5cm	184,000	北京翰海	2014.05.11
清中期 铜回纹三足炉	高6cm	86,250	北京翰海	2014.05.11
清中期 铜回纹三足炉	高10cm	80,500	北京翰海	2014.05.11
清中期 铜回纹三足炉	高11.5cm	80,500	北京翰海	2014.05.11
清中期 铜回纹三足炉	高9cm	74,750	北京翰海	2014.05.11
清中期 铜回纹三足炉	高9.8cm	69,000	北京翰海	2014.05.11
清中期 铜回纹三足炉	高6.5cm	23,000	北京翰海	2014.10.26
清中期 铜回纹双耳炉	高10.3cm	69,000	北京翰海	2014.10.26
清中期 铜戟耳炉	高18cm	299,000	中国嘉德	2014.06.22
清中期 铜鎏金花鸟双耳炉	高20cm	207,000	北京保利	2014.10.26
清中期 铜鎏金夔龙捧寿纹螭龙耳炉	长25cm	51,750	中鸿信	2014.11.22
清中期 铜鎏金炉座	直径16.5cm	23,000	中国嘉德	2014.03.24
清中期 铜南无阿弥陀佛筒式三足炉	高6.6cm	138,000	北京翰海	2014.05.11
清中期 铜嵌银丝海兽纹双耳炉	高8.5cm	517,500	北京翰海	2014.05.11
清中期 铜琴炉	直径3.8cm	23,000	长风拍卖	2014.01.05
清中期 铜如意耳炉	高7cm	805,000	北京翰海	2014.10.26
清中期 铜三足炉	高6.4cm	115,000	北京翰海	2014.05.11
清中期 铜三足炉	高4.5cm	57,500	北京翰海	2014.05.11
清中期 铜三足炉	高3.3cm	48,300	北京翰海	2014.05.11
清中期 铜三足炉	高4.7cm	46,000	北京翰海	2014.05.11
清中期 铜三足炉	高6.2cm	322,000	北京翰海	2014.10.26
清中期 铜三足炉	高3.8cm	138,000	北京翰海	2014.10.26
清中期 铜三足炉	高5.5cm	92,000	北京翰海	2014.10.26
清中期 铜三足炉	高4.8cm	92,000	北京翰海	2014.10.26
清中期 铜三足炉	高3.3cm	48,300	北京翰海	2014.10.26
清中期 铜三足炉	高4.8cm	34,500	北京翰海	2014.10.26
清中期 铜三足炉	高5.3cm	23,000	北京翰海	2014.10.26
清中期 铜狮耳雪花金炉	直径12.5cm	106,128	罗芙奥	2014.05.25
清中期 铜兽耳衔环三足炉	高8cm	23,000	北京翰海	2014.10.26
清中期 铜兽面纹簋式炉	长16cm	17,250	中国嘉德	2014.06.22
清中期 铜双耳炉	高13.3cm	161,000	北京翰海	2014.05.11
清中期 铜双耳炉	长25cm	57,500	中鸿信	2014.11.22
清中期 铜双耳炉	直径11cm	34,500	中鸿信	2014.11.22
清中期 铜双耳三足炉	高6.2cm	264,500	北京翰海	2014.05.11
清中期 铜双耳三足炉	高8.8cm	103,500	北京翰海	2014.05.11
清中期 铜双耳三足炉	高12.1cm	92,000	北京翰海	2014.05.11
清中期 铜双耳三足炉	高7.4cm	74,750	北京翰海	2014.05.11
清中期 铜双耳三足炉	高7cm	34,500	北京翰海	2014.05.11
清中期 铜双耳三足炉	高8.5cm	184,000	北京翰海	2014.10.26
清中期 铜双耳三足炉	高8.1cm	80,500	北京翰海	2014.10.26
清中期 铜双耳三足炉	高7.6cm	51,750	北京翰海	2014.10.26
清中期 铜双耳三足炉	高9cm	36,800	北京翰海	2014.10.26
清中期 铜双耳三足炉	高9.3cm	34,500	北京翰海	2014.10.26
清中期 铜双耳长方四足炉	高6.7cm	103,500	北京翰海	2014.10.26
清中期 铜双龙耳炉	高9.9cm	92,000	北京翰海	2014.10.26
清中期 铜双狮耳鼓钉三足炉	宽17cm	46,000	北京保利	2014.06.06
清中期 铜双象耳炉	宽16cm	32,200	北京保利	2014.04.27
清中期 铜双鱼耳炉	高8.6cm	138,000	北京翰海	2014.05.11
清中期 铜双鱼耳炉	高5.7cm	34,500	北京翰海	2014.10.26
清中期 铜四季花卉四足熏炉	高7.9cm	74,750	北京翰海	2014.05.11
清中期 铜万字回纹长方四足熏炉	高8cm	115,000	北京翰海	2014.05.11
清中期 铜倭角双耳长方四足炉	高6.1cm	92,000	北京翰海	2014.05.11
清中期 铜弦纹筒式三足炉	高15.8cm	69,000	北京翰海	2014.05.11
清中期 铜压经炉(原配底座)	直径12.5cm	195,500	华艺国际	2014.05.31
清中期 铜蚰耳炉	直径28cm	89,700	中鸿信	2014.11.22
清中期 铜蚰龙耳炉	直径16cm	161,000	北京翰海	2014.05.10
清中期 文房朝冠耳炉	口径8cm	11,500	北京翰海	2014.05.10
清中期 文房蚰龙耳炉	口径9.6cm	23,000	北京翰海	2014.05.10
清中期 宣德年制款马槽炉	长16cm	115,000	西泠拍卖	2014.05.06
清中期 雪花铜双耳炉	直径14cm	63,250	中鸿信	2014.11.22
清中期 压经炉	口径14.9cm	63,250	北京翰海	2014.05.10
清中期 雁翎法盏炉	口径9cm	28,750	北京翰海	2014.10.26
清中期 蚰龙耳簋式炉	宽20cm	57,500	北京保利	2014.10.26
清中期 蚰龙耳炉	直径10.9cm	230,000	北京保利	2014.06.05

拍品名称	物品尺寸	成交价RMB	拍卖公司	拍卖日期
清中期 竹节式铜炉	宽26cm	69,000	北京诚轩	2014.05.19
清嘉庆 铜鎏金龙纹提炉成对	长107cm	782,000	中国嘉德	2014.05.19
清光绪 铜双狮耳香炉	直径16cm	69,000	北京传是	2014.06.05
清 "大明宣德年制" 铭蚰耳炉	直径18.5cm	402,500	中国嘉德	2014.11.22
清 "永世之宝" 款蚰耳炉	直径15.2cm	34,500	中国嘉德	2014.05.19
清 奔马纹桶式三足炉	直径10cm	40,250	南京经典	2014.01.06
清 朝冠耳炉	口长9.8cm	34,500	北京翰海	2014.10.26
清 朝冠耳铜炉	直径16cm	39,200	天津文物	2014.11.15
清 臣字耳铜香炉	长17.5cm	22,600	辽宁建投	2014.06.08
清 冲天耳铜炉	直径13.5cm	89,600	天津文物	2014.11.15
清 大明宣德年制款冲耳炉	口径10.7cm	92,000	西泠拍卖	2014.05.06
清 大明宣德年制款冲耳炉	口径12.8cm	40,250	西泠拍卖	2014.05.06
清 大明宣德年制款冲耳炉	口径10cm	34,500	西泠拍卖	2014.05.06
清 大明宣德年制款点金天鸡耳炉	口径9cm	36,800	西泠拍卖	2014.05.06
清 大明宣德年制款鬲式炉	口径11cm	25,300	西泠拍卖	2014.05.06
清 大明宣德年制款戟耳方炉	长16cm	48,300	西泠拍卖	2014.05.06
清 大明宣德年制款桥耳炉	直径13.5cm	17,250	西泠拍卖	2014.05.06
清 大明宣德年制款绳耳八方炉	口径11cm	32,200	西泠拍卖	2014.05.06
清 大明宣德年制款狮耳炉	高9cm	402,500	西泠拍卖	2014.05.06
清大明宣德年制款狮钮朝冠耳熏炉	高16.5cm	51,750	西泠拍卖	2014.05.06
清 大明宣德年制款铜马槽炉	口径12.1cm	172,500	西泠拍卖	2014.12.13
清 大明宣德年制款铜弦纹筒式三足炉	口径11.7cm	25,300	西泠拍卖	2014.05.06
清 大明宣德年制款蚰耳炉	口径8.7cm	20,700	西泠拍卖	2014.05.06
清大明宣德年制铭铜朝冠耳三足炉	直径18.5cm	80,500	中国嘉德	2014.05.19
清大明正德年制款阿拉伯文筒式炉	口径11.5cm	299,000	西泠拍卖	2014.05.06
清 点金桥耳三足炉	直径16cm	138,000	翰风国际	2014.04.30
清 鼎式炉	口径9cm	13,800	北京翰海	2014.04.12
清 鼎式寿字纹三足官帽炉	直径10.5cm	20,700	南京经典	2014.01.06
清 方冲天耳四足炉	直径9.5cm	46,000	南京经典	2014.01.06
清 鬲式铜炉	直径15cm	46,000	上海敬华	2014.07.01
清 官帽耳大铜炉	高45cm	402,500	江苏爱涛	2014.07.06
清 官帽耳三足铜炉	直径11.5cm	23,000	南京经典	2014.01.06
清 簋式炉	口径10.8cm	17,250	北京翰海	2014.04.12
清 海棠形宣德炉	高14.5cm	690,000	江苏爱涛	2014.07.06
清 海涛腾龙纹香炉	高48cm	425,500	江苏爱涛	2014.07.06
清 回纹铜炉	高16.5cm	280,000	天津文物	2014.11.15
清 戟耳铜炉	高17cm	36,960	天津文物	2014.11.15
清 经给书屋款冲耳炉	高9cm	46,000	西泠拍卖	2014.12.13
清 夔龙耳炉	直径15.5cm	23,000	南京经典	2014.01.06
清 夔龙耳铜炉	直径17.5cm	63,250	南京经典	2014.01.06
清 夔龙耳铜炉	直径19.5cm	46,000	南京经典	2014.01.06
清 鎏金戟耳铜炉	直径13cm	84,000	天津文物	2014.11.15
清 鎏金五龙熏炉	高44cm	109,250	河南日信	2014.06.01
清 龙凤纹龙耳铜炉	直径13.2cm	161,000	华艺国际	2014.09.28
清 马槽炉	高8.3cm	295,872	澳门中信	2014.06.08
清 内坛郊社款象耳炉	口径10.8cm	46,000	西泠拍卖	2014.05.06
清 凝静清玩款铜戟耳炉	口径13.5cm	218,500	西泠拍卖	2014.12.13
清 潘祥丰制铜钱纹手炉	高7cm	46,000	西泠拍卖	2014.12.13
清 盘口鬲式铜炉	直径17cm	168,000	天津文物	2014.11.15
清 盘口铜炉	直径14.5cm	44,800	天津文物	2014.11.15
清 乾隆 朝冠耳熏炉	高23.5cm	103,500	北京翰海	2014.05.10
清 乾隆 海兽龙钮熏炉	口径19.5cm	287,500	北京翰海	2014.05.10
清 乾隆 龙凤呈祥熏炉	高17cm	48,300	北京翰海	2014.05.10
清乾隆 嵌银鼎式炉	口径8.6cm	36,800	北京翰海	2014.05.10
清乾隆 洒金狮耳炉	口径12.7cm	149,500	北京翰海	2014.05.10
清乾隆 天鸡耳香几式炉	口径8.4cm	63,250	北京翰海	2014.05.10
清 嵌银丝桥耳铜炉	直径23cm	112,000	天津文物	2014.11.15
清 桥耳炉	直径15cm	23,000	南京经典	2014.01.06
清 桥耳炉	口径14.2cm	63,250	北京翰海	2014.10.26
清 桥耳三足炉	直径10.5cm	51,750	南京经典	2014.01.06
清 桥耳铜炉	直径13.5cm	23,000	上海敬华	2014.07.01
清 桥形耳炉	直径12.5cm	23,000	南京经典	2014.01.06
清 圈足炉	口径11cm	20,700	北京翰海	2014.04.12
清 如意福禄寿铜熏炉	高34cm	287,500	北京华辰	2014.04.27
清 三足高脚香炉	高19cm	34,500	南京经典	2014.08.04
清 山高水长鬲式炉	高5.5cm	34,500	西泠拍卖	2014.12.13
清 绳耳三足炉	直径13cm	92,000	南京经典	2014.01.06
清 绳耳三足铜炉	直径10cm	34,500	南京经典	2014.01.06
清 绳纹冲天耳三足炉	直径9.5cm	34,500	南京经典	2014.01.06
清 狮耳炉	口径12.5cm	20,700	北京翰海	2014.04.12

拍品名称	物品尺寸	成交价RMB	拍卖公司	拍卖日期
清 狮耳铜炉	长17cm	97,750	中鸿信	2014.11.22
清 狮耳铜炉	长19cm	26,880	天津文物	2014.11.15
清 狮耳铜香炉	直径18.5cm	207,000	翰风国际	2014.04.30
清 石叟款嵌银丝兽面纹簋式炉	口径11.8cm	57,500	西泠拍卖	2014.05.06
清 石叟铜炉	高17cm	36,800	北京翰海	2014.04.12
清 石灶斋款鬲式炉	口径10.4cm	63,250	西泠拍卖	2014.05.06
清 兽耳炉	直径14cm	32,200	南京经典	2014.01.06
清 兽耳三足炉	直径13.5cm	34,500	南京经典	2014.01.06
清 兽耳衔环铜钵式炉	高7cm	67,200	天津文物	2014.11.15
清 双螭耳铜式炉	宽15.3cm	17,250	西泠拍卖	2014.05.06
清 双耳鼓式三足炉	直径12.5cm	28,750	南京经典	2014.01.06
清 双耳莲瓣纹炉	直径13.58cm	55,200	南京经典	2014.01.06
清 双耳嵌银香炉	直径16cm	23,000	南京经典	2014.04.27
清 双桥耳三足香炉	直径13cm	21,850	南京经典	2014.04.27
清 双兽耳炉	直径14.5cm	34,500	南京经典	2014.01.06
清 双兽耳铜香炉	直径15.5cm	51,750	南京经典	2014.01.06
清 双鱼耳方炉	宽12.8cm	23,000	北京保利	2014.06.06
清 天华法雨款铜桥耳洒金炉	口径23cm	253,000	西泠拍卖	2014.12.13
清 天鸡耳活环铜香炉	直径26.5cm	207,000	中宝拍卖	2014.07.06
清 天鸡耳炉	直径11.5cm	23,000	南京经典	2014.01.06
清 天鸡耳铜炉	直径12.5cm	23,000	南京经典	2014.01.06
清 铜阿拉伯文筒式炉	直径11.6cm	23,000	中国嘉德	2014.03.24
清 铜阿拉伯文筒式炉	直径10cm	23,000	中国嘉德	2014.03.24
清 铜扳沿三足炉	直径10.5cm	115,000	北京保利	2014.06.05
清 铜板耳炉	直径13.5cm	189,750	江苏爱涛	2014.07.06
清 铜板耳三足炉	长18cm	17,250	北京传是	2014.06.05
清 铜钵式及灵芝耳三足琴炉(一组两件)	口径5cm	11,500	西泠拍卖	2014.12.13
清 铜钵式炉	直径13cm	42,560	天津文物	2014.05.16
清 铜缠枝莲纹熏炉	高11cm	51,750	北京翰海	2014.05.10
清 铜蝉纹鼎式炉	高14.5cm	23,000	中国嘉德	2014.03.24
清 铜朝天耳炉	直径15cm	25,300	中国嘉德	2014.03.24
清 铜朝天耳炉	直径13cm	20,700	中国嘉德	2014.06.22
清 铜朝天耳炉	直径13cm	17,250	中国嘉德	2014.03.24
清 铜朝天耳炉	直径13.5cm	17,250	中国嘉德	2014.03.24
清 铜朝天耳炉	高10.8cm	13,800	中国嘉德	2014.03.24
清 铜朝天耳竹节炉	直径10.3cm	13,800	中国嘉德	2014.03.24
清 铜螭龙纹手炉	长12cm	34,500	北京翰海	2014.05.10
清 铜冲天耳三足炉	高8cm	28,750	北京传是	2014.06.05
清 铜冲天耳三足炉	直径12cm	63,250	北京翰海	2014.05.10
清 铜措金银兽面纹双耳簋式炉	直径12.5cm	149,500	北京盈时	2014.12.07
清 铜错金炉瓶盒三式	尺寸不一	460,000	北京传是	2014.06.05
清 铜错金银如意钮四足炉	高17cm	34,500	中贸圣佳	2014.06.01
清 铜错金银团花纹炉	高20cm	13,800	中国嘉德	2014.03.24
清 铜错金银象耳簋式炉	高20cm	189,750	江苏爱涛	2014.07.06
清 铜错银四足鼎式香炉	高22cm	218,500	江苏爱涛	2014.07.06
清 铜刀马人物纹大蚰耳炉	长30cm	51,750	中国嘉德	2014.09.22
清 铜点金三足炉	高12cm	103,500	北京匡时	2014.09.17
清 铜点金双耳炉	高9cm	184,000	北京东正	2014.11.20
清 铜鼎式炉(一对)	尺寸不一	13,800	中国嘉德	2014.09.22
清 铜方炉	高11.7cm	23,000	中国嘉德	2014.03.24
清 铜仿古三足炉	长51.7cm	153,325	纽约苏富比	2014.09.16
清 铜凤眼炉	高11cm	19,550	北京翰海	2014.04.13
清 铜凤眼炉(3件)	高4cm	13,800	北京翰海	2014.04.13
清 铜凤眼三足炉	高8cm	32,200	北京翰海	2014.01.12
清 铜福寿纹兽钮三足炉	高45cm	322,000	中鸿信	2014.11.22
清 铜鬲式炉	宽13.5cm	13,800	北京保利	2014.01.11
清 铜鬲式炉	高13.8cm	103,500	东拍国际	2014.07.31
清 铜鬲式炉	直径13cm	20,700	中国嘉德	2014.06.22
清 铜鬲式炉 缠枝莲纹象耳炉各一件	长14.5cm	17,250	中国嘉德	2014.06.22
清 铜鬲式洒金炉	高19cm	138,000	江苏爱涛	2014.07.06
清 铜海水龙纹双耳炉	长19cm	43,700	北京保利	2014.04.27
清 铜环耳三足压经炉	长10.5cm	35,840	天津文物	2014.05.16
清 铜回纹炉	直径14cm	23,000	北京翰海	2014.08.24
清 铜回纹三足炉	高6.2cm	80,500	北京翰海	2014.05.11
清 铜回纹三足炉	高6.2cm	80,500	北京翰海	2014.05.11
清 铜回纹三足炉	直径14cm	36,800	北京翰海	2014.11.22
清 铜回纹三足炉	直径14cm	17,250	北京翰海	2014.11.22
清 铜戟耳炉	长13.2cm	34,500	中国嘉德	2014.06.22
清 铜戟耳炉	长16.5cm	74,750	中鸿信	2014.11.22

2014杂项拍卖成交汇总

(成交价RMB：1万元以上)

拍品名称	物品尺寸	成交价RMB	拍卖公司	拍卖日期
清 铜戟耳香炉	直径14cm	32,200	南京经典	2014.01.06
清 铜戟耳小方炉	长7cm	11,500	西泠拍卖	2014.12.13
清 铜锦地纹瓜棱形暖炉	直径11cm	230,000	北京翰海	2014.10.25
清 铜锦地纹提梁暖炉	长12cm	86,250	北京翰海	2014.10.25
清 铜夔凤纹鼎式炉	高15cm	17,250	中国嘉德	2014.03.24
清 铜梨皮冲耳三足炉	直径10cm	43,416	罗芙奥	2014.05.25
清 铜莲瓣纹三足炉	高9.3cm	34,500	北京翰海	2014.05.11
清 铜鎏金百宝嵌双耳三足炉	高34cm	575,000	江苏爱涛	2014.07.06
清 铜鎏金钵式炉	高6.5cm	46,000	西泠拍卖	2014.12.13
清 铜鎏金鬲式熏炉	高11cm	388,500	江苏爱涛	2014.07.06
清 铜鎏金鎏银狮钮带座熏炉	高16.4cm	110,400	中鸿信	2014.11.22
清 铜鎏金狩猎图手炉	长16cm	63,250	中国嘉德	2014.03.24
清 铜鎏金兽耳三足炉	长51.5cm	40,250	中国嘉德	2014.06.22
清 铜鎏金双龙耳海龙戏珠熏炉	高25.5cm	1,667,500	西泠拍卖	2014.05.06
清 铜鎏金双鱼耳炉	高7.5cm	230,000	北京翰海	2014.05.11
清 铜鎏金太平有象香炉	高15cm	287,500	江苏爱涛	2014.07.06
清 铜鎏金錾花鎏金花卉人物纹炉瓶盒三式	炉高11.4cm	253,000	西泠拍卖	2014.12.13
清 铜龙耳三足鬲式炉	直径21cm	201,600	天津文物	2014.05.16
清 铜龙耳兽足炉	高14cm	40,250	中国嘉德	2014.06.22
清 铜炉	直径20cm	10,350	北京翰海	2014.01.12
清 铜炉	长13cm	13,800	北京翰海	2014.11.22
清 铜炉 (两件)	宽13cm	12,650	北京保利	2014.08.02
清 铜马槽炉	宽14cm	25,300	北京保利	2014.01.11
清 铜马槽炉	宽12.5cm	25,300	北京保利	2014.04.27
清 铜马槽炉	直径15cm	336,000	天津文物	2014.05.16
清 铜马槽炉	长21cm	10,350	中国嘉德	2014.03.24
清 铜马槽炉	直径13.5cm	336,000	天津文物	2014.11.15
清 铜梅花开光阿拉伯文三足炉	高15.5cm	230,000	保利厦门	2014.11.02
清 铜铺首耳炉	高6cm	34,500	北京翰海	2014.10.26
清 铜铺首耳炉	高5.5cm	97,750	西泠拍卖	2014.12.13
清 铜普陀下院大桥耳炉	长43cm	82,800	中国嘉德	2014.06.22
清 铜嵌银兽面纹簋式炉	直径25cm	63,250	中鸿信	2014.11.22
清 铜嵌银丝暗八仙纹钵式炉	直径22cm	201,600	天津文物	2014.11.15
清 铜嵌银丝兽面纹鼎式炉	高14.3cm	10,350	中鸿信	2014.11.22
清 铜桥耳大炉	直径30cm	11,500	中国嘉德	2014.03.24
清 铜桥耳大炉	长29cm	11,500	中国嘉德	2014.06.22
清 铜桥耳大香炉	尺寸不一	460,000	北京保利	2014.08.02
清 铜桥耳炉	直径13cm	25,300	中国嘉德	2014.03.24
清 铜桥耳炉 筒式炉各一件	尺寸不一	34,500	中国嘉德	2014.03.24
清 铜桥耳绿彩扁腹三足炉	直径14cm	115,000	北京保利	2014.08.02
清 铜桥耳三足炉	长27.5cm	322,000	北京传是	2014.06.05
清 铜桥耳三足炉	高7cm	34,500	北京翰海	2014.10.25
清 铜桥耳三足炉	口径11.8cm	40,250	西泠拍卖	2014.12.13
清 铜琴炉 (一组)	尺寸不一	20,700	北京保利	2014.01.11
清 铜如意耳奁式炉	高24cm	11,500	中国嘉德	2014.03.24
清 铜如意足炉	长22cm	46,000	北京保利	2014.10.26
清 铜洒金鼓式鼓钉双狮耳铜炉	直径23.5cm	207,000	中宝拍卖	2014.07.06
清 铜洒金铺首耳香炉	直径14.5cm	230,000	北京华辰	2014.04.27
清 铜洒金双狮耳炉	宽15cm	138,000	北京保利	2014.10.26
清 铜洒金竹纹盖香炉	高12cm	207,000	北京华辰	2014.04.27
清 铜三足冲耳炉	高7.7cm	36,800	北京匡时	2014.12.03
清 铜三足九思筒香炉	直径11.1cm高6.8cm	43,700	南京经典	2014.01.06
清 铜三足炉	宽14cm	14,950	北京保利	2014.04.27
清 铜三足炉	高4.6cm	92,000	北京翰海	2014.05.11
清 铜三足炉	高5.8cm	69,000	北京翰海	2014.05.11
清 铜三足炉	高8.7cm	46,000	北京翰海	2014.10.26
清 铜三足炉	高6.4cm	36,800	北京翰海	2014.10.26
清 铜三足炉	高14cm	32,200	北京翰海	2014.11.22
清 铜绳耳四足炉	长11cm	13,800	中国嘉德	2014.09.22
清 铜绳纹兽耳宣德炉	高11cm	34,500	中鸿信	2014.11.22
清 铜狮耳大炉	长35.5cm	23,000	中国嘉德	2014.06.22
清 铜狮耳鼓式炉	长16cm	17,250	中国嘉德	2014.09.22
清 铜狮耳炉	长16.9cm	17,250	中国嘉德	2014.03.24
清 铜狮耳炉	长16.8cm	17,250	中国嘉德	2014.06.22
清 铜狮耳炉	长17cm	11,500	中国嘉德	2014.03.24
清 铜狮耳炉	高7.8cm	74,750	北京翰海	2014.10.25
清 铜狮首耳三足炉(带原盖)、铜狮首耳琴炉(带原座)	高4cm高7cm	69,000	北京翰海	2014.10.25
清 铜寿桃炉	耳距17.5cm	34,500	北京翰海	2014.04.12
清 铜兽耳炉	直径19cm	13,800	北京翰海	2014.01.12

拍品名称	物品尺寸	成交价RMB	拍卖公司	拍卖日期
清 铜兽耳炉	长15cm	13,800	北京翰海	2014.04.13
清 铜兽耳炉	长21.5cm	28,750	中国嘉德	2014.03.24
清 铜兽耳炉	宽17cm	10,350	北京保利	2014.10.26
清 铜兽耳炉	直径17.5cm	10,350	北京翰海	2014.11.22
清 铜兽耳琴炉	高7cm	80,500	北京翰海	2014.05.10
清 铜兽耳三足炉(带原托)	高7.5cm	25,300	北京传是	2014.06.05
清 铜兽耳香炉	直径13.5cm	23,000	南京经典	2014.01.06
清 铜兽面纹鼎式炉	高20.4cm	17,250	中国嘉德	2014.03.24
清 铜兽面纹鼎式炉	高14.7cm	10,350	中鸿信	2014.11.22
清 铜兽面纹簋式炉	口径12.5cm	46,000	西泠拍卖	2014.12.13
清 铜兽面纹炉	高29cm	40,250	北京保利	2014.01.11
清 铜双螭龙洗式炉	长24cm	161,000	西泠拍卖	2014.12.13
清 铜双耳炉	直径18cm	32,200	北京翰海	2014.01.12
清 铜双耳炉	直径18cm	33,600	蓝天国拍	2014.02.28
清 铜双耳炉	高13cm	149,500	北京翰海	2014.10.26
清 铜双耳炉	宽14cm	34,500	北京保利	2014.10.26
清 铜双耳炉	直径15cm	24,750	中鸿信	2014.11.22
清 铜双耳炉	宽15cm	11,500	北京保利	2014.10.26
清 铜双耳炉	直径14cm	11,500	北京翰海	2014.11.22
清 铜双耳炉 (二件)		13,800	北京翰海	2014.11.22
清 铜双耳马槽炉	长18cm	28,750	太平洋	2014.06.25
清 铜双耳三足炉	径16cm	13,800	北京传是	2014.06.05
清 铜双耳三足炉	直径18cm	112,700	北京翰海	2014.01.12
清 铜双耳三足炉	直径19cm	87,400	北京翰海	2014.01.12
清 铜双耳三足炉	高16cm	34,500	北京翰海	2014.01.12
清 铜双耳三足炉	高27cm	92,000	北京保利	2014.10.26
清 铜双耳三足炉	直径14.5cm	57,500	中鸿信	2014.11.22
清 铜双耳三足炉 (两件)	宽14cm	11,500	北京保利	2014.08.02
清 铜双耳四足长方炉	高3.4cm	34,500	北京翰海	2014.05.11
清 铜双耳蹄足炉	直径18cm	13,800	北京翰海	2014.01.12
清 铜双耳香炉	直径16cm	25,300	北京传是	2014.06.05
清 铜双凤耳香炉	高11cm	21,850	太平洋	2014.06.25
清 铜双龙耳四足炉	高6.8cm	80,500	北京翰海	2014.10.26
清 铜双龙戏珠鼓式三足炉	直径25cm	184,000	江苏爱涛	2014.07.06
清 铜双桥耳炉	宽13cm	20,700	北京保利	2014.01.11
清 铜双狮耳炉	宽24.5cm	17,250	北京保利	2014.04.27
清 铜双狮耳炉	宽17cm	11,500	北京保利	2014.01.11
清 铜双狮耳圈足炉 (一件)	直径13cm	10,640	上海国拍	2014.05.18
清 铜双狮耳香炉	长25.5cm	86,250	北京传是	2014.06.05
清 铜双狮耳香炉	宽15cm	11,500	北京保利	2014.12.05
清 铜双象耳炉	宽17cm	11,500	北京保利	2014.01.11
清 铜双蚰耳炉	宽22cm	28,750	北京保利	2014.10.26
清 铜双蚰耳炉	宽17cm	11,500	北京保利	2014.10.26
清 铜双鱼耳炉	高5.5cm	57,500	北京翰海	2014.05.11
清 铜狻猊耳香炉	长22cm	138,000	北京传是	2014.06.05
清 铜饕餮纹炉	宽19cm	23,000	北京保利	2014.06.06
清 铜天官耳三足炉 (一件)	直径16.8cm	16,800	上海国拍	2014.11.30
清 铜天官耳三足炉 (一件)	直径16.8cm	16,800	上海国拍	2014.11.30
清 铜天鸡耳莲蓬钮熏炉	直径16cm	134,400	天津文物	2014.05.16
清 铜天鸡耳炉	直径12.5cm	17,250	北京保利	2014.08.02
清 铜天鸡耳炉	宽13.5cm	13,800	北京保利	2014.12.05
清 铜弦纹三足炉	直径15cm	126,500	北京翰海	2014.05.10
清 铜香炉	长8.5cm	34,500	北京保利	2014.08.02
清 铜象耳炉	直径13cm	126,500	古天一	2014.06.05
清 铜象耳炉	长18cm	23,000	中国嘉德	2014.06.22
清 铜象耳弦纹炉	高6.3cm	34,500	北京翰海	2014.10.26
清 铜象耳弦纹炉	高6.7cm	34,500	北京翰海	2014.10.26
清 铜雪花金炉	宽10cm	11,500	北京保利	2014.04.27
清 铜压经耳炉	口径15.7cm	138,000	西泠拍卖	2014.12.13
清 铜压经炉	直径24cm	201,600	天津文物	2014.11.15
清 铜雅经炉	高10.8cm	115,000	东拍国际	2014.07.31
清 铜蚰耳炉	直径15cm	195,500	江苏爱涛	2014.07.06
清 铜蚰耳炉	直径38cm	392,000	天津文物	2014.05.16
清 铜蚰耳炉	长21cm	66,700	中国嘉德	2014.03.24
清 铜蚰耳炉	长15.3cm	28,750	中国嘉德	2014.03.24
清 铜蚰耳炉	长16.3cm	20,700	中国嘉德	2014.03.24
清 铜蚰耳炉	长19cm	20,700	中国嘉德	2014.03.24
清 铜蚰耳炉	长18.5cm	18,400	中国嘉德	2014.03.24
清 铜蚰耳炉	长18cm	13,800	中国嘉德	2014.06.22
清 铜蚰耳炉	长17.3cm	13,800	中国嘉德	2014.06.22
清 铜蚰耳炉	直径19cm	92,000	中鸿信	2014.11.22

拍品名称	物品尺寸	成交价RMB	拍卖公司	拍卖日期
清 铜鱼耳炉	直径12.5cm	19,550	南京经典	2014.01.06
清 铜鱼耳炉	直径15cm	168,000	天津文物	2014.05.16
清 铜鱼耳三足炉	直径12cm	11,500	北京翰海	2014.01.12
清 铜原座蚰耳炉	长20cm	437,000	远方拍卖	2014.06.02
清 铜云鹤纹活环大香炉	直径33cm	23,000	北京保利	2014.04.27
清 铜云龙纹手炉	长17cm	10,350	中国嘉德	2014.09.22
清 铜长方炉	长22cm	34,500	北京保利	2014.04.27
清 铜直耳三足炉	直径11cm	368,000	北京翰海	2014.11.22
清 铜制兽面纹簋式炉	带座、盖高17cm	46,000	西泠拍卖	2014.05.06
清 铜制双冲耳梵文炉	直径13cm	63,250	北京华辰	2014.05.17
清 铜竹节纹熏炉	直径24cm	190,400	天津文物	2014.05.16
清 铜钵式小炉	直径7.7cm	57,500	中国嘉德	2014.03.24
清 筒式炉	口径8.8cm	10,925	北京翰海	2014.04.12
清 吴邦佐款铜狮耳炉	口径14.5cm	23,000	西泠拍卖	2014.12.13
清 弦纹鬲式炉	直径8.5cm	28,750	太平洋	2014.06.25
清 小狮头炉	直径14.5cm	43,700	南京经典	2014.01.06
清 宣德款鬲式炉	口径9.2cm	63,250	西泠拍卖	2014.05.06
清 宣德款桥耳炉	口径14cm	23,000	西泠拍卖	2014.12.13
清 宣德款铜凤耳炉	高10.3cm	138,000	西泠拍卖	2014.12.13
清 宣德款铜炉	高10cm	86,250	上海敬华	2014.07.01
清 宣德款铜棋足压经炉	口径6.8cm	32,200	西泠拍卖	2014.12.13
清 宣德款铜如意耳炉	高8.2cm	46,000	西泠拍卖	2014.12.13
清 宣德款铜蚰耳炉	口径13.8cm	92,000	西泠拍卖	2014.12.13
清 宣德款铜蚰耳炉	口径9.2cm	80,500	西泠拍卖	2014.12.13
清 宣德年制款冲耳炉	口径10.3cm	43,700	西泠拍卖	2014.05.06
清 宣德年制款铜如意耳炉	口径14.2cm	172,500	西泠拍卖	2014.12.13
清 压经炉	口径23.4cm	184,000	北京翰海	2014.05.10
清 印月轩制款铜鬲式炉	直径8.5cm	43,700	西泠拍卖	2014.05.06
清 永存珍玩款铜制绳耳瓜棱炉	口径11.5cm	25,300	西泠拍卖	2014.05.06
清 铀铜戟耳筒式炉	直径17.5cm	246,400	天津文物	2014.05.16
清 蚰耳炉	口径10cm	46,000	北京翰海	2014.04.12
清 蚰龙耳铜炉	直径16.5cm	33,600	天津文物	2014.11.15
清 蚰龙耳铜香炉	直径34cm	632,500	翰风国际	2014.04.30
清 蚰龙耳铜香炉	直径35cm	322,000	翰风国际	2014.04.30
清 鱼耳炉	口径10.7cm	23,000	北京翰海	2014.04.12
清 正德年制铭压经炉	直径19cm	43,700	中国嘉德	2014.05.19
清 智生珍藏款鬲式炉	口径12cm	195,500	西泠拍卖	2014.05.06
清 朱和侯制马槽炉	长14cm	437,000	北京保利	2014.10.26
清 竹节形三足铜香炉	直径11cm	11,500	南京经典	2014.01.06
清 竹节熏炉	口径18.4cm	184,000	北京翰海	2014.10.26
17世纪/18世纪 洒金铜铺首耳长方炉	直径21.6cm	93,931	香港苏富比	2014.10.08
17世纪/18世纪 铜八方炉	直径8.8cm	41,528	香港苏富比	2014.10.08
17世纪/18世纪 铜冲天耳三乳足炉连盖	直径24.3cm	2,404,640	香港苏富比	2014.10.08
17世纪/18世纪 铜猴形三足炉	高7.7cm	61,330	纽约苏富比	2014.09.16
17世纪/18世纪 铜洒金三足炉	阔35.5cm	145,659	纽约苏富比	2014.09.16
17世纪/18世纪 铜洒金狮耳炉	长8cm	68,996	纽约苏富比	2014.09.16
17世纪/18世纪 铜狮首大彝炉	直径18.5cm	177,975	香港苏富比	2014.10.08
17世纪/18世纪 铜双戟耳彝炉	直径11.5cm	64,269	香港苏富比	2014.10.08
17世纪/18世纪 铜云足炉座	直径12.5cm	59,250	香港苏富比	2014.04.08
17世纪/18世纪 铜云足炉座	直径12.5cm	34,563	香港苏富比	2014.04.08
18世纪 戟耳炉	底径9.60cm	66,700	北京翰海	2014.05.11
18世纪 三足点金铜炉	高34cm	682,000	北京华辰	2014.04.27
18世纪 双耳铜炉	直径15cm	74,415	伦敦苏富比	2014.11.05
18世纪 铜鎏金炉瓶三事	高23.6cm	207,000	八益拍卖	2014.10.24
18世纪 铜马槽炉	宽13.3cm	394,500	佳士得	2014.11.26
18世纪 熏炉	高7.5cm	55,200	北京翰海	2014.05.11
18世纪/19世纪 铜五龙纹三足盖炉	宽44.5cm	230,063	纽约苏富比	2014.03.18
19或20世纪 鎏金铜香炉	直径11.5cm	38,331	邦瀚斯	2014.09.15
19世纪 方形竹节虫纹香炉	直径11.9cm	14,832	台湾世家	2014.04.13
19世纪 铜洒金竹节纹盖炉连座	高38.2cm	122,700	纽约苏富比	2014.03.18
清晚期 铜兽钮香熏炉	高30cm	74,750	北京传是	2014.06.05
清晚期 铜香篆熏炉	高10.5cm	494,500	古天一	2014.06.05
清晚期民初 裕源兴制铜手炉	高7cm	402,500	江苏爱涛	2014.07.06
民国 螭龙耳香炉	直径20cm	92,000	南京经典	2014.08.04
“大明宣德年制”铭兽耳盏式炉	直径14cm	713,000	中国嘉德	2014.11.22
陈巧生 戟耳彝炉	宽17.5cm	23,000	北京保利	2014.06.05
冲天耳香炉	直径9cm	17,250	南京经典	2014.08.04
方耳衔环深腹三足炉	高10cm	460,000	北京保利	2014.06.05
江户明治期 古铜秋草银镶嵌火炉(附火箸一对)	宽35cm	11,500	上海春秋堂	2014.12.21
马槽炉	高6.2cm	264,500	北京匡时	2014.09.17
乾隆 双螭龙耳炉	直径31.1cm	24,720	台湾世家	2014.04.13
桥耳炉	直径11.3cm	402,500	北京保利	2014.06.05
三足香炉	直径17cm	57,500	南京经典	2014.08.04
铜钵式炉 象耳炉各一件	长18.8cm	11,500	中国嘉德	2014.06.22
铜朝天耳炉	直径16cm	25,300	中国嘉德	2014.03.24
铜朝天耳炉 (两件)	尺寸不一	40,250	中国嘉德	2014.03.24
铜朝天耳炉 狮耳炉各一件	长18.3cm	23,000	中国嘉德	2014.06.22
铜螭耳衔环方炉	高24.5cm	20,700	中国嘉德	2014.03.24
铜洒金炉	直径14cm	28,750	中国嘉德	2014.03.24
铜三足鬲式炉	高17cm	126,500	北京翰海	2014.11.22
铜三足炉	直径24cm	40,250	北京翰海	2014.11.22
铜狮耳炉	长14.7cm	25,300	中国嘉德	2014.03.24
铜双桥耳香炉	高7.0cm	369,600	未来四方	2014.05.23
铜压经炉	长18.5cm	123,200	未来四方	2014.05.23
铜竹节炉	长33cm	34,500	中国嘉德	2014.06.22
铜竹节炉	直径8.4cm	20,700	北京匡时	2014.09.17
香炉	高16.3cm	322,000	福建东南	2014.10.26
明早期 神兽香薰	高29cm	552,000	北京翰海	2014.10.26
明 错银铜鸭香薰	高29cm	100,800	安徽盘龙	2014.11.30
明 铜鎏金麒麟香薰	高33cm	299,000	江苏爱涛	2014.07.06
明 铜鎏金鱼化龙香薰	高43cm	207,000	河南日信	2014.06.01
明 铜甪端香薰 (一对)	长40cm×2	517,500	中鸿信	2014.11.22
明 铜鸭香薰	高25.5cm	74,750	中国嘉德	2014.06.22
明 铜鸭形香薰	高28cm	115,000	北京保利	2014.06.05
明晚期 甪端形大铜香薰	高60cm	759,000	北京诚轩	2014.05.19
明晚期/清早期 铜镂空佛狮戏绣球纹熏球	直径17cm	21,753	香港苏富比	2014.10.08
明末清初 瑞狮形铜香薰	宽13.5cm	80,500	北京诚轩	2014.05.19
明末清初 铜福禄寿香薰	高60cm	36,800	中鸿信	2014.11.22
15世纪 铜鎏金宝鸭香薰	高16cm	2,760,000	北京保利	2014.12.04
清或以前 铜鎏金香薰	耳距15cm	13,800	北京翰海	2014.04.12
清早期 铜甪端香薰	高15.5cm	17,250	北京保利	2014.06.06
清早期 铜洒金象足圆筒状香薰	高43cm	183,540	中国嘉德	2014.04.09
清早期 铜鸳鸯香薰	高16.5cm	34,500	中国嘉德	2014.05.19
清康熙 铜松竹梅香薰	直径19cm	89,600	武汉中信	2014.10.23
清乾隆 铜鎏金錾花大香薰(一对)	高31cm×2	537,600	江苏爱涛	2014.07.06
清乾隆 铜普贤骑象薰	直径54cm	276,000	上海嘉泰	2014.06.19
清中期 莲纹象首足双耳铜香薰	高34cm	82,800	中国嘉德	2014.05.19
清中期 铜麒麟香薰	长50cm	80,500	中鸿信	2014.11.22
清中期 铜胎鎏金嵌玉剔红香薰	高18cm	115,000	北京盈时	2014.05.31
清 精铜甪端狮香薰	高37cm	74,750	中鸿信	2014.11.22
清 铜独角兽香薰	高26cm	115,000	北京传是	2014.06.05
清 铜高士香薰	高23.2cm	34,500	中国嘉德	2014.03.24
清 铜刘海骑象诵经香薰	长19cm	10,350	北京保利	2014.04.27
清 铜鎏金宝鸭香薰	高28cm	207,000	江苏爱涛	2014.07.06
清 铜鎏金嵌宝瑞兽香薰	高23cm	32,200	北京保利	2014.10.26
清 铜鎏金太狮少狮香薰	长31cm	43,700	北京翰海	2014.10.25
清 铜麒麟香薰	高33cm	23,000	北京保利	2014.10.26
清 铜瑞兽香薰	高11cm	51,750	北京翰海	2014.05.11
清 铜双龙大香薰	高22cm	322,000	江苏爱涛	2014.07.06
清 铜狻猊形香薰	长8cm	46,000	古天一	2014.12.05
清 鸭形香薰	高22cm	11,500	北京翰海	2014.04.12
18世纪/19世纪 铜错银瑞兽花卉纹万寿熏球	直径15.8cm	59,325	香港苏富比	2014.10.08
铜凤耳狮钮大香薰	高99.5cm	11,500	中国嘉德	2014.09.22
约1870至1880年 法国 拿破仑三世时期梅森陶瓷镶嵌铜鎏金花熏德国梅森窑厂制	直径60cm	115,000	北京保利	2014.12.04
明 铜雕童子香插 (一对)	高19cm	23,000	北京保利	2014.08.02
明 铜胡人献瑞香插	高15cm	46,000	北京翰海	2014.05.10
明 铜铸执炉供养人香插	高14cm	34,500	中国嘉德	2014.11.22
16世纪 铜童子香插	高19.5cm	16,809	香港苏富比	2014.10.08
清 铜蝉纹香插	高12.5cm	32,200	北京翰海	2014.05.10
清 铜鎏金卷缸 (一对)	宽39cm	19,550	北京保利	2014.10.26
民国 铜鎏金卷缸 (一对)	直径40cm	41,400	北京保利	2014.08.02
民国 铜鎏金卷缸 (一对)	直径40cm	86,250	中国嘉德	2014.03.24
铜鎏金卷缸 (一对)	直径40cm	89,700	中国嘉德	2014.06.22
铜鎏金卷缸 (一对)	直径40cm	13,800	中国嘉德	2014.09.22

2014杂项拍卖成交汇总

(成交价RMB：1万元以上)

拍品名称	物品尺寸	成交价RMB	拍卖公司	拍卖日期
宋 铜错金银提梁罐	高6.5cm	1,127,000	北京保利	2014.12.04
明晚期 铜錾花开光花鸟纹茶罐	高10.5cm	41,528	香港苏富比	2014.10.08
16世纪 铜错金银八卦仿古纹八方罐	高5.6cm	296,250	香港苏富比	2014.04.08
清早期 铜铺首活环罐	高18cm	20,700	北京匡时	2014.12.03
清 铜胎错金银狮子戏球罐	直径23cm	16,100	北京保利	2014.01.11
宋至明 铜镂空缠枝花卉纹藏经盒	长30.4cm	19,775	香港苏富比	2014.10.08
明以前 漆制嵌铜鎏金三足兽纹盒	直径9.3cm	86,250	西泠拍卖	2014.05.06
明正德 阿拉伯文盖盒	直径11.3cm	37,080	台湾世家	2014.04.13
明嘉靖 局部鎏金铜松鹿长春香盒	直径7.6cm	147,938	佳士得	2014.11.26
明 铜错金银鸳鸯香盒	长10.5cm	82,800	中国嘉德	2014.03.24
明 伊斯兰文弦纹香盒	高7cm	138,000	西泠拍卖	2014.12.13
15世纪/16世纪 铜錾缠枝花草阿拉伯纹香盒	长14.8cm	691,250	香港苏富比	2014.04.08
15世纪/16世纪 铜铸阿拉伯文香盒	长14.5cm	1,740,200	香港苏富比	2014.10.08
16世纪 局部鎏金铜杂寳纹圆香盒	直径7.2cm	473,400	佳士得	2014.11.26
16世纪 铜阿拉伯文圆香盒	直径10.8cm	883,680	佳士得	2014.11.26
16世纪/17世纪 藏传铁鎏金团寿纹盖盒	长29.6cm	29,663	香港苏富比	2014.10.08
清早期 铜阿拉伯文圆盒	直径11cm	322,000	翰风国际	2014.04.30
清乾隆 铜鎏金嵌松石绿瓷片盖盒	高8cm	115,000	北京盈时	2014.05.31
清乾隆 铜鎏金西番莲香盒	高8.3cm	80,500	西泠拍卖	2014.12.13
清乾隆 五福捧寿纹铜盒	直径15cm	123,200	成都金沙	2014.11.16
清雍正 乾隆 铜鎏金仿木纹釉雕花鸟人物纹扇形盒	长8cm	115,000	北京东正	2014.11.20
清 铜阿拉伯文盖盒	直径9cm	94,300	北京保利	2014.08.02
清 造办处制喜鹊登梅香盒	口径6.5cm	23,000	西泠拍卖	2014.12.13
17世纪/18世纪 铜鎏金莲式盖盒	直径23.5cm	144,980	伦敦邦瀚斯	2014.05.15
18世纪 鎏金铜加漆盒	长6.9cm	84,329	邦瀚斯	2014.09.15
19世纪 铜鎏金镶金星玻璃鼻烟盒	长6cm	107,328	纽约苏富比	2014.09.16
德国制铜鎏金彩绘珐琅鸟鸣盒		92,000	中国嘉德	2014.05.19
德国制铜鎏金精美雕刻彩绘鸟鸣盒		57,500	中国嘉德	2014.05.19
明治期 初代亀文堂波多野正平造竹节形铜花插	高39.5cm	63,250	北京匡时	2014.06.05
清 铜鎏金嵌宝双凤花插(一对)	高19cm	13,800	北京保利	2014.08.02
民国 古铭文青铜花插	高33cm	149,500	北京翰海	2014.10.25
铜鎏金嵌百宝鸾凤花插(一对)	高18.5cm	23,000	中国嘉德	2014.06.22
清乾隆 宫廷錾胎鎏金嵌八宝花盆(一对)	高42cm×2	1,012,000	江苏爱涛	2014.07.06
清乾隆 铜胎八面开光嵌青金石诗文花卉如意足花盆成对	长29.5cm×2	115,000	中国嘉德	2014.05.19
清 王世襄藏、赠韵苏铜制水仙盆	长25.5cm	287,500	北京保利	2014.06.05
明 铜鎏金云龙纹盏、托(一套)	托宽15.5cm	1,955,000	北京保利	2014.06.06
明治期 初代本间琢斋作斑紫铜茶托(一组五件)	直径10.5cm×5	17,250	北京匡时	2014.12.04
明治期 寿正造嵌金银铜茶托(一组五件)	直径11.5cm×5	34,500	北京匡时	2014.06.05
19世纪 五郎三制茶则、茶托、茶叶罐(共七件)	高10.7cm	40,250	北京保利	2014.12.03
容善堂 梅花纹嵌银铜盏托(一套)	直径11cm	14,950	北京保利	2014.06.05
明早期 铜刻缠枝牡丹纹渣斗	高11.5cm	115,000	中宝拍卖	2014.07.06
17世纪末/18世纪初 铜错银饕餮纹渣斗	直径12.4cm	148,125	香港苏富比	2014.04.08
18世纪 铜锁	高19.2cm	900,480	佳士得	2014.05.28
18世纪/19世纪 錾花仙人花卉纹铜锁(两把)	长17.8cm	15,800	香港苏富比	2014.04.08
商代 青铜饕餮纹方彝	高20cm	11,865,600	台湾世家	2014.04.13
商晚期 公元前13至11世纪 天黾父乙角	高23.8cm	14,754,675	纽约苏富比	2014.03.18
西汉 弘农青铜升	长23.2cm	1,150,000	西泠拍卖	2014.12.13
汉 雁足灯		177,984	台湾世家	2014.04.13
唐 铜军持	高35.5cm	410,687	保利香港	2014.10.06
元 铜胡人跪地台烛	高21.5cm	90,850	保利香港	2014.04.07
15世纪至17世纪 铜天禄镜座	高17.3cm	88,988	香港苏富比	2014.10.08
明 铜嵌金银兽面纹彝盖	长15.5cm	34,500	北京保利	2014.12.05
清早期 铜仿汉式灯	长8.4cm	126,500	北京东正	2014.05.18
清乾隆 铜鎏金缠枝莲纹香具(一组)	尺寸不一	382,053	中国嘉德	2014.10.07
清乾隆铜鎏金龙纹大烛台(一对)	高38cm	977,500	远方拍卖	2014.06.02
清中期 铜鎏金龙纹宫灯(二件)	高37.5cm	747,500	北京翰海	2014.10.25
清 曹广桢款锡包铜刻诗文花卉建水	高8.5cm	28,750	西泠拍卖	2014.12.13
本间琢磨作斑紫铜四君子建水	直径16cm	28,750	北京匡时	2014.12.04
大正期 金光堂四世土屋守亲镌竹石图铜茶则	长15.5cm	28,750	北京匡时	2014.06.05
大正昭和期 亀文堂正平造青铜鹤首形花入(原共箱)	高23cm	11,500	上海春秋堂	2014.12.21
大正昭和期 五郎三郎造黄铜莲叶茶则(原共箱)	长15cm	11,500	上海春秋堂	2014.12.21
法国新古典主义风格铜鎏金配大理石烛台(一对)	高约70cm	11,500	北京保利	2014.06.05
角谷一圭作红铜鼓形盖置	高5.5cm	11,500	北京匡时	2014.12.04
容善堂 铜制花器(一组)	尺寸不一	17,250	北京保利	2014.06.05
铜鎏金嵌玉香亭(一对)	高65cm	94,300	中国嘉德	2014.09.22
真藤真玉造斑紫铜建水	高12cm	20,700	北京匡时	2014.06.05
煮水器(一组三件)	尺寸不一	92,000	北京匡时	2014.12.04
牛形镜架	长13.5cm	34,500	北京保利	2014.12.04
兔形镜架	长32cm	172,500	北京保利	2014.06.05
战国及西汉 青铜镜(两件)	尺寸不一	26,841	纽约苏富比	2014.03.18
西汉 八乳博局走兽镜圆形	直径16.5cm	126,500	中国嘉德	2014.05.24
汉 青铜四神规矩纹镜	直径16.5cm	114,994	纽约苏富比	2014.09.16
东汉 青铜仙人纹镜	宽12cm	26,841	纽约苏富比	2014.03.18
隋 铜明喻满月铭镜	直径24.2cm	115,031	纽约佳士得	2014.03.20
唐 青铜海兽葡萄纹镜	直径17.7cm	345,094	纽约苏富比	2014.03.18
唐 青铜海兽葡萄纹镜	直径11.7cm	61,350	纽约苏富比	2014.03.18
唐 青铜海兽葡萄纹镜	直径15.2cm	214,655	纽约苏富比	2014.09.16
唐 青铜花鸟纹镜	直径11.3cm	30,675	纽约苏富比	2014.03.18
唐 青铜双鸾瑞兽纹镜	宽13.3cm	115,031	纽约苏富比	2014.03.18
唐 青铜天马双鸾纹镜	直径11.6cm	115,031	纽约苏富比	2014.03.18
唐 青铜云龙纹镜	宽18.3cm	115,031	纽约苏富比	2014.03.18
唐 青铜云龙纹镜	宽15cm	61,350	纽约苏富比	2014.03.18
唐 青铜折枝花果纹镜	宽17.7cm	92,025	纽约苏富比	2014.03.18
唐 天马龙凤飞鸟铭文镜	直径18cm	935,000	中信拍卖	2014.07.14
唐 铜五岳瑞兽八花镜	直径21.3cm	766,625	纽约苏富比	2014.09.16
唐 青铜三山五岳纹镜	直径21.5cm	309,000	台湾世家	2014.04.13
宋 铜编钟形镜	直径13.7cm	10,876	香港苏富比	2014.10.08
明以前 海兽葡萄方镜	长9.4cm	172,500	西泠拍卖	2014.12.13
明以前 人物车马铜镜	直径21.7cm	540,500	西泠拍卖	2014.12.13
明 黑漆描金铜镜	直径16cm	11,500	北京翰海	2014.04.12
明 填漆暗八仙云蝠纹铜镜	直径15.5cm	43,700	深圳市拍	2014.01.05
清 雕填漆龙凤呈祥铜镜	直径22cm	31,500	中鸿信	2014.11.22
清 烧蓝嵌白玉春水把镜	长21cm	20,700	北京翰海	2014.01.12
清 铜梵文准提镜摆件	高21.1cm	59,800	中国嘉德	2014.06.22
“汉有善铜”规矩镜	直径13.8cm	11,500	北京保利	2014.06.05
“黄汉源制”双凤镜	直径19cm	23,000	北京保利	2014.06.05
“荼言之纪”规矩镜	直径14.3cm	172,500	北京保利	2014.06.05
“鎔金琢玉”四兽镜	直径17.6cm	230,000	北京保利	2014.06.05
“尚方御镜”规矩镜	直径18.4cm	13,800	北京保利	2014.06.05
“尚方作镜”规矩镜	直径16.6cm	414,000	北京保利	2014.12.04
“天下大明”草叶纹镜 星云镜	尺寸不一	10,350	北京保利	2014.06.05
“吾作”半圆方枚神兽镜	直径15.8cm	713,000	北京保利	2014.12.04
“吾作”半圆方枚四兽镜	直径13.2cm	86,250	北京保利	2014.12.04
“五朱”龙虎镜	直径12.2cm	40,250	北京保利	2014.12.04
“新有善铜出丹阳”动物边规矩镜	直径16.5cm	92,000	北京保利	2014.06.05
“长乐哉”八乳规矩镜	直径12.5cm	21,850	北京保利	2014.12.04
“长宜子孙”八乳神兽镜	直径21.1cm	94,300	北京保利	2014.12.04
“长宜子孙”七乳神兽镜	直径19.5cm	40,250	北京保利	2014.06.05
“作佳镜哉真大好”规矩镜	直径18.8cm	23,000	北京保利	2014.06.05
白虎伏羲女娲镜	直径10.8cm	184,000	上海泓盛	2014.12.10
半圆方枚镜	直径20.2cm	322,000	北京保利	2014.06.05
半圆方枚神兽镜	直径12.5cm	23,000	北京保利	2014.06.05
草叶纹镜	直径15.4cm	11,500	北京保利	2014.12.04
飞龙镜	直径17.0cm	172,500	上海泓盛	2014.07.21
符箓八卦镜	直径24.3cm	368,000	上海泓盛	2014.07.21
光流铭瑞兽镜	直径14.8cm	264,500	上海泓盛	2014.07.21
龟钮八卦方镜	边长11.3cm	172,500	上海泓盛	2014.12.10
规矩镜	直径18cm	23,000	北京保利	2014.06.05
规矩镜	直径12.9cm	13,800	北京保利	2014.06.05
规矩镜	直径14.1cm	138,000	北京保利	2014.12.04
海兽葡萄镜	直径11.9cm	23,000	北京保利	2014.06.05
海兽葡萄镜	直径11.0cm	57,500	上海泓盛	2014.12.10
花边规矩镜	直径11.6cm	13,800	北京保利	2014.12.04
精卫填海镜	直径14.9cm	12,650	上海泓盛	2014.12.10
葵花形四仙骑镜	直径12.3cm	23,000	北京保利	2014.12.04

拍品名称	物品尺寸	成交价RMB	拍卖公司	拍卖日期
菱花形四兽镜 “照日菱花”跑兽镜(共二枚)	尺寸不一	17,250	北京保利	2014.06.05
菱花形素镜	直径10cm	13,800	北京保利	2014.06.05
鎏金半圆方枚神人神兽镜	直径18.9cm	57,500	上海泓盛	2014.12.10
龙凤四豹连弧纹镜	直径26.5cm	379,500	上海泓盛	2014.12.10
镂空复合祝寿人物方镜	通高36.2cm	322,000	上海泓盛	2014.12.10
镂空镜	直径12cm	632,500	北京保利	2014.12.04
蟠螭纹镜	直径15cm	23,000	北京保利	2014.12.04
蟠螭纹镜	直径15cm	17,250	北京保利	2014.12.04
蟠龙海兽葡萄镜	直径16.8cm	920,000	上海泓盛	2014.07.21
跑兽镜	直径12.5cm	161,000	北京保利	2014.06.05
七乳灵鱼龙虎镜	直径18.6cm	126,500	上海泓盛	2014.12.10
人面钮半圆方枚镜	直径11.4cm	11,500	上海泓盛	2014.12.10
三龙大型海兽葡萄镜	直径21.3cm	690,000	北京保利	2014.06.05
三乳神兽镜、四乳神兽镜	尺寸不一	11,500	北京保利	2014.12.04
上大山铭单龙镜	直径12.9cm	11,500	上海泓盛	2014.12.10
十二生肖跑兽镜	直径12.0cm	172,500	上海泓盛	2014.07.21
双瓶形镜	长25.5cm	13,800	上海泓盛	2014.12.10
双龙双凤连弧纹镜	直径18.5cm	115,000	上海泓盛	2014.07.21
四龙八凤镜	直径16.5cm	14,950	北京保利	2014.12.04
四乳神兽镜	直径14.1cm	34,500	北京保利	2014.06.05
四乳神兽镜	直径10.8cm	17,250	北京保利	2014.06.05
四乳双兽人物铭文镜	直径17.8cm	166,428	澳门中信	2014.06.08
四乳四虺镜	直径15.3cm	11,500	北京保利	2014.06.05
四乳四灵镜	直径16.5cm	57,500	上海泓盛	2014.12.10
四乳玉兔镜	直径12.6cm	28,750	北京保利	2014.12.04
四山镜	直径13.5cm	17,250	北京保利	2014.06.05
四山镜	直径15.3cm	28,750	北京保利	2014.12.04
四仙骑镜	直径16.3cm	782,000	北京保利	2014.06.05
四熊镜	直径22cm	2,300,000	北京保利	2014.12.04
四叶四龙镜	直径20.4cm	172,500	上海泓盛	2014.12.10
王氏铭规矩镜	直径20.8cm	322,000	上海泓盛	2014.07.21
西王母瑞兽镜	直径16.0cm	115,000	上海泓盛	2014.07.21
约1860年 法国拿破仑三世铜镜	长113cm	12,000	北京华辰	2014.03.15
真子飞霜镜	直径16.1cm	23,000	上海泓盛	2014.12.10
乐器				
商 青铜饕餮纹铙	高15.5cm	383,438	纽约佳士得	2014.03.20
商晚期/西周早期 公元前11至公元前10世纪 青铜大铙	高46.4cm	536,638	纽约苏富比	2014.09.16
战国/秦 公元前4至3世纪 青铜錞于	高41cm	145,706	纽约苏富比	2014.03.18
汉 菱纹铎	高9cm	56,897	中国嘉德	2014.04.09
春秋 夔龙纹镈	高35.1cm	734,160	中国嘉德	2014.04.09
西周 青铜龙纹钮钟 (一组三件)	直径18.4cm	337,425	纽约佳士得	2014.03.20
东周春秋后期 公元前6至5世纪青铜钮钟	高19cm	84,356	纽约苏富比	2014.03.18
春秋 夔龙纹甬钟 (两件)	尺寸不一	367,080	中国嘉德	2014.04.09
宋/元 铜四龙钟	高19.7cm	128,538	香港苏富比	2014.10.08
明嘉靖 御制铜鎏金龙纹钟	高34cm	1,680,000	江苏爱涛	2014.07.06
明万历26年 铜交龙钮钟	高41cm	69,000	北京保利	2014.12.04
清乾隆 和硕諴亲王制铜龙钮大钟	钟高83cm	2,760,000	北京保利	2014.12.03
清乾隆 铜鎏金兽面纹瑞兽钮钟	高23.5cm	782,000	北京保利	2014.06.04
清乾隆 铜洒金双龙鸟兽纹编钟	高(连座)51cm	172,500	浙江世贸	2014.07.27
清雍正 铜 “夷则”文庙编钟	高31cm	592,500	香港苏富比	2014.04.08
清同治 药师禅院铜钟	高62cm	172,500	上海嘉泰	2014.06.19
近代 铜鎏金编钟	高49cm	13,800	北京保利	2014.10.26
编钟	高16cm	1,562,220	中国艺海	2014.11.15
铜鎏金交龙钮钟 (一对)	高26cm	51,750	中国嘉德	2014.06.22
铜鎏金钟	高50cm	46,000	中国嘉德	2014.09.22
兵器				
春秋 错银青铜剑	长54.5cm	485,358	保利香港	2014.10.07
战国 错金银承弓器 (一对)	长21cm	165,186	中国嘉德	2014.04.09
战国 巴蜀式矛头 (两件)	尺寸不一	18,354	中国嘉德	2014.04.09
战国 错银镦 (两件)	尺寸不一	18,354	中国嘉德	2014.04.09
战国 铜小剑	长29.5cm	199,870	保利香港	2014.04.07
战国 斜度从厚格式剑	长67.5cm	327,060	保利香港	2014.04.07
东汉 “延光三年书言府作”弩机	长13cm	146,832	中国嘉德	2014.04.09
唐至明 铜三角形器	长21.6cm	108,625	香港苏富比	2014.04.07
宋 虎符	宽7.5cm	62,404	中国嘉德	2014.04.09
明 铜金文仿古钺	长27cm	120,750	北京翰海	2014.10.25
清道光 铜火炮 (一对)	102cm	679,657	伦敦苏富比	2014.11.05
万孝臣旧藏商周兵器(一组九件)	尺寸不一	726,800	保利香港	2014.04.07

拍品名称	物品尺寸	成交价RMB	拍卖公司	拍卖日期
其他物品				
明 铜鎏金龙纹信筒	长28cm	138,000	北京翰海	2014.10.25
明 铜台几座	高4.3cm	51,750	西泠拍卖	2014.12.13
清 铜鎏金龙纹奏折匣	长46cm	103,500	北京翰海	2014.10.25
清 铜鎏金马鞍子 (一套)	长60cm	287,500	北京盈时	2014.05.31
清 铜鎏金银龙纹马鞍	长57cm	55,200	中国嘉德	2014.09.22
清 铜镂雕四爪龙纹信筒	高41cm	13,800	中鸿信	2014.11.22
清 铜制天平、鸡翅木小匣砝码(一套)	66cm×46cm	25,300	北京保利	2014.04.27
天禄镜架	宽19cm	34,500	北京保利	2014.12.04
铜五供	尺寸不一	11,500	中国嘉德	2014.03.24
铜鱼虫竹篓	长6.7cm	10,350	北京匡时	2014.09.17
阳燧 (一件)	直径10.6cm	34,500	北京保利	2014.12.04
约2000年制 戴比尔斯精致铜镀金配浮动钻石沙漏	高15cm	115,000	北京保利	2014.12.04
铁器				
明 博山炉香熏	高14cm	24,150	南京经典	2014.01.06
明 铁制甪端熏炉	高32cm	40,250	北京翰海	2014.10.25
明宣德 铁错金银云龙寿字盖罐	宽13.5cm	1,380,000	北京保利	2014.12.04
明嘉靖 平遥观音阁八卦星相铁钟	高72cm	172,500	上海嘉泰	2014.06.19
明天启 铁错金银太极八卦图如意	长49cm	444,375	香港苏富比	2014.04.08
明晚期 铁嵌金孔雀牡丹双耳方炉	高11.5cm	46,000	北京保利	2014.12.04
明 珍宗道作错金铁打出茶托(一组五件)	长10cm×5	20,700	北京匡时	2014.06.05
清乾隆四十七年(1782)铸铁龙钮钟	高43.2cm	26,841	纽约佳士得	2014.03.20
清 德成款铁打出凉炉	高11cm	63,250	长风拍卖	2014.01.05
清 龟文堂初代波多野正平	高21cm	402,500	远方拍卖	2014.06.03
清 金寿堂雨宫	高21cm	345,000	远方拍卖	2014.06.03
清 铁錾金嵌白玉龙纹牌首饰盒	长19cm	126,500	西泠拍卖	2014.12.13
清 铁瑞兽 (两件)	长17cm	13,800	北京翰海	2014.08.24
明治期初宫崎寒雉造菊形尾垂铁壶	高28cm	57,500	长风拍卖	2014.01.05
明治期初 青龙堂款蝉纹铁壶	高21cm	195,500	长风拍卖	2014.01.05
明治大正期 斑朱铜盖手取型铁瓶	高20cm	11,500	上海春秋堂	2014.12.21
明治大正期 大国寿朗造纯银七宝摘镶银口铁瓶	高21cm	18,400	上海春秋堂	2014.12.21
明治大正期 丹金造柑橘型铁炮口银壶	高16cm	43,700	上海春秋堂	2014.12.21
明治大正期 龙文堂茶饭釜白玉摘铁瓶	高19cm	20,700	上海春秋堂	2014.12.21
明治大正期 龙文堂六方山居图金工提把铁瓶	高21cm	20,700	上海春秋堂	2014.12.21
明治大正期 龙文堂上田造钟馗图文铁瓶	高22cm	23,000	上海春秋堂	2014.12.21
明治大正期 龙文堂云龙图宝珠型铁瓶	高25cm	20,700	上海春秋堂	2014.12.21
明治大正期 龙文堂造枫梅图四方铁瓶	高22cm	11,500	上海春秋堂	2014.12.21
明治大正期 龙文堂造四方收圆小铁瓶	高18cm	13,800	上海春秋堂	2014.12.21
明治大正期 龙文堂造岩肌高身铁瓶	高27cm	10,350	上海春秋堂	2014.12.21
明治期 初代秦藏六造兽嘴夔龙纹铁壶	高16cm	126,500	长风拍卖	2014.01.05
明治期 错金银兰竹纹铁壶	高20cm	109,250	长风拍卖	2014.01.05
明治期 汉瓦当纹铁茶托 (五枚)	直径9.5cm×5	55,200	长风拍卖	2014.01.05
明治期 好弘款铁打出错金银云龙纹香炉	高8.5cm	109,250	长风拍卖	2014.01.05
明治期 黑濑宗世款铁打出龙纹高足银云纹盖香炉	高12.5cm	149,500	长风拍卖	2014.01.05
明治期明越昌晴包银铁壶(贤雄造)	高22cm	115,000	华艺国际	2014.09.28
明治期 嵌刀镡金龙钮方形铁壶	高28cm	74,750	长风拍卖	2014.01.05
明治期 铁包银波浪纹银壶	高23cm	460,000	长风拍卖	2014.01.05
明治期 铁打出圆形茶托 (五枚)	直径9.5cm×5	20,700	长风拍卖	2014.01.05
明治期 铁打出竹编茶量	长10.2cm	11,500	长风拍卖	2014.01.05
明治期 一俊款铁打出香炉	高8.5cm	97,750	长风拍卖	2014.01.05
明治期大国寿郎造炮口平丸形铁壶	高18cm	23,000	北京匡时	2014.12.04
明治期 大国寿郎造唯吾知足藤把铁壶	长19cm	17,250	北京匡时	2014.12.04
明治期 龟文堂铃木光重形制山水纹铁壶	长17.5cm	287,500	北京匡时	2014.12.04

2014杂项拍卖成交汇总

(成交价RMB：1万元以上)

拍品名称	物品尺寸	成交价RMB	拍卖公司	拍卖日期
明治期 龟文堂造蓬莱阁山水波千鸟铁壶	高20cm	46,000	北京匡时	2014.12.04
明治期 龟文堂波多野正平造冬归山居图丸形铁瓶	高21cm	172,500	上海春秋堂	2014.12.21
明治期 黑濑宗世作铁打出大黑天置物	高15cm	218,500	北京匡时	2014.06.05
明治期 黑濑宗世作铁打出布袋和尚置物	长22cm	230,000	北京匡时	2014.12.04
明治期 金谷五郎三郎鎏金铁打出果子盘	长22.5cm	17,250	北京匡时	2014.12.04
明治期 金龙堂造高六方春色图铁瓶	高26cm	17,250	上海春秋堂	2014.12.21
明治期 金龙堂造六方高浮雕秋雁图铁瓶	高24cm	11,500	上海春秋堂	2014.12.21
明治期 金寿堂宗兵卫竿型千筋纹铁瓶	高22cm	23,000	上海春秋堂	2014.12.21
明治期 龙文堂安之介雨龙纹宝珠羽釜形铁瓶	高21cm	34,500	上海春秋堂	2014.12.21
明治期 龙文堂六代安之介造嵌金银柿柿如意铁壶	高20.5cm	322,000	北京匡时	2014.06.05
明治期 龙文堂四代安之介造姥口道安形铁壶	高24cm	48,300	北京匡时	2014.12.04
明治期 清茂刻铁打出包银金工花鸟纹花插	高20.5cm	138,000	北京匡时	2014.06.05
明治期 山田宗美作铁打出茶托(一组五件)	直径11cm×5	51,750	北京匡时	2014.12.04
明治期 山田宗美作铁打出置物	长25cm	109,250	北京匡时	2014.12.04
明治期四方收圆四方口铁盖小铁瓶	高18cm	17,250	上海春秋堂	2014.12.21
明治期 义武作铁打出汤沸(原共箱)	高14cm	356,500	上海春秋堂	2014.12.21
明治期 龟文堂造云龙纹铁壶	高20cm	20,700	北京保利	2014.06.04
明治期 瑞云堂花开富贵高浮雕铁壶	高14cm	34,500	荣宝斋(上海)	2014.05.09
"金寿堂"铁壶	高13cm	55,200	北京翰海	2014.10.25
"龙文堂"款竹节铁壶	高14cm	23,000	北京翰海	2014.10.25
"室田家藏""龙文堂造"仁招德款镶银铁壶	高21cm	51,750	朵云轩	2014.12.19
19世纪 安之介作三兽足弦纹银钮铁壶	高21cm	92,000	北京保利	2014.06.04
19世纪 春霞堂寿朗制牡丹纹铁壶	高18cm	11,500	北京保利	2014.12.03
19世纪 铁包银制提梁壶	高21cm	230,000	北京保利	2014.12.03
宝寿堂造长闲形铁壶	高21.7cm	11,500	北京匡时	2014.09.17
持斧提梁铁壶	高10.5cm	20,700	荣宝斋(上海)	2014.05.09
大国造瓜藤形铁壶	高23.5cm	57,500	西泠拍卖	2014.12.13
大正期 龟文堂造波千鸟铁瓶	高21cm	25,300	上海春秋堂	2014.12.21
大正期 龙寿堂造斑朱铜盖银摘方提天明型铁瓶	高22cm	13,800	上海春秋堂	2014.12.21
大正期 龙文堂造白肌宝珠型大铁瓶	高23.5cm	17,250	上海春秋堂	2014.09.07
大正期 祥云堂造六方春色铁瓶	高21.5cm	20,700	上海春秋堂	2014.09.07
大正期 紫金堂忠三郎造银摘圆珠型铁瓶	高19cm	17,250	上海春秋堂	2014.12.21
大正期 紫金堂忠三郎造手取型铁瓶	高23cm	11,500	上海春秋堂	2014.12.21
大正时期 藏六铁壶	高17.5cm	34,500	荣宝斋(上海)	2014.05.09
大正昭和期 江严造算玉型金工提把铁瓶(原共箱)	高18cm	36,800	上海春秋堂	2014.12.21
大正昭和期 金龙堂造银摘铜提白肌诗句入长闲型铁瓶	高22cm	17,250	上海春秋堂	2014.12.21
大正昭和期 金寿堂双款唐菊地纹铁瓶(原共箱)	高22cm	43,700	上海春秋堂	2014.12.21
大正昭和期 金寿堂造双款双凰献瑞铁瓶	高19cm	25,300	上海春秋堂	2014.12.21
大正昭和期精金堂银摘手取形铁瓶	高22cm	11,500	上海春秋堂	2014.12.21
大正昭和期 龙文堂鬼霰纹金工提把铁瓶	高21cm	13,800	上海春秋堂	2014.12.21
大正昭和期 龙文堂日丸形月下夜雁图铁瓶	高22cm	13,800	上海春秋堂	2014.12.21
大正昭和期 木越正治作阿弥陀堂铁瓶(双盖、原共箱)	高27cm	25,300	上海春秋堂	2014.12.21
大正昭和期 南部高桥万治造圆柑型铁瓶	高20cm	11,500	上海春秋堂	2014.12.21

拍品名称	物品尺寸	成交价RMB	拍卖公司	拍卖日期
大正昭和期 南铁名家绿山造梅图大铁瓶	高27.5cm	20,700	上海春秋堂	2014.09.07
大正昭和期 祥云款五瓣梅铁壶	高24cm	17,250	上海春秋堂	2014.12.21
大正昭和期 雨宫金寿堂橄榄型双款铁瓶	高22cm	40,250	上海春秋堂	2014.12.21
大正昭和期 云色堂日丸形高肉雕波千鸟铁瓶	高22cm	40,250	上海春秋堂	2014.12.21
大正昭和期 庄司仪兵卫宝珠型铁瓶(原共箱)	高24cm	23,000	上海春秋堂	2014.12.21
大正昭和期 紫金堂忠三朗铁瓶	高23cm	10,350	上海春秋堂	2014.12.21
宫崎寒雉作阿弥陀堂铁壶	高23.7cm	80,500	北京匡时	2014.06.05
宫崎寒稚造砂金宝袋型嵌银提梁铁壶	高20.5cm	66,700	北京匡时	2014.09.17
光玉堂造松树纹富士山形铁壶	高21.5cm	25,300	北京匡时	2014.12.04
龟文堂款铁壶	高23.5cm	36,800	西泠拍卖	2014.12.13
龟文堂山水高浮雕双面铁壶	高16.5cm	28,750	荣宝斋(上海)	2014.05.09
龟文堂堂主波多野正平造 兰诗花卉铁壶	高22cm	575,000	福建东南	2014.05.25
龟文堂造兰花铁壶	高23.5cm	32,200	北京匡时	2014.06.05
龟文系湖东光重造高浮雕山水风景铁壶	高23cm	138,000	北京歌德	2014.06.01
黑川雅之 ZK 系列铸铁壶套装 (限量版)		13,800	北京保利	2014.04.29
江户明治期 龙文堂安之介造金银镶嵌春色图茶筅形铁瓶	高21cm	195,500	上海春秋堂	2014.12.21
江户明治期 龙文堂安之介造双款云龙纹铁瓶	高24cm	40,250	上海春秋堂	2014.12.21
江户期 柳富甚次郎造点金葡萄纹铁包银壶	高20cm	437,000	北京匡时	2014.06.05
江户时期 瑞云堂高浮雕铁壶	高13cm	57,500	荣宝斋(上海)	2014.05.09
金谷五郎三郎造黄铜盖银摘铁壶	高19cm	74,750	北京匡时	2014.09.17
金光堂造嵌金山水图铁壶	高23cm	126,500	北京匡时	2014.06.05
金龙堂大国造饕餮纹龙首铁壶	高20cm	149,500	北京歌德	2014.06.01
金龙堂炮口铁壶	高20cm	172,500	西泠拍卖	2014.12.13
金寿堂雨宫造长福寿铁壶	高19cm	207,000	西泠拍卖	2014.12.13
金寿堂雨宫宗辰造嵌金银提梁四方铁壶	高22.2cm	63,250	北京匡时	2014.06.05
金寿堂造嵌金银芦雁图铁壶	高19cm	287,500	北京歌德	2014.06.01
金寿堂造嵌金银铁壶	高21cm	184,000	北京匡时	2014.12.04
金寿堂造松鹤纹嵌银富士山形铁壶	高20.5cm	78,200	北京匡时	2014.12.04
近代 龟文堂湖岩堂订制款兽口饕餮纹铁壶	高21.5	126,500	上海泛华	2014.06.30
近代 日本龙纹铁壶	高16cm	28,750	北京保利	2014.01.11
近代 日本梅花纹铁壶	高20cm	34,500	北京保利	2014.01.11
近代 山水楼阁纹铁壶	宽17cm	11,500	北京保利	2014.01.11
开化堂造铁打出茶罐	高18cm	13,800	北京匡时	2014.06.05
李共标 风炉(孤品)	高25.5cm	20,700	北京保利	2014.12.01
龙文堂安之介造道安型错金银手把铁壶	高25cm	310,500	北京歌德	2014.06.01
龙文堂安之介造灵芝图铜镜盖铁壶	高18cm	207,000	北京歌德	2014.06.01
龙文堂龙纹铁壶	高23cm	13,800	西泠拍卖	2014.12.13
龙文堂上田造房造 错金银富士山形铁壶	高20.5cm	92,000	北京匡时	2014.06.05
麦穗纹铁制板	高65cm	128,478	日本伊斯特	2014.04.26
日本 梅泉造山水铁壶	高22.5cm	92,000	西泠拍卖	2014.05.06
日本 云龙纹龙首铁壶	长14cm	34,500	中国嘉德	2014.09.22
日本龟文堂造高浮雕兰花图铁壶	高21cm	101,200	北京歌德	2014.06.01
容善堂 梅兰竹菊铁壶 (一套)	尺寸不一	51,750	北京保利	2014.06.05
容善堂 剩山图铁壶	高23cm	20,700	北京保利	2014.06.05
容善堂 无用师卷铁壶	高23.3cm	20,700	北京保利	2014.06.05
容善堂 曜世龙吟铁壶	高23.5cm	172,500	北京保利	2014.06.05
铁打出四方茶罐	高9.2cm	11,500	北京匡时	2014.06.05
铁制雕龙纹茶壶	直径18cm	12,000	北京华辰	2014.03.15
西恒一瑳造素身铁壶	高20cm	345,000	北京歌德	2014.06.01
友真作铁打出"千秋万岁"盘	直径19.7cm	11,500	北京匡时	2014.06.05
雨奇晴好铁壶	高12cm	10,350	荣宝斋(上海)	2014.05.09
云色堂美之助造 高肉镶嵌小雏菊纹长闲形铁壶	高23cm	69,000	北京匡时	2014.06.05

拍品名称	物品尺寸	成交价RMB	拍卖公司	拍卖日期
昭和时期 龟文堂山水幽兰嵌银黄铜提梁铁壶	高15cm	36,800	荣宝斋(上海)	2014.05.09
昭和时期 龙文堂嵌银提梁铁壶	高14cm	11,500	荣宝斋(上海)	2014.05.09
朱古作包银边菱花式铁打出茶托(一组五件)	长12.2cm×5	23,000	北京匡时	2014.06.05
锡器				
清乾隆 贝墉刻千墨庵款诗文竹石长方锡壶	宽15.5cm	57,500	北京保利	2014.06.04
清乾隆 沈郎亭制并刻竹节形提梁锡壶	高17cm	34,500	北京保利	2014.06.04
清乾隆 锡六棱茶罐	高12cm	98,625	佳士得	2014.11.26
清早期 刻前后赤壁赋锡制大茶叶罐(一对)	高15.5cm	126,500	北京保利	2014.06.04
清早期 锡制暗刻人物花卉六方执壶	高17.5cm	28,750	北京保利	2014.12.03
清中期 沈郎亭款锡刻诗文提梁壶	高16cm	23,000	中国嘉德	2014.03.24
清中期 锡嵌铜八仙祝寿壶	长9.7cm	184,000	北京翰海	2014.05.11
清中期 朱石梅刻梅花诗文茶叶罐、二泉刻菊花诗文茶叶罐、锡杯(共三件)	高9.5cm	23,000	北京保利	2014.12.03
清道光 杨彭年制小桐刻椭圆形与四方形锡包壶(两件)	宽14cm	40,250	北京保利	2014.06.04
清道光 朱石梅刻铭锡制方斗量壶	宽17cm	230,000	中国嘉德	2014.05.18
清 "芝兰之味"款沈存周刻锡茶仓	高9cm	51,750	长风拍卖	2014.01.05
清 "朱石楳"款刻梅花诗文锡壶	高19cm	138,000	苏州东方	2014.10.30
清 黄隆昌造款梦古刻款锡制提梁壶	高16.8cm	40,250	西泠拍卖	2014.12.15
清 沈存周雕刻海棠形锡茶仓	高9cm	46,000	长风拍卖	2014.01.05
清 沈存周款茶托、刻诗句铭文花卉茶托(各五件)	尺寸不一	17,250	西泠拍卖	2014.12.13
清 沈存周款刻"水仙茗种"锡茶叶罐	高6.3cm	11,500	北京保利	2014.06.04
清 沈存周款铭诗句锡制茶器	高5.2cm	23,000	中国嘉德	2014.05.18
清 沈存周款诗文锡茶罐	高12.5cm	23,000	西泠拍卖	2014.12.13
清 沈存周款锡制诗文花卉茶仓	高7cm	46,000	中国嘉德	2014.05.19
清 沈存周制李鳝刻锡罐	高7.3cm	345,230	保利香港	2014.04.07
清 沈存周制锡茶托(一组五件)	尺寸不一	43,700	西泠拍卖	2014.12.13
清 沈郎亭倒桃锡壶	高11.5cm	161,000	远方拍卖	2014.06.02
清 四方菱花锡茶叶罐(一对)	高10cm×2	17,250	上海春秋堂	2014.12.21
清 孙尔翘制款锡制棱式提梁壶	高25.8cm	322,000	中国嘉德	2014.05.18
清 铁卿铭花卉诗文锡壶	高10.5cm	51,750	西泠拍卖	2014.12.13
清 锡"般若心经"诗句茶叶罐	高10cm	49,313	佳士得	2014.11.26
清 锡三镶玉诗文炉	宽11cm	13,800	北京保利	2014.10.26
清 锡折枝菊花纹葫芦瓶	高14cm	16,402	罗芙奥	2014.05.25
清 锡制茶诗茶叶对罐	高8.1cm	315,600	佳士得	2014.11.26
清 锡制茶叶罐	高20cm	11,500	西泠拍卖	2014.12.13
清 锡制茶叶罐(两件)	尺寸不一	17,250	北京保利	2014.04.27
清 锡制茶叶罐(两件)	尺寸不一	13,800	北京保利	2014.10.26
清 锡制刻诗文山水茶罐(一对)	直径9.5cm	91,770	中国嘉德	2014.04.09
清 锡制六面开光嵌紫檀茶仓	高8.8cm	71,300	中国嘉德	2014.05.19
清 香粉扳指连锡盒	高2.5cm	13,800	北京匡时	2014.06.05
清 御锡屋美作守款锡制大茶叶罐	高26.2cm	23,000	西泠拍卖	2014.12.15
清 源兴号造点铜刻竹纹锡茶仓	高12cm	29,900	长风拍卖	2014.01.05
清 朱石梅铭琴式锡壶	高12.7cm	48,300	西泠拍卖	2014.12.13
明治期 藤编提梁铜鎏锡壶	高16cm	10,350	长风拍卖	2014.01.05
明治期 周聚源造刻锡茶托(五枚)	长13.5cm×5	32,200	长风拍卖	2014.01.05
明治大正期 御锡屋天下一美作守锡壶 林克瑞制锡壶	尺寸不一	10,350	上海春秋堂	2014.12.21
明治期 藏六及初代三浦竹泉合作锡包瓷茶托(一组五件)	长11.8cm×5	25,300	北京匡时	2014.12.04
明治期 荣松堂造加纳铁哉刻大锡罐	高15.5cm	23,000	北京匡时	2014.12.04
19世纪 绘金漆蝴蝶纹锡罐	高8cm	13,800	北京保利	2014.06.04
安之介花器、水滴、锡缶(一组三件)	尺寸不一	11,500	北京匡时	2014.12.04
民国 梅花型刻诗文花草锡茶托(五枚)	直径9cm×5	31,050	长风拍卖	2014.01.05
内鎏金大锡罐(一对)	高15.5cm×2	92,000	北京匡时	2014.12.04
朱石梅制鱼形锡制茶托(一组五件)	长14.7cm×5	20,700	北京匡时	2014.06.05
紫檀锡口茶叶罐	高10.5cm	11,500	北京翰海	2014.10.25
紫 砂				
摆件				
明末清初 紫砂加漆文官座像	高19.5cm	230,000	北京保利	2014.12.03
清早期 白泥开片釉兔子摆件连木座	宽19cm	241,500	中国嘉德	2014.05.18

拍品名称	物品尺寸	成交价RMB	拍卖公司	拍卖日期
清早期 紫泥人物摆件	5.3cm×10cm	115,000	西泠拍卖	2014.12.15
清中期 宜钧瓜棱形花插	高23cm	40,250	北京保利	2014.06.04
清 白泥挂釉弥勒佛像	高10cm	11,500	北京保利	2014.12.03
清 玉成窑何心舟花插	高18.5cm	161,000	远方拍卖	2014.06.03
清末民初 陈光明制白泥花插	11cm×4.8cm	46,000	西泠拍卖	2014.12.15
民国 李宝珍(铁画轩出品)狮头花插	高25.3cm	34,500	北京翰海	2014.05.09
民国 裴石民制 田螺摆件	长12.7cm	402,500	北京保利	2014.12.03
储集泉 葵倾高士	宽15cm	23,000	北京翰海	2014.10.25
瓷合家欢摆件	长47cm	17,250	北京翰海	2014.01.12
高山朱砂冻张果老摆件	高(连座)17.5cm	29,380	辽宁建投	2014.06.08
蒋蓉制 寿龟茶宠	长11.7cm	28,750	福建东南	2014.05.25
蒋蓉制 紫砂烟灰缸、老虎、狮子(三件)	尺寸不一	109,250	北京保利	2014.12.03
蒋蓉制紫泥老虎摆件	长10cm	23,000	西泠拍卖	2014.12.15
蒋蓉制紫砂冬瓜枕摆件	长28cm	690,000	中国嘉德	2014.05.18
李爱民(陈瑜刻) 自在弥勒	高21.8cm	69,000	北京翰海	2014.10.25
吴鸣 紫砂雕塑	长46.3cm	115,000	北京匡时	2014.12.04
徐秀堂 仿明观音	高28.8cm	264,500	北京翰海	2014.10.25
徐秀棠 曹操醉酒论英雄雕塑(一组九件)	尺寸不一	345,000	北京匡时	2014.06.04
徐秀棠 雕塑：亚克西	高10.3cm	74,750	北京翰海	2014.05.09
徐秀棠 逗蟋蟀雕塑	尺寸不一	161,000	北京匡时	2014.06.04
徐秀棠 供春学艺雕塑	高26.5cm	287,500	北京匡时	2014.06.04
徐秀棠 关公雕塑	高29cm	207,000	北京匡时	2014.12.04
徐秀棠 观音雕塑	高29cm	138,000	北京匡时	2014.12.04
徐秀棠 海螺雕塑(两件)	尺寸不一	138,000	北京匡时	2014.06.04
徐秀棠 济公雕塑	高41cm	218,500	北京匡时	2014.06.04
徐秀棠 老子出关雕塑	长37cm	138,000	北京保利	2014.12.03
徐秀棠 蓬莱	高18cm	80,000	上海驰翰	2014.06.26
徐秀棠 送子观音雕塑	高41cm	195,500	北京匡时	2014.06.04
徐秀棠 萧翼赚兰亭摆件	高20cm	160,000	上海驰翰	2014.06.26
徐秀棠制 扶老携幼雕塑	高34cm	322,000	上海春秋堂	2014.12.21
徐秀棠制 调心罗汉塑像	高17cm	46,000	中国嘉德	2014.11.21
徐秀棠制 紫砂"前情后趣"摆件	长39cm	517,500	北京传是	2014.06.05
徐秀棠制 紫砂观音摆件	高30cm	402,500	北京传是	2014.06.05
徐秀棠制 紫砂人物	长16cm	48,300	北京传是	2014.06.05
徐秀棠制"有朝一日"	高30cm	287,500	北京传是	2014.06.05
周刚 供养菩萨(一对)	高7cm	69,000	北京翰海	2014.10.25
生活用品				
清早期 朱泥贴花赏瓶连木盖与座	高24.7cm	172,500	中国嘉德	2014.05.18
清早期 紫砂胎挂釉琮式瓶	高20cm	69,000	北京保利	2014.06.04
清乾隆 宜钧釉花瓶	高48cm	138,000	远方拍卖	2014.06.03
清 任伯年绘 玉成窑赏瓶	高16cm	200,000	上海驰翰	2014.06.26
清 紫砂胎挂釉小琮式瓶	高12.5cm	34,500	北京保利	2014.12.03
民国"荆南山樵"款花瓶	高37cm	46,000	北京匡时	2014.12.04
民国 陈少亭刻 顾景舟制 赏瓶	高21cm	690,000	上海春秋堂	2014.12.21
民国 橄榄瓶	高16cm	138,000	上海道明	2014.04.12
民国 金鼎商标款梅花赏瓶	高19.7cm	11,500	上海春秋堂	2014.09.07
民国 孔雀瓶(一对)	高22cm	80,500	上海道明	2014.04.12
民国 利用潜陶款段泥赏瓶与金鼎商标制跂陶铭旭日苍松段泥香筒	尺寸不一	25,300	中国嘉德	2014.05.18
民国 跂陶主人刻段泥长颈瓶	高14cm	32,200	西泠拍卖	2014.12.15
民国 任淦庭刻紫泥粉浆赏瓶	高26.8cm	55,200	西泠拍卖	2014.12.15
民国 任淦庭铭刻山水图巧色赏瓶	高30.5cm	34,500	中国嘉德	2014.11.21
民国 任淦庭制 巧色扁瓶	高19cm	89,700	中国嘉德	2014.11.21
民国 俞国良制企陶铭刻春夜宴桃李园图象铺首衔环巧色四方瓶	高52.5cm	690,000	中国嘉德	2014.05.18
民国 紫砂菊瓣花瓶(一对)	高23.5cm	40,250	上海道明	2014.04.12
民国 紫砂瘦石罗卜瓶	高24cm	11,500	上海道明	2014.04.12
高俊峰、张勇 三友瓶	高19cm	63,250	北京翰海	2014.05.09
顾绍培 紫砂百寿瓶	高17.8cm	149,500	北京翰海	2014.10.25
顾绍培(沈汉生刻) 百寿瓶	高18cm	138,000	北京翰海	2014.05.09
罗强制 朱道平刻冬晴远岫瓶	高41cm	16,000	上海驰翰	2014.04.18
跂陶刻 贯耳紫砂瓶		48,000	上海驰翰	2014.06.26
宋玉麟 江上帆影瓶	高41cm	15,000	上海驰翰	2014.06.26
谭泉海 梅竹赏瓶	高25.5cm	43,700	上海道明	2014.04.12
谭泉海刻小花瓶(一对)	高20cm×2	34,500	上海春秋堂	2014.12.21
王翔 山水兽耳瓶	高24.5cm	218,500	北京翰海	2014.10.25
喻慧 雀跃丰年瓶	高39cm	10,000	上海驰翰	2014.06.26
朱道平 黄山三景瓶	高44cm	25,000	上海驰翰	2014.06.26

2014杂项拍卖成交汇总

(成交价RMB：1万元以上)

拍品名称	物品尺寸	成交价RMB	拍卖公司	拍卖日期
子陶刻 紫砂花瓶	高35cm	28,750	上海道明	2014.04.12
明晚期 陈仲美制仿古紫砂牺尊	长26.5cm	5,290,000	北京保利	2014.12.03
清早期 紫泥夔龙蕉叶纹仿青铜器方尊	高33.5cm	161,000	中国嘉德	2014.11.21
清中期 葛明祥款宜钧釉橄榄尊	高12.7cm	23,000	北京保利	2014.06.04
清 友泉款紫泥兽耳尊	高14cm	138,000	西泠拍卖	2014.12.15
清晚期 陈少亭刻草书双兽耳大尊	高33.5cm	138,000	北京保利	2014.06.04
民国 吴德盛制跋陶铭巧色尊	高20cm	23,000	中国嘉德	2014.05.18
沈汉生刻四方兽耳尊	高41cm	34,500	上海春秋堂	2014.09.07
庄玉珍 观音一尊	高27cm	13,800	上海道明	2014.04.12
清早期 徐汝成制朱泥大碗	直径21.7cm	23,000	西泠拍卖	2014.12.15
清早期 紫泥贴花贡碗	宽10.2cm	17,250	上海春秋堂	2014.09.07
清乾隆 陈觐侯制百寿团龙贡碗	直径20cm	299,000	中国嘉德	2014.05.18
清乾隆陈觐侯制团龙百寿洒红贡碗	直径19.8cm	155,250	北京保利	2014.12.03
清道光 行有恒堂款紫砂内挂釉外刻梅花纹斗笠碗	直径18.2cm	195,500	北京保利	2014.06.04
清道光 珐琅彩紫砂碗	直径15cm	57,500	北京保利	2014.12.03
清 陈观候款莲瓣紫砂碗	直径12.5cm	32,200	上海敬华	2014.07.01
清 六方贴花贡碗	宽17cm	69,000	上海春秋堂	2014.12.21
清 逸公款紫砂胎花釉花瓣口碗	直径20cm	92,000	北京保利	2014.06.04
清晚期 玉成窑供碗	高11.7cm	55,200	北京匡时	2014.06.04
紫砂贴花大碗	直径19cm	57,500	北京保利	2014.12.03
清早期 陈大昭款紫泥桃杯	宽13cm	238,602	中国嘉德	2014.04.09
清早期陈鸣远制紫泥梨皮仿古爵杯	高17.4cm	690,000	北京保利	2014.12.03
清早期 王公其制朱泥葡萄贴花杯	宽10.5cm	32,200	中国嘉德	2014.11.21
清早期 萧字款紫砂贴花卉纹杯(一对)	直径7.3cm	20,700	北京保利	2014.12.03
清康熙 陈鸣远制岁寒三友紫砂茶杯 (一组)	尺寸不一	920,000	西泠拍卖	2014.12.15
清乾隆 云渭款绳纹小杯	宽6.3cm	20,700	北京保利	2014.12.03
清道光 彭年款白泥方斗杯	高4.3cm	23,000	北京匡时	2014.06.04
清道光 平心杯	直径10cm	109,250	上海道明	2014.04.12
清中期 白泥公道杯	高5.5cm	172,500	远方拍卖	2014.06.02
清中期 菱花泥金杯	高5.7cm	23,000	上海道明	2014.04.12
清中期 泥绘紫砂杯	高4.4cm	40,250	北京匡时	2014.12.04
清中期 王志远款朱泥桃杯	高9.7cm	25,300	西泠拍卖	2014.12.15
清中期 紫砂桃形杯	长13.5cm	92,000	北京保利	2014.06.04
清 俏色桃杯	直径8cm	17,250	上海道明	2014.04.12
清 无款段泥桃杯	宽12cm	368,000	上海春秋堂	2014.09.07
清 无款四方杯组 (五件)	尺寸不一	11,500	上海春秋堂	2014.09.07
清 紫砂内包银品杯 (五只)	直径7cm×5	32,200	长风拍卖	2014.01.05
明治期 竹轩款 朱砂茶诗文品杯十客	直径7cm×10	16,100	长风拍卖	2014.01.05
清晚期 紫泥白釉螭龙耳杯 菊花式盘及紫砂干果三品		34,606	邦瀚斯	2014.10.09
清晚期 四方斗立杯 (一组四件)	高6.5cm	20,700	上海道明	2014.04.12
清末民初 陈光明制紫泥内上釉套杯 (一组九件)	尺寸不一	57,500	西泠拍卖	2014.12.15
民国 升方二杯套		25,300	上海道明	2014.04.12
顾景舟制 紫砂开片如意纹对杯	宽9cm	230,000	中国嘉德	2014.11.21
李碧芳制金钟盖杯	高11.2cm	13,800	上海春秋堂	2014.09.07
倪顺生 蔬果杯 (十二件套)	尺寸不一	69,000	北京匡时	2014.06.04
汪寅仙制菱花对杯	宽8.4cm×2	63,250	上海春秋堂	2014.09.07
徐汉棠制孔雀茶杯	宽10.2cm	48,300	上海春秋堂	2014.09.07
姚志源 松鼠葡萄杯	高9.2cm	437,000	远方拍卖	2014.06.02
明末清初 时大彬制宫廷彩泥绘长方竹节茶盘	长37.5cm	701,500	远方拍卖	2014.06.03
清早期 集雅款紫泥赏盘	长21.6cm	63,250	西泠拍卖	2014.12.15
清雍正 九子盘	直径39cm	207,000	远方拍卖	2014.06.02
清 陈鸣远制紫砂春蚕食桑叶形盘	长15.6cm	207,000	西泠拍卖	2014.05.06
清 石梅制并刻内挂釉海棠形拱盘	长29cm	17,250	北京保利	2014.12.03
清 王南林制紫砂蒲草纹调色盘、段泥花卉纹觯瓶	高14.5cm	23,000	西泠拍卖	2014.12.13
民国 泥塑鱼化龙赏盘	长28.3cm	17,250	上海道明	2014.04.12
民国潜陶氏(韩泰)镌盘大制“南极老人应寿昌”图双铺兽四方大瓶	高55.2cm	230,000	北京保利	2014.12.03
民国 紫砂花鸟盘	长24cm	13,800	上海道明	2014.04.12
民国 紫砂人物盘	长24cm	20,700	上海道明	2014.04.12
陈伯昌 龙盘	宽12cm	23,000	北京翰海	2014.10.25
谭泉海刻倪顺生制百年好合挂盘	宽19cm	23,000	上海春秋堂	2014.12.21
王翔 眠云卧石赏盘	直径17cm	13,000	上海驰翰	2014.06.26

拍品名称	物品尺寸	成交价RMB	拍卖公司	拍卖日期
喻慧 花卉盘	直径41	14,000	上海驰翰	2014.04.18
紫砂攒盘 (一组八件)	尺寸不一	23,000	北京匡时	2014.06.04
清光绪 敕建清凉端明禅寺紫砂钵	宽14.5cm	46,000	北京保利	2014.06.05
清 茶叶末釉钵	高15.6cm	17,250	西泠拍卖	2014.12.15
清 紫泥刻心经佛钵	直径15.5cm	36,800	深圳市拍	2014.01.05
清早期 陈鸣远制仿古紫砂簋	宽12.2cm	1,058,000	北京保利	2014.12.03
清中期 白釉紫砂胎仿青铜器花觚	高41.5cm	92,000	北京保利	2014.12.03
明末清初 孟臣铭诗句紫泥如意云肩茶叶罐	高20.5cm	218,500	中国嘉德	2014.11.21
清早期 茶叶罐	高17cm	20,700	上海道明	2014.04.12
清早期 康熙贴花茶叶罐	高12.8cm	57,500	北京匡时	2014.06.04
清早期 赵子玉造澄泥蛐蛐罐	直径10.7cm	218,500	西泠拍卖	2014.12.13
清早期 紫泥茶罐	高21.2cm	126,500	北京匡时	2014.06.04
清康熙 郑宁候制朱泥茶叶罐	高14cm	172,500	古天一	2014.12.05
清康熙 紫砂印花花卉纹六方茶叶罐	高21.5cm	17,250	中国嘉德	2014.03.24
清道光 邓符生刻锡制茶叶罐	高10.2cm	43,700	西泠拍卖	2014.12.15
清中期 茶叶罐 (一组)	高16.5cm	23,000	上海道明	2014.04.12
清中期 六方梅花印板茶叶罐	高20cm	13,800	上海道明	2014.04.12
清中期 无款彩绘扁方茶叶罐	高20cm	40,250	上海春秋堂	2014.09.07
清 茶叶罐 (五件)	尺寸不一	23,000	北京保利	2014.12.03
清 陈瑾侯制乌泥茶叶罐 (一对)	高13.5cm	253,000	远方拍卖	2014.06.03
清 陈鸣远制螭龙如意钮仿生紫砂小盖罐	高6.5cm	230,000	北京保利	2014.12.03
清 点彩茶叶罐 (一组三件)	尺寸不一	51,750	上海春秋堂	2014.12.21
清 各式紫砂茶叶罐 (一组三件)	尺寸不一	20,700	西泠拍卖	2014.12.13
清 无款紫泥茶叶罐	高13cm	17,250	上海春秋堂	2014.09.07
民国江苏省立陶业工厂款段泥糖罐	高14cm	11,500	上海春秋堂	2014.12.21
民国 铁画轩主人监制并刻罐、胡耀庭制段泥水仙盆 (各一对)	盆长18cm	13,800	北京保利	2014.12.03
顾景舟 木瓜双耳罐	宽15cm	920,000	北京翰海	2014.05.09
清 葛明祥造全段泥诗文四方凉炉	高13.5cm	51,750	北京保利	2014.12.03
清 红泥炉 (一组四件)	尺寸不一	26,450	北京匡时	2014.06.05
清 红泥狮耳大泥炉	直径22cm	86,250	长风拍卖	2014.01.05
清晚期 紫砂炉子	高21cm	25,300	上海道明	2014.04.12
清末民初 国良大传炉	宽24cm	287,500	远方拍卖	2014.06.03
清末民初 永盛氏制款紫泥三足香炉	高16.7cm	46,000	西泠拍卖	2014.12.15
民国 白泥凉炉	高19cm	20,700	上海春秋堂	2014.12.21
民国 吹蓝釉桥耳香炉	宽13.5cm	34,500	北京保利	2014.06.04
民国 蒋翠丰 传炉	宽20.5cm	149,500	北京翰海	2014.05.09
民国 三足香炉	直径12.8cm	11,500	上海道明	2014.04.12
民国 沈孝陆 传炉	宽17.8cm	69,000	北京翰海	2014.05.09
民国 沈孝陆制传炉壶	宽15cm	34,500	上海春秋堂	2014.09.07
民国 铁画轩制紫泥凉炉	高25cm	13,800	上海春秋堂	2014.12.21
民国 汪宝根(胡士芬刻) 四方传炉	宽17cm	115,000	北京翰海	2014.05.09
民国 吴德盛制跋陶刻“永和砖文”双耳炉	宽16.2cm	74,750	北京保利	2014.12.03
民国 紫砂挂釉香炉	高9.5cm	11,500	北京匡时	2014.12.04
民国 紫砂凉炉	高23cm	32,200	长风拍卖	2014.01.05
白泥炉	高22.2cm	14,950	北京匡时	2014.06.05
福寿纹朱泥凉炉	高28cm	23,000	北京歌德	2014.06.01
马璟辉 传炉	宽14.2cm	69,000	北京翰海	2014.10.25
沈遽华制炉式方盆	宽15.5cm	28,750	上海春秋堂	2014.09.07
施小马 大传炉	长18.5cm	207,000	北京匡时	2014.12.04
施小马 方炉	宽16.6cm	161,000	北京翰海	2014.05.09
瘦石刻、宏生厂制 紫泥香炉	高13cm	31,000	上海驰翰	2014.06.26
孙俊杰 传炉	宽20cm	115,000	北京翰海	2014.10.25
喜舍 鸭型紫砂香炉、白鹭紫砂香炉 (一组)	尺寸不一	57,500	北京保利	2014.06.05
徐达明 马槽炉	高10.5cm	32,000	上海驰翰	2014.06.26
徐达明 铺砂出戟炉	高9cm	30,000	上海驰翰	2014.06.26
紫砂双蚰耳炉	宽14.5cm	10,925	北京保利	2014.04.27
明 长方抽角马槽盆	宽36cm	29,900	南京经典	2014.01.06
清早期 陈文卿铺砂抽角案头盆	长13.5cm	230,000	远方拍卖	2014.06.03
清早期 古渡乌泥四方盆	长28cm	402,500	西泠拍卖	2014.12.15
清乾隆 仿树桩紫砂随形大花盆	高22.5cm	2,070,000	北京保利	2014.12.03
清乾隆 四方如意花盆	高15.7cm	322,000	北京匡时	2014.06.04
清乾隆 杨季元制萼怡斋款彩泥堆绘长方盆	长34.3cm	3,680,000	中国嘉德	2014.05.18
清乾隆 紫泥开光山水人物长方盆	长26cm	161,000	南京经典	2014.01.06
清道光 石厂制款紫泥案头盆	长10.4cm	32,200	西泠拍卖	2014.12.15

(成交价RMB：1万元以上)

拍品名称	物品尺寸	成交价RMB	拍卖公司	拍卖日期
清道光 星垣陈径款段泥四方盆	高12cm	138,000	西泠拍卖	2014.12.15
清中期子冶刻"鱼舟逐水"四方盆	宽21cm	40,250	北京保利	2014.06.04
清光绪 陈山农制并刻玉成窑紫泥水仙盆	高16.6cm	368,000	西泠拍卖	2014.12.15
清 阿曼陀室款腰圆盆	宽13cm	17,250	上海春秋堂	2014.12.21
清 白泥绘切角方盆	长31.5cm	23,000	南京经典	2014.01.06
清 大红袍海棠象耳云脚贴龙盆	长29.5cm	138,000	南京经典	2014.01.06
清 粉浆墨彩金钟圆盆	直径49cm	109,250	南京经典	2014.01.06
清 黑泥绘马槽盆	长49.5cm	34,500	南京经典	2014.01.06
清胡公寿画陈山农刻玉成窑紫砂盆	长21.4cm	408,825	保利香港	2014.04.07
清 花鸟纹紫砂圆盆	直径32cm	32,200	南京经典	2014.01.06
清 开光枪脚白泥绘方盆	长29.5cm	23,000	南京经典	2014.01.06
清 刻字、彩泥绘方盆	宽31.2cm	460,000	上海春秋堂	2014.09.07
清 兰花撇圆盆	直径49cm	23,000	南京经典	2014.01.06
清 梅调鼎玉成窑花盆	宽21.2cm	598,000	远方拍卖	2014.06.03
清 任伯年刻玉成窑花盆	宽18.5cm	138,000	上海春秋堂	2014.12.21
清 少峰款紫砂花盆	长17.8cm	25,300	西泠拍卖	2014.05.06
清 刷浆红泥六角盆	直径40cm	57,500	南京经典	2014.01.06
清 四方四足五福捧寿盆(一对)	宽24cm	34,500	南京经典	2014.01.06
清 桃花泥圆盆	直径47cm	57,500	南京经典	2014.01.06
清 玉成窑制郑板桥画稿兰竹纹花盆(一对)	直径17cm	632,500	中国嘉德	2014.05.18
清 长方马槽抽角开光白泥绘盆	长48cm	69,000	南京经典	2014.01.06
清 长方马槽方盆	长64cm	40,250	南京经典	2014.01.06
清 长方小马槽盆	长32cm	20,700	南京经典	2014.01.06
清 赵子玉款澄泥蟋蟀盆(一对)	直径12.5cm	10,350	中国嘉德	2014.06.22
清 赵子玉制澄泥蟋蟀盆(一对)	直径12.5cm	11,500	中国嘉德	2014.06.22
清 紫泥浮雕圆盆	直径35.5cm	103,500	南京经典	2014.01.06
清 紫泥金钟大圆盆	直径72cm	92,000	南京经典	2014.01.06
清 紫泥开光红木彩长方盆	长30cm	57,500	南京经典	2014.01.06
清 紫泥兰花撇盆	直径51cm	69,000	南京经典	2014.01.06
清 紫泥五彩绘长方马槽盆	长45cm	57,500	南京经典	2014.01.06
清 紫泥线脚马槽盆	长48.5cm	13,800	南京经典	2014.01.06
清 紫泥圆盆	直径50cm	57,500	南京经典	2014.01.06
清 紫泥圆盆	直径53.5cm	46,000	南京经典	2014.01.06
清晚期 陈山农刻玉成窑紫泥花盆	长18.5cm	149,500	西泠拍卖	2014.12.15
清晚期 赵松亭 花盆(一组二只)	尺寸不一	17,250	上海道明	2014.04.12
清晚期 紫砂圆角长方玉带花盆	长43.5cm	17,250	上海道明	2014.04.12
清晚期 水仙长方花盆	长20.5cm	21,850	上海道明	2014.04.12
清晚期 紫砂小方花盆	长16cm	18,400	上海道明	2014.04.12
清末民初 浩记款石泉刻款紫泥粉浆倭角四方盆	长32cm	17,250	西泠拍卖	2014.12.15
民国 抽角长方花盆	长41cm	10,350	上海道明	2014.04.12
民国 储铭 马槽盆	长20.3cm	40,250	北京匡时	2014.12.04
民国 东溪刻紫砂六角浅花盆	24cm×5cm	43,700	上海道明	2014.04.12
民国 段泥长方花盆	长29cm	25,300	上海道明	2014.04.12
民国 粉浆汉砖方盆(一对)	长26cm	48,300	南京经典	2014.01.06
民国 粉浆圆盆(一对)	单只直径43cm	80,500	南京经典	2014.01.06
民国 花鸟诗文葵型花盆(一对)	长41.5cm	138,000	上海道明	2014.04.12
民国 菱形花盆	长35.5cm	23,000	上海道明	2014.04.12
民国 莫悟奇定制裴石民制段泥粉浆蒲包口花盆	高15.7cm	63,250	西泠拍卖	2014.12.15
民国 裴石民 斜锥盂盆	宽12.3cm	80,500	北京翰海	2014.05.09
民国 裴石民 紫砂花盆(两件)	尺寸不一	34,500	北京匡时	2014.06.04
民国 裴石民制小花盆(一组三件)	尺寸不一	126,500	上海春秋堂	2014.09.07
民国 裴石民制 紫砂微缩花盆(一组)	尺寸不一	138,000	北京传是	2014.06.05
民国 裴石民制 紫砂花盆(三件)	尺寸不一	103,500	北京中汉	2014.11.21
民国 裴石民 梅椵花盆	长36cm	55,200	上海道明	2014.04.12
民国 任淦庭 粉段泥花鸟诗文盆	口外径32cm	15,000	上海驰翰	2014.06.26
民国 任淦庭，吴汉文刻紫泥粉浆花盆	长40.5cm	40,250	西泠拍卖	2014.12.15
民国 任淦庭刻段泥长方盆	长25cm	20,700	西泠拍卖	2014.12.15
民国 任淦庭 紫砂轮花型花盆	长27cm	23,000	上海道明	2014.04.12
民国 吴盛德制段泥花卉诗文内挂釉盖盆	直径17.5cm	20,700	北京保利	2014.12.03
民国 长方圆角花盆	长25cm	25,300	上海道明	2014.04.12
民国 紫砂海棠花盆	长45cm	17,250	上海道明	2014.04.12
民国 紫砂葵型人物大花盆	长40cm	69,000	上海道明	2014.04.12
民国 紫砂六方诗文山水花盆(一对)	长23.5cm	138,000	上海道明	2014.04.12
民国 紫砂人物花卉六方飘口花盆	长31.5cm	23,000	上海道明	2014.04.12
民国 紫砂水仙花盆(一对)	长18cm	28,750	上海道明	2014.04.12
民国 紫砂蟋蟀盆(一套四件)	直径13cm	25,300	上海工美	2014.11.02
民国 紫砂长方马槽山水书法花盆	长29.5cm	40,250	上海道明	2014.04.12
民国 紫砂正方束口花盆	长24cm	34,500	上海道明	2014.04.12
范正根 船形花盆 祝君一帆风顺	长42.5cm	13,800	上海道明	2014.04.12
顾绍培 高竹线形兰花盆	高26.8cm	195,500	北京翰海	2014.10.25
顾绍培 双色莲花口小盆	长10.5cm	28,750	上海道明	2014.04.12
顾绍培 圆花盆	直径13.3cm	74,750	北京匡时	2014.06.04
顾绍培制 毛国强陶刻三角鱼尾盆	长16.5cm	46,000	上海道明	2014.04.12
顾绍培制树桩花盆	宽25.3cm	69,000	上海春秋堂	2014.09.07
施小马制铺砂六方小盆	宽9.5cm	36,800	中国嘉德	2014.05.18
宋玉麟 荷香盆	直径54cm	20,000	上海驰翰	2014.06.26
文革 鼓钉圆盆	直径36cm	13,800	南京经典	2014.01.06
文革 桂花砂云脚马槽盆	长37.5cm	36,800	南京经典	2014.01.06
文革 马槽花盆	长36.5cm	11,500	上海道明	2014.04.12
文革 梅椵花盆	长14cm	17,250	上海道明	2014.04.12
文革 树桩花盆	长23cm	25,300	上海道明	2014.04.12
文革 圆角马槽盆	长48.5cm	17,250	南京经典	2014.01.06
文革 紫泥粉浆金钟圆盆	直径30cm	17,250	南京经典	2014.01.06
文革 紫泥粉浆松树盆(一对)	直径40.5cm	69,000	南京经典	2014.01.06
文革 紫砂半颗印山水诗文花盆带托(一组)	长13.5cm	13,800	上海道明	2014.04.12
文革 紫砂大军帽六角花盆	长41cm	10,350	上海道明	2014.04.12
文革 紫砂鼓钉花盆	长35cm	23,000	上海道明	2014.04.12
文革 紫砂小花盆	长6.8cm	21,850	上海道明	2014.04.12
徐汉棠 如意小花盆 腰线小花盆	尺寸不一	46,000	上海道明	2014.04.12
徐汉棠 紫砂花盆(三件)	尺寸不一	184,000	北京匡时	2014.06.04
长线板花盆	长49cm	20,700	上海道明	2014.04.12
周桂珍制四方花盆	高18cm	23,000	上海春秋堂	2014.12.21
紫砂诗文水仙盆	长36.5cm	10,350	中国嘉德	2014.03.24
明以前 砂胎茶盏	长9.8cm	82,800	西泠拍卖	2014.12.15
明以前 砂胎茶盏	长12.2cm	80,500	西泠拍卖	2014.12.15
清 紫砂云龙纹盏托(一对)	直径11.3cm	28,750	中国嘉德	2014.03.24
粉彩描金紫砂缸	直径22.5cm	230,000	北京保利	2014.12.03
曹寅 蝶戏花集图组件	高51.4cm	34,500	北京匡时	2014.12.04
明 (传)用卿款紫泥三线直筒壶	高15.3cm	105,223	景薰楼	2014.06.15
明 "先民之遗风也"款紫砂壶	长20cm	575,000	北京匡时	2014.12.04
明 陈仲美瑞兽壶	宽17cm	5,865,000	远方拍卖	2014.06.02
明 铺砂提梁壶	高23cm	598,000	远方拍卖	2014.06.03
明 铺砂紫砂小壶(两件)	尺寸不一	11,500	西泠拍卖	2014.05.06
明晚期 紫泥提梁圆壶	长13.5cm	184,000	西泠拍卖	2014.12.15
明末清初 陈辰制朱砂六瓣葵形旋纹壶	宽16.2cm	1,150,000	北京诚轩	2014.05.19
明末清初 孟寅制紫泥"卐"字钮螭龙大壶	高27cm	483,000	西泠拍卖	2014.12.15
明末清初 铺砂汲圆壶	高18cm	552,000	远方拍卖	2014.06.02
明末清初 石林中人方壶	宽19.5cm	230,000	远方拍卖	2014.06.03
明末清初 时大彬铺砂菱形壶	宽19cm	1,840,000	远方拍卖	2014.06.03
明末清初 紫泥金钱钮大壶	高24.5cm	28,750	西泠拍卖	2014.12.15
清早期 绞泥方壶	宽16cm	322,000	远方拍卖	2014.06.03
清早期 邵玉庭四方壶	宽18.5cm	253,000	远方拍卖	2014.06.03
清早期 贴泥狮球壶	宽18cm	109,250	远方拍卖	2014.06.03
清早期 "鸣远"款紫砂荔枝壶	直径3.5cm	46,000	北京匡时	2014.12.04
清早期 宝玩款紫泥加彩宫灯壶	宽21cm	28,750	中国嘉德	2014.05.18
清早期 陈伯芳 风卷葵壶	长18.5cm	2,070,000	北京匡时	2014.06.04
清早期 陈砺成制线圆壶	宽15.5cm	690,000	上海春秋堂	2014.12.21
清早期 陈鸣远款 提梁紫砂壶	通高17.1cm	960,000	荣盛国际	2014.07.26
清早期 华凤祥制朱泥四方贴花镂空壶	宽20cm	241,500	中国嘉德	2014.05.18
清早期 荆溪许文先制朱泥虚扁壶	高14.8cm	241,500	中国嘉德	2014.11.21
清早期 六方龙嘴壶	宽17.5cm	368,000	远方拍卖	2014.06.02
清早期 茂如制红泥瑞狮滚绣球长方壶	宽16.7cm	71,300	中国嘉德	2014.11.21
清早期 裴亦宗制加彩方壶	宽22.3cm	28,750	上海春秋堂	2014.09.07
清早期 邵元祥制紫砂壶	长30cm	63,250	北京传是	2014.06.05
清早期 史维高制粉彩四方壶	高18.7cm	48,300	上海春秋堂	2014.09.07
清早期 调砂平盖莲子壶	长18.5cm	207,000	北京保利	2014.06.04
清早期 王志源制巧色石榴百果壶	宽15.8cm	230,000	中国嘉德	2014.11.21
清早期 文选款紫泥狮滚球六方壶	宽21cm	92,000	中国嘉德	2014.11.21
清早期 无款雷纹小天鸡樽壶	宽8.8cm	89,700	上海春秋堂	2014.09.07
清早期 无款笠帽圆壶	宽21cm	138,000	上海春秋堂	2014.12.21

2014杂项拍卖成交汇总

(成交价RMB：1万元以上)

拍品名称	物品尺寸	成交价RMB	拍卖公司	拍卖日期
清早期 无款铺砂六瓣筋囊壶	宽18.5cm	115,000	上海春秋堂	2014.12.21
清早期 无款四方桥钮印版方壶	宽18.5cm	460,000	上海春秋堂	2014.12.21
清早期 无款贴花狮球壶	宽22cm	34,500	上海春秋堂	2014.09.07
清早期 先民之遗风也款魁方壶	高13cm	4,025,000	上海春秋堂	2014.09.07
清早期 萧绍贤制紫泥六方壶	高17.2cm	2,300,000	西泠拍卖	2014.12.15
清早期 修五款朱泥高足梨形壶	高10.8cm	322,000	中国嘉德	2014.11.21
清早期 许龙文制紫泥掺砂藏六壶	宽14.2cm	575,000	中国嘉德	2014.05.18
清早期 玉字款朱泥梨形壶	宽12.2cm	57,500	上海春秋堂	2014.09.07
清早期 郑宁侯制镂空贴花长方壶	宽14.1cm	115,000	中国嘉德	2014.05.18
清早期 朱泥大十五束竹壶	宽18.5cm	287,500	中国嘉德	2014.05.18
清早期 朱泥合菊壶(一对)	壶宽12.6cm	34,500	中国嘉德	2014.11.21
清早期朱泥镂空贴花松鼠钮灵芝壶	宽15cm	115,000	中国嘉德	2014.05.18
清早期 朱泥狮钮贴花镂空十二开光高足玲珑壶	宽21.5cm	172,500	中国嘉德	2014.11.21
清早期 朱泥贴花狮钮六方宫灯壶	宽14.5cm	74,750	中国嘉德	2014.11.21
清早期 朱泥贴花四方壶	高22.2cm	80,500	西泠拍卖	2014.12.15
清早期 朱泥贴花婴戏莲纹狮钮壶	宽15.6cm	92,000	中国嘉德	2014.11.21
清早期 朱砂贴花折枝梅纹壶	宽12.9cm	57,500	北京诚轩	2014.11.20
清早期 紫泥风卷葵壶	9cm×18.7cm	253,000	西泠拍卖	2014.12.15
清早期 紫泥巧色贴花太狮少狮壶	宽21.5cm	69,000	中国嘉德	2014.05.18
清早期 紫泥束竹壶	宽18.5cm	138,000	上海春秋堂	2014.12.21
清早期 紫泥双色报春壶	长19.3cm	57,500	西泠拍卖	2014.12.15
清早期 紫泥贴花鱼化龙壶	宽18.2cm	149,500	中国嘉德	2014.05.18
清早期 紫砂壶	宽12cm	18,193	中国嘉德	2014.10.07
清早期 紫砂四方壶	宽19cm	51,750	北京保利	2014.06.04
清早期 紫砂提梁壶	高16.5cm	92,000	北京保利	2014.12.03
清早期/清中 加彩大莲子壶	长21.7cm	69,000	北京匡时	2014.06.04
清康熙 白泥贴花佛手壶	宽14.5cm	138,000	中国嘉德	2014.05.18
清康熙 华凤翔制樱球紫砂壶	高11.8cm	168,000	成都金沙	2014.11.16
清康熙朱泥贴花云龙纹四方提梁壶	高10cm	138,000	北京诚轩	2014.05.19
清康熙 朱砂贴花梅花纹梨形壶	长13cm	23,000	中国嘉德	2014.03.24
清康熙 紫砂十五竹壶	长15.7cm	80,500	中国嘉德	2014.03.24
清雍正 紫泥合菊壶	长184cm	287,500	北京中汉	2014.11.21
清乾隆 陈荫千制紫砂竹节提梁壶	高15.2cm	143,750	北京诚轩	2014.11.20
清乾隆 陈殷尚制紫泥菱花壶	长15.7cm	126,500	西泠拍卖	2014.12.15
清乾隆 段泥彩绘山水人物壶	长15cm	368,000	北京传是	2014.06.05
清乾隆 萼怡斋朱泥堆泥圆壶	宽15.5cm	1,725,000	远方拍卖	2014.06.02
清乾隆 荆易壹式款朱泥君德壶	长11.7cm	126,500	北京中汉	2014.05.17
清乾隆 炉钧釉圆宫灯壶	宽19cm	517,500	上海春秋堂	2014.12.21
清乾隆 明志斋款段泥平盖莲子壶	宽10.5cm	195,500	上海春秋堂	2014.12.21
清乾隆 邵永兴制牧民放马图加彩大壶(缺盖)	宽26cm	17,250	北京保利	2014.12.03
清乾隆 无款堆泥绘山水圆壶	宽16.6cm	517,500	上海春秋堂	2014.09.07
清乾隆 修五款朱泥壶	长10.8cm	350,743	景薰楼	2014.06.15
清乾隆 逸公款仿大彬虚扁壶	宽16cm	109,250	北京保利	2014.06.04
清乾隆 玉方款加彩金蟾钮竹节形大壶	宽22cm	23,000	北京保利	2014.12.03
清乾隆 御制开光诗文紫砂壶	长18.5cm	287,500	中贸圣佳	2014.06.01
清乾隆 御制描金山水诗文壶	长15cm	2,070,000	北京保利	2014.12.03
清乾隆 御制诗文紫砂壶	长14cm	287,500	中贸圣佳	2014.06.01
清乾隆 朱泥掺砂高身潘壶(一对)	宽9.6cm	138,000	北京诚轩	2014.11.20
清乾隆 朱泥四方壶	长10cm	109,250	北京匡时	2014.06.04
清乾隆 紫泥菊瓣莲子壶	宽16.5cm	74,750	北京保利	2014.12.03
清乾隆 紫泥描金山水诗文壶	宽17cm	412,965	中国嘉德	2014.04.09
清乾隆 紫泥椭圆花篮形宫灯提梁壶	高17cm	598,000	北京保利	2014.06.04
清乾隆 紫泥印莲瓣纹六棱壶	宽19.5cm	45,885	中国嘉德	2014.04.09
清乾隆 紫砂加彩团花汉方壶	高18.6cm	34,500	深圳市拍	2014.01.05
清乾隆 紫砂加彩团花汉方壶	高19cm	32,200	深圳市拍	2014.01.05
清乾隆 紫砂菊花形壶	宽24cm	145,544	中国嘉德	2014.10.07
清嘉庆 杨彭年制、陈曼生作铭紫泥扁石壶	长15.5cm	5,347,500	西泠拍卖	2014.12.15
清嘉庆/道光 石梅摹古款、石梅刻款宝礼盖款段泥斗方壶	长12.6cm	862,500	西泠拍卖	2014.12.15
清嘉庆/道光 石梅摹古款、石梅刻款裕洪把款紫泥石瓢壶	长15cm	276,000	西泠拍卖	2014.12.15
清嘉庆/道光杨彭年制四方锡包壶	高10cm	126,500	西泠拍卖	2014.12.15
清道光 范述曾制二泉刻字锡包壶	宽15cm	53,227	中国嘉德	2014.04.09
清道光 桂林唐氏子蕃定制、用霖制段泥方础壶	长17.5cm	345,000	西泠拍卖	2014.12.15
清道光 胡公寿 一粒珠壶	长16.4cm	287,500	北京匡时	2014.12.04
清道光 曼生款井栏壶	长14.5cm	54,050	北京保利	2014.12.03

拍品名称	物品尺寸	成交价RMB	拍卖公司	拍卖日期
清道光 潘仕成订制紫泥扁圆壶	宽12cm	73,416	中国嘉德	2014.04.09
清道光 瞿子冶、杨彭年 紫泥刻竹诗文石瓢壶	长14.5cm	1,725,000	北京保利	2014.12.03
清道光 邵景南 姑苏留佩壶		36,800	上海道明	2014.04.12
清道光 小南瓜壶	长11.5cm	46,000	北京匡时	2014.12.04
清道光杨彭年款段泥刻金石文字壶	宽17cm	110,124	中国嘉德	2014.04.09
清道光 杨彭年制、冯承辉上款钱泼定制紫 泥如意直壁圆壶	长15.5cm	805,000	西泠拍卖	2014.12.15
清道光 杨彭年制仿汉瓦“大富千万”四方壶	宽14cm	494,500	北京保利	2014.06.04
清道光杨彭年制小山刻紫砂锡包壶	宽17cm	63,250	北京保利	2014.06.04
清道光 杨彭年制紫砂半瓦式壶	宽15.1cm	92,000	北京诚轩	2014.11.20
清道光 宜兴茶壶	高9.5cm	39,540	伦敦苏富比	2014.05.14
清道光 逸闲款泉山刻扁石壶	长16.5cm	230,000	北京保利	2014.12.03
清道光 用霖制款、曼生刻款段泥砖方壶	高14.5cm	34,500	西泠拍卖	2014.12.15
清道光朱石梅制白泥西厢记长方壶	宽20.5cm	1,897,500	中国嘉德	2014.05.18
清道光 紫泥刻花钟式壶	宽14.5cm	10,350	中国嘉德	2014.05.18
清道光 紫泥留佩式扁灯壶	宽17cm	89,935	中国嘉德	2014.04.09
清道光 1823年 朱石梅制三嵌锡包紫砂胎“岁寒三友”壶	长16cm	69,000	北京艺融	2014.12.08
清中早期 “友天下之文人”款紫泥宫灯壶	高17cm	40,250	西泠拍卖	2014.12.15
清中期 蒋裕泰制汉钟壶	宽15.2cm	57,500	上海春秋堂	2014.09.07
清中期 邵景南制合欢壶	宽16.6cm	138,000	上海春秋堂	2014.09.07
清中期 杨彭年造半瓜壶	宽16cm	149,500	上海春秋堂	2014.09.07
清中期 “孟臣”款紫泥小壶(一对)	宽13.5cm	45,885	中国嘉德	2014.04.09
清中期 阿曼陀室款汉铎壶	长15.3cm	172,500	北京中汉	2014.05.17
清中期 邵大亨掇球壶	宽17cm	172,500	远方拍卖	2014.06.03
清中期 邵大亨 1835年 掇只壶	长16.5cm	138,000	北京保利	2014.06.04
清中期 澹然斋汉方壶	高19.5cm	126,500	远方拍卖	2014.06.03
清中期 二泉刻字裕泰制掇球壶	宽15.9cm	115,000	北京保利	2014.12.03
清中期 粉彩壶	长25cm	218,500	北京匡时	2014.06.04
清中期 高莲子壶	长18cm	109,250	北京匡时	2014.06.04
清中期 姑苏留佩制诗句款紫泥留佩壶	宽13.5cm	32,200	中国嘉德	2014.05.18
清中期壶痴款宫廷黑漆描金锭式壶	宽16.5cm	322,000	远方拍卖	2014.06.03
清中期 蒋裕泰制大莲子壶	宽21cm	322,000	上海春秋堂	2014.09.07
清中期 菊球壶	长21cm	28,750	北京匡时	2014.06.04
清中期 鲁挹俊制紫泥圆壶	长18.3cm	11,500	西泠拍卖	2014.12.15
清中期 乾隆年制款粉彩方壶	高10cm	57,500	上海春秋堂	2014.12.21
清中期 邵维新制竹节紫砂壶	长20.3cm	11,500	中贸圣佳	2014.06.01
清中期邵旭斌制紫砂平盖大莲子壶	宽30.5cm	138,000	北京保利	2014.06.04
清中期 邵友兰制二泉刻字紫泥壶	高117cm	126,500	北京中汉	2014.11.21
清中期 邵元林制朱泥君德壶	宽9.5cm	17,250	中国嘉德	2014.11.21
清中期 诗句款莲子壶	高11cm	287,500	远方拍卖	2014.06.03
清中期 史继长 黑泥绘方葫芦壶	长20cm	3,220,000	北京匡时	2014.06.04
清中期 晚香居款瓦钮壶	长13.3cm	172,500	北京中汉	2014.05.17
清中期 万泉制段泥钵式提梁壶	高16cm	92,000	西泠拍卖	2014.12.15
清中期 无款段泥点彩百果壶	高11cm	80,500	上海春秋堂	2014.09.07
清中期 无款六角莲子壶	宽17cm	345,000	上海春秋堂	2014.09.07
清中期 杨彭年摹古石泉品定制紫砂合欢壶	宽16cm	402,500	北京保利	2014.12.03
清中期 杨彭年造刻诗文四方壶	宽15.3cm	138,000	北京保利	2014.06.04
清中期 杨彭年制、陈曼生刻蔡少峯定制紫泥合欢壶	高6.7cm	460,000	西泠拍卖	2014.12.15
清中期 杨彭年制月壶款二十六梅花馆主制诗文壶	宽17.9cm	184,000	北京保利	2014.12.03
清中期 逸公诗句款紫泥春圆壶	宽11.2cm	23,000	中国嘉德	2014.05.18
清中期 逸公诗句款紫泥德钟小壶	宽9.3cm	25,300	中国嘉德	2014.05.18
清中期 玉瓒黄流款三足提梁壶	高17.5cm	115,000	上海春秋堂	2014.12.21
清中期 周永福制紫泥仿鼓壶	宽15.7cm	51,750	北京保利	2014.12.03
清中期 朱泥壶	宽12cm	18,193	中国嘉德	2014.10.07
清中期 紫泥彩绘山水四方倭角提梁壶	高16cm	23,000	西泠拍卖	2014.12.15
清中期 紫泥大将军壶	高13cm	28,750	上海春秋堂	2014.12.21
清中期 紫泥方形壶	宽14cm	51,750	北京保利	2014.06.04
清中期 紫砂壶	宽15cm	46,000	北京保利	2014.12.05
清中晚期 邵友廷制紫泥线圆壶	高10cm	69,000	西泠拍卖	2014.12.15
清中期/清晚期 申锡秦权壶	高12cm	379,500	北京匡时	2014.06.04
清中期/清晚期 朱泥变体梨形壶	高6.2cm	55,200	北京匡时	2014.06.04

拍品名称	物品尺寸	成交价RMB	拍卖公司	拍卖日期
清中期/清晚期 朱泥申仲芳掇球壶	高8.2cm	40,250	北京匡时	2014.06.04
清光绪 赵松亭制扁鼓壶	高9.2cm	13,800	广东省拍	2014.12.07
清 朱泥宫灯壶	高9cm	40,250	北京匡时	2014.12.04
清 “阿曼陀室”款 紫砂壶	高10cm	287,500	东拍国际	2014.07.31
清 “杨公寿款”诗文壶	高9cm	72,000	北京九歌	2014.12.17
清 “饮之长寿”紫砂壶	长14.5cm	690,000	北京保利	2014.06.05
清 白泥提梁壶	高28cm	17,250	长风拍卖	2014.01.05
清 鲍燕平 直嘴圆壶	高8cm	32,200	南京经典	2014.01.06
清 彩霞监制款菊瓣壶	高9.5cm	23,000	上海春秋堂	2014.12.21
清 陈光明印包壶	高10cm	149,500	远方拍卖	2014.06.03
清陈鸿寿、朱石梅制锡包玉瓦权壶	高11cm	172,500	浙江世贸	2014.04.13
清 陈曼生款匏瓜壶	长16.5cm	115,000	北京保利	2014.12.03
清 陈曼生制 莲蓬形壶	高8cm	51,106	中信国际	2014.03.30
清 陈曼生制飞鸿延年井栏壶	高6.5cm	2,070,000	北京翰海	2014.10.25
清 陈曼生制梨形紫砂壶(一对)	高9.3cm	1,495,000	西泠拍卖	2014.12.13
清 成松柏作款朱泥宫灯壶	高8.5cm	40,250	上海春秋堂	2014.12.21
清 程寿珍制加彩掇球壶	高12.5cm	13,800	上海春秋堂	2014.09.07
清 程寿珍制紫砂壶	高8cm	28,750	西泠拍卖	2014.12.13
清 螭龙钮紫砂圆壶	长22cm	23,000	北京保利	2014.06.04
清 春水石流款紫泥狮球壶	宽17cm	23,000	中国嘉德	2014.11.21
清 大彬款小龙旦壶	宽9.5cm	34,500	上海春秋堂	2014.12.21
清 大彬款朱泥广口文旦壶	高9.5cm	115,000	上海春秋堂	2014.12.21
清 大彬款朱泥龙旦壶	高12.5cm	115,000	上海春秋堂	2014.12.21
清 大汉方壶	高18.5cm	46,000	中贸圣佳	2014.07.06
清 大亨款掇球壶	宽16cm	69,000	上海春秋堂	2014.09.07
清 大亨描金线圆壶	宽18.5cm	345,000	远方拍卖	2014.06.03
清 德和制紫砂铺首衔环耳方壶	高32cm	34,500	西泠拍卖	2014.05.06
清 邓奎 符生 邓奎刻梅花壶	高6.5cm	322,000	北京匡时	2014.06.04
清 二泉款范禄曾制三镶玉锡包壶	高6.5cm	63,250	西泠拍卖	2014.12.13
清 发记 紫砂壶	高17cm	11,500	北京翰海	2014.05.09
清 顾景舟圆钟紫砂壶	高11.3cm	920,000	南京经典	2014.01.06
清 行有恒堂描金扁腹壶	高7.5cm	1,610,000	远方拍卖	2014.06.03
清 华亦林制描金四方壶	高17.3cm	172,500	上海春秋堂	2014.12.21
清 怀古氏制“覆露”紫砂壶	宽18cm	55,200	北京保利	2014.12.03
清 怀古轩主款升方壶	高6.8cm	40,250	上海春秋堂	2014.09.07
清 惠孟臣款紫砂壶	宽13cm	10,350	北京保利	2014.08.02
清 蒋裕泰制钟式壶	高12cm	28,750	上海春秋堂	2014.12.21
清 蒋万泉 方壶		23,000	上海道明	2014.04.12
清 介溪朱泥壶	高9.5cm	207,000	远方拍卖	2014.06.03
清 荆溪华亦林制汉方壶	高18cm	46,000	上海春秋堂	2014.12.21
清 荆溪凌世侯点彩大方壶	高24cm	172,500	远方拍卖	2014.06.03
清 荆溪邵思友制紫砂壶	高9cm	138,000	远方拍卖	2014.06.03
清 荆溪真洪芳 堆泥混方椭圆壶	宽22.5cm	402,500	北京翰海	2014.05.09
清 陆思亭制朱泥思亭壶	高7cm	17,250	上海春秋堂	2014.12.21
清 履泰字号款彭年制紫泥梨式壶	宽17.8cm	28,750	中国嘉德	2014.11.21
清曼生刻“玉乳泉宜延年”乳鼎壶	宽15cm	356,500	北京保利	2014.06.04
清曼生款“鸟唤提梁”紫砂提梁壶	高13.5cm	184,000	北京保利	2014.12.03
清 毛国强 天鸡壶	高8cm	74,750	南京经典	2014.01.06
清 孟臣款朱泥西施壶	高7cm	25,300	上海春秋堂	2014.12.21
清 孟臣款紫砂壶	高6.5cm	25,300	西泠拍卖	2014.05.06
清 孟臣诗句款白泥壶与万丰顺记款具轮珠壶	尺寸不一	34,500	中国嘉德	2014.05.18
清 鸣远款朱泥壶	高5.5cm	40,250	上海春秋堂	2014.12.21
清 彭年款井栏壶	高8.5cm	46,000	上海春秋堂	2014.09.07
清 平盖笠钮圆壶	高11.5cm	115,000	远方拍卖	2014.06.03
清 谦六款朱泥潘壶(一对)	宽9.3cm	78,200	中国嘉德	2014.05.18
清 清德堂德钟壶	高9cm	115,000	远方拍卖	2014.06.03
清 染香馆款紫砂一粒珠壶	宽15.5cm	28,750	北京保利	2014.12.03
清 荣祥款竹鼓壶	高10cm	51,750	上海春秋堂	2014.12.21
清 荣祥制双色葫芦形壶	宽16cm	32,200	北京保利	2014.12.03
清 少山刻紫泥钟式壶及杨彭年制子冶刻款紫泥鼓式壶(一组两件)	高15cm	63,250	西泠拍卖	2014.12.13
清 邵大亨款紫砂掇球壶	宽18cm	138,000	北京保利	2014.06.04
清 邵大亨款紫砂掇球壶	宽16cm	48,300	北京保利	2014.12.03
清 邵景南制朱泥莲子壶	宽11.7cm	55,200	中国嘉德	2014.05.18
清 邵权寅制合梅壶	高9cm	92,000	上海春秋堂	2014.12.21
清 邵友兰制小宫灯壶	高10.5cm	149,500	上海春秋堂	2014.12.21
清 邵友兰制紫泥宫灯壶	宽17cm	184,000	中国嘉德	2014.05.18
清 诗句款紫泥宫灯壶	高14.5cm	69,000	上海春秋堂	2014.12.21
清 诗句孟臣款粗砂梨形壶	高7cm	28,750	上海春秋堂	2014.12.21
清 诗句孟臣款朱泥方础壶	高7.5cm	46,000	上海春秋堂	2014.12.21

拍品名称	物品尺寸	成交价RMB	拍卖公司	拍卖日期
清 诗句孟臣款朱泥梨形壶	高7cm	25,300	上海春秋堂	2014.12.21
清 诗句逸公款朱泥橄榄壶	高7cm	25,300	上海春秋堂	2014.12.21
清 石泉仿古款周盘壶	高8cm	138,000	上海春秋堂	2014.12.21
清 万泉“宜富当贵”方壶	高7.2cm	138,000	远方拍卖	2014.06.03
清 万泉款段泥三叉提梁壶	高17.2cm	92,000	上海春秋堂	2014.09.07
清 万泉制紫砂提梁壶	高13cm	40,250	北京保利	2014.12.03
清 王南林款紫泥大莲子壶	长21cm	57,500	北京保利	2014.06.04
清 文远款朱泥壶	高7.5cm	51,750	上海春秋堂	2014.12.21
清 吴昌硕刻黄玉麟制扁圆壶	高6cm	3,450,000	远方拍卖	2014.06.03
清 吴具隆款紫砂壶	高15cm	34,500	西泠拍卖	2014.12.13
清 锡包紫砂三镶壶	高11cm	51,750	北京保利	2014.10.26
清 锡包紫砂三镶壶	宽15.5cm	20,700	北京保利	2014.10.26
清 锡包紫砂诗文壶	长14cm	23,000	北京保利	2014.10.26
清 杨彭年款三镶锡包紫砂壶	长15cm	18,400	北京保利	2014.01.11
清 杨彭年锡包紫砂壶	宽14cm	29,900	北京保利	2014.08.02
清 杨彭年制步朗刻诗文锡包壶	高7cm	51,750	西泠拍卖	2014.12.13
清 宜兴茶壶(两把)	长13cm	39,540	伦敦苏富比	2014.05.14
清 尹厉民 单圈直壶	高10.5cm	29,900	南京经典	2014.01.06
清 雍正二年义和款紫泥思亭壶	宽10cm	28,750	中国嘉德	2014.05.18
清 用卿款绞把提梁壶	高16.2cm	23,000	上海春秋堂	2014.09.07
清 余生制东溪刻合欢壶	高8cm	80,500	上海春秋堂	2014.12.21
清 玉成窑匏瓜壶	高12cm	1,092,500	远方拍卖	2014.06.02
清 玉成窑仙瓢壶	高7.8cm	862,500	远方拍卖	2014.06.03
清 玉成窑心舟款艾农刻匏瓜壶	高9.2cm	575,000	远方拍卖	2014.06.03
清 袁义和款段泥平盖宫灯壶	高5cm	28,750	上海春秋堂	2014.12.21
清 月泉款六方莲子壶	高11.5cm	69,000	上海春秋堂	2014.12.21
清 张小生景舟式紫砂壶	长20.5cm	138,000	南京经典	2014.01.06
清 赵松亭 假山提梁	高14cm	92,000	北京翰海	2014.05.09
清 哲如款紫泥壶及青木木米款茶灶、青花茶杯六个	尺寸不一	100,947	中国嘉德	2014.04.09
清 芝莱(吴云根)紫砂壶	长19cm	51,750	南京经典	2014.01.06
清 朱泥花形壶	宽12.5cm	57,500	北京保利	2014.12.03
清 朱泥梨形壶及秋菊纹银盖沉香木茶罐	尺寸不一	91,770	中国嘉德	2014.04.09
清 朱泥龙印款三足水平壶	高7.5cm	23,000	上海春秋堂	2014.12.21
清 朱泥制扁石壶	长17cm	20,700	北京华辰	2014.05.17
清 朱元熙蓝釉矮汉方壶	高14.5cm	517,500	远方拍卖	2014.06.03
清 子畦款紫泥铺砂平盖圆壶	长18.2cm	69,000	西泠拍卖	2014.12.15
清 子冶石瓢壶	宽15cm	2,760,000	远方拍卖	2014.06.02
清 子冶松鼠葡萄壶	高10cm	149,500	远方拍卖	2014.06.03
清 紫泥制水平壶	长15cm	20,700	北京华辰	2014.05.17
清 紫砂多穆壶	高19.7cm	34,500	中贸圣佳	2014.06.01
清 紫砂瓜棱形大壶	高20cm	23,000	北京翰海	2014.05.10
清 紫砂壶	宽13cm	18,193	中国嘉德	2014.10.07
清 紫砂茄形壶	高13cm	86,250	南京经典	2014.01.06
清 紫砂竹影清风壶	高9cm	460,000	南京经典	2014.01.06
清 自怡轩款柏亭制紫泥圆壶	宽18.5cm	20,700	上海春秋堂	2014.12.21
18世纪初 宜兴窑竹节纹带盖茶壶	长15.2cm	55,356	伦敦苏富比	2014.05.14
清晚期 白泥三足水平式圆壶	宽14cm	28,750	北京诚轩	2014.05.19
清晚期 范大生制段泥佛手壶	宽21cm	45,885	中国嘉德	2014.04.09
清晚期 范静安制扁圆壶	宽17.5cm	34,500	上海春秋堂	2014.12.21
清晚期 范静安制东溪铭诗句柱础壶	宽16cm	57,500	中国嘉德	2014.05.18
清晚期 福记款朱泥小圆方组壶(三件)	高3.5cm×3	126,500	上海春秋堂	2014.09.07
清晚期 福记雍正旭初款朱泥梨式壶	宽12.5cm	36,800	中国嘉德	2014.05.18
清晚期 高潘壶	高8.5cm	25,300	北京匡时	2014.06.04
清晚期 何心舟 红泥提梁壶	高15cm	1,610,000	北京匡时	2014.06.04
清晚期 何心舟 圆珠壶	高9.5cm	690,000	北京匡时	2014.12.04
清晚期 何心舟制，梅调鼎刻玉成窑紫泥椰瓢壶	高8.7cm	552,000	西泠拍卖	2014.12.15
清晚期 何心舟制瓜梨壶	高11cm	138,000	上海春秋堂	2014.09.07
清晚期 黄玉麟制段泥供春壶	高12cm	943,000	西泠拍卖	2014.12.15
清晚期 贾庭制摘仙桃壶	高9.5cm	23,000	上海春秋堂	2014.09.07
清晚期 蒋燕亭制东坡洗砚壶	宽18cm	28,750	北京保利	2014.12.03
清晚期 蒋裕泰 狮钮壶	高9cm	23,000	北京匡时	2014.06.04
清晚期 蒋贞祥制“渴想烦饮”壶	宽17cm	34,500	北京保利	2014.12.03
清晚期 金士恒制铭文朱泥具轮珠壶	宽9.7cm	57,500	中国嘉德	2014.05.18
清晚期 锦堂发记款朱泥竹节壶	高6.5cm	57,500	上海春秋堂	2014.12.21
清晚期 巨轮珠包金壶	高7cm	23,000	北京匡时	2014.12.04
清晚期 李仲芳款柱础壶	宽14cm	13,800	北京保利	2014.12.03

2014杂项拍卖成交汇总

(成交价RMB：1万元以上)

拍品名称	物品尺寸	成交价RMB	拍卖公司	拍卖日期
清晚期 龙印款三弯流磨光宫灯提梁壶	宽19.5cm	23,000	中国嘉德	2014.11.21
清晚期 孟臣款 笠帽壶	长15.5cm	57,500	北京保利	2014.12.03
清晚期孟臣诗句款朱泥笠帽莲子壶	宽12cm	23,000	中国嘉德	2014.05.18
清晚期 孟臣水平壶	高8.6cm	28,750	北京匡时	2014.06.04
清晚期 磨光紫砂铜提梁筒壶、青花五彩花卉纹杯五只	壶高20cm	11,500	北京保利	2014.12.03
清晚期 彭年款段泥汉君壶	长18cm	11,500	北京保利	2014.12.03
清晚期 荣卿制湖石钮三叉提梁壶	宽16.5cm	28,750	中国嘉德	2014.11.21
清晚期 邵景南 莲子壶	高9.2cm	57,500	北京匡时	2014.12.04
清晚期 申锡 砖方壶	高8cm	23,000	北京翰海	2014.05.09
清晚期 升轩款朱泥西施对壶	尺寸不一	36,800	上海春秋堂	2014.09.07
清晚期 狮钮莲花壶	高9cm	11,500	北京匡时	2014.06.04
清晚期 泰王拉玛五世订烧朱泥水平壶	高7.5cm	55,200	北京诚轩	2014.11.20
清晚期 万丰顺记款茂亭制紫泥三叉提梁柱壶	高17cm	23,000	中国嘉德	2014.11.21
清晚期 为盛款紫泥鱼化龙壶	高10.6cm	63,250	西泠拍卖	2014.12.15
清晚期 味泉制紫泥竹段壶	高9cm	20,700	西泠拍卖	2014.12.15
清晚期选公诗句款朱泥拼砂扁灯壶	宽13cm	20,700	中国嘉德	2014.05.18
清晚期 阳羡蒋裕泰造紫泥旦包壶	宽16cm	17,250	中国嘉德	2014.05.18
清晚期 杨彭年 扁圆壶	高6.8cm	483,000	北京匡时	2014.12.04
清晚期 宜兴茶壶两把	12cm	471,295	伦敦苏富比	2014.11.05
清晚期 宜兴紫砂梅花诗文茶壶	宽13.8cm	147,938	佳士得	2014.11.26
清晚期 俞国良制东溪刻字汉君壶	宽18cm	23,000	北京保利	2014.12.03
清晚期 俞国良制紫砂线圆壶	宽18.5cm	92,000	北京保利	2014.12.03
清晚期 赵松亭刻诗文一粒珠紫砂壶	宽16cm	80,500	北京保利	2014.06.04
清晚期 振记监制款朱泥苹果壶	高11cm	23,000	中国嘉德	2014.11.21
清晚期 朱泥壶	长13.2cm	13,800	中国嘉德	2014.03.24
清晚期 朱泥梨形壶	高8.5cm	34,500	北京匡时	2014.06.04
清晚期 朱泥潘壶	高8.4cm	46,000	北京匡时	2014.12.04
清晚期 壮山刻“比介眉寿”平盖汉君壶	宽17.5cm	34,500	北京保利	2014.04.27
清晚期 子冶铭诗文钟形壶	宽17cm	13,800	北京保利	2014.12.03
清晚期 紫泥铭诗句东坡提梁壶	高20cm	46,000	中国嘉德	2014.05.18
清晚期 紫泥磨光水平壶	高6.5cm	17,250	上海春秋堂	2014.12.21
清晚期 紫砂梨形壶	长9.7cm	17,250	中国嘉德	2014.03.24
清宣统 端方定制范大生制紫泥六棱茄瓜壶	高13.9cm	149,500	西泠拍卖	2014.12.15
清宣统 匋斋定制紫砂周盘壶	宽12.5cm	345,000	北京保利	2014.06.04
清末民初 范大生制竹节提梁壶	高10.5cm	138,000	西泠拍卖	2014.12.15
清末民初范静安制紫泥平盖莲子壶		43,700	中国嘉德	2014.11.21
清末民初 范章恩 竹鼓壶	高10cm	11,500	北京匡时	2014.06.04
清末民初 范庄农家款辞芳生刻段泥传炉壶	高13cm	28,750	西泠拍卖	2014.12.15
清末民初 静泉制款曼生刻款段泥金钟壶	高9.7cm	36,800	西泠拍卖	2014.12.15
清末民初 夔龙捆竹壶	高10cm	74,750	北京匡时	2014.06.04
清末民初 潜陶刻段泥钟形壶	高9cm	20,700	西泠拍卖	2014.12.15
民初 福记款朱泥水平壶 (一对)	高5.5cm×2	46,000	上海春秋堂	2014.09.07
民初 荆溪惠孟臣制款倒角式朱泥水平壶	高5.3cm	115,000	上海泛华	2014.06.30
民国 1916年 宝庆款、吴昌硕刻瓤棱壶	长18.5cm	1,840,000	北京保利	2014.06.04
民国 半匋款梅桩壶	高10.3cm	43,700	上海春秋堂	2014.09.07
民国 半匋制松桩壶	高10cm	28,750	上海春秋堂	2014.12.21
民国 陈福宝记、吴德盛制款跂陶刻款段泥圆壶	高7.8cm	25,300	西泠拍卖	2014.12.15
民国 陈汉西制 紫泥柿圆壶	高10.5cm	36,800	西泠拍卖	2014.12.15
民国 陈汉西制、汤定之书 茄瓜壶		60,000	上海驰翰	2014.06.26
民国 陈少亭书刻 东坡提梁壶	高17.5cm	34,500	广东省拍	2014.12.07
民国 程盘根制 掇球壶	高11.8cm	32,200	广东省拍	2014.12.07
民国 程寿珍 冰心道人款鱼化龙壶	高10.3cm	138,000	上海春秋堂	2014.09.07
民国 程寿珍 掇球壶	高12.8cm	103,500	北京翰海	2014.10.25
民国 程寿珍 炉钧釉虚扁壶	长18cm	23,000	北京保利	2014.06.04
民国 程寿珍 紫砂壶	高8.9cm	80,500	北京匡时	2014.12.04
民国 程寿珍制 曼生刻 茄段壶		27,000	上海驰翰	2014.06.26
民国 程寿珍制汉扁壶	高9cm	40,250	上海春秋堂	2014.12.21
民国 程寿珍制青灰砂掇球壶	高12.5cm	109,250	北京诚轩	2014.05.19
民国 程寿珍制青灰砂掇球壶	高13.8cm	34,500	北京诚轩	2014.11.20

拍品名称	物品尺寸	成交价RMB	拍卖公司	拍卖日期
民国 程寿珍制紫泥掇球壶	高13.3cm	48,300	西泠拍卖	2014.12.15
民国 程寿珍 井栏壶		32,200	上海道明	2014.04.12
民国 储铭 秦权壶	高10.3cm	23,000	北京翰海	2014.05.09
民国 储铭制 扁柿壶	长16.3cm	115,000	北京中汉	2014.05.17
民国 储铭制翻盖柿子壶	高10cm	92,000	上海春秋堂	2014.09.07
民国 储铭制圆竹壶	高9.5cm	138,000	上海春秋堂	2014.09.07
民国 大传炉壶		23,000	上海道明	2014.04.12
民国 大山款四方传炉壶	高11cm	28,750	北京匡时	2014.06.04
民国 德根制铺砂圆珠壶	高9.7cm	69,000	上海春秋堂	2014.09.07
民国 德记款印版方壶	高7.5cm	23,000	上海春秋堂	2014.12.21
民国 段泥四方桥顶壶		13,800	上海道明	2014.04.12
民国 范大生 茄瓜壶	高6.5cm	92,000	北京匡时	2014.12.04
民国 范大生制瓜菱壶	高13cm	34,500	上海春秋堂	2014.12.21
民国 范大生制南洋劝业会款紫泥大翻盖柿子壶	宽24cm	101,200	中国嘉德	2014.05.18
民国 范大生制陶刻竹节形方壶	宽17.5cm	23,000	北京保利	2014.06.04
民国 范大生 扁石壶		25,300	上海道明	2014.04.12
民国 范光裕折肩壶	高10.5cm	17,250	上海春秋堂	2014.12.21
民国 范锦甫制翻盖柿子壶	高9cm	28,750	上海春秋堂	2014.12.21
民国 范顺甫制耕云刻汉君壶	高8cm	28,750	上海春秋堂	2014.12.21
民国 范正根制鱼化龙壶	高11cm	23,000	上海春秋堂	2014.09.07
民国 冯桂林松鼠葡萄壶	高11cm	437,000	远方拍卖	2014.06.03
民国 冯桂林鱼化龙壶	高10cm	149,500	远方拍卖	2014.06.03
民国 冯桂林制段泥柿子壶	高12cm	69,000	上海春秋堂	2014.12.21
民国 冯桂林制梅桩壶	长19cm	69,000	北京保利	2014.12.03
民国 冯桂林制四方传炉壶	高12.5cm	368,000	上海春秋堂	2014.09.07
民国冯济民制九头段泥供春壶套组	壶宽21cm	34,500	中国嘉德	2014.11.21
民国 郭记制岩如铭段泥竹节提梁壶	高19cm	36,800	中国嘉德	2014.05.18
民国 果园壶		20,000	上海驰翰	2014.08.14
民国 汉西款汤涤铭秦权壶	宽17.3cm	57,500	中国嘉德	2014.05.18
民国 何道洪 六角桥梁壶	高7cm	552,000	北京翰海	2014.10.25
民国 何道洪 梅桩壶	高8cm	1,265,000	北京翰海	2014.10.25
民国 何道洪 嵌泥碧液壶	高10.3cm	1,265,000	北京翰海	2014.10.25
民国 何道洪 圣珠提梁	高25.8cm	2,070,000	北京翰海	2014.05.09
民国 何道洪 石瓢提梁壶	高23.4cm	4,600,000	北京匡时	2014.12.04
民国 何道洪 岁寒三友壶		5,347,500	北京匡时	2014.12.04
民国 何道洪 小六方壶	高7.5cm	368,000	北京匡时	2014.06.04
民国 何道洪款梅枝紫砂壶	高8.5cm	126,500	上海敬华	2014.07.01
民国 何道洪制 乐圆壶	高9cm	1,150,000	福建东南	2014.10.25
民国 何道洪制 圣珠提梁壶	高15.3cm	1,495,000	福建东南	2014.10.25
民国 何道洪制 饮水思源壶	高8.8cm	977,500	福建东南	2014.05.25
民国 何道洪制六瓣梅壶		586,500	上海春秋堂	2014.12.21
民国 何道洪制启抑壶	宽17.5cm	943,000	中国嘉德	2014.11.21
民国 何道洪制十六竹壶	高11cm	207,000	浙江世贸	2014.04.13
民国 何道洪制紫砂壶	高8cm	16,643	中信国际	2014.06.22
民国 何道洪紫泥梅桩壶	长18cm	126,500	北京艺融	2014.12.08
民国 鸿记款诗文汉扁壶	宽21cm	28,750	北京保利	2014.12.03
民国 胡耀庭制戴玉屏刻段泥印包壶	高11.3cm	48,300	西泠拍卖	2014.12.15
民国 胡耀庭制段泥升方壶	高7cm	23,000	上海春秋堂	2014.12.21
民国 江案卿制仿树瘿供春壶	宽21.5cm	120,750	北京保利	2014.06.04
民国 江案卿制利永刻青灰砂狮球壶	宽18.8cm	25,300	中国嘉德	2014.11.21
民国 荆溪惠孟臣制款朱泥扁珠壶	高5.8cm	69,000	北京匡时	2014.06.04
民国 静泉制桥钮圆壶	高7.5cm	55,200	上海春秋堂	2014.12.21
民国 卷翁款松桩壶	高9.5cm	92,000	上海春秋堂	2014.09.07
民国 李宝珍制 友竹铭紫泥四方传炉壶	宽20.5cm	74,750	中国嘉德	2014.11.21
民国 李宝珍制段泥木瓜壶	高11.7cm	36,800	西泠拍卖	2014.12.15
民国 李宝珍制恒太刻四方大传炉壶	宽25cm	57,500	北京保利	2014.06.04
民国 利永公司制陈少亭刻段泥圆壶	高15cm	20,700	西泠拍卖	2014.12.15
民国 卢元璋制 大型东坡提梁壶		1,150,000	上海道明	2014.04.12
民国 曼生铭频伽书诗文高提梁朱泥小壶	高6.7cm	23,000	北京保利	2014.12.03
民国 墨缘斋意堂制款朱泥平盖壶	高3.7cm	32,200	北京匡时	2014.06.04
民国 裴石民 德泰壶	高10.5cm	402,500	北京匡时	2014.12.04
民国 裴石民 横把梨式壶	高9cm	345,000	北京匡时	2014.06.04
民国 裴石民 石瓢壶	高8.5cm	517,500	北京匡时	2014.12.04
民国 裴石民 牛盖莲子壶	高7.5cm	575,000	远方拍卖	2014.06.03
民国 裴石民 石瓢壶	高8.5cm	632,500	远方拍卖	2014.06.03
民国 裴石民制 段泥三足鼎壶	宽18cm	368,000	中国嘉德	2014.11.21
民国 裴石民作 仿古执壶	高18.4cm	161,000	上海泓盛	2014.07.21
民国 裴石民 扁圆壶	长18cm	437,000	北京匡时	2014.06.04

拍品名称	物品尺寸	成交价RMB	拍卖公司	拍卖日期
民国 彭年莲生款石瓢壶	高8.5cm	28,750	北京匡时	2014.06.04
民国 彭年莲生制款泉石主人刻款紫泥高竹鼓壶	高13.8cm	10,350	西泠拍卖	2014.12.15
民国 铺砂砖方壶	长19.5cm	17,250	上海道明	2014.04.12
民国 任淦庭 顾景舟 段泥竹节壶	高8cm	3,220,000	上海敬华	2014.07.01
民国 任淦庭 纤筒壶	高25.2cm	126,500	北京翰海	2014.10.25
民国 任淦庭刻、宜兴汤渡陶业生产合作社出品款紫泥圆壶	高9.6cm	46,000	西泠拍卖	2014.12.15
民国 如意纹壶	高10.5cm	17,250	南京经典	2014.01.06
民国 邵全章制供春壶	高9cm	34,500	上海春秋堂	2014.09.07
民国 邵玉棠制利永主人刻紫泥四方壶	高9cm	23,000	西泠拍卖	2014.12.15
民国 沈孝陆制狮球壶	高9.3cm	43,700	上海春秋堂	2014.09.07
民国沈孝陆制石如生刻紫泥狮球壶	高9.8cm	13,800	西泠拍卖	2014.12.15
民国 石瓢壶		10,350	上海道明	2014.04.12
民国 石溪款柿圆提梁壶	高14cm	11,500	上海春秋堂	2014.09.07
民国 石溪制东溪生刻三叉提梁壶	高16cm	51,750	北京保利	2014.06.04
民国 束金寿制利永出品三叉提梁壶	高20.5cm	40,250	北京保利	2014.06.04
民国 束金寿制云石刻段泥三叉提梁壶	高17cm	46,000	西泠拍卖	2014.12.15
民国 谈相周制段泥菱形酒壶	高18cm	23,000	上海春秋堂	2014.09.07
民国 唐凤芝制紫砂鱼化龙壶	长19.5cm	12,650	中国嘉德	2014.03.24
民国 铁画轩 段泥小提梁壶		30,000	上海驰翰	2014.06.26
民国 铁画轩 汽锅壶	高15cm	34,500	上海道明	2014.04.12
民国 汪宝根制泉石生并刻荆南山人书紫砂双色东坡提梁壶	高22.5cm	115,000	北京保利	2014.06.04
民国 汪宝根制紫泥合菱壶	宽18.5cm	115,000	中国嘉德	2014.05.18
民国 吴德盛制跂陶紫砂外挂釉双面诗文仿鼓壶	长21cm	23,000	北京保利	2014.06.04
民国 吴德盛制线圆壶	宽20cm	46,000	北京保利	2014.06.04
民国 吴廉身制软提梁鱼化龙壶	宽17cm	25,300	北京保利	2014.12.03
民国 吴云根 觚棱壶	高9cm	230,000	北京匡时	2014.06.04
民国 吴云根 柿圆壶	高9.5cm	110,000	广东汇誉	2014.09.13
民国 吴云根款 紫砂壶	高6cm	115,000	东拍国际	2014.07.31
民国 吴云根制 云石铭刻东坡提梁壶	高19.8cm	322,000	中国嘉德	2014.11.21
民国 吴云根制 紫泥弧棱壶	宽17.7cm	241,500	中国嘉德	2014.11.21
民国 吴云根制、玉屏刻 段泥温酒壶		20,000	上海驰翰	2014.06.26
民国 吴云根制段泥翻叶柿子壶	高9.3cm	74,750	北京诚轩	2014.05.19
民国 吴云根制紫泥四方竹鼓壶	高8.6cm	218,500	西泠拍卖	2014.12.15
民国 吴云根制紫泥线圆壶	长19.5cm	63,250	北京保利	2014.06.04
民国 锡山俞制大传炉壶	高14cm	195,500	远方拍卖	2014.06.03
民国 熙臣制扁圆壶	宽18cm	34,500	上海春秋堂	2014.12.21
民国 熙臣制碗桃壶	高8.8cm	34,500	上海春秋堂	2014.09.07
民国 燕庭制束柴三友壶	宽17cm	28,750	上海春秋堂	2014.12.21
民国冶陶制福记款巧色苍松树桩壶	宽13.5cm	17,250	中国嘉德	2014.11.21
民国 一颗印壶	长22.5cm	25,300	上海道明	2014.04.12
民国 义昌款松亭刻圆珠壶	宽15.5cm	43,700	上海春秋堂	2014.12.21
民国 俞国良半瓜壶	高7cm	138,000	远方拍卖	2014.06.03
民国 俞国良线圆壶	高7.2cm	138,000	远方拍卖	2014.06.03
民国 俞国良制 紫泥线圆壶	宽19cm	55,200	中国嘉德	2014.11.21
民国俞国良制陈少亭刻紫泥线圆壶	高6.7cm	264,500	西泠拍卖	2014.12.15
民国 俞国良制东溪刻窸斋款紫泥碗灯壶	高10.5cm	184,000	西泠拍卖	2014.12.15
民国 俞国良制海棠壶	高8.5cm	345,000	上海春秋堂	2014.09.07
民国 俞国良制合菱壶	高8cm	322,000	上海春秋堂	2014.09.07
民国 俞国良制石生铧紫泥传炉壶	宽15cm	126,500	中国嘉德	2014.05.18
民国 朱可心 大型竹节咖啡壶	容量1400cc	730,000	上海驰翰	2014.06.26
民国 朱可心 松段套壶(一组三件)	尺寸不一	414,000	北京匡时	2014.06.04
民国 朱可心 竹段壶	高9cm	506,000	北京翰海	2014.10.25
民国 朱可心高竹鼎壶	高11.5cm	115,000	远方拍卖	2014.06.03
民国 朱可心制 矮竹鼓壶	高9.4cm	126,500	福建东南	2014.10.25
民国 朱可心制 鱼化龙墨绿泥壶	长13cm	149,500	北京保利	2014.12.03
民国 朱可心制段泥一剪梅壶	高9.3cm	598,000	西泠拍卖	2014.12.15
民国 朱可心制劲松报春壶	高14cm	1,265,000	中国嘉德	2014.11.21
民国 朱可心制墨绿泥线圆壶		356,500	上海春秋堂	2014.09.07
民国 朱可心制紫泥松鼠葡萄壶	长10.7cm	92,000	西泠拍卖	2014.12.15
民国 朱可心制紫泥竹鼓壶	长10cm	40,250	西泠拍卖	2014.12.15
民国 紫砂鹿衔灵芝壶	宽37cm	32,200	北京保利	2014.01.11
民国 紫砂提梁壶	高17cm	20,700	南京经典	2014.01.06

拍品名称	物品尺寸	成交价RMB	拍卖公司	拍卖日期
鲍峰岩 云纹壶	高8.2cm	92,000	北京翰海	2014.05.09
鲍峰岩(谭泉海刻) 华颖壶	高8.3cm	126,500	北京翰海	2014.10.25
鲍利安制花鸟壶		11,500	上海春秋堂	2014.09.07
鲍庭博 兽钮壶	高8cm	34,500	北京匡时	2014.06.04
鲍庭博 玉印方蓬壶	高6.5cm	69,000	北京翰海	2014.10.25
鲍志强 松风壶	高9.1cm	48,300	北京匡时	2014.12.04
鲍志强 线圆壶	高8cm	80,500	北京翰海	2014.10.25
鲍志强 有余玉璧壶	高8.8cm	46,000	北京翰海	2014.10.25
鲍志强 紫砂对壶	尺寸不一	109,250	北京匡时	2014.06.04
鲍志强刻陈国良制掇高壶		207,000	上海春秋堂	2014.12.21
鲍志强刻李寒勇制晨鸣壶		379,500	上海春秋堂	2014.09.07
鲍志强制 玉璧壶	高9cm	63,250	福建东南	2014.05.25
鲍志强制"涤心"知了钮壶	长17cm	23,000	北京保利	2014.06.04
鲍志强制 福寿对壶		138,000	上海春秋堂	2014.09.07
鲍仲梅 黑铜鼓告捷壶	高7.8cm	57,500	北京翰海	2014.05.09
鲍仲梅 红砂黑璧壶	长15.5cm	17,250	北京保利	2014.06.04
鲍仲梅 金丝镶嵌太平、韵气壶	高11.8cm	57,500	北京翰海	2014.10.25
鲍仲梅 龙头老大壶	高11cm	115,000	北京翰海	2014.10.25
鲍仲梅 兽钮壶	长17cm	69,000	北京保利	2014.06.04
鲍仲梅、施秀春 百寿壶	长16cm	57,500	北京保利	2014.06.04
鲍仲梅制 红泥镶金银三羊壶(一对)	宽13.5cm	92,000	中国嘉德	2014.05.18
鲍仲梅制 潜麟升华壶		80,500	上海春秋堂	2014.09.07
鲍仲梅制 太平韵气壶		63,250	上海春秋堂	2014.09.07
笨岩 紫泥堆泥绘王维诗意瓜棱壶	长14.5cm	2,357,500	北京保利	2014.12.03
蔡中南 石瓢壶	高11cm	48,300	北京翰海	2014.10.25
蔡中南 束竹壶	高15cm	55,200	北京翰海	2014.10.25
蔡中南 树椿壶	高20cm	28,750	北京翰海	2014.10.25
蔡中南 2009年制 D1062汉钟壶	高19cm	41,400	北京翰海	2014.10.25
蔡中南 2010年制 莲蓬壶	高11cm	17,250	北京翰海	2014.10.25
蔡中南 2010年制 莲子壶	高9cm	17,250	北京翰海	2014.10.25
蔡中南制 标准壶	高7cm	17,250	北京翰海	2014.10.25
蔡中南制 逸公壶	高8cm	23,000	北京翰海	2014.10.25
曹崇恩、佑鑫居士"鲁迅"浮雕壶	高10cm	121,000	广东汇誉	2014.09.13
曹建华 青蛙莲花壶	高14cm	107,800	北京贞观	2014.05.17
曹奇敏 绞泥布道壶	高9cm	207,000	北京翰海	2014.10.25
曹婉芬 储铭如意壶	高8cm	51,750	北京翰海	2014.05.09
曹婉芬 大亨掇球壶	高11.8cm	28,750	北京翰海	2014.10.25
曹婉芬 大僧帽壶	长26cm	69,000	北京保利	2014.12.03
曹婉芬 闺秀觅意壶	高8cm	86,250	北京翰海	2014.05.09
曹婉芬 汉铎壶	高10.5cm	63,250	北京匡时	2014.06.04
曹婉芬 汉铎壶	高10.5cm	36,800	北京匡时	2014.06.04
曹婉芬 龙蛋壶(一对)	高12cm×2	92,000	北京匡时	2014.06.04
曹婉芬 嵌银丝无暇壶	高9cm	23,000	北京翰海	2014.10.25
曹婉芬 田家乐壶	高13cm	78,200	北京翰海	2014.05.09
曹婉芬 仙人葫芦壶	高11.4cm	34,500	北京匡时	2014.12.04
曹婉芬(范建军刻) 高钟壶	高12cm	63,250	北京翰海	2014.05.09
曹婉芬(范建军刻) 石瓢壶	高8.2cm	34,500	北京翰海	2014.10.25
曹婉芬(范建军刻) 小井栏壶	高6.2cm	17,250	北京翰海	2014.10.25
曹婉芬(范建军刻) 一月梅花壶	高6.8cm	46,000	北京翰海	2014.10.25
曹婉芬制 建军铭刻瑞雪石瓢壶	宽17.9cm	36,800	中国嘉德	2014.11.21
曹婉芬制 井栏壶	高6cm	21,850	福建东南	2014.05.25
曹婉芬制 束柴壶	高5.5cm	16,100	福建东南	2014.05.25
曹婉芬制 四方如意壶		51,750	上海春秋堂	2014.12.21
曹婉芬制 田园乐壶		48,300	上海春秋堂	2014.12.21
曹婉芬制 献寿壶	宽14.7cm	43,700	中国嘉德	2014.05.18
曹婉芬制小僧帽壶		36,800	上海春秋堂	2014.09.07
曹亚麟、曹燕萍合制大葫芦壶		43,700	上海春秋堂	2014.09.07
曹亚麟、曹燕萍制 头溪趣壶(七件套)	尺寸不一	69,000	福建东南	2014.05.25
曹亚麟制五铢壶		48,300	上海春秋堂	2014.09.07
曾斌 瓜田梦壶	高12.3cm	69,000	北京翰海	2014.10.25
曾斌 玉龙诀壶	高7.8cm	57,500	北京翰海	2014.10.25
查元康制 紫砂宁静致远壶	长15cm	32,200	北京传是	2014.06.05
陈德华制 虚一刻 和易壶		40,250	上海春秋堂	2014.09.07
陈国良 1993年 大供春壶	长22.5cm	517,500	北京保利	2014.06.04
陈国良 1997年作 南瓜壶	长16.5cm	172,500	北京保利	2014.12.03
陈国良 1998年 虎虎生风壶	长16cm	207,000	北京保利	2014.06.04
陈国良 1998年 鹰松壶	长18cm	575,000	北京保利	2014.06.04
陈国良 红线直形壶	高11cm	138,000	北京翰海	2014.10.25
陈国良 莲花仙子壶	高8.2cm	218,500	北京翰海	2014.10.25
陈国良 松灵芝壶	高9cm	322,000	北京匡时	2014.06.04

2014杂项拍卖成交汇总

(成交价RMB：1万元以上)

拍品名称	物品尺寸	成交价RMB	拍卖公司	拍卖日期
陈国良 香玉壶	高22cm	552,000	北京匡时	2014.06.04
陈国良 祝福壶	高9.5cm	230,000	北京翰海	2014.10.25
陈国良(谭泉海刻) 玉方壶	高7.5cm	218,500	北京翰海	2014.05.09
陈国良提梁壶	高9.5cm	253,000	远方拍卖	2014.06.03
陈国良制 韩美林书香玉壶	宽23cm	437,000	中国嘉德	2014.05.18
陈国良制 金钱松壶	宽20cm	552,000	中国嘉德	2014.11.21
陈国良制 南瓜壶		276,000	上海春秋堂	2014.09.07
陈国良制 僧帽壶		184,000	上海春秋堂	2014.12.21
陈国良制 谭泉海刻一粒珠壶	高8.5cm	161,000	远方拍卖	2014.06.03
陈国良制 谭泉海铭刻香玉壶	宽24cm	402,500	中国嘉德	2014.11.21
陈国良制 一片生机壶		460,000	上海春秋堂	2014.09.07
陈国良制 紫泥调砂僧帽壶	高12.8cm	184,000	西泠拍卖	2014.12.15
陈国良制、何家英画露华壶		280,000	上海驰翰	2014.06.26
陈国伟 绞泥扁壶	长13.5cm	92,000	北京保利	2014.12.03
陈洪平制 腰圆掇子壶	高8.4cm	13,800	福建东南	2014.05.25
陈进海刻陈国良制一洞天壶		46,000	上海春秋堂	2014.12.21
陈景亮制 D1326提心吊胆大壶		218,500	北京翰海	2014.10.25
陈景亮制 走泥壶#886		230,000	北京翰海	2014.10.25
陈俊制周彝壶		46,000	上海春秋堂	2014.09.07
陈凯 沅竹套件壶	高11cm	36,800	北京翰海	2014.05.09
陈美华 韵竹提梁壶	长14.5cm	40,250	北京保利	2014.12.03
陈清法 盘石提梁套具	高12cm	115,000	北京翰海	2014.05.09
陈清法 青莲壶	高8.8cm	80,500	北京翰海	2014.10.25
陈玉良 风卷葵壶	高8.5cm	161,000	北京翰海	2014.10.25
陈玉良 南瓜壶	高10.5cm	69,000	北京翰海	2014.05.09
陈玉良 南瓜壶	长22.5cm	103,500	北京保利	2014.12.03
程十发字画沈觉初刻吾群祥制漠舟壶		207,000	上海泛华	2014.06.30
程晓彬制 暗香疏影壶		69,000	上海春秋堂	2014.09.07
程悬 佛莲壶		60,000	上海驰翰	2014.08.14
程悬制金谷园壶		149,500	上海春秋堂	2014.09.07
储集泉 博砂壶	高9cm	36,800	北京匡时	2014.06.04
储集泉 戌趣对壶	高5.2cm	23,000	北京翰海	2014.10.25
储集泉 瑶池桃壶	高10cm	23,000	北京翰海	2014.05.09
储凌云制华风器度壶		46,000	上海春秋堂	2014.09.07
储文峰 牛盖莲子壶	高7.8cm	17,250	北京翰海	2014.10.25
储亦斌 2012年 松竹梅壶	长18.5cm	57,500	北京保利	2014.06.04
储亦斌 一粒珠壶	长14.5cm	34,500	北京保利	2014.06.04
储亦斌制 熊猫壶	高8.4cm	16,100	福建东南	2014.05.25
储亦斌制荷塘月色壶		11,500	上海春秋堂	2014.12.21
戴耀军 圆僧帽壶	高10cm	149,500	北京翰海	2014.10.25
丁洪顺、石泉 孔明壶	高14cm	14,400	台湾富德	2014.01.14
丁洪顺制 八仙庆寿壶	高7.8cm	32,200	福建东南	2014.05.25
丁洪顺制 炮台壶	高9cm	17,250	福建东南	2014.05.25
丁洪顺制 顺竹壶	高10.2cm	34,500	福建东南	2014.05.25
丁洪顺制 小三羊同乐壶	高13cm	10,350	福建东南	2014.05.25
丁旭升 提璧壶	长17cm	34,500	北京保利	2014.12.03
丁亚平制三足菱花壶		25,300	上海春秋堂	2014.09.07
丁志斌制 大供春壶	高11.2cm	10,350	福建东南	2014.05.25
董永君 朱泥笠帽壶		20,000	上海驰翰	2014.08.14
董永君制 风卷葵壶		69,000	上海春秋堂	2014.12.21
范暗军 至爱壶	长20cm	230,000	北京保利	2014.06.04
范晨亚制、吴扣华刻 2013年 景舟式井栏壶	长16.5cm	86,250	北京保利	2014.06.04
范晨亚制、吴扣华刻 2013年 曼生井栏壶	长16cm	86,250	北京保利	2014.06.04
范国华 可心竹段壶	高10.2cm	46,000	北京翰海	2014.10.25
范国祥 如意仿古壶	高9cm	198,000	北京贞观	2014.05.17
范洪泉 扁梅桩壶	高6.8cm	25,300	北京翰海	2014.10.25
范洪泉 常青壶	高11.5cm	46,000	北京翰海	2014.05.09
范洪泉 梅桩对壶	高16cm	69,000	北京翰海	2014.10.25
范洪泉(毛国强刻) 东坡提梁	高19.5cm	66,700	北京翰海	2014.10.25
范洪泉(毛国强刻) 梅花提梁	高19cm	78,200	北京翰海	2014.05.09
范洪泉(谭泉海刻) 大圆珠壶	高12cm	71,300	北京翰海	2014.05.09
范洪泉(吴鸣刻) 卧虎藏龙壶	高23cm	57,500	北京翰海	2014.05.09
范洪泉制 曹简楼书画并刻石瓢提梁壶		57,500	上海春秋堂	2014.09.07
范洪泉制 梅花瓣壶	高6cm	23,000	福建东南	2014.05.25
范洪泉制 束柴壶	高7.9cm	28,750	福建东南	2014.05.25
范洪泉制 小石瓢壶	宽13.5cm	25,300	中国嘉德	2014.05.18
范洪泉制 一粟铭大东坡提梁壶	高62cm	402,500	中国嘉德	2014.05.18
范惠萍 逸韵壶		20,000	上海驰翰	2014.08.14
范建华 储铭如意壶	高8cm	43,700	北京翰海	2014.05.09
范建华 茗顶飘香壶	高12.5cm	51,750	北京翰海	2014.05.09
范建军 瓦型壶	高6.5cm	28,750	北京翰海	2014.05.09
范建军 印象绞泥组壶	高15cm	109,250	北京翰海	2014.10.25
范建军制 龙蛋壶	高12cm	28,750	福建东南	2014.05.25
范菊华 2013年 汉君壶	长24cm	23,000	北京保利	2014.06.04
范黎明 暗香壶	高10cm	69,000	长风拍卖	2014.01.05
范列 坦然四方壶	高8cm	43,700	北京翰海	2014.05.09
范列 樽方壶	高10.8cm	57,500	北京翰海	2014.10.25
范列制升方壶		43,700	上海春秋堂	2014.09.07
范乃芝制紫砂祝寿壶	长17cm	109,250	北京传是	2014.06.05
范仁良作 华经壶	高6.6cm	28,750	上海泓盛	2014.12.10
范双元 纳福壶	长17cm	46,000	北京保利	2014.12.03
范颖制 东坡提梁壶	高18cm	28,750	福建东南	2014.05.25
范颖制 红掇只壶	高10.3cm	10,350	福建东南	2014.05.25
范永艳(王翔刻) 高竹节套壶	高9cm	92,000	北京翰海	2014.10.25
范永艳(叶) 高竹段壶	高11.2cm	69,000	北京翰海	2014.05.09
范泽锋 般若壶	长14.5cm	46,000	北京保利	2014.12.03
范泽锋作 佛心禅意壶	高15.4cm	207,000	上海泓盛	2014.12.10
范泽锋作 商和壶	高7.9cm	28,750	上海泓盛	2014.12.10
范泽君 龙凤呈祥壶	高7.5cm	172,500	北京翰海	2014.10.25
范祖德 竹圆壶		17,250	上海道明	2014.04.12
方小龙 九龙戏珠壶	高10.8cm	48,300	北京翰海	2014.05.09
仿大彬紫砂壶	宽19cm	11,500	北京保利	2014.08.02
费盛峰(龙文刻)福解壶	高9.5cm	57,500	北京翰海	2014.10.25
费盛峰制(王翔刻) 注春壶	高10cm	34,500	北京翰海	2014.05.09
冯建中龙头一捆竹壶		30,000	上海驰翰	2014.04.18
冯利军 牛盖洋桶壶	高14.7cm	34,500	北京匡时	2014.12.04
福生款扁鱼化龙壶		74,750	上海春秋堂	2014.09.07
高奋荣 六方梨形壶	450cc	40,250	北京保利	2014.06.02
高峰 扁础提梁壶	高14cm	149,500	北京匡时	2014.12.04
高峰制六角莲子壶		126,500	上海春秋堂	2014.09.07
高海庚制卧虎壶	宽13.7cm	287,500	中国嘉德	2014.11.21
高红梅壶		23,000	上海道明	2014.04.12
高建芳 荸荠壶	高10.5cm	46,000	北京翰海	2014.05.09
高建芳 大小西瓜对壶	尺寸不一	57,500	北京翰海	2014.05.09
高建芳 青蛙荷叶壶	高9cm	23,000	北京匡时	2014.06.04
高建芳制荷塘月色壶		17,250	上海春秋堂	2014.12.21
高俊峰 苍硕壶	高10.2cm	63,250	北京翰海	2014.05.09
高俊峰 树魂壶	高13cm	92,000	北京翰海	2014.10.25
高丽君制 南瓜壶	高7.3cm	26,450	福建东南	2014.05.25
高丽君制朱屺瞻书一粟铭明君壶	宽16.6cm	23,000	中国嘉德	2014.11.21
高旭峰 仿古壶	高8.8cm	138,000	北京翰海	2014.10.25
高旭峰 橄榄壶		60,000	上海驰翰	2014.06.26
高旭峰 过桥圆腹壶	高8.9cm	212,750	北京匡时	2014.12.04
高旭峰 汉铎壶	高10.2cm	218,500	北京翰海	2014.10.25
高旭峰 汉韵壶	高9cm	287,500	北京翰海	2014.05.09
高旭峰 牛盖莲子壶	高7.4cm	172,500	北京匡时	2014.12.04
高旭峰 三足水平壶		30,000	上海驰翰	2014.06.26
高旭峰 椭圆竹壶	高10.5cm	253,000	北京匡时	2014.06.04
高旭峰 王翔刻 大德钟壶	高12.3cm	460,000	北京匡时	2014.12.04
高旭峰 紫砂报春壶 (一组九件)		34,500	上海道明	2014.04.12
高旭峰制 莲子壶	高9.5cm	126,500	福建东南	2014.10.25
高旭峰制混方竹节壶		517,500	上海春秋堂	2014.09.07
高旭峰制六方鼓腹壶		80,500	上海春秋堂	2014.12.21
高学勇 集思清水泥紫砂壶	高12cm	104,500	北京贞观	2014.05.17
高永杰 明式圈纽壶	高9.5cm	23,000	北京翰海	2014.10.25
高永杰 明式园绦壶	高10.5cm	46,000	北京翰海	2014.05.09
高永杰 腰线圆缶壶	高10.5cm	40,250	北京翰海	2014.10.25
高宇峰制 虚一刻 樽方壶		32,200	上海春秋堂	2014.09.07
高振宇 禅轮壶	高6.5cm	161,000	北京匡时	2014.12.04
高振宇 大彬提梁壶	高18cm	828,000	北京匡时	2014.06.04
高振宇 大亨肩线壶	高8.8cm	218,500	北京翰海	2014.05.09
高振宇 青铜的遐想系列壶 历史的回顾壶 (一组共十二件)	尺寸不一	8,970,000	北京匡时	2014.06.04
高振宇 如意玉璧壶	长15.5cm	207,000	北京保利	2014.06.04
高振宇 三戟壶	高15cm	356,500	北京匡时	2014.12.04
高振宇制大辂椎轮款小圆珠壶		11,500	上海春秋堂	2014.12.21
高振宇制红泥金盉壶	宽24cm	1,495,000	中国嘉德	2014.11.21
高振宇制玉琮壶 (一对)	宽15.8cm，宽12cm	977,500	中国嘉德	2014.05.18

拍品名称	物品尺寸	成交价RMB	拍卖公司	拍卖日期
葛记款紫砂半月壶	宽10.5cm	11,500	北京保利	2014.06.04
葛明仙 提梁壶	高14cm	23,000	北京匡时	2014.06.04
葛明仙制 飞泉壶	高6.7cm	12,650	福建东南	2014.05.25
葛明仙制 甲骨文五头壶(一组五件套)	尺寸不一	40,250	福建东南	2014.05.25
葛陶中 乐花壶	高11.8cm	63,250	北京翰海	2014.10.25
葛陶中 乐升对壶	高10.5cm×2	207,000	北京匡时	2014.12.04
葛陶中 明方壶	高10.2cm	149,500	北京翰海	2014.10.25
葛陶中 圆趣套壶(五头)	高9.5cm	230,000	北京匡时	2014.12.04
葛陶中 李慧芳 金瓜壶	高8.2cm	46,000	北京翰海	2014.10.25
葛陶中制 矮掇球壶		230,000	上海泛华	2014.06.30
葛陶中制 六方古壶		69,000	上海春秋堂	2014.12.21
葛陶中制铺砂子治石瓢壶		138,000	上海春秋堂	2014.09.07
葛烜制紫砂匏尊壶	长16cm	115,000	北京传是	2014.06.05
葛知(毛国强刻) 满石瓢壶	高7.5cm	63,250	北京翰海	2014.10.25
各家制紫砂壶(六件)	尺寸不一	11,500	中贸圣佳	2014.06.01
耿春华 洒金壶	高12cm	322,000	北京艺融	2014.06.03
耿春华 金砂僧帽壶	高12cm	368,000	北京艺融	2014.12.08
贡局 壶		11,000	上海驰翰	2014.04.18
顾道荣 大南瓜壶	高16.5cm	195,500	北京翰海	2014.05.09
顾道荣 大鹰松壶2	高13.2cm	23,000	北京翰海	2014.10.25
顾道荣 束柴三友系列1壶	高10.3cm	34,500	北京翰海	2014.10.25
顾道荣 束柴三友系列2壶	高10.3cm	69,000	北京翰海	2014.10.25
顾道荣 岁寒三友壶	高11.5cm	184,000	北京翰海	2014.05.09
顾道荣 天伦之乐(红)壶	高12.5cm	80,500	北京翰海	2014.05.09
顾道荣 天伦之乐(紫)壶	高14cm宽13cm	78,200	北京翰海	2014.05.09
顾道荣 鹰松壶三把套组	尺寸不一	46,000	北京翰海	2014.10.25
顾道荣制 巧色南瓜壶	高8.2cm	51,750	福建东南	2014.05.25
顾道荣制紫泥南瓜壶	高10.5cm	126,500	西泠拍卖	2014.12.15
顾建明 智圆壶	高8cm	43,700	北京匡时	2014.12.04
顾锦 鼓腹壶	高9cm	14,400	台湾富德	2014.01.14
顾景舟 宝菱壶	高8.3cm	6,325,000	北京翰海	2014.10.25
顾景舟 掇球壶	高11cm	4,025,000	北京匡时	2014.12.04
顾景舟 仿古紫砂壶	高8.5cm	4,025,000	北京艺融	2014.06.03
顾景舟 汉铎壶	高10cm	4,370,000	北京翰海	2014.05.09
顾景舟 汉铎壶	长15.5cm	6,210,000	北京匡时	2014.06.04
顾景舟 牛盖洋桶壶	高14cm	1,265,000	北京翰海	2014.05.09
顾景舟 秦权壶	长16.8cm	4,600,000	北京匡时	2014.06.04
顾景舟 小合欢壶	高5.5cm	575,000	北京匡时	2014.06.04
顾景舟矮僧帽壶	长17cm	2,300,000	北京艺融	2014.12.08
顾景舟井栏壶	长15cm	1,380,000	北京艺融	2014.12.08
顾景舟刻井制玉璧提梁壶		16,330,000	上海春秋堂	2014.09.07
顾景舟款 蒋荣欣款紫砂壶各一件	尺寸不一	11,500	北京保利	2014.08.02
顾景舟款砂壶	高6.6cm	30,000	荣盛国际	2014.07.26
顾景舟书吴亚平制石瓢壶		184,000	上海泛华	2014.06.30
顾景舟制 牛盖莲子壶		5,520,000	上海春秋堂	2014.12.21
顾景舟制 座有兰言款仿古壶身筒	宽17.3cm	149,500	中国嘉德	2014.11.21
顾景舟制供春壶	宽16.5cm	3,450,000	中国嘉德	2014.05.18
顾景舟制如意仿鼓壶		3,450,000	上海春秋堂	2014.09.07
顾景舟制虚扁壶	宽14.5cm	4,025,000	中国嘉德	2014.11.21
顾景舟制亚明画矮井栏壶	高8cm	2,053,436	保利香港	2014.10.07
顾景舟制紫泥笑樱壶	高10.8cm	2,070,000	西泠拍卖	2014.12.15
顾景舟周桂珍合作紫泥三线壶	宽17.5cm	517,500	中国嘉德	2014.11.21
顾景舟紫砂石瓢壶	高9cm	4,950,000	中信拍卖	2014.07.14
顾景舟紫砂圆满壶	高8.5cm	1,621,500	上海敬华	2014.07.01
顾景洲(盖印) 牛盖洋桶壶		1,035,000	上海道明	2014.04.12
顾佩伦 1994年作 菊花壶	长16cm	11,500	北京保利	2014.12.03
顾佩伦 莲子壶	高11.5cm	138,000	北京匡时	2014.06.04
顾佩伦 南瓜壶	高8cm	55,200	北京翰海	2014.05.09
顾佩伦 雨后春笋壶	高9.8cm	23,000	北京翰海	2014.10.25
顾绍培 1998年 矮石瓢壶	长19cm	86,250	北京保利	2014.06.04
顾绍培 2004年 高旦圆壶	长15cm	92,000	北京保利	2014.06.04
顾绍培 2011年 福福壶	长12.5cm	57,500	北京保利	2014.06.04
顾绍培 福茗壶	长13.5cm	74,750	北京保利	2014.06.04
顾绍培 福泉三足壶	长15cm	57,500	北京保利	2014.06.04
顾绍培 三脚环壶	高10cm	149,500	北京翰海	2014.10.25
顾绍培 天地方圆壶	长21.7cm	483,000	北京匡时	2014.06.04
顾绍培 卧轮禅师壶	高4.5cm	92,000	北京匡时	2014.12.04
顾绍培制、贺成画线圆石瓢壶		150,000	上海驰翰	2014.06.26
顾绍培制供寿壶		149,500	朵云轩	2014.06.29
顾绍培制韩敏书石泉铭大华颖壶	宽26.5cm	322,000	中国嘉德	2014.05.18

拍品名称	物品尺寸	成交价RMB	拍卖公司	拍卖日期
顾绍培制华亭壶		57,500	上海春秋堂	2014.12.21
顾绍培制小福泉三足壶	宽12cm	63,250	中国嘉德	2014.11.21
顾绍培制游龙戏水提梁壶(一对)	宽12.5cm	322,000	中国嘉德	2014.05.18
顾绍培制紫砂逍遥壶	长20.5cm	115,000	北京传是	2014.06.05
顾绍培竹节紫砂壶	高9.5cm	437,000	南京经典	2014.04.27
顾婷制 汉钟壶(一组三件套)	尺寸不一	36,800	福建东南	2014.05.25
顾治培 双嘴提梁壶		18,400	上海道明	2014.04.12
国良汉扁壶		43,700	上海道明	2014.04.12
韩美林设计 周桂珍制 凤鸣壶	高11.5cm	437,000	福建东南	2014.10.25
何挺初 徐新妹 捆竹壶组	高8.2cm	23,000	北京翰海	2014.10.25
何挺初制 圆盖三只壶	高15.8cm	17,250	福建东南	2014.05.25
何燕萍 四方春生壶	长13.6cm	40,250	北京保利	2014.10.08
何燕萍 妩竹壶	高8.3cm	120,750	北京翰海	2014.10.25
何燕萍制掇球壶		57,500	上海春秋堂	2014.12.21
何燕萍制紫泥竹鼓壶	宽19.5cm	28,750	中国嘉德	2014.05.18
何叶 1997年作 逸趣壶	长15.5cm	28,750	北京保利	2014.12.03
何叶 聚丰壶	高10.5cm	36,800	北京匡时	2014.06.04
何叶 凝神壶	高10.2cm	46,000	北京翰海	2014.10.25
何叶 圆笠壶	高10.3cm	36,800	北京匡时	2014.12.04
何叶(毛国强刻) 圆趣壶	高10.5cm	66,700	北京翰海	2014.05.09
何叶制、石泉铭 1997年 菊韵壶	长16.5cm	57,500	北京保利	2014.06.04
何叶制一栗铭刻启抑壶	宽17cm	34,500	中国嘉德	2014.11.21
鹤鹿同春壶	高10cm	28,000	北京九歌	2014.12.17
胡朝君 禅莲壶	高11.3cm	115,000	北京翰海	2014.10.25
胡迪锋 思泉壶	高10cm	11,500	上海敬华	2014.10.29
胡耀廷 砖方壶	高15.5cm	25,300	北京翰海	2014.10.25
胡永成制 蛤蟆莲蓬壶	高14cm	40,250	福建东南	2014.05.25
胡永成制紫泥石瓢壶	高24cm	36,800	西泠拍卖	2014.12.15
华健 大彬六方壶	长18.5cm	287,500	北京保利	2014.12.03
华健 吉祥茗壶	高11cm	178,250	北京匡时	2014.12.04
华健 莲花高灯壶	高12.5cm	161,000	北京匡时	2014.12.04
华健 六角莲子壶	高13.5cm	126,500	北京翰海	2014.10.25
华健制 六方壶	高8cm	57,500	福建东南	2014.05.25
华健制 六方壶	高9cm	26,450	福建东南	2014.05.25
华健制、王玉珏画四方壶		120,000	上海驰翰	2014.06.26
华健制连连蹬高壶		103,500	上海春秋堂	2014.09.07
华健制六方铜鸵壶		74,750	上海春秋堂	2014.09.07
华健制六方圆口漆皮绞泥壶		23,000	上海春秋堂	2014.12.21
华健制亚明四方壶		69,000	上海春秋堂	2014.12.21
华青 禅方壶		12,000	上海驰翰	2014.08.14
黄霁峰 靓竹壶	高8cm	55,200	北京翰海	2014.05.09
黄霁峰 三友壶	高7.8cm	34,500	北京翰海	2014.10.25
黄芸芸 研儿壶	高12.3cm	172,500	北京匡时	2014.06.04
黄自英 如意壶	430cc	32,200	北京保利	2014.06.02
纪贤制紫泥宫灯壶	宽15.8cm	34,500	北京保利	2014.06.04
季俊杰 三足水平套壶	高8.2cm	23,000	北京翰海	2014.10.25
季俊杰 石瓢壶		15,000	上海驰翰	2014.08.14
季益顺 八方龙头一捆竹壶	长19cm	977,500	北京保利	2014.06.04
季益顺 楚汉风韵壶	长20cm	207,000	北京保利	2014.12.03
季益顺 荷塘月色壶	高10cm	770,500	北京匡时	2014.12.04
季益顺 劲竹壶	高7.5cm	115,000	北京翰海	2014.05.09
季益顺制春笋壶	宽17cm	74,750	中国嘉德	2014.11.21
季益顺制顺竹段壶	宽18cm	71,300	中国嘉德	2014.11.21
季益顺制知足常乐壶	高19cm	184,000	中国嘉德	2014.11.21
季益顺制紫气东来壶	宽18cm	63,250	中国嘉德	2014.11.21
季益顺制紫砂"芙蓉珠"壶	长12cm	195,500	北京传是	2014.06.05
季益顺制紫砂"紫气东来"壶	长17.5cm	172,500	北京传是	2014.06.05
贾维 乐园壶	长15.5cm	17,250	北京保利	2014.10.08
贾维(顾绍培刻) 莲尊提梁	高12.8cm	43,700	北京翰海	2014.10.25
江汉卿 伏狮壶	高8.5cm	28,750	北京匡时	2014.06.04
江建祥 掇球壶	高8.8cm	57,500	北京匡时	2014.06.04
江建祥 掇只壶	长17cm	51,750	北京保利	2014.06.04
江建祥 风卷葵紫砂壶	500cc	517,500	北京艺融	2014.06.03
江建祥制葵瓣壶		115,000	上海春秋堂	2014.09.07
江建祥制绿泥圆竹壶		92,000	上海春秋堂	2014.12.21
江建翔 君雅组壶(三头)	尺寸不一	4,025,000	北京匡时	2014.12.04
江建翔 牛盖莲子壶	高7.8cm	80,500	北京翰海	2014.10.25
江建翔 万年丰砚壶	高16.2cm	632,500	北京翰海	2014.10.25
江建翔 小云桃壶	高6.5cm	172,500	北京翰海	2014.05.09
江建翔制 梅花石瓢壶	高8.4cm	172,500	福建东南	2014.10.25
江建翔制 牛盖莲子壶	高7.6cm	86,250	福建东南	2014.05.25

(成交价RMB：1万元以上)

拍品名称	物品尺寸	成交价RMB	拍卖公司	拍卖日期
江建翔制、唐云画、徐孝穆刻 鱼乐壶	长17.5cm	402,500	北京保利	2014.12.03
江建翔制大松竹梅壶	宽21cm	201,250	中国嘉德	2014.11.21
江建翔制供春壶	宽15cm	55,200	中国嘉德	2014.11.21
江建翔制五头硕颜壶	高10.5cm	69,000	中国嘉德	2014.11.21
江南春书画鲍志强刻周定华制方砖壶		34,500	上海春秋堂	2014.12.21
江勤翔 满园春色壶	高16cm	149,500	北京匡时	2014.06.04
江玺 争艳壶		15,000	上海驰翰	2014.08.14
蒋淦勤 荷叶青蛙壶	长20cm	23,000	北京保利	2014.06.04
蒋平 汉瓯提梁	高19.2cm	17,250	北京翰海	2014.10.25
蒋平 梅桩壶	长16.4cm	17,250	北京保利	2014.10.08
蒋蓉 段泥冬瓜枕壶	长29.5cm	190,000	上海驰翰	2014.06.26
蒋蓉 绿泥荷叶壶	长15.5cm	287,500	北京保利	2014.12.03
蒋蓉 牡丹壶	长19cm	460,000	北京保利	2014.06.04
蒋蓉 牡丹紫砂壶	容积600cc	805,000	北京艺融	2014.06.03
蒋蓉(鲍志强刻) 春牛壶	高7.2cm	138,000	北京翰海	2014.10.25
蒋蓉制 青蛙荷叶壶	高6.8cm	230,000	福建东南	2014.05.25
蒋蓉制茨菰壶		161,000	上海春秋堂	2014.12.21
蒋蓉制蛤蟆石榴椿壶	宽13.5cm	598,000	中国嘉德	2014.11.21
蒋蓉制三珍壶	宽14.5cm	322,000	中国嘉德	2014.05.18
蒋蓉制紫砂月色蛙莲壶	高9.5cm	51,750	西泠拍卖	2014.05.06
蒋瑞峰 甲午年制 石瓢壶	380cc	43,700	北京保利	2014.06.02
蒋瑞峰 甲午年制 雨露壶	180cc	28,750	北京保利	2014.06.02
蒋新安"京剧"系列紫砂壶	高6.5cm	23,000	北京匡时	2014.12.04
蒋新安 京剧紫砂套壶	高10cm	40,250	北京匡时	2014.06.04
蒋新安 四季花语壶	尺寸不一	575,000	北京保利	2014.12.03
蒋旭初制紫泥竹韵壶	高12.3cm	40,250	西泠拍卖	2014.12.15
蒋彦 古井风韵壶		168,000	陕西诚挚	2014.06.29
蒋彦 绿泥秋水壶	高8cm	17,250	北京匡时	2014.06.04
蒋彦 漫步金秋壶		201,600	陕西诚挚	2014.06.29
蒋彦 石瓢壶		100,800	陕西诚挚	2014.06.29
蒋彦 陶家佳人壶		515,200	陕西诚挚	2014.06.29
蒋彦制 得球如意壶	高10cm	25,300	福建东南	2014.05.25
蒋彦制 古井风韵壶	高11.5cm	34,500	福建东南	2014.05.25
蒋艺华制 丰收壶	高10.2cm	13,800	福建东南	2014.05.25
蒋艺华制 荷叶提梁壶	高12cm	11,500	福建东南	2014.05.25
蒋悦，佑鑫居士"心性"线刻壶	高7cm	107,800	广东汇誉	2014.09.13
蒋祯祥 三兽壶		13,800	上海道明	2014.04.12
金鼎 七星伴月(八件)壶	尺寸不一	46,000	上海道明	2014.04.12
孔春华 六方如意壶	长15.5cm	253,000	北京保利	2014.12.03
孔春华 六顺提梁壶	长16.5cm	57,500	北京保利	2014.06.04
孔春华制 犀皮方壶	高6.5cm	17,250	福建东南	2014.05.25
孔小明 天地合一壶	长18cm	57,500	北京保利	2014.06.04
孔小明制 四方壶	高9.8cm	16,100	福建东南	2014.05.25
孔小明制 银箱壶	高6.7cm	16,100	福建东南	2014.05.25
腊梅壶	通高9.4cmm	100,000	荣盛国际	2014.07.26
老萍授课款赵江华制桑扁壶		345,000	上海春秋堂	2014.09.07
李碧芳 包袱壶	高7.2cm	11,500	北京翰海	2014.10.25
李碧芳 三竹壶	高11cm	11,500	北京翰海	2014.10.25
李碧芳 硕柱壶	高12cm	11,500	北京翰海	2014.10.25
李碧芳 圆竹壶	高8.8cm	23,000	北京翰海	2014.10.25
李碧芳(谭泉海刻) 圆意壶	高10cm	46,000	北京翰海	2014.05.09
李碧芳(徐勇良刻) 得福壶	高8.2cm	46,000	北京翰海	2014.05.09
李碧芳制双线圆壶	宽14.5cm	17,250	中国嘉德	2014.05.18
李碧芳制紫泥印包壶	宽13cm	11,500	中国嘉德	2014.05.18
李昌鸿 1992年 秤陀四方壶	长15cm	51,750	北京保利	2014.06.04
李昌鸿 如意秦权壶	700cc	74,750	北京保利	2014.06.02
李昌鸿制 戈型执方壶	高10.7cm	28,750	福建东南	2014.05.25
李昌鸿制 徐秀棠刻 井栏壶	高9.4cm	32,200	福建东南	2014.05.25
李昌鸿制紫砂一衡壶	长16cm	161,000	北京传是	2014.06.05
李昌鸿紫泥僧帽壶	高7.8cm	12,360	台湾世家	2014.04.13
李涵鸣 荷塘洼池壶	高8.5cm	109,250	北京匡时	2014.06.04
李涵鸣 青蛙莲花壶	高8cm	109,250	北京匡时	2014.06.04
李涵鸣制井中蛙壶		89,700	上海春秋堂	2014.12.21
李寒勇 禅钟壶	高8cm	138,000	北京匡时	2014.06.04
李寒勇 过桥扁腹壶	高7.8cm	149,500	北京匡时	2014.12.04
李寒勇 和宫套壶(一组五件)	尺寸不一	322,000	北京匡时	2014.12.04
李寒勇 降坡泥子治石瓢壶		130,000	上海驰翰	2014.06.26
李寒勇 镜瓦壶	高8.5cm	172,500	北京翰海	2014.05.09
李寒勇 镜瓦壶	高8.5cm	132,250	北京匡时	2014.06.04
李寒勇 绿泥三足壶	高8.5cm	46,000	北京匡时	2014.06.04
李寒勇 满瓢壶	高7.2cm	138,000	北京翰海	2014.10.25
李寒勇 平盖小石瓢壶		45,000	上海驰翰	2014.06.26
李寒勇 钱一清刻满石瓢壶		126,500	北京匡时	2014.12.04
李寒勇 三足水平壶		35,000	上海驰翰	2014.06.26
李寒勇 涌泉壶	高6.8cm	69,000	北京翰海	2014.10.25
李寒勇 子冶石瓢壶	高6.8cm	138,000	北京匡时	2014.12.04
李寒勇、范建军刻 禅镜壶	高8cm	149,500	福建东南	2014.10.25
李慧芳制慧泉壶		20,700	上海春秋堂	2014.12.21
李慧芳制小掇圆壶		36,800	上海春秋堂	2014.09.07
李俊制葫芦形绘荷塘如意壶	宽18.5cm	23,000	北京保利	2014.06.04
李隆基 葵仿古壶	高8.5cm	69,000	北京翰海	2014.10.25
李隆基制(吴东元刻) 书香壶	高8.8cm	48,300	北京翰海	2014.05.09
李芹仙制松鼠葡萄套壶(五件)	壶宽18.2cm	23,000	北京保利	2014.06.04
李霞 石瓢壶	长15.5cm	103,500	北京保利	2014.12.03
李艳 朱泥云匏壶	高6.8cm	57,500	北京翰海	2014.05.09
李园林 夏俊伟 迎宾壶	高10.6cm	32,200	北京匡时	2014.06.04
李芸 弧棱壶	高6.8cm	13,800	北京翰海	2014.10.25
李芸 竹段壶	高10cm	17,250	北京翰海	2014.10.25
林靖松 春华姿韵壶	长15cm	115,000	北京保利	2014.12.03
林靖崧 树桩壶 E1856	高14.2cm	43,700	北京翰海	2014.10.25
刘国强 听雪壶	高10.5cm	46,000	北京翰海	2014.05.09
刘建平 开元通宝壶	高7.2cm	32,200	北京翰海	2014.10.25
刘建平 情趣壶	高8cm	32,200	北京翰海	2014.05.09
刘建平制 玉璧壶(一组五件套)	尺寸不一	51,750	福建东南	2014.05.25
刘建平制、一粟刻 1994年 天地方圆壶	高19.5cm	69,000	北京保利	2014.06.04
刘建平制共鸣壶	宽20.5cm	48,300	中国嘉德	2014.11.21
刘建平制鱼化龙壶		66,700	上海春秋堂	2014.12.21
刘建平制竹鼓壶	宽12.5cm	23,000	中国嘉德	2014.11.21
刘杰 桑扁壶	高7.5cm	25,300	北京翰海	2014.05.09
刘景 三件组壶1	高6.3cm	287,500	北京翰海	2014.05.09
刘景 树桩壶	高长18cm	46,000	北京翰海	2014.10.25
刘梦爱 古线瓜提壶	提梁壶高17cm	40,250	北京翰海	2014.10.25
陆彬(王翔刻) 云柱壶	高9.7cm宽13.2cm	57,500	北京翰海	2014.10.25
陆彬制碧泉壶		34,500	上海春秋堂	2014.09.07
陆彬制妙泉壶		48,300	上海春秋堂	2014.09.07
陆国庆 汉钟壶	高10.2cm	57,500	北京翰海	2014.10.25
陆虹伟 暗香壶	高7.3cm	92,000	北京匡时	2014.12.04
陆虹伟 斑竹壶	高7cm	92,000	北京匡时	2014.12.04
陆君 范建华 美玉相依壶	高10.2cm	36,800	北京翰海	2014.10.25
陆涛涛 壶		15,000	上海驰翰	2014.08.14
陆俨少书画张红华制菊蕾壶		69,000	上海春秋堂	2014.09.07
陆毅制月宫壶		97,750	上海春秋堂	2014.09.07
路学峰 紫桃缘壶	高9.3cm	69,000	北京翰海	2014.10.25
吕俊杰 供春壶	高9.8cm	48,300	北京翰海	2014.05.09
吕俊杰 绞泥壶	高8cm	74,750	北京匡时	2014.12.04
吕俊杰 舒逸壶	高6cm	40,250	北京翰海	2014.05.09
吕俊杰、吕尧臣 鱼乐壶	高8.5cm	46,000	北京翰海	2014.10.25
吕俊杰、王黎明 大古井移木壶	长25cm	138,000	北京保利	2014.06.04
吕俊杰制绞泥玉乳壶		69,000	上海春秋堂	2014.09.07
吕俊杰制绞泥云泉壶	高8cm	103,500	西泠拍卖	2014.12.15
吕盘仙制 丰收壶	高15.8cm	10,350	福建东南	2014.05.25
吕尧臣 浣纱壶	高8.5cm	80,500	北京匡时	2014.06.04
吕尧臣 玉玺壶	高15.5cm	437,000	北京匡时	2014.06.04
吕尧臣 云泉壶	高9.3cm	287,500	北京翰海	2014.05.09
吕尧臣 韵玉壶	高10cm	138,000	北京翰海	2014.05.09
吕尧臣款搅泥方壶	长15cm	32,200	北京保利	2014.06.04
吕尧臣制 华径壶	高7cm	368,000	福建东南	2014.10.25
吕尧臣制冰纹秦权壶		161,000	上海春秋堂	2014.12.21
吕尧臣制古井移木壶		310,500	上海春秋堂	2014.12.21
吕尧臣制金蟾玉璧壶		207,000	上海春秋堂	2014.12.21
吕尧臣制绿泥船形提梁壶	宽16.5cm	230,000	中国嘉德	2014.05.18
吕尧臣制年年有余壶	宽14.5cm	138,000	中国嘉德	2014.05.18
吕尧臣制天赐壶		345,000	上海春秋堂	2014.12.21
吕尧臣制相扑壶		92,000	上海春秋堂	2014.09.07
吕尧臣制徐秀棠设计鲍仲梅铭玉带提梁壶	宽12.5cm	368,000	中国嘉德	2014.05.18
马景辉 风卷葵壶	高9.2cm	218,500	北京翰海	2014.05.09
马璟辉制 虚一刻 瑾瑜四方壶		253,000	上海春秋堂	2014.09.07
马璟辉制 虚一刻 芝亭壶		149,500	上海春秋堂	2014.09.07

（成交价RMB：1万元以上）

拍品名称	物品尺寸	成交价RMB	拍卖公司	拍卖日期
马璟辉制四方传炉壶		46,000	上海春秋堂	2014.12.21
毛国强 涤尘提梁壶	高16cm	149,500	长风拍卖	2014.01.05
毛国强 高瞻远瞩壶	高13.8cm	80,500	北京匡时	2014.06.04
毛国强刻范洪泉制大东坡提梁壶	高55cm	184,000	上海春秋堂	2014.12.21
毛国强刻何燕萍制思福壶		23,000	上海春秋堂	2014.12.21
毛国强刻何叶制赐忆壶		34,500	上海春秋堂	2014.12.21
毛国强刻许兵制随方壶		92,000	上海春秋堂	2014.09.07
毛建军制井栏壶		36,800	上海春秋堂	2014.12.21
毛建军制三足扁腹壶		36,800	上海春秋堂	2014.12.21
毛主席语录紫砂壶	通高9.6cm	464,000	荣盛国际	2014.07.26
孟臣款 紫砂小壶	长12.5cm	230,000	北京保利	2014.12.03
倪顺生 高寿梅桩壶	高12.5cm	149,500	北京翰海	2014.05.09
倪顺生 高寿梅桩壶	高9.8cm	43,700	北京翰海	2014.10.25
倪顺生 柿子组壶	高9.2cm	86,250	北京翰海	2014.10.25
倪顺生 树桩系列壶	高14.8cm	207,000	北京翰海	2014.10.25
倪顺生 双松壶	高9.5cm	86,250	北京翰海	2014.05.09
倪顺生 松鼠葡萄壶	长16cm	34,500	北京保利	2014.06.04
倪顺生 夏乐壶	高9.2cm	43,700	北京翰海	2014.10.25
倪顺生、倪建云父子合制风卷葵壶	高9.3cm	13,800	福建东南	2014.05.25
倪顺生制 丰收壶	高11.5cm	17,250	福建东南	2014.05.25
倪顺生制 夏乐壶	高9.5cm	43,700	福建东南	2014.05.25
倪顺生制(谭泉海刻) 寿桃壁饰壶	高6cm	46,000	北京翰海	2014.10.25
倪顺生制佛手桩壶		92,000	上海春秋堂	2014.09.07
潘持平 方正壶	高5.8cm	57,500	北京翰海	2014.10.25
潘持平 黑虎壶	高10cm	138,000	北京翰海	2014.10.25
潘持平 铺砂新古壶	高12cm	161,000	北京匡时	2014.06.04
潘持平 四方特奎壶	高14.2cm	109,250	北京翰海	2014.05.09
潘持平 天乐壶	高12cm	115,000	北京翰海	2014.10.25
潘持平 亚明方壶	高11cm	109,250	北京匡时	2014.06.04
潘持平(谭泉海刻) 新方壶	高12.5cm	184,000	北京翰海	2014.10.25
潘持平(谭泉海刻) 亚明方壶	高11cm	253,000	北京翰海	2014.05.09
潘持平制、顾跃明刻 黑虎壶		125,000	上海驰翰	2014.06.26
潘持平制天乐壶	宽17.5cm	80,500	中国嘉德	2014.11.21
潘旭峰 竹段三友壶		55,000	上海驰翰	2014.06.26
浦江 虚扁壶	高8.3cm	23,000	北京翰海	2014.05.09
钱小军 悟心壶	高10cm	40,250	北京翰海	2014.05.09
钱小君 莲影壶	高7cm	34,500	北京匡时	2014.12.04
秦岭 明宫雅韵壶	长19.5cm	74,750	北京保利	2014.06.04
秦岭制紫砂笑婴壶	长20cm	66,700	中国嘉德	2014.03.24
秦志荣 2004年 如意秦权壶	长13cm	115,000	北京保利	2014.06.04
邱玉林制紫砂高歌壶	长16.5cm	115,000	北京传是	2014.06.05
任备安 汉君壶	高8cm	218,500	北京匡时	2014.12.04
任备安 舒和壶	高6.8cm	92,000	北京翰海	2014.10.25
桑黎兵 1999年作 余知鱼乐壶	长16.5cm	11,500	北京保利	2014.06.02
桑黎兵 小堆泥壶 (一把)	长6cm	23,000	北京保利	2014.06.02
山水纹紫砂壶	通高12.2cm	224,000	荣盛国际	2014.07.26
少农刻 高钟壶		28,000	上海驰翰	2014.06.26
邵惠雄制幽石壶		28,750	上海春秋堂	2014.09.07
邵俊芬 宝石壶	长18.5cm	57,500	北京保利	2014.12.03
邵茂章 柿扁壶		40,250	上海道明	2014.04.12
邵友廷 莲子壶	长17.5cm	57,500	北京保利	2014.06.04
邵志峰制 浩方壶		55,200	上海春秋堂	2014.09.07
邵志峰制(王翔刻) 升方壶	高11.8cm	63,250	北京翰海	2014.05.09
畲永锋 落木寻禅壶	高17.5cm	230,000	北京翰海	2014.10.25
沈汉生制 梅花壶	高9cm	23,000	福建东南	2014.05.25
沈汉生制 茗香壶	高9cm	57,500	福建东南	2014.05.25
沈建宏 寿桃提梁	高20.5cm	230,000	北京翰海	2014.05.09
沈建强 秋水壶		12,000	上海驰翰	2014.06.26
沈建强制五头合菊壶		43,700	上海春秋堂	2014.12.21
沈建强作 玉琮壶	高8.0cm	80,500	上海泓盛	2014.12.10
沈觉初刻唐云画兰花紫砂壶	高13.5cm	23,000	朵云轩	2014.06.29
沈觉初刻竹紫砂壶	高13.5cm	23,000	朵云轩	2014.06.29
沈遽华 卧虎壶	高8.5cm	40,250	北京匡时	2014.06.04
沈岩峰 梅竹双清壶	高16.7cm	34,500	北京匡时	2014.06.04
施小马 1993年 大丰收壶	长20.5cm	299,000	北京保利	2014.06.04
施小马 宝菱套壶	尺寸不一	322,000	北京保利	2014.06.04
施小马 方印壶	高11cm宽10cm	138,000	北京翰海	2014.05.09
施小马 方韵壶		190,000	上海驰翰	2014.06.26
施小马 高四方壶	高11.2cm	115,000	北京翰海	2014.10.25
施小马 绿泥四方壶		180,000	上海驰翰	2014.06.26
施小马 省石来壶		135,000	上海驰翰	2014.06.26

拍品名称	物品尺寸	成交价RMB	拍卖公司	拍卖日期
施小马 四方壶	高6cm	172,500	北京翰海	2014.05.09
施小马 四方壶	高14cm	552,000	北京艺融	2014.06.03
施小马 铜跎六方壶	高9.8cm	161,000	北京翰海	2014.05.09
施小马 腰线圆壶	高9cm	23,000	北京翰海	2014.10.25
施小马监制鲍庭博制四方壶		34,500	上海春秋堂	2014.12.21
施小马三足传炉壶	高12cm	333,500	远方拍卖	2014.06.03
施小马制 三足鼎炉壶	高11.5cm	126,500	福建东南	2014.10.25
施小马制方山隐士壶		57,500	上海春秋堂	2014.09.07
施小马制方韵壶		172,500	上海春秋堂	2014.12.21
施小马制清正壶		161,000	上海春秋堂	2014.12.21
施小马制圆炉壶		253,000	上海春秋堂	2014.12.21
施小马制紫泥调砂留香壶	高8.5cm	207,000	西泠拍卖	2014.12.15
史料琴制紫砂合欢壶	长16.5cm	11,500	北京传是	2014.06.05
史伟如 竹叶报春壶	高10cm	74,750	北京翰海	2014.05.09
史伟如 竹韵含香壶	高9.5cm	138,000	北京翰海	2014.10.25
兽钮梅花紫砂壶	通高12.1cm	480,000	荣盛国际	2014.07.26
瘦萍款八方诗文壶	宽17.5cm	345,000	北京保利	2014.06.04
束凤英 绿纱碧波壶	高12cm	40,250	北京匡时	2014.06.04
束凤英制 南瓜壶	高11.3cm	12,650	福建东南	2014.05.25
束凤英制 雪梅壶	高6.3cm	21,850	福建东南	2014.05.25
束凤英制翻盖柿子壶	宽20cm	25,300	中国嘉德	2014.11.21
束凤英制如意仿鼓壶	宽18cm	32,200	中国嘉德	2014.11.21
宋晓伟 大掇子壶		218,500	上海道明	2014.04.12
宋永刚 素珠壶	高9.5cm	28,750	北京翰海	2014.10.25
宋永刚(张勇刻) 半月壶	高8.5cm	28,750	北京翰海	2014.10.25
苏俊 高腰线壶	高10.8cm	17,250	北京翰海	2014.05.09
苏俊 莲韵壶	高10cm	17,250	北京翰海	2014.05.09
苏俊(张勇刻) 高德壶	高12.5cm	25,300	北京翰海	2014.10.25
眭龙俊 掇只壶	20cm×13cm	198,000	北京贞观	2014.05.17
孙志强 剑流德钟壶	高9.2cm	17,250	北京翰海	2014.10.25
谈菊慧制 桑宝壶 (一组五件套)	尺寸不一	21,850	福建东南	2014.05.25
谭晓君 花翎壶	高6.8cm	23,000	北京翰海	2014.05.09
谭晓君 谭泉海 谭晓君刻谭泉海制单圈圆珠壶	高12.5cm	26,450	北京匡时	2014.06.04
汤杰制高菊壶		17,250	上海春秋堂	2014.09.07
汤鸣皋 中丰韵壶	高8cm	20,700	上海敬华	2014.10.29
汤鸣皋作 笑罂壶	高9.5cm	13,800	上海泓盛	2014.12.10
汤跃制 莲花僧帽壶		97,750	上海春秋堂	2014.09.07
唐彬杰 1997年 润瓜壶	长13.5cm	149,500	北京保利	2014.06.04
唐彬杰 八方井栏壶	高6.7cm	195,500	北京匡时	2014.06.04
唐彬杰 六方润瓜壶	高9cm	552,000	北京翰海	2014.05.09
唐彬杰 龙头玉顶壶	高7cm	575,000	北京翰海	2014.10.25
唐彬杰 美人肩壶	高8.8cm	230,000	北京翰海	2014.10.25
唐彬杰 石瓢壶	高7.5cm	138,000	北京翰海	2014.05.09
唐彬杰 柿圆对壶	尺寸不一	713,000	北京匡时	2014.06.04
唐彬杰 文旦壶	高8.5cm	161,000	北京翰海	2014.10.25
唐彬杰 亚明四方壶	高9.5cm	184,000	北京匡时	2014.12.04
唐彬杰 印方壶	高7.8cm	598,000	北京匡时	2014.12.04
唐彬杰石瓢壶	高7.5cm	161,000	远方拍卖	2014.06.03
唐彬杰制 敦壶	高10cm	207,000	福建东南	2014.10.25
唐彬杰制八方井栏壶		184,000	上海春秋堂	2014.12.21
唐彬杰制觚菱壶		241,500	上海春秋堂	2014.12.21
唐彬杰制莲生壶		1,265,000	上海春秋堂	2014.09.07
唐彬杰制六方润瓜壶		253,000	上海春秋堂	2014.12.21
唐彬杰制鹿鼎提梁壶		333,500	上海春秋堂	2014.12.21
唐彬杰制三足旭珠壶		149,500	上海春秋堂	2014.12.21
唐朝昌 紫砂竹编壶	长18.5cm	43,700	深圳市拍	2014.01.05
唐朝昌 紫砂竹编壶	长14.7cm	34,500	深圳市拍	2014.01.05
唐国新制四方抽角祥瑞壶	长18.2cm	23,000	北京保利	2014.06.04
唐可 裙花提梁壶	长18cm	57,500	北京保利	2014.12.03
唐云书画沈觉初刻谈跃伟制得福壶		28,750	上海春秋堂	2014.12.21
唐志勤 南枝壶	高10.3cm	20,700	北京翰海	2014.05.09
唐忠平制紫砂沙漠之舟壶	长13.5cm	10,350	北京传是	2014.06.05
陶长辉 陶缘提梁	高16.5cm	40,250	北京翰海	2014.10.25
万泉刻 紫砂方壶		35,000	上海驰翰	2014.06.26
万亚均制"问月"提梁壶	高16cm	80,500	北京保利	2014.06.04
汪寅仙 矮梅桩壶	高7cm	632,500	北京匡时	2014.06.04
汪寅仙 高南瓜壶	高11.5cm	920,000	北京匡时	2014.12.04
汪寅仙 汉瓦壶	高5.6cm	172,500	北京翰海	2014.05.09
汪寅仙 松竹梅三友壶	高11.8cm	1,725,000	北京翰海	2014.10.25
汪寅仙(徐勇良刻) 芝硕壶	高11cm	690,000	北京翰海	2014.05.09

拍品名称	物品尺寸	成交价RMB	拍卖公司	拍卖日期
汪寅仙款 金秋南瓜紫砂壶	长17cm	552,000	北京翰海	2014.10.25
汪寅仙马到成功壶	高10cm	1,725,000	远方拍卖	2014.06.02
汪寅仙束柴三友壶	长20cm	126,500	北京艺融	2014.12.08
汪寅仙栀子花壶	高12.5cm	2,012,500	远方拍卖	2014.06.02
汪寅仙制、程十发书画、姚志源刻 一粒珠	长20cm	1,150,000	北京保利	2014.06.04
汪寅仙制天鸡壶		138,000	上海春秋堂	2014.12.21
汪寅仙制天鸡壶		115,000	上海春秋堂	2014.12.21
汪寅仙制吴青霞绘荷塘月色壶	宽19cm	552,000	中国嘉德	2014.11.21
王爱平制紫砂秋水壶	长10cm	11,500	北京传是	2014.06.05
王爱平制紫砂神灯壶	长12.5cm	11,500	北京传是	2014.06.05
王爱平制紫砂朱泥小品壶	长12cm	11,500	北京传是	2014.06.05
王春明 合欢壶	高9.8cm	78,200	北京翰海	2014.05.09
王东石 朱泥小壶		80,000	上海驰翰	2014.06.26
王奋良 方润提梁	高13.5cm	172,500	北京翰海	2014.10.25
王奋良 石榴壶	长14cm	34,500	北京保利	2014.10.08
王奋良 梅花周盘	长13.6cm	34,500	北京保利	2014.10.08
王耕蓝 福禄套壶	高9.5cm	126,500	北京匡时	2014.12.04
王国祥 高汉方壶	高13cm	207,000	北京匡时	2014.06.04
王洪斌制彩绘魁方壶		69,000	上海春秋堂	2014.09.07
王洪祯 供春壶	高9.8cm	32,200	北京翰海	2014.05.09
王洪祯 君构壶	高12.8cm	40,250	北京翰海	2014.10.25
王辉 八方石玩壶	高9.3cm	97,750	北京翰海	2014.10.25
王辉 石玩壶	高8.7cm	138,000	北京匡时	2014.12.04
王辉 调砂方壶	高10cm	195,500	北京匡时	2014.12.04
王辉制 石玩提梁壶	高16cm	126,500	福建东南	2014.10.25
王辉制紫泥石玩壶	高8cm	46,000	西泠拍卖	2014.12.15
王惠中 紫砂扁线壶(一套九件)	高7cm×9	10,800	台湾富德	2014.01.14
王慧平制 虚一刻 蟾蜍高四方壶		109,250	上海春秋堂	2014.09.07
王铭东 僧帽壶	长15cm	23,000	北京保利	2014.06.04
王铭东制僧帽壶	宽15cm	51,750	中国嘉德	2014.11.21
王强 博浪椎壶	高7.5cm	69,000	北京匡时	2014.12.04
王强 井泉壶	高7cm	57,500	北京匡时	2014.12.04
王强 秀风壶	高6.5cm	48,300	北京翰海	2014.05.09
王强制 虚一刻 吉金系列之启壶		149,500	上海春秋堂	2014.09.07
王晟越 鼎立壶	高12cm	28,750	北京翰海	2014.10.25
王晟越 汉钟壶	高10cm	25,300	北京翰海	2014.05.09
王晟越 井栏壶	高11.2cm	28,750	北京翰海	2014.10.25
王晟越(张勇刻) 汉君壶	高10cm	25,300	北京翰海	2014.05.09
王石耕制贵方壶	宽13.7cm	23,000	中国嘉德	2014.11.21
王石耕制韩敏铭刻仿古壶	宽17.3cm	34,500	中国嘉德	2014.05.18
王石耕制龙头长方壶	宽13.8cm	23,000	中国嘉德	2014.11.21
王石耕制牛盖圆壶		11,500	上海春秋堂	2014.12.21
王石耕制谭泉海铭刻印包壶	宽17cm	34,500	中国嘉德	2014.11.21
王石耕紫砂瓜棱壶	高11cm	109,250	南京经典	2014.04.27
王石耕紫砂瓜棱壶	长15cm	20,160	中联环球	2014.01.12
王思敏 汉铎壶	高9.5cm	43,700	北京翰海	2014.05.09
王卫明 蕴香系列壶	高10cm	20,700	北京翰海	2014.10.25
王翔 茄段壶		17,000	上海驰翰	2014.06.26
王翔刻周宇杰制敬竹提梁壶		322,000	上海春秋堂	2014.09.07
王孝新 紫玉金砂壶	高10.2cm	20,700	北京翰海	2014.10.25
王雪锋制 梅竹双清壶		92,000	上海春秋堂	2014.09.07
王亚军 玉成窑周盘壶	高6cm	69,000	北京匡时	2014.06.04
王亚军制 虚一刻"诚敬"对壶		126,500	上海春秋堂	2014.09.07
王银芳 夏语壶	高8.3cm	69,000	北京翰海	2014.10.25
王寅春 朱泥梅花周盘壶	长16.5cm	1,322,500	北京匡时	2014.06.04
王寅春 紫砂软提梁壶	高12cm	66,700	南京经典	2014.04.27
王寅春制段泥金石文字款橄圆小壶	宽13cm	348,726	中国嘉德	2014.04.09
王寅春制 菊瓣石瓢壶		402,500	上海春秋堂	2014.09.07
王寅春制 六瓣梅壶		747,500	上海春秋堂	2014.12.21
王寅春制 绿泥金钟壶	宽15cm	57,500	北京保利	2014.12.03
王寅春制 笑樱壶		253,000	上海春秋堂	2014.12.21
王寅春制 紫泥仿古壶	高9cm	322,000	西泠拍卖	2014.12.15
王寅春制 紫泥汉君壶	宽20cm	195,500	中国嘉德	2014.05.18
王寅春制 紫泥牛盖洋桶壶	宽15cm	460,000	中国嘉德	2014.11.21
王寅春制 紫砂提梁壶	高8.8cm	195,500	北京诚轩	2014.05.19
韦琪 螺仙壶	高9.5cm	109,250	长风拍卖	2014.01.05
文革 顾绍培制 仲梅陶刻 大一颗印壶	高18.5cm	63,250	上海道明	2014.04.12
文革 佛手壶		18,400	上海道明	2014.04.12
文革 绿泥松鼠葡萄壶		19,550	上海道明	2014.04.12

拍品名称	物品尺寸	成交价RMB	拍卖公司	拍卖日期
文革 山水 半颗印壶	高10cm	23,000	上海道明	2014.04.12
文革 松桩壶		32,200	上海道明	2014.04.12
文革 紫砂凤头壶		13,800	上海道明	2014.04.12
文革 紫砂六方小壶		34,500	上海道明	2014.04.12
文革 紫砂龙头一捆竹壶		460,000	上海道明	2014.04.12
文革主席头像紫砂壶	通高10.9cm	784,000	荣盛国际	2014.07.26
吴才君 瓜语壶	高13cm	138,000	北京翰海	2014.10.25
吴才君 田园瓜趣壶	高10.8cm	115,000	北京翰海	2014.05.09
吴纯耿制六瓣梅壶		55,200	上海春秋堂	2014.09.07
吴东瑾 宋韵之汝壶	高8.3cm	80,500	北京匡时	2014.12.04
吴东瑾 虚扁壶	高6cm	34,500	北京翰海	2014.10.25
吴东瑾 朱泥秋月壶		19,000	上海驰翰	2014.06.26
吴东瑾制 云间壶	高10cm	20,700	福建东南	2014.05.25
吴东君制紫砂国粹壶	长16cm	20,700	北京传是	2014.06.05
吴东元 禅言壶	高7.5cm	172,500	北京翰海	2014.05.09
吴东元 澄心壶	高8.2cm	69,000	北京匡时	2014.12.04
吴东元 顾圆壶	高8cm	32,200	北京匡时	2014.06.04
吴东元 归隐壶	高6.5cm	86,250	北京翰海	2014.10.25
吴东元 儒释道系列壶(一组三件)	尺寸不一	189,750	北京匡时	2014.06.04
吴东元 心舟石瓢壶	高6.5cm	149,500	北京匡时	2014.06.04
吴东元刻、刘景、裴琳制 秋韵松桩壶		40,000	上海驰翰	2014.06.26
吴东元制汉风壶		253,000	上海春秋堂	2014.09.07
吴东元制兽王壶		36,800	上海春秋堂	2014.12.21
吴建明制乐在其中壶		80,500	上海春秋堂	2014.09.07
吴杰梅庄套壶(五件头)		20,000	上海驰翰	2014.04.18
吴界明 半月提梁壶	高12.5cm	115,000	北京匡时	2014.06.04
吴界明 丙戌小品壶	高6.3cm	28,750	北京翰海	2014.05.09
吴界明 龙带壶	高8cm	69,000	北京翰海	2014.10.25
吴界明 匏尊壶		42,000	上海驰翰	2014.06.26
吴界明 桥钮四方壶	高7.5cm	138,000	北京匡时	2014.12.04
吴界明 提壁壶	高12.5cm	115,000	北京翰海	2014.05.09
吴界明 翔龙提梁	长13.5cm	57,500	北京保利	2014.12.03
吴界明 小石瓢壶	高5.8cm	34,500	北京翰海	2014.10.25
吴界明 雅方壶	高8.7cm	149,500	北京匡时	2014.12.04
吴界明制 大仿古壶	高9cm	63,250	福建东南	2014.05.25
吴界明制方正壶		34,500	上海春秋堂	2014.12.21
吴界明制仿鼓如意壶		86,250	上海春秋堂	2014.12.21
吴界明制冠方壶		368,000	上海春秋堂	2014.09.07
吴界明制紫泥仿古壶	宽18cm	40,250	中国嘉德	2014.05.18
吴扣华 2013年 景舟石瓢对壶	长16.5cm	1,380,000	北京保利	2014.06.04
吴扣华 2014年作 长寿梅桩壶	长16.5cm	632,500	北京保利	2014.12.03
吴扣华 范晨霞 2014年作 元丰壶	长17cm	103,500	北京保利	2014.12.03
吴扣华款梅桩壶(二件)	通高5.0cm	336,000	上海国拍	2014.06.28
吴扣华制 高梅桩壶	高12.7cm	28,750	福建东南	2014.05.25
吴鸣 春色壶	高9cm	120,750	北京翰海	2014.05.09
吴鸣 谦谦君子壶	高7.2cm	161,000	北京翰海	2014.10.25
吴鸣 清波壶	高9.5cm	138,000	北京翰海	2014.10.25
吴鸣制 森林壶	高11cm	143,750	福建东南	2014.05.25
吴鸣制南瓜壶		143,750	上海春秋堂	2014.09.07
吴鸣制秀色可餐壶		86,250	上海春秋堂	2014.09.07
吴培林 海上生明月壶	高7.8cm	230,000	北京翰海	2014.05.09
吴培林 荆溪十景套壶(一组十件)	尺寸不一	437,000	北京匡时	2014.06.04
吴奇敏 小虚扁壶	高5.5cm	34,500	北京匡时	2014.12.04
吴群祥 扁鼓壶	高9cm	165,000	广东汇誉	2014.09.13
吴群祥 大风壶	高11.2cm	55,200	北京翰海	2014.10.25
吴群祥 掇圆壶	长15.5cm	17,250	北京保利	2014.06.04
吴群祥 金钟壶五件套组	高10cm	103,500	北京匡时	2014.06.04
吴群祥 浪花壶	高9.8cm	105,800	北京翰海	2014.05.09
吴群祥 浪花壶	长19cm	40,250	北京保利	2014.12.03
吴群祥 朱砂仿古壶	长18.5cm	94,300	北京保利	2014.06.04
吴群祥(吴奇婉刻) 曼生葫芦壶	高15.8cm	80,500	北京翰海	2014.10.25
吴群祥制 仿古高梨壶	高11.6cm	32,200	福建东南	2014.05.25
吴群祥制光明提梁壶		101,200	上海春秋堂	2014.12.21
吴群祥制合欢壶		51,750	上海春秋堂	2014.09.07
吴群祥制双龙戏珠壶	宽17cm	126,500	中国嘉德	2014.11.21
吴曙峰制 盼壶	高18cm	195,500	福建东南	2014.05.25
吴曙峰制 羊头三足壶	高16.3cm	109,250	福建东南	2014.10.25
吴曙峰制、吴东元刻 竹诗大石壶	高7.9cm	23,000	福建东南	2014.05.25
吴曙峰制君子竹壶	高9.7cm	23,000	福建东南	2014.05.25
吴同芬 元珠壶	500cc	46,000	北京保利	2014.06.02

拍品名称	物品尺寸	成交价RMB	拍卖公司	拍卖日期
吴新建制何自立刻紫泥圆壶(一对)	高 9.8cm×2	17,250	西泠拍卖	2014.12.15
吴亚亦 三足龙首壶	高8.5cm	23,000	北京匡时	2014.12.04
吴亚亦 提梁	高17cm	11,500	北京保利	2014.06.04
吴亚亦制 代代福寿壶	高9.3cm	20,700	福建东南	2014.05.25
吴亚亦制 梅花周盘壶	高9.2cm	32,200	福建东南	2014.05.25
吴亚亦制 水利壶	高10.5cm	36,800	福建东南	2014.05.25
吴彦龙 汉铎壶	高11cm	28,750	北京翰海	2014.10.25
吴勇 鸿运当头壶		60,000	上海驰翰	2014.06.26
吴勇 六方扑杀满天星壶		20,000	上海驰翰	2014.08.14
吴勇制(毛国强刻) 玉乳壶	高10cm	172,500	北京翰海	2014.05.09
吴云峰 宫灯壶	高12.3cm	115,000	北京翰海	2014.05.09
吴云峰 六方铜驼壶	高9cm	86,250	北京匡时	2014.12.04
吴云峰 砂陶汝韵壶	高11cm	172,500	北京翰海	2014.10.25
吴云峰制逸竹壶		155,250	上海春秋堂	2014.09.07
吴震 古枫壶	高16cm	230,000	北京翰海	2014.05.09
吴震 南瓜壶		58,000	上海驰翰	2014.06.26
吴震设计谢曼伦制红佳菊壶		17,250	上海春秋堂	2014.09.07
吴作人画、何自立刻、吴新建制紫砂茶壶 (一组两件)	尺寸不一	36,800	西泠拍卖	2014.05.06
夏洪林制汉君壶	宽19.5cm	230,000	中国嘉德	2014.11.21
夏俊伟制 泥绘壶	高9.8cm	12,650	福建东南	2014.05.25
谢曼伦 报春壶	高23.5cm	36,800	北京翰海	2014.05.09
谢曼伦 大佛手壶	高26cm	103,500	北京翰海	2014.10.25
谢曼伦 仿古竹提梁	高15cm	80,500	北京翰海	2014.10.25
谢曼伦 寒梅壶	高17cm	115,000	北京翰海	2014.05.09
谢曼伦 梅桩三件组壶	大高11cm	86,250	北京翰海	2014.10.25
谢曼伦 如意壶	高9cm	12,000	台湾富德	2014.01.14
谢曼伦 桑宝壶	高6.5cm	57,500	北京翰海	2014.05.09
谢曼伦 小龙头印包壶	高7.5cm	43,700	北京翰海	2014.05.09
谢曼伦 小桑宝壶	高6.6cm	55,200	北京翰海	2014.10.25
谢曼伦 秀竹提梁	高13.8cm	57,500	北京翰海	2014.10.25
谢曼伦 迎客松壶	高24.5cm	46,000	北京翰海	2014.10.25
谢曼伦石泉铭四方如意壶	宽14.5cm	34,500	中国嘉德	2014.05.18
谢曼伦制 三组祭办壶	高8cm	19,550	福建东南	2014.05.25
谢曼伦制 小星星壶	高7.6cm	20,700	福建东南	2014.05.25
谢曼伦制大佛手桩壶		92,000	上海春秋堂	2014.09.07
谢曼伦制梅报春壶	宽21cm	71,300	中国嘉德	2014.11.21
谢曼伦制小柱石壶		32,200	上海春秋堂	2014.12.21
谢曼伦制紫泥窗竹影摇壶	高7cm	46,000	西泠拍卖	2014.12.15
虚一刻 洪宇制 怡园壶		34,500	上海春秋堂	2014.09.07
虚一刻 王磊制 润吉壶		25,300	上海春秋堂	2014.09.07
徐安碧制紫砂"元首"壶	长23cm	149,500	北京传是	2014.06.05
徐安碧制紫砂"至尊"壶	长21cm	172,500	北京传是	2014.06.05
徐达明 百岁树桩壶	高10cm	59,800	北京翰海	2014.05.09
徐达明 楚珍壶	高9.8cm	94,300	北京翰海	2014.05.09
徐达明 供春壶	高13.2cm	86,250	北京翰海	2014.10.25
徐达明 汉韵提梁	高17cm	126,500	北京翰海	2014.10.25
徐达明 石瓢壶	高6.5cm	28,750	北京匡时	2014.06.04
徐达明 石瓢壶	高7.5cm	161,000	长风拍卖	2014.01.05
徐达明 石瓢壶	高8cm	149,500	长风拍卖	2014.01.05
徐达明 仲楼刻石瓢壶		145,000	上海驰翰	2014.06.26
徐达明、王秀芳制 摇茶瓢香壶	高9.5cm	28,750	福建东南	2014.05.25
徐达明王秀芳合作双竹提梁壶	高27cm	103,500	中国嘉德	2014.11.21
徐达明制掇圆壶		40,250	上海春秋堂	2014.09.07
徐达明制朱屺瞻书石瓢壶	宽17cm	71,300	中国嘉德	2014.11.21
徐达明制紫泥掇球壶	宽15.5cm	43,700	中国嘉德	2014.05.18
徐汉棠 大彬提梁	高19.5cm	345,000	北京翰海	2014.05.09
徐汉棠 大掇只壶	长22.5cm	575,000	北京保利	2014.12.03
徐汉棠 掇只壶	高10.3cm	218,500	北京翰海	2014.05.09
徐汉棠 上新桥壶	高8.8cm	184,000	北京翰海	2014.05.09
徐汉棠 石瓢壶	高6cm	322,000	长风拍卖	2014.01.05
徐汉棠 四世同堂	尺寸不一	690,000	北京保利	2014.12.03
徐汉棠紫玉金砂壶	高7cm	3,300,000	中信拍卖	2014.07.14
徐立飞 紫砂莲花待放壶	长17cm	46,000	深圳市拍	2014.01.05
徐立飞 紫砂莲花虚扁壶	长21.5cm	55,200	深圳市拍	2014.01.05
徐顺琴 缘心源壶	长16cm	57,500	北京保利	2014.12.03
徐维明 1994年 冰裂四方壶	长14cm	28,750	北京保利	2014.06.04
徐维明 2007年作 特大掇只壶	长22cm	43,700	北京保利	2014.12.03
徐维明 大寻根套壶	高16.5cm	57,500	北京匡时	2014.06.04
徐维明 绞泥桥钮壶	高13cm	32,200	北京匡时	2014.06.04
徐维明制 裙花提梁壶	高14.5cm	46,000	中国嘉德	2014.11.21

拍品名称	物品尺寸	成交价RMB	拍卖公司	拍卖日期
徐霞 铁梅壶	高10.3cm	25,300	北京翰海	2014.05.09
徐秀堂陈凤妹 逸野壶	高7.8cm	138,000	北京翰海	2014.10.25
徐秀棠 丁卯壶	高8.8cm	69,000	北京匡时	2014.06.04
徐秀棠 供春制壶雕塑	高24cm	138,000	北京保利	2014.12.03
徐秀棠 古兽壶	高12.5cm	80,500	北京翰海	2014.05.09
徐秀棠 皮革壶	高9.3cm	97,750	北京翰海	2014.05.09
徐秀棠刻周桂珍制梅花壶		322,000	上海春秋堂	2014.09.07
徐秀棠制 玉兔壶	宽15.6cm	20,700	中国嘉德	2014.11.21
徐秀棠制 紫砂皮革壶	长14cm	103,500	北京传是	2014.06.05
徐徐 逸公壶	高11.5cm	57,500	北京翰海	2014.05.09
徐徐制 荷花对壶	宽14cm	368,000	中国嘉德	2014.11.21
徐徐制 徐秀棠铭逸公壶 (一对)	尺寸不一	437,000	中国嘉德	2014.05.18
徐元明 吻竹壶	高13.5cm	25,300	北京翰海	2014.10.25
许福军制 大亨式翻口莲子壶		92,000	上海春秋堂	2014.09.07
许四海 唐云 紫砂壶	高8.3cm	48,300	北京匡时	2014.06.04
许四海制 程十发书画紫砂壶	高8cm	23,000	上海金艺	2014.12.17
许卫良 斑竹提梁	高17cm	437,000	北京翰海	2014.10.25
许小权 2014年 清风素影套壶 (共九件)	尺寸不一	103,500	北京保利	2014.06.04
许小权 智竹套壶 (共三件)	尺寸不一	103,500	北京保利	2014.06.04
许艳春 宫灯壶		15,000	上海驰翰	2014.06.26
许艳春制 圆珠壶		34,500	上海春秋堂	2014.09.07
许又峰 明式圆天壶	高7.8cm	51,750	北京翰海	2014.10.25
许又峰 鸣远梅花壶	高9cm	55,200	北京匡时	2014.06.04
许又峰制 D1240六瓣菱花壶(朱泥)	高13cm	20,340	广东省拍	2014.06.22
许又峰制平盖莲子壶		46,000	上海春秋堂	2014.09.07
许煜红 纳智壶	长16.5cm	57,500	北京保利	2014.12.03
许煜红 竹段壶	长17.5cm	28,750	北京保利	2014.12.03
杨帆 和合壶	高13.2cm	46,000	北京翰海	2014.10.25
杨勤芳 王生娣合作摇蚕壶	宽18.3cm	23,000	中国嘉德	2014.11.21
杨陶 大供春壶	高11.2cm	57,500	北京翰海	2014.10.25
杨陶 听松壶	高9cm	92,000	北京翰海	2014.10.25
姚志泉制 风卷葵壶	高8.1cm	39,100	福建东南	2014.05.25
姚志泉制 石榴壶		46,000	上海春秋堂	2014.12.21
姚志源 积玉寒香壶	高11.5cm	82,800	北京翰海	2014.10.25
姚志源 锦宝壶	长15cm	17,250	北京保利	2014.06.04
姚志源 上梅段壶	高9cm	80,500	北京翰海	2014.10.25
姚志源 事事如意套壶	高7.5cm	86,250	北京翰海	2014.05.09
姚志源 卧听松涛壶	高8.5cm	368,000	远方拍卖	2014.06.02
姚志源 小南瓜壶	高8cm	66,700	北京翰海	2014.05.09
姚志源制 矮梅椿壶	高7.2cm	57,500	福建东南	2014.05.25
姚志源制 梅桩壶		126,500	上海春秋堂	2014.09.07
姚志源制 瓢壶	高16cm	113,850	福建东南	2014.05.25
姚志源制 巧色金瓜壶	宽13.5cm	28,750	中国嘉德	2014.11.21
叶水英制 紫泥花语壶	高9.5cm	36,800	西泠拍卖	2014.12.15
叶永君制 紫砂壶 (一套四把)	高5cm×4	78,200	北京歌德	2014.06.01
叶永君制 紫砂壶一粒珠	高8cm	20,700	北京歌德	2014.06.01
尹祥明制 紫砂唐赋壶	长17cm	39,700	北京传是	2014.06.05
尹旭峰 碧桃壶	高8.5cm	57,500	北京匡时	2014.12.04
尹旭峰 桃源清流壶	高10.2cm	97,750	北京翰海	2014.10.25
尹旭峰制 秋荷壶		92,000	上海春秋堂	2014.09.07
于彭制 手制壶五种	尺寸不一	632,500	北京翰海	2014.10.25
鱼化龙壶		97,750	上海道明	2014.04.12
俞志贤 造劲竹紫砂壶	高12cm	40,250	北京歌德	2014.06.01
虞宏 净方壶	高10.3cm	59,800	北京翰海	2014.10.25
玉成窑 合欢壶	长16.5cm	138,000	北京保利	2014.12.03
袁小强 高利壶	高12.2cm	310,500	北京翰海	2014.10.25
袁小强 梅竹双清提梁壶	高16cm	138,000	北京匡时	2014.12.04
袁小强 砂四方壶	长18cm	48,300	北京保利	2014.12.03
袁小强 铜锤六方壶	长14.5cm	63,250	北京保利	2014.12.03
袁小强 梅花周盘	高9cm	82,800	北京翰海	2014.05.09
恽志培 松之韵套壶	高10.8cm	115,000	北京翰海	2014.05.09
张春兴制天香提梁壶		57,500	上海春秋堂	2014.09.07
张德华制马上封侯壶		46,000	上海春秋堂	2014.09.07
张红华 寒梅壶	高9.3cm	28,750	北京翰海	2014.10.25
张红华 石铫提梁	长15.5cm	34,500	北京保利	2014.06.04
张红华 双竹提梁	高25cm	86,250	北京翰海	2014.10.25
张红华 吴经壶	高9.8cm	28,750	北京翰海	2014.10.25
张红华 五彩三君子壶	高11cm	71,300	北京翰海	2014.05.09
张红华 线圆壶	高7.8cm	34,500	北京翰海	2014.05.09
张红华制、汪更新画 夙慧壶		65,000	上海驰翰	2014.06.26

2014杂项拍卖成交汇总

(成交价RMB：1万元以上)

拍品名称	物品尺寸	成交价RMB	拍卖公司	拍卖日期
张红华制绞泥绞印包壶	宽19.8cm	34,500	中国嘉德	2014.11.21
张红华制青灰泥葵瓣壶	宽16.5cm	17,250	中国嘉德	2014.05.18
张红华制唐云书画金茗壶	宽16cm	78,200	中国嘉德	2014.11.21
张红华制谢稚柳书菊顶提梁壶	宽15cm	69,000	中国嘉德	2014.11.21
张红华制玉笠壶		34,500	上海春秋堂	2014.09.07
张红华制圆鼓壶	宽18cm	17,250	中国嘉德	2014.05.18
张鸿俊 陶鬲壶	高16.5cm	172,500	北京翰海	2014.10.25
张鸿俊 仰颂壶	高13cm	138,000	北京翰海	2014.05.09
张静 彩蝶壶		20,000	上海驰翰	2014.06.26
张静 灵芝壶	长17cm	92,000	北京保利	2014.12.03
张静 鱼化龙对壶	尺寸不一	20,700	北京匡时	2014.06.04
张静制 秤砣壶	高11.5cm	12,650	福建东南	2014.05.25
张静制、韩敏画 仿古壶		32,000	上海驰翰	2014.06.26
张静制龙头如意壶		78,200	上海春秋堂	2014.12.21
张静制巧色三友壶	宽21cm	23,000	中国嘉德	2014.05.18
张静制三友壶	宽15cm	28,750	中国嘉德	2014.11.21
张静制僧帽壶	宽15cm	161,000	中国嘉德	2014.05.18
张静制鱼化龙壶	宽15.5cm	46,000	中国嘉德	2014.11.21
张菊萍 合欢壶	长15.5cm	11,500	北京保利	2014.06.04
张庆臣 圆珠壶	长14cm	23,000	北京保利	2014.12.03
张庆臣制 风卷葵壶	高9.6cm	32,200	福建东南	2014.05.25
张森荣制紫砂玉韵壶	长16cm	11,500	北京传是	2014.06.05
张守智、吴亚亦合制双线提梁壶		23,000	上海春秋堂	2014.09.07
张守智设计李碧芳制春炉提梁壶	高17.5cm	51,750	中国嘉德	2014.05.18
张硕制 枯木寒云壶		74,750	上海春秋堂	2014.09.07
张听金 紫桃千年壶	长19.5cm	345,000	北京保利	2014.12.03
张鑫制 虚一刻 添福壶		34,500	上海春秋堂	2014.09.07
张亚军 陶梓壶	高10.5cm	115,000	北京翰海	2014.10.25
张寅 得果壶	高8.8cm	115,000	北京翰海	2014.10.25
张寅 亘古壶	长18cm	80,500	北京保利	2014.12.03
张寅 石瓢壶	高7.5cm	46,000	北京匡时	2014.06.04
张寅 柿圆壶	高8.5cm	80,500	北京匡时	2014.06.04
张寅 圆福壶	高9cm	103,500	北京匡时	2014.12.04
张雨涛 柿子壶		23,000	上海道明	2014.04.12
张正中 年轮壶	高7.8cm	345,000	北京翰海	2014.10.25
张正中 秋临壶	宽18.5cm	575,000	北京翰海	2014.05.09
张正中 松段壶	高9.8cm	161,000	北京翰海	2014.10.25
张正中 脱颖壶	高12cm	333,500	北京匡时	2014.12.04
张正中 西瓜壶	高10cm	287,500	北京翰海	2014.10.25
张正中 夏日风壶	高8.2cm	57,500	北京翰海	2014.10.25
张正中 小品组壶	尺寸不一	345,000	北京翰海	2014.05.09
张正中制大南瓜壶		264,500	上海春秋堂	2014.12.21
张志清 八方宫灯壶	高9.5cm	55,200	北京翰海	2014.10.25
赵洪福 2014年 甲子癸龙壶	长20cm	115,000	北京保利	2014.06.04
赵华新 紫砂三足螭式壶	宽19.5cm	23,000	北京保利	2014.12.05
赵江华制 桑扁壶	高8.1cm	34,500	福建东南	2014.05.25
赵曦鹏制 傲骨清风壶	高10.7cm	46,000	福建东南	2014.05.25
郑剑锋 暗香壶	高10.5cm	322,000	北京翰海	2014.10.25
周波 松石闲意壶	高10.7cm	115,000	北京匡时	2014.12.04
周传制狮球壶		32,200	上海春秋堂	2014.09.07
周定华 段泥八方壶	高14.3cm	28,750	北京匡时	2014.12.04
周定华 海星壶	高8.2cm	40,250	北京翰海	2014.10.25
周定华 六方桥钮壶	高15.8cm	43,700	北京匡时	2014.06.04
周定华 紫泥雪华壶	高8.5cm	43,700	北京翰海	2014.05.09
周定华(谭泉海刻) 鸣远四方壶	高12cm	57,500	北京翰海	2014.10.25
周定华制 三只圆顶壶	高9.5cm	21,850	福建东南	2014.05.25
周定华制(谭泉海刻) 高六方壶	高15.8cm	55,200	北京翰海	2014.10.25
周定华制谭泉海铭刻升方壶	宽17.6cm	17,250	中国嘉德	2014.11.21
周桂珍 矮僧帽壶	长13.5cm	345,000	北京保利	2014.06.04
周桂珍 扁竹提梁	高12cm	172,500	北京翰海	2014.10.25
周桂珍 大彬如意壶	高10.2cm	195,500	北京翰海	2014.05.09
周桂珍 飞艇壶	长16cm	69,000	北京保利	2014.06.04
周桂珍 潘壶	高8.2cm	149,500	北京翰海	2014.05.09
周桂珍 三足龙鼎壶	高8.8cm	207,000	北京翰海	2014.05.09
周桂珍 石瓢壶	高8cm	55,000	北京九歌	2014.12.17
周桂珍 双圈壶	长16cm	529,000	北京匡时	2014.06.04
周桂珍 思灯壶	长16cm	69,000	北京保利	2014.06.04
周桂珍 卧足扁腹壶	长17.5cm	126,500	北京保利	2014.06.04
周桂珍 珍竹提梁壶	长17.5cm	230,000	北京保利	2014.06.04
周桂珍回纹线圆壶	高13.7cm	253,000	远方拍卖	2014.06.03
周桂珍制 僧帽壶	高9.5cm	345,000	福建东南	2014.10.25

拍品名称	物品尺寸	成交价RMB	拍卖公司	拍卖日期
周桂珍制 四方壶	高6cm	126,500	福建东南	2014.05.25
周桂珍制、程十发画、韩天衡书、杨留海刻 1993年作 成音壶	长23.5cm	931,500	北京保利	2014.12.03
周桂珍制、程十发画、韩天衡书、杨留海刻 1993年作 华寿壶	长23.5cm	920,000	北京保利	2014.12.03
周桂珍制、王明明书、石泉铭提梁	长15cm	299,000	北京保利	2014.06.04
周桂珍制大彬如意壶	宽17cm	207,000	中国嘉德	2014.05.18
周桂珍制冯其庸书徐秀棠铭牵牛壶	宽16.5cm	287,500	中国嘉德	2014.11.21
周桂珍制富华铭曼生提梁壶	高15cm	287,500	中国嘉德	2014.05.18
周桂珍制吉祥壶		92,000	上海春秋堂	2014.12.21
周桂珍制僧帽壶		138,000	上海春秋堂	2014.12.21
周桂珍制双圈壶		218,500	上海春秋堂	2014.12.21
周桂珍制双线汉玉壶		149,500	上海春秋堂	2014.12.21
周洪彬 乳鼎壶	高6cm	69,000	北京翰海	2014.10.25
周虎 金沙系列之"纳古"壶	高8cm	17,250	北京翰海	2014.10.25
周界 馨竹壶	高7cm	115,000	北京翰海	2014.10.25
周界 云供壶	高6cm	103,500	北京翰海	2014.05.09
周界 长寿壶	高12cm	23,000	北京匡时	2014.06.04
周界制 云供提梁壶		172,500	上海春秋堂	2014.09.07
周丽英 容壶	高9cm	40,250	北京翰海	2014.10.25
周琦 紫砂壶		15,000	上海驰翰	2014.08.14
周勤媞 紫玉金龙壶	450cc	11,500	北京保利	2014.06.02
周陶君 瑞鼎壶	高12.3cm	46,000	北京翰海	2014.05.09
周旭 桃趣壶		15,000	上海驰翰	2014.08.14
周宇杰 清梵壶	高8cm	138,000	北京匡时	2014.12.04
周宇杰 紫隐壶	高8.5cm	115,000	北京翰海	2014.10.25
周渊 脱颖壶	高8cm	28,750	北京匡时	2014.06.04
周渊 饮月壶	高10cm	34,500	北京翰海	2014.05.09
周渊制天蕊壶		126,500	上海春秋堂	2014.09.07
周尊严(黄阿忠刻) 双线雅趣壶	高8cm	32,200	上海敬华	2014.10.29
周尊严制紫砂掇只壶	长17.5cm	115,000	北京传是	2014.06.05
周尊严制紫砂莲灯壶	长17cm	115,000	北京传是	2014.06.05
朱彬 崇宁壶	高11.3cm	207,000	北京翰海	2014.10.25
朱彬 六瓣梵莲壶	高10.3cm	184,000	北京翰海	2014.05.09
朱华 陈宏林刻绘玉亭壶	高13cm	34,500	北京匡时	2014.12.04
朱泥花卉壶	长12.5cm	17,250	太平洋	2014.03.21
朱勤勇 鸽嘴矮石瓢壶	高8cm	69,000	北京翰海	2014.10.25
朱勤勇 汉韵壶	长16.5cm	66,700	北京匡时	2014.12.04
朱勤勇 平盖莲子壶	高7.2cm	46,000	北京翰海	2014.05.09
朱勤勇 朱泥大掇只壶	高9.1cm	115,000	北京匡时	2014.12.04
朱勤勇制 汉风壶		483,000	上海春秋堂	2014.09.07
朱勤勇制 祥云壶		126,500	上海春秋堂	2014.12.21
朱勤勇制 圆帽壶		138,000	上海春秋堂	2014.12.21
朱石梅 紫砂胎诗文锡包壶		18,000	上海驰翰	2014.06.26
朱晓东 三足朱泥壶	高8.8cm	23,000	北京匡时	2014.12.04
朱晓东制 祥和壶		184,000	上海春秋堂	2014.09.07
朱晓东制 祥兽壶		28,750	上海春秋堂	2014.12.21
朱旭庭制 葫芦壶		51,750	上海春秋堂	2014.09.07
诸华新 牛盖提梁	高15.2cm	69,000	北京翰海	2014.10.25
诸华新 清式德顺壶	高11.5cm	34,500	北京翰海	2014.10.25
庄玉林 藏六方壶	高6.2cm	43,700	北京翰海	2014.05.09
庄玉林 龙凤呈祥壶	高12.3cm	23,000	北京翰海	2014.10.25
庄玉林 雅竹壶	高14cm	110,000	广东汇誉	2014.09.13
庄玉林制 高四方竹壶		80,500	上海春秋堂	2014.12.21
庄玉林制六方钟壶	宽13cm	23,000	中国嘉德	2014.11.21
紫砂壶 (两件)		10,350	北京翰海	2014.11.23
紫砂石瓢壶		17,250	上海道明	2014.04.12
邹跃君 林语生机壶	宽14.5cm	437,000	北京翰海	2014.05.09
邹跃君 山外山壶	高8.2cm	207,000	北京翰海	2014.05.09
邹跃君 钰灵壶	高10.8cm	253,000	北京翰海	2014.10.25
民国 陈鼎和制 巨轮珠茶具套组	尺寸不一	28,750	上海春秋堂	2014.09.07
民国 江案卿制供春茶具套组	高9.5cm	161,000	上海春秋堂	2014.12.21
民国 任淦庭、蒋石生刻宜兴蜀山陶业生产合作社款紫砂茶具 (一组)	尺寸不一	20,700	西泠拍卖	2014.12.15
民国 朱可心墨绿泥云龙套组	尺寸不一	4,600,000	远方拍卖	2014.06.02
蔡岩峰制 亦瓜茶具套组		34,500	上海春秋堂	2014.09.07
曹亚麟，曹燕萍 九头清趣茶具	高6.5cm	80,500	北京翰海	2014.05.09
陈凯 潇湘泪套组	高10cm	63,250	北京翰海	2014.10.25
董永君制朱泥九头云龙茶具套组		322,000	上海春秋堂	2014.09.07
范永良制 荷花茶具 (一组五件套)	尺寸不一	26,450	福建东南	2014.05.25

拍品名称	物品尺寸	成交价RMB	拍卖公司	拍卖日期
范永良制 西瓜茶具(一组五件套)	尺寸不一	28,750	福建东南	2014.05.25
高建芳制五头荷钟茶具套组		34,500	上海春秋堂	2014.09.07
高凌云 方菱套具(一组5件)	高8.5cm	103,500	北京匡时	2014.12.04
葛陶中、李慧芳合制五头夔龙茶具套组		161,000	上海春秋堂	2014.09.07
顾景舟制九头咏梅茶具	直径11.3cm	28,750,000	中国嘉德	2014.05.18
顾景舟制五头高腰线提梁茶具套组		9,200,000	上海春秋堂	2014.09.07
黑川雅之2013年ZK系列紫砂茶具套装(一套三件)		10,350	北京保利	2014.06.02
吉云锋制 颖梧茶具套组		48,300	上海春秋堂	2014.09.07
季益顺 福寿套组(共八件)	尺寸不一	178,250	北京保利	2014.06.04
季益顺 十六竹(五件套组)	尺寸不一	1,840,000	北京匡时	2014.06.04
季益顺养、康、益、寿茶具(六件)	尺寸不一	2,300,000	北京保利	2014.12.03
贾李君制莲荷呈祥茶具套组		36,800	上海春秋堂	2014.09.07
江建翔 高义茶具	高15.5cm	690,000	北京翰海	2014.05.09
蒋蓉制荷塘趣味套组(十一头)	壶容积370cc	747,500	中国嘉德	2014.05.18
李碧芳制 五头竹鼓(一套五件)		80,500	上海道明	2014.04.12
刘建平 八卦太极套组	尺寸不一	103,500	北京保利	2014.06.04
刘孟芳 筑金三式一组	尺寸不一	40,250	北京匡时	2014.12.04
刘孟芳 筑金套具	高8.8cm	34,500	北京翰海	2014.05.09
龙文制瓜瓞绵绵茶具套组		230,000	上海春秋堂	2014.09.07
吕尧臣 井底蛙套组	尺寸不一	517,500	北京保利	2014.06.04
马璟辉 西施套组	高7.2cm	63,250	北京翰海	2014.10.25
倪顺生 风卷葵茶具	高7.8cm	80,500	北京翰海	2014.10.25
倪顺生 福鼠葡萄茶具	高11.2cm	92,000	北京翰海	2014.10.25
倪顺生 甜椒茶具	高10cm	69,000	北京翰海	2014.10.25
倪顺生 紫茄茶具	高8.2cm	80,500	北京翰海	2014.05.09
邵志峰制五头形方茶具套组		57,500	上海春秋堂	2014.09.07
沈蘧华制吴昌鸿铭刻九头孙子兵法竹简茶具	尺寸不一	94,300	中国嘉德	2014.05.18
施小马菱花套组	尺寸不一	575,000	远方拍卖	2014.06.03
施小马制五头宝菱茶具套组		483,000	上海春秋堂	2014.09.07
汪寅仙 高寿梅桩茶具	高12.8cm	1,725,000	北京翰海	2014.10.25
王石耕 筋纹套组	尺寸不一	34,500	北京保利	2014.06.04
王石耕裙风五头组	尺寸不一	66,700	北京艺融	2014.12.08
王卫明 蕴香系列套具	高7.2cm	46,000	北京翰海	2014.05.09
王雪锋 荷韵提梁茶具壶组	高13.5cm	115,000	北京翰海	2014.10.25
王亚军制 禅境茶具套组		138,000	上海春秋堂	2014.09.07
王寅春周盘套组	尺寸不一	1,610,000	远方拍卖	2014.06.02
吴鸣 茶具(一组五件)	尺寸不一	138,000	北京匡时	2014.12.04
吴鸣 乐钟茶具	高7.5cm	138,000	北京翰海	2014.05.09
吴鸣 研磨茶具	高4.2cm	138,000	北京翰海	2014.05.09
徐维明 篱笆茶具	高12cm	57,500	北京翰海	2014.05.09
徐维明 篱笆茶具	高12cm	34,500	北京翰海	2014.10.25
徐元明 君子情茶具	高9.5cm宽12.5cm	89,700	北京翰海	2014.05.09
许成权制 竹段酒具套组		80,500	上海春秋堂	2014.09.07
张春兴 莲影套具	高7cm宽13.5cm	115,000	北京翰海	2014.05.09
张寅制 翌渡茶具套组		299,000	上海春秋堂	2014.09.07
赵峰 四方笙篱套组	高19.5cm宽16.5cm	149,500	北京翰海	2014.05.09
赵江华制九头提壁茶具套组		69,000	上海春秋堂	2014.09.07
周虎 金沙系列—汉瓦套具	高6.3cm宽14.5cm	51,750	北京翰海	2014.05.09
周立民 八方套组	高11cm宽19.5cm	138,000	北京翰海	2014.10.25
周渊 融鼎茶具	高13.3cm宽14cm	172,500	北京翰海	2014.05.09
朱华 采桑子(一组九头)	长13.5cm高16.3cm容积660m	57,500	北京匡时	2014.12.04
清道光 杨彭年铭紫砂竹节形帽筒	高23.7cm	43,700	北京诚轩	2014.05.19
清中期 炉钧釉汉方耳筒	长21cm高16.2cm容积1800m	34,500	北京匡时	2014.12.04
清晚期 玉亭制东溪刻紫泥粉浆香筒(一对)	26.2cm×12cm×2	115,000	西泠拍卖	2014.12.15
清末民初 紫砂器(一组三件)	尺寸不一	23,000	西泠拍卖	2014.12.15
清末民初 紫砂长方盆(一对)	25.5cm×18cm×15cm	66,700	上海道明	2014.04.12
民国 任淦庭 粉段泥花脚帽筒	高31.5cm	150,000	上海驰翰	2014.06.26
民国 任淦庭陶刻诗文山水签筒	19cm×19cm×30cm	66,700	上海道明	2014.04.12
鲍志强刻顾绍培制合璧中堂	瓶高58cm×宽40cm	828,000	上海春秋堂	2014.12.21
顾绍培制、沈汉生刻 黑砂四方浮雕高筒	高14.5cm	57,500	北京保利	2014.06.04
蒋蓉制紫砂烟灰缸	直径11.5cm	80,500	中国嘉德	2014.05.18
居仁堂宜均釉小画缸	22cm×24.5cm	23,000	上海道明	2014.04.12
刘景 茶勺	高长14cm宽5cm	34,500	北京翰海	2014.10.25

拍品名称	物品尺寸	成交价RMB	拍卖公司	拍卖日期
苏晓红 澄泥柿子蟋蟀盒(一对)	宽14.5cm	11,500	北京保利	2014.12.05
苏晓红 传统拉线铜鼓澄泥蟋蟀春夏秋冬盒(一组四件)	宽13.5cm	10,350	北京保利	2014.12.05
王耀 紫砂海浪盖瓷香熏	高11.5cm	57,500	北京保利	2014.06.05
文革 紫砂花鸟签筒	18.5cm×18.5cm×28.5cm	32,200	上海道明	2014.04.12
文革早期 四方签筒	19cm×19cm×30.6cm	40,250	上海道明	2014.04.12
严钢 画缸	30cm×25cm	13,800	上海道明	2014.04.12
诸葛勋 粉段泥帽筒(一对)	高25cm	52,000	上海驰翰	2014.06.26
文房用品				
吴鸣 纳日水注	长9.2cm	80,500	北京匡时	2014.12.04
清 白泥荷叶水注配书画册页	宽9.2cm	112,700	中国嘉德	2014.05.18
清雍正/乾隆 段泥彩泥绘花鸟方形笔筒	高15cm	644,000	北京保利	2014.12.03
清雍正/乾隆 杨季初 泥绘牧牛图笔筒	高15.5cm	2,530,000	北京保利	2014.12.03
清乾隆 杨季初制彩泥绘山水渔舟通景笔筒	高15.3cm	4,255,000	北京保利	2014.12.03
清乾隆 杨季元制四方抽角堆泥笔筒	高11.8cm	2,070,000	远方拍卖	2014.06.03
清乾隆 紫砂加彩山水人物笔筒	高12cm	920,000	北京翰海	2014.10.25
清中期 杨彭年作紫砂竹节笔筒	高14.5cm	154,500	北京中联	2014.09.09
清 无款粉彩小笔筒	高10cm	43,700	上海春秋堂	2014.12.21
清 无款四方抽角粉彩小笔筒	高11cm	32,200	上海春秋堂	2014.12.21
清 紫砂段泥堆白山水渔樵图笔筒	高14cm	11,500	朵云轩	2014.12.19
清 紫砂六方笔筒	高11.6cm	11,500	北京匡时	2014.12.04
清 紫砂山水笔筒	高13.8cm	138,000	北京翰海	2014.01.12
清 紫砂山水人物笔筒	高14cm	21,850	太平洋	2014.06.25
清晚期 "松壶"款堆泥绘笔筒	高11cm	529,000	北京匡时	2014.12.04
清晚期 玉成窑 紫砂笔筒	高8.8cm	57,500	北京匡时	2014.12.04
清晚期 佐臣制段泥粉浆四方倭角笔筒	高12.6cm	13,800	西泠拍卖	2014.12.15
高俊峰 张勇 三友笔筒	高17.3cm	63,250	北京翰海	2014.10.25
汤兆基书画并刻华健制六方笔筒	高11.5cm	57,500	上海春秋堂	2014.12.21
王翔 六角笔筒	高20cm	74,750	北京翰海	2014.10.25
尹祥明制 紫砂笔筒	高21.5cm	109,250	北京传是	2014.06.05
漆 器				
古琴				
宋 卢家炳旧藏 仲尼式"八极引"琴	长121cm	5,269,300	保利香港	2014.04.07
宋 缪闻藏"乾坤橐籥"款仲尼式琴	琴长122.5cm	9,200,000	西泠拍卖	2014.12.13
宋 夏溥斋藏"天风海涛"款伏羲式琴及蕉庵琴谱、木胎刻山水大漆琴案(一组三件)	琴长122.8cm	3,220,000	西泠拍卖	2014.12.13
宋 仲尼式琴	长120cm	1,840,000	西泠拍卖	2014.12.13
元 朱致远制龙吟铭仲尼式琴	长119cm	1,610,000	西泠拍卖	2014.12.13
明早期 乾隆御赏"头等十六号"月露知音琴	琴长121cm	33,120,000	北京保利	2014.12.03
明"遏云"款仲尼式古琴	长120cm	322,000	华艺国际	2014.05.31
明 百衲仲尼式琴	长125.6cm	1,725,000	北京保利	2014.06.04
明 古琴	长117.5cm	172,500	中贸圣佳	2014.06.01
明 潞王中和琴	长119.5cm	4,370,000	西泠拍卖	2014.12.13
明 无款仲尼式古琴	长117cm	184,000	华艺国际	2014.05.31
明 宪宗御制"洛象"琴	长119.5cm	6,900,000	中国嘉德	2014.11.22
明 雪夜冰铭仲尼式琴	长117cm	1,495,000	西泠拍卖	2014.12.13
明 云涛铭连珠式琴	长125cm	1,380,000	西泠拍卖	2014.12.13
明 张敏修制仲尼式琴	长121cm	999,350	保利香港	2014.04.07
明 仲尼式古琴	长120cm	989,000	中国嘉德	2014.05.19
明 仲尼式九霄环佩琴	长117cm	1,290,070	保利香港	2014.04.07
明 仲尼式霜天铃锋益王琴	长121cm	1,962,360	保利香港	2014.04.07
明弘治 伏羲式"长亭"古琴	长123cm	1,380,000	远方拍卖	2014.06.02
明晚期 潞王制"中和"琴	长120cm	4,370,000	中国嘉德	2014.11.22
明晚期张[illegible]修制仲尼式"冷泉"琴	长117.5cm	1,073,040	佳士得	2014.11.26
明宣德 灵机式"雷雨"古琴	长123cm	2,070,000	远方拍卖	2014.06.02
明月琴	长119cm	3,220,000	北京匡时	2014.06.03
明早期"山高水长"仲尼式古琴	长120cm	1,380,000	保利厦门	2014.11.02
明正德 伏羲式"正德"款古琴	长123cm	1,380,000	远方拍卖	2014.06.02

2014杂项拍卖成交汇总

(成交价RMB：1万元以上)

拍品名称	物品尺寸	成交价RMB	拍卖公司	拍卖日期
19世纪 剔红开光高士人物图盆带德化白釉梅树	高47cm	42,164	纽约苏富比	2014.09.16
清道光 五宝仲尼式古琴	长92cm	138,000	华艺国际	2014.05.31
清中期 仲尼式古琴	长124.5cm	483,000	中国嘉德	2014.11.22
清 八宝灰古琴	长121cm	23,000	北京传是	2014.06.05
清 古琴	长108cm	345,000	北京翰海	2014.10.26
清 松风水月铭琴	长121cm	253,000	西泠拍卖	2014.12.13
民国 古琴	长120cm	59,800	北京保利	2014.01.11
单卫林 "月明沧海" 伏羲式琴	琴长124cm	276,000	北京保利	2014.06.05
单卫林 南风逸品琴	琴长122cm	138,000	北京保利	2014.06.05
仿唐金箔古琴	长125cm	115,000	华艺国际	2014.12.08
古琴	长121cm	23,000	太平洋	2014.03.21
古琴	长126cm	18,400	太平洋	2014.03.21
古琴 "禅味"	长125cm	287,500	华艺国际	2014.12.08
黑漆嵌百宝人物纹琴	长121cm	17,250	中国嘉德	2014.09.22
近代 海月清辉古琴	长122cm	13,800	北京保利	2014.08.02
马维衡监制汉风仲尼式琴	通长122cm	63,250	北京保利	2014.06.05
马维衡制仲尼式忘忧琴	长121cm	161,000	西泠拍卖	2014.12.13
倪诗韵 伏羲式朱砂红琴	琴长123.5cm	218,500	北京保利	2014.06.05
倪诗韵制小叶紫檀仲尼式百纳琴	长122cm	287,500	西泠拍卖	2014.12.13
倪诗韵斲仲尼式琴	通长121cm	276,000	北京保利	2014.06.05
琴(两张)	长123cm长120cm	10,350	中国嘉德	2014.06.22
琴(两张)	长120cm	16,100	中国嘉德	2014.09.22
饶锋 "锦缎" 琴	琴长124cm	36,800	北京保利	2014.12.05
饶锋 "水云" 琴	琴长125cm	36,800	北京保利	2014.12.05
饶锋 "万壑松" 琴	琴长124cm	36,800	北京保利	2014.12.05
饶锋 "易初莲花" 琴	琴长122.5cm	28,750	北京保利	2014.12.05
唐健垣斲宣和式琴	通长123cm	207,000	北京保利	2014.06.05
田双琨 "雄风" 伏羲式断纹琴	琴长123cm	230,000	北京保利	2014.06.05
王栋 老杉灵机式古琴	长123cm	92,000	北京翰海	2014.04.13
王佳琦 连珠式琴	琴长121cm	161,000	北京保利	2014.12.05
王佳琦 落霞式古琴	琴长121cm	184,000	北京保利	2014.12.05
张玉新 玉色蕉叶琴	琴长124cm	172,500	北京保利	2014.06.05
摆件				
明 夹纻漆金布袋和尚	高77cm	1,035,000	远方拍卖	2014.06.02
明末清初 木漆金水月观音	高29cm	287,500	古天一	2014.06.05
清早期 黑漆嵌螺钿西厢人物纹插屏(一对)	高32cm	56,500	广东省拍	2014.06.22
清乾隆 剔彩百宝嵌龙舟竞渡挂屏	高90cm	2,070,000	北京保利	2014.06.04
清乾隆 剔红春寿托八宝纹如意	长46.5cm	345,000	北京保利	2014.12.05
清乾隆 剔红雕漆 "大吉" 嵌玉八宝纹座屏	高78cm	1,610,000	保利厦门	2014.11.01
清中期 剔红三星贺寿图如意	长43cm	207,000	北京翰海	2014.05.10
清中期 剔红五福捧寿纹如意	长46cm	149,500	北京翰海	2014.10.25
清中期 剔红仙人对弈图如意	长34cm	69,000	北京翰海	2014.10.25
清晚期/民初 剔红月下仕女图挂屏	高46.4cm	53,681	纽约佳士得	2014.03.20
清 夹贮胎漆金释迦像	高28cm	20,700	中国嘉德	2014.03.24
清 漆嵌青田石花鸟屏风	高107.8cm	149,500	西泠拍卖	2014.05.06
清 剔红山水人物插屏	高93cm	253,000	北京保利	2014.10.26
19世纪 紫檀漆金加彩布袋卧像	宽27.8cm	30,675	纽约佳士得	2014.03.20
金漆木雕十八罗汉像(一组)	尺寸不一	32,200	中国嘉德	2014.03.24
剔红嵌百宝盆景	长31cm	112,030	伦敦邦瀚斯	2014.05.15
现代 王伯杨 漆艺如意	长15cm	20,700	北京翰海	2014.04.13
生活用品				
北宋 褐黑漆梅花形碗	直径13.5cm	128,375	香港苏富比	2014.04.08
北宋 黑漆长柄勺	长25.6cm	256,750	香港苏富比	2014.04.08
南宋 黑漆嵌螺钿梅花葵瓣式盘(螺钿嵌饰为元或明)	直径17.3cm	1,169,200	香港苏富比	2014.04.08
宋 褐漆葵形盘	直径17cm	326,683	保利香港	2014.10.07
宋 褐漆梅花式盘	长18cm	105,440	伦敦苏富比	2014.05.14
宋 黑漆碗(一对)	直径9.9cm	187,863	香港苏富比	2014.10.08
宋 黑漆小圆盒两件	直径5.8	187,625	香港苏富比	2014.04.08
宋 黑漆盏托	长11.8cm	59,325	香港苏富比	2014.10.08
宋 髹漆葵瓣盏托	高9.9cm	74,670	保利香港	2014.10.07
宋/元 黑漆六方盖盒	高7cm	39,550	香港苏富比	2014.10.08
宋/元 朱漆菊瓣盘	长16cm	105,440	伦敦苏富比	2014.05.14
元 褐漆嵌螺钿 "列女传" 人物故事图盏托	宽16.2cm	493,125	佳士得	2014.11.26

拍品名称	物品尺寸	成交价RMB	拍卖公司	拍卖日期
元 黑漆花口盘	直径15.5cm	391,000	北京保利	2014.06.05
元 剔红 "游归图" 葵式盘	直径32.8cm	932,200	香港苏富比	2014.04.08
元/明早期 剔犀小圆盒及剔犀高足杯	直径5.78.3cm	345,625	香港苏富比	2014.04.08
元/明早期 剔红山水人物图盘	直径14.5cm	912,056	伦敦邦瀚斯	2014.05.15
明早期 剔红 "五伦图" 椭圆形盘	宽20cm	804,000	佳士得	2014.05.28
明永乐 剔红花卉纹开光人物故事葵口盖盒	直径23.5cm	2,875,000	北京东正	2014.05.18
明永乐 剔红牡丹花小圆盒	直径7.9cm	118,650	香港苏富比	2014.10.08
明永乐 剔红牡丹纹盖盒	直径13.4cm	420,021	保利香港	2014.10.07
明永乐 剔红周敦颐爱莲图葵式盘	长12.4cm	1,169,200	香港苏富比	2014.04.08
明永乐 剔红周敦颐爱莲图圆盘	直径26.5cm	2,496,400	香港苏富比	2014.04.08
明永乐 朱漆戗金八宝莲瓣纹经板(一副)	长72.6cm	296,250	香港苏富比	2014.04.08
明永乐/宣德 剔红缠枝番莲纹高足碗	直径16cm	740,625	香港苏富比	2014.04.08
明永乐/宣德 剔红缠枝牡丹纹盖盒	高7.8cm直径12cm	363,400	保利香港	2014.04.07
明嘉靖 戗金填漆云龙纹菊瓣盘	长17.2cm	415,275	香港苏富比	2014.10.08
明嘉靖 剔彩麒麟纹盘	直径16.8cm	1,453,600	香港苏富比	2014.04.08
明嘉靖 剔彩双凤拱寿纹桃形盖盒	长9.5cm	395,500	香港苏富比	2014.10.08
明嘉靖 剔红福禄寿三桃盘	长19cm	1,170,680	香港苏富比	2014.10.08
明嘉靖 剔红富贵花卉盘	长32cm	110,448	帝图艺术	2014.06.22
明嘉靖 剔红胡人戏狮云鹤纹香盒	直径6.5cm	368,000	北京保利	2014.12.04
明嘉靖 剔红龙纹碗	直径13cm	199,870	保利香港	2014.04.07
明嘉靖 剔红牡丹凤纹盘	直径35.5cm	322,000	银座国际	2014.06.01
明嘉靖 剔红寿山福海捧盒	直径24cm	545,100	保利香港	2014.04.07
明万历 戗金填漆婴戏图碗	直径12.9cm	158,000	香港苏富比	2014.04.08
明万历 剔彩海水龙纹长方盖盒	长31.7cm	2,017,757	纽约苏富比	2014.09.16
明万历 剔红天下太平云龙纹方盒	长29.3cm	1,738,000	香港苏富比	2014.04.08
明中期 剔犀云纹长方盒	长36.5cm	23,000	北京保利	2014.06.06
明天启 罩金漆 "唐玄宗游月宫图" 委角方盘	长29.7cm	257,075	香港苏富比	2014.10.08
明隆庆 剔红云龙纹盘	长16.3cm	791,000	香港苏富比	2014.10.08
明 大漆嵌百宝人物图官皮箱	高37.5cm	632,500	远方拍卖	2014.06.02
明 雕填漆开光龙纹茶盒	长38cm	42,024	台湾世家	2014.04.13
明 黑漆嵌八宝相马图盘	直径15cm	233,345	保利香港	2014.10.07
明 金属胎剔红牡丹纹圆盖盒	直径4cm	48,240	罗芙奥	2014.05.25
明 剔彩高士观云图扇形盖盒	长7.7cm	49,610	伦敦苏富比	2014.11.05
明 剔红凤仪亭图海棠式盘	长21.8cm	153,325	纽约苏富比	2014.09.16
明 剔红花鸟纹盘	直径17.1cm	268,319	纽约苏富比	2014.09.16
明 剔红荔枝图香盒	直径8cm	36,800	中国嘉德	2014.03.24
明 剔红荔枝纹盖盒	直径8cm	149,500	北京匡时	2014.06.04
明 剔红荔枝纹香盒	直径7.3cm	74,750	西泠拍卖	2014.05.06
明 剔红牡丹纹盘	直径30cm	48,300	中鸿信	2014.11.22
明 剔红人物高士开光牡丹花卉纹盖盒	直径18.9cm	414,000	中鸿信	2014.11.22
明 剔红松下老人盒	长7cm	28,750	西泠拍卖	2014.12.13
明 剔红螳螂图香盒	直径5.5cm	57,500	古天一	2014.12.05
明 剔红题壁游春图匣	长18.2cm	88,800	北京华辰	2014.04.27
明 剔红婴戏图香盒	直径5.5cm	57,500	古天一	2014.12.05
明 剔犀如意云纹图盖盒	直径5.7cm	46,013	纽约苏富比	2014.03.18
明 剔犀如意云纹圆盖盒	直径21.3cm	689,963	纽约苏富比	2014.09.16
明 赭地剔彩鹦鹉花果纹圆盖盒	直径7.3cm	527,200	伦敦苏富比	2014.05.14
14世纪/15世纪 黑漆花瓣盘	宽49cm	753,750	佳士得	2014.05.28
15世纪 黑漆戗金牡丹纹圆奁	直径19.4cm	247,188	香港苏富比	2014.10.08
15世纪 剔犀黑漆如意云纹盏托	直径15.5cm	296,250	香港苏富比	2014.04.08
15世纪/16世纪 剔红花蝶纹桃形圆盒	直径7.6cm	118,650	香港苏富比	2014.10.08
15世纪/16世纪 剔红梅花小圆盒	直径4.8cm	59,250	香港苏富比	2014.04.08
15世纪/16世纪 剔犀如意云纹圆盖盒	直径25.8cm	36,904	伦敦邦瀚斯	2014.05.15
15世纪初 剔红茶花纹小圆盒	直径4.2cm	246,875	香港苏富比	2014.04.08
15世纪早期 剔犀镶银如意云纹碗	直径19cm	172,500	北京保利	2014.12.04
16世纪/17世纪 剔红山水人物图长方盖盒 剔红山水人物图方盖盒	长18.6cm长12.8cm	55,356	伦敦邦瀚斯	2014.05.15
16世纪 剔红人物故事图长方大盖盒	宽58.8cm	395,400	伦敦邦瀚斯	2014.05.15

拍品名称	物品尺寸	成交价RMB	拍卖公司	拍卖日期
16世纪 剔红山水人物图方盘	宽19.1cm	39,540	伦敦邦瀚斯	2014.05.15
16世纪 剔红宴游图委角方盘	长17.4cm	148,313	香港苏富比	2014.10.08
16世纪/17世纪 戗金填漆龙凤大捧盒	直径56cm	294,528	帝图艺术	2014.06.22
16世纪或稍后 剔犀如意云纹方盖盒	长12.7cm	177,750	香港苏富比	2014.04.08
16世纪或以前 剔红四季花卉纹盏托	直径16.8cm	1,264,000	香港苏富比	2014.04.08
17世纪 剔彩道人山水纹圆盖盒	直径11.1cm	114,994	纽约苏富比	2014.09.16
明晚期 剔红布袋纹圆盖盒	直径7.6cm	45,998	纽约苏富比	2014.09.16
清早期 大漆戗金龙纹盖盒	直径24cm	161,000	长风拍卖	2014.01.05
清康熙 黑漆嵌螺钿“西厢记”故事图盘	直径12.5cm	256,750	香港苏富比	2014.04.08
清康熙 黑漆嵌螺钿杯(六只)	直径8.7cm	17,250	北京保利	2014.12.05
清康熙 黑漆嵌螺钿西厢故事图小杯(六件)	直径5.2cm	55,811	伦敦苏富比	2014.11.05
清康熙 木胎黑漆描金龙纹捧盒	高19cm	149,500	北京翰海	2014.10.25
清乾隆 雕漆剔红八宝纹碗	直径14cm	184,000	北京盈时	2014.12.07
清乾隆 黑地剔红缠枝莲托梵文纹高足碗(一对)	高12cm	536,813	纽约苏富比	2014.03.18
清乾隆 红漆嵌百宝手镜盒 紫檀千秋宝鉴手镜	盒直径20.7cm	148,320	台湾世家	2014.04.13
清乾隆 金漆剔红缠枝莲方花盆(一对)	32cm×30cm	322,000	北京盈时	2014.12.07
清乾隆 金属胎剔红番莲纹盖碗	直径15cm	118,500	香港苏富比	2014.04.08
清乾隆漆彩绘描金花卉佛日常明盘	直径22cm	920,000	北京翰海	2014.10.26
清乾隆 漆盒	直径18.5cm	653,250	佳士得	2014.05.28
清乾隆 戗金填漆婴戏图“万代胜盒”	宽31.7cm	1,453,600	香港苏富比	2014.04.08
清乾隆 剔彩春寿宝盒	直径36.1cm	1,479,360	佳士得	2014.05.28
清乾隆 剔彩福山寿海蝠形盖盒	宽14cm	55,200	北京保利	2014.10.26
清乾隆 剔彩锦地椭圆盘	长18.5cm	46,013	纽约佳士得	2014.03.20
清乾隆 剔彩梅花式春字盒(一对)	宽18cm	368,000	北京保利	2014.12.05
清乾隆 剔彩寿春宝盒	直径29.3cm	1,170,680	香港苏富比	2014.10.08
清乾隆 剔彩寿春宝盒	直径31cm	1,782,500	北京保利	2014.12.04
清乾隆 剔红“群仙祝寿图”桃形捧盒	长37.3cm	862,500	北京东正	2014.11.20
清乾隆 剔红“三狮戏绣球”图三层连座盖盒(一对)	直径19cm	593,250	香港苏富比	2014.10.08
清乾隆 剔红缠枝花卉盖盒	直径15cm	17,250	深圳市拍	2014.01.05
清乾隆 剔红雕漆锦地团花图书式盖盒	长20cm	395,400	伦敦苏富比	2014.05.14
清乾隆 剔红雕漆荔枝纹盖盒	直径8cm	79,080	伦敦苏富比	2014.05.14
清乾隆 剔红福寿万代如意	长41.4cm	293,800	江苏爱涛	2014.07.06
清乾隆 剔红三狮海水纹葵瓣式盒	长14cm	97,750	北京保利	2014.06.06
清乾隆 剔红山水人物纹方盖盒	长18.5cm	122,700	纽约苏富比	2014.03.18
清乾隆 剔红诗仙宝盒	直径25cm	367,080	中国嘉德	2014.04.09
清乾隆 剔红桃形果盒	高12cm	161,000	保利厦门	2014.11.02
清乾隆 剔红祥鹿富贵图漆盒	长46.8cm	46,000	西泠拍卖	2014.12.13
清乾隆 剔红以书会友图书卷式盒	长20.5cm	57,500	北京保利	2014.06.06
清乾隆 剔红圆盖盒	直径39cm	1,189,920	佳士得	2014.05.28
清乾隆 朱漆御题诗花口盘	直径25cm	45,425	保利香港	2014.04.07
清嘉庆 剔红五蝠纹菊花形盘(一对)	直径32.9cm×2	72,490	伦敦邦瀚斯	2014.05.15
清道光 漆红描金福寿多宝盒	46cm×40cm	195,500	广州皇玛	2014.01.02
清中期 雕漆剔红昭君出塞大捧盒	宽52.3cm	460,000	北京保利	2014.06.06
清中期 黑褐色戗金龙纹鼓式盖盒	直径34cm	199,870	保利香港	2014.04.07
清中期 黑漆描金山水人物纹盘	长34.6cm	23,000	中国嘉德	2014.03.22
清中期 红漆描金龙纹盖盒(二件)	直径45cm	299,000	北京翰海	2014.05.10
清中期 红漆描金龙纹箱	长27.3cm	17,250	中国嘉德	2014.03.22
清中期 木胎飞龙耳饕餮纹三足炉	高20cm	74,750	北京翰海	2014.10.25
清中期 狩猎图剔红捧盒	直径17.5cm	212,800	成都金沙	2014.11.16
清中期 剔彩春字大捧盒	直径37.5cm	181,700	保利香港	2014.04.07
清中期 剔红雕松下高士图三层套盒	宽16.6cm	158,675	保利香港	2014.10.07

拍品名称	物品尺寸	成交价RMB	拍卖公司	拍卖日期
清中期 剔红雕团龙四季花卉纹捧盒	直径29cm	517,500	西泠拍卖	2014.12.13
清中期 剔红锦地花卉菱形盒	长15.1cm	51,750	北京翰海	2014.05.11
清中期 剔红旗开得胜盖盒	直径26cm	138,000	北京保利	2014.12.05
清中期 剔红云龙纹捧盒	直径28.5cm	552,000	中国嘉德	2014.03.24
清中期 云蝠纹四屉漆盒	高45.5cm	13,800	中国嘉德	2014.03.22
清中期 朱漆彩绘如意足描金四拼组盒	长38cm	402,500	北京保利	2014.06.06
清晚期民初 剔红云龙纹天球瓶	高59cm	220,896	帝图艺术	2014.06.22
清 “乾隆款”剔红方盒	高4.2cm	200,000	北京九歌	2014.12.17
清 大漆描金“御题泽古怡情”龙纹盖盒	长24.5cm	28,750	中鸿信	2014.11.22
清 雕漆人物盖盒	直径7cm	41,400	北京传是	2014.06.05
清 雕漆如意纹盘	直径16.3cm	34,500	北京匡时	2014.12.03
清 雕漆山水人物故事双耳炉	宽33cm	17,250	北京保利	2014.01.11
清 仿雕漆“大吉”葫芦瓶	高8.8cm	41,400	中鸿信	2014.11.22
清 黑漆描金大宝座	高119cm	138,000	北京保利	2014.12.05
清 黑漆描金云龙纹大捧盒	直径54cm	140,007	保利香港	2014.10.07
清 黑漆嵌螺钿瓜瓞连绵图盘	直径21cm	11,500	中国嘉德	2014.03.24
清 匊鄰制汉印漆盒	高4.5cm	11,500	西泠拍卖	2014.05.06
清 漆诗文茶量	长14cm	19,550	长风拍卖	2014.01.05
清 乾隆 剔红山水人物纹瓶(一对)	高25cm×2	97,566	中信国际	2014.03.30
清 剔红百宝阁	长36cm	103,500	北京匡时	2014.09.17
清 剔红人物花卉纹攒盒	高17.5cm	23,000	西泠拍卖	2014.05.06
清 剔红山水人物兽耳炉	长33cm	25,300	中国嘉德	2014.03.24
清 剔红山水人物纹捧盒	直径30.5cm	130,000	北京九歌	2014.12.17
清 剔红山水人物纹香盒	直径7cm	13,800	中国嘉德	2014.09.22
清 剔红松下高士图捧盒	直径10.8cm	51,750	西泠拍卖	2014.12.13
清 剔红亭台人物纹钵	直径28cm	74,160	台湾世家	2014.04.13
清 剔红童子拜观音长方盘	长31.2cm	92,000	西泠拍卖	2014.12.13
清 剔犀云纹盖盒	口径6.4cm	13,800	西泠拍卖	2014.12.13
清 填漆戗金云龙纹朝珠盒	直径25.8cm	13,800	中国嘉德	2014.03.24
清 铜胎剔红花鸟方盒	长14.5cm	23,000	西泠拍卖	2014.05.06
清 髹漆描金六撞提盒及茶托盘	长51.5cm	25,300	中国嘉德	2014.03.22
清 朱漆勾花花卉纹盘	直径33cm	13,093	中信国际	2014.05.18
18或19世纪 剔红福寿如意桃式盒	宽12.7cm	15,333	邦瀚斯	2014.09.15
18世纪 编竹加漆“大吉”葫芦式三层提盒	高64.8cm	996,960	佳士得	2014.05.28
18世纪 剔彩龙纹盖盒	宽18.8cm	709,611	伦敦邦瀚斯	2014.05.15
18世纪 剔红麻姑献寿图盒	长11.1cm	84,329	邦瀚斯	2014.09.15
18世纪 剔红七老图捧盒	直径36cm	256,750	香港苏富比	2014.04.08
18世纪/19世纪 剔彩高士赏游纹衔环铺首耳四棱瓶(一对)	高49.5cm	722,264	伦敦苏富比	2014.05.14
18世纪/19世纪 剔红雕漆山水花卉纹图书式盖盒	长16.5cm	342,680	伦敦苏富比	2014.05.14
19世纪 黑漆嵌螺钿几何锦纹小瓶	高10.7cm	414,750	香港苏富比	2014.04.08
19世纪 剔红花果题诗纹葫芦瓶(一对)	高24.2cm	76,688	纽约苏富比	2014.03.18
19世纪 剔红锦地开光仙人出游图观音瓶	高37.3cm	30,675	纽约佳士得	2014.03.20
2012年 北村昭斋 华文螺钿箱	长10.5cm	55,200	中国嘉德	2014.11.20
2013年 朴晨用 巴鲁套碗25(红)	直径25cm	40,250	中国嘉德	2014.11.20
2014年作 “大天地” 大漆嵌金六角盖盒	长31cm	250,000	佳士得(上海)	2014.10.24
甘而可 唐式流彩漆脱胎三足炉	高13.5cm	299,000	北京保利	2014.06.05
黑漆六莲瓣花口式盘(一对)	直径15.7cm	115,000	北京中汉	2014.05.17
黑漆描金嵌百宝花鸟纹盖盒	长31cm	17,250	中国嘉德	2014.03.24
剔红福寿纹盖盒	直径26.2cm	10,350	中国嘉德	2014.06.22
剔红山水人物纹炉	长33cm	36,800	中国嘉德	2014.09.22
其他物品				
明嘉靖 剔红雕寿鹤凤凰纹官皮箱	长33cm	1,572,637	伦敦苏富比	2014.11.05
明晚期 剔红龙纹佛尘	长21.5cm	74,750	朵云轩	2014.12.19
清乾隆 剔红百宝嵌水浒人物笔筒	高17cm	3,450,000	北京盘古	2014.06.25
清中期 漆嵌银丝诗文笔筒	高12.1cm	69,000	北京翰海	2014.10.26
清中期 剔红皮球花缠枝莲纹香车	长41cm	1,150,000	北京保利	2014.06.06
清 菠萝漆制笔筒	高17cm	36,800	西泠拍卖	2014.12.13
清 黑漆描金十三行风景图纹折扇	长21cm	29,900	广东省拍	2014.12.07
清 金漆八角庭院人物纹宫扇	长42cm	45,200	广东省拍	2014.06.22

2014杂项拍卖成交汇总

(成交价RMB：1万元以上)

拍品名称	物品尺寸	成交价RMB	拍卖公司	拍卖日期
清 金漆描金庭院人物纹扇	长28cm	20,340	广东省拍	2014.06.22
清 木漆金龙凤纹长方盝顶箱	宽35cm	36,810	纽约佳士得	2014.03.20
清 剔红山水人物扇骨	长34.6cm	126,500	西泠拍卖	2014.12.13
清晚期 单眼花翎带大漆筒	长45cm	20,700	北京保利	2014.06.06
漆火盆及其他 (38件)	火盆高25.0cm	12,707	日本伊斯特	2014.04.26
填漆云龙纹宝座	高112cm	23,000	中国嘉德	2014.09.22
朱漆描金云龙纹宝座	高110cm	74,750	中国嘉德	2014.06.22
2011年 桐本泰一 朱漆三重箱	长30cm	17,250	中国嘉德	2014.11.20
匏 器				
清乾隆 白玉葫芦坠配葫芦	葫芦高14cm	345,000	北京保利	2014.12.05
清乾隆 葫芦印如意纹碗	直径16cm	126,500	北京匡时	2014.06.03
清乾隆 匏制山禽花卉纹玉壶春瓶	高13cm	78,200	中国嘉德	2014.11.22
清中期 牛角蒙官模子梅兰竹菊四君子图扎嘴葫芦	长15.5cm	43,700	中国嘉德	2014.09.22
清中期 押花山水树石纹蛐蛐葫芦	高21.5cm	230,000	中国嘉德	2014.11.22
清道光 官模“道光年制”缠枝莲匏制渣斗	高7.8cm	92,000	古天一	2014.06.05
清光绪 匏器童子洗象抱月瓶	高28cm	57,500	北京保利	2014.12.04
清晚期 匏器双龙戏珠香筒	高16cm	16,950	江苏爱涛	2014.07.06
清晚期 倒栽火绘云龙纹油壶鲁葫芦	高13.4cm	149,500	北京诚轩	2014.11.20
清 安肃模高士清供图札嘴葫芦	高15.4cm	36,800	北京诚轩	2014.11.20
清 安肃模筐箩纹蝈蝈葫芦	高13.4cm	23,000	北京诚轩	2014.05.19
清 官模子梅花开光“年年康泰”蝈蝈葫芦	长10cm	17,250	中国嘉德	2014.03.24
清 官模子筐箩纹蝈蝈葫芦	高12.6cm	32,200	北京诚轩	2014.11.20
清 葫芦器局	高37.5cm	13,800	北京匡时	2014.12.04
清 匏器蝈蝈罐 (两件)	尺寸不一	40,250	上海嘉泰	2014.06.19
清 匏器蝈蝈罐 (两件)	尺寸不一	13,800	上海嘉泰	2014.06.19
清 匏制蝈蝈葫芦	高11cm	13,800	西泠拍卖	2014.05.06
清 匏制如意纹水丞	直径11.2cm	11,500	中国嘉德	2014.03.24
清 匏制松鼠葡萄秋虫笼	高11cm	17,250	北京传是	2014.06.05
清 跂陶制匏瓜罐	高11.5cm	34,500	西泠拍卖	2014.05.06
清 蛐蛐葫芦	高17.5cm	13,800	北京诚轩	2014.05.19
20世纪 匏制团寿字六方蒜头瓶	高26cm	11,500	中国嘉德	2014.06.22
明焰精舍 漆刻文玩葫芦 (一组)	尺寸不一	25,300	北京保利	2014.06.05
匏制瑞兽图抱月瓶 (一对)	高26.3cm	20,700	中国嘉德	2014.09.22
织 绣				
明 红地织锦仙山楼阁	长48cm	46,000	中国嘉德	2014.03.24
明 黄地织千佛图	长67.3cm	92,025	纽约佳士得	2014.03.20
明/清 缂丝黄地凤凰牡丹纹镜心	宽65cm	115,000	北京保利	2014.06.06
明万历 明黄色妆花罗彩云龙凤纹藏式袍	长220cm	310,500	北京保利	2014.12.05
17世纪 缂丝《释迦坐像》轴	长136cm	2,645,000	北京匡时	2014.12.02
清早期 顾绣松鼠葡萄图	高148cm	287,500	中国嘉德	2014.05.18
清早期 红地妆花缎团龙补	直径50cm	34,500	中国嘉德	2014.05.18
清康熙 缂丝“闹学图”挂屏	高104cm	80,500	北京保利	2014.06.06
清康熙 明黄色缎平金绣龙纹宝座靠背镜心	高76cm	402,500	北京保利	2014.06.06
清康熙 明黄色妆花绸金龙云纹靠背套	长71cm	172,500	北京保利	2014.12.05
清康熙 铺金彩绣麒麟方补 (一对)	宽30.5cm	63,250	中国嘉德	2014.05.18
清康熙 杏黄色平金绸绣云龙纹圆补 (一对)	宽27cm	46,000	北京保利	2014.06.06
清康熙42年（1703）五色织锦“诰命”圣旨	长475cm	98,875	香港苏富比	2014.10.08
清雍正 绛色妆花缎金龙卧云海水江崖纹龙袍	长190cm	575,000	北京保利	2014.06.06
清雍正 明黄色妆花缎海水江崖龙纹藏袍	长176cm	71,300	北京保利	2014.06.06
清乾隆 白玉花卉纹柄刀连铜胎掐丝珐琅福寿双全纹鞘	29.2cm	80,616	伦敦苏富比	2014.11.05
清乾隆 淡绿缎绣彩云金龙双鱼纹璎珞下裳	高90cm	34,500	北京保利	2014.06.06
清乾隆 淡绿色缎平金彩绣云鹤龙纹垫	长87cm	43,700	北京保利	2014.06.06
清乾隆 鹅黄色妆花缎彩云金龙纹饰片	直径29cm	46,000	北京保利	2014.12.05
清乾隆 幡		161,000	北京保利	2014.12.04

拍品名称	物品尺寸	成交价RMB	拍卖公司	拍卖日期
清乾隆 红地漳绒壁挂	长208cm	86,250	北京保利	2014.06.06
清乾隆 红色缎绣千佛袈裟	长320cm	207,000	北京保利	2014.06.06
清乾隆 黄色满纳竹石花果团夔龙纹桌帷	长254cm	1,380,000	北京保利	2014.12.05
清乾隆 黄色纳纱百子图门帘	长346cm	138,000	北京保利	2014.06.06
清乾隆 绛色缂丝彩云金龙纹女朝袍	长180cm	667,000	北京保利	2014.06.06
清乾隆 绛色缂丝金龙纹龙袍	宽202cm	195,500	北京保利	2014.06.06
清乾隆 缂丝群仙祝寿图	长225cm	1,092,500	北京保利	2014.06.06
清乾隆 蓝地彩绣花鸟挂屏 (一对)	高138cm	782,000	中国嘉德	2014.05.18
清乾隆 蓝色绸平金银绣云龙纹龙袍	长176cm	1,840,000	北京保利	2014.12.05
清乾隆 蓝色缎绣文官三品孔雀纹补子 (一对)	长28cm	25,300	北京保利	2014.06.06
清乾隆 龙袍	宽230.6cm	2,058,240	佳士得	2014.05.28
清乾隆 龙袍	宽208.3cm	1,286,400	佳士得	2014.05.28
清乾隆 绿地漳绒壁挂	宽130cm	34,500	北京保利	2014.06.06
清乾隆 米黄色绸打籽绣缠枝莲八宝纹炕罩	宽270c	230,000	北京保利	2014.12.05
清乾隆 米黄色绸打籽绣缠枝莲八宝纹椅垫 (一对)	长52cm	46,000	北京保利	2014.12.05
清乾隆明黄色绸绣福寿连绵坐垫面	长128.5cm	563,500	北京保利	2014.12.05
清乾隆 明黄色缎绣彩云金龙纹靠垫套	高64cm	299,000	北京保利	2014.12.05
清乾隆 明黄色缎绣彩云金龙纹坐褥罩	长120cm	333,500	北京保利	2014.12.05
清乾隆 明黄色织锦团龙仙鹤花卉纹椅披 (一对)	长172cm	57,500	北京保利	2014.12.05
清乾隆 木红地织锦龙纹椅披料 (两对)	长173cm	92,000	北京保利	2014.06.06
清乾隆 苏绣松鼠葡萄牡丹纹挂轴	长134cm	161,000	北京保利	2014.06.06
清乾隆 五色织锦诰命 (两件)	长185cm	276,000	北京保利	2014.12.05
清乾隆 御制黄地刺绣金丝五龙海水纹垫面	长105cm	248,050	伦敦苏富比	2014.11.05
清乾隆 御制黄缎缂丝凤凰金龙纹吉服	阔213.5cm	1,134,605	纽约苏富比	2014.09.16
清乾隆 粤绣百鸟朝凤图插屏	高107cm	402,500	华艺国际	2014.12.09
清乾隆 织锦无量寿佛	长145cm	391,000	北京保利	2014.06.06
清乾隆 缂丝花卉	长104cm	248,600	辽宁建投	2014.06.08
清嘉庆 诰命一卷	长181cm	138,000	北京保利	2014.06.06
清嘉庆 蓝色绸绣云龙纹桌帷	长156cm	92,000	北京保利	2014.12.05
清嘉庆 蓝色缎绣麒麟纹补子 (一件)	长35.5cm	23,000	北京保利	2014.12.05
清嘉庆五色织锦满汉合璧奉天诰命	长297.5cm	62,712	罗芙奥	2014.05.25
清嘉庆 杏黄地纳纱九龙大挂帐	长466cm	2,012,500	北京保利	2014.06.06
清嘉庆 杏黄色云龙纹炕单	长274cm	207,000	北京保利	2014.12.05
清嘉庆 御制蓝缎绣暗八仙金龙纹吉服	阔205.7cm	114,994	纽约苏富比	2014.09.16
清嘉庆/道光 缂金丝底彩云蓝龙纹龙袍	长216cm	264,500	北京保利	2014.12.05
清嘉庆/道光 缂丝四品云雁纹补子	长30.5cm	36,800	北京保利	2014.12.05
清嘉庆/道光 蓝地刺绣云龙吉祥纹吉服		632,500	华艺国际	2014.04.13
清道光 红色刺绣八团花卉吉服褂	长192cm	92,000	北京保利	2014.06.06
清道光 缂丝文官四品云雁纹补子 (一对)	29cm×29cm	34,500	北京保利	2014.06.06
清道光 蓝地缂丝金龙彩云红蝠八吉祥海水江崖纹龙袍	宽190cm	86,832	罗芙奥	2014.05.25
清道光蓝色纳纱金龙纹补子(一对)	直径34.5cm	28,750	北京保利	2014.06.06
清道光 蓝色妆花绸云龙纹龙袍	长205cm	34,500	北京保利	2014.12.05
清道光 葡灰色缂丝八团花蝶纹吉服袍	宽174cm	172,500	北京保利	2014.06.06
清道光 杏黄色绸绣八团福寿花鸟纹袍	长196cm	207,000	北京保利	2014.12.05
清道光2年(1822) 织锦加官封晃圣旨“道光贰年拾壹月拾柒日”字“制诰之宝”印	长142cm	144,980	伦敦苏富比	2014.05.14
清中期 白色缎绣福庆连连炕罩	长240cm	115,000	北京保利	2014.12.05
清中期 刺绣双鹤图	高88cm	230,000	中国嘉德	2014.11.20
清中期 刺绣武官一品麒麟补子	33cm×29cm	23,000	中国嘉德	2014.09.22

拍品名称	物品尺寸	成交价RMB	拍卖公司	拍卖日期
清中期 打籽绣九龙大挂账	长470cm	1,725,000	北京保利	2014.12.05
清中期 宫廷缂丝团扇	长44cm	92,000	北京保利	2014.06.06
清中期 顾绣花鸟镜心	长160.5cm	92,000	北京保利	2014.06.06
清中期 黄色龙纹“太和殿备用”地毯	长251cm	115,000	北京保利	2014.12.05
清中期 黄色团龙纹暗花缎绣龙凤仙鹤花卉纹道袍	宽173cm	230,000	北京保利	2014.12.05
清中期 绛色平金银龙袍	宽230cm	322,000	中国嘉德	2014.05.18
清中期 缂丝群仙祝寿图	高175cm	51,750	中国嘉德	2014.11.20
清中期 缂丝王母鸾凤图	长117cm	48,300	中国嘉德	2014.05.18
清中期 蓝地盘金绣莲花宝座垫	长130cm	20,700	北京保利	2014.01.11
清中期 蓝色缎绣四团彩云金龙纹衮服	长146cm	460,000	北京保利	2014.12.05
清中期 明黄色缎绣八宝铃杵纹桌帷	高166cm	207,000	北京保利	2014.12.05
清中期 明黄色团寿穿珠绣扳指套及沉香粉扳指	直径4cm	23,000	北京保利	2014.06.06
清中期明黄云龙纹寸蟒妆花缎袈裟	长170cm	51,750	北京保利	2014.06.06
清中期 盘金绣虎纹补子	宽32cm	31,838	中国嘉德	2014.10.07
清中期 锁绣挂珍珠平金二品锦鸡纹补子 (一对)	长32cm	172,500	北京保利	2014.06.06
清中期 瑛合造粤绣花鸟纹扇袋	长30cm	36,800	北京保利	2014.06.06
清中期 妆花缎黄马褂	长131cm	13,800	中国嘉德	2014.03.24
清中期 紫色缎绣金龙纹汉式女袍	长180cm	46,000	北京保利	2014.06.06
清中期 紫檀框缂丝“迎祥”挂屏	外框高73.5cm	632,500	北京保利	2014.06.06
清中期、清同治 大红色缎绣团花卉纹袍、红色暗花绸平金银绣金龙杂宝纹吉服袍	长154cm	63,250	北京保利	2014.12.05
清中期/同治 明黄色缎打籽绣龙凤纹褂，绛色打籽绣鱼跃龙门马面裙	长142cm	74,750	北京保利	2014.12.05
清同治 粉红色缎绣蓝云金龙纹袍、白色缎绣金龙云凤纹马面裙	长172cm	115,000	北京保利	2014.12.05
清同治 红呢绣八仙祝寿图寿帐	长286cm	57,500	北京保利	2014.12.05
清同治 湖色缎绣梅蝶纹衬衣、杏黄色缎绣二元花卉纹坎肩	高137cm	74,750	北京保利	2014.12.05
清同治 灰地缂丝玉兰花纹女衬衣	高141cm	115,000	北京保利	2014.12.05
清同治绛色缎绣彩云金龙纹小龙袍	长146cm	57,500	北京保利	2014.06.06
清同治 满绣团五蝠捧寿桌帷	长168cm	57,500	北京保利	2014.12.05
清同治 女服 (两套)	长132cm	69,000	北京保利	2014.12.05
清同治 平金打籽绣文官八品鹌鹑补子 (一对)	长29cm	28,750	北京保利	2014.06.06
清同治 石青色缎绣八团人物女袍	长142cm	46,000	北京保利	2014.06.06
清同治 石青色团龙纹暗花绸绣彩云金龙纹衮服	长142cm	63,250	北京保利	2014.12.05
清同治杏黄色暗花绸绣云蟒纹道袍	长176cm	74,750	北京保利	2014.12.05
清同治/光绪 各式荷包 (一组六件)	尺寸不一	17,250	北京保利	2014.12.05
清同治/光绪 汉式女服及裙 (两套)	长146cm	74,750	北京保利	2014.12.05
清同治/光绪 蓝色缎文官补子 (三组)	长29cm	23,000	北京保利	2014.12.05
清光绪 白色缎绣松下罗汉图轴	长65cm	28,750	北京保利	2014.12.05
清光绪 宝蓝色平金银绸绣云龙纹龙袍	长230cm	115,000	北京保利	2014.06.06
清光绪 大红色绸绣八团仙鹤花蝶纹袍	长190cm	92,000	北京保利	2014.12.05
清光绪大红色缎绣麻姑献寿纹桌垫	长152cm	11,500	北京保利	2014.12.05
清光绪 淡黄色绸绣梅蝶纹氅衣	长134cm	51,750	北京保利	2014.06.06
清光绪 淡黄色绣十二章纹龙袍	长224cm	414,000	北京保利	2014.12.05
清光绪 缎绣荷包 (三件)	尺寸不一	17,250	北京保利	2014.12.05
清光绪 各式荷包 (一组)	尺寸不一	18,400	北京保利	2014.12.05
清光绪 各式荷包 (一组)	尺寸不一	17,250	北京保利	2014.12.05
清光绪 红色绸满打籽锁绣花蝶纹女袍	长218cm	28,750	北京保利	2014.06.06
清光绪 红色缎镶皮边女帽，青色缎缀红缨官帽，白色罗面凉官帽 (各一顶)	尺寸不一	27,600	北京保利	2014.12.05

拍品名称	物品尺寸	成交价RMB	拍卖公司	拍卖日期
清光绪 黄色缎绣十二章祥云金龙纹戏衣	长180cm	69,000	北京保利	2014.06.06
清光绪 绛色绸绣云龙纹皮龙袍	长187cm	74,750	北京保利	2014.12.05
清光绪 蓝色绸绣彩云金蟒纹龙袍	长206cm	46,000	北京保利	2014.06.06
清光绪 蓝色地缂丝卍字地金龙祥云纹龙袍	长204cm	322,000	北京保利	2014.06.06
清光绪 蓝色缎彩云金龙纹朝服下裳、蓝色纳纱云龙纹朝服下裳	高105cm	46,000	北京保利	2014.12.05
清光绪 蓝色缂丝彩云金龙纹龙袍	宽214cm	207,000	北京保利	2014.12.05
清光绪 蓝色缂丝彩云金龙纹龙袍	长192cm	172,500	北京保利	2014.12.05
清光绪蓝色妆花绸彩云金龙纹龙袍	长203cm	46,000	北京保利	2014.06.06
清光绪 蓝色妆花纱云龙纹龙袍	长216cm	34,500	北京保利	2014.12.05
清光绪明黄色暗花绸绣花蝶纹女褂	长142cm	46,000	北京保利	2014.12.05
清光绪 明黄色缎绣团夔凤缠枝莲纹女褂	长160cm	46,000	北京保利	2014.06.06
清光绪 藕荷地纱纳绣凤凰牡丹万寿纹氅衣	长132.6cm	92,025	纽约苏富比	2014.03.18
清光绪 青色绣八团仙鹤纹小褂	长116cm	23,000	北京保利	2014.06.06
清光绪 御制杏黄缎绣四章金龙纹吉服	阔212.5cm	214,655	纽约苏富比	2014.09.16
清光绪 粤绣三阳开泰扇套，鹤鹿同春眼镜套 (一组三件)	尺寸不一	23,000	北京保利	2014.06.06
清光绪 紫色缎绣云龙纹龙袍	长230cm	368,000	北京保利	2014.12.05
清光绪/民国 浅黄色缎绣花鸟纹女上衣及裤，粉色缎平金银绣牡丹花鸟纹对襟女褂及荷花纹女裤	长120cm	40,250	北京保利	2014.12.05
清晚期 白色绸平金绣孔雀花鸟纹褂幅	长340cm	115,000	北京保利	2014.12.05
清晚期白色缎广绣雄鸡雀鸟纹挂屏	长60cm	51,750	北京保利	2014.12.05
清晚期 彩绣花鸟纹寿帐	长202cm	17,250	北京保利	2014.06.06
清晚期 二品花翎顶戴 (一套)	长34.5cm	17,250	北京保利	2014.06.06
清晚期 汉式女裙 (四件)	长143cm	20,700	北京保利	2014.12.05
清晚期 黑地粤绣花鸟四条屏	长137cm	299,000	北京保利	2014.06.06
清晚期黑缎地绣松石花鸟图(两件)	长302.2cm	345,094	纽约佳士得	2014.03.20
清晚期 红地平金绣汉式女龙袍	长174cm	11,500	中国嘉德	2014.03.24
清晚期 红地绣云蝠纹汉式女龙袍	长165cm	17,250	中国嘉德	2014.03.24
清晚期 红地织锦百子图罩面	长184cm	17,250	北京保利	2014.06.06
清晚期 红色漳绒云龙纹挂饰	长206cm	43,700	北京保利	2014.12.05
清晚期 黄地全平绣金九龙靠垫	长78.5cm	28,750	中贸圣佳	2014.07.06
清晚期 黄地绣云蝠八宝纹小龙袍	长164cm	28,750	中国嘉德	2014.03.24
清晚期 黄色缎绣花鸟双鹿纹荷包、黄色暗花缎绣花鸟蝠蝶纹袋	尺寸不一	11,500	北京保利	2014.12.05
清晚期 绛色暗花缎金龙纹喇嘛衣附云肩	长166cm	92,000	北京保利	2014.12.05
清晚期 缂丝八仙庆寿挂屏	长172.5cm	138,000	北京保利	2014.12.05
清晚期 缂丝麒麟送子图立轴	长160cm	17,250	中国嘉德	2014.03.24
清晚期 缂丝群仙祝寿图	长167cm	184,000	北京保利	2014.12.05
清晚期 蓝色缎平金绣云蝠纹经幡 (一对)	长200cm	10,350	北京保利	2014.06.06
清晚期 米色缎绣花鸟纹挂屏 (一对)	长85cm	17,250	北京保利	2014.12.05
清晚期 米色纱绣梅雀纹红木嵌螺钿挂屏	长65cm	40,250	北京保利	2014.12.05
清晚期 明黄色织锦莲花杂宝纹江南织造匹料	长106cm	17,250	北京保利	2014.06.06
清晚期 明黄色织银缎双龙戏珠纹匹料片	长75cm	36,800	北京保利	2014.12.05
清晚期 纳纱卍字地文官六品鹭鸶纹补子 (一对)(改制手袋)	高29cm	11,500	北京保利	2014.06.06
清晚期 石青地绣花卉纹褂阑	长135cm	11,500	中国嘉德	2014.03.24
清晚期 双面粤绣花鸟纹团扇	长43cm	46,000	北京保利	2014.06.06
清晚期 双面粤绣孔雀仙鹤纹团扇	长44cm	57,500	北京保利	2014.06.06
清晚期 文官官补官补用鸟 (一组八对)	尺寸不一	11,500	北京保利	2014.06.06
清晚期 文官官补用鸟 (一组六对)	尺寸不一	10,350	北京保利	2014.06.06

2014杂项拍卖成交汇总

(成交价RMB：1万元以上)

拍品名称	物品尺寸	成交价RMB	拍卖公司	拍卖日期
清晚期 粤绣挂屏 (一对)	长126cm	46,000	北京保利	2014.06.06
清晚期 粤绣花鸟纹四条屏	长134cm	264,500	北京保利	2014.06.06
清晚期 妆花缎暗八仙纹汉式氅衣	长150cm	11,500	中国嘉德	2014.03.24
清晚期 紫色仙鹤纹绣片 (一对)	长39cm×2	32,200	中贸圣佳	2014.07.06
清晚期/民国 汉式女褂及裙 (两套)	尺寸不一	63,250	北京保利	2014.12.05
清 暗红色十二生肖龙纹妆花缎挂屏	长178cm	32,200	北京保利	2014.12.05
清 豹纹方补 (一对)	长30cm	110,124	中国嘉德	2014.04.09
清 彩绣花鸟四条屏	高143cm	253,000	中国嘉德	2014.05.18
清 刺绣对联	长92cm×2	17,250	中贸圣佳	2014.06.01
清 刺绣荷包 (十件)	尺寸不一	17,250	中国嘉德	2014.03.24
清 刺绣荷包 (十件)	尺寸不一	17,250	中国嘉德	2014.03.24
清 刺绣花鸟四条屏	长109.5cm×4	207,000	北京保利	2014.12.05
清 刺绣花鸟图挂毯	长232cm	25,300	北京盘古	2014.06.25
清 刺绣扇套 (十件)	尺寸不一	17,250	中国嘉德	2014.03.24
清 刺绣扇套 (一组七件)	尺寸不一	40,250	西泠拍卖	2014.05.06
清 刺绣婴戏图	长115cm	138,000	北京保利	2014.12.05
清 东方朔偷桃绣品	长172cm	207,000	北京匡时	2014.06.04
清 二品官帽、官靴 (一套)	高39cm	28,750	北京保利	2014.06.06
清 各式扇套及绣品 (一组十八件)	尺寸不一	34,500	西泠拍卖	2014.05.06
清 广东潮州刺绣云龙吉祥纹神衣	长180cm	113,000	广东省拍	2014.06.22
清 海水龙纹图刺绣	长136cm	57,500	北京保利	2014.01.11
清 荷塘鸳鸯缂丝	长109cm	18,400	北京保利	2014.08.02
清 贺寿图绣片	长222cm	138,000	中贸圣佳	2014.06.01
清 红地团花纹织锦	宽79cm	34,500	中国嘉德	2014.06.22
清 花鸟绣片	长303cm	69,000	中贸圣佳	2014.06.01
清 黄地花卉炕单	宽350cm	172,500	北京盈时	2014.05.31
清 黄地缂丝花卉纹坐垫 (一对)	长64cm	80,500	北京盈时	2014.05.31
清 黄地团龙纹织锦	宽79cm	59,800	中国嘉德	2014.06.22
清 黄地团寿云龙纹织锦	宽69cm	46,000	中国嘉德	2014.06.22
清 黄地五龙图织锦	长150cm	80,500	北京保利	2014.01.11
清 黄地绣花卉挂毯 (四块)	宽280cm	172,500	北京盈时	2014.05.31
清 黄地云龙盘金绣	长126cm	20,700	北京保利	2014.01.11
清 黄地桌围幔	宽160cm	92,000	北京盈时	2014.05.31
清 降龙罗汉刺绣	宽190cm	253,000	北京翰海	2014.10.26
清 景仁宫御用金丝挂毯	长246cm	253,000	浙江世贸	2014.07.27
清 绢本博古图	长35cm	25,300	北京保利	2014.04.27
清 刻莲纹刻字灯杆	高120cm	43,700	北京保利	2014.10.26
清 缂丝大吉图屏	长154.5cm	161,000	北京匡时	2014.06.04
清 缂丝横幅百子图	长190cm	46,000	中国嘉德	2014.11.20
清 缂丝花卉册页	长42cm	31,050	北京保利	2014.08.02
清 缂丝吉祥图	长74.5cm	48,300	上海工美	2014.11.02
清 缂丝金地五品文官补 (一对)	高31cm	43,700	中国嘉德	2014.11.20
清 缂丝七品文官补 (一对)	高29.5cm	34,500	中国嘉德	2014.11.20
清 缂丝诗文对联	长149cm	23,000	北京保利	2014.01.11
清 缂丝寿字图	长153cm	63,250	上海道明	2014.03.27
清 缂丝书法 张弼	长106cm	50,850	广东省拍	2014.06.22
清 缂丝天王像	长130cm	32,200	北京保利	2014.04.27
清 缂丝獬豸补服	长35cm	80,500	西泠拍卖	2014.05.06
清 蓝地龙纹长袍	长146cm	287,500	北京盈时	2014.05.31
清 灵仙祝寿图缂丝	长115cm	23,000	北京保利	2014.01.11
清 龙纹挂毯	长200cm	34,500	北京盈时	2014.05.31
清 龙纹绣帐 (两件)	尺寸不一	74,750	北京保利	2014.01.11
清 麻姑献寿缂丝	长97cm	13,800	北京保利	2014.08.02
清 麻姑献寿缂丝	长165cm	28,750	上海道明	2014.12.11
清 玫红色八团人物女服	宽160cm	63,250	中国嘉德	2014.05.18
清 纳纱仿织锦八达晕匹料	高99cm	48,300	北京保利	2014.06.06
清 纳纱金线龙袍	长137cm	34,500	北京保利	2014.01.11
清 纳纱寿字扇套及香囊 (一对)	长29cm	20,700	中国嘉德	2014.03.24
清 盘金绣太平有象挂屏 (二件)	长158cm	69,000	北京翰海	2014.10.26
清 盘金绣云龙纹袍	长195cm	57,500	中国嘉德	2014.09.22
清 铺金打籽绣八品文官补 (一对)	高28cm	34,500	中国嘉德	2014.11.20
清 乾隆御笔缂丝手卷	长156cm	55,200	北京保利	2014.04.27
清 浅绿地缂丝梅花仙鹤女服	宽140cm	92,000	中国嘉德	2014.05.18
清 青色绸补服	长171cm	28,750	北京保利	2014.12.05
清 三星祝寿缂丝	长175cm	16,100	北京保利	2014.10.26
清 山水人物缂丝	长89.5cm	17,250	中贸圣佳	2014.06.01
清 山水图缂丝	长140cm	34,500	北京保利	2014.10.26

拍品名称	物品尺寸	成交价RMB	拍卖公司	拍卖日期
清 十二章龙袍	长187cm	517,500	雍和嘉诚	2014.05.31
清 石青色地妆花缎龙袍匹料	长740cm	34,500	中国嘉德	2014.05.18
清 仕女婴戏图缂丝	长112cm	25,300	北京保利	2014.01.11
清 寿星缂丝	高135cm	34,500	北京保利	2014.01.11
清 苏绣花鸟册页	长19.5cm	55,200	古天一	2014.06.05
清 五老观画 高士乘舟图缂丝 (两件)	长122cm	20,700	北京保利	2014.01.11
清 绣帐	长970cm	57,500	北京保利	2014.01.11
清 一品仙鹤圆补 (一对)	直径30cm	27,531	中国嘉德	2014.04.09
清 婴戏缂丝图	长155cm	23,000	北京保利	2014.10.26
清 约1900年 御用编丝绒龙纹地毯	长270cm	303,140	伦敦苏富比	2014.05.14
清 粤绣百鸟图插屏	高167cm	115,000	北京保利	2014.10.26
清 粤绣花鸟挂屏	高110cm	92,000	北京保利	2014.10.26
清 粤绣三羊开泰图	宽42cm	115,000	中国嘉德	2014.05.18
清 漳绒明黄色耕织图	长128cm	40,250	北京保利	2014.12.05
18或19世纪 缎地绣童子挂屏	长214.6cm	21,466	邦瀚斯	2014.09.15
18世纪 刺绣盘金一品武官麒麟方补 (一对)	高29.8cm	172,547	纽约苏富比	2014.03.18
18世纪 缂丝寿字花卉云龙纹坐垫 (两件)	长206.3cm	153,375	纽约佳士得	2014.03.20
18世纪 龙袍	宽230cm	287,500	北京翰海	2014.05.10
18世纪 龙纹帷幔	长137cm	437,000	北京翰海	2014.05.10
18世纪晚期/19世纪早期 香地缎彩云金龙纹吉服	宽134.6cm	57,516	纽约苏富比	2014.03.18
1907年 白色缎绣五伦图挂帐	长357cm	69,000	北京保利	2014.12.05
19世纪 编丝绒龙纹地毯	长305cm	651,631	纽约苏富比	2014.09.16
19世纪 刺绣二品武官狮子方补 (一对)	高29.8cm	42,178	纽约苏富比	2014.03.18
19世纪 红地缎绣麻姑献寿图挂屏	高128.2cm	61,350	纽约苏富比	2014.03.18
19世纪 红地缂丝八仙纹降衣	长172.4cm	84,329	邦瀚斯	2014.09.15
19世纪 红地缂丝彩绘花篮八仙团纹夹袍	宽198cm	92,025	纽约苏富比	2014.03.18
19世纪 缂丝彩绘花篮八吉祥团纹夹袍	阔198cm	84,329	纽约苏富比	2014.09.16
19世纪 缂丝群贺寿图	高172.7cm	183,990	纽约苏富比	2014.09.16
19世纪 缂丝群仙贺寿图	高155.8cm	145,659	纽约苏富比	2014.09.16
19世纪 蓝地缎织彩云金龙纹吉服	宽232.3cm	49,847	纽约苏富比	2014.03.18
19世纪 蓝缎盘金绣宝塔星辰纹道袍	阔171.5cm	91,995	纽约苏富比	2014.09.16
19世纪 蓝色绸绣盘金龙袍	长178cm	138,000	北京保利	2014.06.06
19世纪 石青锻绣暗八仙八吉祥金龙纹皮朝袍	长138.5cm	245,320	纽约苏富比	2014.09.16
19世纪晚期 蓝地盘金宝塔龙纹降衣	宽174cm	30,675	纽约苏富比	2014.03.18
19世纪早期西藏地区 西藏 绿地八宝三团鹤鞍下毯	长180cm	69,000	中国嘉德	2014.11.20
19世纪中期 石青锻绣八吉祥金龙纹朝袍	阔200.6cm	168,658	纽约苏富比	2014.09.16
19世纪中期西藏地区 西藏 男用虎纹鞍下毯	长140cm	80,500	中国嘉德	2014.11.20
19世纪中期西藏地区 西藏 男用龙纹八仙边鞍下毯	长115cm	34,500	中国嘉德	2014.11.20
19世纪中期西藏地区 西藏 女用蝙蝠祥云纹鞍下毯	长110cm	28,750	中国嘉德	2014.11.20
民国 白色绸绣花鸟纹挂屏	长110cm	207,000	北京保利	2014.12.05
民国 花鸟刺绣四条屏	长70cm	28,750	北京保利	2014.10.26
民国 粤绣花鸟图四条屏	高100cm	195,500	中国嘉德	2014.05.18
2014年作 "君子" 手工双面绣四联屏风	长240cm	1,470,000	佳士得(上海)	2014.10.24
波罗涅兹圆毯	直径200cm	598,000	上海嘉泰	2014.06.18
波斯壁毯"圣母玛利亚"	高86cm	103,500	上海嘉泰	2014.06.18
波斯地毯"地毯商人"	高140cm	230,000	上海嘉泰	2014.06.18
刺绣文官补子 (一套九对)	长32cm	25,300	中国嘉德	2014.03.24
仿宋孔雀 缂丝	长117cm	180,000	丹云轩	2014.08.09
红地织锦袈裟	长260cm	25,300	中国嘉德	2014.09.22
琥珀朝珠 朝服各一件	尺寸不一	55,200	中国嘉德	2014.03.24
黄地花卉纹织锦	宽67cm	97,750	中国嘉德	2014.09.22
黄地太平有象图织锦	宽77cm	32,200	中国嘉德	2014.09.22

拍品名称	物品尺寸	成交价RMB	拍卖公司	拍卖日期
近代 百宝花盆	高50cm	36,800	北京保利	2014.10.26
缂丝蓝底五彩龙袍	长175cm	100,800	一得阁	2014.10.20
路易威登 经典印花貂皮毛毯	220cm×200cm	217,525	香港苏富比	2014.10.07
盛唐牡丹 箫韶凤仪 彩绡团子衣	长80cm	23,000	北京保利	2014.06.05
盛唐牡丹 箫韶凤仪 五凤百子图女褂	长74cm	69,000	北京保利	2014.06.05
五彩盘金酱色龙袍	长200cm	134,400	一得阁	2014.10.20
绣喜字	长180cm	13,800	北京翰海	2014.11.22
佚名 缂丝林良花鸟图	长130cm	253,000	北京保利	2014.12.03
佚名 绣品	长145cm	23,000	朵云轩	2014.01.20
余仁芳 春秀松树盆景	高60cm	18,400	北京保利	2014.12.05
玻璃器				
清康熙/雍正 宝石蓝料菊瓣盘	直径14cm	291,413	纽约佳士得	2014.03.20
清雍正 黄料浅刻螭龙纹摇铃尊	高13.4cm	227,125	保利香港	2014.04.07
清乾隆 宝蓝料小碗(一对)	直径11cm×2	22,400	北京荣宝	2014.11.30
清乾隆 仿雄黄料小杯	直径5.5cm	161,000	中国嘉德	2014.11.20
清乾隆 红料双耳三足炉	高7.6cm	207,000	北京翰海	2014.05.11
清乾隆 黄料喜上眉梢碗	直径19.4cm	126,500	江苏爱涛	2014.07.06
清乾隆 蓝料海棠式水仙盆	长20.9cm	80,500	北京翰海	2014.10.26
清乾隆 料仿白玉莲瓣纹碗	直径14cm	172,500	北京匡时	2014.06.04
清乾隆 料质英雄瓶	高7cm	163,737	中国嘉德	2014.10.07
清乾隆绿料白猴献寿纹灵芝形如意	长31cm	552,000	西泠拍卖	2014.12.13
清乾隆 绿色玻璃盆	长20cm	1,189,920	佳士得	2014.05.28
清乾隆 绿松石玻璃瓶	高35.9cm	1,093,440	佳士得	2014.05.28
清乾隆 套色剔花瓶	高23cm	161,000	广州皇玛	2014.01.02
清乾隆 雪霏地套红料英雄图笔筒	高17.2cm	368,100	纽约佳士得	2014.03.20
清乾隆 珍珠地套红玻璃缠枝番莲纹直颈瓶	高27.6cm	366,624	罗芙奥	2014.05.25
清中期 宝石红料器花卉碗(一对)	直径16cm×2	230,000	江苏爱涛	2014.07.06
清同治 娇黄料碗	直径11.7cm	72,680	保利香港	2014.04.07
18世纪/19世纪 鸡油黄料罐	直径24cm	57,516	纽约佳士得	2014.03.20
18世纪/19世纪 透明紫料酥油茶碗	直径13cm	69,019	纽约佳士得	2014.03.20
19世纪 仿翠玉料及仿玛瑙料镯(各一对)	尺寸不一	72,853	纽约佳士得	2014.03.20
19世纪 粉红涅白双色搅料酒杯(一对)	直径5.8cm	32,209	纽约佳士得	2014.03.20
19世纪 透明暗绿料洒金星长颈瓶	高20.3cm	38,344	纽约佳士得	2014.03.20
19世纪 透明料如意云足烟灯	高16.5cm	368,100	纽约佳士得	2014.03.20
19世纪 雪霏地套红料暗八仙纹镯(一对)	直径7.6cm	30,675	纽约佳士得	2014.03.20
清 白料兽耳净水瓶	高9.5cm	28,750	北京翰海	2014.05.10
清 粉料杯(一对)	直径9cm	17,250	中国嘉德	2014.09.22
清 金星料龙瓶	高13cm	207,000	中宝拍卖	2014.07.06
清 蓝料敦式碗(六只)	直径10.7cm×8	11,500	北京传是	2014.06.05
清 蓝料盘(两件)	直径18.5cm	20,700	北京翰海	2014.01.12
清 蓝料盘(六只)	直径20cm×6	11,500	北京传是	2014.06.05
清 料制橄榄瓶	带座高21cm	109,250	西泠拍卖	2014.12.13
清 琉璃朝珠	直径1.5cm	13,800	西泠拍卖	2014.12.13
清 天蓝料罐	高20.5cm	34,500	北京翰海	2014.01.11
玻璃陨石		208,000	荣盛国际	2014.07.26
粉晶寿桃盆景	高135cm	40,250	中国嘉德	2014.09.22
黄料双龙戏珠开光诏文长颈瓶	高21.3cm	42,178	纽约佳士得	2014.03.20
金银器				
战国 纯金带金饰(一组十二件)	直径5.8cm	964,080	台湾世家	2014.04.13
战国 纯金质羊头权杖	长9.5cm	154,641	中国嘉德	2014.10.07
唐 纯金镶宝石饰牌	直径8.3cm	231,150	大唐国际	2014.05.27
唐 西元8世纪 银鎏金錾刻鱼子地圆盒(三件)	口径2.9cm×3	135,511	宝港国际	2014.11.27
唐 西元9世纪 银鎏金錾花鱼子地宝相花菱花盒	口径3.3cm	361,362	宝港国际	2014.11.27
唐 西元9世纪 银鎏金錾花鱼子地宝相花菱花盒	口径4cm	180,681	宝港国际	2014.11.27
唐 西元9世纪 银鎏金錾花鱼子地孔雀纹小圆盒	口径2.7cm	162,613	宝港国际	2014.11.27
唐 银高足杯(两件)	高6cm	122,660	纽约苏富比	2014.09.16
唐 银刻花卉纹小盖盒	直径4.5cm	153,375	纽约苏富比	2014.03.18
唐 银鎏金錾花三足小香炉	口径4.4cm	406,532	宝港国际	2014.11.27
唐 银犬	高13.6cm	107,363	纽约苏富比	2014.03.18

拍品名称	物品尺寸	成交价RMB	拍卖公司	拍卖日期
唐 金 玉发饰(一组二十一件)		207,000	中国嘉德	2014.11.22
唐晚期 西元9/10世纪 银鎏金錾刻鱼子地玄武纹圆盒	口径4cm	451,703	宝港国际	2014.11.27
宋 金制首饰(五件)	尺寸不一	103,500	西泠拍卖	2014.05.06
元银鎏金錾刻"吹笙引凤"纹盖盒	长20cm	567,500	中拍国际	2014.06.04
元早期 鎏金银刻瑞兽缠枝花卉三象足银炉	高14.2cm	55,476	澳门中信	2014.06.08
明宣德 银二龙戏珠大熏炉	高56cm	3,450,000	河南日信	2014.06.01
明万历 纯金花卉纹带銙(一组二十件)	尺寸不一	964,080	台湾世家	2014.04.13
明 金嵌宝石头面(一套十二件)	尺寸不一	2,530,000	北京保利	2014.12.04
明 金质累丝宫灯形耳坠(一对)	高7.5cm	66,700	中国嘉德	2014.05.24
明 金质嵌宝石耳坠(两对)	尺寸不一	24,150	中国嘉德	2014.05.24
明 金质嵌红宝、蓝宝凤凰形摆件(三只)	长3.2cm	26,450	中国嘉德	2014.05.24
明 银鎏金錾花"游春图"香盒	直径6.5cm	170,250	中拍国际	2014.06.04
明 银嵌金执壶	高22.4cm	115,000	北京匡时	2014.09.17
明 银质包金瓜棱珠手串	单珠直径1.13cm	13,800	中国嘉德	2014.05.24
明 银质鎏金累丝嵌珍珠头饰(一组三件)	尺寸不一	36,800	中国嘉德	2014.05.24
明 金质浮雕佛像嵌宝石 珍珠指套		34,500	中国嘉德	2014.11.22
明 鸳鸯戏莲纹金掩鬓(一对)		41,400	北京诚轩	2014.11.22
明 如意云纹金满冠(一件)		23,000	北京诚轩	2014.11.22
明 卷草纹桥梁式金钗(一件)		66,700	北京诚轩	2014.11.22
清早期 银鎏金刻龙纹壶	高25cm	138,000	浙江世贸	2014.04.13
清乾隆 纯金累丝红蝠大吉香盒	长7.5cm	322,000	上海嘉泰	2014.06.19
清乾隆 银壶	高11.5cm	185,400	台湾世家	2014.04.13
清乾隆 银鎏金花丝镶宝缠枝莲纹胭脂盒	长8cm	138,000	浙江世贸	2014.07.27
清乾隆 银铺首(一对)	长25cm	207,000	中贸圣佳	2014.06.01
清乾隆 银兽面门环(二件)	高26cm	11,500,000	北京翰海	2014.10.25
清中期 银鎏金莲花钵	直径8.5cm	32,200	北京保利	2014.12.05
清中期 银胎点翠嵌宝头钗	长14.7cm	20,700	北京保利	2014.06.06
清中期 银制云龙赶珠纹嵌宝围棋盒(一对)	直径15cm	1,035,000	北京东正	2014.05.18
清 "四君子"纹银壶	高19cm	23,000	朵云轩	2014.12.19
清 纯金蝉(一对)	长6.7cm	39,758	大唐国际	2014.05.27
清 纯金发簪	长9.6cm	12,944	大唐国际	2014.05.27
清 纯金香熏球	直径6cm	92,000	北京翰海	2014.05.11
清 纯银鎏金香盒	高4.4cm	57,500	北京翰海	2014.05.11
清 仿南瓜形银胎壶	宽19cm	11,500	北京保利	2014.08.02
清 挂件	总长67cm	17,304	台湾世家	2014.04.13
清 金壶	高8cm	126,500	远方拍卖	2014.06.03
清 金雾霰纹提壶	高13cm	138,000	浙江世贸	2014.07.27
清 金制羊首戒指	直径2.5cm	34,500	西泠拍卖	2014.05.06
清 金质点翠蝙蝠纹、连钱纹嵌碧玺绵羊头戒指	外直径3.07cm	184,000	中国嘉德	2014.05.24
清 金质累丝点翠嵌碧玺、黄晶、珍珠如意形面簪	长18.5cm	195,500	中国嘉德	2014.05.24
清 金质累丝点翠嵌碧玺"福、禄、寿、禧"发簪(一套四件)	长14.3cm	105,800	中国嘉德	2014.05.24
清 金质累丝点翠嵌红宝石、珍珠蝙蝠喜字纹面簪(一对)	直径9.6cm	333,500	中国嘉德	2014.05.24
清 金质累丝点翠嵌珍珠、碧玺、红蓝宝石花篮形面簪	高14cm	276,000	中国嘉德	2014.05.24
清 金质累丝点翠嵌珍珠"四龙戏珠"手镯(一对)	外直径8.35cm	437,000	中国嘉德	2014.05.24
清 金质累丝寿字纹二品吉服冠帽顶镂空龙纹翎管(一套)	总长11.5cm	80,500	中国嘉德	2014.05.24
清 金质嵌宝喜庆吉祥纹六棱盒	宽7.9cm	172,500	中国嘉德	2014.11.22
清 金质嵌珊瑚、珍珠戒指	外直径2.5cm	69,000	中国嘉德	2014.05.24
清 金质嵌珍珠、松石"双龙戏珠"手镯(一对)	外直径8.86cm	184,000	中国嘉德	2014.05.24
清 金质烟具	长29cm	34,500	中国嘉德	2014.05.24
清 金质錾刻"葫芦万代""嘉庆年制"烟具	长5.4cm	28,750	中国嘉德	2014.11.22
清 金质錾刻蝙蝠纹扁方	长20.72cm	59,800	中国嘉德	2014.05.24
清 龙纹宝相花盖瓶	高20cm	337,500	中鸿信	2014.11.22
清 葡萄纹银壶与仿青铜纹银提梁卣	尺寸不一	11,500	朵云轩	2014.12.19

2014杂项拍卖成交汇总

(成交价RMB：1万元以上)

拍品名称	物品尺寸	成交价RMB	拍卖公司	拍卖日期
清 提梁锤目银壶	高16.4cm	36,800	上海道明	2014.03.27
清 银把壶	长17.5cm	11,500	北京翰海	2014.04.13
清 银鎏金嵌宝金瓯永固杯	高13.5cm	299,000	上海嘉泰	2014.06.19
清 银盘及叉一组19件及藏六造银盘一组十件	尺寸不一	55,200	西泠拍卖	2014.12.13
清 银烧蓝嵌宝石镶玉龙柄手镜	长21cm	46,000	中国嘉德	2014.11.20
清 银胎嵌百宝福寿方盒	宽7.5cm	40,250	西泠拍卖	2014.05.06
清 银云鹤吊薰球	直径15cm	112,700	上海嘉泰	2014.06.19
清 银制花瓶	高15.5cm	11,500	朵云轩	2014.06.29
清 银制梅花纹茶具(六件套)	托盘长44.5cm	172,500	大象(北京)	2014.09.27
清 银制人物纹茶具(三件套)	高14cm	115,000	大象(北京)	2014.09.27
清 银质鎏金夔龙纹爵杯	高13cm	28,750	中国嘉德	2014.11.22
清 银质鎏金累丝珐琅彩葫芦形捧盒	长14.5cm	78,200	中国嘉德	2014.05.24
清 錾刻花卉纹银壶	高24.4cm	69,000	上海道明	2014.03.27
清 錾银镂雕云龙海水兽钮香炉	长13cm	22,500	中鸿信	2014.11.22
清 金质累丝嵌宝石螃蟹形发饰(一对)		46,000	中国嘉德	2014.11.22
清 金质头面首饰(一组十三件)		138,000	中国嘉德	2014.11.22
19世纪 银镶琥珀吊坠(二十六件)		11,500	中国嘉德	2014.09.22
清晚期 象牙提手纯银茶壶	高38cm	57,500	中贸圣佳	2014.07.06
清晚期/民国 金质高浮雕龙凤纹熏炉	高26cm	782,000	中国嘉德	2014.05.24
清晚期/民国 金质累丝烧蓝嵌白玉如意形文房摆件	长14.5cm	59,800	中国嘉德	2014.11.22
清晚期/民国 金质双龙耳浮雕仿青铜器纹饰赏瓶	通高24cm	345,000	中国嘉德	2014.11.22
清晚期花卉人物图六瓣葵花形赏碗一件	宽17.5cm	18,400	北京诚轩	2014.11.22
清晚期民初“厚祥”款喜上眉梢银质大香炉一件	宽24.7cm	115,000	北京诚轩	2014.05.21
清晚期民初仿雍正人物故事图银质花瓶一件	高30.1cm	34,500	北京诚轩	2014.05.21
清晚期民初仿雍正四灵图银质花瓶一件	高28.7cm	32,200	北京诚轩	2014.05.21
清晚期民初莲塘鸳鸯图银质提梁壶一件	宽17.6cm	34,500	北京诚轩	2014.11.22
清晚期民初银鎏金镂空“鹿鹤同春图”香囊一件	长12.2cm	11,500	北京诚轩	2014.05.21
清晚期民初银鎏金镂空“四艺芙蓉图”香囊一件	长12.2cm	18,400	北京诚轩	2014.05.21
清晚期民初银质鸳鸯衔荷香熏一对	高13.6cm	59,800	北京诚轩	2014.11.22
清晚期民初银质长命宫锁一件		23,000	北京诚轩	2014.11.22
清银鎏金嵌宝石“比翼双飞”大型挂饰一件	长90.8cm	80,500	北京诚轩	2014.05.21
18世纪 三多纹杯	直径5.6cm	14,832	台湾世家	2014.04.13
18世纪 银胎锤楪浮雕铜鎏金龙纹抱月瓶	高40cm	275,310	中国嘉德	2014.04.09
1972年作 蒋介石 铭赠明振同志银盘、银壶(一套)	尺寸不一	40,250	西泠拍卖	2014.05.03
19世纪 1912年名人签名纯银雪茄盒	长22.4cm	13,800	北京保利	2014.12.03
19世纪 安平制贴古钱币纯银茶叶罐	直径8cm	23,000	北京保利	2014.12.03
19世纪 梅兰竹菊纹提梁银壶	高24cm	109,250	北京盘古	2014.06.25
19世纪 日本皇室御用纯银珐琅茶具(一组)		575,000	上海嘉泰	2014.06.18
19世纪 外销银菊纹茶器(一套)	长51.2cm	117,824	伦敦苏富比	2014.11.05
19世纪 英国爱丁堡1851年制纯银壶(一套三件)		13,440	上海国拍	2014.11.30
19世纪 英国爱丁堡1851年制纯银壶(一套三件)		13,440	上海国拍	2014.11.30
19世纪末 英国伦敦1862年制纯银刻花果盘(一件)		10,640	上海国拍	2014.05.18
19世纪晚期 银酒器(一组)	直径38.1cm	72,829	邦瀚斯	2014.09.15
明治期 “宫本”银建水	直径10cm	19,550	长风拍卖	2014.01.05
明治期 “家规德”制银壶	高17cm	40,250	长风拍卖	2014.01.05
明治期 “万岁”纹银壶	高20cm	78,200	长风拍卖	2014.01.05
明治期 “一阳”款黑藤细编提梁银壶	高18cm	32,200	长风拍卖	2014.01.05
明治期 “竹荣堂”沙地纹银壶	高17cm	34,500	长风拍卖	2014.01.05
明治期 “庄秀管”银壶	高12cm	17,250	长风拍卖	2014.01.05
明治期 缠银提梁大汤沸	高19cm	55,200	长风拍卖	2014.01.05
明治期 纯金响片银壶	高24cm	57,500	长风拍卖	2014.01.05
明治期 刻“心经”银壶	高15cm	48,300	长风拍卖	2014.01.05
明治期 老藤提梁银急需	高8.5cm	24,150	长风拍卖	2014.01.05
明治期 螺纹银壶	高15cm	20,700	长风拍卖	2014.01.05
明治期 内胆镀金“服部制”款大漆包银盘(七件套)	尺寸不一	92,000	长风拍卖	2014.01.05
明治期 沙地纹银茶具(三件套)	壶高16.5cm	172,500	长风拍卖	2014.01.05
明治期 唐草纹雕银汤沸	高19cm	49,450	长风拍卖	2014.01.05
明治期 藤蔓提梁银壶	高17cm	34,500	长风拍卖	2014.01.05
明治期 提梁银壶	高15.5cm	32,200	长风拍卖	2014.01.05
明治期 雾散菊花钮金壶	高17.5cm	575,000	华艺国际	2014.09.28
明治期 一鹤斋款银壶	高20cm	71,300	长风拍卖	2014.01.05
明治期 鱼子纹银壶	高19cm	34,500	长风拍卖	2014.01.05
明治大正期 昌晴造银壶	高17cm	23,000	上海春秋堂	2014.12.21
明治大正期 松尾忠久侧把纯银急须(原共箱)	宽17cm	46,000	上海春秋堂	2014.12.21
明治大正期 松下亭、元广刻、松竹梅纯银铫子(原共箱)(一对)	宽18cm×2	13,800	上海春秋堂	2014.12.21
明治大正期 竹影堂梅花型茶托(一组)	直径11cm	16,100	上海春秋堂	2014.12.21
明治期 纯金镶嵌蝴蝶水指	高12.2cm	23,000	北京匡时	2014.12.04
明治期 凤凰纹胧银(四分之一金)鎏金香炉	高8.5cm	43,700	北京匡时	2014.12.04
明治期 金工花瓶(一对)	高11cm×2	149,500	北京匡时	2014.12.04
明治期 金象堂家教造花鸟纹金工鼎式香炉	高19.5cm	253,000	北京匡时	2014.12.04
明治期 精工望月型纯银汤沸	高20cm	51,750	上海春秋堂	2014.09.07
明治期 驹井造金工香盒	直径6.2cm	40,250	北京匡时	2014.06.05
明治期 驹井作金工桌柜	高10.5cm	184,000	北京匡时	2014.12.04
明治期 驹井作孔雀纹金工香盒	长10.5cm	103,500	北京匡时	2014.12.04
明治期 胧银鎏金狮子香炉	长13cm	36,800	北京匡时	2014.12.04
明治期 内山大助作雪月花金工茶托(一组五件)	直径11.3cm×5	43,700	北京匡时	2014.12.04
明治期 山田宗光作海波纹铜包银壶	高21cm	782,000	北京匡时	2014.06.05
明治期 绍美荣佑及初代三浦竹泉合作 青花瓷包纯银杯(一对)	高6.2cm×2	10,350	北京匡时	2014.12.04
明治期 惺惺堂绍美荣佑造云凤纹胧银凸嵌金银火钵	高23.8cm	97,750	北京匡时	2014.12.04
大正 “德行堂”银茶叶罐	高10cm	25,300	长风拍卖	2014.01.05
大正 “德力”款银杯	直径11cm	10,350	长风拍卖	2014.01.05
大正 北村静香作银壶	高18cm	195,500	长风拍卖	2014.01.05
大正 木村节三造口打出禅杖钮银壶	高20cm	195,500	长风拍卖	2014.01.05
大正 真锅静良款口打出铁钩手银壶	高17cm	207,000	长风拍卖	2014.01.05
大正期 山口丹金造银壶	长14.5cm高17.5cm	43,700	北京匡时	2014.06.05
大正期 伸斋作银地描金盖置	高5.8cm	20,700	北京匡时	2014.06.05
大正期 松荣堂造一叶竹胧银包银茶则	长8.6cm	23,000	北京匡时	2014.06.05
大正期 英青堂造山水纹纯银银壶	长15cm高17cm 重411.8g	63,250	北京匡时	2014.12.04
大正期 真锅静良七十五岁作大槌目纯银银壶	长19.5cm高21cm	161,000	北京匡时	2014.12.04
大正期 中川净益作嵌金银家徽纹盖置	直径5.2cm高5cm	13,800	北京匡时	2014.12.04
大正时期 宝珠形银壶	高16cm	20,700	北京保利	2014.06.04
大正时期 侧把急须	宽19cm	17,250	北京保利	2014.06.04
大正昭和期 纯银望月型汤沸	高19cm×宽15cm	17,250	上海春秋堂	2014.12.21
民国 银制“名高望重”碑坊	高38cm	49,968	保利香港	2014.04.07
民国 银制云龙纹盘	直径23cm	10,350	北京保利	2014.01.11
民国上海裘天宝银楼制香熏炉鼎(一件)		143,750	上海崇源	2014.06.14
民国时期瓜瓞连绵纹银质果盒一件	重496.4g直径143mm	23,000	北京诚轩	2014.05.21
民国时期龙凤呈祥图银盘一件	直径41.4cm重990.9g	29,900	北京诚轩	2014.11.22

(成交价RMB：1万元以上)

拍品名称	物品尺寸	成交价RMB	拍卖公司	拍卖日期
民国时期路路连科图银质果盒一件	宽18.2cm重829.3g	25,300	北京诚轩	2014.11.22
民国时期梅竹双清图银质茶壶、糖罐、奶杯一套三件	长12.8-23.8cm高7.1-12.4cm总重1050g	48,300	北京诚轩	2014.11.22
民国时期寿桃元宝形银质摆饰一件	宽16.3cm高8.9cm重652g	20,700	北京诚轩	2014.11.22
民国时期万宝银楼银质花瓶一对	高260mm总重689.1g（带座）	43,700	北京诚轩	2014.05.21
民国时期银鎏金累丝雄狮、母狮一对	高（带座）35cm34.2cm总重（带座）6128.2g	89,700	北京诚轩	2014.11.22
民国时期银鎏金梅花图茶叶罐一件	高13.3cm重507.6g	23,000	北京诚轩	2014.11.22
民国时期银鎏金狮子绣球图三足炉一件	高28.2cm	89,700	北京诚轩	2014.11.22
民国时期银质菊瓣形茶壶一件	长21.0cm	32,200	北京诚轩	2014.05.21
民国錾刻花瓶（一件）		20,700	上海崇源	2014.06.14
20世纪 纯银累丝鎏金三阳开泰尊（一对）	高38cm	109,250	上海嘉泰	2014.06.19
八代龙文堂安之介 南镣丸型银壶	高22.8cm	575,000	上海泓盛	2014.07.21
八卦纹金帽冠	长7.0cm	322,000	上海泓盛	2014.07.21
八十吉造三环翠摘木瓜型纯银壶	高21cm	69,000	北京歌德	2014.06.01
宝珠型槌目银壶	高14.0cm	17,250	上海泓盛	2014.12.10
藏六造 纯银菊瓣茶洗（一对）	直径18.0cm	115,000	上海泓盛	2014.07.21
藏六制银壶	高25cm	57,500	西泠拍卖	2014.12.13
侧把纯银急须	长11cm	14,950	北京匡时	2014.09.17
纯古堂造镜面纯银壶	重562.5g	41,400	北京歌德	2014.06.01
纯古堂造镜面纯银银壶	高20.5cm	34,500	北京匡时	2014.12.04
纯古堂制錾刻兰花纹纯银急须	长11.5cm	46,000	北京匡时	2014.06.05
纯金霰型金壶	高16cm	460,000	北京歌德	2014.06.01
纯金制槌木纹铫子	高16cm	322,000	北京歌德	2014.06.01
纯金制槌木纹酒壶	高12.5cm	80,500	北京保利	2014.06.04
纯银菊钮壶	高19cm	11,500	荣宝斋（上海）	2014.05.09
纯银刻花梅兰竹菊茶器一组连红木托盘	尺寸不一	149,500	北京歌德	2014.06.01
大丸造岩肌纹纯银壶	高18cm	43,700	北京歌德	2014.06.01
丹金造 南镣茶具（一组十件）	尺寸不一	103,500	上海泓盛	2014.12.10
当代 宫本制纯银香盒	直径9.3cm	40,250	中鸿信	2014.11.23
德力造纯银壶	高17.5cm	32,200	北京匡时	2014.06.05
德力正美作纯金手工龟甲纹提梁壶	高13cm	276,000	北京保利	2014.06.04
德如造银瓷双盖香薰	高11cm	12,075	北京歌德	2014.06.01
蒂芙尼 Tiffany 新古典主义风格银质果盘		19,800	北京保利	2014.02.05
滇文化 纯金牛首	长8cm	87,837	大唐国际	2014.05.27
二世藏六造 兽口白玉环摘圆线纹银壶	高15.5cm	109,250	福建东南	2014.05.25
二世藏六造 饕餮纹银壶	高19.5cm	207,000	上海泓盛	2014.07.21
二世臧六造商祖辛盉式纯银水注	高19.5cm	437,000	北京翰海	2014.10.25
法国 精致，银制珐琅烟盒		18,668	保利香港	2014.10.06
法国 精致，银质，珐琅粉盒		28,001	保利香港	2014.10.06
法国 银制龟形饰品盒		44,802	保利香港	2014.10.06
芳广刻梅兰竹菊纯银红木胎香道具（一组）	重971.5g	36,800	北京歌德	2014.06.01
风炉釜	尺寸不一	80,500	北京匡时	2014.06.05
服部制阿古陀型纯银茶器一组 连红木托盘	尺寸不一	276,000	北京歌德	2014.06.01
高冈名家森川荣月造丸形纯银汤沸	高22.5cm	55,200	上海春秋堂	2014.09.07
光南造霰形大银壶	高30cm	149,500	北京歌德	2014.06.01
龟泉造鎚木纹纯银银壶	高26cm	57,500	北京匡时	2014.12.04
花瓣形纯银茶托（一组七件）	长7.5cm×7	11,500	北京匡时	2014.12.04
花卉纹槌目银壶	高19.5cm	34,500	中国嘉德	2014.06.22
花口金碟	长9.5cm	207,000	上海泓盛	2014.07.21
江户 光明作铁包银错金诗文锔钉壶	高16.5cm	862,500	长风拍卖	2014.01.05
江户 宗味款铁钧手打出金瓶	高13cm	920,000	长风拍卖	2014.01.05
江户明治期 纯银唐草纹侧把急须	宽11cm	23,000	上海春秋堂	2014.12.21
江户中后期 日本铁把银壶		36,800	上海道明	2014.04.12
江户中后期 日本银壶		40,250	上海道明	2014.04.12
金工花鸟纹花插（一对）	高15cm×2	138,000	北京匡时	2014.06.05
金工花鸟纹花瓶	高21.5cm	31,050	北京匡时	2014.06.05
金赏堂造六角形纯银壶	高18.5cm	46,000	北京匡时	2014.09.17
金赏堂作纯银菊纹鎏金火屋香炉	高10cm	138,000	北京歌德	2014.06.01

拍品名称	物品尺寸	成交价RMB	拍卖公司	拍卖日期
金寿堂造兽口纯银壶	高22cm	39,375	中鸿信	2014.11.22
金叶子	长38cm	86,250	北京保利	2014.12.04
金银镶嵌松石带钩	长19.8cm	632,500	安徽艺海	2014.04.30
金鱼纹刻花砲口纯银壶	高22cm	55,200	北京歌德	2014.06.01
金质带钩	长2.6cm	57,500	北京保利	2014.12.04
金质佛手耳坠(一对)	长5.8cm	40,250	上海泓盛	2014.12.10
金质葫芦耳坠(一对)	长5.2cm	34,500	上海泓盛	2014.12.10
金质花卉头饰(三件)	长10.0cm	28,750	上海泓盛	2014.12.10
金质牌饰	长6cm	57,500	北京保利	2014.12.04
金质双龙戏珠发饰	长7.4cm	28,750	上海泓盛	2014.12.10
近代 北村静香造纯银一块打银壶	高18cm	207,000	上海泛华	2014.06.30
近代 金制斋戒牌	长6cm	55,200	北京保利	2014.08.02
近代 银壶（两件）	尺寸不一	36,800	北京保利	2014.01.11
净益造梅兰竹菊纹银壶	高13.4cm	46,000	西泠拍卖	2014.12.13
九世中川净益作花草雕宝珠形银壶	高20.5cm	155,250	北京匡时	2014.06.05
卡地亚 CATIER 14K金编织烟盒		46,000	北京保利	2014.06.06
卡地亚黄金古董烟盒		72,772	中国嘉德	2014.10.07
康德元年 银制修聘纪念盖罐	直径8cm	63,595	保利香港	2014.04.07
刻花纯银壶	高14.5cm	48,300	北京匡时	2014.06.05
刻梅花锤目纹纯银壶	高19cm	47,150	北京歌德	2014.06.01
来凤作纯银炮口银壶	高14.3cm	36,800	北京匡时	2014.09.17
鎏金花卉纯银壶	高19cm	80,500	北京歌德	2014.06.01
龙头花口金碟	长10.2cm	207,000	上海泓盛	2014.07.21
梅花瓶	高19.5cm	11,500	北京保利	2014.12.04
梅花纹纯银鎏金急须	长13.5cm	46,000	北京匡时	2014.06.05
梅兰竹菊松纹纯银茶道组（九件套）	尺寸不一	109.250	福建东南	2014.05.25
蒙疆七药公司银瓶（一对）	高17.6cm	11,500	北京保利	2014.12.04
弥三米作嵌金银白银酒铫子（一对）	高16cm×2	368,000	北京歌德	2014.06.01
欧洲镀金女式梳妆五件套	尺寸不一	29,900	北京保利	2014.06.05
奇楠香具（一组三件）	尺寸不一	92,000	西泠拍卖	2014.12.13
青凤造纯银鎏金狮子香薰	高12cm	40.250	北京歌德	2014.06.01
人物诗文茶叶罐	高11.8cm	11,500	北京保利	2014.12.04
日本 槌目银壶	高21.2cm	34,500	中国嘉德	2014.09.22
日本 蒺藜银壶	高23cm	46,000	西泠拍卖	2014.05.06
日本 刻心经银壶	高16.5cm	34,500	中国嘉德	2014.09.22
日本 十六瓣菊纹皇家制霰形壶	高17.6cm	772,225	保利香港	2014.04.07
日本 银制珍珠地方盖壶	高14cm	25,300	西泠拍卖	2014.05.06
容善堂牡丹錾刻纯银盏托（一套）	直径10.5cm	11,500	北京保利	2014.06.05
瑞士镀金精致方形珠宝盒	表径28cm	11,500	北京保利	2014.06.05
三龙堂造纯银金摘对壶	高16cm×2	35,650	北京歌德	2014.06.01
三世藏六造阿古陀型纯银壶	高27cm	97,750	北京歌德	2014.06.01
三世藏六造定制款纯银小酒次（一对）	高14.5cm×2	43,700	北京匡时	2014.06.05
山川孝次造胧银包银嵌金银牡丹狮子纹香炉	宽25.1cm	40,250	北京匡时	2014.06.05
山水纹纯银香炉	高7.8cm	13,800	北京匡时	2014.12.04
山田宗光造 海波纹铜包银壶	高21cm	368,000	福建东南	2014.05.25
尚古堂款菊纹纯银壶	高16cm	69,000	北京歌德	2014.06.01
尚美堂造纯银锤目急须	高8cm	28,750	北京歌德	2014.06.01
尚美堂造大槌目纯银银壶	高19.5cm	32,200	北京匡时	2014.12.04
尚美堂造大鎚木纯银壶	高19cm	43,700	北京歌德	2014.06.01
尚美堂造刻花纯银酒铫（一对）	长16cm×2	43,700	北京匡时	2014.12.04
尚美堂造霰形纯银壶	高19cm	28,750	北京匡时	2014.09.17
绍美作银内底急须（一对）	尺寸不一	24,150	北京匡时	2014.09.17
盛艺堂乳丁龙口翡翠纯银壶	高22cm	74,750	荣宝斋（上海）	2014.05.09
盛艺堂造银壶	高21.5cm	36,800	西泠拍卖	2014.12.13
石黒光南 纯金制茶壶	宽15.5cm	104,359	日本伊斯特	2014.06.01
石山哲也 金银抹茶碗组（四件）	尺寸不一	43,700	北京保利	2014.04.29
手刻凤图纯银小提箱	长8.5cm	12,075	北京歌德	2014.06.01
四世藏六龟首盉式银壶	宽13cm	109,250	北京翰海	2014.10.25
四世藏六造 龟首盉式银壶	长11.7cm	115,000	上海泓盛	2014.12.10
松荣堂造 南瓜形银壶	高14.5cm	23,000	上海泓盛	2014.12.10
松荣堂造纯银茶具（一组五件）	尺寸不一	51,750	北京匡时	2014.09.17
松荣堂造纯银打出南瓜形银壶	高14cm	31,050	北京歌德	2014.06.01
松荣堂造南瓜形银壶	高15.5cm	97,750	北京匡时	2014.06.05
松荣堂造雾霰槌木大银壶	高30cm	138,000	北京歌德	2014.06.01
松荣堂作纯银南瓜型银瓶（一组）	尺寸不一	57,500	北京歌德	2014.06.01
藤把打出银壶	高19cm	20,700	北京匡时	2014.06.05
藤手把芋头型纯银壶	高15cm	40,250	北京歌德	2014.06.01
伪满州国工部局纪念银器（三件）	高18.5cm	19,987	保利香港	2014.04.07

2014杂项拍卖成交汇总

(成交价RMB：1万元以上)

拍品名称	物品尺寸	成交价RMB	拍卖公司	拍卖日期
文革时期银质毛主席半身像一座	高26.6cm	36,800	北京诚轩	2014.11.22
吴杉堂造 纯金制提壶	高17.4cm	284,616	日本伊斯特	2014.06.01
雾霰纹纯银茶器	尺寸不一	138,000	北京歌德	2014.06.01
西夏 观音铭文双耳瓶	高12cm	54,384	台湾世家	2014.04.13
霰纹金壶	高15cm	494,500	福建东南	2014.05.25
泄田造莲形银茶托（一组五件）	尺寸不一	20,700	西泠拍卖	2014.12.13
熊谷造 童子拜佛镶金银茶盘	直径27.5cm	172,500	上海泓盛	2014.07.21
摇山造纯银酒具（一组九件）	尺寸不一	34,500	西泠拍卖	2014.12.13
一东斋造大锤目望月形银壶	高22cm	52,900	北京歌德	2014.06.01
一鹤斋造望月形银壶	高18.5cm	37,950	北京匡时	2014.06.05
银餐具（一批）	尺寸不一	69,000	上海工美	2014.06.28
银茶叶罐	高11cm	17,250	太平洋	2014.06.25
银茶叶壶	长17cm	23,000	太平洋	2014.06.25
银果形盒（八件）	尺寸不一	19,550	上海工美	2014.06.28
银壶及银酒壶（一组五件）	酒具高11.5cm	28,750	西泠拍卖	2014.12.13
银菊纹瓶（一对）	带座高23.5cm	40,250	西泠拍卖	2014.12.13
银嵌百宝瓶（一对）	高23cm	189,750	北京歌德	2014.06.01
银碗（一对）	直径13.5cm	17,250	太平洋	2014.06.25
银镶犀角螭龙纹牌	6.5cm×5.5cm	29,366	中信国际	2014.04.19
银制蛋形酒杯（两组）	高6.3cm×2	12,650	北京匡时	2014.09.17
银制壶	高9cm	28,750	荣宝斋（上海）	2014.05.09
银制七草香炉	高12cm	34,500	中国嘉德	2014.06.22
银制伪满洲国徽四足冲天耳鼎（一对）	高34cm	681,375	保利香港	2014.04.07
银制伪满洲国徽纹瓶	高26.5cm	19,987	保利香港	2014.04.07
银制伪满洲国徽宴会纪念品（四件）	尺寸不一	59,053	保利香港	2014.04.07
银制伪满洲皇帝下赐花瓶	高9.5cm	29,072	保利香港	2014.04.07
银质贝母餐具（一套）		18,000	北京保利	2014.02.05
银质烟台（一对）		10,800	北京保利	2014.02.05
印度19世纪 鎏金嵌红料茉莉花蕾项链	长73.3cm×2	395,500	邦瀚斯	2014.10.09
玉宝堂美照刻翡翠三环银壶	高22cm	69,000	西泠拍卖	2014.12.13
约1930/1940年制 14K黄金手袋	32.7cm×6.7cm	34,500	北京保利	2014.12.04
云龙纹银质茶叶罐	高13cm	23,000	北京保利	2014.12.04
昭和期 二代山川孝次造胧银包银嵌金对杯	直径5.5cm×2	34,500	北京匡时	2014.06.05
昭和期 银镀金杯（一组五入）	高3cm×宽5cm	10,350	上海春秋堂	2014.12.21
昭和时期 翡翠钮小银壶	高8cm	17,250	荣宝斋（上海）	2014.05.09
昭和时期 菊纹刻花银制壶	高8cm	18,400	荣宝斋（上海）	2014.05.09
昭和时期 南瓜形提梁银壶	高15.5cm	23,000	北京保利	2014.06.04
昭和时期 追锤纯银壶	高12cm	13,800	荣宝斋（上海）	2014.05.09
昭和时期 追锤薰银壶	高14cm	17,250	荣宝斋（上海）	2014.05.09
贞邦作 花卉纹纯银壶	高19cm	69,000	北京歌德	2014.06.01
真锅静光作宝珠形银壶	高16.5cm	161,000	北京匡时	2014.06.05
中川净益造 南镣草花雕银壶	高24.5cm	149,500	北京歌德	2014.06.01
中川九世净益造纯银酒次一对 竹云斋作藤编铫座	尺寸不一	28,750	北京匡时	2014.06.05
珐琅器				
元 铜胎掐丝珐琅缠枝花卉碗	直径25.5cm	483,000	北京保利	2014.06.05
元 铜胎掐丝珐琅花果纹盘	直径19.7cm	1,610,000	北京保利	2014.06.05
元 铜胎掐丝珐琅四季花卉纹方瓶	高21.3cm	989,000	北京保利	2014.12.04
元 御制铜胎掐丝珐琅缠枝莲纹出戟花觚	高30.6cm	2,990,000	北京保利	2014.12.04
明早期 掐丝珐琅朝冠耳炉	直径26.5cm	2,300,000	北京翰海	2014.05.11
明宣德 铜胎掐丝珐琅缠枝莲纹朝冠耳鼎式炉	宽15cm	1,150,000	北京保利	2014.06.05
明宣德铜胎掐丝珐琅缠枝莲纹龙耳炉	宽21cm	4,255,000	北京保利	2014.06.05
明宣德 御制铜胎掐丝珐琅缠枝莲纹双象耳三足炉	直径36.4cm	5,520,000	北京保利	2014.12.04
明嘉靖 御制铜胎掐丝珐琅婴戏图碗	直径16cm	1,380,000	北京保利	2014.12.04
明万历铜胎掐丝珐琅缠枝菊纹水丞	宽12cm	437,000	北京诚轩	2014.06.05
明万历 铜胎掐丝珐琅花卉石榴纹三足盘	直径17.5cm	460,000	北京保利	2014.06.05
明万历铜胎掐丝珐琅人物故事纹洗	直径26cm	276,000	北京保利	2014.06.05
明万历 铜胎掐丝珐琅狮子戏球纹托盘	长37.5cm	713,000	北京保利	2014.06.05

拍品名称	物品尺寸	成交价RMB	拍卖公司	拍卖日期
明万历 铜胎掐丝珐琅松鹤延年三足盘	直径17cm	483,000	北京保利	2014.06.05
明万历 铜錾胎珐琅龙穿花香盒	直径11.5cm	713,000	北京保利	2014.06.05
明万历 御制铜胎掐丝珐琅花卉纹六方盖盒	宽11cm	2,070,000	北京保利	2014.12.04
明中期 铜胎掐丝珐琅缠枝莲纹烛台（一对）	高24.5cm×2	287,500	北京保利	2014.12.04
明中期 铜胎掐丝珐琅缠枝纹铺首耳仿汉小壶	高19.5cm	1,897,500	北京保利	2014.12.04
明中期 铜胎掐丝珐琅狮子戏球海马花卉纹兽耳尊	高16.5cm	1,035,000	北京保利	2014.06.05
明中期 铜胎掐丝珐琅戏狮海兽纹盖盒	直径19cm	345,000	北京保利	2014.12.04
明中期 御制铜胎掐丝珐琅缠枝莲纹双耳象足炉	宽21.5cm	1,725,000	北京保利	2014.12.04
明景泰 铜胎掐丝珐琅缠枝莲纹直颈瓶	高11.5cm	667,000	北京保利	2014.06.05
明景泰 御制铜胎掐丝珐琅缠枝莲纹小盖盒	直径4.6cm	460,000	北京保利	2014.12.04
明 金累丝杂宝纹镯（一对）	宽7.3cm	61,350	纽约佳士得	2014.03.20
明 掐丝珐琅缠枝莲纹狮耳炉	8cm×22cm	103,500	河南日信	2014.06.01
明 掐丝珐琅凤穿花纹玉壶春瓶	高39cm	229,425	中国嘉德	2014.04.09
明 掐丝珐琅盖盒	直径5.5cm	74,750	北京保利	2014.10.26
明 掐丝珐琅盏碟	直径15.5cm	55,200	北京翰海	2014.01.12
明 铜胎掐丝珐琅缠枝莲纹藏草瓶	高14.2cm	552,000	北京保利	2014.06.05
明 铜胎掐丝珐琅大罐	高30.5cm	92,000	北京传是	2014.06.05
明 铜胎掐丝珐琅罐	高23.5cm	69,000	北京翰海	2014.04.12
明 铜胎掐丝珐琅香盒	直径8.6cm	1,127,000	华艺国际	2014.12.09
明晚期 掐丝珐琅缠枝莲纹三足法盏炉	直径17.5cm	92,000	中国嘉德	2014.05.19
明晚期 掐丝珐琅五供	烛台高47cm	2,990,000	北京翰海	2014.10.25
明晚期 铜鎏金掐丝珐琅花卉纹象足香薰	直径25.5cm	395,400	伦敦邦瀚斯	2014.05.15
明晚期 铜胎掐丝珐琅飞鸣宿食芦雁图盏托	直径17cm	172,500	北京保利	2014.06.05
明晚期 铜胎掐丝珐琅花卉纹盖盒	直径5cm	97,750	北京保利	2014.06.05
明晚期 铜胎掐丝珐琅花卉纹小盘（一对）	直径12.5cm	126,500	北京保利	2014.06.05
明晚期 铜胎掐丝珐琅人物楼阁图挂屏	长55cm宽31.5cm	552,000	北京保利	2014.06.05
明晚期 铜胎掐丝珐琅碗	口径18cm	59,800	北京翰海	2014.04.12
明晚期 铜胎掐丝珐琅香薰	高23cm	287,500	江苏爱涛	2014.07.06
明末清初 铜胎掐丝珐琅缠枝花卉纹螭龙耳三足炉	宽15cm	345,000	北京保利	2014.06.05
明末清初 铜胎掐丝珐琅缠枝花卉纹碗	直径12.2cm	126,500	北京保利	2014.06.05
15世纪早期 铜胎掐丝珐琅缠枝花卉鬲式炉	直径11.8cm	437,000	北京保利	2014.06.05
15世纪早期 铜胎掐丝珐琅缠枝花卉贯耳壶	高13.8cm	1,035,000	北京保利	2014.06.05
15世纪早期 铜胎掐丝珐琅缠枝莲纹兽耳簋式炉	宽14cm	1,081,000	北京保利	2014.06.05
15世纪早期 铜胎掐丝珐琅缠枝莲纹兽耳倭角瓶	高21cm	3,565,000	北京保利	2014.06.05
15世纪 铜胎掐丝珐琅缠枝莲纹冲耳炉		276,850	香港苏富比	2014.10.08
15世纪 铜胎掐丝珐琅花卉纹梅瓶	高19.5cm	3,105,000	北京保利	2014.06.05
15世纪 铜胎掐丝珐琅华盖莲瓣纹小酒杯	直径6.8cm	1,782,500	北京保利	2014.12.04
16世纪 铜胎掐丝珐琅缠枝花卉海兽尊	高17cm	920,000	北京保利	2014.06.05
16世纪 铜胎掐丝珐琅缠枝莲纹长方式盒	长20.2cm	42,178	纽约佳士得	2014.03.20
16世纪 铜胎掐丝珐琅孔雀穿花贯耳瓶	高21.5cm	1,150,000	北京保利	2014.06.05
16世纪 铜胎掐丝珐琅镶螭龙缠枝莲纹梅瓶	高32cm	1,035,000	北京保利	2014.06.05
16世纪晚期 铜鎏金彩漆填珐琅小皇子立像	高14.5cm	4,600,000	北京保利	2014.06.05
16世纪早期 铜胎掐丝珐琅花卉石榴纹盘	直径17.5cm	402,500	北京保利	2014.06.05

拍品名称	物品尺寸	成交价RMB	拍卖公司	拍卖日期
16世纪早期 铜胎掐丝珐琅葡萄纹冲耳炉	直径11cm	1,322,500	北京保利	2014.06.05
16世纪早期 铜胎掐丝珐琅葡萄纹冲耳炉	直径11cm	667,000	北京保利	2014.06.05
16世纪早期 铜胎掐丝珐琅葡萄纹鬲式炉	直径12cm	437,000	北京保利	2014.06.05
17世纪 铜胎掐丝珐琅方炉（一对）	长25.5cm	1,782,500	北京保利	2014.12.04
17世纪 铜胎掐丝珐琅龟鹤延年摆件	高40cm	747,500	北京保利	2014.06.05
17世纪 铜胎掐丝珐琅花卉纹盖盒	直径7cm	103,500	北京保利	2014.06.05
17世纪 铜胎掐丝珐琅江上泛舟图盖盒	直径10.5cm	690,000	北京保利	2014.06.05
17世纪 掐丝珐琅花卉纹盘	直径20.3cm	105,440	伦敦邦瀚斯	2014.05.15
17世纪 掐丝珐琅饕餮夔凤纹方觚	高54.2cm	421,781	纽约苏富比	2014.03.18
17世纪 铜胎掐丝珐琅寿字纹如意	长37.4cm	268,406	纽约佳士得	2014.03.20
清早期 掐丝珐琅花卉瓶	高16cm	138,000	北京翰海	2014.05.11
清早期 铜鎏金掐丝珐琅兽纹铺兽尊	高30cm	230,000	浙江世贸	2014.04.13
清康熙 景泰蓝缠枝莲纹长颈瓶	高27.6cm	218,500	北京东正	2014.11.20
清康熙 掐丝珐琅龙纹海棠形花盆	高9.8cm	172,500	江苏爱涛	2014.07.06
清康熙 掐丝珐琅三狮戏球大折沿洗	直径42cm	138,000	北京保利	2014.10.26
清康熙 掐丝珐琅云龙纹多穆壶（一对）	高60.5cm	3,065,200	香港苏富比	2014.04.08
清康熙 铜胎掐丝珐琅缠枝莲八吉祥纹花觚	高34.5cm	181,700	保利香港	2014.04.07
清康熙 铜胎掐丝珐琅缠枝莲纹仿汉铺首耳小壶	高21.5cm	575,000	北京保利	2014.12.04
清康熙 铜胎掐丝珐琅缠枝莲纹仿汉双狮耳大壶	高54cm	1,265,000	北京保利	2014.12.04
清康熙 铜胎掐丝珐琅缠枝莲纹四方器座	长16.5cm	138,000	北京保利	2014.12.04
清康熙 铜胎掐丝珐琅饕餮纹壁瓶	高22.5cm	241,500	北京保利	2014.12.04
清康熙 铜胎掐丝珐琅西洋人物像	高42cm	3,910,000	北京保利	2014.12.04
清康熙 御制铜胎画珐琅群芳祝寿图香瓶		1,735,800	佳士得	2014.11.26
清康熙 御制铜胎掐丝珐琅缠枝花卉纹六方小盒	宽6.9cm	1,092,500	北京保利	2014.12.04
清康熙 御制铜胎掐丝珐琅蕃人烛台	高26.5cm	1,955,000	北京保利	2014.12.04
清雍正 珐琅壶	高16.5cm	2,926,560	佳士得	2014.05.28
清雍正 画珐琅花蝶纹小壶	宽14.5cm	460,000	北京保利	2014.06.06
清雍正 掐丝珐琅甘露瓶	高24cm	207,000	中宝拍卖	2014.07.06
清雍正 铜胎画珐琅贝壳形银首饰盒	长7.4cm	18,400	北京保利	2014.12.05
清雍正 铜胎画珐琅缠枝莲团龙茶盘、盖碗（各一对）	尺寸不一	805,000	北京保利	2014.12.03
清雍正 铜胎画珐琅花卉执壶	高16cm	6,325,000	北京翰海	2014.10.25
清雍正 铜胎画珐琅蓝地缠枝花卉"五毒"纹龙耳赏瓶	高37.5cm	598,000	华艺国际	2014.05.31
清乾隆 珐琅盘	直径9.3cm	948,720	佳士得	2014.05.28
清乾隆 宫廷造办处铜鎏金錾胎珐琅花觚（一对）	尺寸不一	483,000	江苏爱涛	2014.07.06
清乾隆 广作铜胎画珐琅指日高升图盘	直径15.5cm	115,000	华艺国际	2014.12.09
清乾隆 广作铜胎蓝地描金西番莲纹盘（一对）	直径39.5cm	287,500	华艺国际	2014.12.09
清乾隆 画珐琅蝠寿花卉纹进贡烛台	高32cm	65,900	伦敦邦瀚斯	2014.05.15
清乾隆 画珐琅开光西洋人物图双耳瓶	高65.2cm	263,600	伦敦邦瀚斯	2014.05.15
清乾隆 画珐琅团花纹开光蝠寿纹进贡方鼎	高69cm	434,940	伦敦邦瀚斯	2014.05.15
清乾隆 金嵌百宝盖盒	高5.4cm	920,000	北京匡时	2014.06.04
清乾隆 景泰蓝兽面纹烛台（一对）	高37.8cm	247,200	台湾世家	2014.04.13
清乾隆 景泰蓝兽纹花瓶	高19cm	69,000	朵云轩	2014.06.29
清乾隆 景泰蓝小赏瓶	高18cm	112,700	江苏爱涛	2014.07.06
清乾隆 景泰双龙八角盒	直径12.5cm	63,250	朵云轩	2014.06.29
清乾隆 掐丝珐琅缠枝花卉香盒	长6cm	23,000	中鸿信	2014.11.22
清乾隆 掐丝珐琅缠枝莲纹杯	高6.2cm	23,000	中国嘉德	2014.03.24
清乾隆 掐丝珐琅缠枝莲纹觚（一对）	高32cm×2	65,900	伦敦邦瀚斯	2014.05.15
清乾隆 掐丝珐琅缠枝莲纹桥耳三足炉	宽10.7cm	345,188	佳士得	2014.11.26

拍品名称	物品尺寸	成交价RMB	拍卖公司	拍卖日期
清乾隆 掐丝珐琅缠枝莲纹香插	直径14cm	136,448	中国嘉德	2014.10.07
清乾隆 掐丝珐琅冲天耳三足炉、觚	直径11cm	437,000	中国嘉德	2014.05.19
清乾隆 掐丝珐琅番莲螭龙纹盖碗	宽17.3cm	1,479,360	佳士得	2014.05.28
清乾隆 掐丝珐琅番莲夔龙拐子纹双层薰炉（一对）	尺寸不一	11,407,600	香港苏富比	2014.04.08
清乾隆 掐丝珐琅番莲纹瓶	高25cm	155,329	景薰楼	2014.06.15
清乾隆 掐丝珐琅番莲纹瓶	高15cm	161,000	保利厦门	2014.11.02
清乾隆 掐丝珐琅福寿花卉纹杯盏	16.8cm×7cm	575,000	北京华辰	2014.04.27
清乾隆 掐丝珐琅福寿双全桃式三足大盘	长55.7cm	3,408,960	佳士得	2014.05.28
清乾隆 掐丝珐琅盖碗（一对）	直径16.5cm×2	754,800	江苏爱涛	2014.07.06
清乾隆 掐丝珐琅高足盘	直径19cm	172,500	中宝拍卖	2014.07.06
清乾隆 掐丝珐琅花卉瓶	高14.5cm	120,750	北京保利	2014.08.02
清乾隆 掐丝珐琅花卉双龙耳壁瓶	高21.7cm	115,000	北京翰海	2014.05.11
清乾隆 掐丝珐琅花鸟鹿纹双兽耳瓶	高38cm	197,700	伦敦邦瀚斯	2014.05.15
清乾隆 掐丝珐琅开光内松石绿地粉彩云蝠玉壶春瓶	高30.2cm	529,000	上海道明	2014.12.11
清乾隆 掐丝珐琅莲纹三足盖炉	高14.5cm	394,500	佳士得	2014.11.26
清乾隆 掐丝珐琅龙纹香薰	高22.5cm	74,750	北京保利	2014.12.05
清乾隆 掐丝珐琅镂空蟠龙纹香亭	高93cm	1,725,000	北京华辰	2014.04.27
清乾隆 掐丝珐琅镂空桶形凳子（一对）	高53.3cm	2,444,160	佳士得	2014.05.28
清乾隆 掐丝珐琅三足薰炉	高23cm	66,700	北京翰海	2014.01.12
清乾隆 掐丝珐琅兽面纹出戟薰炉	高15.5cm	195,500	北京匡时	2014.12.03
清乾隆 掐丝珐琅兽面纹五供	尺寸不一	1,610,000	保利厦门	2014.11.01
清乾隆 掐丝珐琅五蝠捧寿长方盆	长52.5cm	598,000	北京翰海	2014.10.26
清乾隆 掐丝珐琅西番莲纹小盘	直径13cm	321,500	佳士得	2014.05.28
清乾隆 掐丝珐琅香炉	高26cm	1,768,800	佳士得	2014.05.28
清乾隆 掐丝珐琅香炉	耳距10cm	246,400	江苏爱涛	2014.07.06
清乾隆 掐丝珐琅象耳三足炉	高60cm	517,500	中国嘉德	2014.05.19
清乾隆 掐丝珐琅长颈瓶	高13cm	460,000	中国嘉德	2014.11.22
清乾隆 铜鎏金掐丝珐琅花卉纹香铲	长32cm	36,800	西泠拍卖	2014.05.06
清乾隆 铜鎏金掐丝珐琅龙纹盆（一对）	直径16.5cm×2	358,400	江苏爱涛	2014.07.06
清乾隆 铜鎏金掐丝珐琅盘龙蝠寿纹瓶	高48cm	975,320	伦敦邦瀚斯	2014.05.15
清乾隆 铜鎏金掐丝珐琅蟠龙蝠寿纹瓶	高48cm	1,782,500	保利厦门	2014.11.02
清乾隆 铜鎏金錾胎珐琅龙凤双联瓶	高21.5cm	1,955,000	保利厦门	2014.11.01
清乾隆 铜胎画北京珐琅"番莲"图 八棱盖盒（一对）	长12.2cm	2,875,600	香港苏富比	2014.04.08
清乾隆 铜胎画珐琅八仙纹鼻烟壶	高5.3cm	49,610	伦敦苏富比	2014.11.05
清乾隆 铜胎画珐琅宫灯（一对）	高43cm	977,500	北京保利	2014.10.26
清乾隆 铜胎画珐琅黄地缠枝花卉纹龙首耳觚（一对）	高63cm	4,639,215	中国嘉德	2014.10.07
清乾隆 铜胎画珐琅黄地花卉葡萄纹大碗（一对）	直径19cm	897,000	北京保利	2014.12.04
清乾隆 铜胎画珐琅菊蝶纹倭角盖盒	长7.5cm	368,000	北京保利	2014.12.04
清乾隆 铜胎画珐琅开光人物花卉倭角长方盒	长11.1cm	34,500	北京翰海	2014.05.11
清乾隆 铜胎画珐琅开光西洋人物图瓶	高16.2cm	595,320	伦敦苏富比	2014.11.05
清乾隆 铜胎画珐琅莲花纹鼎式炉	高19.3cm	368,000	中鸿信	2014.11.22
清乾隆 铜胎画珐琅牡丹寿纹盘（一对）	直径13.6cm	72,829	纽约苏富比	2014.09.16
清乾隆 铜胎画珐琅瑞兽纹长方盖炉	长18.7cm	558,113	伦敦苏富比	2014.11.05
清乾隆 铜胎画珐琅山水盘（一对）	直径15.8cm	28,750	北京保利	2014.06.06
清乾隆 铜胎画珐琅五福捧寿八宝纹花瓣式九子攒盒	直径34cm	897,000	北京匡时	2014.06.03
清乾隆 铜胎鎏金画珐琅镜	直径15.9cm	112,700	江苏爱涛	2014.07.06
清乾隆 铜胎掐丝珐琅八吉祥纹葫芦式宫灯（一对）	高34.4cm	1,544,696	伦敦苏富比	2014.05.14
清乾隆 铜胎掐丝珐琅缠枝莲龙纹梅瓶	高34cm	101,200	浙江世贸	2014.07.27
清乾隆 铜胎掐丝珐琅缠枝莲纹胆瓶	高13cm	136,428	伦敦苏富比	2014.11.05
清乾隆 铜胎掐丝珐琅缠枝莲纹贯耳瓶	高18.3cm	420,021	保利香港	2014.10.07
清乾隆 铜胎掐丝珐琅缠枝莲纹三足炉	高10.5cm	289,960	伦敦苏富比	2014.05.14

2014杂项拍卖成交汇总

(成交价RMB：1万元以上)

拍品名称	物品尺寸	成交价RMB	拍卖公司	拍卖日期
清乾隆 铜胎掐丝珐琅螭龙纹如意	长46cm	241,500	北京翰海	2014.10.25
清乾隆 铜胎掐丝珐琅吹笛童子牧牛摆件	高43.5cm	2,070,000	北京保利	2014.12.04
清乾隆 铜胎掐丝珐琅凤凰献寿纹宫灯（一对）	宫灯30cm	975,320	伦敦苏富比	2014.05.14
清乾隆 铜胎掐丝珐琅花盆（一对）	长28cm	241,500	保利厦门	2014.11.02
清乾隆 铜胎掐丝珐琅回纹银锭式盖盒	宽10.5cm	230,000	北京保利	2014.12.04
清乾隆 铜胎掐丝珐琅莲纹圆盖盒	直径6.2cm	79,080	伦敦苏富比	2014.05.14
清乾隆 铜胎掐丝珐琅鹿鹤同春大捧盒	直径37.5cm	805,000	北京匡时	2014.06.04
清乾隆 铜胎掐丝珐琅轮宝	高43cm	126,500	北京翰海	2014.04.12
清乾隆 铜胎掐丝珐琅鸟笼及架	架高129cm	2,990,000	北京保利	2014.12.04
清乾隆 铜胎掐丝珐琅皮球花纹烛台（一对）	高31.5cm×2	713,000	北京保利	2014.12.04
清乾隆 铜胎掐丝珐琅麒麟招财童子（一对）	高34cm	8,625,000	上海敬华	2014.07.01
清乾隆 铜胎掐丝珐琅嵌玉寿桃如意	长29cm	253,000	中贸圣佳	2014.07.06
清乾隆 铜胎掐丝珐琅如意形八宝纹挂镜	长48.5cm	345,000	北京保利	2014.12.04
清乾隆 铜胎掐丝珐琅三足炉	高38.5cm	2,127,500	北京保利	2014.12.04
清乾隆 铜胎掐丝珐琅兽面带盖方炉	高27.8cm	276,000	北京保利	2014.06.06
清乾隆 铜胎掐丝珐琅兽面纹出戟罍	高23.5cm	2,242,500	北京保利	2014.12.04
清乾隆 铜胎掐丝珐琅兽面纹石榴尊	高24.5cm	103,500	北京匡时	2014.09.17
清乾隆 铜胎掐丝珐琅兽面纹甗	高23cm	172,500	远方拍卖	2014.06.02
清乾隆 铜胎掐丝珐琅兽面纹圆盒	直径7.3cm	57,500	北京保利	2014.12.05
清乾隆 铜胎掐丝珐琅双龙耳盏	长35cm	690,000	北京匡时	2014.12.03
清乾隆 铜胎掐丝珐琅双寿纹小盖盒	宽10.2cm	253,000	北京保利	2014.12.04
清乾隆 铜胎掐丝珐琅四方瓶	高46cm	1,380,000	北京华辰	2014.05.17
清乾隆 铜胎掐丝珐琅万字锦地灵仙祝寿梅瓶	高33cm	920,000	北京保利	2014.12.04
清乾隆 铜胎掐丝珐琅西番莲纹螭龙耳瓶（一对）	高22.5cm×2	517,500	北京保利	2014.12.04
清乾隆 铜胎掐丝珐琅小盖盒	直径6cm	36,800	北京匡时	2014.06.04
清乾隆 铜胎掐丝珐琅余庆堂归宗器八宝花盆	高33.5cm	287,500	江苏爱涛	2014.07.06
清乾隆 铜胎掐丝珐琅云龙宝函	15cm×19cm	1,725,000	上海嘉泰	2014.06.19
清乾隆 铜胎掐丝珐琅祝寿灵芝如意	长42cm	747,500	北京保利	2014.12.04
清乾隆 铜錾胎珐琅帽架（一对）	高30cm×2	690,000	北京保利	2014.12.04
清乾隆 御制掐丝珐琅缠枝莲连座盖盒	高7.8cm	1,150,000	北京保利	2014.06.04
清乾隆 御制掐丝珐琅缠枝莲纹三足香炉	直径9.7cm	295,875	佳士得	2014.11.26
清乾隆 御制铜锤胎珐琅宫灯（一对）	高66cm×2	1,552,500	北京保利	2014.12.04
清乾隆 御制铜胎掐丝珐琅缠枝莲纹大凤尾尊	高57.5cm	598,000	北京保利	2014.12.04
清乾隆 御制铜胎掐丝珐琅缠枝莲纹羽觞杯	长22.8cm	690,000	北京保利	2014.12.04
清乾隆 御制铜胎掐丝珐琅螭龙纹大烛台（一对）	高46cm×2	1,035,000	北京保利	2014.12.04
清乾隆 御制铜胎掐丝珐琅葫芦双联瓶	高42cm	920,000	北京翰海	2014.10.25
清乾隆 御制铜胎掐丝珐琅花卉纹葵花形大盖盒	长24.3cm	1,092,500	北京保利	2014.12.04
清乾隆 御制铜胎掐丝珐琅甪端香薰	高15cm	1,782,500	北京保利	2014.12.04
清乾隆 御制铜胎掐丝与内填珐琅狮子摆件	高15.5cm	3,335,000	北京保利	2014.12.04
清乾隆 錾胎画珐琅西洋人物纹双耳瓶	高18.3cm	575,000	北京保利	2014.12.04
清乾隆1773年 掐丝珐琅御制诗挂屏	长76.5cm	1,961,760	佳士得	2014.05.28
清嘉庆 铜胎掐丝珐琅云龙纹"体仁合序"册封面	长18cm	62,013	伦敦苏富比	2014.11.05
清中朝 金丝镂空填珐琅嵌百宝香囊	长7cm	271,022	宝港国际	2014.11.27
清中期 广作铜胎画珐琅盘口瓶	高30cm	230,000	华艺国际	2014.12.09
清中期 画珐琅执壶	高14.6cm	407,880	台湾世家	2014.04.13
清中期 蓝地铜胎画珐琅梅竹盏托及小杯（一对）	尺寸不一	46,000	北京保利	2014.01.11
清中期 掐丝珐琅八宝纹花觚	高23cm	23,000	中国嘉德	2014.06.22
清中期 掐丝珐琅冰梅纹盖盒	直径11cm	55,200	北京翰海	2014.05.10
清中期 掐丝珐琅缠枝花卉纹捧盒盖（一对）	长18.8cm	20,700	中国嘉德	2014.03.24
清中期 掐丝珐琅缠枝花卉执壶	高31cm	69,000	北京保利	2014.08.02
清中期 掐丝珐琅缠枝莲寿字甘露瓶（一对）	高23cm	69,000	北京保利	2014.06.06
清中期 掐丝珐琅缠枝莲香炉	高50cm	92,000	北京保利	2014.06.06
清中期 掐丝珐琅福寿连绵双龙耳海棠瓶	高41.3cm	115,000	北京保利	2014.12.05
清中期 掐丝珐琅福寿连绵银锭盏托	长15.3cm	34,500	北京保利	2014.12.05
清中期 掐丝珐琅官帽耳三足炉	高21cm	207,000	北京翰海	2014.05.10
清中期 掐丝珐琅簋式炉	高48cm	747,500	北京保利	2014.06.06
清中期 清佩珍 王受卿款纯银茶罐（原共箱）	高8cm	48,300	上海春秋堂	2014.12.21
清中期 铜掐丝珐琅贯耳瓶	高32cm	92,000	北京翰海	2014.10.25
清中期 铜如意耳掐丝珐琅抱月瓶（一对）	高46cm	287,500	远方拍卖	2014.06.02
清中期 铜胎珐琅花卉团寿扁瓶	高28cm	161,000	远方拍卖	2014.06.02
清中期 铜胎画珐琅杯及盏（一对）	直径10.5cm	18,193	中国嘉德	2014.10.07
清中期 铜胎画珐琅花卉执壶	高26cm	23,000	北京保利	2014.12.05
清中期 铜胎掐丝珐琅百宝灵芝盆景（二件）	高33cm	3,220,000	北京翰海	2014.10.25
清中期 铜胎掐丝珐琅缠枝莲水仙盆	直径22cm	23,335	保利香港	2014.10.07
清中期 铜胎掐丝珐琅花卉飞龙耳三足炉	高30cm	345,000	远方拍卖	2014.06.02
清中期 铜胎掐丝珐琅香瓶	高11.5cm	18,400	中鸿信	2014.11.22
清中期 透明料鎏金铜碗	直径11cm	40,934	中国嘉德	2014.10.07
清晚期 掐丝珐琅鹌鹑（一对）	高14.5cm	23,000	北京保利	2014.04.27
清晚期 掐丝珐琅缠枝莲纹狮耳衔环炉	高33cm	11,500	中国嘉德	2014.09.22
清晚期 掐丝珐琅缠枝莲纹小缸	直径21.3cm	23,000	中国嘉德	2014.09.22
清晚期 掐丝珐琅凤凰（一对）	高143cm	306,650	纽约苏富比	2014.09.16
清晚期 掐丝珐琅兽面纹兽耳炉	高20cm	48,300	中国嘉德	2014.06.22
清晚期 掐丝珐琅双龙耳炉（一对）	高23cm	92,000	北京保利	2014.04.27
清晚期 掐丝珐琅太平有象摆件（一对）	高25.5cm×2	143,360	江苏爱涛	2014.07.06
清晚期 掐丝珐琅太平有象盖炉花觚（一组三件）	高56.8cm	1,134,975	纽约苏富比	2014.03.18
清晚期 铜胎画珐琅云龙纹攒盘（一套）	直径44cm	13,800	北京保利	2014.08.02
清晚期 银胎烧珐琅鎏金双喜桃式盒	长7.5cm	180,681	宝港国际	2014.11.27
清晚期 银镶金嵌宝瓜棱式盒	长11.1cm	153,375	纽约佳士得	2014.03.20
清晚期 银制茶具（一套六件）	尺寸不一	17,250	北京保利	2014.01.11
清晚期民初 掐丝珐琅饕餮纹出戟瓶一件	高31cm	11,500	北京诚轩	2014.11.22
清晚期民初 银鎏金累丝填珐琅风景图折扇一件	长20.8cm	27,600	北京诚轩	2014.11.22
清宣统 铜胎掐丝与錾胎珐琅长方熏炉	长39cm	115,000	北京保利	2014.12.04
清约1745年 铜胎画珐琅瑞典皇家徽章花鸟纹茶叶瓶	长47.7cm	4,192,045	伦敦苏富比	2014.11.05
清 瓷胎掐丝珐琅花卉纹方形炉	长14.5cm	34,500	中鸿信	2014.11.22
清 珐琅嵌青金石八卦四方瓶（一对）	高31cm	34,500	太平洋	2014.03.21
清 珐琅双联瓶	高22cm	29,900	太平洋	2014.03.21
清 金质珐琅彩镂空寿字纹扳指	高3.49cm	120,750	中国嘉德	2014.05.24
清 金质累丝珐琅彩寿字纹小鼎	高8.2cm	310,500	中国嘉德	2014.05.24
清 景泰蓝碧玉太平有象（一对）	高67cm	230,000	北京保利	2014.04.27
清 景泰蓝缠枝莲三足兽耳炉	高33cm	57,500	北京保利	2014.08.02
清 景泰蓝缠枝莲托八宝鱼耳炉	高48cm	207,000	北京保利	2014.04.27
清 景泰蓝凤纹碗	直径24cm	23,000	北京保利	2014.01.11
清 景泰蓝高足碗	高13cm	25,300	北京保利	2014.08.02
清 景泰蓝花觚（一对）	高28cm	10,350	北京保利	2014.10.26
清 景泰蓝花卉双耳炉	高42cm	92,000	北京保利	2014.04.27
清 景泰蓝龙纹如意	长42cm	138,000	北京保利	2014.01.11
清 景泰蓝炉 瓶（两件）	高14cm	80,500	北京保利	2014.08.02
清 景泰蓝配青金石佛塔	高43cm	34,500	北京保利	2014.04.27
清 景泰蓝三镶白玉御题诗如意（一件）	长42cm	31,360	上海国拍	2014.11.30
清 景泰蓝三镶白玉御题诗如意（一件）	长42cm	31,360	上海国拍	2014.11.30
清 景泰蓝三足盖炉	宽34cm	63,250	北京保利	2014.08.02

拍品名称	物品尺寸	成交价RMB	拍卖公司	拍卖日期
清 景泰蓝三足双耳香薰	高34cm	48,300	北京保利	2014.08.02
清 景泰蓝三足香薰	高32cm	80,500	北京保利	2014.01.11
清 景泰蓝山水扁瓶	高44cm	74,750	北京保利	2014.01.11
清 景泰蓝山水方瓶（一对）	高15.5cm	92,000	北京保利	2014.04.27
清 景泰蓝诗文壁瓶	高30cm	57,500	北京保利	2014.08.02
清 景泰蓝寿字葫芦瓶（一对）	高25cm	23,000	北京保利	2014.04.27
清 景泰蓝兽面纹兽耳罐	高29cm	184,000	北京保利	2014.04.27
清 景泰蓝兽面纹双耳瓶	高49cm	34,500	北京保利	2014.08.02
清 景泰蓝兽面纹尊（一对）	高15cm	69,000	北京保利	2014.08.02
清 景泰蓝双耳龙钮炉	高30cm	46,000	北京保利	2014.08.02
清 景泰蓝双龙耳炉	高28cm	57,500	北京保利	2014.08.02
清 景泰蓝双兽耳瓶	高35cm	48,300	北京保利	2014.08.02
清 景泰蓝喜字烛台（一对）	高36cm	69,000	北京保利	2014.04.27
清 景泰蓝香插	高3cm	82,800	西泠拍卖	2014.12.13
清 景泰蓝象耳香薰	宽29cm	92,000	北京保利	2014.04.27
清 鎏金画珐琅仕女图鼻烟壶	高9cm	63,250	北京保利	2014.12.05
清 木胎掐丝珐琅嵌玉多宝盒	长29cm	36,800	中国嘉德	2014.03.24
清 掐丝珐琅暗八仙瓶	高40cm	74,750	北京保利	2014.01.11
清 掐丝珐琅八宝碗（一组）	直径9.5cm	17,250	北京保利	2014.10.26
清 掐丝珐琅八卦纹琮式瓶	高32.5cm	13,800	中国嘉德	2014.03.24
清 掐丝珐琅八仙盖碗（一对）	直径16cm	29,900	北京保利	2014.01.11
清掐丝珐琅碧玉盖官帽架（一对）	高31cm	36,800	太平洋	2014.03.21
清 掐丝珐琅缠枝花卉纹小贯耳瓶	高11.9cm	25,300	中国嘉德	2014.03.24
清 掐丝珐琅缠枝莲螭龙纹朝冠耳炉（一对）	高52cm	46,000	中国嘉德	2014.09.22
清 掐丝珐琅缠枝莲佛塔（一对）	高28cm	32,200	太平洋	2014.03.21
清 掐丝珐琅缠枝莲福寿纹兽耳衔环炉	长16.5cm	13,800	中国嘉德	2014.06.22
清 掐丝珐琅缠枝莲花觚（一对）	高40cm	13,800	北京保利	2014.04.27
清 掐丝珐琅缠枝莲夔凤纹蟠龙瓶（一对）	高51cm	32,200	中国嘉德	2014.03.24
清 掐丝珐琅缠枝莲寿字如意耳方炉（一对）	高54.5cm	51,750	中国嘉德	2014.09.22
清掐丝珐琅缠枝莲双耳炉（一对）	宽29cm	20,700	北京保利	2014.08.02
清掐丝珐琅缠枝莲纹花觚（一对）	高31.2cm	11,500	中国嘉德	2014.09.22
清 掐丝珐琅缠枝莲纹炉	高17cm	20,700	中国嘉德	2014.03.24
清 掐丝珐琅缠枝莲纹盘	直径37.7cm	72,490	伦敦邦瀚斯	2014.05.15
清 掐丝珐琅缠枝莲纹瓶生如意（一对）	高46.4cm	43,700	中国嘉德	2014.06.22
清 掐丝珐琅缠枝莲纹瓶生如意（一对）	高32cm	13,800	中国嘉德	2014.03.24
清 掐丝珐琅缠枝莲纹狮耳炉	直径15cm	10,350	中国嘉德	2014.03.24
清 掐丝珐琅缠枝莲纹香插	直径10cm	10,350	中国嘉德	2014.06.22
清 掐丝珐琅缠枝莲纹香炉	高13cm	32,200	太平洋	2014.06.25
清 掐丝珐琅缠枝莲纹小瓶	高13.7cm	13,800	中国嘉德	2014.03.24
清 掐丝珐琅缠枝莲香炉	高33cm	17,250	太平洋	2014.03.21
清 掐丝珐琅螭龙纹鼎	高15.6cm	55,200	中国嘉德	2014.06.22
清 掐丝珐琅螭龙纹香插	直径10.2cm	13,800	中国嘉德	2014.03.24
清 掐丝珐琅凤耳尊（一对）	高54cm	63,250	北京保利	2014.04.27
清 掐丝珐琅福寿纹捧盒	直径25cm	13,800	中国嘉德	2014.03.24
清 掐丝珐琅鼓墩（一对）	高46cm	18,400	北京保利	2014.01.11
清 掐丝珐琅海兽纹碗	直径22cm	46,000	中国嘉德	2014.06.22
清 掐丝珐琅葫芦宫灯（一对）	高36.5cm	34,500	中国嘉德	2014.09.22
清 掐丝珐琅花觚（一对）	高35cm	20,700	北京保利	2014.01.11
清 掐丝珐琅花卉盖盒	长6.5cm	11,500	北京保利	2014.01.11
清 掐丝珐琅花卉罐	高26cm	13,800	北京保利	2014.04.27
清掐丝珐琅花卉纹六方瓶（一对）	高63cm	11,500	中国嘉德	2014.06.22
清 掐丝珐琅开光山水葫芦瓶（一对）	高28cm	23,000	北京保利	2014.01.11
清 掐丝珐琅夔凤纹提梁卣	高24cm	17,250	中国嘉德	2014.03.24
清 掐丝珐琅龙凤纹大盘	直径32.5cm	17,250	太平洋	2014.03.21
清 掐丝珐琅龙纹瓶	高50cm	32,200	北京保利	2014.08.02
清 掐丝珐琅炉瓶盒三式	尺寸不一	195,500	北京翰海	2014.05.11
清 掐丝珐琅甪端	高45.5cm	207,000	北京保利	2014.12.05
清 掐丝珐琅帽筒（一对）	高32cm	20,700	北京保利	2014.01.11
清 掐丝珐琅梅瓶（一对）	高40cm	36,800	北京保利	2014.01.11
清 掐丝珐琅农耕图抱月瓶	高46cm	28,750	中国嘉德	2014.03.24
清 掐丝珐琅盆玉山子摆件	高36cm	48,300	北京保利	2014.01.11
清 掐丝珐琅嵌宝盆景（两件）	高44cm	46,000	北京保利	2014.10.26
清 掐丝珐琅嵌青金石官帽架	高31cm	13,800	太平洋	2014.03.21
清 掐丝珐琅嵌玉如意	长46cm	13,800	北京保利	2014.01.11
清 掐丝珐琅三镶如意	长41cm	3,450,000	北京盘古	2014.06.25
清 掐丝珐琅山水诗文插屏	高90cm	13,800	北京保利	2014.10.26
清 掐丝珐琅兽面纹朝冠耳炉	高42cm	11,500	中国嘉德	2014.03.24
清 掐丝珐琅兽面纹出戟方尊	高54.5cm	48,300	中国嘉德	2014.09.22
清 掐丝珐琅兽面纹鼎式炉	高38cm	20,700	中国嘉德	2014.03.24
清掐丝珐琅兽面纹鼎式炉（一对）	高34cm	23,000	中国嘉德	2014.09.22
清掐丝珐琅兽面纹方花觚（一对）	高38cm	17,250	中国嘉德	2014.06.22
清 掐丝珐琅兽面纹花觚（一对）	高38.2cm	11,500	中国嘉德	2014.03.24
清 掐丝珐琅双耳兽纹瓶	高32cm	34,500	北京保利	2014.01.11
清 掐丝珐琅双龙耳瓶	高39cm	23,000	北京保利	2014.08.02
清 掐丝珐琅双龙耳三兽足炉	高47cm	74,750	太平洋	2014.06.25
清 掐丝珐琅双狮耳瓶	高35cm	13,800	北京保利	2014.01.11
清 掐丝珐琅双象耳盖罐（一对）	高28cm	57,500	北京保利	2014.01.11
清 掐丝珐琅桃形薰炉	高21cm	172,500	雍和嘉诚	2014.05.31
清 掐丝珐琅题诗如意	长37cm	13,800	太平洋	2014.03.21
清 掐丝珐琅万寿无疆大盘	直径62cm	57,500	北京翰海	2014.01.11
清 掐丝珐琅万寿无疆碗	直径15cm	17,250	北京保利	2014.01.11
清 掐丝珐琅仙鹤（一对）	高200cm	43,700	北京保利	2014.01.11
清 掐丝珐琅香盒	高14.5cm	345,000	北京翰海	2014.10.25
清 掐丝珐琅象足炉	直径28cm	46,000	北京保利	2014.10.26
清 掐丝珐琅渔藻纹盘	直径45cm	25,300	北京保利	2014.04.27
清掐丝珐琅云龙纹鼎式炉（一对）	长22cm	46,000	中国嘉德	2014.09.22
清 掐丝珐琅云龙纹盖罐	直径48cm	126,500	北京保利	2014.04.27
清掐丝珐琅云龙纹鹿头尊（一对）	高43.5cm	34,500	中国嘉德	2014.09.22
清 掐丝珐琅八吉祥纹捧盒一件	直径19.2cm	17,250	北京诚轩	2014.11.22
清乾隆款“暗八仙”纹景泰蓝如意	长41cm	29,900	朵云轩	2014.12.19
清 铜掐丝珐琅仿布丁石签筒	高16.5cm	92,000	北京传是	2014.06.05
清 铜胎画珐琅茶盏（一组三件）	口径13.5cm	69,000	西泠拍卖	2014.12.13
清 铜胎画珐琅黄地龙纹盘	直径21cm	149,500	中贸圣佳	2014.07.06
清 铜胎画珐琅爵	高14cm	32,200	北京翰海	2014.01.12
清 铜胎画珐琅六方笔筒	高15cm	23,000	北京保利	2014.01.11
清 铜胎画珐琅龙纹碗	直径17cm	11,500	北京保利	2014.08.02
清 铜胎画珐琅首饰盒嵌五福平安玉盖	长9.5cm	287,500	北京匡时	2014.09.17
清 铜胎鎏金掐丝珐琅龙凤炉（一对）	高54cm×2	348,450	中信国际	2014.03.30
清铜胎内填珐琅童子立像（一对）	高20.8cm×2	138,000	北京保利	2014.12.04
清 铜胎掐珐琅莲香薰	高16cm	43,700	北京翰海	2014.04.12
清 铜胎掐丝珐琅“春”寿宝盒	直径20.5cm	63,250	中鸿信	2014.11.22
清 铜胎掐丝珐琅八宝纹供盘（二件）	高10cm	86,250	北京翰海	2014.10.25
清 铜胎掐丝珐琅螭龙双耳瓶	高20.5cm	103,500	中鸿信	2014.11.22
清 铜胎掐丝珐琅多穆壶	高46.5cm	32,200	西泠拍卖	2014.05.06
清 铜胎掐丝珐琅盖炉	高34.5cm	103,500	北京传是	2014.06.05
清 铜胎掐丝珐琅花卉纹铺首耳方瓶（一对）	高23cm	92,000	西泠拍卖	2014.12.13
清铜胎掐丝珐琅莲纹象足龙钮盖炉	高33.6cm	138,000	中鸿信	2014.11.22
清 铜胎掐丝珐琅炉、瓶、盒三式	尺寸不一	57,500	北京传是	2014.06.05
清 铜胎掐丝珐琅明十三陵挂屏	长53cm	391,000	北京保利	2014.06.05
清 铜胎掐丝珐琅嵌明白玉盖盒	长12.8cm	34,500	北京保利	2014.12.05
清铜胎掐丝珐琅如意耳炉三足香薰	高15.5cm	23,000	辽宁中正	2014.05.25
清 铜胎掐丝珐琅三足炉甌	高24cm	82,800	北京匡时	2014.09.17
清 铜胎掐丝珐琅山石花卉六方瓶	高38cm	57,500	北京传是	2014.06.05
清 铜胎掐丝珐琅双耳杯（一对）	直径5.6cm×2	20,700	北京匡时	2014.09.17
清 铜胎掐丝珐琅太平有象大香薰	高55cm	1,610,000	江苏爱涛	2014.07.06
清 铜胎掐丝珐琅仙山楼阁图大缸	高32cm	115,000	北京匡时	2014.09.17
清 铜胎掐丝珐琅香盒	高7.3cm	25,300	西泠拍卖	2014.12.13
清 铜胎掐丝珐琅玉胡春	高17cm	13,800	北京翰海	2014.04.12
清 银鎏金錾刻八宝纹镶白玉如意	长37cm	218,500	华艺国际	2014.05.31
18世纪 掐丝珐琅八吉祥纹三足盖炉（一对）	高45.7cm	536,813	纽约苏富比	2014.03.18
18世纪 掐丝珐琅饕餮夔龙纹小瓶（一对）	高8.8cm	107,363	纽约苏富比	2014.03.18
18世纪 铜胎画珐琅黄地缠枝花卉纹开光夔龙碗（一对）	直径19cm	61,350	纽约佳士得	2014.03.20
18世纪 铜胎画珐琅山水纹盘（一对）	长21.3cm	49,610	伦敦苏富比	2014.11.05
18世纪铜胎掐丝珐琅卧羊（一对）	长11.2cm	158,160	伦敦苏富比	2014.05.14
18世纪/19世纪 铜胎画珐琅折枝花卉纹茶壶连保温座	长23.5cm	93,019	伦敦苏富比	2014.11.05

2014杂项拍卖成交汇总

(成交价RMB：1万元以上)

拍品名称	物品尺寸	成交价RMB	拍卖公司	拍卖日期
18世纪/19世纪 铜胎掐丝珐琅方彝式盖炉	高15.2cm	23,006	纽约佳士得	2014.03.20
18世纪/19世纪 铜胎掐丝珐琅花卉卷草纹六方花盆	宽20.7cm	42,178	纽约佳士得	2014.03.20
18世纪/19世纪早期 掐丝珐琅百鹿图寿鹤三足盖炉	高105.3cm	1,503,075	纽约苏富比	2014.03.18
18世纪初 掐丝珐琅瑞鸟薰炉	高18.5cm	316,400	香港苏富比	2014.10.08
18世纪初 铜胎画珐琅团龙纹盘（一对）	长14.4cm	105,421	伦敦苏富比	2014.11.05
18世纪末/19世纪 鎏金掐丝珐琅刻面盖瓶	高53.3cm	2,251,200	佳士得	2014.05.28
19世纪 蒙古制银镶玉百實器（三件）	尺寸不一	153,375	纽约佳士得	2014.03.20
19世纪 掐丝珐琅莲花纹冰箱	高97.8cm	444,788	纽约苏富比	2014.03.18
19世纪 铜胎掐丝珐琅宝鹅盖炉（一对）	高15.8cm	37,208	伦敦苏富比	2014.11.05
19世纪 铜胎掐丝珐琅石榴瑞鸟纹瓶（一对）	高77.5cm	248,050	伦敦苏富比	2014.11.05
19世纪/20世纪 掐丝珐琅龙狮纹多穆壶	高52.1cm	45,998	纽约苏富比	2014.09.16
20世纪 掐丝珐琅百鹿尊（一对）	高49.5cm	34,500	中国嘉德	2014.06.22
20世纪 掐丝珐琅缠枝莲寿字狮钮大香薰	高120cm	43,700	中国嘉德	2014.06.22
20世纪 掐丝珐琅缠枝莲兽面纹龙耳鹤足炉（一对）	高150cm	109,250	中国嘉德	2014.03.24
20世纪 掐丝珐琅缠枝莲纹三鹤炉（一对）	高160cm	74,750	中国嘉德	2014.06.22
20世纪 掐丝珐琅缠枝莲纹三鹤炉（一对）	高104cm	71,300	中国嘉德	2014.09.22
20世纪 掐丝珐琅缠枝莲纹三羊开泰炉（一对）	高160cm	34,500	中国嘉德	2014.06.22
20世纪 掐丝珐琅缠枝莲纹香薰（一对）	高64.5cm	23,000	中国嘉德	2014.03.24
20世纪 掐丝珐琅鹤鹿同春图缸（一对）	直径63cm	34,500	中国嘉德	2014.06.22
20世纪 掐丝珐琅花卉云纹象足香薰	高98cm	69,000	中国嘉德	2014.03.24
20世纪 掐丝珐琅嵌百宝盆景（一对）	高50.4cm	57,500	中国嘉德	2014.06.22
20世纪 掐丝珐琅兽面纹鼎式大炉	高90cm	25,300	中国嘉德	2014.06.22
20世纪 掐丝珐琅兽面纹鬲式大香薰	高87.5cm	43,700	中国嘉德	2014.03.24
20世纪 掐丝珐琅双龙赶珠纹长颈瓶	高43.4cm	36,810	纽约苏富比	2014.03.18
20世纪 掐丝珐琅太平有象	高177cm	172,500	中国嘉德	2014.03.24
20世纪 掐丝珐琅饕餮纹方觚（一对）	高35.9cm	206,989	纽约苏富比	2014.09.16
20世纪 掐丝珐琅云龙缸（一对）	直径110cm	161,000	中国嘉德	2014.03.24
20世纪 掐丝珐琅云龙纹大缸（一对）	直径120cm	51,750	中国嘉德	2014.09.22
20世纪 掐丝珐琅云龙纹大缸（一对）	直径120cm	48,300	中国嘉德	2014.09.22
明治大正期 藏六居造（二代）锤目银盒	高8cm	17,250	上海春秋堂	2014.12.21
明治期 驹井作西京岚山风景图金工赏盘	直径30.2cm	310,500	北京匡时	2014.12.04
民国 掐丝珐琅缠枝莲开光山水纹缸（一对）	直径60cm	78,200	中国嘉德	2014.03.24
民国 掐丝珐琅螭龙纹盘龙瓶	高55.5cm	48,300	中国嘉德	2014.06.22
民国 掐丝珐琅穿花龙纹天球瓶	高58cm	11,500	中国嘉德	2014.06.22
民国 掐丝珐琅春字盒	直径36cm	13,800	北京保利	2014.08.02
民国 掐丝珐琅佛龛	高54cm	20,700	北京保利	2014.08.02
民国掐丝珐琅海水龙纹缸（一对）	直径59cm	48,300	中国嘉德	2014.03.24
民国 掐丝珐琅海水龙纹四方倭角瓶（一对）	高41.8cm	34,500	中国嘉德	2014.03.24
民国 掐丝珐琅鹤（一对）	高189cm	40,250	北京保利	2014.08.02
民国掐丝珐琅花蝶纹鼓墩（一对）	高52.5cm	25,300	中国嘉德	2014.09.22
民国 掐丝珐琅花觚（一对）	高31cm	17,250	北京保利	2014.08.02
民国 掐丝珐琅花卉豆	高20cm	13,800	北京保利	2014.04.27
民国 掐丝珐琅花卉纹如意耳葫芦瓶（一对）	高28cm	34,500	中国嘉德	2014.03.24
民国掐丝珐琅龙钮三足炉（一对）	高33cm	48,300	北京保利	2014.08.02
民国 掐丝珐琅鹿鹤同春鱼缸（一对）	直径62cm	34,500	北京保利	2014.01.11
民国 掐丝珐琅骆驼（一对）	高70cm	25,300	北京保利	2014.01.11
民国 掐丝珐琅描金山水人物诗文灯罩（一对）	高36.5cm	63,250	中国嘉德	2014.06.22
民国 掐丝珐琅嵌百宝盆景	高56cm	36,800	中国嘉德	2014.03.24
民国掐丝珐琅嵌百宝盆景（一对）	高48.5cm	10,350	中国嘉德	2014.09.22
民国 掐丝珐琅兽耳盖炉	高38cm	13,800	北京保利	2014.01.11
民国 掐丝珐琅太平有象	高68cm	55,200	北京保利	2014.08.02
民国 掐丝珐琅仙鹤（一对）	高175cm	126,500	北京保利	2014.04.27
民国 掐丝珐琅羊尊	高44cm	11,500	北京保利	2014.01.11
民国 掐丝珐琅玉片小盆景	高18cm	11,500	北京保利	2014.08.02
民国 铜胎画珐琅缠枝莲纹小六方瓶	高11cm	23,000	中国嘉德	2014.06.22
民国 铜胎画珐琅开光花鸟帽筒	高38cm	23,000	太平洋	2014.03.21
民国 银鎏金嵌宝香粉盒	直径8.7cm	11,500	南京经典	2014.01.06
民国 银制“四君子”三足盖炉	直径11cm	20,700	北京保利	2014.01.11
民国 银制首饰盒（两件）	直径9.3cm	11,500	中国嘉德	2014.03.24
2014年 任政林 看见 提方茶器（限量版特别定制独品）		92,000	北京保利	2014.06.02
藏式老琉璃珠链（三串一组）	长35cm	23,000	南京经典	2014.08.04
法国掐丝珐琅双耳盖罐（一对）	78cm×27cm	115,000	北京保利	2014.06.05
法国银鎏金路易菲利普时期鼻烟盒	长5.5cm	13,800	北京保利	2014.06.05
珐琅斑马胸针		17,250	北京保利	2014.12.04
珐琅乌龟胸针		20,700	北京保利	2014.12.04
珐琅鹦鹉胸针		11,500	北京保利	2014.12.04
服部作纯银茶器（一组七种）	尺寸不一	184,000	北京匡时	2014.12.04
建国初期银鎏金累丝嵌珐琅九龙壁摆饰一件	长31.7cm	11,500	北京诚轩	2014.11.22
近代 景泰蓝玉兰花盆景	高51cm	55,200	北京保利	2014.10.26
近代 掐丝珐琅佛塔	高73cm	32,200	北京保利	2014.04.27
近代 掐丝珐琅开光花卉多穆壶	高37cm	16,100	北京保利	2014.01.11
近代掐丝珐琅如意耳香炉（一对）	高53cm	138,000	北京保利	2014.04.27
近代掐丝珐琅围棋围棋桌（一组）	尺寸不一	23,000	北京保利	2014.01.11
久芳堂造缠枝花卉纹纯银水注	高23cm	46,000	北京匡时	2014.12.04
卡地亚，罕有，银镶黑玛瑙钢笔，“Panth è re de Cartier”，限量生产，编号278/500，约2000年制		90,450	佳士得	2014.05.28
欧洲铜鎏金机械自鸣嵌珐琅鸟音盒	长10cm	51,750	北京保利	2014.12.04
掐丝珐琅阿拉伯文炉瓶三式	尺寸不一	10,350	中国嘉德	2014.06.22
掐丝珐琅八宝纹碗（四只）	直径9.4cm	36,800	中国嘉德	2014.03.24
掐丝珐琅缠枝莲福寿纹梅瓶（一对）	高39cm	32,200	中国嘉德	2014.03.24
掐丝珐琅缠枝莲托八宝纹三镶玉御题诗文如意	长43.8cm	17,250	中国嘉德	2014.06.22
掐丝珐琅缠枝莲纹团寿字碗各一对	直径10.3cm	13,800	中国嘉德	2014.06.22
掐丝珐琅缠枝莲纹八方盒（一对）	长5.3cm	23,000	中国嘉德	2014.06.22
掐丝珐琅缠枝莲纹朝天耳炉	高20.7cm	17,250	中国嘉德	2014.09.22
掐丝珐琅缠枝莲纹大吉葫芦瓶（一对）	高42cm	40,250	中国嘉德	2014.03.24
掐丝珐琅缠枝莲纹大碗（一对）	直径30cm	23,000	中国嘉德	2014.09.22
掐丝珐琅缠枝莲纹凤耳簋式炉（一对）	长40cm	46,000	中国嘉德	2014.09.22
掐丝珐琅缠枝莲纹花觚（一对）	高43.6cm	46,000	中国嘉德	2014.03.24
掐丝珐琅缠枝莲纹龙耳炉	高41cm	28,750	中国嘉德	2014.03.24
掐丝珐琅缠枝莲纹炉	高20cm	13,800	中国嘉德	2014.06.22
掐丝珐琅缠枝莲纹炉	直径15.5cm	10,350	中国嘉德	2014.09.22
掐丝珐琅缠枝莲纹帽架	高25.5cm	17,250	中国嘉德	2014.03.24
掐丝珐琅缠枝莲纹狮耳尊（一对）	高35.3cm	11,500	中国嘉德	2014.09.22
掐丝珐琅缠枝莲纹喜字烛台（一对）	高38cm	10,350	中国嘉德	2014.09.22
掐丝珐琅缠枝莲纹烛台（一对）	高36.2cm	13,800	中国嘉德	2014.03.24
掐丝珐琅缠枝莲纹烛台（一对）	高40cm	11,500	中国嘉德	2014.09.22
掐丝珐琅蝉纹鼎式炉（一对）	高27cm	57,500	中国嘉德	2014.03.24
掐丝珐琅螭龙纹杯（十只）	直径8cm	20,700	中国嘉德	2014.09.22
掐丝珐琅螭龙纹出戟花觚（一对）	高24.2cm	13,800	中国嘉德	2014.03.24
掐丝珐琅螭龙纹太平车	长29cm	34,500	中国嘉德	2014.03.24
掐丝珐琅螭龙纹香车	长29cm	20,700	中国嘉德	2014.06.22
掐丝珐琅螭龙云蝠纹朝冠耳炉（一对）	高52.3cm	55,200	中国嘉德	2014.03.24
掐丝珐琅春字盒	直径37cm	23,000	中国嘉德	2014.03.24
掐丝珐琅春字盒	直径36.8cm	13,800	中国嘉德	2014.06.22
掐丝珐琅春字盒（一对）	直径37cm	17,250	中国嘉德	2014.09.22
掐丝珐琅鹅（一对）	高39cm	13,800	中国嘉德	2014.06.22
掐丝珐琅凤纹绣墩（一对）	高46cm	32,200	中国嘉德	2014.03.24

拍品名称	物品尺寸	成交价RMB	拍卖公司	拍卖日期
掐丝珐琅佛龛	高77cm	46,000	中国嘉德	2014.06.22
掐丝珐琅福寿连绵图瓶（一对）	高28cm	11,500	中国嘉德	2014.06.22
掐丝珐琅耕织图抱月瓶	高46cm	13,800	中国嘉德	2014.09.22
掐丝珐琅海水龙纹大缸（一对）	直径100cm	57,500	中国嘉德	2014.06.22
掐丝珐琅鹤鹿同春图缸（一对）	直径62cm	80,500	中国嘉德	2014.03.24
掐丝珐琅鹤鹿同春图缸（一对）	直径59.6cm	36,800	中国嘉德	2014.06.22
掐丝珐琅花卉开光人物纹双联罐（一对）	高46cm	23,000	中国嘉德	2014.03.24
掐丝珐琅花卉纹六角花瓶（一对）	高43cm	20,700	上海工美	2014.11.02
掐丝珐琅锦纹梅瓶（一对）	高37cm	25,300	中国嘉德	2014.06.22
掐丝珐琅莲瓣尊（一对）	高47cm	25,300	中国嘉德	2014.03.24
掐丝珐琅鎏金碧玉太平有象平升三级摆件	高85cm	126,500	嘉盛轩德	2014.07.20
掐丝珐琅鎏金六方盘龙柱香薰	高112cm	201,600	一得阁	2014.10.20
掐丝珐琅六字真言转经筒	长24cm	23,000	中国嘉德	2014.09.22
掐丝珐琅鸟笼	高48cm	17,250	中国嘉德	2014.03.24
掐丝珐琅鸟笼	高62.7cm	23,000	中国嘉德	2014.09.22
掐丝珐琅嵌百宝花篮（一对）	高56.5cm	25,300	中国嘉德	2014.03.24
掐丝珐琅嵌百宝盆景	高78cm	78,200	中国嘉德	2014.06.22
掐丝珐琅嵌百宝盆景（一对）	高56cm	13,800	中国嘉德	2014.09.22
掐丝珐琅嵌百宝寿桃盆景	高79cm	57,500	中国嘉德	2014.09.22
掐丝珐琅嵌百宝太平有象	高86cm	40,250	中国嘉德	2014.06.22
掐丝珐琅嵌百宝太平有象（一对）	高25cm	25,300	中国嘉德	2014.06.22
掐丝珐琅嵌玉缠枝莲福寿纹葫芦瓶	高28cm	32,200	中国嘉德	2014.03.24
掐丝珐琅三镶玉暗八仙纹如意	长44cm	13,800	中国嘉德	2014.03.24
掐丝珐琅三镶玉缠枝莲御题诗文如意	长45cm	13,800	中国嘉德	2014.09.22
掐丝珐琅三镶玉御题诗文如意	长44cm	32,200	中国嘉德	2014.03.24
掐丝珐琅山水人物纹兽耳炉	高14.5cm	20,700	中国嘉德	2014.06.22
掐丝珐琅寿字蟠龙瓶（一对）	高50.5cm	10,350	中国嘉德	2014.03.24
掐丝珐琅兽面纹出戟花觚	高54.3cm	57,500	中国嘉德	2014.03.24
掐丝珐琅兽面纹鼎式炉（一对）	高37cm	17,250	中国嘉德	2014.03.24
掐丝珐琅兽面纹鼎式炉（一对）	高32.5cm	17,250	中国嘉德	2014.06.22
掐丝珐琅兽面纹鬲式炉	高90cm	36,800	中国嘉德	2014.09.22
掐丝珐琅兽面纹花觚（一对）	高26.8cm	23,000	中国嘉德	2014.06.22
掐丝珐琅兽面纹花觚（一对）	高28.5cm	17,250	中国嘉德	2014.03.24
掐丝珐琅兽面纹钟	高33.4cm	11,500	中国嘉德	2014.09.22
掐丝珐琅双鹤香薰（一对）	高145cm	55,200	中国嘉德	2014.06.22
掐丝珐琅双鹤香薰（一对）	高200cm	112,700	中国嘉德	2014.03.24
掐丝珐琅太平有象	高185cm	57,500	中国嘉德	2014.06.22
掐丝珐琅太平有象（一对）	高70cm	46,000	中国嘉德	2014.09.22
掐丝珐琅围棋（一套）	盒长11.5cm	32,200	中国嘉德	2014.03.24
掐丝珐琅围棋（一套）	盒长10.7cm	23,000	中国嘉德	2014.06.22
掐丝珐琅围棋（一套）	盒长11cm	25,300	中国嘉德	2014.09.22
掐丝珐琅仙鹤（一对）	高210cm	97,750	中国嘉德	2014.09.22
掐丝珐琅仙鹤香薰（一对）	高210cm	115,000	中国嘉德	2014.06.22
掐丝珐琅仙鹤香薰（一对）	高200cm	184,000	中国嘉德	2014.03.24
掐丝珐琅羊驮宝尊	高43cm	17,250	中国嘉德	2014.06.22
掐丝珐琅云蝠三星图如意	长40cm	10,350	中国嘉德	2014.09.22
掐丝珐琅云龙纹春字盒（一对）	直径37.5cm	17,250	中国嘉德	2014.06.22
掐丝珐琅云龙纹大盘	直径42.3cm	36,800	中国嘉德	2014.06.22
掐丝珐琅云龙纹佛龛	高56cm	43,700	中国嘉德	2014.09.22
掐丝珐琅云龙纹鼓墩（一对）	高46cm	10,350	中国嘉德	2014.06.22
掐丝珐琅云龙纹罐（一对）	高28.8cm	11,500	中国嘉德	2014.03.24
掐丝珐琅云龙纹龙钮炉	高59.2cm	40,250	中国嘉德	2014.03.24
掐丝珐琅云龙纹香亭（一对）	高125cm	71,300	中国嘉德	2014.06.22
掐丝珐琅子母鹤（一对）	高194cm	82,800	中国嘉德	2014.09.22
日本 倒把西施金银壶（一对）	高6.5cm	272,550	保利香港	2014.04.07
容善堂 精工手作纯金茶则、茶匙、茶枕	茶匙长19cm	92,000	北京保利	2014.06.05
容善堂 素面宝袋形纯银壶	高19.1cm	34,500	北京保利	2014.06.05
瑞士 精致，黄金，珍珠及珐琅发簪盒		44,802	保利香港	2014.10.06
瑞士制，精细及罕有，金及珐琅鼻烟盒，配音乐功能，约1810年制		160,800	佳士得	2014.05.28
瑞士制，精细及罕有，银镀金及珐琅盒子，配鸟鸣装置，约1880年制		150,750	佳士得	2014.05.28
铜胎景泰蓝嵌骨博古纹瓶（一对）	高65cm	291,200	一得阁	2014.10.20
铜胎掐丝珐琅双螭龙耳环子母瓶	高33cm	184,000	南京经典	2014.08.04
铜胎填珐琅八宝（一套）	高30.6cm	20,700	中国嘉德	2014.09.22

拍品名称	物品尺寸	成交价RMB	拍卖公司	拍卖日期
五郎三郎造纯银银壶	高19cm	161,000	北京匡时	2014.12.04
熊氏珐琅 精致及罕有，"志在千里"系列，银制"雄鹰"掐丝珐琅对瓶		420,021	保利香港	2014.10.06
银胎珐琅松石玛瑙茶罐	高10.2cm	10,925	上海泓盛	2014.12.10
鼻烟壶				
陶瓷类				
清乾隆 厂官釉梅瓶式鼻烟壶	高6.7cm	92,000	北京东正	2014.11.20
清乾隆 白釉暗刻龙纹烟壶	高5.5cm	28,750	北京盈时	2014.12.07
清乾隆 雕瓷八宝烟壶	高7cm	31,050	北京保利	2014.10.26
清乾隆 粉彩百子烟壶	高6cm	103,500	北京保利	2014.04.27
清乾隆 粉彩百子婴戏图烟壶	高5.5cm	51,750	中国嘉德	2014.09.22
清乾隆 粉彩浮雕福禄万代葫芦形烟壶	高8.2cm	272,550	保利香港	2014.04.07
清乾隆 粉彩福寿万带葫芦烟壶	高8cm	241,500	北京盈时	2014.12.07
清乾隆 粉彩十二花神图烟壶	高6.5cm	86,250	中国嘉德	2014.06.21
清乾隆 粉彩松石绿地描金花卉纹烟壶	高6.1cm	57,500	上海道明	2014.03.27
清乾隆 粉彩庭院纹烟壶	高4.5cm	55,000	武汉中信	2014.10.23
清乾隆 粉彩婴戏烟壶	高5cm	86,250	北京保利	2014.10.26
清乾隆 青花矾红云蝠鼻烟壶	高8cm	92,000	北京盈时	2014.05.31
清乾隆 松石绿地开光红彩山水纹烟壶	高6cm	287,500	中国嘉德	2014.05.18
清乾隆御制粉彩开光婴戏图鼻烟壶	高5cm	690,000	北京东正	2014.11.20
清中期 青花瓷童子鼻烟壶	高8.9cm	16,866	邦瀚斯	2014.09.15
清中期 塑瓷八卦图鼻烟壶	高7.9cm	32,198	邦瀚斯	2014.09.15
清嘉庆 雕瓷狮子戏球烟壶	高7.5cm	32,200	北京保利	2014.10.26
清嘉庆 矾红开光御制诗文鼻烟壶	高5.6cm	379,500	上海道明	2014.03.27
清嘉庆 粉彩福禄万代烟壶	长7cm	28,750	中国嘉德	2014.09.22
清嘉庆 模印加彩福禄万代鼻烟壶	高6.2cm	92,025	纽约佳士得	2014.03.20
清嘉庆 青花粉彩双安图鼻烟壶	高5.7cm	115,031	纽约佳士得	2014.03.20
清嘉庆 松石绿地粉彩葫芦鼻烟壶	高7.2cm	92,000	北京东正	2014.05.18
清道光 瓷塑鼻烟壶	高5.7cm	26,832	邦瀚斯	2014.09.15
清道光 粉彩鼻烟壶（两枚）	高6.4cm	29,132	邦瀚斯	2014.09.15
清道光 瓷胎画珐琅鼻烟壶	高5.4cm	99,661	邦瀚斯	2014.09.15
清道光 瓷胎画珐琅鼻烟壶	高5cm	65,163	邦瀚斯	2014.09.15
清道光 粉彩"深山藏古寺"烟壶	高6.5cm	46,000	北京保利	2014.10.26
清道光 粉彩赤壁怀古图烟壶	高6cm	56,000	武汉中信	2014.10.23
清道光 粉彩鸽子图烟壶	高5.6cm	46,000	中国嘉德	2014.06.21
清道光 粉彩绘草虫诗文鼻烟壶	高8cm	21,850	苏州东方	2014.10.30
清道光 粉彩人物烟壶	高5.7cm	55,200	中国嘉德	2014.11.20
清道光 粉彩山水人物纹铺首烟壶	高7.3cm	69,000	中国嘉德	2014.06.21
清道光 粉彩通景乘舟图鼻烟壶	高5.4cm	214,725	纽约佳士得	2014.03.20
清道光 鸽犬图鼻烟壶	高7.5cm	72,000	北京九歌	2014.12.17
清道光 青花"羲之爱鹅"变形兽耳鼻烟壶	高5.8cm	45,998	邦瀚斯	2014.09.15
清光绪 青花人物烟壶（两件）	高15cm高13cm	46,000	北京保利	2014.04.26
19世纪 瓷雕山水鼻烟壶	高7.4cm	91,995	纽约苏富比	2014.09.16
19世纪 瓷胎模制粉彩人物抱瓶鼻烟壶	高6cm	144,980	伦敦邦瀚斯	2014.05.15
19世纪 瓷胎青花红彩鼻烟壶（两枚）	高7.8cm	15,333	邦瀚斯	2014.09.15
清 乾隆款 瓷胎画珐琅鼻烟壶	高7.6cm	13,799	邦瀚斯	2014.09.15
清 乾隆款 樊红彩瓷龙纹鼻烟壶	高7cm	12,266	邦瀚斯	2014.09.15
清 白釉暗刻梅瓶式烟壶（两只）	高6cm高7.4cm	20,700	中国嘉德	2014.11.20
清 瓷塑狮子形鼻烟壶	高6.7cm	25,300	北京东正	2014.11.20
清 瓷胎粉彩童子抱桃鼻烟壶	高7cm	51,750	北京华辰	2014.05.17
清 瓷烟壶（八只）	尺寸不一	97,750	北京传是	2014.06.05
清 单色釉烟壶（三只）	尺寸不一	17,250	中国嘉德	2014.11.20
清 道光粉彩百鹿图鼻烟壶	高7.7cm	32,200	北京东正	2014.11.20
清 雕瓷矾红烟壶（一组四件）	尺寸不一	23,000	北京翰海	2014.11.23
清 雕瓷粉彩荷花烟壶	8.5cm	51,750	中国嘉德	2014.05.18
清 雕瓷黄地粉彩博古图烟壶	7.5cm	172,500	中国嘉德	2014.05.18
清 矾红龙纹卵形鼻烟壶	高6cm	23,000	北京盈时	2014.12.07
清 粉彩海八怪鼻烟壶	高7.3cm	23,000	北京盈时	2014.12.07
清 粉彩花卉纹鼻烟壶	高6.5cm	23,000	北京盈时	2014.12.07
清 粉彩加官进爵纹烟壶	高6.4cm	20,160	天津文物	2014.11.15
清 粉彩开光蓝料山水鼻烟壶	高7cm	172,500	北京东正	2014.11.20
清 粉彩开光诗文山水烟壶	高7cm	103,500	北京保利	2014.06.06
清 粉彩孔雀纹鼻烟壶	高7.8cm	20,700	北京东正	2014.11.20
清 粉彩三友图烟壶	高9.6cm	39,200	天津文物	2014.11.15

(成交价RMB：1万元以上)

拍品名称	物品尺寸	成交价RMB	拍卖公司	拍卖日期
清 粉彩十二花神卵圆形鼻烟壶	高6.8cm	34,500	北京东正	2014.05.18
清 粉彩水漫金山梅瓶式鼻烟壶	高9.2cm	57,500	北京东正	2014.11.20
清 粉彩四妃十六子鼻烟壶	高6cm	69,000	中鸿信	2014.11.22
清 粉彩踏雪寻梅鼻烟壶	高6.5cm	23,000	北京东正	2014.11.20
清 各式鼻烟壶（五件）	尺寸不一	17,250	北京匡时	2014.12.03
清加彩仿鲨鱼皮开光山水楼台烟壶	高6cm	51,750	北京保利	2014.12.03
清 嘉庆款粉彩人物鼻烟壶	高7cm	40,250	北京东正	2014.05.18
清 浆胎青花松鹤图双联鼻烟壶	高5.5cm	16,100	北京东正	2014.11.20
清 浆胎青花西厢记鼻烟壶	高7.2cm	28,750	北京东正	2014.11.20
清 浆胎青花渔樵耕读方鼻烟壶	高7.3cm	11,500	北京东正	2014.11.20
清 锦地开光花卉纹鼻烟壶	高7.7cm	51,750	北京匡时	2014.12.03
清 乾隆款粉彩百子图鼻烟壶	高7.3cm	109,250	北京东正	2014.05.18
清 乾隆款粉彩葫芦万代连生贵子鼻烟壶	高5cm	97,750	北京东正	2014.05.18
清 浅绛彩双俊图鼻烟壶	高6.9cm	28,750	北京东正	2014.11.20
清 青花、青花釉里红、粉彩等瓷烟壶（十二只）	尺寸不一	17,250	中国嘉德	2014.11.20
清 青花、釉里红、青花釉里红等瓷烟壶（五只）	尺寸不一	23,000	中国嘉德	2014.11.20
清 青花缠枝莲纹鼻烟壶	高7.2cm	28,750	北京东正	2014.11.20
清 青花穿花龙纹葫芦形鼻烟壶	高6.1cm	17,250	北京东正	2014.11.20
清 青花墩式烟壶（两只）	高5.5cm	48,300	中国嘉德	2014.11.20
清 青花加彩和合二仙鼻烟壶	高5cm	20,700	北京东正	2014.11.20
清 青花加紫十二生肖纹鼻烟壶	高12.5cm	35,840	天津文物	2014.05.16
清 青花釉里红、青花、粉彩等瓷烟壶（十四只）	尺寸不一	17,250	中国嘉德	2014.11.20
清 青花釉里红苍龙教子鼻烟壶	高7.6cm	46,000	北京东正	2014.11.20
清 青花釉里红缠枝莲纹烟壶	高4.5cm	40,250	中国嘉德	2014.11.20
清 青花釉里红葫芦形烟壶、青花花卉纹烟壶（各一只）	尺寸不一	13,800	中国嘉德	2014.11.20
清 青花釉里红人物故事图烟壶（八只）	尺寸不一	25,300	中国嘉德	2014.11.20
清 青花釉里红人物故事图烟壶（两只）	高7.5cm	28,750	中国嘉德	2014.11.20
清 青花釉里红人物故事图烟壶（七只）	尺寸不一	23,000	中国嘉德	2014.11.20
清 青花釉里红人物烟壶	高7cm	11,500	中国嘉德	2014.11.20
清 青花釉里红狮子纹烟壶	高6.5cm	36,800	中国嘉德	2014.11.20
清 涩胎粉彩八仙鼻烟壶	高7cm	23,000	北京东正	2014.11.20
清 素胎黑彩山水纹鼻烟壶	高8.5cm	57,500	北京东正	2014.05.18
清 铁锈釉罐式鼻烟壶	高5.7cm	20,700	北京东正	2014.11.20
清 汪而眉款雕瓷山水纹鼻烟壶	高7.8cm	92,000	北京东正	2014.05.18
清 釉里红山水纹烟壶	高7cm	20,700	中国嘉德	2014.11.20
清 玉春堂款青花花卉八棱形鼻烟壶（一对）	高6.5cm	43,700	西泠拍卖	2014.05.06
清晚期 周鸿来瓷刻鼻烟壶	高6cm	61,330	邦瀚斯	2014.09.15
清晚期 粉彩高仕山水鼻烟壶（一对）	高6.5cm	137,993	邦瀚斯	2014.09.15
近代 瓷胎粉彩模制龙凤纹鼻烟壶	高7cm	43,700	北京华辰	2014.05.17
玉石类				
清乾隆 白玉螭龙纹烟壶	高5.5cm	69,000	中国嘉德	2014.05.18
清乾隆 白玉带皮烟壶	高7.5cm	209,220	中国嘉德	2014.10.07
清乾隆 白玉雕铺首纹鼻烟壶	高6.3cm	48,300	华艺国际	2014.12.09
清乾隆 白玉满工团寿锦地巾袱纹鼻烟壶	高6.9cm	192,960	罗芙奥	2014.05.25
清乾隆 白玉茄果碧玉蒂烟壶	高7.6cm	299,000	上海嘉泰	2014.06.19
清乾隆白玉洒金缠枝番莲纹鼻烟壶	高5.9cm	86,832	罗芙奥	2014.05.25
清乾隆 白玉松下高士图鼻烟壶	高7cm	192,100	广东省拍	2014.06.22
清乾隆 白玉太狮少狮烟壶	高6.5cm	287,500	北京保利	2014.12.05
清乾隆 白玉御制诗文梅花图烟壶	高5.6cm	368,000	中国嘉德	2014.05.18
清乾隆 翡翠素鼻烟壶	高6.1cm	103,500	苏州东方	2014.10.30
清乾隆 琥珀苏武牧羊图烟壶	高7.8cm	78,200	中国嘉德	2014.09.22
清乾隆 黄玉留皮缠枝葫芦鼻烟壶	高7.7cm	77,184	罗芙奥	2014.05.25
清乾隆 黄玉浅刻题诗烟壶	高5.5cm	212,750	北京保利	2014.12.05
清乾隆 绿松石题“相州昼锦堂记”文句鼻烟壶	高5.5cm	76,663	纽约苏富比	2014.09.16
清乾隆 蜜蜡光素鼻烟壶	高7.8cm	57,888	罗芙奥	2014.05.25
清乾隆 水晶鼻烟壶	高5.1cm	45,998	纽约苏富比	2014.09.16
清乾隆 羊脂白玉鼻烟壶	高7cm	147,264	帝图艺术	2014.06.22
清乾隆 玉雕龙纹烟壶	高8cm	43,700	北京保利	2014.04.27
清乾隆 御制翡翠太狮少狮烟壶	高6cm	172,500	中国嘉德	2014.05.18

拍品名称	物品尺寸	成交价RMB	拍卖公司	拍卖日期
清乾隆/清嘉庆 鸡血石雕鼻烟壶	高6cm	70,350	佳士得	2014.05.28
清乾隆 白玉刻福至眉寿鼻烟壶	高7.5cm	207,000	北京东正	2014.05.18
清乾隆 抱子石玛瑙鼻烟壶	高6cm	172,500	北京东正	2014.05.18
清中期 白玉花鸟烟壶	高6.5cm	184,000	北京保利	2014.01.11
清中期 白玉开光一路连科鼻烟壶	高6cm	287,500	北京东正	2014.05.18
清中期 白玉双骏图烟壶	高7cm	11,500	北京保利	2014.10.26
清中期 白玉童子烟壶	高6cm	25,300	北京保利	2014.10.26
清中期 白玉烟壶（三件）	尺寸不一	17,250	北京保利	2014.10.26
清中期 翡翠雕花蝶纹鼻烟壶	高5cm	74,750	北京匡时	2014.06.04
清中期 粉碧玺螭龙纹鼻烟壶	高4.3cm	46,000	北京翰海	2014.10.26
清中期 粉碧玺双蝠纹鼻烟壶	高4.5cm	32,200	北京翰海	2014.10.26
清中期 黑白玉双联烟壶	高6cm	345,000	中国嘉德	2014.05.18
清中期 琥珀雕花开富贵大鼻烟壶	高9cm	299,000	北京东正	2014.05.18
清中期 玛瑙巧做金猴献寿鼻烟壶	高5.6cm	36,800	中鸿信	2014.11.22
清中期 玛瑙太平有象鼻烟壶	高7cm	11,500	华艺国际	2014.12.09
清中期 蜜蜡福禄纹烟壶	6.2cm	138,000	中国嘉德	2014.05.18
清中期苏作玛瑙巧雕喜鹊登梅烟壶	高5.6cm	25,300	中鸿信	2014.11.22
清中期 玉人物花卉烟壶	高5cm	67,200	武汉中信	2014.10.23
清中期到民国 鼻烟壶（一组九件）	尺寸不一	40,250	北京匡时	2014.06.04
清 “子冈款”松下高士白玉诗文鼻烟壶	高8cm	45,000	北京九歌	2014.12.17
清 白玉博古纹扁方形鼻烟壶	高7.8cm	115,000	北京东正	2014.11.20
清 白玉带金皮素烟壶	高6.7cm	59,800	中国嘉德	2014.05.18
清 白玉带金皮素烟壶	高6.5cm	345,000	中国嘉德	2014.11.20
清 白玉带皮鼻烟壶	高7cm	78,200	北京翰海	2014.10.25
清 白玉带皮福山寿海烟壶	高7cm	86,250	北京盈时	2014.12.07
清 白玉带皮双福禄鼻烟壶	高9cm	80,500	北京翰海	2014.10.25
清 白玉带皮双联鼻烟壶	高5.5cm	138,000	北京翰海	2014.10.25
清 白玉到人物烟壶	高5cm	34,500	北京翰海	2014.01.11
清 白玉雕蝉形鼻烟壶	高7cm	71,300	北京华辰	2014.05.17
清 白玉雕瓜瓞鼻烟壶	高8.5cm	40,250	西泠拍卖	2014.05.06
清 白玉雕瓜纹烟壶	高7.2cm	48,300	北京保利	2014.12.05
清 白玉雕花卉纹兽耳烟壶	高5.3cm	61,600	天津文物	2014.11.15
清 白玉雕莲瓣纹鼻烟壶	高6cm	36,800	西泠拍卖	2014.12.13
清 白玉雕梅兰竹菊四君子烟壶	高7cm	172,500	北京华辰	2014.05.17
清 白玉雕铺首耳鼻烟壶、白玉素鼻烟壶两件	高7.5cm 高7cm	36,800	西泠拍卖	2014.05.06
清 白玉雕山水人物纹烟壶	高7.3cm	173,600	天津文物	2014.11.15
清 白玉雕诗文葫芦形烟壶	高6.4cm	100,800	天津文物	2014.11.15
清 白玉雕兽耳衔环纹烟壶	高6cm	44,800	天津文物	2014.11.15
清 白玉雕兽耳烟壶	高6.7cm	89,600	天津文物	2014.05.16
清 白玉雕素身鼻烟壶	高8cm	36,800	西泠拍卖	2014.05.06
清 白玉雕长寿如意纹烟壶	6.5cm	42,560	天津文物	2014.11.15
清 白玉鹅形松纹烟壶		43,700	北京保利	2014.10.26
清 白玉仿古文鼻烟壶	高6.6cm	92,000	北京东正	2014.11.20
清 白玉各式烟壶（三件）	尺寸不一	32,200	北京保利	2014.08.02
清 白玉光素鼻烟壶	高6cm	38,592	罗芙奥	2014.05.25
清 白玉光素鼻烟壶	高9.5cm	161,000	北京东正	2014.11.20
清 白玉光素鼻烟壶	高8.8cm	138,000	北京东正	2014.11.20
清 白玉光素鼻烟壶	高8.8cm	126,500	北京东正	2014.11.20
清 白玉光素鼻烟壶	高4.9cm	63,250	北京东正	2014.11.20
清 白玉光素扁方式鼻烟壶	高8.8cm	138,000	北京东正	2014.11.20
清 白玉光素扁方式鼻烟壶	高6.7cm	40,250	北京东正	2014.11.20
清 白玉光素扁壶式鼻烟壶	高6.1cm	40,250	北京东正	2014.11.20
清 白玉葫芦纹鼻烟壶	高9.4cm	143,750	北京东正	2014.05.18
清 白玉葫芦形鼻烟壶	高7.3cm	106,128	罗芙奥	2014.05.25
清 白玉葫芦形烟壶	高7.5cm	23,000	北京保利	2014.10.26
清 白玉虎纹烟壶	高9cm	23,000	北京保利	2014.10.26
清 白玉花卉烟壶	长6.5cm	63,250	北京保利	2014.10.26
清 白玉金皮籽料烟壶	高5.5cm	575,000	中国嘉德	2014.11.20
清 白玉夔龙纹鼻烟壶	高6.4cm	96,480	罗芙奥	2014.05.25
清 白玉夔龙纹鼻烟壶	高6.7cm	115,000	北京东正	2014.11.20
清 白玉兰花石纹鼻烟壶	高6.6cm	138,000	北京东正	2014.11.20
清 白玉留皮雕福寿纹烟壶	高4.5cm	132,160	天津文物	2014.11.15
清 白玉留皮雕瓜瓞绵绵纹烟壶	高6cm	347,200	天津文物	2014.05.16
清 白玉留皮雕瓜瓞绵绵纹烟壶	高6.5cm	89,600	天津文物	2014.11.15
清 白玉留皮雕米芾题石鼻烟壶	高6.3cm	36,800	西泠拍卖	2014.05.06
清 白玉留皮雕松石灵芝鼻烟壶	高5.3cm	32,200	西泠拍卖	2014.05.06
清 白玉留皮雕喜鹊登梅纹烟壶	高7.6cm	89,600	天津文物	2014.11.15
清 白玉留皮瓜果形鼻烟壶	长7.5cm	106,128	罗芙奥	2014.05.25
清白玉留皮巧雕“立鹰图”鼻烟壶	高6.5cm	57,888	罗芙奥	2014.05.25

(成交价RMB：1万元以上)

拍品名称	物品尺寸	成交价RMB	拍卖公司	拍卖日期
清 白玉留皮随形烟壶	高7.5cm	280,000	天津文物	2014.05.16
清 白玉留皮随形烟壶	长8.6cm	23,000	北京保利	2014.12.05
清 白玉留皮烟壶	高6cm	221,760	天津文物	2014.11.15
清 白玉箧箩纹鼻烟壶	高6cm	126,500	北京东正	2014.11.20
清 白玉铺首耳鼻烟壶	高7cm	11,500	北京翰海	2014.11.22
清 白玉铺首耳鼻烟壶	高5.5cm	13,800	中鸿信	2014.11.22
清 白玉铺首耳方壶	高5cm	13,800	中鸿信	2014.11.22
清 白玉巧雕人物 螭龙纹烟壶（三件）	尺寸不一	40,250	北京保利	2014.01.11
清 白玉巧雕狮耳烟壶	高6.3cm	53,760	天津文物	2014.11.15
清 白玉茄形烟壶	高7.5cm	92,000	中国嘉德	2014.11.20
清 白玉沁色雕丹凤朝阳纹烟壶	高6cm	61,600	天津文物	2014.11.15
清 白玉秋猎图烟壶	高6.2cm	23,000	北京保利	2014.12.05
清 白玉洒金皮云龙纹鼻烟壶	高8.5cm	149,500	北京东正	2014.11.20
清 白玉诗文鼻烟壶	高4cm	51,750	中鸿信	2014.11.22
清 白玉诗文大烟壶	高7cm	184,000	北京东正	2014.05.18
清 白玉石榴形鼻烟壶	高5.9cm	172,500	北京东正	2014.05.18
清 白玉寿字纹方鼻烟壶	高8.8cm	80,500	北京东正	2014.11.20
清 白玉兽面纹扁烟壶	高5.5cm	138,000	中国嘉德	2014.05.18
清 白玉双瓜形烟壶	长8cm	28,750	北京保利	2014.10.26
清 白玉双骏扁方式鼻烟壶	高8.5cm	57,500	北京东正	2014.11.20
清 白玉素烟壶	高5cm	40,250	中国嘉德	2014.05.18
清 白玉素烟壶	高7.3cm	28,750	北京保利	2014.12.05
清 白玉随形烟壶	高8.8cm	32,200	中国嘉德	2014.03.24
清 白玉随形烟壶	高9cm	32,200	北京保利	2014.10.26
清 白玉随形烟壶	高6.5cm	56,000	天津文物	2014.11.15
清 白玉桃形、双禄烟壶（两件）	高4.5cm高4cm	20,700	北京保利	2014.10.26
清 白玉套环葫芦形鼻烟壶	高5.8cm	59,800	北京东正	2014.11.20
清 白玉提油双俊图鼻烟壶	高6.8cm	97,750	北京东正	2014.11.20
清 白玉提油游春图鼻烟壶	高8cm	34,500	北京东正	2014.11.20
清 白玉兔形烟壶	高6cm	25,300	北京保利	2014.10.26
清 白玉西班牙银币铺首耳鼻烟壶	高6cm	57,500	北京东正	2014.11.20
清 白玉献寿烟壶	高5cm	23,000	北京保利	2014.10.26
清 白玉烟壶	长5.5cm	218,500	北京保利	2014.04.27
清 白玉烟壶	高6cm	32,200	北京保利	2014.01.11
清 白玉烟壶	高6cm	49,968	香港拍得高	2014.03.30
清 白玉烟壶	高6.7cm	28,750	北京保利	2014.10.26
清 白玉烟壶	高6cm	25,300	北京保利	2014.10.26
清 白玉烟壶	高5.3cm	42,560	天津文物	2014.11.15
清 白玉烟壶	高6cm	112,000	武汉中信	2014.10.23
清 白玉烟壶	高5.5cm	17,250	中国嘉德	2014.09.22
清 白玉鱼纹扁方式鼻烟壶	高7.5cm	34,500	北京东正	2014.11.20
清 白玉御题诗文鼻烟壶	高5.4cm	828,000	北京东正	2014.11.20
清 白玉折方八卦纹鼻烟壶	高5.2cm	71,300	北京东正	2014.05.18
清 白玉籽料瓜瓞连绵鼻烟壶	高7cm	195,500	北京东正	2014.11.20
清 白玉籽料随形鼻烟壶	高8.9cm	46,000	北京东正	2014.11.20
清 白玉籽料随形鼻烟壶	高7.3cm	46,000	北京东正	2014.11.20
清 碧玺雕松鹿纹烟壶	高6.5cm	36,800	北京传是	2014.06.05
清 碧玺松鼠葡萄纹烟壶	高5.4cm	34,500	中国嘉德	2014.05.18
清 冰糖玛瑙巧雕双鹊鼻烟壶	高6.5cm	40,250	西泠拍卖	2014.05.06
清 冰糖玛瑙素鼻烟壶	高6.9cm	41,400	北京东正	2014.05.18
清 布丁石鼻烟壶	高5cm	17,250	北京盈时	2014.12.07
清 缠丝玛瑙鹿形烟壶	高6cm	322,000	中国嘉德	2014.05.18
清 翠烟壶	高6cm	77,000	武汉中信	2014.10.23
清 端石螭龙纹烟壶	高5.7cm	11,500	中国嘉德	2014.09.22
清 发晶福寿双联烟壶	高8cm	13,800	中国嘉德	2014.09.22
清 翡翠"一路连科"烟壶	高5.7cm	138,000	北京保利	2014.12.05
清 翡翠鼻烟壶两只	尺寸不一	34,500	北京东正	2014.11.20
清 翡翠仿古鹦鹉纹烟壶	高6.3cm	379,500	北京保利	2014.12.05
清 翡翠福寿烟壶	高6.7cm	184,000	北京保利	2014.12.05
清 翡翠光素鼻烟壶	高6cm	103,500	北京东正	2014.05.18
清 翡翠光素鼻烟壶	高6.2cm	34,500	北京东正	2014.11.20
清 翡翠光素鼻烟壶	高6.9cm	23,000	北京东正	2014.11.20
清 翡翠酒坛式鼻烟壶	高5.8cm	115,000	北京华辰	2014.05.17
清 翡翠铺首鼻烟壶	高6.5cm	34,500	北京东正	2014.11.20
清 翡翠山水人物烟壶	高4.7cm	34,500	中国嘉德	2014.05.18
清 翡翠双狮耳烟壶	高6.5cm	34,500	北京匡时	2014.06.04
清 翡翠素鼻烟壶	高6.3cm	126,500	苏州东方	2014.05.30
清 翡翠素面兽耳烟壶	高6cm	92,000	北京保利	2014.12.05
清 翡翠素面烟壶	高6cm	264,500	北京保利	2014.12.05
清 翡翠素面烟壶	高6.7cm	126,500	北京保利	2014.12.05

拍品名称	物品尺寸	成交价RMB	拍卖公司	拍卖日期
清 翡翠印盒、烟壶（三件）	尺寸不一	48,300	北京保利	2014.06.06
清 瓜蒂绵绵冰种翠玉鼻烟壶	高6.5cm	103,085	帝图艺术	2014.06.22
清 和田白玉雕鼻烟壶	高9.0cm	896,000	未来四方	2014.07.29
清 和田玉鼻烟壶	高6.1cm	57,500	南京经典	2014.01.06
清 黑白玉雕福禄寿鼻烟壶	高8.8cm	235,750	北京东正	2014.05.18
清 黑白玉海屋添筹图鼻烟壶	高7.8cm	310,500	北京东正	2014.05.18
清 黑白玉人物故事鼻烟壶	高6.8cm	80,500	北京华辰	2014.05.17
清 黑发晶铺首耳鼻烟壶	高7.6cm	74,750	北京东正	2014.05.18
清 痕都斯坦西番莲纹鼻烟壶	高6.5cm	80,500	北京东正	2014.11.20
清 红珊瑚雕安居乐业鼻烟壶	高8.8cm	57,500	北京翰海	2014.10.25
清 红珊瑚雕花卉鼻烟壶	高5.7cm	48,300	西泠拍卖	2014.12.13
清 红珊瑚人物烟壶	高7cm	13,800	中鸿信	2014.11.22
清 琥珀鼻烟壶	高7.5cm	32,200	北京华辰	2014.05.17
清 琥珀代代有福纹鼻烟壶	高8.5cm	74,750	北京东正	2014.05.18
清 琥珀雕鼻烟壶（一组三件）	尺寸不一	103,500	西泠拍卖	2014.12.13
清 琥珀雕双螭纹烟壶	高6cm	34,500	北京华辰	2014.05.17
清 琥珀佛手烟壶	高7cm	92,000	中国嘉德	2014.05.18
清 琥珀光素扁方形鼻烟壶	高8.1cm	23,000	北京东正	2014.11.20
清 琥珀鹿鹤同春烟壶	高6.5cm	28,750	北京保利	2014.10.26
清 琥珀铺首耳鼻烟壶	高4.6cm	46,000	北京东正	2014.11.20
清 琥珀松鼠葡萄鼻烟壶	高7.6cm	48,300	北京东正	2014.11.20
清 琥珀踏雪寻梅烟壶	高7.5cm	82,800	中国嘉德	2014.05.18
清 琥珀镶珊瑚洪福齐天鼻烟壶	高5cm	207,000	北京东正	2014.05.18
清 琥珀婴戏图鼻烟壶	高6.8cm	92,000	北京东正	2014.05.18
清 黄花玛瑙鼻烟壶	高6.3cm	86,250	北京东正	2014.05.18
清 黄玉带皮喜上眉梢烟壶	高5.7cm	34,500	中国嘉德	2014.05.18
清 黄玉雕山水人物鼻烟壶	高8cm	69,000	西泠拍卖	2014.12.13
清 黄玉雕松下童子鼻烟壶	高7.5cm	92,000	西泠拍卖	2014.05.06
清 黄玉光素鼻烟壶	高7cm	96,480	罗芙奥	2014.05.25
清 黄玉嵌百宝人物鼻烟壶	高8.3cm	322,000	北京东正	2014.05.18
清 黄玉巧雕福寿纹鼻烟壶	高7.5cm	46,000	北京东正	2014.11.20
清 黄玉巧雕鹤鹿同春鼻烟壶	高7.5cm	109,250	北京东正	2014.11.20
清 黄玉巧雕松树老人鼻烟壶	高7cm	172,500	北京华辰	2014.05.17
清 黄玉巧雕仙人观日鼻烟壶	高8.3cm	253,000	北京东正	2014.11.20
清 黄玉松下高士对奕图鼻烟壶	高7.3cm	172,500	北京东正	2014.05.18
清 黄玉烟壶	高7.5cm	36,800	北京保利	2014.08.02
清 黄玉烟壶	高6.5cm	78,400	天津文物	2014.11.15
清 黄玉延年益寿烟壶	高6.5cm	32,200	北京保利	2014.10.26
清 火烧玉刻花卉纹鼻烟壶	高6.3cm	63,250	北京东正	2014.05.18
清 绿布甸石鼻烟壶	高7cm	34,500	北京华辰	2014.05.17
清 绿松石金蟾形鼻烟壶	高4.8cm	115,000	北京东正	2014.11.20
清 绿松石童子宝葫芦鼻烟壶	高7cm	32,200	北京华辰	2014.05.17
清 绿松石兔形鼻烟壶	高2.5cm	51,750	北京华辰	2014.05.17
清 玛瑙鼻烟壶（两只）	尺寸不一	26,450	中鸿信	2014.11.22
清 玛瑙雕包袱纹烟壶	高6.5cm	28,000	天津文物	2014.11.15
清 玛瑙对弈图鼻烟壶	高7cm	59,800	北京华辰	2014.05.17
清 玛瑙福禄万代烟壶	高6.5cm	40,250	中国嘉德	2014.05.18
清 玛瑙光素铺首耳鼻烟壶	高7cm	23,000	北京东正	2014.11.20
清 玛瑙灵猴接福鼻烟壶	高6cm	40,250	北京华辰	2014.05.17
清 玛瑙铺首耳鼻烟壶	高6.8cm	34,500	北京东正	2014.11.20
清 玛瑙巧雕独立朝纲纹烟壶	高5cm	33,600	天津文物	2014.05.16
清玛瑙巧雕福禄寿官上加官鼻烟壶	高8.9cm	74,750	北京东正	2014.11.20
清 玛瑙巧雕蝴蝶纹鼻烟壶	高5.4cm	33,600	天津文物	2014.11.15
清 玛瑙巧雕花鸟烟壶	高8cm	69,000	北京保利	2014.01.11
清 玛瑙巧雕刘海戏蟾图烟壶	高7cm	19,550	中国嘉德	2014.09.22
清 玛瑙巧雕马上朝纲鼻烟壶	高5.3cm	184,000	北京东正	2014.11.20
清 玛瑙巧雕仙人乘槎鼻烟壶	高8.5cm	115,000	北京东正	2014.11.20
清 玛瑙巧雕仙人祝寿鼻烟壶	高8.7cm	57,500	北京东正	2014.11.20
清 玛瑙巧雕夜游赤壁鼻烟壶	高7.9cm	63,250	北京东正	2014.11.20
清 玛瑙巧雕鱼跃龙门烟壶	高6.5cm	40,250	北京华辰	2014.05.17
清 玛瑙巧雕早生贵子纹鼻烟壶	高5.4cm	22,400	天津文物	2014.11.15
清 玛瑙巧雕钟馗烟壶	高5cm	23,000	北京保利	2014.10.26
清 玛瑙巧色鼻烟壶（一对）	尺寸不一	140,000	北京九歌	2014.12.17
清 玛瑙巧作"英雄"鼻烟壶	高6.2cm	62,712	罗芙奥	2014.05.25
清 玛瑙巧作官上加官鼻烟壶	高8cm	92,000	北京东正	2014.11.20
清 玛瑙巧作金玉满堂鼻烟壶	高9.8cm	115,000	北京东正	2014.11.20
清 玛瑙巧作夔龙纹鼻烟壶	高7.6cm	69,000	北京翰海	2014.05.11
清 玛瑙巧作刘海戏金蟾鼻烟壶	高9.3cm	92,000	北京东正	2014.11.20
清 玛瑙巧作耄耋图鼻烟壶	高7.9cm	34,500	北京东正	2014.11.20
清 玛瑙巧作人物故事鼻烟壶	高5.7cm	34,500	北京翰海	2014.05.11
清 玛瑙巧作双乔戏犬鼻烟壶	高7cm	57,888	罗芙奥	2014.05.25

2014杂项拍卖成交汇总

(成交价RMB：1万元以上)

拍品名称	物品尺寸	成交价RMB	拍卖公司	拍卖日期
清 玛瑙巧作喜相逢鼻烟壶	高8.8cm	92,000	北京东正	2014.11.20
清 玛瑙俏色寒江独钓图烟壶	高7cm	34,500	北京华辰	2014.05.17
清玛瑙人物凤纹等烟壶（三件）	尺寸不一	57,500	北京保利	2014.01.11
清玛瑙人物、凤纹等烟壶（三件）	尺寸不一	13,800	北京保利	2014.10.26
清 玛瑙苏作得利图鼻烟壶	高5.8cm	276,000	北京东正	2014.11.20
清 玛瑙天然纹鼻烟壶	高7.7cm	55,200	北京华辰	2014.05.17
清 玛瑙早生贵子鼻烟壶	高6.5cm	138,000	北京东正	2014.05.18
清 米芾拜石玛瑙巧色鼻烟壶	高8.3cm	45,000	北京九歌	2014.12.17
清 蜜蜡光素鼻烟壶	高7.3cm	115,000	北京东正	2014.11.20
清 蜜蜡和合二仙烟壶	高7.5cm	80,500	中国嘉德	2014.05.18
清 蜜蜡麻姑献寿鼻烟壶	高7cm	34,500	北京东正	2014.11.20
清 蜜蜡嵌八宝夔龙纹鼻烟壶	高6.6cm	368,000	北京东正	2014.11.20
清 蜜蜡素烟壶	高6cm	71,300	中国嘉德	2014.05.18
清 南红玛瑙金鱼形鼻烟壶	高7.5cm	115,000	北京东正	2014.11.20
清 青白玉佛手形鼻烟壶	高9cm	63,250	北京东正	2014.11.20
清 青白玉瓜形烟壶	长7.5cm	13,800	北京保利	2014.10.26
清 青白玉留皮芦苇纹烟壶	长9cm	17,250	北京保利	2014.10.26
清 青花白玉鼻烟壶	高9cm	130,000	北京九歌	2014.12.17
清 青金石梅花御制诗文烟壶	高6.3cm	138,000	北京东正	2014.05.18
清 珊瑚瓜形子孙万代鼻烟壶	高5.3cm	63,250	北京匡时	2014.06.03
清 珊瑚戎装相鼻烟壶	高6.3cm	59,800	北京东正	2014.11.20
清 珊瑚天然化石鼻烟壶	高6.5cm	71,300	北京华辰	2014.05.17
清 水草玛瑙巧雕松石鼻烟壶	高7.6cm	126,500	北京东正	2014.05.18
清 水晶八角团龙纹鼻烟壶	高6.1cm	138,000	北京东正	2014.11.20
清 水晶雕山水人物纹烟壶	高6.4cm	39,200	天津文物	2014.05.16
清 水晶佛手形鼻烟壶	高8cm	40,250	北京华辰	2014.05.17
清 水晶葫芦烟壶	高5.5cm	11,500	北京保利	2014.10.26
清 水晶钱币纹鼻烟壶	高6.4cm	34,500	北京东正	2014.05.18
清 水晶浅刻芦雁图鼻烟壶	高6.5cm	48,300	北京东正	2014.11.20
清 水晶山水纹鼻烟壶	高7.1cm	28,750	北京东正	2014.11.20
清 苏作白玉松下高士图鼻烟壶	高8.3cm	575,000	北京东正	2014.05.18
清 苏作玛瑙雕探梅图鼻烟壶	高6.7cm	299,000	北京东正	2014.05.18
清 苏作玛瑙猴纹鼻烟壶	高5.8cm	345,000	北京东正	2014.05.18
清 苏作玛瑙仙人采芝图鼻烟壶	高8.5cm	287,500	北京东正	2014.05.18
清 苏作玛瑙仙人乘槎鼻烟壶	高6.3cm	230,000	北京东正	2014.11.20
清 苏作巧雕玛瑙鼻烟壶	高4.5cm	23,000	北京盈时	2014.12.07
清 糖玉雕接福童子烟壶	高7.8cm	63,250	北京华辰	2014.05.17
清 羊肝玛瑙鼻烟壶	高6.5cm	43,700	北京东正	2014.05.18
清 羊肝玛瑙任重道远鼻烟壶	高8.9cm	230,000	北京东正	2014.11.20
清 影子玛瑙扁方式鼻烟壶	高7.9cm	34,500	北京东正	2014.11.20
清 影子玛瑙福禄寿鼻烟壶	高6.9cm	78,200	北京东正	2014.11.20
清 影子玛瑙巧雕蝴蝶纹鼻烟壶	高6.4cm	44,850	北京东正	2014.05.18
清 玉佛手烟壶	高6cm	34,500	中国嘉德	2014.05.18
清 御制琥珀龙纹方鼻烟壶	高7.7cm	184,000	北京东正	2014.05.18
清 籽玉节节有喜鼻烟壶	高7cm	287,500	北京东正	2014.05.18
清 紫砚晶刻寿星鼻烟壶	高8.2cm	34,500	北京东正	2014.05.18
1720年/1800年 白玉喜相逢鼻烟壶	高5.3cm	61,350	纽约佳士得	2014.03.20
1720年/1820年 黄玉光素鼻烟壶	高4.3cm	61,350	纽约佳士得	2014.03.20
1720年/1830年 白玉雕子孙万代鼻烟壶	高6.3cm	145,706	纽约佳士得	2014.03.20
1720年/1840年 绿松石铺首衔环耳鼻烟壶	尺寸不一	291,413	纽约佳士得	2014.03.20
1720年/1850年玛瑙天然纹鼻烟壶	高5.5cm	130,369	纽约佳士得	2014.03.20
1730年/1840年 灰青玉螭龙耳鼻烟壶	高6.3cm	84,356	纽约佳士得	2014.03.20
1730年/1850年 黄玉巧雕渔家乐鼻烟壶	高6.9cm	107,363	纽约佳士得	2014.03.20
1736年/1800年 御制水晶暗八仙纹鼻烟壶	高6cm	184,050	纽约佳士得	2014.03.20
1740年/1820年 白玉雕螭龙西洋花卉纹鼻烟壶	高7.3cm	57,516	纽约苏富比	2014.03.18
1740年/1840年 黄玉鼻烟壶	高6.4cm	261,300	佳士得	2014.05.28
1740年/1850年 玛瑙巧雕莲生贵子图鼻烟壶	高5.7cm	46,013	纽约佳士得	2014.03.20
1740年/1860年 白玉雕松鹤螭龙纹鼻烟壶	高5.5cm	30,675	纽约苏富比	2014.03.18
1740年/1860年 御制白玉箩筐纹鼻烟壶	高4.7cm	34,509	纽约佳士得	2014.03.20
1740年/1880年 白玉籽料鼻烟壶	高7.6cm	291,413	纽约佳士得	2014.03.20
1740年/1820年 白玉雕寿字鼻烟壶	高7cm	53,664	邦瀚斯	2014.09.15
1740年/1840年 玛瑙鼻烟壶	高5.7cm	16,866	邦瀚斯	2014.09.15

拍品名称	物品尺寸	成交价RMB	拍卖公司	拍卖日期
1740年/1850年 白玉带皮雕刘海鼻烟壶	高5.7cm	45,998	邦瀚斯	2014.09.15
1740年/1850年 白玉带皮雕松下骏马鼻烟壶	高6.7cm	130,326	邦瀚斯	2014.09.15
1740年/1850年 巧色玉髓鼻烟壶	高6.7cm	36,798	邦瀚斯	2014.09.15
1740年/1854年 白玉鼻烟壶	高6.6cm	130,325	邦瀚斯	2014.09.15
1740年/1854年 白玉光素鼻烟壶	高6.6cm	153,325	邦瀚斯	2014.09.15
1750年/1800年 白玉雕瓜瓞绵绵纹鼻烟壶	高6.2cm	30,675	纽约苏富比	2014.03.18
1750年/1820年作 白玉仿玉米形鼻烟壶	高8cm	218,500	北京东正	2014.05.18
1750年/1860年白玉雕瓜蔓纹鼻烟壶	高6.4cm	30,675	纽约苏富比	2014.03.18
1750年/1840年 白玉带皮鼻烟壶	高5.2cm	16,866	邦瀚斯	2014.09.15
1750年/1840年 白玉雕寿字鼻烟壶	高5.3cm	16,866	邦瀚斯	2014.09.15
1750年/1850年 白玉雕松下高仕鼻烟壶	高6.2cm	49,831	邦瀚斯	2014.09.15
1750年/1850年 白玉嵌玉石杂宝鼻烟壶	高6.3cm	30,665	邦瀚斯	2014.09.15
1750年/1850年 琥珀鼻烟壶	高5.5cm	21,466	邦瀚斯	2014.09.15
1760年/1820年 海蓝宝石光素鼻烟壶	高6cm	322,088	纽约佳士得	2014.03.20
1760年/1820年 碧玉睿狮鼻烟壶	高6.3cm	29,132	邦瀚斯	2014.09.15
1760年/1820年 端石雕夔龙纹鼻烟壶	高6cm	29,132	邦瀚斯	2014.09.15
1760年/1850年 白玉带皮雕凤凰鼻烟壶	高5.2cm	191,656	邦瀚斯	2014.09.15
1760年/1860年 水晶光素鼻烟壶	高6.5cm	13,799	邦瀚斯	2014.09.15
1770年/1880年 玛瑙巧雕双鸭图鼻烟壶	高6cm	199,388	纽约佳士得	2014.03.20
1770年/1880年 水藻玛瑙巧雕孔雀图鼻烟壶	高5.8cm	199,388	纽约佳士得	2014.03.20
1770年/1830年 翡翠刻饕餮纹鼻烟壶	高5.3cm	13,799	邦瀚斯	2014.09.15
178年/1860年 翠玉莲纹鼻烟壶	高4.2cm	76,688	纽约佳士得	2014.03.20
1780年/1850年 褐玉雕骏马鼻烟壶	高6.7cm	84,329	邦瀚斯	2014.09.15
1780年/1850年 玛瑙巧雕鼻烟壶	高6.6cm	12,266	邦瀚斯	2014.09.15
1780年/1850年 水晶鼻烟壶	高6.6cm	13,799	邦瀚斯	2014.09.15
1780年/1850年 玉雕瓜形鼻烟壶	高6.3cm	13,033	邦瀚斯	2014.09.15
17世纪/18世纪 苏作白玉题诗“梅花图”鼻烟壶	高5.7cm	158,200	香港苏富比	2014.10.08
1800年/1900年 白玉鼻烟壶	高6.3cm	34,509	纽约佳士得	2014.03.20
1800年/1850年 水晶雕古币纹鼻烟壶	高4.7cm	22,999	邦瀚斯	2014.09.15
1800年/1880年 化石鼻烟壶	高5.2cm	13,799	邦瀚斯	2014.09.15
1820年/1900年 玛瑙“一团和气”图鼻烟壶	高4.5cm	42,178	纽约佳士得	2014.03.20
1830年/1900年 翠玉开光双喜纹鼻烟壶	高5.8cm	61,350	纽约佳士得	2014.03.20
1850年/1900年 红碧玺刻喜上眉梢图鼻烟壶	高4.8cm	498,469	纽约佳士得	2014.03.20
18世纪白玉雕“螭龙仙人”鼻烟壶	高7.1cm	98,875	香港苏富比	2014.10.08
18世纪 黄玉光素鼻烟壶	高5.9cm	64,269	香港苏富比	2014.10.08
18世纪 鸡骨玉雕葫芦形鼻烟壶	高5.4cm	30,665	纽约苏富比	2014.09.16
18世纪 珊瑚花卉烟壶	高6cm	63,250	上海嘉泰	2014.06.19
18世纪/19世纪 白玉鼻烟壶	高6cm	130,326	纽约苏富比	2014.09.16
18世纪/19世纪 白玉雕觚匜形鼻烟壶	高6cm	329,500	伦敦邦瀚斯	2014.05.15
18世纪/19世纪 白玉雕高士憩息图鼻烟壶	高5.2cm	57,497	纽约苏富比	2014.09.16
18世纪/19世纪 白玉瓜瓞绵绵纹鼻烟壶	高5.7cm	118,620	伦敦苏富比	2014.05.14
18世纪/19世纪 白玉瓜形鼻烟壶	高5.7cm	72,829	纽约苏富比	2014.09.16
18世纪/19世纪 白玉牧牛图鼻烟壶	高6cm	168,713	纽约佳士得	2014.03.20
18世纪/19世纪 白玉寿纹鼻烟壶	高6cm	57,497	纽约苏富比	2014.09.16
18世纪/19世纪 青白玉雕福禄图鼻烟壶	高5.1cm	107,328	纽约苏富比	2014.09.16
18世纪/19世纪 石英雕鼻烟壶（三件）	最高7cm	38,331	纽约苏富比	2014.09.16
18世纪/19世纪 苏州黑白玉鼻烟壶	高7cm	281,400	佳士得	2014.05.28
18世纪/19世纪 苏州黑白玉鼻烟壶	高6.3cm	80,400	佳士得	2014.05.28
18世纪晚期/19世纪 褐玉籽雕古币纹鼻烟壶	高6.7cm	38,331	纽约苏富比	2014.09.16

拍品名称	物品尺寸	成交价RMB	拍卖公司	拍卖日期
18世纪中期/19世纪中期 琥珀雕苏武牧羊踏雪寻梅图鼻烟壶	高7cm	26,832	纽约苏富比	2014.09.16
18世纪中期/19世纪中期 玛瑙鼻烟壶	高5.7cm	53,664	纽约苏富比	2014.09.16
19世纪 白玉雕兽耳鼻烟壶	高7cm	144,980	伦敦邦瀚斯	2014.05.15
19世纪 痕都斯坦式白玉雕花卉纹鼻烟壶	高6.5cm	184,520	伦敦邦瀚斯	2014.05.15
19世纪 花珀鼻烟壶	高7cm	16,866	邦瀚斯	2014.09.15
19世纪 玛瑙鼻烟壶	高7cm	42,164	邦瀚斯	2014.09.15
19世纪 玛瑙嵌八宝百子祝寿图鼻烟壶	高5.8cm	183,990	邦瀚斯	2014.09.15
19世纪 烟晶光素鼻烟壶	高6.8cm	21,466	邦瀚斯	2014.09.15
19世纪/20世纪 白玉雕鼻烟壶（三件）	最高6cm	72,829	纽约苏富比	2014.09.16
19世纪白玉 "丹成入九天" 鼻烟壶	高6.5cm	67,536	罗芙奥	2014.05.25
19世纪 白玉留皮洒金鼻烟壶	高7.6cm	144,720	罗芙奥	2014.05.25
19世紀 金丝琥珀光素鼻烟壶	高7.7cm	32,803	罗芙奥	2014.05.25
白玉瓜蝶鼻烟壶	高6.8cm	34,500	北京东正	2014.05.18
鼻烟壶翡翠摆件		38,833	香港富得	2014.05.24
黑白玉雕耄耋图鼻烟壶	高7.5cm	29,132	邦瀚斯	2014.09.15
近代 白玉瓜形烟壶	高7cm	23,000	北京保利	2014.10.26
民国 冰糖玛瑙俏色双骏鼻烟壶	高6.5cm	17,250	中鸿信	2014.11.22
民国 珊瑚五福烟壶	高8cm	10,350	中鸿信	2014.11.22
料器类				
清乾隆 宝石红玻璃刻松竹梅纹鼻烟壶	高6.5cm	184,000	北京东正	2014.05.18
清乾隆 点金星蓝玻璃鼻烟壶	高6.3cm	92,000	北京东正	2014.05.18
清乾隆 霏雪地套红玻璃狩猎图鼻烟壶	高8.8cm	109,250	北京东正	2014.05.18
清乾隆 霏雪地套豇豆红玻璃螭龙纹鼻烟壶	高8.5cm	34,500	北京东正	2014.05.18
清乾隆 搅玻璃喜上眉梢鼻烟壶	高6.5cm	97,750	北京东正	2014.05.18
清乾隆 亮红玻璃模棱六方鼻烟壶	高6.3cm	103,500	北京东正	2014.05.18
清乾隆 涅黄地套涅蓝玻璃龙纹鼻烟壶	高6.6cm	195,500	北京东正	2014.05.18
清乾隆 藕粉色夹层玻璃荷花纹鼻烟壶	高6.5cm	57,500	北京东正	2014.05.18
清乾隆 御制透明绿玻璃鼓圆形鼻烟壶	高6.2cm	34,500	北京东正	2014.05.18
清乾隆 宝蓝色玻璃仿洒金星鼻烟壶	高6.2cm	11,499	邦瀚斯	2014.09.15
清乾隆 宝石红料刻缠枝花卉纹鼻烟壶	高 9.6cm	45,998	纽约苏富比	2014.09.16
清道光 孔雀绿釉双鱼形鼻烟壶	高6.3cm	138,000	北京东正	2014.11.20
清 白地套红玻璃刘海戏金蟾鼻烟壶	高6.7cm	92,000	北京东正	2014.05.18
清 白套褐色玻璃唐人诗意图鼻烟壶	高7.5cm	57,888	罗芙奥	2014.05.25
清 宝石红玻璃模棱葫芦形鼻烟壶	高6.3cm	34,500	北京东正	2014.11.20
清 蛋清地套红玻璃西番莲葫芦形鼻烟壶	高6.1cm	55,200	北京东正	2014.11.20
清 蛋清地套红玻璃云蝠纹葫芦形烟壶	高6.3cm	69,000	北京东正	2014.05.18
清 点金星绿玻璃鼻烟壶	高6.5cm	34,500	北京东正	2014.05.18
清 多色套料螭纹鼻烟壶	高7.5cm	63,250	北京华辰	2014.05.17
清 二色套料鲤鱼纹鼻烟壶	高7.8cm	69,000	北京华辰	2014.05.17
清 仿白玉菓花纹料制鼻烟壶	高6.8cm	51,750	北京华辰	2014.05.17
清 仿琥珀玻璃饕餮纹鼻烟壶	高7.5cm	34,500	北京东正	2014.11.20
清霏雪地套绿玻璃多子多福鼻烟壶	高6.2cm	55,200	北京东正	2014.05.18
清 粉料鼻烟壶	高5.8cm	10,350	北京匡时	2014.12.03
清 红玻璃螭龙纹鼻烟壶	高8.6cm	57,500	北京华辰	2014.05.17
清 黄地套红料制岁岁平安鼻烟壶	高7cm	32,200	北京华辰	2014.05.17
清 黄地套绿料制松竹图鼻烟壶	高6cm	32,200	北京华辰	2014.05.17
清 黄料制雕象纹鼻烟壶	高6.4cm	51,750	北京华辰	2014.05.17
清 黄色料制燕子荷花纹鼻烟壶	高6.8cm	74,750	北京华辰	2014.05.17
清 鸡油黄玻璃光素鼻烟壶	高6.3cm	80,500	北京东正	2014.11.20
清 鸡油黄玻璃小扁壶	高4.6cm	11,500	北京东正	2014.11.20
清 搅料仿宝石烟壶	高4.4cm	40,250	中国嘉德	2014.03.24
清 搅胎玻璃梅瓶式鼻烟壶	高5.9cm	57,500	北京东正	2014.11.20
清 搅胎料鼻烟壶	高7cm	10,350	北京匡时	2014.12.03
清 京糕红玻璃百寿葫芦形鼻烟壶	高6.5cm	59,800	北京东正	2014.11.20
清 亮红玻璃光素小鼻烟壶	高3.6cm	32,200	北京东正	2014.11.20
清 亮红玻璃梅瓶式鼻烟壶	高7.1cm	17,250	北京东正	2014.11.20
清 亮蓝玻璃光素鼻烟壶	高4.4cm	40,250	北京东正	2014.11.20

拍品名称	物品尺寸	成交价RMB	拍卖公司	拍卖日期
清 料珐琅绘莲花烟壶	高5.5cm	34,500	上海嘉泰	2014.06.19
清 料仿白玉鼻烟壶	高6cm	40,250	北京华辰	2014.05.17
清 料画珐琅人物烟壶	高7cm	34,500	北京保利	2014.10.26
清 料画珐琅松鹤烟壶	高6cm	28,750	北京保利	2014.10.26
清 料画珐琅鸳鸯烟壶	高6.5cm	34,500	北京保利	2014.10.26
清 料胎画珐琅富贵牡丹纹烟壶	高5.5cm	57,500	北京华辰	2014.05.17
清 料胎画珐琅鹤鹿同春鼻烟壶	高7.8cm	57,500	北京东正	2014.11.20
清 料胎画珐琅花卉诗文烟壶	高6.5cm	63,250	北京华辰	2014.05.17
清 料制胎画珐琅百花图鼻烟壶	高6.5cm	89,700	北京华辰	2014.05.17
清 绿玻璃合卺杯鼻烟壶	高6.7cm	552,000	北京华辰	2014.05.17
清 绿涅料制瓜形螭纹鼻烟壶	高7cm	34,500	北京华辰	2014.05.17
清 内外搅胎玻璃鼻烟壶	高7.3cm	115,000	北京东正	2014.05.18
清涅白地浮雕珐琅花卉花篮鼻烟壶	高6.5cm	161,000	北京华辰	2014.05.17
清涅白地套红玻璃福禄万代鼻烟壶	高6.2cm	59,800	北京东正	2014.05.18
清 涅白地套红玻璃龙纹鼻烟壶	高7.8cm	51,750	北京华辰	2014.05.17
清 涅白地套红玻璃龙纹葫芦形鼻烟壶	高7.2cm	161,000	北京东正	2014.05.18
清 涅白地套红料并蒂连心鼻烟壶	高7.5cm	51,750	北京华辰	2014.05.17
清 涅白地套四色玻璃福寿三多纹鼻烟壶	高6cm	57,500	北京东正	2014.05.18
清涅白套粉红玻璃群仙祝寿鼻烟壶	高9.5cm	46,000	北京东正	2014.11.20
清涅兰玻璃画珐琅马上封侯鼻烟壶	高7.3cm	34,500	北京东正	2014.11.20
清 乾隆款胭脂色水草纹玻璃鼻烟壶	高7.6cm	172,500	北京华辰	2014.05.17
清 三色套料蔬菜花卉鼻烟壶	高7.5cm	63,250	北京华辰	2014.05.17
清 套多色料烟壶（四件）	高7.5cm	23,000	北京保利	2014.10.26
清 套红玻璃博古纹鼻烟壶	高6.2cm	36,800	北京东正	2014.11.20
清 套红料龙纹烟壶	高5.2cm	61,600	天津文物	2014.11.15
清 套红料双骏纹烟壶	高6.1cm	56,000	天津文物	2014.05.16
清 套料八骏图鼻烟壶	高7.5cm	10,350	北京匡时	2014.12.03
清 套料螭龙、狮子戏球烟壶（四件）	高7.2cm	23,000	北京保利	2014.10.26
清 套料河趣烟壶	高6cm	57,500	北京保利	2014.10.26
清 套料人物故事烟壶	高6.5cm	10,350	北京匡时	2014.12.03
清 套三色玻璃花蝶纹鼻烟壶	高6.3cm	57,500	北京东正	2014.11.20
清 套四色料鼻烟壶	高6.5cm	46,000	北京翰海	2014.10.25
清 透明地套粉料制双喜字鼻烟壶	高7.5cm	43,700	北京华辰	2014.05.17
清 透明红玻璃扁壶式鼻烟壶	高5cm	25,300	北京东正	2014.11.20
清 透明红玻璃西番莲纹鼻烟壶	高4.7cm	63,250	北京东正	2014.11.20
清 雪花地套蓝料制葫芦形烟壶	高7cm	51,750	北京华辰	2014.05.17
1700年/1800年 御制黄料光素鼻烟壶	高7.5cm	38,344	纽约佳士得	2014.03.20
1700年/1800年 御制蓝料磨花八角式鼻烟壶	高4cm	38,344	纽约佳士得	2014.03.20
1720年/1820年 仿雄黄玻璃鼻烟壶	高6cm	13,033	邦瀚斯	2014.09.15
1730年/1820年 黄料莲瓣式鼻烟壶	高5cm	92,025	纽约佳士得	2014.03.20
1730年/1850年 米黄料光素鼻烟壶	高4.8cm	30,675	纽约佳士得	2014.03.20
1740年/1800年 御制雪霏地套红料福寿双全鼻烟壶	高7.8cm	214,725	纽约佳士得	2014.03.20
1740年/1820年 雪霏地套蓝料"洞天一品" 鼻烟壶	高6.7cm	57,516	纽约佳士得	2014.03.20
1740年/1850年 透明蓝绿料搅色鼻烟壶	高6.3cm	32,209	纽约佳士得	2014.03.20
1750年/1820年 仿海蓝宝料兰草诗文鼻烟壶	高6cm	46,013	纽约佳士得	2014.03.20
1750年/1800年 白地套浅绿料鼻烟壶	高5.7cm	19,166	邦瀚斯	2014.09.15
1750年/1850年 雪花地套红料骏马鼻烟壶	高7.9cm	13,799	邦瀚斯	2014.09.15
1780年/1850年 御制仿雄黄料金玉满堂图鼻烟壶	高6cm	42,178	纽约佳士得	2014.03.20
1780年/1850年 雪花地套红料鼻烟壶	高7cm	16,866	邦瀚斯	2014.09.15
1800年/1840年 扬州白地套五色料鼻烟壶	高6.2cm	22,999	邦瀚斯	2014.09.15
1840年/1890年 扬州作白地套蓝料寿山福海图鼻烟壶	高6.3cm	61,350	纽约佳士得	2014.03.20
1840年/1890年 扬州作涅白地套褐料岁岁平安图鼻烟壶	高5.8cm	38,344	纽约佳士得	2014.03.20
1850年/1890年 扬州作白地套红料 "以介眉寿" 鼻烟壶	高5.4cm	130,369	纽约佳士得	2014.03.20
18世纪雪霏地套蓝料螭龙纹鼻烟壶	高7.2cm	22,999	纽约苏富比	2014.09.16

2014杂项拍卖成交汇总

(成交价RMB：1万元以上)

拍品名称	物品尺寸	成交价RMB	拍卖公司	拍卖日期
18世纪/19世纪 透明料鼻烟壶（三件）	最高5.7cm	22,999	纽约苏富比	2014.09.16
白料胎粉彩花鸟纹鼻烟壶（两件）	尺寸不一	131,800	伦敦邦瀚斯	2014.05.15
内画类				
清 马少宣内画连科及第诗文鼻烟壶	高7cm	80,500	北京华辰	2014.05.17
清 闫玉田内画山水人物鼻烟壶	高6.5cm	63,250	北京华辰	2014.05.17
清叶仲三水晶内画年年有余鼻烟壶	高7.5cm	51,750	北京华辰	2014.05.17
清晚期 马少宣水晶内画“百蝶图”鼻烟壶	高7.5cm	77,184	罗芙奥	2014.05.25
清晚期马少宣制内绘诗文书画烟壶	高7cm	34,500	北京保利	2014.12.05
清晚期 叶仲三水晶内画花卉禽鸟图鼻烟壶	高6.9cm	32,803	罗芙奥	2014.05.25
1899年 玻璃内画清明诗文鼻烟壶	高6cm	65,184	纽约佳士得	2014.03.20
1903年 马少宣作玻璃内画百岁图鼻烟壶	高6.3cm	92,025	纽约苏富比	2014.03.18
1905年 马少宣内画二乔共读图烟壶	高5.8cm	101,200	中国嘉德	2014.05.18
1922年 水晶内画聊斋人物故事图鼻烟壶	高6.4cm	36,810	纽约佳士得	2014.03.20
1970/1972年左右 水晶内画人物肖像鼻烟壶	高6.8cm	122,700	纽约佳士得	2014.03.20
20世纪初 两个内画鼻烟壶	尺寸不一	75,375	佳士得	2014.05.28
董雪 蒋介石肖像内画烟壶	高8.5cm	69,000	上海嘉泰	2014.06.19
董雪 毛泽东肖像内画烟壶	高8cm	66,700	上海嘉泰	2014.06.19
刘守本 1976年 水晶内画韩非柳宗元鼻烟壶	高6cm	24,532	邦瀚斯	2014.09.15
马少宣 1894年 玻璃内画鼻烟壶	高6cm	84,329	邦瀚斯	2014.09.15
马少宣 1903年 作玻璃内画二乔共读鼻烟壶	高6.1cm	122,660	纽约苏富比	2014.09.16
马少宣 1936年 玻璃内画鼻烟壶	高6.3cm	22,999	邦瀚斯	2014.09.15
民国 马绍先内画儿童观鱼图诗文鼻烟壶	高7cm	80,500	北京华辰	2014.05.17
民国 叶仲三制内画京犬鼻烟壶	高9cm	55,200	西泠拍卖	2014.05.06
民国叶仲三作内画婴戏花鸟鼻烟壶	高6cm	115,000	浙江世贸	2014.04.13
王百川，王东瑞秋山行旅内画烟壶	高8.5cm	43,700	上海嘉泰	2014.06.19
王习三1965年烟晶内画山水鼻烟壶	高6.2cm	122,660	邦瀚斯	2014.09.15
王习三 1966年 水晶内画人物鼻烟壶	高6.3cm	145,659	邦瀚斯	2014.09.15
王习三 1978年 水晶内画钟馗鼻烟壶	高6cm	61,330	邦瀚斯	2014.09.15
叶奉祺 水晶内画鼻烟壶	高7.6cm	13,799	邦瀚斯	2014.09.15
叶仲三 1911 玻璃内画鼻烟壶	高7.3cm	45,998	邦瀚斯	2014.09.15
叶仲三 1912年 烟晶内画钟馗鼻烟壶	高6cm	22,999	邦瀚斯	2014.09.15
叶仲三 百贤图内画烟壶	高8.6cm	184,000	上海嘉泰	2014.06.19
鼻烟壶其它类				
清乾隆 画珐琅西洋人物鼻烟壶	高6cm	85,670	伦敦邦瀚斯	2014.05.15
清乾隆 铜胎掐丝珐琅西番莲纹鼻烟壶	高5.3cm	172,500	北京东正	2014.11.20
清 鼻烟壶	高8.5cm	48,300	上海道明	2014.04.12
清 砗磲光素罐式鼻烟壶	高6.8cm	34,500	北京东正	2014.11.20
清 沉香人物烟壶（一对）	高7cm	310,500	古天一	2014.06.05
清 纯金胎珐琅彩鼻烟壶	高6.3cm	141,826	万昌斯	2014.05.25
清 各式鼻烟壶（十件一组）	尺寸不一	103,500	西泠拍卖	2014.12.13
清 各式鼻烟壶（一组六件）	尺寸不一	55,200	西泠拍卖	2014.05.06
清 各式鼻烟壶（一组五件）	尺寸不一	34,500	北京保利	2014.04.27
清广作铜胎珐琅山水人物纹鼻烟壶	高6.6cm	57,500	北京东正	2014.05.18
清 鹤顶红制龙纹鼻烟壶	高5.6cm	20,700	中鸿信	2014.11.22
清 掐丝珐琅开光花鸟纹鼻烟壶	高7.2cm	80,500	北京华辰	2014.05.17
清 剔红罗汉图烟壶	高8cm	63,250	北京华辰	2014.05.17
清 铜鎏金寿星鼻烟壶	高8cm	43,700	北京华辰	2014.05.17
清 铜胎画珐琅西洋人物画鼻烟壶	高5.6cm	115,000	北京华辰	2014.05.17
清 铜胎掐丝珐琅缠枝莲纹鼻烟壶	高6cm	11,500	中鸿信	2014.11.22
清 吴昌硕自用象牙鼻烟碟及蜜蜡鼻烟壶（一组两件）	高7.5cm	172,500	西泠拍卖	2014.12.13
清 象牙雕仙鹤鼻烟壶	高3cm	71,300	北京华辰	2014.05.17
清 籽料随形雕瓜果草虫鼻烟壶	高7cm	11,500	中鸿信	2014.11.22
清紫砂粉彩开光狮子滚绣球鼻烟壶	高7.3cm	46,000	北京东正	2014.05.18
1800年/1900年 掐丝鎏金镶青白玉“踏雪寻梅”鼻烟壶	高10.1cm	53,681	纽约苏富比	2014.03.18
1770年/1799年 御制珐琅彩通景仙人故事图卵式鼻烟壶	高4cm	61,350	纽约佳士得	2014.03.20

拍品名称	物品尺寸	成交价RMB	拍卖公司	拍卖日期
1896年 紫砂刻金文鼻烟壶	高5.4cm	306,650	纽约苏富比	2014.09.16
18世纪/19世纪 鲨鱼皮鼻烟壶	高4.9cm	65,900	伦敦邦瀚斯	2014.05.15
19世纪 鼻烟壶（三件）	最高7.3cm	22,999	纽约苏富比	2014.09.16
19世纪 铜胎鎏金鼻烟壶	高5.4cm	13,799	邦瀚斯	2014.09.15
20世纪 鹤顶红螭龙耳烟壶	高5.8cm	13,800	中国嘉德	2014.09.22
琥珀鼻烟壶	高7.7cm	1,155,000	富佳斋	2014.07.20
近代 紫砂彩绘山水鼻烟壶	高7cm	36,800	北京华辰	2014.05.17
民国 黑漆嵌螺钿花蓝纹鼻烟壶	高5.3cm	49,438	香港苏富比	2014.10.08
掐丝珐琅鼻烟壶	高6.3cm	30,665	邦瀚斯	2014.09.15
古典家具				
床				
17世纪 榆木罗汉床	宽196.8cm	325,922	纽约苏富比	2014.03.18
17世纪 樟木围子床	长213cm	3,823,600	香港苏富比	2014.04.08
17世纪/18世纪 黄花梨沙发床	宽230cm	1,189,920	佳士得	2014.05.28
明晚期 黄花梨六柱十字海棠纹架子床	宽221cm	12,075,000	中国嘉德	2014.05.17
清早期 黄花梨雕螭龙纹架子床	高230cm	4,140,000	银座国际	2014.06.01
清早期楠木三屏式风螭龙纹罗汉床	长210cm	101,200	中国嘉德	2014.03.22
清中期 红漆榉木六柱式描金山水人物纹架子床	长211cm	17,250	中国嘉德	2014.03.22
清 红木大罗汉床	长207cm	92,000	北京传是	2014.06.05
清 红木苏作罗汉床	长217cm	287,500	北京传是	2014.06.05
清 榆木架子床	长219cm	34,500	中国嘉德	2014.09.20
清晚期 红木博古纹五屏罗汉床	长178cm	172,500	北京传是	2014.06.05
清晚期民国 红木五屏风罗汉床	长181cm	25,300	中国嘉德	2014.03.22
黄花梨罗汉床式器座（独板）	长30.5cm	51,750	北京保利	2014.12.04
黄花梨攒斗围子六柱架子床	通长210cm	12,000,000	荣盛国际	2014.07.26
金丝楠老料罗汉床	长210cm	67,200	上海联合	2014.12.06
金丝楠嵌影木罗汉床	长210cm	138,000	北京翰海	2014.05.09
李爱金 红木三屏风罗汉床	长205cm	805,000	北京保利	2014.06.05
民国 红木花鸟罗汉床	长222cm	109,250	北京传是	2014.06.05
明式铁梨木床脚踏（一对）	长62cm×2	86,250	中贸圣佳	2014.07.06
明式铁梨木罗汉床	长205cm	4,370,000	中贸圣佳	2014.07.06
现代 红木嵌阴沉木雕山水罗汉床	长210cm	368,000	北京传是	2014.06.05
越南黄花梨罗汉床	长199cm	17,000	北京华辰	2014.03.15
越南黄花梨罗汉床（一套）	长210cm	2,185,000	北京艺融	2014.06.03
紫檀嵌金丝楠罗汉床	长206cm	1,035,000	北京翰海	2014.05.09
2013年 刘传生 踩球式围子床	长210cm	322,000	北京保利	2014.06.02
2014年作 “大天地” 黄檀三屏靠祥龙石图罗汉床	长209.6cm	2,310,000	佳士得（上海）	2014.10.24
当代 明式金丝楠有束腰三弯腿双月门洞架子床	长247cm	575,000	银座国际	2014.06.01
当代 阴沉金丝楠留韵罗汉床	长205cm	1,495,000	北京翰海	2014.08.23
榻				
明末清初 榆木剑腿榻	长221cm	55,200	中国嘉德	2014.03.22
清早期 楠木螭龙纹三弯腿凉榻	长210cm	40,250	中国嘉德	2014.09.20
清早期 榆木剑腿大榻	长208cm	13,800	中国嘉德	2014.03.22
18世纪/19世纪早期 黄花梨凉榻	宽183.1cm	268,406	纽约佳士得	2014.03.20
清 红木贵妃榻	长190cm	667,000	中贸圣佳	2014.07.06
清 榆木大漆折叠榻	长201cm	20,700	中国嘉德	2014.09.20
清 榆木马蹄腿榻	长205cm	43,700	中国嘉德	2014.09.20
2013年 刘传生 剑腿子母屉凉榻	长201.5cm	264,500	北京保利	2014.06.02
柜(橱)				
明 黄花梨方角柜	高173cm	805,000	北京传是	2014.06.05
明 黄花梨素工大圆角柜	高171cm	3,220,000	北京艺融	2014.12.08
明中期 黄花梨嵌百宝婴戏图书柜	高84.5cm	5,175,000	中贸圣佳	2014.07.06
明或清前期 黄花梨大方角柜成对	高175cm	16,100,000	中国嘉德	2014.05.17
明晚期 黄花梨方角炕柜成对	高55cm	1,380,000	中国嘉德	2014.05.17
明晚期 黄花梨木轴门圆角柜	高185.1cm	9,430,000	中国嘉德	2014.05.17
明晚期 鸡翅木雕诗词圆角联体柜	高197cm	1,322,500	中贸圣佳	2014.07.06
明晚期/18世纪 黄花梨炕柜	高59.2cm	184,050	纽约佳士得	2014.03.20
明晚期/清早期 黄花梨图书行柜（一对）	高70.3cm	5,920,275	纽约佳士得	2014.03.20
明晚期17世纪 黄花梨圆角柜（一对）	高94cm	1,169,200	香港苏富比	2014.04.07
17世纪 黄花梨圆角柜	高174cm	2,556,920	伦敦邦瀚斯	2014.05.15
17世纪/18世纪 黄花梨圆角柜	高165.1cm	306,750	纽约苏富比	2014.03.18
清早期 黑漆榆木雕花大柜	高168cm	10,350	中国嘉德	2014.03.22
清早期 黑漆榆木闷户橱及黑漆榉木四出头官帽椅成对		25,300	中国嘉德	2014.03.22
清早期 黄花梨矮圆角柜	高77cm	402,500	北京保利	2014.12.04

拍品名称	物品尺寸	成交价RMB	拍卖公司	拍卖日期
清早期 黄花梨包镶顶箱柜	高248cm	136,200	中拍国际	2014.06.04
清早期 榉木大圆角柜	高193cm	32,200	中国嘉德	2014.03.22
清早期 榉木顶箱柜成对	高207cm	23,000	中国嘉德	2014.03.22
清早期 榆木有柜膛橱柜	高177cm	20,700	中国嘉德	2014.09.20
清早期 榆木有柜膛圆角柜	高159cm	13,800	中国嘉德	2014.03.22
清乾隆 黑地彩画小漆柜	高37cm	115,000	北京保利	2014.10.26
清乾隆 紫檀高浮雕吉庆有余顶箱式四件柜	高210.5cm	22,425,000	北京保利	2014.12.03
清乾隆 紫檀嵌镂雕白玉仿书式多宝格柜（一对）	高31.5cm×2	598,000	北京匡时	2014.06.03
清乾隆 紫檀竹丝雕云龙纹小柜	高58cm	1,725,000	北京保利	2014.06.04
清中期 榉木两屉书柜	高204cm	32,200	中国嘉德	2014.03.22
清中期 榉木三屉书柜	高205cm	34,500	中国嘉德	2014.03.22
清中期 紫檀镶瘿木圆角柜	高104.5cm	805,000	银座国际	2014.06.01
清中晚期 柏木雕花大柜	高198cm	51,750	中国嘉德	2014.09.20
清晚期 红木花鸟纹亮格柜	高162cm	23,000	中国嘉德	2014.03.22
清晚期民国 红木三门雕花衣柜	高220cm	11,500	中国嘉德	2014.03.22
清晚期民国 楠木四门柜	高196cm	36,800	中国嘉德	2014.03.22
清 雕漆山水人物柜	高60cm	92,000	北京保利	2014.01.11
清 红木鼻烟壶柜	长83.6cm	11,500	中国嘉德	2014.05.18
清 红木茶柜（一组二件）	尺寸不一	97,750	西泠拍卖	2014.12.13
清 红木雕龙纹案头小书柜	高47cm	40,250	西泠拍卖	2014.12.13
清 红木雕人物故事亮格柜	高94cm	92,000	北京传是	2014.06.05
清 红木书柜	高51.8cm	115,000	西泠拍卖	2014.12.13
清 黄花梨及软木闷户橱	高86.8cm	342,680	伦敦邦瀚斯	2014.05.15
清 黄花梨及软木长方柜	高48cm	342,680	伦敦邦瀚斯	2014.05.15
清 黄花梨炕柜	高42cm	460,000	中贸圣佳	2014.07.06
清 黄花梨小药柜	83cm×35.5cm	253,000	北京传是	2014.06.05
清 黄花梨小圆角柜（一对）	高63cm×2	109,250	北京传是	2014.06.05
清 黄花梨圆角柜	高102cm	690,000	中贸圣佳	2014.07.06
清 楠木上亮格多宝柜	高176cm	40,250	中国嘉德	2014.09.20
清 湘妃竹茶柜	高44.7cm	86,250	西泠拍卖	2014.05.06
清 湘妃竹茶柜		22,400	盛世嘉宝	2014.11.02
清 湘妃竹茶柜	高38cm	46,000	西泠拍卖	2014.12.13
清 湘妃竹茶柜	高16.8cm	23,000	西泠拍卖	2014.12.13
清 湘妃竹茶柜（一对）	高76.5cm	74,750	西泠拍卖	2014.12.13
清 湘妃竹多宝柜	高80.7cm	195,500	西泠拍卖	2014.12.13
清 榆木双门小柜成对	高163cm	17,250	中国嘉德	2014.09.20
清 紫檀雕龙纹高浮雕山水博古柜（一对）	高180cm×2	1,265,000	北京艺融	2014.12.08
1860年 法国保罗索尔马尼（Paul Sormani）19世纪展示双门柜	高126cm	310,500	中鸿信	2014.11.23
1860年 法国拿破仑三世布勒风格双玻璃门展示柜	高180cm	112,700	中鸿信	2014.11.23
18世纪 黄花梨嵌榉木方角柜	高99.8cm	184,050	纽约佳士得	2014.03.20
18世纪 紫檀木雕勾云纹长方小柜	高41.9cm	1,865,280	佳士得	2014.05.28
18世纪/19世纪 黄花梨矮圆角柜（一对）	高60.2cm×2	250,420	伦敦邦瀚斯	2014.05.15
18世纪/19世纪 黄花梨圆角柜	高175cm	125,210	伦敦邦瀚斯	2014.05.15
18世纪/19世纪 黄花梨圆角柜（一对）	高120.4cm×2	593,100	伦敦邦瀚斯	2014.05.15
19世纪 红木小柜连座	高61.6cm	613,500	纽约苏富比	2014.03.18
19世纪 硬木嵌百宝婴戏图柜（一对）	高69cm×2	125,210	伦敦邦瀚斯	2014.05.15
民国 雕漆云龙纹小柜	高56cm	18,400	太平洋	2014.09.19
民国 红木独板万历柜（一对）	高178cm	107,825	中拍国际	2014.06.04
法国 拿破仑三世时期细木拼花镶嵌铜鎏金转角柜（一对）	高79cm	51,750	北京保利	2014.12.04
法国复辟时期布尔风格玳瑁镶嵌铜丝双门边柜	高46cm	230,000	北京保利	2014.06.05
法国过渡时期风格细木拼镶配铜鎏金屉柜	高102cm	92,000	北京保利	2014.06.05
法国路易十五风格细木拼镶配铜鎏金单门柜	高110cm	103,500	北京保利	2014.06.05
法国路易十五风格细木拼镶配铜鎏金两屉柜	高149cm	103,500	北京保利	2014.06.05
法国路易十五式胡桃木嵌铜鎏金字台柜	高125cm	207,000	北京保利	2014.12.04
法国拿破仑三世时期布尔风格螺钿及象牙细镶铜丝边柜	高114cm	73,600	北京保利	2014.06.05

拍品名称	物品尺寸	成交价RMB	拍卖公司	拍卖日期
法国拿破仑三世时期细木镶嵌铜鎏金边柜	高106cm	126,500	北京保利	2014.06.05
粉彩瓷面木柜	高44cm	109,020	保利香港	2014.04.07
海南黄花梨保险柜（一对）	高89cm	1,680,000	上海联合	2014.12.06
红木欧式酒柜	长60cm	12,000	北京华辰	2014.03.15
黄花梨边角橱（一对）	长139cm	172,500	上海嘉泰	2014.06.19
黄花梨柜（一对）	高189cm	184,000	中国嘉德	2014.06.22
黄花梨镂雕莲纹亮格柜	高132.2cm	1,355,835	纽约佳士得	2014.03.20
黄花梨小面条柜（一对）	高86.5cm	51,750	中国嘉德	2014.06.22
黄花梨圆角炕柜（一对）	高96.8cm	168,713	纽约苏富比	2014.03.18
金丝楠面条柜（一对）	高123cm	59,800	北京翰海	2014.05.09
金丝楠嵌影木三组柜	长450cm	690,000	北京翰海	2014.05.09
金丝楠阴沉木百宝柜	高80cm	168,000	上海联合	2014.12.06
旧酸枝仿竹节矮柜	高58cm	34,500	北京保利	2014.12.05
旧酸枝仿竹节茶壶柜（一对）	高183cm	172,500	北京保利	2014.12.05
拿破仑三世风格嵌螺钿星期柜	高152cm	108,000	北京保利	2014.02.05
铁梨木书柜成对	高200cm	63,250	北京匡时	2014.06.05
香妃竹茶柜	高86cm	184,000	北京匡时	2014.06.05
香妃竹茶柜	高50cm	109,250	北京匡时	2014.06.05
意大利新文艺复兴风格象牙镶嵌立柜	高234cm	184,000	北京保利	2014.06.05
圆角书柜（一组）	高180cm×2	172,500	东方大观	2014.05.20
约1830至1850年 法国 路易菲利普时期路易十六风格红木镶嵌铜鎏金贴面单门边柜	高118cm	92,000	北京保利	2014.12.04
约1850年 意大利新文艺复兴风格乌木镶嵌象牙饰板立柜	高182cm	253,000	北京保利	2014.12.04
约1850至1870年 法国 路易菲利普时期铜鎏金镶油画贴面边柜	高124cm	92,000	北京保利	2014.12.04
约1850至1880年 法国 拿破仑三世时期路易十五风格细木镶嵌铜鎏金花卉纹边柜	高109cm	92,000	北京保利	2014.12.04
约1860至1880年 法国 拿破仑三世时期 路易十五风格细木拼镶嵌铜鎏金两屉柜FRANCOIS LINKE制作	高147cm	287,500	北京保利	2014.12.04
越南黄花梨顶箱柜（一对）	高288cm×2	10,925,000	北京艺融	2014.06.03
2009 孙大铨 牡丹唐草纹镙钿双层柜（二件）	高115cm	483,000	北京保利	2014.04.29
2013年 刘传生 梳格式茶柜	高136cm	78,200	北京保利	2014.06.02
2014 陈燕飞 璞素叠山柜（限量版10件）	高185cm	34,500	北京保利	2014.12.01
2014 吕永中 徽州T吧柜（签名版）	高140cm	92,000	北京保利	2014.12.01
当代 明式金丝楠带底座画柜（成对）	高189cm	92,000	银座国际	2014.06.01
当代 明式金丝楠四件柜（成对）	高184cm	86,250	银座国际	2014.06.01
当代 清式金丝楠雕海水江崖龙纹柜（成对）	高177.5cm	48,300	银座国际	2014.06.01
当代 阴沉金丝楠留韵圆角柜（一对）	高136cm×2	2,300,000	北京翰海	2014.08.23
明末清初 喻木四屉六腿雕花橱	高87cm	17,250	中国嘉德	2014.09.20
清 红木茶橱	高42cm	17,250	西泠拍卖	2014.12.13
清 黄花梨雕龙二联橱	高92.5cm	1,150,000	北京艺融	2014.12.08
清 红木雕梅纹玻璃橱（一对）	高170cm	1,380,000	西泠拍卖	2014.12.13
金丝楠闷户橱	高74cm	10,080	上海联合	2014.12.06
格				
清 黑漆描金格架成对	高171cm	10,350	中国嘉德	2014.09.20
清 红木多宝格（一对）	高193cm×2	437,000	中贸圣佳	2014.07.06
清 紫檀多宝格	高18.7cm	138,000	西泠拍卖	2014.12.13
清 紫檀小多宝格	长28cm	32,200	北京保利	2014.04.27
18世纪 彩漆花卉纹多宝格（一对）	高61cm	111,623	伦敦苏富比	2014.11.05
18世纪/19世纪 鸡翅木书格	高157cm	177,750	香港苏富比	2014.04.07
19世纪 鸡翅木雕福庆有余纹多宝格	高194.5cm	230,063	纽约佳士得	2014.03.20
海南黄花梨多宝架格（一对）	高106cm	11,088,000	上海联合	2014.12.06
红木雕洋莲纹苏作多宝格（一对）	高173cm	36,800	北京华辰	2014.05.17
红木多宝格（一对）	高64cm	25,300	中国嘉德	2014.03.24
紫檀雕蝙蝠多宝阁成对	高198cm	207,000	北京容海	2014.05.25
紫檀多宝格（一对）	高202cm	103,500	雍和嘉诚	2014.05.31
紫檀镶黄杨多宝阁成对	高191cm	138,000	北京容海	2014.05.25
桌				
明 黄花梨卡子花大画桌	茶210cm	4,600,000	北京艺融	2014.12.08

2014杂项拍卖成交汇总

(成交价RMB：1万元以上)

拍品名称	物品尺寸	成交价RMB	拍卖公司	拍卖日期
明 黄花梨束腰浮雕炕桌	长99cm	644,000	西泠拍卖	2014.05.06
明 黄花梨四平条桌	长104cm	805,000	北京传是	2014.06.05
明 鸡翅木雕拐子龙纹长方桌	长110cm	667,000	中贸圣佳	2014.07.06
16世纪 黄花梨画桌	长180.5cm	8,089,600	香港苏富比	2014.04.08
17世纪 黄花梨画桌	宽223.5cm	4,263,825	纽约苏富比	2014.03.18
17世纪 黄花梨酒桌	长92cm	740,625	香港苏富比	2014.04.07
17世纪 黄花梨条桌	长121.3cm	4,013,200	香港苏富比	2014.04.08
明或清前期 黄花梨无束腰霸王枨八仙方桌	宽100cm	3,565,000	中国嘉德	2014.05.17
明晚期 黄花梨半桌	长93.5cm	552,000	银座国际	2014.06.01
明晚期 黄花梨高束腰霸王枨琴桌	长106cm	3,450,000	北京保利	2014.12.04
明晚期 黄花梨高束腰霸王枨条桌	宽140cm	5,980,000	中国嘉德	2014.05.17
明晚期 黄花梨画桌	宽225cm	16,100,000	中国嘉德	2014.05.17
明晚期 黄花梨夹头榫酒桌	宽106cm	2,070,000	中国嘉德	2014.05.17
明晚期 黄花梨有束腰卷草纹马蹄足小炕桌	宽51.2cm	862,500	中国嘉德	2014.05.17
明晚期 黄花梨有束腰马蹄足半桌	宽95.4cm	2,070,000	中国嘉德	2014.05.17
明晚期/18世纪 黄花梨束腰长方桌	高87.7cm	1,208,595	纽约佳士得	2014.03.20
明末清初 红漆两屉供桌	长141cm	17,250	中国嘉德	2014.09.20
明末清初 黄花梨雕夔龙纹马蹄足四方桌	高84cm	1,495,000	北京匡时	2014.06.03
明末清初 黄花梨方桌	长88cm	908,500	保利香港	2014.04.07
明末清初 黄花梨嵌云石面棋桌	宽69cm	322,000	北京保利	2014.12.04
清早期 核桃木高束腰三弯腿博古纹供桌	长186cm	51,750	中国嘉德	2014.03.22
清早期 黑漆榆木剑腿酒桌	长104cm	25,300	中国嘉德	2014.03.22
清早期 榉木圆裹圆带矮老条桌及红豆杉卷云纹大平头案	尺寸不一	43,700	中国嘉德	2014.03.22
清康熙 雕漆花鸟小桌	长64cm	46,000	北京保利	2014.04.27
清乾隆 御制紫檀高浮雕西番莲方桌	长87.5cm	5,980,000	北京保利	2014.06.04
清乾隆 紫檀木雕卷草夔龙纹嵌铜胎画珐琅云蝠捧寿图方桌（一对）	长66.5cm×2	805,000	北京匡时	2014.06.03
清中期 红木雕炕桌	长80.5cm	46,000	中贸圣佳	2014.07.06
清中期 红木方桌	长96cm	368,000	中贸圣佳	2014.07.06
清中期 红木方桌	长89cm	138,000	中贸圣佳	2014.07.06
清中期红木嵌五彩花卉纹瓷板炕桌	高112cm	32,200	中国嘉德	2014.09.21
清中期 黄花梨独板炕桌	长97cm	253,000	银座国际	2014.06.01
清中期 黄花梨有束腰霸王枨剑腿条桌	长114.5cm	828,000	银座国际	2014.06.01
清中期 紫檀八仙桌	长96.5cm	1,610,000	银座国际	2014.06.01
清 缠枝纹半桌	长130cm	460,000	中贸圣佳	2014.07.06
清 黑漆圆裹圆带矮老条桌	长208cm	11,500	中国嘉德	2014.09.20
清 红木霸王枨方桌	长83cm	80,500	中贸圣佳	2014.06.01
清 红木大拉钱八仙桌	长99cm	1,265,000	北京盘古	2014.06.25
清 红木顶牙枨条桌	长203cm	42,550	北京传是	2014.06.05
清 红木方桌	长69cm	20,700	北京保利	2014.01.11
清 红木拐子腿福禄万代条桌	长187cm	57,500	北京传是	2014.06.05
清 红木吉祥瓜果纹唐物桌	宽95cm	28,750	长风拍卖	2014.01.05
清 红木拉线半桌（一对）	长94cm×2	80,500	北京传是	2014.06.05
清 红木罗锅枨条桌	长127cm	11,500	北京传是	2014.06.05
清 红木盘回纹供桌	长210cm	287,500	中贸圣佳	2014.06.01
清 红木嵌大理石方桌	长100cm	23,000	北京传是	2014.06.05
清 红木嵌理石面有束腰龙纹圆桌配四凳（一组五件）	桌高83cm	287,500	西泠拍卖	2014.12.13
清 红木嵌云纹石圆桌椅（一组五件）	高90cm	1,092,500	西泠拍卖	2014.12.13
清 红木苏作供桌	长228cm	74,750	北京传是	2014.06.05
清 红木香蕉腿炕桌	长91cm	36,800	中贸圣佳	2014.06.01
清 黄花梨画桌	长96.5cm	552,000	西泠拍卖	2014.05.06
清 黄花梨酒桌	长129.3cm	126,500	北京传是	2014.06.05
清 木雕云龙戏珠纹束腰长桌	长142.6cm	791,000	香港苏富比	2014.10.08
清 湘妃竹霸王掌四仙茶桌	高81cm	425,500	长风拍卖	2014.01.05
清 湘妃竹髹漆面桌	宽88cm	138,000	长风拍卖	2014.01.05
清 小叶紫檀圆腿条桌	长134cm	161,000	北京盘古	2014.06.25
清 瘿木茶桌	长85.5cm	184,000	远方拍卖	2014.06.02
清 榆木四平面霸王枨半桌	长96cm	10,350	中贸圣佳	2014.06.01
清 紫檀雕夔凤纹炕桌	长94cm	138,000	北京保利	2014.12.05
清 紫檀嵌黄杨夔龙纹条桌	长114cm	138,000	长风拍卖	2014.01.05
17世纪/18世纪 黄花梨长方桌	高83.7cm	184,520	伦敦邦瀚斯	2014.05.15
17世纪/18世纪 黄花梨折桌	高65.7cm	316,320	伦敦邦瀚斯	2014.05.15

拍品名称	物品尺寸	成交价RMB	拍卖公司	拍卖日期
1880年 法国19世纪牌桌	高75cm	51,750	中鸿信	2014.11.23
18世纪 黄花梨雕八吉祥纹炕桌	高29.5cm	184,520	伦敦邦瀚斯	2014.05.15
18世纪 黄花梨束腰漩涡枨方桌	高85.7cm	2,530,000	北京华辰	2014.04.27
18世纪 黄花梨束腰漩涡枨方桌	高85.7cm	2,300,000	北京华辰	2014.04.27
18世纪 黄花梨无束腰罗锅枨半桌	宽158.2cm	575,156	纽约佳士得	2014.03.20
18世纪/19世纪 紫檀束腰炕桌	宽75.8cm	197,700	伦敦邦瀚斯	2014.05.15
18世纪/19世纪 紫檀月牙桌（一对）	宽114.3cm.	4,447,875	纽约苏富比	2014.03.18
清晚期 红木鼓桌（一套）	高72cm	28,750	北京传是	2014.06.05
清晚期红木嵌大理石圆桌（一套）	高82cm	57,500	北京传是	2014.06.05
清晚期 红木嵌理石面六屉书桌	长160cm	51,750	北京匡时	2014.06.05
清晚期 红木嵌影木面雕龙纹圆桌	高83cm	230,000	北京匡时	2014.06.05
清晚期 红木透雕缠枝莲纹马蹄足炕桌	长76cm	13,800	北京匡时	2014.06.05
清晚期 红木下卷琴桌	长122cm	17,250	北京传是	2014.06.05
清晚期 红木有束腰卷云纹马蹄足供桌	长117cm	46,000	北京匡时	2014.06.05
清晚期 红木有束腰马蹄足条桌	长206cm	92,000	北京匡时	2014.06.05
清晚期 榉木方桌及单靠背椅六把	尺寸不一	23,000	中国嘉德	2014.03.22
清晚期 紫檀有束腰马蹄足画桌	长69cm	322,000	北京匡时	2014.06.05
清晚期民国 红木雕龙纹桌椅（一套八件）	尺寸不一	69,000	中国嘉德	2014.03.22
清晚期民国 红木嵌螺钿大理石面圆桌	直径103cm	71,300	中国嘉德	2014.03.22
清晚期民国 红木嵌螺钿花卉纹月牙桌	长105cm	25,300	中国嘉德	2014.03.22
清晚期民国 红木嵌瘿木面有束腰罗锅枨马蹄足琴桌	长92cm	40,250	中国嘉德	2014.03.22
清晚期民国红木有束腰马蹄足炕桌	长99cm	13,800	中国嘉德	2014.03.22
清晚期民国 红木有束腰三弯腿炕桌（两件）	尺寸不一	13,800	中国嘉德	2014.03.22
清晚期民国 红木月牙桌成对	长97cm×2	17,250	中国嘉德	2014.03.22
19或20世纪初 硬木长桌	长181.6cm	30,665	邦瀚斯	2014.09.15
19世纪 紫檀雕云蝠纹条桌	宽171.4cm	2,092,035	纽约佳士得	2014.03.20
19世纪/20世纪 红木麻将桌（配四把椅子）	高97cm×4	155,250	中贸圣佳	2014.07.06
约1840至1850年法国　路易菲利普时期布尔风格玳瑁镶嵌铜丝书桌	高70cm	172,500	北京保利	2014.12.04
约1850至1880年 法国 拿破仑三世时期帝政风格铜鎏金配桃花心木贴面中央圆桌	78cm×98cm	115,000	北京保利	2014.12.04
约1850至1880年 法国 拿破仑三世时期细木拼镶花卉贴面折叠桌	高120cm×54cm	34,500	北京保利	2014.12.04
约1860至1880年 法国 拿破仑三世时期 帝政风格桃花心木镶嵌铜鎏金大理石圆桌	高65cm	46,000	北京保利	2014.12.04
约1910年 英国爱德华时期花梨木折叠牌桌	高57cm	18,000	北京华辰	2014.03.15
民国 红木灵芝纹琴桌	长117cm	17,250	北京传是	2014.06.05
民国 红木嵌大理石面有束腰西番莲纹长桌	长118cm	1,552,500	西泠拍卖	2014.12.13
民国红木嵌云石圆桌凳（一套）	桌直径75cm	39,100	南京经典	2014.04.27
民国 红木如意云头纹方桌、凳（一套）	尺寸不一	51,750	北京传是	2014.06.05
民国 红木条桌	长108cm	11,500	北京传是	2014.06.05
民国 红木下卷琴桌	长117cm	17,250	北京传是	2014.06.05
民国 黄杨木嵌紫檀万字茶桌	长67cm	25,300	北京保利	2014.04.27
法国路易十五风格细木镶嵌书桌	长120cm	69,000	北京保利	2014.06.05
法国拿破仑三世时期布尔风格玳瑁镶嵌铜丝小立橱写字桌	长134cm	322,000	北京保利	2014.06.05
红木雕霸王枨供桌	长199cm	40,250	北京华辰	2014.05.17
红木雕回纹六方桌	长95cm	103,500	北京容海	2014.05.25
红木雕明式画桌	长179cm	28,750	北京华辰	2014.05.17
红木雕瑞兽半桌成对	长108cm	207,000	北京容海	2014.05.25
红木雕圆包圆团纹条桌	长199cm	51,750	北京华辰	2014.05.17
红木四面平马蹄足条桌	长109cm	20,700	北京匡时	2014.06.05
红木透雕蝠纹条桌	长175cm	12,000	北京华辰	2014.03.15
红木有束腰马蹄足霸王枨条桌	长143cm	20,700	北京匡时	2014.06.05
花梨琴桌凳（两件）	尺寸不一	17,250	北京翰海	2014.08.24
黄花梨小方桌（三件套）	桌高60cm	896,000	上海联合	2014.12.06
金丝楠嵌影木桌 椅几（六件）	长293cm	253,000	北京翰海	2014.05.09
日本 湘妃竹茶桌	长55.3cm	13,800	中国嘉德	2014.09.22

拍品名称	物品尺寸	成交价RMB	拍卖公司	拍卖日期
瑞士，日内瓦 BREMOND自动换曲胡桃木音乐写字桌	长102cm	241,500	北京保利	2014.06.05
沈平、梓庆山房 宋式茶桌	长150cm	63,250	北京保利	2014.06.05
沈平、梓庆山房 宋式束腰霸王枨香桌	长92.5cm	51,750	北京保利	2014.06.05
沈平、梓庆山房 宋式四面平长方条桌	长120cm	40,250	北京保利	2014.06.05
现代 越黄琴桌	长98.5cm	69,000	中贸圣佳	2014.06.01
湘妃竹茶桌	长62cm	36,800	中国嘉德	2014.03.24
越南黄花梨雕霸王枨明式画桌	长179cm	69,000	北京华辰	2014.05.17
紫檀雕福寿纹圆腿条桌	长136cm	66,700	北京华辰	2014.05.17
紫檀雕拐子龙半桌	长92cm	103,500	北京容海	2014.05.25
紫檀雕夔龙纹四仙桌	长80cm	43,700	北京华辰	2014.05.17
紫檀有束腰马蹄足条桌	长108cm	207,000	北京匡时	2014.06.05
紫檀有束腰马蹄足条桌	长109cm	172,500	北京匡时	2014.06.05
2012年 刘传生 梳格式琴桌	长129cm	72,450	北京保利	2014.06.02
2014 石大宇 桌品茗	长192cm	23,000	北京保利	2014.12.01
当代 留韵凤鸣龙吟琴桌凳	琴桌128cm	862,500	北京翰海	2014.08.23
当代 留韵棋桌（三件套）	茶桌长81cm	437,000	北京翰海	2014.08.23
当代 阴沉金丝楠镶和田玉留韵龙饰圆桌（六件套）	圆桌直径92cm	3,220,000	北京翰海	2014.08.23
台				
明或清前期 黄花梨折叠式镜台	宽33cm	483,000	中国嘉德	2014.05.17
明晚期/18世纪 黄花梨镂雕云龙纹宝座式镜台	高74.9cm	690,188	纽约佳士得	2014.03.20
清早期 黄花梨螭龙纹三屉镜台	长34.8cm	192,717	中国嘉德	2014.04.09
清乾隆 紫檀雕松鼠葡萄纹台几式圆屏座（一对）	高27cm	184,000	西泠拍卖	2014.12.13
清 红木六方烛台（一对）	高50cm	46,000	北京保利	2014.04.27
清 红木随形茶台	宽62cm	46,000	北京保利	2014.12.04
清 红木随形大茶台	宽90cm	34,500	北京保利	2014.12.04
清 黄花梨折叠式镜台	高27.3cm	402,500	西泠拍卖	2014.12.13
清 湘妃竹茶台	长42.3cm	69,000	北京保利	2014.06.05
清 湘妃竹髹漆蕉叶形茶台	长62cm	149,500	长风拍卖	2014.01.05
清 瘿木荷叶形茶台	长57cm	34,500	长风拍卖	2014.01.05
清 紫檀嵌瘿木雕云雷纹写字台	长153cm	1,840,000	北京保利	2014.06.04
1860年 法国拿破仑三世布勒风格梳妆台	高166cm	151,875	中鸿信	2014.11.23
法国拿破仑三世时期细木拼花小梳妆台	长98cm	11,500	北京保利	2014.06.05
明治期 瘿木芭蕉叶形茶台	长56cm	21,850	长风拍卖	2014.01.05
红木雕狮子绣球纹方花台（一对）	高130cm	46,000	北京华辰	2014.05.17
红木雕竹节纹圆花台（一对）	高95cm	34,500	北京华辰	2014.05.17
红木嵌瓷板茶台	长67cm	20,000	北京华辰	2014.03.15
金丝楠老写字台	长132cm	33,600	上海联合	2014.12.06
金丝楠阴沉木供台	长176cm	134,400	上海联合	2014.12.06
旧酸枝仿竹节茶台	长134cm	69,000	北京保利	2014.12.05
旧酸枝仿竹节茶台凳（三件）	尺寸不一	80,500	北京保利	2014.12.05
旧酸枝仿竹节茶台椅	高87cm	34,500	北京保利	2014.12.05
刘传生 竹节工茶台	高79.5cm	143,750	北京保利	2014.04.29
瑞士，日内瓦 BAKER/TROLL“歌剧序曲”大型六滚轴音乐写字台	高102cm	287,500	北京保利	2014.06.05
瑞士REUGE微缩棘滚音乐写字台	高33cm	74,750	北京保利	2014.06.05
英国15世纪桃木皮面写字台	长151cm	10,350	中国嘉德	2014.03.22
瘿木茶台	长64cm	14,950	北京匡时	2014.06.05
椅				
明 黄花梨南官帽椅	高93cm	1,150,000	北京传是	2014.06.05
明 黄花梨南官帽椅	高121cm	483,000	西泠拍卖	2014.05.06
明 黄花梨三接圈椅	高100cm	1,610,000	北京传是	2014.06.05
明晚期 黄花梨灯挂椅	高108cm	4,715,000	中国嘉德	2014.05.17
明晚期黄花梨高靠背南官帽椅成对	高117.7cm	16,675,000	中国嘉德	2014.05.17
明晚期 黄花梨圈椅成对	高99.5cm	5,750,000	中国嘉德	2014.05.17
明晚期黄花梨四出头高靠背官帽椅	高119.1cm	6,670,000	中国嘉德	2014.05.17
明晚期/18世纪 黄花梨玫瑰椅（一对）	高82.4cm	2,975,475	纽约佳士得	2014.03.20
明晚期/18世纪 黄花梨南官帽椅（一组四件）	高38 1/4cm	4,447,875	纽约佳士得	2014.03.20
明晚期/18世纪黄花梨圈椅（一对）	高95.2cm	1,503,075	纽约佳士得	2014.03.20
明晚期/18世纪 紫檀直棂式圈椅（一对）	高91.7cm	6,656,475	纽约佳士得	2014.03.20
明晚期/清早期 黄花梨扶手椅	高95.5cm	1,134,975	纽约佳士得	2014.03.20
明末清初 黄花梨南官帽椅（一对）	高91cm	2,725,500	保利香港	2014.04.07
明末清初 黄花梨如意梅花四出头官帽椅	高117.5cm	2,990,000	北京保利	2014.12.04
清早期 树根制天然木扶手椅	高93cm	363,860	中国嘉德	2014.10.07
清雍正/乾隆 紫檀描金夔龙纹太师椅	高103cm	618,000	台湾世家	2014.04.13
清中期黑漆雕蝠龙纹南官帽椅成对	高103cm	20,700	中国嘉德	2014.03.22
清中期 黑漆榉木南官帽椅成对及黑漆榆木南官帽椅成对	尺寸不一	11,500	中国嘉德	2014.03.22
清中期 红木雕灵芝纹嵌云石八椅四几（一套）	高76cm×4	1,380,000	中贸圣佳	2014.07.06
清中期 红木拐子式卷书搭脑扶手椅（成对）	高102cm	977,500	银座国际	2014.06.01
清中期 红木嵌云石灵芝纹太师椅（一组八件）	高103cm	1,265,000	西泠拍卖	2014.12.13
清中期金丝楠寿字纹南官帽椅成对	高90cm	59,800	中国嘉德	2014.03.22
清中期 酸枝博古纹椅（一对）	高90cm	25,300	广东省拍	2014.12.07
17世纪 黄花梨玫瑰椅（一对）	高80cm	613,500	纽约苏富比	2014.03.18
17世纪/18世纪 黄花梨圈椅（一对）	高98.5cm	1,961,760	佳士得	2014.05.28
17世纪/18世纪 黄花梨圈椅（一对）	高101.6cm	536,313	纽约苏富比	2014.03.18
17世纪/18世纪 黄花梨四出头官帽椅	高118cm	1,797,555	纽约苏富比	2014.03.18
清 黑漆拐子纹扶手椅成对	高102cm	17,250	中国嘉德	2014.09.20
清 黑漆官帽椅成对	高112cm	28,750	中国嘉德	2014.09.20
清 黑漆花卉纹南官帽椅成对	高100cm	46,000	中国嘉德	2014.09.20
清 黑漆夔龙拐子纹扶手椅	高97cm	25,300	中国嘉德	2014.09.20
清 红木插屏椅（一组四张）	高87cm	29,900	南京经典	2014.04.27
清 红木拐子龙纹椅（一对）	高94cm×2	552,000	中贸圣佳	2014.07.06
清 红木灵芝纹太师椅（一对）	高100cm	115,000	中贸圣佳	2014.06.01
清 红木嵌瘿木及理石扶手椅配茶几（一组六件）	椅高96cm	586,500	西泠拍卖	2014.12.13
清 红木嵌云石龙纹靠背椅八件配四几（一组十二件）	椅高93cm	1,380,000	西泠拍卖	2014.12.13
清红木嵌云石绳纹椅（一组四件）	高100cm	483,000	西泠拍卖	2014.12.13
清 红木镶云石灵芝纹太师椅（一对）	高100cm	100,000	上海驰翰	2014.08.24
清 花梨木蝠龙纹玫瑰椅成对	高85cm	86,250	中国嘉德	2014.03.22
清 黄花梨宫廷椅（一套）	高96cm	253,000	印千山	2014.07.19
清 黄花梨六博古龙纹四出官帽椅（一对）	高120cm	183,540	香港普艺	2014.04.12
清 黄花梨南官帽椅（一对）	高117cm×2	310,500	北京传是	2014.06.05
清 鸡翅木雕嵌瘿木圈椅（一对）	高95cm	46,000	北京保利	2014.04.27
清楠木矮靠背如意纹南官帽椅成对	高91cm	32,200	中国嘉德	2014.09.20
清 楠木夔龙纹玫瑰椅	高89cm	11,500	中国嘉德	2014.09.20
清 酸枝雕福寿纹靠背椅（四件一套）	高90cm	33,900	广东省拍	2014.06.22
清 湘妃竹莳绘喜上眉梢靠椅	高101cm	195,500	长风拍卖	2014.01.05
清 紫檀苍龙教子圈椅（一对）	高103cm×2	598,000	北京艺融	2014.12.08
清 紫檀拐子书卷椅（一对）	高86cm×2	172,500	北京传是	2014.06.05
清 紫檀交椅（一对）	高95cm×2	172,500	北京传是	2014.06.05
清 紫檀玫瑰椅（一对）	高86cm×2	57,500	北京传是	2014.06.05
18世纪 黄花梨官帽椅（一对）	高103.8cm×2	975,320	伦敦邦瀚斯	2014.05.15
18世纪 黄花梨南官帽椅（一对）	高104cm	421,781	纽约苏富比	2014.03.18
18世纪 黄花梨四出头官帽椅	高117.5cm	138,038	纽约苏富比	2014.03.18
18世纪 木灯挂椅（一对）	高106.2cm	39,500	香港苏富比	2014.04.07
18世纪 木玫瑰椅（一对）	高89.5cm	74,063	香港苏富比	2014.04.07
18世纪/19世纪 铁力木配硬木玫瑰椅（两件）	高81.3cm	34,509	纽约苏富比	2014.03.18
19世纪 红木镂雕扶手椅	高82.5cm	92,025	纽约苏富比	2014.03.18
19世纪/20世纪 花梨木梳背玫瑰椅（一对）	高95cm×2	93,931	邦瀚斯	2014.10.09
约1860至1880年 欧洲黑檀木镶嵌贝母沙龙椅（一套五件）		69,000	北京保利	2014.12.04
清晚期红木透雕瓜果纹太师椅成对	高96cm×2	40,250	北京匡时	2014.06.05
清末民初 红木雕花镶大理石扶手椅（五件）	高102cm	28,750	中国嘉德	2014.03.22
清末民初 红木扶手椅及红木镶大理石圆桌	高86cm	17,250	中国嘉德	2014.03.22
清末民初 红木拐子纹靠背椅及红木大理石面花几	高90cm	10,350	中国嘉德	2014.03.22

2014杂项拍卖成交汇总

(成交价RMB：1万元以上)

拍品名称	物品尺寸	成交价RMB	拍卖公司	拍卖日期
清末民初 红木角椅（四件）	高87.5cm	28,750	中国嘉德	2014.03.22
清末民初 红木靠背椅四件及铁力木靠背椅（两件）	高105cm	11,500	中国嘉德	2014.03.22
清末民初 红木嵌大理石扶手椅（四只）	高106cm	23,000	中国嘉德	2014.03.22
清末民初 红木嵌大理石扶手椅（四只）	高108cm	13,800	中国嘉德	2014.03.22
清末民初 红木圈椅及红木茶几	高102cm	23,000	中国嘉德	2014.03.22
清末民初 红木躺椅三件及酸枝木躺椅一件	尺寸不一	23,000	中国嘉德	2014.03.22
清末民初 红木镶大理石五屏风式长椅	高109cm	11,500	中国嘉德	2014.03.22
清末民初 红木镶大理石有束腰拐子纹扶手椅及红木带屉板茶几	高118cm	32,200	中国嘉德	2014.03.22
民国红木拐子龙四椅二几（一套）	椅高104cm×4	74,750	北京传是	2014.06.05
民国 红木太师椅（一对）	高93cm×2	20,700	北京传是	2014.06.05
民国 红木竹节二人椅	高80cm	23,000	北京传是	2014.06.05
民国 紫檀小灯挂椅（成对）	高69cm	402,500	银座国际	2014.06.01
现代 红木鹿角椅	高113cm	143,750	北京传是	2014.06.05
现代 红木圈椅（一套）	椅高98cm	17,250	北京传是	2014.06.05
现代 小叶紫檀皇宫椅（三件套）	尺寸不一	264,500	北京盘古	2014.06.25
现代 阴沉木圈椅（一套）	椅高96cm×2	57,500	北京传是	2014.06.05
1951/1979 NO Moller 1951 雕刻椅		17,825	北京保利	2014.03.02
1958年/1969年 no moller1958 年雕刻扶手椅（一对）		81,650	北京保利	2014.03.02
1963 Hans J. Wegner 汉斯 瓦格纳 CH07 Shell Chair 微笑椅 红色（限量版）	高92cm	55,200	北京保利	2014.04.29
大红酸枝 皇宫圈椅	高98cm	31,360	上海联合	2014.12.06
大红酸枝 明式扶手椅	高90cm	53,760	上海联合	2014.12.06
大红酸枝 明式圈椅	高96cm	42,560	上海联合	2014.12.06
大叶紫檀 藤面四出头官帽椅	高117.5cm	78,400	上海联合	2014.12.06
黑酸枝 千金椅	高80cm	11,200	上海联合	2014.12.06
黑酸枝 忘岁禅椅	高80cm	28,000	上海联合	2014.12.06
红木有束腰带托泥圈椅成对及红木香几	高98cm	17,250	中国嘉德	2014.03.22
红酸枝 明式圈椅	高102cm	22,400	上海联合	2014.12.06
红酸枝 逍遥椅	高108cm	11,200	上海联合	2014.12.06
红酸枝嵌珐琅托泥圈椅一对带几	椅高101cm	161,000	北京保利	2014.12.04
黄花梨禅椅	高86cm	483,000	北京保利	2014.12.04
黄花梨灯挂椅成对	高118cm	230,000	北京容海	2014.05.25
黄花梨雕龙纹圈椅（一对）	高98cm	310,500	北京华辰	2014.05.17
黄花梨皇宫椅成对带一几	椅高100cm	287,500	北京容海	2014.05.25
黄花梨交椅（一对）	高102cm	34,500	中国嘉德	2014.06.22
黄花梨两椅一几	尺寸不一	138,000	雍和嘉诚	2014.05.31
黄花梨南官帽椅（一对）	高91cm	59,800	中国嘉德	2014.06.22
黄花梨圈椅、几（一套三件）	高98cm	828,000	北京艺融	2014.06.03
黄花梨上提式交杌	高49cm	276,000	北京保利	2014.12.04
黄花梨四出头官帽椅	高115cm	437,000	北京保利	2014.12.04
黄花梨四出头椅（一对）	高108cm	897,000	雍和嘉诚	2014.05.31
黄花梨素圈椅一对带几	椅高100cm	1,380,000	北京保利	2014.12.04
金丝楠老料南官帽椅（一对连几）	椅高102cm	33,600	上海联合	2014.12.06
金丝楠情侣椅（一对连几）	椅高83cm	28,000	上海联合	2014.12.06
近代 黄花梨官帽椅（一对）	高117cm	13,800	北京保利	2014.08.02
近代 黄花梨交椅（一对）	高103cm	33,350	北京保利	2014.08.02
旧酸枝扶手官帽椅（一对）	高112cm	80,500	北京保利	2014.12.05
李爱金 旧红木扇形南官帽椅	高107cm	97,750	北京保利	2014.06.05
刘传生 玫瑰椅 （二件）	高75.2cm	71,300	北京保利	2014.04.29
缅甸酸枝木 明式圈椅	高99cm	20,160	上海联合	2014.12.06
妙缘古树 海南黄花梨圆后背交椅	高103.5cm	1,150,000	北京保利	2014.12.05
楠木四出头官帽椅成对	高108cm	32,200	中国嘉德	2014.09.20
圈椅（一组）	尺寸不一	126,500	东方大观	2014.05.20
沈平、梓庆山房 宋式矮扶手椅（一组）	高58cm	86,250	北京保利	2014.06.05
伍炳亮 黄花梨云龙纹交椅	高103cm	402,500	北京艺融	2014.06.03
小叶紫檀 南官帽椅	高109cm	336,000	上海联合	2014.12.06
小叶紫檀 圈椅一对连几	高102cm	168,000	上海联合	2014.12.06
越南黄花梨雕四出头官帽椅（一对）	高120cm	46,000	北京华辰	2014.05.17
紫光檀元宝椅		144,000	中联环球	2014.01.12
紫檀雕福寿纹玫瑰椅成对	高96.5cm×2	368,000	北京匡时	2014.06.05
紫檀雕四出头席面官帽椅（一对）	高111cm	149,500	北京华辰	2014.05.17

拍品名称	物品尺寸	成交价RMB	拍卖公司	拍卖日期
紫檀嵌百宝花鸟纹四出头官帽椅一对带几	椅高114.5cm	586,500	北京保利	2014.12.04
紫檀圈椅	通高75cm	3,040,000	荣盛国际	2014.07.26
紫檀书卷椅成对带一几	椅高95cm	103,500	北京容海	2014.05.25
紫檀四出头官帽椅（一对）	长59cm	16,000	北京华辰	2014.03.15
紫檀竹节椅成对	高93cm	103,500	北京容海	2014.05.25
当代 留韵禅椅	高134cm	402,500	北京翰海	2014.08.23
当代 留韵官帽椅（三件套）	椅高119cm×2	828,000	北京翰海	2014.08.23
当代 留韵官帽椅（三件套）	椅高115cm×2	437,000	北京翰海	2014.08.23
当代 留韵玫瑰椅（三件套）	椅高90cm×2	437,000	北京翰海	2014.08.23
当代 留韵小南官帽椅	椅高95.5cm×2	437,000	北京翰海	2014.08.23
当代 明式金丝楠禅椅（成对）	高85cm	57,500	银座国际	2014.06.01
当代 阴沉金丝楠留韵官帽椅（三件套）	椅高119cm×2	1,265,000	北京翰海	2014.08.23
2009年 NO Moller 1962 雕刻椅（一对）		59,800	北京保利	2014.03.02
2012年 刘传生 高背南官帽椅	高119cm	46,000	北京保利	2014.06.02
2013年 刘传生 玫瑰椅（一对）	高72cm	78,200	北京保利	2014.06.02
2013年 刘传生 如意官帽椅（一对）	高95.5cm	82,800	北京保利	2014.06.02
2014年 刘传生 平切式四出头椅	高119cm	43,700	北京保利	2014.06.02
凳(宝座)				
明晚期 紫檀木三弯腿霸王枨带托泥圆凳	高57cm	3,220,000	中国嘉德	2014.05.17
清早期 黄花梨春凳	长123cm	747,500	北京保利	2014.12.04
清早期 黄花梨鼓凳（一对）	高56cm	69,000	北京保利	2014.06.06
清早期 铁梨木石面无束腰直腿方凳（四只）	高53cm	55,062	中国嘉德	2014.04.09
清早期 紫紫檀禅凳（一对）	高48.5cm×2	552,000	北京艺融	2014.12.08
清中期 紫檀嵌银丝雕缠枝莲八角凳（成对）	高42.5cm	1,380,000	银座国际	2014.06.01
清 红木禅凳	高49cm	25,300	北京保利	2014.01.11
清 红木方凳（一组四张）	高50cm	57,500	南京经典	2014.04.27
清 红木罗锅枨大杌凳（一对）	高54.5cm×2	23,000	北京传是	2014.06.05
清 黄花梨方禅凳	高48cm	253,000	银座国际	2014.06.01
清 黄花梨圆包圆矮老双环方凳（一对）	高51cm	126,500	北京传是	2014.06.05
清 紫檀禅凳	高50cm	34,500	北京保利	2014.08.02
清 紫檀二人凳	高49cm	97,750	北京传是	2014.06.05
清 紫檀方凳（成对）	高50.5cm	218,500	银座国际	2014.06.01
清 楠木有扶手长方凳	高72cm	17,250	中国嘉德	2014.09.20
17世纪 黄花梨倭角方凳（一对）	高48cm	2,875,600	香港苏富比	2014.04.08
17世纪 黄花梨长方凳及黄花梨方凳	高49.3cm×2	289,960	伦敦邦瀚斯	2014.05.15
17世纪/18世纪 黄花梨方凳子（一对）	高51cm	1,479,360	佳士得	2014.05.28
18世纪 黄花梨条凳（一对）	高52.7cm	1,738,000	香港苏富比	2014.04.08
清晚期 红木嵌瘿木鼓凳（一对）	高47cm	92,000	北京保利	2014.06.06
清晚期 红木有束腰二人凳	高46cm	23,000	北京匡时	2014.06.05
清晚期民国 花梨木镶大理石三弯腿圆凳（四只）	高35.5cm	25,300	中国嘉德	2014.03.22
2013年 刘传生 霸王枨小香蕉腿琴凳	高50.3cm	20,700	北京保利	2014.06.02
2014年 刘传生 滚杠式小香蕉腿琴凳	高44.2cm	13,800	北京保利	2014.06.02
李爱金 旧红木四面平琴几连凳	高45cm	115,000	北京保利	2014.06.05
刘传生霸王枨披肩花方凳（二件）	高50cm	41,400	北京保利	2014.04.29
紫檀有束腰罗锅枨禅凳成对	高50cm×2	172,500	北京匡时	2014.06.05
清光绪 紫檀宝座	高95cm	920,000	雍和嘉诚	2014.05.31
民国 红木螭龙纹宝座	高118cm	69,000	北京传是	2014.06.05
红木嵌大理石宝座	高122cm	12,000	北京华辰	2014.03.15
小叶紫檀夔龙纹宝座（一对连几）	高107cm	392,000	上海联合	2014.12.06
小叶紫檀云龙纹宝座	通高110cm	6,160,000	荣盛国际	2014.07.26
紫檀雕云龙纹托泥宝座	高118cm	1,955,000	北京艺融	2014.12.08
当代 留韵宝座（三件套）	宝座高99cm×2	1,840,000	北京翰海	2014.08.23
当代 留韵宝座（三件套）	宝座高99cm×2	1,840,000	北京翰海	2014.08.23
当代 阴沉金丝楠镶和田碧玉留韵宝座（三件套）	宝座高99cm×2	2,415,000	北京翰海	2014.08.23
案				
明万历 官造朱漆描金供案	高102.5cm	227,125	保利香港	2014.04.07
明 大漆云纹平头案	长187cm	51,750	中国嘉德	2014.09.20
明 黄花梨方腿刀牙板小条案	长98.5cm	126,500	北京传是	2014.06.05
明晚期 黄花梨夹头榫平头案	宽199.5cm	4,830,000	中国嘉德	2014.05.17

拍品名称	物品尺寸	成交价RMB	拍卖公司	拍卖日期
明晚期 黄花梨平头案	长97.5cm	545,100	保利香港	2014.04.07
清早期 黑漆榆木灵芝纹大翘头案	长272cm	36,800	中国嘉德	2014.03.22
清早期 黄花梨嵌云石翘头小案	长24.8cm	57,500	中国嘉德	2014.05.19
清早期 龙眼木翘头案	长252cm	23,000	北京保利	2014.10.26
清早期 楠木雕龙纹大翘头案	长295cm	71,300	中国嘉德	2014.03.22
清乾隆 御制紫檀龙纹花卉多宝案几	长36.8cm	204,300	中拍国际	2014.06.04
清中期 红豆杉螭龙纹大翘头案	长266cm	82,800	中国嘉德	2014.03.22
清中期 榉木罗锅枨带矮老双环卡子花平头案	长189cm	25,300	中国嘉德	2014.03.22
清中期 榆木如意纹大平头案	长331cm	34,500	中国嘉德	2014.03.22
清中期 紫檀雕龙纹拐子绳结纹下卷式琴案	长131cm	2,070,000	银座国际	2014.06.01
清同治 周闲款水月洞天—灵璧石案供	长58cm	14,950	北京艺融	2014.12.08
清 大漆剑腿缠枝莲纹翘头案	长218cm	11,500	中国嘉德	2014.09.20
清 大漆剔山水纹画案	长200cm	92,000	中贸圣佳	2014.07.06
清 雕填漆海水江崖龙纹条案	长141cm	78,200	中鸿信	2014.11.23
清 海南黄花梨条案	长150cm	2,875,000	北京艺融	2014.06.03
清 黑漆描金云龙纹翘头案	长104cm	57,500	北京匡时	2014.09.17
清 黑漆麒麟纹翘头案	长304cm	13,800	中国嘉德	2014.09.20
清 黑漆云纹翘头案	长264cm	36,800	中国嘉德	2014.09.20
清红豆杉小翘头案及榉木四出头官帽椅成对 榆木四出头官帽椅成对	尺寸不一	36,800	中国嘉德	2014.03.22
清 红木螭龙纹条案	长176.5cm	51,750	北京传是	2014.06.05
清 红木画案	长156cm	218,500	中贸圣佳	2014.06.01
清 红木回纹翘头案	长113cm	16,100	北京传是	2014.06.05
清 红木卷云纹翘头案	长123cm	17,250	北京传是	2014.06.05
清 红木书卷形案几	长49cm	11,500	西泠拍卖	2014.12.13
清 黄花梨霸王枨平头月牙条案	长159cm	218,500	北京传是	2014.06.05
清 黄花梨二屉翘头案	长113cm	207,000	北京传是	2014.06.05
清 黄花梨夹头榫大画案	长162cm	1,092,500	北京艺融	2014.12.08
清 黄花梨平头马蹄腿缩腰条案	长149.5cm	172,500	北京传是	2014.06.05
清 黄花梨翘头案	长174cm	593,100	伦敦邦瀚斯	2014.05.15
清 黄花梨三屉平头案	长142cm	287,500	北京传是	2014.06.05
清 黄花梨条案	长160cm	101,200	印千山	2014.07.19
清 黄花梨圆腿双环条案	长120cm	92,000	北京传是	2014.06.05
清 楠木螭龙纹翘头案	长261cm	48,300	中国嘉德	2014.09.20
清 楠木大翘头案	长310cm	36,800	中国嘉德	2014.09.20
清 楠木如意纹翘头案	长175cm	23,000	中国嘉德	2014.09.20
清 楠木无束腰四平画案	长150cm	32,200	中国嘉德	2014.09.20
清 楠木云纹牙板翘头案	长238cm	57,500	中国嘉德	2014.09.20
清 瘿木面束腰红木条案	长111cm	230,000	西泠拍卖	2014.12.13
清硬木嵌黄花梨面芯板夹头榫画案	长170cm	74,750	中国嘉德	2014.03.22
清 榆木螭龙纹夹头榫平头案	长174.5cm	20,700	中国嘉德	2014.09.20
清 榆木如意纹带托泥大翘头案	长277cm	57,500	中国嘉德	2014.09.20
清 榆木下卷式板足条案	长221cm	28,750	中国嘉德	2014.09.20
清 柞木瘿子如意纹翘头案	长266cm	40,250	中国嘉德	2014.09.20
清 紫檀拱璧绳纹琴案	长104cm	368,000	西泠拍卖	2014.05.06
清 紫檀画案	长180cm	414,000	雍和嘉诚	2014.05.31
18世纪 柏木翘头案	长107cm	148,125	香港苏富比	2014.04.07
18世纪 紫檀嵌榉木平头案	宽86.3cm	987,735	纽约佳士得	2014.03.20
清晚期 红木螭龙纹条案	长154cm	43,700	北京传是	2014.06.05
清晚期民国红木雕花卷云足平头案	长207cm	34,500	中国嘉德	2014.03.22
民国 红木拐子龙大画案	长178cm	46,000	北京传是	2014.06.05
民国 红木书案	长120cm	41,400	南京经典	2014.04.27
红木雕缠枝牡丹独板小画案	长177.5cm	92,000	银座国际	2014.06.01
红木卷草纹条案	长244cm	230,000	北京容海	2014.05.25
红木嵌影木面卷云纹翘头案	长122cm	20,700	北京匡时	2014.06.05
黄花梨夹头榫画案	长215cm	1,897,500	北京保利	2014.12.04
黄花梨平头案	长92.8cm	168,000	上海联合	2014.12.06
黄花梨翘头长条案	长140cm	3,105,000	中贸圣佳	2014.07.06
黄花梨条案	长180cm	253,000	中国嘉德	2014.03.24
黄花梨条案	长155cm	57,500	中国嘉德	2014.06.22
黄杨木嵌瘿木边紫檀面条案	长125cm	59,800	中国嘉德	2014.03.24
金丝楠画案	长237cm	138,000	雍和嘉诚	2014.05.31
金丝楠画案、椅（二件）	长263cm	345,000	北京翰海	2014.05.09
金丝楠老料架几式长案	长230cm	106,400	上海联合	2014.12.06
金丝楠翘头案	长257cm	57,500	北京翰海	2014.05.09
金丝楠阴沉木平头案	长91cm	28,000	上海联合	2014.12.06
近代 黄花梨条案	长150cm	10,350	北京保利	2014.08.02
旧酸枝插肩榫书案	长196cm	207,000	北京保利	2014.12.05

拍品名称	物品尺寸	成交价RMB	拍卖公司	拍卖日期
旧酸枝刚竹节平头案	长118cm	69,000	北京保利	2014.12.05
妙缘古树 清式博古画案	长209cm	460,000	北京保利	2014.12.05
容善堂 浩泽木作 金丝楠云纹拼花平头案	长110cm	46,000	北京保利	2014.06.05
现代 硬木马蹄脚画案	长160cm	28,750	中贸圣佳	2014.06.01
现代 硬木明式画案、直檔官帽椅（两件）	长215cm	40,250	中贸圣佳	2014.06.01
越南黄花梨夹头榫卷云纹牙头平头案	长150cm	69,000	北京匡时	2014.06.05
紫檀缠枝夔纹长方案	长208cm	1,090,200	保利香港	2014.04.07
紫檀雕云蝠纹画案	长172cm	1,265,000	西泠拍卖	2014.05.06
紫檀画案	长84cm	127,190	保利香港	2014.04.07
2014年 刘传生 凤头大画案	长252cm	437,000	北京保利	2014.06.02
2014年 刘传生 梳格式书案	长168cm	147,200	北京保利	2014.06.02
当代 留韵大画案 官帽椅	画案长303cm	7,820,000	北京翰海	2014.08.23
当代 留韵画案	长240cm	667,000	北京翰海	2014.08.23
当代 留韵书架一对 官帽椅 大画案	画桌长240cm	5,520,000	北京翰海	2014.08.23
当代 留韵长条案	长260cm	1,380,000	北京翰海	2014.08.23
当代 明式金丝楠箭腿小条案	长136cm	18,400	银座国际	2014.06.01
几				
明万历 黑漆百宝嵌祥瑞图小几	长48.5cm	287,500	北京保利	2014.06.05
明 黄花梨龙纹小几	长34.5cm	20,700	北京保利	2014.08.02
明 榆木卷草花卉纹展腿香几	高88cm	149,500	中国嘉德	2014.09.20
明或清前期 黄花梨四足卷草凤纹三弯腿长方香几	高86cm	4,370,000	中国嘉德	2014.05.17
明式黄花梨几子（一对）	高77cm×2	345,000	中贸圣佳	2014.07.06
清早期 黄花梨文房小几	高41cm	258,750	江苏爱涛	2014.07.06
清早期 铜圆几	直径5.5cm	22,741	中国嘉德	2014.10.07
清康熙 黑漆嵌螺钿人物几	高46cm	23,000	北京保利	2014.04.27
清康熙 戗金填漆云龙纹葵花式六足香几	高83.6cm	1,170,680	香港苏富比	2014.10.08
清康熙 硬木百宝嵌芦雁螭龙纹几	高90.5cm	402,500	北京保利	2014.12.03
清乾隆 褐地彩漆描金花卉纹方几	高102.3cm	785,528	伦敦苏富比	2014.05.14
清乾隆 黄杨木嵌瘿木茶几	长55.5cm	44,496	台湾世家	2014.04.13
清中期 铜象足“双龙捧寿”纹花几（一对）	高111cm	632,500	远方拍卖	2014.06.02
清中期 紫檀镂雕绳纹香几	长21cm	101,200	华艺国际	2014.05.31
清 大理石紫檀如意云头纹几	高61cm	70,000	北京九歌	2014.12.17
清 大漆花几	高75cm	11,500	北京保利	2014.01.11
清大漆无束腰螭龙牙板霸王枨香几	高88cm	11,500	中国嘉德	2014.09.20
清 雕填漆龙纹香几	高89.5cm	50,400	中鸿信	2014.11.23
清 各式小几（四件）	尺寸不一	13,800	北京保利	2014.01.11
清 根雕卧鹿香几	高50cm	23,000	北京传是	2014.06.05
清 红木 楠木几（两件）	长46cm长45cm	25,300	北京保利	2014.01.11
清 红木勾纹香几	高71.5cm	46,000	西泠拍卖	2014.12.13
清 红木卷几	长46cm	12,650	西泠拍卖	2014.05.06
清 红木配花木香几（一对）	高87.6cm	268,406	纽约苏富比	2014.03.18
清 红木嵌粉彩瓷板扇形小几	高38cm	86,250	北京华辰	2014.04.27
清 红木嵌银丝回纹案上小几、红木案上高几（各一件）	高40cm高41.5cm	11,500	银座国际	2014.06.01
清 红木嵌影子花几（一对）	高52cm×2	22,400	北京荣宝	2014.11.30
清 红木嵌瘿木小花几（一对）	高10cm×2	23,000	北京传是	2014.06.05
清 红木四方起线花几（一对）	高29cm×2	23,000	北京传是	2014.06.05
清 红木下卷套几	长57cm	40,250	西泠拍卖	2014.05.06
清 红木香几（一对）	高80cm	345,000	西泠拍卖	2014.12.13
清 红木瘿木面座几	长47cm	25,300	西泠拍卖	2014.12.13
清 黄花梨香几（一对）	高87.6cm×2	207,000	北京传是	2014.06.05
清 黄花梨小几	高27cm	17,250	北京保利	2014.04.27
清 黄杨 红木小几（三件）	尺寸不一	40,250	北京保利	2014.01.11
清 黄杨木板足下卷小几	高51cm	28,750	中国嘉德	2014.05.19
清 黄杨木根形几	长62cm	51,750	西泠拍卖	2014.12.13
清 黄杨木根形小几	高14cm	23,000	西泠拍卖	2014.12.13
清 黄杨木嵌瘿木面无束腰带托泥六足小圆几	直径39cm	36,800	中国嘉德	2014.05.19
清 黄杨木小几（一对）	高28cm	11,500	北京保利	2014.10.26
清 黄杨嵌红木回纹几	长42cm	20,700	北京保利	2014.04.27
清 龙眼木花几	长29.5cm	10,350	中国嘉德	2014.03.24
清 木根随形香几	高46.5cm	167,875	香港苏富比	2014.04.07
清 酸枝嵌云石小几	高24cm	14,690	广东省拍	2014.06.22
清 酸枝书卷几	长43cm	34,500	广东省拍	2014.12.07
清 剔红山水人物故事纹香几	高44.8cm	63,250	西泠拍卖	2014.12.13
清 锡小方花几	高18cm	23,000	朵云轩	2014.06.29

2014杂项拍卖成交汇总

（成交价RMB：1万元以上）

拍品名称	物品尺寸	成交价RMB	拍卖公司	拍卖日期
清 湘妃竹茶几	长48cm	23,000	西泠拍卖	2014.12.13
清 湘妃竹圆形香几	高34cm	69,000	长风拍卖	2014.01.05
清 瘿木面花几（一对）	直径27.5cm	17,250	中国嘉德	2014.03.24
清 紫檀大方几	长60cm	23,000	北京保利	2014.04.27
清 紫檀花卉纹几	长60cm	207,000	西泠拍卖	2014.12.13
清 紫檀花几	高15.3cm	161,000	北京匡时	2014.06.04
清 紫檀架几及架几小条案（一组两件）	高30.5cm	57,500	西泠拍卖	2014.12.13
清 紫檀炕几	高40.5cm	36,000	北京九歌	2014.12.17
清 紫檀木雕草龙小方几	高50cm	23,000	西泠拍卖	2014.12.13
清 紫檀木小几	宽37.5cm	32,200	北京保利	2014.06.05
清 紫檀嵌大理石小几	高24.5cm	25,300	北京传是	2014.06.05
清 紫檀嵌大理石小几	长28cm	10,350	北京保利	2014.08.02
清 紫檀嵌云石面小香几	高17.5cm	92,000	西泠拍卖	2014.12.13
清 紫檀嵌云石香几	高13.7cm	23,000	西泠拍卖	2014.12.13
清 紫檀曲龙纹几	长56.5cm	172,500	西泠拍卖	2014.12.13
清 紫檀小方几	长45cm	25,300	北京保利	2014.04.27
清 紫檀小几	长38cm	62,150	广东省拍	2014.06.22
清 紫檀小长条几	长58cm	11,500	北京保利	2014.08.02
清 紫檀长方小几	长37cm	34,500	朵云轩	2014.12.19
17世纪 黄花梨束腰炕几	长78.5cm	493,750	香港苏富比	2014.04.07
17世纪 黄花梨香几	高68.6cm	1,576,695	纽约苏富比	2014.03.18
18世纪 黄花梨镂雕如意云纹翘头案式几	高36.2cm	69,125	香港苏富比	2014.04.07
18世纪 黄花梨嵌瘿木翘头炕几	高37.7cm	250,420	伦敦邦瀚斯	2014.05.15
18世纪 鸡翅木嵌瘿木长方香几	高81.5cm	128,375	香港苏富比	2014.04.07
18世纪 瘿木梅花式香几	高49cm	592,500	香港苏富比	2014.04.08
18世纪/19世纪 黄花梨长方几（一对）	高84.5cm×2	158,160	伦敦邦瀚斯	2014.05.15
18世纪末 紫檀夔龙花卉卷草纹香几	高99cm	3,063,032	伦敦苏富比	2014.05.14
19世纪 楠木瘿随形香几	高71.5cm	837,400	香港苏富比	2014.04.07
19世纪早期 黄花梨嵌大理石阶梯式几	高38.4cm	105,440	伦敦邦瀚斯	2014.05.15
清晚期 红木海棠形花几（一对）	高108cm×2	17,250	北京传是	2014.06.05
清晚期民国 红木茶几及红木躺椅（两件）	尺寸不一	20,700	中国嘉德	2014.03.22
清晚期民国 酸枝木茶几及红木扶手椅成对	高78cm	23,000	中国嘉德	2014.03.22
民国 红木勾云纹花几（一对）	高85cm×2	11,500	北京传是	2014.06.05
民国 红木嵌瘿木面圆几	高76cm	149,500	西泠拍卖	2014.12.13
民国 红木条案花几（三件套）	尺寸不一	29,900	北京传是	2014.06.05
民国 红木小几	高47cm	10,350	朵云轩	2014.04.21
民国 红木竹节花几（一对）	高127cm×2	23,000	北京传是	2014.06.05
民国 紫檀花几（一对）	高95cm×2	57,500	北京传是	2014.06.05
红木香几（一对）	高78.7cm	32,595	纽约苏富比	2014.03.18
黄花梨六角三弯腿案上香几	高34cm	55,200	银座国际	2014.06.01
黄杨木嵌紫檀长方几	长57.5cm	11,500	中国嘉德	2014.09.22
近代 红木束腰五足花几	高30cm	101,200	北京华辰	2014.04.27
刘传生 海棠委角几	高81.5cm	41,400	北京保利	2014.04.29
路易十五风格双层茶几	高84cm	13,500	北京保利	2014.02.05
容善堂 浩泽木作 金丝楠高花几	高118cm	32,200	北京保利	2014.06.05
湘妃竹编几面香几	高62cm	13,800	北京匡时	2014.12.04
湘妃竹红漆面香几	高48cm	11,500	北京匡时	2014.12.04
湘妃竹四方几	直径22cm	34,500	朵云轩	2014.06.29
硬木浅浮雕回纹二樘一几四套（共十二件）	尺寸不一	134,067	香港普艺	2014.05.31
硬木长方几 花几（五件）	尺寸不一	13,800	中国嘉德	2014.09.22
昭和期 香妃竹矮几（一对）	高27cm×2	55,200	上海春秋堂	2014.12.21
紫檀嵌理石面雕云纹坐几	高62.2cm	80,500	北京匡时	2014.06.05
紫檀长方几（一对）	长30.3cm	10,350	中国嘉德	2014.06.22
紫檀长方卷脚几（一对）	长58cm高27cm	32,200	朵云轩	2014.12.19
2012年 刘传生 卷足式圆香几	高83.8cm	115,000	北京保利	2014.06.02
2013年 刘传生 高束腰托泥式香几	高79cm	115,000	北京保利	2014.06.02
2013年 刘传生 海棠式香几	高75.8cm	48,300	北京保利	2014.06.02
当代 留韵方香几（成对）	高8.5cm×2	43,700	北京翰海	2014.08.23
当代 留韵长方香几	高36cm	32,200	北京翰海	2014.08.23
当代 明式金丝楠霸王枨香几	高80cm	13,800	银座国际	2014.06.01
当代 明式金丝楠独板虎皮纹条几	高89cm	69,000	银座国际	2014.06.01
架				
明 黄花梨有束腰方腿矮马蹄长方火盆架	长47.5cm	1,380,000	北京华辰	2014.04.27

拍品名称	物品尺寸	成交价RMB	拍卖公司	拍卖日期
明晚期/18世纪 黄杨木书架	高186.6cm	1,355,835	纽约佳士得	2014.03.20
清早期 黄花梨雕梅花纹磬架	高72.5cm	529,000	北京诚轩	2014.05.19
清 过云楼主人藏黄花梨书卷式小博古架（一对）	高60.4cm	920,000	西泠拍卖	2014.12.13
清 黑漆楠木四层带栏杆格架	高168.5cm	46,000	中国嘉德	2014.09.20
清 红木博古架	高30.5cm	17,250	西泠拍卖	2014.12.13
清 黄花梨博古架	高177cm	920,000	南京经典	2014.01.06
清 黄花梨帖架	高31cm	23,000	北京保利	2014.04.27
清 黄花梨瘿木架	高35.5cm	17,250	北京保利	2014.04.27
清 黄花梨云龙纹面盆架	高64.6cm	28,750	中国嘉德	2014.03.24
清 榉木博古架（一对）	高162cm×2	86,250	中贸圣佳	2014.06.01
清 木镜架（一对）	尺寸不一	40,250	古天一	2014.06.05
清 酸枝雕缠枝花卉纹博古架	高130cm	230,000	华艺国际	2014.05.31
清 湘妃竹髹漆莳绘博古架	高98cm	1,265,000	长风拍卖	2014.01.05
民国 红木龙纹衣架	高176.5cm	17,250	北京传是	2014.06.05
民国 红木嵌瘿木面花架（一对）	高139cm	126,500	西泠拍卖	2014.12.13
红木雕螭龙纹明式书架（一对）	高184cm	43,700	北京华辰	2014.05.17
红木书架	高30.5cm	11,200	北京荣海嘉	2014.01.19
花卉纹大漆莳绘湘妃竹博古架	高51cm	89,700	北京匡时	2014.12.04
黄花梨书架	高175cm	2,530,000	中贸圣佳	2014.07.06
黄花梨长方托盘及黄花梨架	宽76cm	112,030	伦敦邦瀚斯	2014.05.15
近代 黄花梨小书架（一对）	高93cm×2	63,250	北京传是	2014.06.05
近代 唐云写徐孝穆刻诗文紫檀嵌银丝书画晾架	高73.5cm	368,000	西泠拍卖	2014.05.06
旧酸枝书架（一对）	高200cm	184,000	北京保利	2014.12.05
现代 黄花梨博古架（一对）	高181.5cm×2	345,000	北京传是	2014.06.05
香妃竹博古架	高91cm	437,000	北京匡时	2014.09.17
紫檀雕夔凤纹百宝架	高108cm	63,250	北京华辰	2014.05.17
2012年 刘传生 打洼腿围栏书架（一对）	高187.5cm	193,200	北京保利	2014.06.02
清 湘妃竹冰梅纹茶棚	高33.3cm	17,250	西泠拍卖	2014.12.13
清 湘妃竹冰梅纹三层茶棚	高51.7cm	34,500	西泠拍卖	2014.12.13
昭和期 香妃竹茶棚	高59cm	63,250	上海春秋堂	2014.12.21
冰梅纹湘妃竹茶棚	高56.5cm	46,000	北京匡时	2014.12.04
田字纹湘妃竹茶棚	高86cm	46,000	北京匡时	2014.12.04
万字纹湘妃竹茶棚	高50.3cm	33,350	北京匡时	2014.12.04
箱				
明 黄花梨官皮箱	高33cm	268,800	安徽艺海	2014.04.30
明 紫檀大书箱	高25cm	322,000	北京翰海	2014.10.25
明崇祯 红漆描金龙凤呈祥纹大衣箱	长93cm	195,500	保利厦门	2014.11.02
明或清前期 紫檀木盝顶官皮箱	高31.8cm	322,000	中国嘉德	2014.05.17
明晚期 黄花梨拜匣	长33cm	42,000	北京九歌	2014.12.17
明晚期 黄花梨大衣箱	宽84.4cm	1,380,000	中国嘉德	2014.05.17
明晚期 黄花梨衣箱	长69.2cm	1,495,000	北京保利	2014.12.04
明晚期 黄花梨画匣	宽62.5cm	713,000	中国嘉德	2014.05.17
明晚期 黄花梨小箱子	宽37.2cm	195,500	中国嘉德	2014.05.17
明晚期/18世纪 黄花梨衣箱（一对）	宽77.2cm	1,134,975	纽约佳士得	2014.03.20
明末清初 黄花梨官皮箱	长33cm	230,000	中国嘉德	2014.05.19
明末清初 黄花梨书箱	长38cm	218,500	中国嘉德	2014.05.19
明末清初 黄花梨书箱	长39cm	92,000	中国嘉德	2014.05.19
明末清初 紫檀木嵌楠木瘿药箱	长28.2cm	460,000	北京保利	2014.12.04
清早期 黄花梨大书箱	长41cm	100,062	中国嘉德	2014.10.07
清早期 黄花梨官皮箱	长33cm	115,000	北京匡时	2014.06.05
清早期 黄花梨盝顶方型官皮箱	长29.5cm	92,000	北京保利	2014.12.04
清早期 黄花梨五屉官皮箱	长32cm	238,602	中国嘉德	2014.04.09
清早期 黄花梨官皮箱	长33cm	184,000	中国嘉德	2014.05.19
清早期 黄花梨木轿箱	长98cm	368,000	中鸿信	2014.11.23
清早期 黄花梨书箱	长38.5cm	132,250	江苏爱涛	2014.07.06
清早期 黄花梨书箱	长37.5cm	126,500	中国嘉德	2014.05.19
清早期 黄花梨文具箱	长39cm	195,500	江苏爱涛	2014.07.06
清早期 黄花梨小箱	长36cm	34,500	中国嘉德	2014.11.22
清早期 黄花梨状元箱	长41cm	207,000	上海嘉泰	2014.06.19
清中期 紫檀官皮箱	长38cm	230,000	银座国际	2014.06.01
清 “钦定古今图书集成”楠木书箱（两盒）	长30cm	13,800	北京东正	2014.11.20
清 黄花梨官皮箱	高31.5cm	97,750	北京保利	2014.04.27
清 黄花梨官皮箱（一对）	高36.5cm	322,000	西泠拍卖	2014.05.06
清 黄花梨嵌百宝官皮箱（两件）	尺寸不一	57,500	中国嘉德	2014.06.22
清 涂金银羽纹包湘妃竹大茶箱	高51cm	103,500	长风拍卖	2014.01.05
清 瘿木官皮箱	长31cm	11,500	北京保利	2014.01.11
清 硬木箱	长34.5cm	11,500	中国嘉德	2014.06.22

拍品名称	物品尺寸	成交价RMB	拍卖公司	拍卖日期
清 紫檀小药箱	高24cm	26,450	北京保利	2014.04.27
清 黄花梨官皮箱	长34.5cm	57,500	北京传是	2014.06.05
清 黄花梨嵌百宝婴戏图官皮箱	高31cm	126,500	中国嘉德	2014.03.24
清 黄花梨嵌博古官背箱	高32cm	32,200	北京保利	2014.04.27
清 黄花梨书箱	长35.3cm	37,950	南京经典	2014.04.27
清 黄花梨文具箱	长31cm	40,250	北京传是	2014.06.05
清 黄花梨文具箱	高23cm	34,500	西泠拍卖	2014.05.06
清 黄花梨文具箱（一对）	长33cm	113,000	广东省拍	2014.06.22
清 紫檀拜匣	长36cm	45,000	北京九歌	2014.12.17
清 紫檀官皮箱	长31.5cm	402,500	江苏爱涛	2014.07.06
清 紫檀状元箱	长41cm	230,000	上海嘉泰	2014.06.19
18世纪/19世纪 黄花梨衣箱	宽40.6cm	76,688	纽约佳士得	2014.03.20
19世纪 瘿木甜酒箱（一套）	长34cm	17,250	广东省拍	2014.12.07
清晚期 龙纹贴金大箱		1,064,000	成都金沙	2014.11.16
民国 黄花梨嵌互宝童子官皮箱	长30cm	13,800	北京保利	2014.08.02
民国 檀木嵌玉云龙纹方箱	长42cm	17,250	太平洋	2014.09.19
民国 花梨瘿木四屉小药箱	长18cm	28,750	中国嘉德	2014.03.22
民国 黄花梨官皮箱	长38cm	195,500	北京艺融	2014.06.03
海南黄花梨大官皮箱	长71.5cm	1,120,000	上海联合	2014.12.06
花梨木螭龙纹箱	长41cm	11,500	中国嘉德	2014.06.22
黄花梨官皮箱（一对）	高41cm	69,000	中国嘉德	2014.06.22
黄花梨官皮箱（一对）	长13.8cm	20,160	上海联合	2014.12.06
黄花梨嵌百宝婴戏图官皮箱	长31.4cm	28,750	中国嘉德	2014.06.22
金丝楠阴沉木官皮箱（一对）	长25cm	33,600	上海联合	2014.12.06
湘妃竹茶箱	长35.1cm	17,250	上海泓盛	2014.12.10
湘妃竹红木茶箱	长33cm	32,200	北京歌德	2014.06.01
昭和期 香妃竹翠玉环茶箱	宽36cm	46,000	上海春秋堂	2014.12.21
紫檀龙凤纹箱	长49cm	32,200	中国嘉德	2014.06.22
黄花梨官皮箱（一对）	长31cm	25,300	中国嘉德	2014.09.22
近代 黄花梨小药柜	高45cm	69,000	北京传是	2014.06.05
小叶紫檀八宝箱	20cm×23cm	16,519	香港今是	2014.05.04
硬木云龙纹箱	长49.5cm	20,700	中国嘉德	2014.09.22
紫檀嵌百宝三多纹文玩箱	高29.8cm	34,500	中国嘉德	2014.09.22
紫檀云龙纹文玩箱（一对）	长48cm	23,000	中国嘉德	2014.09.22
清乾隆 紫檀嵌银丝帽架头	直径11.5cm	32,200	北京保利	2014.10.26
清中期 红木雕龙纹磬架（一对）	高49.5cm	287,500	西泠拍卖	2014.12.13
清中期 黄花梨镜架	长32cm	57,500	银座国际	2014.06.01
清 黄花梨蝠纹帽架	高27cm	14,950	北京保利	2014.10.26
清王世襄藏、赠韵荪树根花架摆件	高93cm	36,800	北京保利	2014.06.05
盒				
明 黄花梨帖盒	长37.5cm	46,000	西泠拍卖	2014.05.06
明 紫檀围棋盒（一对）	直径10.6cm	34,500	深圳市拍	2014.01.05
明或清前期 黄花梨两撞提盒	宽21.8cm	112,700	中国嘉德	2014.05.17
明或清前期 黄花梨圆盒	直径21.9cm	402,500	中国嘉德	2014.05.17
明末清初 黄花梨三撞提盒	长35.7cm	184,000	北京匡时	2014.06.05
明末清初 黄花梨三撞提盒	长34.8cm	229,425	中国嘉德	2014.04.09
清早期 黄花梨百宝嵌花鸟图文具盒	长36.5cm	345,000	中国嘉德	2014.05.19
清早期 黄花梨嵌螺钿方盒	长12.6cm	109,250	北京匡时	2014.06.05
清早期 黄花梨嵌螺钿南极仙翁图盖盒	直径6.7cm	57,500	中国嘉德	2014.05.19
清早期 黄花梨香盒	直径11.5cm	80,500	中国嘉德	2014.05.19
清早期 黄花梨一木整挖嵌螺钿方盒	长12.6cm	92,000	北京匡时	2014.06.05
清早期 黄花梨竹节捧盒	高8.6cm	69,000	北京匡时	2014.06.03
清早期 紫檀螭龙纹倭角香盒	长13cm	149,500	中国嘉德	2014.05.19
清早期 黄花梨提盒	高24.8cm	138,000	西泠拍卖	2014.12.13
清早期 紫檀镂雕卷草纹香盒	长22cm	11,250	中鸿信	2014.11.22
清康熙 紫檀嵌宝印盒	直径6.5cm	241,500	江苏爱涛	2014.07.06
清乾隆 百宝嵌紫檀盖盒	长25cm	402,500	华艺国际	2014.05.31
清乾隆 紫檀福禄万代葫芦式盒	长24.5cm	460,000	北京华辰	2014.04.27
清乾隆 紫檀刻环形龙纹盒盖	长35cm	78,200	北京保利	2014.10.26
清乾隆 紫檀嵌百宝花鸟长方盒	长26.1cm	632,500	北京翰海	2014.05.11
清乾隆 紫檀书函手卷多宝盒	长17cm	345,000	保利厦门	2014.11.02
清乾隆 紫檀错银嵌宝长方盒	长26.7cm	593,250	香港苏富比	2014.10.08
清中期 黄花梨嵌景泰蓝花卉印泥盒	长16.3cm	113,000	江苏爱涛	2014.07.06
清中期 黄花梨雕西番莲描金花卉文具盒	长36.5cm	115,000	北京传是	2014.06.05
清中期 鸡翅木雕榴开百子盖盒	长10.5cm	109,250	古天一	2014.06.05
清中期 紫檀嵌白玉鹌鹑灵芝形盖盒	高6cm	17,250	中鸿信	2014.11.22
清中期 紫檀嵌银丝如意形盒	长7.3cm	23,000	中国嘉德	2014.03.24
清中期 紫檀一木整挖砚台盒	长20cm	43,700	北京匡时	2014.06.05

拍品名称	物品尺寸	成交价RMB	拍卖公司	拍卖日期
清中期 紫檀云龙纹嵌玉方盒	长13.3cm	230,000	上海嘉泰	2014.06.19
清中期 紫檀长方盒	长11.5cm	51,750	北京翰海	2014.05.11
清中期“万代名瓷”紫檀盒	长19cm	23,000	华艺国际	2014.09.28
清中期 黄花梨拜帖盒	长36cm	23,000	中国嘉德	2014.11.22
清中期 紫檀嵌骨“感应编注解”书形盒	长11.5cm	23,000	北京东正	2014.11.20
清光绪 沉香刻百子图名帖盒	长11.5cm	92,000	北京华辰	2014.05.17
清 雕黄杨木嵌象牙菊花纹圆盒	口径7.3cm	34,329	宝港国际	2014.11.27
清 红木嵌宝盖盒	直径13cm	20,700	南京经典	2014.04.27
清 黄花梨拜帖盒	长32cm	17,250	北京保利	2014.04.27
清 黄花梨提盒	长19cm	28,750	北京保利	2014.04.27
清 黄花梨圆盒	直径12cm	46,000	北京翰海	2014.10.25
清 黄杨木雕葫芦形小盒	长8.6cm	86,250	北京东正	2014.11.20
清 紫檀百宝盒	长38.3cm	207,000	北京匡时	2014.06.04
清 紫檀各式盖盒（三件）	尺寸不一	13,800	北京保利	2014.10.26
清 紫檀海水龙纹盖盒（一件）	长31cm	42,560	上海国拍	2014.11.30
清 紫檀海水龙纹盖盒（一件）	长31cm	42,560	上海国拍	2014.11.30
清 紫檀描金花卉纹屉盒	长33.5	92,000	中鸿信	2014.11.22
清 紫檀起线盖盒	长30cm	28,750	长风拍卖	2014.01.05
清 紫檀嵌百宝三阳开泰盖盒	长14cm	18,400	北京保利	2014.10.26
清 紫檀嵌金银丝盖盒	高6.8cm	92,000	西泠拍卖	2014.12.13
清 紫檀嵌玉八宝盖盒	直径6.5cm	23,000	北京保利	2014.10.26
清 紫檀提盒	长35cm	20,700	北京保利	2014.04.27
清 紫檀提盒	长18.6cm	42,560	成都金沙	2014.11.16
清 紫檀围棋盒（一对）原配陶制棋子		78,200	北京艺融	2014.12.08
清 白玉盖黄花梨盒	长8cm	115,000	上海嘉泰	2014.06.19
清 沉香雕瓜瓞绵绵纹香盒	长13.5cm	172,500	西泠拍卖	2014.05.06
清 红木嵌景泰蓝九龙壁经盒	长46cm	862,500	八益拍卖	2014.10.24
清 黄花梨雕围棋盒（一对）	直径11.5cm	172,500	浙江世贸	2014.04.13
清 黄花梨盖盒	长72cm	23,000	北京保利	2014.08.02
清 黄花梨画盒	长48.5cm	28,750	西泠拍卖	2014.05.06
清 黄花梨木首饰盒	高33cm	195,500	东拍国际	2014.07.31
清 黄花梨四层提盒	长35cm	184,000	中贸圣佳	2014.07.06
清 黄杨木雕玉兰花盖盒	长7.8cm	32,200	西泠拍卖	2014.05.06
清 黄杨木嵌梓檀方盒	长21cm	25,300	北京翰海	2014.01.12
清 木雕罗汉盖盒	直径25cm	107,328	纽约苏富比	2014.09.16
清 木胎髹漆嵌玻璃内画万福万寿多宝盒	长24.5cm	483,000	翰风国际	2014.04.30
清 文甫款紫檀香盒	直径7.3cm	115,000	西泠拍卖	2014.12.13
清 张敌款紫檀刻四季花卉香盒	长5.7cm	40,250	西泠拍卖	2014.12.13
清 紫檀拜盒	长35cm	17,250	北京传是	2014.06.05
清 紫檀拐子纹嵌黑漆七彩螺钿人物故事印盒	长14.5cm	101,200	北京传是	2014.06.05
清 紫檀起线盖盒	长29.5cm	23,000	太平洋	2014.03.21
清 紫檀嵌银丝钟鼎文盖盒	长9.5cm	35,800	中国嘉德	2014.05.19
清 紫檀首饰盒（两件）	长20cm	115,000	上海嘉泰	2014.06.19
清 紫檀砚盒	长17.5cm	23,000	北京传是	2014.06.05
清 紫檀云纹盖盒	长23.5cm	28,750	北京匡时	2014.06.04
清 紫檀长方盒	长14cm	13,800	中国嘉德	2014.06.22
清 紫檀整挖长方盒	长18.4cm	17,250	中国嘉德	2014.03.22
18世纪/19世纪 黄花梨圆盒（三件）	直径16cm	53,681	纽约佳士得	2014.03.20
19世纪 黄花梨提盒	宽18.1cm	34,509	纽约佳士得	2014.03.20
18世纪 紫檀西番莲纹长方盖盒	长32.5cm	57,500	北京盈时	2014.12.07
清晚期 草花梨梳妆盒	长26.5cm	13,800	北京艺融	2014.06.03
清晚期 紫檀春字盖盒	直径16cm	46,000	北京保利	2014.01.11
民国 红木嵌石三鹤长方盒	长26.7cm	17,250	北京翰海	2014.01.12
甘而可 楠木擦漆红菠萝漆里提梁盒	长30cm	402,500	北京保利	2014.06.05
海南黄花梨首饰盒	长22.4cm	10,640	上海联合	2014.12.06
黄花梨螭龙纹盒	长41cm	25,300	中国嘉德	2014.03.24
黄花梨方盒（独板）	长19.5cm	36,800	北京保利	2014.12.04
黄花梨提盒	长19cm	34,500	北京保利	2014.12.04
黄花梨小提盒	长20cm	36,800	银座国际	2014.06.01
近代 紫檀福寿百宝盒	长27cm	14,950	北京保利	2014.01.11
畲国平刻 檀香木制百子宝盒	直径14cm	667,000	福建东南	2014.10.26
小叶紫檀提梁盒	长27cm	10,976	上海联合	2014.12.06
硬木回纹文玩盒	长26.5cm	34,500	中国嘉德	2014.06.22
紫檀嵌螺钿双龙戏珠文盒	长35cm	92,000	北京保利	2014.12.04
紫檀提盒（一对）	长33.5cm	48,300	中国嘉德	2014.09.22
紫檀文具盒	长35cm	13,800	中国嘉德	2014.06.22
紫檀云龙纹册页盒	长49cm	55,200	中国嘉德	2014.03.24

2014杂项拍卖成交汇总

(成交价RMB：1万元以上)

拍品名称	物品尺寸	成交价RMB	拍卖公司	拍卖日期
紫檀云龙纹盒	长16cm	11,500	中国嘉德	2014.06.22
2013 刘加斌，陈美婵 听鸣/ 圆盒	长26cm	13,800	北京保利	2014.04.29
2013 刘加斌，陈美婵 听鸣/ 长盒	长50cm	17,250	北京保利	2014.04.29
器物座				
明 黄花梨天圆地方器座	长12cm	11,500	北京匡时	2014.06.05
明 紫檀一木整挖天圆地方器座	长17.2cm	34,500	北京匡时	2014.06.05
清早期 黄花梨六菱形足器座	长23cm	20,700	北京匡时	2014.06.05
清乾隆 紫檀缠枝莲纹座	长27.8cm	40,250	北京匡时	2014.06.04
清乾隆 乌木灵芝纹器座	长8.5cm	23,000	北京保利	2014.10.26
清中期 黄柏木一木整挖随形山子座	长22.3cm	13,800	北京匡时	2014.06.05
清中期 紫檀雕莲花纹木座	高12cm	138,000	古天一	2014.06.05
清中期 紫檀灵芝锦地海棠座	12cm×16cm	126,500	上海嘉泰	2014.06.19
清中期 紫檀镂雕螭龙纹炉座	长13cm	34,500	华艺国际	2014.09.28
清 黄杨木海浪云纹底座	长44.2cm	138,000	翰风国际	2014.04.30
清 木座（三十三件）	尺寸不一	20,700	中国嘉德	2014.03.24
清 瘿木随形图形托	长26cm	17,250	北京保利	2014.04.27
清 梓檀 黄花梨木座（两件）		57,500	北京翰海	2014.01.12
清 紫檀松竹洞石座	长19.5cm	17,250	中国嘉德	2014.09.22
清 紫檀透雕花卉纹座	长28cm	32,200	北京保利	2014.01.11
清 紫檀座（两件）	长24cm	17,250	北京保利	2014.01.11
清 黄杨木方凳式座	高5cm	11,578	罗芙奥	2014.05.25
清 红木雕花卉纹座（一对）	高20cm	28,750	西泠拍卖	2014.05.06
清 红木树根形座	高35cm	17,250	北京保利	2014.01.11
清 红木树根形座（三件）	尺寸不一	23,000	北京保利	2014.01.11
清 红木圆形器物座	直径84cm	299,000	北京盈时	2014.05.31
清 酸枝瘿木面墩式台座	直径23cm	86,250	北京华辰	2014.04.27
清 紫檀雕福禄万代座（一对）	宽9cm	11,500	北京保利	2014.04.27
清 紫檀雕龙纹三足瓶座	高31cm	253,000	北京华辰	2014.04.27
清 紫檀花卉纹座	直径13cm	19,550	中国嘉德	2014.03.24
清 紫檀座	直径22cm	10,350	北京保利	2014.04.27
19世纪 黄花梨翘头案式座	宽46cm	122,700	纽约佳士得	2014.03.20
19世纪 黄杨木座	长26cm	30,665	纽约苏富比	2014.09.16
清晚期 紫檀五足器座	长10.5cm	11,500	北京匡时	2014.06.05
民国红木有束腰带托泥莲花纹宝座	高100cm	57,500	中国嘉德	2014.03.22
龙眼木座（两件）	长26cm	34,500	中国嘉德	2014.09.22
木座（二十件）	尺寸不一	11,500	中国嘉德	2014.09.22
屏				
元 钧窑瓷片挂屏（四件）	长104cm	94,300	北京翰海	2014.08.24
明 黄花梨雕龙纹挂屏	高83cm	253,000	北京艺融	2014.12.08
明 黄花梨祥瑞图石雕插屏	长55.6cm	517,500	西泠拍卖	2014.12.13
明 绿石插屏	高54.5cm	69,000	北京传是	2014.06.05
明 祁阳石雕菊石纹插屏	高28.5cm	123,200	盛世嘉宝	2014.11.02
明 寿山芙蓉石松下五老图插屏	高26cm	18,400	北京翰海	2014.04.13
明 紫檀框铜鎏金释迦像座屏	高36cm	23,000	北京保利	2014.08.02
明晚期 黄花梨嵌大理石案屏	宽46.6cm	713,000	中国嘉德	2014.05.17
明晚期 黄花梨嵌绿石龙纹座屏	高53.5cm	782,000	北京保利	2014.06.05
清早期 黑漆绿石座屏	高75.5cm	20,700	中国嘉德	2014.09.20
清早期 菊花石插屏	高45cm	759,000	远方拍卖	2014.06.02
清早期 祁阳石雕富贵寿考图座屏	高88cm	460,000	北京诚轩	2014.11.20
清康熙 1671年 髹漆加彩刻郭子仪祝寿图十二扇屏风	高277.5cm	1,061,355	纽约苏富比	2014.03.18
清康熙36年 御制紫檀鸡翅木百宝嵌《大宝箴》柜式大屏	长198cm	7,245,000	北京保利	2014.12.04
清乾隆 “唐英”款粉彩兰石挂屏	长69cm	126,500	翰风国际	2014.04.30
清乾隆 白玉雕荷塘御制“敖汉莲”插屏	22.3cm	1,740,200	香港苏富比	2014.10.08
清乾隆 白玉文徵明洛神赋插屏	高26cm	3,910,000	古天一	2014.12.05
清乾隆 沉香木雕八仙祝寿插屏	长55cm	4,025,000	古天一	2014.06.05
清乾隆 粉彩山水人物插屏	高40.3cm	195,500	翰风国际	2014.04.30
清乾隆 粉彩山水人物红木插屏	68cm×46cm	161,000	安徽艺海	2014.04.30
清乾隆 粉彩苏武牧羊图座屏	长54.5cm	1,150,000	北京诚轩	2014.11.20
清乾隆红木嵌洋彩花卉瓷板三围屏	高103cm	1,322,500	翰风国际	2014.04.30
清乾隆 剔彩山水人物图插屏	长40.8cm	642,688	香港苏富比	2014.10.08
清乾隆 硬木嵌象牙“百鸟朝凰”图插屏（一对）	高143.1cm	980,840	香港苏富比	2014.10.08
清乾隆 御制碧玉浮雕“出游图”圆插屏	直径24.2cm	1,170,680	香港苏富比	2014.10.08
清乾隆 紫檀框漆地百宝嵌御题诗挂屏	高110cm	2,070,000	北京保利	2014.06.04
清乾隆 紫檀嵌剔红雅集图插屏		207,000	中国嘉德	2014.03.24
清中期 白玉山水人物插屏	高24cm	441,792	帝图艺术	2014.06.22

拍品名称	物品尺寸	成交价RMB	拍卖公司	拍卖日期
清中期 玻璃画珐琅芦雁图挂屏	高84cm	138,000	北京匡时	2014.06.04
清中期 红木镶铜胎掐丝珐琅山水诗文插屏	高70cm	138,000	浙江世贸	2014.04.13
清中期 漆嵌百宝屏风（六扇）	高171cm	2,530,000	北京翰海	2014.05.11
清中期 祁阳石海屋添筹插屏	长51.5cm	172,500	上海道明	2014.12.11
清中期 祁阳石山芳山对弈图插屏	长44cm	23,000	中鸿信	2014.11.22
清中期 寿山石松下高仕插屏	长27.5cm	46,000	广东省拍	2014.12.07
清中期 铜鎏金錾花白玉嵌宝，福，禄，寿，座镜屏	通高69.5cm	172,500	中宝拍卖	2014.07.06
清中期 硬木诗文十二扇屏	长450cm	632,500	北京保利	2014.06.06
清中期 紫檀框嵌磁青地描金俞宗礼绘十八罗汉屏风	长224cm	644,000	北京保利	2014.06.04
清中期 紫檀镶云石插屏	高44.5cm	207,000	北京东正	2014.05.18
清道光 1821年 松花石雕迎春图诗文屏	长22.2cm	38,344	纽约佳士得	2014.03.20
清光绪浅绛彩“夜宴桃李园”插屏	高76cm	28,750	太平洋	2014.09.19
清光绪八年（1882年）程门款木嵌螺钿花卉纹框浅绛彩山水诗文插屏	高61.2cm	897,000	中国嘉德	2014.03.23
清约1800年 黑漆描金西湖景图六扇屏风	宽365.8cm	460,125	纽约苏富比	2014.03.18
清 “阮元”款云石座屏	高59cm	632,500	远方拍卖	2014.06.02
清 八蛮进宝刺绣挂屏（一对）	高147cm	11,500	北京保利	2014.08.02
清 白玉达摩渡海插屏	高16cm	92,000	北京保利	2014.01.11
清 白玉童子座屏	高13cm	28,750	北京保利	2014.01.11
清 百宝嵌平生如意大挂屏	高153cm	138,000	北京保利	2014.08.02
清碧玉雕人物故事背御制诗文插屏	高43cm	172,500	中鸿信	2014.11.22
清 大理石“松山叠翠”座屏	高58.8cm	13,800	中国嘉德	2014.03.24
清 大漆嵌八宝博古座屏	高59cm	19,550	北京保利	2014.04.27
清 大漆嵌百宝博古挂屏	高135cm	11,500	北京保利	2014.08.02
清 雕漆百宝嵌挂屏	高77cm	51,750	北京匡时	2014.09.17
清 雕填漆云蝠纹嵌钧瓷博古挂屏（一对）	高71.2cm×2	33,600	中鸿信	2014.11.23
清 粉彩大吉插屏	高70cm	25,300	北京翰海	2014.04.13
清 黑漆彩绘人物六扇屏	高183cm	18,400	北京保利	2014.01.11
清 黑漆彩绘人物六扇屏	高183cm	11,500	北京保利	2014.01.11
清 黑漆嵌百宝岁朝清赏挂屏	高132cm	40,250	北京保利	2014.01.11
清 黑漆嵌宝博古图挂屏	高102cm	66,700	北京匡时	2014.09.17
清 黑漆嵌螺钿庭院人物屏风	高140cm	184,000	北京保利	2014.08.02
清 黑漆嵌玉鹤四扇屏	高183cm	86,250	北京保利	2014.04.27
清 黑漆嵌玉鹤四扇屏	高183cm	74,750	北京保利	2014.04.27
清 黑漆嵌玉鹤纹四扇屏	高183cm	20,700	北京保利	2014.01.11
清 黑漆嵌玉鹤纹四扇屏	高183cm	10,350	北京保利	2014.01.11
清 红木“落日熔金”插屏	高55.5cm	43,700	中贸圣佳	2014.07.06
清 红木福庆连绵图四扇屏	高157.5cm	23,000	中国嘉德	2014.03.24
清 红木嵌百宝挂屏	高72cm	69,000	北京翰海	2014.05.10
清 红木嵌大理石插屏	高93cm	19,550	北京保利	2014.01.11
清 红木嵌大理石插屏	高55cm	11,500	北京翰海	2014.04.13
清 红木嵌大理石寒鸦图插屏	高47cm	32,200	北京保利	2014.01.11
清 红木嵌大理石座屏	高55.5cm	32,200	中国嘉德	2014.03.24
清 红木嵌粉彩大吉葫芦插屏	高88cm	690,000	北京翰海	2014.05.11
清 红木嵌江云成霞图云石座屏	高94cm	69,000	西泠拍卖	2014.05.06
清 红木嵌麟趾献瑞图云石插屏	高49.5cm	109,250	西泠拍卖	2014.05.06
清 红木嵌婴戏图挂屏	高120cm	34,500	北京保利	2014.04.27
清 红木嵌玉暗刻仙人插屏	高28.5cm	17,250	北京保利	2014.04.27
清 红木嵌云石挂屏	外长77cm	36,800	西泠拍卖	2014.05.06
清 红木嵌云石挂屏	外长53cm	28,750	西泠拍卖	2014.05.06
清 红木嵌云石挂屏	高53.5cm	23,000	西泠拍卖	2014.05.06
清 红木嵌云石挂屏	长169cm	138,000	西泠拍卖	2014.12.13
清 红木嵌云石挂屏	长82cm	69,000	西泠拍卖	2014.12.13
清 红木嵌云石挂屏	长77cm	43,700	西泠拍卖	2014.12.13
清 红木铜胎画珐琅山水人物挂屏（一组四件）	长82cm	138,000	浙江世贸	2014.04.13
清 红木镶碧玉双面描金瑶池会仙图插屏（一对）	高68cm	115,000	浙江世贸	2014.04.13
清 花梨木嵌青花博古屏风（八扇）	高184cm	1,840,000	北京翰海	2014.05.11
清 黄花梨花蝶纹插屏	高57cm	172,500	印千山	2014.07.19
清 黄花梨嵌百宝博古纹挂屏	高61cm×4	224,000	北京荣宝	2014.06.15
清 黄花梨嵌大理石插屏	高51.5cm	59,800	中国嘉德	2014.06.22
清 黄杨木雕柳荫牧马插屏	高26.5cm	69,000	古天一	2014.06.05
清 缂丝“八仙祝寿”图挂屏	高166cm	207,000	远方拍卖	2014.06.02
清 缂丝群仙祝寿图挂屏	高165cm	17,250	中国嘉德	2014.03.24

拍品名称	物品尺寸	成交价RMB	拍卖公司	拍卖日期
清 蓝地嵌百宝博古诗文挂屏	高130cm	92,000	北京保利	2014.04.27
清 楠木诗文挂屏	高160cm	43,700	西泠拍卖	2014.12.13
清祁阳石雕“郭子仪贺寿”图插屏	高47cm	322,000	远方拍卖	2014.06.02
清 祁阳石雕“海屋添筹”图插屏	高32cm	49,450	中鸿信	2014.11.22
清 祁阳石雕“荷塘清趣”座屏	高57cm	678,500	翰风国际	2014.04.30
清 祁阳石雕“松竹梅”图座屏	高55.5cm	276,000	远方拍卖	2014.06.02
清 祁阳石雕山水屏	长58cm	126,500	北京保利	2014.08.02
清 祁阳石雕山水人物插屏	高36cm	69,000	北京传是	2014.06.05
清 祁阳石海屋添筹插屏	高47cm	123,200	武汉中信	2014.10.23
清 祁阳石刘海戏金蟾小座屏	高27cm	20,700	北京保利	2014.10.25
清 掐丝珐琅穿花八宝纹大吉葫芦挂屏	长77cm	17,250	中国嘉德	2014.09.22
清 掐丝珐琅诗文插屏	高60cm	23,000	北京保利	2014.01.11
清 掐丝珐琅御马图大插屏	高75.5cm	55,200	北京匡时	2014.09.17
清乾隆 紫檀嵌黄杨御题诗词纹案屏（一件）	高69cm	403,200	上海国拍	2014.06.28
清 浅绛彩人物插屏	高69cm	14,950	北京翰海	2014.08.24
清 嵌云石红木挂屏	高111cm	1,058,000	西泠拍卖	2014.12.13
清 青花龙纹座屏	高71cm	23,000	北京保利	2014.08.02
清 青金石雕饮马图诗文插屏	连座高45cm	184,000	浙江世贸	2014.04.13
清 青釉开光雕瓷山水人物纹瓷板挂屏	高38.5cm	11,500	中国嘉德	2014.03.23
清 石雕李流芳款山水诗文插屏	高25.7cm	13,800	中国嘉德	2014.09.22
清石生款嵌云石挂屏（一组四件）	高102cm	63,250	西泠拍卖	2014.05.06
清 酸枝镶理石插屏	高81cm	109,250	广州皇玛	2014.04.27
清 檀香木雕嵌人物画小镜屏	高45.7cm	20,700	北京保利	2014.12.05
清 剔红山水人物云龙纹插屏	长50.5cm	20,700	中国嘉德	2014.06.22
清 铜胎掐丝珐琅鹤鹿同春挂屏	直径23cm	20,700	北京匡时	2014.09.17
清 象牙雕人物故事图插屏	高26.8cm	195,500	古天一	2014.06.05
清 硬木百宝嵌花鸟纹四条屏	高135cm	92,000	西泠拍卖	2014.12.13
清 玉雕诗文三老图插屏	长18cm	57,500	北京翰海	2014.01.12
清 粤绣花鸟挂屏（四件）	高110cm	18,400	北京保利	2014.08.02
清 云石大挂屏	直径59.5cm	322,000	江苏爱涛	2014.07.06
清 云石挂屏（四扇）	长85cm	11,500	中国嘉德	2014.03.24
清 云岫晚翠图云石插屏	高87cm	483,000	西泠拍卖	2014.12.13
清郑板桥款红木填青兰竹图大挂屏	长196cm	437,000	西泠拍卖	2014.05.06
清 紫石鱼龙变幻插屏	高74.5cm	57,500	北京传是	2014.06.05
清 紫檀百宝嵌博古座屏	高88cm	63,250	北京保利	2014.04.27
清 紫檀框诗文挂屏（一对）	高86.5cm	414,000	北京保利	2014.12.05
清 紫檀嵌百宝挂屏（一对）	高120cm	48,300	北京保利	2014.01.11
清 紫檀嵌宝博古挂屏	高110cm	40,250	北京保利	2014.08.02
清 紫檀嵌碧玉百宝博古大地屏	高103cm	20,700	北京保利	2014.08.02
清 紫檀嵌端石雕麻姑献寿纹插屏	带座高35.2cm	34,500	西泠拍卖	2014.12.13
清 紫檀嵌翡翠插屏	高28.5cm	425,600	江苏爱涛	2014.07.06
清紫檀嵌景泰蓝博古挂屏（一对）	高110cm	101,200	北京保利	2014.08.02
清 紫檀嵌景泰蓝铜镜插屏	高62cm	34,500	北京保利	2014.08.02
清 紫檀嵌祁阳石雕菊石图插屏	高39.3cm	55,200	西泠拍卖	2014.05.06
清 紫檀嵌玉璧诗文座屏	高28cm	32,200	中国嘉德	2014.06.22
清 紫檀嵌玉插屏	高22cm	20,700	北京保利	2014.01.11
清 紫檀松下进宝插屏	高28.5cm	322,000	翰风国际	2014.04.30
清 紫檀镶大理石插屏	高65cm	32,200	北京艺融	2014.12.08
清紫檀镶螺钿嵌八宝八仙人物插屏	高87cm	30,000	北京九歌	2014.12.17
清 紫檀云石插屏	高53cm	13,800	北京传是	2014.06.05
清 紫檀云石插屏	高32cm	17,250	北京传是	2014.06.05
清 紫檀座屏框	长68cm	57,500	北京保利	2014.04.27
18世纪 黑漆加彩刻羣仙贺寿图十二扇屏风	高244cm	421,644	纽约苏富比	2014.09.16
18世纪 黄花梨框绣龙纹屏风四扇	高177.7cm	125,210	伦敦邦瀚斯	2014.05.15
18世纪 黄花梨嵌铜胎掐丝珐琅博古图屏	平方42.1cm	168,713	纽约佳士得	2014.03.20
18世纪 嵌百宝博古图挂屏	高113cm	709,611	伦敦邦瀚斯	2014.05.15
18世纪 紫檀插屏	高64cm	115,000	北京翰海	2014.04.12
18世纪/19世纪 木透雕树干纹插屏	高69cm	237,000	香港苏富比	2014.04.07
19世纪 八扇屏风画胡人进贡图	每扇高152cm	105,440	伦敦苏富比	2014.05.14
19世纪 大理石“晴岚晚曛”插屏	屏高40cm	26,832	纽约苏富比	2014.09.16
19世纪 黑漆描金开光嵌百宝孔雀花鸟纹屏风六扇	高183cm	92,260	伦敦邦瀚斯	2014.05.15
19世纪 红木雕八仙纹开光葫芦嵌百宝博古图插屏（一对）	高203.2cm	249,234	纽约苏富比	2014.03.18
19世纪 红木嵌大理石插屏	高62.9cm	46,013	纽约佳士得	2014.03.20
19世纪黄花梨“福禄寿”二扇围屏	高191.3cm	115,031	纽约佳士得	2014.03.20

拍品名称	物品尺寸	成交价RMB	拍卖公司	拍卖日期
19世纪 黄花梨框剔红郭子仪本命图八扇屏风	高209.5cm	613,300	纽约苏富比	2014.09.16
19世纪 黄花梨嵌大理石插屏	高43.1cm	122,700	纽约佳士得	2014.03.20
19世纪 木嵌青花山水人物图瓷板屏风八扇	高176.2cm	263,600	伦敦邦瀚斯	2014.05.15
19世纪 青玉双面雕山水人物图插屏（一对）	高20.6cm	131,800	伦敦邦瀚斯	2014.05.15
19世纪末 硬木嵌镜诗文插屏		207,320	斯沃德	2014.04.29
19世纪末/20世纪初 漆彩描金嵌碧玉亭台花鸟图八扇屏风	高147.2cm	1,503,075	纽约佳士得	2014.03.20
20世纪 黑漆嵌百宝人物纹屏风（四扇）	高183cm	10,350	中国嘉德	2014.09.22
20世纪 漆木嵌百宝四扇屏风	高206.3cm	49,831	邦瀚斯	2014.09.15
清晚期 程门款浅绛彩山水人物纹瓷板挂屏	高53cm	32,200	中国嘉德	2014.06.21
清晚期 刺绣花鸟纹挂屏（两件）	高113cm	25,300	中国嘉德	2014.06.22
清晚期 红木嵌百宝清供图描金彩绘庭院仕女图四扇屏	高178cm	310,500	北京艺融	2014.06.03
清晚期 红木嵌浅降彩插屏	高25cm	16,100	银座国际	2014.06.01
清晚期 红木三屏风嵌理石靠背三人椅	高81cm	57,500	北京匡时	2014.06.05
清晚期 红漆地嵌玉百宝百鸟朝凤屏风（三件套）	高208cm	1,035,000	北京保利	2014.12.03
清晚期 缂丝八仙庆寿图挂屏	高114.5cm	13,800	中国嘉德	2014.06.22
清晚期 戗金剔红山水图屏风	高109.3cm	15,333	邦瀚斯	2014.09.15
清晚期 青花釉里红月宫图插屏	高49.5cm	40,250	中国嘉德	2014.03.23
清晚期 杨渭泉锦灰堆铜刻挂屏	高54cm	11,500	北京艺融	2014.12.08
清晚期 粤绣花鸟挂屏	长85cm	28,750	北京保利	2014.08.02
清晚期 粤绣花鸟纹四条屏	高99cm	40,250	中国嘉德	2014.06.22
清晚期/民国 刘希任款粉彩人物纹四条屏	高36.5cm	10,350	中国嘉德	2014.09.21
民国 程门粉彩马上封侯插屏	高29cm	172,500	雍和嘉诚	2014.05.31
民国 大漆嵌百宝博古挂屏	高60cm	11,500	北京保利	2014.08.02
民国 端石山水诗文插屏	高38cm	23,000	中国嘉德	2014.03.24
民国 段子安人物插屏（一对）	高74cm	207,000	雍和嘉诚	2014.05.31
民国 粉彩精忠报国图插屏	高36cm	621,000	北京保利	2014.08.02
民国粉彩神仙人物纹瓷板屏风四扇	高20cm	69,000	中国嘉德	2014.09.21
民国 粉彩一路连科图瓷板挂屏	高37.1cm	40,250	中国嘉德	2014.03.23
民国黑漆嵌百宝仕女屏风（一组）	高183cm	20,700	北京保利	2014.08.02
民国 红木缠枝莲嵌云石插屏	高115cm	40,250	太平洋	2014.09.19
民国 红木雕螭龙纹六扇屏	高2000cm	92,000	北京传是	2014.06.05
民国 红木嵌百宝博古纹挂屏（一对）	高92cm	20,700	太平洋	2014.09.19
民国 红木嵌大理石插屏	高115cm	36,800	北京翰海	2014.04.13
民国 红木嵌大理石插屏	高106cm	34,500	北京翰海	2014.04.13
民国 红木嵌大理石插屏	高74cm	20,700	北京翰海	2014.04.13
民国 红木嵌大理石插屏	高86cm	13,800	北京翰海	2014.04.13
民国 红木嵌寿山石花鸟挂屏（四件）	高100cm	92,000	北京翰海	2014.05.10
民国 红木云石插屏	高62.5cm	11,500	北京传是	2014.06.05
民国 金星料嵌百宝博古图插屏	高33cm	13,800	中国嘉德	2014.09.22
民国 漆嵌百宝插屏（四件）	高135cm	32,200	北京翰海	2014.08.24
民国 掐丝珐琅山水配紫檀框插屏	高90cm	32,200	北京保利	2014.08.02
民国 浅绛彩山水人物纹插屏	高80cm	184,000	中国嘉德	2014.09.21
民国 青玉高士图插屏	高16.2cm	32,200	中国嘉德	2014.09.22
民国 紫檀框掐丝珐琅海屋添筹图挂屏	高104cm	13,800	中国嘉德	2014.09.22
民国 紫檀嵌白玉诗文座屏	高22cm	17,250	北京保利	2014.01.11
民国 紫檀山水人物屏	长63cm	36,800	北京保利	2014.04.27
民国十八年（1929年）作 浅绛彩花鸟纹瓷板挂屏	高81cm	43,700	中国嘉德	2014.09.21
2009年作 王艺文 宋词选 微书座屏	高40cm	828,000	翰文今博	2014.06.28
“欧洲战胜纪念”粉彩人物座屏	高38.5cm	1,725,000	北京匡时	2014.06.03
白玉胡人献宝图屏	高26.7cm	53,681	纽约佳士得	2014.03.20
白玉山水人物御题诗文山子座屏	高32.3cm	25,300	中国嘉德	2014.06.22
白玉山水人物御题诗文山子座屏	高30.5cm	25,300	中国嘉德	2014.09.22
毕渊明 双虎粉彩插屏	高31cm	632,500	北京匡时	2014.06.03
毕渊明款粉彩双虎图瓷板挂屏	高54.5cm	10,350	中国嘉德	2014.03.23
碧玉嵌百宝博古描金山水人物御题诗文插屏（一对）	高101cm	46,000	中国嘉德	2014.09.22
碧玉嵌百宝博古御题诗文插屏	高47cm	20,700	中国嘉德	2014.09.22

2014杂项拍卖成交汇总

(成交价RMB：1万元以上)

拍品名称	物品尺寸	成交价RMB	拍卖公司	拍卖日期
碧玉嵌百宝三羊开泰御题诗文插屏	高46cm	17,250	中国嘉德	2014.06.22
碧玉嵌百宝婴戏图插屏	高35cm	25,300	中国嘉德	2014.03.24
碧玉阴刻填金诗文插屏	高42.2cm	20,700	中国嘉德	2014.03.24
程门 浅绛彩花鸟挂屏	高34cm	161,000	北京匡时	2014.06.03
程门 浅绛彩四季山水挂屏（一套四件）	高38cm	2,185,000	北京匡时	2014.06.03
程门 浅绛彩四季山水横画挂屏（一套四件）	高17.3cm×4	1,092,500	北京匡时	2014.06.03
程子其 粉彩仕女座屏（四件）	高19cm×4	103,500	北京匡时	2014.06.03
大漆镶博古四联挂屏	长68cm	14,950	银座国际	2014.06.01
黑漆描金嵌百宝花鸟纹屏风四扇	高183cm	23,000	中国嘉德	2014.06.22
黑漆描金祝寿图十二扇屏风	宽56cm	245,400	纽约佳士得	2014.03.20
红木嵌黄杨云龙纹插屏	高60.8cm	20,700	中国嘉德	2014.03.24
黄地绣九龙图挂屏	高175cm	25,300	中国嘉德	2014.03.24
黄地绣云龙纹挂屏	高170cm	28,750	中国嘉德	2014.03.24
黄地织云龙纹挂屏	高157cm	25,300	中国嘉德	2014.03.24
黄缎织云龙纹挂屏	高153cm	17,250	中国嘉德	2014.06.22
黄昏 粉彩雪景挂屏	高37.5cm	115,000	北京匡时	2014.06.03
黄晓村 粉彩花鸟挂屏	高37.5cm	92,000	北京匡时	2014.06.03
金品卿 浅绛彩花鸟挂屏	高43.3cm	207,000	北京匡时	2014.06.03
近代 红木框漆地嵌灵芝诗文挂屏	长108cm	11,500	北京保利	2014.01.11
缂丝群仙祝寿图挂屏	高165cm	25,300	中国嘉德	2014.09.22
绿端石独占鳌头瘿木插屏	高15cm	34,500	北京匡时	2014.09.17
宁远 鱼藻图 牡丹图粉彩挂屏（两件）	尺寸不一	11,500	北京匡时	2014.06.03
盘金打籽绣海水云龙纹挂屏	高129cm	25,300	中国嘉德	2014.09.22
漆嵌百宝博古图插屏（一对）	高89cm	69,000	中国嘉德	2014.03.24
漆嵌百宝博古图挂屏	长110cm	172,500	中国嘉德	2014.09.22
漆嵌百宝博古图挂屏	高90cm	20,700	中国嘉德	2014.09.22
漆嵌百宝博古图挂屏（一对）	高120.3cm	36,800	中国嘉德	2014.03.24
漆嵌百宝灵芝不老树图大挂屏	高143.5cm	13,800	中国嘉德	2014.03.24
漆嵌百宝瓶花博古图挂屏（两件）	高150cm	23,000	中国嘉德	2014.03.24
掐丝珐琅耕织图大插屏	高84.5cm	17,250	中国嘉德	2014.09.22
掐丝珐琅农耕图插屏	高85.2cm	11,500	中国嘉德	2014.03.24
掐丝珐琅山水人物诗文插屏	高64cm	11,500	中国嘉德	2014.06.22
掐丝珐琅山水人物诗文挂屏（一套四扇）	高77.5cm	11,500	中国嘉德	2014.03.24
掐丝珐琅深山访友诗文大插屏	高95cm	11,500	中国嘉德	2014.06.22
掐丝珐琅御马图插屏	高104.5cm	20,700	中国嘉德	2014.03.24
嵌百宝博古图座屏(一对)	高120cm	59,800	中国嘉德	2014.03.24
青花弥勒图瓷板插屏	高54cm	17,250	中国嘉德	2014.03.23
青金石描金山水人物御题诗文插屏	高32cm	20,700	中国嘉德	2014.06.22
青金石嵌百宝三羊开泰图插屏	高24.1cm	20,700	中国嘉德	2014.03.24
青金石嵌宝插屏	高46cm	18,000	北京九歌	2014.12.17
青金石献宝图插屏（一对）	高23.6cm	25,300	中国嘉德	2014.03.24
石屏风	长140cm	23,000	北京翰海	2014.10.25
寿山芙蓉石“大富贵”插屏（两件）	尺寸不一	46,000	北京匡时	2014.12.02
寿山浮雕西园雅集大插屏	高101cm	161,000	上海嘉泰	2014.06.19
太湖石云锦屏	高187cm	299,000	北京保利	2014.06.04
檀木嵌百宝博古图挂屏（一对）	长81cm	13,800	太平洋	2014.09.19
檀木嵌玉山水人物插屏	高72.5cm	17,250	太平洋	2014.09.19
天然大理石纹挂屏	35cm×72cm	11,200	北京荣宝	2014.06.15
汪大沧、毕伯涛、程意亭、王人杰山水人物花鸟组合挂屏（四件）	高18.7cm×4	322,000	北京匡时	2014.06.03
汪平孙 粉彩山水座屏	高73.5cm（带座）	57,500	北京匡时	2014.06.03
汪平孙 墨彩山水挂屏	高55cm	63,250	北京匡时	2014.06.03
王琦、王大凡、汪晓棠 粉彩挂屏（十二件）	高37.7cm×12	14,950,000	北京匡时	2014.06.03
王玉祥作缂丝墨竹图挂屏	高145cm	46,000	中国嘉德	2014.09.22
小叶紫檀六页屏风		336,000	中联环球	2014.01.12
熊晓峰款粉彩山水诗文瓷板挂屏（四扇）	高73cm	10,350	中国嘉德	2014.06.21
瘿木镶嵌黄杨兰花茶屏	高113cm	40,250	北京匡时	2014.06.05
硬木框漆嵌百宝博古图大插屏	高88.3cm	42,550	中国嘉德	2014.09.22
硬木框漆嵌百宝博古图挂屏（一对）	长96cm	34,500	中国嘉德	2014.06.22
硬木框漆嵌百宝博古图挂屏（一对）	高117cm	17,250	中国嘉德	2014.09.22
硬木框漆嵌百宝博古御题诗文大吉挂屏（一对）	长92cm	11,500	中国嘉德	2014.06.22
硬木框漆嵌百宝博古御题诗文大吉挂屏（一对）	长87cm	10,350	中国嘉德	2014.09.22

拍品名称	物品尺寸	成交价RMB	拍卖公司	拍卖日期
硬木框漆嵌百宝山水人物纹大挂屏	长155cm	10,350	中国嘉德	2014.06.22
硬木框嵌百宝博古图大插屏（一对）	高145cm	138,000	中国嘉德	2014.06.22
硬木嵌百宝博古图插屏	高260cm	23,000	中国嘉德	2014.09.22
硬木镶粉彩四屏‘春夏秋冬风晴雨雾’	高92cm	605,682	香港普艺	2014.04.12
玉嵌百宝山水人物御题诗文插屏	高23cm	17,250	中国嘉德	2014.06.22
云石山水诗文插屏	高61cm	32,200	中国嘉德	2014.03.24
张中闻 婴戏图釉上彩对屏	高31cm×4	71,300	北京匡时	2014.06.03
赵红育作苏绣国色天香图插屏	高68cm	69,000	中国嘉德	2014.09.22
织锦云龙纹挂屏	高136cm	161,000	中国嘉德	2014.09.22
紫檀框黄地绣九龙图屏风	高254cm	161,000	中国嘉德	2014.03.24
紫檀框漆嵌百宝博古挂屏（一对）	高124cm	92,000	中国嘉德	2014.03.24
紫檀框漆嵌百宝博古图插屏	高59cm	32,200	中国嘉德	2014.03.24
紫檀框漆嵌百宝博古图挂屏	高110cm	36,800	中国嘉德	2014.03.24
紫檀框漆嵌百宝博古图挂屏（一对）	高124.5cm	23,000	中国嘉德	2014.09.22
紫檀框漆嵌百宝博古御题诗文挂屏	长109cm	57,500	中国嘉德	2014.06.22
紫檀框嵌百宝博古图挂屏（一对）	长125cm	115,000	中国嘉德	2014.06.22
紫檀嵌白玉云龙诗文座屏	高27.7cm	13,800	中国嘉德	2014.03.24
紫檀嵌百宝人物纹插屏	高51.5cm	11,500	中国嘉德	2014.06.22
紫檀嵌百宝松鹤延年图插屏	高70cm	23,000	中国嘉德	2014.06.22
紫檀嵌镜钺插屏	高32.6cm	25,300	中国嘉德	2014.06.22
紫檀嵌玉婴戏图座屏	高32.8cm	25,300	中国嘉德	2014.06.22
紫檀镶碧玉雕双面描金人物纹插屏	42cm×24cm	183,540	中信国际	2014.04.19
当代 留韵浮雕烙彩观音挂屏	56cm×86cm	138,000	北京翰海	2014.08.23
匾				
清早期 汪士鋐楠木草书文房匾	长179.5cm	391,000	西泠拍卖	2014.12.13
清乾隆 云龙戏珠纹“奉旨贞寿之门”匾额	长180cm	207,000	中鸿信	2014.11.22
清 吴昌硕静观文房匾	长127cm	195,500	西泠拍卖	2014.12.13
清“鸿禧”木匾	长132.5cm	92,000	保利厦门	2014.11.02
匾额（四件）	尺寸不一	25,300	中国嘉德	2014.03.24
红木嵌金丝楠御题“福田花雨”挂匾	128cm×53cm	17,250	北京艺融	2014.12.08
红木嵌楠木御题诗匾	136cm×49cm	23,000	北京翰海	2014.04.13
红木嵌楠木御题诗匾	124cm×56cm	23,000	北京翰海	2014.04.13
木刻诗文匾	125cm×30.8cm	36,800	中国嘉德	2014.09.22
木刻诗文匾（三对）	尺寸不一	17,250	中国嘉德	2014.09.22
木漆金云龙纹“满汉堂”匾	166cm×66cm	25,300	中国嘉德	2014.03.24
文宝轩匾额	长85cm	10,350	南京经典	2014.04.27
郑板桥款竹纹诗文匾额（一套三件）	长110cm	17,250	中国嘉德	2014.06.22
摆件				
当代 金丝楠木留韵金瓯永固瓶	高260cm	2,875,000	北京翰海	2014.08.23
当代 留韵神童呈供	长334cm	2,070,000	北京翰海	2014.08.23
黄花梨摆件（三件）	尺寸不一	460,000	中国嘉德	2014.03.24
黄花梨摆件（两件）	尺寸不一	299,000	中国嘉德	2014.03.24
黄花梨摆件（两件）	尺寸不一	287,500	中国嘉德	2014.03.24
黄花梨摆件（三件）	尺寸不一	230,000	中国嘉德	2014.03.24
黄花梨摆件（两件）	尺寸不一	149,500	中国嘉德	2014.03.24
黄花梨摆件（两件）	尺寸不一	115,000	中国嘉德	2014.03.24
紫檀摆件	长173cm	40,250	中国嘉德	2014.03.24
黄花梨摆件（三件）	尺寸不一	20,700	中国嘉德	2014.06.22
其他物品				
明 黄花梨凹面轿厢	长64cm	368,000	北京东正	2014.05.18
明末清初 黄花梨茶壶桶	高29cm	460,000	北京保利	2014.12.04
清乾隆/嘉庆 角雕漆金十瓣瓜棱式挂灯	高130cm	289,960	伦敦邦瀚斯	2014.05.15
清中期 紫檀梳妆镜	长34cm	11,500	北京传是	2014.06.05
清中期 杉木人物图隔扇（四扇）	高297cm	43,700	中国嘉德	2014.03.22
清中期 杉木隔扇（四扇）	高265cm	17,250	中国嘉德	2014.03.22
清中期 杉木隔扇（六扇）	高270cm	32,200	中国嘉德	2014.03.22
清中期 黄花梨绣墩（一对）	高48cm	140,300	太平洋	2014.03.21
清中期红木嵌黄杨木绣墩（一对）	高53cm	322,000	西泠拍卖	2014.12.13
清中期 和合二仙雕花板成对及榉木独板花篮式雕花板成对	尺寸不一	34,500	中国嘉德	2014.03.22
清 紫檀提篮	高23cm	55,200	南京经典	2014.04.27
清 紫檀框（一对）	100cm×70cm	25,300	北京保利	2014.08.02
清 湘妃竹茶棚	高53cm	149,500	长风拍卖	2014.01.05
清 楠木黑漆门扇（四扇）	264cm×258cm	20,700	中国嘉德	2014.09.20
清 红木下卷	长48cm	11,500	北京保利	2014.01.11
清 雕龙纹穿衣镜	高200cm	2,875,000	中贸圣佳	2014.07.06
清 大漆描金花鸟纹半月尊		39,725	中鸿信	2014.11.23

拍品名称	物品尺寸	成交价RMB	拍卖公司	拍卖日期
18世纪/19世纪 紫檀雕三龙戏珠纹面板（一对）	高148cm	1,282,215	纽约佳士得	2014.03.20
18世纪/19世纪 黄花梨碎冰梅纹脚踏	高11.6cm	131,800	伦敦邦瀚斯	2014.05.15
18世纪 铁梨木脚踏	高18.2cm	184,050	纽约佳士得	2014.03.20
清晚期 黄绍箕为张翼书鸡翅木嵌竹黄诗文联	高115.3cm	23,000	中国嘉德	2014.03.24
清晚期 红木中堂（一组）	尺寸不一	109,250	北京传是	2014.06.05
明治期 湘妃竹户棚	高50.5cm	149,500	长风拍卖	2014.01.05
紫檀云龙纹拐杖	高89.3cm	10,350	中国嘉德	2014.06.22
紫檀嵌湘妃竹茶笼	高38cm	25,300	中国嘉德	2014.03.24
昭和期 香妃竹提篮	高25cm	36,800	上海春秋堂	2014.12.21
约1850至1880年 法国 拿破仑三世时期新古典主义风格羊首三角墩（一对）	高94cm	92,000	北京保利	2014.12.04
硬木掐丝珐琅描金云龙纹宫灯（一对）	高80cm	23,000	中国嘉德	2014.09.22
湘妃竹佛龛	高56cm	86,250	北京歌德	2014.06.01
湘妃竹茶籯	高29.5cm	23,000	中国嘉德	2014.06.22
湘妃竹茶围	长119cm	11,500	中国嘉德	2014.06.22
湘妃竹茶棚（一对）	长81cm	402,500	北京歌德	2014.06.01
湘妃竹茶笼	高48cm	34,500	中国嘉德	2014.03.24
湘妃竹茶龛	高60.2cm	40,250	中国嘉德	2014.06.22
汤征 品雅花芳	直径35cm	729,000	上海宏大	2014.12.07
汤征 鹏程万里	长60cm	985,000	上海宏大	2014.12.07
汤征 国色天香	长40cm	388,000	上海宏大	2014.12.07
寿字纹隔扇（六扇）	高290cm	13,800	中国嘉德	2014.09.20
日本湘妃竹茶棚	高58cm	126,500	北京歌德	2014.06.01
日本 湘妃竹茶籯	高46cm	20,700	中国嘉德	2014.09.22
民国 紫檀掐丝珐琅描金山水人物纹宫灯（一对）	高66cm	71,300	中国嘉德	2014.03.24
民国 粉彩人物瓷板	高55cm	43,700	北京翰海	2014.01.12
民国 粉彩达摩祖师瓷板	高54.5cm	51,750	北京翰海	2014.01.12
李小平 红湘妃竹茶棚	长56.5cm	46,000	北京保利	2014.06.05
金丝楠老料中堂（一组十二件）	桌高84cm	1,120,000	上海联合	2014.12.06
金丝楠老料书房五件套	尺寸不一	313,600	上海联合	2014.12.06
金丝楠老料书房四件套	书柜高198cm	369,600	上海联合	2014.12.06
金丝楠老料书房两件套	桌高83cm	95,200	上海联合	2014.12.06
红酸枝西番莲福寿延绵纹牖式挂阁	长51cm	11,200	北京荣宝	2014.03.23
红木穿衣镜	高208cm	20,000	北京华辰	2014.03.15
法国ADRIENDELORME	高174cm	690,000	北京保利	2014.06.05
当代 留韵画轴	高73cm	36,800	北京翰海	2014.08.23
当代 留韵画轴	高50cm	13,800	北京翰海	2014.08.23
当代 留韵浮雕烙彩	长109cm	78,200	北京翰海	2014.08.23
当代 留韵浮雕烙彩	高109cm	78,200	北京翰海	2014.08.23
当代 留韵浮雕烙彩	长98cm	66,700	北京翰海	2014.08.23
当代 留韵浮雕烙彩	长98cm	66,700	北京翰海	2014.08.23
Cissy 及伊利诺伊创作团队 羌绣双人沙发	长150cm	56,350	北京保利	2014.04.29
2014 石大宇 马未都 观复九宫壶（一套）		149,500	北京保利	2014.12.01
佛教文物				
法器				
唐 净瓶	高13.2cm	39,552	台湾世家	2014.04.13
11世纪/12世纪 铜九股金刚杵（一对）	长18cm	115,000	华艺国际	2014.12.09
13世纪 噶当塔	高23cm	287,500	北京匡时	2014.06.04
辽 錾刻凤纹法器	尺寸不一	54,384	台湾世家	2014.04.13
明永乐 鎏金铜金刚橛	长23.7cm	6,667,600	香港苏富比	2014.04.08
明永乐 金刚铃杵	高22cm	690,000	北京翰海	2014.05.10
明永乐 金刚铃、杵	高22.5cm	678,500	北京保利	2014.06.05
明永乐 金刚杵	长18cm	253,000	北京翰海	2014.05.10
明宣德 碰铃	长8.4cm	253,000	北京保利	2014.12.02
明或以前 天铜金刚手菩萨托甲	高5cm	34,500	浙江世贸	2014.04.13
明 铜鎏金龙首嵌铁法器	长22cm	34,500	北京保利	2014.08.02
明 马槽炉	长9cm	690,000	华艺国际	2014.12.09
明 佛塔	高24cm	93,936	台湾世家	2014.04.13
明“阿弥陀佛”铭银钵	高10cm	170,250	中拍国际	2014.06.04
15世纪 噶当塔	高24cm	115,000	北京匡时	2014.12.03
15世纪 三棱金刚橛	高50cm	483,000	南京经典	2014.08.04
17世纪 铜佛塔	高18.3cm	32,950	伦敦邦瀚斯	2014.05.15

拍品名称	物品尺寸	成交价RMB	拍卖公司	拍卖日期
17世纪 银鎏金二臂大黑天金刚橛	长23cm	163,530	保利香港	2014.04.07
清康熙 铜鎏金银金刚杵	长6.5cm	51,750	翰风国际	2014.04.30
清康熙 铜鎏金五股式金刚杵	长14cm	120,750	翰风国际	2014.04.30
清乾隆 铜鎏金覆钵式塔	高18.5cm	230,000	远方拍卖	2014.06.02
清乾隆 铜鎏金佛塔	高36cm	172,500	北京盈时	2014.05.31
清乾隆 铜局部鎏金大佛塔	高49cm	527,200	伦敦邦瀚斯	2014.05.15
清乾隆 木漆金佛塔	高26.5cm	34,500	北京保利	2014.06.06
清乾隆 白法螺	长16cm	272,550	保利香港	2014.04.07
清中期 铜鎏金佛塔	高19cm	145,360	保利香港	2014.04.07
清中期 铜鎏金法螺	高22cm	287,500	北京华辰	2014.05.17
清万寿寺青玉铜鎏金嵌宝舍利佛塔	高31cm	253,000	上海嘉泰	2014.06.19
清 铜胎掐丝珐琅缠枝莲纹法轮	高43.5cm	184,000	北京匡时	2014.06.04
清 铜钳铁金刚钺刀	高16.5cm	66,700	远方拍卖	2014.06.02
清 青白玉雕万字纹法轮	直径5cm	32,200	北京华辰	2014.05.17
清 千年虎牙天珠配星月菩提手串	长1cm	57,500	浙江世贸	2014.04.13
清 老星月菩提珠串108颗		57,500	浙江世贸	2014.04.13
清 金质累丝六角佛塔	高14.5cm	115,000	中国嘉德	2014.05.24
清 黄扬木禅杖	长146cm	145,360	保利香港	2014.04.07
清 红地金刚杵盘金绣袈裟	250cm×120cm	80,500	上海嘉泰	2014.06.19
清 汉藏17世纪 鎏金藏佛教舍利塔	高20cm	34,500	南京经典	2014.01.06
清 法螺	长16cm	264,500	北京保利	2014.12.05
清 法鼓	高8.3cm	69,000	中宝拍卖	2014.07.06
18世纪 佛塔	高16cm	92,000	南京经典	2014.08.04
18世纪 金刚铃杵	尺寸不一	17,250	北京匡时	2014.12.03
18世纪蒙古制铜金刚铃杵（一套）	尺寸不一	40,250	北京匡时	2014.06.04
18世纪 嵌宝龙纹净水盖碗	高18.5cm	74,750	南京经典	2014.08.04
18世纪 舍利塔	高49cm	184,000	南京经典	2014.08.04
18世纪 铜金刚铃杵（一套）	尺寸不一	46,000	北京匡时	2014.06.04
18世纪 铜鎏金八吉祥供器	高18.6cm	263,600	伦敦邦瀚斯	2014.05.15
18世纪 铜鎏金佛具法器（五件）	最高18cm	92,000	上海嘉泰	2014.06.19
18世纪 铜鎏金佛塔	高22.2cm	395,400	伦敦邦瀚斯	2014.05.15
18世纪 铜鎏金金刚橛	长25.5cm	92,000	华艺国际	2014.12.09
18世纪 西藏铜鎏金佛塔	高21cm	158,160	伦敦邦瀚斯	2014.05.15
18世纪 银佛塔	高25cm	197,700	伦敦邦瀚斯	2014.05.15
18世纪 尊胜塔	高17.3cm	253,000	北京翰海	2014.05.10
18世纪/19世纪 法器	高15.7cm	57,500	北京匡时	2014.12.03
18世纪/19世纪 铜鎏金佛塔（两件）	高18.4cm×2	42,176	伦敦邦瀚斯	2014.05.15
19世纪 凤眼菩提佛珠镶纯金嘎乌	周长108cm	109,250	北京翰海	2014.05.10
元兴寺百万塔（塔身内藏陀罗尼经文）		39,981	日本伊斯特	2014.01.19
右旋法螺	长13cm	126,500	北京翰海	2014.05.10
西藏15世纪/16世纪 铜鎏金塔	高16.5cm	78,200	中国嘉德	2014.05.18
铜鎏金佛塔	高16.0cm	92,000	上海泓盛	2014.07.21
铜鎏金佛塔	高87cm	66,700	中国嘉德	2014.03.24
铜鎏金佛塔	高77cm	32,200	中国嘉德	2014.06.22
胫骨号	长33.5cm	69,000	北京保利	2014.12.02
金鹿法轮	高11cm	92,000	北京保利	2014.12.02
龟文堂初代波多野正平造 饕餮纹兽耳青铜火钵	高28	57,500	北京匡时	2014.06.05
当代 留韵禅团	直径118cm	977,500	北京翰海	2014.08.23
彩釉描金八吉祥纹贲巴壶	高17cm	50,361	香港普艺	2014.02.15
佛教造像				
西元2/3世纪 犍陀罗 灰片岩浮雕佛传故事“勉学”	高28cm	90,341	宝港国际	2014.11.27
西元3/5世纪 犍陀罗 泥塑佛头像	高29cm	162,613	宝港国际	2014.11.27
西元5世纪/6世纪 犍陀罗风格 新疆于阗 彩绘泥塑佛陀站像	高16cm	135,511	宝港国际	2014.11.27
十六国 4/5世纪 铜鎏金佛坐像	高12.7cm	498,469	纽约苏富比	2014.03.18
十六国 铜释迦牟尼佛造像	高14.3cm	840,480	台湾世家	2014.04.13
南朝 公元5世纪 铸铜鎏金飞天	高23cm	351,348	宝港国际	2014.05.27
北朝 石灰岩制弥勒菩萨坐像	高34.5cm	227,125	保利香港	2014.04.07
北魏 观音立像	高15cm	74,160	台湾世家	2014.04.13
北魏 青铜释尊坐像	高11.2cm	108,409	宝港国际	2014.11.27
东魏 铸青铜背屏式二佛并座像	高14.5cm	108,409	宝港国际	2014.11.27
东魏世纪/北齐 石雕卢舍那法界人中像	高57cm	858,710	保利香港	2014.10.07
北齐 大理石释迦牟尼佛立像	高104cm	4,996,750	保利香港	2014.04.07
北齐 佛座像	高11.5cm	103,824	台湾世家	2014.04.13
北齐 菩萨立像	高48cm	148,320	台湾世家	2014.04.13
北齐 砂岩石雕佛首	高20.6cm	513,500	香港苏富比	2014.04.07
北齐 石雕佛头	高38cm	672,034	保利香港	2014.10.07

2014杂项拍卖成交汇总

(成交价RMB：1万元以上)

拍品名称	物品尺寸	成交价RMB	拍卖公司	拍卖日期
北齐 石雕迦牟尼佛立像	高126cm	5,786,956	保利香港	2014.10.07
北齐 石灰岩佛头像	高22cm	406,532	宝港国际	2014.11.27
北齐 铜鎏金一佛二弟子菩萨立像	高19cm	1,730,400	台湾世家	2014.04.13
北齐 武平五年刻铭（公元574年）鎏金背屏式观音菩萨站像	高18.2cm	998,568	宝港国际	2014.05.27
北齐/隋 雕青石灰岩彩绘菩萨立像（一对）	高35cm	231,150	宝港国际	2014.05.27
北齐/隋 一菩萨像二弟子造像	高13.8cm	93,936	台湾世家	2014.04.13
北齐天保九年（558）阳信县法义十余人造石雕弥勒像	高31cm	93,338	保利香港	2014.10.07
北周 佛七尊像塔	高47cm	49,440	台湾世家	2014.04.13
北周 铜道教人物造像	高16.5cm	74,670	保利香港	2014.10.07
隋开皇十二年 观音立像	高14.3cm	118,656	台湾世家	2014.04.13
延昌二十七年 高昌国 衣物疏	28cm×18cm	542,043	宝港国际	2014.11.27
隋 铜鎏金背屏式三尊像 <开XXX>刻铭	高11cm	108,409	宝港国际	2014.11.27
隋 铜鎏金杨柳观音立像	高17.2cm	613,500	纽约佳士得	2014.03.20
隋/唐 铜佛教像四件及迦湿弥罗铜菩萨立像一件	高13.3cm	76,688	纽约苏富比	2014.03.18
隋/唐 铜鎏金比丘站像	高15.5cm	194,166	宝港国际	2014.05.27
隋 弥勒造像	高12.5cm	177,984	台湾世家	2014.04.13
唐初 铜鎏金天王小立像	高9cm	115,031	纽约佳士得	2014.03.20
唐 观音立像	高6.5cm	69,216	台湾世家	2014.04.13
唐 观音造像	高16cm	64,272	台湾世家	2014.04.13
唐 力士像	高5.6cm	93,936	台湾世家	2014.04.13
唐 力士像	高6.3cm	88,992	台湾世家	2014.04.13
唐 青铜鎏金观音立像	高23cm	939,360	台湾世家	2014.04.13
唐 砂岩石雕刻铭释迦牟尼佛坐像	高93.5cm	740,625	香港苏富比	2014.04.07
唐 石灰石雕佛首	高18.5cm	395,000	香港苏富比	2014.04.07
唐 水月观音立像	高11.5cm	59,328	台湾世家	2014.04.13
唐 铜鎏金佛立像	高12.7cm	202,704	台湾世家	2014.04.13
唐 铜鎏金佛小立像	高14cm	107,363	纽约佳士得	2014.03.20
唐 铜鎏金佛坐像	高6.5cm	168,713	纽约苏富比	2014.03.18
唐 铜鎏金观音立像	高49cm	57,500	上海嘉泰	2014.06.19
唐 铜鎏金观音立像	高11.8cm	222,480	台湾世家	2014.04.13
唐 铜鎏金观音菩萨站像	高20cm	1,987,491	宝港国际	2014.11.27
唐 铜鎏金菩萨站像	高13cm	305,118	宝港国际	2014.05.27
唐 铜鎏金释迦牟尼佛坐像	高23cm	999,350	保利香港	2014.04.07
唐 铜鎏金释迦牟尼佛坐像	高18.5cm	144,545	宝港国际	2014.11.27
唐 银鎏金佛说普门品经一卷	18cm×337	4,290,480	台北艺流	2014.10.25
唐 铸铜鎏金观音菩萨站像	高18cm	480,792	宝港国际	2014.05.27
唐 铸铜鎏金观音菩萨站像	高14cm	194,166	宝港国际	2014.05.27
唐 铸铜鎏金金刚力士站像	高9cm	138,690	宝港国际	2014.05.27
唐 铸铜鎏金老子坐像	高7.5cm	138,690	宝港国际	2014.05.27
唐 铸铜鎏金释迦牟尼佛坐像	高6.5cm	175,674	宝港国际	2014.05.27
唐八世纪 铜鎏金菩萨立像	高11.7cm	214,725	纽约苏富比	2014.03.18
6世纪/7世纪 铜佛教像（五件）	高7cm	38,344	纽约苏富比	2014.03.18
7世纪 莲花手观音像	高8.5cm	1,150,000	北京保利	2014.12.04
7世纪 莲花手菩萨像	高14cm	460,000	北京翰海	2014.05.10
8世纪 菩萨像	高10.5cm	161,000	北京保利	2014.12.04
宋元 帕拉风格释迦牟尼佛	高13.5cm	552,000	远方拍卖	2014.06.02
辽/金 铜鎏金大日如来佛	高18cm	1,840,000	北京翰海	2014.10.25
辽 阿弥陀佛立像	高17.5cm	143,376	台湾世家	2014.04.13
辽 阿弥陀佛像	高9.5cm	177,984	台湾世家	2014.04.13
辽 佛说法像	高14cm	217,536	台湾世家	2014.04.13
元 金质大日如来佛坐像	通高19.8cm	2,951,000	中拍国际	2014.06.04
元 尼泊尔铜鎏金不空羂索观音像	高32.5cm	563,270	保利香港	2014.04.07
元 帕拉风格铜鎏金金刚亥母像	高8.5cm	402,500	远方拍卖	2014.06.02
元 狮面佛母	高25cm	4,485,000	中宝拍卖	2014.07.06
元 水月观音像	高46cm	287,500	中宝拍卖	2014.07.06
元 水月观音坐像	高35cm	862,500	北京保利	2014.12.04
元 铜鎏金阿閦佛像	高18.8cm	86,250	西泠拍卖	2014.05.06
元 铜鎏金释迦牟尼佛	高25cm	454,825	中国嘉德	2014.10.07
元 铜鎏金释迦牟尼佛坐像	高14.5cm	1,096,381	伦敦苏富比	2014.11.05
元 铜鎏金释迦牟尼佛坐像	高31cm	287,500	北京华辰	2014.05.17
元（13世纪）铜四臂观音像	高20.8cm	172,500	北京东正	2014.05.18
元/明早期 释迦牟尼佛	高65cm	4,715,000	北京保利	2014.06.05
元/明早期 铜漆金观音坐像	高20.7cm	108,763	香港苏富比	2014.10.08
元/明早期 药师佛	高51cm	6,670,000	北京保利	2014.06.05
元/明早期 木胎金髹释迦牟尼佛苦修像	高63.5cm	2,180,400	保利香港	2014.04.07

拍品名称	物品尺寸	成交价RMB	拍卖公司	拍卖日期
元/明早期 铜鎏金男相地藏王菩萨自在坐像	高30cm	526,930	保利香港	2014.04.07
元 铜鎏金释迦牟尼佛	高20cm	230,000	河南日信	2014.06.01
元末明早期 铜漆金释迦牟尼佛像	高27cm	92,000	中鸿信	2014.11.22
10世纪 观音菩萨坐像	高12.6cm	135,960	台湾世家	2014.04.13
10世纪/12世纪 铜鎏金那罗延天	直径11.6cm	346,080	台湾世家	2014.04.13
11世纪 度母像	高37cm	253,000	北京翰海	2014.05.10
11世纪 佛说法坐像	高12cm	210,120	台湾世家	2014.04.13
11世纪 文殊金刚像	高10.6cm	1,667,500	北京翰海	2014.10.26
11世纪 西藏银金刚萨埵像	高8.2cm	126,500	中国嘉德	2014.05.18
11世纪 自在观音像	高17.5cm	368,000	北京保利	2014.12.04
11世纪/12世纪 莲花手观音像（帕拉风格）	高23.5cm	460,000	华艺国际	2014.05.31
11世纪/12世纪 帕拉 毗湿奴造像	高16.5cm	113,712	台湾世家	2014.04.13
11世纪/13世纪 大理国铜制漆金三世佛（三件一组）	高26cm	1,817,000	保利香港	2014.04.07
11世纪至12世纪 大自在天	高11cm	36,800	北京翰海	2014.11.22
11至12世纪 般若佛母	高21.8cm	138,000	北京翰海	2014.10.26
11至12世纪 莲花手菩萨像	高15.6cm	897,000	北京翰海	2014.10.26
12世纪不动金刚明王像（帕拉风格）	高13.5cm	1,035,000	华艺国际	2014.05.31
12世纪 帝释天	高26.5cm	13,110,000	北京保利	2014.12.04
12世纪 东南亚释迦牟尼佛立像	高18.5cm	69,216	台湾世家	2014.04.13
12世纪 度母像	高12.6cm	667,000	北京翰海	2014.05.10
12世纪 犍陀罗风格弥勒立像	高39cm	207,000	中鸿信	2014.11.22
12世纪 金刚萨埵像（帕拉风格）	高13.5cm	575,000	华艺国际	2014.05.31
12世纪 帕拉 莲花手观音立像	高16cm	98,880	台湾世家	2014.04.13
12世纪 释迦牟尼佛	高33cm	2,875,000	八益拍卖	2014.10.24
12世纪 西藏 铜不动金刚像	高9.8cm	253,000	中国嘉德	2014.11.20
12世纪 西藏 铜不动明王	高12cm	483,000	中国嘉德	2014.05.18
12世纪 西藏 铜黄财神像	高14.9cm	460,000	中国嘉德	2014.11.20
12世纪 西藏 铜绿度母像	高11.5cm	402,500	中国嘉德	2014.11.20
12世纪 印度 铜帝释天	高12.4cm	63,250	中国嘉德	2014.11.20
12世纪/13世纪 不动佛（帕拉风格）	高17.5cm	138,000	华艺国际	2014.05.31
12世纪/13世纪 不空羂索观音像	高10.5cm	287,500	北京匡时	2014.12.03
12世纪/13世纪 帕拉 大自在天	高10.7cm	49,440	台湾世家	2014.04.13
12世纪/13世纪 铜不动明王（帕拉风格）	高9.5cm	115,000	华艺国际	2014.12.09
12世纪/13世纪 铜莲花手观音像	高29cm	115,000	北京东正	2014.05.18
12世纪/13世纪 西藏 黑石财神像	高5.8cm	69,000	中国嘉德	2014.05.18
12世纪/13世纪 西藏 铜鎏金金刚手坐像	高20.3cm	496,100	伦敦苏富比	2014.11.05
12世纪/13世纪 西藏 铜释迦牟尼佛	高28.4cm	805,000	中国嘉德	2014.11.20
12至13世纪 金刚萨埵像	高12cm	287,500	北京翰海	2014.05.10
13世纪 阿閦佛	高32cm	690,000	北京盈时	2014.12.07
13世纪 阿閦佛	高13.5cm	168,096	台湾世家	2014.04.13
13世纪 不动金刚像（帕拉风格）	高14cm	161,000	华艺国际	2014.05.31
13世纪 不空成就佛	高24cm	67,200	天津文物	2014.05.16
13世纪 大成就者	高5.8cm	51,750	北京翰海	2014.11.22
13世纪 大日如来佛	高32cm	805,000	北京匡时	2014.12.03
13世纪 合金铜拉达克风格财神像	高10.9cm	44,381	罗芙奥	2014.05.25
13世纪 黄财神像（帕拉风格）	高14cm	161,000	华艺国际	2014.05.31
13世纪 克什米尔风格铜释迦牟尼佛立像	高31cm	34,500	中鸿信	2014.11.22
13世纪 莲花手观音像	高15cm	80,500	北京保利	2014.12.04
13世纪 明慧白色亥母像	高15cm	483,000	北京翰海	2014.10.26
13世纪尼泊尔铜鎏金莲花手菩萨像	高41cm	1,998,700	保利香港	2014.04.07
13世纪 帕木竹巴（或喇嘛祥）	高9cm	84,000	天津文物	2014.05.16
13世纪 桑杰雅钧	高20cm	2,875,000	北京翰海	2014.05.10
13世纪 释迦牟尼佛	高15.5cm	201,600	天津文物	2014.05.16
13世纪 释迦牟尼佛	高21.5cm	172,500	八益拍卖	2014.10.24
13世纪 铜金刚亥母像（错银眼）	高18cm	207,000	华艺国际	2014.12.09
13世纪 铜金刚萨埵像（帕拉风格）	高14cm	115,000	华艺国际	2014.12.09
13世纪 铜鎏金菩萨头像部残件	高21cm	247,200	台湾世家	2014.04.13
13世纪 铜释迦牟尼佛（错银眼）	高14cm	460,000	华艺国际	2014.12.09
13世纪 铜释迦牟尼佛像	高14.5cm	92,000	北京东正	2014.11.20
13世纪 无量寿佛	高19.5cm	345,000	北京翰海	2014.10.26
13世纪 西藏 铜度母像	高8.8cm	89,700	中国嘉德	2014.11.20
13世纪 西藏 铜鎏金不动明王	高3.8cm	161,000	中国嘉德	2014.05.18
13世纪 西藏 铜鎏金释迦牟尼佛	高19.6cm	575,000	中国嘉德	2014.05.18
13世纪 西藏 铜绿度母像	高10.8cm	78,200	中国嘉德	2014.11.20
13世纪 西藏 铜释迦牟尼佛说法像	高20cm	402,500	中国嘉德	2014.11.20

拍品名称	物品尺寸	成交价RMB	拍卖公司	拍卖日期
13世纪 西藏或尼泊尔 铜鎏金宝冠释迦牟尼佛	高27.5cm	1,610,000	中国嘉德	2014.05.18
13世纪/14世纪 藏西黄铜嵌银嵌红铜十一面观音像	高13.8cm	163,530	保利香港	2014.04.07
13世纪/14世纪 大日如来佛（拉达克风格）	高18cm	103,500	华艺国际	2014.05.31
13世纪/14世纪 莲花手菩萨坐像（拉达克风格）	高15cm	356,500	华艺国际	2014.05.31
13世纪/14世纪 尼藏 木质护经板	70.4cm×27cm	287,500	中国嘉德	2014.11.20
13世纪/14世纪 胜乐金刚像	高21cm	632,500	北京保利	2014.12.04
13世纪/14世纪 铜不动佛（错银错红铜）	高11cm	138,000	华艺国际	2014.12.09
13世纪/14世纪 西藏 石质黄财神像	高2.8cm	437,000	中国嘉德	2014.05.18
13世纪/14世纪 西藏 铜上师像	高9.1cm	55,200	中国嘉德	2014.11.20
13世纪/14世纪 西藏 铜释迦牟尼佛	高17cm	368,000	中国嘉德	2014.11.20
13世纪晚期 铜佛塔	高31.8cm	448,120	伦敦邦瀚斯	2014.05.15
13世纪至14世纪 空行母坛城佛盒	直径6cm	575,000	北京翰海	2014.10.26
13至14世纪 金刚亥母像	高14.5cm	414,000	北京匡时	2014.06.04
14世纪 阿閦佛	高15.2cm	207,000	北京保利	2014.12.04
14世纪 阿閦如来佛	高29cm	184,000	八益拍卖	2014.10.24
14世纪 宝冠释迦牟尼佛站像	高24cm	103,500	河南日信	2014.06.01
14世纪 不动佛	高12cm	103,500	北京保利	2014.12.04
14世纪 大成就者黑鲁嘎像	高14.5cm	494,500	华艺国际	2014.05.31
14世纪 观音像	高16.5cm	230,000	八益拍卖	2014.10.24
14世纪 观音像	高25.2cm	632,500	北京保利	2014.12.04
14世纪 黄铜黄财神像	高8cm	54,510	保利香港	2014.04.07
14世纪 金刚亥母像	高9cm	33,600	天津文物	2014.05.16
14世纪 六拏具饰件	高28cm	97,750	北京翰海	2014.05.10
14世纪 绿度母像	高28cm	985,600	天津文物	2014.05.16
14世纪 绿度母像	高13.5cm	92,000	北京保利	2014.12.04
14世纪 米拉日巴像	高7cm	345,000	北京翰海	2014.05.10
14世纪 尼泊尔 铸铜鎏金授记印佛陀站相	高11cm	3,432,939	宝港国际	2014.11.27
14世纪 尼泊尔铜鎏金四臂佛母像	高35cm高19.5cm	109,020	保利香港	2014.04.07
14世纪 尼藏 铜鎏金释迦牟尼佛	高12.2cm	126,500	中国嘉德	2014.11.20
14世纪 萨迦初祖贡嘎宁波	高11.5cm	172,500	八益拍卖	2014.10.24
14世纪 释迦牟尼佛	高32.5cm	690,000	北京匡时	2014.06.04
14世纪 释迦牟尼佛	高10.3cm	39,200	天津文物	2014.11.15
14世纪 释迦牟尼佛	高29cm	690,000	北京保利	2014.12.04
14世纪 手持金刚像	高13.5cm	89,600	天津文物	2014.05.16
14世纪 四臂观音像	高18.5cm	86,250	北京保利	2014.06.05
14世纪 铜合金释迦牟尼佛	高23cm	264,500	河南日信	2014.06.01
14世纪 铜黄财神像	高6.7cm	57,500	北京东正	2014.11.20
14世纪 铜鎏金般若佛母	高20cm	402,500	北京华辰	2014.05.17
14世纪 铜鎏金财续佛母	高16cm	368,000	华艺国际	2014.12.09
14世纪 铜鎏金度母像（三尊一组）	尺寸不一	402,500	河南日信	2014.06.01
14世纪 铜鎏金弥勒菩萨像	高26cm	322,000	河南日信	2014.06.01
14世纪 铜鎏金弥勒菩萨像	高11.7cm	261,346	保利香港	2014.10.07
14世纪 铜鎏金释迦牟尼佛	高32.5cm	345,000	河南日信	2014.06.01
14世纪 铜鎏金释迦牟尼佛	高22cm	287,500	河南日信	2014.06.01
14世纪 铜鎏金释迦牟尼佛	高15cm	161,000	华艺国际	2014.12.09
14世纪 铜鎏金释迦牟尼佛像	高14.5cm	69,000	北京东正	2014.11.20
14世纪 铜鎏金无量寿佛	高19.5cm	517,500	华艺国际	2014.12.09
14世纪铜桑结雅均像（错银错红铜）	高11cm	172,500	华艺国际	2014.12.09
14世纪 铜释迦牟尼佛	高42cm	138,000	河南日信	2014.06.01
14世纪 铜释迦牟尼佛（错红铜）	高15cm	126,500	华艺国际	2014.12.09
14世纪 铜释迦牟尼佛像	高17.8cm	69,000	北京东正	2014.11.20
14世纪 铜四臂观音像	高8.6cm	181,700	保利香港	2014.04.07
14世纪铜四臂观音像（拉达克风格）	高17.5cm	138,000	华艺国际	2014.05.31
14世纪 西藏 白石质大成就者	高3.1cm	230,000	中国嘉德	2014.05.18
14世纪 西藏 铜阿閦佛	高26cm	1,150,000	中国嘉德	2014.11.20
14世纪 西藏 铜鎏金金刚瑜伽母像	高12.7cm	345,000	中国嘉德	2014.11.20
14世纪 西藏 铜鎏金绿度母坐像	高20cm	124,025	伦敦苏富比	2014.11.05
14世纪 西藏 铜鎏金释迦牟尼佛（原封底）	高24.5cm	1,955,000	中国嘉德	2014.05.18
14世纪 西藏 铜鎏金释迦牟尼佛	高21.1cm	322,000	中国嘉德	2014.11.20
14世纪 祖师像	高11cm	115,000	北京保利	2014.02.05
14世纪/15世纪 鎏金铜金刚总持立像	高21.5cm	408,580	伦敦苏富比	2014.05.14
14世纪/15世纪 鎏金铜绿度母坐像	高18cm	131,800	伦敦苏富比	2014.05.14
14世纪/15世纪 尼藏 铜鎏金宝冠释迦牟尼佛	高30cm	943,000	中国嘉德	2014.11.20

拍品名称	物品尺寸	成交价RMB	拍卖公司	拍卖日期
14世纪/15世纪 释迦牟尼佛	高17.5cm	57,500	北京翰海	2014.01.11
14世纪/15世纪 铁鎏金莲花手观音像	高94.5cm	460,000	华艺国际	2014.12.09
14世纪/15世纪 铜鎏金宝冠佛	高21.5cm	253,000	华艺国际	2014.12.09
14世纪/15世纪 铜鎏金不空成就佛像	高25cm	659,000	伦敦邦瀚斯	2014.05.15
14世纪/15世纪 铜鎏金大成就者像	高14.3cm	197,700	伦敦邦瀚斯	2014.05.15
14世纪/15世纪 铜鎏金莲花手观音菩萨立像	高13.9cm	112,030	伦敦邦瀚斯	2014.05.15
14世纪/15世纪 铜鎏金文殊菩萨像	高11.2cm	109,250	华艺国际	2014.05.31
14世纪/15世纪 铜上师像（错银眼）	高10cm	103,500	华艺国际	2014.12.09
14世纪/15世纪 铜上师坐像	高7cm	101,200	华艺国际	2014.05.31
14世纪/15世纪 西藏 骨雕护法（两片）	尺寸不一	78,200	中国嘉德	2014.11.20
14世纪/15世纪 西藏 合金铜催破金刚像	高6.7cm	32,200	中国嘉德	2014.05.18
14世纪/15世纪 西藏 合金铜金刚手像	高15.7cm	161,000	中国嘉德	2014.05.18
14世纪/15世纪 西藏 护经板	26cm×70cm	115,000	中国嘉德	2014.05.18
14世纪/15世纪 西藏 石质不动明王（嘎呜）	高3cm	59,800	中国嘉德	2014.05.18
14世纪/15世纪 西藏 铜鎏金药师佛坐像	高12.5cm	49,610	伦敦苏富比	2014.11.05
14世纪/15世纪 西藏 铜萨迦二祖	高17.8cm	89,700	中国嘉德	2014.11.20
14世纪/15世纪 西藏 铜释迦牟尼佛	高18.5cm	115,000	中国嘉德	2014.11.20
14世纪或更早 鎏金铜菩萨头像		40,427	斯沃德	2014.04.29
14世纪绿度母像、15世纪释迦牟尼佛、17世纪大宝法王三件	尺寸不一	103,500	北京保利	2014.06.05
14世纪至15世纪 供养天女	高5.9cm	51,750	北京翰海	2014.11.22
14世纪至15世纪 上师像	高7cm	40,250	北京翰海	2014.11.22
14世纪至15世纪 释迦牟尼佛	高34.5cm	4,830,000	北京翰海	2014.10.26
14至15世纪 黄财神像	高7cm	126,500	北京匡时	2014.06.04
14至15世纪 莲花手观音像	高76.5cm	1,610,000	北京匡时	2014.06.04
明早期 铜鎏金佛坐像	高16cm	276,000	江苏爱涛	2014.07.06
明或更早 铜佛立像	高12.7cm	59,800	中国嘉德	2014.05.19
明或更早 铜鎏金观音立像	高9.4cm	66,700	中国嘉德	2014.05.19
明或更早 铜弥勒三尊佛立像	高23cm	230,000	苏州东方	2014.05.30
明以前 铜鎏金文殊骑吼像	高29cm	253,000	西泠拍卖	2014.12.13
明以前 铜释迦牟尼佛佛右手臂	长42cm	40,250	西泠拍卖	2014.05.06
明早期 释迦牟尼佛佛像	高28cm	287,500	广州皇玛	2014.01.02
明早期 铜鎏金莲花座观音坐像	高35cm	253,000	北京保利	2014.12.04
明早期 铜鎏金男相观音造像	高49cm	5,191,200	台湾世家	2014.04.13
明早期 铜文昌帝君坐像	高38.5cm	126,500	中国嘉德	2014.05.19
明早期 药师佛	高42cm	1,380,000	北京保利	2014.12.04
明洪武 铜鎏金释迦牟尼佛像	高5.8cm	322,000	北京保利	2014.04.27
明洪武 周定王造铜鎏金释迦牟尼佛像	高5.9cm	299,000	中国嘉德	2014.05.19
明洪武二十九年铜鎏金释迦牟尼佛	高5.8cm	172,500	中国嘉德	2014.11.20
明洪武二十九年（公元1396年）铜鎏金释迦牟尼佛	高5.5cm	437,000	中国嘉德	2014.05.18
明永乐 大鹏鸟佛背光	长31.5cm	79,104	台湾世家	2014.04.13
明永乐 鎏金铜文殊菩萨坐像	高24.9cm	14,233,560	佳士得	2014.11.26
明永乐 铜鎏金宝冠释迦牟尼佛	高21.5cm	172,500	河南日信	2014.06.01
明永乐 铜鎏金观音菩萨像	高21.5cm	9,200,000	北京东正	2014.11.20
明永乐 铜鎏金绿度母像	高18cm	2,990,000	北京保利	2014.06.06
明永乐 铜鎏金绿度母像	高17.5cm	2,127,500	中国嘉德	2014.05.18
明永乐 铜鎏金毗瓦巴	高30cm	12,880,000	河南日信	2014.06.01
明永乐 铜鎏金释迦牟尼佛像	高27.5cm	11,393,160	佳士得	2014.11.26
明永乐 铜鎏金四臂观音像	高21.5cm	10,925,000	中国嘉德	2014.05.18
明永乐 铜鎏金文殊菩萨像	高48cm	1,380,000	河南日信	2014.06.01
明永乐 铜鎏金文殊菩萨坐像	高18cm	2,644,213	伦敦苏富比	2014.11.05
明永乐 铜鎏金无量寿佛	高20.5cm	14,375,000	上海道明	2014.03.27
明永乐 无量寿佛	高15.5cm	6,670,000	北京保利	2014.06.05
明永乐 御用监造铜鎏金无量寿佛	高18.8cm	7,360,000	北京保利	2014.06.05
明永乐十五年（丁酉1417年）铜鎏金释迦牟尼佛坐像	高29.5cm	4,140,000	北京保利	2014.06.05
明永乐/宣德 铜鎏金二臂大黑天	高18.5cm	2,645,000	中国嘉德	2014.11.20
明宣德 鎏金铜甪端薰炉	高17.7cm	2,974,160	香港苏富比	2014.10.08
明宣德 铜鎏金观音菩萨像	高26cm	11,200,560	保利香港	2014.10.07
明宣德 铜鎏金金刚手坐像	高25.8cm	8,552,760	佳士得	2014.11.26
明宣德 铜鎏金绿度母像	高26cm	12,650,000	北京翰海	2014.10.25
明早中期 铜鎏金金刚总持坐像	高21cm	161,000	北京诚轩	2014.11.20
明正统 铜鎏金佛像	高24cm	2,493,240	佳士得	2014.11.26
明正统二年(1437) 铜漆彩观音坐像	高26.7cm	575,156	纽约佳士得	2014.03.20

2014杂项拍卖成交汇总

(成交价RMB：1万元以上)

拍品名称	物品尺寸	成交价RMB	拍卖公司	拍卖日期
明成化 狮吼观音像	高30.5cm	795,200	天津文物	2014.11.15
明成化 释迦牟尼佛	高41.5cm	2,240,000	天津文物	2014.11.15
明成化十四年（1478）铸铁罗汉坐像	高76.2cm	840,495	纽约佳士得	2014.03.20
明中期 释迦牟尼佛诞生像	高83cm	2,300,000	华艺国际	2014.05.31
明中期 铜彩绘关公坐像	高32.5cm	483,000	北京诚轩	2014.05.19
明中期 铜鎏金锤鍱狮子（一对）	长42.4cm	199,870	保利香港	2014.04.07
明中期 铜鎏金男相观音像	高21.5cm	317,975	保利香港	2014.04.07
明中期 铜鎏金文殊菩萨像骑狮像	高22cm	381,570	保利香港	2014.04.07
明中期 铜漆金骑吼观音像	高34.5cm	460,000	北京保利	2014.12.04
明中期 铜自在观音坐像	高16.5cm	172,500	北京保利	2014.12.05
明中期 自在观音像	高47cm	552,000	北京保利	2014.12.04
明正德 铜鎏金释迦牟尼佛	高32.5cm	2,530,000	河南日信	2014.06.01
明嘉靖 文殊菩萨像	高31cm	207,000	北京保利	2014.12.04
明嘉靖九年（1530）铜释迦牟尼佛坐像	高35.8cm	131,800	伦敦苏富比	2014.05.14
明中晚期 铜泥金金刚萨埵像	高11.9cm	92,000	北京诚轩	2014.05.19
明中晚期 铜药师佛像	高13.8cm	57,500	北京诚轩	2014.05.19
明 15世纪 宣德/成化 铜鎏金錾花阿难尊者站相	高35cm	721,188	宝港国际	2014.05.27
明 16世纪或17世纪 铜观音菩萨像	高22.7cm	29,132	邦瀚斯	2014.09.15
明 阿閦佛	高22cm	109,250	中宝拍卖	2014.07.06
明 阿弥陀佛	高53cm	2,645,000	北京翰海	2014.05.10
明 阿弥陀佛	高39.5cm	253,000	北京翰海	2014.10.26
明 阿弥陀佛	高53cm（带座）	3,450,000	北京匡时	2014.12.03
明 阿难尊者	高18cm	195,500	北京翰海	2014.04.12
明 阿难尊者	高19cm	57,500	北京翰海	2014.08.23
明 不动明王	高11cm	230,000	中宝拍卖	2014.07.06
明 大肚弥勒佛	高35.5cm	690,000	北京翰海	2014.10.26
明 大日如来佛	高46cm	276,000	北京翰海	2014.04.12
明 大势至菩萨像	高30.5cm	437,000	北京保利	2014.06.05
明 道教文官（两件）	高51.5cm	414,000	北京保利	2014.12.04
明 地藏菩萨像	高23.5cm	184,000	北京翰海	2014.04.12
明 地藏菩萨像	高20.5cm	115,000	北京翰海	2014.11.22
明 地藏王菩萨像	高20.5cm	109,250	北京翰海	2014.05.10
明 多彩铜漆金散财童子像	高89cm	291,318	邦瀚斯	2014.09.15
明 梵文金佛牌	长15.6cm	943,000	北京翰海	2014.05.10
明 佛主幼年铜像	高31.5cm	115,000	南京经典	2014.01.06
明 噶玛派上师像	高11.3cm	115,000	中宝拍卖	2014.07.06
明 观音菩萨像	高27.5cm	71,300	北京翰海	2014.04.12
明 观音菩萨像	高21cm	40,250	北京翰海	2014.04.12
明 观音菩萨像	高32cm	138,000	北京保利	2014.12.04
明 观音菩萨像	高20.8cm	126,500	北京保利	2014.12.04
明 观音造像	高26cm	69,216	台湾世家	2014.04.13
明 观音坐像	高27.5cm	299,000	中宝拍卖	2014.07.06
明 汉白玉释迦牟尼佛坐像	高29cm	322,000	中鸿信	2014.11.22
明 夹贮漆金地藏王菩萨像	高52cm	460,000	华艺国际	2014.05.31
明 金刚亥母像	高11cm	149,500	中宝拍卖	2014.07.06
明 金刚像	高95cm	168,096	台湾世家	2014.04.13
明 金刚总持	高18cm	632,500	中宝拍卖	2014.07.06
明 金刚总持	高12.5cm	149,500	中宝拍卖	2014.07.06
明 魁星点斗	高60.5cm	494,500	北京保利	2014.12.04
明 鎏金铜佛坐像	高56cm	2,974,505	邦瀚斯	2014.09.15
明 鎏金西域灯式佛像	高11cm	322,000	南京经典	2014.01.06
明 罗汉	高40cm	2,530,000	北京翰海	2014.05.10
明 罗汉	高31.5cm	253,000	北京翰海	2014.05.10
明 罗汉	高16.2cm	172,500	北京翰海	2014.10.26
明 密集金刚像	高14cm	172,500	中宝拍卖	2014.07.06
明 木雕彩绘迦里迦尊者	高101cm	908,500	保利香港	2014.04.07
明 木漆金雕观音菩萨像	高46.3cm	191,656	邦瀚斯	2014.09.15
明 毗沙门天像	高35cm	210,120	台湾世家	2014.04.13
明 骑犼观音像	高29cm	230,000	中宝拍卖	2014.07.06
明 清铜鎏金大日如来佛像	高45cm	1,495,000	南京经典	2014.01.06
明 如意观音像	高32cm	281,750	北京翰海	2014.08.23
明 如意观音像	高49cm	155,250	北京翰海	2014.11.22
明 萨迦派上师像	高21.5cm	563,500	中宝拍卖	2014.07.06
明 上师像头像	高33cm	287,500	中宝拍卖	2014.07.06
明 狮吼观音画像	高156cm	57,500	北京翰海	2014.04.12
明 石雕罗汉头像	高28.5cm	39,540	伦敦苏富比	2014.05.14
明 释迦牟尼佛	高52cm	230,000	北京翰海	2014.08.23
明 释迦牟尼佛	高23.8cm	51,750	北京翰海	2014.04.12
明 释迦牟尼佛	高43.5cm	506,000	北京匡时	2014.12.03

拍品名称	物品尺寸	成交价RMB	拍卖公司	拍卖日期
明 释迦牟尼佛像	高18cm	161,000	远方拍卖	2014.06.02
明 四臂观音像	高13cm	172,500	中宝拍卖	2014.07.06
明 太子像	高10.8cm	11,500	北京保利	2014.12.04
明 铁道教神明头像	高45.7cm	92,025	纽约苏富比	2014.03.18
明 铜阿弥陀佛坐像	高32cm	97,750	西泠拍卖	2014.05.06
明 铜宝冠释迦牟尼佛	高33.2cm	402,500	中国嘉德	2014.11.20
明 铜布袋和尚坐像	高19cm	126,500	浙江世贸	2014.04.13
明 铜佛像（两件）	高9.5cm	46,000	北京保利	2014.12.05
明 铜关公	高34.5cm	230,000	中国嘉德	2014.05.18
明 铜关公像	高66cm	195,500	江苏爱涛	2014.07.06
明 铜关公像	高25.5cm	51,750	中国嘉德	2014.03.24
明 铜观音像	高35cm	230,000	中国嘉德	2014.05.18
明 铜观音菩萨像	高31.1cm	145,659	邦瀚斯	2014.09.15
明 铜观音像	高55cm	69,000	北京保利	2014.08.02
明 铜观音像	高29.5cm	345,000	中国嘉德	2014.03.24
明 铜观音坐像	高19.6cm	368,000	翰风国际	2014.04.30
明 铜降龙罗汉	高24cm	149,500	北京翰海	2014.04.12
明 铜魁星点斗像	高24.3cm	43,700	中国嘉德	2014.03.24
明 铜莲花观音坐像	高27cm	40,250	中鸿信	2014.11.22
明 铜鎏金阿閦佛	高17cm	23,000	北京保利	2014.10.26
明 铜鎏金阿弥陀佛坐像	高11.5cm	271,920	台湾世家	2014.04.13
明 铜鎏金阿弥陀佛坐像	高33cm	782,000	北京保利	2014.12.04
明 铜鎏金八臂佛母	高22cm	241,500	上海嘉泰	2014.06.19
明 铜鎏金宝冠释迦牟尼佛像	高18.5cm	161,000	远方拍卖	2014.06.02
明 铜鎏金不动佛	高15.5cm	230,000	西泠拍卖	2014.12.13
明 铜鎏金财神像	高20cm	34,500	北京翰海	2014.01.12
明 铜鎏金大鹏金翅鸟	高26.5cm	299,000	翰风国际	2014.04.30
明 铜鎏金大日如来佛	高21.9cm	287,500	中国嘉德	2014.11.20
明 铜鎏金丹萨替佛柱	高25.8cm	126,500	翰风国际	2014.04.30
明 铜鎏金度母像	高22.3cm	747,500	翰风国际	2014.04.30
明 铜鎏金多闻天王	高35cm	414,000	华艺国际	2014.12.09
明 铜鎏金关公像	高25.5cm	287,500	南京经典	2014.01.06
明 铜鎏金关公坐像	高22cm	195,500	河南日信	2014.06.01
明 铜鎏金关公坐像	高50cm	1,495,000	华艺国际	2014.05.31
明 铜鎏金关圣帝君坐像	高39cm	1,035,000	翰风国际	2014.04.30
明 铜鎏金观音佛像	高42.5cm	322,000	翰风国际	2014.04.30
明 铜鎏金观音佛像	高21.5cm	184,000	翰风国际	2014.04.30
明 铜鎏金观音菩萨像（三尊）	尺寸不一	126,500	中国嘉德	2014.11.20
明 铜鎏金观音像	高38cm	71,300	中国嘉德	2014.03.24
明 铜鎏金观音像	高24cm	184,000	西泠拍卖	2014.12.13
明 铜鎏金火焰背光菩萨像	高25cm	1,980,000	中信拍卖	2014.07.14
明 铜鎏金金刚总持	高21cm	988,800	台湾世家	2014.04.13
明 铜鎏金净水瓶	高14.5cm	63,250	北京东正	2014.11.20
明 铜鎏金雷震子	高16.5cm	161,000	中国嘉德	2014.05.18
明 铜鎏金莲花观音像	高34.5cm	402,500	浙江世贸	2014.04.13
明 铜鎏金莲花生	高17cm	103,500	河南日信	2014.06.01
明 铜鎏金莲花座观音像	高57.5cm	2,530,000	北京保利	2014.12.05
明 铜鎏金绿度母观音菩萨像	高18cm	36,800	中鸿信	2014.11.22
明 铜鎏金弥勒佛像	高12cm	46,000	西泠拍卖	2014.05.06
明 铜鎏金弥勒佛站像	高65cm	3,680,000	翰风国际	2014.04.30
明 铜鎏金弥勒佛坐像	高20.2cm	74,750	中鸿信	2014.11.22
明 铜鎏金男相观音像	高32cm	1,035,000	华艺国际	2014.12.09
明 铜鎏金释迦牟尼佛像	高25.5cm	149,500	中鸿信	2014.11.22
明 铜鎏金释迦牟尼佛像	高15.7cm	51,750	中鸿信	2014.11.22
明 铜鎏金释迦牟尼佛坐像	高15.2cm	57,500	中鸿信	2014.11.22
明 铜鎏金释迦牟尼佛	高16.2cm	628,728	澳门中信	2014.06.08
明 铜鎏金释迦牟尼佛	高52cm	3,248,000	武汉中信	2014.10.23
明 铜鎏金释迦牟尼佛	高31cm	134,400	武汉中信	2014.10.23
明 铜鎏金释迦牟尼佛	高13cm	55,000	武汉中信	2014.10.23
明 铜鎏金释迦牟尼佛	高31cm	517,500	远方拍卖	2014.06.02
明 铜鎏金释迦牟尼佛像	高18cm	82,800	北京匡时	2014.09.17
明 铜鎏金释迦牟尼佛像	高53cm	1,380,000	南京经典	2014.01.06
明 铜鎏金释迦牟尼佛像	高15cm	138,000	北京保利	2014.10.26
明 铜鎏金释迦牟尼佛小像	高11cm	43,700	中国嘉德	2014.09.22
明 铜鎏金泰山娘娘	高46.5cm	1,495,000	中国嘉德	2014.05.18
明 铜鎏金文殊菩萨像	高28.5cm	454,250	保利香港	2014.04.07
明 铜鎏金文殊菩萨像	高15.8cm	29,900	中鸿信	2014.11.22
明 铜鎏金药师像	高16.5cm	69,000	中国嘉德	2014.09.22
明 铜鎏金真武大帝像	高53cm	2,990,000	北京保利	2014.06.05
明 铜鎏金真武大帝像	高21.5cm	105,800	中国嘉德	2014.03.24
明 铜鎏金真武大帝坐像	高26.7cm	42,178	纽约佳士得	2014.03.20

（成交价RMB：1万元以上）

拍品名称	物品尺寸	成交价RMB	拍卖公司	拍卖日期
明 铜鎏金准提佛母观音像	高12cm	184,000	中鸿信	2014.11.22
明 铜鎏金自在观音像	高10cm	155,250	北京东正	2014.05.18
明 铜弥勒佛	高4cm	16,800	武汉中信	2014.10.23
明 铜泥金大日如来佛	直径40cm	568,560	台湾世家	2014.04.13
明 铜泥金韦陀立像	高65cm	1,437,500	北京保利	2014.12.04
明 铜菩萨像骑狮像	高36.8cm	345,094	纽约苏富比	2014.03.18
明 铜菩萨像骑象像	高36.8cm	249,234	纽约苏富比	2014.03.18
明 铜菩萨坐像	高25.5cm	57,516	纽约苏富比	2014.03.18
明 铜普贤菩萨像	高46cm	207,000	中国嘉德	2014.03.24
明 铜漆金财神像	高30cm	69,000	北京保利	2014.10.26
明 铜漆金高士像	高15.3cm	32,200	中国嘉德	2014.03.24
明 铜漆金观音像	高25.5cm	172,500	北京保利	2014.12.05
明 铜漆金观音像	高23cm	55,200	中国嘉德	2014.09.22
明 铜漆金观音像	高58cm	43,700	中国嘉德	2014.09.22
明 铜漆金莲花手菩萨像	高54cm	1,090,200	保利香港	2014.04.07
明 铜漆金六臂观音像	高34cm	55,200	北京保利	2014.04.27
明 铜漆金弥勒菩萨坐像	高58.4cm	344,981	邦瀚斯	2014.09.15
明 铜漆金普贤像	高50cm	17,250	北京保利	2014.10.26
明 铜漆金十八臂准提观音像	高32cm	161,000	华艺国际	2014.12.09
明 铜漆金释迦牟尼佛像	高10.5cm	115,000	北京东正	2014.05.18
明 铜漆金韦陀立像	高26cm	115,000	浙江世贸	2014.04.13
明 铜漆金文殊菩萨像	高58cm	99,661	邦瀚斯	2014.09.15
明 铜漆金无量寿佛像	高93cm	598,000	中国嘉德	2014.03.24
明 铜漆金雪山大士像	高27cm	345,000	中国嘉德	2014.03.24
明 铜漆金真武大帝像	高40cm	299,000	远方拍卖	2014.06.02
明 铜漆金真武大帝像	高22cm	69,000	中国嘉德	2014.09.22
明 铜漆金真武大帝坐像	高15cm	31,640	广东省拍	2014.12.07
明 铜骑犼观音像	高31cm	78,200	中国嘉德	2014.03.24
明 铜千手观音像	高21cm	138,000	广州皇玛	2014.04.27
明 铜狮吼观音菩萨像	高49cm	115,000	中鸿信	2014.11.22
明 铜释迦牟尼佛像	高22cm	149,500	中鸿信	2014.11.22
明 铜释迦牟尼佛像	高14cm	11,500	北京保利	2014.12.05
明 铜释迦牟尼佛坐像	高9.5cm	493,125	佳士得	2014.11.26
明 铜释迦牟尼佛坐像	高45cm	51,750	北京匡时	2014.09.17
明 铜瘦骨罗汉坐像	高50cm	172,500	北京盘古	2014.06.25
明 铜天尊像	高37.5cm	57,500	北京保利	2014.12.05
明 铜韦陀菩萨像	高41cm	172,500	中鸿信	2014.11.22
明 铜韦陀菩萨像	高31cm	115,000	中鸿信	2014.11.22
明 铜文殊菩萨像	高37cm	34,500	北京保利	2014.10.26
明 铜文殊骑兽像	高27.5cm	230,000	翰风国际	2014.04.30
明 铜髹金水月观音坐像	高31cm	862,500	浙江世贸	2014.04.13
明 铜玄武大帝像	高38cm	86,250	中鸿信	2014.11.22
明 铜药师佛坐像	高36.5cm	472,420	保利香港	2014.04.07
明 铜真武大帝像	高49cm	506,000	江苏爱涛	2014.07.06
明 铜真武大帝像	高29cm	20,700	中国嘉德	2014.09.22
明 铜镇门天王立像（一对）	高86.4cm	3,785,295	纽约苏富比	2014.03.18
明 铜制释迦牟尼佛像	高16cm	126,500	西泠拍卖	2014.05.06
明 铜準提观音像 铜準提咒文镜	高11cm	82,800	北京翰海	2014.04.12
明 韦驮菩萨像	高45cm	345,000	北京翰海	2014.04.12
明 乌摩妃骑羊像	高34cm	172,500	北京盈时	2014.12.07
明 无我佛母	高16.3cm	276,000	中宝拍卖	2014.07.06
明 药王	高38cm	287,500	中宝拍卖	2014.07.06
明 永乐鎏金释迦牟尼佛像	高39cm	1,023,500	南京经典	2014.01.06
明 永乐铜鎏金释迦牟尼佛坐像	高48cm	1,058,000	南京经典	2014.01.06
明 中原 文殊菩萨像	高23cm	1,092,500	北京保利	2014.02.05
明 增长天王	高39cm	276,000	中宝拍卖	2014.07.06
明 旃檀佛	高50cm	3,335,000	北京保利	2014.06.05
明 准提佛母	高40cm	92,000	北京翰海	2014.11.22
明 准提观音像	高20cm	69,000	北京翰海	2014.04.12
明 自在观音像	高27cm	552,000	北京保利	2014.12.04
明 宗喀巴	高17cm	115,000	中宝拍卖	2014.07.06
明 15世纪 铜鎏金三面六臂胜乐金刚像	高20cm	747,500	北京保利	2014.12.04
明 15世纪 银制涂彩胜乐金刚像	高15.5cm	230,000	北京保利	2014.12.04
明（14世纪）铜黑财神像	高10cm	109,250	北京东正	2014.05.18
明（14世纪）铜鎏金财续佛母像	高18.8cm	460,000	北京东正	2014.05.18
明（14世纪）铜鎏金释迦牟尼佛像	高28cm	1,265,000	北京东正	2014.05.18
明（15世纪）铜黄财神像	高9.1cm	126,500	北京东正	2014.05.18
明（15世纪）铜鎏金宝冠释迦牟尼佛像	高13.3cm	207,000	北京东正	2014.05.18
明（15世纪）铜鎏金弥勒菩萨像	高21.5cm	563,500	北京东正	2014.05.18

拍品名称	物品尺寸	成交价RMB	拍卖公司	拍卖日期
明（15世纪）铜鎏金释迦牟尼佛像	高23.5cm	690,000	北京东正	2014.05.18
明（16世纪）黄铜嵌红铜白银噶举派上师像	高12.5cm	184,000	北京东正	2014.05.18
明（16世纪）铜鎏金吉天颂恭像	高10.2cm	184,000	北京东正	2014.05.18
明（16世纪）铜鎏金毗卢巴像	高13.9cm	126,500	北京东正	2014.05.18
明（16世纪）铜嵌金银毗卢巴像	高9.3cm	356,500	北京东正	2014.05.18
明（16世纪）铜嵌银班钦旺秋主巴像	高10.6cm	138,000	北京东正	2014.05.18
明（16世纪）铜萨迦班智达像	高17.2cm	115,000	北京东正	2014.05.18
明（17世纪）铜鎏金伐那婆斯尊者像	高19.5cm	241,500	北京东正	2014.05.18
明（17世纪）铜鎏金尼泊尔佛组像	高16cm	115,000	北京东正	2014.05.18
明（17世纪）铜鎏金月光菩萨像	高32cm	437,000	北京东正	2014.05.18
明（17世纪）铜鎏金宗喀巴像	高10.4cm	103,500	北京东正	2014.05.18
15世纪 阿閦佛	高28.5cm	322,000	北京匡时	2014.12.03
15世纪 白达里空行母	高12cm	115,000	北京保利	2014.06.05
15世纪 宝冠阿弥陀佛	高26cm	276,000	北京保利	2014.06.05
15世纪 宝冠释迦牟尼佛	高17cm	89,600	天津文物	2014.11.15
15世纪 不动明王	高11cm	162,400	天津文物	2014.11.15
15世纪 藏中铜鎏金弥勒佛	高15.5cm	109,020	保利香港	2014.04.07
15世纪 摧破金刚像	高15.5cm	117,600	天津文物	2014.05.16
15世纪 大宝法王	高23cm	747,500	北京保利	2014.12.04
15世纪 大持金刚撞像	高17.5cm	34,500	北京保利	2014.06.05
15世纪 大威德金刚像	高26.2cm	2,300,000	北京翰海	2014.10.26
15世纪 丹萨替风格铜鎏金供养天女台柱（两件）	高34cm×2	197,700	伦敦邦瀚斯	2014.05.15
15世纪 独雄大威德金刚像	高5.2cm	86,250	北京保利	2014.12.04
15世纪 独雄喜金刚像	高11.7cm	264,500	北京保利	2014.12.04
15世纪 汉藏铜鎏金大威德金刚像	高25.8cm	4,140,000	中国嘉德	2014.05.18
15世纪 汉藏铜鎏金自在观音像	高15cm	517,500	中国嘉德	2014.11.20
15世纪 护法狮（一对）	高15.5cm×2	57,500	北京匡时	2014.12.03
15世纪 金刚持像	高12cm	57,500	北京保利	2014.12.04
15世纪 金刚萨埵像	高14.5cm	322,000	北京翰海	2014.05.10
15世纪 金刚手像	高20cm（不连座）	138,000	北京匡时	2014.06.04
15世纪 金刚手像菩萨像	高13.8cm	46,000	北京匡时	2014.12.03
15世纪 金刚总持	高21cm	977,500	北京翰海	2014.10.26
15世纪 金刚总持	高14cm	112,000	天津文物	2014.11.15
15世纪 金刚总持	高17cm	112,000	天津文物	2014.11.15
15世纪 金刚总持	高20.5cm	1,207,500	北京保利	2014.12.04
15世纪 骏马财神像	高15cm	287,500	北京翰海	2014.10.26
15世纪 莲花生	高15cm	276,000	北京保利	2014.06.05
15世纪 莲花生	高17.2cm	862,500	北京翰海	2014.05.10
15世纪 莲花生	高41cm	471,500	北京保利	2014.12.04
15世纪 莲花手观音像	高10cm	86,250	北京保利	2014.06.05
15世纪 鎏金铜度母坐像	高18.2cm	342,680	伦敦苏富比	2014.05.14
15世纪 绿度母像	高18cm	322,000	八益拍卖	2014.10.24
15世纪 绿度母像	高15cm	218,500	北京匡时	2014.12.03
15世纪 马头明王	高15.5cm	46,000	北京保利	2014.12.04
15世纪 弥勒佛	高15cm	89,600	天津文物	2014.05.16
15世纪 弥勒菩萨像	高23cm	552,000	北京翰海	2014.05.10
15世纪 弥勒菩萨像	高15.5cm	253,000	北京匡时	2014.12.03
15世纪 能食空行母	高7.5cm	89,600	天津文物	2014.05.16
15世纪 萨迦祖师像	高30cm	1,725,000	北京翰海	2014.10.26
15世纪 三怙主	高21cm	920,000	北京翰海	2014.10.26
15世纪 上乐金刚像	高19cm	184,000	北京保利	2014.12.04
15世纪 上师像	高16cm	368,000	北京保利	2014.06.05
15世纪 上师像	高20.5cm	333,500	北京匡时	2014.06.04
15世纪 上师像	高19cm	552,000	八益拍卖	2014.10.24
15世纪 上师像	高15.5cm	345,000	北京保利	2014.12.04
15世纪 上师像	高21cm	161,000	北京保利	2014.12.04
15世纪 释迦牟尼佛	高31cm	402,500	北京保利	2014.06.05
15世纪 释迦牟尼佛	高22.1cm	253,000	北京保利	2014.06.05
15世纪 释迦牟尼佛	高20cm	92,000	北京保利	2014.02.05
15世纪 释迦牟尼佛	高25cm	368,000	北京翰海	2014.05.10
15世纪 释迦牟尼佛	高19.7cm	184,000	北京匡时	2014.06.04
15世纪 释迦牟尼佛	高18.5cm	168,000	天津文物	2014.05.16
15世纪 释迦牟尼佛	高12cm	53,760	天津文物	2014.05.16
15世纪 释迦牟尼佛	高21cm	747,500	八益拍卖	2014.10.24
15世纪 释迦牟尼佛	高31.5cm	287,500	北京翰海	2014.11.22
15世纪 释迦牟尼佛	高20cm	207,000	北京翰海	2014.10.26
15世纪 释迦牟尼佛	高16cm	161,000	八益拍卖	2014.10.24
15世纪 释迦牟尼佛	高14.2cm	53,760	天津文物	2014.11.15
15世纪 释迦牟尼佛	高12cm	43,700	北京翰海	2014.11.22

2014杂项拍卖成交汇总

(成交价RMB：1万元以上)

拍品名称	物品尺寸	成交价RMB	拍卖公司	拍卖日期
15世纪 释迦牟尼佛	高23cm	218,500	北京保利	2014.12.04
15世纪 释迦牟尼佛	高26cm	195,500	北京匡时	2014.12.03
15世纪 释迦牟尼佛成道像	高33cm	977,500	南京经典	2014.08.04
15世纪 双身不动明王	高7.5cm	92,000	北京保利	2014.12.04
15世纪 四臂观音像	高25.5cm	195,500	北京翰海	2014.08.23
15世纪 四臂文殊	高15cm	190,400	天津文物	2014.05.16
15世纪 铜空行母	高度13cm	92,000	北京翰海	2014.04.12
15世纪 铜莲花手观音像	高18.5cm	149,500	华艺国际	2014.12.09
15世纪 铜鎏金阿閦佛	高27.5cm	632,500	华艺国际	2014.05.31
15世纪 铜鎏金阿閦佛	高22.5cm	368,000	华艺国际	2014.05.31
15世纪 铜鎏金阿閦佛	高21cm	276,000	华艺国际	2014.12.09
15世纪 铜鎏金阿閦佛	高21.5cm	161,000	华艺国际	2014.12.09
15世纪 铜鎏金阿閦佛像	高14.2cm	131,800	伦敦邦瀚斯	2014.05.15
15世纪铜鎏金白达里空行母（错银）	高11.5cm	138,000	华艺国际	2014.12.09
15世纪 铜鎏金宝冠佛	高17.5cm	368,000	华艺国际	2014.12.09
15世纪 铜鎏金大持金刚像	高19.5cm	345,000	华艺国际	2014.12.09
15世纪 铜鎏金大日如来佛	高26cm	368,000	华艺国际	2014.05.31
15世纪 铜鎏金金刚空行母像	高43cm	391,000	华艺国际	2014.12.09
15世纪 铜鎏金金刚萨捶像	高18.5cm	109,250	华艺国际	2014.05.31
15世纪 铜鎏金弥勒菩萨像	高47.5cm	517,500	华艺国际	2014.12.09
15世纪 铜鎏金密集金刚像	高10.5cm	381,570	保利香港	2014.04.07
15世纪 铜鎏金帕木竹巴 多吉杰布像	高18cm	517,500	华艺国际	2014.12.09
15世纪 铜鎏金萨迦班智达	高17.5cm	138,000	华艺国际	2014.12.09
15世纪 铜鎏金上乐金刚像	高26.5cm	138,000	华艺国际	2014.12.09
15世纪 铜鎏金圣观音像	高23.5cm	207,000	华艺国际	2014.12.09
15世纪 铜鎏金释迦牟尼佛	高10cm	63,250	北京保利	2014.04.27
15世纪 铜鎏金释迦牟尼佛	高22.5cm	287,500	华艺国际	2014.12.09
15世纪 铜鎏金释迦牟尼佛	高17cm	241,500	华艺国际	2014.12.09
15世纪 铜鎏金释迦牟尼佛像	高11.2cm	109,250	北京东正	2014.11.20
15世纪 铜漆金菩萨坐像	高26.6cm	287,578	纽约苏富比	2014.03.18
15世纪 铜萨迦派祖师像（错银眼）	高19.5cm	483,000	华艺国际	2014.12.09
15世纪 铜四臂观音像	高16cm	184,000	华艺国际	2014.05.31
15世纪铜索南伦珠像（错银错红铜）	高14cm	195,500	华艺国际	2014.12.09
15世纪 文殊菩萨像	高16cm	28,750	北京保利	2014.12.04
15世纪 文殊菩萨像及嘎乌	高8.3cm	92,000	北京翰海	2014.10.26
15世纪 无量寿佛	高31.5cm	862,500	北京翰海	2014.05.10
15世纪 无量寿佛	高17.5cm	552,000	北京匡时	2014.06.04
15世纪 无量寿佛	高12cm	69,000	北京匡时	2014.06.04
15世纪 无量寿佛	高18.5cm	100,800	天津文物	2014.05.16
15世纪 无量寿佛	高20.6cm	43,700	北京保利	2014.12.04
15世纪 西藏 铜佛头	高42cm	517,500	中国嘉德	2014.05.18
15世纪 西藏 铜黄财神像	高12.8cm	82,800	中国嘉德	2014.11.20
15世纪 西藏 铜鎏金不动如来佛	高23.8cm	402,500	中国嘉德	2014.11.20
15世纪 西藏 铜鎏金捶碟护法	29cm×40cm	126,500	中国嘉德	2014.05.18
15世纪 西藏 铜鎏金大日如来佛	高11.3cm	23,000	中国嘉德	2014.11.20
15世纪 西藏 铜鎏金金刚亥母像	高25cm	1,955,000	中国嘉德	2014.05.18
15世纪 西藏 铜鎏金金刚手像菩萨像	高4.3cm	138,000	中国嘉德	2014.05.18
15世纪 西藏 铜鎏金绿度母坐像	高17.7cm	111,623	伦敦苏富比	2014.11.05
15世纪 西藏 铜鎏金摩利支天（丹萨梯风格）	高27.5cm	1,897,500	中国嘉德	2014.05.18
15世纪 西藏 铜鎏金毗卢巴	高5.5cm	126,500	中国嘉德	2014.11.20
15世纪 西藏 铜鎏金上乐金刚之母尊像	高32cm	368,000	中国嘉德	2014.05.18
15世纪 西藏 铜鎏金上师像	高18.7cm	552,000	中国嘉德	2014.11.20
15世纪 西藏 铜鎏金上师像	高5.5cm	172,500	中国嘉德	2014.11.20
15世纪 西藏 铜鎏金释迦牟尼佛	高15.2cm	115,000	中国嘉德	2014.05.18
15世纪 西藏 铜鎏金释迦牟尼佛	高12.5cm	71,300	中国嘉德	2014.05.18
15世纪 西藏 铜鎏金释迦牟尼佛	高18.9cm	402,500	中国嘉德	2014.11.20
15世纪 西藏 铜鎏金释迦牟尼佛	高18.8cm	287,500	中国嘉德	2014.11.20
15世纪 西藏 铜鎏金释迦牟尼佛	高16cm	172,500	中国嘉德	2014.11.20
15世纪 西藏 铜鎏金释迦牟尼佛坐像	高17.5cm	80,616	伦敦苏富比	2014.11.05
15世纪 西藏 铜鎏金文殊菩萨像	高16.1cm	368,000	中国嘉德	2014.11.20
15世纪 西藏 铜鎏金无量寿	高10.2cm	48,300	中国嘉德	2014.05.18
15世纪 西藏 铜鎏金装饰板	高34.5cm	51,750	中国嘉德	2014.05.18
15世纪 西藏 铜鎏金尊胜佛母	高5.2cm	34,500	中国嘉德	2014.11.20
15世纪 西藏 铜鎏金金刚总持坐像	高13.8cm	277,380	宝港国际	2014.05.27
15世纪 西藏 铜鎏金密修阎摩天	高15.8cm	203,412	宝港国际	2014.05.27
15世纪 西藏 铸铜鎏金四臂观音坐像	高13.5cm	110,952	宝港国际	2014.05.27
15世纪 夏加曲丹	高18.5cm	667,000	北京翰海	2014.10.26
15世纪 雪狮	高19cm	120,750	北京匡时	2014.12.03

拍品名称	物品尺寸	成交价RMB	拍卖公司	拍卖日期
15世纪 药师佛	高13.5cm	63,250	北京翰海	2014.01.11
15世纪 药师佛	高32cm	1,075,200	天津文物	2014.05.16
15世纪 药师佛	高21cm	264,500	北京保利	2014.12.04
15世纪 长寿佛	高16.5cm	172,500	八益拍卖	2014.10.24
15世纪 长寿佛	高20cm	172,500	八益拍卖	2014.10.24
15世纪 中原 铜长寿佛	高48.8cm	1,725,000	中国嘉德	2014.11.20
15世纪 宗喀巴	高15.2cm	106,400	天津文物	2014.11.15
15世纪 尊胜佛母	高14.2cm	3,220,000	北京翰海	2014.10.26
15世纪（伽舍/末罗王朝）八臂观音像	高14.2cm	161,000	北京匡时	2014.06.04
15世纪/16 世纪 铜鎏金金刚手像	高4.5cm	92,000	北京翰海	2014.04.12
15世纪/16世纪 观音画像	高119cm	172,500	北京翰海	2014.04.12
15世纪/16世纪汉藏铜鎏金金刚持像	高12cm	34,500	中国嘉德	2014.05.18
15世纪/16世纪 金刚手像	高10.5cm	86,250	北京保利	2014.12.04
15世纪/16世纪 鎏金铜无量寿佛坐像	高34cm	395,400	伦敦苏富比	2014.05.14
15世纪/16世纪 六臂玛哈嘎拉	高28.5cm	1,150,000	北京保利	2014.12.04
15世纪/16世纪 密集金刚像	高10.5cm	32,200	北京翰海	2014.01.11
15世纪/16世纪 尼泊尔 铜鎏金财继佛母	高11.5cm	92,000	中国嘉德	2014.05.18
15世纪/16世纪 尼泊尔 铜鎏金金刚持像坐像	高25.3cm	375,725	邦瀚斯	2014.10.09
15世纪/16世纪 释迦牟尼佛	高19cm	166,750	北京翰海	2014.01.11
15世纪/16世纪 释迦牟尼佛	高19cm	46,000	北京翰海	2014.01.11
15世纪/16世纪 释迦牟尼佛	高13cm	103,500	北京匡时	2014.12.03
15世纪/16世纪 泰国素可泰 铜释迦牟尼佛坐像	高50.3cm	148,313	邦瀚斯	2014.10.09
15世纪/16世纪 铜鎏金白度母像	高23cm	230,000	东拍国际	2014.07.31
15世纪/16世纪 铜鎏金莲花手观音像	高48cm	172,500	华艺国际	2014.12.09
15世纪/16世纪 铜鎏金绿度母像	高21cm	483,000	华艺国际	2014.12.09
15世纪/16世纪 文殊菩萨像	高12.5cm	57,500	北京翰海	2014.01.11
15世纪/16世纪 西藏 铜鎏金六臂大黑天	高16.7cm	287,500	中国嘉德	2014.05.18
15世纪/16世纪 西藏 铜鎏金绿度母坐像	高13.7cm	62,013	伦敦苏富比	2014.11.05
15世纪/16世纪 西藏 铜鎏金魔蝎鱼	高12.1cm	74,750	中国嘉德	2014.11.20
15世纪/16世纪 西藏 铜鎏金上师像	高12.6cm	460,000	中国嘉德	2014.05.18
15世纪/16世纪 西藏 铜鎏金上师像	高15cm	126,500	中国嘉德	2014.11.20
15世纪/16世纪 西藏 铜鎏金上师像	高10.5cm	109,250	中国嘉德	2014.11.20
15世纪/16世纪 西藏 铜鎏金释迦牟尼佛	高15.6cm	69,000	中国嘉德	2014.05.18
15世纪/16世纪 西藏 铜鎏金释迦牟尼佛	高16.7cm	126,500	中国嘉德	2014.11.20
15世纪/16世纪 西藏 铜鎏金释迦牟尼佛	高16.3cm	80,500	中国嘉德	2014.11.20
15世纪/16世纪 西藏 铜鎏金宗喀巴	高16.1cm	172,500	中国嘉德	2014.11.20
15世纪/16世纪 竹钦 嘉普巴 索郎培	高30.5cm	690,000	北京匡时	2014.12.03
15世纪；17世纪/18世纪 鎏金铜鎏金铜度母坐像及鎏金铜度母骑鹅坐像	高12cm	79,080	伦敦苏富比	2014.05.14
15世纪末/16世纪初 鎏金铜僧侣立像	高15.1cm	59,325	香港苏富比	2014.10.08
15世纪至16世纪 莲花生	高11.5cm	690,000	北京翰海	2014.10.26
15至16世纪 绿度母像	高13.5cm	195,500	北京匡时	2014.06.04
16世纪 阿閦佛	高19cm	69,440	天津文物	2014.05.16
16世纪 阿弥陀佛	高14.5cm	161,000	北京保利	2014.06.05
16世纪 阿弥陀佛	高20.5cm	34,500	北京保利	2014.06.05
16世纪 阿弥陀佛	高32cm	336,000	天津文物	2014.05.16
16世纪 阿弥陀佛	高21cm	287,500	八益拍卖	2014.10.24
16世纪 阿弥陀佛	高5cm	103,500	北京翰海	2014.10.26
16世纪 宝冠释迦牟尼佛	高35.5cm	276,000	八益拍卖	2014.10.25
16世纪 不动佛	高16cm	48,300	北京保利	2014.12.04
16世纪 不动金刚像	高7cm	86,250	北京保利	2014.06.05
16世纪 不空成就佛	高13.7cm	34,500	北京翰海	2014.04.12
16世纪 不空成就佛	高18.2cm	11,500	北京保利	2014.12.04
16世纪 布顿 仁钦珠	高27cm	368,000	八益拍卖	2014.10.24
16世纪 藏西释迦牟尼佛与二助钵	高13cm	36,800	北京保利	2014.04.27
16世纪 大持金刚像	高20cm	168,000	天津文物	2014.05.16
16世纪 大日如来佛	高15.5cm	34,500	北京翰海	2014.08.23
16世纪 道教天官	高43.5cm	168,000	天津文物	2014.11.15
16世纪 噶举派上师像	高10cm	55,200	北京翰海	2014.11.22
16世纪 观音像	高27cm	224,000	天津文物	2014.05.16
16世纪 观音像	高39cm	392,000	天津文物	2014.11.15
16世纪 观音菩萨像	高23.5cm	115,000	北京翰海	2014.01.11

拍品名称	物品尺寸	成交价RMB	拍卖公司	拍卖日期
16世纪 观音菩萨像	高32cm	313,600	天津文物	2014.05.16
16世纪 广目天王	高34cm	126,500	北京保利	2014.06.05
16世纪 黄财神像	高28.5cm	2,875,000	北京匡时	2014.06.04
16世纪 黄财神像	高9.3cm	92,000	北京匡时	2014.06.04
16世纪 黄财神像	高13cm	89,600	天津文物	2014.11.15
16世纪 金刚总持	高16.2cm	230,000	北京匡时	2014.12.03
16世纪 金刚总持	高31cm	280,000	天津文物	2014.11.15
16世纪 九世大宝法王	高11.5cm	92,000	北京保利	2014.12.04
16世纪 局部鎏金铜观音菩萨坐像	高25.3cm	1,671,224	伦敦苏富比	2014.05.14
16世纪 莲花生	高10cm	51,750	北京保利	2014.06.05
16世纪 莲花生	高14cm	95,200	天津文物	2014.11.15
16世纪 莲花生	高19.8cm	161,000	北京保利	2014.12.04
16世纪 莲花手菩萨像	高20cm	230,000	北京翰海	2014.10.26
16世纪 莲花手菩萨像与眷属	高22cm	313,600	天津文物	2014.11.15
16世纪 鎏金铜释迦牟尼佛坐像	高32.2cm	493,750	香港苏富比	2014.04.08
16世纪 六臂佛母	高17cm	149,500	北京翰海	2014.11.22
16世纪 龙女、善财	尺寸不一	392,000	天津文物	2014.11.15
16世纪 绿度母像	高15cm	103,500	北京保利	2014.06.05
16世纪 绿度母像	高13cm	34,500	北京翰海	2014.01.11
16世纪 绿度母像	高23cm	345,000	八益拍卖	2014.10.24
16世纪 绿度母像	高11.5cm	89,600	天津文物	2014.11.15
16世纪 绿度母像	高12cm	51,750	北京盈时	2014.12.07
16世纪 玛吉拉准	高14cm	145,600	天津文物	2014.11.15
16世纪 弥勒佛	高11.5cm	42,560	天津文物	2014.05.16
16世纪 弥勒菩萨像	高11cm	31,360	天津文物	2014.05.16
16世纪 弥勒菩萨像	高27.5cm	713,000	八益拍卖	2014.10.24
16世纪 弥勒菩萨像	高28cm	616,000	天津文物	2014.11.15
16世纪 密集不动金刚像与可触金刚母像	高19.5cm	253,000	北京匡时	2014.06.04
16世纪 密集金刚像	高17cm	264,500	北京保利	2014.12.04
16世纪 尼泊尔 铜鎏金阿閦佛坐像	高55cm	434,088	伦敦苏富比	2014.11.05
16世纪尼泊尔 不空罥索观音站像	高18cm	147,936	宝港国际	2014.05.27
16世纪 曲结顿珠仁钦	高12cm	115,000	北京匡时	2014.12.03
16世纪 萨迦派上师像	高19cm	218,500	北京保利	2014.06.05
16世纪 萨迦派上师像	高12.5cm	287,500	北京匡时	2014.06.04
16世纪 萨迦祖师像	高21cm	517,500	八益拍卖	2014.10.24
16世纪 上乐金刚像	高18cm	149,500	北京保利	2014.06.05
16世纪 上乐金刚像	高21cm	437,000	八益拍卖	2014.10.24
16世纪 上师像	高16.5cm	253,000	北京保利	2014.06.05
16世纪 上师像	高19cm	134,400	天津文物	2014.05.16
16世纪 上师像	高13cm	84,000	天津文物	2014.05.16
16世纪 上师像	高9.5cm	43,700	北京翰海	2014.11.22
16世纪 上师像	高14cm	92,000	北京保利	2014.12.04
16世纪 上师像	高7.8cm	32,200	北京保利	2014.12.04
16世纪 上师像（一对）	尺寸不一	34,500	北京翰海	2014.04.12
16世纪 狮吼观音像	高20.5cm	63,250	北京翰海	2014.01.11
16世纪 十一面观音像	高30.5cm	126,500	北京保利	2014.12.04
16世纪 释迦牟尼佛	高23.5cm	230,000	北京保利	2014.02.05
16世纪 释迦牟尼佛	高16cm	74,750	北京翰海	2014.01.11
16世纪 释迦牟尼佛	高18.4cm	51,750	北京翰海	2014.04.12
16世纪 释迦牟尼佛	高12.5cm	34,500	北京翰海	2014.04.12
16世纪 释迦牟尼佛	高18cm	207,000	北京匡时	2014.06.04
16世纪 释迦牟尼佛	高60cm	1,344,000	天津文物	2014.05.16
16世纪 释迦牟尼佛	高12cm	168,000	天津文物	2014.05.16
16世纪 释迦牟尼佛	高31cm	89,600	天津文物	2014.05.16
16世纪 释迦牟尼佛	高37cm	1,437,500	八益拍卖	2014.10.24
16世纪 释迦牟尼佛	高24cm	358,400	天津文物	2014.11.15
16世纪 释迦牟尼佛	高15.5cm	195,500	八益拍卖	2014.10.24
16世纪 释迦牟尼佛	高19cm	112,700	北京翰海	2014.11.22
16世纪 释迦牟尼佛	高9.5cm	115,000	北京保利	2014.12.04
16世纪 释迦牟尼佛	高13.5cm	115,000	北京保利	2014.12.04
16世纪 释迦牟尼佛	高17cm	66,700	北京保利	2014.12.04
16世纪 兽面护法	高25cm	149,500	北京翰海	2014.04.12
16世纪 四臂观音像	高11cm	103,500	北京匡时	2014.06.04
16世纪 四臂观音像	高16cm	56,000	天津文物	2014.05.16
16世纪 四臂观音像	高11.5cm	47,040	天津文物	2014.05.16
16世纪 四臂观音像	高13.5cm	123,200	天津文物	2014.11.15
16世纪 唐东杰布	高14cm	632,500	八益拍卖	2014.10.24
16世纪 铜忿怒莲师像	高25.2cm	207,000	北京东正	2014.11.20
16世纪 铜鎏金阿閦佛	高15.5cm	172,500	华艺国际	2014.12.09

拍品名称	物品尺寸	成交价RMB	拍卖公司	拍卖日期
16世纪 铜鎏金阿氏多尊者像 半托迦尊者像	高11.2cm高12cm	230,000	北京东正	2014.11.20
16世纪 铜鎏金布顿仁钦主像	高10cm	94,300	北京东正	2014.11.20
16世纪 铜鎏金大持金刚像	高21cm	218,500	华艺国际	2014.05.31
16世纪 铜鎏金大殊胜嘿噜嘎	高20cm	253,000	华艺国际	2014.05.31
16世纪 铜鎏金佛	高9.5cm	172,500	北京保利	2014.12.05
16世纪 铜鎏金噶玛巴像	高15cm	65,900	伦敦邦瀚斯	2014.05.15
16世纪 铜鎏金观音菩萨像	高22.5cm	195,500	华艺国际	2014.12.09
16世纪 铜鎏金哈香尊者像	高12.3cm	69,000	北京东正	2014.11.20
16世纪 铜鎏金金刚萨埵像	高16.5cm	103,500	华艺国际	2014.12.09
16世纪 铜鎏金喇嘛像	高19.4cm	55,356	伦敦邦瀚斯	2014.05.15
16世纪 铜鎏金莲花生像	高20.9cm	184,520	伦敦邦瀚斯	2014.05.15
16世纪 铜鎏金绿度母像	高29.5cm	345,000	华艺国际	2014.05.31
16世纪 铜鎏金绿度母观音菩萨像	高26.5cm	287,500	中鸿信	2014.11.22
16世纪 铜鎏金弥勒	高23cm	218,500	华艺国际	2014.05.31
16世纪 铜鎏金弥勒菩萨像	高19.8cm	253,000	北京保利	2014.12.05
16世纪 铜鎏金密集金刚像	高17cm	210,880	伦敦邦瀚斯	2014.05.15
16世纪 铜鎏金毗沙门天王坐像	高9.5cm	111,623	伦敦苏富比	2014.11.05
16世纪 铜鎏金七十二臂胜乐金刚像	高29cm	3,450,000	北京华辰	2014.05.17
16世纪 铜鎏金嵌宝绿度母观音菩萨坐像	高14.8cm	97,750	中鸿信	2014.11.22
16世纪 铜鎏金释迦牟尼佛	高18cm	218,500	华艺国际	2014.05.31
16世纪 铜鎏金四臂观音菩萨像	高24.5cm	149,500	中鸿信	2014.11.22
16世纪 铜鎏金无量寿佛	高15.5cm	184,000	华艺国际	2014.12.09
16世纪 铜鎏金显行手持金刚立像	高14.7cm	131,800	伦敦邦瀚斯	2014.05.15
16世纪 铜鎏金药师佛像	高11.8cm	80,500	北京东正	2014.11.20
16世纪 铜鎏金扎巴坚赞坐像	高25cm	402,500	北京华辰	2014.05.17
16世纪 铜弥勒佛坐像	高31.7cm	210,891	纽约苏富比	2014.03.18
16世纪 铜弥勒菩萨像	高29.5cm	103,500	华艺国际	2014.12.09
16世纪 铜那若卡居母像	高18.4cm	69,000	北京东正	2014.11.20
16世纪 铜骑狮文殊菩萨像	高33cm	316,320	伦敦邦瀚斯	2014.05.15
16世纪 铜尸陀林主像	高18.7cm	69,000	北京东正	2014.11.20
16世纪 铜释迦牟尼佛像	高32.8cm	158,160	伦敦邦瀚斯	2014.05.15
16世纪 铜香巴拉尊者	高16cm	172,500	华艺国际	2014.12.09
16世纪 文殊菩萨像	高12.5cm	82,800	北京翰海	2014.04.12
16世纪 文殊菩萨像	高22.3cm	195,500	北京匡时	2014.06.04
16世纪 无量寿佛	高18.7cm	195,500	北京翰海	2014.05.10
16世纪 五世达赖	高14.5cm	93,936	台湾世家	2014.04.13
16世纪 西藏 合金铜弥勒菩萨像	高21cm	149,500	中国嘉德	2014.11.20
16世纪 西藏 铜大成就者	高8.3cm	78,200	中国嘉德	2014.11.20
16世纪 西藏 铜观音像	高17.5cm	86,250	中国嘉德	2014.11.20
16世纪 西藏 铜鎏金阿閦佛	高18.7cm	402,500	中国嘉德	2014.11.20
16世纪 西藏 铜鎏金阿閦佛坐像	高11.5cm	74,415	伦敦苏富比	2014.11.05
16世纪 西藏 铜鎏金阿密特尊者	高14.2cm	66,700	中国嘉德	2014.11.20
16世纪 西藏 铜鎏金大成就者	高11cm	59,800	中国嘉德	2014.11.20
16世纪 西藏 铜鎏金莲花生	高7.3cm	66,700	中国嘉德	2014.11.20
16世纪 西藏 铜鎏金莲花生大师	高16.7cm	322,000	中国嘉德	2014.11.20
16世纪 西藏 铜鎏金罗睺罗尊者	高15.6cm	89,700	中国嘉德	2014.11.20
16世纪 西藏 铜鎏金弥勒佛坐像	高24.2cm	396,880	伦敦苏富比	2014.11.05
16世纪 西藏 铜鎏金萨迦三祖扎巴坚赞上师像	高16.5cm	126,500	中国嘉德	2014.11.20
16世纪 西藏 铜鎏金上师像	高12.7cm	172,500	中国嘉德	2014.11.20
16世纪 西藏 铜鎏金上师像	高22.2cm	105,800	中国嘉德	2014.11.20
16世纪 西藏 铜鎏金上师像	高19cm	103,500	中国嘉德	2014.11.20
16世纪 西藏 铜鎏金药师佛坐像	高21.5cm	248,050	伦敦苏富比	2014.11.05
16世纪 西藏 铜祖师像	高19.5cm	109,250	中国嘉德	2014.05.18
16世纪 西藏 铜祖师像	高18cm	97,750	中国嘉德	2014.05.18
16世纪 西藏 铜尊胜佛母擦模	高16.8cm	78,200	中国嘉德	2014.11.20
16世纪 药师佛	高12.5cm	195,500	北京翰海	2014.05.10
16世纪 札巴坚赞	高12.6cm	632,500	北京翰海	2014.10.26
16世纪 宗喀巴	高14cm	120,750	北京保利	2014.06.05
16世纪 宗喀巴	高12cm	76,160	天津文物	2014.05.16
16世纪/17世纪 金刚萨埵像	高21cm	195,500	八益拍卖	2014.10.24
16世纪/17世纪 普贤菩萨像	高21.7cm	138,000	北京保利	2014.06.05
16世纪/17世纪 上师像	高11.8cm	299,000	北京保利	2014.06.05
16世纪/17世纪 铜观音菩萨坐像	高32.5cm	395,400	伦敦苏富比	2014.05.14
16世纪/17世纪 铜观音像	高45.5cm	118,620	伦敦邦瀚斯	2014.05.15
16世纪/17世纪 铜鎏金阿閦佛像	高21.7cm	237,240	伦敦邦瀚斯	2014.05.15
16世纪/17世纪 铜鎏金班智达像	高18cm	287,500	华艺国际	2014.05.31
16世纪/17世纪 铜鎏金龙女立像	高49.5cm	287,578	纽约苏富比	2014.03.18
16世纪/17世纪 铜鎏金菩萨坐像	高24.2cm	148,830	伦敦苏富比	2014.11.05

2014杂项拍卖成交汇总

(成交价RMB：1万元以上)

拍品名称	物品尺寸	成交价RMB	拍卖公司	拍卖日期
16世纪/17世纪 铜鎏金药师佛坐像	高27cm	198,440	伦敦苏富比	2014.11.05
16世纪/17世纪 铜禄星像	高56.5cm	329,500	伦敦邦瀚斯	2014.05.15
16世纪/17世纪 铜漆金关帝像	高53.8cm	224,060	伦敦邦瀚斯	2014.05.15
16世纪/17世纪 西藏 铜鎏金捶跌财宝天王	高31.5cm	78,200	中国嘉德	2014.05.18
16世纪/17世纪 西藏 铜鎏金九世噶玛巴汪秋多杰	高14.5cm	437,000	中国嘉德	2014.05.18
16世纪/17世纪 西藏 铜鎏金上师像	高18.9cm	172,500	中国嘉德	2014.05.18
16世纪/17世纪 西藏 铜鎏金上师像	高9.1cm	161,000	中国嘉德	2014.11.20
16世纪/17世纪 西藏 铜鎏金上师像	高18cm	82,800	中国嘉德	2014.11.20
16世纪/17世纪 西藏 铜米拉日巴像	高9.1cm	25,300	中国嘉德	2014.11.20
16世纪/17世纪西藏银质莲花生大师	高7.5cm	78,200	中国嘉德	2014.11.20
16世纪/17世纪 西藏 银质印度大成就者	高6.8cm	437,000	中国嘉德	2014.05.18
16世纪/17世纪 印度 铜合金刻梵文耆那教祖师坐像	高37cm	79,100	邦瀚斯	2014.10.09
17世纪 阿弥陀佛	高16.5cm	184,000	八益拍卖	2014.10.24
17世纪 八臂十一面观音像	高36.8cm	207,000	北京保利	2014.12.04
17世纪 忿怒莲师	高24.5cm	168,000	天津文物	2014.05.16
17世纪 格鲁派上师像	高20cm	95,200	天津文物	2014.05.16
17世纪 格鲁派上师像	高13cm	33,600	天津文物	2014.05.16
17世纪 关公	高13cm	36,960	天津文物	2014.05.16
17世纪 观音像	高67cm	207,000	南京经典	2014.08.04
17世纪 汉藏铜鎏金金刚手像	高16.4cm	195,500	中国嘉德	2014.05.18
17世纪 汉藏铜鎏金绿度母像	高13.1cm	80,500	中国嘉德	2014.05.18
17世纪 汉藏铜鎏金上师像	高28.6cm	437,000	中国嘉德	2014.05.18
17世纪 黄财神像	高27cm	896,000	天津文物	2014.11.15
17世纪 黄财神像	高9.8cm	207,000	北京保利	2014.12.04
17世纪 空行母	高20.5cm	782,000	北京保利	2014.12.04
17世纪 孔雀绿佛塔砖	高26.6cm	30,665	纽约苏富比	2014.09.16
17世纪 莲花手观音像	高73cm	575,000	南京经典	2014.08.04
17世纪 莲花手观音像	高18.2cm	97,750	北京保利	2014.12.04
17世纪 莲花手菩萨及供养人像	高17.5cm	109,250	北京保利	2014.06.05
17世纪 鎏金铜布袋佛坐像	高36.2cm	593,100	伦敦苏富比	2014.05.14
17世纪 鎏金铜观音坐像	高49.5cm	2,809,976	伦敦苏富比	2014.05.14
17世纪 鎏金铜释迦牟尼佛坐像	高16.2cm	237,240	伦敦苏富比	2014.05.14
17世纪 龙女	高24cm	36,800	北京保利	2014.12.04
17世纪 绿度母像	高17cm	86,250	北京保利	2014.06.05
17世纪 蒙古喀尔喀宗喀巴	高16cm	724,500	保利厦门	2014.11.02
17世纪 蒙古扎那巴札尔风格铜鎏金上师像	高22.5cm	805,000	保利厦门	2014.11.02
17世纪 弥勒佛	高20.5cm	345,000	北京保利	2014.02.05
17世纪 弥勒佛	高18.5cm	168,000	天津文物	2014.11.15
17世纪 木漆金释迦牟尼佛坐像	高25cm	173,635	伦敦苏富比	2014.11.05
17世纪 目犍连尊者	高41cm	575,000	北京匡时	2014.12.03
17世纪 男相观音像	高11.5cm	126,500	北京保利	2014.12.04
17世纪 善能镇伏功德逝如来佛	高17cm	23,000	北京保利	2014.12.04
17世纪 上师像	高14cm	46,000	北京翰海	2014.04.12
17世纪 上师嘎乌像	高4.4cm	26,450	北京翰海	2014.11.22
17世纪 释迦牟尼佛	高15cm	161,000	北京翰海	2014.05.10
17世纪 释迦牟尼佛	高23cm	517,500	八益拍卖	2014.10.24
17世纪 释迦牟尼佛	高19cm	195,500	八益拍卖	2014.10.24
17世纪 释迦牟尼佛	高24cm	161,000	八益拍卖	2014.10.24
17世纪 四臂观音像	高28.5cm	575,000	北京保利	2014.12.04
17世纪 四臂观音与飞天像	主尊高13.5cm	63,250	北京保利	2014.12.04
17世纪 四臂妙音佛母	高19cm	56,000	天津文物	2014.05.16
17世纪 铜鎏金白度母像	高19.8cm	805,000	北京翰海	2014.10.25
17世纪 铜鎏金宝生佛	高23cm	299,000	华艺国际	2014.12.09
17世纪 铜鎏金达摩多罗	高10.5cm	138,000	华艺国际	2014.12.09
17世纪 铜鎏金大势至菩萨坐莲像	高25.4cm	199,388	纽约苏富比	2014.03.18
17世纪 铜鎏金关帝坐像	高17.2cm	268,406	纽约佳士得	2014.03.20
17世纪 铜鎏金金刚手像菩萨像	高32cm	999,350	保利香港	2014.04.07
17世纪 铜鎏金净土观音及明妃像	高33cm	517,500	华艺国际	2014.12.09
17世纪 铜鎏金绿度母像	高16.5cm	45,425	保利香港	2014.04.07
17世纪 铜鎏金绿度母像	高20.2cm	105,440	伦敦邦瀚斯	2014.05.15
17世纪 铜鎏金弥勒	高21cm	101,200	华艺国际	2014.05.31
17世纪 铜鎏金弥勒菩萨像	高33cm	454,250	保利香港	2014.04.07
17世纪 铜鎏金燃灯佛	高29cm	36,800	上海嘉泰	2014.06.19
17世纪 铜鎏金三世佛	高44cm	55,200	上海嘉泰	2014.06.19
17世纪 铜鎏金上师像	高15cm	207,000	保利厦门	2014.11.02
17世纪 铜鎏金四臂观音像	高15cm	29,900	北京匡时	2014.09.17

拍品名称	物品尺寸	成交价RMB	拍卖公司	拍卖日期
17世纪 铜鎏金无量寿佛	高21.2cm	242,679	保利香港	2014.10.07
17世纪 铜鎏金无量寿佛像	高37cm	210,880	伦敦邦瀚斯	2014.05.15
17世纪 铜鎏金药师佛坐像	高19cm	43,700	中鸿信	2014.11.22
17世纪 铜狮吼观音菩萨像	高16.9cm	46,130	伦敦邦瀚斯	2014.05.15
17世纪铜文殊菩萨像（雪堆白风格）	高18.2cm	161,000	华艺国际	2014.12.09
17世纪 铜长寿佛与原配佛龛（宫廷风格）	高9.2cm	218,500	中国嘉德	2014.05.18
17世纪 文殊菩萨像	高17.5cm	57,500	北京保利	2014.12.04
17世纪 文殊菩萨坐像	高31cm	920,000	南京经典	2014.08.04
17世纪 无量寿佛	高15cm	97,750	北京翰海	2014.05.10
17世纪 五世达赖	宽13cm	586,500	北京保利	2014.06.05
17世纪 西藏 合金铜莲花手菩萨像	高20.4cm	101,200	中国嘉德	2014.05.18
17世纪 西藏 铜鎏金大黑天立像	高18.5cm	297,660	伦敦苏富比	2014.11.05
17世纪 西藏 铜鎏金大威德金刚像	高22cm	2,645,000	中国嘉德	2014.11.20
17世纪 西藏 铜鎏金六臂大黑天	高10.5cm	287,500	中国嘉德	2014.11.20
17世纪 西藏 铜鎏金菩萨像	高18.4cm	322,000	中国嘉德	2014.11.20
17世纪 西藏 铜鎏金五世班禅	高17.7cm	529,000	中国嘉德	2014.05.18
17世纪 西藏 铜马头金刚像	高15cm	112,700	中国嘉德	2014.05.18
17世纪 西藏 铜释迦牟尼佛	高28cm	437,000	中国嘉德	2014.05.18
17世纪 西藏 铜四臂观音像	高22cm	115,000	中国嘉德	2014.05.18
17世纪 西藏 铜四臂观音像	高13.4cm	138,000	中国嘉德	2014.11.20
17世纪 药师佛	高22cm	168,000	天津文物	2014.11.15
17世纪 银铜大成就者堪哈巴	高11.5cm	77,223	保利香港	2014.04.07
17世纪 赞巴学派	高11.2cm	210,880	伦敦邦瀚斯	2014.05.15
17世纪 止贡巴 仁钦贝	高33cm	598,000	北京翰海	2014.10.26
17世纪 祖师像	高17cm	345,000	八益拍卖	2014.10.24
17世纪 尊者	高17cm	168,000	天津文物	2014.05.16
明晚期 铜错银观音像	高30cm	517,500	安徽艺海	2014.04.30
明晚期 阿弥陀佛	高50.5cm	1,092,500	北京保利	2014.06.05
明晚期 石叟铜观音像	高31cm	322,000	保利厦门	2014.11.02
明晚期 铜观音菩萨像	高21cm	32,198	邦瀚斯	2014.09.15
明晚期 铜鎏金佛像（一对）	高20cm	230,000	翰风国际	2014.04.30
明晚期 铜鎏金莲花生座像	高17.5cm	517,500	上海敬华	2014.07.01
明晚期 铜吕洞宾立像	高18.7cm	29,663	香港苏富比	2014.10.08
明晚期 铜漆金观音菩萨像	高71cm	1,061,009	邦瀚斯	2014.09.15
明晚期 铜嵌银局部鎏金簋式炉	宽15.3cm	263,600	伦敦邦瀚斯	2014.05.15
明晚期 铜韦驮立像	高70cm	57,500	北京保利	2014.04.27
明晚期、17世纪 鎏金铜观音坐像	高20.5cm	52,720	伦敦苏富比	2014.05.14
明晚期、17世纪 鎏金铜药师佛坐像	高37cm	197,700	伦敦苏富比	2014.05.14
明晚期、17世纪铜鎏金观音菩萨坐像	高38.5cm	198,440	伦敦苏富比	2014.11.05
明晚期/18世纪 铜达摩小立像	高14.6cm	30,675	纽约佳士得	2014.03.20
明晚期/清早期 铜鎏金韦驮小立像	高10.8cm	115,031	纽约佳士得	2014.03.20
明晚期/清早期17世纪 鎏金铜释迦牟尼佛坐像	高39.9cm	2,875,500	香港苏富比	2014.04.08
明晚期16世纪 铜鎏金观音坐像	高31.2cm	230,063	纽约佳士得	2014.03.20
明末清初 观音菩萨像	高49cm	805,000	北京保利	2014.06.05
明末清初 观音造像	高28.5cm	88,992	台湾世家	2014.04.13
明末清初 释迦牟尼佛	高21cm	172,500	北京保利	2014.06.05
明末清初 铜观音立像	高50cm	862,500	古天一	2014.06.05
明末清初 铜鎏金白度母像	高44cm	1,035,000	远方拍卖	2014.06.02
明末清初 铜鎏金法行像	高38cm	690,000	北京东正	2014.11.20
明末清初 铜鎏金欢乐藏佛	高30cm	747,500	广州皇玛	2014.01.02
明末清初 铜鎏金释迦牟尼佛	高32.5cm	207,000	河南日信	2014.06.01
明末清初 铜鎏金释迦牟尼佛像	高25cm	92,000	中鸿信	2014.11.22
明末清初 铜吕洞宾	高32.3cm	1,380,000	中国嘉德	2014.11.20
明末清初 铜漆金释迦牟尼佛像	高60cm	862,500	远方拍卖	2014.06.02
明末清初 铜骑狮观音菩萨像	高29cm	230,000	北京东正	2014.11.20
明末清初 铜铸观音坐像		53,903	斯沃德	2014.04.29
17世纪/18世纪 阿弥陀佛	高18.5cm	172,500	北京保利	2014.06.05
17世纪/18世纪 不动金刚像	高12.7cm	368,000	北京保利	2014.06.05
17世纪/18世纪汉藏铜鎏金绿度母像	高30cm	483,000	中国嘉德	2014.05.18
17世纪/18世纪汉藏铜鎏金绿度母像	高16.3cm	230,000	中国嘉德	2014.11.20
17世纪/18世纪 汉藏铜鎏金释迦牟尼佛	高16.2cm	218,500	中国嘉德	2014.05.18
17世纪/18世纪汉藏铜鎏金喜金刚像	高28cm	552,000	中国嘉德	2014.05.18
17世纪/18世纪 汉藏铜鎏金药师佛	高16.6cm	103,500	中国嘉德	2014.05.18
17世纪/18世纪 孔雀	高12.5cm	138,000	北京保利	2014.06.05
17世纪/18世纪 莲花手菩萨像	高24cm	460,000	北京保利	2014.06.05
17世纪/18世纪 鎏金铜阿閦佛坐像	高29.8cm	118,620	伦敦苏富比	2014.05.14
17世纪/18世纪 蒙古喀尔喀 铜鎏金六臂大黑天	高12.1cm	97,750	中国嘉德	2014.11.20

拍品名称	物品尺寸	成交价RMB	拍卖公司	拍卖日期
17世纪/18世纪 尼泊尔 铜鎏金度母像	高25.8cm	138,000	中国嘉德	2014.05.18
17世纪/18世纪 尼泊尔 铜鎏金法语界文殊菩萨像	高20.2cm	345,000	中国嘉德	2014.05.18
17世纪/18世纪 上师像	高4.5cm	69,216	台湾世家	2014.04.13
17世纪/18世纪 释迦牟尼佛	高23.2cm	483,000	北京翰海	2014.05.10
17世纪/18世纪 铜大黑天头像	高50cm	461,300	伦敦邦瀚斯	2014.05.15
17世纪/18世纪 铜观音菩萨立像	高45.5cm	414,750	香港苏富比	2014.04.08
17世纪/18世纪 铜鎏金佛像（四尊）	高7cm×4	92,260	伦敦邦瀚斯	2014.05.15
17世纪/18世纪 铜鎏金绿度母坐像	高18cm	99,220	伦敦苏富比	2014.11.05
17世纪/18世纪 铜鎏金菩萨坐像	高21.5cm	107,363	纽约苏富比	2014.03.18
17世纪/18世纪 铜鎏金燃灯佛坐像	高33cm	1,632,169	伦敦苏富比	2014.11.05
17世纪/18世纪 铜鎏金上师像	高64cm	2,070,000	北京保利	2014.12.04
17世纪/18世纪 铜鎏金无量寿佛	高18cm	183,540	中国嘉德	2014.04.09
17世纪/18世纪 铜无量寿佛	高9.5cm	20,700	北京保利	2014.12.05
17世纪/18世纪 外修阎摩尊	高19.5cm	1,897,500	北京匡时	2014.06.04
17世纪/18世纪 五世达赖	高22cm	402,500	北京保利	2014.06.05
17世纪/18世纪 旃檀佛	高7.7cm	40,250	北京匡时	2014.06.04
清早期 夹纻菩萨观音坐像	高27.4cm	552,000	翰风国际	2014.04.30
清早期 檀香木雕阿弥陀佛	高36cm	115,000	华艺国际	2014.12.09
清早期 铜大势至菩萨像	高21.5cm	138,000	远方拍卖	2014.06.02
清早期铜鎏金彩绘象宝挂饰（一对）	高38cm×2	120,750	北京诚轩	2014.11.20
清早期 铜鎏金佛像	高15.5cm	155,250	中贸圣佳	2014.07.06
清早期 铜鎏金黄财神坐像	高15.4cm	184,000	保利厦门	2014.11.02
清早期 铜鎏金骑虎护法像	高15.3cm	115,000	翰风国际	2014.04.30
清早期 铜鎏金释迦牟尼佛佛坐像	高32cm	920,000	翰风国际	2014.04.30
清早期 铜鎏金释迦牟尼佛	高23cm	115,000	北京匡时	2014.09.17
清早期 铜鎏金释迦牟尼佛	高12cm	145,360	保利香港	2014.04.07
清早期 铜鎏金释迦牟尼佛像	高16cm	195,500	中鸿信	2014.11.22
清早期 铜鎏金无量寿佛坐像	高33.5cm	1,725,000	浙江世贸	2014.04.13
清早期 铜鎏金须弥座无量寿佛	高15.5cm	126,500	北京诚轩	2014.11.20
清早期 铜鎏金宗喀巴	高9.5cm	69,000	北京诚轩	2014.11.20
清早期 铜骑狮文殊菩萨像	高22.6cm	1,322,500	北京东正	2014.11.20
清早期 铜嵌银观音立像	高43.8cm	690,000	北京保利	2014.12.04
清早期 铜如意弥勒	高13cm	33,600	武汉中信	2014.10.23
清早期 铜制苦修像	高20.3cm	136,275	保利香港	2014.04.07
清早期 童子戏弥勒像	高5cm	115,000	远方拍卖	2014.06.02
清早期 御制木胎金髹菩萨像	高121cm	2,180,400	保利香港	2014.04.07
清早期 铜鎏金文官坐像	高50cm	11,500	北京翰海	2014.11.22
清顺治 鎏金铜执莲观音坐像	高107cm	15,578,800	香港苏富比	2014.04.08
清顺治 御制铜鎏金白度母像	高9.5cm	287,500	华艺国际	2014.12.09
清康熙 白度母像	高15.8cm	575,000	北京匡时	2014.06.04
清康熙 宝生佛	高16cm	89,600	天津文物	2014.11.15
清康熙 大持金刚像	高19cm	537,600	天津文物	2014.11.15
清康熙宫廷铜鎏金释迦牟尼佛坐像	高19cm	299,000	保利厦门	2014.11.02
清康熙 观音立像	高78cm	517,500	中宝拍卖	2014.07.06
清康熙 夹纻漆金白度母像	高25cm	322,000	华艺国际	2014.12.09
清康熙 夹纻漆金苏频陀	高20cm	115,000	华艺国际	2014.12.09
清康熙 夹纻漆金无量寿佛	高23cm	356,500	华艺国际	2014.12.09
清康熙 鎏金铜文殊菩萨坐像	高25.3cm	1,797,752	伦敦苏富比	2014.05.14
清康熙 燃灯佛	高16cm	179,200	天津文物	2014.05.16
清康熙 释迦牟尼佛	高13.5cm	184,000	北京翰海	2014.10.26
清康熙 四臂观音像	高17.5cm	299,000	北京翰海	2014.04.12
清康熙 四臂观音像	高23.5cm	694,400	天津文物	2014.05.16
清康熙 四臂观音像	高16cm	156,800	天津文物	2014.11.15
清康熙 铜鎏金跋陀罗尊者	高15.6cm	149,500	中国嘉德	2014.11.20
清康熙 铜鎏金宝冠释迦牟尼佛	高19.5cm	264,500	中国嘉德	2014.05.18
清康熙 铜鎏金宝冠释迦牟尼佛	高19cm	402,500	中国嘉德	2014.11.20
清康熙 铜鎏金财宝天王	高16cm	897,000	中国嘉德	2014.05.18
清康熙 铜鎏金持荷观音佛像	高24cm	230,000	翰风国际	2014.04.30
清康熙 铜鎏金大梵天像	高10cm	92,000	北京东正	2014.11.20
清康熙 铜鎏金佛像	高23cm	805,000	翰风国际	2014.04.30
清康熙 铜鎏金宫廷六臂大黑天	高23cm	759,000	保利厦门	2014.11.02
清康熙 铜鎏金观音像	高22.5cm	345,000	华艺国际	2014.05.31
清康熙 铜鎏金观音像	高15.7cm	161,000	中国嘉德	2014.05.18
清康熙 铜鎏金观音立像	高54cm	2,645,000	北京保利	2014.12.04
清康熙 铜鎏金红度母像	高27cm	1,495,000	中国嘉德	2014.05.18
清康熙 铜鎏金金刚总持	高35cm	402,500	东拍国际	2014.07.31
清康熙 铜鎏金喇嘛像	高15cm	437,000	翰风国际	2014.04.30
清康熙 铜鎏金绿度母像	高25.1cm	172,500	苏州东方	2014.10.30
清康熙 铜鎏金弥勒菩萨像	高21cm	207,000	西泠拍卖	2014.12.13
清康熙 铜鎏金释迦牟尼佛	高11.3cm	163,530	保利香港	2014.04.07
清康熙 铜鎏金释迦牟尼佛	高21.3cm	545,100	保利香港	2014.04.07
清康熙 铜鎏金释迦牟尼佛	高16.5cm	230,000	翰风国际	2014.04.30
清康熙 铜鎏金释迦牟尼佛	高21.8cm	1,127,000	中国嘉德	2014.05.18
清康熙 铜鎏金释迦牟尼佛坐像	高15cm	184,000	北京华辰	2014.05.17
清康熙 铜鎏金四臂观音像	高16cm	254,380	保利香港	2014.04.07
清康熙 铜鎏金四臂观音像	高23.5cm	1,955,000	中国嘉德	2014.05.18
清康熙 铜鎏金四臂观音像	高29cm	1,092,500	中国嘉德	2014.11.20
清康熙 铜鎏金四臂观音像	高12.5cm	253,000	中国嘉德	2014.11.20
清康熙 铜鎏金四臂文殊菩萨像	高16cm	552,000	北京东正	2014.05.18
清康熙 铜鎏金四世班禅	高11.3cm	97,750	北京诚轩	2014.11.20
清康熙 铜鎏金文殊菩萨像	高16.6cm	322,000	中国嘉德	2014.11.20
清康熙 铜鎏金文殊菩萨像	高31cm	1,265,000	中国嘉德	2014.06.22
清康熙 铜鎏金无量寿佛	高16.5cm	172,615	保利香港	2014.04.07
清康熙 铜鎏金无量寿佛	直径16.5cm	593,280	台湾世家	2014.04.13
清康熙 铜鎏金无量寿佛像	高22.7cm	1,610,000	北京匡时	2014.09.17
清康熙 铜鎏金阎魔敌	高23.3cm	2,185,000	中国嘉德	2014.11.20
清康熙 铜鎏金药师佛	高21.3cm	977,500	中国嘉德	2014.05.18
清康熙 铜鎏金自在观音像	高15cm	437,000	翰风国际	2014.04.30
清康熙 铜鎏金宗喀巴	高16.2cm	138,000	中国嘉德	2014.11.20
清康熙 无量寿佛	高24cm	448,000	天津文物	2014.05.16
清康熙 无量寿佛	高43.2cm	2,530,000	北京保利	2014.12.04
清康熙 药师佛	高15.8cm	1,495,000	北京匡时	2014.06.04
清康熙 御制铜鎏金无量寿佛坐像	高42.5cm	5,382,685	伦敦苏富比	2014.11.05
清康熙 扎巴风格铜鎏钦则益西多吉像	高23cm	402,500	远方拍卖	2014.06.02
清康熙 旃檀佛	高34cm	672,000	天津文物	2014.05.16
清康熙 宗喀巴	高17cm	230,000	北京翰海	2014.10.26
清雍正 鎏金铜观音菩萨坐像	高16.3cm	1,643,200	香港苏富比	2014.04.08
清雍正 铜鎏金宫廷六臂大黑天	高18cm	483,000	保利厦门	2014.11.02
清雍正 铜鎏金无量寿佛	高34cm	2,990,000	翰风国际	2014.04.30
清乾隆 阿氏多尊者	高26cm	336,000	天津文物	2014.05.16
清乾隆 白石狮吼观音像	高6.5cm	184,000	中国嘉德	2014.05.18
清乾隆 白玉鎏金观音像	高42cm	920,000	北京九歌	2014.12.17
清乾隆 不动佛	高27cm	694,400	天津文物	2014.11.15
清乾隆 不空成就佛	高15cm	161,000	中宝拍卖	2014.07.06
清乾隆 擦擦佛（一组八件）	尺寸不一	517,500	中国嘉德	2014.11.20
清乾隆 大红司命主	高12.1cm	207,000	北京翰海	2014.04.12
清乾隆 大孔雀佛母	高14cm	667,000	北京翰海	2014.10.26
清乾隆 地藏菩萨像	高50cm	6,555,000	北京翰海	2014.05.10
清乾隆 二臂大黑天	高18cm	168,000	天津文物	2014.11.15
清乾隆 珐琅彩关公	高16cm	172,500	中国嘉德	2014.11.20
清乾隆 宫廷铜鎏金大红司命像	高19cm	575,000	保利厦门	2014.11.02
清乾隆 供养菩萨像	高11cm	230,000	北京保利	2014.06.05
清乾隆 关公	高11cm	224,000	天津文物	2014.11.15
清乾隆 观音菩萨像	高32cm	1,265,000	北京翰海	2014.05.10
清乾隆 锦缎经幡（一对）	高205cm	34,500	中国嘉德	2014.11.20
清乾隆 六品佛楼燃灯佛	高19.7cm	552,000	翰风国际	2014.04.30
清乾隆 摩羯女造像	高13.5cm	177,984	台湾世家	2014.04.13
清乾隆 木胎金髹作观音坐像	高111cm	290,720	保利香港	2014.04.07
清乾隆 奇妙菩萨像	高15.4cm	230,000	北京翰海	2014.10.26
清乾隆 掐丝珐琅关公	高17cm	345,000	中国嘉德	2014.05.18
清乾隆 清净佛	高20cm	627,120	罗芙奥	2014.05.25
清乾隆 燃灯佛	高36cm	728,000	天津文物	2014.11.15
清乾隆 胜乐金刚像	高16.5cm	392,000	天津文物	2014.11.15
清乾隆 释迦牟尼佛	高16.3cm	667,000	北京翰海	2014.10.26
清乾隆 双身马头金刚像	高21cm	1,035,000	北京保利	2014.06.05
清乾隆 四臂观音像	高20.5cm	63,250	北京翰海	2014.04.12
清乾隆 铜白度母观音菩萨像	高17.7cm	40,250	中鸿信	2014.11.22
清乾隆 铜宝冠佛带背光	高7.2cm	23,000	北京匡时	2014.09.17
清乾隆 铜擦擦模	高9.8cm	1,035,000	中国嘉德	2014.05.18
清乾隆 铜彩绘黄财神像	高9.5cm	40,250	北京诚轩	2014.05.19
清乾隆 铜护法	高15.8cm	253,000	中国嘉德	2014.11.20
清乾隆 铜护法	高10.5cm	195,500	中国嘉德	2014.11.20
清乾隆 铜鎏金阿弥陀佛	高16.2cm	126,500	中国嘉德	2014.11.20
清乾隆 铜鎏金阿弥陀佛	高15.8cm	93,338	保利香港	2014.10.07
清乾隆 铜鎏金八世达赖	高23.6cm	218,500	中国嘉德	2014.11.20
清乾隆 铜鎏金八世达赖	高17cm	92,000	中国嘉德	2014.11.20
清乾隆 铜鎏金白财神像	高17.5cm	287,500	中国嘉德	2014.05.18
清乾隆 铜鎏金白度母像	高10cm	59,800	中国嘉德	2014.11.20
清乾隆 铜鎏金白度母像	高17.2cm	172,500	翰风国际	2014.04.30
清乾隆 铜鎏金白度母像	高19.5cm	368,000	保利厦门	2014.11.02

2014杂项拍卖成交汇总

(成交价RMB：1万元以上)

拍品名称	物品尺寸	成交价RMB	拍卖公司	拍卖日期
清乾隆 铜鎏金财宝天王	高17cm	368,000	中国嘉德	2014.11.20
清乾隆 铜鎏金财神像	高10.5cm	32,200	北京保利	2014.08.02
清乾隆 铜鎏金大白伞盖佛母像	高38.5cm	1,725,000	中国嘉德	2014.09.22
清乾隆 铜鎏金大持金刚坐像	高16.5cm	230,000	保利厦门	2014.11.02
清乾隆 铜鎏金大红司命	高30cm	1,955,000	中国嘉德	2014.05.18
清乾隆 铜鎏金大日如来佛	高16.5cm	218,500	中国嘉德	2014.11.20
清乾隆 铜鎏金大威德金刚像	高17.9cm	460,000	中国嘉德	2014.11.20
清乾隆 铜鎏金大威德金刚像	高53cm	4,025,000	翰风国际	2014.04.30
清乾隆 铜鎏金东方持国天王	高12.5cm	89,700	中国嘉德	2014.11.20
清乾隆 铜鎏金佛	高12.5cm	149,500	北京保利	2014.12.05
清乾隆 铜鎏金佛像	高18cm	138,000	广州皇玛	2014.04.27
清乾隆 铜鎏金佛座	高27.2cm	460,000	中国嘉德	2014.05.18
清乾隆 铜鎏金佛座	高27.2cm	402,500	中国嘉德	2014.05.18
清乾隆 铜鎏金佛座	高27.2cm	368,000	中国嘉德	2014.05.18
清乾隆 铜鎏金佛座	高34.8cm	517,500	中国嘉德	2014.11.20
清乾隆 铜鎏金供养菩萨像	高33.3cm	322,000	中国嘉德	2014.11.20
清乾隆 铜鎏金供养人	高7.5cm	66,000	武汉中信	2014.10.23
清乾隆 铜鎏金关公坐像	高16.5cm	218,500	翰风国际	2014.04.30
清乾隆 铜鎏金观音菩萨像	高10.4cm	59,800	中国嘉德	2014.11.20
清乾隆 铜鎏金观音像	高24cm	287,500	翰风国际	2014.04.30
清乾隆 铜鎏金广德佛坐像	高301cm	345,000	北京中汉	2014.11.21
清乾隆 铜鎏金红财神像	高12cm	112,700	中国嘉德	2014.11.20
清乾隆 铜鎏金护法	高19cm	207,000	中国嘉德	2014.11.20
清乾隆 铜鎏金吉祥天母	高17.2cm	253,000	中国嘉德	2014.05.18
清乾隆 铜鎏金吉祥天母	高29.5cm	575,000	中国嘉德	2014.11.20
清乾隆 铜鎏金吉祥天母	高15.2cm	126,500	中国嘉德	2014.11.20
清乾隆 铜鎏金吉祥天母造像	高15cm	20,700	广东省拍	2014.12.07
清乾隆 铜鎏金金刚持像和菩萨像	尺寸不一	55,200	中国嘉德	2014.11.20
清乾隆 铜鎏金金刚手像	高16.3cm	483,000	中国嘉德	2014.11.20
清乾隆 铜鎏金孔雀佛母	高11.8cm	402,500	中国嘉德	2014.11.20
清乾隆 铜鎏金六臂大黑天	高16.5cm	115,000	北京诚轩	2014.05.19
清乾隆 铜鎏金六臂大黑天	高15.2cm	218,500	中国嘉德	2014.05.18
清乾隆 铜鎏金罗汉（两尊）	尺寸不一	109,250	中国嘉德	2014.11.20
清乾隆 铜鎏金绿度母像	高15cm	48,300	深圳市拍	2014.01.05
清乾隆 铜鎏金绿度母像	高23.1cm	253,000	中国嘉德	2014.11.20
清乾隆 铜鎏金绿度母像	高16.4cm	184,000	中国嘉德	2014.11.20
清乾隆 铜鎏金绿度母像	高16.4cm	138,000	中国嘉德	2014.11.20
清乾隆 铜鎏金绿度母观音菩萨像	高10cm	34,500	中鸿信	2014.11.22
清乾隆 铜鎏金弥勒佛	高16cm	272,550	保利香港	2014.04.07
清乾隆 铜鎏金弥勒菩萨立像	高15.7cm	92,000	北京诚轩	2014.05.19
清乾隆 铜鎏金米拉日巴像	高9.2cm	92,000	北京诚轩	2014.05.19
清乾隆铜鎏金千手千眼大悲观音像	高71.5cm	4,140,000	北京东正	2014.11.20
清乾隆 铜鎏金上师像	高15.2cm	126,500	中国嘉德	2014.11.20
清乾隆 铜鎏金上师像	高13.2cm	80,500	北京诚轩	2014.11.20
清乾隆 铜鎏金上师像	高17.5cm	207,000	中鸿信	2014.11.22
清乾隆 铜鎏金上师像	高17cm	92,000	北京保利	2014.10.26
清乾隆 铜鎏金圣具金尊者	高16.2cm	126,500	中国嘉德	2014.11.20
清乾隆 铜鎏金十一面佛	高17cm	39,200	武汉中信	2014.10.23
清乾隆 铜鎏金十一面观音像	高34.5cm	2,816,350	保利香港	2014.04.07
清乾隆 铜鎏金释迦牟尼佛	高16.5cm	172,500	中国嘉德	2014.11.20
清乾隆 铜鎏金释迦牟尼佛像	高30.5cm	197,700	伦敦邦瀚斯	2014.05.15
清乾隆 铜鎏金释迦牟尼佛坐像	高11.2cm	103,500	北京诚轩	2014.05.19
清乾隆 铜鎏金释迦牟尼佛像	高16cm	36,800	北京保利	2014.10.26
清乾隆 铜鎏金双身大威德金刚像	高13.2cm	345,000	中国嘉德	2014.05.18
清乾隆 铜鎏金四臂观音像	高19cm	78,200	北京保利	2014.04.27
清乾隆 铜鎏金四臂观音坐像	高18.5cm	115,000	北京诚轩	2014.11.20
清乾隆 铜鎏金天王像	高16.5cm	184,000	中国嘉德	2014.11.20
清乾隆 铜鎏金文殊	高17cm	28,750	北京保利	2014.10.26
清乾隆 铜鎏金文殊菩萨像	高17cm	32,200	北京保利	2014.04.27
清乾隆 铜鎏金无量寿佛	高21.3cm	43,700	北京保利	2014.04.27
清乾隆 铜鎏金无量寿佛	高19cm	230,000	北京诚轩	2014.05.19
清乾隆 铜鎏金无量寿佛	高17.5cm	143,750	北京诚轩	2014.05.19
清乾隆 铜鎏金无量寿佛	高23cm	230,000	翰风国际	2014.04.30
清乾隆 铜鎏金无量寿佛	高17cm	126,500	翰风国际	2014.04.30
清乾隆 铜鎏金无量寿佛	高16cm	115,000	翰风国际	2014.04.30
清乾隆 铜鎏金无量寿佛	高21cm	207,000	江苏爱涛	2014.07.06
清乾隆 铜鎏金无量寿佛	高16.4cm	161,000	中国嘉德	2014.05.18
清乾隆 铜鎏金无量寿佛	高16.7cm	149,500	中国嘉德	2014.05.18
清乾隆 铜鎏金无量寿佛	高20.5cm	51,750	中国嘉德	2014.05.18
清乾隆 铜鎏金无量寿佛	高30.5cm	2,875,000	中国嘉德	2014.11.20
清乾隆 铜鎏金无量寿佛	高23.5cm	598,000	中国嘉德	2014.11.20

拍品名称	物品尺寸	成交价RMB	拍卖公司	拍卖日期
清乾隆 铜鎏金无量寿佛	高23cm	161,000	中国嘉德	2014.11.20
清乾隆 铜鎏金无量寿佛	高12.3cm	112,700	中国嘉德	2014.11.20
清乾隆 铜鎏金无量寿佛	高16.1cm	94,300	中国嘉德	2014.11.20
清乾隆 铜鎏金无量寿佛	高36cm	2,817,500	华艺国际	2014.12.09
清乾隆 铜鎏金无量寿佛像	高21.3cm	85,670	伦敦邦瀚斯	2014.05.15
清乾隆 铜鎏金无量寿佛像	高16.4cm	69,000	中鸿信	2014.11.22
清乾隆 铜鎏金无量寿佛像	高19cm	66,700	中国嘉德	2014.09.22
清乾隆 铜鎏金无量寿佛像	高20.3cm	56,250	中鸿信	2014.11.22
清乾隆 铜鎏金无量寿佛像	高17.7cm	161,000	西泠拍卖	2014.12.13
清乾隆 铜鎏金五世达赖	高18cm	63,250	北京诚轩	2014.11.20
清乾隆 铜鎏金舞姿佛母	高19cm	115,000	北京诚轩	2014.05.19
清乾隆铜鎏金须弥座释迦牟尼佛坐像	高16.2cm	172,500	北京诚轩	2014.11.20
清乾隆 铜鎏金阎魔敌	高17.2cm	782,000	中国嘉德	2014.11.20
清乾隆 铜鎏金章嘉活佛	高17cm	78,200	中国嘉德	2014.11.20
清乾隆 铜鎏金宗喀巴	高17cm	101,200	中国嘉德	2014.11.20
清乾隆 铜鎏金宗喀巴像	高16cm	92,000	西泠拍卖	2014.05.06
清乾隆 铜鎏金尊胜佛母	高11cm	78,200	北京保利	2014.10.26
清乾隆 铜罗刹天像	高11.3cm	483,000	北京东正	2014.11.20
清乾隆 铜弥勒佛	高33.5cm	828,000	北京翰海	2014.10.26
清乾隆 铜泥金大威德金刚像	高28cm	943,000	中国嘉德	2014.11.20
清乾隆 铜泥金关公像	高22cm	552,000	翰风国际	2014.04.30
清乾隆 铜泥金无量寿佛像	高18.3cm	207,000	北京东正	2014.05.18
清乾隆 铜漆金双身金刚持像	高24.9cm	195,500	中国嘉德	2014.05.18
清乾隆 铜漆金尊胜佛母坐像	高28.5cm	172,500	西泠拍卖	2014.12.13
清乾隆 铜骑象护法	高15.5cm	161,000	中国嘉德	2014.11.20
清乾隆 铜烧古泥金般若佛母坐像	高14cm	138,000	北京华辰	2014.05.17
清乾隆 铜舍利佛像	高16cm	908,500	北京东正	2014.11.20
清乾隆 铜四臂观音像	高16cm	207,000	远方拍卖	2014.06.02
清乾隆 铜无量寿佛	高16.3cm	172,500	中国嘉德	2014.05.18
清乾隆 铜无量寿佛	高18cm	149,341	保利香港	2014.10.07
清乾隆 铜无量寿佛像	高22.8cm	66,700	中鸿信	2014.11.22
清乾隆 铜无量寿佛像	高17.2cm	36,800	中鸿信	2014.11.22
清乾隆 无量寿佛	高19cm	177,984	台湾世家	2014.04.13
清乾隆 无量寿佛	高21cm	89,600	天津文物	2014.05.16
清乾隆 无量寿佛	高16cm	84,000	天津文物	2014.05.16
清乾隆 无量寿佛	高17cm	1,232,000	天津文物	2014.11.15
清乾隆 无量寿佛	高21cm	36,800	北京翰海	2014.11.22
清乾隆 无量寿佛	高21.2cm	126,500	北京盈时	2014.12.07
清乾隆 药师佛	高17cm	437,000	北京翰海	2014.10.26
清乾隆 银泥金大持金刚像	高16.9cm	92,000	中鸿信	2014.11.22
清乾隆 银骑熊护法	高14cm	287,500	北京诚轩	2014.11.20
清乾隆银嵌宝金刚经册上中下三函	高13.2cm	69,000	上海嘉泰	2014.06.19
清乾隆 御制紫檀雕描金八吉祥纹无量寿佛五连佛龛	高75cm	3,270,600	保利香港	2014.04.07
清乾隆 扎巴风格铜鎏金无量寿佛	高20cm	172,500	远方拍卖	2014.06.02
清乾隆 紫金琍玛无量寿佛	高22.7cm	8,970,000	中国嘉德	2014.11.20
清乾隆 宗喀巴	高21cm	481,600	天津文物	2014.11.15
清乾隆1770年 铜鎏金无量寿佛像	高21.6cm	55,356	伦敦邦瀚斯	2014.05.15
清中期 铜鎏金关公像	高16cm	55,200	中国嘉德	2014.09.22
清中期 铜鎏金红财神像	高13.3cm	181,700	保利香港	2014.04.07
清中期 铜鎏金绿度母像	高16.5cm	115,000	西泠拍卖	2014.12.13
清中期 铜鎏金普巴金刚像	高16cm	63,250	北京保利	2014.12.05
清中期 铜鎏金骑骆驼护法	高29cm	186,676	保利香港	2014.10.07
清中期 铜鎏金上师像	高40cm	3,450,000	上海敬华	2014.07.01
清中期 铜鎏金上师像	高16cm	40,250	深圳市拍	2014.01.05
清中期 铜鎏金狮面空行母	高19.5cm	220,000	北京九歌	2014.12.17
清中期 铜鎏金释迦牟尼佛像	高16.5cm	34,500	中鸿信	2014.11.22
清中期 铜鎏金释迦牟尼佛像	高9.5cm	57,500	北京保利	2014.04.27
清中期 铜鎏金文殊菩萨像	高23cm	57,500	中国嘉德	2014.06.22
清中期 铜泥金尊胜佛母	高17.3cm	103,500	华艺国际	2014.04.13
清中期 银鎏金大威德金刚像	高19.5cm	317,975	保利香港	2014.04.07
清中期 银鎏金噶屋	高18.2cm	23,000	北京诚轩	2014.11.20
清 白度母像 绿度母像（二尊）	尺寸不一	345,000	中宝拍卖	2014.07.06
清 藏传佛教“宗喀巴”坐像	高18cm	126,500	南京经典	2014.01.06
清 藏传鎏金上师像铜像	高16.5cm	195,500	南京经典	2014.01.06
清 纯银三面六臂观音立像	高17.2cm	138,000	浙江世贸	2014.04.13
清 大肚弥勒佛	高19cm	57,500	北京翰海	2014.11.22
清 大黑天	高14.5cm	115,000	中宝拍卖	2014.07.06
清 大红司命主擦擦	高5.7cm	43,700	中鸿信	2014.11.22
清 红地盘金袈裟	高248cm	59,800	北京保利	2014.01.11
清 黄铜烧古见肉泥金阿弥陀佛	高15cm	29,900	北京保利	2014.10.26

拍品名称	物品尺寸	成交价RMB	拍卖公司	拍卖日期
清 黄铜烧古见肉泥金燃灯佛	高19cm	115,000	北京保利	2014.10.26
清 黄铜烧古见肉泥金在严母	高18cm	126,500	北京保利	2014.10.26
清 吉祥天母	高14.8cm	195,500	中宝拍卖	2014.07.06
清 袈裟	高132cm	184,000	北京保利	2014.12.04
清 金佛龛	长2.7cm	82,800	北京匡时	2014.09.17
清 金刚手像菩萨像	高21cm	37,080	台湾世家	2014.04.13
清 金刚手像菩萨像	高17.5cm	115,000	中宝拍卖	2014.07.06
清 金漆木雕人物像（两件）	尺寸不一	13,800	中国嘉德	2014.09.22
清 金漆木雕仙人像	高18.2cm	25,300	中国嘉德	2014.09.22
清 鎏金蒙古喀尔喀释迦牟尼佛坐像	高28.5cm	483,000	南京经典	2014.01.06
清 鎏金释迦牟尼佛像（莲花手印）	高30cm	299,000	南京经典	2014.01.06
清 马头明王	高16cm	287,500	中宝拍卖	2014.07.06
清 描金文殊菩萨像	直径4cm	11,500	中国嘉德	2014.09.22
清 木泥金“三宝佛”（一套三件）	尺寸不一	287,500	翰风国际	2014.04.30
清 木髹金漆西方三圣立像	高45cm	172,500	浙江世贸	2014.04.13
清 泥质十一面观音像及铜鎏金白度母像	尺寸不一	11,500	中国嘉德	2014.11.20
清 普贤菩萨像	高21cm	103,500	北京翰海	2014.10.26
清 骑狼护法	高21cm	287,500	中宝拍卖	2014.07.06
清 骑马护法	高11.5cm	103,500	中宝拍卖	2014.07.06
清 骑羊护法	高27.5cm	1,610,000	中宝拍卖	2014.07.06
清 三世佛鎏金铜像	高23cm	1,322,500	南京经典	2014.01.06
清 上乐金刚擦擦像	长5.9cm	11,500	中国嘉德	2014.09.22
清 十一面观音像	高20cm	138,000	中宝拍卖	2014.07.06
清 石质文相关公	高17.8cm	55,200	中国嘉德	2014.11.20
清 寿山石雕罗汉坐像	高12cm	131,800	伦敦苏富比	2014.05.14
清 铜财宝天王	高33cm	138,000	北京盘古	2014.06.25
清 铜达摩佛像	高30.5cm	103,500	翰风国际	2014.04.30
清 铜大成就者像	高69.5cm	414,000	中国嘉德	2014.06.22
清 铜关公像	高17.5cm	16,100	北京匡时	2014.09.17
清 铜观音立像	高47cm	97,750	北京保利	2014.10.26
清 铜观音像	高21cm	46,000	中国嘉德	2014.03.24
清 铜鎏金阿弥陀佛像	高32.5cm	575,000	南京经典	2014.01.06
清 铜鎏金阿难尊者像	高22cm	69,000	西泠拍卖	2014.05.06
清 铜鎏金八臂持世菩萨坐像	高26cm	103,500	太平洋	2014.03.21
清 铜鎏金白度母像	高17.5cm	36,800	中国嘉德	2014.03.24
清 铜鎏金财宝天王	高17.5cm	48,300	西泠拍卖	2014.12.13
清 铜鎏金财宝天王坐像	高7cm	13,800	西泠拍卖	2014.12.13
清 铜鎏金大成就者像	高24cm	103,500	西泠拍卖	2014.05.06
清 铜鎏金大黑天像	高25.5cm	74,750	上海嘉泰	2014.06.19
清 铜鎏金大威德金刚像	高24cm	100,000	北京九歌	2014.12.17
清 铜鎏金度母像	高27cm	126,500	太平洋	2014.09.19
清 铜鎏金度母像	高19cm	180,000	北京九歌	2014.12.17
清 铜鎏金忿怒母像	高16.1cm	138,000	翰风国际	2014.04.30
清 铜鎏金佛头	高34cm	32,200	中国嘉德	2014.06.22
清 铜鎏金佛像	高28cm	52,900	北京翰海	2014.01.12
清 铜鎏金佛像（一组十八件）	尺寸不一	322,000	北京匡时	2014.06.04
清 铜鎏金关公	高16cm	399,740	保利香港	2014.04.07
清 铜鎏金关公	高16cm	46,000	北京保利	2014.10.26
清 铜鎏金关公像	高24.5cm	57,500	北京翰海	2014.11.22
清 铜鎏金观音像	高17cm	20,700	中鸿信	2014.11.22
清 铜鎏金观音坐像	高20.5cm	43,700	北京翰海	2014.01.12
清 铜鎏金护法像	高10cm	89,700	北京保利	2014.04.27
清 铜鎏金黄财神像	高13.7cm	416,070	澳门中信	2014.06.08
清 铜鎏金黄财神像	高14cm	120,750	北京保利	2014.08.02
清 铜鎏金吉祥天母	高15cm	36,800	北京保利	2014.10.26
清 铜鎏金金刚持像像	高33cm	69,000	中鸿信	2014.11.22
清 铜鎏金六臂大黑天	高17cm	46,000	北京保利	2014.12.05
清 铜鎏金六世班禅像	高23.5cm	632,500	保利厦门	2014.11.02
清 铜鎏金罗汉座像	高31cm	575,000	中贸圣佳	2014.06.01
清 铜鎏金绿度母像	高16.5cm	32,200	中国嘉德	2014.09.22
清 铜鎏金绿度母像小像	高9.6cm	17,250	中国嘉德	2014.09.22
清 铜鎏金绿度母像座像	高20cm	92,000	太平洋	2014.06.25
清 铜鎏金弥勒佛像	高15cm	46,000	北京匡时	2014.09.17
清 铜鎏金弥勒菩萨坐像	高24.5cm	230,000	西泠拍卖	2014.12.13
清 铜鎏金摩利支天像	高20cm	59,800	中国嘉德	2014.03.24
清 铜鎏金男相观音像	高10.8cm	28,750	中国嘉德	2014.09.22
清 铜鎏金菩萨像	高25cm	86,250	中国嘉德	2014.06.22
清 铜鎏金菩萨坐像	高22.8cm	32,200	太平洋	2014.03.21
清 铜鎏金嵌宝观音像	高48.5cm	126,500	南京经典	2014.04.27
清 铜鎏金燃灯佛	高23cm	115,000	东拍国际	2014.07.31

拍品名称	物品尺寸	成交价RMB	拍卖公司	拍卖日期
清 铜鎏金三世佛	高50cm	97,750	北京保利	2014.10.26
清 铜鎏金上师像	高35cm	43,700	北京保利	2014.01.11
清 铜鎏金十一面观音佛像	高33cm	161,000	翰风国际	2014.04.30
清 铜鎏金十一面观音像	高25cm	13,800	中国嘉德	2014.09.22
清 铜鎏金释迦牟尼佛	高26cm	46,000	中贸圣佳	2014.06.01
清 铜鎏金释迦牟尼佛像	高16.5cm	20,000	北京九歌	2014.12.17
清 铜鎏金释迦牟尼佛像	高16.3cm	138,000	苏州东方	2014.05.30
清 铜鎏金释迦牟尼佛坐像	高9.5cm	51,750	北京华辰	2014.05.17
清 铜鎏金释迦牟尼佛像	高14.5cm	46,000	西泠拍卖	2014.05.06
清 铜鎏金释迦牟尼佛像	高16cm	10,350	中鸿信	2014.11.22
清 铜鎏金释迦牟尼佛像	高12.7cm	80,500	西泠拍卖	2014.12.13
清 铜鎏金释迦牟尼佛坐像	高11cm	55,200	西泠拍卖	2014.12.13
清 铜鎏金释迦牟尼佛座像	高36cm	230,000	太平洋	2014.09.19
清 铜鎏金释迦牟尼佛座像	高62cm	34,500	太平洋	2014.09.19
清 铜鎏金释迦牟尼佛像	高38cm	40,250	北京保利	2014.01.11
清 铜鎏金释迦牟尼佛像	高20cm	34,500	北京保利	2014.01.11
清 铜鎏金释迦牟尼佛像	高36cm	40,250	太平洋	2014.06.25
清 铜鎏金释迦牟尼佛像	高25.7cm	36,800	中国嘉德	2014.09.22
清 铜鎏金释迦牟尼佛小像	高10.5cm	36,800	中国嘉德	2014.09.22
清 铜鎏金四臂观音像	高19cm	44,800	武汉中信	2014.10.23
清 铜鎏金天王像	高36cm	23,000	北京保利	2014.10.26
清 铜鎏金文昌像	高17cm	69,000	北京保利	2014.12.05
清 铜鎏金文殊菩萨像	高16.5cm	34,500	北京匡时	2014.09.17
清 铜鎏金文殊菩萨坐像	高23cm	74,750	太平洋	2014.06.25
清 铜鎏金无量寿佛	高10cm	51,750	北京保利	2014.08.02
清 铜鎏金无量寿佛	高15cm	34,500	北京保利	2014.08.02
清 铜鎏金无量寿佛	高11cm	32,200	北京保利	2014.08.02
清 铜鎏金无量寿佛	高10.5cm	57,500	中鸿信	2014.11.22
清 铜鎏金无量寿佛	高15cm	46,000	北京保利	2014.10.26
清 铜鎏金无量寿佛	高10.5cm	17,250	北京保利	2014.10.26
清 铜鎏金无量寿佛像	高26.9cm	71,300	中国嘉德	2014.03.24
清 铜鎏金无量寿佛坐像	高18cm	115,000	辽宁中正	2014.05.25
清 铜鎏金喜金刚随身佛	长4.3cm	51,750	中国嘉德	2014.03.24
清 铜鎏金阎魔天	高8.5cm	23,000	北京保利	2014.10.26
清 铜鎏金药师佛供像	高28cm	230,000	上海嘉泰	2014.06.19
清 铜鎏金自在观音像	高17.3cm	115,000	中国嘉德	2014.06.22
清 铜鎏金宗喀巴像	高16.5cm	69,000	中鸿信	2014.11.22
清 铜鎏金宗喀巴像	高13.3cm	36,800	北京匡时	2014.09.17
清 铜鎏金宗喀巴像	高10.5cm	11,500	北京保利	2014.10.26
清 铜鎏金宗喀巴小像	高10cm	17,250	中国嘉德	2014.09.22
清 铜鎏金祖师造像（两件）	尺寸不一	138,000	辽宁中正	2014.05.25
清 铜鎏金尊胜佛母	高29cm	59,800	北京保利	2014.01.11
清 铜罗汉佛像	高25cm	184,000	翰风国际	2014.04.30
清 铜弥勒像	高30.5cm	48,300	中国嘉德	2014.03.24
清 铜漆金观音坐像	高26.5cm	230,000	北京翰海	2014.08.24
清 铜骑牛护法像	高15.8cm	16,100	北京匡时	2014.09.17
清 铜嵌银丝观音立像	高51cm	241,500	翰风国际	2014.04.30
清 铜如意观音像	高49cm	138,000	北京保利	2014.01.11
清 铜狮吼观音像	高31cm	13,800	北京翰海	2014.11.22
清 铜十一面观音像	高45cm	552,000	北京盘古	2014.06.25
清 铜寿星像	高29cm	437,000	江苏爱涛	2014.07.06
清 铜胎包银大持金刚像	高16.9cm	36,800	中国嘉德	2014.03.24
清 铜胎珐琅观音大士像	高49cm	180,000	北京九歌	2014.12.17
清 铜药师佛	高19cm	32,200	北京保利	2014.10.26
清 铜旃檀佛	高9.5cm	40,250	北京保利	2014.01.11
清 铜制韩湘子坐像	高24cm	115,000	北京华辰	2014.05.17
清 无量寿佛	高19.5cm	138,000	中宝拍卖	2014.07.06
清 银寿星像	高23cm	10,350	中国嘉德	2014.09.22
清 银质黄财神像	高15.3cm	138,000	中国嘉德	2014.11.20
清 银质龙纹佛龛	高33.8cm	86,250	中鸿信	2014.11.22
清 银质菩萨像	高23.6cm	115,000	中国嘉德	2014.11.20
清 旃檀佛	高18cm	172,500	中宝拍卖	2014.07.06
清 碧霞元君	高25cm	897,000	北京翰海	2014.05.10
清（18世纪）铜鎏金大威德金刚眷属像	高16cm	437,000	北京东正	2014.05.18
清（18世纪）铜鎏金嵌银马头明王像	高25.5cm	862,500	北京东正	2014.05.18
清（18世纪）铜鎏金十一面观音像	高19cm	184,000	北京东正	2014.05.18
清（18世纪）铜鎏金释迦牟尼佛像	高11cm	103,500	北京东正	2014.05.18
18世纪 绿度母像	高16.6cm	51,750	北京翰海	2014.10.26
18世纪 阿弥陀佛	高14.5cm	287,500	北京保利	2014.02.05
18世纪 阿弥陀佛	高16cm	253,000	北京保利	2014.06.05

2014杂项拍卖成交汇总

(成交价RMB：1万元以上)

拍品名称	物品尺寸	成交价RMB	拍卖公司	拍卖日期
18世纪 阿弥陀佛	高10.6cm	43,700	北京保利	2014.12.04
18世纪 阿难与迦叶	高6.5cm	28,750	北京保利	2014.12.04
18世纪 阿氏多尊者	高12.8cm	28,000	天津文物	2014.11.15
18世纪 八骏财神像	高24cm	80,500	北京保利	2014.06.05
18世纪 白财神像	高9.7cm	37,950	北京翰海	2014.08.23
18世纪 白财神像	高11cm	109,250	北京翰海	2014.10.26
18世纪 白财神像	高10.6cm	46,000	北京保利	2014.12.04
18世纪 白度母像	高32.5cm	724,500	北京翰海	2014.05.10
18世纪 白度母像	高16cm	84,000	天津文物	2014.05.16
18世纪 白度母像	高16.8cm	72,800	天津文物	2014.11.15
18世纪 白度母像	高18cm	80,500	北京保利	2014.12.04
18世纪 白哈尔	高18.5cm	63,250	北京保利	2014.06.05
18世纪 白哈尔	高16cm	123,200	天津文物	2014.05.16
18世纪 白玛哈嘎啦	高24.5cm	67,200	天津文物	2014.05.16
18世纪 般若佛母	高17cm	190,400	天津文物	2014.11.15
18世纪 宝冠释迦牟尼佛	高18cm	103,500	北京匡时	2014.06.04
18世纪 宝生佛	高16cm	67,200	天津文物	2014.11.15
18世纪 碧霞元君	高14.6cm	89,600	天津文物	2014.11.15
18世纪 不空成就佛	高10cm	20,700	北京保利	2014.12.04
18世纪 财宝天王	高16.7cm	207,000	北京保利	2014.02.05
18世纪 财宝天王	高16cm	747,500	北京翰海	2014.05.10
18世纪 财宝天王	高13.5cm	97,750	北京翰海	2014.01.11
18世纪 财宝天王	高17.8cm	977,500	北京翰海	2014.10.26
18世纪 财神像	高16.8cm	51,750	北京翰海	2014.11.22
18世纪 达赖喇嘛	高18cm	345,000	八益拍卖	2014.10.24
18世纪 达摩渡海	高13cm	103,500	北京保利	2014.12.04
18世纪 达摩祖师像	高35cm	172,500	北京翰海	2014.01.11
18世纪 大白伞盖佛母	高17.5cm	97,750	北京翰海	2014.08.23
18世纪 大白伞盖佛母	高17cm	95,200	天津文物	2014.05.16
18世纪 大白伞盖佛母	高11cm	115,000	北京翰海	2014.10.26
18世纪 大白伞盖佛母	高16cm	32,200	北京翰海	2014.11.22
18世纪 大白文殊	高16.7cm	72,800	天津文物	2014.11.15
18世纪 大梵天	高10cm	46,000	北京翰海	2014.01.11
18世纪 大红司命主	高11cm	78,400	天津文物	2014.05.16
18世纪 大红司命主擦擦附佛龛	高4.6cm	36,800	北京翰海	2014.05.10
18世纪 大日如来佛	高16.5cm	97,750	北京保利	2014.12.04
18世纪 大威德金刚像	高20cm	437,000	北京保利	2014.06.05
18世纪 大威德金刚像	高12.5cm	322,000	北京保利	2014.02.05
18世纪 大威德金刚像	高18cm	293,250	北京翰海	2014.01.11
18世纪 大威德金刚像	高16.5cm	230,000	北京匡时	2014.06.04
18世纪 大威德金刚像	高30.5cm	470,400	天津文物	2014.05.16
18世纪 大威德金刚像	高23cm	201,600	天津文物	2014.05.16
18世纪 大威德金刚像	高15.8cm	483,000	北京翰海	2014.10.26
18世纪 大威德金刚像	高27cm	179,200	天津文物	2014.11.15
18世纪 大威德金刚像	高19.3cm	109,250	北京保利	2014.12.04
18世纪 大威德金刚像	高30.5cm	1,380,000	北京保利	2014.12.04
18世纪 大威德金刚擦擦像	高6cm	230,000	北京翰海	2014.10.26
18世纪 大威德金刚眷属像	高16cm	322,000	北京翰海	2014.10.26
18世纪 道教人物	高27.5cm	207,000	北京保利	2014.12.04
18世纪 道教天官	高17cm	89,600	天津文物	2014.11.15
18世纪 独雄大威德金刚像	高19cm	138,000	北京盈时	2014.12.07
18世纪 度母像	高14.6cm	109,250	八益拍卖	2014.10.24
18世纪 多闻天王	高11.2cm	67,200	天津文物	2014.11.15
18世纪 法界妙音自在佛	高38cm	3,450,000	北京保利	2014.02.05
18世纪 佛塔	高11.5cm	32,200	北京翰海	2014.11.22
18世纪 佛像背光	长47cm	17,250	北京翰海	2014.11.22
18世纪 佛像五尊	尺寸不一	138,000	北京翰海	2014.11.22
18世纪 格鲁派黄绫法敕	高53cm	11,500	北京东正	2014.11.20
18世纪 格鲁派上师像	高14.5cm	156,800	天津文物	2014.05.16
18世纪 关公	高16.5cm	828,000	北京匡时	2014.06.04
18世纪 关公	高19.5cm	414,000	北京匡时	2014.12.03
18世纪 关公	高25cm	172,500	北京盈时	2014.12.07
18世纪 关公	高16cm	138,000	北京保利	2014.12.04
18世纪 关公 关平 周仓	尺寸不一	112,000	天津文物	2014.05.16
18世纪 关羽	高18cm	414,000	北京保利	2014.06.05
18世纪 观音像	高17cm	46,000	北京保利	2014.12.04
18世纪 观音菩萨像	高17.5cm	57,500	北京翰海	2014.01.11
18世纪 观音菩萨像	高18.5cm	69,000	北京保利	2014.12.04
18世纪 汉藏 铜鎏金白度母像	高10.8cm	82,800	中国嘉德	2014.05.18
18世纪 汉藏 铜鎏金白度母像	高17.6cm	69,000	中国嘉德	2014.05.18
18世纪 汉藏 铜鎏金白度母像	高10.4cm	59,800	中国嘉德	2014.05.18

拍品名称	物品尺寸	成交价RMB	拍卖公司	拍卖日期
18世纪 汉藏 铜鎏金白度母像	高10.1cm	48,300	中国嘉德	2014.05.18
18世纪 汉藏 铜鎏金不动明王	高18.5cm	460,000	中国嘉德	2014.05.18
18世纪 汉藏 铜鎏金财宝天王	高16.2cm	115,000	中国嘉德	2014.05.18
18世纪 汉藏 铜鎏金大白伞盖佛母	高10.8cm	115,000	中国嘉德	2014.05.18
18世纪 汉藏 铜鎏金恶身天	高10.8cm	63,250	中国嘉德	2014.05.18
18世纪 汉藏 铜鎏金供养菩萨像	高15.5cm	138,000	中国嘉德	2014.11.20
18世纪 汉藏 铜鎏金观音像	高16.3cm	241,500	中国嘉德	2014.05.18
18世纪 汉藏 铜鎏金观音像	高17.7cm	149,500	中国嘉德	2014.05.18
18世纪 汉藏 铜鎏金观音像	高11cm	97,750	中国嘉德	2014.05.18
18世纪 汉藏 铜鎏金观音像	高14.3cm	66,700	中国嘉德	2014.05.18
18世纪 汉藏 铜鎏金观音像	高15.6cm	46,000	中国嘉德	2014.05.18
18世纪 汉藏 铜鎏金红度母像	高10.6cm	66,700	中国嘉德	2014.05.18
18世纪 汉藏 铜鎏金护法	高16.5cm	63,250	中国嘉德	2014.05.18
18世纪 汉藏 铜鎏金金刚萨埵像	高17.3cm	126,500	中国嘉德	2014.05.18
18世纪 汉藏 铜鎏金六臂大黑天	高20.2cm	89,700	中国嘉德	2014.05.18
18世纪 汉藏 铜鎏金六臂大黑天	高16.8cm	80,500	中国嘉德	2014.05.18
18世纪 汉藏 铜鎏金绿度母像	高16.6cm	149,500	中国嘉德	2014.05.18
18世纪 汉藏 铜鎏金绿度母像	高16.5cm	138,000	中国嘉德	2014.05.18
18世纪 汉藏 铜鎏金绿度母像	高16.9cm	115,000	中国嘉德	2014.05.18
18世纪 汉藏 铜鎏金弥勒	高17.6cm	94,300	中国嘉德	2014.05.18
18世纪 汉藏 铜鎏金目犍连	高13cm	59,800	中国嘉德	2014.05.18
18世纪 汉藏 铜鎏金菩萨像	高17.1cm	34,500	中国嘉德	2014.05.18
18世纪 汉藏 铜鎏金七世达赖	高15.1cm	161,000	中国嘉德	2014.05.18
18世纪 汉藏 铜鎏金燃灯佛	高16.5cm	92,000	中国嘉德	2014.05.18
18世纪 汉藏 铜鎏金如来佛	高16.6cm	92,000	中国嘉德	2014.05.18
18世纪 汉藏 铜鎏金上乐金刚像	高11.8cm	101,200	中国嘉德	2014.05.18
18世纪 汉藏 铜鎏金释迦牟尼佛	高16.5cm	161,000	中国嘉德	2014.05.18
18世纪 汉藏 铜鎏金释迦牟尼佛	高16.1cm	138,000	中国嘉德	2014.05.18
18世纪 汉藏 铜鎏金释迦牟尼佛	高16.5cm	69,000	中国嘉德	2014.05.18
18世纪 汉藏 铜鎏金文殊菩萨像	高14cm	80,500	中国嘉德	2014.05.18
18世纪 汉藏 铜鎏金无量寿佛	高13.5cm	115,000	中国嘉德	2014.05.18
18世纪 汉藏 铜鎏金无量寿佛	高17.7cm	103,500	中国嘉德	2014.05.18
18世纪 汉藏 铜鎏金无量寿佛	高17.5cm	92,000	中国嘉德	2014.05.18
18世纪 汉藏 铜鎏金无量寿佛	高23.8cm	92,000	中国嘉德	2014.05.18
18世纪 汉藏 铜鎏金无量寿佛	高16.6cm	69,000	中国嘉德	2014.05.18
18世纪 汉藏 铜鎏金无量寿佛	高18cm	57,500	中国嘉德	2014.05.18
18世纪 汉藏 铜鎏金无量寿佛	高17.2cm	48,300	中国嘉德	2014.05.18
18世纪 汉藏 铜鎏金站相弥勒	高18.4cm	55,200	中国嘉德	2014.05.18
18世纪 汉藏 铜鎏金站相菩萨像	高17.2cm	34,500	中国嘉德	2014.05.18
18世纪 汉藏 铜鎏金准提佛母	高17.6cm	161,000	中国嘉德	2014.05.18
18世纪 汉藏 铜鎏金宗喀巴	高15.6cm	126,500	中国嘉德	2014.05.18
18世纪 汉藏 铜鎏金宗喀巴	高16.1cm	89,700	中国嘉德	2014.05.18
18世纪 汉藏 铜鎏金尊者	高15cm	126,500	中国嘉德	2014.05.18
18世纪 汉藏 铜狮面佛母	高18.5cm	172,500	中国嘉德	2014.05.18
18世纪 黑财神像	高14.8cm	1,127,000	北京翰海	2014.10.26
18世纪黑财神像、金刚手像菩萨像	高9cm6.2cm	161,000	北京翰海	2014.08.23
18世纪 横三世佛（一组）	高46.5cm	897,000	南京经典	2014.08.04
18世纪 红财神像	高14.1cm	36,300	北京翰海	2014.08.23
18世纪 护法	高17cm	34,500	北京保利	2014.12.04
18世纪 黄财神像	高9cm	71,300	北京翰海	2014.04.12
18世纪 黄财神像	高12.5cm	69,000	北京翰海	2014.04.12
18世纪 黄财神像	高11.5cm	34,500	北京翰海	2014.08.23
18世纪 黄财神像	高12.5cm	156,800	天津文物	2014.05.16
18世纪 黄财神像	高18cm	358,400	天津文物	2014.11.15
18世纪 黄财神像	高10cm	39,200	天津文物	2014.11.15
18世纪 黄财神像	高15.5cm	253,000	北京保利	2014.12.04
18世纪 黄财神像嘎乌	高4.6cm	20,700	北京翰海	2014.11.22
18世纪 吉祥天母	高17.5cm	195,500	北京保利	2014.06.05
18世纪 吉祥天母	高13cm	69,000	北京翰海	2014.01.11
18世纪 吉祥天母	高22.5cm	632,500	北京匡时	2014.06.04
18世纪 将军宝	高17cm	161,000	北京翰海	2014.10.26
18世纪 金刚萨埵像	高17.5cm	112,000	天津文物	2014.11.15
18世纪 金刚善护法像	高22cm	179,200	天津文物	2014.05.16
18世纪 金刚手像	高17cm	368,000	八益拍卖	2014.10.24
18世纪 金刚手像	高215cm	89,600	天津文物	2014.11.15
18世纪 金刚手像	高29cm	109,250	北京保利	2014.12.04
18世纪 金刚手像	高15.5cm	28,750	北京保利	2014.12.04
18世纪 金刚手像菩萨像	高18.5cm	80,500	北京翰海	2014.05.10
18世纪 金刚手像菩萨像	高17.5cm	57,500	北京翰海	2014.01.11
18世纪 金刚像性佛	高17cm	134,400	天津文物	2014.11.15
18世纪 金刚总持	高23.6cm	1,380,000	八益拍卖	2014.10.24

拍品名称	物品尺寸	成交价RMB	拍卖公司	拍卖日期
18世纪 精明文殊	高19.5cm	268,800	天津文物	2014.11.15
18世纪 骏马财神像	高14.5cm	138,000	北京翰海	2014.05.10
18世纪 莲花生	高23.5cm	402,500	八益拍卖	2014.10.24
18世纪 莲师八变	高17.5cm	161,000	北京保利	2014.06.05
18世纪 鎏金铜大威德金刚立像	高13cm	92,260	伦敦苏富比	2014.05.14
18世纪 鎏金铜啖食空行母香薰盖	高16.2cm	184,520	伦敦苏富比	2014.05.14
18世纪 鎏金铜道教神仙立像（一对）	高50.7cm	342,680	伦敦苏富比	2014.05.14
18世纪 鎏金铜多闻天王像	高17cm	461,300	伦敦苏富比	2014.05.14
18世纪 鎏金铜观音菩萨坐像	高16.4cm	98,850	伦敦苏富比	2014.05.14
18世纪 鎏金铜吉祥天母班旦拉姆像	高37.5cm	197,700	伦敦苏富比	2014.05.14
18世纪 鎏金铜吉祥天母班旦拉姆像	高14cm	59,310	伦敦苏富比	2014.05.14
18世纪 鎏金铜喇嘛坐像	高20cm	171,340	伦敦苏富比	2014.05.14
18世纪 鎏金铜摩利支天坐像	高11.7cm	395,400	伦敦苏富比	2014.05.14
18世纪 鎏金铜普贤菩萨坐像	高10.2cm	79,080	伦敦苏富比	2014.05.14
18世纪 鎏金铜释迦牟尼佛坐像	高23.5cm	722,264	伦敦苏富比	2014.05.14
18世纪 鎏金铜四臂观音坐像	高40cm	848,792	伦敦苏富比	2014.05.14
18世纪 鎏金铜无量寿佛坐像	高24.7cm	395,400	伦敦苏富比	2014.05.14
18世纪 鎏金铜无量寿佛坐像	高22cm	316,320	伦敦苏富比	2014.05.14
18世纪 鎏金铜无量寿佛坐像	高17.5cm	158,160	伦敦苏富比	2014.05.14
18世纪 鎏金铜无量寿佛坐像	高18cm	125,210	伦敦苏富比	2014.05.14
18世纪 鎏金铜尊胜佛母坐像	高16.5cm	250,420	伦敦苏富比	2014.05.14
18世纪 鎏金铜尊胜佛母坐像	高19.7cm	79,080	伦敦苏富比	2014.05.14
18世纪 六臂白怙主	高12.5cm	63,250	北京翰海	2014.11.22
18世纪 六臂白玛哈嘎拉	高17.5cm	57,500	北京翰海	2014.08.23
18世纪 六臂大黑天	高18.5cm	575,000	北京保利	2014.02.05
18世纪 六臂大黑天	高8.5cm	69,000	北京翰海	2014.11.22
18世纪 六臂玛哈嘎拉	高10.8cm	39,200	天津文物	2014.11.15
18世纪 六臂玛哈嘎啦	高9.5cm	39,200	天津文物	2014.05.16
18世纪 六臂明王	高24cm	103,500	南京经典	2014.08.04
18世纪 六世班禅	高16cm	56,000	天津文物	2014.05.16
18世纪 绿度母像	高17cm	106,400	天津文物	2014.05.16
18世纪 绿度母像	高16.5cm	40,250	北京翰海	2014.11.22
18世纪 绿度母像	高16.5cm	115,000	北京盈时	2014.12.07
18世纪 绿度母像	高11cm	43,700	北京匡时	2014.12.03
18世纪 蒙古铜鎏金阿弥陀佛	高19cm	746,704	保利香港	2014.10.07
18世纪 弥勒	高16.5cm	92,000	北京保利	2014.12.04
18世纪 弥勒菩萨像	高31.2cm	552,000	北京保利	2014.06.05
18世纪 弥勒菩萨像	高16.5cm	89,600	天津文物	2014.05.16
18世纪 弥勒菩萨像	高53.5cm	264,500	北京保利	2014.12.04
18世纪 米拉日巴像	高9.2cm	172,500	北京翰海	2014.10.26
18世纪 米拉日巴擦擦附佛龛	高6.4cm	57,500	北京翰海	2014.10.26
18世纪 密集金刚像	高17cm	168,000	天津文物	2014.05.16
18世纪 那若空行母	高19cm	80,500	北京翰海	2014.01.11
18世纪内蒙古银（捶碟）白度母像	高41.5cm	253,000	中国嘉德	2014.05.18
18世纪 能食空行	高10cm	126,500	北京保利	2014.12.04
18世纪 牛头护法	高18cm	69,000	北京翰海	2014.01.11
18世纪 女天官	高17cm	184,000	北京保利	2014.06.05
18世纪 菩萨像	高17.5cm	112,000	天津文物	2014.11.15
18世纪 菩萨像	高17cm	66,700	北京保利	2014.12.04
18世纪 菩萨像	高15.5cm	46,000	北京保利	2014.12.04
18世纪 菩萨像	高11.5cm	23,000	北京保利	2014.12.04
18世纪 菩萨立像	高24cm	253,000	北京翰海	2014.10.26
18世纪 普巴金刚像	高24cm	172,500	华艺国际	2014.05.31
18世纪 骑狮护法	高6cm	115,000	北京翰海	2014.10.26
18世纪 骑兽观音像	高16.5cm	10,350	北京翰海	2014.11.22
18世纪 骑羊护法	高9.2cm	195,500	北京保利	2014.12.04
18世纪 骑羊护法	高16.5cm	172,500	北京匡时	2014.12.03
18世纪 骑羊护法	高12.5cm	103,500	北京保利	2014.12.04
18世纪 燃灯佛	高15.5cm	58,240	天津文物	2014.05.16
18世纪 燃灯佛	高16.5cm	56,000	天津文物	2014.11.15
18世纪 燃灯佛	高16.5cm	109,250	北京保利	2014.12.04
18世纪 三世章嘉	高16.5cm	253,000	北京翰海	2014.05.10
18世纪 三世章嘉	高13.5cm	178,250	北京翰海	2014.04.12
18世纪 三世章嘉	高16.2cm	138,000	北京翰海	2014.05.10
18世纪 三世章嘉	高10cm	31,360	天津文物	2014.05.16
18世纪 三世章嘉	高11cm	61,600	天津文物	2014.11.15
18世纪 上乐金刚像	高18cm	494,500	北京翰海	2014.05.10
18世纪 上师像	高16.5cm	115,000	北京翰海	2014.01.11
18世纪 上师像	高46cm	86,250	北京翰海	2014.11.22
18世纪 上师像	高27.5cm	69,000	北京翰海	2014.11.22

拍品名称	物品尺寸	成交价RMB	拍卖公司	拍卖日期
18世纪 上师像	高21.5cm	368,000	北京保利	2014.12.04
18世纪 上师像（一对）	尺寸不一	368,000	北京翰海	2014.10.26
18世纪 神变塔	高15cm	56,000	天津文物	2014.11.15
18世纪 狮面佛母	高17cm	287,500	北京保利	2014.06.05
18世纪 狮面佛母	高18.5cm	134,400	天津文物	2014.11.15
18世纪 狮面空行母	高18cm	460,000	北京匡时	2014.06.04
18世纪 十一面观音像	高17cm	218,500	北京翰海	2014.05.10
18世纪 十一面观音像	高18cm	189,750	北京翰海	2014.10.26
18世纪 十一面观音像	高30cm	287,500	北京盈时	2014.12.07
18世纪 十一面观音像	高33cm	92,000	北京保利	2014.12.04
18世纪 十一面观音菩萨像	高16.5cm	63,250	北京匡时	2014.06.04
18世纪 释迦牟尼佛	高14.5cm	138,000	北京保利	2014.06.05
18世纪 释迦牟尼佛	高16cm	310,500	北京翰海	2014.05.10
18世纪 释迦牟尼佛	高16cm	276,000	北京翰海	2014.01.11
18世纪 释迦牟尼佛	高15.5cm	97,750	北京翰海	2014.01.11
18世纪 释迦牟尼佛	高16cm	89,700	北京翰海	2014.01.11
18世纪 释迦牟尼佛	高16cm	69,000	北京翰海	2014.04.12
18世纪 释迦牟尼佛	高15.6cm	59,800	北京翰海	2014.04.12
18世纪 释迦牟尼佛	高13.3cm	37,950	北京翰海	2014.04.12
18世纪 释迦牟尼佛	高11cm	36,800	北京翰海	2014.08.23
18世纪 释迦牟尼佛	高57cm	34,500	北京翰海	2014.08.23
18世纪 释迦牟尼佛	高32cm	537,600	天津文物	2014.05.16
18世纪 释迦牟尼佛	高15cm	168,000	天津文物	2014.05.16
18世纪 释迦牟尼佛	高16cm	95,200	天津文物	2014.05.16
18世纪 释迦牟尼佛	高16cm	95,200	天津文物	2014.05.16
18世纪 释迦牟尼佛	高14cm	89,600	天津文物	2014.05.16
18世纪 释迦牟尼佛	高22.5cm	806,400	天津文物	2014.11.15
18世纪 释迦牟尼佛	高16.5cm	195,500	八益拍卖	2014.10.24
18世纪 释迦牟尼佛	高17cm	161,000	北京翰海	2014.10.26
18世纪 释迦牟尼佛	高16.6cm	140,000	天津文物	2014.11.15
18世纪 释迦牟尼佛	高16cm	80,500	北京翰海	2014.11.22
18世纪 释迦牟尼佛	高13.2cm	23,000	北京翰海	2014.11.22
18世纪 释迦牟尼佛	高16cm	20,700	北京翰海	2014.11.22
18世纪 释迦牟尼佛	高17cm	97,750	北京保利	2014.12.04
18世纪 双身财神像	高9cm	322,000	北京翰海	2014.05.10
18世纪 双身六臂大黑天	高16cm	287,500	北京保利	2014.06.05
18世纪 双身上乐金刚像	高16.6cm	92,000	北京保利	2014.12.04
18世纪 双身上乐金刚像	高13.3cm	63,250	北京保利	2014.12.04
18世纪 双身上乐金刚像	高32.5cm	55,200	北京保利	2014.12.04
18世纪 双修佛	高49cm	218,500	南京经典	2014.08.04
18世纪 四臂观音像	高16.5cm	632,500	北京匡时	2014.06.04
18世纪 四臂文殊	高14cm	179,200	天津文物	2014.05.16
18世纪 泰国 铜合金释迦牟尼佛立像	高117cm	158,200	邦瀚斯	2014.10.09
18世纪 铜白度母像	高11.4cm	51,750	北京东正	2014.11.20
18世纪 铜不空绢索观音像	高21.5cm	126,500	华艺国际	2014.12.09
18世纪 铜局部鎏金观音菩萨像	高26.3cm	395,400	伦敦邦瀚斯	2014.05.15
18世纪 铜局部鎏金章嘉呼图克图像	高16.5cm	118,620	伦敦邦瀚斯	2014.05.15
18世纪 铜鎏金阿弥陀佛像	高14.7cm	460,000	北京东正	2014.11.20
18世纪 铜鎏金白财神像	高11.1cm	230,000	北京东正	2014.11.20
18世纪 铜鎏金白度母像	高16cm	184,000	华艺国际	2014.05.31
18世纪 铜鎏金白度母像	高7cm	82,800	北京翰海	2014.04.12
18世纪 铜鎏金宝冠佛	高23cm	287,500	华艺国际	2014.12.09
18世纪 铜鎏金贝格遮像及铜鎏金大威德金刚像	高13.3cm	59,310	伦敦邦瀚斯	2014.05.15
18世纪 铜鎏金财宝天王	高20.5cm	517,500	保利厦门	2014.11.01
18世纪 铜鎏金财宝天王像	高16.6cm	395,400	伦敦邦瀚斯	2014.05.15
18世纪 铜鎏金财宝天王像	高16.8cm	329,500	伦敦邦瀚斯	2014.05.15
18世纪 铜鎏金财宝天王像	高17cm	158,160	伦敦邦瀚斯	2014.05.15
18世纪 铜鎏金财神像	高16.2cm	171,340	伦敦邦瀚斯	2014.05.15
18世纪 铜鎏金财神像	高11.3cm	172,500	北京东正	2014.11.20
18世纪 铜鎏金大持金刚像	高11cm	52,720	伦敦邦瀚斯	2014.05.15
18世纪 铜鎏金大黑天	高23.5cm	187,898	景薰楼	2014.06.15
18世纪 铜鎏金大黑天像	高17.7cm	289,960	伦敦邦瀚斯	2014.05.15
18世纪 铜鎏金大黑天像	高18.5cm	158,160	伦敦邦瀚斯	2014.05.15
18世纪 铜鎏金大黑天像	高18.5cm	105,440	伦敦邦瀚斯	2014.05.15
18世纪 铜鎏金大黑天像	高14.8cm	55,356	伦敦邦瀚斯	2014.05.15
18世纪 铜鎏金大日如来佛像	高18.8cm	103,500	北京东正	2014.11.20
18世纪 铜鎏金大威德金刚像	高13.5cm	448,120	伦敦邦瀚斯	2014.05.15
18世纪 铜鎏金大威德金刚像	高18cm	345,000	北京东正	2014.11.20

2014杂项拍卖成交汇总

(成交价RMB：1万元以上)

拍品名称	物品尺寸	成交价RMB	拍卖公司	拍卖日期
18世纪 铜鎏金大威德金刚像	高11.5cm	230,000	北京东正	2014.11.20
18世纪 铜鎏金度母坐像	高13cm	61,350	纽约苏富比	2014.03.18
18世纪 铜鎏金法语界文殊	高20cm	172,500	华艺国际	2014.12.09
18世纪 铜鎏金噶举派喇嘛像	高18.2cm	65,900	伦敦邦瀚斯	2014.05.15
18世纪 铜鎏金观音菩萨坐像	高17cm	86,818	伦敦苏富比	2014.11.05
18世纪 铜鎏金吉祥天母	高17.5cm	230,000	保利厦门	2014.11.02
18世纪铜鎏金降伏部多金刚手像立像	高15.5cm	99,220	伦敦苏富比	2014.11.05
18世纪 铜鎏金降阎魔尊像	高11cm	149,500	北京东正	2014.11.20
18世纪 铜鎏金金刚手像	高10.8cm	115,000	北京东正	2014.11.20
18世纪 铜鎏金九面八臂观音立像	高36cm	270,144	罗芙奥	2014.05.25
18世纪 铜鎏金六臂大黑天	高23cm	345,000	华艺国际	2014.05.31
18世纪 铜鎏金六臂大黑天	高16.5cm	105,800	华艺国际	2014.05.31
18世纪 铜鎏金罗汉	高9cm	138,000	华艺国际	2014.12.09
18世纪 铜鎏金绿度母像	高17.1cm	197,700	伦敦邦瀚斯	2014.05.15
18世纪 铜鎏金绿度母像	高16.7cm	118,620	伦敦邦瀚斯	2014.05.15
18世纪 铜鎏金马头明王像	高14cm	237,240	伦敦邦瀚斯	2014.05.15
18世纪 铜鎏金弥勒菩萨立像	高31cm	425,500	保利厦门	2014.11.02
18世纪 铜鎏金弥勒菩萨像	高27cm	155,250	北京东正	2014.11.20
18世纪 铜鎏金摩利支天及明妃	高22cm	172,500	华艺国际	2014.12.09
18世纪 铜鎏金摩利支天像	高11.3cm	118,620	伦敦邦瀚斯	2014.05.15
18世纪 铜鎏金菩萨立像	高18cm	39,540	伦敦邦瀚斯	2014.05.15
18世纪 铜鎏金骑猪护法像	高15.8cm	131,800	伦敦邦瀚斯	2014.05.15
18世纪 铜鎏金上师像	高10.5cm	56,897	中国嘉德	2014.04.09
18世纪 铜鎏金上师像	高15cm	126,500	华艺国际	2014.05.31
18世纪 铜鎏金狮面空行母像	高17.3cm	112,030	伦敦邦瀚斯	2014.05.15
18世纪 铜鎏金十一面观音立像	高34.3cm	250,420	伦敦邦瀚斯	2014.05.15
18世纪 铜鎏金十一面观音立像	高31.5cm	171,340	伦敦邦瀚斯	2014.05.15
18世纪 铜鎏金释迦牟尼佛	高14cm	178,250	华艺国际	2014.12.09
18世纪 铜鎏金释迦牟尼佛像	高16.6cm	250,420	伦敦邦瀚斯	2014.05.15
18世纪 铜鎏金释迦牟尼佛像	高16.8cm	118,620	伦敦邦瀚斯	2014.05.15
18世纪 铜鎏金释迦牟尼佛像	高16.2cm	79,080	伦敦邦瀚斯	2014.05.15
18世纪 铜鎏金释迦牟尼佛像	高16.3cm	32,950	伦敦邦瀚斯	2014.05.15
18世纪 铜鎏金释迦牟尼佛像	高16.5cm	161,000	北京东正	2014.11.20
18世纪铜鎏金释迦牟尼佛像（四尊）	高10.6cm×4	92,260	伦敦邦瀚斯	2014.05.15
18世纪 铜鎏金释迦牟尼佛坐像	高17cm	49,610	伦敦苏富比	2014.11.05
18世纪 铜鎏金四臂大黑天	高13cm	161,000	华艺国际	2014.05.31
18世纪 铜鎏金送子观音坐像	高11cm	463,104	罗芙奥	2014.05.25
18世纪 铜鎏金无量寿佛	高21cm	287,500	华艺国际	2014.05.31
18世纪 铜鎏金无量寿佛	高16.5cm	207,000	华艺国际	2014.05.31
18世纪 铜鎏金无量寿佛	高16cm	339,549	中国嘉德	2014.04.09
18世纪 铜鎏金无量寿佛	高17.8cm	115,000	华艺国际	2014.12.09
18世纪 铜鎏金无量寿佛	高21.5cm	115,000	华艺国际	2014.12.09
18世纪 铜鎏金无量寿佛像	高11.5cm	368,000	北京翰海	2014.04.12
18世纪 铜鎏金无量寿佛像	高17.2cm	158,160	伦敦邦瀚斯	2014.05.15
18世纪 铜鎏金无量寿佛像	高18.3cm	79,080	伦敦邦瀚斯	2014.05.15
18世纪 铜鎏金无量寿佛像	高+C1229511.2cm	32,950	伦敦邦瀚斯	2014.05.15
18世纪 铜鎏金无量寿佛像	高17.1cm	299,000	北京东正	2014.11.20
18世纪 铜鎏金无量寿佛像	高44.5cm	79,080	伦敦邦瀚斯	2014.05.15
18世纪 铜鎏金无量寿佛像及铜鎏金四臂观音菩萨像	高10.9cm	50,084	伦敦邦瀚斯	2014.05.15
18世纪 铜鎏金无量寿佛坐像	高16.5cm	72,853	纽约苏富比	2014.03.18
18世纪 铜鎏金无量寿佛坐像	高20.5cm	32,247	伦敦苏富比	2014.11.05
18世纪 铜鎏金无量寿佛坐像 佛教像六尊及桥耳炉（一件）	高11.8cm	80,616	伦敦苏富比	2014.11.05
18世纪 铜鎏金五世达赖	高16cm	115,000	华艺国际	2014.12.09
18世纪 铜鎏金值夏天女骑牛像	高16.8cm	372,075	伦敦苏富比	2014.11.05
18世纪 铜鎏金宗喀巴像	高17.2cm	39,540	伦敦邦瀚斯	2014.05.15
18世纪 铜鎏金尊圣佛母	高16cm	299,000	华艺国际	2014.05.31
18世纪 铜鎏金尊胜佛母坐像	高16.5cm	222,394	纽约苏富比	2014.03.18
18世纪 铜绿度母像	高34cm	230,000	华艺国际	2014.05.31
18世纪 铜泥金四臂观音像	高13cm	69,000	北京东正	2014.11.20
18世纪 铜菩萨像	高7cm	36,800	北京翰海	2014.04.12
18世纪 铜嵌银丝观音像	高49cm	275,310	中国嘉德	2014.04.09
18世纪 铜胜乐金刚像	高32cm	345,000	华艺国际	2014.12.09
18世纪 铜四臂观音像	高11cm	97,750	北京东正	2014.11.20
18世纪 吐宝鼠	长12.3cm	109,250	北京保利	2014.12.04
18世纪 韦陀	高11cm	161,000	北京保利	2014.06.05
18世纪 文昌帝君	高16.2cm	126,500	北京匡时	2014.06.04
18世纪 文殊菩萨像	高17.5cm	80,500	北京保利	2014.06.05
18世纪 文殊菩萨像	高10cm	69,000	北京翰海	2014.01.11
18世纪 文殊菩萨像	高11cm	66,700	北京翰海	2014.04.12

拍品名称	物品尺寸	成交价RMB	拍卖公司	拍卖日期
18世纪 文殊菩萨像	高10.3cm	74,750	北京匡时	2014.06.04
18世纪 文殊菩萨像	高16.5cm	64,960	天津文物	2014.05.16
18世纪 文殊菩萨像	高17.5cm	235,200	天津文物	2014.11.15
18世纪 无量寿佛	高17cm	333,500	北京保利	2014.06.05
18世纪 无量寿佛	高17.5cm	230,000	北京保利	2014.06.05
18世纪 无量寿佛	高17.5cm	172,500	北京保利	2014.06.05
18世纪 无量寿佛	高10.5cm	48,300	北京保利	2014.06.05
18世纪 无量寿佛	高11.5cm	103,500	北京翰海	2014.05.10
18世纪 无量寿佛	高24.5cm	97,750	北京翰海	2014.08.23
18世纪 无量寿佛	高20cm	69,000	北京翰海	2014.01.11
18世纪 无量寿佛	高16.5cm	57,500	北京翰海	2014.01.11
18世纪 无量寿佛	高13.6cm	46,000	北京翰海	2014.08.23
18世纪 无量寿佛	高11.5cm	43,700	北京翰海	2014.04.12
18世纪 无量寿佛	高18.2cm	34,500	北京翰海	2014.08.23
18世纪 无量寿佛	高50cm	575,000	南京经典	2014.08.04
18世纪 无量寿佛	高21cm	235,200	天津文物	2014.05.16
18世纪 无量寿佛	高21.5cm	235,200	天津文物	2014.05.16
18世纪 无量寿佛	高16cm	56,000	天津文物	2014.05.16
18世纪 无量寿佛	高21cm	218,400	天津文物	2014.11.15
18世纪 无量寿佛	高18cm	168,000	天津文物	2014.11.15
18世纪 无量寿佛	高21.5cm	156,800	天津文物	2014.11.15
18世纪 无量寿佛	高16.5cm	149,500	北京翰海	2014.10.26
18世纪 无量寿佛	高19.2cm	126,500	北京翰海	2014.10.26
18世纪 无量寿佛	高17.5cm	78,400	天津文物	2014.11.15
18世纪 无量寿佛		63,250	北京翰海	2014.11.22
18世纪 无量寿佛	高21.1cm	57,500	北京翰海	2014.11.22
18世纪 无量寿佛	高18.7cm	37,950	北京翰海	2014.11.22
18世纪 无量寿佛	高17cm	138,000	北京保利	2014.12.04
18世纪 无量寿佛	高21.6cm	115,000	北京保利	2014.12.04
18世纪 无量寿佛	高16.5cm	115,000	北京保利	2014.12.04
18世纪 无量寿佛	高17.3cm	74,750	北京保利	2014.12.04
18世纪 无量寿佛	高18cm	69,000	北京保利	2014.12.04
18世纪 无量寿佛	高17cm	69,000	北京匡时	2014.12.03
18世纪 西藏 铜鎏金护法	高14.5cm	287,500	中国嘉德	2014.11.20
18世纪 西藏 铜能食空行	高11.2cm	184,000	中国嘉德	2014.05.18
18世纪 西藏 银宗喀巴坐像	高10cm	55,811	伦敦苏富比	2014.11.05
18世纪 西藏　仿古帕拉风格铸青铜金刚萨埵像坐像	高15.2cm	147,936	宝港国际	2014.05.27
18世纪 西藏风格 铜鎏金大持金刚坐像	高39.5cm	771,840	罗芙奥	2014.05.25
18世纪 象鼻天	高21cm	694,400	天津文物	2014.05.16
18世纪 阎魔敌	高17.6cm	563,500	北京翰海	2014.05.10
18世纪 阎魔天	高38cm	1,610,000	北京保利	2014.12.04
18世纪 药师佛	高16.5cm	264,500	北京保利	2014.02.05
18世纪 药师佛	高16.3cm	97,750	北京保利	2014.06.05
18世纪 药师佛	高16.5cm	97,750	北京保利	2014.12.04
18世纪 叶衣佛母	高8cm	44,850	北京翰海	2014.04.12
18世纪 宜帝护法	高23cm	336,000	天津文物	2014.11.15
18世纪 旃檀佛	高17cm	63,250	北京保利	2014.12.04
18世纪 战神擦擦附佛龛 莲师八变擦擦附佛龛	尺寸不一	28,750	北京翰海	2014.11.22
18世纪 章嘉	高16.5cm	161,000	北京保利	2014.12.04
18世纪 真武大帝	高15cm	89,600	天津文物	2014.05.16
18世纪 智行佛母	高14cm	95,200	天津文物	2014.05.16
18世纪 自在观音像	高13.5cm	51,750	北京保利	2014.06.05
18世纪 自在观音像	高18.3cm	287,500	北京翰海	2014.10.26
18世纪 宗喀巴	高16.5cm	322,000	北京翰海	2014.05.10
18世纪 宗喀巴	高15.5cm	66,700	北京翰海	2014.04.12
18世纪 宗喀巴	高16.8cm	161,000	北京匡时	2014.06.04
18世纪 宗喀巴	高33cm	230,000	南京经典	2014.08.04
18世纪 宗喀巴	高15cm	78,400	天津文物	2014.05.16
18世纪 宗喀巴	高19.2cm	2,185,000	北京翰海	2014.10.26
18世纪 宗喀巴	高20cm	552,000	八益拍卖	2014.10.24
18世纪 宗喀巴	高17cm	207,000	北京匡时	2014.12.03
18世纪 宗喀巴	高17cm	149,500	北京匡时	2014.12.03
18世纪 宗喀巴	高17cm	57,500	北京盈时	2014.12.07
18世纪 尊胜佛母	高17cm	345,000	北京翰海	2014.05.10
18世纪 尊胜佛母	高18cm	190,400	天津文物	2014.05.16
18世纪 尊胜佛母	高18cm	106,400	天津文物	2014.05.16
18世纪 尊胜佛母	高25cm	184,000	八益拍卖	2014.10.24
18世纪 尊胜佛母	高18cm	168,000	天津文物	2014.11.15

(成交价RMB：1万元以上)

拍品名称	物品尺寸	成交价RMB	拍卖公司	拍卖日期
18世纪 尊胜佛母	高18cm	140,000	天津文物	2014.11.15
18世纪 尊胜佛母	高18.5cm	126,500	八益拍卖	2014.10.24
18世纪 尊胜佛母	高18cm	1,380,000	北京保利	2014.12.04
18世纪 尊胜佛母	高17.5cm	51,750	北京保利	2014.12.04
18世纪 尊胜塔	高39.5cm	36,800	北京翰海	2014.11.22
18世纪/19世纪 观音菩萨像	高31cm	55,200	北京翰海	2014.01.11
18世纪/19世纪 观音菩萨像	高30cm	40,250	北京翰海	2014.01.11
18世纪/19世纪 鎏金铜十一面观音立像	高38.7cm	131,800	伦敦苏富比	2014.05.14
18世纪/19世纪 蒙古 铜鎏金弥勒菩萨立像	高29.7cm	237,240	伦敦邦瀚斯	2014.05.15
18世纪/19世纪 秘密文殊	高12.6cm	71,300	北京翰海	2014.08.23
18世纪/19世纪 漆金铜观音菩萨像	高48.5cm	210,880	伦敦邦瀚斯	2014.05.15
18世纪/19世纪 铜镀银宗喀巴坐像	高15.5cm	105,440	伦敦苏富比	2014.05.14
18世纪/19世纪 铜佛像（三件）	尺寸不一	39,540	伦敦邦瀚斯	2014.05.15
18世纪/19世纪 铜局部鎏金弥勒菩萨立像	高33cm	186,038	伦敦苏富比	2014.11.05
18世纪/19世纪 铜鎏金佛像（六尊）	高6cm×6	42,176	伦敦邦瀚斯	2014.05.15
18世纪/19世纪 铜鎏金佛像（四尊）	高6.4cm×4	46,130	伦敦邦瀚斯	2014.05.15
18世纪/19世纪 铜鎏金横三世佛坐像（一组三尊）	高14.9cm	153,375	纽约苏富比	2014.03.18
18世纪/19世纪 铜鎏金吉祥天母（三尊）	高14.5cm×3	171,340	伦敦邦瀚斯	2014.05.15
18世纪/19世纪 铜鎏金菩萨立像	高17.5cm	52,720	伦敦邦瀚斯	2014.05.15
18世纪/19世纪 铜鎏金十一面观音立像	高33.5cm	197,700	伦敦邦瀚斯	2014.05.15
18世纪/19世纪 铜鎏金十一面观音立像	高16.5cm	72,490	伦敦邦瀚斯	2014.05.15
18世纪/19世纪 铜鎏金释迦牟尼佛像	高17.6cm	30,314	伦敦邦瀚斯	2014.05.15
18世纪/19世纪 铸铜鎏金关帝坐像	高11.6cm	129,444	宝港国际	2014.05.27
19世纪 大威德金刚像	高27cm	103,500	北京匡时	2014.06.04
19世纪 祈生如来佛(泰国)	高64cm	345,000	中鸿信	2014.11.22
19世纪 骑羊单坚护法擦擦	高7.2cm	69,000	北京翰海	2014.05.10
19世纪 泰国铜释迦牟尼佛行走佛	高155cm	103,500	太平洋	2014.06.25
19世纪 铜供灯（一对）	高31cm	23,000	北京东正	2014.11.20
19世纪 铜莲花手观音立像	高88cm	43,700	中鸿信	2014.11.22
19世纪 铜鎏金佛像（108尊）	尺寸不一	1,955,000	北京匡时	2014.06.04
19世纪 铜鎏金绿度母佛像	高17.9cm	39,540	伦敦邦瀚斯	2014.05.15
19世纪 铜鎏金旃檀佛像	高15.6cm	105,440	伦敦邦瀚斯	2014.05.15
19世纪 铜嵌银丝观音立像	高47.9cm	214,725	纽约佳士得	2014.03.20
19世纪 铜释迦牟尼佛立像(泰国)	高156cm	98,900	中鸿信	2014.11.22
19世纪 文殊菩萨像	高17.8cm	253,000	北京匡时	2014.06.04
19世纪 银无量寿佛像	高5.2cm	23,000	北京东正	2014.11.20
19世纪晚期至20世纪初 纯金财神六臂白怙主像	高3cm	112,700	北京翰海	2014.10.26
板凳佛	通高31.2cm	600,000	荣盛国际	2014.07.26
纯金佛像	高5cm	172,500	古天一	2014.12.05
纯银鎏金如来龛佛	16.8cm×9.5cm	92,000	上海嘉泰	2014.06.19
观音坐像	通高22.3cm	180,000	荣盛国际	2014.07.26
观音坐像	高34cm	172,500	中宝拍卖	2014.07.06
清康熙 汉藏铜鎏金四臂观音像	高10cm	172,500	中国嘉德	2014.05.18
莲花鎏金佛	高35cm	115,000	上海泛华	2014.10.29
莲花手观音像	高20cm	59,800	北京翰海	2014.04.12
鎏金立佛	通高23.8cm	464,000	荣盛国际	2014.07.26
鎏金坐佛	通高32.4cm	760,000	荣盛国际	2014.07.26
绿度母坐像	通高28.2cm	2,800,000	荣盛国际	2014.07.26
释迦牟尼佛立像	通高27.5cm	1,360,000	荣盛国际	2014.07.26
释迦牟尼佛鎏金佛像	通高39.2cm	2,200,000	荣盛国际	2014.07.26
释迦牟尼佛	高22cm	897,000	北京保利	2014.12.02
铜地藏菩萨像	高8cm	34,500	北京翰海	2014.04.12
铜佛板	长15.5cm	17,250	中国嘉德	2014.09.22
铜观音像	高16cm	69,000	北京翰海	2014.04.12
铜莲花手观音像	高11cm	425,500	北京翰海	2014.04.12
铜鎏金阿弥陀佛像	佛龛高58cm	43,700	中国嘉德	2014.06.22
铜鎏金八宝佛龛	高24.5cm	11,500	中国嘉德	2014.09.22
铜鎏金财宝天王像	高18.5cm	20,700	中国嘉德	2014.09.22
铜鎏金佛像（三尊）	高11cm×3	98,850	伦敦邦瀚斯	2014.05.15
铜鎏金佛像（五尊）	尺寸不一	131,800	伦敦邦瀚斯	2014.05.15
铜鎏金观音像连灵璧石佛龛	观音高27cm	28,750	中国嘉德	2014.09.22
铜鎏金摩利支天像	高19cm	34,500	中国嘉德	2014.09.22
铜鎏金菩萨像	高35.5cm	51,750	中国嘉德	2014.03.24
铜鎏金无量寿佛像	高18.5cm	25,300	中国嘉德	2014.09.22
铜六臂观音像	高52.5cm	51,750	中国嘉德	2014.03.24
铜弥勒像	高16.5 cm	138,000	北京翰海	2014.04.12
铜菩萨像	高35.5cm	13,800	中国嘉德	2014.09.22
铜漆金天王像（四件）	尺寸不一	28,750	中国嘉德	2014.09.22
20世纪 日本纯金普贤菩萨像	尺寸不一	227,125	保利香港	2014.04.07
唐 卡				
10世纪 密教佛母	15cm×13cm	368,000	北京保利	2014.12.04
14世纪 阿弥陀佛唐卡	26cm×23.5cm	272,550	保利香港	2014.04.07
14世纪 二臂黑袍持鼓护法	48cm×37cm	1,897,500	北京匡时	2014.12.03
14世纪 伏魔金刚手坛城唐卡	61cm×53cm	2,300,000	远方拍卖	2014.06.03
14世纪 吉祥天母	35cm×31cm	1,035,000	北京保利	2014.12.04
15世纪阿弥陀佛西方极乐世界唐卡	92cm×59cm	632,500	远方拍卖	2014.06.03
15世纪 二十一度母唐卡	67cm×52cm	1,725,000	远方拍卖	2014.06.03
15世纪 上乐金刚坛城唐卡	51cm×48cm	287,500	北京匡时	2014.12.03
15世纪 宗喀巴唐卡	81cm×67cm	2,300,000	远方拍卖	2014.06.03
16世纪 金刚持唐卡	46cm×57cm	138,000	北京翰海	2014.04.12
16世纪 无量寿佛百尊唐卡	67cm×43cm	184,000	北京匡时	2014.12.03
16世纪/17世纪 吉祥喜金刚唐卡	43cm×31cm	149,500	远方拍卖	2014.06.03
明嘉靖 释迦牟尼与四大护法神将毗卢遮那与帝释天、大梵天	108cm×226cm	526,930	保利香港	2014.04.07
明 佛本生故事（三张）	89cm×69cm×3	805,000	中宝拍卖	2014.07.06
明 天王像	145cm×101cm	287,500	北京翰海	2014.05.10
明 紫玛护法	78cm×50cm	161,000	中宝拍卖	2014.07.06
清早期 华严三圣与四大天王组画	96cm×167cm	399,740	保利香港	2014.04.07
清早期 蓝色缎一线绣唐卡	363cm×202cm	1,058,000	北京保利	2014.12.05
清乾隆 白财神	24cm×18cm	253,000	东拍国际	2014.07.31
清乾隆 承德须弥福寿庙 御制释迦牟尼本尊唐卡	143.5cm×83.5cm	2,362,100	保利香港	2014.04.07
清乾隆棉布矿物颜料文殊菩萨唐卡	130.5cm×38.5cm	2,415,000	中国嘉德	2014.05.18
清乾隆棉布矿物颜料文殊菩萨唐卡	130.5cm×38.5cm	2,357,500	中国嘉德	2014.05.18
清乾隆 御制贴绣四臂观音	52cm×40cm	345,230	保利香港	2014.04.07
清 阿弥陀佛极乐世界	80cm×54cm	138,000	中宝拍卖	2014.07.06
清 白玛哈嘎拉	95cm×66cm	402,500	中宝拍卖	2014.07.06
清 百佛唐卡	高85cm	57,500	北京保利	2014.01.11
清 宝帐大黑天	62cm×44cm	276,000	中宝拍卖	2014.07.06
清 刺绣唐卡	96cm×160cm	241,500	北京盈时	2014.12.07
清 大白伞盖佛母	69cm×50cm	115,000	中宝拍卖	2014.07.06
清 大成就者	14cm×11cm	161,000	中宝拍卖	2014.07.06
清 大成就者	85cm×56cm	115,000	中宝拍卖	2014.07.06
清 大威德	83cm×54cm	172,500	中宝拍卖	2014.07.06
清 大威德金刚唐卡	102cm×67cm	172,500	中贸圣佳	2014.06.01
清 大威德金刚唐卡	138cm×132cm	43,700	中贸圣佳	2014.06.01
清 大威德唐卡	64cm×48cm	149,500	中贸圣佳	2014.06.01
清 忿怒莲花生像	60cm×39cm	207,000	中宝拍卖	2014.07.06
清 供养菩萨	35.5cm×29cm	172,500	中宝拍卖	2014.07.06
清 吉祥天母	68cm×54cm	184,000	中宝拍卖	2014.07.06
清 空行母	47.5cm×35.5cm	172,500	中宝拍卖	2014.07.06
清 莲花生	85cm×57cm	253,000	中宝拍卖	2014.07.06
清 莲花生吉祥铜山净土	57cm×41cm	207,000	中宝拍卖	2014.07.06
清 罗汉唐卡（一组）	106cm×42cm	517,500	北京翰海	2014.05.10
清 绿度母	78cm×66cm	115,000	中宝拍卖	2014.07.06
清 绿度母	82cm×55cm	103,500	中宝拍卖	2014.07.06
清 马头金刚	68cm×45cm	172,500	中宝拍卖	2014.07.06
清 宁玛派祖师	55cm×38cm	103,500	中宝拍卖	2014.07.06
清 帕竹噶举八祖师	70cm×45cm	115,000	中宝拍卖	2014.07.06
清 帕竹噶举八祖师	70cm×45cm	115,000	中宝拍卖	2014.07.06
清 普巴金刚	260cm×280cm	2,875,000	中宝拍卖	2014.07.06
清 三藏王	62.5cm×115cm	402,500	中宝拍卖	2014.07.06
清 上师供养图	51cm×39cm	172,500	中宝拍卖	2014.07.06
清 时轮金刚坛城	49cm×31cm	172,500	中宝拍卖	2014.07.06
清 释迦摩尼佛唐卡	81.5cm×57cm	89,700	中贸圣佳	2014.06.01
清 释迦牟尼35佛	70cm×51cm	218,500	中宝拍卖	2014.07.06
清 释迦牟尼佛	101cm×85cm	230,000	中宝拍卖	2014.07.06
清 释迦牟尼佛与十八罗汉	68cm×45cm	172,500	中宝拍卖	2014.07.06
清 坛城唐卡	176cm×135cm	149,500	中贸圣佳	2014.06.01
清 无量寿佛唐卡	高83cm	57,500	北京保利	2014.08.02
清 五方佛唐卡	94cm×56cm×5	437,000	中贸圣佳	2014.07.06
清 五罗汉	61cm×41cm	402,500	中宝拍卖	2014.07.06
清 扎卡（十四件）	尺寸不一	74,750	北京保利	2014.12.04
清 宗喀巴皈依境	78.5cm×50.5cm	172,500	中宝拍卖	2014.07.06

2014杂项拍卖成交汇总

(成交价RMB：1万元以上)

拍品名称	物品尺寸	成交价RMB	拍卖公司	拍卖日期
17世纪 阿弥陀佛极乐世界唐卡	65cm×43cm	437,000	远方拍卖	2014.06.03
17世纪 吉祥天母像唐卡	59cm×44cm	368,000	北京匡时	2014.12.03
17世纪 吉祥喜金刚曼陀罗唐卡	31cm×31cm	402,500	远方拍卖	2014.06.03
17世纪 玛吉拉准唐卡	63.5cm×33cm	126,500	北京匡时	2014.12.03
17世纪 弥勒菩萨唐卡	50cm×37cm	34,500	北京翰海	2014.04.12
17世纪 释迦牟尼佛与十八罗汉唐卡（一套三幅）	34cm×22cm	517,500	远方拍卖	2014.06.03
17世纪 四罗汉唐卡	48cm×36cm	253,000	远方拍卖	2014.06.03
17世纪 印度瑜伽士唐卡	28cm×21cm	218,500	远方拍卖	2014.06.03
17世纪宗喀巴上师供养资粮田唐卡	74cm×47cm	80,500	北京保利	2014.02.05
17世纪/18世纪 财宝天王唐卡	62cm×43cm	552,000	远方拍卖	2014.06.03
17世纪/18世纪 大威德金刚唐卡	73cm×46cm	402,500	远方拍卖	2014.06.03
17世纪/18世纪管宣奴贝大译师唐卡	66cm×40cm	71,300	北京翰海	2014.04.12
17世纪/18世纪汉藏无量寿刺绣唐卡	118.5cm×114cm	575,000	中国嘉德	2014.05.18
17世纪/18世纪 双身大威德金刚坛城唐卡	62cm×44cm	460,000	远方拍卖	2014.06.03
17世纪至18世纪 大白伞盖佛母唐卡	100cm×76cm	184,000	北京匡时	2014.12.03
18/19世纪 汉藏 棉布矿物颜料救八难度母（绿度母）唐卡	85cm×132cm	115,000	中国嘉德	2014.05.18
18/19世纪 西藏 棉布矿物颜料三罗汉唐卡	42cm×57cm	115,000	中国嘉德	2014.05.18
18/19世纪 西藏 棉布矿物颜料十一面观音唐卡	37.8cm×60cm	92,000	中国嘉德	2014.05.18
18/19世纪 西藏 棉布矿物颜料释迦说法图唐卡	43.5cm×70cm	287,500	中国嘉德	2014.05.18
18/19世纪 西藏 棉布矿物颜料释迦唐卡	37.5cm×53.5cm	71,300	中国嘉德	2014.05.18
18/19世纪 西藏 棉布矿物颜料释迦唐卡	47cm×67cm	59,800	中国嘉德	2014.05.18
18/19世纪 西藏 棉布矿物颜料文武百尊唐卡	53.5cm×84cm	207,000	中国嘉德	2014.05.18
18/19世纪 西藏 棉布矿物颜料文武百尊唐卡	42cm×58cm	161,000	中国嘉德	2014.05.18
18世纪 阿底峡尊者唐卡	82cm×59cm	402,500	北京保利	2014.02.05
18世纪 阿佛唐卡	70cm×50cm	34,500	北京保利	2014.02.05
18世纪 阿弥陀佛极乐世界唐卡	83cm×55cm	460,000	东拍国际	2014.07.31
18世纪 阿弥陀佛极乐世界唐卡	33cm×25cm	138,000	东拍国际	2014.07.31
18世纪 阿弥陀佛唐卡	83cm×55cm	161,000	北京匡时	2014.12.03
18世纪 爱慧上师唐卡	55cm×35.5cm	23,000	北京匡时	2014.12.03
18世纪 白度母唐卡	60cm×40cm	101,200	远方拍卖	2014.06.03
18世纪 白度母唐卡	63cm×43.5cm	103,500	北京匡时	2014.12.03
18世纪 宝杖大黑天唐卡	25.7cm×19.3cm	80,500	北京匡时	2014.06.04
18世纪 不空绢索观音坛城唐卡	72cm×48.5cm	161,000	北京匡时	2014.06.04
18世纪 布袋和尚尊者唐卡	77.5cm×52.5cm	230,000	北京匡时	2014.12.03
18世纪 财宝天王与财神八骏唐卡	64cm×49cm	40,250	北京保利	2014.02.05
18世纪 财神总集唐卡	40cm×30cm	69,000	北京翰海	2014.04.12
18世纪达赖喇嘛源流///桑结贡巴唐卡	70cm×45cm	1,725,000	远方拍卖	2014.06.03
18世纪 达摩多罗唐卡	49cm×36cm	115,000	北京翰海	2014.04.12
18世纪 大白伞盖菩萨唐卡	46cm×37cm	184,000	北京翰海	2014.05.10
18世纪 大成就者卢伊巴	33.7cm×24.3cm	115,000	北京匡时	2014.06.04
18世纪 大红司命唐卡	73cm×50cm	437,000	北京匡时	2014.12.03
18世纪 大红司命主唐卡	45cm×35cm	46,000	北京翰海	2014.08.23
18世纪 大日如来唐卡	84cm×62cm	161,000	远方拍卖	2014.06.03
18世纪 大威德金刚	60.5cm×49cm	264,500	北京匡时	2014.12.03
18世纪 大威德金刚	51.7cm×33.5cm	115,000	北京保利	2014.12.04
18世纪 大威德金刚坛城唐卡	58cm×39.5cm	287,500	北京匡时	2014.12.03
18世纪 大威德金刚坛城唐卡	71cm×50cm	97,750	北京匡时	2014.12.03
18世纪 大威德金刚唐卡	61cm×41cm	103,500	北京匡时	2014.12.03
18世纪 噶举派上师唐卡	52cm×35cm	345,000	远方拍卖	2014.06.03
18世纪 贡布措达唐卡	59.5cm×40.5cm	80,500	北京匡时	2014.12.03
18世纪 汉藏 棉布矿物颜料阿弥陀佛唐卡	63cm×83.5cm	101,200	中国嘉德	2014.05.18
18世纪 汉藏 棉布矿物颜料大成就者（罗睺罗）唐卡	29cm×44.5cm	172,500	中国嘉德	2014.05.18
18世纪 红财宝天王唐卡	105cm×67cm	1,150,000	北京翰海	2014.05.10
18世纪 红财神唐卡	41cm×35cm	172,500	远方拍卖	2014.06.03
18世纪 红度母唐卡	92.5cm×64.5cm	80,500	北京翰海	2014.08.23
18世纪 吉祥天母供养坛城唐卡	44cm×33cm	161,000	远方拍卖	2014.06.03
18世纪 吉祥天母唐卡	15.6cm×12cm	138,000	东拍国际	2014.07.31
18世纪 吉祥天母唐卡	85cm×56.5cm	517,500	北京匡时	2014.12.03
18世纪 吉祥天母唐卡	55.5cm×41.5cm	126,500	北京匡时	2014.12.03

拍品名称	物品尺寸	成交价RMB	拍卖公司	拍卖日期
18世纪 觉囊派祖师	54cm×39cm	57,500	北京保利	2014.12.04
18世纪 金刚界曼陀罗唐卡	37cm×33cm	92,000	北京翰海	2014.08.23
18世纪 金刚萨埵唐卡	87cm×62cm	138,000	远方拍卖	2014.06.03
18世纪 金刚手菩萨唐卡	90cm×60cm	253,000	远方拍卖	2014.06.03
18世纪 空行母唐卡	47cm×35cm	161,000	北京匡时	2014.12.03
18世纪 莲花生唐卡	53cm×38cm	172,500	远方拍卖	2014.06.03
18世纪 莲花生唐卡	53cm×38.5cm	103,500	北京匡时	2014.12.03
18世纪 莲花王唐卡	53cm×38cm	103,500	北京匡时	2014.12.03
18世纪 莲师忿怒金刚唐卡	80cm×60.5cm	184,000	北京匡时	2014.12.03
18世纪 六臂玛哈嘎拉黑卡	75cm×54.5cm	161,000	北京匡时	2014.12.03
18世纪 绿度母唐卡	78cm×49cm	55,200	北京翰海	2014.08.23
18世纪 玛尔巴上师	71cm×55cm	1,150,000	北京保利	2014.12.04
18世纪 弥勒菩萨唐卡	33cm×25cm	126,500	东拍国际	2014.07.31
18世纪 弥勒菩萨唐卡	31.5cm×26cm	69,000	北京匡时	2014.12.03
18世纪 弥勒菩萨唐卡	71cm×50cm	13,800	北京匡时	2014.12.03
18世纪 米拉日巴唐卡	73cm×57cm	782,000	远方拍卖	2014.06.03
18世纪 那诺卡雀空行母唐卡	69cm×49cm	161,000	远方拍卖	2014.06.03
18世纪 毗瓦巴	35cm×32cm	126,500	北京保利	2014.12.04
18世纪 普巴金刚唐卡（宁玛八大法行）	73.5cm×48cm	345,000	北京匡时	2014.12.03
18世纪 三怙主唐卡	62cm×39cm	138,000	远方拍卖	2014.06.03
18世纪 狮子吼声唐卡	55cm×35cm	97,750	北京匡时	2014.12.03
18世纪 十一面观音唐卡	34cm×25.5cm	431,250	北京匡时	2014.12.03
18世纪 释迦摩尼成道像	74cm×47cm	322,000	东拍国际	2014.07.31
18世纪释迦牟尼成道像唐卡（一套）	73cm×46cm×9	1,092,500	东拍国际	2014.07.31
18世纪 释迦牟尼佛	101cm×85cm	299,000	北京匡时	2014.12.03
18世纪 释迦牟尼佛唐卡	58cm×37cm	230,000	远方拍卖	2014.06.03
18世纪 释迦牟尼佛唐卡	66cm×43cm	264,500	北京匡时	2014.12.03
18世纪 释迦牟尼佛与二僧俗供养人唐卡	153cm×64cm	2,185,000	远方拍卖	2014.06.03
18世纪 释迦牟尼唐卡	66cm×46cm	112,700	北京翰海	2014.08.23
18世纪 释迦牟尼与十六罗汉	46cm×34cm	80,500	北京保利	2014.12.04
18世纪 双身金刚萨埵唐卡	76cm×54cm	132,250	远方拍卖	2014.06.03
18世纪 四臂观音唐卡	52cm×44cm	63,250	北京翰海	2014.05.10
18世纪 坛城修法装饰唐卡（一套二十八幅）	11cm×10cm	402,500	远方拍卖	2014.06.03
18世纪 唐卡宗喀巴上师像	72cm×53.5cm	138,000	北京保利	2014.06.06
18世纪 天降图唐卡	75cm×53cm	34,500	北京保利	2014.02.05
18世纪 无量寿佛唐卡	77cm×59cm	138,000	远方拍卖	2014.06.03
18世纪 无量寿佛唐卡	52.5cm×33cm	69,000	北京匡时	2014.12.03
18世纪 五罗汉唐卡	72cm×56.5cm	149,500	北京匡时	2014.12.03
18世纪西藏棉布矿物颜料度母唐卡	30.5cm×50.5cm	109,250	中国嘉德	2014.05.18
18世纪 西藏 棉布矿物颜料三罗汉与二天王唐卡	36.7cm×56.5cm	46,000	中国嘉德	2014.05.18
18世纪 西藏 棉布矿物颜料上乐金刚唐卡	48.5cm×64.5cm	322,000	中国嘉德	2014.05.18
18世纪 西藏 棉布矿物颜料五罗汉唐卡	35.6cm×56.8cm	63,250	中国嘉德	2014.05.18
18世纪 西方广目天王	47cm×41cm	57,500	北京保利	2014.12.04
18世纪 贤劫千佛唐卡	57cm×43cm	69,000	北京保利	2014.02.05
18世纪阎魔法王护身咒轮唐卡（一对）	10cm×10cm	195,500	远方拍卖	2014.06.03
18世纪 药师佛唐卡	76.5cm×54cm	230,000	北京匡时	2014.12.03
18世纪 中阴文武百尊之忿怒尊唐卡	78cm×56cm	276,000	北京匡时	2014.12.03
18世纪 宗喀巴	56cm×36cm	138,000	北京保利	2014.12.04
18世纪 宗喀巴大士唐卡	70cm×52cm	362,250	北京保利	2014.02.05
18世纪 宗喀巴皈依境唐卡	132.5cm×94cm	552,000	北京匡时	2014.12.03
18世纪 宗喀巴皈依境唐卡	87cm×58cm	161,000	北京匡时	2014.12.03
18世纪 宗喀巴上师资量田	67cm×49cm	138,000	北京保利	2014.12.04
18世纪 尊胜佛母唐卡	60cm×44cm	48,300	北京翰海	2014.04.12
18世纪 尊胜佛母唐卡	63cm×43cm	172,500	远方拍卖	2014.06.03
18世纪/19世纪 本生如意藤唐卡	80.5cm×54.5cm	977,500	北京匡时	2014.12.03
18世纪/19世纪 金刚界曼荼罗唐卡	41.5cm×59.5cm	172,500	北京东正	2014.05.18
18世纪/19世纪 罗怙罗尊者唐卡	165cm×103cm	517,500	北京翰海	2014.05.10
18世纪/19世纪 释迦牟尼与十八罗汉唐卡	68cm×45cm	149,500	北京匡时	2014.12.03
18世纪/19世纪 五罗汉唐卡	79cm×48cm	437,000	远方拍卖	2014.06.03
18世纪/19世纪初 佛本生故事唐卡	87.5cm×55.5cm	329,500	伦敦苏富比	2014.05.14
18世纪/19世纪 阿弥陀佛极乐世界唐卡	73cm×53cm	138,000	北京保利	2014.02.05
19世纪 班禅喇嘛流源图唐卡	70cm×40cm	78,200	北京翰海	2014.08.23
19世纪 财神唐卡	39cm×29.5cm	11,500	北京匡时	2014.12.03

拍品名称	物品尺寸	成交价RMB	拍卖公司	拍卖日期
19世纪 噶玛巴唐卡	48cm×35cm	57,500	北京保利	2014.02.05
19世纪 迦诺迦跋黎堕阇尊者	62cm×43.5cm	1,725,000	北京保利	2014.12.04
19世纪 金刚亥母唐卡	53cm×40cm	46,000	北京匡时	2014.12.03
19世纪 莲花生大师唐卡	50cm×36cm	80,500	北京保利	2014.02.05
19世纪 莲师八变唐卡	70cm×44cm	32,200	北京匡时	2014.12.03
19世纪 莲师忿怒金刚唐卡	69cm×47cm	126,500	远方拍卖	2014.06.03
19世纪 六臂玛哈嘎拉唐卡	50cm×35cm	63,250	北京匡时	2014.12.03
19世纪 罗汉唐卡及319页佛经	57cm×41.6cm	65,900	伦敦邦瀚斯	2014.05.15
19世纪 马头金刚唐卡	37cm×28cm	138,000	远方拍卖	2014.06.03
19世纪 马头金刚唐卡	74cm×45.6cm	109,250	北京匡时	2014.12.03
19世纪 密集马头金刚唐卡	48cm×37cm	63,250	北京匡时	2014.12.03
19世纪普巴金刚（宁玛八大法行）	83.5cm×53cm	51,750	北京匡时	2014.06.04
19世纪 普巴金刚唐卡	68cm×48cm	46,000	北京保利	2014.02.05
19世纪 七世班禅	67.5cm×40cm	82,800	北京保利	2014.12.04
19世纪 上师唐卡	83cm×60cm	115,000	北京翰海	2014.08.23
19世纪 上师唐卡	87cm×65.5cm	63,250	北京匡时	2014.12.03
19世纪 上师唐卡	53cm×33.5cm	63,250	北京匡时	2014.12.03
19世纪 十一面千手千眼观音唐卡	100cm×80cm	230,000	远方拍卖	2014.06.03
19世纪 释迦牟尼佛本生唐卡	86cm×53cm	299,000	远方拍卖	2014.06.03
19世纪 四臂玛哈嘎拉黑卡	160cm×90cm	230,000	北京匡时	2014.12.03
19世纪 西方极乐净土唐卡	73.5cm×54.5cm	92,000	北京匡时	2014.06.04
19世纪 西方极乐净土唐卡	69cm×53.5cm	460,000	北京匡时	2014.12.03
19世纪 夜叉紫玛护法唐卡	32cm×23cm	57,500	北京匡时	2014.12.03
19世纪 长寿三尊唐卡	92cm×67cm	149,500	北京匡时	2014.12.03
19世纪 中阴文武百尊唐卡	48cm×33cm	207,000	远方拍卖	2014.06.03
19世纪 宗喀巴归依境唐卡	125cm×85cm	184,000	北京匡时	2014.12.03
19世纪 宗喀巴师徒三尊唐卡	29cm×23cm	23,000	北京匡时	2014.12.03
19世纪 宗喀巴唐卡	37cm×26cm	13,800	北京匡时	2014.12.03
2013年作 周吉本 十八罗汉	105cm×308cm	470,400	元亨利贞	2014.06.29
2013年作 周吉本 释迦牟尼与九化身	133cm×100cm	179,200	元亨利贞	2014.06.29
2013年作 周吉本 四臂观音三尊	168cm×96cm	280,000	元亨利贞	2014.06.29
斗尕绘 阿弥陀佛极乐世界 黑唐	126cm×95cm	397,250	中拍国际	2014.06.04
斗尕绘 大威德金刚 彩唐	83cm×59cm	283,750	中拍国际	2014.06.04
斗尕绘 罗汉渡水 彩唐	160cm×100cm	397,250	中拍国际	2014.06.04
斗尕绘 千手观音极乐世界 红唐	99cm×74cm	283,750	中拍国际	2014.06.04
斗尕绘 时轮金刚 彩唐	119cm×79cm	283,750	中拍国际	2014.06.04
斗尕绘释迦牟尼佛与十八罗汉黑唐	268cm×98cm	908,000	中拍国际	2014.06.04
发绣唐卡（两件）	尺寸不一	46,000	中国嘉德	2014.06.22
更登嘉木措 唐卡 三世佛	115cm×315cm	805,000	盛世宝	2014.06.22
娘本 绘 释迦牟尼佛本生图 彩唐	232cm×95cm	794,500	中拍国际	2014.06.04
上师唐卡	59cm×44cm	57,500	北京翰海	2014.08.23
释迦牟尼供养资良田	69cm×47cm	575,000	中宝拍卖	2014.07.06
释迦牟尼唐卡	64cm×47cm	36,800	北京翰海	2014.04.12
文殊菩萨唐卡	89cm×62cm	52,900	北京翰海	2014.04.12
无量寿佛唐卡	44cm×30cm	57,500	北京翰海	2014.08.23
佛教文物其它				
北齐 铜双佛龛供	高26.5cm	55,200	上海嘉泰	2014.06.19
唐贞观 佛牌饰	6cm直径5cm	173,040	台湾世家	2014.04.13
辽 阿弥陀佛佛龛	高16cm	143,376	台湾世家	2014.04.13
明 铜雕六字真言佛龛式塔	高34cm	230,000	远方拍卖	2014.06.02
明 铜洞石佛龛	高33cm	74,750	中国嘉德	2014.03.24
清早期 紫檀雕文殊菩萨佛龛	长11cm	72,680	保利香港	2014.04.07
清 黄地织锦袈裟	长227cm	34,500	北京保利	2014.08.02
清 袈裟（一件）	255cm×115cm	34,500	北京保利	2014.01.11
民国 红木镂雕佛龛	高192cm	109,250	南京经典	2014.04.27
掐丝珐琅缠枝莲福寿纹佛龛	高77cm	94,300	中国嘉德	2014.03.24
当代 留韵佛龛	高87cm	345,000	北京翰海	2014.08.23
当代 留韵佛龛	高87cm	322,000	北京翰海	2014.08.23
九眼天珠	长4.5cm	8,800,000	中信拍卖	2014.07.14
文房用品				
笔杆				
明 黑漆剔犀毫笔	长22.2cm	246,875	香港苏富比	2014.04.07
明 剔红漆笔	长26cm	23,000	北京翰海	2014.04.12
明 朱漆剔红笔	长22.5cm	299,000	北京匡时	2014.06.04
明晚期17世纪 剔红高士图毫笔	长24.1cm	61,350	纽约苏富比	2014.03.18
16世纪 剔红山水人物图毫笔	长22cm	177,975	香港苏富比	2014.10.08
16世纪 剔红文会图笔管及笔帽	长32.5cm	316,000	香港苏富比	2014.04.08
清乾隆 黄料"双龙戏珠"笔	长约19.2cm	92,000	北京翰海	2014.10.25
清中晚期 张之洞铭乌木毛笔	长16cm	71,300	中国嘉德	2014.05.19
清 罗振玉款诗文毛笔、梅鹿竹制毛笔（各一）	尺寸不一	32,200	西泠拍卖	2014.05.06

拍品名称	物品尺寸	成交价RMB	拍卖公司	拍卖日期
清 朱漆描金笔	长30cm	11,500	北京翰海	2014.04.12
清 朱漆描金龙纹笔	长22cm	23,000	中鸿信	2014.11.22
Montegrappa/万宝龙黑色云石纹合成树脂笔杆	长14cm	44,494	香港苏富比	2014.10.08
案头"冷梅香妃"（六支）	尺寸不一	172,500	江苏爱涛	2014.07.05
罕有精美钢笔两支，欧马仕耶路萨冷纯银钢笔/万特佳银龙钢笔		32,668	保利香港	2014.10.06
集大庄毛笔	尺寸不一	10,350	中国嘉德	2014.05.20
近代 白雪石铭紫檀毛笔	长36cm	13,800	中国嘉德	2014.05.19
旧笔（五支）	尺寸不一	16,100	上海工美	2014.06.28
李小平 唐式红湘妃天平兔毫笔	长28cm	23,000	北京保利	2014.06.05
民国 韩登安刻大石斋铭红木毛笔	笔杆高11.1cm	25,300	西泠拍卖	2014.05.06
嵌螺钿镀金笔	尺寸不一	13,800	西泠拍卖	2014.05.06
万宝龙＆百乐 两对精美钢笔及签字笔，百乐幻黑明珠钢笔；万宝龙万宝龙星际行者签字笔		14,001	保利香港	2014.10.06
万宝龙 罕有精美限量钢笔两支，摄政王钢笔/托马斯曼钢笔		28,001	保利香港	2014.10.06
万宝龙精美限量版金及银钢笔两支		37,335	保利香港	2014.10.06
万宝龙Mont Blanc一组两枚限量生产墨水笔及原子笔套装，型号Agathe Christie		21,850	中国嘉德	2014.05.19
万宝龙八角型笔杆	长13.5cm	64,269	香港苏富比	2014.10.08
万宝龙黑色树脂笔杆	长14.5cm	54,381	香港苏富比	2014.10.08
湘光精制兼毫湘妃竹笔（一组十六件）	尺寸不一	20,700	北京匡时	2014.03.21
笔筒				
明晚期 铜刘海戏金蟾笔筒	高11cm	57,500	北京诚轩	2014.11.20
17世纪 铜透雕双龙赶珠纹笔筒	高12cm	65,900	伦敦苏富比	2014.05.14
清乾隆 描金山水图石笔筒	高10.8cm	885,920	香港苏富比	2014.10.08
清乾隆 套料开光花鸟笔筒	高10.5cm	109,250	江苏爱涛	2014.07.06
清乾隆 铁错银人物故事笔筒	高13cm	11,500	北京传是	2014.06.05
清中期 青田石雕仙鹤纹长方笔筒	高11.8cm	82,800	中国嘉德	2014.11.22
清 白寿山雕松崖笔筒	高13cm	67,200	天津文物	2014.11.15
清 桄榔木雕大笔海	高16cm	86,250	西泠拍卖	2014.05.06
清 洒银料花鸟纹六角笔筒	高8.5cm	11,691	中信国际	2014.02.23
清 石雕山水人物纹笔筒	高15.7cm	11,500	中国嘉德	2014.03.24
清 铜鎏金笔筒座（一对）	直径25cm×2	80,500	北京匡时	2014.12.03
清 紫檀龙纹笔海	高22cm	470,400	成都金沙	2014.11.16
端石山水人物纹四方倭角笔筒	高15.7cm	17,250	中国嘉德	2014.06.22
民国 笔筒调色盘（二件）	尺寸不一	13,800	上海道明	2014.04.12
民国 铜胎画珐琅岁寒三友笔筒、文具盘（二件）	长16.8cm	115,000	北京翰海	2014.05.11
竹雕雅集图笔筒仕女图臂搁各一件	高24.7cm	17,250	中国嘉德	2014.09.22
笔架				
明嘉靖/万历 铜一路连科三峰笔搁	长15.7cm	375,725	香港苏富比	2014.10.08
明 董其昌款骨雕铭文笔架	长25cm	115,000	西泠拍卖	2014.12.13
明 石叟制嵌银丝山形笔架	带座高8.5cm	40,250	西泠拍卖	2014.12.13
明 铜赏石形笔搁	高10.8cm	158,200	香港苏富比	2014.10.08
明 铜双螭龙笔架	长7.5cm	11,500	西泠拍卖	2014.12.13
明 铜制"连中三元"蝙蝠形笔山	高16cm	115,000	中国嘉德	2014.05.19
明 犀牛望月铜笔架	高10.8cm	180,000	北京九歌	2014.12.17
明 紫砂山子笔架	高5cm	92,000	古天一	2014.12.05
明晚期 铜三峰山形笔搁	长16.4cm	197,750	香港苏富比	2014.10.08
明晚期/清早期 铜狩猎图笔山	长20.3cm	184,050	纽约佳士得	2014.03.20
清乾隆 掐丝珐琅笔架	高13cm	230,000	北京盘古	2014.06.25
清乾隆 紫檀雕英雄斗智笔挂	高34cm	517,500	古天一	2014.12.05
清早期 寿山白芙蓉石螭龙纹笔架山	长11cm	230,000	中国嘉德	2014.05.19
清中期 沉香瑞兽笔架	长17.5cm	138,000	中鸿信	2014.11.22
清中期 寿山石笔架	长14.7cm	69,000	北京匡时	2014.06.04
清中期 紫檀根雕笔架	长23.1cm	34,500	北京翰海	2014.10.26
清光绪（1890年） 双华书屋楠木嵌银丝篆书卷云足笔架	长32cm	19,550	北京艺融	2014.12.08
清 "陈鸣远款"紫砂三猴笔架	长14cm	160,000	北京九歌	2014.12.17
清 白玉海水江崖龙纹笔架	高10.5cm	55,200	北京传是	2014.06.05
清 沉香梅花纹笔架	宽24.5cm	318,378	中国嘉德	2014.10.07
清 红木几、小山石笔架	尺寸不一	25,300	朵云轩	2014.06.29
清 黄杨木随形笔架	带座高6cm	34,500	西泠拍卖	2014.12.13
清 灵璧石笔架	长20cm	23,000	西泠拍卖	2014.05.06
清 灵璧石笔架	长15cm	11,500	西泠拍卖	2014.12.13
清 乾隆年制款雕瓷仿灵璧石笔山	长18.5cm	17,250	西泠拍卖	2014.05.06

2014杂项拍卖成交汇总

(成交价RMB：1万元以上)

拍品名称	物品尺寸	成交价RMB	拍卖公司	拍卖日期
清 松花石山形笔架（带紫檀托）	长12cm	10,350	北京传是	2014.06.05
清 随形木雕笔架	长38.5cm	17,250	西泠拍卖	2014.12.13
清 铜笔架	长15.2cm	40,250	北京翰海	2014.05.11
清 湘妃竹笔架	高52cm	23,000	西泠拍卖	2014.12.13
清 银制山形开光无量寿佛笔架	长17.8cm	22,500	中鸿信	2014.11.22
当代 蒋蓉制绿泥笔架摆件	长11cm	115,000	中国嘉德	2014.05.18
芙蓉石灵芝笔架	长14.9cm	25,300	福建东南	2014.05.24
芙蓉石寿桃笔架	长13.6cm	23,000	福建东南	2014.05.24
黄花梨竹节纹笔架	长52cm	20,700	北京保利	2014.12.04
近代 黄宾虹铭天铁笔架	长8.8cm	16,875	中鸿信	2014.11.22
灵璧笔架山	长9cm	11,500	北京翰海	2014.10.25
灵璧石笔架山	长16cm	36,800	北京翰海	2014.10.25
灵璧石随形笔架	长19cm	34,500	北京翰海	2014.10.25
刘景 树桩笔搁	长10cm	36,800	北京翰海	2014.10.25
民国 红珊瑚一夜成名笔架	长8.5cm	13,800	中鸿信	2014.11.22
民国 鸣远款紫砂钱串笔架	长18cm	74,750	北京保利	2014.06.04
枇杷笔架	长16cm	32,200	上海道明	2014.04.12
寿山芙蓉石 笔架 水洗（二件）	尺寸不一	20,700	北京匡时	2014.06.05
唐云绘沈觉初刻 梅花竹笔搁	长33cm	34,500	上海工美	2014.11.02
铜胎掐丝珐琅龙纹笔架	长18.5cm	115,000	南京经典	2014.08.04
王耀 紫砂如意笔架	长14.5cm	57,500	北京保利	2014.06.05
吴元星制马来西亚沉香笔架	长20cm	115,000	浙江世贸	2014.04.13
徐孝穆刻郁文华绘 山水纹竹笔搁	长37cm	11,500	上海工美	2014.11.02
竹节笔搁	长12cm	20,160	上海联合	2014.06.29
笔舔				
清雍正 洮河海水江崖笔舔	长10.7cm	28,750	北京盈时	2014.05.31
清乾隆 黄奇楠雕灵芝蝠纹笔舔	长12.5cm	322,000	上海泓盛	2014.06.26
清乾隆 象牙雕“福寿双全”笔舔	18.4cm	543,813	香港苏富比	2014.10.08
清中期 紫檀花插、紫檀雕灵芝笔舔（各一件）	高13cm	14,950	银座国际	2014.06.01
清 杜士元作荷塘清趣寿山石笔舔	长10cm	51,750	北京保利	2014.06.05
清 端石山水纹笔舔	长19cm	23,000	中国嘉德	2014.03.24
清 名家刻款端砚笔舔	长10.1cm	51,750	北京匡时	2014.06.03
清 紫梨花馆制白瓷叶行笔舔	长15.5cm	29,120	天津文物	2014.05.16
寿山石莲叶田田笔舔	长13.3cm	23,000	西泠拍卖	2014.12.15
臂搁				
清早期 张希黄竹刻留青“受天百禄”臂搁	长17.2cm	322,000	北京保利	2014.12.04
清乾隆 御题诗文紫檀臂搁	长16.5cm	92,000	西泠拍卖	2014.12.13
清中期 王玘 陷地竹雕花卉纹臂搁	长35.5cm	34,500	中国嘉德	2014.11.22
清中晚期 “茗侯”款诗文竹雕臂搁	长32cm	20,700	中国嘉德	2014.11.22
清道光 方絜刻仕女诗文臂搁	长27.5cm	59,127	中国嘉德	2014.10.07
清 “张敌”款竹刻留青山水人物图臂搁	长29cm	103,500	苏州东方	2014.10.30
清 黄花梨事事如意臂搁	长23cm	20,700	北京保利	2014.12.04
清李嘉福款竹雕留青山水楼阁臂搁	长18.5cm	115,000	西泠拍卖	2014.12.13
清 梅巢居士刻诗文松树臂搁	长27.8cm	20,700	北京保利	2014.06.05
清 施天章款竹雕高士图臂搁	长22.5cm	11,500	中国嘉德	2014.09.22
清 云岩款竹刻诗文臂搁	长27.4cm	11,500	西泠拍卖	2014.12.13
清 张熊款红木雕竹石纹臂搁	长30cm	80,500	西泠拍卖	2014.12.13
清 竹雕供石图臂搁	长22.5cm	28,750	北京翰海	2014.10.25
清 竹刻山水人物臂搁	长17.7cm	17,250	北京保利	2014.12.04
清 紫檀竹梅臂搁	长26.5cm	11,500	北京保利	2014.10.26
清晚期 菠萝漆诗文臂搁（两件）	尺寸不一	32,200	北京传是	2014.06.05
清晚期/民国 江雨三刻竹雕行书诗文臂搁	长24cm	20,700	北京艺融	2014.12.08
19世纪初（传）郭尚先制 梓木雕琴式臂搁	长30.6cm	49,610	伦敦苏富比	2014.11.05
当代 徐秉方雕竹留青臂搁	长30cm	22,400	北京荣宝	2014.11.30
民国 臂搁纸镇印盒砚台组合	尺寸不一	92,000	朵云轩	2014.06.29
民国 檀香木刻诗文琴形臂搁	长28.5cm	43,700	北京保利	2014.10.26
欧宙翼作 汶洋石臂搁	长11.8cm	43,700	福建东南	2014.05.24
张泰中（刻）马骏（绘）竹刻高士人物臂搁	20cm×5cm	13,800	北京艺融	2014.12.08
朱小华刻竹雕松鹰图臂搁	24cm×10cm	17,250	中国嘉德	2014.11.22
盒				
明 黑漆嵌骨人物文具盒	33.3cm×17.8cm	74,750	北京保利	2014.12.04
明 铜刻花卉纹印盒（一组）	尺寸不一	28,750	北京传是	2014.06.05
16世纪/17世纪 剔红雕荔枝印盒	长6.4cm	118,500	香港苏富比	2014.04.08
清早期 紫檀描金山水纹文具盒	长19cm	207,000	中国嘉德	2014.03.24
清早期 紫檀嵌螺钿花卉玺印盒	高14.5cm	172,500	北京保利	2014.12.04

拍品名称	物品尺寸	成交价RMB	拍卖公司	拍卖日期
清康熙 甜白釉鼓钉暗刻九秋印泥盒	直径6.5cm	10,350	中鸿信	2014.11.22
清乾隆 茶叶末釉描金福寿纹印盒	直径6.1cm	20,700	中国嘉德	2014.09.21
清乾隆 浆胎青花龙凤纹印盒	直径12.6cm	149,500	中国嘉德	2014.03.23
清乾隆铜胎画珐琅花卉人物倭角印盒	长5cm	115,000	北京翰海	2014.05.11
清乾隆铜胎掐丝珐琅花卉纹小印盒	直径6.8cm	184,000	北京保利	2014.12.04
清乾隆铜胎掐丝珐琅葵花纹小印盒	宽8cm	92,000	北京保利	2014.12.04
清中期 紫檀雕螭龙纹官印盒	长13cm	287,500	华艺国际	2014.12.09
清中期 紫檀雕朱漆描金包袱印盒	高18cm	233,345	保利香港	2014.10.07
清 茶晶螭龙纹印盒	直径6cm	13,800	中国嘉德	2014.09.22
清 红木嵌云石文具盒、都承盘（一组两件）	尺寸不一	80,500	西泠拍卖	2014.12.13
清 红木文具盒	长34.5cm	11,500	中国嘉德	2014.09.22
清 黄花梨黑漆里地嵌银丝文具盒	长32cm	17,250	北京保利	2014.10.26
清 黄花梨文具提盒	高28cm	32,200	西泠拍卖	2014.05.06
清 黄料印盒	直径7.9cm	46,000	北京翰海	2014.05.11
清鸡翅木嵌象骨雕庭院人物文具盒	长32.5cm	80,500	西泠拍卖	2014.12.13
清 集虚草堂款漆制花鸟纹印盒	高4.7cm	13,800	西泠拍卖	2014.12.13
清 掐丝珐琅花卉印盒	直径8.5cm	23,000	北京保利	2014.08.02
清 轻舟归燕纹歙砚文具盒	长22cm	16,800	天津文物	2014.11.15
清 铜错金银印盒	长6.4cm	10,350	中国嘉德	2014.06.22
清 铜鎏金花鸟印泥盒	直径5.9cm	17,250	北京传是	2014.06.05
清 序伯款黄杨木雕梅花文具盒	长16cm	17,250	西泠拍卖	2014.05.06
清 竹丝印盒	高4.8cm	32,200	西泠拍卖	2014.12.13
清 紫檀雕回龙纹茶具盒	长18.5cm	36,800	西泠拍卖	2014.12.13
清 紫檀嵌玉雕云龙纹文具盒	长28cm	92,000	西泠拍卖	2014.12.13
清 紫檀嵌玉文具盒	长19cm	55,200	西泠拍卖	2014.05.06
清 紫檀小文具盒	长13cm	55,200	中国嘉德	2014.05.19
清晚期 白铜刻山水图墨盒	长6.9cm	29,120	北京荣宝	2014.06.15
清晚期 单色釉 粉彩印盒（五件）	尺寸不一	13,800	中国嘉德	2014.06.21
清晚期 红木、楠木文具盒	长30.7cm	13,800	中国嘉德	2014.03.24
清晚期 铜刻诗文墨盒	长9.5cm	20,700	北京保利	2014.04.27
民国 白铜刻加官进爵图墨盒	长12.8cm	16,800	北京荣宝	2014.06.15
民国 白铜刻兰亭序墨盒	长7.3cm	24,640	北京荣宝	2014.06.15
民国 白铜刻婴戏图墨盒	长11.2cm	13,440	北京荣宝	2014.06.15
民国 白铜刻醉剑图墨盒	长13.4cm	56,000	北京荣宝	2014.06.15
民国宾虹上款汪训昭刻紫檀印泥盒	长6cm	48,300	西泠拍卖	2014.05.06
民国 常云湄上款铜刻《滕王阁序》墨盒及茫父制寒梅纹墨盒（一组两件）	长12.4cm	161,000	西泠拍卖	2014.12.13
民国 沉香龟文具盒	高11cm	57,500	朵云轩	2014.12.19
民国 陈师曾 白铜刻山水纹墨盒	长11.5cm	201,600	北京荣宝	2014.06.15
民国 黄铜渔樵耕读人物故事图墨盒	长14cm	23,000	中国嘉德	2014.03.24
民国 珂罗版印万里长城白铜墨盒	长9.3cm	24,640	北京荣宝	2014.06.15
民国 绿松石五蝠捧寿圆印盒	直径9.2cm	43,700	朵云轩	2014.06.29
民国齐璜（款） 白铜刻草虫墨盒	长9.4cm	89,600	北京荣宝	2014.06.15
民国王雪涛（款） 白铜刻菊石墨盒	长11cm	11,200	北京荣宝	2014.06.15
民国 萧谦中 白铜刻山水图墨盒	长10.2cm	168,000	北京荣宝	2014.06.15
民国 杨千里 白铜刻书法墨盒	长11cm	145,600	北京荣宝	2014.06.15
墨盒（一组八枚）	尺寸不一	23,000	北京保利	2014.06.05
白玉印盒（两件）	尺寸不一	10,350	中国嘉德	2014.06.22
丁佛言（款） 白铜刻诗文墨盒	长10.2cm	10,080	北京荣宝	2014.06.15
近代 紫檀两屉书盒	长28cm	28,750	北京保利	2014.08.02
掐丝珐琅云龙纹暖砚盒	长22cm	25,300	中国嘉德	2014.09.22
松花江石雕龙纹印盒	直径9.3cm	115,000	上海泛华	2014.06.30
铜墨盒（五件）	尺寸不一	23,000	上海工美	2014.06.28
铜诗文墨盒（五件）	尺寸不一	10,350	中国嘉德	2014.03.24
水丞(水呈)				
清雍正 御窑白釉饕餮纹四方水丞	长7.6cm	437,000	北京东正	2014.11.20
清晚期 孟臣款水丞	高18cm	112,700	江苏爱涛	2014.07.06
清乾隆 松石绿釉水丞	高9.9cm	13,800	中国嘉德	2014.03.23
清乾隆 涅白地套绿料螭龙纹水丞	长6.3cm	494,375	香港苏富比	2014.10.08
清 紫檀四方水丞	长6.1cm	17,250	中国嘉德	2014.03.24
清 朱彝款端石牧牛图水丞	长25cm	13,800	中国嘉德	2014.03.24
清 寿山石山水人物诗文水丞	长13cm	20,700	中国嘉德	2014.03.24
清俏色玛瑙雕花枝水丞、福寿铜砚滴	尺寸不一	11,500	北京保利	2014.12.04
18世纪/19世纪 涅白地套三色料双螭纹水丞	直径5.7cm	92,025	纽约佳士得	2014.03.20
玉雕婴戏摆件 荷叶水丞 龙首带钩各一件	尺寸不一	11,500	中国嘉德	2014.03.24
清早期 陈子畦制紫砂盘螭龙水呈	宽9cm	2,300,000	北京保利	2014.12.03
清雍正铜胎画珐琅开光山水人物水呈	高6.3cm	391,000	北京翰海	2014.10.26

拍品名称	物品尺寸	成交价RMB	拍卖公司	拍卖日期
清乾隆 御制铜胎掐丝珐琅缠枝莲纹水呈	宽5.8cm	644,000	北京保利	2014.12.04
清乾隆 掐丝珐琅八吉祥水呈	高4.2cm	136,275	保利香港	2014.04.07
清 陈鸣远双色葫芦水呈	长11cm	690,000	北京保利	2014.12.03
水滴				
六朝 辟邪水滴	高12.5cm	93,936	台湾世家	2014.04.13
元或以前 铜鎏金兽形水滴	长11cm	138,000	北京翰海	2014.04.12
元/明早期 铜卧象砚滴	高7cm	88,988	香港苏富比	2014.10.08
元/明早期 铜卧牛砚滴	高11.1cm	118,650	香港苏富比	2014.10.08
明晚期 局部鎏金铜卧鸭水滴	高8cm	41,528	香港苏富比	2014.10.08
明 铜龟形砚滴	长11.1cm	20,700	中国嘉德	2014.03.24
明 铜错金银辟邪形水滴	长13cm	115,031	纽约苏富比	2014.03.18
清早期 铜雕犀牛砚滴	长8.5cm	149,500	北京东正	2014.11.20
清雍正 珐琅彩梅兰花卉纹水滴	长10.3cm	230,000	上海泓盛	2014.06.26
清 铜制狮形水滴	高4.8cm	55,200	西泠拍卖	2014.05.06
清 铜制鹿砚滴	带座高7.4cm	28,750	西泠拍卖	2014.05.06
清 铜错金银砚滴	高10.2cm	74,750	西泠拍卖	2014.12.13
17世纪 铜胎掐丝珐琅玄武水滴	高13cm	79,080	伦敦苏富比	2014.05.14
18世纪 铜错金银双凤形水滴	长6.4cm	79,080	伦敦邦瀚斯	2014.05.15
民国 蒋燕庭制紫砂葫芦形水滴	长11cm	32,200	北京保利	2014.06.04
蒋蓉制 寿桃水滴	高7.7cm	63,250	福建东南	2014.05.25
水盂				
明以前 钧窑水盂	高4.6cm	20,700	西泠拍卖	2014.05.06
明 陈仲美 蟾蜍水盂	高4.5cm	517,500	北京匡时	2014.12.04
明 陈仲美鼓钉纹方形水盂	宽8.4cm	747,500	北京保利	2014.12.03
明 沉香水盂	长9cm	57,500	华艺国际	2014.12.09
清中期 浆胎刻回纹水盂	宽4.5cm	13,800	北京保利	2014.04.26
清早期 紫檀木雕梅竹双青水盂	高5.5cm	46,000	古天一	2014.12.05
清早期 时大彬款水盂	宽11.7cm	34,500	上海春秋堂	2014.09.07
清早期 南红莲蓬小水盂	长6.3cm	20,700	北京匡时	2014.12.03
清早期 “治同”款寿山石加彩雕佛手水盂	长9.5cm	345,000	苏州东方	2014.05.30
清康熙 铜胎画北京珐琅“四季花卉”图六棱倭角小水盂	宽4.5cm	979,600	香港苏富比	2014.04.08
清雍正 透明红料水盂	宽5.6cm	641,875	香港苏富比	2014.04.08
清雍正 葫芦型水盂	高4.7cm	161,000	西泠拍卖	2014.12.13
清乾隆 料胎画珐琅花卉水盂	直径5cm	80,500	西泠拍卖	2014.12.13
清光绪 黄地暗刻海水云龙纹水盂	高7.2cm	138,000	北京中汉	2014.05.17
清 紫檀雕松柏水盂	长12cm	10,350	银座国际	2014.06.01
清 紫檀雕水盂、墨床、镇尺文房（一组四件）	尺寸不一	23,000	西泠拍卖	2014.05.06
清 金石铭文水盂	直径7.5cm	74,750	西泠拍卖	2014.12.13
清 何心舟制汉币诗文水盂	直径8cm	11,500	西泠拍卖	2014.05.06
清 粉料荷花型水盂及紫檀墨床（一组两件）	尺寸不一	23,000	西泠拍卖	2014.12.13
清 陈鸣远款“风开露井”紫砂桃形水盂	宽11cm	287,500	北京保利	2014.06.04
清 陈鸣远蕉叶纹圆形水盂	宽7.3cm	747,500	北京保利	2014.12.03
清 白玉雕水盂	高2cm	32,200	西泠拍卖	2014.05.06
17世纪 寿山石佛手水盂	长9cm	402,500	八益拍卖	2014.10.24
18或19世纪 硬木水盂	长10cm	19,166	邦瀚斯	2014.09.15
民国 李明亮制粉彩草虫水盂	直径7cm	16,100	西泠拍卖	2014.05.06
友兰制 荷叶形紫砂水盂	直径8cm	13,800	上海工美	2014.11.02
吴东元制香炉、水盂（一组）		40,250	上海春秋堂	2014.12.21
王翔 双耳水盂	宽13cm	149,500	北京翰海	2014.05.09
任淦庭 段泥小水盂	高3cm	12,000	上海驰翰	2014.06.26
刘平 水点桃花水盂	直径14.8cm	55,200	北京匡时	2014.06.03
近代 晓峰铭文款水盂	口径8.2cm	17,250	西泠拍卖	2014.12.13
水注				
明末清初 濮仲谦制绵绵瓜瓞水注	长16.3cm	368,000	西泠拍卖	2014.05.06
清乾隆 铜胎掐丝珐琅花卉纹柿子形小水注	直径6cm	230,000	北京保利	2014.12.04
清乾隆 白玉含灵芝鸭形水注	长9cm	184,000	中国嘉德	2014.05.18
顾景舟 紫泥水注	宽13.8cm	1,380,000	北京翰海	2014.10.25
当代 汪寅仙制韩美林铭水注	高10cm	57,500	中国嘉德	2014.05.18
笔洗				
12世纪 铜制折沿洗	直径9.6cm	11,500	中贸圣佳	2014.07.06
明 沈恰如制血珀雕福海瀛洲云纹洗	长15.5cm	747,500	西泠拍卖	2014.05.06
明 铜锦地八仙人物花口水洗	长16cm	34,500	北京翰海	2014.05.11
明 铜鎏金三足金蟾洗	长16.5cm	218,500	远方拍卖	2014.06.02

拍品名称	物品尺寸	成交价RMB	拍卖公司	拍卖日期
明晚期/清早期 铜荷叶式洗 及 铜勺（两件）	尺寸不一	34,606	香港苏富比	2014.10.08
清早期 陈鸣远制洒红桃形洗	长10.2cm	2,875,000	北京保利	2014.12.03
清早期 陈鸣远制荷叶形莲瓣洗	长13.8cm	4,025,000	北京保利	2014.12.03
清早期 陈汉文制鸳鸯形水洗	长13cm	2,070,000	北京保利	2014.12.03
清乾隆 铜胎掐丝珐琅云龙纹水景洗	直径39cm	287,500	江苏爱涛	2014.07.06
清乾隆 端石刻花卉蔬果倭角长方四足洗	长10cm	345,000	北京翰海	2014.05.11
清乾隆 玻璃仿无暇水晶梨式洗	长12cm	34,500	北京盈时	2014.05.31
清乾隆爱闲老人制内挂釉桃核形水洗	长10.3cm	517,500	北京保利	2014.12.03
清中期 紫檀雕玉兰花卉洗	长12cm	25,300	北京翰海	2014.10.26
清中期 寿山石回纹倭角方洗	长9.3cm	517,500	北京翰海	2014.05.11
清中期 掐丝珐琅福寿双桃形洗	长19.8cm	92,000	北京翰海	2014.05.11
清中期 海棠式铜鎏金玛瑙笔洗	长11.7cm	57,500	中国嘉德	2014.05.19
清 芝农款竹雕水洗	长14.3cm	17,250	西泠拍卖	2014.12.13
清 铜胎画珐琅缠枝莲纹海棠洗	长16cm	13,800	中国嘉德	2014.03.24
清 铜洒金桃形笔洗	高12.5cm	172,500	江苏爱涛	2014.07.06
清 铜花卉形洗	长17cm	11,500	北京保利	2014.01.11
清 铜雕花鸟荷叶洗	长13.5cm	40,250	西泠拍卖	2014.12.13
清 石雕诗文洗	长8.5cm	20,700	北京保利	2014.10.26
清 掐丝珐琅花卉洗	直径30cm	17,250	北京保利	2014.01.11
清 掐丝珐琅笔洗	直径25cm	17,250	北京盘古	2014.06.25
清 绿松石灵猴献瑞洗	长10cm	11,500	中国嘉德	2014.06.22
清 绿端荷叶形水洗	直径16.6cm	20,700	中鸿信	2014.11.22
清 窸斋款灵芝水洗	带座高10.6cm	32,200	西泠拍卖	2014.12.13
清 菊花石洗、砚（一组两件）	尺寸不一	20,700	西泠拍卖	2014.05.06
清 荷花洗	高10.7cm	276,000	北京匡时	2014.12.03
清 段泥仿树桩形水洗	高8cm	17,250	西泠拍卖	2014.05.06
清 端石方胜形笔洗	长11.5cm	48,300	北京翰海	2014.10.25
清 端石八方洗	长9cm	11,500	中国嘉德	2014.06.22
清 澹石山房款白端石雕荷花水洗	高4.1cm	57,500	西泠拍卖	2014.12.13
清 陈鸣远莲果洗	宽11cm	161,000	远方拍卖	2014.06.03
18世纪 透明红料螭龙纹洗	直径20.4cm	99,694	纽约佳士得	2014.03.20
清晚期 竹溪刻“梦湘云喰湘月”长方洗	长19.5cm	11,500	北京保利	2014.12.03
掐丝珐琅缠枝莲托八宝纹洗	直径32.5cm	11,500	中国嘉德	2014.09.22
掐丝珐琅缠枝莲托八宝龙纹洗	直径40cm	11,500	中国嘉德	2014.09.22
民国 料彩钱币纹笔洗（一对）	长19cm	13,800	北京保利	2014.04.26
民国 蒋燕亭制荷叶水洗	宽21.5cm	23,000	上海春秋堂	2014.09.07
民国 冰心道人制款、泉石刻款段泥内上釉笔洗	6cm×15.5cm	13,800	西泠拍卖	2014.12.15
民国 笔洗	20cm×7cm	25,300	上海道明	2014.04.12
陈达作丹东石葫芦水洗	长17.7cm	253,000	西泠拍卖	2014.12.15
芙蓉石佛手笔洗	长8.8cm	20,700	福建东南	2014.05.24
海南黄花梨笔洗	直径24cm	20,160	上海联合	2014.12.06
寿山芙蓉石荷塘鱼戏水洗	长8.5cm	11,500	西泠拍卖	2014.12.15
寿山芙蓉石荷叶水洗	长12.4cm	23,000	西泠拍卖	2014.12.15
寿山芙蓉石巧色荷叶水洗	长10cm	40,250	西泠拍卖	2014.12.15
王世襄藏、赠韵荪匏瓜水洗	宽27cm	69,000	北京保利	2014.06.05
王翔刻净因水洗	宽17.5cm	161,000	上海春秋堂	2014.09.07
王翔制 兽耳水洗	长17cm	109,250	福建东南	2014.10.25
叶小春 冰裂纹竹节洗	直径34.5cm	74,750	中国嘉德	2014.11.22
砚屏				
清早期 黄花梨嵌绿端石砚屏	g232.3cm	103,500	中国嘉德	2014.11.22
清 端石山水砚屏	长21cm	18,400	北京保利	2014.10.26
清 紫檀嵌螺钿仙人图砚屏	高26cm	126,500	北京翰海	2014.10.25
清吴昌硕自用端石刻诗文达摩砚屏	高31.7cm	61,875	中鸿信	2014.11.22
清 祁阳石雕“一甲传炉”砚屏	高20.9cm	43,700	中鸿信	2014.11.22
清 祁阳石雕山水人物砚屏	高29cm	32,200	中鸿信	2014.11.22
清 石雕满园春色诗文砚屏	高28.8cm	69,000	西泠拍卖	2014.12.13
清 紫檀雕花卉纹砚屏	高28.5cm	23,000	西泠拍卖	2014.12.13
砚台				
汉 建宁元年砖葫砚		115,000	西泠拍卖	2014.05.06
宋 罗汉人物故事端砚	长26.5cm	138,000	安徽艺海	2014.04.30
元 金箔双乳足风字大砚	长33cm	287,500	江苏爱涛	2014.07.05
元 鱼龙纹随形三足歙砚	长27.5cm	43,700	西泠拍卖	2014.05.06
明以前 风字端砚	长12.8cm	195,500	古天一	2014.06.05
明或更早 三兽足环池眉纹歙砚	直径17.2cm	189,750	江苏爱涛	2014.07.05
明嘉靖 仿汉瓦端砚	长12.5cm	18,400	朵云轩	2014.06.29
明中期 端石抄手砚	长29.1cm	34,500	中国嘉德	2014.11.22
明 李云鹄铭抄手砚	长20cm	36,800	中鸿信	2014.11.22

(成交价RMB：1万元以上)

拍品名称	物品尺寸	成交价RMB	拍卖公司	拍卖日期
明 “王铎”铭宋坑端砚	长16.5cm	1,380,000	中国嘉德	2014.11.22
明 白端抄手砚	长20cm	52,640	北京荣宝	2014.06.15
明 程邃铭长方澄泥砚	长24.9cm	46,000	西泠拍卖	2014.12.15
明 端石宋坑松纹“苍龙教子”砚	长30.5cm	28,750	北京保利	2014.06.05
明 端石云龙纹随形砚	长19.8cm	32,200	中国嘉德	2014.05.19
明 端石鸲鹆斑龙纹抄手砚	长24.8cm	184,000	中国嘉德	2014.05.19
明 鹅形鱼子纹歙砚	长11.6cm	17,250	西泠拍卖	2014.05.06
明 方沆铭高眼端砚		11,500	西泠拍卖	2014.05.06
明 汉月三彩瓦砚		11,500	西泠拍卖	2014.05.06
明 郝景春、伊秉绶铭端砚	长13.5cm	391,000	西泠拍卖	2014.12.15
明何楷、庄年耀铭夔龙池风字澄泥砚	长14.8cm	36,800	西泠拍卖	2014.05.06
明 荷叶形虾头红澄泥砚		34,500	西泠拍卖	2014.05.06
明 兰亭端砚	长26cm	100,800	安徽艺海	2014.04.30
明 兰庭雅集图洮河砚	长27cm	140,000	天津文物	2014.05.16
明 龙尾坑歙石抄手砚	长18.3cm	13,800	中国嘉德	2014.06.22
明 陆游朱彝尊铭风字砚	长18.8cm	345,000	北京东正	2014.05.18
明 面壁蝉形端砚	长14.8cm	48,300	西泠拍卖	2014.05.06
明 牛纹歙砚	长28.2cm	69,000	西泠拍卖	2014.12.15
明 牛形眉纹歙砚	长17.5cm	74,750	西泠拍卖	2014.12.15
明 三螭纹澄泥圆砚	长13.2cm	35,840	天津文物	2014.11.15
明 兽足端石砚	长11.7cm	11,500	中国嘉德	2014.11.22
明 王问、王大炘铭淌池澄泥砚	长9.1cm	86,250	西泠拍卖	2014.12.15
明 文伯仁款端石海天浴日砚	长19.1cm	172,500	中国嘉德	2014.03.24
明文嘉、曹学佺铭罗汉纹长方端砚	长16cm	80,500	西泠拍卖	2014.05.06
明 吴宽铭 海水云纹端砚	长20cm	36,800	北京艺融	2014.06.03
明 歙石抄手砚	长26.8cm	437,000	中国嘉德	2014.09.22
明 项子京铭兰亭碑砚	长12cm	552,000	北京保利	2014.12.04
明 小西洞瓜瓞绵绵端砚	长20.5cm	230,000	古天一	2014.06.05
明许修直藏歙石眉子纹鱼跃龙门砚	长20.8cm	57,500	中国嘉德	2014.06.22
明 长方三足石渠歙砚	长17.5cm	34,500	西泠拍卖	2014.05.06
明晚期“陈邦彦”铭荷叶纹诗文端砚	长12cm	460,000	中国嘉德	2014.11.22
明末清初 博古夔龙纹端砚	长18.5cm	109,250	古天一	2014.06.05
明末清初 铜雀瓦砚	长21cm	34,500	中国嘉德	2014.05.19
汉（砖）17世纪/18世纪（改装成砚）砖式刻铭“胜雀砚”	砚13.8cm	49,375	香港苏富比	2014.04.07
清早期 澄泥砚	长19.8cm	25,300	中国嘉德	2014.05.19
清早期 螭龙诗文长方端砚	长18.5cm	149,500	北京翰海	2014.10.26
清早期 端石童子牧牛砚	长15cm	17,250	北京传是	2014.06.05
清早期 端石长方砚	长9.8cm	59,800	中国嘉德	2014.11.22
清早期 端溪水岩石渠砚	长14.5cm	69,000	中国嘉德	2014.11.22
清早期 风字端石砚	长23.8cm	80,500	中国嘉德	2014.05.19
清早期 黄任铭端砚	长17cm	2,300,000	中国嘉德	2014.05.19
清早期 蕉叶纹端砚	长23.5cm	287,500	中国嘉德	2014.11.22
清早期 绿端太史式抄手砚	长16.5cm	10,350	北京保利	2014.04.27
清早期 麻子坑端石龙凤纹随形砚	长22.5cm	51,750	中国嘉德	2014.11.22
清早期 紫袍玉带长方端砚	长18.7cm	920,000	北京翰海	2014.10.26
清康熙 端石林佶、王澎、余甸铭诗文井田砚	宽13.2cm	195,500	北京保利	2014.12.04
清康熙 李馥三多砚	长15cm	40,250	中鸿信	2014.11.22
清康熙 松花石龙纹盒鹤寿方砚	长12cm	920,000	北京保利	2014.06.04
清康熙 御铭獬豸纹松花石砚	长13.8cm	1,092,500	西泠拍卖	2014.12.15
清雍正 铜胎掐丝珐琅花卉福寿砚盒、松花石御铭蝉形砚	长10.3cm	621,000	北京保利	2014.12.04
清雍正 朱漆暗刻填金“石砚赋”砚盒连松花石草叶纹砚	长12.9cm	1,548,400	香港苏富比	2014.04.08
清乾隆 澄泥海兽御题诗文八方砚	长12.6cm	74,750	中国嘉德	2014.06.22
清乾隆 澄泥砚玉兔朝元	直径13cm	230,000	中贸圣佳	2014.07.06
清乾隆 端石仿古御题诗文石渠砚	长14.7cm	368,000	中国嘉德	2014.03.24
清乾隆端石乾隆御题仿唐八棱观象砚	宽14.5cm	172,500	北京保利	2014.12.04
清乾隆 端砚	长14cm	1,865,280	佳士得	2014.05.28
清乾隆 仿汉石渠阁瓦歙砚	长15cm	322,000	北京保利	2014.06.05
清乾隆 纪晓岚铭虽非砚	长13cm	2,185,000	保利厦门	2014.11.01
清乾隆 蕉叶纹端砚	长14.5cm	51,750	古天一	2014.12.05
清乾隆 如意云纹随形松花江砚	长11.2cm	69,000	北京翰海	2014.05.11
清乾隆 石鼓砚（一套）	尺寸不一	229,425	中国嘉德	2014.04.09
清乾隆 松下罗汉端砚	长9.5cm	322,000	古天一	2014.12.05
清乾隆 随形嵌贝壳松花石砚	长12.5cm	80,500	北京保利	2014.04.27
清乾隆 御铭仿汉未央砖海天初月砚	长14.2cm	103,500	保利厦门	2014.11.02
清乾隆 御铭仿汉未央砖海天初月紫砂砚	长16.1cm	4,600,000	西泠拍卖	2014.12.15
清乾隆 御铭仿宋天成风字歙砚	长11cm	23,000	西泠拍卖	2014.12.15

拍品名称	物品尺寸	成交价RMB	拍卖公司	拍卖日期
清乾隆 御铭仿宋欹器端砚	长15cm	1,725,000	西泠拍卖	2014.12.15
清乾隆 御铭仿唐观象歙砚	长14.4cm	92,000	西泠拍卖	2014.05.06
清乾隆 御铭仿唐石渠端砚	长12.8cm	313,600	天津文物	2014.11.15
清乾隆 御铭款澄泥砚	长8.5cm	575,000	中贸圣佳	2014.07.06
清乾隆 御制仿汉石渠阁瓦澄泥砚	长15.5cm	78,400	天津文物	2014.05.16
清乾隆 御制仿宋犀纹端砚	长13.8cm	84,000	天津文物	2014.05.16
清乾隆 紫砂御题诗文砚	长14cm	550,620	中国嘉德	2014.04.09
清中期 “阮氏世藏”铭端石云纹砚	长18.8cm	1,012,000	北京保利	2014.12.03
清中期 “星甫”铭老坑端砚	长20.3cm	287,500	中国嘉德	2014.11.22
清中期 “颐性老人”（阮元）铭端石云纹砚	长18.8cm	862,500	北京保利	2014.12.03
清中期 端石雕云纹砚	长15cm	103,500	北京诚轩	2014.05.19
清中期 端石龙纹砚	长24.8cm	89,700	中国嘉德	2014.05.19
清中期 端石罗汉砚	长20.5cm	23,000	中国嘉德	2014.11.22
清中期 端石微云澹月砚	长20cm	414,000	中国嘉德	2014.11.22
清中期 端石有虞十二章砚	长17cm	230,000	中国嘉德	2014.03.24
清中期 端砚	长15cm	43,700	中贸圣佳	2014.07.06
清中期 黑漆描金盒五蝠捧寿砚	直径13cm	103,500	北京保利	2014.06.05
清中期 卢葵生款漆砂砚	直径10.4cm	172,500	古天一	2014.06.05
清中期 阮元款端石石鼓砚（一套十方）	直径7.4cm	48,300	中国嘉德	2014.06.22
清中期歙石雕仿汉未央瓦海天初月砚	长14.3cm	32,200	北京保利	2014.06.05
清中期 玉带缠腰砖砚	长16.4cm	25,300	中国嘉德	2014.05.19
清中晚期 太狮少狮纹端砚	长12.1cm	69,000	中国嘉德	2014.11.22
清道光 端石李廷珏铭大西洞砚	长21cm	207,000	北京保利	2014.12.04
清道光 贡品歙石砚	长15cm	57,500	北京华辰	2014.05.17
清道光 鱼龙变化纹汉砖砚	长17cm	66,700	中国嘉德	2014.05.19
清光绪 端石诗文砚	长18cm	57,500	北京保利	2014.10.26
清 项子京款紫檀嵌银丝文房清供砚	长12.3cm	103,500	西泠拍卖	2014.12.13
清 “落花双燕”端砚	长19cm	22,400	北京荣宝	2014.06.15
清 “砚农”款端石砚	长19cm	17,250	中国嘉德	2014.09.20
清爱新觉罗·奕绘藏澄泥仿古铜砚	直径16.5cm	195,500	北京保利	2014.06.04
清 八骏图端砚	长21.2cm	40,250	北京保利	2014.06.05
清 白端石福山砚 歙石仿汉未央宫海天初月砚各一方	尺寸不一	10,350	中国嘉德	2014.09.22
清 白端石麒麟纹砚	长16.2cm	10,350	中国嘉德	2014.06.22
清 白端石玉兔朝元砚	直径10cm	20,700	中国嘉德	2014.03.24
清 博古纹长方端砚	长15.4cm	28,750	西泠拍卖	2014.12.15
清 苍龙教子图红丝石砚	长17cm	54,579	中国嘉德	2014.10.07
清 抄手歙砚	长18.7cm	32,200	西泠拍卖	2014.12.15
清 陈恭尹铭长方形抄手端砚	长20cm	149,500	西泠拍卖	2014.12.15
清陈洪绶款松下仙人图平板老坑端砚	长22.7cm	92,000	西泠拍卖	2014.12.13
清 澄泥八仙纹砚	长12.7cm	20,700	北京保利	2014.12.04
清 澄泥雕铜卣砚	长25.7cm	69,000	北京华辰	2014.04.27
清 澄泥仿铜镜诗文圆砚	直径15.5cm	20,700	中国嘉德	2014.03.24
清 澄泥圭形砚	长12.5cm	23,000	中国嘉德	2014.03.24
清 澄泥禾蟹砚	长15cm	29,900	北京保利	2014.12.04
清 澄泥陆绍曾铭竹鹰图门字砚	长25cm	86,250	北京保利	2014.12.04
清 澄泥梅桩砚	长15.3cm	27,255	保利香港	2014.04.07
清 澄泥双螭鹿纹砚	长15.8cm	13,800	中国嘉德	2014.06.22
清 澄泥文伯仁款高士图砚	长21.3cm	345,000	北京保利	2014.12.04
清 澄泥云龙纹砚	直径9.3cm	11,500	西泠拍卖	2014.05.06
清 澄泥长方砚	长22cm	18,400	中国嘉德	2014.05.19
清 螭龙池随形端砚	长16cm	57,500	西泠拍卖	2014.05.06
清 楚桥铭端砚	长14.3cm	80,500	中贸圣佳	2014.06.01
清 达摩面壁图端砚	长15cm	46,000	北京保利	2014.06.05
清 大西洞云蝠纹平板式双面端砚	长23.3cm	172,500	西泠拍卖	2014.12.15
清 戴衢亨铭龙纹歙砚	长20.5cm	22,400	天津文物	2014.05.16
清 戴熙款端石五鹤献寿图砚	长22.7cm	23,000	中国嘉德	2014.03.24
清 戴熙铭云蝠纹澄泥砚	长14cm	36,800	西泠拍卖	2014.05.06
清 戴植藏仙鹤灵芝纹平板端砚	长14.7cm	40,250	西泠拍卖	2014.12.15
清 丹凤朝阳随形端砚	长21.2cm	97,750	西泠拍卖	2014.12.15
清 澹远主人铭井田澄泥砚	长12.2cm	69,000	西泠拍卖	2014.12.15
清 狄平子自用砚	长12.3cm	82,800	北京匡时	2014.06.03
清 丁丙、孔广陶藏，赵之琛书并刻金农铭文门字池端砚	长16.2cm	253,000	西泠拍卖	2014.05.06
清 丁辅之铭随形端砚	长14cm	53,760	天津文物	2014.05.16
清董国华、郭则沄藏达曾铭辛夷砚	长13.6cm	184,000	西泠拍卖	2014.12.15
清 端石 歙石砚（四方）	尺寸不一	11,500	中国嘉德	2014.09.22
清 端石八骏图圆砚	长20cm	20,700	北京保利	2014.06.05
清 端石螭龙纹三足砚	直径18.2cm	57,500	中国嘉德	2014.09.22

拍品名称	物品尺寸	成交价RMB	拍卖公司	拍卖日期
清 端石螭龙纹砚	长21cm	23,000	北京传是	2014.06.05
清 端石螭龙纹砚	长18.3cm	11,500	中国嘉德	2014.03.24
清 端石大溪洞砚材	长22cm	25,300	北京传是	2014.06.05
清 端石大溪洞砚材	长22cm	17,250	北京传是	2014.06.05
清 端石雕海兽葡萄镜砚	直径12.8cm	28,750	北京保利	2014.06.05
清 端石雕钱袋砚	长16cm	23,000	北京华辰	2014.05.17
清 端石雕兔形砚	长10.7cm	11,500	北京匡时	2014.06.03
清 端石雕喜鹊登梅砚	长16cm	34,500	北京华辰	2014.05.17
清 端石二十四眼抄手砚	长19cm	92,000	北京传是	2014.06.05
清 端石飞黄砚	长18.3cm	34,500	北京保利	2014.12.04
清 端石风字砚	长11cm	97,750	北京传是	2014.06.05
清 端石佛手砚	长27cm	13,800	北京传是	2014.06.05
清 端石古钟砚	长14.6cm	184,000	中国嘉德	2014.09.22
清 端石瓜瓞对砚	长20cm×2	69,000	北京保利	2014.12.04
清 端石瓜瓞连绵砚	长18.5cm	17,250	中国嘉德	2014.09.22
清 端石瓜瓢砚	长15cm	74,750	北京保利	2014.12.04
清 端石海水龙纹砚	长10cm	17,250	中国嘉德	2014.03.24
清 端石海天浴日砚	长20.4cm	13,800	中国嘉德	2014.09.22
清 端石荷蟹砚	长25cm	34,500	北京保利	2014.06.05
清 端石荷叶砚	长22cm	92,000	北京传是	2014.06.05
清 端石荷叶砚	长16cm	23,000	北京传是	2014.06.05
清 端石荷叶砚（两方）	尺寸不一	17,250	中国嘉德	2014.03.24
清 端石花叶砚（两方）	尺寸不一	13,800	中国嘉德	2014.03.24
清 端石黄任款瓜形砚	长13.5cm	218,500	北京保利	2014.12.04
清 端石集云砚	长7.5cm	11,500	中国嘉德	2014.09.22
清 端石蕉叶题诗砚	长15cm	55,200	北京保利	2014.06.05
清 端石金玉满堂长方砚	长23cm	43,700	北京保利	2014.06.05
清 端石旧麻子三多九如砚	长15.8cm	11,500	北京保利	2014.12.04
清 端石坑仔岩砚板	长23cm	80,500	北京传是	2014.06.05
清 端石坑仔岩砚板	长16.5cm	13,800	北京传是	2014.06.05
清 端石老坑云纹砚	长17.9cm	69,000	北京传是	2014.06.05
清 端石灵芝花卉砚	长22cm	10,350	北京保利	2014.04.27
清 端石龙凤纹砚	长21.7cm	11,500	中国嘉德	2014.06.22
清 端石麻子坑梅花纹砚	长15.5cm	25,300	中国嘉德	2014.09.22
清 端石麻子坑砚板	长17.7cm	11,500	北京传是	2014.06.05
清 端石梅花玉带砚	长18.7cm	27,255	保利香港	2014.04.07
清 端石铭文三足砚	直径18cm	28,750	北京保利	2014.04.27
清 端石蘑菇纹砚	直径9cm	11,500	北京保利	2014.04.27
清 端石如意纹砚	高10.5cm	126,500	华艺国际	2014.12.09
清 端石山水图砚	长14.5cm	32,200	北京保利	2014.04.27
清 端石诗文砚	长23cm	20,700	北京保利	2014.06.05
清 端石诗文砚	长14.7cm	11,500	中国嘉德	2014.03.24
清 端石石渠砚	长10.8cm	34,500	中国嘉德	2014.03.24
清 端石双龙花卉砚	长16cm	32,200	北京保利	2014.04.27
清 端石双龙戏珠砚	长15.8cm	28,750	中国嘉德	2014.09.22
清 端石双燕纹砚	长14.5cm	13,800	中国嘉德	2014.09.22
清 端石松鼠葡萄纹砚	长17.3cm	59,800	中国嘉德	2014.09.22
清 端石松鼠葡萄砚	长17cm	32,200	北京保利	2014.04.27
清 端石太白醉酒砚	长19.1cm	10,350	中国嘉德	2014.03.24
清 端石太平有象砚	长21cm	11,500	北京保利	2014.08.02
清 端石太平有象砚	长20.7cm	32,200	中国嘉德	2014.09.22
清 端石太狮少狮铭文砚	直径23cm	28,750	北京保利	2014.04.27
清 端石太狮少狮图砚	长15.9cm	20,700	中国嘉德	2014.03.24
清 端石唐云款砚	长17.7cm	34,500	北京保利	2014.12.04
清 端石天圆地方砚 蕉叶砚各一方	尺寸不一	11,500	中国嘉德	2014.09.22
清 端石翁心存铭福寿砚	长18.8cm	48,300	北京保利	2014.12.04
清 端石仙人迎蝠砚	长23cm	80,500	北京保利	2014.12.04
清 端石笑口常开砚	长13.5cm	28,750	中国嘉德	2014.09.22
清 端石玄武砚	长18.2cm	13,800	中国嘉德	2014.03.24
清 端石眼珠池砚板	长19cm	25,300	北京传是	2014.06.05
清 端石砚（三方）	尺寸不一	48,300	中国嘉德	2014.03.24
清 端石砚（三方）	尺寸不一	43,700	中国嘉德	2014.03.24
清 端石砚（三方）	尺寸不一	13,800	中国嘉德	2014.09.22
清 端石砚（三方）	尺寸不一	11,500	中国嘉德	2014.09.22
清 端石砚（四方）	尺寸不一	17,250	中国嘉德	2014.03.24
清 端石砚（四方）	尺寸不一	13,800	中国嘉德	2014.06.22
清 端石砚（四方）	尺寸不一	11,500	中国嘉德	2014.06.22
清 端石砚板	长20.5cm	10,350	上海敬华	2014.07.01
清 端石砚台 道光墨 光绪紫砂砚盒（三件一组）	尺寸不一	13,800	北京匡时	2014.06.03
清 端石杨以增藏莲蓬砚	直径10cm	43,700	北京保利	2014.12.04

拍品名称	物品尺寸	成交价RMB	拍卖公司	拍卖日期
清 端石鹦鹉叶纹砚	长19.5cm	40,250	中国嘉德	2014.03.24
清 端石禹王治水龙凤纹砚	长32cm	20,700	中国嘉德	2014.09.22
清 端石玉铨斋制八吉祥纹平板砚	长20.3cm	51,750	北京保利	2014.12.04
清 端石御题诗文砚	长13cm	13,800	北京保利	2014.04.27
清 端石袁廷梼藏、吴镂孙铭寿星纹门字砚	长22.3cm	115,000	北京保利	2014.12.04
清 端石月照寒潭砚	长17.8cm	48,300	北京传是	2014.06.05
清 端石云蝠纹砚	长18.7cm	11,500	中国嘉德	2014.03.24
清 端石云蝠砚	长32cm	36,800	北京保利	2014.04.27
清 端石云龙纹汲古砚	直径12.3cm	20,700	中国嘉德	2014.09.22
清 端石云龙纹砚	长18.3cm	17,250	北京传是	2014.06.05
清 端石云龙纹砚	长12.2cm	20,700	中国嘉德	2014.03.24
清 端石云龙纹砚（一对）	长18cm×2	43,700	北京保利	2014.06.05
清 端石云纹砚	长21cm	11,500	北京保利	2014.04.27
清 端石张廷济铭董其昌画像砚	长18.5cm	287,500	北京保利	2014.12.04
清 端石竹节砚	长17.5cm	17,250	北京传是	2014.06.05
清 端溪天然云龙砚	13.5cm	20,160	北京荣宝	2014.06.15
清 端溪砚坑图端砚	长13.8cm	54,510	保利香港	2014.04.07
清 端溪制鸳鸯图方型砚	长16.5cm	71,300	中贸圣佳	2014.07.06
清 端砚	长15.5cm	17,250	中贸圣佳	2014.07.06
清 端砚（三方一组）	尺寸不一	17,250	南京经典	2014.01.06
清 端砚配诗文红木盒	长14.5cm	57,500	北京保利	2014.12.04
清 鹅腹端砚	长11.3cm	34,500	西泠拍卖	2014.12.15
清 鹅形端砚		69,000	西泠拍卖	2014.05.06
清 鹅形端砚		63,250	西泠拍卖	2014.05.06
清 范公诒铭夔龙纹縠波砚	长10.4cm	43,700	西泠拍卖	2014.12.15
清 方池端砚	长17.5cm	28,000	北京荣宝	2014.06.15
清 方形端砚	长20cm	103,500	北京翰海	2014.05.10
清 方形回纹端砚（两件）	长11.5cm	41,400	北京保利	2014.08.02
清 仿青铜三足砚	直径14.3cm	207,000	西泠拍卖	2014.12.13
清 冯文蔚铭圭形红丝砚	长14.4cm	33,600	天津文物	2014.11.15
清 福寿如意随形端砚	长21.5cm	34,500	西泠拍卖	2014.05.06
清 覆瓦澄泥砚	长27.8cm	34,500	西泠拍卖	2014.12.15
清 高凤翰款端石高士图砚 端石松蝠砚 端石宝瓶砚各一方	尺寸不一	20,700	中国嘉德	2014.06.22
清 高凤翰铭葫芦端砚	长6.7cm	57,500	朵云轩	2014.06.29
清 高凤翰手制龙尾老坑暗细罗纹马形砚	长17.5cm	287,500	北京保利	2014.06.05
清 高垲款端石凤栖梧桐砚	长15cm	17,250	中国嘉德	2014.06.22
清 各式砚（四方）	尺寸不一	13,800	中国嘉德	2014.06.22
清 龚望铭榴开百子端砚	长16.5cm	11,200	天津文物	2014.05.16
清 古青铜器纹方形端砚	长11cm	23,000	西泠拍卖	2014.12.15
清 顾二娘款松纹随形歙砚	长16.2cm	48,300	西泠拍卖	2014.05.06
清 瓜瓞绵绵端砚	长14cm	53,760	天津文物	2014.05.16
清 瓜形活眼端砚	长12.6cm	28,125	中鸿信	2014.11.22
清 广玉铭老坑椭圆端砚	长13.5cm	276,000	西泠拍卖	2014.12.15
清 广玉题芭蕉纹端砚	长12.3cm	16,800	天津文物	2014.05.16
清 广玉制，乾隆御铭仿未央砖海天初月端砚		172,500	西泠拍卖	2014.05.06
清 桂复款端石梅花纹砚	长18.8cm	13,800	中国嘉德	2014.03.24
清 郭麐铭长方淌池端砚	长17.2cm	43,700	西泠拍卖	2014.12.15
清 郭尚先铭端石长方砚	长18cm	230,000	中国嘉德	2014.05.19
清 海屋天筹纹端砚	长21.3cm	16,800	天津文物	2014.11.15
清 汉砖抄手砚	长25.5cm	34,500	中国嘉德	2014.05.19
清 和谐端砚	长11cm	13,440	天津文物	2014.05.16
清 荷叶池鳝鱼黄长方澄泥砚		48,300	西泠拍卖	2014.05.06
清 荷叶形铭文澄泥砚	长20cm	13,800	北京保利	2014.04.27
清 荷叶形双鸭端砚		25,300	西泠拍卖	2014.05.06
清 鹤鸣款龙泉青瓷砚		11,500	西泠拍卖	2014.05.06
清 红木嵌银丝镶玉兔池松花石砚	长9.8cm	25,300	西泠拍卖	2014.05.06
清 红丝石螭龙纹小砚	长5.7cm	32,200	中国嘉德	2014.03.24
清 红丝石福自天来砚	长15.3cm	40,250	中国嘉德	2014.09.22
清红丝石童大年铭巧色神龟出洛砚	长20cm	55,200	北京保利	2014.12.04
清 红丝云纹砚	长17.5cm	13,800	北京保利	2014.08.02
清 花鸟纹双面端砚	长17.3cm	28,750	西泠拍卖	2014.05.06
清 黄葆钺铭大汉砖砚	长36.5cm	20,160	天津文物	2014.05.16
清 黄任款端石夔凤纹砚	长29cm	11,500	中国嘉德	2014.03.24
清 黄任款端石诗文砚	长16.2cm	11,500	中国嘉德	2014.06.22
清 黄任款端石云龙纹砚	长24cm	27,600	中国嘉德	2014.03.24
清 计芬藏，杨澥铭金蟾端砚		207,000	西泠拍卖	2014.05.06
清 计楠藏长方形双面端砚	长12cm	207,000	西泠拍卖	2014.12.15

2014杂项拍卖成交汇总

(成交价RMB：1万元以上)

拍品名称	物品尺寸	成交价RMB	拍卖公司	拍卖日期
清 纪晓岚款端石随形云纹砚	宽11.5cm	32,200	北京保利	2014.06.05
清 继陶铭老坑平板端砚	长17.3cm	80,500	西泠拍卖	2014.12.15
清 焦循铭福禄寿歙砚	长15.8cm	103,500	西泠拍卖	2014.12.15
清 蕉叶纹双面端砚	长17cm	23,000	西泠拍卖	2014.12.15
清 蕉叶纹随形端砚		23,000	西泠拍卖	2014.05.06
清 觉禅铭汉瓦砚	直径15.8cm	40,250	西泠拍卖	2014.12.13
清 金农款端石椭圆门字砚	长13.1cm	92,000	中国嘉德	2014.06.22
清 金农款长方淌池老坑端砚	长16cm	57,500	西泠拍卖	2014.05.06
清 卷草纹门字池抄手澄泥砚	长24.7cm	32,200	西泠拍卖	2014.12.15
清 筠叟铭蕉叶纹双面端砚	长14.7cm	23,000	西泠拍卖	2014.12.15
清 开禧铭长方淌池抄手砚	长17.8cm	23,000	西泠拍卖	2014.12.15
清 康熙御铭夔龙纹松花石砚	长15.3cm	575,000	江苏爱涛	2014.07.05
清 孔广陶铭化石砚	长25.5cm	138,000	北京保利	2014.06.05
清 孔广陶铭九龙戏水端砚	长23.3cm	34,500	朵云轩	2014.06.29
清 葵生制漆砂砚	直径11.4cm	190,785	保利香港	2014.04.07
清 夔龙纹门字池长方端砚	长21cm	23,000	西泠拍卖	2014.05.06
清 夔龙纹长方白端砚	长15.5cm	48,300	西泠拍卖	2014.12.15
清 夔龙纹钟形池长方端砚		552,000	西泠拍卖	2014.05.06
清 夔纹虾头红澄泥砚	长11.6cm	13,440	天津文物	2014.11.15
清 篮式鱼纹砚	长9.2cm	115,000	上海金艺	2014.12.17
清 老坑端石砚	长15.5cm	11,500	上海敬华	2014.07.01
清 老坑端砚（一方）	长15.3cm	32,200	北京匡时	2014.12.03
清 老坑平板端砚	长22cm	40,250	北京匡时	2014.06.03
清 老坑鱼脑冻端砚	长20cm	11,500	北京保利	2014.10.26
清 李葆恂藏九龙出云纹端砚	长24cm	47,040	天津文物	2014.11.15
清 李鸿章自用梅桩形端砚	长11.5cm	1,610,000	西泠拍卖	2014.12.15
清 李玉棻款端石三羊开泰图砚	长15.4cm	25,300	中国嘉德	2014.03.24
清 励宗万铭抄手端砚	长18cm	21,280	天津文物	2014.05.16
清 梁于渭匣端砚	高10.5cm	57,500	华艺国际	2014.12.09
清 两垒轩藏松禽图老坑端砚	长13.2cm	46,000	北京保利	2014.06.05
清 林佶铭汉宜子孙砚	长17.5cm	161,000	浙江世贸	2014.04.13
清 林在峩款端石九螭纹砚	长17.3cm	28,750	中国嘉德	2014.06.22
清 林正青铭夔龙纹门字池端砚	长14.8cm	103,500	西泠拍卖	2014.12.15
清 灵芝纹端砚	长17cm	16,800	北京荣宝	2014.06.15
清 刘春霖铭老坑双面端砚	长19.8cm	28,000	天津文物	2014.05.16
清 流水梅花纹抄手端砚	长16.2cm	23,000	西泠拍卖	2014.05.06
清 龙凤纹端砚	长14.4cm	34,500	西泠拍卖	2014.12.15
清 龙马纹长方淌池端砚	长16.2cm	11,500	西泠拍卖	2014.05.06
清 卢葵生款漆砂抄手砚	长14cm	13,800	中国嘉德	2014.06.22
清 卢葵生制百宝嵌漆砂砚	长9.8cm	84,000	天津文物	2014.11.15
清 卢葵生制嵌百宝抄手砚	长14.2cm	368,000	西泠拍卖	2014.12.13
清 卢葵生作嵌螺钿蛱蝶纹漆砂砚	长14cm	74,750	西泠拍卖	2014.12.15
清 陆恢铭春江水暖端砚	长20.6cm	35,840	天津文物	2014.11.15
清 陆泽夫藏张伯英铭象牙砚	长12cm	276,000	西泠拍卖	2014.12.15
清 鹿衔灵芝纹双面端砚	长17.9cm	20,700	西泠拍卖	2014.05.06
清 罗复堪铭古金澄泥砚	长19.2cm	16,800	天津文物	2014.11.15
清 罗振玉铭缠书卷纹白端砚	长9cm	35,840	天津文物	2014.11.15
清 罗振玉铭漆砂砚	长8cm×6cm	115,000	上海嘉泰	2014.06.19
清 马曰璐款水岩端石朝供图砚	长23.5cm	66,700	中国嘉德	2014.03.24
清 梅花纹随形端砚	长15.5cm	23,000	西泠拍卖	2014.05.06
清 梅纹随形双面端砚	长15.5cm	59,800	西泠拍卖	2014.05.06
清 梅纹月池澄泥砚	长24.6cm	34,500	西泠拍卖	2014.12.15
清 楳溪铭晓江藏七星祥云端砚	长16.5cm	42,560	天津文物	2014.11.15
清 明中款澄泥心经抄手砚	长23.3cm	36,800	中国嘉德	2014.09.22
清 潘志万藏长方抄手端砚	长23.7cm	48,300	西泠拍卖	2014.12.15
清 潘祖荫款端石荷塘清趣砚	长12.5cm	40,250	中国嘉德	2014.03.24
清 蟠虺纹钟形端砚	长16cm	172,500	西泠拍卖	2014.12.15
清 彭演铭长方端砚	长18.3cm	43,700	西泠拍卖	2014.12.15
清 蓬莱仙境端砚	长22.3cm	11,500	中贸圣佳	2014.06.01
清 平板端砚	长18.4cm	28,750	西泠拍卖	2014.12.15
清 平板端砚（二方）		43,700	西泠拍卖	2014.05.06
清 平板式坑仔岩端砚		32,200	西泠拍卖	2014.05.06
清 平板式老坑端砚		161,000	西泠拍卖	2014.05.06
清 平底箕形老坑端砚	长17.5cm	40,250	西泠拍卖	2014.05.06
清 漆砂鸭形砚	长14.2cm	28,750	中国嘉德	2014.09.22
清 麒麟吐瑞纹端砚	长11.5cm	22,400	天津文物	2014.11.15
清 麒麟纹长方端砚	长14.8cm	40,250	北京翰海	2014.05.11
清 谦斋藏双蛙鱼子石砚	长15.8cm	43,700	朵云轩	2014.06.29
清 钱君匋款淌池端砚	长14.5cm	23,000	北京传是	2014.06.05
清 钱松款端石山水人物纹砚	长25.3cm	13,800	中国嘉德	2014.09.22
清 钱泳临款歙石夔龙纹太史砚	长22cm	25,300	中国嘉德	2014.09.22
清 乾斋款古镜纹端砚	直径14cm	71,300	中国嘉德	2014.05.19
清 巧色桥头石琴形砚	长10.3cm	27,600	北京保利	2014.06.05
清 秦祖永藏饕餮纹端砚	长11.2cm	55,200	北京保利	2014.06.05
清 琴式端砚	长9.长9cm	34,500	西泠拍卖	2014.05.06
清 青白玉沁色螭龙纹砚	长13cm	17,250	中国嘉德	2014.06.22
清 青鸾献寿端砚	长15.3cm	22,400	天津文物	2014.11.15
清 邱启寿藏张坑冰纹大西洞端砚	长16cm	211,071	中国嘉德	2014.04.09
清 秋泉铭卧牛池端砚	长11cm	28,750	西泠拍卖	2014.12.15
清 秋叶端砚 蛙池绿端砚（二方）		32,200	西泠拍卖	2014.05.06
清 秋叶随形坑仔岩端砚	长12.8cm	28,750	西泠拍卖	2014.12.15
清 屈复款端石螭龙纹砚	长19.7cm	20,700	中国嘉德	2014.03.24
清 鸲鹆眼随形端砚	长16.7cm	34,500	西泠拍卖	2014.12.15
清 人物图高眼端砚	长20.5cm	34,500	西泠拍卖	2014.05.06
清 人物纹高眼端砚	长21.9cm	28,750	西泠拍卖	2014.05.06
清 如意连环纹长方端砚	长19.6cm	11,500	西泠拍卖	2014.05.06
清 如意云蝠纹书卷式端砚	长19cm	23,000	西泠拍卖	2014.05.06
清 阮元藏雷塘莽图砚	长24.3cm	184,000	西泠拍卖	2014.12.15
清若坡藏蒋宝龄铭退庵刻井田歙砚	长9.8cm	23,000	西泠拍卖	2014.12.15
清 善财拜观音双面端砚	长26.5cm	31,360	天津文物	2014.11.15
清 上林瓦当砚	直径15.5cm	28,750	北京保利	2014.12.04
清 沈曾植款端石云蝠纹砚	长15.6cm	28,750	中国嘉德	2014.06.22
清沈度款阮元款端石凤字砚各一方	尺寸不一	23,000	中国嘉德	2014.09.22
清 沈卫铭琴形端砚	长15.5cm	17,250	朵云轩	2014.06.29
清 狮子戏球端砚	长16cm	13,800	北京保利	2014.04.27
清 石鼓砚（一套）	长6.6cm×10	552,000	江苏爱涛	2014.07.05
清 石渠端砚	长10.5cm	46,000	西泠拍卖	2014.12.15
清 石渠眉纹歙砚		25,300	西泠拍卖	2014.05.06
清 事事如意澄泥砚	长17cm	23,000	朵云轩	2014.12.19
清 寿星纹端砚	长21.7cm	28,000	天津文物	2014.11.15
清 书卷式蕉叶白端砚	长18.6cm	20,700	西泠拍卖	2014.12.15
清 书卷式云蝠纹端砚	长18.5cm	17,250	西泠拍卖	2014.12.15
清 双鹅图随形端砚	长17cm	46,000	西泠拍卖	2014.12.15
清 双夔龙纹如意池端砚	长12.8cm	13,800	西泠拍卖	2014.05.06
清 双夔龙纹腰圆端砚	长14.2cm	11,500	西泠拍卖	2014.12.15
清 双龙纹澄泥砚	长23cm	23,000	中贸圣佳	2014.06.01
清 双牛池长方澄泥砚	长28.9cm	23,000	西泠拍卖	2014.05.06
清 双鼠瓜形端砚	长16cm	34,500	北京保利	2014.04.27
清 四方井式端砚	长31cm	17,250	中贸圣佳	2014.06.01
清 松花江石小砚	长6.5cm	23,000	朵云轩	2014.06.29
清 松花石瓜形砚 歙石宝瓶形砚 朱怀民款澄泥瑞兽纹砚各一方	尺寸不一	23,000	中国嘉德	2014.06.22
清 松鼠葡萄纹随形洮河砚	长18.5cm	34,500	西泠拍卖	2014.12.15
清 松树双鹿图端砚	长11cm宽11cm	57,500	上海敬华	2014.07.01
清 松树纹随形端砚	长12.7cm	86,250	北京翰海	2014.05.11
清 松下高仕图端砚	长16cm	43,700	北京保利	2014.06.05
清 素端板砚	长17cm	69,000	中贸圣佳	2014.06.01
清 素端砚	长18.5cm	32,200	中贸圣佳	2014.06.01
清 随形端砚（二方）	尺寸不一	23,000	西泠拍卖	2014.12.15
清 随形高眼端砚	长16.8cm	552,000	西泠拍卖	2014.12.15
清 随形瓜瓞端砚		97,750	西泠拍卖	2014.05.06
清 随形龟纹端砚	长20.3cm	11,500	西泠拍卖	2014.12.15
清 随形留畊端砚	长9.6cm	34,500	西泠拍卖	2014.05.06
清 随形平板老坑端砚		71,300	西泠拍卖	2014.05.06
清 随形山石纹端砚	长18.4cm	43,700	西泠拍卖	2014.05.06
清 随形松花石砚	长15.5cm	92,000	中贸圣佳	2014.07.06
清 随形淌池端砚	长18.4cm	23,000	西泠拍卖	2014.12.15
清 随形仔石端砚	长19cm	23,000	西泠拍卖	2014.12.15
清 岁寒三友长方端砚	长17.9cm	28,750	西泠拍卖	2014.05.06
清 岁岁平安金钱火捺端砚	长18.7cm	36,800	北京保利	2014.06.05
清 太平有象长方澄泥砚	长16.1cm	80,500	北京翰海	2014.05.11
清 太师少师纹长方砚		25,300	西泠拍卖	2014.05.06
清 太狮少狮纹麻子坑端砚	长9.6cm	17,250	西泠拍卖	2014.12.15
清 唐翰题铭龟吐祥云纹端砚	长13.8cm	31,360	天津文物	2014.11.15
清 桃型端砚	长20cm	20,160	北京荣宝	2014.06.15
清 椭圆形云纹端砚	长17.5cm	17,250	中贸圣佳	2014.07.06
清 汪为霖、朱玮铭一枝龛书画砚	长31.5cm	195,500	西泠拍卖	2014.12.15
清 王弘撰款歙石螭龙纹砚	长17cm	25,300	中国嘉德	2014.06.22
清 王杰铭荷叶形端砚	长18cm	22,400	天津文物	2014.11.15
清 王铨铭长方淌池抄手松花石砚	长14.8cm	109,250	西泠拍卖	2014.12.15
清 王士祯铭龙纹端砚	长16cm	22,400	天津文物	2014.05.16
清 王树楠铭泰和砖砚	长20.5cm	28,750	西泠拍卖	2014.12.15

拍品名称	物品尺寸	成交价RMB	拍卖公司	拍卖日期
清 王澍款端石随形大砚	长45cm	138,000	中国嘉德	2014.09.22
清 王学浩款澄泥太平有象砚	长17.7cm	17,250	中国嘉德	2014.06.22
清 王一亭铭太平有象绿端砚	长15.5cm	28,000	天津文物	2014.05.16
清 文震孟、查景璠铭长方澄泥砚	长21.6cm	46,000	西泠拍卖	2014.05.06
清 翁同龢铭书卷式端砚	长16.3cm	230,000	西泠拍卖	2014.12.15
清 卧牛池长方澄泥砚	长21.6cm	10,350	西泠拍卖	2014.05.06
清 卧牛图抄手砚	长10.2cm	19,550	北京盘古	2014.06.25
清 卧牛纹随形老坑端砚	长18.2cm	40,250	西泠拍卖	2014.05.06
清 吴国宝铭梅纹瘦云端砚	长13.7cm	25,300	西泠拍卖	2014.05.06
清 吴历款端石云纹砚	长19cm	20,700	中国嘉德	2014.06.22
清 吴让之铭风字形端砚	长15.5cm	39,200	天津文物	2014.05.16
清 吴式芬铭老坑鱼脑冻端砚	长15.5cm	31,360	天津文物	2014.11.15
清 五福云纹砚	长16cm	115,000	凤凰拍卖	2014.07.20
清 歙石雕松鹤砚	长21cm	28,750	北京翰海	2014.01.12
清 歙石风字砚	长20.5cm	36,800	中国嘉德	2014.05.19
清 歙石货布砚	长12.2cm	11,500	中国嘉德	2014.09.22
清 歙石乐寿堂藏仿青铜器瑞兽纹八棱砚	宽13.3cm	195,500	北京保利	2014.12.04
清 歙石眉纹抄手砚	长22.5cm	48,300	北京保利	2014.12.04
清 歙石眉子纹布袋砚	长19.9cm	17,250	中国嘉德	2014.06.22
清 歙石素池砚	长13cm	11,500	北京传是	2014.06.05
清 歙石砚砖	长20cm	28,750	北京传是	2014.06.05
清 歙石云纹砚	长19.7cm	17,250	中国嘉德	2014.03.24
清 歙砚	长18.5cm	31,798	保利香港	2014.04.07
清 喜上眉梢随形端砚	长15.5cm	43,700	西泠拍卖	2014.12.15
清 芗林铭蕉叶端砚	长13.7cm	39,200	天津文物	2014.11.15
清 香蕈形端砚	长12.5cm	32,200	西泠拍卖	2014.05.06
清 祥云笸箩砚	直径10cm	20,700	北京盘古	2014.06.25
清 小玲珑山馆款夔龙纹端砚	长18cm	86,250	西泠拍卖	2014.12.15
清 岫玉圆砚	长10cm	13,440	天津文物	2014.05.16
清 研香主人、何石卿铭平板端砚	长24.3cm	172,500	西泠拍卖	2014.12.15
清 杨濂款端石金文砚	长13.2cm	10,350	中国嘉德	2014.03.24
清 杨澥款端石瓜叶砚	长14cm	11,500	中国嘉德	2014.03.24
清 杨澥铭洮河石井田砚	长14.4cm	74,750	西泠拍卖	2014.12.15
清 杨于果、钱德苍铭长方端砚		55,200	西泠拍卖	2014.05.06
清 姚元之款端石古钟砚	长14.7cm	36,800	中国嘉德	2014.09.22
清 姚元之铭桃花流水端砚	长20.5cm	48,300	北京保利	2014.06.05
清 叶东卿藏迦理迦尊者像端砚	长23.3cm	84,000	天津文物	2014.05.16
清 叶形端砚	长20.8cm	28,750	北京翰海	2014.10.26
清 叶形铭文砚	长29cm	55,200	北京保利	2014.04.27
清 一路连科诗文随形端砚	长17.5cm	34,500	北京翰海	2014.05.11
清 一品清廉歙砚	长10cm	29,120	天津文物	2014.05.16
清 伊秉绶铭云龙纹鸲鹆眼端砚	长27.5cm	322,000	北京保利	2014.06.05
清 怡亲王藏辟雍端砚	直径14cm	254,702	中国嘉德	2014.10.07
清 迎曦井田端砚	长21.7cm	23,000	西泠拍卖	2014.12.15
清 幽香书屋汲古端砚		34,500	西泠拍卖	2014.05.06
清 余甸款端石河图砚	长17.9cm	20,700	中国嘉德	2014.06.22
清 俞曲园铭文砚	长27.8cm	115,000	北京保利	2014.06.05
清 羽觞形老坑端砚	长15.2cm	36,800	西泠拍卖	2014.12.15
清 玉甫、石昙铭方形井田端砚	长11.2cm	126,500	西泠拍卖	2014.12.15
清 御铭仿唐八棱澄泥砚	高3.2cm	109,250	西泠拍卖	2014.12.13
清 御铭仿魏兴和砖砚	长16cm	100,800	天津文物	2014.11.15
清 御用松花石雕三羊开泰砚	长12.8cm	287,500	北京华辰	2014.04.27
清 袁枚款端石喜蛛蕉叶砚	长16.4cm	17,250	中国嘉德	2014.06.22
清 圆型端砚	直径13.5cm	39,200	北京荣宝	2014.06.15
清 岳崧款端石梅花纹砚 李苦禅款端石花鸟纹砚各一方	长17.5cm长15.7cm	17,250	中国嘉德	2014.03.24
清 云凤纹端砚	长11.5cm	32,200	西泠拍卖	2014.05.06
清 云蝠纹书卷式端砚	长21.4cm	28,750	西泠拍卖	2014.05.06
清 云蝠纹长方端砚	长15.8cm	57,500	北京翰海	2014.05.11
清 云蝠纹长方端砚	长25.5cm	32,200	北京翰海	2014.10.26
清 云龙纹高眼端砚		20,700	西泠拍卖	2014.05.06
清 云龙纹麻子坑对砚	长19.8cm	80,500	西泠拍卖	2014.12.15
清 云龙纹随形端砚	长14.5cm	17,250	西泠拍卖	2014.12.15
清 云龙纹随形高眼端砚	长17.5cm	69,000	西泠拍卖	2014.05.06
清 云龙纹椭圆端砚		23,000	西泠拍卖	2014.05.06
清 云龙纹长方高眼麻子坑端砚	长26.4cm	48,300	西泠拍卖	2014.12.15
清 云龙戏珠高眼端砚	长11cm	17,250	西泠拍卖	2014.12.15
清 云雀纹玉砚	长10cm	17,250	北京盘古	2014.06.25
清 云纹暗八仙平板式端砚	长20.4cm	63,250	西泠拍卖	2014.05.06
清 云纹大西洞平板端砚	长26.5cm	80,500	西泠拍卖	2014.12.15
清 云纹随形端砚	长16.3cm	48,300	西泠拍卖	2014.05.06
清 云纹随形端砚	长12cm	34,500	中贸圣佳	2014.07.06
清 云纹随形端砚	长18.5cm	184,000	古天一	2014.12.05
清 云纹随形端砚	长15.5cm	48,300	西泠拍卖	2014.12.15
清 云纹随形端砚	长14.8cm	23,000	西泠拍卖	2014.12.15
清 云纹随形高眼端砚	长13.1cm	13,800	西泠拍卖	2014.12.15
清 云纹长方端砚	长12cm	74,750	北京翰海	2014.05.11
清 詹奎梅竹端砚	长20cm	69,000	中贸圣佳	2014.06.01
清 张伯英款绿端仕女图砚		63,250	西泠拍卖	2014.12.13
清 张庚铭云龙纹端砚	长20cm	48,300	西泠拍卖	2014.12.15
清 张惠言款端石马纹砚	长14.5cm	51,750	中国嘉德	2014.09.22
清 张际亮、师俭铭长方淌池端砚	长22.8cm	34,500	西泠拍卖	2014.05.06
清 张继铭端砚	长31cm	230,000	凤凰拍卖	2014.07.20
清 张启后铭福在眼前端砚	长14.5cm	24,640	天津文物	2014.05.16
清 张世准铭钟形端砚	长19.1cm	34,500	西泠拍卖	2014.12.15
清张廷济黄易黄任款端石云龙纹砚	长20.8cm	10,350	中国嘉德	2014.09.22
清 张廷济款端石高士图砚	长16cm	10,350	中国嘉德	2014.06.22
清 张廷济款红丝石叶纹砚	长15.5cm	48,300	中国嘉德	2014.03.24
清 张廷济铭素庵端砚	长13.5cm	862,500	西泠拍卖	2014.12.15
清 张希黄制楼阁图端砚	长13.5cm	106,400	天津文物	2014.05.16
清 张之洞铭芭蕉纹大西洞端砚	长18.2cm	161,000	北京保利	2014.06.05
清 长方平板大端砚	长30.2cm	36,800	西泠拍卖	2014.05.06
清 长方淌池端砚	长24.4cm	43,700	西泠拍卖	2014.05.06
清 长方淌池端砚	长17cm	17,250	西泠拍卖	2014.05.06
清 长方淌池高眼端砚	长20.2cm	25,300	西泠拍卖	2014.05.06
清 长蘅铭长方淌池端砚	长17.7cm	20,700	西泠拍卖	2014.05.06
清 赵之琛款端石抄手砚	长20.4cm	23,000	中国嘉德	2014.03.24
清 赵之琛铭四水方堂砚	长14cm	115,000	上海嘉泰	2014.06.19
清 赵之谦款澄泥仿瓦当螭龙纹砚	直径13.1cm	11,500	中国嘉德	2014.03.24
清 郑簠铭随形歙砚	长18.3cm	92,000	西泠拍卖	2014.05.06
清 郑旼铭长方虾头红澄泥砚	长17.5cm	25,300	西泠拍卖	2014.12.15
清郑文焯铭，王大炘铭并刻绿端砚		218,500	西泠拍卖	2014.05.06
清 蜘蛛纹端砚	长13cm	34,500	古天一	2014.12.05
清 钟进士图卧牛池澄泥砚	长18.6cm	32,200	西泠拍卖	2014.05.06
清 钟形端砚	长15.2cm	69,000	西泠拍卖	2014.12.15
清 钟亦方藏易象赞端砚	直径29.7cm	40,250	西泠拍卖	2014.05.06
清 周兆南铭长方鸲鹆眼端砚	长13.2cm	32,200	西泠拍卖	2014.05.06
清 竹报平安澄泥随形砚	长17cm	172,500	北京翰海	2014.10.26
清 紫端河图洛书四方砚	长14cm	34,500	北京华辰	2014.05.17
清 紫檀盒红丝石佛像砚	长8.5cm	48,300	北京保利	2014.06.05
清/民国 紫砂暖砚、锡制暗刻童子花卉葫芦形四格印盒、卢元璋制仿树桩形三足冲天耳炉（共三件）	长19cm	23,000	北京保利	2014.12.03
清晚期 陈端友款端石龙纹砚	长21.5cm	115,000	北京保利	2014.06.05
清晚期 顾文彬壬戌年铭抄手端砚	长20.5cm	207,000	中国嘉德	2014.11.22
清晚期吴昌硕铭沈石友藏端石鹅形砚	长16.5cm	92,000	古天一	2014.12.05
清晚期 歙石海天旭日砚	长29cm	32,200	中国嘉德	2014.05.19
清晚期 婴戏图端石砚	长25.6cm	23,000	中国嘉德	2014.05.19
民国 “石门山人”铭双龙会紫端砚	长24cm	23,000	北京艺融	2014.06.03
民国 陈端友款绿端石竹节砚	长11cm	10,350	中国嘉德	2014.03.24
民国 瓷砚	长10cm	17,250	北京翰海	2014.11.23
民国 端石老坑砚	长16cm	17,250	北京传是	2014.06.05
民国 端石吴徵铭子石砚	长15cm	57,500	北京保利	2014.12.04
民国 傅增湘铭河图洛书端砚	长16cm	43,700	北京保利	2014.06.05
民国 华世奎铭澄泥砚	长18.3cm	25,760	天津文物	2014.05.16
民国 黄葆钺铭高眼端砚	长16.3cm	23,000	北京保利	2014.12.04
民国 刘鹗铭红丝石砚	长15cm	42,560	天津文物	2014.05.16
民国 潘龄皋款端石石渠砚	长13.1cm	17,250	中国嘉德	2014.06.22
民国 溥伒款端石松月纹砚	长16.3cm	20,700	中国嘉德	2014.09.22
民国溥儒款端石瓦形正气歌诗文砚	长25.5cm	32,200	中国嘉德	2014.06.22
民国 钱君匋旧藏清端砚	长12cm	34,500	中鸿信	2014.11.22
民国 寿石工款端石伯牙抚琴图砚	长13.3cm	10,350	中国嘉德	2014.03.24
民国 四灵纹八棱形歙砚	长13cm	39,200	天津文物	2014.05.16
民国 松竹梅圭形端砚	长15.3cm	17,920	天津文物	2014.05.16
民国 王福庵铭高眼端砚	长19.2cm	29,120	天津文物	2014.05.16
民国 吴珮孚款端石松虬砚	长24cm	11,500	中国嘉德	2014.03.24
民国 于右任铭端砚	长18.5cm	57,500	中国嘉德	2014.05.19
民国 玉铨斋制夜游赤壁老坑端砚	长17.5cm	109,760	天津文物	2014.05.16
“陈曼生款”端砚池	长11cm	42,000	北京九歌	2014.12.17
“亿年无疆”铭西汉瓦当砚	直径18.5cm	74,750	中国嘉德	2014.11.22
宝儿 紫云砚	长55cm	552,000	广州皇玛	2014.09.27

2014杂项拍卖成交汇总

(成交价RMB：1万元以上)

拍品名称	物品尺寸	成交价RMB	拍卖公司	拍卖日期
璧月兔纹绿端砚 草虫纹八棱澄泥砚（二方）	尺寸不一	48,300	西泠拍卖	2014.05.06
蔡金兴作 明长方滴池砖砚	长44cm	28,750	西泠拍卖	2014.12.15
蔡哲夫藏，陈邦彦铭随形端砚		149,500	西泠拍卖	2014.05.06
陈端友款 菌菇形端砚	直径10cm	34,500	上海工美	2014.11.02
陈端友款 双龙戏珠纹图形端砚	直径7cm	34,500	上海工美	2014.11.02
陈端友制太平有象纹端砚	长16cm	1,265,000	西泠拍卖	2014.12.15
陈洪新 四灵图砚	长26.2cm	287,500	广州皇玛	2014.09.27
陈金明《追星》砚	长21.5cm	207,000	广州皇玛	2014.01.02
陈子奋款端石钟形砚	长28cm	13,800	中国嘉德	2014.06.22
程八《辟雍》砚	长19.5cm	287,500	广州皇玛	2014.01.02
程振良 落叶归根端砚	长22cm	34,500	上海工美	2014.06.28
程振良 民族脊梁砚	长28cm	143,750	广州皇玛	2014.09.27
程振良 祥龙献瑞端砚	长25cm	51,750	上海工美	2014.06.28
仿宋琴形歙砚	长19cm	115,000	华艺国际	2014.12.08
高要名砚斋《兰亭古韵》砚	长33cm	287,500	广州皇玛	2014.01.02
高要名砚斋 太湖秋色砚	长53cm	2,185,000	广州皇玛	2014.09.27
高要市东升端砚厂 伟人头像砚	长17.2cm	322,000	广州皇玛	2014.09.27
顾二娘款 葫芦纹端砚	长16cm	57,500	上海工美	2014.11.02
顾二娘制 黄华田 余甸铭端砚	长20.5cm	3,105,000	北京匡时	2014.12.03
关红惠 福如东海砚	长62cm	2,415,000	广州皇玛	2014.09.27
关红惠 向往砚	长46cm	391,000	广州皇玛	2014.09.27
圭池 平底箕形端砚（二方）		23,000	西泠拍卖	2014.05.06
圭形端砚		25,300	西泠拍卖	2014.05.06
河旁端砚厂 梅雀砚	长32.3cm	253,000	广州皇玛	2014.09.27
河旁端砚厂 鸣春砚	长38cm	483,000	广州皇玛	2014.09.27
花鸟纹老坑端砚	长14.7cm	18,400	西泠拍卖	2014.12.15
黄超洪 八仙过海砚	长28.8cm	287,500	广州皇玛	2014.09.27
黄东荣《春意》砚	长27.3cm	287,500	广州皇玛	2014.01.02
黄铁庵藏海天旭日随形高眼端砚	长14cm	43,700	西泠拍卖	2014.12.15
蒋中正款端石蓬莱阁砚 谢稚柳款端石板式砚各一方	长18.1cm，长15.2cm	17,250	中国嘉德	2014.06.22
蕉叶白平板端砚	长19.4cm	34,500	西泠拍卖	2014.05.06
近代 唐云画徐孝穆刻金鱼图端砚	长18cm	43,700	北京保利	2014.06.05
老坑冰纹随形平板端砚	长18.8cm	55,200	西泠拍卖	2014.12.15
老坑平板端砚	长16.3cm	69,000	西泠拍卖	2014.05.06
乐震文铭盖，汪家芳铭底，吴荣开雕歙砚	长16.3cm	48,000	上海驰翰	2014.04.18
黎铿《二友》砚	长39.6cm	1,472,000	广州皇玛	2014.01.02
黎铿《观星图》砚	长41.4cm	368,000	广州皇玛	2014.01.02
黎铿 福从天降砚	长33cm	126,500	广州皇玛	2014.09.27
李铁民制 佛手形端砚	长17.5cm	40,250	上海工美	2014.06.28
李铁民作夔龙纹红丝砚	长19.5cm	55,200	西泠拍卖	2014.12.15
梁弘健《绿荫书万卷》砚	长27cm	149,500	广州皇玛	2014.01.02
梁焕明《湖光秋色》砚	长27.8cm	184,000	广州皇玛	2014.01.02
梁焕明《金猴献寿》砚	长44cm	109,250	广州皇玛	2014.01.02
梁金凌《碧海苍龙》砚	长38.5cm	1,035,000	广州皇玛	2014.01.02
梁金凌《福在眼前》砚	长33cm	1,150,000	广州皇玛	2014.01.02
梁金凌《清明上河图》砚	长138.5cm	17,250,000	广州皇玛	2014.01.02
梁金凌《喜上枝头》砚	长27.5cm	402,500	广州皇玛	2014.01.02
梁佩阳《双龙》砚	长37.5cm	138,000	广州皇玛	2014.01.02
梁佩阳 三顾茅庐砚	长55.5cm	276,000	广州皇玛	2014.09.27
梁庆昌 笑口常开砚	长23cm	109,250	广州皇玛	2014.09.27
梁思勇《铁骨》砚	长22cm	112,700	广州皇玛	2014.01.02
灵璧石（随形）砚山	长22cm	149,500	北京翰海	2014.10.25
刘演良《层林叠嶂》砚	长45cm	1,380,000	广州皇玛	2014.01.02
龙纹长方形端砚	长16.3cm	11,500	上海工美	2014.11.02
麻子坑瓜瓞绵绵对砚	长30cm×2	57,500	西泠拍卖	2014.12.15
马志标 百子千孙砚	长36cm	172,500	广州皇玛	2014.09.27
梅纹随形老坑端砚	长16.8cm	36,800	西泠拍卖	2014.12.15
莫嘉弘 七星人间砚	长28cm	149,500	广州皇玛	2014.09.27
莫少锋《月出东山》砚	长34.5cm	172,500	广州皇玛	2014.01.02
莫少锋《竹报平安》砚	长33cm	195,500	广州皇玛	2014.01.02
莫文辉 教子朝天砚	长26.5cm	195,500	广州皇玛	2014.09.27
莫秀能 锦绣河山砚	长35.5cm	230,000	广州皇玛	2014.09.27
平板端砚	长21.5cm	11,500	西泠拍卖	2014.05.06
任英歌 对砚	尺寸不一	63,250	北京盘古	2014.06.25
任重画，徐云叔铭，汪志良作金星初月歙砚	直径11.2cm	345,000	西泠拍卖	2014.12.15
任重画，徐云叔铭，汪志良作眉纹门字歙砚	长12.6cm	207,000	西泠拍卖	2014.12.15

拍品名称	物品尺寸	成交价RMB	拍卖公司	拍卖日期
沙曼翁款澄泥抄手砚	长17.4cm	20,700	中国嘉德	2014.03.24
沈石友铭木瓜砚	长17.4cm	977,500	西泠拍卖	2014.12.15
松鹤纹随形端砚	长22.9cm	28,750	西泠拍卖	2014.12.15
随形平板七星端砚	长17.9cm	23,000	西泠拍卖	2014.12.15
唐云款端石花鸟纹砚	长23cm	46,000	中国嘉德	2014.09.22
唐云款金星歙石梅花纹砚	长22cm	20,700	中国嘉德	2014.03.24
唐云铭、白书章制圆形洮河石砚	直径20cm	195,500	西泠拍卖	2014.05.06
唐云铭符骥良刻 耳形端砚	长10cm	28,750	上海工美	2014.11.02
瓦当半圆砚	长17cm	34,500	中国嘉德	2014.03.24
汪寅仙（款）梅桩紫砂砚	长14cm	13,800	北京艺融	2014.06.03
王耀 歙砚宋坑线眉子仔石	长28cm	897,000	北京保利	2014.06.05
吴昌硕铭，沈石友藏牧牛端砚	长15.5cm	2,990,000	西泠拍卖	2014.12.15
吴昌硕铭“嘉福砚”	长38cm	57,500	北京保利	2014.06.05
吴昌硕铭“提携”砚榻	长23.5cm	69,000	北京保利	2014.06.05
吴昌硕铭“天纪残砖砚”	长20.5cm	34,500	北京保利	2014.06.05
吴昌硕铭“元康砚”	长16cm	34,500	北京保利	2014.06.05
吴笠谷刻 歙石陶渊明小像砚	长21.2cm	616,000	北京荣宝	2014.03.23
谢稚柳款端石风竹图砚	长18.5cm	28,750	中国嘉德	2014.03.24
徐世昌藏端砚（一方）	长16.5cm	230,000	北京匡时	2014.06.03
徐世章藏宋仿青铜器三足人面端石砚	长8.5cm	207,000	西泠拍卖	2014.12.15
阳明居士铭 砖砚	长25cm	126,500	上海工美	2014.11.02
杨焯忠《九月九》砚	长33cm	149,500	广州皇玛	2014.01.02
杨德球 秋韵砚	长24.5cm	149,500	广州皇玛	2014.09.27
杨龙石刻 云纹歙砚	长12.7cm	126,500	福建东南	2014.10.26
应野平铭曹有成自用随形洮坪石砚		23,000	西泠拍卖	2014.05.06
玉兰形白端砚	长12cm	115,000	西泠拍卖	2014.12.15
云龙纹随形端砚	长25.3cm	11,500	西泠拍卖	2014.05.06
云水纹端砚（一方）	长21.5cm	51,750	北京匡时	2014.06.03
张璧铭夔龙纹如意池长方端砚	长21.5cm	43,700	西泠拍卖	2014.05.06
张景安作瓜田绵绵绿端砚	长17cm	115,000	西泠拍卖	2014.12.15
张景安作太平有象澄泥砚	长17.4cm	34,500	西泠拍卖	2014.12.15
张庆明《兰香雅韵》砚	长32cm	287,500	广州皇玛	2014.01.02
张庆明《远古物韵》砚	长36.5cm	287,500	广州皇玛	2014.01.02
张庆明 欢聚一堂砚	长47cm	101,200	广州皇玛	2014.09.27
张玉强《苦尽甘来》砚	长26.2cm	138,000	广州皇玛	2014.01.02
赵华新 玉锁麻子坑砚	宽16.8cm	28,750	北京保利	2014.12.05
赵祖望藏回纹歙砚	长11cm	23,000	西泠拍卖	2014.12.15
朱国良《佛光普照》砚	长26cm	138,000	广州皇玛	2014.01.02
朱屺瞻画沈觉初刻花石端砚	长75cm	23,000	朵云轩	2014.12.19
朱屹瞻款端石松虬砚	长22.5cm	43,700	中国嘉德	2014.03.24
砖砚	长16cm	11,500	中国嘉德	2014.09.22
砖砚（两方）	尺寸不一	11,500	中国嘉德	2014.09.22
玺				
清乾隆 乾隆帝御宝田白雕出游图玺	高9.2cm	8,563,600	香港苏富比	2014.04.08
清嘉庆 白芙蓉浮雕双龙捧寿纹“嘉庆御题昭仁殿”玺	宽6.5cm	1,927,170	中国嘉德	2014.04.09
1931年 班禅大师纪念印玺	高10cm	207,000	北京翰海	2014.11.22
印章				
战国/汉 铜印（十四方）	尺寸不一	23,000	西泠拍卖	2014.12.15
秦 鼻钮绿松石印	1.5cm×1.5cm	23,000	西泠拍卖	2014.05.05
秦/汉 铜印（三方）	尺寸不一	13,800	西泠拍卖	2014.12.15
汉 双面铜印	2.4cm×2.3cm	48,300	西泠拍卖	2014.05.05
汉/晋 古铜印（十八方）	尺寸不一	55,200	西泠拍卖	2014.05.05
汉/清 铜印（十七方）	尺寸不一	55,200	西泠拍卖	2014.05.05
元 穿带钮“卍”字景教铜押记	7.2cm×6.3cm	18,400	北京保利	2014.04.27
元 橛钮双系瓶形“富贵”铜印	4.7cm×3.7cm	11,500	北京保利	2014.04.27
元 爵杯形“长寿”铜印	5.5cm×3.1cm	20,700	北京保利	2014.04.27
元狮钮“佛法僧三宝”九叠篆铜印	7.2cm×7.2cm	25,300	北京保利	2014.04.27
元 狮钮铜印	高7.5cm	32,200	北京艺融	2014.06.03
元 铜“奉郡开国”龟背形印	6.3cm×4cm	11,500	中鸿信	2014.11.22
元 铜狮钮章	高4.4cm	13,800	中国嘉德	2014.03.24
元 瀰兽钮“承净”铜印	2.7cm×2.7cm	28,750	北京保利	2014.04.27
15世纪 法王印章	高4cm	552,000	北京匡时	2014.12.03
明以前 克军将军犀钮印、常乐苍龙曲侯龟钮印及熙宁三年平定县印（一组三件）	尺寸不一	126,500	西泠拍卖	2014.12.13
明以前 双龙钮瓷印	10.5cm×10.5cm	34,500	西泠拍卖	2014.12.15
明“顿首”铜印（两方）	尺寸不一	23,000	北京保利	2014.04.27
明 鼻钮铜押印	长5.5cm	23,000	北京保利	2014.04.27
明 鼻钮铜押印	高1.7cm	11,500	北京保利	2014.04.27
明 鼻钮铜印	长3.7cm	11,500	北京保利	2014.04.27

拍品名称	物品尺寸	成交价RMB	拍卖公司	拍卖日期
明 赑屃钮“镂冰劚雪”白玉印	2.4cm×2.4cm	63,250	北京保利	2014.04.27
明 陈洪绶兽钮铜印章	高1.8cm	46,000	古天一	2014.12.05
明 德化螭龙印章	长4cm宽4cm	40,250	上海道明	2014.12.11
明 虎符钮“善”铜印	3.0cm×3.0cm	43,700	北京保利	2014.04.27
明 击鞠钮“能”字青铜印	3.0cm×2.2cm	32,200	北京保利	2014.04.27
明 旧印章（二方）	尺寸不一	43,700	西泠拍卖	2014.05.05
明 橛钮“王景文印”铜印	3.7cm×3.7cm	11,500	北京保利	2014.04.27
明 梁千秋篆刻闲章	3.2cm×3.2cm	94,300	朵云轩	2014.12.18
明 蟠龙钮“河声？”铜印	2.8cm×2.6cm	48,300	北京保利	2014.04.27
明 麒麟钮“伊王亲宗之章”铜印	4.6cm×4.6cm	63,250	北京保利	2014.04.27
明 瑞兽钮“同不害正异不伤物”错银丝铜印	3.2cm×2.2cm	17,250	北京保利	2014.04.27
明 寿山石雕鹿衔灵芝钮闲章	高15.2cm	69,000	西泠拍卖	2014.12.13
明 鼠钮、瑞兽钮铜印（两方）	尺寸不一	13,800	北京保利	2014.04.27
明 台钮玛瑙虎形印	2.6cm×2.3cm	46,000	北京保利	2014.04.27
明 天禄钮“大将军之章”铜官印	2.5cm×2.4cm	17,250	北京保利	2014.04.27
明 天禄钮“给事中印”铜官印	3.5cm×3.4cm	20,700	北京保利	2014.04.27
明 天禄纽“国珍”、“丹心报国”错银铜印（两方）	尺寸不一	28,750	北京保利	2014.04.27
明 天禄纽“挥使之章”铜官印	2.3cm×2.3cm	13,800	北京保利	2014.04.27
明天禄纽“辛未进士”白文铜官印	2.8cm×2.6cm	23,000	北京保利	2014.04.27
明 天禄纽“兄弟联芳”铜印	3.3cm×2.2cm	17,250	北京保利	2014.04.27
明 天禄纽“一柬传心”铜印	2.4cm×2.4cm	11,500	北京保利	2014.04.27
明 天禄纽“远安堂印”铜印（两方）	高3cm高2.5cm	17,250	北京保利	2014.04.27
明 天禄纽“总览台章”铜官印	2.6cm×2.4cm	20,700	北京保利	2014.04.27
明 天禄纽范成大自用铜印	4.1cm×2.2cm	32,200	北京保利	2014.04.27
明 天禄钮“董封”铜印（两方）	3.3cm×1.2cm	13,800	北京保利	2014.04.27
明 天禄钮“葵藿俯仰”铜印	3.0cm×3.0cm	20,700	北京保利	2014.04.27
明 天禄钮铜印（两方）	高3.5cm高3cm	17,250	北京保利	2014.04.27
明 天禄兽钮“论道经邦”错银丝朱文铜印	2.7cm×2.7cm	13,800	北京保利	2014.04.27
明 铜官印	长8.5cm	25,300	北京翰海	2014.08.24
明 兔钮“顿首载拜”白文铜印	2.4cm×2.3cm	25,300	北京保利	2014.04.27
明 兔钮“顿首再拜”朱文铜印	2.5cm×2.4cm	23,000	北京保利	2014.04.27
明吴宽铭艾叶绿薄意雕高士图印章	高7.6cm	59,800	北京艺融	2014.06.03
明 獬兽钮“天理公平”铜印	4.0cm×4.0cm	46,000	北京保利	2014.04.27
明 于氏自用六面紫砂印	3.0cm×3.0cm	63,250	北京保利	2014.04.27
明 真山款寿山石刻梅花印章	3cm×3cm	40,250	中鸿信	2014.11.22
明/清 鼻钮玉印（二方）	尺寸不一	55,200	西泠拍卖	2014.12.15
明洪武 1368年作 倪瓒款闲章	4cm×1.8cm	63,250	西泠拍卖	2014.12.15
明嘉靖 橛钮“贞种”铜印	3.9cm×3.9cm	10,350	北京保利	2014.04.27
明晚期/18世纪 田黄长方印	高6.6cm	4,079,775	纽约佳士得	2014.03.20
明末清初 黄寿山石印章	高5.2cm	172,500	中宝拍卖	2014.07.06
17世纪 十世噶玛巴印章	高7cm	92,000	北京翰海	2014.10.26
清早期“和斋”铭田黄冻六面长方章	3cm×2.7cm	2,990,000	北京保利	2014.06.04
清早期“煮石子”竹根印章	高4.2cm	57,500	古天一	2014.12.05
清早期 高山朱砂古工浮雕闲章	4.8cm×4.8cm	27,600	朵云轩	2014.06.28
清早期 潘西凤款紫檀木兽钮印章	高8.8cm	97,750	古天一	2014.12.05
清早期 潘西凤制瘿木印章	高5cm	161,000	古天一	2014.12.05
清早期 寿山狮钮对章	4.5cm×4.5cm×2	149,500	朵云轩	2014.06.28
清早期 田黄九龙钮方章	高4.5cm	8,050,000	古天一	2014.12.05
清早期 汪宏度款长方印	5.6cm×3.6cm	25,300	北京保利	2014.04.27
清早期 卧牛钮“厢蓝旗拉法旧站法尔哈达”铜官印	3.0cm×3.1cm	11,500	北京保利	2014.04.27
清早期 杨玉璇雕瑞兽钮章	1.7cm×1.6cm	368,000	朵云轩	2014.06.28
清早期 周尚均雕昌化鸡血石夔龙纹博古章	1.8cm×0.7cm	345,000	朵云轩	2014.06.28
清早期 周尚均雕番人浴象钮章	2cm×2cm	172,500	朵云轩	2014.12.18
清早期 周尚均雕胡人驭象钮对章	1.2cm×1.2cm×2	138,000	朵云轩	2014.12.18
清康熙 扎萨克王银印	10cm×10cm	460,000	北京盈时	2014.12.07
清康熙“清宁之宝”寿山石印章	4.5cm×4.5cm	20,700,000	中国嘉德	2014.05.17
清乾隆 赑屃钮“寿福永年”鸟虫篆铜印	2.9cm×2.9cm	20,700	北京保利	2014.04.27
清乾隆 桂馥刻田黄五蝠纹方印	3.5cm×3.3cm	437,000	北京匡时	2014.06.03
清乾隆 梁同书款鸡血石对印	2.8cm×2.8cm	18,400	北京保利	2014.04.27
清乾隆 龙钮料仿琥珀玺印章	高4.8cm	75,900	北京保利	2014.04.27
清乾隆 蟠龙钮阮元自用白玉印	1.7cm×1.7cm	46,000	北京保利	2014.04.27
清乾隆 青田石巧雕兽钮章	高4.5cm	20,700	北京翰海	2014.01.12
清乾隆 寿山石夔龙印章	长13.8cm	1,725,000	八益拍卖	2014.10.24
清乾隆 田黄菊花浮雕方章	4cm×3.8cm	690,000	朵云轩	2014.06.28

拍品名称	物品尺寸	成交价RMB	拍卖公司	拍卖日期
清乾隆 铜官印	长7cm	23,000	北京翰海	2014.08.24
清乾隆 铜官印	高9cm	296,640	台湾世家	2014.04.13
清乾隆 元、明楠木草花纹兰札体梵书真言印象牙如意文蝎印铁鎏金印紫檀木草纹八思巴文“统领释教大元国师印”象牙法轮“阿萨”印	尺寸不一	317,975	保利香港	2014.04.07
清雍正 虎钮诸葛永年篆九鼎图“学儒堂”铜印	2.8cm×2.8cm	103,500	北京保利	2014.04.27
清雍正 田黄雕瑞兽钮椭圆形章	7.2cm×4.5cm	4,492,880	香港苏富比	2014.10.08
清中期 胡人洗象钮“钱塘陈氏颐福堂印信”铜印	4.1cm×4.2cm	48,300	北京保利	2014.04.27
清中期 潘西凤刻瘿木荷叶钮章	3.2cm×2.1cm	43,700	北京保利	2014.12.04
清中期 鼠（同书）钮铜鎏金飞文馆藏书印	2.6cm×2.0cm	57,500	北京保利	2014.04.27
清中期 田黄螭龙钮长方章	长5cm	1,380,000	北京翰海	2014.10.26
清中期 田黄雕凤钮章	高5.5cm	1,380,000	北京翰海	2014.10.26
清中期 田黄雕双凤钮方章	高4.7cm	690,000	北京翰海	2014.10.26
清中期 田黄雕云龙纹章	高3.4cm	920,000	北京翰海	2014.10.26
清中期 田黄梅花方章	高4.8cm	402,500	北京翰海	2014.05.11
清中期 田黄狮钮印章	高5.5cm	1,380,000	北京东正	2014.11.20
清中期 田黄兽钮方章	高4.5cm	690,000	北京翰海	2014.10.26
清中期 田黄兽钮方章	高4.9cm	287,500	北京翰海	2014.10.26
清中期 田黄太狮少狮长方章	高5cm	805,000	北京翰海	2014.10.26
清中期 铜龙钮方章	高12cm	36,800	北京翰海	2014.10.26
清嘉庆 竹根印（一对）	4.5cm×4cm	74,750	北京盈时	2014.12.07
清道光 朱彪篆刻闲章	6cm×2.9cm	32,200	朵云轩	2014.12.18
清咸丰 褚世镛刻寿山石印、“平湖沈氏”款寿山石印（共两方）	尺寸不一	17,250	中鸿信	2014.11.22
清光绪 文石款寿山石随形章	高6.5cm	34,500	中国嘉德	2014.03.24
清“龙石”款田黄云纹方章	高5.8cm	17,250,000	古天一	2014.12.05
清“臣居廉让之间”竹根印	2.5cm×5.0cm	46,000	北京保利	2014.04.27
清“玉璇”款田黄瑞兽钮椭圆章	高3.4cm	667,000	北京保利	2014.06.04
清 1697年作 查昇刻寿山石闲章	1.7cm×2.2cm	86,250	西泠拍卖	2014.12.15
清1776年作乔林刻竹根印（二方）	尺寸不一	23,000	西泠拍卖	2014.05.05
清 1798年 寿山石仿古鸟形钮方章	长4.8cm	184,050	纽约苏富比	2014.03.18
清 1805年作 钱善杨刻寿山芙蓉石古兽钮章	2.4cm×2.5cm	69,000	西泠拍卖	2014.05.05
清 1813年作 张镠刻青田石王养度自用印	2.1cm×2.1cm	40,250	西泠拍卖	2014.12.15
清 1816年作 杨澥刻昌化鸡血石章	2.3cm×2.3cm	126,500	西泠拍卖	2014.12.15
清 1821年作赵次闲刻青田石素方章	3cm×3cm	402,500	北京匡时	2014.12.02
清 1823年作 张廷济刻寿山石闲章	1.8cm×1.8cm	109,250	西泠拍卖	2014.05.05
清 1827年作 赵次闲 刻青田石对章	3cm×2.7cm×2	575,000	北京匡时	2014.12.02
清 1830年作 严坤刻青田石章	2.1cm×2.2cm	23,000	西泠拍卖	2014.05.05
清 1832年作 孟毓森刻青田石自用印	2.3cm×2.3cm	43,700	西泠拍卖	2014.12.15
清 1835年作 达受刻寿山芙蓉石章	1.7cm×1.7cm	155,250	西泠拍卖	2014.05.05
清 1838年作 杨澥刻青田石陈观酉自用印	1.9cm×1.8cm	155,250	西泠拍卖	2014.05.05
清 1840年作 丁柱刻青田石章	1.8cm×1.5cm	40,250	西泠拍卖	2014.05.05
清 1840年作 汪蔚等刻寿山高山、芙蓉石章（二方）	尺寸不一	23,000	西泠拍卖	2014.12.15
清 1840年作 严坤刻昌化石章	1.8cm×1.5cm	23,000	西泠拍卖	2014.05.05
清 1841年作 杨澥刻寿山芙蓉石章	1.5cm×1.5cm	46,000	西泠拍卖	2014.05.05
清 1841年作 赵子木刻寿山石古兽钮章	2.7cm×2.7cm	23,000	西泠拍卖	2014.12.15
清1842年作陈祖望刻青田石章（二方）	尺寸不一	40,250	西泠拍卖	2014.05.05
清 1844年、1857年作 孙钖晋、张光治等刻印章（三方）	尺寸不一	32,200	西泠拍卖	2014.05.05
清 1846年作 赵之琛刻闲章（一对）	2.6cm×2.6cm×2	276,000	西泠拍卖	2014.12.15
清 1850年作 钱松刻青田石应宝时自用两面印	2.2cm×2.3cm	747,500	西泠拍卖	2014.12.15
清 1853年作 郭上垣刻寿山芙蓉石闲章	2.6cm×2.6cm	74,750	西泠拍卖	2014.12.15
清 1855年作 寿山坑头古兽钮章	4cm×2cm×4.6cm	46,000	西泠拍卖	2014.05.05
清 1856年作 陈祖望刻寿山石对章	1.4cm×1.4cm×2	25,300	西泠拍卖	2014.05.05
清 1856年作 钱松 为闵钊刻青田石对章	1.2cm×1.2cm×2	195,500	北京匡时	2014.12.02
清 1856年作 钱松刻青田石陆佑自用印	2.2cm×2.2cm	575,000	西泠拍卖	2014.12.15
清 1856年作 徐三庚刻兽钮寿山芙蓉石李嘉福自用印	2.7cm×2.7cm	230,000	西泠拍卖	2014.12.15

2014杂项拍卖成交汇总

(成交价RMB：1万元以上)

拍品名称	物品尺寸	成交价RMB	拍卖公司	拍卖日期
清 1859年作 吴让之刻青田石张树伯自用对章	4.3cm×4.3cm×2	1,955,000	西泠拍卖	2014.12.15
清 1862年作 李嘉福刻寿山芙蓉石自用印（二方）	尺寸不一	80,500	西泠拍卖	2014.12.15
清 1862年作 赵之琛刻狮钮寿山芙蓉石陆沅自用印	2.4cm×2.4cm	34,500	西泠拍卖	2014.05.05
清 1865年作 闵澐刻田黄石吴煦自用印	2.5cm×1.5cm	2,070,000	西泠拍卖	2014.05.05
清 1865年作 徐三庚刻寿山石费以群等自用印（三方）	尺寸不一	143,750	西泠拍卖	2014.05.05
清 1871年作 徐三庚刻青田石顾寿藏自用印	2.4cm×2.4cm	161,000	西泠拍卖	2014.05.05
清 1873年作 徐三庚刻寿山石闲章	3.7cm×2.4cm	92,000	西泠拍卖	2014.05.05
清 1876年作 吴昌硕刻寿山芙蓉石程云驹自用对章	0.9cm×1cm×2	368,000	西泠拍卖	2014.12.15
清 1877年、1883年作 钟权、吴诰刻青田石汪鸣皋等自用印（二方）	尺寸不一	28,750	西泠拍卖	2014.05.05
清 1878年作 徐三庚刻子母兽钮寿山芙蓉石何维键自用对章	3.1cm×3.1cm×2	402,500	西泠拍卖	2014.12.15
清 1879年作 胡钁刻青田石吴滔自用印	2cm×2cm	184,000	西泠拍卖	2014.12.15
清 1881年作 吴昌硕刻青田石对章	2cm×2cm×2	224,250	西泠拍卖	2014.05.05
清 1881年作 吴昌硕刻寿山石扁方章	1.2cm×0.8cm	230,000	西泠拍卖	2014.05.05
清 1883年作 黄士陵刻环钮青田石居廉自用印	2.1cm×2.1cm	759,000	西泠拍卖	2014.05.05
清 1883年作 吴昌硕刻青田石潘锺瑞自用印	1.8cm×1.8cm	230,000	西泠拍卖	2014.12.15
清 1885年作 滨村藏六四世刻寿山石 螭虎钮印章	4cm×4cm	138,000	北京匡时	2014.06.05
清 1885年作 谢庸刻青田石扁方章	2.4cm×1cm	23,000	西泠拍卖	2014.05.05
清 1886年作 吴昌硕刻青田石方章	2cm×2cm	97,750	西泠拍卖	2014.05.05
清 1887年作 符翕 为何维朴刻广绿石素方章	3.3cm×3.2cm	23,000	北京匡时	2014.12.02
清 1887年作 吴昌硕刻寿山芙蓉石对章	1.5cm×1.5cm×2	402,500	西泠拍卖	2014.12.15
清 1892年、1894年、1899年作 黄士陵刻潘仪增自用印等（十方）	尺寸不一	2,415,000	西泠拍卖	2014.12.15
清 1892年作 赵穆刻青田石自用印	1.8cm×1.8cm	69,000	西泠拍卖	2014.05.05
清 1895年作 陆泰刻昌化石章	3.5cm×3.5cm	23,000	西泠拍卖	2014.05.05
清 1898年作 1918年作 1954年作 顿立夫 金城 王福厂 马公愚刻寿山石 方章（四件）	尺寸不一	31,050	北京匡时	2014.06.05
清 1898年作 金城刻青田石自用印	3cm×2.9cm	34,500	西泠拍卖	2014.12.15
清 1900年作 黄士陵刻昌化石俞旦自用印	1.7cm×1.7cm	230,000	西泠拍卖	2014.12.15
清 1901年作 钟以敬刻寿山石章（二方）	尺寸不一	36,800	西泠拍卖	2014.12.15
清 1918年作 寿山白芙蓉石子母兽钮章	4.2cm×4.1cm	80,500	西泠拍卖	2014.05.05
清 白芙蓉螭钮闲章	3.1cm×3.1cm	40,250	朵云轩	2014.06.28
清 白芙蓉古兽方章	3.5cm×3.5cm	46,000	朵云轩	2014.06.28
清 白芙蓉古兽方章	3.7cm×3.7cm	69,000	朵云轩	2014.12.18
清 白芙蓉山水方章料	3.3cm×3.3cm	69,000	北京保利	2014.06.05
清 白芙蓉云蝠纹印	高9.8cm	40,883	保利香港	2014.04.07
清 白田石雕花鸟纹印章	3.7cm×1.6cm	30,199	中信国际	2014.03.30
清 白玉仿汉螭钮方印	2.5cm×2.2cm	23,000	北京保利	2014.12.05
清 彬曜刻寿山芙蓉石章	2cm×1.9cm	51,750	西泠拍卖	2014.12.15
清 曾国藩自用古兽钮田黄石章	1.6cm×2.2cm	1,955,000	西泠拍卖	2014.12.15
清 昌化鸡血石雕龙纹巨型章料	高29.5cm	782,000	银座国际	2014.06.01
清 昌化鸡血石素方章	2.3cm×2.3cm	115,000	西泠拍卖	2014.05.05
清 昌化鸡血石章	1.8cm×1.8cm	48,300	西泠拍卖	2014.05.05
清 陈介祺自用印	2cm×2cm	25,300	朵云轩	2014.06.28
清 陈巨来铭寿山石白芙蓉羊钮印	3.2cm×1.6cm	36,800	中鸿信	2014.11.22
清 高凤翰刻寿山芙蓉石古兽钮章	3.7cm×3.6cm	97,750	西泠拍卖	2014.12.15
清 高垲 1877年作 刻寿山芙蓉石古兽钮章	2.2cm×1.4cm	46,000	西泠拍卖	2014.05.05
清 高山凤钮浮雕扁章	4.3cm×1.5cm	23,000	朵云轩	2014.12.18
清 各式兽钮印（四方）	尺寸不一	43,700	北京保利	2014.04.27
清 各式兽钮印（四方）	尺寸不一	23,000	北京保利	2014.10.26
清 垢道人制西厢人物芙蓉闲章	高8cm	126,500	西泠拍卖	2014.05.06
清 顾苓刻寿山石覆斗钮章	1.5cm×1.6cm	40,250	西泠拍卖	2014.05.05
清 管军万旦府印	长9.5cm	23,000	北京保利	2014.04.27
清 桂馥篆刻斋馆印	2.2cm×2.2cm	402,500	朵云轩	2014.12.18
清 郭麐自刻自用印	2.4cm×2.4cm	20,700	朵云轩	2014.12.19
清 郭世五藏王福厂刻田黄方章	2.7cm×1.5cm	2,875,000	北京保利	2014.06.04
清 何昆玉篆刻方浚颐自用对章	高5.3cm×2	32,200	朵云轩	2014.12.18
清 黑田雕神龙见首不见尾印章	长4.1cm	402,500	中贸圣佳	2014.06.01
清 胡匊邻篆刻斋馆印	2.8cm×1.1cm	32,200	朵云轩	2014.06.28
清 胡钁刻青田石闲章	1.5cm×1.5cm	57,500	西泠拍卖	2014.12.15
清 胡钁刻寿山芙蓉石方章	2.3cm×2.3cm	86,250	西泠拍卖	2014.12.15
清 胡钁刻寿山石李隐玉自用印	1.7cm×1.5cm	69,000	西泠拍卖	2014.12.15
清 胡钁刻寿山石章	2.5cm×2.5cm	69,000	西泠拍卖	2014.12.15
清 胡钁刻寿山石章（二方）	尺寸不一	63,250	西泠拍卖	2014.05.05
清 胡唐篆刻斋馆印	2.7cm×2.7cm	69,000	朵云轩	2014.06.28
清 皇六子永瑢自用田黄石章	3.8cm×2.9cm	5,520,000	西泠拍卖	2014.12.15
清 黄芙蓉番人驭兽钮章	2.7cm×2.7cm	80,500	朵云轩	2014.12.18
清 黄牧甫篆刻斋馆印	3.2cm×1cm	287,500	朵云轩	2014.06.28
清 黄牧甫篆刻斋馆印	3.5cm×1.3cm	437,000	朵云轩	2014.12.18
清 黄士陵刻田黄石夔龙薄意闲章	2.9cm×1cm	1,610,000	西泠拍卖	2014.12.15
清 黄寿山浮雕夔龙钮对章	高6.5cm	35,840	天津文物	2014.05.16
清 黄易刻田黄斋馆印	1.5cm×1.5cm	253,000	朵云轩	2014.12.19
清 鸡血石雕人物方章	高9.5cm	667,000	北京翰海	2014.05.11
清 鸡血石方印	高9.5cm	460,125	纽约佳士得	2014.03.20
清 鸡血石方印	高8cm	593,250	香港苏富比	2014.10.08
清 极品黄金黄田黄素方章	2.2cm×2cm	4,600,000	朵云轩	2014.06.28
清 江尊篆刻闲章	3cm×1.5cm	27,600	朵云轩	2014.06.28
清 橘皮红随形田黄章	4cm×2.2cm	3,795,000	北京保利	2014.06.04
清 老坑昌化梅花鸡血对章	高5.2cm×2	32,200	朵云轩	2014.12.18
清 李鸿章自用古兽钮田黄石章	1.7cm×1.7cm	517,500	西泠拍卖	2014.12.15
清 李鸿章自用寿山高山石兽钮对章	高7cm×2	253,000	西泠拍卖	2014.12.15
清 罗浚刻夔龙钮寿山石刘昆自用印	2.8cm×1.7cm	161,000	西泠拍卖	2014.12.15
清 罗浚刻叶德辉自用印	2.9cm×2.9cm	34,500	朵云轩	2014.06.28
清 南红玛瑙雕狮钮印	高4.5cm	69,000	古天一	2014.12.05
清 潘西凤刻竹根印	高6.1cm	34,500	西泠拍卖	2014.05.05
清 濮森等刻寿山石古兽钮章（二方）	尺寸不一	23,000	西泠拍卖	2014.12.15
清 濮森刻青田石章	3.3cm×2cm	23,000	西泠拍卖	2014.12.15
清 濮森刻寿山、鸡血石王锡棨等自用印（二方）	尺寸不一	34,500	西泠拍卖	2014.05.05
清 钱松刻寿山石魏兆琛自用印	1cm×1.1cm	368,000	西泠拍卖	2014.05.05
清 乔林款水洞桃花兽钮章	高4.3cm	46,000	中国嘉德	2014.03.24
清 瑞兽钮吴浔源款寿山石印	4.2cm×4.2cm	23,000	北京保利	2014.04.27
清 尚均款博古钮章	3.9cm×1.5cm	29,900	朵云轩	2014.06.28
清 尚均款寿山石博古钮方章	高3.3cm	34,500	中国嘉德	2014.03.24
清 尚均款田黄石鼎辰钮方章	3cm×3cm	5,980,000	西泠拍卖	2014.05.05
清 狮钮“苍庐”绿碧玺印	1.7cm×1.7cm	40,250	北京保利	2014.04.27
清 寿山白芙蓉石三阳开泰钮章	2.7cm×2.7cm	57,500	西泠拍卖	2014.05.05
清 寿山白芙蓉石双凤钮章	3.1cm×3.1cm	46,000	西泠拍卖	2014.05.05
清 寿山白芙蓉石素方章	3.7cm×3.7cm	48,300	西泠拍卖	2014.05.05
清 寿山白芙蓉石子母狮钮章	3.2cm×3.2cm	32,200	西泠拍卖	2014.05.05
清 寿山白芙蓉石子母兽钮章	5cm×4.9cm	92,000	西泠拍卖	2014.05.05
清 寿山白芙蓉石子母兽钮章	3.8cm×3.8cm	48,300	西泠拍卖	2014.05.05
清 寿山芙蓉石白玉兰钮椭圆章	5.6cm×1.7cm	23,000	西泠拍卖	2014.12.15
清 寿山芙蓉石古兽钮章（二方）	尺寸不一	46,000	西泠拍卖	2014.12.15
清 寿山芙蓉石荷花薄意方章	2.4cm×2.4cm	23,000	西泠拍卖	2014.12.15
清 寿山芙蓉石梅纹随形章	7.6cm×3.7cm	23,000	西泠拍卖	2014.12.15
清 寿山芙蓉石巧色子母狮钮闲章	3.6cm×1.8cm	28,750	西泠拍卖	2014.05.05
清 寿山芙蓉石三狮戏球钮章	3.8cm×3.8cm	51,750	西泠拍卖	2014.12.15
清 寿山芙蓉石山水薄意方章	3.3cm×3.3cm	23,000	西泠拍卖	2014.12.15
清 寿山芙蓉石山水薄意椭圆章	3.3cm×2cm	20,700	西泠拍卖	2014.12.15
清 寿山芙蓉石兽钮章（二方）	尺寸不一	25,300	西泠拍卖	2014.12.15
清 寿山芙蓉石双螭钮章	3.1cm×3.1cm	34,500	西泠拍卖	2014.12.15
清 寿山芙蓉石章（二方）	尺寸不一	23,000	西泠拍卖	2014.12.15
清 寿山高山冻石古兽钮章（三方）	尺寸不一	126,500	西泠拍卖	2014.05.05
清 寿山高山牛角冻石子母狮钮对章	高5.9cm×2	23,000	西泠拍卖	2014.12.15
清 寿山高山石古兽钮方章	2.9cm×2.9cm	23,000	西泠拍卖	2014.12.15
清 寿山高山石麒麟钮对章	高7.5cm×2	28,750	西泠拍卖	2014.12.15
清 寿山古工老印章（二方）	尺寸不一	34,500	朵云轩	2014.12.18
清 寿山红花芙蓉石凤钮对章	高6.7cm×2	230,000	西泠拍卖	2014.05.05
清 寿山红花芙蓉石子母兽钮对章	高8.7cm×2	46,000	西泠拍卖	2014.12.15
清 寿山将军洞白芙蓉石博古钮章	2.7cm×2.7cm	126,500	西泠拍卖	2014.05.05
清 寿山善伯石双螭钮章	2.7cm×2.7cm	25,300	西泠拍卖	2014.12.15

拍品名称	物品尺寸	成交价RMB	拍卖公司	拍卖日期
清 寿山石鳌龙钮章	2.5cm×0.9cm	126,500	西泠拍卖	2014.05.05
清 寿山石薄意雕炼丹图印章	高10.6cm	34,500	中贸圣佳	2014.07.06
清 寿山石赑屃钮章（二方）	尺寸不一	138,000	西泠拍卖	2014.12.15
清 寿山石凤钮扁方章	2.3cm×0.9cm	25,300	西泠拍卖	2014.12.15
清 寿山石古兽钮章	3.1cm×3.1cm	25,300	西泠拍卖	2014.12.15
清 寿山石古兽钮章（二方）	尺寸不一	28,750	西泠拍卖	2014.12.15
清 寿山石刻海涛日出纹方印	高6cm	36,810	纽约佳士得	2014.03.20
清 寿山石兽钮印章	高6cm	63,250	中鸿信	2014.11.22
清 寿山石随形章	高7.5cm	32,200	古天一	2014.12.05
清 寿山石卧羊钮印	高2cm	34,500	古天一	2014.12.05
清 寿山石章（五方）	尺寸不一	23,000	西泠拍卖	2014.12.15
清 寿山田黄石秋冈图印章	长3.8cm	57,500	中鸿信	2014.11.22
清 寿山闲章六面印	3.7cm×3.3cm	20,700	朵云轩	2014.06.28
清 寿山醉芙蓉石山水薄意章	2.5cm×2.6cm	36,800	西泠拍卖	2014.05.05
清思原堂田黄石雕白菜薄意椭圆章	高10.6cm	5,750,000	西泠拍卖	2014.05.06
清 汤组刻黄杨木随形印	2.8cm×2cm	63,250	西泠拍卖	2014.12.15
清 田白薄意印章	高5cm	46,000	北京翰海	2014.05.10
清 田黄薄意雕梅竹双清纹章	高5.5cm	1,386,900	澳门中信	2014.06.08
清 田黄雕薄意罗汉图印章		368,000	华艺国际	2014.05.31
清 田黄雕荷花纹印章	长4.4cm	264,500	中贸圣佳	2014.06.01
清 田黄雕松下高士印章	长5.2cm	632,500	中贸圣佳	2014.06.01
清 田黄冻石古兽钮椭圆章	2.7cm×1.7cm	517,500	西泠拍卖	2014.12.15
清 田黄冻石素方章	1.0cm×1.2cm×6.5cm	1,265,000	西泠拍卖	2014.05.05
清 田黄冻石云纹薄意随形章	1cm×2.4cm×3.7cm	460,000	西泠拍卖	2014.05.05
清 田黄方印章（两方）	4.7cm重77g5cm重93g.	7,805,200	香港苏富比	2014.04.08
清 田黄留皮薄意花卉随形章料	高4.5cm	345,000	北京保利	2014.06.05
清 田黄山水人物随形长方章	高3.7cm	69,000	北京翰海	2014.05.11
清 田黄诗文印章（一组五件）	尺寸不一	34,500	北京保利	2014.10.26
清 田黄石博古方章	2.3cm×2.3cm	460,000	上海金艺	2014.12.17
清 田黄石古兽钮方章	1.6cm×1.6cm	483,000	西泠拍卖	2014.05.05
清 田黄石古兽钮章	2.2cm×2.2cm	402,500	西泠拍卖	2014.05.05
清 田黄石夔龙钮章	2.8cm×1.1cm	195,500	西泠拍卖	2014.12.15
清 田黄石李嘉福自用印	1.1cm×1cm	184,000	西泠拍卖	2014.12.15
清 田黄石骆驼钮椭圆章	4.2cm×1.8cm	1,380,000	西泠拍卖	2014.05.05
清 田黄石梅花薄意方章	1.9cm×2cm	109,250	西泠拍卖	2014.05.05
清 田黄石螃蟹钮方章	3.6cm×3.5cm	460,000	西泠拍卖	2014.12.15
清 田黄石秋菊舞蝶薄意章	4.7cm×2.1cm	8,050,000	西泠拍卖	2014.12.15
清 田黄石三狮戏球钮随形章	5.7cm×2.2cm	2,185,000	西泠拍卖	2014.12.15
清 田黄石山水薄意方章	2.3cm×2.3cm	2,300,000	西泠拍卖	2014.05.05
清 田黄石松鼠葡萄纹方章	2.4cm×2.9cm	9,200,000	西泠拍卖	2014.05.05
清 田黄石素方章	2.3cm×2.4cm	6,095,000	西泠拍卖	2014.05.05
清 田黄石素方章	2cm×2cm×4cm	1,955,000	西泠拍卖	2014.12.15
清 田黄石素方章	1.9cm×1.9cm	632,500	西泠拍卖	2014.12.15
清 田黄石云龙薄意椭圆章	3cm×1.7cm	25,300	西泠拍卖	2014.05.05
清 田黄石云龙纹方章	2.2cm×2.2cm	2,875,000	西泠拍卖	2014.12.15
清 田黄石云纹薄意扁方章	1.5cm×1.9cm	977,500	西泠拍卖	2014.05.05
清 田黄石章（一组六方）	尺寸不一	552,000	北京华辰	2014.04.27
清 田黄石竹节章	3.9cm×1.7cm	977,500	西泠拍卖	2014.12.15
清 田黄兽钮印章	高4cm	184,000	雍和嘉诚	2014.05.31
清 田黄兽钮章	高4cm	79,337	保利香港	2014.10.07
清 田黄素章	高4.1cm	138,000	翰风国际	2014.04.30
清 田黄卧狮长方章	4.5cm	979,600	香港苏富比	2014.04.08
清 田黄象钮方章	高4cm	402,500	北京翰海	2014.10.26
清 田黄印章（一套）	尺寸不一	57,500	北京盈时	2014.12.07
清 田黄云蝠印章	高5cm	161,000	雍和嘉诚	2014.05.31
清 田黄云纹印章	高4.8cm	1,265,000	北京东正	2014.11.20
清 田黄长方章	高6cm	1,150,000	北京保利	2014.06.04
清 田黄竹节形章	高3.7cm	80,500	北京保利	2014.12.04
清 铜雕太狮少狮“英下之盛福也”闲章	高4.8cm	287,500	江苏爱涛	2014.07.06
清 铜虎钮章	高9.8cm	23,000	中国嘉德	2014.03.24
清 铜玄武、龙纹、凤凰印章（三件）	尺寸不一	57,500	北京保利	2014.06.05
清 王冰铁篆刻闲章	3.1cm×1.8cm	23,000	朵云轩	2014.06.28
清 王应绶刻青田石闲章	2.4cm×2.4cm	74,750	西泠拍卖	2014.12.15
清 文鼎篆刻闲章	1.7cm×1.3cm	34,500	朵云轩	2014.06.28
清翁曾荣自用寿山芙蓉石兽钮对章	高 6.5cm×2	66,700	西泠拍卖	2014.12.15
清 吴昌硕刻凤钮寿山石樊家穀自用椭圆印	2cm×1.2cm	115,000	西泠拍卖	2014.12.15
清吴昌硕刻寿山芙蓉石李国松自用印	2.3cm×1.4cm	132,250	西泠拍卖	2014.05.05
清吴昌硕刻寿山芙蓉石闵泳翊自用印	2.1cm×2.1cm	276,000	西泠拍卖	2014.05.05

拍品名称	物品尺寸	成交价RMB	拍卖公司	拍卖日期
清 吴昌硕刻寿山石章	1.4cm×1.4cm	126,500	西泠拍卖	2014.05.05
清 吴大澂款“窸斋鉴藏书画”田黄石印	1.6cm×1.6cm	69,000	北京保利	2014.04.27
清 吴让之刻昌化石章	1.9cm×1.9cm	97,750	西泠拍卖	2014.05.05
清 吴让之刻寿山石兽钮椭圆章	2.7cm×1.1cm	207,000	西泠拍卖	2014.05.05
清 吴让之铭 田黄荷叶钮印章	3.3cm×2.4cm	161,000	北京艺融	2014.06.03
清 吴让之篆刻闲章	2.5cm×2.5cm	143,750	朵云轩	2014.06.28
清 五猴捧桃钮章	5.5cm×2.7cm	32,200	朵云轩	2014.06.28
清 徐三庚刻寿山石扁方章	1.9cm×0.9cm	46,000	西泠拍卖	2014.05.05
清 徐三庚刻寿山石凤钮章	2.5cm×2.5cm	80,500	西泠拍卖	2014.12.15
清 徐三庚刻寿山石兽钮章	2.1cm×2.1cm	51,750	西泠拍卖	2014.12.15
清 徐三庚刻寿山石闲章	3.3cm×3.3cm	402,500	西泠拍卖	2014.12.15
清 徐三庚刻寿山石章（二方）	尺寸不一	138,000	西泠拍卖	2014.12.15
清 徐三庚刻双狮钮寿山芙蓉石李嘉福自用印	2.6cm×2.6cm	207,000	西泠拍卖	2014.12.15
清 杨龙石鸡血石印	高2.8cm高3cm	34,523	保利香港	2014.04.07
清 杨庆麟刻双联章、躬轩款铜章（两件）	高4.2cm 高3cm	20,700	西泠拍卖	2014.05.06
清 杨澥刻寿山芙蓉石兽钮章	2cm×2cm	109,250	西泠拍卖	2014.05.05
清杨玉璇作寿山黄芙蓉石古兽钮章	2.3cm×2.3cm	149,500	西泠拍卖	2014.12.15
清 姚元之刻昌化石闲章（二方）	尺寸不一	36,800	西泠拍卖	2014.12.15
清 叶潞渊藏印（八方）	尺寸不一	51,750	朵云轩	2014.12.19
清 叶潞渊藏玉印（四方）	尺寸不一	23,000	朵云轩	2014.12.19
清 伊立勋自用印	2.3cm×2.3cm	109,250	朵云轩	2014.12.19
清银包金田黄石梅竹双清薄意随形章	3.5cm×4.4cm	1,380,000	西泠拍卖	2014.12.15
清 玉髓盘螭双联印玺	长5cm	48,300	北京保利	2014.12.04
清 云龙纹白芙蓉石随形大印	6.0cm×2.2cm	23,000	北京保利	2014.04.27
清 张謇刻青田石章	2.7cm×2.7cm	74,750	西泠拍卖	2014.05.05
清 赵次闲篆刻闲章	3.7cm×2cm	149,500	朵云轩	2014.06.28
清 赵之琛刻昌化鸡血石章	1.6cm×0.8cm	80,500	西泠拍卖	2014.12.15
清 赵之琛刻青田石兽钮章	1.5cm×1.5cm	92,000	西泠拍卖	2014.12.15
清 赵之琛刻寿山石方章	2.5cm×2.6cm	184,000	西泠拍卖	2014.12.15
清 赵之琛刻寿山石凤钮章	2.6cm×2.6cm	103,500	西泠拍卖	2014.12.15
清 赵之琛刻寿山石章	2cm×1.6cm	97,750	西泠拍卖	2014.05.05
清 赵之谦刻猴钮寿山石自用印	1.5cm×1.4cm	632,500	西泠拍卖	2014.12.15
清 赵之谦刻寿山石曹籀自用印	1.5cm×1.4cm	575,000	西泠拍卖	2014.12.15
清 钟以敬、陈巨来刻寿山石闲章（二方）	高2.8cm	36,800	西泠拍卖	2014.12.15
清 钟以敬刻寿山石兽钮章	1.2cm×1.2cm	36,800	西泠拍卖	2014.05.05
清 钟以敬篆刻斋馆印	4.6cm×2.2cm	25,300	朵云轩	2014.12.18
清/20世纪 为燕笙波治印两方、濮森刻寿山石狮纽长方章（一方）	尺寸不一	34,500	北京保利	2014.06.05
18世纪 铜龙钮印	宽5.7cm	38,344	纽约佳士得	2014.03.20
18世纪/19世纪 寿山石三狮钮长方印玺	7cm	131,800	伦敦苏富比	2014.05.14
19世纪 田黄瑞兽钮长方印	4.9cm×2.2cm	933,380	香港苏富比	2014.10.08
19世纪/20世纪 寿山石印章（两方）	高9.2cm	61,330	纽约苏富比	2014.09.16
20世纪 芙蓉石狮纽对章	2.6cm×2.6cm	34,500	北京保利	2014.06.05
清晚期 1904年作 叶为铭刻寿山芙蓉石古兽钮章	2.4cm×2.4cm	40,250	西泠拍卖	2014.12.15
清晚期 1906年作 赵叔孺刻寿山石螭龙穿环钮章	2.5cm×1.2cm	48,300	西泠拍卖	2014.12.15
清晚期 1908年作 童大年、金禹民、赵古泥刻印章（三方）	尺寸不一	25,300	西泠拍卖	2014.05.05
清晚期 寿山石兽钮印章	高4cm	28,750	北京盈时	2014.12.07
清晚期 徐三庚刻“大富千万”芙蓉石印章	2.8cm×2.4cm	149,500	北京保利	2014.06.04
清晚期/民国 寿山石灵猴献桃纹印玺	5.8cm	39,540	伦敦苏富比	2014.05.14
清晚期民初田黄石苍龙教子钮方章	2.8cm×2.8cm	4,370,000	西泠拍卖	2014.12.15
清晚期民国 林清卿雕薄意田黄梅枝印章		977,500	保利厦门	2014.11.02
民国 “林清卿”作薄意鹿目章	重22.4g高9.8cm	103,500	翰风国际	2014.04.30
民国 陈巨来、邓散木等寿山石印章（九枚）	尺寸不一	51,750	北京保利	2014.12.04
民国 陈巨来刊薄意田黄章	高4cm	20,700	中鸿信	2014.11.22
民国 陈巨来刻白芙蓉古兽钮章	5.4cm	44,800	天津文物	2014.05.16
民国 陈巨来刻红善伯狮钮章	5cm	22,400	天津文物	2014.11.15
民国 陈巨来刻寿山石鸡血石章（一组三方）	尺寸不一	80,500	北京保利	2014.12.04
民国 陈巨来刻田黄素章	2.3cm×1.3cm	322,000	北京匡时	2014.06.03
民国 陈巨来篆刻闲章	4.8cm×2.4cm	92,000	朵云轩	2014.06.28

2014杂项拍卖成交汇总

(成交价RMB：1万元以上)

拍品名称	物品尺寸	成交价RMB	拍卖公司	拍卖日期
民国 邓散木篆刻对章	高6cm × 2	161,000	朵云轩	2014.06.28
民国 邓散木篆刻章	1.6cm × 1.6cm	20,700	朵云轩	2014.12.18
民国 丁辅之款双螭钮芙蓉石印	3.5cm × 3.5cm	28,750	北京保利	2014.04.27
民国 端石巢章甫藏谷璧纹砚	长16.5cm	51,750	北京保利	2014.12.04
民国 冯康篆刻斋馆印	4cm × 4cm	69,000	朵云轩	2014.06.28
民国寿山石狮纽套章（一组三方）	尺寸不一	20,700	北京保利	2014.06.05
民国 寿山石印章	高6.5cm	55,200	北京翰海	2014.05.10
民国 田黄石印章	高5cm	168,000	盛世嘉宝	2014.11.02
民国 铜江苏军政府造印	高8cm	23,000	西泠拍卖	2014.12.13
民国 童大年刻孙师匡自用印	2.2cm × 2.1cm	48,300	朵云轩	2014.12.18
民国 王冰铁篆刻闲章	3.9cm × 3.9cm	23,000	朵云轩	2014.06.28
民国 王福庵刻昌化鸡血石对章	5.8cm	24,640	天津文物	2014.11.15
民国 王福庵刻牛角冻夔龙钮章	7.5cm	50,400	天津文物	2014.05.16
民国 王福庵刻余绍宋自用印	3.8cm × 3.8cm	28,750	朵云轩	2014.12.18
民国 王福庵篆刻对章	高6.3cm × 2	63,250	朵云轩	2014.06.28
民国 王福庵篆刻对章	高6.7cm × 2	48,300	朵云轩	2014.06.28
民国 王福庵篆刻闲章	3.2cm × 1.9cm	23,000	朵云轩	2014.12.18
民国 王王孙刻罗广文自用印	2.4cm × 2.3cm	23,000	朵云轩	2014.06.28
民国 王禔刻黄寿山薄意山水对章	高7.6cm	138,000	浙江世贸	2014.04.13
民国 吴昌硕刻李国松自用对章	高7.5cm × 2	230,000	朵云轩	2014.12.18
民国 徐星州篆刻章	2.5cm × 2.5cm	23,000	朵云轩	2014.06.28
民国 叶潞渊刻白芙蓉双狮钮章	6.5cm	24,640	天津文物	2014.05.16
民国易大厂刻梅兰芳自用印（五方）	尺寸不一	218,500	朵云轩	2014.06.28
民国 于硕篆刻闲章	3.4cm × 3.4cm	161,000	朵云轩	2014.06.28
民国 赵古泥篆刻章	1.7cm × 1.7cm	57,500	朵云轩	2014.06.28
巴林白玉地鸡血石素方章	3cm × 3cm	2,300,000	西泠拍卖	2014.12.15
巴林豆青地鸡血石方章	3.8cm × 3.8cm	2,300,000	西泠拍卖	2014.12.15
巴林粉冻素印章	高11.1cm	112,000	未来四方	2014.05.23
巴林福黄石素章（二方）	尺寸不一	109,250	西泠拍卖	2014.12.15
巴林黄冻石印章（一组三方）	尺寸不一	32,200	中国嘉德	2014.05.17
巴林鸡血石 方章（十件）	尺寸不一	32,200	北京匡时	2014.06.05
巴林鸡血石玻璃冻方章	3cm × 3cm	92,000	中国嘉德	2014.05.17
巴林鸡血石对章	高7.6cm × 2	230,000	中国嘉德	2014.05.17
巴林鸡血石对章	尺寸不一	46,000	中国嘉德	2014.05.17
巴林鸡血石对章	高8.4cm × 2	92,000	中国嘉德	2014.11.22
巴林鸡血石对章	高11.7cm × 2	78,200	中国嘉德	2014.11.22
巴林鸡血石对章（两对）	尺寸不一	40,250	中国嘉德	2014.05.17
巴林鸡血石对章（三对）	尺寸不一	23,000	中国嘉德	2014.11.22
巴林鸡血石对章（四对）	尺寸不一	80,500	中国嘉德	2014.05.17
巴林鸡血石方章	4.5cm × 2.5cm	322,000	中国嘉德	2014.05.17
巴林鸡血石方章	3.2cm × 3.2cm	46,000	中国嘉德	2014.05.17
巴林鸡血石方章	尺寸不一	25,300	中国嘉德	2014.05.17
巴林鸡血石方章	2.4cm × 2.4cm	172,500	中国嘉德	2014.11.22
巴林鸡血石方章	2.1cm × 2.1cm	48,300	中国嘉德	2014.11.22
巴林鸡血石方章	2.1cm × 2.1cm	46,000	中国嘉德	2014.11.22
巴林鸡血石方章	2.5cm × 2.5cm	34,500	中国嘉德	2014.11.22
巴林鸡血石方章（一组二方）	尺寸不一	23,000	中国嘉德	2014.05.17
巴林鸡血石方章（一组九方）	尺寸不一	28,750	中国嘉德	2014.11.22
巴林鸡血石方章（一组三方）	尺寸不一	43,700	中国嘉德	2014.05.17
巴林鸡血石方章（一组三方）	尺寸不一	34,500	中国嘉德	2014.05.17
巴林鸡血石方章（一组三方）	尺寸不一	94,300	中国嘉德	2014.11.22
巴林鸡血石方章（一组十五方）	尺寸不一	40,250	中国嘉德	2014.05.17
巴林鸡血石方章（一组四方）	尺寸不一	71,300	中国嘉德	2014.05.17
巴林鸡血石粉冻对章	高13cm × 2	172,500	中国嘉德	2014.05.17
巴林鸡血石粉冻方章	2.5cm × 2.5cm	48,300	中国嘉德	2014.05.17
巴林鸡血石粉冻方章	2.4cm × 2.4cm	34,500	中国嘉德	2014.05.17
巴林鸡血石芙蓉冻方章	3.5cm × 3.5cm	78,200	中国嘉德	2014.05.17
巴林鸡血石芙蓉冻巧雕方章	3.2cm × 3.2cm	55,200	中国嘉德	2014.05.17
巴林鸡血石芙蓉红方章	3cm × 3cm	322,000	中国嘉德	2014.05.17
巴林鸡血石古狮戏球钮章	9.6cm × 5.8cm	115,000	福建东南	2014.05.25
巴林鸡血石玫瑰红方章	3.2cm × 3.2cm	34,500	中国嘉德	2014.05.17
巴林鸡血石美人冻素方章	3.1cm × 3.1cm	80,500	北京匡时	2014.12.02
巴林鸡血石牛角冻方章（一组三方）	尺寸不一	57,500	中国嘉德	2014.05.17
巴林鸡血石牛角冻方章（一组三方）	尺寸不一	43,700	中国嘉德	2014.05.17
巴林鸡血石牛气冲天钮章	3.4cm × 2.5cm	23,000	西泠拍卖	2014.05.05
巴林鸡血石骑象罗汉钮方章	3.4cm × 3.4cm	57,500	中国嘉德	2014.05.17
巴林鸡血石五彩方章	3.7cm × 3.7cm	48,300	中国嘉德	2014.05.17
巴林鸡血石印章（一组八方）	尺寸不一	78,200	中国嘉德	2014.05.17
巴林鸡血石印章（一组二方）	尺寸不一	80,500	中国嘉德	2014.05.17
巴林鸡血石印章（一组两方）	尺寸不一	105,800	中国嘉德	2014.05.17
巴林鸡血石印章（一组七方）	尺寸不一	46,000	中国嘉德	2014.05.17

拍品名称	物品尺寸	成交价RMB	拍卖公司	拍卖日期
巴林鸡血石印章（一组十二方）	尺寸不一	46,000	中国嘉德	2014.05.17
巴林鸡血石印章（一组十七方）	尺寸不一	36,800	中国嘉德	2014.05.17
巴林鸡血石印章（一组四方）	尺寸不一	34,500	中国嘉德	2014.05.17
巴林鸡血石印章（一组四方）	尺寸不一	23,000	中国嘉德	2014.05.17
巴林鸡血石印章（一组五方）	尺寸不一	46,000	中国嘉德	2014.05.17
巴林鸡血石章料（一对）	长18cm	230,000	亚洲宸泽	2014.07.18
巴林鸡血章	高11.8cm	179,200	未来四方	2014.05.23
巴林鸡血章	高13.6cm	168,000	未来四方	2014.05.23
巴林石 方章（五件）	尺寸不一	25,300	北京匡时	2014.06.05
巴林石 瑞兽钮方章（三件）	尺寸不一	32,200	北京匡时	2014.06.05
巴林石摆件、浙江田石印章（一组三件）	尺寸不一	23,000	中国嘉德	2014.11.22
巴林石方章（一组三方）	尺寸不一	32,200	中国嘉德	2014.05.17
巴林石古兽钮方章	3.3cm × 3.3cm	55,200	中国嘉德	2014.05.17
巴林石古兽钮方章	3.4cm × 3.4cm	28,750	中国嘉德	2014.05.17
巴林石古兽钮方章	3.5cm × 3.5cm	23,000	中国嘉德	2014.05.17
巴林石古兽钮章（五方）	尺寸不一	43,700	西泠拍卖	2014.05.05
巴林石古兽钮章（一组二方）	尺寸不一	34,500	中国嘉德	2014.05.17
巴林石瑞兽钮方章（三方）	尺寸不一	43,700	北京匡时	2014.12.02
巴林石兽钮章（一组三方）	尺寸不一	43,700	中国嘉德	2014.05.17
巴林石印章（一组七方）	尺寸不一	28,750	中国嘉德	2014.05.17
巴林石印章（一组四方）	尺寸不一	74,750	中国嘉德	2014.05.17
巴慰祖款 将军洞芙蓉石蛙钮方章	6.1cm × 3cm	172,500	福建东南	2014.05.24
白杜陵三狮钮对章	2.6cm × 2.6cm	23,000	朵云轩	2014.12.18
白芙蓉天禄钮椭圆章	3.7cm × 2cm	23,000	朵云轩	2014.12.18
白田黄云蝠纹印章	高5.3cm	172,500	雍和嘉诚	2014.05.31
白田石松下高士薄意随形章	6.5cm × 2.6cm	115,000	西泠拍卖	2014.12.15
玻璃地水洞高山石兽钮对章	高7.8cm	161,000	福建东南	2014.10.25
曹鸿勋自用青田石六面印	2.8cm × 2.7cm	25,300	中国嘉德	2014.05.17
草庵图薄意随形章	重41.9g高4.3cm	517,500	北京艺融	2014.12.08
昌化白玉地鸡血石素方章	1.9cm × 1.9cm	218,500	西泠拍卖	2014.05.05
昌化黄冻地鸡血石方章	2.9cm × 2.9cm	368,000	西泠拍卖	2014.05.05
昌化鸡血、青田蓝星石等印章（三方）	尺寸不一	34,500	西泠拍卖	2014.05.05
昌化鸡血大红袍方章	高6cm	690,000	西泠拍卖	2014.05.06
昌化鸡血大红袍素方章	1.6cm × 1.6cm	414,000	西泠拍卖	2014.12.15
昌化鸡血对章	高11.4cm × 2	59,800	中国嘉德	2014.05.17
昌化鸡血对章	高8cm × 2	51,750	朵云轩	2014.12.18
昌化鸡血石 方章（二件）	尺寸不一	39,100	北京匡时	2014.06.05
昌化鸡血石 方章（二十件）	尺寸不一	32,200	北京匡时	2014.06.05
昌化鸡血石 方章（两对）	尺寸不一	32,200	北京匡时	2014.06.05
昌化鸡血石 方章（两对）	尺寸不一	32,200	北京匡时	2014.06.05
昌化鸡血石 方章（十件）	尺寸不一	23,000	北京匡时	2014.06.05
昌化鸡血石 方章（四件）	尺寸不一	47,150	北京匡时	2014.06.05
昌化鸡血石 章（十件）	尺寸不一	40,250	北京匡时	2014.06.05
昌化鸡血石、巴林鸡血石方章（一组六方）	尺寸不一	34,500	中国嘉德	2014.11.22
昌化鸡血石“刘关张”对章	高11cm × 2	40,250	北京匡时	2014.12.02
昌化鸡血石大方章	3.4cm × 3.5cm	862,500	西泠拍卖	2014.05.05
昌化鸡血石大红袍素方章	2.3cm × 2.3cm	1,012,000	西泠拍卖	2014.12.15
昌化鸡血石对章	高8.9cm × 2	57,500	北京匡时	2014.06.05
昌化鸡血石对章	2cm × 2cm × 9.1cm × 2	74,750	西泠拍卖	2014.05.05
昌化鸡血石对章	2cm × 2cm × 7.6cm × 2	43,700	西泠拍卖	2014.05.05
昌化鸡血石对章	2.5cm × 2.5cm × 8.5cm × 2	57,500	中国嘉德	2014.05.17
昌化鸡血石对章	1.2cm × 1.2cm × 6.6cm × 2	23,000	中国嘉德	2014.05.17
昌化鸡血石对章	1.1cm × 1.1cm × 7.5cm × 2	92,000	中国嘉德	2014.11.22
昌化鸡血石对章	3cm × 3cm × 14.3cm; 3.3cm × 3.3cm × 15.1cm	28,750	中国嘉德	2014.11.22
昌化鸡血石对章	1.6cm × 1.5cm × 8cm × 2	460,000	西泠拍卖	2014.12.15
昌化鸡血石对章	1.6cm × 1.6cm × 7.7cm × 2	34,500	西泠拍卖	2014.12.15
昌化鸡血石对章	1.7cm × 1.7cm × 7.3cm × 2	23,000	西泠拍卖	2014.12.15
昌化鸡血石方章	9.2cm × 2.2cm × 2.2cm	207,000	北京卓德	2014.06.20
昌化鸡血石方章	2.4cm × 2.4cm × 10.5cm	437,000	西泠拍卖	2014.05.05
昌化鸡血石方章	2.3cm × 2.3cm × 8.5cm	276,000	西泠拍卖	2014.05.05
昌化鸡血石方章	2.7cm × 2.7cm × 7.5cm	161,000	西泠拍卖	2014.05.05
昌化鸡血石方章	2.7cm × 2.7cm × 10.4cm	48,300	中国嘉德	2014.05.17
昌化鸡血石方章（一组八方）	尺寸不一	115,000	中国嘉德	2014.05.17
昌化鸡血石方章（一组八方）	尺寸不一	20,700	中国嘉德	2014.05.17
昌化鸡血石方章（一组八件）	尺寸不一	20,700	北京匡时	2014.09.17
昌化鸡血石方章（一组二方）	1.9cm × 1.9cm × 8cm; 2cm × 2cm × 8.1cm	32,200	中国嘉德	2014.05.17
昌化鸡血石方章（一组九方）	尺寸不一	36,800	中国嘉德	2014.05.17

拍品名称	物品尺寸	成交价RMB	拍卖公司	拍卖日期
昌化鸡血石方章（一组两方）	2.4cm×2.4cm×7.8cm 1.4cm×1.4cm×5.7cm	74,750	中国嘉德	2014.11.22
昌化鸡血石方章（一组两方）	2.3cm×2.3cm×9.8cm 2.2cm×2.2cm×7.8cm	59,800	中国嘉德	2014.11.22
昌化鸡血石方章（一组六方）	尺寸不一	40,250	中国嘉德	2014.11.22
昌化鸡血石方章（一组七方）	尺寸不一	48,300	中国嘉德	2014.05.17
昌化鸡血石方章（一组七方）	尺寸不一	32,200	中国嘉德	2014.05.17
昌化鸡血石方章（一组三方）	尺寸不一	23,000	中国嘉德	2014.05.17
昌化鸡血石方章（一组三十方）	尺寸不一	34,500	中国嘉德	2014.11.22
昌化鸡血石方章（一组十一件）	尺寸不一	39,100	北京匡时	2014.09.17
昌化鸡血石方章（一组五方）	尺寸不一	48,300	中国嘉德	2014.11.22
昌化鸡血石方章（一组五方）	尺寸不一	25,300	中国嘉德	2014.11.22
昌化鸡血石古狮戏球钮章	1.9cm×1.9cm×10.5cm	155,250	西泠拍卖	2014.05.05
昌化鸡血石古兽钮章	1.9cm×1.9cm×8.8cm	115,000	西泠拍卖	2014.12.15
昌化鸡血石古兽戏球钮章	2.4cm×2.4cm×7.1cm	138,000	西泠拍卖	2014.05.05
昌化鸡血石关帝钮章一方、鸡血石项链一串	尺寸不一	34,500	西泠拍卖	2014.12.15
昌化鸡血石荷塘清趣薄意随形章	5cm×1.5cm×8.6cm	23,000	西泠拍卖	2014.05.05
昌化鸡血石六联章	尺寸不一	552,000	银座国际	2014.06.01
昌化鸡血石牛角冻底圆雕兽钮章	高7.2cm	126,500	上海敬华	2014.07.01
昌化鸡血石素方章	2.4cm×2.4cm×9cm	322,000	西泠拍卖	2014.05.05
昌化鸡血石素方章	3cm×3.5cm×9.7cm	92,000	北京匡时	2014.12.02
昌化鸡血石素方章	2cm×2.2cm×5.3cm	23,000	西泠拍卖	2014.12.15
昌化鸡血石素方章（二方）	2.1cm×2.1cm×7.5cm; 2.2cm×2.2cm×7.7cm	184,000	西泠拍卖	2014.12.15
昌化鸡血石素方章（九方）	尺寸不一	48,300	西泠拍卖	2014.05.05
昌化鸡血石素方章料	高9.5cm2cm（见方）	138,000	南京经典	2014.01.06
昌化鸡血石太狮少狮钮方章	5.5cm×5.5cm×11cm	57,500	中国嘉德	2014.05.17
昌化鸡血石五联章	尺寸不一	345,000	银座国际	2014.06.01
昌化鸡血石印章（两方）	2cm×1.9cm×7cm	46,000	中国嘉德	2014.05.17
昌化鸡血石印章（六方）	尺寸不一	51,750	中国嘉德	2014.05.17
昌化鸡血石印章（三方）	2.1cm×1.8cm×2.8cm	34,500	中国嘉德	2014.05.17
昌化鸡血石印章（十三方）	尺寸不一	69,000	中国嘉德	2014.05.17
昌化鸡血石印章（四方）	尺寸不一	23,000	中国嘉德	2014.05.17
昌化鸡血石印章（一组八方）	尺寸不一	23,000	中国嘉德	2014.05.17
昌化鸡血石印章（一组六方）	尺寸不一	57,500	中国嘉德	2014.05.17
昌化鸡血石印章（一组十方）	尺寸不一	48,300	中国嘉德	2014.05.17
昌化鸡血石印章（一组四方）	尺寸不一	23,000	中国嘉德	2014.05.17
昌化鸡血石章	1.9cm×1.9cm×7.7cm	92,000	西泠拍卖	2014.05.05
昌化鸡血石章	6.7cm×2.3cm×2.3cm	46,000	上海金艺	2014.12.17
昌化鸡血石章（二方）	3.5cm×2.4cm×3.2cm	36,800	西泠拍卖	2014.05.05
昌化鸡血石章（二方）	1.4cm×1.4cm×6.6cm	34,500	西泠拍卖	2014.12.15
昌化鸡血石章（三方）	1.7cm×1.7cm×4.5cm	23,000	西泠拍卖	2014.12.15
昌化藕粉地六面红鸡血章	1.9cm×1.9cm×6.2cm	138,000	朵云轩	2014.12.18
常云湄 1927年、1928年、1930年自用印及旧藏印（五十五方）	尺寸不一	166,750	西泠拍卖	2014.12.15
常云湄 1928年 刻寿山石等自用印（二方）	4.1cm×4.1cm×7.7cm; 3.6cm×2.3cm×5.4cm	28,750	西泠拍卖	2014.12.15
沉香兽纽印	高6.5cm	57,500	北京翰海	2014.10.25
陈半丁 1934年 刻鳌龙钮寿山高山石严敦和自用印	2.3cm×2.3cm×6.9cm	74,750	西泠拍卖	2014.12.15
陈半丁刻 寿山田黄石印章	2.1cm×1.7cm×2.8cm	112,700	中国嘉德	2014.05.17
陈半丁刻青田石闲章	2.5cm×2.5cm×7.2cm	126,500	西泠拍卖	2014.05.05
陈宝琛自用林清卿作寿山坑头冻石赤壁夜游薄意章	2.1cm×2.1cm×6.1cm	460,000	西泠拍卖	2014.05.05
陈达刻沙地阳文款、王北岳刻印荔枝洞石古兽钮闲章	8.6cm×2.5cm×2.5cm	414,000	福建东南	2014.05.24
陈达题字 汶洋石仙鹤扁章	8.8cm×4.3cm×2.3cm	287,500	福建东南	2014.10.25
陈达题字林云曦作 芙蓉石富春山居图薄意方章	9.2cm×2.9cm×2.9cm	195,500	福建东南	2014.05.24
陈达作 芙蓉晶石菊花薄意章	9.8cm×3.1cm×3cm	1,495,000	福建东南	2014.10.24
陈达作 芙蓉石文字对章	6.2cm×2.4cm×2.4cm	195,500	福建东南	2014.10.25
陈达作 芙蓉石文字日字章	8cm×5.3cm×3cm	253,000	福建东南	2014.05.24
陈达作田黄冻石水中瑞兽薄意随形章	5.6cm×3cm×8.3cm	3,220,000	西泠拍卖	2014.12.15
陈端友作寿山石博古钮章	1.9cm×1.9cm×5.4cm	57,500	西泠拍卖	2014.12.15
陈洪绶款 寿山芙蓉石兽钮方章	2.9cm×2.9cm×5cm	28,750	中国嘉德	2014.05.17
陈巨来 1927年 刻寿山芙蓉石赵叔孺自用两面印	1.7cm×1.7cm×4.4cm	138.000	西泠拍卖	2014.12.15
陈巨来 1927年作 刻青田石丁辅之自用两面印	2.2cm×2.2cm×5.6cm	149,500	西泠拍卖	2014.05.05
陈巨来1944年作 刻寿山高山石方章	2.3cm×2.3cm×7cm	69,000	北京匡时	2014.06.05

拍品名称	物品尺寸	成交价RMB	拍卖公司	拍卖日期
陈巨来 1948年 为沈炳儒刻田黄石方章	重5.5g; 1cm×1.1cm×1.8cm	63,250	北京匡时	2014.12.02
陈巨来 1956年作 刻螭钮寿山芙蓉石孙正刚自用印	2.1cm×2cm×3.5cm	46,000	西泠拍卖	2014.05.05
陈巨来 1956年作 刻兽钮寿山芙蓉石孙正刚自用印	2.4cm×2.4cm×5.1cm	34,500	西泠拍卖	2014.05.05
陈巨来 1964年 刻博古钮寿山石褚保权自用对章	2.8cm×2.8cm×7.4cm×2	218,500	西泠拍卖	2014.12.15
陈巨来 1964年作 刻寿山石闲章	1.9cm×2cm×3.7cm	46,000	西泠拍卖	2014.05.05
陈巨来 1976年 刻寿山芙蓉石兽钮闲章	3.4cm×1.6cm×5.2cm	63,250	西泠拍卖	2014.12.15
陈巨来 1976年作 刻兽钮寿山石孙正刚自用印	2.6cm×1.1cm×5.7cm	28,750	西泠拍卖	2014.05.05
陈巨来 1983年 刻寿山石闲章	1.9cm×1.8cm×6cm	23,000	西泠拍卖	2014.12.15
陈巨来 20世纪 刻芙蓉石平纽对章	2cm×2cm×7.7cm	86,250	北京保利	2014.06.05
陈巨来、王福厂、朱其石等制 象牙印章两枚 鸡血石印章 象牙 水晶 玛瑙印章印材	尺寸不一	69,000	荣宝斋（上海）	2014.05.10
陈巨来芙蓉螭龙方章	2.8cm×2.8cm×2.5cm	80,500	北京保利	2014.06.05
陈巨来芙蓉章	高5.5cm长2cm 宽2cm	36,340	保利香港	2014.04.07
陈巨来刻 芙蓉石兽钮朱文闲章	6.8cm×3.8cm×3.8cm	218,500	福建东南	2014.10.24
陈巨来刻 高山石狮钮闲章	4.1cm×2.5cm×2.4cm	109,250	福建东南	2014.05.24
陈巨来刻 南瓜钮白文闲章	3.2cm×2.1cm×2.1cm	138,000	福建东南	2014.10.24
陈巨来刻 寿山石、青田石闲章（二方）	5.3cm×1.8cm×1.8cm; 6.2cm×3.1cm×1.1cm	184,000	福建东南	2014.05.24
陈巨来刻 寿山石印章	2cm×2cm×7.9cm	32,200	中国嘉德	2014.11.22
陈巨来刻 寿山田黄石印章	1.2cm×1.1cm×4cm	80,500	中国嘉德	2014.11.22
陈巨来刻昌化石闲章	1.9cm×1.8cm×5.3cm	32,200	西泠拍卖	2014.05.05
陈巨来刻高山冻瑞兽钮长方章	高2.5cm	20,700	北京保利	2014.04.27
陈巨来刻红黄芙蓉博古纽章	2.6cm×2.6cm×5cm	109,250	北京保利	2014.06.05
陈巨来刻黄杜陵山水方章	2cm×1.9cm×5.4cm	46,000	北京保利	2014.06.05
陈巨来刻寿山石谢伯殳自用印	3.2cm×1.5cm×3.2cm	34,500	西泠拍卖	2014.12.15
陈巨来刻寿山石章（二方）	1cm×1cm×4.1cm	46,000	西泠拍卖	2014.12.15
陈巨来刻寿山云钮方章	2.4cm×2.4cm×5.3cm	20,700	北京保利	2014.12.04
陈巨来刻田黄石溥儒自用印	4.4cm×1.5cm×2.7cm	517,500	西泠拍卖	2014.12.15
陈巨来款 1980年作 寿山芙蓉石狮钮方章	2.7cm×2.7cm×3.4cm	55,200	北京匡时	2014.06.05
陈巨来款将军洞白芙蓉兽钮章	高6.2cm	28,750	中国嘉德	2014.03.24
陈巨来款寿山石狮钮章	高2.4cm	20,700	中国嘉德	2014.03.24
陈巨来款田黄龟钮印	重量18.8g高3cm	57,500	中国嘉德	2014.09.22
陈巨来为程潜刻 高山石薄意闲章（一对）	8.2cm×2.9cm×2.9cm	253,000	福建东南	2014.10.24
陈巨来为张永恺刻寿山高山石方章	2.2cm×2.2cm×8.5cm	57,500	北京匡时	2014.06.05
陈巨来为张永恺刻寿山石方章	2.3cm×2.3cm×2cm	23,000	北京匡时	2014.06.05
陈巨来篆刻多字印	2.5cm×2.5cm×5.7cm	115,000	朵云轩	2014.06.28
陈巨来篆刻闲章	2.2cm×2.2cm×4.8cm	57,500	朵云轩	2014.12.18
陈巨来篆刻章	1.8cm×1.8cm×5.9cm	40,250	朵云轩	2014.06.28
陈巨来篆刻章	1.9cm×1.9cm×7.5cm	109,250	朵云轩	2014.12.18
陈巨来篆刻章	1.8cm×1.8cm×4.5cm	46,000	朵云轩	2014.12.18
陈茗屋篆刻闲章	3.3cm×3.3cm×5.8cm	23,000	朵云轩	2014.06.28
陈墨篆刻闲章	3.5cm×3.5cm×3cm	23,000	朵云轩	2014.06.28
陈墨篆刻闲章	2.7cm×2.7cm×7.3cm	23,000	朵云轩	2014.12.18
陈身道篆刻闲章	3.4cm×2.9cm×3.6cm	28,750	朵云轩	2014.06.28
陈身道篆刻闲章	2.6cm×2.4cm×5.6cm	23,000	朵云轩	2014.06.28
陈身道篆刻闲章	2.6cm×2.5cm×4.6cm	20,700	朵云轩	2014.06.28
陈为新雕瑞兽钮章	4.5cm×2.5cm×5.5cm	172,500	朵云轩	2014.12.18
陈为新作 芙蓉石兽钮长方章	4.1cm×5.1cm×2.9cm	299.000	福建东南	2014.05.24
陈为新作 汶洋石双兽钮章	3.9cm×6.2cm×3.3cm	253.000	福建东南	2014.10.25
陈为新作结晶芙蓉兽钮章	2.7cm×3.8cm×8.5cm	138,000	上海嘉泰	2014.06.19
陈为新作坑头晶石螭虎日字章	7cm×5.7cm×2.7cm	184,000	福建东南	2014.05.24
陈为新作荔枝冻兽钮章	8.2cm×2.7cm×2.7cm	172,500	上海嘉泰	2014.06.19
陈香畦刻李澄浠自用印	1.6cm×1.6cm×5.6cm	34,500	朵云轩	2014.06.28
陈寅恪自用印（十四方）	尺寸不一	1,955,000	北京匡时	2014.12.02
陈豫钟 钱松 赵次闲等 为戴熙刻自用印（二十三方）	尺寸不一	172,500	北京匡时	2014.12.02
陈子奋 1945年作 刻寿山石章	1.5cm×1.5cm×5.8cm	23,000	西泠拍卖	2014.05.05
陈子奋刻 田黄石云纹方章	5.1cm×1.4cm×1.4cm	299,000	福建东南	2014.10.24
陈子奋刻陈清狂自用印	1.5cm×1.5cm×3.4cm	36,800	朵云轩	2014.06.28
陈祖雄 有凤来仪 白玉章	3.9cm×3.7cm×5.9cm; 重186.1g	287,500	北京匡时	2014.06.05

2014杂项拍卖成交汇总

(成交价RMB：1万元以上)

拍品名称	物品尺寸	成交价RMB	拍卖公司	拍卖日期
窗棂鼻钮套章	7.3cm×2.8cm×2cm	51,750	北京艺融	2014.12.08
大红袍“佛”方章	长2.3cm宽1.4cm高5cm	109,250	荣宝斋（上海）	2014.05.09
单晓天 1972年、1977年作 刻寿山、青田石任政自用印（三方）	尺寸不一	36,800	西泠拍卖	2014.05.05
当代 寿山石雕“龙腾四海”章	4cm×4cm×8cm	23,000	中鸿信	2014.11.22
邓尔疋 1932年作 刻寿山石方章	3cm×3cm×6.5cm	33,350	北京匡时	2014.06.05
邓尔雅刻 寿山芙蓉石印章	1.7cm×1.1cm×4.1cm	25,300	中国嘉德	2014.05.17
邓散木 1920年、1929年、1944年作 刻青田石章	1.5cm×1.4cm×4.3cm; 2.3cm×2.3cm×5.3cm	20,700	西泠拍卖	2014.05.05
邓散木 1931年 刻青田石王南亭自用对章	3.4cm×3.4cm×6.1cm×2	69,000	西泠拍卖	2014.12.15
邓散木 1933年 刻寿山石王南亭自用印	3.5cm×3.5cm×5.6cm	28,750	西泠拍卖	2014.12.15
邓散木 1934年作 刻昌化石汪仁溥自用对章	3.1cm×3.1cm×5cm×2	36,800	西泠拍卖	2014.05.05
邓散木 1936年 刻寿山石章（二方）	2.5cm×1.4cm×3.1cm; 1.5cm×1.5cm×4.7cm	20,700	西泠拍卖	2014.12.15
邓散木 1937年、1940年 刻寿山、青田石凌文渊等自用印（三方）	3cm×3cm×7.9cm; 2.6cm×2.6cm×9.3cm×2	69,000	西泠拍卖	2014.12.15
邓散木 1958年作 刻青田石柳非杞自用印	2.8cm×2.8cm×6.2cm	23,000	西泠拍卖	2014.05.05
邓散木 刻寿山石素方章	1.2cm×1.2cm×3.5cm	20,700	北京匡时	2014.12.02
邓散木、钱瘦铁 1954年作 刻吴觉迟自用印（二方）	2.6cm×2.6cm×2.6cm; 2.1cm×1.9cm×3cm	57,500	西泠拍卖	2014.05.05
邓散木、唐醉石、陈师曾、张寿丞等刻印章（十四方）	尺寸不一	57,500	中国嘉德	2014.05.17
邓散木、王希哲 1935年、1946年作 刻昌化石马二琴等自用印（二方）	1.3cm×1.3cm×4.9cm; 1.9cm×1.9cm×6.7cm	23,000	西泠拍卖	2014.05.05
邓散木1922年 刻寿山石方章	2.3cm×2.3cm×2cm	23,000	北京匡时	2014.12.02
邓散木刻 寿山芙蓉石兽钮印章	3.3cm×1.5cm×5.4cm	23,000	中国嘉德	2014.11.22
邓散木刻 寿山石印章	6.4cm×3.1cm×4.4cm	161,000	中国嘉德	2014.05.17
邓散木刻 寿山石印章	3.9cm×3.9cm×7.2cm	92,000	中国嘉德	2014.05.17
邓散木刻寿山石山水薄意闲章	2.6cm×2.6cm×7.2cm	25,300	西泠拍卖	2014.12.15
邓散木篆刻章	2.1cm×2.1cm×6.3cm	25,300	朵云轩	2014.06.28
邓石如刻芙蓉石瑞兽钮方章	高3cm	25,300	北京保利	2014.04.27
丁二仲 1933年 刻双螭献灵钮田黄石唐俊德自用印	2.8cm×2.8cm×4.3cm	1,380,000	西泠拍卖	2014.12.15
丁二仲、寿石工 1928年 刻寿山石闲章（二方）	2.1cm×2.1cm×3.1cm; 3cm×3cm×6.3cm	32,200	西泠拍卖	2014.12.15
董熊为江步青刻田黄石鳌龙钮自用印	4.5cm×2.2cm×2.2cm	690,000	福建东南	2014.05.24
杜陵石狮钮章	高5.6cm	46,000	中国嘉德	2014.03.24
顿立夫刻 寿山善伯石印章	2.4cm×1.4cm×4.5cm	23,000	中国嘉德	2014.05.17
顿立夫刻寿山石松下高士薄意章	2.9cm×2.9cm×8.8cm	69,000	西泠拍卖	2014.05.05
二号矿石羊钮章	9.4cm×3.6cm×2.8cm	103,500	福建东南	2014.10.25
方介堪 1929年 刻寿山芙蓉石、青田石吴待秋等自用印（二方）	1.6cm×1.6cm×3.3cm; 1.8cm×1.8cm×3.8cm	25,300	西泠拍卖	2014.12.15
方介堪 为高野侯刻青田石素方章	1.7cm×1.7cm×4.7cm	23,000	北京匡时	2014.12.02
方介堪 易均室刻青田石素方章	2.2cm×2.2cm×4.6cm	126,500	北京匡时	2014.12.02
方介堪、王褆、钱君匋、高式熊 1939年、1945年作 刻寿山、青田石章（五方）	尺寸不一	109,250	西泠拍卖	2014.05.05
方介堪刻 广东绿石印章	2cm×1.3cm×2.8cm	23,000	中国嘉德	2014.11.22
方介堪刻 寿山芙蓉石印章	尺寸不一	63,250	中国嘉德	2014.05.17
方介堪刻 寿山石印章	2.7cm×2.7cm×8.7cm	36,800	中国嘉德	2014.05.17
方介堪刻白芙蓉石平头闲章	2.5cm×1.8cm×3.4cm	28,750	北京保利	2014.12.04
方介堪刻寿山石子母兽钮闲章	2.2cm×2.2cm×6.3cm	80,500	西泠拍卖	2014.12.15
方介堪为张永恺刻青田石方章	2.8cm×2.8cm×3.3cm	71,300	北京匡时	2014.06.05
方介堪篆刻章	2.2cm×2.2cm×6.5cm	34,500	朵云轩	2014.12.18
方去疾刻瓦钮寿山芙蓉石黄铭勋自用印	2cm×2cm×2.4cm	20,700	西泠拍卖	2014.05.05
翡翠螭龙钮印章	长3.94cm高4.24cm宽62.1g	25,300	北京艺融	2014.12.08
费名瑶 鸡血石对章	长2cm宽2cm高11cm	32,200	荣宝斋（上海）	2014.05.09
费名瑶 青田红花鱼钮印	长2.1cm宽2.1cm高11cm	20,700	荣宝斋（上海）	2014.05.09
封门青薄意对章	2.9cm×2.9cm×10.3cm×2	25,300	朵云轩	2014.12.18
冯康侯 1950年作 刻对章	1.6cm×1.6cm×4.3cm×2	23,000	西泠拍卖	2014.05.05
冯康侯 余仲嘉 经亨颐 李尹桑 寿玺等 为汪精卫治印（二十七方）	尺寸不一	1,552,500	北京匡时	2014.12.02

拍品名称	物品尺寸	成交价RMB	拍卖公司	拍卖日期
冯康侯刻 旗降石三螭钮闲章	8.9cm×2.6cm×2.6cm	166,750	福建东南	2014.05.24
冯康侯刻 青田石于右任自用印	1.7cm×1.7cm×5cm	51,750	中国嘉德	2014.11.22
冯康侯刻 寿山高山石印章	2.8cm×2.8cm×6.7cm	59,800	中国嘉德	2014.05.17
冯康侯刻 寿山高山石印章	2.8cm×2.8cm×9.2cm	57,500	中国嘉德	2014.05.17
芙蓉等古工钮章（三方）	尺寸不一	34,500	朵云轩	2014.06.28
芙蓉石博古钮印章（三十枚）	尺寸不一	59,800	北京匡时	2014.09.17
芙蓉石花卉薄意文玩套件	7.5cm×3.3cm×1.1cm; 9cm×4.1cm×1cm	25,300	福建东南	2014.05.24
福庵款田黄薄意牧春诗文随形印		379,500	上海嘉泰	2014.06.19
傅抱石 1928年 刻寿山石陈颖昆自用印	1.9cm×1.9cm×5.2cm; 1.5cm×1.5cm×4.6cm	138,000	西泠拍卖	2014.12.15
傅抱石 1947年 刻寿山石凤钮闲章	2.5cm×1cm×5.8cm	184,000	西泠拍卖	2014.12.15
傅抱石刻兽钮寿山石郭沫若自用印	4.4cm×4.4cm×9.6cm	345,000	西泠拍卖	2014.12.15
高风亮节 寿山芙蓉石 薄意扁章	4.8cm×1.2cm×7.2cm	32,200	北京匡时	2014.06.05
高络园刻寿山石山水薄意扁方章	5.7cm×2.2cm×4.9cm	25,300	西泠拍卖	2014.05.05
高络园自刻自用印	3.9cm×3.9cm×5cm	23,000	朵云轩	2014.12.19
高山红花薄古瑞兽钮方章	长3.4cm宽3.4cm高16cm	20,700	荣宝斋（上海）	2014.05.09
高山水洞“太狮少狮”方章	长4.4cm宽4.4cm高6.6cm	20,700	荣宝斋（上海）	2014.05.09
高山桃花冻虎钮章	1.6cm×1.6cm×6.5cm	34,500	朵云轩	2014.06.28
高山桃花冻狮钮三排章	3.6cm×3.6cm×6cm×3	138,000	朵云轩	2014.06.28
高山桃花冻石博古对章	9.3cm×2cm×2cm	218,500	福建东南	2014.05.25
高山朱砂冻石狮钮章	9.3cm×2.7cm×2.6cm	218,500	福建东南	2014.10.24
高山朱砂冻石素方章	9.5cm×2.1cm×2.1cm	161,000	福建东南	2014.05.24
高时敷刻 寿山石印章（三方）	2.4cm×2.4cm×2.4cm; 2.2cm×1cm×4.5cm	92,000	中国嘉德	2014.11.22
高式熊 1952年作 刻青田石应燡自用印	2cm×2cm×4.1cm	20,700	西泠拍卖	2014.05.05
高式熊 2011年 刻寿山芙蓉石印章（三方）	尺寸不一	43,700	北京匡时	2014.12.02
高式熊 邓散木 方介堪 来楚生刻寿山石 方章（四件）	2.6cm×1.8cm×5cm; 2cm×2cm×6cm	40,250	北京匡时	2014.06.05
高野侯 1945年作 刻青田封门青石唐云自用印	1.6cm×1.6cm×6.3cm	55,200	西泠拍卖	2014.05.05
高野侯刻寿山石闲章（二方）	3.2cm×3.1cm×10cm; 2.4cm×2.5cm×4.9cm	92,000	西泠拍卖	2014.12.15
高野侯刻瓦钮青田石高时丰自用对章	5.7cm×5.7cm×2.8cm×2	92,000	西泠拍卖	2014.12.15
古兽钮三件套章	3cm×2cm×6cm; 2.5cm×2.5cm×4cm	55,200	北京艺融	2014.12.08
顾铭 达摩 碧玉印		51,750	西泠拍卖	2014.05.03
顾铭 威风凛凛 白玉印章	4.5cm×2.9cm×1.3cm	34,500	西泠拍卖	2014.12.14
关友声 1947年作 刻寿山白芙蓉石凤钮椭圆章	3.1cm×1.5cm×5.8cm	20,700	西泠拍卖	2014.05.05
管凌 2014年 刻寿山高山石薄意钮方章	3cm×3cm×9cm	20,700	北京匡时	2014.12.02
管凌 2014年 刻寿山石兽钮章	2.8cm×2.8cm×3.2cm	20,700	北京匡时	2014.12.02
管凌篆刻闲章	4.7cm×3cm×4.7cm	25,300	朵云轩	2014.06.28
管凌篆刻闲章	3.5cm×1.9cm×3cm	20,700	朵云轩	2014.06.28
管凌篆刻闲章	3cm×3cm×3.8cm	23,000	朵云轩	2014.12.18
管凌篆刻闲章	3.1cm×2.9cm×4.5cm	20,700	朵云轩	2014.12.18
桂馥刻 红花芙蓉石山水薄意闲章	5.2cm×3.1cm×3.1cm	126,500	福建东南	2014.05.24
郭功森/郭祥雄作 新性荔枝洞石群螭钮方章	8.8cm×2.5cm×2.5cm	161,000	福建东南	2014.10.25
郭功森作 寿山荔枝石兽钮方章	3cm×2.9cm×8.9cm	287,500	中国嘉德	2014.11.22
郭功森作 芙蓉石云龙钮章	12.3cm×2.6cm×2.1cm	126,500	福建东南	2014.10.25
郭功森作田黄石螭钮方章	1.4cm×1.4cm×3.8cm	299,000	西泠拍卖	2014.12.15
郭懋介 作寿山芙蓉石“醉归”方章	1.5cm×1.5cm×5.2cm	92,000	北京匡时	2014.12.02
郭懋介 作寿山田黄石薄意“踏雪寻梅”随形章	高6.7cm重132g	2,300,000	北京匡时	2014.12.02
郭懋介作田黄石山水薄意随形章	3.6cm×2.8cm×5.9cm	977,500	西泠拍卖	2014.12.15
郭祥麒作 荔枝洞石母子情方章	9.9cm×2.4cm×2.4cm	143,750	福建东南	2014.10.25
郭祥忍（款）高山红花冻“双龙戏珠”钮方章	长5cm宽5cm高4cm	55,200	荣宝斋（上海）	2014.05.09
郭祥忍作 芙蓉石凤钮椭圆章	6.6cm×5.4cm×2.6cm	184,000	福建东南	2014.10.24
郭祥忍作 高山石蕉叶雏鸡扁章	5.5cm×4.6cm×2.5cm	230,000	福建东南	2014.10.24
郭祥忍作 将军洞芙蓉石灵芝钮章	5.2cm×4.2cm×3.8cm	345,000	福建东南	2014.10.24
郭祥忍作 将军洞芙蓉石蒲牢钮章	7.3cm×4.5cm×4.4cm	1,046,500	福建东南	2014.10.24
郭祥忍作将军洞芙蓉石少狮得福章	6.7cm×3.5cm×3.6cm	460,000	福建东南	2014.10.24
郭祥忍作 蒋军洞芙蓉石螭钮扁章	11.7cm×4cm×2.5cm	977,500	福建东南	2014.10.25
郭祥忍作 荔枝洞石凤钮章	6.7cm×2.8cm×2.9cm	345,000	福建东南	2014.10.24

拍品名称	物品尺寸	成交价RMB	拍卖公司	拍卖日期
郭祥忍作 荔枝洞石古兽钮方章	11.6cm×2.5cm×2.5cm	862,500	福建东南	2014.10.25
郭祥忍作 山秀园石云龙戏珠章	5.7cm×4.6cm×2.6cm	402,500	福建东南	2014.10.24
郭祥忍作 水洞高山石兔钮方章	9.3cm×2.9cm×2.9cm	460,000	福建东南	2014.10.24
郭祥雄雕古兽方章	2cm×2cm×5.6cm	36,800	朵云轩	2014.06.28
郭祥雄作 芙蓉晶石龙凤对章	4.9cm×4cm×4.2cm	1,035,000	福建东南	2014.10.25
郭祥雄作 芙蓉石祥龙戏珠椭圆章	3.9cm×4.4cm×2.7cm	218,500	福建东南	2014.10.24
郭祥雄作高山桃花冻石古兽穿环钮章	8.8cm×2.5cm×2cm	161,000	福建东南	2014.05.24
郭祥雄作 高山桃花冻石云龙钮章	3.1cm×4.3cm×3.9cm	230,000	福建东南	2014.10.24
郭祥雄作 高山朱砂冻石龙钮章	5.4cm×3.9cm×3.5cm	368,000	福建东南	2014.10.24
郭祥雄作高山朱砂冻石双螭钮方章	7.9cm×2.2cm×2.2cm	218,500	福建东南	2014.10.24
郭祥雄作 坑头晶石龙凤钮套章（三件套）	尺寸不一	184,000	福建东南	2014.05.24
郭祥雄作 荔枝洞石螭钮方章	6.1cm×2.8cm×2.8cm	345,000	福建东南	2014.10.24
郭祥雄作 水洞高山石麒麟钮方章	5.8cm×2.6cm×2.6cm	230,000	福建东南	2014.05.24
郭祥雄作 银包金旗降石螭龙方章	8.1cm×2.2cm×2.2cm	230,000	福建东南	2014.10.25
郭祥雄作 荔枝洞石套章（三件套）	尺寸不一	126,500	福建东南	2014.10.25
郭子伯作 芙蓉石渡溪图椭圆章	5.7cm×3.7cm×2.3cm	172,500	福建东南	2014.10.24
韩登安 1930年 为沈炳儒刻寿山高山石素方章	2cm×1.8cm×4.5cm	34,500	北京匡时	2014.12.02
韩登安 1933年 刻青田石古兽钮对章	2.9cm×2.9cm×5.4cm×2	28,750	西泠拍卖	2014.12.15
韩登安 1935年、1964年 刻青田石阮性山自用印（二方）	1.4cm×1.4cm×3.7cm; 1.3cm×0.9cm×4.2cm	28,750	西泠拍卖	2014.12.15
韩登安 1943年 刻渔翁钮青田石黄敦良自用印	2.9cm×2.9cm×10.1cm	138,000	西泠拍卖	2014.12.15
韩登安 1946年 刻寿山、青田石章（三方）	尺寸不一	69,000	西泠拍卖	2014.12.15
韩登安 1946年作 刻兽钮寿山石孙正刚自用印（二方）	2cm×2cm×6.8cm; 1.4cm×1.4cm×6.6cm	20,700	西泠拍卖	2014.05.05
韩登安 1959年作 刻寿山石孙正刚自用印	1.5cm×1.5cm×6.8cm	40,250	西泠拍卖	2014.05.05
韩登安 1972年 刻青田石高络园自用印	4.2cm×3.9cm×5.1cm	28,750	西泠拍卖	2014.12.15
韩登安 刻寿山白芙蓉兽钮章	高4cm	59,800	北京匡时	2014.12.02
韩登安刻 寿山田黄石印章	3cm×2cm×4.2cm	69,000	中国嘉德	2014.05.17
韩登安刻瓦钮昌化石高络园自用印	3.6cm×2.6cm×3cm	63,250	西泠拍卖	2014.05.05
韩登安篆刻对章	3.2cm×3.2cm×6cm×2	20,700	朵云轩	2014.06.28
韩天衡、单晓天、高式熊、刘友石、曹简廉、吴颐人、孙君辉等刻寿山石等印章（十二方）	尺寸不一	48,300	西泠拍卖	2014.12.15
韩天衡篆刻 芙蓉冻闲章	4.5cm×3.2cm×7cm	920,000	朵云轩	2014.06.28
韩天衡篆刻闲章	3.7cm×2.8cm×8cm	667,000	朵云轩	2014.12.18
韩天衡篆刻闲章	3.8cm×3.8cm×7cm	552,000	朵云轩	2014.12.18
韩天衡篆刻闲章（两面印）	4.9cm×5cm×5.5cm	34,500	朵云轩	2014.06.28
何昆玉 1869年作 为方浚颐刻寿山高山石对章	1.4cm×1.4cm×5.4cm×2	23,000	北京匡时	2014.06.05
何震制印（十二方）	尺寸不一	920,000	北京匡时	2014.12.03
和田玉螭龙印章	6.9cm×2.5cm×1.9cm	126,500	北京保利	2014.06.02
弘一法师刻李征浠青田石自用印	2cm×0.7cm×3cm	241,500	朵云轩	2014.06.28
红杜陵万象更新钮章	2.5cm×2.5cm×8cm	34,500	朵云轩	2014.12.18
红芙蓉古兽钮章（二方）	尺寸不一	20,700	朵云轩	2014.06.28
红花芙蓉雕龙纽方章	高7.5cm	23,000	北京保利	2014.06.05
红花芙蓉古兽椭圆章	4.4cm×2.9cm×6.5cm	80,500	朵云轩	2014.12.18
胡钁 1886年作 为沈伯云刻寿山芙蓉石 狮钮椭圆章	高4cm	32,200	北京匡时	2014.06.05
胡钁刻 寿山白芙蓉石印章	1.9cm×1.9cm×3.9cm	34,500	中国嘉德	2014.11.22
胡钁刻 寿山石印章	2.3cm×2.3cm×3.6cm	25,300	中国嘉德	2014.11.22
胡澍自用青田石章（两方）	1.9cm×1.9cm×4.4cm; 1.2cm×1.2cm×2.4cm	34,500	中国嘉德	2014.11.22
胡震刻 青田石印章	2.8cm×1.9cm×1.8cm	287,500	中国嘉德	2014.11.22
胡震刻 寿山芙蓉石印章	2.3cm×2.3cm×3.3cm	23,000	中国嘉德	2014.11.22
花烛红妆 寿山芙蓉石素章	2.5cm×2.5cm×8.8cm	92,000	北京匡时	2014.06.05
黄白芙蓉瑞兽钮扁方章	6cm×3.8cm×7cm	23,000	朵云轩	2014.12.18
黄葆戉刻寿山芙蓉石古兽钮章	2.9cm×1.8cm×5.5cm	40,250	西泠拍卖	2014.05.05
黄尝铭刻 寿山芙蓉石荷叶钮印章	4cm×4cm×8.8cm	25,300	中国嘉德	2014.11.22
黄冻地鸡血“小红袍”三联章	2.1cm×2.1cm×7.3cm; 1.9cm×1.9cm×6.4cm	440,000	浙江六通	2014.10.19
黄冻地鸡血“小红袍”素方章	2.5cm×2.5cm×10.5cm	1,430,000	浙江六通	2014.10.19
黄芙蓉素方章	2.4cm×2.4cm×8.2cm	23,000	朵云轩	2014.06.28
黄高山晶云纹薄意对章	1.4cm×1.4cm×4.9cm×2	43,700	朵云轩	2014.06.28
黄罕勇 马到成功白玉印（一对）		115,000	西泠拍卖	2014.05.03
黄恒颂雕九狮钮章	5cm×5cm×12cm	138,000	朵云轩	2014.06.28

拍品名称	物品尺寸	成交价RMB	拍卖公司	拍卖日期
黄花梨印玺	长20cm	1,150,000	北京翰海	2014.10.25
黄建林 作寿山白芙蓉瑞兽钮章	5.3cm×3cm×6cm	57,500	北京匡时	2014.12.02
黄金黄田黄冻石薄意随形章	5.4cm×6.8cm×3.8cm	10,350,000	福建东南	2014.10.25
黄金懋夫妇自用寿山石等印章（十九方）	尺寸不一	71,300	中国嘉德	2014.06.22
黄景仁 为朱锡庚刻寿山石方章	2.5cm×2.5cm×4.3cm	172,500	北京匡时	2014.12.02
黄牧甫 为欧阳耘刻青田石素方章	1.2cm×1.2cm×2.6cm	207,000	北京匡时	2014.12.02
黄牧甫印章（一对）	长1.5cm宽1.5cm 高14cm	34,500	荣宝斋（上海）	2014.05.09
黄士陵刻 寿山芙蓉石狮钮印章	1.7cm×1.7cm×6cm	184,000	中国嘉德	2014.05.17
黄士陵刻 寿山石印章	3cm×1.2cm×3.8cm	172,500	中国嘉德	2014.05.17
黄士陵刻 寿山石印章	3.2cm×2.9cm×1.3cm	126,500	中国嘉德	2014.11.22
黄士陵为伍德彝刻高山石白文正方章	3.8cm×1.3cm×1.3cm	195,500	福建东南	2014.10.24
黄寿山薄意山水人物章	长5.5cm×4cm×6cm	34,500	北京保利	2014.06.05
黄寿山薄意章	高4cm	43,700	北京保利	2014.08.02
黄寿山石薄意方章（九方）	尺寸不一	34,500	北京匡时	2014.12.02
黄寿山石古兽钮章	2.4cm×2.3cm×5.4cm	43,700	西泠拍卖	2014.05.05
黄寿山石云竹薄意随形章	1.6cm×1.3cm×5.4cm	57,500	西泠拍卖	2014.12.15
黄铁厂、简经纶为燕笙波先生治私印（四方）	尺寸不一	34,500	北京保利	2014.06.05
黄杨木雕刘海戏金蟾大对章	7.5cm×7.5cm×16cm×2	34,500	朵云轩	2014.06.28
鸡血石大方章	高16cm	161,000	北京保利	2014.04.27
鸡血石方印材	高7cm	43,700	中国嘉德	2014.09.22
鸡血石方章料	高6.8cm	40,250	中国嘉德	2014.03.24
鸡血石方章料（六方）	尺寸不一	28,750	中国嘉德	2014.06.22
鸡血石章料	高8cm	105,800	银座国际	2014.06.01
鸡血石章料（十方）	尺寸不一	24,640	北京荣宝	2014.11.30
鸡血石章料（一块）	高8.7cm	61,600	北京荣宝	2014.03.23
贾景德旧藏“光绪甲辰进士”、“百川”方章（二枚）	高2.7cm高9.1cm	20,700	北京保利	2014.06.03
贾景德旧藏“秘书长印”方印（一枚）	高2.9cm	23,000	北京保利	2014.06.03
江秀影作田黄石寿山福海薄意方章	3.3cm×1.6cm×1.6cm	103,500	福建东南	2014.10.25
江秀影作 田黄石双龙戏珠章	4.4cm×1.6cm×1.1cm	138,000	福建东南	2014.05.24
江兆申、王壮为 1950年、1967年刻吴子深自用印等（三方）	尺寸不一	20,700	西泠拍卖	2014.12.15
酱油青田狮钮对章	2.4cm×2.4cm×6.1cm×2	23,000	朵云轩	2014.12.18
结晶芙蓉兽钮章（三方）	尺寸不一	23,000	朵云轩	2014.06.28
结晶性芙蓉石古兽钮方章	9.2cm×3.1cm×3.1cm	184,000	福建东南	2014.10.25
金良良篆刻闲章	3.5cm×3.5cm×8cm	20,700	朵云轩	2014.06.28
金禹民 1969年 刻寿山、昌化石等印章（四方）	尺寸不一	34,500	西泠拍卖	2014.12.15
金禹民 陶寿伯等 为汪申刻自用印（二十方）	尺寸不一	92,000	北京匡时	2014.12.02
金禹民刻田黄石方章	1.4cm×1.8cm×3.1cm	195,500	西泠拍卖	2014.05.05
经亨颐 1926年 刻寿山石常云湄自用印（三方）	2.6cm×1.7cm×5.1cm; 2.9cm×2.9cm×7cm×2	97,750	西泠拍卖	2014.12.15
旧工 芙蓉石太狮少狮朱文钮章	6.7cm×2.9cm×2.9cm	126,500	福建东南	2014.10.24
旧工 田黄石荷塘薄意闲章	7cm×3.6cm×1.5cm	1,449,000	福建东南	2014.05.24
旧工 田黄石兽钮长方章	3.3cm×3cm×2.5cm	609,500	福建东南	2014.05.24
旧坑白高山闲章（二方）	2.4cm×2.4cm×5.5cm	20,700	朵云轩	2014.12.18
旧坑芙蓉闲章（三方）	尺寸不一	23,000	朵云轩	2014.12.18
坑头牛角冻石端兽钮日字章	5.5cm×7.2cm×5.4cm	172,500	福建东南	2014.05.24
坑头石/高山石素套章（一百零二件套）	尺寸不一	109,250	福建东南	2014.10.25
坑头石双狮钮章	7.3cm×4.2cm×3cm	253,000	福建东南	2014.10.25
蜡烛红芙蓉螭虎穿环钮章	4.3cm×2cm×7cm	92,000	朵云轩	2014.06.28
来楚生 1959年作 刻青田石印章（一枚）	3.6cm×3.6cm×4.8cm	299,000	北京匡时	2014.06.05
来楚生 1962年作 刻青田石印章（一枚）	12.6cm×10cm	322,000	北京匡时	2014.06.05
来楚生 1972年作 刻青田石印章（一枚）	3cm×3cm×3.8cm	483,000	北京匡时	2014.06.05
来楚生 1972年作 刻青田石印章（一枚）	3cm×3cm×6cm	460,000	北京匡时	2014.06.05
来楚生 1972年作 刻青田石印章（一枚）	1.7cm×1.7cm×6cm	63,250	北京匡时	2014.06.05
来楚生 刻青田石印章（一枚）	10cm×7.2cm	230,000	北京匡时	2014.06.05
来楚生 刻青田石印章（一枚）	10.3cm×7.3cm	230,000	北京匡时	2014.06.05
来楚生 刻青田石印章（一枚）	2.1cm×2.1cm×2.9cm	92,000	北京匡时	2014.06.05
来楚生 刻青田石印章（一枚）	1.5cm×1.5cm×6cm	57,500	北京匡时	2014.06.05

拍品名称	物品尺寸	成交价RMB	拍卖公司	拍卖日期
来楚生 刻青田石印章（一枚）	1.5cm×1.5cm×6cm	55,200	北京匡时	2014.06.05
来楚生 刻青田石印章（一枚）	2.2cm×2.2cm×3.9cm	51,750	北京匡时	2014.06.05
来楚生 刻寿山石印章（一枚）	2.9cm×2.9cm×3.5cm	138,000	北京匡时	2014.06.05
来楚生*张永恺 刻青田石印章（一枚）	2.8cm×2.8cm×3.1cm	34,500	北京匡时	2014.06.05
来楚生*张永恺 刻青田石印章（一组三枚）	尺寸不一	92,000	北京匡时	2014.06.05
来楚生、李文康、刘友石等刻寿山、青田石等黄若舟自用印（十二方）	尺寸不一	74,750	西泠拍卖	2014.12.15
来楚生、叶潞渊、邓散木刻寿山、青田石周祥生、张大壮自用印等（五方）	尺寸不一	57,500	西泠拍卖	2014.12.15
来楚生刻昌化石印	2.5cm×1.7cm×3cm	23,000	北京保利	2014.12.04
来楚生刻佛像印	3cm×0.9cm×5.5cm	115,000	朵云轩	2014.06.28
来楚生刻青田肖形鼠印	1.7cm×1.7cm×3.6cm	34,500	北京保利	2014.12.04
来楚生篆刻闲章	2.4cm×1.5cm×2.6cm	32,200	朵云轩	2014.12.18
来楚生篆刻章	2cm×2cm×5.9cm	36,800	朵云轩	2014.12.18
兰花青田石素方章	2.1cm×2.1cm×6.6cm	34,500	西泠拍卖	2014.05.05
老挝彩霞冻三排章	3.3cm×3.5cm×8cm×3	23,000	朵云轩	2014.12.18
冷石款 田黄石龙钮白文长方章	4cm×2.6cm×1.4cm	184,000	福建东南	2014.10.24
黎泽泰 1952年作 刻田黄冻石杨得云自用印	1.5cm×2cm×4.3cm	1,955,000	西泠拍卖	2014.05.05
李昊篆刻闲章	3.3cm×2.3cm×2.6cm	55,200	朵云轩	2014.06.28
李昊篆刻闲章	2.8cm×2.8cm×7.8cm	48,300	朵云轩	2014.06.28
李昊篆刻闲章	2.6cm×2.6cm×5.2cm	36,800	朵云轩	2014.12.18
李昊篆刻闲章	4.1cm×2.4cm×4.1cm	34,500	朵云轩	2014.12.18
李红善伯洞石螭虎博古纹饰方章	11cm×3cm×3cm	460,000	福建东南	2014.05.24
李立 2010年作 寿山石盘龙钮方印	16cm×14.5cm×14.5cm	345,000	中国嘉德	2014.11.21
李伊桑作田黄石刘海戏蟾朱文闲章	6.5cm×2.2cm×1cm	207,000	福建东南	2014.10.24
李尹桑 1913年 刻子母兽钮寿山芙蓉石王秋湄自用印	2.3cm×2.3cm×5.5cm	32,200	西泠拍卖	2014.12.15
李尹桑刻 寿山芙蓉石印章	3.1cm×3.1cm×5.8cm	57,500	中国嘉德	2014.05.17
厉良玉等 1930年 刻寿山石常云湄自用印及藏印（十一方）	尺寸不一	48,300	西泠拍卖	2014.12.15
荔枝冻薄意雕方章	长3.2cm宽3.2cm高13cm	32,200	荣宝斋（上海）	2014.05.09
荔枝冻兽钮章	3.6cm×2.3cm×5.3cm	184,000	上海嘉泰	2014.06.19
荔枝洞博古对章	2.6cm×2.6cm×5.2cm×2	55,200	朵云轩	2014.12.18
荔枝洞古兽章	2.4cm×2.4cm×8.7cm	172,500	朵云轩	2014.06.28
荔枝洞牛钿方章	2.5cm×2.5cm×7.5cm	138,000	朵云轩	2014.12.18
荔枝洞石博古方章	8.2cm×3cm×3cm	575,000	福建东南	2014.05.24
荔枝洞石博古钮方章	11.1cm×2.8cm×2.8cm	690,000	福建东南	2014.05.24
荔枝洞石博古钮方章	11.9cm×2.7cm×2.7cm	184,000	福建东南	2014.05.24
荔枝洞石螭虎穿环钮方章	10.5cm×2.7cm×2.7cm	138,000	福建东南	2014.05.24
荔枝洞石古兽方章	10.5cm×2.6cm×2.6cm	437,000	福建东南	2014.10.25
荔枝洞石古兽钮方章	7.9cm×2.9cm×2.9cm	184,000	福建东南	2014.05.24
荔枝洞石梅竹双清薄意方章	10.2cm×2.6cm×2.6cm	230,000	福建东南	2014.10.25
荔枝洞石年年有余钮章	12.7cm×2.8cm×2.7cm	149,500	福建东南	2014.10.25
荔枝洞石群螭鼎盛钮方章	12.1cm×2.6cm×2.6cm	782,000	福建东南	2014.05.24
荔枝洞石瑞兽钮方章	11.2cm×2.9cm×2.9cm	460,000	福建东南	2014.05.24
荔枝洞石兽钮方章	10.3cm×2.6cm×2.6cm	207,000	福建东南	2014.05.24
荔枝洞石兽钮长方章	11.8cm×2.5cm×2.2cm	172,500	福建东南	2014.10.25
荔枝洞石双螭椭圆章	6.8cm×6.9cm×1.8cm	115,000	福建东南	2014.05.24
荔枝洞石素方章	9cm×2.8cm×2.8cm	598,000	福建东南	2014.05.25
荔枝洞石素方章	9.4cm×2.3cm×2.3cm	115,000	福建东南	2014.05.25
荔枝洞石素章	10.6cm×2.9cm×2.9cm	1,012,000	福建东南	2014.10.25
荔枝洞石洗象钮章	10.8cm×2.4cm×2.5cm	126,500	福建东南	2014.05.24
荔枝洞石云纹方章	11cm×2.5cm×2.5cm	1,840,000	福建东南	2014.10.25
廖德良 巴林石荷叶钮章	7.3cm×3.4cm×9.6cm	23,000	中国嘉德	2014.05.17
廖德良等雕寿山芙蓉石古兽钮章（四方）	4.4cm×1.9cm×6.8cm; 2.7cm×2.7cm×7cm; 3.7cm×3.9cm×4.1cm	51,750	西泠拍卖	2014.05.05
林碧英作 李红善伯洞石松鼠南瓜钮方章	11.5cm×2.7cm×2.7cm	172,500	福建东南	2014.05.24
林碧英作 田黄石踏雪寻梅随形章	3.9cm×2.7cm×1.5cm	149,500	福建东南	2014.10.25
林碧英作 荔枝洞石松鼠葡萄钮方章	12.2cm×2.9cm×2.9cm	287,500	福建东南	2014.10.25
林尔篆刻闲章	2.7cm×1.9cm×5.2cm	34,500	朵云轩	2014.06.28
林尔篆刻闲章	2.5cm×2.5cm×7.8cm	23,000	朵云轩	2014.06.28
林凤妹 寿山芙蓉石熊钮方章	4.7cm×4.6cm×9.5cm	80,500	中国嘉德	2014.05.17
林凤妹 寿山焓红旗降石熊钮方章	6cm×6cm×14.5cm	32,200	中国嘉德	2014.05.17
林凤妹制三色荔枝冻北极熊钮方章	高12.2cm边长2.8cm	230,000	西泠拍卖	2014.05.06

拍品名称	物品尺寸	成交价RMB	拍卖公司	拍卖日期
林亨云 寿山焓红旗降石熊钮方章	3.6cm×3.6cm×12.6cm	43,700	中国嘉德	2014.05.17
林亨云作寿山焓红石“母爱”方章	6.5cm×6.5cm×8.5cm	92,000	北京匡时	2014.12.02
林亨云作 焓红石母子情方章	10.4cm×5.2cm×5.2cm	138,000	福建东南	2014.05.24
林亨云作 一家亲 寿山旗降石方章	5.1cm×5.1cm×10.6cm	253,000	北京匡时	2014.06.05
林亨云作 焓红石寒冬一霸钮方章	15cm×6cm×6cm	207,000	福建东南	2014.10.25
林健刻 寿山荔枝石方章	3cm×2.9cm×14.5cm	40,250	中国嘉德	2014.05.17
林介侯 为沈炳儒刻寿山石薄意方章	3.1cm×3.1cm×5.2cm	32,200	北京匡时	2014.12.02
林千石篆刻闲章	3.1cm×3.1cm×4.8cm	46,000	朵云轩	2014.06.28
林清卿 作寿山杜陵石薄意对章	1.5cm×1.5cm×7.8cm×2	115,000	北京匡时	2014.12.02
林清卿 作寿山田黄石“溪涧泛舟”随形章	4.5cm×3.5cm×8.3cm 重240g	690,000	北京匡时	2014.12.02
林清卿雕掘性鹿目田薄意章	4.2cm×2.2cm×5.9cm	690,000	朵云轩	2014.12.18
林清卿雕芦雁薄意章	1.5cm×1.5cm×8cm	46,000	朵云轩	2014.06.28
林清卿雕人物薄意章	8.5cm×2.3cm×9.5cm	172,500	朵云轩	2014.06.28
林清卿雕人物薄意章	2.5cm×2.5cm×8.5cm	57,500	朵云轩	2014.06.28
林清卿雕儒道三友薄意方章	2.8cm×2.8cm×6.2cm	287,500	朵云轩	2014.06.28
林清卿雕山水薄意章	1.8cm×1.8cm×7.8cm	149,500	朵云轩	2014.12.18
林清卿刻薄意 芙蓉石薄意对章	6.2cm×2.8cm×2.8cm	172,500	福建东南	2014.10.24
林清卿刻寿山石 薄意方章一件寿山石 薄意方章二件	尺寸不一	78,200	北京匡时	2014.06.05
林清卿作 鹿目石岁寒三友图薄意随形章	5cm×4.1cm×2.6cm	460,000	福建东南	2014.05.24
林清卿作 田黄石秋江泛舟图薄意随形章	4.5cm×5.5cm×3cm	1,955,000	福建东南	2014.05.24
林清卿作薄意 高山石菊花薄意朱文方章	7.1cm×2.2cm×2.2cm	184,000	福建东南	2014.10.24
林清卿作薄意 上海石花卉薄意白文方章	6.1cm×2cm×2cm	103,500	福建东南	2014.10.24
林清卿作黄寿山石松下高士薄意随形章	6.2cm×3.7cm×7.7cm	322,000	西泠拍卖	2014.05.05
林清卿作寿山杜陵石花卉薄意对章	2.3cm×2.3cm×7.3cm×2	184,000	西泠拍卖	2014.12.15
林清卿作寿山杜陵石山水薄意方章	1.6cm×1.6cm×8.6cm	57,500	西泠拍卖	2014.12.15
林清卿作寿山杜陵石月季薄意方章	2.1cm×2cm×6.9cm	103,500	西泠拍卖	2014.12.15
林清卿作寿山芙蓉石梅花薄意章	2.4cm×2cm×7cm	74,750	西泠拍卖	2014.12.15
林清卿作寿山高山石云纹薄意方章	2.1cm×2cm×6.3cm	161,000	西泠拍卖	2014.05.05
林清卿作寿山善伯石竹林七贤薄意随形章	7cm×2.8cm×8.2cm	1,265,000	西泠拍卖	2014.12.15
林清卿作寿山石山水薄意随形章	13cm×6cm×11cm	46,000	西泠拍卖	2014.05.05
林清卿作寿山田石山水薄意章	3.3cm×2cm×6.3cm	161,000	西泠拍卖	2014.05.05
林清卿作田黄石花草薄意随形章	2.5cm×1.7cm×3.7cm	218,500	西泠拍卖	2014.12.15
林清卿作田黄石罗汉薄意章	1.4cm×1.5cm×4.6cm	138,000	西泠拍卖	2014.05.05
林清卿作田黄石松下高士薄意随形章	2.6cm×1.7cm×4.5cm	437,000	西泠拍卖	2014.05.05
林清卿作田黄石渔樵耕读薄意随形章	5.8cm×3.2cm×4.2cm	552,000	西泠拍卖	2014.05.05
林荣发 作寿山荔枝洞石“八仙”薄意方章	尺寸不一	2,242,500	北京匡时	2014.12.02
林寿煁雕九龙钮章	4.8cm×4.8cm×13cm	34,500	朵云轩	2014.06.28
林文举 寿山田黄石薄意随形章	4.1cm×3.7cm×7.3cm	805,000	中国嘉德	2014.05.17
林文举 寿山田黄石薄意夜宴桃李图随形章	5.3cm×2.4cm×7.8cm	149,500	中国嘉德	2014.05.17
林文举作 荔枝洞石薄意方章	12.8cm×3.2cm×3.2cm	299,000	福建东南	2014.05.24
林文举作荔枝洞石刘海戏蟾薄意方章	13cm×2.7cm×2.7cm	103,500	福建东南	2014.05.24
林文举作 善伯洞石赏梅图薄意章	8.2cm×2.2cm×2.1cm	138,000	福建东南	2014.05.24
林文举作 田黄石薄意套章	3cm×1.6cm×1.7cm; 3.1cm×1.4cm×1.2cm	109,250	福建东南	2014.10.25
林文举作 田黄石高山流水图薄意随形章	5.7cm×4.8cm×2.3cm	322,000	福建东南	2014.10.25
林文举作 田黄石携琴访友薄意随形章	高6.2cm	207,000	福建东南	2014.10.25
林文举作 田黄石夜游赤壁薄意章	5.4cm×2.2cm×2.1cm	1,058,000	福建东南	2014.05.24
林文举作 都成坑石松下问童图薄意方章	9.5cm×2.5cm×2.5cm	115,000	福建东南	2014.10.25
林文举作 高山石松下问童薄意方章	12.5cm×2.9cm×2.9cm	103,500	福建东南	2014.10.25
林文举作双色皮田黄石达摩参禅薄意方章	1.6cm×1.6cm×4.9cm	862,500	西泠拍卖	2014.05.05
林文举作田黄石松下行者薄意随形章	3.9cm×2.1cm×4.7cm	276,000	西泠拍卖	2014.12.15
林文举作田黄石祝寿图薄意随形章	1.6cm×1.3cm×3.9cm	184,000	西泠拍卖	2014.12.15
林文祥作 高山桃花洞石松鹤延年薄意方章	8.7cm×2.4cm×2.4cm	161,000	福建东南	2014.10.25
林友清雕张果老骑驴钮章	2.2cm×2.2cm×9.1cm	55,200	朵云轩	2014.06.28

拍品名称	物品尺寸	成交价RMB	拍卖公司	拍卖日期
林元水雕人物钮三排章	2.6cm×2.6cm×7cm×3	34,500	朵云轩	2014.06.28
林元珠雕螭虎穿壁钮章	2.3cm×1.4cm×5.5cm	23,000	朵云轩	2014.12.18
林元珠雕罗汉浮雕章	1.5cm×1.5cm×10.6cm	23,000	朵云轩	2014.06.28
林云曦 寿山石雕荷趣章	3.7cm×4.6cm×4.6cm	98,560	上海联合	2014.10.11
林云曦作结晶三色芙蓉螭钮章	4.9cm×3.2cm×7.3cm	517,500	上海嘉泰	2014.06.19
刘北山 作寿山芙蓉石如意钮圆章（两方）	高5.7cm×2	126,500	北京匡时	2014.12.02
刘北山 作寿山结晶性白芙蓉石如意钮日字章	3.5cm×3cm×4cm	92,000	北京匡时	2014.12.02
刘北山 作寿山汶洋石“狩猎图”方章	4.3cm×3.5cm×11.8cm	552,000	北京匡时	2014.12.02
刘斌篆刻闲章	2.1cm×2cm×5.3cm	25,300	朵云轩	2014.12.18
刘一闻篆刻闲章	3.2cm×3.1cm×7.5cm	368,000	朵云轩	2014.12.18
刘银鹏刻 寿山石兽钮印章	3.6cm×3.4cm×8.6cm	23,000	中国嘉德	2014.11.22
柳晓康篆刻闲章	3.2cm×3.2cm×2.6cm	34,500	朵云轩	2014.06.28
柳晓康篆刻闲章	3.4cm×3.4cm×11.5cm	25,300	朵云轩	2014.06.28
龙生九子寿山芙蓉石套章（九件）	尺寸不一	25,300	北京匡时	2014.06.05
龙生九子寿山芙蓉石套章（九件）	尺寸不一	20,700	北京匡时	2014.06.05
陆康篆刻闲章	3.2cm×3.2cm×11cm	57,500	朵云轩	2014.06.28
陆康篆刻闲章	2.6cm×2.6cm×6.5cm	55,200	朵云轩	2014.06.28
陆康篆刻闲章	2.5cm×2.5cm×4.6cm	92,000	朵云轩	2014.12.18
陆康篆刻闲章	3.4cm×3.4cm×5cm	80,500	朵云轩	2014.12.18
陆俨少铭、白书章、刘硕识刻、李铁民制、李研吾自用夔龙纹长方端砚	22.7cm×18.8cm×3.6cm	379,500	西泠拍卖	2014.12.15
吕德 仿古白玉章	1.8cm×1.8cm×6cm 重68.2g	241,500	北京匡时	2014.06.05
马上有喜 寿山芙蓉石扁章	4.6cm×2.5cm×6.4cm	34,500	北京匡时	2014.06.05
马子恺 2012年 刻昌化石闲章	3.4cm×2.8cm×6.2cm	40,250	西泠拍卖	2014.12.15
马宗霍藏 自用印	尺寸不一	28,750	中国嘉德	2014.11.21
茅大容篆刻闲章	3cm×3cm×5.3cm	23,000	朵云轩	2014.06.28
冒广生自用印	3cm×3cm×7.5cm	32,200	朵云轩	2014.12.18
梅舒适篆刻闲章	4cm×2.3cm×8.3cm	63,250	朵云轩	2014.06.28
母子情深 寿山焓红旗降石方章	7cm×7cm×13cm	94,300	中国嘉德	2014.11.22
南红玛瑙瑞兽钮章	3.5cm×4.5cm×3.2cm	57,500	上海金艺	2014.12.17
牛角洞古兽钮对章	长3.8cm宽3.8cm 高23.5cm	43,700	荣宝斋（上海）	2014.05.09
潘惊石 作寿山月尾紫石兽钮对章	4.5cm×4.5cm×7.5cm×2	345,000	北京匡时	2014.12.02
潘惊石作 芙蓉晶石马钮日字章	4.6cm×6cm×3.2cm	690,000	福建东南	2014.10.24
潘惊石作 蜡烛红古兽日字章	8.2cm×2.7cm×2cm	161,000	福建东南	2014.10.25
潘惊石作 山秀园石母子情椭圆章	5.7cm×4.2cm×3cm	483,000	福建东南	2014.10.24
潘惊石作 山秀园石羊钮椭圆章	5.5cm×4.5cm×2.4cm	310,500	福建东南	2014.05.24
潘玉茂雕双龙戏珠薄意对章	2.2cm×2.2cm×7cm×2	20,700	朵云轩	2014.06.28
潘主兰 1968年 刻寿山杜陵石贺航自用印	1.7cm×1.7cm×8.1cm	20,700	西泠拍卖	2014.12.15
潘主兰 1972年、1986年作 刻寿山石章（四方）	2.2cm×2.2cm×7.3cm; 2cm×2cm×6.4cm	80,500	西泠拍卖	2014.05.05
辟邪钮套章	8.5cm×3.1cm×2cm; 6cm×4cm×2.3cm	115,000	北京艺融	2014.12.08
齐白石 1921年作 啸虎钮印章	6cm×1.9cm×1.9cm	172,500	中国嘉德	2014.11.21
齐白石 1932年 为汪申刻寿山高山石方章		115,000	北京匡时	2014.12.02
齐白石 1935年作 寿山石印章	6cm×2.6cm×2.6cm	425,500	中国嘉德	2014.11.21
齐白石 青田方章（一对）	1.9cm×1.9cm×6.6cm	115,000	北京保利	2014.06.05
齐白石 为汪申刻寿山高山石方章		126,500	北京匡时	2014.12.02
齐白石刻 青田石六面印	3.5cm×2.6cm×2.8cm	690,000	中国嘉德	2014.05.17
齐白石刻 青田石印章	4.6cm×4.6cm×2.3cm	920,000	中国嘉德	2014.05.17
齐白石刻 寿山芙蓉石对章	2.1cm×2.1cm×4.9cm×2	126,500	中国嘉德	2014.11.22
齐白石刻 寿山芙蓉石方章	3.7cm×2.2cm×4.7cm	218,500	中国嘉德	2014.05.17
齐白石刻 寿山石夔龙钮长方印章	8.7cm×1.7cm×1cm	230,000	中国嘉德	2014.11.21
齐白石刻 寿山石狮钮印章	5.6cm×2.1cm×2.1cm	172,500	中国嘉德	2014.11.21
齐白石刻　青田石方章	4.5cm×4.1cm×4.1cm	172,500	中国嘉德	2014.11.21
齐白石刻　青田石方章	4.5cm×4.1cm×4.1cm	172,500	中国嘉德	2014.11.21
齐白石刻　寿山石方章	2.8cm×2.4cm×2.4cm	172,500	中国嘉德	2014.11.21
齐白石刻昌化鸡血石王钊自用印（二方）	1.6cm×1.6cm×4.6cm; 0.9cm×0.9cm×4.4cm	86,250	西泠拍卖	2014.12.15
齐白石刻寿山高山石人物薄意章	1.9cm×1.9cm×6.7cm	48,300	西泠拍卖	2014.05.05
齐白石刻寿山石章	1.4cm×1.4cm×3.3cm	172,500	西泠拍卖	2014.12.15
齐白石刻兽钮寿山芙蓉石寇梦碧自用印	3cm×3cm×7.4cm	178,250	西泠拍卖	2014.12.15
齐白石刻汪亚尘自用印	3.7cm×2.2cm×4.7cm	207,000	朵云轩	2014.12.18

拍品名称	物品尺寸	成交价RMB	拍卖公司	拍卖日期
齐白石刻云龙纹寿山芙蓉石孙正刚自用印	2.7cm×2.5cm×6.1cm	172,500	西泠拍卖	2014.12.15
齐白石刻子母兽钮寿山芙蓉石杨粲三自用对章	2.8cm×2.8cm×5.1cm×2	1,150,000	西泠拍卖	2014.12.15
齐白石款高山石印章	高6.5cm	161,000	上海敬华	2014.07.01
齐白石为曹锟刻 白高山石瑞兽钮白文正方章	5.2cm×3.4cm×3.4cm	609,500	福建东南	2014.10.24
齐白石为冈村商石刻青田石 商石方章	4.9cm×2.5cm×2.5cm	345,000	北京匡时	2014.06.05
齐白石为冈村商石刻寿山石 师古方章	3.5cm×2.6cm×1.8cm	345,000	北京匡时	2014.06.05
齐白石篆刻旧坑高山冻章	2.3cm×2.3cm×6.5cm	356,500	朵云轩	2014.06.28
齐白石篆刻闲章	2.8cm×2.8cm×4.5cm	333,500	朵云轩	2014.06.28
齐白石篆刻闲章	5.6cm×5.6cm×7.2cm	920,000	朵云轩	2014.12.18
齐白石篆刻闲章	2.8cm×2.8cm×5.7cm	276,000	朵云轩	2014.12.18
齐璜篆刻寿山石印章	5.5cm×5.4cm×5.8cm	138,000	北京保利	2014.06.05
齐燕铭篆刻闲章	3.2cm×3.2cm×7.5cm	97,750	朵云轩	2014.06.28
旗降石素对章	11.2cm×2.1cm×2.1cm	253,000	福建东南	2014.05.25
千年一醉寿山三色荔枝洞石方章	3cm×3cm×11.2cm	2,760,000	中国嘉德	2014.05.17
钱君匋 1964年 刻寿山、青田石章	1.5cm×1.5cm×3.6cm; 2cm×2cm×4.9cm	48,300	西泠拍卖	2014.12.15
钱君匋 1971年作 为张永恺刻青田石 方章（三方）	1.3cm×1.3cm×5.8cm×3	69,000	北京匡时	2014.06.05
钱君匋 1971年作 为张永恺刻青田石方章	2.4cm×2.4cm×2.1cm	86,250	北京匡时	2014.06.05
钱君匋刻 青田石印章	3.9cm×3.9cm×5.9cm	20,700	中国嘉德	2014.11.22
钱君匋刻 寿山芙蓉石兽钮印章	4.9cm×2.2cm×5.6cm	55,200	中国嘉德	2014.05.17
钱瘦铁刻 昌化鸡血石印章（两件）	3cm×1cm×4.3cm; 1.3cm×1.3cm×6.2cm	23,000	中国嘉德	2014.05.17
钱瘦铁刻 青田石自用印章	1.6cm×1.5cm×6.6cm	41,400	中国嘉德	2014.11.22
钱瘦铁刻寿山石马钮印章（三方）	尺寸不一	69,000	中国嘉德	2014.05.17
钱瘦铁刻青田石张聿光自用印	3.5cm×2.8cm×3.5cm	28,750	西泠拍卖	2014.05.05
钱瘦铁刻寿山石荷花薄意闲章	3.9cm×3.9cm×8.1cm	109,250	西泠拍卖	2014.12.15
钱瘦铁篆刻对章	2.9cm×2.9cm×8.7cm×2	92,000	朵云轩	2014.06.28
钱瘦铁篆刻章	2.6cm×2.6cm×7cm	34,500	朵云轩	2014.12.18
钱松 刻辽东石素方章	2.1cm×2.1cm×6.6cm	1,092,500	北京匡时	2014.12.02
钱松刻 青田石方章	3.2cm×3.2cm×7.2cm	1,265,000	中国嘉德	2014.05.17
乔大壮 1943年 刻青田石沈士远自用印	2.4cm×2.4cm×3.2cm	69,000	西泠拍卖	2014.12.15
巧色荔枝冻龙戏珠钮章	2.4cm×2.4cm×7.2cm	26,450	朵云轩	2014.06.28
巧色汶洋双兽钮章	3.6cm×3.5cm×4.6cm	36,800	朵云轩	2014.06.28
青田灯光冻石钮章	2.4cm×1.8cm×4.8cm; 2.6cm×2cm×4.7cm	63,250	西泠拍卖	2014.05.05
青田灯光冻石章（五方）	尺寸不一	34,500	西泠拍卖	2014.05.05
青田封门青石素方章	2.5cm×2.5cm×8.7cm	32,200	西泠拍卖	2014.12.15
青田封门青石子母兽钮章	4cm×4cm×12.4cm	115,000	西泠拍卖	2014.12.15
青田古兽套章（三十方）	尺寸不一	25,300	朵云轩	2014.12.18
青田石蓝星方章	3.5cm×3.5cm×12.9cm	32,200	中国嘉德	2014.05.17
瞿利军 四方来财 白玉印章	1.3cm×1.1cm×1.1cm	517,500	西泠拍卖	2014.12.14
如意钮对章	7cm×3cm×2.5cm×2	40,250	北京艺融	2014.12.08
阮章霖作荔枝冻罗汉钮章	3.4cm×3.4cm×10.2cm	460,000	上海嘉泰	2014.06.19
三仙献寿 寿山五彩芙蓉石方章	9.7cm×9.7cm×17.6cm	105,800	中国嘉德	2014.05.17
沙曼翁刻田黄石古兽钮扁方章	2.7cm×1.4cm×4.4cm	747,500	西泠拍卖	2014.12.15
沙孟海 为沈炳儒刻寿山石素方章	1.7cm×1.7cm×2.8cm	115,000	北京匡时	2014.12.02
沙孟海、邓散木 1920年、1932年、1944年 刻寿山、青田石蔡晨笙等自用印（五方）	3.0cm×3.0cm×7.3cm; 1.9cm×1.9cm×2.1cm	109,250	西泠拍卖	2014.12.15
沙孟海刻 寿山田黄石兽钮印章	1.1cm×1cm×2.2cm	46,000	中国嘉德	2014.05.17
山间小憩 寿山芙蓉石方章	2.6cm×2.6cm×6.6cm	57,500	北京匡时	2014.06.05
山水套章	8.5cm×3.3cm×1.6cm; 5.8cm×4.1cm×1.5cm	115,000	北京艺融	2014.12.08
山水章	9.5cm×4cm×1.6cm	103.500	北京艺融	2014.12.08
善伯尾石十八罗汉套章(十八件套）	尺寸不一	230.000	福建东南	2014.05.25
师卿 寿山荔枝石薄意对章	2.6cm×2.6cm×8.5cm; 2.9cm×2.9cm×8.5cm	34,500	中国嘉德	2014.05.17
师卿作　水洞高山石薄意方章	9cm×2.1cm×2.1cm	126,500	福建东南	2014.10.25
施晓峯篆刻闲章	5cm×5cm×4.2cm	46,000	朵云轩	2014.06.28
施晓峯篆刻闲章	3.7cm×3.7cm×3.5cm	46,000	朵云轩	2014.06.28
施晓峯篆刻闲章	3cm×2.5cm×7cm	34,500	朵云轩	2014.06.28
施晓峰篆刻闲章	3cm×3cm×8cm	28,750	朵云轩	2014.12.18
施晓峰篆刻闲章	4cm×2.4cm×8cm	28.750	朵云轩	2014.12.18

2014杂项拍卖成交汇总

(成交价RMB：1万元以上)

拍品名称	物品尺寸	成交价RMB	拍卖公司	拍卖日期
十二生肖 寿山芙蓉石 套章（十二件）	尺寸不一	23,000	北京匡时	2014.06.05
十二生肖 寿山芙蓉石钮章（一组十二方）	尺寸不一	20,700	中国嘉德	2014.05.17
十二生肖 寿山汶洋石 套章（十二件）	尺寸不一	20,700	北京匡时	2014.06.05
石癫 寿山田黄石渔翁随形章	高5.9cm	101,200	中国嘉德	2014.05.17
石癫雕水洞桃花罗汉戏狮钮章	4cm×2cm×6cm	161,000	朵云轩	2014.06.28
石开刻 寿山石印章	2.6cm×1.8cm×6.1cm	40,250	中国嘉德	2014.05.17
石开篆刻闲章	2.5cm×2.5cm×4.3cm	34,500	朵云轩	2014.06.28
石瑞雕螯龙钮章	4.3cm×3.3cm×3.9cm	34,500	朵云轩	2014.06.28
寿山、昌化、青田等品种石章（一组八方）	尺寸不一	40,250	西泠拍卖	2014.12.15
寿山、昌化石等印章（十一方）	尺寸不一	20,700	西泠拍卖	2014.12.15
寿山白芙蓉石博古钮章（十八方）	尺寸不一	23,000	北京匡时	2014.12.02
寿山白芙蓉石古兽钮章	3.1cm×3.1cm×5.8cm	36,800	西泠拍卖	2014.05.05
寿山白芙蓉石龙钮章	3.2cm×3.2cm×7cm	97,750	西泠拍卖	2014.12.15
寿山白田石寿石工自用印	2.4cm×0.8cm×5.4cm	161,000	北京匡时	2014.12.02
寿山冰糖地荔枝冻石子母兽钮章	2.5cm×2.5cm×10.8cm	483,000	西泠拍卖	2014.12.15
寿山杜陵石薄意对章	1.6cm×1.6cm×8cm×2	34,500	中国嘉德	2014.05.17
寿山杜陵石薄意印章（一组三方）	2.7cm×2.6cm×7.3cm	23,000	中国嘉德	2014.05.17
寿山杜陵石云蝠纹扁方章	4.5cm×1.7cm×10.4cm	57,500	西泠拍卖	2014.05.05
寿山杜陵石云纹薄意、古兽钮章（二方）	2cm×2cm×6cm; 2.6cm×2.6cm×6.2cm	57,500	西泠拍卖	2014.05.05
寿山杜陵石子母狮钮章	3.1cm×3.1cm×6.9cm	80,500	西泠拍卖	2014.05.05
寿山碓下黄石麒麟纹薄意方章	3.1cm×3.1cm×9cm	32,200	西泠拍卖	2014.12.15
寿山二号矿石子母狮钮章	3.8cm×3.8cm×10.1cm	92,000	西泠拍卖	2014.05.05
寿山芙蓉、杜陵、汶洋石瑞兽钮章（三方）	2.7cm×2.4cm×5.8cm; 2.4cm×2.5cm×7.4cm	23,000	西泠拍卖	2014.12.15
寿山芙蓉、高山石章（三方）	3.6cm×2cm×5cm; 2.5cm×0.9cm×6.3cm	32,200	西泠拍卖	2014.05.05
寿山芙蓉、荔枝冻石马钮章（三方）	3.8cm×2.2cm×6.3cm; 2.2cm×2.2cm×7.9cm	34,500	西泠拍卖	2014.05.05
寿山芙蓉石 博古钮章（五十件）	尺寸不一	48,300	北京匡时	2014.06.05
寿山芙蓉石 螭虎钮方章	3.6cm×3.6cm×9.8cm	32,200	北京匡时	2014.06.05
寿山芙蓉石 螭虎钮方章	3.7cm×3.7cm×6.7cm	23,000	北京匡时	2014.06.05
寿山芙蓉石 钮章（二十件）	尺寸不一	32,200	北京匡时	2014.06.05
寿山芙蓉石 钮章（三十件）	尺寸不一	32,200	北京匡时	2014.06.05
寿山芙蓉石 钮章（十五件）	尺寸不一	26,450	北京匡时	2014.06.05
寿山芙蓉石 素章（二十八件）	尺寸不一	27,600	北京匡时	2014.06.05
寿山芙蓉石 素章（五十件）	尺寸不一	80,500	北京匡时	2014.06.05
寿山芙蓉石、高山石印章（一组三十方）	尺寸不一	28,750	中国嘉德	2014.05.17
寿山芙蓉石、善伯洞石印章（两方）	3.9cm×2.1cm×5.9cm	34,500	中国嘉德	2014.05.17
寿山芙蓉石、汶洋石钮章（一组五方）	尺寸不一	28,750	中国嘉德	2014.05.17
寿山芙蓉石把件、印章（三件）	3.7cm×3.2cm×4.5cm; 5.5cm×2.5cm×3.1cm	23,000	北京匡时	2014.12.02
寿山芙蓉石博古钮套章（三方）	2cm×2cm×8.2cm; 2.2cm×2.2cm×7.5cm	20,700	西泠拍卖	2014.05.05
寿山芙蓉石螭龙钮方章	7.7cm×6cm×4.2cm	34,500	北京匡时	2014.12.02
寿山芙蓉石对章（二对）	尺寸不一	23,000	中国嘉德	2014.11.22
寿山芙蓉石方章（三方）	2.6cm×2.4cm×9cm; 3cm×3cm×9cm2.5cm	20,700	北京匡时	2014.12.02
寿山芙蓉石古兽钮扁方章	2.7cm×1.8cm×6.3cm	28,750	西泠拍卖	2014.05.05
寿山芙蓉石古兽钮方章	7cm×4.5cm×9.7cm	28,750	中国嘉德	2014.11.22
寿山芙蓉石古兽钮章（六方）	尺寸不一	20,700	西泠拍卖	2014.05.05
寿山芙蓉石古兽钮章（一组两方）	3.5cm×2.1cm×7.2cm; 4.2cm×4.2cm×2.6cm	69,000	中国嘉德	2014.11.22
寿山芙蓉石古兽钮章（一组七方）	尺寸不一	25,300	中国嘉德	2014.05.17
寿山芙蓉石荷叶钮方章	4.1cm×4cm×12.5cm	57,500	中国嘉德	2014.05.17
寿山芙蓉石荷叶钮章（一组两方）	5cm×3cm×7.1cm; 5.2cm×5.2cm×6cm	34,500	中国嘉德	2014.11.22
寿山芙蓉石荷叶钮章（一组三十方）	尺寸不一	23,000	中国嘉德	2014.05.17
寿山芙蓉石荷叶钮章（一组十五方）	尺寸不一	43,700	中国嘉德	2014.11.22
寿山芙蓉石龙纹方章	3.3cm×3.3cm×9.9cm	36,800	西泠拍卖	2014.05.05
寿山芙蓉石鹿钮章（两方）	5.1cm×3.2cm×6.4cm; 3.8cm×2.6cm×5.4cm	23,000	北京匡时	2014.12.02
寿山芙蓉石马钮对章	5.8cm×5.8cm×6.3cm; 5.1cm×5.1cm×5.6cm	28,750	中国嘉德	2014.11.22

拍品名称	物品尺寸	成交价RMB	拍卖公司	拍卖日期
寿山芙蓉石马钮方章	8.9cm×8.8cm×9.3cm	92,000	中国嘉德	2014.05.17
寿山芙蓉石马钮方章（一组二十方）	尺寸不一	23,000	中国嘉德	2014.11.22
寿山芙蓉石钮章（四方）	尺寸不一	25,300	中国嘉德	2014.05.17
寿山芙蓉石钮章（一组二十方）	尺寸不一	23,000	中国嘉德	2014.05.17
寿山芙蓉石钮章（一组六方）	尺寸不一	32,200	中国嘉德	2014.05.17
寿山芙蓉石钮章（一组六方）	尺寸不一	40,250	中国嘉德	2014.11.22
寿山芙蓉石钮章（一组六方）	尺寸不一	32,200	中国嘉德	2014.11.22
寿山芙蓉石钮章（一组十二方）	尺寸不一	59,800	中国嘉德	2014.05.17
寿山芙蓉石钮章（一组十二方）	尺寸不一	34,500	中国嘉德	2014.11.22
寿山芙蓉石钮章（一组十方）	尺寸不一	46,000	中国嘉德	2014.05.17
寿山芙蓉石钮章（一组十方）	尺寸不一	20,700	中国嘉德	2014.11.22
寿山芙蓉石钮章（一组十六方）	尺寸不一	36,800	中国嘉德	2014.05.17
寿山芙蓉石钮章（一组五十方）	尺寸不一	71,300	中国嘉德	2014.11.22
寿山芙蓉石瑞兽钮扁方章	2.6cm×1.4cm×5.9cm	28,750	西泠拍卖	2014.05.05
寿山芙蓉石瑞兽钮方章（十方）	尺寸不一	32,200	北京匡时	2014.12.02
寿山芙蓉石瑞兽钮收藏印	2.1cm×1.3cm×4.6cm	86,250	北京匡时	2014.12.02
寿山芙蓉石瑞兽钮章	2.9cm×2.9cm×7.5cm	23,000	西泠拍卖	2014.05.05
寿山芙蓉石瑞兽钮章	4cm×3.2cm×9.4cm	46,000	北京匡时	2014.12.02
寿山芙蓉石瑞兽钮章（两方）	2.5cm×2.5cm×6.4cm	20,700	北京匡时	2014.12.02
寿山芙蓉石三羊开泰钮章	3.1cm×3.1cm×7cm	23,000	西泠拍卖	2014.05.05
寿山芙蓉石狮钮印章	3.1cm×3.1cm×6.2cm	69,000	中国嘉德	2014.05.17
寿山芙蓉石兽钮方章	5.3cm×5.3cm×7cm	20,700	中国嘉德	2014.11.22
寿山芙蓉石兽钮印章	3.9cm×3.8cm×6.4cm	46,000	中国嘉德	2014.11.22
寿山芙蓉石兽钮章（三方）	3.7cm×2.7cm×5.2cm	34,500	西泠拍卖	2014.05.05
寿山芙蓉石兽钮章（一组二十一方）	尺寸不一	25,300	中国嘉德	2014.05.17
寿山芙蓉石兽钮章（一组九方）	尺寸不一	20,700	中国嘉德	2014.05.17
寿山芙蓉石兽钮章（一组十八方）	尺寸不一	25,300	中国嘉德	2014.11.22
寿山芙蓉石兽钮章（一组十六方）	尺寸不一	20,700	中国嘉德	2014.05.17
寿山芙蓉石太狮少狮钮对章	4.5cm×4.4cm×8cm	172,500	中国嘉德	2014.11.22
寿山芙蓉石椭圆章（二方）	3.5cm×1.6cm×5.1cm; 3cm×2cm×4cm	23,000	西泠拍卖	2014.05.05
寿山芙蓉石印章（二方）	3.7cm×2.4cm×6.1cm; 3.3cm×2cm×6.6cm	36,800	中国嘉德	2014.11.22
寿山芙蓉石印章（三方）	尺寸不一	218,500	中国嘉德	2014.11.22
寿山芙蓉石印章（一组三十八方）	尺寸不一	34,500	中国嘉德	2014.05.17
寿山芙蓉石印章（一组三十五方）	尺寸不一	20,700	中国嘉德	2014.05.17
寿山芙蓉石章（七十九方）	尺寸不一	40,250	西泠拍卖	2014.12.15
寿山芙蓉石章（三方）	尺寸不一	34,500	西泠拍卖	2014.05.05
寿山芙蓉石章（三方）	尺寸不一	23,000	西泠拍卖	2014.05.05
寿山芙蓉石章（十五对）	尺寸不一	23,000	西泠拍卖	2014.12.15
寿山芙蓉石子母兽钮章	2.7cm×2.7cm×16.2cm	55,200	西泠拍卖	2014.12.15
寿山高山、芙蓉石章（三方）	2.1cm×1.6cm×8.9cm; 3cm×1.8cm×9.6cm	23,000	西泠拍卖	2014.05.05
寿山高山、坑头石古兽钮章（三方）	3.2cm×1.4cm×4.8cm	36,800	西泠拍卖	2014.05.05
寿山高山、旗降石章（二方）	2.1cm×2.1cm×9.1cm	63,250	西泠拍卖	2014.05.05
寿山高山冻石瑞兽钮扁方章	3.8cm×2cm×6cm	40,250	西泠拍卖	2014.05.05
寿山高山石 方章（两件）	3.4cm×3.4cm×9.4cm	25,300	北京匡时	2014.06.05
寿山高山石、芙蓉石兽钮印章（两方）	3.6cm×1.8cm×5.6cm	48,300	中国嘉德	2014.05.17
寿山高山石薄意对章	2.2cm×2.2cm×7.8cm×2	23,000	中国嘉德	2014.11.22
寿山高山石方章（一组二方）	2.6cm×2.6cm×11.4cm	78,200	中国嘉德	2014.05.17
寿山高山石飞马钮章（三方）	2.5cm×2.5cm×8.7cm	126,500	西泠拍卖	2014.05.05
寿山高山石古兽钮对章	2.2cm×2.2cm×5.3cm×2	115,000	西泠拍卖	2014.12.15
寿山高山石胡人洗象钮对章	2.8cm×2.8cm×10.5cm×2	34,500	西泠拍卖	2014.12.15
寿山高山石胡人洗象钮对章	2.2cm×2.2cm×8cm×2	97,750	西泠拍卖	2014.12.15
寿山高山石马钮印章（三方）	尺寸不一	40,250	中国嘉德	2014.05.17
寿山高山石马钮章（三方）	尺寸不一	23,000	北京匡时	2014.12.02
寿山高山石钮章（一组二十二方）	尺寸不一	34,500	中国嘉德	2014.11.22
寿山高山石三螭拱环钮章	3.2cm×3.1cm×15.7cm	51,750	西泠拍卖	2014.05.05
寿山高山石狮钮对章	3.3cm×3.3cm×12.8cm×2	28,750	中国嘉德	2014.05.17
寿山高山石兽钮对章	2.2cm×2.2cm×9.1cm×2	28,750	西泠拍卖	2014.05.05
寿山高山石兽钮方章、薄意方章（二方）	2.4cm×2.4cm×7.2cm; 1.8cm×1.8cm×8.3cm	23,000	中国嘉德	2014.11.22
寿山高山石兽钮印章	2.3cm×2.2cm×8.7cm	34,500	中国嘉德	2014.11.22
寿山高山石羊钮章（三方）	尺寸不一	34,500	西泠拍卖	2014.12.15
寿山高山石印章	4.2cm×4.2cm×4.4cm	101,200	中国嘉德	2014.05.17
寿山高山石子母兽钮章（三方）	2.2cm×2.2cm×6.9cm; 2.6cm×2.6cm×7.6cm	25,300	西泠拍卖	2014.12.15
寿山黑田石印章	4.2cm×4.2cm×4.6cm	57,500	中国嘉德	2014.11.22
寿山红高山石瓦钮套章（三方）	2.7cm×2.7cm×5cm	25,300	北京匡时	2014.12.02
寿山红花芙蓉石鸟语花香薄意方章	3.7cm×3.6cm×9.2cm	23,000	西泠拍卖	2014.12.15

拍品名称	物品尺寸	成交价RMB	拍卖公司	拍卖日期
寿山红花芙蓉石瑞兽钮方章	3.6cm×2.7cm×8.7cm	46,000	北京匡时	2014.12.02
寿山黄芙蓉石古兽钮章	2.9cm×3cm×5.5cm	115,000	西泠拍卖	2014.05.05
寿山黄荔枝冻石二龙戏珠钮透雕方章	2.9cm×2.9cm×11.9cm	632,500	西泠拍卖	2014.12.15
寿山黄荔枝冻石三螭拱环钮章	1.9cm×1.9cm×8.8cm	40,250	西泠拍卖	2014.05.05
寿山结晶白芙蓉石螭龙钮章	8.4cm×3.7cm×5cm	115,000	北京匡时	2014.12.02
寿山结晶三色芙蓉冻石玄鸟钮对章	2cm×1.9cm×11.7cm×2	345,000	西泠拍卖	2014.12.15
寿山坑头冻石瑞兽钮章	2.8cm×1.7cm×4.8cm	48,300	西泠拍卖	2014.05.05
寿山坑头石兽钮章(一组二十四方)	尺寸不一	138,000	中国嘉德	2014.11.22
寿山老岭石薄意方章	1.8cm×1.8cm×6.6cm	59,800	中国嘉德	2014.11.22
寿山荔枝、坑头石钮章 (五方)	尺寸不一	115,000	西泠拍卖	2014.05.05
寿山荔枝冻石博古钮方章	2.1cm×2.1cm×7.5cm	51,750	西泠拍卖	2014.05.05
寿山荔枝冻石博古钮方章	2cm×2cm×8.8cm	40,250	西泠拍卖	2014.12.15
寿山荔枝冻石古兽钮方章	2.5cm×2.5cm×10.7cm	345,000	中国嘉德	2014.05.17
寿山荔枝冻石古兽钮章	2.7cm×2.7cm×10.8cm	40,250	西泠拍卖	2014.12.15
寿山荔枝冻石古兽钮章	2.2cm×2.2cm×9.4cm	34,500	西泠拍卖	2014.12.15
寿山荔枝冻石刘海戏金蟾钮方章	2.2cm×2.2cm×9.5cm	48,300	西泠拍卖	2014.05.05
寿山荔枝冻石罗汉薄意章	2.6cm×2.6cm×15.1cm	43,700	西泠拍卖	2014.05.05
寿山荔枝冻石人物薄意方章	2.7cm×2.7cm×13.3cm	184,000	西泠拍卖	2014.05.05
寿山荔枝冻石瑞兽钮方章	2.5cm×2.4cm×12cm	172,500	中国嘉德	2014.05.17
寿山荔枝冻石狮钮对章	2.2cm×2.2cm×8.7cm×2	161,000	西泠拍卖	2014.12.15
寿山荔枝冻石兔子钮方章	2.6cm×2.2cm×8.5cm	184,000	西泠拍卖	2014.12.15
寿山荔枝冻石五螭钮方章	3cm×3cm×12.8cm	184,000	西泠拍卖	2014.12.15
寿山荔枝洞石狮钮方章	2.9cm×2.9cm×11.3cm	28,750	中国嘉德	2014.11.22
寿山荔枝石、高山石钮章 (一组十四方)	尺寸不一	23,000	中国嘉德	2014.11.22
寿山荔枝石、高山石印章 (一组三方)	3.3cm×1.8cm×4.2cm; 3.5cm×3.5cm×8.1cm	43,700	中国嘉德	2014.05.17
寿山荔枝石、水洞高山石等钮章 (一组六方)	尺寸不一	43,700	中国嘉德	2014.11.22
寿山荔枝石、水洞高山石钮章 (一组六方)	尺寸不一	43,700	中国嘉德	2014.11.22
寿山荔枝石薄意方章	5.8cm×2.4cm×8.7cm	40,250	中国嘉德	2014.11.22
寿山荔枝石方章	2.5cm×2.5cm×9.7cm	437,000	中国嘉德	2014.11.22
寿山荔枝石狮钮方章(一组二方)	2.7cm×2.7cm×9.5cm	34,500	中国嘉德	2014.05.17
寿山鹿目田石山水薄意随形章	7cm×5.2cm×7.2cm	218,500	西泠拍卖	2014.12.15
寿山鹿目田石松下高士薄意随形章	5.3cm×4.3cm×4.8cm	34,500	西泠拍卖	2014.05.05
寿山牛角冻芙蓉石椭圆章(二件)	2.6cm×1.9cm×5.9cm	25,300	北京匡时	2014.06.05
寿山牛角冻石鳌龙钮章	3.8cm×2cm×6cm	32,200	西泠拍卖	2014.05.05
寿山牛角冻石子母兽钮对章(二对)	2.19cm×1.9cm×7.6cm×2	20,700	西泠拍卖	2014.05.05
寿山品种石 (三十枚)	尺寸不一	92,000	北京匡时	2014.09.17
寿山品种石 兽钮方章 (八件)	尺寸不一	20,700	北京匡时	2014.06.05
寿山品种石 套章 (二十二件)	尺寸不一	36,800	北京匡时	2014.06.05
寿山品种石 套章 (二十三件)	尺寸不一	37,950	北京匡时	2014.06.05
寿山品种石 章 (二十件)	尺寸不一	23,000	北京匡时	2014.06.05
寿山品种石 章 (三十件)	尺寸不一	58,650	北京匡时	2014.06.05
寿山品种石 章 (十二件)	尺寸不一	25,300	北京匡时	2014.06.05
寿山品种石薄意印章(一组四方)	尺寸不一	57,500	中国嘉德	2014.05.17
寿山品种石钮章 (二十方)	尺寸不一	23,000	北京匡时	2014.12.02
寿山品种石钮章(一组二十一方)	尺寸不一	36,800	中国嘉德	2014.11.22
寿山品种石钮章 (一组三十方)	尺寸不一	28,750	中国嘉德	2014.11.22
寿山品种石钮章 (一组十五方)	尺寸不一	28,750	中国嘉德	2014.05.17
寿山品种石钮章 (一组十五方)	尺寸不一	20,700	中国嘉德	2014.05.17
寿山品种石钮章(一组五十二方)	尺寸不一	28,750	中国嘉德	2014.05.17
寿山品种石钮章(一组五十三方)	尺寸不一	66,700	中国嘉德	2014.11.22
寿山品种石印章 (二十一方)	尺寸不一	27,600	北京匡时	2014.12.02
寿山品种石印章 (一组十五方)	尺寸不一	32,200	中国嘉德	2014.05.17
寿山品种石章 (三十八方)	尺寸不一	57,500	西泠拍卖	2014.05.05
寿山品种石章 (一组十二方)	尺寸不一	23,000	中国嘉德	2014.11.22
寿山品种石章 (一组十三方)	尺寸不一	20,700	中国嘉德	2014.11.22
寿山旗降石钮章 (二对)	尺寸不一重54.02g	51,750	西泠拍卖	2014.12.15
寿山旗降石熊钮方章	6cm×6cm×20cm	57,500	中国嘉德	2014.11.22
寿山俏色荔枝冻石兽钮章	2.4cm×2.4cm×12cm	66,700	西泠拍卖	2014.05.05
寿山俏色荔枝冻石子母兽钮章	2.5cm×2.6cm×8.8cm	34,500	西泠拍卖	2014.05.05
寿山三彩芙蓉石瑞兽钮方章	3.8cm×3.7cm×7.6cm	69,000	北京匡时	2014.12.02
寿山三色旗降石螭钮章	1.6cm×1.6cm×8.2cm	25,300	西泠拍卖	2014.05.05
寿山山仔濑石博古钮方章(八件)	尺寸不一	36,800	北京匡时	2014.06.05
寿山善伯洞、月尾紫石人物钮章(二方)	尺寸不一	20,700	西泠拍卖	2014.05.05
寿山善伯洞石白菜钮方章	1.9cm×1.9cm×7.3cm	34,500	中国嘉德	2014.11.22
寿山善伯洞石伯乐相马图薄意方章	3.3cm×3.3cm×9cm	287,500	西泠拍卖	2014.12.15
寿山善伯洞石博古钮方章	2.7cm×2.7cm×10.9cm	57,500	中国嘉德	2014.05.17
寿山善伯洞石古兽钮方章	2.7cm×2.7cm×9.4cm	23,000	西泠拍卖	2014.05.05

拍品名称	物品尺寸	成交价RMB	拍卖公司	拍卖日期
寿山善伯洞石钮章 (一组三方)	尺寸不一	20,700	中国嘉德	2014.05.17
寿山石 方章 (二件)	2.7cm×2.6cm×4.7cm	57,500	北京匡时	2014.06.05
寿山石 狮钮椭圆章	高4.2cm	36,800	北京匡时	2014.06.05
寿山石、鸡血石等燕笙波先生自用印 (一组五方)	尺寸不一	46,000	北京保利	2014.06.05
寿山石白田古兽印章	2.5cm×2.5cm×8cm	840,000	长春金鼎	2014.05.17
寿山石薄意方章	1.7cm×1.6cm×5.4cm	69,000	中国嘉德	2014.11.22
寿山石薄意印章	3.2cm×1.7cm×6.2cm	55,200	中国嘉德	2014.11.22
寿山石博古钮对章	2.4cm×2.4cm×4.6cm×2	23,000	西泠拍卖	2014.05.05
寿山石古兽钮章	2.9cm×2.9cm×7.4cm	23,000	西泠拍卖	2014.12.15
寿山石古兽钮章 (二方)	2.9cm×2.1cm×4.1cm	34,500	西泠拍卖	2014.05.05
寿山石古兽钮章 (四方)	尺寸不一	25,300	西泠拍卖	2014.05.05
寿山石古兽钮章 (五方)	尺寸不一	36,800	西泠拍卖	2014.05.05
寿山石荷花钮印章 (二十二方)	尺寸不一	43,700	西泠拍卖	2014.05.05
寿山石钮章 (二十二方)	尺寸不一	40,250	西泠拍卖	2014.05.05
寿山石瑞兽钮、龙钮章 (二对)	1.8cm×1.8cm×7.5cm	23,000	西泠拍卖	2014.05.05
寿山石兽钮、博古钮章 (二对)	尺寸不一	23,000	西泠拍卖	2014.12.15
寿山石兽钮对章	3cm×3cm×6cm×2	34,500	中国嘉德	2014.05.17
寿山石兽钮印章 (三方)	3.1cm×3.1cm×6.3cm	34,500	中国嘉德	2014.11.22
寿山石松下高士薄意随形章	6cm×4cm×5.6cm	97,750	西泠拍卖	2014.05.05
寿山石素方章 (六十方)	尺寸不一	25,300	北京匡时	2014.12.02
寿山石印章 (八方)	尺寸不一	78,200	西泠拍卖	2014.05.05
寿山石印章 (二方)	4.4cm×2cm×6.2cm	23,000	中国嘉德	2014.11.22
寿山石印章 (十二方)	尺寸不一	59,800	中国嘉德	2014.11.22
寿山石印章 (十方)	尺寸不一	20,700	中国嘉德	2014.11.22
寿山石印章 (十三件)	尺寸不一	23,000	中国嘉德	2014.05.17
寿山石印章 (十一方)	尺寸不一	20,700	中国嘉德	2014.11.22
寿山石章 (二十二方)	尺寸不一	46,000	西泠拍卖	2014.12.15
寿山石章 (三十二方)	尺寸不一	63,250	西泠拍卖	2014.12.15
寿山石章 (三十三方)	尺寸不一	48,300	西泠拍卖	2014.12.15
寿山石章 (五方)	尺寸不一	34,500	西泠拍卖	2014.05.05
寿山石章 (五方)	3cm×3cm×9.5cm	28,750	西泠拍卖	2014.05.05
寿山石子母兽钮对章	2.5cm×2.5cm×6.8cm×2	34,500	西泠拍卖	2014.12.15
寿山双色芙蓉石古兽钮章	2.6cm×2.6cm×7.8cm	28,750	西泠拍卖	2014.05.05
寿山水洞、高山朱砂石章(二方)	2cm×2cm×9.3cm	57,500	西泠拍卖	2014.12.15
寿山水洞高山石螭龙钮方章	3.2cm×1.5cm×11.2cm	25,300	中国嘉德	2014.11.22
寿山水洞高山石古兽钮对章	2.5cm×2.5cm×10.9cm×2	36,800	中国嘉德	2014.05.17
寿山水洞高山石钮章(一组三方)	2.4cm×1.7cm×7.6cm	20,700	中国嘉德	2014.11.22
寿山水洞高山石太狮少狮钮方章	3cm×3cm×9cm	23,000	中国嘉德	2014.05.17
寿山水洞朱砂石罗汉钮章	2.5cm×2.5cm×9.9cm	23,000	西泠拍卖	2014.12.15
寿山水洞朱砂石素方章	1.8cm×1.8cm×8.3cm	23,000	西泠拍卖	2014.05.05
寿山桃花洞石“舐犊情深”方章	2cm×2cm×9cm	103,500	北京匡时	2014.12.02
寿山田黄石 狮钮方章	2cm×3cm×4.2cm 重47.88g	402,500	北京匡时	2014.06.05
寿山田黄石薄意方章	2.5cm×2.5cm×6cm	782,000	中国嘉德	2014.11.22
寿山田黄石薄意放鹤图印章	2.6cm×2cm×1.9cm	69,000	中国嘉德	2014.05.17
寿山田黄石薄意梅花印章	2.8cm×1.7cm×4.1cm	57,500	中国嘉德	2014.05.17
寿山田黄石薄意随形章	5.5cm×3.6cm×4.3cm	483,000	中国嘉德	2014.05.17
寿山田黄石薄意随形章	2.5cm×1.5cm×3.8cm	57,500	中国嘉德	2014.05.17
寿山田黄石薄意随形章	2.2cm×2.3cm×5.7cm	92,000	中国嘉德	2014.11.22
寿山田黄石薄意随形章	高3.2cm重19.04g	69,000	北京匡时	2014.12.02
寿山田黄石薄意印章	2cm×1.5cm×4.2cm	34,500	中国嘉德	2014.05.17
寿山田黄石螭龙钮方章	2.9cm×2.8cm×3.9cm	1,380,000	中国嘉德	2014.05.17
寿山田黄石等随形章(一组二十四方)	尺寸不一	43,700	中国嘉德	2014.11.22
寿山田黄石方章	1.6cm×1.4cm×4.4cm	184,000	中国嘉德	2014.05.17
寿山田黄石方章 (两方)	1.2cm×1.2cm×6.1cm	345,000	中国嘉德	2014.05.17
寿山田黄石方章 (一组二方)	1.4cm×1cm×2cm	59,800	中国嘉德	2014.05.17
寿山田黄石方章 (一组三方)	1.1cm×1cm×4.2cm	71,300	中国嘉德	2014.11.22
寿山田黄石兽钮方章	2.3cm×2.3cm×4cm	977,500	中国嘉德	2014.05.17
寿山田黄石兽钮印章	3.2cm×2.1cm×4.7cm	103,500	中国嘉德	2014.11.22
寿山田黄石随形章	3cm×1.7cm×3.4cm	20,700	中国嘉德	2014.11.22
寿山田黄石随形章	2.7cm×1.8cm×5.3cm; 重49.47g	598,000	北京匡时	2014.12.02
寿山田黄石随形章 (一组六方)	尺寸不一	862,500	中国嘉德	2014.05.17
寿山田黄石印章 (两方)	3.8cm×1.8cm×3.2cm	43,700	中国嘉德	2014.11.22
寿山田黄石印章 (六方)	尺寸不一；重54.02g	80,500	北京匡时	2014.12.02
寿山田黄石章 (两方)	尺寸不一；重54.02g	63,250	北京匡时	2014.12.02
寿山田石花鸟薄意随形章	3.3cm×2.3cm×4cm	34,500	西泠拍卖	2014.05.05
寿山汶洋石荷叶巧雕方章(十件)	尺寸不一	25,300	北京匡时	2014.06.05
寿山汶洋石螭钮章	4.5cm×3.2cm×2.6cm	23,000	西泠拍卖	2014.05.05
寿山汶洋石梅花鹿钮方章	4.8cm×3.2cm×13cm	149,500	中国嘉德	2014.05.17

2014杂项拍卖成交汇总

(成交价RMB：1万元以上)

拍品名称	物品尺寸	成交价RMB	拍卖公司	拍卖日期
寿山汶洋石钮章 (六方)	尺寸不一	57,500	西泠拍卖	2014.05.05
寿山汶洋石钮章(一组二十七方)	尺寸不一	63,250	中国嘉德	2014.11.22
寿山汶洋石钮章(一组三十六方)	尺寸不一	40,250	中国嘉德	2014.05.17
寿山汶洋石钮章 (一组五方)	尺寸不一	23,000	中国嘉德	2014.05.17
寿山汶洋石章 (六方)	2.7cm×2.7cm×5.8cm	63,250	西泠拍卖	2014.05.05
寿山银包金旗降石薄意方章	3.8cm×3.1cm×10cm	69,000	中国嘉德	2014.11.22
寿山月尾绿钮章 (一组三方)	6.5cm×5.1cm×4.3cm	23,000	中国嘉德	2014.05.17
寿山朱砂冻石子母狮钮章	3cm×3cm×6.4cm	28,750	西泠拍卖	2014.05.05
寿石工 1931年、1947年 刻寿山、青田石闲章	1.9cm×1.9cm×7.3cm	43,700	西泠拍卖	2014.12.15
寿石工 1947年作 刻寿山石孙正刚自用印 (二方)	2.2cm×2.2cm×2.6cm; 3cm×1.9cm×1.3cm	23,000	西泠拍卖	2014.05.05
寿石工、李骆公、沙曼翁 1931年作 刻刘子久自用印 (十方)	尺寸不一	57,500	西泠拍卖	2014.05.05
寿石工、吴朴 1947年、1951年作刻寿山石刘子久自用印 (二方)	2.1cm×2.1cm×5.1m; 2.1cm×2.1cm×6m	51,750	西泠拍卖	2014.05.05
寿石工、吴朴、陈巨来 1947年、1976年 刻寿山石章	2.4cm×1.1cm×3.9cm	23,000	西泠拍卖	2014.12.15
寿石工刻尚均款寿山白芙蓉石博古钮章	1.7cm×0.5cm×5.6cm	69,000	北京匡时	2014.06.05
寿石工刻兽钮寿山石孙正刚自用印	2.2cm×2.2cm×4.7cm	36,800	西泠拍卖	2014.05.05
兽钮田黄印章	通高12.8cm宽6cm	2,000,000	荣盛国际	2014.07.26
双狮麒麟钮套章	7cm×3.6cm×3.5cm	143,750	北京艺融	2014.12.08
水洞高山龙钮方章	1.9cm×1.9cm×8.9cm	20,700	朵云轩	2014.12.18
水洞高山石瑞兽钮对章	10.8cm×2.3cm×2.3cm	195,500	福建东南	2014.10.25
水洞高山石瑞兽钮方章	9.6cm×2.5cm×2.5cm	115,000	福建东南	2014.10.25
水洞高山石霜叶红于二月花薄意方章	9.9cm×2.4cm×2.4cm	345,000	福建东南	2014.10.25
水洞高山素方章	2.3cm×2.3cm×4.4cm	23,000	朵云轩	2014.06.28
四股四高山石素章	10.9cm×2.9cm×3.3cm	195,500	福建东南	2014.05.25
四件套章	6.3cm×2.3cm×6cm	195,500	北京艺融	2014.12.08
宋岐 1932年 刻寿山石套章	2.8cm×2.8cm×4cm	25,300	西泠拍卖	2014.05.05
苏白 1972年 刻青田石任政自用印 (一对)	1.9cm×2cm×3.9cm	57,500	西泠拍卖	2014.12.15
孙慰祖篆刻闲章	4.2cm×3.9cm×6.3cm	138,000	朵云轩	2014.06.28
孙慰祖篆刻闲章	3.3cm×3.3cm×9.1cm	115,000	朵云轩	2014.06.28
孙慰祖篆刻闲章	4.8cm×4.8cm×5cm	74,750	朵云轩	2014.06.28
孙慰祖篆刻闲章	4.1cm×4.1cm×17.5cm	92,000	朵云轩	2014.12.18
孙慰祖篆刻闲章	3cm×3cm×6cm	51,750	朵云轩	2014.12.18
唐存才篆刻闲章	2.5cm×2.5cm×6.1cm	20,700	朵云轩	2014.06.28
唐存才篆刻闲章	2.3cm×2.3cm×2.4cm	25,300	朵云轩	2014.12.18
唐存才篆刻闲章	2.4cm×2.4cm×8.8cm	25,300	朵云轩	2014.12.18
唐云铭、白书章刻 圆形洮河石砚	3.4cm×20cm×20cm	207,000	福建东南	2014.10.26
唐醉石 1930年 刻常云湄自用印	4.2cm×4.3cm×5.1cm	28,750	西泠拍卖	2014.12.15
唐醉石1932年刻昌化鸡血石素方章	2.7cm×2.7cm×7.8cm	126,500	北京匡时	2014.12.02
唐醉石 1949年作 刻寿山石子母兽钮闲章	2.1cm×2.1cm×6.6cm	43,700	西泠拍卖	2014.05.05
唐醉石、韩登安 刻寿山石汪志庄、汪新士父子自用印 (七方)	尺寸不一	115,000	西泠拍卖	2014.12.15
唐醉石刻 寿山芙蓉石兽钮对章	2.9cm×2.8cm×7.7cm×2	112,700	中国嘉德	2014.11.22
唐醉石刻博古钮寿山芙蓉石吴待秋自用印	2.3cm×2.3cm×2.5cm	28,750	西泠拍卖	2014.12.15
唐醉石刻寿山石曹秉章自用印	1.9cm×1.9cm×4cm	23,000	西泠拍卖	2014.05.05
唐醉石刻寿山石闲章 (二方)	1.7cm×1.7cm×4.1cm	57,500	西泠拍卖	2014.12.15
唐醉石篆刻闲章	2.4cm×2.4cm×2.8cm	34,500	朵云轩	2014.06.28
桃花芙蓉灵芝钮章	5.5cm×3.2cm×4cm	46,000	朵云轩	2014.06.28
桃花源记 寿山田黄石章	4.7cm×4.7cm×6.1cm	6,900,000	中国嘉德	2014.05.17
天干地支套印 (六十方)	尺寸不一	40,250	朵云轩	2014.12.18
天青石鹿钮方章	4.7cm×3cm×6.5cm	23,000	中国嘉德	2014.11.22
天然白玉“貔貅”印章摆件		260,686	天成国际	2014.12.07
天然白玉“貔貅”印章手把件		74,482	天成国际	2014.12.07
田黄雕狮钮方章	15.3cm×6.4cm	2,753,100	中信国际	2014.04.19
田黄雕五龙钮方章	高6cm	112,739	景薰楼	2014.06.15
田黄冻雕六龙钮印	尺寸不一	112,739	景薰楼	2014.06.15
田黄冻石荷花薄意章	1.7cm×1.6cm×4.7cm	287,500	西泠拍卖	2014.12.15
田黄冻石携琴访友薄意随形章	6cm×3.4cm×7.9cm	4,600,000	西泠拍卖	2014.05.05
田黄冻素闲章	2cm×1.3cm×3.2cm	126,500	朵云轩	2014.06.28
田黄方章 (一对)	高3cm	1,090,200	保利香港	2014.04.07
田黄石薄意、龙钮章 (二方)	1cm×1.9cm×2cm; 0.7cm×1.5cm×1.4cm	34,500	西泠拍卖	2014.05.05
田黄石薄意雕扁方章	重29.6g高4cm	103,500	翰风国际	2014.04.30
田黄石薄意雕随形章	重80.2g高4.7cm	184,000	翰风国际	2014.04.30
田黄石薄意雕随形章	重53.2g高4.7cm	138,000	翰风国际	2014.04.30
田黄石薄意随形章	3.5cm×1.6cm×2.5cm	34,500	西泠拍卖	2014.05.05
田黄石薄意随形章	3.7cm×5.2cm×2.2cm	109,250	福建东南	2014.10.25
田黄石苍龙教子钮方章	5.7cm×2.1cm×2.2cm	828,000	福建东南	2014.10.24
田黄石螭虎钮随形章	5.7cm×3.3cm×1.6cm	1,150,000	福建东南	2014.10.24
田黄石螭虎钮章	5.8cm×2.5cm×2.4cm	3,335,000	福建东南	2014.10.24
田黄石螭龙拱钱钮扁形章	1.6cm×2.6cm×5.5cm	1,552,500	西泠拍卖	2014.05.05
田黄石螭钮扁方章	1.4cm×1.8cm×3cm	57,500	西泠拍卖	2014.05.05
田黄石螭钮章	1.8cm×1.8cm×3.3cm	828,000	西泠拍卖	2014.05.05
田黄石福寿薄意随形章	3.2cm×4.7cm×3.1cm	207,000	福建东南	2014.05.24
田黄石福寿薄意随形章	4.7cm×3cm×3.2cm	207,000	西泠拍卖	2014.12.15
田黄石古兽钮方章	1.7cm×1.7cm×5.1cm	575,000	西泠拍卖	2014.05.05
田黄石古兽钮方章	1.5cm×1.5cm×3.2cm	69,000	西泠拍卖	2014.05.05
田黄石古兽钮方章	2cm×2cm×2.9cm	126,500	西泠拍卖	2014.12.15
田黄石古兽钮随形章	3.3cm×1.6cm×1.8cm	63,250	西泠拍卖	2014.12.15
田黄石古兽钮椭圆章	2.5cm×2.1cm×2.5cm	218,500	西泠拍卖	2014.05.05
田黄石古兽钮椭圆章	2.7cm×1.9cm×2.7cm	253,000	西泠拍卖	2014.12.15
田黄石古兽钮章	1.7cm×1.7cm×3.1cm; 1.5cm×1.5cm×2.2cm	69,000	西泠拍卖	2014.05.05
田黄石降龙罗汉随形章	3.5cm×3.5cm×2.6cm	195,500	福建东南	2014.10.25
田黄石龙钮方章	1.7cm×1.7cm×3.3cm	345,000	西泠拍卖	2014.12.15
田黄石罗汉钮章	8.1cm×3.8cm×4.1cm	368,000	福建东南	2014.10.25
田黄石梅花薄意随形章	3.3cm×2cm×3.9cm	264,500	西泠拍卖	2014.12.15
田黄石瑞兽钮章 (二方)	1.7cm×1.3cm×3.5cm	48,300	西泠拍卖	2014.05.05
田黄石瑞兽钮章料	4.9cm×4.9cm×2.3cm; 重58.2g	715,000	华软信诚	2014.01.01
田黄石瑞兽章料	高5.3cm	28,750	太平洋	2014.09.19
田黄石三螭绕钱钮章	2cm×2cm×4.7cm	2,875,000	西泠拍卖	2014.12.15
田黄石山水薄意随形章	3.1cm×2cm×3.7cm	126,500	西泠拍卖	2014.12.15
田黄石山水薄意随形章	2.5cm×1.9cm×4cm	115,000	西泠拍卖	2014.12.15
田黄石山水薄意随形章 (二方)	1.7cm×2.4cm×5cm; 1.6cm×2.5cm×2.1cm	48,300	西泠拍卖	2014.05.05
田黄石山水薄意章	2.7cm×2.4cm×5.8cm	1,035,000	西泠拍卖	2014.12.15
田黄石山水人物薄意随形章	4.6cm×2.7cm×3.9cm	402,500	西泠拍卖	2014.12.15
田黄石深山访友薄意随形章	2.2cm×2cm×3.5cm	86,250	西泠拍卖	2014.12.15
田黄石兽钮方章	3.7cm×2.7cm×2.7cm	1,667,500	福建东南	2014.10.24
田黄石双螭穿环钮随形章	1.5cm×1.5cm×4.9cm	218,500	西泠拍卖	2014.05.05
田黄石双螭穿环钮随形章	1.4cm×1.4cm×5.1cm	149,500	西泠拍卖	2014.05.05
田黄石双螭钮方章	3.2cm×3.4cm×3.5cm	109,250	福建东南	2014.10.25
田黄石双清薄意随形章	3.2cm×4cm×2.9cm	241,500	福建东南	2014.10.25
田黄石松石薄意随形章	4.3cm×3.6cm×3.7cm	920,000	西泠拍卖	2014.05.05
田黄石松鼠葡萄薄意随形章	1.2cm×2.9cm×4.4cm	149,500	西泠拍卖	2014.12.15
田黄石素方章	1.8cm×1.8cm×3cm	253,000	西泠拍卖	2014.05.05
田黄石五螭献财钮随形章	2.5cm×1.8cm×4.4cm	345,000	西泠拍卖	2014.05.05
田黄石五老图薄意随形章	4.3cm×2.8cm×7.8cm	632,500	西泠拍卖	2014.12.15
田黄石喜上眉梢薄意扁方章	1.6cm×2.8cm×4.7cm	517,500	西泠拍卖	2014.05.05
田黄石印章 (二方)	1.9cm×1.2cm×2.8cm; 2.1cm×1cm×3cm	23,000	西泠拍卖	2014.05.05
田黄石鹰钮方章	1.3cm×1.3cm×6.7cm	115,000	西泠拍卖	2014.05.05
田黄石云蝠纹薄意扁方章	1.3cm×2.5cm×4.2cm	57,500	西泠拍卖	2014.05.05
田黄石云纹薄意椭圆章	4.6cm×4.3cm×2.4cm	1,840,000	福建东南	2014.05.24
田黄石云纹薄意章	2cm×0.7cm×4cm	172,500	西泠拍卖	2014.12.15
田黄石章	1.1cm×2cm×4cm	46,000	西泠拍卖	2014.05.05
田黄石周庆基自用印	2.8cm×1.8cm×3.9cm	218,500	西泠拍卖	2014.12.15
田黄兽钮章料	高3.9cm	46,000	中国嘉德	2014.06.22
田黄唐诗浮雕章	2.9cm×1.5cm×3.3cm	97,750	朵云轩	2014.06.28
田黄渔翁得利薄意章	4cm×1.8cm×3.2cm	57,500	朵云轩	2014.06.28
田黄云纹薄意扁方章料	2.4cm×1.2cm×5.3cm	437,000	朵云轩	2014.06.28
铜方章	高8.5cm	20,700	中国嘉德	2014.03.24
童大年1901年刻莱州石汪洵自用闲章	7.6cm×2.5cm×4.8cm	63,250	西泠拍卖	2014.05.05
童大年刻 青田石印章 (二方)	2.6cm×2.6cm×4.1cm	23,000	中国嘉德	2014.11.22
童大年刻寿山石子母狮钮章	2.4cm×2.4cm×5.1cm	32,200	西泠拍卖	2014.12.15
童大年刻田黄石云纹薄意扁方章	1.1cm×1.9cm×3.7cm	63,250	西泠拍卖	2014.05.05
童大年款为李次武刻寿山芙蓉石狮钮方章	2.3cm×2.3cm×5.4cm	20,700	北京匡时	2014.06.05
童大年篆刻黄芙蓉石闲章	3.5cm×1.7cm×4.5cm	552,000	朵云轩	2014.06.28
童衍方刻山水纹寿山芙蓉石吉语印	3.8cm×3.8cm×8.5cm	207,000	西泠拍卖	2014.12.15
童衍方篆刻黄汶洋石闲章	3.5cm×2.7cm×4.7cm	345,000	朵云轩	2014.06.28
童衍方篆刻闲章	3.2cm×3.2cm×4.7cm	207,000	朵云轩	2014.06.28
童衍方篆刻闲章	3.1cm×3.1cm×6.2cm	275,000	浙江六通	2014.10.19
童衍方篆刻闲章	3cm×3cm×8cm	345,000	朵云轩	2014.12.18
童衍方篆刻闲章	3.8cm×3.8cm×13cm	276,000	朵云轩	2014.12.18

(成交价RMB：1万元以上)

拍品名称	物品尺寸	成交价RMB	拍卖公司	拍卖日期
童子献寿 寿山芙蓉石方章	2.8cm×2.7cm×14cm	287,500	中国嘉德	2014.05.17
瓦钮石章等（九方）		25,300	上海工美	2014.11.02
晚晴/民早 肃亲王"善耆"金质狮子形印章（一对）	高2.73cm印台直径1.8cm总重128g	471,500	中国嘉德	2014.05.24
万年寿 寿山汶洋石 钮章（两件）	2.7cm×1.8cm×4cm	23,000	北京匡时	2014.06.05
汪世杰作田黄冻石渔歌唱晚薄意章	2.6cm×2.7cm×4.2cm	690,000	西泠拍卖	2014.12.15
王北岳 1981年作 刻寿山石孙正刚自用印	2cm×2cm×8.1cm; 23cm×1.9cm×6.2cm	32,200	西泠拍卖	2014.05.05
王斌篆刻道德经名句套章（四方）	25cm×25cm×75cm×4	92,000	朵云轩	2014.06.28
王斌篆刻闲章	2.8cm×2.4cm×5.7cm	20,700	朵云轩	2014.12.18
王冰铁刻田白方章	2.2cm×2.2cm×3.6cm	322,000	朵云轩	2014.12.18
王大炘、叶为铭、叶墨卿 1911年作 刻寿山石章（三方）	尺寸不一	23,000	西泠拍卖	2014.05.05
王大炘刻 青田石陶湘自用印	2.6cm×2.6cm×6.6cm	115,000	中国嘉德	2014.11.22
王大炘刻 寿山白芙蓉石张均衡铭藏书印	2.5cm×2.5cm×4.3cm	71,300	中国嘉德	2014.11.22
王尔度为龚照瑗刻 田黄螭龙钮章朱文自用印	3.7cm×3cm×1.5cm	632,500	福建东南	2014.10.24
王福庵刻 昌化鸡血石印章	1.7cm×1.7cm×4.5cm	46,000	中国嘉德	2014.11.22
王福庵刻 寿山芙蓉石兽钮方章	2.9cm×2.9cm×7.5cm	57,500	中国嘉德	2014.05.17
王福庵刻 寿山石古兽钮对章	25cm×25cm×83cm×2	89,700	中国嘉德	2014.05.17
王福庵刻 寿山石印章	2.2cm×1.9cm×5.6cm	36,800	中国嘉德	2014.11.22
王福庵刻芙蓉刘海戏金蟾纽章	3.2cm×3.2cm×7cm	28,750	北京保利	2014.06.05
王福厂 1923年 刻广东绿石素方章	1.7cm×1.4cm×3.5cm	161,000	北京匡时	2014.12.02
王福厂 1937年作 刻寿山高山石狮钮方章	2.4cm×2.4cm×5.2cm	23,000	北京匡时	2014.06.05
王福厂 1938年 刻篆刻闲章	1.5cm×1.5cm×2.7cm	43,700	北京匡时	2014.12.02
王个簃 1940年 刻昌化鸡血、寿山石印章（三方）	2.1cm×2cm×5.1cm	25,300	西泠拍卖	2014.05.05
王国维 1920年作 自用双面铜印	2.1cm×1.2cm×2.6cm	43,700	西泠拍卖	2014.12.15
王雷霆雕睢阳五老薄意章	8cm×3cm×10cm	36,800	朵云轩	2014.12.18
王雷霆雕携琴访友薄意章	7cm×2.5cm×8cm	115.000	朵云轩	2014.06.28
王梅邻刻寿山高山石太狮少狮钮方章	2.5cm×2.5cm×7cm	23,000	北京匡时	2014.12.02
王培鑫雕鳌龙章	3cm×2.8cm×8.2cm	34,500	朵云轩	2014.06.28
王培鑫雕刘海戏金蟾钮章	2.5cm×2.5cm×12.5cm	23,000	朵云轩	2014.06.28
王佺俤雕童子观音钮章	4.7cm×2.3cm×5.5cm	23,000	朵云轩	2014.12.18
王石城自用寿山杜陵石吉祥如意薄意对章	1.5cm×1.5cm×8.1cm×2	43,700	西泠拍卖	2014.12.15
王硕吾 1948年 刻青田石章	1.9cm×1.9cm×7cm	20,700	西泠拍卖	2014.05.05
王炎铨作李红善伯洞石三狮戏球钮章	6.2cm×2.6cm×2.7cm	253,000	福建东南	2014.05.24
王义骅刻 寿山芙蓉石兽钮印章	2.3cm×2.3cm×10.7cm	34,500	中国嘉德	2014.11.22
王义骅刻 寿山芙蓉石兽钮印章	2.7cm×2.7cm×7.1cm	25,300	中国嘉德	2014.11.22
王禔1920年作刻黄芙蓉石古兽钮章	2.3cm×2.3cm×4.3cm	126,500	西泠拍卖	2014.05.05
王禔1927年、1938年、1945年作刻寿山石、昌化鸡血石等印章（三方）	尺寸不一	86,250	西泠拍卖	2014.05.05
王禔 1928年作 刻寿山石扁方章	2cm×2cm×3.2cm	23,000	西泠拍卖	2014.05.05
王禔 1931年、1942年作 刻寿山石高时丰等自用印（二方）	1.7cm×1.7cm×3.8cm; 2cm×2.1cm×4.4cm	46,000	西泠拍卖	2014.05.05
王禔1933年作刻青田石谢荣涣自用印	2.4cm×2.4cm×3cm	32,200	西泠拍卖	2014.05.05
王禔 1933年作 刻寿山、昌化鸡血等石印章（十二方）	尺寸不一	132,250	西泠拍卖	2014.05.05
王禔1933年作刻寿山石马上封侯钮章	3.4cm×3.4cm×7.6cm	23,000	西泠拍卖	2014.05.05
王禔1935年 刻寿山石闲章（二方）	2.1cm×2.1cm×6cm	23,000	西泠拍卖	2014.12.15
王禔 1935年作 刻寿山石顾随自用印（三方）	尺寸不一	34,500	西泠拍卖	2014.05.05
王禔 1937年 刻青田石章	2cm×2cm×4.8cm	51,750	西泠拍卖	2014.05.05
王禔 1938年作 刻寿山石闲章	2.2cm×2.2cm×5.7cm	57,500	西泠拍卖	2014.05.05
王禔刻青田石闲章	2.7cm×2.6cm×5.9cm	230,000	西泠拍卖	2014.12.15
王禔刻云龙钮寿山石常云湄自用印	2.3cm×2.3cm×4.5cm	69,000	西泠拍卖	2014.12.15
王壮为 1961年 刻瑞兽钮寿山石熊式一自用印	2.8cm×2.8cm×8cm	51,750	西泠拍卖	2014.12.15
王壮为 1990年 为梁肃戎刻巴林石博古钮方章	3.7cm×3.7cm×3.7cm	71,300	北京匡时	2014.12.02
王祖光寿山芙蓉石坐龛观音像方章	3.2cm×3.2cm×13cm	207,000	中国嘉德	2014.05.17
文字鼻钮章	9cm×3.8cm×1.8cm	69,000	北京艺融	2014.12.08
汶洋博古钮方章	2cm×1.9cm×8cm	25,300	朵云轩	2014.06.28
汶洋石古兽扁章	12.1cm×3.8cm×2.4cm	126,500	福建东南	2014.10.25
汶洋石古兽套章	8.4cm×3.3cm×3.3cm	379,500	福建东南	2014.05.25
汶洋石牡丹钮章	8.7cm×4.4cm×2.7cm	230,000	福建东南	2014.10.24
汶洋石瑞兽方章	8.4cm×3.8cm×3.8cm	184,000	福建东南	2014.10.25
汶洋石兽钮方章	9cm×2.9cm×2.9cm	184,000	福建东南	2014.10.25

拍品名称	物品尺寸	成交价RMB	拍卖公司	拍卖日期
汶洋石双螭钮章	12.8cm×3.8cm×3.2cm	747,500	福建东南	2014.05.24
翁大年 刻寿山田黄石兽钮方章	2.4cm×2.1cm×5.4cm; 重36.56g	575,000	北京匡时	2014.12.02
翁叔均等刻寿山石章（三方）	尺寸不一	25,300	北京保利	2014.06.05
乌鸦皮田黄石螭龙钮扁方章	0.9cm×1.7cm×3.2cm	57,500	西泠拍卖	2014.05.05
乌鸦皮田黄石梅竹双清薄意章	2.3cm×2.2cm×4.8cm	149,500	西泠拍卖	2014.12.15
吴昌硕1895年作刻寿山石自用印	1cm×1cm×3cm	166,750	北京匡时	2014.06.05
吴昌硕 1918年 刻双螭钮寿山白芙蓉石刘体干自用印	2.6cm×2.6cm×5.1cm	747,500	西泠拍卖	2014.12.15
吴昌硕 刻寿山石任霞自用印	1.5cm×1.5cm×4cm	805,000	北京匡时	2014.06.05
吴昌硕 为李誠刻昌化鸡血石对章	2cm×2cm×7.1cm×2	575,000	北京匡时	2014.12.02
吴昌硕刻 昌化石平头钮闲章	2.7cm×1.7cm×1cm	126,500	福建东南	2014.05.24
吴昌硕刻 芙蓉石兽钮闲章	3.6cm×2.1cm×0.9cm	517,500	福建东南	2014.05.24
吴昌硕刻黄芙蓉石兽钮椭圆朱文印	5cm×2.7cm×1.5cm	368,000	福建东南	2014.10.24
吴昌硕刻 青田石印章	2.7cm×2.7cm×4cm	529,000	中国嘉德	2014.05.17
吴昌硕刻 青田石印章	2.8cm×2.7cm×4.2cm	299,000	中国嘉德	2014.11.22
吴昌硕刻 寿山芙蓉石印章	1.4cm×1.2cm×2.6cm	207,000	中国嘉德	2014.11.22
吴昌硕刻李国松田黄冻自用印	2.7cm×1.9cm×4.1cm	2,530,000	朵云轩	2014.06.28
吴昌硕刻李国松自用对章	2cm×2cm×4.8cm×2	310,500	朵云轩	2014.12.18
吴昌硕刻李国松自用对章	1.7cm×1.7cm×4.2cm×2	299,000	朵云轩	2014.06.28
吴昌硕刻李国松自用印	1.4cm×1.4cm×4.6cm	120,750	朵云轩	2014.12.18
吴昌硕刻李国松自用印	1.3cm×1.3cm×3.8cm	109,250	朵云轩	2014.12.18
吴昌硕刻李国松自用印	1.8cm×1.8cm×3cm	92,000	朵云轩	2014.12.18
吴昌硕刻李国松自用印	1.6cm×0.9cm×2.3cm	63,250	朵云轩	2014.12.18
吴昌硕刻李国松自用印	1.8cm×1.8cm×4.3cm	218,500	朵云轩	2014.06.28
吴昌硕刻李国松自用印	1.5cm×0.6cm×3.2cm	126,500	朵云轩	2014.06.28
吴昌硕刻李国松自用印	1.1cm×1.1cm×3cm	92,000	朵云轩	2014.06.28
吴昌硕刻寿山螭龙印章	高4cm	69,000	中贸圣佳	2014.06.01
吴昌硕为任伯年刻 昌化石平头钮随形自用印	2.6cm×1.9cm×1.4cm	161,000	福建东南	2014.05.24
吴昌硕篆刻	1.8cm×1.8cm×4.9cm	69,000	朵云轩	2014.06.28
吴朴1951年刻寿山石顾随自用闲章	2.1cm×1.4cm×4.3cm	80,500	西泠拍卖	2014.12.15
吴朴1951年刻寿山石顾随自用印	2.2cm×2.2cm×7.6cm	43,700	西泠拍卖	2014.05.05
吴朴1956年刻青田石赵鹤琴自用印	1.4cm×1.4cm×4.1cm	74,750	西泠拍卖	2014.12.15
吴朴 1959年作 刻寿山石闲章	2.3cm×1.3cm×5.4cm	55,200	西泠拍卖	2014.05.05
吴朴、陈巨来 1951年 刻寿山、昌化石章（三方）	尺寸不一	34,500	西泠拍卖	2014.12.15
吴朴、高式熊刻寿山石张絅伯自用印（三方）	尺寸不一	69,000	西泠拍卖	2014.12.15
吴朴刻昌化鸡血石素方章	2.3cm×2.3cm×6.3cm	23,000	西泠拍卖	2014.12.15
吴朴堂为王洪铭刻芙蓉石螭虎朱文闲章	8cm×2.8cm×2.8cm	218,500	福建东南	2014.10.24
吴朴堂自刻自用印	2.2cm×0.9cm×2.6cm	29,900	朵云轩	2014.06.28
吴让之、丁辅之、吴昌硕、李叔同款 寿山石印章（五方）	尺寸不一	32,200	中国嘉德	2014.11.22
吴让之刻 青田石印章	2.5cm×2.4cm×4.9cm	874,000	中国嘉德	2014.11.22
吴让之刻 寿山石双面自用印	3.2cm×2.3cm×2.4cm	2,070,000	福建东南	2014.10.24
吴隐刻寿山、青田石章	尺寸不一	48,300	西泠拍卖	2014.12.15
吴隐刻寿山石章（二方）	2cm×2cm×6cm	20,700	西泠拍卖	2014.05.05
吴隐刻寿山石章（三方）	尺寸不一	32,200	西泠拍卖	2014.05.05
吴臧龛1924年刻青田石吴待秋自用印	4.1cm×2.7cm×6.3cm	63,250	西泠拍卖	2014.12.15
吴子建 1963年 为关良刻寿山芙蓉石素方章	1.1cm×1.1cm×4.1cm	36,800	北京匡时	2014.12.02
吴子建 1968年、1974年 刻寿山、青田石等印章（四方）	1.9cm×1.9cm×4.4cm	138,000	西泠拍卖	2014.12.15
吴子建 1969年作 为张永恺刻鸡血石 寿山石 方章（三方）	2cm×2cm×2.6cm×3	89,700	北京匡时	2014.06.05
吴子建篆刻闲章	1.9cm×1.9cm×8cm	97,750	朵云轩	2014.06.28
吴子建篆刻闲章	1.8cm×1.8cm×8.1cm	74,750	朵云轩	2014.06.28
吴子建篆刻闲章	2.9cm×1.1cm×5cm	63,250	朵云轩	2014.06.28
吴子建篆刻闲章	3cm×2.9cm×5.8cm	69,000	朵云轩	2014.12.18
吴子建篆刻闲章	2.5cm×2.4cm×9.4cm	57,500	朵云轩	2014.12.18
五龙戏珠 寿山荔枝冻石方章	2.6cm×2.5cm×13.4cm	368,000	中国嘉德	2014.05.17
武钟临 1937年作 刻寿山芙蓉石高野侯自用印	3.2cm×1.1cm×4.7cm	55,200	西泠拍卖	2014.05.05
武钟临等篆刻章（三方）	尺寸不一	126,500	朵云轩	2014.06.28
现代寿山石善伯东如叶绿三阳开泰章料	高5.5cm	1,150,000	印千山	2014.07.19
谢麟 巴林鸡血石兽钮方章	3cm×3cm×11.1cm	69,000	中国嘉德	2014.11.22
新疆和田黄玉印章	高4.6cm宽2.65cm	80,500	北京保利	2014.10.08
徐谷甫篆刻闲章	3.3cm×3.3cm×7cm	23,000	朵云轩	2014.06.28
徐谷甫篆刻闲章	3.1cm×3cm×9.5cm	25,300	朵云轩	2014.12.18
徐谷甫篆刻闲章	4cm×4cm×5.7cm	23,000	朵云轩	2014.12.18

2014杂项拍卖成交汇总

(成交价RMB：1万元以上)

拍品名称	物品尺寸	成交价RMB	拍卖公司	拍卖日期
徐䁖龄、兰云、温庭宽、卢静安、冯星伯、丁吉甫等1947年、1975年、1978年、1980年作 刻孙正刚自用印(二十方)	尺寸不一	43,700	西泠拍卖	2014.05.05
徐海治印 (九十二方)	尺寸不一	3,680,000	北京匡时	2014.12.02
徐杰篆刻闲章	3.7cm×2.3cm×11.3cm	20,700	朵云轩	2014.06.28
徐三庚刻寿山牛角冻石牧牛钮方章	3.2cm×1.7cm×7cm	713,000	北京匡时	2014.12.02
徐三庚篆刻章	2.5cm×2.5cm×5.7cm	195,500	朵云轩	2014.06.28
徐世章自用寿山石印章 (九方)	尺寸不一	92,000	中国嘉德	2014.11.22
徐新周 1919年 刻青田石闲章	2.7cm×2.7cm×6.7cm	20,700	西泠拍卖	2014.12.15
徐新周、陈巨来、何筱宽、纪松浦、李宗海等刻寿山石等印章(十六方)	尺寸不一	155,250	西泠拍卖	2014.05.05
徐星州刻 蒲华自用寿山石印章	2.8cm×2.8cm×2.9cm	195,500	中国嘉德	2014.11.22
徐云叔等刻黄金懋自由印(十二方)	尺寸不一	20,700	朵云轩	2014.12.18
徐正廉篆刻闲章	3.6cm×2.7cm×6.4cm	23,000	朵云轩	2014.12.18
徐之麐篆刻闲章	2.5cm×2.5cm×8.7cm	80,500	朵云轩	2014.06.28
徐之麐篆刻闲章	2.7cm×2.7cm×8.7cm	74,750	朵云轩	2014.06.28
薛平南刻巴林鸡血石方章(一对)	2.6cm×2.6cm×6.8cm×2	46,000	中国嘉德	2014.05.17
薛志扬刻 寿山石、巴林石闲章(八方)(八件套)	尺寸不一	138,000	福建东南	2014.05.24
雪樵刻寿山石古兽钮椭圆章	3.2cm×1.5cm×5.3cm	20,700	西泠拍卖	2014.12.15
燕笙波先生自用闲章(一组三方)	2.8cm×2.8cm×6cm	43,700	北京保利	2014.06.05
杨千里为吴徵刻 高山石自用印(一对)	6.6cm×1.4cm×1.4cm	103,500	福建东南	2014.05.24
杨澥刻 寿山石印章	2cm×2cm×3.9cm	51,750	中国嘉德	2014.05.17
姚仲达 叶腊石"觅"圆章	4.1cm×2.7cm×2.3cm;重49.6g	23,000	北京博观	2014.04.20
姚仲达 作汶洋石象钮方章	2.4cm×2cm×8.5cm	25,300	北京匡时	2014.12.02
姚仲达作金沙地善伯洞石古兽方章	5.2cm×3.2cm×3.2cm	218,500	福建东南	2014.05.24
叶潞渊 1949年、1976年 刻青田石闲章 (二方)	3.8cm×3.8cm×8.9cm;2.8cm×2.8cm×9.8cm	80,500	西泠拍卖	2014.12.15
叶潞渊1963年刻青田石潘伯鹰自用印	3cm×3cm×7cm	103,500	西泠拍卖	2014.12.15
叶潞渊 1964年 刻青田石古兽钮闲章 (一对)	2.6cm×2.6cm×9.4cm×2	80,500	西泠拍卖	2014.12.15
叶潞渊 1972年 刻寿山石闲章 (二方)	3cm×3.1cm×4.1cm;2.2cm×2.1cm×6.7cm	69,000	西泠拍卖	2014.12.15
叶潞渊 1976年 刻青田石古兽钮闲章 (一对)	2.5cm×2.5cm×8.3cm×2	63,250	西泠拍卖	2014.12.15
叶潞渊 为沈炳儒刻寿山高山石瑞兽钮章	2cm×2cm×2.2cm	57,500	北京匡时	2014.12.02
叶潞渊、丁辅之、吴朴堂等刻 青田石印章 (四方)	尺寸不一	23,000	中国嘉德	2014.11.22
叶潞渊篆刻闲章	2.3cm×1.3cm×4.6cm	23,000	朵云轩	2014.06.28
叶潞渊自刻双面纪年印	2.8cm×1.6cm×3.1cm	23,000	朵云轩	2014.12.19
叶潞渊自刻自用印	4.4cm×4.4cm×4.6cm	69,000	朵云轩	2014.12.19
叶潞渊自刻自用印(五面印)	2.5cm×2.5cm×2.5cm	80,500	朵云轩	2014.12.19
叶铭 1936年 为沈炳儒刻寿山高山冻石素方章	1.6cm×1.6cm×3.4cm	32,200	北京匡时	2014.12.02
叶为铭刻寿山石扁方章	3.2cm×2cm×6.7cm	23,000	西泠拍卖	2014.05.05
易大厂、赵古泥、赵云壑1929年、1933年刻寿山石闲章(三方)	2.3cm×2.3cm×5.0cm	69,000	西泠拍卖	2014.12.15
易大厂刻青田、寿山石陈运彰等自用印 (二方)	2.3cm×2.3cm×4.5cm;2.6cm×2.6cm×5.3cm	40,250	西泠拍卖	2014.12.15
易大厂篆刻闲章	1.8cm×1.8cm×6cm	23,000	朵云轩	2014.06.28
余正刻 昌化田石兽钮印章	3.1cm×1.8cm×4.5cm	40,250	中国嘉德	2014.11.22
余正刻 寿山坑头石兽钮印章	3.3cm×3.3cm×10cm	34,500	中国嘉德	2014.11.22
余正刻 寿山汶洋石印章	2.7cm×2.1cm×6.1cm	34,500	中国嘉德	2014.11.22
余正篆刻闲章	3.2cm×3.2cm×5.5cm	165,000	浙江六通	2014.10.19
玉汉印 玉环组珮	长1.7cm	57,500	古天一	2014.12.05
玉汉印 玉勒组珮	长1.9cm	63,250	古天一	2014.12.05
御赐福寿久长马钮章	3.9cm×2.2cm×8.2cm	57,500	朵云轩	2014.12.18
园田湖城 1948年作 刻寿山水晶冻石三环钮章	1.8cm×1.8cm×3cm	23,000	西泠拍卖	2014.05.05
袁慧敏篆刻闲章	3.3cm×2.8cm×6.3cm	43,700	朵云轩	2014.06.28
袁慧敏篆刻闲章	2.8cm×2.8cm×11.3cm	34,500	朵云轩	2014.06.28
袁慧敏篆刻闲章	2.7cm×1.9cm×8cm	51,750	朵云轩	2014.12.18
袁慧敏篆刻闲章	2.7cm×2.7cm×5.7cm	48,300	朵云轩	2014.12.18
袁廷梼用寿山田黄石 蟾钮藏书印	2.2cm×2.2cm×3.7cm;重37.54g	1,150,000	北京匡时	2014.06.05
圆山大迂刻印章	1.9cm×1.9cm×3.7cm	69,000	西泠拍卖	2014.05.05
云龙戏珠钮套章	5.5cm×3.5cm×3.3cm	126,500	北京艺融	2014.12.08
张大千治 1927年刻 马宗霍印	2.5cm×5cm×4	184,000	中国嘉德	2014.11.21
张寒月刻寿山石印章(二十一方)	尺寸不一	115,000	中国嘉德	2014.11.22
张寒月篆刻章	1.9cm×1.9cm×3.8cm	43,700	朵云轩	2014.06.28
张楫如为奚旭刻田黄薄意山水纹方印	重量44.5g；高5.9cm	92,000	中国嘉德	2014.09.22
张铭篆刻闲章	2.6cm×1.8cm×4.4cm	23,000	朵云轩	2014.06.28
张牧石、金禹民 1973年作 刻孙正刚自用印 (六方)	尺寸不一	43,700	西泠拍卖	2014.05.05
张石园刻寿山石狮钮对章	2.7cm×2.7cm×7.9cm×2	20,700	西泠拍卖	2014.12.15
张樾丞、张鲁盦、沈觉初刻 寿山石印章 (三方)	3cm×3cm×5.1cm;3.1cm×3.1cm×5.6cm	23,000	中国嘉德	2014.11.22
张志鱼1929年、1931年、1932年作刻袁克文、潘恩元等自用印(三方)	尺寸不一	20,700	西泠拍卖	2014.05.05
张志鱼 1941年作 刻子母兽钮寿山石徐绪通自用对章	2.6cm×2.6cm×6.4cm×2	40,250	西泠拍卖	2014.05.05
张志鱼等 1929年、1939年 刻骨章、墨床 (一件)	1.3cm×1.3cm×7cm	195,500	西泠拍卖	2014.12.15
张志鱼篆刻对章	1.7cm×1.7cm×2.2cm×2	32,200	朵云轩	2014.06.28
赵次闲刻 芙蓉石平头白文闲章	2.9cm×3cm×2.5cm	115,000	福建东南	2014.10.24
赵古泥 1928年作 刻寿山高山石博古钮章	2.3cm×2.3cm×7.3cm	32,200	西泠拍卖	2014.05.05
赵古泥刻 寿山石印章	2.1cm×2cm×6.1cm	34,500	中国嘉德	2014.11.22
赵古泥刻寿山石沈煦孙自用印	3.3cm×2.3cm×2.4cm	92,000	西泠拍卖	2014.05.05
赵古泥篆刻章 (二方)	尺寸不一	23,000	朵云轩	2014.06.28
赵叔孺 1916年作 刻双凤钮寿山芙蓉石李国芝自用印	1.8cm×1.8cm×3.5cm	184,000	西泠拍卖	2014.05.05
赵叔孺1924年刻青田石龙凤钮大对章	6.1cm×6.1cm×10cm×2	322,000	西泠拍卖	2014.12.15
赵叔孺1938年作刻寿山石顾随自用印	0.9cm×2.3cm×3.6cm	23,000	西泠拍卖	2014.05.05
赵叔孺 1941年 刻博古钮寿山芙蓉石姜屏藩自用印	1.2cm×1.2cm×3.3cm	25,300	西泠拍卖	2014.05.05
赵叔孺、方介堪1922年刻寿山石闲章	2.2cm×2.2cm×6cm	28,750	西泠拍卖	2014.12.15
赵叔孺李国松自用印	3.1cm×1.7cm×3.5cm	201,250	朵云轩	2014.12.18
赵叔孺为王祖锡刻 高山桃花冻石自用印 (一对)	6.6cm×1.9cm×1.9cm	115,000	福建东南	2014.05.24
赵叔孺篆刻章	2cm×2cm×2cm	34,500	朵云轩	2014.06.28
赵遂之高山石印章(一组三方)	尺寸不一	23,000	北京保利	2014.06.05
赵之琛刻 青田石印章	1.5cm×1.5cm×5.1cm	63,250	中国嘉德	2014.11.22
赵之谦刻 青田石平钮方章	2.7cm×2.6cm×5.7cm	1,955,000	中国嘉德	2014.05.17
浙江青田石方章 (一组十方)	尺寸不一	25,300	中国嘉德	2014.11.22
浙江青田石方章 (一组十方)	尺寸不一	23,000	中国嘉德	2014.11.22
浙江青田石章 (一组十方)	尺寸不一	23,000	中国嘉德	2014.11.22
郑明作结晶芙蓉螭穿璧钮章	4.2cm×2.6cm×7.6cm	230,000	上海嘉泰	2014.06.19
郑仁蛟雕三螭钮章	3.5cm×1.6cm×4.5cm	32,200	朵云轩	2014.06.28
郑世斌作 二号矿石云纹日字章	3.7cm×4.4cm×2.6cm	161,000	福建东南	2014.10.25
郑幼林作 善伯洞石太白醉酒方章	15.2cm×3.3cm×3.3cm	109,250	福建东南	2014.05.24
郑幼林作水洞高山石弥勒人物钮方章	8.4cm×2.5cm×2.5cm	138,000	福建东南	2014.10.25
郑则评作 荔枝洞石古兽扁章	11cm×3cm×2.4cm	575,000	福建东南	2014.10.25
郑则评作 水洞高山石古兽方章	8.1cm×2.7cm×2.7cm	207,000	福建东南	2014.10.25
郑则泉 寿山石雕双螭钮章	10.4cm×3.4cm×2.4cm	112,000	上海联合	2014.10.11
支慈盦等刻王星记扇庄用印(二方)	2.6cm×2.6cm×2.2cm	69,000	西泠拍卖	2014.12.15
钟刚中刻 田黄石凤钮白文扁章	5.3cm×2.4cm×1.6cm	690,000	福建东南	2014.10.24
周宝庭 高山石"双狮戏球"方印	长2.4cm宽2.4cm高9.4cm	52,900	荣宝斋(上海)	2014.05.09
周宝庭雕洗象钮对章	1.7cm×1.7cm×8.2cm×2	23,000	朵云轩	2014.06.28
周宝庭作 旗降石交角螭钮对章	10.8cm×2.1cm×2.1cm×2	230,000	福建东南	2014.05.24
周鸿作 荔枝洞石古兽方章	9.7cm×3cm×3cm	402,500	福建东南	2014.10.25
周亮工 刻花乳石素方章	3.3cm×3.1cm×3.9cm	138,000	北京匡时	2014.12.02
周梅谷款 骨制印章 (十一方)	尺寸不一	28,750	中国嘉德	2014.11.22
周尚均作钮 田黄石凤钮朱文椭圆章	3.3cm×2.2cm×1cm	460,000	福建东南	2014.10.24
朱复戡、邓大川1973年作刻寿山、青田石孙正刚自用印(二方)	1.7cm×1.8cm×4cm;2.6cm×2.8cm×8.5cm	34,500	西泠拍卖	2014.05.05
朱积诚篆刻闲章(二方)	2.4cm×2.4cm×6.2cm×2	28,750	朵云轩	2014.06.28
朱砂芙蓉扁方章	3.5cm×1.4cm×7.5cm	23,000	朵云轩	2014.06.28
朱砂芙蓉母仪天下钮章	4.6cm×3cm×3.2cm	27,600	朵云轩	2014.06.28
诸乐三刻寿山芙蓉石荷塘清趣薄意闲章	3.8cm×1.7cm×5.7cm	46,000	西泠拍卖	2014.12.15
庄南鹏作 水洞高山石相随方章	9.1cm×2.5cm×2.5cm	115,000	福建东南	2014.05.24
镇纸				
战国明 铜错金鸟钮 铜错金辟邪纸镇	高7cm长6.4cm	329,500	伦敦邦瀚斯	2014.05.15
战国 青铜鎏金鹿形嵌贝席镇	长12cm高6cm	494,400	台湾世家	2014.04.13
北朝 滑石狮镇 (一对)	高14.5cm高15.3cm	163,530	保利香港	2014.04.07
14世纪 铜鎏金牛纸镇	宽9cm	752,514	中国嘉德	2014.04.09
明以前 铜童子镇纸	长6cm	17,250	西泠拍卖	2014.12.13

拍品名称	物品尺寸	成交价RMB	拍卖公司	拍卖日期
明 铜鎏金蝎形镇纸	长13.2cm	23,000	中鸿信	2014.11.22
明 雕羊铜纸镇	高4cm	55,200	古天一	2014.12.05
明 花斑石兔形纸镇	长10cm高6cm宽6cm	69,000	北京翰海	2014.10.25
明 青铜错金银独角兽纸镇	5cm×3.5cm×2.5cm	207,000	中国嘉德	2014.05.19
明 石雕卧狮席镇	18.5cm×11cm×14cm	78,200	中国嘉德	2014.11.22
明 铜带子上朝瑞兽纸镇	长10cm高6cm	55,200	北京翰海	2014.05.10
明 铜老鼠蔬果纸镇	长14.6cm	345,000	北京翰海	2014.10.26
明 铜鎏金狮纽镇纸	高8cm	218,500	江苏爱涛	2014.07.06
明 铜鎏金狮形镇	长9cm	368,000	北京保利	2014.06.05
明 铜鎏金狮形纸镇	长10.7cm	99,694	纽约苏富比	2014.03.18
明 铜瑞兽文镇	7cm6cm	44,800	天津文物	2014.05.16
明 铜瑞兽镇纸	长8cm	138,000	江苏爱涛	2014.07.06
明 铜瑞兽纸镇	长8.5cm	149,500	古天一	2014.06.05
明 铜狮形纸镇	长19cm高10cm	40,250	北京翰海	2014.10.25
明 铜四喜童子镇纸	长6.8cm	103,500	浙江世贸	2014.07.27
明 铜卧犬纸镇	长7cm宽4cm	57,500	北京翰海	2014.05.10
明 铜卧犬纸镇	长7.3cm	11,500	北京翰海	2014.10.26
明 童子纸镇	高8cm	36,800	北京翰海	2014.04.12
明 英雄纸镇	高6.5cm	34,500	北京翰海	2014.04.12
明晚期 清早期 铜鼓形镇纸	7.4cm	44,438	香港苏富比	2014.04.08
明晚期 清早期 铜卧狮镇纸	6.8cm	148,125	香港苏富比	2014.04.08
明晚期 铜四喜娃娃镇纸	5.7cm	138,425	香港苏富比	2014.10.08
清康熙 御制铜胎掐丝珐琅狮钮轴镇	高18cm	943,000	北京保利	2014.12.04
清乾隆 掐丝珐琅"三阳开泰"镇纸	长10.5cm	91,656	罗芙奥	2014.05.25
清乾隆 寿山石雕包袱纹纸镇	长6.5cm	1,012,000	北京东正	2014.05.18
清乾隆 铜鎏金狮子镇纸	高10cm	368,000	江苏爱涛	2014.07.06
清乾隆 铜鎏金云龙纸镇(二件)	长23cm	1,092,500	北京翰海	2014.05.10
清乾隆 铜胎掐丝珐琅万事如意纹镇纸 (一对)	宽13cm×2	276,000	北京保利	2014.12.04
清早期 铜鎏金瑞兽镇纸	长7cm	112,700	江苏爱涛	2014.07.06
清早期 铜狮形镇	尺寸不一	437,000	远方拍卖	2014.06.02
清早期 铜制钟馗纸镇	长9.5cm	92,000	中国嘉德	2014.05.19
清中期 铜太师少师纹纸镇	长14cm	15,820	广东省拍	2014.06.22
清 "乐善堂"瓷镇	长16.5cm宽9.7cm	69,000	北京盘古	2014.06.25
清戴熙款方纲铭诗文镇尺(二枚)	尺寸不一	22,500	中鸿信	2014.11.22
清 郭麐款紫檀嵌玉诗文纸镇	高2.8cm 长32cm	80,500	西泠拍卖	2014.05.06
清 红木嵌银丝镇纸成对	长25cm×2	34,500	中国嘉德	2014.05.19
清 红木诗文纸镇	长16.8cm	11,500	北京保利	2014.12.04
清 黄山寿款铜刻人物镇纸、刻花卉铜香熏	尺寸不一	55,200	西泠拍卖	2014.12.13
清 潘行庸制贴簧山水人物镇纸	长27.8cm 宽5cm	20,700	西泠拍卖	2014.05.06
清 铜鼓形纸镇	直径4.9cm	13,800	中国嘉德	2014.03.24
清 铜鎏金武狮纸镇 (二件)	高11.5cm	46,000	北京翰海	2014.05.11
清 铜鹿衔灵芝镇纸	高3cm	46,000	西泠拍卖	2014.12.13
清 铜猫蝶镇纸	高3cm带座高4.5cm	28,750	西泠拍卖	2014.12.13
清 铜瑞兽镇纸	高4.5cm	287,500	江苏爱涛	2014.07.06
清 铜瑞兽镇纸	长7.5cm	115,000	江苏爱涛	2014.07.06
清 铜瑞兽纸镇 (三件)	尺寸不一	28,750	西泠拍卖	2014.05.06
清 铜狮子纸镇	高9.3cm	17,250	中国嘉德	2014.03.24
清 铜仕女纸镇	长11.2cm	36,800	中国嘉德	2014.03.24
清 铜卧牛纸镇	长12cm	57,500	古天一	2014.12.05
清 铜舞狮镇纸	高6.8cm	28,750	西泠拍卖	2014.12.13
清 铜纸镇 (两件)	长7.5cm长5.9cm	17,250	中国嘉德	2014.09.22
清 铜纸镇 (三件)	长8.8cm长4.2cm直径4.1cm	21,850	中国嘉德	2014.03.24
清 铜制金文镇纸	长20cm 宽7.5cm	13,800	西泠拍卖	2014.05.06
清 西洋犬铜镇两件	长6.7cm长6cm	69,000	北京保利	2014.12.04
清 杨玉璇制红花芙蓉石雕游龙戏珠纹镇	高4.8cm长11.5cm带座高5.6cm	115,000	西泠拍卖	2014.12.13
清 张廷济款黄花梨诗文镇尺	长31.6cm	20,700	西泠拍卖	2014.12.13
清 紫檀诗文镇尺	长30cm	13,800	太平洋	2014.06.25
17世纪/18世纪 铜鎏金麒麟纸镇	宽12.6cm	28,674	邦瀚斯	2014.10.09
18世纪 白玉"事事如意"镇纸	长5.6cm	217,562	万昌斯	2014.05.25
清同治(1864年) 骆秉章黄花梨古琴式镇尺	长33cm	32,200	北京艺融	2014.12.08
清晚期 陈半丁刻达摩焚香图纸镇(一对)	长20.5cm	11,500	北京保利	2014.04.27
民国 常云湄上款铜刻兰亭集序镇纸一对及青铜器纹镇纸一对 (一组四件)	长26.7cm宽4cm长8.9cm宽4.4cm	241,500	西泠拍卖	2014.12.13
巴林鸡血石螭虎镇纸	2.6cm×11cm×3cm	26,450	福建东南	2014.05.25

拍品名称	物品尺寸	成交价RMB	拍卖公司	拍卖日期
陈达作 汶洋石古琴镇纸	1.8cm×19.3cm×3.3cm	172,500	福建东南	2014.05.24
海南黄花梨雕蝠纹镇纸	42cm×5.8cm×2.5cm	10,080	上海联合	2014.12.06
海南黄花梨镇纸 (一对)	58cm×7cm×3cm	20,160	上海联合	2014.12.06
蒋蓉制 龟镇纸	4.4cm×9.6cm×7cm	32,200	福建东南	2014.05.25
金丝楠老料镇纸 (一对)	37cm×6cm×3cm	10,080	上海联合	2014.12.06
来楚生款红木镇纸	53cm×4cm×2.5cm	63,250	北京匡时	2014.06.05
嵌来楚生款竹扇骨红木镇纸	45cm×4cm×2cm×2	172,500	北京匡时	2014.06.05
寿山二号矿石樱桃镇纸	3cm×3.2cm×13.4cm	86,250	西泠拍卖	2014.12.15
寿山芙蓉石五芝镇纸	2.7cm×4.4cm×11.8cm	28,750	西泠拍卖	2014.12.15
宋/元 铜卧兽镇纸 (一对)	5.7cm	346,063	香港苏富比	2014.10.08
铜错金银牛纸镇	长6.7cm	25,300	中国嘉德	2014.09.22
铜错金银瑞兽纸镇	长10cm	13,800	中国嘉德	2014.09.22
铜镇纸等 (四件)	尺寸不一	11,500	上海工美	2014.06.28
印度尼西亚伊利安沉香雕伊利安梅花镇纸	长32cm	207,000	西泠拍卖	2014.12.13
墨床				
清乾隆 铜胎掐丝珐琅花卉纹墨床	长9cm	322,000	北京保利	2014.12.04
清 黄杨木嵌云石墨床	高2.2cm长8.6cm	25,300	西泠拍卖	2014.12.13
清 紫檀嵌于硕刻寿山石墨床	高3cm	11,500	西泠拍卖	2014.12.13
清 红木嵌翡翠双喜墨床	尺寸不一	10,350	北京匡时	2014.12.03
墨				
明 程君房制玄龙焕墨	直径9.6cm	109,250	上海东方	2014.07.01
明 方于鲁制西王母仙桃墨	高16.1cm	166,750	上海东方	2014.07.01
明 龙墨 (两件)	长8.7cm直径7.8cm	97,750	北京保利	2014.12.04
明晚期 程君房古法制款围棋墨	直径10.1cm高1.8cm	172,500	中国嘉德	2014.05.19
清早期 曹素功尧千制漱金古墨八笏	尺寸不一	23,000	中国嘉德	2014.11.22
清康熙 吴天章制文字之祖墨	5.2cm×3.8cm×0.7cm	46,000	西泠拍卖	2014.12.15
清康熙 吴天章制宣和御砚墨	7.2cm×3.2cm×0.8cm	34,500	西泠拍卖	2014.12.15
清乾隆 "古华轩藏"款庭院人物图墨	10.3cm×10.3cm×1.9cm	51,750	北京匡时	2014.06.03
清乾隆 淳化轩摹古宝墨	径1cm×13.6cm	166,750	西泠拍卖	2014.12.15
清乾隆 宫廷造办处"敬腾斋珍藏"墨条	高22.6cm	146,900	江苏爱涛	2014.07.06
清乾隆 古隃麋墨 (二十锭)	7.5cm×1.2cm×0.7cm×20	126,500	西泠拍卖	2014.12.15
清乾隆 管松崖 书画墨 (两方)	9.2cm×2.3cm×1.5cm	59,800	中国嘉德	2014.11.22
清乾隆 归昌叶瑞御墨	11.1cm×3.7cm×1.4cm	115,000	西泠拍卖	2014.12.15
清乾隆 罗汉人物图墨两笏	7cm×3.6cm×1cm; 8.5cm×2.8cm×1cm	32,200	中国嘉德	2014.11.22
清乾隆 唐英制墨彩诗文"虾趣图"水丞	直径4.5cm	172,500	长风拍卖	2014.01.05
清乾隆 天然如意御墨 (二锭)	8.6cm×2.4cm×1.1cm	69,000	西泠拍卖	2014.12.15
清乾隆 御制寓名蕴古墨	11.8cm×5.7cm×1.3cm	92,000	西泠拍卖	2014.12.15
清乾隆太平雨露墨 (二锭)	8.9cm×2cm×1.2cm×2	40,250	西泠拍卖	2014.12.15
清嘉庆 "鑑光楼"款雕龙纹八边形墨	11.6cm×11.6cm×1.5cm	34,500	中国嘉德	2014.05.19
清嘉庆 黑漆皮圆柱状墨	高19.5cm	36,708	中国嘉德	2014.04.09
清嘉庆 胡爱棠制燕山八景诗套墨(八锭)	9.7cm×2.3cm×1cm×8	63,250	西泠拍卖	2014.12.15
清嘉庆 胡开文制御园图集锦墨(十六锭)	尺寸不一	402,500	北京诚轩	2014.05.19
清嘉庆 洒金圆柱状墨	高20cm	36,708	中国嘉德	2014.04.09
清嘉庆 制御园图墨 (四锭)	尺寸不一	69,000	西泠拍卖	2014.12.15
清中期 胡开文 古墨九笏	尺寸不一	23,000	中国嘉德	2014.11.22
清中期 胡开文 古墨四笏	尺寸不一	32,200	中国嘉德	2014.11.22
清中期 墨一套十件、手卷一件	尺寸不一	13,800	北京保利	2014.12.04
清中期 御咏十芳图墨 (一组)	高11cm×5	11,250	中鸿信	2014.11.22
清中期 御制铭园图墨四笏	尺寸不一	48,300	中国嘉德	2014.11.22
清道光曹素功制千秋光墨(二锭)	8.7cm×2cm×1.1cm×2	25,300	西泠拍卖	2014.12.15
清道光 汪近圣制黄山图套墨(十八锭)	7.2cm×1.7cm×0.8cm×18	230,000	西泠拍卖	2014.12.15
清道光 蔗乡仿古藏烟墨四锭连盒		21,850	朵云轩	2014.04.21
清同治曹素功制莲舟墨(四锭)	8cm×1.8cm×0.7cm×4	32,200	西泠拍卖	2014.12.15
清同治 瓜瓞绵绵瓜棱形御墨	直径11cm高4.8cm	43,700	中国嘉德	2014.05.19
清同治 胡开文制补拙轩套墨 (八锭)	7.8cm×1.9cm×0.7cm×8	55,200	西泠拍卖	2014.12.15
清同治 胡开文制大富贵亦寿考套墨 (五锭)	9.5cm×2.3cm×0.8cm×5	17,250	西泠拍卖	2014.12.15
清同治胡开文制凤池春墨(八锭)	7.9cm×2cm×0.7cm×8	23,000	西泠拍卖	2014.12.15
清同治胡开文制黄山图墨(八锭)	9cm×2.2cm×1cm×8	46,000	西泠拍卖	2014.12.15
清同治胡开文制上党青松墨(四锭)	7.9cm×1.9cm×0.8cm×4	132,250	西泠拍卖	2014.12.15
清同治胡开文制十二生肖墨(六锭)	9.6cm×5.2cm×1.4cm	69,000	西泠拍卖	2014.12.15

(成交价RMB：1万元以上)

拍品名称	物品尺寸	成交价RMB	拍卖公司	拍卖日期
清同治胡开文制铜柱墨(四锭)	径1cm×8.7cm×4	20,700	西泠拍卖	2014.12.15
清同治 胡开文制五老图套墨	尺寸不一	23,000	西泠拍卖	2014.12.15
清同治 胡开文制新安山水套墨(二盒十六锭)	8.8cm×2.1cm×1.1cm×16	51,750	西泠拍卖	2014.12.15
清同治 胡开文制瀛洲图套墨(十八锭)	5.9cm×2.9cm×0.7cm×18	55,200	西泠拍卖	2014.12.15
清同治 黄山图墨 (九锭)	尺寸不一	25,300	西泠拍卖	2014.12.15
清同治 石芝山馆藏墨四锭连盒		36,800	朵云轩	2014.04.21
清同治 睢阳五老图套墨	8.3cm×4.8cm×0.9cm; 4.6cm×4.9cm×0.7cm	20,700	西泠拍卖	2014.12.15
清同治查二妙堂制普乐升平墨	1.6cm×3.9cm×12.6cm	23,000	西泠拍卖	2014.12.15
清光绪曹素功制黄山图墨(七锭)	8.9cm×1.6cm×1.1cm×7	23,000	西泠拍卖	2014.12.15
清光绪 胡开文制华山半席藏墨(二锭)	11.9cm×1.9cm×1.1cm×2	23,000	西泠拍卖	2014.12.15
清光绪 胡开文制手卷彩墨 (两套二十锭)	尺寸不一	23,000	西泠拍卖	2014.12.15
清光绪胡子卿制棨花室藏墨(五锭)	1cm×2.2cm×9.4cm×5	40,250	西泠拍卖	2014.12.15
清光绪 小沧浪亭龙纹墨	8cm	13,440	天津文物	2014.05.16
清光绪 招隐山房书画墨	9.5cm	19,040	天津文物	2014.11.15
清光绪胡子卿制黄山图套墨(八锭)	8.8cm×2.2cm×1cm×8	32,200	西泠拍卖	2014.12.15
清晚期 曹素功款耕织图墨 (一套二十四方)	长9cm	20,700	中国嘉德	2014.09.22
清晚期 瀛洲图墨九锭	6cm×2.9cm×0.7cm×9	13,800	中国嘉德	2014.11.22
清晚期左氏珍藏墨(一套八件)	尺寸不一	57,500	北京保利	2014.06.05
清 "七十二研田富翁试研墨" (一套四锭)		23,000	上海金艺	2014.12.17
清 百寿图墨	8cm	13,440	天津文物	2014.05.16
清曹素功汪近圣胡开文等古墨六笏	尺寸不一	51,750	中国嘉德	2014.11.22
清 曹素功、胡开文等制仿古墨(十六锭)	尺寸不一	40,250	西泠拍卖	2014.12.15
清 曹素功、胡开文等制墨 (十五锭)	尺寸不一	25,300	西泠拍卖	2014.12.15
清 曹素功、胡开文等制朱子家训等墨 (六锭)	尺寸不一	13,800	西泠拍卖	2014.12.15
清 曹素功、胡开文制采兰书屋珍藏、十年如石一点如漆等墨(六锭)	尺寸不一	40,250	西泠拍卖	2014.12.15
清 曹素功等制紫玉光、古喻麋、金殿余香等墨 (十七锭)	尺寸不一	28,750	西泠拍卖	2014.12.15
清 曹素功漱金墨成对、汪近圣"鉴古斋"墨一笏	4.5cm×3cm×0.7cm; 5cm×2.7cm×1cm×2	46,000	中国嘉德	2014.11.22
清 曹尧千、胡开文等制鸿胪首唱、宝翰凝香墨等 (八锭)	尺寸不一	51,750	西泠拍卖	2014.12.15
清 方于鲁制云龙纹"青麟髓"墨、狮纹墨 (两件)	长8.3cm直径6.4cm	14,950	北京保利	2014.06.05
清 仿古墨木匣 (一组三件)	尺寸不一	43,700	西泠拍卖	2014.05.06
清 古墨 (一组)	尺寸不一	34,500	中国嘉德	2014.05.19
清 胡开文等制元墨、诗文墨、玉堂清赏等墨 (八锭)	7.9cm×1.9cm×0.7cm	51,750	西泠拍卖	2014.12.15
清 胡开文黄山图墨 (十八锭)	高8.8cm	195,500	上海敬华	2014.07.01
清 胡开文制人物墨	高21cm×2	782,000	江苏爱涛	2014.07.06
清 黄般若旧藏各式古墨 (一组十三件)	尺寸不一	17,250	西泠拍卖	2014.12.13
清 黄般若旧藏五牛图墨	直径12.8cm厚2.2cm	46,000	西泠拍卖	2014.12.13
清 解虚心斋著书墨 (四锭)	7.8cm×1.9cm×0.7cm×4	28,750	西泠拍卖	2014.12.15
清 棉花图墨、寮天一墨 (二锭)	尺寸不一	20,700	西泠拍卖	2014.12.15
清 南唐韩熙载圆形墨	直径10cm	34,500	上海金艺	2014.12.17
清 蟠龙云水纹柱状墨	径宽1.7cm高14.5cm	46,000	西泠拍卖	2014.12.15
清 麝香月墨	7.6cm	32,480	天津文物	2014.11.15
清 十八学士登瀛洲图墨及各式彩墨 (一组)	尺寸不一	20,700	西泠拍卖	2014.05.06
清 十大名花旧墨 (一组)	尺寸不一	10,350	北京传是	2014.06.05
清 石鼓文墨 (一组)	径5cm×10	14,950	北京传是	2014.06.05
清 手卷墨 (一套十方)	尺寸不一	13,800	中国嘉德	2014.03.24
清 手卷墨 (一套十方)	尺寸不一	10,350	中国嘉德	2014.03.24
清 汪节庵制青黎阁墨宝墨	16cm×3cm×3cm	23,000	上海金艺	2014.12.17
清 养性殿珍藏龙德御墨	14.6cm×5.7cm×1.6cm	109,250	西泠拍卖	2014.12.15
清 御墨 (一套六块)	尺寸不一	22,400	北京荣宝	2014.06.15
清 御制方墨	9cm×6cm	17,250	上海金艺	2014.12.17
清 御制民生在勤诗套墨 (八锭)	11cm×3.5cm×1.1cm×8	17,250	西泠拍卖	2014.12.15
清 御制铭园图墨四笏	尺寸不一	138,000	中国嘉德	2014.11.22
清 御制十二生肖朱砂墨	直径9.5cm	92,000	上海金艺	2014.12.17
清 张充和藏谷纹璧墨	径6.2cm厚0.9cm	57,500	西泠拍卖	2014.12.13
清 朱砂墨	8.4cm×1.9cm×1.2cm	34,500	西泠拍卖	2014.12.15
各式墨 (二十七方)	尺寸不一	17,250	中国嘉德	2014.06.22
古墨 (一套八件)	9cm×5cm×8	23,860	中信国际	2014.04.19
古喻麋、骊龙珠、万年枝、惜如金等墨 (八十五锭)	尺寸不一	115,000	西泠拍卖	2014.12.15
胡开文等制艾生持赠、铜柱墨等(五锭)	尺寸不一	23,000	西泠拍卖	2014.12.15
近代 文革墨 (四十件)	高9.7cm	20,700	北京翰海	2014.11.22
旧墨 (二锭)		10,350	朵云轩	2014.10.17
龙翔凤舞、骊龙珠、古喻麋、飞瀑山樵、玉壶冰鉴等墨(一百锭)	尺寸不一	172,500	西泠拍卖	2014.12.15
龙翔凤舞、千秋光、五百斤油、黄山风景图、气叶金兰墨(八盒九十八锭)	尺寸不一	40,250	西泠拍卖	2014.12.15
马叔雍旧藏，清乾隆 御制诗墨	直径14cm厚1.7cm	253,000	西泠拍卖	2014.12.15
马宗霍藏 旧彩墨	尺寸不一	17,250	中国嘉德	2014.11.21
马宗霍藏 铜墨盒	12.5cm×12.5cm	17,250	中国嘉德	2014.11.21
民国 "耕织图" 墨(一套二十四件)	长9cm×24	34,500	北京保利	2014.12.04
墨 (四件)	尺寸不一	40,250	北京保利	2014.06.05
千岁芝、庭竹、百爵图墨(三锭)	尺寸不一	34,500	西泠拍卖	2014.12.15
漱金龙纹盘墨	直径10.8cm	23,000	中贸圣佳	2014.07.06
汪近圣、胡开文、詹大有制鱼影梅竹斋、细密文章等墨 (六锭)	7.8cm×1.9cm×0.7cm; 29.1cm×2.2cm×1cm	23,000	西泠拍卖	2014.12.15
汪心农、胡秀文等制灵液、黄山松烟等墨 (六锭)	尺寸不一	13,800	西泠拍卖	2014.12.15
吴昌硕铭"老苍墨池"	长32cm	172,500	北京保利	2014.06.05
一枝春墨 (二盒八锭)		25,300	上海工美	2014.11.02
野玖墨等 (八锭)		10,350	上海工美	2014.11.02
长尾甲旧藏，清早期 程君房制河图八卦墨	直径12.3cm厚1.4cm	57,500	西泠拍卖	2014.12.15
朱砂墨 (一组)		120,000	荣盛国际	2014.07.26
砚屏				
清晚期 陈国文制松石绿釉雕瓷聊斋故事图砚屏	长34.5cm宽(瓷板)23.5cm	115,000	北京诚轩	2014.05.19
清乾隆 紫檀嵌云石砚屏(一对)	高31.5cm	799,480	保利香港	2014.04.07
清 紫端诗文砚屏	高41.5cm	23,000	北京传是	2014.06.05
清 雕瓷砚屏	高21.5cm	17,250	北京传是	2014.06.05
清 山水人物瓷板砚屏	高67cm	55,200	北京盘古	2014.06.25
清 五老观图瓷板砚屏	高58cm	25,300	北京盘古	2014.06.25
清早期 吕金泉刻砚屏	53cm×43cm	11,500	北京盘古	2014.06.25
清 祁阳石巧雕"竹报平安"砚屏	高17.3cm	115,000	江苏爱涛	2014.07.06
清 红木嵌古玉小案屏	高18cm 宽11cm	40,250	西泠拍卖	2014.05.06
清 紫檀嵌云石案屏	高23.5cm 长24.3cm 宽10.5cm	28,750	西泠拍卖	2014.05.06
清 紫檀嵌云石砚屏	21cm×5.5cm×28cm	59,800	中国嘉德	2014.05.19
大同元年3月1日，造币局制，铜伪满洲国建国纪念砚屏。		11,811	保利香港	2014.04.07
纸张				
宋金粟山藏经纸 (1张)	57cm×28cm	299,000	中国嘉德	2014.05.19
明高丽纸	62cm×24cm	40,250	中国嘉德	2014.05.19
明皮纸	27cm×21.5cm	13,800	中国嘉德	2014.05.19
明皮纸	27cm×21cm	11,500	中国嘉德	2014.05.19
明皮纸	23cm×13cm	10,350	中国嘉德	2014.05.19
明书本纸	39.5cm×28cm	20,700	中国嘉德	2014.05.19
明书本纸	33cm×32cm	17,250	中国嘉德	2014.05.19
明条幅纸 (一组)	尺寸不一	20,700	中国嘉德	2014.05.19
清册页纸	37cm×30cm	19,550	中国嘉德	2014.05.19
清黄地水波纹蜡笺纸	132.5cm×32.5cm	18,400	中国嘉德	2014.05.19
清木版云龙喜字研花笺	283cm×50cm	16,100	中国嘉德	2014.05.19
清乾隆 五色官绢 (一套)	538cm×277cm	368,000	中国嘉德	2014.11.22
清乾隆大纸	尺寸不一	23,000	中国嘉德	2014.05.19
清乾隆高丽皮纸	尺寸不一	35,650	中国嘉德	2014.05.19
清乾隆皮纸	76.5cm×50.5cm	29,900	中国嘉德	2014.05.19
清乾隆洒金、描金云纹笺纸(一组)	尺寸不一	11,500	中国嘉德	2014.05.19
清乾隆吴三泰敬造刻画宣	66.5cm×132.5cm	23,000	中国嘉德	2014.05.19
清乾隆纸 (2张)	尺寸不一	69,000	中国嘉德	2014.05.19
清乾隆纸	134cm×351cm	63,250	中国嘉德	2014.05.19
清乾隆纸	尺寸不一	23,000	中国嘉德	2014.05.19
清乾隆纸	尺寸不一	21,850	中国嘉德	2014.05.19
清乾隆纸	尺寸不一	13,800	中国嘉德	2014.05.19

拍品名称	物品尺寸	成交价RMB	拍卖公司	拍卖日期
清中期粉色洒金彩绘福寿如意万代花卉纹蜡笺纸	32.5cm×102.5cm	24,150	中国嘉德	2014.05.19
清中期蝴蝶云蝠纹库绢	78.6cm×151cm	13,800	中国嘉德	2014.05.19
清中期描金手绘宝相花纹蜡笺纸	84cm×168.8cm	10,350	中国嘉德	2014.05.19
清中期描金手绘云龙纹蜡笺纸	95cm×35.5cm	17,250	中国嘉德	2014.05.19
清中期描金手绘竹溪泛棹蜡笺纸	39cm×47.5cm	16,100	中国嘉德	2014.05.19
清中期祥云宝相花纹库绢	78.6cm×151cm	25,300	中国嘉德	2014.05.19
106张上上玉版宣、净皮罗纹宣纸	尺寸不一	18,400	中国嘉德	2014.09.20
1980年代红星牌五尺二层夹宣二刀		10,000	上海驰翰	2014.04.18
1984年红星牌净皮四尺单宣	68.5cm×133cm	13,800	中国嘉德	2014.05.19
A级六尺二层玉版宣笺纸	25张	11,500	中国嘉德	2014.09.20
A级四尺二层玉版宣笺纸	50张	11,500	中国嘉德	2014.09.20
A级四尺普通玉版宣50张/卷(五卷)	138cm×68cm	28,750	中鸿信	2014.11.23
A级四尺普通玉版宣50张/卷(四卷)	138cm×68cm	23,000	中鸿信	2014.11.23
曹光华监制 近代美术大师特制宣纸(一组)	69cm×138cm	13,800	北京保利	2014.06.05
仿金粟山藏经纸		34,500	中国嘉德	2014.09.20
粉笺梅花笺洒金宣(一组)	尺寸不一	18,400	中国嘉德	2014.05.19
红旗特种净皮丈二	144cm×367cm	138,000	浙江骏成	2014.01.08
红旗宣纸	宽69.5cm	27,600	中国嘉德	2014.05.19
红星牌四尺净皮单宣	138.5cm×69.5cm	25,300	北京保利	2014.06.03
红星牌四尺净皮单宣	138.5cm×69.5cm	20,700	北京保利	2014.06.03
红星牌四尺净皮单宣	138.5cm×68.5cm	17,250	北京保利	2014.06.03
红星牌四尺棉料绵连宣	140cm×90cm	18,400	北京保利	2014.06.03
鸡球特种净皮八尺宣纸	248cm×129cm	115,000	浙江骏成	2014.01.08
笺纸(一组)	尺寸不一	20,700	中国嘉德	2014.05.19
京都汪六吉制特净棉纸	135cm×98cm	48,300	中国嘉德	2014.05.19
京都汪六吉制特净棉纸	135cm×98cm	48,300	中国嘉德	2014.05.19
旧纸(19张)	尺寸不一	13,800	中国嘉德	2014.09.20
旧纸(4张)	尺寸不一	19,550	中国嘉德	2014.09.20
旧纸(55张)	尺寸不一	82,800	中国嘉德	2014.09.20
旧纸(一组)	尺寸不一	33,350	中国嘉德	2014.05.19
旧纸(一组)	尺寸不一	20,700	中国嘉德	2014.05.19
老纸(一组)	尺寸不一	19,550	中国嘉德	2014.05.19
老纸(一组)	尺寸不一	16,100	中国嘉德	2014.05.19
琉璃厂清秘阁四尺宣纸	55cm×116cm	23,000	中国嘉德	2014.05.19
棉料三尺单宣	100cm×69cm	28,750	中鸿信	2014.11.23
棉料三尺单宣	100cm×69cm	28,750	中鸿信	2014.11.23
描金银龙凤纹腊笺纸	尺寸不一	21,375	中鸿信	2014.11.23
描金银龙凤纹腊笺纸	尺寸不一	20,250	中鸿信	2014.11.23
描金银龙凤纹腊笺纸	尺寸不一	16,875	中鸿信	2014.11.23
描金银龙凤纹腊笺纸	尺寸不一	15,750	中鸿信	2014.11.23
描金银龙纹 蝠纹腊笺纸	尺寸不一	29,900	中鸿信	2014.11.23
民国 宣纸(二十封)	尺寸不一	10,350	中国嘉德	2014.03.24
民国北京崇文斋监制玉版宣	132.5cm×32cm	37,950	中国嘉德	2014.05.19
民国义发鸿记制七尺金榜28张		21,000	上海驰翰	2014.04.18
其他文房用品				
唐 开元十二年铭文砖	16.1cm×15.4cm×3.6cm	57,500	西泠拍卖	2014.12.15
宋 石制文房器(一组三件)	尺寸不一	23,000	西泠拍卖	2014.05.06
明末清初 瘿木文具箱	37cm×33cm×20cm	110,124	中国嘉德	2014.04.09
清早期 黄花梨文玩匣(一组)	尺寸不一	57,500	北京保利	2014.12.04
清早期 铜制文房(三件)	尺寸不一	69,000	北京保利	2014.06.05
清乾隆 栢生款段泥桃形文玩	长45cm	120,750	北京中汉	2014.11.21
清乾隆 瓷制文房(五件)	尺寸不一	138,000	北京保利	2014.06.04
清中期 红木嵌大理石文具盘	33.5cm×22.7cm	138,000	北京翰海	2014.05.11
清中期 黄花梨书箱	长83.5cm宽44.5cm高80m	368,000	银座国际	2014.06.01
清中期 紫檀文具方盘	长25cm	23,000	北京翰海	2014.10.26
清中期 紫檀镶瘿木文具箱	长35cm宽24cm高31cm	172,500	银座国际	2014.06.01
清道光 雕瓷文房(二件)	高10.5cm长9.5cm	23,000	北京保利	2014.12.04
清光绪 马庆云、陆清标、徐义茂等 浅绛彩花鸟文房(五件)	尺寸不一	20,700	北京保利	2014.12.02
清 瓷文房(一组三件)	尺寸不一	28,750	北京保利	2014.12.04
清 单色釉文房(四件)	尺寸不一	82,800	中国嘉德	2014.03.23
清 德化窑 漳州窑文房(五件)	尺寸不一	13,800	中国嘉德	2014.03.23
清 各式文房(三件)	尺寸不一	20,700	北京保利	2014.01.11
清 红木文房(五件)	尺寸不一	13,800	中国嘉德	2014.09.22
清 黄花梨文具箱	高31.5cm	55,200	中国嘉德	2014.09.22
清 昆仑玄实	长10.5cm	16,800	北京荣宝	2014.11.30
清 匏制鹅形刻诗文水滴	高19cm	46,000	西泠拍卖	2014.12.13
清 掐丝珐琅文房(三件)	尺寸不一	23,000	北京保利	2014.01.11
清 掐丝珐琅文房(四件)	尺寸不一	25,300	太平洋	2014.03.21
清 嵌金银丝"雅鉴斋"文房(三件套)	高11.5cm直径9cm5.5cm×5.5cm	1,610,000	江苏爱涛	2014.07.06
清 寿山石、田黄石(七件)	尺寸不一	115,000	北京保利	2014.12.04
清 文房(一组)	长12.5cm长20.5cm	10,350	中鸿信	2014.11.22
清 文房供石(一组三件)	尺寸不一	36,800	西泠拍卖	2014.05.06
清 文房用具(一套)		32,200	南京经典	2014.04.27
清 缨木文具箱	高33.3cm	57,500	上海工美	2014.11.02
清 紫檀端石博古文房	尺寸不一	29,900	中鸿信	2014.11.22
清 紫檀文具箱	高15.4cm长19cm宽13.4cm	48,300	西泠拍卖	2014.12.13
18世纪/19世纪红釉瓷镶嵌玉牌文具	高13.9cm	32,209	纽约苏富比	2014.03.18
清晚期 黄花梨满彻文具箱	33cm×16.4cm×9.3cm	57,500	北京匡时	2014.06.05
清晚期 紫檀百宝嵌文具盘	长17cm	101,200	长风拍卖	2014.01.05
清晚期 紫檀贴竹黄文房用具(一套五件)	3.8cm×1.45cm×1.3cm	63,250	北京艺融	2014.06.03
民国 勤民楼健行斋溥仪用文房(四件套)	尺寸不一	115,000	北京艺融	2014.06.03
民国 调色盘	16cm×7.5cm	13,800	上海道明	2014.04.12
民国 铜文房用具(一套)	尺寸不一	13,800	北京传是	2014.06.05
民国 仙霞石文案	宽20.5cm	13,800	朵云轩	2014.12.19
2014年 崔迪器"魏晋金玉品山房雅用"文房茶器(一套)	尺寸不一	40,250	北京保利	2014.12.02
彩金漆云龙纹托盘 湘妃竹文房(三件)	高51cm长46cm高32cm	48,300	朵云轩	2014.12.19
当代 留韵文房(三件)	36.5cm×20.5cm×6.8cm	32,200	北京翰海	2014.08.23
当代 留韵文房(三件)	36.5cm×20.5cm×6.8cm	29,900	北京翰海	2014.08.23
法国 都彭 建筑大师系列与神话系列	高度均约20.6cm(含底座)	1,012,000	北京保利	2014.12.04
歌商颂室藏汉双砖瓦研	尺寸不一	207,000	泰和嘉成	2014.06.01
黄花梨算盘	35.5cm×17.8cm	10,350	中国嘉德	2014.09.22
黄绫册	40cm×30cm	11,500	中鸿信	2014.11.23
黄杨木嵌瘿木整雕文房座(一对)	高29cm	11,500	朵云轩	2014.12.19
黄杨木整挖文房座(一对)	高8cm	13,800	朵云轩	2014.12.19
姜东舒藏鼋池研 空腹砚图 赞水注子石研歌	尺寸不一	345,000	西泠拍卖	2014.12.15
李九生紫檀黄花梨文盘(一组四件)	尺寸不一	32,200	北京保利	2014.12.05
马宗霍藏 戒尺	2.9cm×39cm	23,000	中国嘉德	2014.11.21
掐丝珐琅海水龙纹文房(四件)	尺寸不一	13,800	中国嘉德	2014.06.22
掐丝珐琅云龙纹文房(四件)	尺寸不一	17,250	中国嘉德	2014.09.22
掐丝珐琅云龙纹文房(一组四件)	尺寸不一	43,700	中国嘉德	2014.03.24
寿山芙蓉石文房摆件(两件)	尺寸不一	14,950	北京匡时	2014.12.02
寿山善伯石、芙蓉石文房(一组两件)		14,950	中国嘉德	2014.05.17
素黄绢		69,000	中鸿信	2014.11.23
现代 冯力远竹刻文房(一组)	尺寸不一	1,150,000	古天一	2014.12.05
紫檀文房(一套十件)		64,960	北京荣宝	2014.11.30
紫檀文房(一组九件)		44,800	北京荣宝	2014.03.23
紫檀文房(一组两件)	直径16.9cm长38.9cm×2	42,560	北京荣宝	2014.11.30
钱币邮品				
铜币				
东周 圜钱		23,000	西泠拍卖	2014.12.15
春秋"三川新"斜肩空首布		28,750	西泠拍卖	2014.05.06
春秋 大型平肩弧足空首布		19,550	西泠拍卖	2014.12.15
春秋 大型耸肩尖足空首布		19,550	西泠拍卖	2014.12.15
春秋 大型耸肩尖足空首布		14,950	西泠拍卖	2014.12.15
春秋 王畿 空首布一组六枚		24,150	中国嘉德	2014.11.26
春秋王畿"辛"中型平肩弧裆空首布		12,650	中国嘉德	2014.11.26
春秋王畿 大型"贝"平肩弧裆空首布	通长9.97cm	19,550	中国嘉德	2014.05.24
春秋王畿 大型"公"平肩弧裆空首布	通长10.13cm	12,650	中国嘉德	2014.05.24
春秋王畿 大型"古"平肩弧裆空首布	通长9.89cm	19,550	中国嘉德	2014.05.24
春秋王畿 大型"卢氏"斜肩弧裆空首布	通长8.27cm	36,800	中国嘉德	2014.05.24
春秋 王畿 大型"皿"平肩弧裆空首布	通长9.92cm	14,950	中国嘉德	2014.05.24
春秋 王畿 大型"壬羊"平肩弧裆空首布	通长10.16cm	31,050	中国嘉德	2014.05.24
春秋 王畿 大型"三川新"斜肩弧裆空首布	通长8.82cm	28,750	中国嘉德	2014.05.24
春秋 王畿 大型"午"平肩弧裆空首布	通长10.1cm	14,950	中国嘉德	2014.05.24

2014杂项拍卖成交汇总

(成交价RMB：1万元以上)

拍品名称	物品尺寸	成交价RMB	拍卖公司	拍卖日期
春秋 王畿 小型“十”平肩弧裆空首布	通长9cm	17,250	中国嘉德	2014.05.24
春秋 鲜虞“勺、百”大型尖首刀		10,580	中国嘉德	2014.11.26
春秋小型平肩弧足空首布一组五枚		19,550	西泠拍卖	2014.12.15
春秋 小型耸肩尖足空首布		19,550	西泠拍卖	2014.12.15
春秋 小型耸肩幺新尖足空首布		25,300	西泠拍卖	2014.12.15
春秋 斜肩弧足空首布一组二枚		17,250	西泠拍卖	2014.12.15
春秋“目”大型平肩弧足空首布		13,800	中国嘉德	2014.11.26
春秋 大型原始铲布		69,000	中国嘉德	2014.11.26
春秋或更早原始空首布“东二”一枚		20,700	北京保利	2014.06.08
春秋战国 无文空首大布		14,950	朵云轩	2014.06.29
战国“安阳之法化”五字刀		80,500	朵云轩	2014.06.29
战国“四布当釿”连布一枚		28,750	北京保利	2014.06.08
战国“益化、益四化、益六化”一组三枚		11,500	北京保利	2014.06.08
战国 安阳之法化背上五字刀		184,000	西泠拍卖	2014.12.15
战国楚“梡比当釿”背“七镇”	通长10.25cm	23,000	中国嘉德	2014.05.24
战国 楚“梡比当釿”合背	通长10.63cm	149,500	中国嘉德	2014.05.24
战国 楚“四布当釿”连布	通长8.57cm	31,050	中国嘉德	2014.05.24
战国 楚“四布当釿”连布	通长8.29cm	18,400	中国嘉德	2014.05.24
战国 大型尖足布“邪山”一枚		14,950	北京保利	2014.06.08
战国方足布一组不同品种二十七枚	尺寸不一	46,000	北京保利	2014.12.01
战国 方足布一组十八枚		32,200	西泠拍卖	2014.12.15
战国 甘丹、白人直刀一组十枚		63,250	西泠拍卖	2014.12.15
战国 共字圜钱一组三枚		26,450	西泠拍卖	2014.12.15
战国韩 小型“郎”方足布一组四枚		10,350	中国嘉德	2014.05.24
战国 韩 小型“露”方足布	通长4.83cm	12,650	中国嘉德	2014.05.24
战国韩 小型“露”方足布一组两枚	通长4.78cm	11,270	中国嘉德	2014.05.24
战国 圜钱“共”一枚		13,800	北京保利	2014.06.08
战国 圜钱“共”一枚		34,500	北京保利	2014.12.01
战国 圜钱“西周”一枚		115,000	北京保利	2014.12.01
战国 圜钱“铢重一两十四”一枚		109,250	北京保利	2014.06.08
战国 尖首刀一组七枚		14,950	西泠拍卖	2014.12.15
战国 尖足布“蔺”大型一枚		57,500	北京保利	2014.12.01
战国 尖足布“邪山”大型一枚		28,750	北京保利	2014.12.01
战国 节墨法化四字刀		28,750	朵云轩	2014.06.29
战国 节墨之法化”一组三枚		86,250	北京保利	2014.06.08
战国 节墨之法化背日五字刀		184,000	西泠拍卖	2014.12.15
战国 明刀、直刀一组十枚		11,500	西泠拍卖	2014.12.15
战国 平肩空首布“弗新化”一枚		23,000	北京保利	2014.06.08
战国 平肩空首布“共”一枚		23,000	北京保利	2014.06.08
战国 平肩空首布“禾”一枚		18,975	北京保利	2014.12.01
战国 平肩空首布“喜”一枚		28,750	北京保利	2014.06.08
战国平肩实首布“文字待考”一枚		839,500	北京保利	2014.12.01
战国 平首布一组十六枚		25,300	西泠拍卖	2014.12.15
战国 漆垣一釿		18,400	西泠拍卖	2014.12.15
战国齐“安阳之大刀”背“卜”五字刀		97,750	中国嘉德	2014.11.26
战国齐“安阳之大刀”背“草”五字刀		16,100	中国嘉德	2014.05.24
战国齐“安阳之大刀”背“上”五字刀		48,300	中国嘉德	2014.11.26
战国齐“节墨之大刀”背“工”五字刀		69,000	中国嘉德	2014.05.24
战国齐“节墨之大刀”背“上”五字刀		138,000	中国嘉德	2014.11.26
战国齐“齐大刀”背“匕”三字刀		19,550	中国嘉德	2014.11.26
战国齐“齐大刀”背“匕”三字刀		18,400	中国嘉德	2014.11.26
战国齐“齐大刀”背“卜”三字刀		23,000	中国嘉德	2014.05.24
战国齐“齐大刀”背“卜”三字刀		20,700	中国嘉德	2014.05.24
战国齐“齐大刀”背“卜”三字刀		19,550	中国嘉德	2014.05.24
战国齐“齐大刀”背“草”三字刀		43,700	中国嘉德	2014.11.26
战国齐“齐大刀”背“草”三字刀		28,750	中国嘉德	2014.11.26
战国齐“齐大刀”背“草”三字刀		25,300	中国嘉德	2014.11.26
战国齐“齐大刀”背“工”三字刀		27,600	中国嘉德	2014.11.26
战国齐“齐大刀”背“上”三字刀		24,150	中国嘉德	2014.05.24
战国齐“齐之大刀”背“大昌”四字刀		46,000	中国嘉德	2014.11.26
战国齐“齐之大刀”背“刀”四字刀		126,500	中国嘉德	2014.05.24
战国齐"齐之大刀"背"日"四字刀		63,250	中国嘉德	2014.11.26

拍品名称	物品尺寸	成交价RMB	拍卖公司	拍卖日期
战国 齐“益化”圆钱		10,120	中国嘉德	2014.05.24
战国 齐“齐法化”一枚		20,700	北京保利	2014.06.08
战国 齐“齐之法化”一枚		34,500	北京保利	2014.06.08
战国齐刀“节墨之法化背辟封”一枚		57,500	北京保利	2014.06.08
战国齐刀“节墨之法化背日”一枚		80,500	北京保利	2014.12.01
战国 齐刀“齐法化背行”一枚		29,900	北京保利	2014.12.01
战国 齐刀“齐法化背甲法”大字版一枚		17,250	北京保利	2014.12.01
战国 齐刀“齐法化背七”一枚		35,650	北京保利	2014.12.01
战国 齐刀“齐法化背七”一枚		17,250	北京保利	2014.12.01
战国齐刀“齐之法化背甲卜”一枚		92,000	北京保利	2014.12.01
战国 齐法化背1三字刀		25,300	西泠拍卖	2014.12.15
战国 齐法化背工三字刀		19,550	西泠拍卖	2014.12.15
战国 齐法化背日三字刀		25,300	西泠拍卖	2014.12.15
战国 齐法化背日三字刀		19,550	西泠拍卖	2014.12.15
战国 齐法化背上三字刀		25,300	西泠拍卖	2014.12.15
战国 齐法化三字刀		25,300	西泠拍卖	2014.12.15
战国 齐法化三字刀		23,000	西泠拍卖	2014.12.15
战国 齐国“安阳之法化”背“日”五字刀		218,500	西泠拍卖	2014.05.06
战国齐国“齐法化”背“吉”三字刀		27,600	西泠拍卖	2014.05.06
战国齐国“齐法化”背“上”三字刀		32,200	西泠拍卖	2014.05.06
战国 齐国“齐返邦长法化”背“化”六字刀		862,500	西泠拍卖	2014.05.06
战国 齐之法化背法廿四字刀		207,000	西泠拍卖	2014.12.15
战国 桥裆布“安邑一釿”背“安”一枚		10,925	北京保利	2014.06.08
战国桥裆布“梁充釿百尚寽”一枚		23,000	北京保利	2014.06.08
战国 桥裆布“梁充釿五十二尚寽”一枚		28,750	北京保利	2014.06.08
战国桥足布“安邑二釿背安”一枚		23,000	北京保利	2014.12.01
战国桥足布“安邑一釿背安”一枚		14,950	北京保利	2014.12.01
战国 桥足布“梁半釿、梁半釿反书、梁一釿、梁二釿”一套四枚		230,000	北京保利	2014.12.01
战国 桥足布一组二枚		20,700	西泠拍卖	2014.12.15
战国 秦“半两”		94,300	中国嘉德	2014.05.24
战国 秦“半两”		25,300	中国嘉德	2014.05.24
战国 秦“半两”		13,800	中国嘉德	2014.05.24
战国 秦“半两”		12,650	中国嘉德	2014.05.24
战国 秦“半两”		11,500	中国嘉德	2014.05.24
战国 秦“半两”		10,580	中国嘉德	2014.05.24
战国 秦“半两”一组两枚		12,650	中国嘉德	2014.05.24
战国 秦“半两”一组六枚		11,500	中国嘉德	2014.05.24
战国 秦“半两”一组三枚		11,500	中国嘉德	2014.05.24
战国 秦至西汉 小型“半两”一组二百三十五枚		12,650	中国嘉德	2014.05.24
战国 秦至西汉 小型“半两”一组一百八十五枚		51,750	中国嘉德	2014.05.24
战国 殊布当釿背十货一组二枚		18,400	西泠拍卖	2014.05.06
战国 魏“安邑半釿”桥裆布		24,150	中国嘉德	2014.05.24
战国 魏“安阴”桥裆布		23,000	中国嘉德	2014.11.26
战国 魏“安阴二”桥裆布		32,200	中国嘉德	2014.05.24
战国 魏“公”小型锐角布		21,850	中国嘉德	2014.11.26
战国 魏“共”圜钱		11,500	中国嘉德	2014.05.24
战国 魏“共”圜钱		10,120	中国嘉德	2014.11.26
战国 魏“济阴”圜钱		80,500	中国嘉德	2014.05.24
战国 魏“济阴”圜钱		43,700	中国嘉德	2014.11.26
战国 魏“济阴”圜钱		31,050	中国嘉德	2014.11.26
战国 魏“济阴”圜钱		18,400	中国嘉德	2014.11.26
战国魏“梁半釿”桥裆布上美品		17,250	中国嘉德	2014.05.24
战国 魏“阴晋一釿”桥裆布		24,150	中国嘉德	2014.05.24
战国 魏“阴晋一釿”桥裆布		14,950	中国嘉德	2014.11.26
战国 魏“圁阳一釿”桥裆布		33,350	中国嘉德	2014.05.24
战国 魏“圁阳一釿”桥裆布		16,100	中国嘉德	2014.11.26
战国 魏“虞一釿”桥裆布		23,000	中国嘉德	2014.05.24
战国 魏“虞一釿”桥裆布		18,400	中国嘉德	2014.05.24
战国 魏“虞一釿”桥裆布		23,000	中国嘉德	2014.11.26
战国 魏“虞一釿”桥裆布左读		26,450	中国嘉德	2014.05.24
战国 魏“垣”圜钱一组十枚		12,650	中国嘉德	2014.05.24
战国 魏 桥裆布一组两枚		10,580	中国嘉德	2014.05.24
战国 魏 桥裆布一组三枚		18,400	中国嘉德	2014.11.26

拍品名称	物品尺寸	成交价RMB	拍卖公司	拍卖日期
战国 魏 桥裆布一组三枚		10,580	中国嘉德	2014.11.26
战国 魏 小型"中都"方足布一组四枚		10,925	中国嘉德	2014.05.24
战国 魏 圜钱一组两枚		19,550	中国嘉德	2014.11.26
战国 燕 "明四"圆钱		12,650	中国嘉德	2014.05.24
战国 赵 "辛城"小型尖足布		18,400	中国嘉德	2014.11.26
战国 赵 大型"大阴"尖足布		11,500	中国嘉德	2014.05.24
战国 赵 大型"离石"圆足布		149,500	中国嘉德	2014.05.24
战国 赵 大型"蔺"圆足布		24,150	中国嘉德	2014.05.24
战国 赵 大型"邪山"尖足布		28,750	中国嘉德	2014.05.24
战国 赵 大型"邪山"尖足布		11,500	中国嘉德	2014.05.24
战国 赵 大型"兹氏"尖足布		10,120	中国嘉德	2014.05.24
战国 赵 小型尖足布一组三十枚		75,900	中国嘉德	2014.05.24
战国针首刀"工、己、封、五、八"等文字六枚、尖首刀"行"字一枚		43,700	北京保利	2014.06.08
战国 中山 "城白"直刀		23,000	中国嘉德	2014.05.24
战国 "幺"小型耸肩尖足空首布		31,050	中国嘉德	2014.11.26
战国 "新"小型耸肩尖足空首布		17,250	中国嘉德	2014.11.26
战国 方足布一组十四枚		23,000	中国嘉德	2014.11.26
战国 方足布一组四十五枚		105,800	中国嘉德	2014.05.24
战国 圜钱、圆钱一组十四枚		11,500	中国嘉德	2014.11.26
战国 尖足布一组六枚		16,100	中国嘉德	2014.11.26
战国 尖足布一组十九枚		13,800	中国嘉德	2014.11.26
战国 桥裆布、锐角布一组三枚		27,600	中国嘉德	2014.11.26
战国/汉 镒六化、五铢钱范一组三个		71,300	西泠拍卖	2014.05.06
战国"齐法化"三字刀一枚		27,600	北京诚轩	2014.05.21
战国"齐法化"三字刀一枚		10,350	北京诚轩	2014.05.21
战国齐 齐返邦长大化		782,000	朵云轩	2014.06.29
西汉 "半两"权钱		21,850	中国嘉德	2014.05.24
西汉 "第二"酒令筹		14,950	中国嘉德	2014.05.24
西汉 "第一"酒令筹		24,150	中国嘉德	2014.05.24
西汉 "千金半两"花钱		19.550	中国嘉德	2014.11.26
西汉 "五铢"花钱		17,250	中国嘉德	2014.05.24
西汉 四铢"半两"带数字一组十五枚		12,650	中国嘉德	2014.05.24
西汉 四铢"半两"一组一百二十枚		21,850	中国嘉德	2014.05.24
王莽 十布全套十枚		197,800	朵云轩	2014.06.29
王莽"一刀平五千"一枚		41,400	北京保利	2014.12.01
王莽"一刀平五千"一枚		34,500	北京保利	2014.12.01
新莽 "契刀五百"		16,100	中国嘉德	2014.05.24
新莽 "小布一百"		10,120	中国嘉德	2014.05.24
新莽 "序布四百"不通顶版		36,800	中国嘉德	2014.05.24
新莽 "幼布三百"		24,150	中国嘉德	2014.05.24
新莽 "幼泉二十"		16,100	中国嘉德	2014.05.24
新莽 "中布六百"不通顶版		21,850	中国嘉德	2014.05.24
新莽 六泉一套		437,000	中国嘉德	2014.05.24
新莽"差布五百"		13,800	中国嘉德	2014.11.26
新莽"差布五百"		10,350	中国嘉德	2014.11.26
新莽"小布一百"		36,800	中国嘉德	2014.11.26
新莽"小布一百"		21.850	中国嘉德	2014.11.26
新莽"幺布二百"		36,800	中国嘉德	2014.11.26
新莽"一刀平五千"		57,500	中国嘉德	2014.11.26
新莽"中泉三十"		71,300	中国嘉德	2014.11.26
新莽"壮布七百"		48,300	中国嘉德	2014.11.26
新莽时期钱币一组三十二枚		126,500	中国嘉德	2014.11.26
汉 货布一组十八枚		46,000	西泠拍卖	2014.05.06
汉 王莽"差布五百"一枚		28,750	北京保利	2014.06.08
汉 王莽"次布九百"一枚		17,250	北京保利	2014.06.08
汉 王莽"次布九百"一枚		13,800	北京保利	2014.06.08
汉 王莽"小布一百"一枚		25,300	北京保利	2014.06.08
汉 王莽"幺布二百"一枚		16,100	北京保利	2014.06.08
汉 五铢花钱		18,492	大唐国际	2014.05.27
汉 一刀平五千、契刀五百一组二枚		46,000	西泠拍卖	2014.05.06
汉 壮泉四十铜钱		63,250	西泠拍卖	2014.05.06
汉(新莽) 一刀平五千、契刀五百一组二枚		40,250	西泠拍卖	2014.12.15
汉至民国 钱币一组三十六枚		33,350	西泠拍卖	2014.12.15
汉至民国 古钱、铜元一组一百余枚		32,200	中国嘉德	2014.11.26
汉至清 花钱一组二十八枚		13,800	西泠拍卖	2014.12.15

拍品名称	物品尺寸	成交价RMB	拍卖公司	拍卖日期
三国 蜀 "直百五铢"一组三十四枚		14,950	中国嘉德	2014.05.24
十六国前凉 "凉造新泉"		36,800	中国嘉德	2014.11.26
南北朝 永光铜钱		43,700	西泠拍卖	2014.05.06
唐 得壹元宝、顺天元宝一组四枚		19,550	西泠拍卖	2014.12.15
唐 高昌吉利		11,500	朵云轩	2014.06.29
唐 史思明 "顺天元宝"背上月、"得壹元宝"背上月一组两枚		51,750	中国嘉德	2014.05.24
唐 人物花卉花钱一组二枚		17,250	中国嘉德	2014.11.26
五代 "永通泉货"一枚		11,500	北京保利	2014.12.01
五代 广政通宝小平		13,800	朵云轩	2014.06.29
五代 秘戏图背蝠		57,500	朵云轩	2014.06.29
五代十国 刘仁恭"永安一百"		55,200	中国嘉德	2014.11.26
五代十国 刘仁恭"永安一百"		21,850	中国嘉德	2014.11.26
五代十国 天德重宝背殷		184,000	西泠拍卖	2014.12.15
五代十国 "开元通宝"背"洭"		36,800	中国嘉德	2014.05.24
北宋 "崇宁通宝"母钱		18,400	中国嘉德	2014.11.26
北宋 "崇宁重宝"木刻版原母		23,000	中国嘉德	2014.11.26
北宋"靖康元宝"折二真书、篆书一组二枚		25,300	中国嘉德	2014.11.26
北宋 "宋元通宝"背左月右星		11,500	中国嘉德	2014.05.24
北宋 "重和通宝"真书		24,150	中国嘉德	2014.11.26
北宋 楷书正样"靖康通宝"小平		71,300	中国嘉德	2014.05.24
北宋 折十"大观通宝"一组两枚		23,000	中国嘉德	2014.05.24
北宋 篆书"重和通宝"		35,650	中国嘉德	2014.05.24
北宋"圣宋通宝当五"试样一枚		552,000	北京保利	2014.06.08
北宋"重和通宝"隶书一枚		13,800	北京诚轩	2014.11.22
宋辽 "龟鹤齐寿"花钱		11,270	中国嘉德	2014.05.24
宋辽 二郎真君神怪花钱		11,500	中国嘉德	2014.05.24
宋辽 十二生肖背神仙人物花钱		18,400	中国嘉德	2014.05.24
宋 "龟鹤齐寿"大型花钱一枚		13.800	北京保利	2014.12.01
宋 本命星官背十二生肖花钱		25,300	西泠拍卖	2014.05.06
宋本命星官生肖背符文花钱一组七枚		31,050	西泠拍卖	2014.12.15
宋 二郎神哮天犬花钱		13,800	西泠拍卖	2014.05.06
宋 龟鹤齐寿大型花钱		20,700	西泠拍卖	2014.05.06
宋 麻姑献寿背十二生肖		17,250	朵云轩	2014.06.29
宋 马钱一组二十七枚		57,500	西泠拍卖	2014.05.06
宋 天子万年背龙人物花钱		31,050	西泠拍卖	2014.12.15
宋 象棋钱半套十六枚		10,350	西泠拍卖	2014.12.15
宋 象棋钱全套三十二枚		46,000	西泠拍卖	2014.12.15
宋 象棋钱一组三十二枚		138,000	西泠拍卖	2014.05.06
宋 "本命星官"生肖猪背符咒花钱		59,800	中国嘉德	2014.11.26
宋 本命星官背十二生肖花钱		36,800	中国嘉德	2014.11.26
宋 本命星官背十二生肖花钱		17,250	中国嘉德	2014.11.26
宋 符咒背生肖马花钱		69,000	中国嘉德	2014.11.26
宋/清 挂花钱一组四枚		43,700	西泠拍卖	2014.05.06
宋/清 花钱一组六枚		10,350	西泠拍卖	2014.12.15
宋/清 铜钱一组十三枚		13,800	西泠拍卖	2014.05.06
宋/清 祝寿花钱一组二枚		28,750	西泠拍卖	2014.12.15
宋至清 花钱一组十九枚		12,650	西泠拍卖	2014.12.15
宋至清 花钱一组十枚		11,500	西泠拍卖	2014.12.15
宋至清 花钱一组十五枚		10,350	西泠拍卖	2014.12.15
宋至清 马钱一组二十六枚		10,350	西泠拍卖	2014.12.15
宋/民国 货布花钱一组八枚		11,500	西泠拍卖	2014.05.06
南宋 "嘉定元宝"背"折十"		10,350	中国嘉德	2014.05.24
南宋 "嘉定元宝"背"折十"		18,400	中国嘉德	2014.11.26
南宋"临安府行用准壹拾文省及准五百文省"二枚		12,650	北京保利	2014.12.01
辽"长命富贵背上月"宫钱花钱一枚		23,000	北京保利	2014.12.01
辽 寿山福海大型花钱		17,250	西泠拍卖	2014.12.15
辽金 "宝货"花钱		11,500	中国嘉德	2014.05.24
辽金 "三龙化鸽"背上月花钱		16,100	中国嘉德	2014.05.24
辽十二生肖背花卉大型花钱一枚		13,800	上海崇源	2014.06.14
金 "泰和重宝"		16,100	中国嘉德	2014.05.24
金 "泰和重宝"		13,800	中国嘉德	2014.05.24
金 "泰和重宝"		11,500	中国嘉德	2014.05.24
金元 "泰和重宝"背蝶纹花钱		82,800	中国嘉德	2014.05.24
元 八思巴文"至元通宝"折二		13,800	中国嘉德	2014.11.26
元 "阜昌通宝"折二楷书一枚		17,250	北京保利	2014.12.01
元 "龙凤通宝"折三型一枚		17,250	北京保利	2014.06.08
元 大朝金合		18,400	朵云轩	2014.06.29

(成交价RMB：1万元以上)

拍品名称	物品尺寸	成交价RMB	拍卖公司	拍卖日期
元 嘉定元宝背七星折十花钱		10,350	西泠拍卖	2014.12.15
元 天下太平背十二生肖花钱		17,250	西泠拍卖	2014.05.06
元 “泰和重宝”背花卉花钱		13,800	中国嘉德	2014.11.26
元 至正通宝壹两重		104,000	荣盛国际	2014.07.26
元/明 “龟鹤齐寿”背鸟虫篆“龟鹤齐寿”花钱		11,500	中国嘉德	2014.05.24
元/明 “乾元利贞”合背花钱		23,000	中国嘉德	2014.05.24
元末 龙凤通宝折三		25,300	朵云轩	2014.06.29
明 洪武通宝牧牛花钱		150,400	荣盛国际	2014.07.26
明 正德通宝背八卦花钱		152,000	荣盛国际	2014.07.26
明 “洪武通宝背五福、十福”二枚		56,350	北京保利	2014.12.01
明 大中、洪武通宝背桂五(一对)		92,000	西泠拍卖	2014.12.15
明 大中通宝背五福		11,500	西泠拍卖	2014.12.15
明 云炉嘉靖通宝雕母		36,800	西泠拍卖	2014.12.15
明 云炉嘉靖通宝一套三枚(雕母、母钱、钱坯)		31,050	西泠拍卖	2014.12.15
明 云炉嘉靖通宝一组三枚(母钱、钱坯、半成品)		34,500	西泠拍卖	2014.12.15
明 “崇祯通宝”背“工五”		10,350	中国嘉德	2014.05.24
明 将军人物背马纹花钱		13,800	中国嘉德	2014.11.26
明 折五“洪武通宝”背“京”		11,500	中国嘉德	2014.05.24
明/民国 钱币一组二十三枚		59,800	西泠拍卖	2014.05.06
明/民国古钱及参考品一组十一枚		23,000	北京保利	2014.12.01
明/清 花钱一组二十三枚		19,550	西泠拍卖	2014.12.15
明/清 钱币一组十六枚		10,350	西泠拍卖	2014.12.15
明 “天启通宝”背“密十一两”一枚		11,500	上海崇源	2014.06.14
明清 “唐国通宝”背龟蛇七星花钱		14,950	中国嘉德	2014.05.24
明清 “福寿双全”背十二生肖花钱、“百岁壮容”背“修道养寿”大型花钱各一枚		32,200	上海崇源	2014.06.14
明治期三年硬币5日元		12,000	日本伊斯特	2014.04.26
清 “道光通宝”阿克苏局黄铜部颁母钱一枚		10,350	北京诚轩	2014.11.22
清 “福寿康宁”花钱一枚		10,925	北京保利	2014.12.01
清 “乾隆通宝”大样试铸样一枚		34,500	北京保利	2014.12.01
清 “天下太平”一枚		20,700	北京保利	2014.06.08
清 “同治通宝”背“八卦”一枚		34,500	北京保利	2014.06.08
清 “同治重宝”宝源局当十母钱一枚		32,200	北京诚轩	2014.11.22
清 “咸丰通宝”宝福局当一百一枚		13,800	北京诚轩	2014.11.22
清 “咸丰通宝”背“天下太平(天左星)”一枚		20,700	北京保利	2014.06.08
清 “咸丰通宝”戴书小平母钱一枚		10,925	北京保利	2014.06.08
清 “咸丰通宝宝福二十”大耳小通试铸样一枚		46,000	北京保利	2014.12.01
清 “咸丰通宝背山鬼阳文铸花”一枚		14,950	北京保利	2014.12.01
清 “咸丰元宝”宝泉局当百一枚		55,200	北京诚轩	2014.11.22
清 “咸丰元宝”宝泉局当五百、当千各一枚		23,000	北京诚轩	2014.11.22
清 “咸丰元宝”宝泉局克勤郡王当千背星月样钱一枚		50,600	北京诚轩	2014.11.22
清 大椿长荫背期颐手雕花钱		20,700	西泠拍卖	2014.05.06
清 大型咸丰通宝背龙凤雕钱		356,500	西泠拍卖	2014.12.15
清 大型咸丰通宝背双龙雕钱		356,500	西泠拍卖	2014.12.15
清 佛仙花钱一组十六枚		10,350	西泠拍卖	2014.12.15
清 富寿康宁宫钱		11,500	西泠拍卖	2014.12.15
清 富寿康宁光绪年宫钱		23,000	朵云轩	2014.06.29
清 光绪宝广局等机制币二百四十二枚		10,350	朵云轩	2014.06.29
清 光绪通宝宝奉局背“官板四分”机制方孔铜币一枚		13,800	北京诚轩	2014.11.22
清光绪通宝宝河背星月红铜机制样钱		36,800	朵云轩	2014.06.29
清 光绪通宝背天下太平		20,700	朵云轩	2014.06.29
清 贵炉铜钱万年背龙凤大型花钱		12,650	西泠拍卖	2014.12.15
清 和合如意背猴子摘桃花钱		10,925	西泠拍卖	2014.12.15
清 花钱一组八枚		19,550	西泠拍卖	2014.05.06
清 花钱一组八枚		17,250	西泠拍卖	2014.05.06
清 花钱一组八枚		13,800	西泠拍卖	2014.12.15
清 花钱一组二十枚		23,000	西泠拍卖	2014.05.06
清 花钱一组二十枚		20,700	西泠拍卖	2014.05.06
清 花钱一组二十枚		20,700	西泠拍卖	2014.05.06
清 花钱一组二十枚		17,250	西泠拍卖	2014.05.06
清 花钱一组二十枚		17,250	西泠拍卖	2014.05.06
清 花钱一组二十枚		17,250	西泠拍卖	2014.05.06
清 花钱一组二十枚		11,500	西泠拍卖	2014.05.06
清 花钱一组二十枚		23,000	西泠拍卖	2014.12.15
清 花钱一组二十枚		20,700	西泠拍卖	2014.12.15
清 花钱一组二十枚		20,700	西泠拍卖	2014.12.15
清 花钱一组二十枚		13,800	西泠拍卖	2014.12.15
清 花钱一组二十枚		12,650	西泠拍卖	2014.12.15
清 花钱一组二十枚		11,500	西泠拍卖	2014.12.15
清 花钱一组二十枚		10,350	西泠拍卖	2014.12.15
清 花钱一组十枚		10,350	西泠拍卖	2014.05.06
清 花钱一组十七枚		20,700	西泠拍卖	2014.05.06
清 花钱一组十四枚		13,800	西泠拍卖	2014.12.15
清 花钱一组十四枚		13,800	西泠拍卖	2014.12.15
清 机制币一组二十六枚		19,550	西泠拍卖	2014.12.15
清嘉庆通宝刻花边背龙凤开炉花钱		126,500	西泠拍卖	2014.05.06
清康熙通宝不同钱局九百七十二枚		18,400	朵云轩	2014.06.29
清乾隆通宝(宋体)背龙凤大型花钱		28,750	西泠拍卖	2014.12.15
清 乾隆通宝背龙凤大型花钱		17,250	西泠拍卖	2014.12.15
清 乾隆通宝各局一千零九十枚		13,800	朵云轩	2014.06.29
清顺治通宝不同钱局一百四十六枚		16,100	朵云轩	2014.06.29
清 苏花“福如东海寿比南山”手雕花钱一枚		20,700	北京保利	2014.12.01
清 苏花“福寿双全背象形福寿”花钱一枚		25,300	北京保利	2014.12.01
清苏花“状元及第福鹿”花钱一枚		16,100	北京保利	2014.12.01
清 苏炉“八仙”、“龙凤”、“天狗望月”花钱三枚		17,250	北京保利	2014.12.01
清 苏炉招财利市背星官花钱		43,700	西泠拍卖	2014.12.15
清 太平天国背圣宝大花钱		299,000	西泠拍卖	2014.05.06
清 同治通宝宝苏常平式样钱		20,700	朵云轩	2014.06.29
清 铜钱(两件)		34,500	北京保利	2014.01.11
清 铜钱一组十枚		13,800	西泠拍卖	2014.05.06
清 头模浙炉平安吉庆背戟磬(吉庆)花钱		36,800	西泠拍卖	2014.12.15
清 五行大布背双龙戏珠大型花钱		11,500	西泠拍卖	2014.12.15
清 咸丰通宝宝福五十、一百铜钱一组二枚		18,400	西泠拍卖	2014.05.06
清 咸丰通宝宝福一百		49,450	西泠拍卖	2014.12.15
清 咸丰通宝宝福一百		18,400	西泠拍卖	2014.12.15
清 咸丰通宝宝福一百(永丰戳)		13,800	西泠拍卖	2014.12.15
清 咸丰通宝宝福一百铜钱		34,500	西泠拍卖	2014.05.06
清 咸丰通宝宝苏常平式部颁样钱		13,800	朵云轩	2014.06.29
清 咸丰元宝宝泉当千雕花钱		25,300	朵云轩	2014.06.29
清 咸丰元宝宝泉当千铜钱		51,750	西泠拍卖	2014.05.06
清 咸丰重宝一组四枚		23,000	西泠拍卖	2014.12.15
清 一品当朝背联升三级花钱		18,400	西泠拍卖	2014.12.15
清 义记金钱背离铜钱		25,300	西泠拍卖	2014.05.06
清 状元及第背福禄刻花花钱		34,500	西泠拍卖	2014.12.15
清 状元及第背龙凤		23,000	朵云轩	2014.06.29
清 “八仙”苏炉花钱		23,000	中国嘉德	2014.11.26
清 “福”吉语锭		19,550	中国嘉德	2014.11.26
清 “福寿康宁”背龙凤花钱		17,250	中国嘉德	2014.05.24
清 “福寿康宁”背竹节纹花钱		10,925	中国嘉德	2014.05.24
清 “福寿双全”背松鹤延年苏炉花钱		14,950	中国嘉德	2014.11.26
清 “光绪通宝”背“宝川”三连钱		29,900	中国嘉德	2014.11.26
清 “光绪通宝”背“宝川”四连钱		20,700	中国嘉德	2014.11.26
清 “光绪通宝”背“宝蓟”机制母钱		43,700	中国嘉德	2014.11.26
清 “光绪通宝”背“宝蓟”机制母钱		40,250	中国嘉德	2014.11.26
清 “光绪通宝”背“宝泉”小平母钱		27,600	中国嘉德	2014.11.26
清 “光绪通宝”背“宝陕”部颁样钱		18,400	中国嘉德	2014.11.26
清 “光绪通宝”背“天下太平”宫钱		149,500	中国嘉德	2014.11.26
清 “光绪通宝”机制方孔一组四枚		21,850	中国嘉德	2014.05.24
清 “吉祥如意”一两吉语腰锭		27,600	中国嘉德	2014.11.26
清 “康熙通宝”背“宝泉”雕花镶银圈罗汉钱		11,500	中国嘉德	2014.05.24
清 “禄”一两吉语锭		19,550	中国嘉德	2014.11.26
清 “祺祥通宝”背“宝泉”小平		149,500	中国嘉德	2014.05.24
清 “乾隆通宝”背“福寿同天”花钱		17,250	中国嘉德	2014.11.26

拍品名称	物品尺寸	成交价RMB	拍卖公司	拍卖日期
清 "乾隆通宝"背龙凤花钱		25,300	中国嘉德	2014.05.24
清 "驱邪降福"背钟馗捉鬼苏炉花钱		12,650	中国嘉德	2014.11.26
清 "驱邪降福"背钟馗捉鬼苏炉花钱		11,500	中国嘉德	2014.11.26
清 "如意"吉语锭		18,400	中国嘉德	2014.11.26
清 "顺治通宝"背"十一两"		51,750	中国嘉德	2014.11.26
清 "天聪汗钱"		23,000	中国嘉德	2014.05.24
清 "天聪汗钱"		34,500	中国嘉德	2014.11.26
清 "天官赐福"背"指日高升"花钱		16,100	中国嘉德	2014.05.24
清 "天启通宝"背日月祥云大型花钱		57,500	中国嘉德	2014.11.26
清 "天下太平"背暗八仙手雕花钱		16,100	中国嘉德	2014.05.24
清 "同治四年"背"宝桂"		16,100	中国嘉德	2014.05.24
清 "五子登科"背"延龄百岁"苏炉花钱		23,000	中国嘉德	2014.11.26
清 "咸丰通宝"背"宝福一百"		17,250	中国嘉德	2014.05.24
清 "咸丰通宝"背"宝福一百"		16,100	中国嘉德	2014.05.24
清 "咸丰通宝"背"天下太平"宫钱		195,500	中国嘉德	2014.11.26
清 "咸丰通宝"背八卦宫钱		25,300	中国嘉德	2014.05.24
清 "咸丰通宝"背八卦花钱		10,580	中国嘉德	2014.11.26
清 "咸丰元宝"背"宝德当百"		23,000	中国嘉德	2014.05.24
清 "咸丰元宝"背"宝泉当千"		31,050	中国嘉德	2014.05.24
清 "咸丰元宝"背"宝泉当千"		55,200	中国嘉德	2014.11.26
清 "咸丰元宝"背"宝泉当千"		16,100	中国嘉德	2014.11.26
清 "咸丰元宝"背"宝泉当千"		10,350	中国嘉德	2014.11.26
清 "咸丰元宝"背"宝陕当五百"		31,050	中国嘉德	2014.05.24
清 "咸丰元宝"背"宝苏当百"		28,750	中国嘉德	2014.11.26
清 "咸丰元宝"背"宝苏当百"		28,750	中国嘉德	2014.11.26
清 "咸丰元宝"背"宝苏当百"		13,800	中国嘉德	2014.11.26
清 "咸丰元宝"背"宝苏当百"楷书试样		230,000	中国嘉德	2014.11.26
清 "咸丰元宝"背克勤郡王当五百		11,270	中国嘉德	2014.05.24
清 "咸丰重宝"宝苏局一组三枚		16,100	中国嘉德	2014.11.26
清 "咸丰重宝"背"宝福二十、计重一两"		391,000	中国嘉德	2014.05.24
清 "咸丰重宝"背"宝福五十"		16,100	中国嘉德	2014.11.26
清 "咸丰重宝"背"宝济当五十"		10,350	中国嘉德	2014.05.24
清 "咸丰重宝"背"宝蓟当十"大字版		18,400	中国嘉德	2014.05.24
清 "咸丰重宝"背"宝苏当十"宽缘试样		57,500	中国嘉德	2014.11.26
清 "咸丰重宝"背"宝苏当五十"		92,000	中国嘉德	2014.11.26
清 "咸丰重宝"背"宝苏当五十"部颁式		94,300	中国嘉德	2014.11.26
清 "咸丰重宝"背"宝源当五十"母钱		43,700	中国嘉德	2014.11.26
清 "宣统通宝"背"宝泉"大样母钱		18,400	中国嘉德	2014.11.26
清 "宣统通宝"一组二枚		36,800	中国嘉德	2014.11.26
清 "益寿延年"背"寿"花钱		13,800	中国嘉德	2014.05.24
清 "招财进宝"背"黄金万两"苏炉花钱		12,650	中国嘉德	2014.11.26
清 "状元及第"背"福"鹿苏炉花钱		18,400	中国嘉德	2014.11.26
清 "状元及第"背"福"鹿苏炉花钱		12,650	中国嘉德	2014.11.26
清 "状元及第一品当朝"苏炉花钱一组二枚		11,500	中国嘉德	2014.11.26
清 大型"道光通宝"背"宝泉"花钱		17,250	中国嘉德	2014.11.26
清 雕花钱一组七枚		17,250	中国嘉德	2014.05.24
清 菊花纹诗文花钱		10,350	中国嘉德	2014.05.24
清 十二生肖背八卦苏炉挂花钱		27,600	中国嘉德	2014.11.26
清 苏炉花钱一组二枚		20,700	中国嘉德	2014.11.26
清 苏炉花钱一组二枚		13,800	中国嘉德	2014.11.26
清 苏炉花钱一组二枚		11,500	中国嘉德	2014.11.26
清 苏炉花钱一组十枚		21,850	中国嘉德	2014.05.24
清 咸丰钱一组十二枚		12,650	中国嘉德	2014.05.24

拍品名称	物品尺寸	成交价RMB	拍卖公司	拍卖日期
清"臣心似水"背"帝德如天"京局花钱一枚		24,150	上海崇源	2014.06.14
清"独占鳌头"背"一品当朝状元及第"苏炉花钱一枚		18,400	上海崇源	2014.06.14
清"风云际会"背龙虎风云图花钱一枚		18,400	上海崇源	2014.06.14
清"光绪通宝"背"天下太平"宫钱一枚		34,500	北京诚轩	2014.05.21
清"光绪通宝"楷书二十局川炉套子钱一套二十枚		28,750	上海崇源	2014.06.14
清"光绪通宝"套子钱二十枚全套		40,250	北京诚轩	2014.05.21
清"光绪重宝"阿克苏局当十部颁样钱一枚		64,400	上海崇源	2014.06.14
清"康熙通宝"背满"宝"汉"福"大样一枚		11,500	上海崇源	2014.06.14
清"平靖胜宝"背"御林军"一枚		57,500	北京诚轩	2014.05.21
清"乾隆通宝"背"万年天子"花钱一枚		11,500	上海崇源	2014.06.14
清"天子万年"背"江南试造"机制方孔试打样币一枚		34,500	上海崇源	2014.06.14
清"同治重宝"宝局云当十部颁样钱一枚		14,950	上海崇源	2014.06.14
清"五日午时"背五毒大型花钱一枚		16,100	上海崇源	2014.06.14
清"咸丰通宝宝源局"小平母钱一枚		19,550	上海崇源	2014.06.14
清"咸丰通宝"宝苏局当五一枚		11,500	上海崇源	2014.06.14
清"咸丰通宝"背"大利"、"双龙"福建炉花钱二枚；"大清通宝"背"三星拱照"花钱一枚，共三枚		11,500	上海崇源	2014.06.14
清"咸丰通宝"背八卦宫钱一枚		11,500	上海崇源	2014.06.14
清"咸丰通宝"背双龙戏珠福建炉开炉花钱一枚		10,925	上海崇源	2014.06.14
清"咸丰元宝"宝苏局当百一枚		17,250	上海崇源	2014.06.14
清"咸丰重宝"宝苏局当二十一枚		16,100	上海崇源	2014.06.14
清"一统万年"背"江南试造"机制方孔试打样币一枚		41,400	上海崇源	2014.06.14
清"指日高升"背独占鳌头图大型花钱一枚		12,650	上海崇源	2014.06.14
清"状元及第"背福禄寿大型苏炉花钱一枚		23,000	上海崇源	2014.06.14
清安徽省造光绪元宝每元当制钱五文铜圆一枚		41,400	上海崇源	2014.06.14
清奉天省造乙巳光绪元宝当制钱二十文铜圆一枚		10,925	上海崇源	2014.06.14
清光绪二十三年(1897年)"江南试造当十制钱"背"天子万年"机制方孔铜币样币一枚		437,000	北京诚轩	2014.11.22
清光绪年造丙午户部中心"浙"大清铜币当制钱二十文铜圆一枚		23,000	上海崇源	2014.06.14
清光绪三十四年(1908年)湖南官钱局当十铜元伍拾枚、省平足银壹两各一枚		24,150	中国嘉德	2014.05.25
清光绪通宝背宝巩官板四分机制方孔铜币		23,000	中国嘉德	2014.05.24
清湖北省造光绪元宝背浙江龙当十黄铜试铸样币一枚		368,000	上海崇源	2014.06.14
清江苏省造光绪元宝每元当钱五文铜样一枚		46,000	上海崇源	2014.06.14
清民 花钱一组十一枚		12,650	中国嘉德	2014.11.26
清桃园三结义花钱一枚		10,350	上海崇源	2014.06.14
清晚期 太平天国 "太平天国"背"圣宝"楷书当五十		20,700	中国嘉德	2014.05.24
清晚期太平天国铸"太平天国"背横"圣宝"隐起文当五十一枚		25,300	上海崇源	2014.06.14
清咸丰大钱一组四枚		10,925	上海崇源	2014.06.14
清咸丰四年(1854年)大清宝钞壹千文		13,800	中国嘉德	2014.11.27
清宣统年造一分大清铜币试铸样币一枚		17,250	上海崇源	2014.06.14
清宣统三年大清铜币五文试铸样币一枚		57,500	上海崇源	2014.06.14
清浙江省造光绪元宝当二十铜圆一枚		19,550	上海崇源	2014.06.14

2014杂项拍卖成交汇总

(成交价RMB：1万元以上)

拍品名称	物品尺寸	成交价RMB	拍卖公司	拍卖日期
宣统年造大清铜币五厘试铸样币一枚		92,000	北京诚轩	2014.05.21
宣统年造大清铜币五厘试铸样币一枚		86,250	北京诚轩	2014.11.22
宣统年造大清铜币一分试铸样币一枚		74,750	北京诚轩	2014.11.22
宣统年造大清铜币一厘试铸样币一枚		94,300	北京诚轩	2014.11.22
宣统年造己酉大清铜币十文一枚		18,400	北京诚轩	2014.05.21
宣统年造己酉大清铜币中心“川”二十文一枚		21,850	北京诚轩	2014.05.21
宣统三年造大清铜币二文样币一枚		69,000	北京诚轩	2014.05.21
“崇宁通宝”一枚		17,250	上海崇源	2014.06.14
“淳熙元宝”背下“正”小平钱一枚		11,500	上海崇源	2014.06.14
“大泉五百、太平天国昭武一分”花钱等一组十枚		10,350	北京保利	2014.12.01
“独占鳌头”背“文星高照”、“长命富贵”背“福寿”、“正德通宝”背双龙图、“嘉庆通宝”背“天下太平”花钱各一枚		11,500	北京诚轩	2014.11.22
“福寿”花钱二枚、“山鬼雷局”、十二生肖背八卦图、八仙图花钱各一枚		19,550	北京诚轩	2014.11.22
“富贵荣华”背八卦图大型花钱一枚		11,500	北京诚轩	2014.11.22
“金玉满堂”背“长命富贵”吉语花钱样钱一枚		57,500	北京诚轩	2014.11.22
“康熙重宝”背“宝泉”双龙图花钱一枚		16,100	北京诚轩	2014.11.22
“蔺”字直刀一枚		230,000	上海崇源	2014.06.14
“明四”一枚		13,800	上海崇源	2014.06.14
“乾隆通宝”背龙凤图、“福寿同天”、“天下太平”花钱各一枚，“道光通宝”背“天下太平”花钱一枚		66,700	北京诚轩	2014.11.22
“三藏”背三藏骑马图白铜质花钱一枚		63,250	北京诚轩	2014.11.22
“山鬼雷局”背八卦图、“南无阿弥陀佛”背大明咒、“状元及第一品当朝”背福寿双全、福禄寿背五子夺魁图花钱各一枚		17,250	北京诚轩	2014.11.22
“寿山福海”、十二生肖背龙凤图、“威凤祥麟”、八宝背凤凰麒麟图、“寿同山岳”花钱各一枚		10,925	北京诚轩	2014.11.22
“受天之祜”背“绥以多福”吉语花钱一枚		23,000	北京诚轩	2014.11.22
“顺天元宝”背“月孕星”一枚		12,650	上海崇源	2014.06.14
“太平通宝”背“招财利市”、“道光通宝”背“天下太平”花钱各一枚，“光绪通宝”背“福寿”、背八卦图花钱各一枚，“卯”兔背八卦图花钱一枚		11,500	北京诚轩	2014.11.22
“太平通宝”背龙凤图、“状元及第一品当朝”背魁星点斗图、“送子张仙”、“诸神回避”背龙虎斗、十二生肖背八卦、太上老君咒语花钱各一枚		13,800	北京诚轩	2014.11.22
“太平通宝”光背、背“宝泉”龙凤图、背“合家清吉”花钱各一枚，“太平圣朝”背龙凤图花钱一枚		20,700	北京诚轩	2014.11.22
“天下太平”背杂宝图花钱一枚		13,800	北京诚轩	2014.11.22
“天子万年”背“春王正月”花钱一枚		20,700	北京诚轩	2014.11.22
“同治通宝”背“天下太平”花钱一枚		29,900	北京诚轩	2014.11.22
“五铢”背五毒图花钱二枚，“五福”背“封神公”、“金玉满堂长命富贵”背“福禄寿喜”、“螽斯衍庆”背婴戏图花钱各一枚		11,500	北京诚轩	2014.11.22
“永通泉货”隶书折十一枚		25,300	上海崇源	2014.06.14
“正德通宝”、“雍正通宝”背龙凤图、十二生肖背双凤图、“五日午时”背五毒图花钱各一枚		11,500	北京诚轩	2014.11.22
“正德通宝”背龙凤图、“咸丰通宝”背“天下太平”花钱各一枚，“道光通宝”背“天下太平”花钱三枚		23,000	北京诚轩	2014.11.22
“正德通宝”背龙凤图花钱十二枚		13,800	北京诚轩	2014.11.22
“正德通宝”背龙凤图花钱十一枚		16,100	北京诚轩	2014.11.22
“正德通宝”背龙凤图花钱四枚，背双龙抢珠、盘龙戏珠、合背各一枚		10,350	北京诚轩	2014.11.22
“芝兰玉树”篆书合背花钱一枚		23,000	北京诚轩	2014.11.22
“至元通宝”蒙文折三一枚		13,800	上海崇源	2014.06.14
“至正之宝”背“吉权钞壹钱伍分”一枚		18,400	上海崇源	2014.06.14
1897年奉天省造光绪元宝库平七钱二分铝合金试铸样币、库平三钱六分铜质试铸样币、库平一钱四分四厘铜镀银试铸样币、库平七分二厘铜质试铸样币各一枚		1,840,000	北京诚轩	2014.05.21
1898年宝武局光绪通宝机制方孔铜币样币一枚		32,200	北京诚轩	2014.11.22
1899年奉天机器局造光绪通宝紫铜当十钱重二钱四分机制方孔铜币一枚		27,600	北京诚轩	2014.11.22
1899年奉天机器局造光绪通宝紫铜当十钱重二钱四分机制方孔铜币一枚		18,400	北京诚轩	2014.11.22
1901年福建官局造光绪元宝二十文铜币一枚		97,750	北京诚轩	2014.05.21
1901年福建官局造光绪元宝二十文铜币一枚		20,700	北京诚轩	2014.11.22
1901年福建官局造光绪元宝五文铜币一枚		34,500	北京诚轩	2014.11.22
1901年江苏省造光绪元宝五文铜币一枚		28,750	北京诚轩	2014.05.21
1902年安徽省造光绪元宝二十文铜币一枚		10,350	北京诚轩	2014.11.22
1902年安徽省造光绪元宝五文铜币一枚		74,750	北京诚轩	2014.05.21
1902年湖北省造光绪元宝十文铜币一枚		17,250	北京诚轩	2014.05.21
1902年湖南省造光绪元宝十文黄铜币一枚		18,400	北京诚轩	2014.05.21
1902年江苏省造光绪元宝二十文铜币一枚		23,000	北京诚轩	2014.11.22
1902年江苏省造光绪元宝十文铜币一枚		36,800	北京诚轩	2014.05.21
1903年癸卯奉天省造光绪元宝十文红铜币一枚		391,000	北京诚轩	2014.05.21
1903年癸卯奉天省造光绪元宝十文铜币一枚		80,500	北京诚轩	2014.05.21
1903年癸卯奉天省造光绪元宝十文铜币一枚		27,600	北京诚轩	2014.11.22
1903年户部光绪元宝二十文铜币一枚		92,000	北京诚轩	2014.11.22
1903年户部光绪元宝十文铜币一枚		25,300	北京诚轩	2014.05.21
1903年吉林省造光绪元宝二十文铜币一枚		207,000	北京诚轩	2014.11.22
1903年吉林省造光绪元宝十文铜币一枚		18,400	北京诚轩	2014.05.21
1903年吉林省造光绪元宝十文铜币一枚		23,000	北京诚轩	2014.11.22
1903年四川省造光绪元宝二十文铜币一枚		103,500	北京诚轩	2014.11.22
1903年四川省造光绪元宝十文黄铜币一枚		28,750	北京诚轩	2014.11.22
1903年浙江省造光绪元宝当十铜币龙图合面一枚		184,000	北京诚轩	2014.05.21
1903年浙江省造光绪元宝当十铜币龙图合面一枚		92,000	北京诚轩	2014.05.21
1903年浙江省造光绪元宝十文黄铜币一枚		36,800	北京诚轩	2014.05.21
1904年甲辰奉天省造光绪元宝二十文铜币一枚		713,000	北京诚轩	2014.11.22
1904年甲辰奉天省造光绪元宝十文黄铜币一枚		13,800	北京诚轩	2014.11.22
1904年四川省造光绪元宝二十文铜币一枚		43,700	北京诚轩	2014.11.22
1905年广西省造光绪元宝飞龙十文铜币样币一枚		299,000	北京诚轩	2014.05.21
1905年广西省造光绪元宝飞龙十文铜币样币一枚		322,000	北京诚轩	2014.11.22
1905年清江光绪元宝十文铜币一枚		37,950	北京诚轩	2014.11.22

拍品名称	物品尺寸	成交价RMB	拍卖公司	拍卖日期
1905年乙巳江南省造光绪元宝十文铜币一枚		26,450	北京诚轩	2014.05.21
1905年乙巳江南省造光绪元宝十文铜币一枚		25,300	北京诚轩	2014.11.22
1905年乙巳江苏省造光绪元宝十文铜币一枚		10,350	北京诚轩	2014.11.22
1906年北洋光绪元宝二十文铜币一枚		43,700	北京诚轩	2014.11.22
1906年北洋光绪元宝十文铜币一枚		11,500	北京诚轩	2014.11.22
1906年丙午户部大清铜币中心“川滇”二十文一枚		23,000	北京诚轩	2014.11.22
1906年丙午户部大清铜币中心“滇”二十文一枚		51,750	北京诚轩	2014.11.22
1906年丙午户部大清铜币中心“滇”二十文一枚		28,750	北京诚轩	2014.11.22
1906年丙午户部大清铜币中心“鄂”二十文一枚		103,500	北京诚轩	2014.05.21
1906年丙午户部大清铜币中心“鄂”二十文一枚		11,500	北京诚轩	2014.11.22
1906年丙午户部大清铜币中心“鄂”二文一枚		10,925	北京诚轩	2014.05.21
1906年丙午户部大清铜币中心“鄂”十文一枚		20,700	北京诚轩	2014.05.21
1906年丙午户部大清铜币中心“鄂”十文一枚		11,500	北京诚轩	2014.05.21
1906年丙午户部大清铜币中心“闽”十文一枚		12,650	北京诚轩	2014.11.22
1906年丙午户部大清铜币中心“苏”五文黄铜币一枚		13,800	北京诚轩	2014.05.21
1906年丙午户部大清铜币中心“苏”五文黄铜币一枚		25,300	北京诚轩	2014.11.22
1906年丙午户部大清铜币中心“皖”二十文一枚		184,000	北京诚轩	2014.11.22
1906年丙午户部大清铜币中心“皖”十文一枚		14,950	北京诚轩	2014.05.21
1906年丙午户部大清铜币中心“湘”十文一枚		43,700	北京诚轩	2014.11.22
1906年丙午户部大清铜币中心“云”二十文一枚		17,250	北京诚轩	2014.05.21
1906年丙午户部大清铜币中心“云”二十文一枚		10,350	北京诚轩	2014.11.22
1906年丙午户部大清铜币中心“浙”二十文合面一枚		195,500	北京诚轩	2014.11.22
1906年丙午户部大清铜币中心“浙”二十文一枚		195,500	北京诚轩	2014.11.22
1906年丙午户部大清铜币中心“浙”二文一枚		10,350	北京诚轩	2014.11.22
1906年湖北省造光绪元宝一文铜币一枚		28,750	北京诚轩	2014.05.21
1906年江苏省造光绪元宝五文黄铜样币一枚		69,000	北京诚轩	2014.11.22
1909年己酉大清铜币十文一枚		18,400	北京诚轩	2014.11.22
1909年己酉大清铜币中心“奉”二十文一枚		86,250	北京诚轩	2014.05.21
1909年己酉度支部大清铜币中心“川”十文一枚		32,200	北京诚轩	2014.11.22
1909年新疆通用宣统元宝红钱十文铜币一枚		34,500	北京诚轩	2014.11.22
1909年宣统年造己酉大清铜币中心“汴”五文一枚		483,000	北京诚轩	2014.05.21
1910年西藏乾隆宝藏大铜币一枚		20,700	北京诚轩	2014.05.21
1912/18年袁世凯像中华民国共和纪念十文铜币		82,800	中国嘉德	2014.05.24
1912年壬子江西省造大汉铜币十文一枚		43,700	北京诚轩	2014.11.22
1912年四川省造十文型马兰铜币一枚		17,250	北京诚轩	2014.05.21
1912年四川省造五文型马兰铜币一枚		28,750	北京诚轩	2014.11.22
1912年袁世凯像背嘉禾共和纪念十文铜币一枚		40,250	北京诚轩	2014.05.21
1912年中华铜币左右“山西”背嘉禾“壹枚”十文铜币一枚		20,700	北京诚轩	2014.11.22
1914年中华民国共和纪念币十文铜币一枚		20,700	北京诚轩	2014.05.21

拍品名称	物品尺寸	成交价RMB	拍卖公司	拍卖日期
1915年湖南洪宪元年开国纪念币十文铜币一枚		34,500	北京诚轩	2014.05.21
1915年湖南洪宪元年开国纪念币十文铜币一枚		17,250	北京诚轩	2014.05.21
1920年河南省造中华民国双旗嘉禾当五十铜元一枚		25,300	北京诚轩	2014.05.21
1920年河南省造中华民国双旗嘉禾五十文铜币一枚		10,925	北京诚轩	2014.05.21
1922年湖南嘉禾双旗双面英文十文铜币一枚		63,250	北京诚轩	2014.05.21
1922年湖南嘉禾双旗双面英文十文铜币一枚		20,700	北京诚轩	2014.11.22
1928年陕西省造双旗背嘉禾二分铜币一枚		16,100	北京诚轩	2014.05.21
1934年川陕省苏维埃造五百文铜币一枚		18,400	北京诚轩	2014.11.22
布币		100,000	荣盛国际	2014.07.26
崇庆通宝		220,000	荣盛国际	2014.07.26
大宋通宝当十		224,000	荣盛国际	2014.07.26
刀币		480,000	荣盛国际	2014.07.26
佛教、道教异形挂花钱十一枚		12,650	北京诚轩	2014.11.22
挂花钱十七枚		23,000	北京诚轩	2014.11.22
花钱参考品一组计一百八十八枚		48,300	北京诚轩	2014.11.22
吉语图案、异形类花钱二十三枚		13,800	北京诚轩	2014.11.22
吉语图案、宗教、异形类花钱十九枚		10,350	北京诚轩	2014.11.22
吉语图案、宗教类花钱二十枚		11,500	北京诚轩	2014.11.22
吉语图案、宗教类花钱二十五枚		20,700	北京诚轩	2014.11.22
吉语图案、宗教类花钱计十二枚		13,800	北京诚轩	2014.11.22
吉语图案、宗教类花钱九枚		20,700	北京诚轩	2014.11.22
吉语图案、宗教类花钱九枚		17,250	北京诚轩	2014.11.22
吉语图案、宗教类花钱九枚		13,800	北京诚轩	2014.11.22
吉语图案、宗教类花钱十六枚		17,250	北京诚轩	2014.11.22
吉语图案、宗教类花钱十七枚		23,000	北京诚轩	2014.11.22
尖足布“虑虒”大型一枚及《不知庵屮寿纪念泉谱》		14,950	北京保利	2014.12.01
康德三年(1936年)大满洲国壹分白铜样币		11,500	中国嘉德	2014.11.26
镂空、宗教类花钱二十三枚		12,650	北京诚轩	2014.11.22
民国 安邑及于封泉宝		12,650	北京保利	2014.06.08
民国 七字刀、有民国金丝楠盒		12,650	北京保利	2014.06.08
民国二十八年党徽布图下大“桂”字壹分红铜币一枚		230,000	北京诚轩	2014.11.22
民国二十八年党徽布图下小“桂”字壹分红铜币一枚		109,250	北京诚轩	2014.11.22
民国二十八年党徽布图壹仙白铜币一枚		69,000	北京诚轩	2014.05.21
民国二十九年党徽布图背十分红铜中央造币厂成都分厂试打样币一枚		11,500	上海崇源	2014.06.14
民国二十九年华兴银行壹分铜样币一枚		23,000	北京诚轩	2014.05.21
民国二十九年华兴银行壹分铜样币一枚		13,800	北京诚轩	2014.11.22
民国二十五年嘉禾壹分铜质试铸样币一枚		264,500	北京诚轩	2014.11.22
民国二十一年云南省造伍仙铜币一枚		20,700	北京诚轩	2014.05.21
民国九年直隶完县质地局铜元票贰拾枚一枚		11,500	北京诚轩	2014.05.22
民国七年(1918年)黑龙江官银号卜魁铜圆铜元贰佰枚江钱陆吊肆佰文		16,100	中国嘉德	2014.11.27
民国三年广东省造壹仙铜币一枚		11,500	北京诚轩	2014.05.21
民国三年广东省造壹仙铜币一枚		12,650	北京诚轩	2014.11.22
民国三十八年绥远省白塔背布图五分铜币一枚		25,300	北京诚轩	2014.05.21
民国三十八年绥远省白塔背布图一分铜币一枚		13,800	北京诚轩	2014.05.21
民国山西中华铜币当制钱十文铜圆一枚		36,800	上海崇源	2014.06.14
民国十八年东三省一分铜币一枚		13,800	北京诚轩	2014.05.21

2014杂项拍卖成交汇总

(成交价RMB：1万元以上)

拍品名称	物品尺寸	成交价RMB	拍卖公司	拍卖日期
民国十九年四川省造“川”字边铸一百文铜币一枚		11,500	北京诚轩	2014.05.21
民国十七年(1928年)孙中山像伍枚铜币		19,550	中国嘉德	2014.11.26
民国十七年甘肃省造孙中山像伍枚铜币一枚		16,100	北京诚轩	2014.05.21
民国十三年造察哈尔中华铜币背嘉禾双枚一枚		25,300	北京诚轩	2014.05.21
民国十五年四川省造“川”字边铸一百文铜币一枚		97,750	北京诚轩	2014.11.22
民国十一年新疆喀造中华民国红钱十文铜币一枚		13,800	北京诚轩	2014.11.22
民国时期布图半圆黄铜样币一枚		18,400	北京诚轩	2014.05.21
民国时期黎元洪像中华民国开国纪念十文铜质臆造币一枚		18,400	北京诚轩	2014.11.22
民国时期四川马兰钱十文型白铜币一枚		11,500	北京诚轩	2014.05.21
民国时期四川省造二十文型马兰黄铜币一枚		20,700	北京诚轩	2014.05.21
民国时期四川省造十文型马兰红铜币一枚		23,000	北京诚轩	2014.05.21
民国时期四川省造五文型马兰铜币一枚		11,500	北京诚轩	2014.11.22
民国时期天津造币厂铸二十文型马钱单面样币一枚		17,250	北京诚轩	2014.05.21
民国时期天津造币厂铸十文型马钱单面样币一枚		11,500	北京诚轩	2014.05.21
民国时期新疆通宝红钱二十文铜币一枚		20,700	北京诚轩	2014.11.22
民国元年军政府造四川铜币二十文红铜、黄铜各一枚		13,800	北京诚轩	2014.11.22
民国元年四川军政府造醒狮双旗五文型铜币一枚		17,250	北京诚轩	2014.05.21
民国元年四川军政府造醒狮双旗五文型铜币一枚		17,250	北京诚轩	2014.05.21
民国袁世凯戎装像中华民国共和纪念十文铜圆一枚		48,300	上海崇源	2014.06.14
钱文、吉语图案、宗教类等花钱一百三十枚		43,700	北京诚轩	2014.11.22
钱文、吉语图案、宗教类花钱二十四枚		20,700	北京诚轩	2014.11.22
钱文、吉语图案、宗教类花钱二十四枚		20,700	北京诚轩	2014.11.22
钱文、吉语图案类花钱二十六枚		14,950	北京诚轩	2014.11.22
钱文、吉语图案类花钱六枚		16,100	北京诚轩	2014.11.22
三藩 昭武通宝篆书小平背穿上俯月		11,500	朵云轩	2014.06.29
水归堂旧藏平肩空手布“王”字		11,500	北京保利	2014.12.01
太平天国圣宝		1,280,000	荣盛国际	2014.07.26
天下太平光绪通宝		184,000	荣盛国际	2014.07.26
西王赏功		504,000	荣盛国际	2014.07.26
早期“业精于勤”花钱一枚		16,100	上海崇源	2014.06.14
早期麻姑献寿背十二生肖大型花钱一枚		20,700	上海崇源	2014.06.14
金币				
战国 楚郢爰三联金块		80,500	西泠拍卖	2014.12.15
战国“郢爰”双联金版一枚		46,000	上海崇源	2014.06.14
汉 麟趾金一枚		10,350	北京保利	2014.12.01
汉金五铢一枚		80,500	北京诚轩	2014.05.21
唐“乾封泉宝”鎏金		89,700	中国嘉德	2014.11.26
北宋“淳化元宝”金质供养钱一枚		11,500	北京诚轩	2014.11.22
南宋“陈二郎十分金”一两金铤		40,250	西泠拍卖	2014.05.06
南宋“韩四郎宋宅西”一两金铤		71,300	西泠拍卖	2014.05.06
南宋“相五郎”二十五两金铤		517,500	中国嘉德	2014.11.22
南宋 陈二郎十分金十两金铤		862,500	西泠拍卖	2014.12.15
南宋 太平通宝宫廷赏赐金钱		460,000	西泠拍卖	2014.12.15
南宋“保佑坊南 郭顺记”一两金叶子		112,700	中国嘉德	2014.11.26
南宋“陈二郎十分金”一两金条一枚		46,000	北京诚轩	2014.11.22
南宋“铁线巷 陈二郎 十分金”金叶子一件		36,800	北京诚轩	2014.05.21
南宋“铁线巷 陈二郎 十分金”金叶子一件		36,800	北京诚轩	2014.05.21
南宋“铁线巷 陈二郎 十分金”金叶子一件		92,000	北京诚轩	2014.11.22
金 “泰和重宝”		20,700	中国嘉德	2014.11.26
明嘉靖“大明嘉靖四十年十月内户部造”五十两金锭		7,475,000	北京保利	2014.06.05
清“天津 天增和 十足赤”二两金元宝		69,000	西泠拍卖	2014.05.06
清 宝隆老铺十足金叶		48,300	西泠拍卖	2014.05.06
清 南元足金叶		13,800	西泠拍卖	2014.05.06
清 上海“泰康润 泰 烩赤”一两金元宝		46,000	西泠拍卖	2014.05.06
清 无锡福字壹两金元宝		34,500	西泠拍卖	2014.12.15
清 义记金钱背离		32,200	西泠拍卖	2014.12.15
清 永顺楼十足金页		32,200	西泠拍卖	2014.05.06
清 招财进宝背黄金万两苏炉		13,800	朵云轩	2014.06.29
清 招财进宝背黄金万两苏炉		10,925	朵云轩	2014.06.29
清 “金玉满堂”背“长命富贵”花钱		20,700	中国嘉德	2014.05.24
清 “金玉满堂”背“长命富贵”吉语花钱		12,650	中国嘉德	2014.05.24
清 “长命富贵”背“金玉满堂”手雕花钱		31,050	中国嘉德	2014.05.24
1906年 光绪年造大清金币一两金质样币(LM1023)		57,500	中国嘉德	2014.05.24
大清金币、纯金金币共三枚。		90,850	保利香港	2014.04.07
光绪丙午年造大清金币库平一两样币一枚		897,000	北京诚轩	2014.11.22
光绪二十年奉天机器官局造壹两臆造金币一枚		57,500	北京诚轩	2014.11.22
清晚期 山东“烟台 物华 足赤”一两金锭		14,950	中国嘉德	2014.05.24
清晚期 天津“天津 世华 加炼 金料”一两金锭		12,650	中国嘉德	2014.05.24
清晚期 天津“天津 太和 加炼 金料”一两金锭		13,800	中国嘉德	2014.05.24
清晚期北方地区“同仁顺 天足赤”二两金锭一枚		27,600	北京诚轩	2014.05.21
清晚期民初李鸿章纪念背双龙团寿图无“壹两”臆造金币一枚		43,700	北京诚轩	2014.11.22
清晚期民初李鸿章纪念背双龙团寿图壹两臆造金币一枚		59,800	北京诚轩	2014.11.22
清晚期民初天津恒利足金“乾隆通宝”金质花钱、天津瑞华兴纹银“乾隆通宝”银质花钱各一枚		14,950	北京诚轩	2014.05.21
1815年墨西哥斐迪南七世加冕像背皇冠盾牌图8埃斯库多金币一枚		10,350	北京诚轩	2014.05.21
1903年四川省造光绪像四分之一卢比金质样币一枚		43,700	北京诚轩	2014.11.22
1903年四川省造光绪像一卢比金质样币一枚		212,750	北京诚轩	2014.11.22
1907年美国自由女神像20dollars金币一枚		21,850	中国嘉德	2014.05.24
民国“南元足金”金叶子一叠		80,500	北京诚轩	2014.11.22
民国“中央造币厂承制”十两金条		172,500	中国嘉德	2014.05.24
民国 纯金唐继尧钱币		78,591	大唐国际	2014.05.27
民国 江苏老天宝一两金锭		23,000	西泠拍卖	2014.12.15
民国 民国三年袁世凯像金币		23,000	北京匡时	2014.09.17
民国 “东盛加炼赤金”一两金锭		11,500	中国嘉德	2014.11.26
民国 “沈阳復兴赤金”一两金锭		17,250	中国嘉德	2014.11.26
民国 “沈阳华丰加炼”一两金锭		18,400	中国嘉德	2014.11.26
民国 “沈阳天华足赤”一两金锭		11,500	中国嘉德	2014.11.26
民国 “沈阳兴顺 赤金”一两金锭“万”字戒指一枚		17,250	中国嘉德	2014.11.26
民国 “台银”十两金条		172,500	中国嘉德	2014.11.26
民国 “天津庆祥加炼赤金”一两金锭		20,700	中国嘉德	2014.11.26
民国 “谢利源囍1000”一两金饼		17,250	中国嘉德	2014.11.26
民国 “中央造币厂造”一两金条		21,850	中国嘉德	2014.11.26
民国 上海“老万年 上上足赤”一两金条		26,450	中国嘉德	2014.11.26

拍品名称	物品尺寸	成交价RMB	拍卖公司	拍卖日期
民国 台湾"寅"字一两金条		17,250	中国嘉德	2014.11.26
民国二十一年孙中山像金本位币壹圆		414,000	北京保利	2014.12.01
民国三年(1914年)袁世凯像壹圆银模金质样币		1,552,500	中国嘉德	2014.05.24
民国三年(1914年)袁世凯像壹圆银模金质样币(LM1087)		287,500	中国嘉德	2014.05.24
民国十年徐世昌像仁寿同登纪念银币金质样币一枚		218,500	北京诚轩	2014.11.22
民国时期吴佩孚纪念臆造金币一枚		63,250	北京诚轩	2014.11.22
民国时期袁世凯帝像背北洋龙洪宪元年开国纪念臆造金币一枚		18,400	北京诚轩	2014.11.22
民国时期袁世凯帝像背立龙丙辰纪念臆造金币一枚		25,300	北京诚轩	2014.11.22
民国时期袁世凯像洪宪纪元飞龙拾圆金币一枚		115,000	北京诚轩	2014.05.21
民国时期中华民国开国纪念半圆臆造金币一枚		46,000	北京诚轩	2014.11.22
民国时期中华民国双旗背太阳神图臆造金币一枚		23,000	北京诚轩	2014.11.22
民国四川省双旗嘉禾图一角镍质合金样币一枚		23,000	上海崇源	2014.06.14
民国四十五年(1956年)孙中山像壹仟圆、贰仟圆金币各一枚		17,825	中国嘉德	2014.11.25
1916年唐继尧正面像拥护共和纪念拾圆金币一枚		36,800	北京诚轩	2014.05.21
1916年唐继尧正面像拥护共和纪念拾圆金币一枚		28,750	北京诚轩	2014.05.21
1916年唐继尧正面像拥护共和纪念伍圆金币一枚		29,900	北京诚轩	2014.11.22
1916年袁世凯帝像背立龙丙辰纪念臆造金币一枚		13,800	北京诚轩	2014.11.22
1917年横滨正金银行汉口通用银元壹圆		10,120	中国嘉德	2014.05.25
1919年冯国璋像纪念币臆造金币一枚		16,100	北京诚轩	2014.11.22
1921/1931年墨西哥1盎司金币各一枚		138,000	中国嘉德	2014.05.24
1923年曹锟正面武装像宪法成立纪念金币一枚		13,800	上海崇源	2014.06.14
1924年段祺瑞像背"和平"中华民国执政纪念金币一枚		11,500	上海崇源	2014.06.14
1924年段祺瑞像中华民国执政纪念银币金质样币一枚		241,500	北京诚轩	2014.11.22
1932年伪满洲国小"福"字一两金币		20,700	西泠拍卖	2014.05.06
1945年中央造币厂壹两金块品相好		18,400	北京保利	2014.12.01
1946年墨西哥自由女神像五十比绍金币		23,000	西泠拍卖	2014.12.15
1947年墨西哥自由女神像五十比绍金币		28,750	西泠拍卖	2014.05.06
1949年中央银行金圆券伍佰万圆		24,150	中国嘉德	2014.11.27
1979年中国人民银行发行中华人民共和国成立30周年纪念金币四枚全		23,000	中国嘉德	2014.11.26
1979年中华人民共和国成立三十周年纪念金币全套四枚		28,750	北京诚轩	2014.11.22
1981年中国人民银行发行出土文物(青铜器)第一组金币		92,000	中国嘉德	2014.11.26
1983年中国人民银行发行熊猫金币一套五枚		25,300	中国嘉德	2014.11.26
1984年中国人民银行发行熊猫金币一套五枚		23,000	中国嘉德	2014.11.26
1985年中国人民银行发行熊猫金币一套五枚		23,000	中国嘉德	2014.11.26
1986年中国人民银行发行熊猫金币一套五枚		21,850	中国嘉德	2014.11.26
1987年熊猫金币5枚一套		28,750	北京保利	2014.06.08
1987年英国BRTTANNIA1盎司、1/2盎司1/4盎司、1/10盎司精铸套币一组		12,650	北京保利	2014.12.01
1987年中国人民银行发行熊猫金币一套五枚		20,700	中国嘉德	2014.11.26
1987年中国人民银行发行熊猫特别纪念金币		63,250	中国嘉德	2014.05.24

拍品名称	物品尺寸	成交价RMB	拍卖公司	拍卖日期
1988年中国人民银行发行熊猫金币一套五枚		21,850	中国嘉德	2014.11.26
1989年英国BRTTANNIA1盎司、1/2盎司1/4盎司、1/10盎司精铸套币一组		13,800	北京保利	2014.12.01
1989年中国人民银行发行熊猫金币一套五枚		23,000	中国嘉德	2014.11.26
1992年中国人民银行发行出土文物(青铜器)第二组金银币各四枚		69,000	中国嘉德	2014.11.26
1993年中国人民银行发行出土文物(青铜器)第三组金银币各四枚		59,800	中国嘉德	2014.11.26
1996年中国人民银行发行三峡风光纪念金、银币一套5枚		11,500	中国嘉德	2014.11.26
1997年中国人民银行发行齐白石长方形纪念金、银币一套三枚		23,000	中国嘉德	2014.11.26
1999年中国人民银行发行熊猫金币一套五枚		40,250	中国嘉德	2014.11.26
2000年中国人民银行发行熊猫金币一套五枚		32,200	中国嘉德	2014.11.26
2000年中国人民银行发行中国古典文学名著《红楼梦》第一组彩色金银币一组六枚		13,800	中国嘉德	2014.05.24
2001、2002年中国人民银行发行彩色生肖蛇年、马年金、银币各一套		11,500	中国嘉德	2014.11.26
2001年中国人民银行发行熊猫金币一套五枚		23,000	中国嘉德	2014.11.26
2003年中国人民银行发行中国古典文学名著《西游记》第一组彩色金、银币一组四枚		18,400	中国嘉德	2014.11.26
2003年中国人民银行发行中国古典文学名著《西游记》第一组彩色金币		172,500	中国嘉德	2014.11.26
2004年中国人民银行发行中国古典文学名著《西游记》第二组彩色金、银币一组四枚		13,800	中国嘉德	2014.11.26
2004年中国人民银行发行中国石窟艺术(麦积山)纪念金、银币		11,500	中国嘉德	2014.11.26
2005年中国人民银行发行熊猫金币一套五枚		23,000	中国嘉德	2014.11.26
2005年中国人民银行发行中国古典文学名著《西游记》第三组彩色金、银币一组四枚		12,650	中国嘉德	2014.11.26
2005年中国人民银行发行中国古典文学名著《西游记》第三组彩色长方型金币		138,000	中国嘉德	2014.11.26
2006年中国人民银行发行熊猫金币一套五枚		27,600	中国嘉德	2014.11.26
2007年中国人民银行发行熊猫金币一套五枚		23,000	中国嘉德	2014.11.26
2007年中国人民银行发行中国熊猫金币发行25周年纪念金、银币各二十五枚		17,250	中国嘉德	2014.11.26
2009年中国人民银行发行熊猫金币一套五枚		21,850	中国嘉德	2014.11.26
2010年中国人民银行发行中国石窟艺术(云冈)纪念金、银币		14,950	中国嘉德	2014.11.26
2014年中国人民银行和法国中央银行共同发行精制纪念币金银币各一套		40,250	中国嘉德	2014.05.24
古印度贵霜王朝金币		16,100	西泠拍卖	2014.05.06
金元宝		1,041,480	中国艺海	2014.11.15
日本政府明治期通宝金拾圆		17,250	中国嘉德	2014.11.27
台湾银行铸造伍圆铜镍合金样币一枚		10,350	北京诚轩	2014.05.21
天皇登基纪念 十万日元金币 4枚(未开封)		31,767	日本伊斯特	2014.04.26
香港 "汇丰银行千足黄金"五两金条		94,300	中国嘉德	2014.11.26
香港 "景福珠宝有限公司千足金伍钱"元宝形金锭		10,350	中国嘉德	2014.11.26
香港 "景福珠宝有限公司千足金壹两"元宝形金锭		20,700	中国嘉德	2014.11.26

拍品名称	物品尺寸	成交价RMB	拍卖公司	拍卖日期
香港 “周大福珠宝金行千足纯金司码壹两”元宝形金锭		20,700	中国嘉德	2014.11.26
一两金锭(一枚)		18,400	北京保利	2014.12.04
中华人民共和国辛亥革命八十周年纪念币100元8克金币、10元一盎银币一组		12,650	北京保利	2014.12.01
中华人民共和国辛亥革命八十周年纪念币100元一盎司金币、50元五盎司银币一组		46,000	北京保利	2014.12.01
银币				
西汉 四铢“半两”带符号一组五枚		11,500	中国嘉德	2014.05.24
蒙元时期 “平阳路征收课税所五十两 济泉库监柴汾 府 库官壬谦王仲禄”银锭一枚	重1992.9g	460,000	北京诚轩	2014.11.22
北宋 靖康元宝折二(篆书)		10,350	西泠拍卖	2014.12.15
南宋 聂秦肥花银五十两银铤		97,750	西泠拍卖	2014.12.15
南宋 “霸东街南 姚七郎记 重贰拾伍两”银铤一枚	重934g	92,000	北京诚轩	2014.11.22
南宋 “京销铤银”六排戳十二两半银铤一枚	重504g	28,750	北京诚轩	2014.11.22
南宋 “京销铤银”六排戳十二两半银铤一枚	重496.5g	32,200	北京诚轩	2014.11.22
金 “行人郝震”五十两银铤	重1910g	241,500	中国嘉德	2014.11.26
“大明元宝”四十八两银锭	高7cm	433,950	中国艺海	2014.11.15
清乾隆 1796年 西藏乾隆宝藏银币一枚(L&M 640A)		89,700	北京诚轩	2014.05.21
道光年制足银饼库平七二	直径3.9cm	580,000	荣盛国际	2014.07.26
道光十九年(1839年)通彩番银贰佰圆		11,270	中国嘉德	2014.11.27
清咸丰 1856年上海县号商王永盛足纹银饼		92,000	中国嘉德	2014.05.24
清 “官钱局”三两银锭	重111g	43,700	中国嘉德	2014.05.24
清 “上海 泰亨源 三”五十两银锭		97,750	西泠拍卖	2014.05.06
清 安徽 “道光二十七年十月 天长县 匠大昌”五十两银锭一枚	重1886.6g	172,500	北京诚轩	2014.11.22
清 安徽 “光绪年月 省号舒大成”五十两银锭一枚	重1866.3g	115,000	北京诚轩	2014.11.22
清 安徽 “淮厘张祥泰 淮厘张祥泰”双排戳五十两银锭一枚	重1857.1g	172,500	北京诚轩	2014.11.22
清 安徽 “嘉庆十二年四月 阜阳县 匠杨泽”五十两银锭一枚	重1891.6g	230,000	北京诚轩	2014.11.22
清安徽 “舒大成”双排戳十两砝码锭	重358g	23,000	中国嘉德	2014.05.24
清 北洋天津银号李鸿章像银两票拾两样票一枚		57,500	北京诚轩	2014.11.24
清甘肃 “兴平厘局”四两槽锭一枚	重127.7g	10,925	北京诚轩	2014.11.22
清 光绪三十年湖北省造背双龙一两银币(小字版)		52,900	西泠拍卖	2014.12.15
清 光绪元宝	直径4cm	350,000	北京九歌	2014.12.17
清广西 “平乐府光绪十六年十月日盛泰来”五戳记十两砝码锭一枚	重354g	40,250	北京诚轩	2014.11.22
清 贵州 “遵义丁粮 官匠刘真”双戳十两圆锭一枚	重356.3g	126,500	北京诚轩	2014.11.22
清 河北 “公十足 聚增号”十两银锭一枚	重379.5g	20,700	北京诚轩	2014.11.22
清河北 “公十足孟泰源”十两银锭一枚	重364.4g	17,250	北京诚轩	2014.11.22
清 河北 “公十足 万丰 聚盛源”三排戳十两银锭	重376g	23,000	中国嘉德	2014.05.24
清 河南 “咸丰年月 安阳县 周吉祥”五十两银锭一枚	重1865.1g	149,500	北京诚轩	2014.11.22
清湖北 “老河口 协兴永”十两银锭		25,300	西泠拍卖	2014.05.06
清 户部天贞银钱号 乾益官号钱帖各一枚		11,500	中国嘉德	2014.11.27
清 户部天贞银钱号钱帖一组二枚		18,400	中国嘉德	2014.11.27
清 江南光绪元宝七钱二分辛丑		16,100	朵云轩	2014.06.29
清 江南省光绪元宝七钱二分(八字庚)银币		21,850	西泠拍卖	2014.05.06
清 江南省光绪元宝七钱二分(老江南)银币		126,500	西泠拍卖	2014.05.06
清 江南省光绪元宝七钱二分(老江南人字边)银币		80,500	西泠拍卖	2014.05.06
清 江南省戊戌光绪元宝七钱二分(珍珠龙)银币		86,250	西泠拍卖	2014.05.06

拍品名称	物品尺寸	成交价RMB	拍卖公司	拍卖日期
清 内蒙古 “光绪年月 西包镇 万胡号”五十两银锭一枚	重1859.8g	115,000	北京诚轩	2014.11.22
清 内蒙古归化城五十两银锭		149,500	西泠拍卖	2014.12.15
清 山东 “德州 光绪年月 德盛公”三排戳十两银锭	重305g	34,500	中国嘉德	2014.05.24
清 山东 “光绪年 光绪年 □银炉”十两钱粮小宝一枚	重418.8g	11,500	北京诚轩	2014.11.22
清 山东 “光绪年月 恒吉炉 光绪年月”五十两商锭一枚	重1840g	103,500	北京诚轩	2014.11.22
清 山东 “光绪年月 章邱县”十两钱粮小宝一枚	重378.2g	19,550	北京诚轩	2014.11.22
清 山东 “历城 宣统年月”十两钱粮小宝一枚	重388.9g	11,500	北京诚轩	2014.11.22
清 山东 “宣统年月 东海关 匠鲁协中”五十两银锭		34,500	西泠拍卖	2014.05.06
清 山东东平州十两银锭		28,750	西泠拍卖	2014.12.15
清 山西 “晋泰银号 卯 金 刀”五两腰锭一枚	重203g	11,500	北京诚轩	2014.11.22
清 上海 “光绪念五年俄国道胜银行生源”五十两银锭		97,750	西泠拍卖	2014.05.06
清 四川 “光绪二十七年匠许裕国乐厂引厘”双戳十两圆锭一枚	重352.1g	32,200	北京诚轩	2014.11.22
清 四川 “光绪廿七年 通省盐课 匠信义全”三戳十两圆锭一枚	重353.1g	17,250	北京诚轩	2014.11.22
清 四川 “遂宁县 光绪四年国宝源流”十两圆锭一枚	重330.3g	35,650	北京诚轩	2014.11.22
清 四川 “囍 囍”字双戳五两吉语圆锭一枚	重193.7g	23,000	北京诚轩	2014.11.22
清 四川 “资阳县 引厘局”三戳十两圆锭一枚	重357.7g	69,000	北京诚轩	2014.11.22
清 银币、囍鎏金元宝一组十三枚		18,400	西泠拍卖	2014.12.15
清 云南 “曹德源号 足色盐课”五两牌坊锭一枚	重169g	29,900	北京诚轩	2014.11.22
清云南 “黑井蔡裕成课”双槽锭一枚	重215g	46,000	北京诚轩	2014.11.22
清 云南 “壬午三月 庆泰纹银”五两牌坊锭一枚	重181.2g	13,800	北京诚轩	2014.11.22
清 云南 “拾年正月 福宝纹银”五两牌坊锭	重148g	19,550	中国嘉德	2014.05.24
清 云南 “元顺课锭”三槽锭一枚	重224.5g	11,500	北京诚轩	2014.11.22
清 云南壹两官商锭一组二十枚		11,500	西泠拍卖	2014.12.15
清浙江、上海五两银锭一组十二枚		345,000	西泠拍卖	2014.12.15
清 浙江 “玖年 祥顺 兴旺”三戳五两吉语锭一枚	重194.3g	40,250	北京诚轩	2014.11.22
清 浙江 “廿九年 乐清 振元”三戳五两圆锭一枚	重180.4g	40,250	北京诚轩	2014.11.22
清 浙江 “柒年 温卫 敦裕”三戳五两圆锭一枚	重185.5g	55,200	北京诚轩	2014.11.22
清浙江 “拾年协盛德顺”五两银锭		28,750	西泠拍卖	2014.05.06
清 浙江 “拾肆年 长兴 恒升”三戳五两圆锭一枚	重187.5g	28,750	北京诚轩	2014.11.22
清浙江 “元年鄞县徐璋”五两圆锭一枚	重187.1g	28,750	北京诚轩	2014.11.22
清 浙江德清五两官锭		23,000	西泠拍卖	2014.12.15
清 浙江鼎裕五两商锭		10,350	西泠拍卖	2014.12.15
清 浙江广源五两官锭		10,350	西泠拍卖	2014.12.15
清 浙江归安五两官锭		23,000	西泠拍卖	2014.12.15
清 浙江海宁五两官锭		23,000	西泠拍卖	2014.12.15
清 浙江会稽五两官锭		23,000	西泠拍卖	2014.12.15
清浙江省造光绪元宝库平三钱六分银币		69,000	西泠拍卖	2014.12.15
清 浙江桐乡五两官锭		17,250	西泠拍卖	2014.12.15
清 浙江肖山五两官锭		17,250	西泠拍卖	2014.12.15
清 浙江协盛五两商锭		10,350	西泠拍卖	2014.12.15
清 浙江鄞县五两官锭		23,000	西泠拍卖	2014.12.15
清 浙江裕和五两商锭		10,350	西泠拍卖	2014.12.15
清 “福”一两吉语锭	重37g	24,150	中国嘉德	2014.11.26
清 “寿”一两吉语锭	重33g	24,150	中国嘉德	2014.11.26
清 “寿”字吉语锭	重18g	13,800	中国嘉德	2014.11.26
清 “禧”字吉语锭	重19g	14,950	中国嘉德	2014.11.26
清 “囍”吉语锭	重16g	17,250	中国嘉德	2014.11.26
清安徽 “淮厘源兴”双排戳五十两银锭	重1859g	230,000	中国嘉德	2014.11.26
清北京 “宛平县”单排戳十两川型锭	重332g	51,750	中国嘉德	2014.11.26
清甘肃 “河州伍拾两匠王”五十两银锭	重1880g	95,450	中国嘉德	2014.11.26

拍品名称	物品尺寸	成交价RMB	拍卖公司	拍卖日期
清 工部颁发砝码一枚	重743g	11,500	中国嘉德	2014.11.26
清 广东“义兴义兴合记”三排戳十两砝码锭	重361g	14,950	中国嘉德	2014.11.26
清 广东“粤海关 咸丰三年”三排戳十两砝码锭	重374g	36,800	中国嘉德	2014.11.26
清 广东“运同 道光三十年 三月 慎诚”三排戳十两砝码锭	重346g	25,300	中国嘉德	2014.11.26
清 贵州“威宁州”单排戳十两银锭	重292g	13,800	中国嘉德	2014.11.26
清 贵州“遵义丁粮 官匠刘真”双排戳十两川型锭	重353g	57,500	中国嘉德	2014.11.26
清 贵州“遵义县 匠刘贞”双排戳十两川型锭	重376g	46,000	中国嘉德	2014.11.26
清 湖北“湖北下游 滇捐总局”双排戳五两银锭	重189g	11,270	中国嘉德	2014.11.26
清 湖北“江汉关 同治八年 有成号匠罗芝”五十两银锭	重1839g	483,000	中国嘉德	2014.11.26
清 湖北“长春□陵”双排戳五两银锭	重180g	23,000	中国嘉德	2014.11.26
清 湖南“星垣洪顺生”十两砝码锭	重348g	12,650	中国嘉德	2014.11.26
清 湖南“长沙府匠德茂”十两砝码锭	重300g	40,250	中国嘉德	2014.11.26
清 吉林“匠高明 光绪二十一年 宽城子同顺成”五十两大翅银锭	重1927g	55,200	中国嘉德	2014.11.26
清 江西“吉安县”双排戳十两川型银锭	重347g	13,800	中国嘉德	2014.11.26
清 江西“万载县 光绪十六年正月 伍拾两匠刘春”五十两方锭	重1885g	172,500	中国嘉德	2014.11.26
清 山西“道光三十年四月 襄陵县 田赵景”三排戳五十两银锭	重1882g	126,500	中国嘉德	2014.11.26
清 四川“地丁”双排戳十两银锭	重357g	13,800	中国嘉德	2014.11.26
清 四川“地丁银”双排戳十两银锭	重374g	26,450	中国嘉德	2014.11.26
清 四川“贡井 洪盛记”单排戳五两银锭	重182g	20,700	中国嘉德	2014.11.26
清 四川“捐输 八年匠兴隆永”双排戳五两银锭	重335g	18,400	中国嘉德	2014.11.26
清 四川“夔关 九年十二月 匠胡恒生”十两银锭	重385g	82,800	中国嘉德	2014.11.26
清 四川“夔关杨常铣”五两银锭	重153g	40,250	中国嘉德	2014.11.26
清 四川“厘税局”双排戳十两银锭	重289g	24,150	中国嘉德	2014.11.26
清 四川“绵州 二十六年捐输 匠裕泰德”三排戳十两银锭	重351g	17,250	中国嘉德	2014.11.26
清 四川“郫县 二十八年地丁 兴隆号”三排戳十两银锭	重338g	19,550	中国嘉德	2014.11.26
清 四川“票厘局 十七年 李福源”三排戳十两银锭	重343g	40,250	中国嘉德	2014.11.26
清 四川“西昌县 当面打针”双排戳十两银锭	重371g	17,250	中国嘉德	2014.11.26
清 四川“新津县 道光二十年”双排戳十两银锭	重359g	24,150	中国嘉德	2014.11.26
清 四川“椉厂引厘 光绪二十六年 匠许裕国”双排戳十两银锭	重370g	18,400	中国嘉德	2014.11.26
清 四川“赵镇厘局延 三十八年 复兴源”三排戳十两银锭	重410g	18,400	中国嘉德	2014.11.26
清 云南“杭县南京”十两协饷锭	重305g	27,600	中国嘉德	2014.11.26
清 云南“江苏开封”十二两协饷锭	重388g	23,000	中国嘉德	2014.11.26
清 云南“雷庆泰号 冬月纹银 公估童看讫”五两牌坊锭	重198g	13,800	中国嘉德	2014.11.26
清 云南“万源课银”五两单槽锭	重193g	17,250	中国嘉德	2014.11.26
清 云南“张庆丰号 腊月纹银 公估童看讫”五两牌坊锭	重184g	11,500	中国嘉德	2014.11.26
清 云南“赵州王贵”十两大槽锭	重373g	39,100	中国嘉德	2014.11.26
清 浙江“敦裕盐饷”双排戳五两银锭	重182g	14,950	中国嘉德	2014.11.26
清“同治年月 太谷县同盛公”五十两银锭一枚	重1848.2g	92,000	北京诚轩	2014.05.21
清安徽“咸丰年月 宿州 咸丰年月”五十两银锭一枚	重1870.4g	276,000	北京诚轩	2014.05.21
清安徽省造光绪元宝库平七钱二分银币一枚		207,000	上海崇源	2014.06.14
清北洋天津银号李鸿章像银元票叁圆一枚		26,450	北京诚轩	2014.05.22
北洋天津银号李鸿章像库平足银叁两		24,150	中国嘉德	2014.11.27
大清光绪二十四年奉天机器局造一圆银币		28,750	北京保利	2014.12.01
大清光绪二十五年奉天机器局造一圆银币		103,500	北京保利	2014.12.01
大清银币宣统三年大尾龙	直径3.9cm	976,000	荣盛国际	2014.07.26
丁未(1907年)光绪年造大清银币伍角银质样币(LM21)		172,500	中国嘉德	2014.11.26
二十四年(1898年)安徽省造光绪元宝七钱二分银币(LM203)		74,750	中国嘉德	2014.05.24
清光绪丁未年安徽裕皖官钱局银元票伍圆一枚		16,100	北京诚轩	2014.05.22
清光绪二十八年(1902年)横滨正金银行牛庄通用银圆拾圆		10,120	中国嘉德	2014.11.27
清光绪二十二年北洋机器局造半角银币一枚		18,400	北京诚轩	2014.05.21
清光绪二十二年北洋机器局造半角银币一枚		20,700	北京诚轩	2014.11.22
清光绪二十二年北洋机器局造一角银币一枚		126,500	北京诚轩	2014.11.22
清光绪二十九年、三十三年北洋造清光绪元宝库平七钱二分银币各一枚		10,350	北京诚轩	2014.11.22
清光绪二十六年北洋造清光绪元宝库平七钱二分银币一枚		26,450	北京诚轩	2014.11.22
清光绪二十六年北洋造清光绪元宝库平七钱二分银币一枚		10,925	北京诚轩	2014.11.22
清光绪二十三年北洋机器局造半角银币一枚		25,300	北京诚轩	2014.05.21
清光绪二十三年北洋机器局造半角银币一枚		10,925	北京诚轩	2014.05.21
清光绪二十三年北洋机器局造壹圆银币一枚		23,000	北京诚轩	2014.05.21
清光绪二十三年北洋机器局造壹圆银币一枚		23,000	北京诚轩	2014.05.21
清光绪二十三年北洋机器局造壹圆银币一枚		14,950	北京诚轩	2014.05.21
清光绪二十三年北洋机器局造壹圆银币一枚		23,000	北京诚轩	2014.11.22
清光绪二十三年北洋机器局造壹圆银币一枚		10,925	北京诚轩	2014.11.22
清光绪二十四年(1898年)北洋机器局造壹圆银币(LM449)		10,120	中国嘉德	2014.11.26
清光绪二十四年安徽省造光绪元宝库平七钱二分银币一枚		494,500	上海崇源	2014.06.14
清光绪二十四年安徽省造清光绪元宝库平七钱二分银币一枚		356,500	北京诚轩	2014.11.22
清光绪二十四年安徽省造清光绪元宝库平七钱二分银币一枚		287,500	北京诚轩	2014.11.22
清光绪二十四年安徽省造清光绪元宝库平七钱二分银币一枚		43,700	北京诚轩	2014.11.22
清光绪二十四年北洋机器局造五角银币一枚		55,200	北京诚轩	2014.11.22
清光绪二十四年北洋机器局造壹圆银币一枚		23,000	北京诚轩	2014.05.21
清光绪二十四年北洋机器局造壹圆银币一枚		19,550	北京诚轩	2014.05.21
清光绪二十四年北洋机器局造壹圆银币一枚		18,400	北京诚轩	2014.05.21
清光绪二十四年北洋机器局造壹圆银币一枚		31,050	北京诚轩	2014.11.22
清光绪二十四年北洋机器局造壹圆银币一枚		11,500	北京诚轩	2014.11.22
清光绪二十四年北洋机器局造壹圆银币一枚		10,925	北京诚轩	2014.11.22
清光绪二十四年奉天机器局造五角银币一枚		48,300	北京诚轩	2014.11.22
清光绪二十四年奉天机器局造五角银币一枚		29,900	北京诚轩	2014.11.22
清光绪二十四年奉天机器局造五角银币一枚		24,150	北京诚轩	2014.11.22
清光绪二十四年奉天机器局造一圆银币一枚		58,650	上海崇源	2014.06.14

拍品名称	物品尺寸	成交价RMB	拍卖公司	拍卖日期
清光绪二十四年奉天机器局造一圆银币一枚		27,600	北京诚轩	2014.05.21
清光绪二十四年奉天机器局造一圆银币一枚		86,250	北京诚轩	2014.11.22
清光绪二十四年奉天机器局造一圆银币一枚		42,550	北京诚轩	2014.11.22
清光绪二十四年奉天机器局造一圆银币一枚		18,400	北京诚轩	2014.11.22
清光绪二十四年奉天机器局造一圆银币一枚		16,100	北京诚轩	2014.11.22
清光绪二十四年奉天机器局造壹圆银币一枚		12,650	上海崇源	2014.06.14
清光绪二十四年奉天省造五角银币一枚		19,550	北京保利	2014.06.08
清光绪二十五年北洋造清光绪元宝库平七钱二分银币一枚		18,400	北京诚轩	2014.11.22
清光绪二十五年湖北银元局清光绪元宝银元票壹大元一枚		101,200	北京诚轩	2014.05.22
清光绪二十一年(1895年)护理台南府正堂忠台南官银票“手写体”伍大员		17,250	中国嘉德	2014.11.27
清光绪年东三省官银号银元票壹圆一枚		18,400	北京诚轩	2014.05.22
清光绪年造丙午户部大清银币“中”字壹两样币一枚	直径40.5mm	437,000	北京诚轩	2014.05.21
清光绪年造丙午户部大清银币“中”字壹钱一枚		115,000	北京诚轩	2014.05.21
清光绪年造丙午户部大清银币“中”字壹钱银币样币一枚		34,500	北京诚轩	2014.11.22
清光绪年造丁未大清银币贰角样币一枚		69,000	北京诚轩	2014.05.21
清光绪年造丁未大清银币一元一枚		11,500	北京保利	2014.06.08
清光绪年造丁未大清银币壹角样币一枚		25,300	北京诚轩	2014.05.21
清光绪年造丁未大清银币壹角样币一枚		17,250	北京诚轩	2014.11.22
清光绪年造丁未大清银币壹圆样币一枚		57,500	北京诚轩	2014.05.21
清光绪年造户部丙午中字一两一枚		40,250	北京保利	2014.06.08
清光绪三十二年(1906年)江苏裕苏官银钱局通用钞票陈夔龙像壹圆		264,500	中国嘉德	2014.11.27
清光绪三十二年奉天官银号银元票伍角一枚		36,800	北京诚轩	2014.11.24
清光绪三十年(1904年)湖北官钱局银元壹大元		40,250	中国嘉德	2014.11.27
清光绪三十年(1904年)湖北省造大清银币一两(LM180)		69,000	中国嘉德	2014.05.24
清光绪三十年(1904年)湖北省造大清银币一两(LM180)		92,000	中国嘉德	2014.11.26
清光绪三十年湖北省造大清银币库平一两一枚		293,250	上海崇源	2014.06.14
清光绪三十年湖北省造大清银币库平一两一枚		230,000	上海崇源	2014.06.14
清光绪三十年湖北省造大清银币库平一两一枚		57,500	北京诚轩	2014.05.21
清光绪三十年湖北省造大清银币库平一两一枚		57,500	北京诚轩	2014.11.22
清光绪三十年湖北省造大清银币库平一两一枚		51,750	北京诚轩	2014.11.22
清光绪三十年湖北省造大清银币库平一两银币一枚		113,850	上海崇源	2014.06.14
清光绪三十年湖北省造大清银币一两一枚		149,500	北京诚轩	2014.11.22
清光绪三十三年(1907年)甘肃官银钱局兰平足银贰两		21,850	中国嘉德	2014.11.27
清光绪三十三年(1907年)华商上海信成银行上海通用银元拾元		33,350	中国嘉德	2014.11.27
清光绪三十三年(1907年)华商上海信成银行上海通用银元伍元		25,300	中国嘉德	2014.11.27
清光绪三十三年(1907年)华商上海信成银行上海通用银元壹元		13,800	中国嘉德	2014.11.27

拍品名称	物品尺寸	成交价RMB	拍卖公司	拍卖日期
清光绪三十三年北洋造清光绪元宝库平七钱二分银币一枚		368,000	北京诚轩	2014.05.21
清光绪三十三年江西官银钱总号银元票壹圆一枚		16,100	北京诚轩	2014.11.24
清光绪三十四年(1908年)湖南官钱局省平足银伍两		23,000	中国嘉德	2014.05.25
清光绪三十四年北洋造清光绪元宝库平七钱二分银币一枚		71,300	北京诚轩	2014.11.22
清光绪三十四年北洋造清光绪元宝库平七钱二分银币一枚		36,800	北京诚轩	2014.11.22
清光绪三十四年北洋造清光绪元宝库平七钱二分银币一枚		20,700	北京诚轩	2014.11.22
清光绪三十四年北洋造清光绪元宝库平七钱二分银币一枚		18,400	北京诚轩	2014.11.22
清光绪三十四年北洋造清光绪元宝库平七钱二分银币一枚		13,800	北京诚轩	2014.11.22
清光绪三十四年北洋造清光绪元宝库平七钱二分银币一枚		12,650	北京诚轩	2014.11.22
清光绪三十一年(1905年)广东省造清光绪元宝壹元		17,250	中国嘉德	2014.11.27
清光绪十年吉林机器官局监制库平一两	直径3.9cm	304,000	荣盛国际	2014.07.26
清光绪十五年江苏官造一元	直径3.9cm	160,000	荣盛国际	2014.07.26
清光绪乙酉年造隆裕皇后像臆造银币一枚		13,800	北京诚轩	2014.11.22
清光绪乙酉年造清光绪像臆造银币一枚		16,100	北京诚轩	2014.11.22
清光绪元宝	直径4.4cm	156,222	中国艺海	2014.11.15
清光绪元宝北洋造库平七钱二分	直径3.9cm	304,000	荣盛国际	2014.07.26
清光绪元宝官炉局铸西藏一两	直径3.9cm	400,000	荣盛国际	2014.07.26
清光绪元宝广东省造库平七钱二分	直径3.9cm	1,040,000	荣盛国际	2014.07.26
清光绪元宝广东省造库平七钱二分	直径3.9cm	600,000	荣盛国际	2014.07.26
清光绪元宝广东省造库平七钱二分	尺寸不一	600,000	荣盛国际	2014.07.26
清光绪元宝广东省造库平七钱二分	直径3.9cm	576,000	荣盛国际	2014.07.26
清光绪元宝广东省造库平三钱六分银币一枚		23,000	北京保利	2014.12.01
清光绪元宝吉林省造乙巳库平七钱二分银币		13,800	北京保利	2014.12.01
清光绪元宝江南省造库平七钱二分老江南银币		66,700	北京保利	2014.12.01
清光绪元宝四川省造库平七钱二分	通高12.8cm	336,000	荣盛国际	2014.07.26
清光绪元宝四川省造库平七钱二分	直径3.9cm	224,000	荣盛国际	2014.07.26
清贵州五两素面碗锭一枚 另铸造银锭铁模具一件	重187.1g	11,500	北京诚轩	2014.05.21
清河北“宝元祥、十足色”十两银锭一枚	重361.4g	18,400	北京诚轩	2014.05.21
清湖北“通山公济益”五两圆锭一枚	重182.0g	46,000	北京诚轩	2014.05.21
清湖北官钱局“天门县 光绪二十二年 十月”五十两银锭一枚	重1895.7g	138,000	北京诚轩	2014.05.21
清湖北省造宣统光绪元宝库平七分二厘银币一枚		138,000	上海崇源	2014.06.14
清湖南“东安县，苑永昌”十两法码锭一枚		11,500	上海崇源	2014.06.14
清江南省造庚子光绪元宝库平三钱六分银币一枚		483,000	上海崇源	2014.06.14
清江南省造光绪元宝库平七钱二分银币一枚		40,250	上海崇源	2014.06.14
清江南省造光绪元宝库平三钱六分银币一枚		97,750	上海崇源	2014.06.14
清江南省造癸卯光绪元宝库平七钱二分银币一枚		17,250	上海崇源	2014.06.14
清江南省造甲辰光绪元宝库平七钱二分银币一枚		11,500	上海崇源	2014.06.14
清江南省造壬寅光绪元宝库平七分二厘银币一枚		58,650	上海崇源	2014.06.14
清江南省造壬寅光绪元宝库平七钱二分银币一枚		34,500	上海崇源	2014.06.14
清江南省造壬寅光绪元宝库平七钱二分银币一枚		11,500	上海崇源	2014.06.14
清江南省造无纪年光绪元宝库平七钱二分银币一枚		55,200	上海崇源	2014.06.14
清江南省造戊戌光绪元宝库平七钱二分银币一枚		161,000	上海崇源	2014.06.14

拍品名称	物品尺寸	成交价RMB	拍卖公司	拍卖日期
清江南省造戊戌光绪元宝库平七钱二分银币一枚		57,500	上海崇源	2014.06.14
清江南省造戊戌光绪元宝库平七钱二分银币一枚		41,400	上海崇源	2014.06.14
清江南省造戊戌光绪元宝库平七钱二分银币一枚		20,700	上海崇源	2014.06.14
清江南省造戊戌光绪元宝库平一钱四分四厘银币一枚		32,200	上海崇源	2014.06.14
清江南省造乙巳光绪元宝库平一钱四分四厘银币一枚		13,800	上海崇源	2014.06.14
清江西"正月玖松富"十两镜面锭一枚	重393g	23,000	北京诚轩	2014.05.21
清民初山东"广昌银炉 利津县 广昌银炉"十两钱粮小宝一枚	重373.5g	23,000	北京诚轩	2014.05.21
清山东"光绪年月 乐陵县 同祥银炉"十两钱粮小宝一枚	重364.1g	69,000	北京诚轩	2014.05.21
清山东"历城 裕升银炉 裕升银炉"十两钱粮小宝一枚	重378.1g	20,700	北京诚轩	2014.05.21
清山东"临邑 光绪年月 万志英"十两元宝锭一枚，清"寿"字一两小元宝三枚，总共4枚		46,000	上海崇源	2014.06.14
清山东"咸丰二年 阳谷县 李德盛"五十两银锭一枚	重1883.8g	138,000	北京诚轩	2014.05.21
清山东"宣统年月 长清县 丰泰银炉"五十两银锭一枚	重1892.7g	184,000	北京诚轩	2014.05.21
清山西"道光年月 太谷县王呈"双排戳五十两银锭一枚	重1869g	172,500	北京诚轩	2014.05.21
清陕西"会镇祥顺"、"会镇泰源"、"会镇和顺"四两槽锭各一枚	尺寸不一	13,800	北京诚轩	2014.05.21
清陕西"兴安厘局"五两陕漕银锭一枚		14,950	上海崇源	2014.06.14
清四川"光绪七年富官引局 大生厚 同顺昌"三戳十两圆锭一枚	重356.9g	23,000	北京诚轩	2014.05.21
清四川"聚泰"十两商锭一枚	重347.1g	10,350	北京诚轩	2014.05.21
清四川"容县 八年匠喻国良"双戳十两圆锭一枚	重353.1g	26,450	北京诚轩	2014.05.21
清四川"瑞祥和"十两商锭一枚	重361.1g	10,350	北京诚轩	2014.05.21
清四川"宣统元年 岳池县 匠裕泰德"三戳十两圆锭一枚	重343.4g	20,700	北京诚轩	2014.05.21
清四川"雅安县 裕国通商 雅安县"十两圆锭一枚	重335.9g	20,700	北京诚轩	2014.05.21
清四川"永茂"十两商锭一枚	重363.9g	10,350	北京诚轩	2014.05.21
清四川省造光绪元宝库平七钱二分银币一枚		63,250	上海崇源	2014.06.14
清四川省造光绪元宝库平七钱二分银币一枚		36,800	上海崇源	2014.06.14
清四川省造光绪元宝库平七钱二分银币一枚		12,650	上海崇源	2014.06.14
清新疆"道验"三戳五十两银锭一枚		80,500	上海崇源	2014.06.14
清新疆省造光绪银元库平重二钱银币一枚		184,000	上海崇源	2014.06.14
清新云南省造光绪元宝库平七钱二分银币一枚		52,900	上海崇源	2014.06.14
清云南"八年正月福盛纹银 捌年捌月福盛纹银 八年正月福盛纹银"五两牌坊锭一枚	重142.1g	25,300	北京诚轩	2014.05.21
清云南"宝盛字号 宝盛字号 宝盛字号"四两三槽锭一枚	重140.5g	10,350	北京诚轩	2014.05.21
清云南"滇盛字号 利用厚生"四两三槽锭一枚	重139.4g	20,700	北京诚轩	2014.05.21
清云南"福泰字号 福泰字号 福泰字号"五两三槽锭一枚	重156.9g	10,350	北京诚轩	2014.05.21
清云南"合顺号 合顺号"五两双槽锭一枚	重184.1g	13,800	北京诚轩	2014.05.21
清云南"浪穹县 地丁 浪穹县"八两三槽锭一枚	重277.2g	48,300	北京诚轩	2014.05.21
清浙江"念式年 馀杭 源泰"三戳五两杭锭一枚	重187.04g	69,000	北京诚轩	2014.05.21
清浙江兴业银行汉口通用银元壹元		437,000	中国嘉德	2014.05.25
清中期四川"万县 嘉庆五年"双戳十两圆锭一枚	重364.5g	26,450	北京诚轩	2014.11.22

拍品名称	物品尺寸	成交价RMB	拍卖公司	拍卖日期
1903年奉天省造光绪元宝七钱二分银币(LM482)		21,850	中国嘉德	2014.05.24
"光绪元宝湖北省"十两银锭一枚		11,500	北京保利	2014.06.08
1838/1850年台湾库平柒弍足纹银饼一枚		18,400	北京诚轩	2014.11.22
1844年漳州军饷足纹通行银币(LM290)		69,000	中国嘉德	2014.05.24
1853年台湾如意军饷银币(LM323)		31,050	中国嘉德	2014.05.24
22年浙江省造光绪元宝库平七分二厘银币一枚		64,400	上海崇源	2014.06.14
黑龙江省造京局造 元宝	直径3.9cm	1,084,875	中国艺海	2014.11.15
湖北省造光绪元宝	直径3.6cm	1,562,220	中国艺海	2014.11.15
吉林省造甲辰光绪元宝库平七钱二分一枚		11,500	北京保利	2014.06.08
四川省造光绪元宝半圆合面银币		23,000	中国嘉德	2014.05.24
四川省造光绪元宝库平七钱二分	直径2cm	243,012	中国艺海	2014.11.15
四川省造光绪元宝库平七钱二分银币一枚		32,200	北京保利	2014.06.08
1866、1867、1868年香港维多利亚女王头像壹圆银币各一枚		16,100	北京诚轩	2014.05.21
1890年广东省造光绪元宝库平七分三厘银币样币一枚		32,200	北京诚轩	2014.11.22
1890年广东省造光绪元宝库平七钱三分银币样币一枚		621,000	北京诚轩	2014.11.22
1890年广东省造光绪元宝库平七钱三分银币一枚		920,000	北京诚轩	2014.05.21
1890年广东省造光绪元宝库平三钱六分银币一枚		48,300	北京诚轩	2014.05.21
1890年广东省造光绪元宝库平三钱六分银币一枚		19,550	北京诚轩	2014.05.21
1890年广东省造光绪元宝库平三钱六分银币一枚		29,900	北京诚轩	2014.11.22
1890年台省制造光绪元宝七分二厘银币(LM327)		17,250	中国嘉德	2014.05.24
1890年喜敦版广东省造光绪元宝库平七钱二分银币一枚		69,000	北京诚轩	2014.05.21
1893年/1894年台湾老公饼一枚		85,100	上海崇源	2014.06.14
1893年台湾制造光绪元宝库平三分六厘银币一枚		55,200	北京诚轩	2014.05.21
1895年湖北省造光绪元宝库平七钱二分银币一枚		80,500	北京诚轩	2014.11.22
1895年湖北省造光绪元宝库平七钱二分银币一枚		23,000	北京诚轩	2014.11.22
1895年湖北省造光绪元宝库平三分六厘银币一枚		16,100	北京诚轩	2014.05.21
1896年福建官局造光绪元宝库平一钱四分四厘合面银币一枚		23,000	北京诚轩	2014.11.22
1897年江南省造光绪元宝七钱二分银币(LM210A)		23,000	中国嘉德	2014.05.24
1897年无纪年安徽省造光绪元宝库平三分六厘银币一枚		57,500	北京诚轩	2014.05.21
1897年无纪年江南省造光绪元宝库平七钱二分银币一枚		29,900	北京诚轩	2014.05.21
1897年无纪年江南省造光绪元宝库平三钱六分银币一枚		115,000	北京诚轩	2014.11.22
1898/1905年不同纪年江南省造光绪元宝库平七钱二分银币一组十枚		42,550	北京诚轩	2014.05.21
1898年江南省造光绪元宝库平三分六厘银币一枚		12,650	北京诚轩	2014.05.21
1898年四川省造光绪元宝库平七钱二分银币一枚		667,000	北京诚轩	2014.05.21
1898年四川省造光绪元宝库平七钱二分银币一枚		414,000	北京诚轩	2014.11.22
1898年四川省造光绪元宝库平七钱二分银币一枚		10,350	北京诚轩	2014.11.22
1898年四川省造光绪元宝库平三分六厘银币一枚		23,000	北京诚轩	2014.11.22
1898年四川省造光绪元宝库平三分六厘银币一枚		18,400	北京诚轩	2014.11.22
1898年四川省造光绪元宝三钱六分银币(LM347)		34,500	中国嘉德	2014.11.26

拍品名称	物品尺寸	成交价RMB	拍卖公司	拍卖日期
1898年无纪年吉林省造光绪元宝库平七钱二分银币一枚		103,500	北京诚轩	2014.05.21
1898年无纪年吉林省造光绪元宝库平七钱二分银币一枚		51,750	北京诚轩	2014.05.21
1898年无纪年吉林省造光绪元宝库平七钱二分银币一枚		46,000	北京诚轩	2014.05.21
1898年无纪年吉林省造光绪元宝库平七钱二分银币一枚		20,700	北京诚轩	2014.05.21
1898年无纪年吉林省造光绪元宝库平七钱二分银币一枚		17,250	北京诚轩	2014.05.21
1898年无纪年吉林省造光绪元宝库平七钱二分银币一枚		48,300	北京诚轩	2014.11.22
1898年无纪年吉林省造光绪元宝库平七钱二分银币一枚		29,900	北京诚轩	2014.11.22
1898年无纪年吉林省造光绪元宝库平七钱二分银币一枚		10,925	北京诚轩	2014.11.22
1898年无纪年吉林省造光绪元宝库平七钱二分银币一枚		10,350	北京诚轩	2014.11.22
1898年无纪年吉林省造光绪元宝库平三钱六分银币一枚		82,800	北京诚轩	2014.05.21
1898年无纪年吉林省造光绪元宝库平三钱六分银币一枚		25,300	北京诚轩	2014.11.22
1898年无纪年吉林省造光绪元宝库平一钱四分四厘银币一枚		34,500	北京诚轩	2014.05.21
1898年无纪年江南省造光绪元宝库平七分二厘银币一枚		109,250	北京诚轩	2014.05.21
1898年戊戌安徽省造光绪元宝库平七分二厘银币一枚		172,500	北京诚轩	2014.11.22
1898年戊戌安徽省造光绪元宝库平七钱二分银币一枚		11,500	北京诚轩	2014.11.22
1898年戊戌湖南省造光绪元宝库平七分二厘银币一枚		69,000	北京诚轩	2014.05.21
1898年戊戌江南省造光绪元宝库平七钱二分银币一枚		46,000	北京诚轩	2014.11.22
1898年戊戌江南省造光绪元宝库平七钱二分银币一枚		32,200	北京诚轩	2014.11.22
1898年戊戌江南省造光绪元宝库平七钱二分银币一枚		25,300	北京诚轩	2014.11.22
1898年戊戌江南省造光绪元宝库平七钱二分银币一枚		17,250	北京诚轩	2014.11.22
1898年戊戌江南省造光绪元宝库平七钱二分银币一枚		16,100	北京诚轩	2014.11.22
1898年戊戌江南省造光绪元宝库平七钱二分银币一枚		13,800	北京诚轩	2014.11.22
1898年戊戌江南省造光绪元宝库平一钱四分四厘银币一枚		18,400	北京诚轩	2014.05.21
1898年戊戌江南省造光绪元宝库平一钱四分四厘银币一枚		14,950	北京诚轩	2014.05.21
1898年浙江省造魏碑体光绪元宝库平三钱六分银币一枚		322,000	北京诚轩	2014.05.21
1898年浙江省造魏碑体光绪元宝库平三钱六分银币一枚		138,000	北京诚轩	2014.05.21
1899年己亥湖南省造光绪元宝库平七分二厘银币一枚		80,500	北京诚轩	2014.05.21
1899年己亥吉林省造光绪元宝库平七钱二分银币一枚		41,400	北京诚轩	2014.05.21
1899年己亥吉林省造光绪元宝库平七钱二分银币一枚		14,950	北京诚轩	2014.11.22
1899年己亥吉林省造光绪元宝库平三分六厘银币一枚		29,900	北京诚轩	2014.11.22
1899年己亥吉林省造光绪元宝库平三钱六分银币一枚		13,800	北京诚轩	2014.11.22
1899年己亥江南省造光绪元宝库平七钱二分银币一枚		13,800	北京诚轩	2014.11.22
1899年己亥江南省造光绪元宝库平三分六厘银币一枚		138,000	北京诚轩	2014.11.22
1899年己亥江南省造光绪元宝库平三分六厘银币一枚		36,800	北京诚轩	2014.11.22
1899年浙江省造魏碑体光绪元宝库平七钱二分银币样币一枚		218,500	北京诚轩	2014.05.21

拍品名称	物品尺寸	成交价RMB	拍卖公司	拍卖日期
1900年庚子、1901年辛丑、1902年壬寅江南省造光绪元宝库平七钱二分银币各一枚		18,400	北京诚轩	2014.11.22
1900年庚子吉林省造光绪元宝库平七钱二分银币一枚		34,500	北京诚轩	2014.05.21
1900年庚子吉林省造光绪元宝库平七钱二分银币一枚		23,000	北京诚轩	2014.05.21
1900年庚子吉林省造光绪元宝库平七钱二分银币一枚		23,000	北京诚轩	2014.05.21
1900年庚子吉林省造光绪元宝库平七钱二分银币一枚		16,100	北京诚轩	2014.05.21
1900年庚子吉林省造光绪元宝库平七钱二分银币一枚		178,250	北京诚轩	2014.11.22
1900年庚子江南省造光绪元宝库平七钱二分银币一枚		12,650	北京诚轩	2014.05.21
1900年庚子江南省造光绪元宝库平一钱四分四厘银币一枚		12,650	北京诚轩	2014.05.21
1900年山东官银造庚子年光绪元宝五钱臆造银币一枚		13,800	北京诚轩	2014.11.22
1901年李鸿章纪念背双龙团寿图壹两臆造银币一枚		29,900	北京诚轩	2014.11.22
1901年四川省造光绪元宝库平七钱二分银币一枚		46,000	北京诚轩	2014.05.21
1901年四川省造光绪元宝库平七钱二分银币一枚		20,700	北京诚轩	2014.11.22
1901年辛丑吉林省造光绪元宝库平七钱二分银币一枚		40,250	北京诚轩	2014.05.21
1901年辛丑吉林省造光绪元宝库平七钱二分银币一枚		25,300	北京诚轩	2014.05.21
1901年辛丑吉林省造光绪元宝库平七钱二分银币一枚		10,350	北京诚轩	2014.05.21
1901年辛丑吉林省造光绪元宝库平七钱二分银币一枚		28,750	北京诚轩	2014.11.22
1901年辛丑吉林省造光绪元宝库平三钱六分银币一枚		66,700	北京诚轩	2014.05.21
1901年辛丑吉林省造光绪元宝库平三钱六分银币一枚		46,000	北京诚轩	2014.05.21
1901年辛丑吉林省造光绪元宝库平三钱六分银币一枚		23,000	北京诚轩	2014.05.21
1901年辛丑吉林省造光绪元宝库平三钱六分银币一枚		23,000	北京诚轩	2014.11.22
1901年辛丑吉林省造光绪元宝库平一钱四分四厘银币一枚		29,900	北京诚轩	2014.05.21
1901年辛丑江南省造光绪元宝库平七钱二分银币一枚		24,150	北京诚轩	2014.11.22
1901年辛丑江南省造光绪元宝库平七钱二分银币一枚		20,700	北京诚轩	2014.11.22
1902年湖南省造光绪元宝库平一钱四分四厘银币一枚		172,500	北京诚轩	2014.05.21
1902年壬寅、1904年甲辰江南省造光绪元宝库平七钱二分银币各一枚		10,350	北京诚轩	2014.11.22
1902年壬寅吉林省造光绪元宝库平七钱二分、三钱六分、一钱四分四厘、七分二厘、三分六厘银币一套五枚，四、五十年代著名钱币收藏家沈子槎旧藏，钱币鉴赏家孙仲汇题识"吉林壬寅太极图银币一套		40,250	北京诚轩	2014.11.22
1902年壬寅吉林省造光绪元宝库平七钱二分银币一枚		16,100	北京诚轩	2014.11.22
1902年壬寅吉林省造光绪元宝库平三钱六分银币一枚		13,800	北京诚轩	2014.05.21
1902年壬寅江南省造光绪元宝库平七钱二分银币一枚		172,500	北京诚轩	2014.11.22
1902年壬寅江南省造光绪元宝库平七钱二分银币一枚		44,850	北京诚轩	2014.11.22
1902年壬寅江南省造光绪元宝库平七钱二分银币一枚		13,800	北京诚轩	2014.11.22
1902年壬寅江南省造光绪元宝库平一钱四分四厘银币一枚		51,750	北京诚轩	2014.05.21
1903年癸卯吉林省造光绪元宝库平七钱二分银币一枚		12,650	北京诚轩	2014.11.22

拍品名称	物品尺寸	成交价RMB	拍卖公司	拍卖日期
1903年癸卯吉林省造光绪元宝库平三钱六分银币一枚		50,600	北京诚轩	2014.05.21
1903年癸卯江南省造光绪元宝库平七分二厘银币一枚		16,100	北京诚轩	2014.05.21
1903年癸卯江南省造光绪元宝库平七钱二分银币一枚		17,250	北京诚轩	2014.05.21
1903年癸卯江南省造光绪元宝库平七钱二分银币一枚		43,700	北京诚轩	2014.11.22
1903年癸卯江南省造光绪元宝库平七钱二分银币一枚		32,200	北京诚轩	2014.11.22
1903年癸卯江南省造光绪元宝库平七钱二分银币一枚		11,500	北京诚轩	2014.11.22
1903年黑龙江省造光绪元宝库平七钱二分银币试铸样币一枚		2,012,500	北京诚轩	2014.11.22
1903年四川省造光绪像一卢比银币二枚		11,500	北京诚轩	2014.05.21
1903年四川省造光绪像一卢比银币一枚		16,100	北京诚轩	2014.05.21
1904年甲辰吉林省造光绪元宝库平七钱二分银币一枚		126,500	北京诚轩	2014.11.22
1904年甲辰吉林省造光绪元宝库平七钱二分银币一枚		10,925	北京诚轩	2014.11.22
1904年甲辰吉林省造光绪元宝库平七钱二分银币一枚		10,350	北京诚轩	2014.11.22
1904年甲辰吉林省造光绪元宝库平三钱六分银币一枚		25,300	北京诚轩	2014.05.21
1904年甲辰吉林省造光绪元宝库平三钱六分银币一枚		13,800	北京诚轩	2014.11.22
1904年甲辰吉林省造光绪元宝库平一钱四分四厘银币一枚		41,400	北京诚轩	2014.11.22
1904年甲辰江南省造光绪元宝库平七钱二分银币一枚		10,350	北京诚轩	2014.05.21
1904年甲辰江南省造光绪元宝库平七钱二分银币一枚		43,700	北京诚轩	2014.11.22
1904年甲辰江南省造光绪元宝库平七钱二分银币一枚		36,800	北京诚轩	2014.11.22
1904年甲辰江南省造光绪元宝库平七钱二分银币一枚		25,300	北京诚轩	2014.11.22
1904年甲辰江南省造光绪元宝库平七钱二分银币一枚		23,000	北京诚轩	2014.11.22
1904年甲辰江南省造光绪元宝库平七钱二分银币一枚		23,000	北京诚轩	2014.11.22
1904年甲辰江南省造光绪元宝库平七钱二分银币一枚		23,000	北京诚轩	2014.11.22
1904年甲辰江南省造光绪元宝库平七钱二分银币一枚		18,400	北京诚轩	2014.11.22
1904年江南省造光绪元宝七钱二分银币(LM257)		55,200	中国嘉德	2014.05.24
1904年江南省造光绪元宝七钱二分银币(LM257)		26,450	中国嘉德	2014.05.24
1905年新疆饷银二钱银币一枚		57,500	北京诚轩	2014.11.22
1905年新疆饷银一两银币一枚		10,580	北京诚轩	2014.05.21
1905年乙巳甘肃省造光绪银币库平一两臆造币一枚		25,300	北京诚轩	2014.11.22
1905年乙巳甘肃省造光绪银币库平一两臆造币一枚		25,300	北京诚轩	2014.11.22
1905年乙巳吉林省造光绪元宝库平七钱二分银币一枚		36.800	北京诚轩	2014.05.21
1905年乙巳吉林省造光绪元宝库平七钱二分银币一枚		18,400	北京诚轩	2014.05.21
1905年乙巳吉林省造光绪元宝库平七钱二分银币一枚		13,800	北京诚轩	2014.05.21
1905年乙巳吉林省造光绪元宝库平七钱二分银币一枚		13,800	北京诚轩	2014.05.21
1905年乙巳吉林省造光绪元宝库平七钱二分银币一枚		28,750	北京诚轩	2014.11.22
1905年乙巳吉林省造光绪元宝库平七钱二分银币一枚		24,150	北京诚轩	2014.11.22
1905年乙巳吉林省造光绪元宝库平七钱二分银币一枚		21,850	北京诚轩	2014.11.22
1905年乙巳吉林省造光绪元宝库平三钱六分银币一枚		32,200	北京诚轩	2014.05.21

拍品名称	物品尺寸	成交价RMB	拍卖公司	拍卖日期
1905年乙巳吉林省造光绪元宝库平三钱六分银币一枚		11,500	北京诚轩	2014.05.21
1905年乙巳吉林省造光绪元宝库平三钱六分银币一枚		19,550	北京诚轩	2014.11.22
1905年乙巳江南省造光绪元宝库平七分二厘银币一枚		21,850	北京诚轩	2014.05.21
1905年乙巳江南省造光绪元宝库平七钱二分银币一枚		59,800	北京诚轩	2014.11.22
1905年乙巳江南省造光绪元宝库平七钱二分银币一枚		34,500	北京诚轩	2014.11.22
1905年乙巳江南省造光绪元宝库平七钱二分银币一枚		25,300	北京诚轩	2014.11.22
1905年乙巳江南省造光绪元宝库平一钱四分四厘银币一枚		23,000	北京诚轩	2014.11.22
1906年丙午吉林省造光绪元宝库平七钱二分银币一枚		39,100	北京诚轩	2014.05.21
1906年丙午吉林省造光绪元宝库平七钱二分银币一枚		34,500	北京诚轩	2014.05.21
1906年丙午吉林省造光绪元宝库平七钱二分银币一枚		17,250	北京诚轩	2014.11.22
1906年丙午吉林省造光绪元宝库平三钱六分银币一枚		97,750	北京诚轩	2014.05.21
1906年丙午吉林省造光绪元宝库平三钱六分银币一枚		74,750	北京诚轩	2014.11.22
1906年丙午吉林省造光绪元宝库平三钱六分银币一枚		48,300	北京诚轩	2014.11.22
1906年丙午吉林省造光绪元宝库平三钱六分银币一枚		11,500	北京诚轩	2014.11.22
1906年丙午吉林省造光绪元宝库平一钱四分四厘银币一枚		20,700	北京诚轩	2014.11.22
1906年新省光绪元宝市银一分五厘铜币一枚		13,800	北京诚轩	2014.11.22
1907年德华银行京平足银伍两		34,500	中国嘉德	2014.11.27
1907年丁未吉林省造光绪元宝库平七钱二分银币一枚		172,500	北京诚轩	2014.05.21
1907年丁未吉林省造光绪元宝库平七钱二分银币一枚		69,000	北京诚轩	2014.11.22
1907年丁未吉林省造光绪元宝库平七钱二分银币一枚		46,000	北京诚轩	2014.11.22
1907年丁未吉林省造光绪元宝库平七钱二分银币一枚		36,800	北京诚轩	2014.11.22
1907年丁未吉林省造光绪元宝库平三钱六分银币一枚		57,500	北京诚轩	2014.05.21
1907年丁未吉林省造光绪元宝库平三钱六分银币一枚		11,500	北京诚轩	2014.05.21
1907年丁未吉林省造光绪元宝库平三钱六分银币一枚		55,200	北京诚轩	2014.11.22
1907年丁未吉林省造光绪元宝库平三钱六分银币一枚		23,000	北京诚轩	2014.11.22
1907年东三省造光绪元宝库平七分二厘银币一枚		10,350	北京诚轩	2014.05.21
1907年东三省造光绪元宝库平七钱二分银币一枚		34,500	北京诚轩	2014.05.21
1907年东三省造光绪元宝库平七钱二分银币一枚		48,300	北京诚轩	2014.11.22
1907年东三省造光绪元宝库平七钱二分银币一枚		43,700	北京诚轩	2014.11.22
1907年东三省造光绪元宝库平三钱六分银币一枚		126,500	北京诚轩	2014.05.21
1907年东三省造光绪元宝库平三钱六分银币一枚		16,100	北京诚轩	2014.05.21
1907年新疆喀什大清银币湘平壹两一枚		16,100	北京诚轩	2014.11.22
1907年云南省造光绪像双面英文一卢比银币一枚		598,000	北京诚轩	2014.05.21
1908年慈禧像云南恭进背福寿纹饰臆造银币一枚		55,200	北京诚轩	2014.05.21
1908年道光皇帝像背“道光元年”龙首图臆造银币一枚		20,700	北京诚轩	2014.11.22
1908年广东省造光绪元宝背双龙团寿图半两臆造银币一枚		25,300	北京诚轩	2014.11.22

2014杂项拍卖成交汇总

(成交价RMB：1万元以上)

拍品名称	物品尺寸	成交价RMB	拍卖公司	拍卖日期
1908年广东省造光绪元宝库平重半两臆造银币一枚		35,650	北京诚轩	2014.11.22
1908年四川省造慈禧像背卢比图案臆造银币一枚		86,250	北京诚轩	2014.05.21
1908年戊申吉林省造光绪元宝库平一钱四分四厘银币一枚		41,400	北京诚轩	2014.05.21
1908年戊申吉林省造光绪元宝中心花篮库平一钱四分四厘银币一枚		20,700	北京诚轩	2014.11.22
1908年戊申吉林造光绪元宝中心满文库平一钱四分四厘银币一枚		13,800	北京诚轩	2014.05.21
1908年云南省造光绪元宝、1909年宣统元宝库平七钱二分各一枚		19,550	北京诚轩	2014.11.22
1908年云南省造光绪元宝、1909年宣统元宝库平七钱二分银币各一枚		27,600	北京诚轩	2014.11.22
1908年云南省造光绪元宝、1909年宣统元宝库平七钱二分银币各一枚		16,100	北京诚轩	2014.11.22
1908年云南省造光绪元宝、1909年宣统元宝库平七钱二分银币各一枚		16,100	北京诚轩	2014.11.22
1908年云南省造光绪元宝、1909年宣统元宝库平七钱二分银币各一枚		11,500	北京诚轩	2014.11.22
1908年云南省造光绪元宝库平七钱二分银币一枚		25,300	北京诚轩	2014.05.21
1908年云南省造光绪元宝库平七钱二分银币一枚		66,700	北京诚轩	2014.11.22
1908年云南省造光绪元宝库平七钱二分银币一枚		16,100	北京诚轩	2014.11.22
1908年造币总厂光绪元宝库平七钱二分银币一枚		16,100	北京诚轩	2014.05.21
1908年造币总厂光绪元宝库平七钱二分银币一枚		41,400	北京诚轩	2014.11.22
1908年造币总厂光绪元宝库平七钱二分银币一枚		17,250	北京诚轩	2014.11.22
1908年造币总厂光绪元宝库平七钱二分银币一枚		10,350	北京诚轩	2014.11.22
1908年造币总厂光绪元宝库平一钱四分四厘银币一枚		437,000	北京诚轩	2014.11.22
1909年广东省造宣统元宝库平七钱二分银币一枚		34,500	北京诚轩	2014.11.22
1909年湖北省造宣统元宝库平七钱二分银币一枚		28,750	北京诚轩	2014.05.21
1909年湖北省造宣统元宝库平七钱二分银币一枚		69,000	北京诚轩	2014.11.22
1909年湖北省造宣统元宝库平七钱二分银币一枚		13,800	北京诚轩	2014.11.22
1909年西藏大狮子图桑康果木银币一枚		16,100	北京诚轩	2014.05.21
1909年西藏宣统桑康果木银币一枚		43,700	北京诚轩	2014.05.21
1909年西藏宣统桑康果木银币一枚		18,400	北京诚轩	2014.05.21
1909年云南省造宣统元宝库平七钱二分银币一枚		11,500	北京诚轩	2014.05.21
1909年云南省造宣统元宝库平七钱二分银币一枚		56,350	北京诚轩	2014.11.22
1909年云南省造宣统元宝库平七钱二分银币一枚		11,500	北京诚轩	2014.11.22
1910年宣统年造大清银币伍角银币一枚		11,500	上海崇源	2014.06.14
1910年宣统年造大清银币壹圆一枚		132,250	上海崇源	2014.06.14
1910年宣统年造大清银币壹圆银质样币(LM24)		115,000	中国嘉德	2014.11.26
1911年喀什饷银五钱银币一枚		13,800	北京诚轩	2014.11.22
1911年新版云南省造光绪元宝库平七钱二分银币一枚		23,000	北京诚轩	2014.11.22
1911年新版云南省造光绪元宝库平一钱四分四厘银币一枚		10,925	北京诚轩	2014.05.21
1911年新疆银圆叁钱(LM765)		12,650	中国嘉德	2014.11.26
1901年江南省造光绪元宝七钱二分银币(LM244)		425,500	中国嘉德	2014.05.24
1901年江南省造光绪元宝七钱二分银币(LM244)		13,800	中国嘉德	2014.05.24
宣统年造大清银币贰角伍分“1/4Dol.”样币一枚		120,750	北京诚轩	2014.11.22
宣统年造大清银币伍角“1/2Dol.”样币一枚		17,250	北京诚轩	2014.11.22

拍品名称	物品尺寸	成交价RMB	拍卖公司	拍卖日期
宣统年造大清银币伍角1/2DOL样币一枚		25,300	北京诚轩	2014.05.21
宣统年造大清银币一元一枚		34,500	北京保利	2014.06.08
宣统年造大清银币壹角“1/10Dol.”大型样币一枚		161,000	北京诚轩	2014.11.22
宣统年造大清银币壹角“1/10Dol.”小型样币一枚		230,000	北京诚轩	2014.11.22
宣统年造大清银币壹角“1/10Dol.”样币一枚		34,500	北京诚轩	2014.11.22
宣统年造大清银币壹角“1/10Dol.”中型样币一枚		172,500	北京诚轩	2014.11.22
宣统年造大清银币壹圆“$1”样币一枚		126,500	北京诚轩	2014.11.22
宣统三年(1911年)大清银币壹圆(LM37)		74,750	中国嘉德	2014.05.24
宣统三年(1911年)大清银币壹圆(LM37)		40,250	中国嘉德	2014.05.24
宣统三年(1911年)大清银币壹圆(LM37)		36,800	中国嘉德	2014.05.24
宣统三年大清银币“反龙”版壹圆银币样币一枚		287,500	北京诚轩	2014.05.21
宣统三年大清银币“长须龙”版壹圆样币一枚		1,725,000	北京诚轩	2014.11.22
宣统三年大清银币贰角一枚		20,700	北京诚轩	2014.05.21
宣统三年大清银币壹角一枚		40,250	北京诚轩	2014.05.21
宣统三年大清银币壹角一枚		29,900	北京诚轩	2014.05.21
宣统三年大清银币壹圆一枚		92,000	北京诚轩	2014.05.21
宣统三年大清银币壹圆一枚		80,500	北京诚轩	2014.05.21
宣统三年大清银币壹圆一枚		86,250	北京诚轩	2014.11.22
宣统三年大清银币壹圆一枚		80,500	北京诚轩	2014.11.22
宣统三年大清银币壹圆一枚		34,500	北京诚轩	2014.11.22
宣统三年大清银币壹圆一枚		10,925	北京诚轩	2014.11.22
宣统三年大清银币壹圆一枚		10,350	北京诚轩	2014.11.22
宣统元宝云南省造库平七钱二分	直径3.9cm	160,000	荣盛国际	2014.07.26
宣统元年北京泰兴银号壹圆、贰圆、参圆、伍圆共四枚		12,650	北京保利	2014.12.01
宣统元年交通银行银元票广东伍圆一枚		12,650	北京诚轩	2014.05.22
宣统元年交通银行银元票广东伍圆一枚		12,650	北京诚轩	2014.05.22
宣统元年山西商办全省保晋矿务有限公司五十两		10,350	北京保利	2014.06.08
宣统元年上海四明银行银元票拾圆一枚		47,150	北京诚轩	2014.11.24
宣统元年上海四明银行银元票壹圆一枚		23,000	北京诚轩	2014.05.22
清晚期民初 云南“湖北省造 光绪元宝 上海 安宁”五十两协饷锭	重1771g	80,500	中国嘉德	2014.11.26
清晚期民初 云南“南京 香港 库银”五十两协饷锭	重1906g	92,000	中国嘉德	2014.11.26
清晚期民初“福禄寿囍 囍”十两元宝型吉语银锭一枚	重365.4g	105,800	北京诚轩	2014.05.21
清晚期民初各类机制银币一组十三枚		10,925	北京诚轩	2014.05.21
清晚期民初李鸿章纪念背双龙团寿图壹两臆造银币一枚		13,800	北京诚轩	2014.11.22
清晚期民初陕西“吉祥”四两吉语槽锭一枚	重146.6g	11,500	北京诚轩	2014.05.21
清晚期民初四川省造慈禧像臆造币		11,500	中国嘉德	2014.05.24
清晚期民初四川省造光绪像一卢比臆造银币一枚		23,000	北京诚轩	2014.11.22
清晚期民初四川省造光绪正面像一卢比臆造银币一枚		36,800	北京诚轩	2014.11.22
清晚期民初浙江省造慈禧像臆造银币一枚		23,000	北京诚轩	2014.11.22
清晚期民初浙江省造慈禧像臆造银币一枚		18,400	北京诚轩	2014.11.22
民国 曹锟戎装像宪法成立纪念银币		23,000	西泠拍卖	2014.12.15
民国 黎元洪脱帽开国纪念银币		11,500	西泠拍卖	2014.05.06
民国 民国二十三年孙中山帆船银币		11,500	西泠拍卖	2014.05.06
民国 民国十七年(1928年)贵州省政府造壹圆银币		36,800	西泠拍卖	2014.12.15
民国 徐世昌像背仁寿同登纪念银币		25,300	西泠拍卖	2014.12.15
民国 江西“福囍”吉语十两方锭	重360g	55,200	中国嘉德	2014.11.26
民国八年袁世凯像背嘉禾壹圆银币一枚		50,600	上海崇源	2014.06.14
民国八年袁世凯像背嘉禾壹圆银币一枚		16,100	上海崇源	2014.06.14
民国八年袁世凯像壹圆银币一枚		36,800	北京诚轩	2014.05.21
民国八年袁世凯像壹圆银币一枚		23,000	北京诚轩	2014.05.21
民国八年袁世凯像壹圆银币一枚		18,400	北京诚轩	2014.05.21
民国八年袁世凯像壹圆银币一枚		13,800	北京诚轩	2014.05.21
民国八年袁世凯像壹圆银币一枚		20,700	北京诚轩	2014.11.22

拍品名称	物品尺寸	成交价RMB	拍卖公司	拍卖日期
民国二十二年孙中山像背帆船壹圆银币一枚		19,550	北京诚轩	2014.11.22
民国二十三年孙中山像背帆船壹圆银币十枚		11,500	北京诚轩	2014.05.21
民国二十五年孙中山像背帆船壹圆、中圆银币样币各一枚		920,000	北京诚轩	2014.05.21
民国二十五年孙中山像背帆船中圆银币样币一枚		149,500	北京诚轩	2014.11.22
民国二十一年(1932年)年孙中山像三帆银币(三鸟币)		20,700	西泠拍卖	2014.12.15
民国二十一年(1932年)孙中山像“三鸟”壹圆银币(LM108)		16,100	中国嘉德	2014.11.26
民国二十一年(1932年)孙中山像三鸟壹圆银币(LM108)		48,300	中国嘉德	2014.05.24
民国二十一年福建省造黄花冈纪念币壹角银币一枚		11,500	北京诚轩	2014.05.21
民国二十一年孙中山像背帆船三鸟壹圆银币一枚		48,300	北京诚轩	2014.05.21
民国二十一年孙中山像背帆船三鸟壹圆银币一枚		28,750	北京诚轩	2014.05.21
民国二十一年孙中山像背帆船三鸟壹圆银币一枚		17,250	北京诚轩	2014.05.21
民国二十一年孙中山像背帆船三鸟壹圆银币一枚		10,925	北京诚轩	2014.05.21
民国二十一年孙中山像背帆船三鸟壹圆银币一枚		86,250	北京诚轩	2014.11.22
民国二十一年孙中山像背帆船三鸟壹圆银币一枚		21,850	北京诚轩	2014.11.22
民国二十一年孙中山像背帆船三鸟壹圆银币一枚		16,100	北京诚轩	2014.11.22
民国二十一年云南省造双旗半圆银币一枚		10,350	北京诚轩	2014.11.22
民国二十一年云南省造双旗贰角银币一枚		12,650	北京诚轩	2014.11.22
民国九年(1920年)袁世凯像壹圆银币(LM77)		13,800	中国嘉德	2014.05.24
民国九年(1920年)中国通商银行上海通用银两拾两		16,100	中国嘉德	2014.11.27
民国九年广西省造贰毫银币一枚		13,800	北京诚轩	2014.05.21
民国九年山东银行改山东商业银行银元票济南拾圆一枚		12,650	北京诚轩	2014.05.22
民国九年袁世凯像“鄂造”贰角银币一枚		51,750	北京诚轩	2014.11.22
民国九年袁世凯像“鄂造”贰角银币一枚		18,400	北京诚轩	2014.11.22
民国九年袁世凯像壹圆银币一枚		10,350	北京诚轩	2014.05.21
民国九年袁世凯像壹圆银币一枚		20,700	北京诚轩	2014.11.22
民国九年袁世凯像壹圆银币一枚		17,250	北京诚轩	2014.11.22
民国九年直隶省银行银元票天津壹圆一枚；十年直隶省官钱局铜元票天津伍枚一枚；十二年直隶省银行由直隶官钱局代发铜元票天津拾枚二枚连号、十三年天津拾枚一枚		10,925	北京诚轩	2014.05.22
民国六年(1917年)吉林永衡官银钱号壹佰吊		12,650	中国嘉德	2014.11.27
民国六年迪化银圆局造壹两银币一枚		46,000	北京诚轩	2014.11.22
民国六年交通银行小银元票壹角一枚		13,800	北京诚轩	2014.05.22
民国七年迪化银圆局造壹两银币一枚		18,400	北京诚轩	2014.11.22
民国三年(1914年)汕头荣丰庄本庄取大洋银拾元		11,270	中国嘉德	2014.05.25
民国三年、九年、十年袁世凯像壹圆银币一组三枚		16,100	中国嘉德	2014.11.26
民国三年袁世凯七分面像壹圆银币样币一枚		172,500	北京诚轩	2014.11.22
民国三年袁世凯像“甘肃”加字壹圆银币一枚		43,700	北京诚轩	2014.11.22
民国三年袁世凯像“甘肃”加字壹圆银币一枚		42,550	北京诚轩	2014.11.22
民国三年袁世凯像“甘肃”加字壹圆银币一枚		36,800	北京诚轩	2014.11.22
民国三年袁世凯像背嘉禾壹圆银币一枚		40,250	上海崇源	2014.06.14
民国三年袁世凯像背嘉禾壹圆银币一枚		34,500	上海崇源	2014.06.14
民国三年袁世凯像背嘉禾壹圆银币一枚		10,350	上海崇源	2014.06.14
民国三年袁世凯像背袁世凯像共和纪念戏铸银币一枚		34,500	北京诚轩	2014.05.21
民国三年袁世凯像贰角银币一枚		17,250	北京诚轩	2014.11.22
民国三年袁世凯像甘肃壹圆银币一枚		33,350	北京诚轩	2014.05.21
民国三年袁世凯像壹角银币一枚		13,800	北京诚轩	2014.11.22
民国三年袁世凯像壹圆“L.GIORGI”签字版银币试铸样币一枚		747,500	北京诚轩	2014.11.22
民国三年袁世凯像壹圆银币七枚		10,350	北京诚轩	2014.11.22
民国三年袁世凯像壹圆银币七枚、九年壹圆银币二枚；二十三年孙中山像背帆船壹圆银币七枚		16,100	北京诚轩	2014.05.21
民国三年袁世凯像壹圆银币一枚		80,500	北京诚轩	2014.05.21
民国三年袁世凯像壹圆银币一枚		66,700	北京诚轩	2014.05.21
民国三年袁世凯像壹圆银币一枚		59,800	北京诚轩	2014.05.21
民国三年袁世凯像壹圆银币一枚		14,950	北京诚轩	2014.05.21
民国三年袁世凯像壹圆银币一枚		74,750	北京诚轩	2014.11.22
民国三年袁世凯像壹圆银币一枚		55,200	北京诚轩	2014.11.22
民国三年袁世凯像壹圆银币一枚		36,800	北京诚轩	2014.11.22
民国三年袁世凯像中圆银币三枚		13,800	北京诚轩	2014.11.22
民国三年袁世凯像中圆银币一枚		138,000	北京诚轩	2014.05.21
民国三年袁世凯像中圆银币一枚		32,200	北京诚轩	2014.05.21
民国三年袁世凯像中圆银币一枚		28,750	北京诚轩	2014.05.21
民国三年袁世凯像中圆银币一枚		23,000	北京诚轩	2014.05.21
民国三年袁世凯像中圆银币一枚		18,400	北京诚轩	2014.05.21
民国三年袁世凯像中圆银币一枚		11,500	北京诚轩	2014.05.21
民国三年袁世凯像中圆银币一枚		155,250	北京诚轩	2014.11.22
民国三十八年(1949年)广西省造贰角银币(LM176)		18,400	中国嘉德	2014.05.24
民国三十八年(1949年)贵州省造壹圆竹子银币(LM612)		115,000	中国嘉德	2014.05.24
民国三十八年贵州省造“黔”字当银元半分铜币一枚		92,000	北京诚轩	2014.11.22
民国三十八年贵州省造壹圆银币一枚		529,000	北京诚轩	2014.05.21
民国三十八年贵州省造壹圆银币一枚		276,000	北京诚轩	2014.05.21
民国十八年(1929年)东三省官银号东三省壹圆 伍圆 拾圆各一枚		10,120	中国嘉德	2014.11.27
民国十八年(1929年)孙中山像三帆银币(美国版)		23,000	西泠拍卖	2014.12.15
民国十八年(1929年)孙中山像三帆银币(日本版)		28,750	西泠拍卖	2014.12.15
民国十八年奥地利版孙中山像背开国纪念戏铸银币一枚		230,000	北京诚轩	2014.11.22
民国十八年奥地利版孙中山像背三帆船壹元银币样币一枚		74,750	北京诚轩	2014.05.21
民国十八年奥地利版孙中山像背三帆船壹元银币样币一枚		11,500	北京诚轩	2014.05.21
民国十八年奥地利版孙中山像背三帆船壹元银币样币一枚		69,000	北京诚轩	2014.11.22
民国十八年奥地利版孙中山像背三帆船壹元银币样币一枚		23,000	北京诚轩	2014.11.22
民国十八年日本版孙中山像背三帆船壹元银币样币一枚		218,500	北京诚轩	2014.05.21
民国十八年英国版孙中山像背三帆船壹元银币样币一枚		69,000	北京诚轩	2014.05.21
民国十八年英国版孙中山像背三帆船壹元银币样币一枚		86,250	北京诚轩	2014.11.22
民国十二年造“龙凤”壹圆银币一枚		17,250	北京保利	2014.06.08
民国十二年造龙凤壹圆银币一枚		195,500	北京诚轩	2014.05.21
民国十二年造龙凤壹圆银币一枚		172,500	北京诚轩	2014.05.21
民国十二年造龙凤壹圆银币一枚		149,500	北京诚轩	2014.05.21
民国十二年造龙凤壹圆银币一枚		149,500	北京诚轩	2014.05.21
民国十二年造龙凤壹圆银币一枚		80,500	北京诚轩	2014.05.21
民国十二年造龙凤壹圆银币一枚		74,750	北京诚轩	2014.05.21
民国十二年造龙凤壹圆银币一枚		63,250	北京诚轩	2014.05.21
民国十二年造龙凤壹圆银币一枚		51,750	北京诚轩	2014.05.21
民国十二年造龙凤壹圆银币一枚		86,250	北京诚轩	2014.11.22
民国十六年(1927年)孙中山像“陵墓”壹圆银质样币(LM85)		69,000	中国嘉德	2014.11.26

2014杂项拍卖成交汇总

(成交价RMB：1万元以上)

拍品名称	物品尺寸	成交价RMB	拍卖公司	拍卖日期
民国十六年褚玉璞像背双旗纪念银币一枚		172,500	北京诚轩	2014.05.21
民国十六年孙中山陵墓一枚		11,500	北京保利	2014.06.08
民国十六年造孙中山像陵墓壹圆银币样币一枚		109,250	北京诚轩	2014.05.21
民国十六年造孙中山像陵墓壹圆银币样币一枚		322,000	北京诚轩	2014.11.22
民国十六年造孙中山像陵墓壹圆银币一枚		109,250	北京诚轩	2014.05.21
民国十年(1921年)吉林永衡官银钱号周年六厘债券大洋伍圆		14,950	中国嘉德	2014.11.27
民国十年徐世昌像仁寿同登纪念银币一枚		161,000	北京诚轩	2014.05.21
民国十年徐世昌像仁寿同登纪念银币一枚		138,000	北京诚轩	2014.05.21
民国十年徐世昌像仁寿同登纪念银币一枚		46,000	北京诚轩	2014.05.21
民国十年徐世昌像仁寿同登纪念银币一枚		31,050	北京诚轩	2014.11.22
民国十年袁世凯像壹圆银币一枚		63,250	北京诚轩	2014.05.21
民国十年袁世凯像壹圆银币一枚		40,250	北京诚轩	2014.11.22
民国十年袁世凯像壹圆银币一枚		20,700	北京诚轩	2014.11.22
民国十年袁世凯像壹圆银币一枚		17,250	北京诚轩	2014.11.22
民国十七年(1928年)甘肃省造孙中山像壹圆银币(LM618)		48,300	中国嘉德	2014.05.24
民国十七年(1928年)贵州省政府造壹圆银币(LM609)		16,100	中国嘉德	2014.05.24
民国十七年大元帅纪念币壹圆臆造银币一枚		36,800	北京诚轩	2014.11.22
民国十七年甘肃省造孙中山像背党徽图壹圆银币一枚		103,500	北京诚轩	2014.05.21
民国十七年甘肃省造孙中山像壹圆银币一枚		82,800	北京诚轩	2014.05.21
民国十七年甘肃省造孙中山像壹圆银币一枚		80,500	北京诚轩	2014.11.22
民国十七年广东省造孙中山像贰毫银币一枚		13,800	北京诚轩	2014.11.22
民国十七年贵州省政府造贵州银币壹圆一枚		23,000	北京诚轩	2014.05.21
民国十七年贵州省政府造贵州银币壹圆一枚		57,500	北京诚轩	2014.11.22
民国十七年贵州省政府造贵州银币壹圆一枚		46,000	北京诚轩	2014.11.22
民国十七年贵州省政府造贵州银币壹圆一枚		28,750	北京诚轩	2014.11.22
民国十三年、十七年广东省造孙中山像贰毫银币各一枚		12,650	北京诚轩	2014.05.21
民国十三年广东省造孙中山像贰毫银币一枚		16,100	北京诚轩	2014.11.22
民国十三年香港国民商业储蓄银行银元票汉口伍圆样票一枚		25,300	北京诚轩	2014.11.24
民国十五年龙凤贰角银币一枚		24,150	北京诚轩	2014.05.21
民国十一年湖南省宪成立纪念壹圆银币一枚		92,000	上海崇源	2014.06.14
民国十一年湖南省宪成立纪念壹圆银币一枚		23,000	北京诚轩	2014.11.22
民国十一年一月湖南省宪成立纪念背双旗壹圆银币一枚		59,800	上海崇源	2014.06.14
民国十一年一月湖南省宪成立纪念背双旗壹圆银币一枚		23,000	上海崇源	2014.06.14
民国时期冯国璋像纪念币臆造银币一枚		27,600	北京诚轩	2014.11.22
民国时期湖南洪宪元年开国纪念中华银币壹圆臆造币一枚		11,500	北京诚轩	2014.05.21
民国时期黄兴像背双旗图壹圆臆造银币一枚		10,925	北京诚轩	2014.11.22
民国时期四川省造五文型马兰银币一枚		28,750	北京诚轩	2014.05.21
民国时期吴佩孚纪念臆造银币一枚		20,700	北京诚轩	2014.11.22
民国时期袁世凯骑马图臆造银币一枚		17,250	北京诚轩	2014.11.22
民国时期袁世凯骑马图臆造银币一枚		12,650	北京诚轩	2014.11.22
民国时期袁世凯骑马图臆造银币一枚		11,500	北京诚轩	2014.11.22

拍品名称	物品尺寸	成交价RMB	拍卖公司	拍卖日期
民国时期袁世凯像壹圆银币一组三十枚		20,700	北京诚轩	2014.05.21
民国时期中华民国开国纪念半圆臆造银币一枚		27,600	北京诚轩	2014.11.22
民国五年(1916年)东三省官银号奉天拾圆		19,550	中国嘉德	2014.11.27
民国五年(1916年)东三省官银号奉天壹圆		10,925	中国嘉德	2014.11.27
民国五年(1916年)黑龙江官银号小银元拾角		24,150	中国嘉德	2014.11.27
民国五年(1916年)袁世凯像飞龙银币		20,700	西泠拍卖	2014.12.15
民国五年北洋天津银号改天津直隶省银行李鸿章像银元票壹圆一枚		66,700	北京诚轩	2014.05.22
民国元年安徽中华银行银元票壹圆一枚		18,400	北京诚轩	2014.05.22
民国元年军政府造四川银币壹圆一枚		27,600	北京诚轩	2014.11.22
民国元年军政府造四川银币壹圆一枚		27,600	北京诚轩	2014.11.22
民国元年军政府造四川银币壹圆一枚		20,700	北京诚轩	2014.11.22
1911年宣统三年大清银币壹圆一枚		70,150	上海崇源	2014.06.14
1912年黎元洪无帽像开国纪念壹圆银币一枚		69,000	上海崇源	2014.06.14
1912年黎元洪像(戴帽)中华民国开国纪念币壹圆银币(LM43)		40,250	中国嘉德	2014.11.26
1912年黎元洪像戴帽开国纪念壹圆银币一枚		80,500	北京诚轩	2014.05.21
1912年黎元洪像戴帽开国纪念壹圆银币一枚		55,200	北京诚轩	2014.05.21
1912年黎元洪像戴帽开国纪念壹圆银币一枚		63,250	北京诚轩	2014.11.22
1912年黎元洪像戴帽开国纪念壹圆银币一枚		48,300	北京诚轩	2014.11.22
1912年黎元洪像无帽开国纪念壹圆银币一枚		28,750	北京诚轩	2014.11.22
1912年黎元洪像无帽开国纪念壹圆银币一枚		24,150	北京诚轩	2014.11.22
1912年孙中山像开国纪念壹圆银币一枚		17,250	上海崇源	2014.06.14
1912年孙中山像开国纪念壹圆银币一枚		16,100	北京诚轩	2014.05.21
1912年孙中山像开国纪念壹圆银币一枚		13,800	北京诚轩	2014.05.21
1912年孙中山像开国纪念壹圆银币一枚		36,800	北京诚轩	2014.11.22
1912年孙中山像中华民国开国纪念伍角型臆造银币一枚		34,500	北京诚轩	2014.05.21
1912年孙中山像中华民国开国纪念壹元银币一枚		11,500	北京保利	2014.06.08
1912年袁世凯像共和纪念“LGIORGI”签字版壹圆银币样币一枚		149,500	北京诚轩	2014.11.22
1912年袁世凯像共和纪念“LGIORGI”签字版壹圆银币样币一枚		86,250	北京诚轩	2014.11.22
1913年东三省造宣统元宝库平一钱四分四厘银币一枚		11,500	北京诚轩	2014.11.22
1914年袁世凯戎装像背共和纪念壹圆银币一枚		86,250	上海崇源	2014.06.14
1914年袁世凯戎装像背共和纪念壹圆银币一枚		16,100	上海崇源	2014.06.14
1914年袁世凯像共和纪念“LGIORGI”签字版壹圆银币样币一枚		172,500	北京诚轩	2014.11.22
1914年袁世凯像共和纪念壹圆银币一枚		80,500	北京诚轩	2014.05.21
1914年袁世凯像共和纪念壹圆银币一枚		28,750	北京诚轩	2014.05.21
1914年袁世凯像共和纪念壹圆银币一枚		23,000	北京诚轩	2014.05.21
1914年袁世凯像共和纪念壹圆银币一枚		23,000	北京诚轩	2014.05.21
1914年袁世凯像共和纪念壹圆银币一枚		17,250	北京诚轩	2014.05.21
1914年袁世凯像共和纪念壹圆银币一枚		18,400	北京诚轩	2014.11.22
1914年袁世凯像中华民国共和纪念币壹圆(LM859)		94,300	中国嘉德	2014.11.26
1914年袁世凯像中华民国共和纪念币壹圆银币(LM858)		26,450	中国嘉德	2014.05.24
1914年袁世凯像中华民国共和纪念币壹圆银币(LM858)		23,000	中国嘉德	2014.05.24
1914年袁世凯像中华民国共和纪念币壹圆银币(LM858)		18,400	中国嘉德	2014.05.24
1914年袁世凯像中华民国共和纪念币壹圆银币(LM858)		36,800	中国嘉德	2014.11.26

拍品名称	物品尺寸	成交价RMB	拍卖公司	拍卖日期
1914年袁世凯像中华民国共和纪念币壹圆银币(LM858)		20,700	中国嘉德	2014.11.26
1915年横滨正金银行青岛通用银元拾圆		17,250	中国嘉德	2014.05.25
1915年湖南洪宪元年开国纪念中华银币壹角一枚		529,000	北京诚轩	2014.05.21
1916年湖南洪宪元年开国纪念中华银币臆造币一枚		18,400	北京诚轩	2014.11.22
1916年袁世凯帝像中华帝国洪宪纪元背龙图臆造银币一枚		18,400	北京诚轩	2014.11.22
1916年袁世凯戎装像背飞龙纪念银币一枚		31,050	上海崇源	2014.06.14
1916年袁世凯像洪宪纪元“冲天冠”飞龙纪念银币样币一枚		287,500	北京诚轩	2014.05.21
1916年袁世凯像洪宪纪元飞龙纪念银币一枚		51,750	北京诚轩	2014.05.21
1916年袁世凯像洪宪纪元飞龙纪念银币一枚		32,200	北京诚轩	2014.05.21
1916年袁世凯像洪宪纪元飞龙纪念银币一枚		25,300	北京诚轩	2014.05.21
1916年袁世凯像洪宪纪元飞龙纪念银币一枚		23,000	北京诚轩	2014.05.21
1916年袁世凯像中华帝国红宪纪元飞龙银币一枚		10,925	北京保利	2014.06.08
1916年袁世凯像中华帝国洪宪纪元飞龙银币一枚		92,000	北京诚轩	2014.11.22
1916年袁世凯像中华帝国洪宪纪元飞龙银币一枚		92,000	北京诚轩	2014.11.22
1916年袁世凯像中华帝国洪宪纪元飞龙银币一枚		46,000	北京诚轩	2014.11.22
1916年袁世凯像中华帝国洪宪纪元飞龙银币一枚		40,250	北京诚轩	2014.11.22
1916年袁世凯像中华帝国洪宪纪元飞龙银币一枚		25,300	北京诚轩	2014.11.22
1916年袁世凯像中华帝国洪宪纪元飞龙银币一枚		23,000	北京诚轩	2014.11.22
1917年唐继尧正面像拥护共和纪念库平三钱六分银币一枚		57,500	北京诚轩	2014.11.22
1917年张勋袍服像背双龙旗“复辟纪念”臆造银币一枚		74,750	北京诚轩	2014.05.21
1921年徐世昌像背仁寿同登纪念银币一枚		57,500	上海崇源	2014.06.14
1921年徐世昌像背仁寿同登纪念银币一枚		46,000	上海崇源	2014.06.14
1921年徐世昌像仁寿同登纪念银币一枚		80,500	北京诚轩	2014.05.21
1921年徐世昌像仁寿同登纪念银币一枚		11,500	北京保利	2014.06.08
1922年湖南省宪成立纪念壹圆银币一枚		92,000	北京诚轩	2014.05.21
1922年湖南省宪成立纪念壹圆银币一枚		57,500	北京保利	2014.06.08
1923年曹锟文装像宪法成立纪念银币一枚		97,750	北京诚轩	2014.05.21
1923年曹锟文装像宪法成立纪念银币一枚		64,400	北京诚轩	2014.11.22
1923年曹锟文装像宪法成立纪念银币一枚		25,300	北京诚轩	2014.11.22
1923年曹锟武装像宪法成立纪念银币一枚		36,800	北京诚轩	2014.05.21
1923年曹锟武装像宪法成立纪念银币一枚		34,500	北京诚轩	2014.11.22
1923年曹锟武装像宪法成立纪念银币一枚		29,900	北京诚轩	2014.11.22
1923年曹锟武装像宪法成立纪念银币一枚		28,750	北京诚轩	2014.11.22
1923年曹锟正面戎装像宪法成立纪念银币一枚		32,200	上海崇源	2014.06.14
1923年曹锟正面文装像背双旗宪法成立纪念银币一枚		25,300	上海崇源	2014.06.14
1923年曹锟正面文装像背双旗宪法成立纪念银币一枚		18,400	上海崇源	2014.06.14
1924年段祺瑞像背和平中华民国执政纪念币一枚		54,050	上海崇源	2014.06.14
1924年段祺瑞像中华民国执政纪念币银币(LM865)		23,000	中国嘉德	2014.05.24
1924年段祺瑞像中华民国执政纪念银币一枚		57,500	北京诚轩	2014.05.21
1924年段祺瑞像中华民国执政纪念银币一枚		25,300	北京诚轩	2014.11.22
1924年段祺瑞像中华民国执政纪念银币一枚		17,250	北京诚轩	2014.11.22
1924年段祺瑞执政纪念银币一枚		11,500	北京保利	2014.06.08
1927年孙中山像开国纪念壹圆银币一枚		48,300	北京诚轩	2014.11.22
1927年孙中山像开国纪念壹圆银币一枚		34,500	北京诚轩	2014.11.22
1927年孙中山像开国纪念壹圆银币一枚		20,700	北京诚轩	2014.11.22
1927年孙中山像开国纪念壹圆银币一枚		13,800	北京诚轩	2014.11.22
1929年西藏银雪阿银币样币一枚		63,250	北京诚轩	2014.05.21
1932年鄂豫皖省苏维埃政府工农银行造壹圆银币一枚		161,000	北京诚轩	2014.11.22
1932年造中华苏维埃共和国壹圆银币一枚		437,000	北京诚轩	2014.11.22
1932年中华苏维埃共和国贰角银币一枚		36,800	北京诚轩	2014.05.21
1932年中华苏维埃共和国贰角银币一枚		34,500	北京诚轩	2014.05.21
1934年中华苏维埃共和国川陕省造币厂造壹圆银币一枚		55,200	北京诚轩	2014.11.22
1943年云南“富”字半两正银(LM434)		11,500	中国嘉德	2014.05.24
1943年云南“富”字一两银币(LM433)		21,850	中国嘉德	2014.11.26
1943年云南省“富”字半两正银银币一枚		16,100	北京诚轩	2014.11.22
1943年云南省“富”字一两正银银币一枚		63,250	北京诚轩	2014.11.22
1943年云南省“富”字一两正银银币一枚		17,250	北京诚轩	2014.11.22
1943年云南省“富”字一两正银银币一枚		13,800	北京诚轩	2014.11.22
1943年云南省造“大鹿头”正银一两银币一枚		20,700	北京诚轩	2014.05.21
1943年云南小鹿头正银一两银币(LM435)		14,950	中国嘉德	2014.05.24
1983年癸亥猪年生肖特种币纪念银币一枚	重1/2盎司	19,550	北京诚轩	2014.11.22
1984/1993年中国杰出历史人物纪念币第一组至第十组22克精制银币全套四十枚		23,000	北京诚轩	2014.11.22
1984/1993年中国人民银行发行中国杰出历史人物纪念银币十组共40枚	均重22克	13,800	中国嘉德	2014.11.26
1988/1999年中国人民银行发行十二生肖加厚银币一组十二枚	均重1盎司	23,000	中国嘉德	2014.11.26
1988年5盎司银龙		10,350	西泠拍卖	2014.05.06
1990年中国人民银行发行龙凤纪念银币	重20盎司	69,000	中国嘉德	2014.11.26
1992年5盎司银猴		23,000	西泠拍卖	2014.05.06
1994年、1995年、1997年中国近代名画系列喜鹊、鹰、企鹅十二边形纪念银币各一枚		12,650	北京诚轩	2014.11.22
1994年5盎司银狗		17,250	西泠拍卖	2014.05.06
1995年5盎司银猪		23,000	西泠拍卖	2014.05.06
1995年中国人民银行发行麒麟纪念银币		11,500	中国嘉德	2014.05.24
1995年中国人民银行发行乙亥(猪)年生肖纪念银币	重5盎司	11,500	中国嘉德	2014.11.26
1996年5盎司银鼠		17,250	西泠拍卖	2014.05.06
1996中国人民银行发行麒麟纪念银币		48,300	中国嘉德	2014.05.24
1997年5盎司银牛		14,950	西泠拍卖	2014.05.06
1997年中国人民银行发行古典文学名著《三国演义》第三组纪念银币		11,270	中国嘉德	2014.05.24
1998年5盎司银虎		23,000	西泠拍卖	2014.05.06
1998年中国人民银行发行熊猫银币	重1公斤	14,950	中国嘉德	2014.11.26
1999年5盎司银兔		17,250	西泠拍卖	2014.05.06
1999年中国人民银行发行熊猫银币	重1公斤	13,800	中国嘉德	2014.11.26
2001年中国人民银行发行辛巳(蛇)年长方型生肖纪念银币	重5盎司	13,800	中国嘉德	2014.11.26
2001年中国人民银行发行熊猫银币	重1公斤	11,500	中国嘉德	2014.11.26
2002年5盎司方形银马		28,750	西泠拍卖	2014.05.06
2002年中国人民银行发行熊猫银币	重1公斤	12,650	中国嘉德	2014.11.26
2003年中国人民银行发行熊猫银币	重1公斤	11,500	中国嘉德	2014.11.26
2004年中国人民银行发行甲申(猴年)纪念银币	重1公斤	23,000	中国嘉德	2014.11.26
2007年中国人民银行发行丁亥(猪)年生肖纪念银币	重1公斤	20,700	中国嘉德	2014.11.26

(成交价RMB：1万元以上)

拍品名称	物品尺寸	成交价RMB	拍卖公司	拍卖日期
2007年中国人民银行发行熊猫银币	重1公斤	11,500	中国嘉德	2014.11.26
2009年中国人民银行发行中华人民共和国成立60周年纪念精制银币	重1公斤	10,925	中国嘉德	2014.11.26
2010年中国人民银行发行熊猫银币	重1公斤	11,500	中国嘉德	2014.11.26
2012年中国人民银行发行壬辰(龙)年生肖纪念银币	重1公斤	25,300	中国嘉德	2014.11.26
2013年中国人民银行发行癸巳(蛇)年生肖纪念银币	重1公斤	17,250	中国嘉德	2014.11.26
河南"民国五年三月 洛邑泰发银炉"五十两银锭一枚	重1864.6g	88,550	北京诚轩	2014.05.21
平江县苏维埃一元币	直径4.5cm	243,012	中国艺海	2014.11.15
如意军饷银饼臆造币		17,250	中国嘉德	2014.11.26
山东"民国年月 利津县 民国年月"十两钱粮小宝一枚	重369.8g	25,300	北京诚轩	2014.05.21
上海壹两银币	直径≈4.3cm	35,200	北京贞观	2014.09.27
无年份漳州军饷足纹通行臆造银币一枚		14,950	北京诚轩	2014.05.21
一两军响币	直径4.4cm	243,012	中国艺海	2014.11.15
银币(库平一两)	直径4.4cm	251,691	中国艺海	2014.11.15
银币一组二十二枚		12,650	中国嘉德	2014.11.26
银圆 (一组十件)	直径3.8cm×10	201,250	北京匡时	2014.06.04
银制大清金币	直径3.8cm	225,654	中国艺海	2014.11.15
袁世凯大头、龙洋、站像银元共5枚		10,350	北京保利	2014.06.08
袁世凯大头、小头、船洋、龙洋、站像银元共6枚		13,800	北京保利	2014.06.08
云南省造光绪元宝、宣统元宝七钱二分银币各一枚		12,650	中国嘉德	2014.05.24
中华帝国洪宪纪元飞龙款银币	直径3.9cm	120,000	荣盛国际	2014.07.26
中华民国开国纪念币	直径3.9cm	176,000	荣盛国际	2014.07.26
中华民国壬子壹圆江西银币一枚		10,925	上海崇源	2014.06.14
中华民国十八年壹圆	直径3.9cm	680,000	荣盛国际	2014.07.26
中圆银币	直径2.9cm	1,024,122	中国艺海	2014.11.15
纸币				
元至元通行宝钞贰贯		299,000	中国嘉德	2014.11.27
元至正年间印行之"平准库库足兑"纸钞		12,650	中国嘉德	2014.05.25
洪武大明通行宝钞壹贯一枚		16,100	北京诚轩	2014.05.22
洪武大明通行宝钞壹贯一枚		13,800	北京诚轩	2014.05.22
洪武大明通行宝钞壹贯一枚		13,800	北京诚轩	2014.05.22
大明通行宝钞壹贯		46,000	中国嘉德	2014.05.25
大明通行宝钞壹贯		57,500	中国嘉德	2014.11.27
大明通行宝钞壹贯		52,900	中国嘉德	2014.11.27
大明通行宝钞壹贯		47,150	中国嘉德	2014.11.27
大明通行宝钞壹贯		36,800	中国嘉德	2014.11.27
大明通行宝钞壹贯		16,100	中国嘉德	2014.11.27
大明通行宝钞壹贯		14,950	中国嘉德	2014.11.27
大明通行宝钞壹贯		11,500	中国嘉德	2014.11.27
大明通行宝钞中书省贰佰文		2,760,000	中国嘉德	2014.05.25
明 大明通行宝钞(壹贯)		34,500	西泠拍卖	2014.12.15
明 大明通行宝钞壹贯		14,950	西泠拍卖	2014.12.15
咸丰八年大清宝钞伍千文一枚		18,400	北京诚轩	2014.05.22
咸丰户部官票一套五枚		184,000	中国嘉德	2014.11.27
咸丰六年(1856年)大清宝钞伍百文		19,550	中国嘉德	2014.11.27
咸丰六年户部官票壹两一枚		16,100	北京诚轩	2014.05.22
咸丰七年大清宝钞十千文一件		21,850	北京保利	2014.06.08
咸丰七年大清宝钞拾千文一枚		17,250	北京诚轩	2014.11.24
咸丰七年大清宝钞五十千文一件		28,750	北京保利	2014.06.08
咸丰七年户部官票伍两一枚		50,600	北京诚轩	2014.05.22
咸丰四年(1854年)户部官票拾两		24,150	中国嘉德	2014.11.27
咸丰四年(1854年)制大清宝钞伍百文		10,925	中国嘉德	2014.05.25
咸丰四年户部官票拾两一枚		28,750	北京诚轩	2014.11.24
咸丰四年户部官票壹两一枚		13,800	北京诚轩	2014.05.22
咸丰肆年大清宝钞五百文一枚		14,950	北京保利	2014.06.08
咸丰肆年大清宝钞一千文一枚		21,850	北京保利	2014.06.08
咸丰五年(1855年)户部官票叁两		28,750	中国嘉德	2014.11.27
咸丰五年(1855年)户部官票拾两		26,450	中国嘉德	2014.11.27
咸丰五年(1855年)户部官票拾两		23,000	中国嘉德	2014.11.27
咸丰五年户部官票叁两一枚		39,100	北京诚轩	2014.05.22
咸丰五年户部官票拾两一枚		33,350	北京诚轩	2014.05.22
咸丰五年户部官票拾两一枚		20,700	北京诚轩	2014.05.22
咸丰五年户部官票伍拾两一枚		189,750	北京诚轩	2014.05.22

拍品名称	物品尺寸	成交价RMB	拍卖公司	拍卖日期
清 湖南官钱局壹圆官票		28,750	西泠拍卖	2014.05.06
清 户部官票拾两		17,250	西泠拍卖	2014.12.15
清 户部乾丰官号钱帖一组二枚		12,650	中国嘉德	2014.11.27
清 户部乾丰官号钱帖一组三枚		13,800	中国嘉德	2014.11.27
清 咸丰捌年(1858年)拾千文大清宝钞		11,500	西泠拍卖	2014.05.06
清咸丰四年(1854年)拾两户部官票		23,000	西泠拍卖	2014.05.06
清北洋天津银号李鸿章像库平足银叁两银票正面单面试色样票一枚		20,700	北京诚轩	2014.05.22
清北洋天津银号李鸿章像库平足银伍两银票样票一枚		40,250	北京诚轩	2014.05.22
大清宝钞一套八枚		212,750	中国嘉德	2014.11.27
大同二年八月 满洲中央银行旧纸币标本帖、旧纸币样本		25,438	保利香港	2014.04.07
大中银行青岛单正、反样本册全套十二枚		16,100	中国嘉德	2014.05.25
光绪丙午年湖南官钱局省平足银伍两银票一枚		23,000	北京诚轩	2014.05.22
光绪丙午年造李鸿章像北洋经武银号库平足银叁两银票样票一枚		414,000	北京保利	2014.06.08
光绪二十二年(1896年)双城厅振德盛屯帖叁百文		12,650	中国嘉德	2014.11.27
光绪二十六年湖北官钱局制钱票壹串文一枚		57,500	北京诚轩	2014.05.22
光绪二十年台南官银票一大员一枚		16,100	北京保利	2014.06.08
光绪二十年台南官银票一大员一枚		10,350	北京保利	2014.06.08
光绪三十二年(1906年)奉天官银号钱票壹吊		101,200	中国嘉德	2014.11.27
光绪三十二年(1906年)台湾银行福州凭票支番银壹员样本		20,700	中国嘉德	2014.11.27
光绪三十二年安徽裕皖官钱局铜元票壹千文一枚		10,350	北京诚轩	2014.11.24
光绪三十二年台湾银行银元票福州壹员样票一枚		34,500	北京诚轩	2014.05.22
光绪三十年湖北官钱局银元票壹大元一枚		50,600	北京诚轩	2014.11.24
光绪三十三年(1907年)江西官银钱总号银元票壹圆		13,800	中国嘉德	2014.11.27
光绪三十三年华商上海信成银行上海通用银元票壹元一枚		20,700	北京诚轩	2014.05.22
光绪三十四年湖北官钱局制钱票壹串文一枚		23,000	北京诚轩	2014.11.24
光绪三十四年湖南官钱局银两票伍两一枚		14,950	北京诚轩	2014.11.24
光绪三十一年北洋银元局铜元票伍百枚一枚		36,800	北京诚轩	2014.11.24
光绪三十一年广东钱局银元票壹元一枚		16,100	北京诚轩	2014.11.24
光绪叁拾叁年(1907年)秦丰昌银行兑换银票凭帖取议平纹银壹两		57,500	中国嘉德	2014.05.25
光绪戊申年湖南官钱局银两票伍两一枚		14,950	北京诚轩	2014.11.24
光绪乙未年(1895年)北洋铁轨官路总局英洋壹圆		34,500	中国嘉德	2014.05.25
1905年美商上海花旗银行银元票上海拾圆一枚		29,900	北京诚轩	2014.11.24
1909年新疆喀什造大清银币湘平五钱一枚		13,800	北京诚轩	2014.05.21
1910/19年美商花旗银行一元		23,000	北京保利	2014.06.08
1910年天津改哈尔滨华俄道胜银行银两流通票伍拾两一枚		40,250	北京诚轩	2014.05.22
1910年天津改哈尔滨华俄道胜银行银两流通票壹百两一枚		31,050	北京诚轩	2014.05.22
1911年中华民国军用钞票壹元、伍元、拾元各一枚		13,800	北京诚轩	2014.05.22
宣统年北京宝恒兴银号壹圆、威海农业储蓄银行壹圆各一枚		10,120	中国嘉德	2014.05.25
宣统元年(1909年)交通银行广东伍圆		11,500	中国嘉德	2014.05.25
宣统元年(1909年)交通银行天津壹圆样票		57,500	中国嘉德	2014.11.27
宣统元年上海四明银行银元票伍圆一枚		42,550	北京诚轩	2014.11.24

拍品名称	物品尺寸	成交价RMB	拍卖公司	拍卖日期
宣统元年驻津吉林官银号银元票拾圆样票一枚		575,000	北京诚轩	2014.05.22
清晚期 太平天国 "太平天国"背"圣宝"宋体当百		57,500	中国嘉德	2014.05.24
清晚期太平天国 太平天国钱一组四枚		55,200	中国嘉德	2014.05.24
民国 抗币一组三枚		28,750	西泠拍卖	2014.12.15
民国 浙东银行抗币一组九枚		115,000	西泠拍卖	2014.12.15
民国八年(1919年)边业银行张家口壹圆		40,250	中国嘉德	2014.11.27
民国八年(1919年)中国银行东三省哈尔滨拾圆		11,500	中国嘉德	2014.05.25
民国八年(1919年)中国银行东三省哈尔滨壹圆		14,950	中国嘉德	2014.05.25
民国地方钱庄票一组二十枚		14,950	中国嘉德	2014.05.25
民国二年(1913年)交通银行单张样票一组三枚		13,800	中国嘉德	2014.11.27
民国二年东北依兰商务钱号钱帖壹吊一枚		20,700	北京诚轩	2014.05.22
民国二年交通银行壹、伍、拾、伍拾、壹百圆样票共五枚		78,200	北京保利	2014.12.01
民国二年交通银行银元票壹圆、伍圆、拾圆样票各一枚		18,400	北京诚轩	2014.05.22
民国二年交通银行银元票壹圆、伍圆、拾圆样票各一枚		17,250	北京诚轩	2014.11.24
民国二十八年(1939年)冀南银行平原伍拾圆二枚		11,500	中国嘉德	2014.05.25
民国二十八年(1939年)冀南银行伍角黄火车		12,650	中国嘉德	2014.11.27
民国二十二年广州市立银行伍拾圆一枚		20,700	北京保利	2014.12.01
民国二十六年山西兴县农民银行纸币贰角一枚		10,350	北京诚轩	2014.11.24
民国二十七年(1938年)中国联合准备银行伍元		59,800	中国嘉德	2014.05.25
民国二十四年(1935年)绥远平市官钱局贰角		11,500	中国嘉德	2014.11.27
民国二十四年(1935年)中国实业银行改交通银行上海壹圆五枚连号		48,300	中国嘉德	2014.05.25
民国二十四年交通银行改中国实业银行壹元一枚		11,500	北京保利	2014.06.08
民国九年(1920年)黑龙江广信公司伍吊		12,650	中国嘉德	2014.11.27
民国九年(1920年)热和兴业银行热河壹圆、伍圆、拾圆样票各一枚		12,650	中国嘉德	2014.05.25
民国九年改十一年赣省暂行军用手票壹圆一枚		80,500	北京诚轩	2014.05.22
民国九年四明银行改中央银行美钞版银元票上海伍圆样票一枚		20,700	北京诚轩	2014.05.22
民国九年中国通商银行财神像上海通用银元票壹圆、伍圆棕、伍圆紫、拾圆赭黄、拾圆玫红、伍拾圆、壹百圆样票全套七枚		155,250	北京诚轩	2014.05.22
民国九年中国通商银行银元票上海壹圆一枚		11,500	北京诚轩	2014.11.24
民国六年广东银行有限公司银元票上海伍圆样票一枚		23,000	北京诚轩	2014.11.24
民国廿九年(1940年)豫皖苏边地方银号壹圆		28,750	中国嘉德	2014.05.25
民国七年(1918年)中国银行伍圆纸币(青岛)		12,650	西泠拍卖	2014.12.15
民国七年山东中国银行铜元票壹百枚样票一枚		23,000	北京诚轩	2014.11.24
民国七年湘西银行银洋票伍圆一枚		17,250	北京诚轩	2014.05.22
民国七年中国银行美钞版银元票上海壹圆、伍圆、拾圆、伍拾圆、壹百圆样票各一枚		69,000	北京诚轩	2014.11.24
民国七年中国银行壹元、五元、拾元打孔样票各一枚		12,650	北京保利	2014.06.08
民国卅二年(1943年)江淮银行苏中第三支行发行伍角		21,850	中国嘉德	2014.05.25
民国卅二年(1943年)江淮银行壹圆苏中二枚		27,600	中国嘉德	2014.05.25
民国三年(1914年)交通银行江苏壹百圆样票		33,350	中国嘉德	2014.11.27
民国三年(1914年)交通银行青岛壹圆		34,500	中国嘉德	2014.05.25
民国三年(1914年)交通银行浙江壹圆		11,500	中国嘉德	2014.11.27
民国三十八(1949年)包头市县联合银行纸币六枚		43,700	中国嘉德	2014.05.25
民国三十八年广东省银行大洋票壹分、伍分各一百枚，壹角、伍角、壹圆、伍圆、拾圆、壹佰圆各一百枚连号		18,400	北京诚轩	2014.11.24
民国三十八年广东省银行大洋票壹圆、伍圆、拾圆各一百枚连号		16,100	北京诚轩	2014.11.24
民国三十到三十一年中央银行十元		55,200	北京保利	2014.06.08
民国三十二年(1943年)江淮银行苏中第一支行贰角		63,250	中国嘉德	2014.05.25
民国三十六年(1947年)华中银行壹仟圆四枚		14,950	中国嘉德	2014.05.25
民国三十年(1941年)湖北省银行拾圆单正面样票		14,950	中国嘉德	2014.11.27
民国三十年(1941年)湖北省银行伍圆单正面样票		14.950	中国嘉德	2014.11.27
民国三十年(1941年)江淮银行壹圆苏中、盐阜改作伍圆抗币各一枚		10,350	中国嘉德	2014.05.25
民国三十年(1941年)江西裕民银行拾圆		29,900	中国嘉德	2014.05.25
民国三十年(1941年)陕甘宁边区银行壹角、贰角、拾圆各一枚、伍圆二枚		11,500	中国嘉德	2014.05.25
民国三十年(1941年)盐阜银行壹圆改抗币作贰圆		43,700	中国嘉德	2014.05.25
民国三十七年(1948年)北海银行拾万元本票单正面样票		11,500	中国嘉德	2014.11.27
民国三十七年(1948年)北海银行拾万元本票流通票改样票		14,950	中国嘉德	2014.11.27
民国三十七年屯溪中国农民银行本票国币壹圆一枚		10,925	北京诚轩	2014.11.24
民国三十三年(1944年)江淮银行贰拾圆		57,500	中国嘉德	2014.05.25
民国三十三年(1944年)江淮银行改华中银行伍拾圆		14,950	中国嘉德	2014.05.25
民国三十三年(1944年)江淮银行拾圆		12,650	中国嘉德	2014.05.25
民国三十三年(1944年)江淮银行苏中伍圆		17,250	中国嘉德	2014.05.25
民国三十三年(1944年)江淮银行壹圆		18,400	中国嘉德	2014.05.25
民国三十三年(1944年)江淮银行壹圆		13,800	中国嘉德	2014.05.25
民国三十三年(1944年)晋察冀边区银行伍拾圆割稻		18,400	中国嘉德	2014.11.27
民国三十三年(1944年)盐阜银行伍圆		19,550	中国嘉德	2014.05.25
民国三十三年(1944年)盐阜银行伍圆		10,350	中国嘉德	2014.05.25
民国三十三年(1944年)盐阜银行壹圆		28,750	中国嘉德	2014.05.25
民国三十三年(1944年)盐阜银行壹圆		24,150	中国嘉德	2014.05.25
民国三十四年 民国三十五年晋察冀边区银行冀热辽拾圆各一枚		10,580	中国嘉德	2014.11.27
民国三十四年(1945年)华中银行贰拾圆		27,600	中国嘉德	2014.05.25
民国三十四年(1945年)华中银行伍拾圆三枚		16,100	中国嘉德	2014.05.25
民国三十四年(1945年)盐阜银行伍角样票		21,850	中国嘉德	2014.05.25
民国三十四年(1945年)中央储备银行拾万圆		13,800	中国嘉德	2014.05.25
民国三十五年(1946年)北海银行山东贰百圆样票		20,700	中国嘉德	2014.11.27
民国三十五年(1946年)华中银行贰百圆		36,800	中国嘉德	2014.05.25
民国三十五年(1946年)华中银行伍圆		36,800	中国嘉德	2014.05.25
民国三十五年(1946年)華中银行伍圓		32,200	中国嘉德	2014.11.27
民国三十一年(1942年)陕甘宁边区银行伍拾圆二枚		10,120	中国嘉德	2014.11.27

2014杂项拍卖成交汇总

(成交价RMB：1万元以上)

拍品名称	物品尺寸	成交价RMB	拍卖公司	拍卖日期
民国三十一年(1942年)中国银行伍佰圆		16,100	中国嘉德	2014.05.25
民国山东省军用票伍角		18,400	中国嘉德	2014.11.27
民国十二年中央银行美钞版银元票壹圆、伍圆、拾圆、伍拾圆、壹百圆不同刷色样票各二枚		48,300	北京诚轩	2014.05.22
民国十二年中央银行美钞版银元票壹圆、伍圆、拾圆、伍拾圆、壹百圆样票各一枚		17,250	北京诚轩	2014.05.22
民国十六年(1927年)中南银行上海壹圆		19,550	中国嘉德	2014.05.25
民国十年(1921年)边业银行哈尔滨拾圆		17,250	中国嘉德	2014.11.27
民国十年(1921年)边业银行哈尔滨伍圆		25,300	中国嘉德	2014.11.27
民国十年(1921年)边业银行哈尔滨壹圆		16,100	中国嘉德	2014.11.27
民国十年(1921年)东三省银行哈尔滨拾圆		16,100	中国嘉德	2014.11.27
民国十年(1921年)东三省银行哈尔滨伍圆		13,800	中国嘉德	2014.11.27
民国十年东北依兰道善后金融维持局钱帖伍拾吊一枚		25,300	北京诚轩	2014.05.22
民国十年吉林永衡官银钱号铜元票伍枚、拾枚、贰拾枚、伍拾枚、壹百枚样票各一枚		16,100	北京诚轩	2014.05.22
民国十七年(1928年)绥远平市官钱局绥远贰角		48,300	中国嘉德	2014.11.27
民国十七年西北银行纸币河南贰角加盖“河南郑”、壹圆加盖“郑州”、伍圆、拾圆各一枚		10,350	北京诚轩	2014.11.24
民国十四年边业银行壹、伍、拾、伍拾、壹佰圆样票共五枚		32,200	北京保利	2014.12.01
民国十五年(1926年)军用钞票伍圆		126,500	中国嘉德	2014.05.25
民国十一年(1922年)农商银行上海伍圆单正、反样票		20,700	中国嘉德	2014.05.25
民国十一年(1922年)农商银行上海壹圆单正、反样票		11,270	中国嘉德	2014.05.25
民国十一年广西省银行银元票伍圆一枚		20,700	北京诚轩	2014.05.22
民国时期(1937年)冀东银行拾圆		138,000	中国嘉德	2014.11.27
民国时期东北银行纸币一组十七枚		13,800	北京诚轩	2014.05.22
民国时期满洲中央银行伍角、壹圆、伍圆、拾圆、壹佰圆正反单面样票各一套，共十枚		25,438	保利香港	2014.04.07
民国时期满洲中央银行样币一组十一枚		30,889	保利香港	2014.04.07
民国时期满洲中央银行壹圆三枚连号、壹角一叠十五枚，五厘、壹分硬币各一枚		15,445	保利香港	2014.04.07
民国时期无年份伪满洲中央银行纸币壹仟圆一枚		57,500	北京诚轩	2014.11.24
民国四年东北依兰县地方救济钱号钱帖壹吊一枚		20,700	北京诚轩	2014.05.22
民国无年份中央银行财政部版银元票四川贰角正、反单面样票各一枚		34,500	北京诚轩	2014.05.22
民国无年份中央银行财政部版银元票四川壹角正、反单面样票各一枚		25,300	北京诚轩	2014.05.22
民国元年(1912年)交通银行北京壹圆		115,000	中国嘉德	2014.11.27
民国元年安徽中华银行银元票壹圆一枚		16,100	北京诚轩	2014.11.24
民国元年中华民国粤省军政府通用银票伍毫、壹圆各一枚		12,650	北京诚轩	2014.05.22
民国中央银行关金票一组18枚		13,800	北京保利	2014.06.08
民国中央银行纸币一组12枚		16,100	北京保利	2014.06.08
民国中央银行纸币一组33枚		10,350	北京保利	2014.06.08
1914年中法实业银行北京伍圆		36,800	中国嘉德	2014.05.25
1918年美商花旗银行银元票天津拾圆一枚		27,600	北京诚轩	2014.11.24
1918年美商花旗银行银元票天津伍拾圆样票一枚		14,950	北京诚轩	2014.05.22
1921年工商银行有限公司银元票汉口壹圆样票一枚		17,250	北京诚轩	2014.05.22

拍品名称	物品尺寸	成交价RMB	拍卖公司	拍卖日期
1931年中华苏维埃共和国国家银行湘鄂西分行贰角		12,650	中国嘉德	2014.11.27
1932年满洲中央银行壹仟圆一枚		327,060	保利香港	2014.04.07
1933年湘鄂赣省工农银行银洋票贰角二枚连号		14,950	北京诚轩	2014.05.22
1934年中华苏维埃共和国川陕省工农银行三串		57,500	中国嘉德	2014.05.25
1937年香港有利银行纸币伍员一枚		20,700	北京诚轩	2014.11.24
1947/1948年内蒙银行壹佰圆 贰佰圆 伍佰圆各一枚		26,450	中国嘉德	2014.11.27
1948年第一版人民币狭长版壹仟圆“双马耕地”一枚		32,200	北京诚轩	2014.05.22
1948年第一版人民币壹佰圆“汽车与火车”二枚连号		16,100	北京诚轩	2014.11.24
1948年至1949年第一版人民币一组十二枚		18,400	北京诚轩	2014.05.22
1948至1949年第一版人民币样票一组		13,800	北京诚轩	2014.05.22
1949年第一版人民币贰佰圆“排云殿”二枚连号		10,350	北京诚轩	2014.11.24
1949年第一版人民币贰佰圆“排云殿”二枚同号		24,150	北京诚轩	2014.11.24
1949年第一版人民币贰佰圆“排云殿”一枚		10,925	北京诚轩	2014.11.24
1949年第一版人民币贰佰圆“收割”一枚		13,800	北京诚轩	2014.05.22
1949年第一版人民币贰拾圆“打场”二枚连号		19,550	北京诚轩	2014.11.24
1949年第一版人民币贰拾圆“帆船与铁路”一枚		11,500	北京诚轩	2014.05.22
1949年第一版人民币贰拾圆“帆船与铁路”一枚		10,350	北京诚轩	2014.11.24
1949年第一版人民币伍佰圆“起重机”四枚连号		18,400	北京诚轩	2014.11.24
1949年第一版人民币伍佰圆“秋收”一枚		25,300	北京诚轩	2014.11.24
1949年第一版人民币伍佰圆“正阳门”二枚		19,550	北京诚轩	2014.05.22
1949年第一版人民币伍佰圆“正阳门”一枚		24,150	北京诚轩	2014.05.22
1949年第一版人民币伍佰圆“正阳门”一枚		24,150	北京诚轩	2014.11.24
1949年第一版人民币伍仟圆“耕地机”一枚		14,950	北京诚轩	2014.05.22
1949年第一版人民币伍仟圆“耕地机”一枚		23,000	北京诚轩	2014.11.24
1949年第一版人民币伍拾圆“红火车”、“蓝火车”各一枚		20,700	北京诚轩	2014.05.22
1949年第一版人民币伍拾圆“铁路”一枚		13,800	北京诚轩	2014.11.24
1949年第一版人民币伍圆“水牛”一枚		34,500	北京诚轩	2014.11.24
1949年第一版人民币伍圆“水牛”一枚		20,700	北京诚轩	2014.11.24
1949年第一版人民币壹佰圆“北海与角楼”蓝面三枚同号码		32,200	北京诚轩	2014.11.24
1949年第一版人民币壹佰圆“北海与角楼”蓝面一枚		29,900	北京诚轩	2014.11.24
1949年第一版人民币壹佰圆“大帆船”一枚		63,250	北京诚轩	2014.11.24
1949年第一版人民币壹佰圆“轮船”、贰佰圆“收割”、壹仟圆“三台拖拉机”各一枚		10,925	北京诚轩	2014.05.22
1949年第一版人民币壹仟圆“三台拖拉机”二枚		13,800	北京诚轩	2014.05.22
1949年第一版人民币壹仟圆“三台拖拉机”一枚		11,500	北京诚轩	2014.05.22
1949年横江丰年行贰百圆		18,400	中国嘉德	2014.05.25
1949年新疆省银行陆拾亿圆		29,900	中国嘉德	2014.11.27
1949年中国人民银行江西省分行临时流通券伍圆、拾圆、贰拾圆各一枚		23,000	北京诚轩	2014.05.22
1950年第一版人民币伍万圆“收割机”一枚		86,250	北京诚轩	2014.05.22

(成交价RMB：1万元以上)

拍品名称	物品尺寸	成交价RMB	拍卖公司	拍卖日期
1950年第一版人民币伍万圆“收割机”一枚		55,200	北京诚轩	2014.11.24
1950年第一版人民币伍万圆“新华门”一枚		17,250	北京诚轩	2014.05.22
1950年第一版人民币伍万圆“新华门”一枚		28,750	北京诚轩	2014.11.24
1951年第一版人民币伍仟圆“牧羊”正、反单面印刷样票各一枚		18,400	北京诚轩	2014.11.24
1951年第一版人民币伍仟圆“牧羊”正、反单面印刷样票各一枚		17,250	北京诚轩	2014.11.24
1951年第一版人民币壹仟圆“马饮水”一枚		155,250	北京诚轩	2014.05.22
1951年第一版人民币壹仟圆“马饮水”正、反单面印刷样票各一枚		26,450	北京诚轩	2014.11.24
1951年第一版人民币壹万圆“骆驼队”正、反单面印刷样票各一枚		18,400	北京诚轩	2014.11.24
1951年第一版人民币壹万圆“骆驼队”正、反单面印刷样票各一枚		10,350	北京诚轩	2014.11.24
1951年越南民主共和国纸币贰佰元二枚		10,925	北京诚轩	2014.11.24
1953年第二版人民币贰圆三枚连号		11,500	北京诚轩	2014.11.24
1953年第二版人民币贰圆五枚连号		17,250	北京诚轩	2014.05.22
1953年第二版人民币辅币样票一组六枚		21,850	中国嘉德	2014.11.27
1953年第二版人民币叁圆		18,400	中国嘉德	2014.11.27
1953年第二版人民币叁圆二枚连号		101,200	中国嘉德	2014.11.27
1953年第二版人民币叁圆一枚		20,700	北京诚轩	2014.05.22
1953年第二版人民币叁圆一枚		13,800	北京诚轩	2014.05.22
1953年第二版人民币叁圆一枚		32,200	北京诚轩	2014.11.24
1953年第二版人民币拾圆		86,250	中国嘉德	2014.11.27
1953年第二版人民币伍角一百枚		13,800	北京诚轩	2014.05.22
1953年第二版人民币伍圆二枚连号		48,300	中国嘉德	2014.11.27
1953年第二版人民币伍圆一枚		25,300	北京诚轩	2014.11.24
1953年第二版人民币壹圆壹百枚		391,000	中国嘉德	2014.05.25
1953年第一版人民币伍仟圆“渭河大桥”一枚		17,250	北京诚轩	2014.11.24
1956年第二版人民币伍圆壹百枚		379,500	中国嘉德	2014.11.27
1960年第三版人民币贰圆“车工”十枚连号		16,100	北京诚轩	2014.11.24
1960年第三版人民币贰圆二十八枚连号		55,200	北京诚轩	2014.11.24
1960年第三版人民币贰圆十六枚		18,400	北京诚轩	2014.05.22
1960年第三版人民币贰圆十七枚		21,850	北京诚轩	2014.05.22
1960年第三版人民币贰圆五十枚		66,700	北京诚轩	2014.11.24
1960年第三版人民币伍圆一百枚连号		23,000	北京诚轩	2014.05.22
1960年第三版人民币伍圆一百枚连号		32,200	北京诚轩	2014.11.24
1960年第三版人民币壹角七枚连号		27,600	中国嘉德	2014.11.27
1960年第三版人民币壹角十枚连号		55,200	中国嘉德	2014.11.27
1960年第三版人民币壹角十枚连号		46,000	中国嘉德	2014.11.27
1999年第五版人民币伍拾圆样票一枚		13,800	北京诚轩	2014.11.24
1999年第五版人民币壹佰圆样票一枚		49,450	北京诚轩	2014.05.22
2000年斐济纪念钞$5二十枚连体票		29,900	中国嘉德	2014.05.25
2000年世纪龙抄100元一枚		11,500	北京保利	2014.06.08
澳门回归十周年拾元贰拾元七连体、百枚连号纪念钞各二组		34,500	西泠拍卖	2014.12.15
澳门连体钞四件		34,500	中国嘉德	2014.05.25
北海银行一组二十二枚		10,350	中国嘉德	2014.05.25
川陕省苏维埃政府工农银行壹串		20,700	中国嘉德	2014.05.25
第二版人民币1953年红伍圆		12,650	上海崇源	2014.06.14
第二版人民币大黑拾		63,250	西泠拍卖	2014.05.06
第二版人民币贰角三十六枚连号		80,500	西泠拍卖	2014.12.15
第二版人民币贰圆十一枚连号		40,250	西泠拍卖	2014.12.15
第二版人民币黑壹圆、贰圆一组二十七枚		25,300	西泠拍卖	2014.12.15
第二版人民币红伍圆		19,550	西泠拍卖	2014.05.06
第二版人民币叁圆(尾号8888)		39,100	西泠拍卖	2014.05.06
第二版人民币拾圆纸币		69,000	西泠拍卖	2014.12.15
第二版人民币样票全套十二枚		161,000	西泠拍卖	2014.12.15
第二版人民币一组七枚		48,300	西泠拍卖	2014.12.15
第三版人民币背绿水印壹角		34,500	西泠拍卖	2014.12.15
第三版人民币背绿水印壹角		19,550	西泠拍卖	2014.12.15
第三版人民币背绿壹角连号一组六枚		57,500	西泠拍卖	2014.05.06
第三版人民币背绿壹角水印		32,200	西泠拍卖	2014.05.06

拍品名称	物品尺寸	成交价RMB	拍卖公司	拍卖日期
第三版人民币拾元五枚连号十组		55,200	西泠拍卖	2014.12.15
第三版人民币样票一组七枚		51,750	中国嘉德	2014.11.27
第三版人民币一组		25,300	中国嘉德	2014.05.25
第三版人民币枣红壹角九十六枚连号		621,000	西泠拍卖	2014.12.15
第三版人民币枣红壹角一百枚连号		747,500	西泠拍卖	2014.12.15
第三套人民币全套二十七枚		33,350	西泠拍卖	2014.12.15
第四版人民币票样1980年壹圆、贰圆、伍圆、拾圆、伍拾圆、壹佰圆，共16枚		46,000	上海崇源	2014.06.14
第四版人民币票样1990年伍拾圆、壹佰圆，共2枚		17,250	上海崇源	2014.06.14
第四版人民币一组六枚		66,700	中国嘉德	2014.05.25
第一版人民币1951年维文版“马饮水”壹仟圆		32,200	上海崇源	2014.06.14
第一版人民币500元正阳门一枚		11,500	北京保利	2014.06.08
第一版人民币单面样票一组四张		241,500	中国嘉德	2014.05.25
第一版人民币贰百圆样票六种		17,250	中国嘉德	2014.05.25
第一版人民币贰佰圆排云殿二枚		14,950	中国嘉德	2014.05.25
第一版人民币贰佰圆排云殿二枚		29,900	中国嘉德	2014.11.27
第一版人民币贰拾圆蓝、棕六和塔双张式样票各一套		20,700	中国嘉德	2014.05.25
第一版人民币贰拾圆样票四种		12,650	中国嘉德	2014.05.25
第一版人民币伍佰圆耕地二枚连号		19,550	中国嘉德	2014.11.27
第一版人民币伍佰圆农民小桥		34,500	中国嘉德	2014.05.25
第一版人民币伍佰圆正阳门		13,800	中国嘉德	2014.11.27
第一版人民币伍仟圆(牧羊图)		28,750	西泠拍卖	2014.12.15
第一版人民币伍仟圆渭河大桥		10,580	中国嘉德	2014.11.27
第一版人民币伍仟圆渭河大桥二枚连号		31,050	中国嘉德	2014.11.27
第一版人民币伍仟圆渭河桥		25,300	中国嘉德	2014.05.25
第一版人民币伍拾圆蓝火车 红火车各一枚		23,000	中国嘉德	2014.11.27
第一版人民币伍拾圆蓝火车二枚连号		20,700	中国嘉德	2014.11.27
第一版人民币伍拾圆列车(6位号码)三枚		29,900	中国嘉德	2014.05.25
第一版人民币样票四种		10,350	中国嘉德	2014.05.25
第一版人民币样票一组四种		12,650	中国嘉德	2014.11.27
第一版人民币样票一组四种		10,350	中国嘉德	2014.11.27
第一版人民币一组六枚		12,650	中国嘉德	2014.11.27
第一版人民币一组六枚		12,650	中国嘉德	2014.11.27
第一版人民币一组七枚		12,650	中国嘉德	2014.11.27
第一版人民币一组十三枚		46,000	中国嘉德	2014.11.27
第一版人民币一组十四枚		28,750	中国嘉德	2014.11.27
第一版人民币壹佰圆北海角楼(黄色)		12,650	中国嘉德	2014.11.27
第一版人民币壹万圆(驼队图)		97,750	西泠拍卖	2014.12.15
第一套人民币		3,080,000	北京贞观	2014.09.27
华兴商业银行孔子像拾圆		46,000	中国嘉德	2014.05.25
吉林永衡官银钱号样票一组十枚		10,350	中国嘉德	2014.05.25
江西工农银行拾枚		12,650	中国嘉德	2014.05.25
临安府行用五百文		128,000	荣盛国际	2014.07.26
明治期六年大日本帝国通用纸币加盖“近江长滨第二十一国立银行”壹圆一枚		16,100	北京诚轩	2014.05.22
内蒙古人民银行贰佰圆 伍佰圆 贰仟圆 壹万圆各一枚		12,650	中国嘉德	2014.11.27
山东商办实业银行伍圆		29,900	中国嘉德	2014.11.27
陕甘宁边区银行一组五枚		13,800	中国嘉德	2014.05.25
神府特区抗日人民革命委员会银行壹圆		23,000	中国嘉德	2014.05.25
坦桑尼亚纪念钞$2000六十枚连体样票		34,500	西泠拍卖	2014.12.15
天贞银钱号四十千文		264,500	中国嘉德	2014.05.25
1932年至1934年中华苏维埃共和国国家银行伍分、壹角、贰角、伍角、壹圆各一枚		33,350	中国嘉德	2014.05.25
1936年中华苏维埃人民共和国国家银行西北分行壹圆二枚		11,270	中国嘉德	2014.05.25
中法实业银行上海改汕头拾圆		43,700	中国嘉德	2014.11.27
中法实业银行上海改汕头伍圆		46,000	中国嘉德	2014.11.27
中法实业银行上海改汕头壹圆		48,300	中国嘉德	2014.11.27
中国联合准备银行“小龙”壹佰圆单正面印样、财政部印刷局制钞票样本伍圆单正、反各一枚		34,500	中国嘉德	2014.05.25

拍品名称	物品尺寸	成交价RMB	拍卖公司	拍卖日期
中国人民银行样票册		14,950	中国嘉德	2014.11.27
中国银行纸币一组七枚		11,500	中国嘉德	2014.05.25
中华民国三十四年(1945年)华中银行壹佰圆单面印样		40,250	中国嘉德	2014.05.25
中华苏维埃人民共和国国家银行西北分行贰圆		36,800	中国嘉德	2014.05.25
中华苏维埃人民共和国国家银行西北分行壹圆		16,100	中国嘉德	2014.05.25
票证				
光绪三十二年(1906年)大清户部银行兑换券天津改开封拾圆		14,950	中国嘉德	2014.11.27
光绪三十二年(1906年)大清户部银行兑换券天津改开封通用银圆壹圆		14,950	中国嘉德	2014.05.25
光绪三十二年(1906年)大清户部银行兑换券天津改开封伍圆		17,250	中国嘉德	2014.11.27
光绪三十二年(1906年)大清户部银行兑换券张家口通用银圆壹圆、伍圆、拾圆各一枚		402,500	中国嘉德	2014.05.25
光绪三十二年大清户部银行兑换券奉天壹圆、伍圆、拾圆样票各一枚		172,500	北京诚轩	2014.05.22
光绪三十二年大清户部银行兑换券拾圆一枚		13,800	北京诚轩	2014.11.24
光绪三十二年大清户部银行兑换券天津改开封壹圆、伍圆、拾圆各一枚		51,750	北京诚轩	2014.05.22
光绪三十二年大清户部银行兑换券伍圆一枚		12,650	北京诚轩	2014.11.24
光绪三十二年大清户部银行兑换券壹圆一枚		10,925	北京诚轩	2014.11.24
光绪三十三年大清银行兑换券汉口壹圆一枚		18,630	北京诚轩	2014.05.22
光绪三十三年大清银行兑换券汉口壹圆一枚		16,100	北京诚轩	2014.11.24
1911年中华革命军筹饷中华民国金币券壹百圆一枚		57,500	北京诚轩	2014.05.22
慈溪县丈亭区通用辅币券伍角、壹圆各一枚		18,400	中国嘉德	2014.05.25
大清银行兑换券五元正面一枚		25,300	北京保利	2014.06.08
大同元年(1932年)吉林永衡官银钱总号前发行及未发行纸币样本券一册		32,200	中国嘉德	2014.11.27
大同元年(1932年)吉林永衡官银钱总号前发行及未发行纸币样本券一册		31,050	中国嘉德	2014.11.27
东三省建设公债一组十六枚		48,300	西泠拍卖	2014.12.15
满洲中央银行甲号券五角		17,250	中国嘉德	2014.11.27
满洲中央银行甲号券五色旗壹百圆		19,550	中国嘉德	2014.05.25
满洲中央银行甲号券壹佰圆		17,250	中国嘉德	2014.11.27
宣统元年(1909年)大清银行兑换券李鸿章像壹圆伍圆拾圆样票各一枚		126,500	中国嘉德	2014.11.27
清晚期载沣像大清银行兑换券拾圆紫色正、反单面试印样票各一枚		29,900	北京诚轩	2014.05.22
民国 浙东粮票一组八枚		97,750	西泠拍卖	2014.12.15
民国八年(1919年)黑龙江广信公司汇兑券哈尔滨大洋伍圆		14,950	中国嘉德	2014.11.27
民国二年黄帝像中国银行兑换券壹圆一枚		12,650	北京诚轩	2014.05.22
民国二十二年(1933年)闽西连城县地方流通券纸币壹角、伍角各一枚		10,350	中国嘉德	2014.05.25
民国二十二年豫鄂皖赣四省农民银行中国大业版国币券壹圆正、反单面印刷样票各一枚		10,350	北京诚轩	2014.11.24
民国二十九年(1940年)江南商业货币券贰角		43,700	中国嘉德	2014.05.25
民国二十九年(1940年)江南商业货币券改苏北流通券抗币伍角		85,100	中国嘉德	2014.05.25
民国二十九年(1940年)江南商业货币券伍角		43,700	中国嘉德	2014.05.25
民国二十九年(1940年)江南商业货币券壹角		24,150	中国嘉德	2014.05.25
民国二十九年(1940年)江南商业货币券壹圆		230,000	中国嘉德	2014.05.25
民国二十九年中国农民银行大业版法币券壹圆九十九枚		17,250	北京诚轩	2014.11.24

拍品名称	物品尺寸	成交价RMB	拍卖公司	拍卖日期
民国二十九年中国农民银行国币券红色拾圆正面试印样票一枚		14,950	北京诚轩	2014.11.24
民国二十六年四川省政府建设库券改中国农民银行国币券伍拾圆样票一枚		21,850	北京诚轩	2014.11.24
民国二十六年四川省政府建设库券改中国农民银行国币券壹百圆样票一枚		11,500	北京诚轩	2014.11.24
民国二十六年四川省政府建设库券改中国农民银行国币券壹百圆一枚		40,250	北京诚轩	2014.11.24
民国二十六年中央银行中华书局版法币券拾圆“宝鼎”正、反单面样票各一枚		18,400	北京诚轩	2014.05.22
民国二十六年中央银行中华书局版法币券伍圆“宝鼎”正、反单面样票各一枚		18,400	北京诚轩	2014.05.22
民国二十年广西省金库梧州伍圆券一枚		57,500	北京诚轩	2014.05.22
民国二十年交通银行德纳罗版国币券上海壹圆一百枚连号		27,600	北京诚轩	2014.11.24
民国二十年中南银行国币券上海壹圆一枚		13,800	北京诚轩	2014.05.22
民国二十七年华兴商业银行国币券伍圆一枚		17,250	北京诚轩	2014.05.22
民国二十七年华兴商业银行国币券壹角、贰角、壹圆、伍圆、拾圆全套五枚		69,000	北京诚轩	2014.11.24
民国二十七年至三十四年中国联合准备银行壹角至伍圆五种面额联银券五枚；中央储备银行壹分至壹万圆多种面额纸币五十枚		16,100	北京诚轩	2014.05.22
民国二十七年中国联合准备银行联银券壹圆一百枚连号		40,250	北京诚轩	2014.11.24
民国二十三年豫鄂皖赣四省农民银行中国大业版国币券壹圆一枚		16,100	北京诚轩	2014.11.24
民国二十三年豫鄂皖赣四省农民银行中国大业版国币券壹圆正、反单面印刷样票各一枚		23,000	北京诚轩	2014.11.24
民国二十三年中国农工银行改中央银行华德路版国币券壹圆正、反单面样票各一枚		18,400	北京诚轩	2014.05.22
民国二十三年中国农民银行中国大业版国币券蓝色壹圆一枚		13,800	北京诚轩	2014.11.24
民国二十三年中国农民银行中国大业版国币券壹圆一枚		23,000	北京诚轩	2014.11.24
民国二十三年中国农民银行中国大业版国币券壹圆一枚		20,700	北京诚轩	2014.11.24
民国二十四年中国农民银行孙中山像国币券壹圆试印样票一枚		17,250	北京诚轩	2014.11.24
民国二十四年中央银行四川兑换券财政部版拾圆正、反单面样票各一枚		18,400	北京诚轩	2014.05.22
民国二十四年中央银行四川兑换券财政部版伍圆正、反单面样票各一枚		11,500	北京诚轩	2014.05.22
民国二十四年中央银行四川兑换券壹圆、伍圆、拾圆各一枚		36,800	北京诚轩	2014.05.22
民国二十四年中央银行四川兑换券中华书局版壹圆正、反单面样票各一枚		29,900	北京诚轩	2014.05.22
民国二十五年中国银行德纳罗版法币券壹圆一百枚连号		13,800	北京诚轩	2014.11.24
民国二十五年中央银行德纳罗版法币券壹圆、伍圆、拾圆正、反单面样票各一枚		13,800	北京诚轩	2014.05.22
民国二十五年中央银行华德路版法币券伍百圆正、反单面样票各一枚		43,700	北京诚轩	2014.05.22
民国二十五年中央银行华德路版法币券伍拾圆正、反单面样票各一枚		36,800	北京诚轩	2014.05.22
民国二十五年中央银行华德路版法币券壹百圆一百枚连号		23,000	北京诚轩	2014.11.24
民国二十五年中央银行华德路版法币券壹百圆正、反单面样票各一枚		40,250	北京诚轩	2014.05.22
民国二十五年中央银行华德路版法币券壹圆、伍圆、拾圆正、反单面样票各一枚		13,800	北京诚轩	2014.05.22

拍品名称	物品尺寸	成交价RMB	拍卖公司	拍卖日期
民国二十五年中央银行华德路版法币券壹圆、伍圆、拾圆正、反单面样票各一枚		13,800	北京诚轩	2014.05.22
民国二十五年中央银行中华书局版法币券壹圆一百枚连号		11,500	北京诚轩	2014.11.24
民国二十一年(1932年)山东省库券拾圆单正 反样票		16,100	中国嘉德	2014.11.27
民国二十一年中国农工银行国币券伍圆一枚		11,500	北京诚轩	2014.11.24
民国二十一年中国农工银行国币券伍圆一枚		11,500	北京诚轩	2014.11.24
民国九年(1920年)东三省银行汇兑券哈尔滨兑换现大洋伍圆		17,250	中国嘉德	2014.11.27
民国九年(1920年)东三省银行汇兑券哈尔滨兑换现大洋壹圆		10,120	中国嘉德	2014.11.27
民国九年山东省金库券伍圆一枚		92,000	北京诚轩	2014.05.22
民国九年直隶完县质地局兑换券壹圆一枚		11,500	北京诚轩	2014.05.22
民国六年云南靖国军军用银行兑换券银元票壹圆、伍圆各一枚		11,500	北京诚轩	2014.05.22
民国七年(1918年)奉天兴业银行周年四厘债券壹圆		10,120	中国嘉德	2014.11.27
民国七年(1918年)中国银行兑换券天津壹百圆		34,500	中国嘉德	2014.05.25
民国七年广东省银行兑换券伍圆共100枚		10,120	北京保利	2014.12.01
民国七年中国银行国币券安徽壹圆、伍圆、拾圆样票三枚全		17,250	北京诚轩	2014.11.24
民国七年中国银行国币券安徽壹圆、伍圆、拾圆正、反面试模样票各一枚，另壹圆不同刷色反面一枚		11,500	北京诚轩	2014.11.24
民国七年中国银行国币券汉口壹圆、伍圆、拾圆正、反面试模样票各一枚		11,500	北京诚轩	2014.11.24
民国七年中国银行国币券四川壹圆、伍圆、拾圆正、反面试模样票各一枚		11,500	北京诚轩	2014.11.24
民国七年中国银行美钞版国币券安徽壹圆、伍圆、拾圆样票各一枚		20,700	北京诚轩	2014.05.22
民国卅三年(1944年)江都河南流通券壹角		55,200	中国嘉德	2014.05.25
民国三年袁世凯像中国银行国币券拾圆一枚		29,900	北京诚轩	2014.05.22
民国三年袁世凯像中国银行国币券拾圆一枚		23,000	北京诚轩	2014.05.22
民国三年袁世凯像中国银行国币券伍圆一枚		32,200	北京诚轩	2014.05.22
民国三年袁世凯像中国银行国币券壹圆一枚		51,750	北京诚轩	2014.05.22
民国三年袁世凯像中国银行国币券壹圆一枚		11,500	北京诚轩	2014.11.24
民国三十八(1949年)广东省银行大洋券拾圆仟枚连号		13,800	中国嘉德	2014.11.27
民国三十八年江西省银行银元辅币券壹角、贰角、伍角各一百枚连号		13,800	北京诚轩	2014.11.24
民国三十八年中央银行保安版金圆券伍拾万圆正、反单面印刷样票各一枚		13,800	北京诚轩	2014.11.24
民国三十八年中央银行金圆券伍佰万圆中华版		14,950	北京保利	2014.12.01
民国三十八年中央银行银元券壹角一枚		11,500	北京诚轩	2014.05.22
民国三十八年中央银行中华书局版金圆券伍佰圆、壹仟圆、伍仟圆正、反单面样票各一枚		16,100	北京诚轩	2014.05.22
民国三十八年中央银行中华书局版金圆券壹万圆、拾万圆、壹佰万圆正、反单面样票各一枚		18,400	北京诚轩	2014.05.22
民国三十八年中央银行中华书局版银元券重庆伍圆一百枚连号		11,500	北京诚轩	2014.11.24
民国三十八年中央银行中央版金圆券伍仟圆、壹万圆、伍万圆正、反单面样票各一枚		11,500	北京诚轩	2014.05.22
民国三十八年中央银行中央版金圆券伍万圆、拾万圆、伍拾万圆正、反单面样票各一枚		16,100	北京诚轩	2014.05.22
民国三十八年中央银行中央版金圆券壹佰圆、伍佰圆、壹仟圆灰色、壹仟圆棕色正、反单面样票各一枚		18,400	北京诚轩	2014.05.22
民国三十八年中央银行中央版金圆券壹佰圆正、反单面样票二种不同各一枚		13,800	北京诚轩	2014.05.22
民国三十八年中央银行中央厂金圆券伍万圆一百枚连号		13,800	北京诚轩	2014.11.24
民国三十八年中央银行中央重庆厂银元辅币券壹分、伍分、壹角、伍角各一枚		14,950	北京诚轩	2014.05.22
民国三十二年(1943年)高邮县辅币流通券壹角		36,800	中国嘉德	2014.05.25
民国三十六、三十七年中央银行美钞版关金券伍佰圆、贰仟圆、伍仟圆、贰万伍仟圆正、反单面样票各一枚		13,800	北京诚轩	2014.05.22
民国三十六年中央银行德纳罗版法币券伍仟圆一百枚连号		28,750	北京诚轩	2014.11.24
民国三十六年中央银行华德路版关金券贰仟圆、伍仟圆、壹万圆正、反单面样票各一枚		13,800	北京诚轩	2014.05.22
民国三十六年中央银行华德路版关金券伍佰圆正、反单面样票各一枚		10,925	北京诚轩	2014.05.22
民国三十六年中央银行华德路版关金券壹佰圆正、反单面样票各一枚		172,500	北京诚轩	2014.05.22
民国三十六年中央银行中华书局版法币券"大山水"壹万圆正、反单面样票各一枚		40,250	北京诚轩	2014.05.22
民国三十六年中央银行中华书局版关金券壹仟圆、贰仟圆、贰仟伍佰圆、伍仟圆正、反单面样票各一枚		23,000	北京诚轩	2014.05.22
民国三十六年中央银行中央版关金券伍仟圆正、反单面样票三种不同版式各一枚		11,500	北京诚轩	2014.05.22
民国三十六年中央银行中央厂关金券伍仟圆一百枚连号		26,450	北京诚轩	2014.11.24
民国三十六年中央银行中央厂关金券伍仟圆一百枚连号		25,300	北京诚轩	2014.11.24
民国三十年交通银行大东版法币券拾圆一百枚连号		16,100	北京诚轩	2014.11.24
民国三十年交通银行法币券贰拾伍圆正、反单面样票各一枚		18,400	北京诚轩	2014.05.22
民国三十年交通银行法币券伍佰圆样票一枚		23,000	北京诚轩	2014.05.22
民国三十年交通银行法币券伍佰圆一枚		17,250	北京诚轩	2014.05.22
民国三十年交通银行商务版法币券伍圆一百枚连号		18,400	北京诚轩	2014.11.24
民国三十年中国农民银行法币券伍拾圆、壹佰圆、伍佰圆样票各一枚		13,800	北京诚轩	2014.11.24
民国三十年中国农民银行法币券重庆伍佰圆正、反单面样票各一枚		25,300	北京诚轩	2014.05.22
民国三十年中央银行德纳罗版法币券贰圆"黄鹤楼"正、反单面样票各一枚		74,750	北京诚轩	2014.05.22
民国三十年中央银行德纳罗版法币券贰圆黄鹤楼一枚		126,500	北京诚轩	2014.11.24
民国三十年中央银行华德路版法币券伍圆正、反单面样票各一枚		36,800	北京诚轩	2014.05.22
民国三十年中央银行中信版法币券伍拾圆正、反单面样票各一枚		13,800	北京诚轩	2014.05.22
民国三十七年中央银行中华书局版关金券伍仟圆、贰万伍仟圆、伍万圆正、反单面样票各一枚		48,300	北京诚轩	2014.05.22
民国三十七年中央银行中华书局版关金券伍万圆未发行正、反单面样票各一枚		230,000	北京诚轩	2014.05.22

2014杂项拍卖成交汇总

(成交价RMB：1万元以上)

拍品名称	物品尺寸	成交价RMB	拍卖公司	拍卖日期
民国三十七年中央银行中华书局版金圆券贰拾圆、伍拾圆、壹佰圆正、反单面样票各一枚		13,800	北京诚轩	2014.05.22
民国三十七年中央银行中央版关金券贰仟圆、贰仟伍佰圆、伍仟圆正、反单面样票各一枚		13,800	北京诚轩	2014.05.22
民国三十七年中央银行中央版关金券贰拾伍万圆正、反单面样票各一枚		16,100	北京诚轩	2014.05.22
民国三十七年中央银行中央版关金券伍万圆正、反单面样票三种不同版式各一枚		16,100	北京诚轩	2014.05.22
民国三十七年中央银行中央版关金券壹万圆、贰万伍仟圆、伍万圆正、反单面样票各一枚		13,800	北京诚轩	2014.05.22
民国三十七年中央银行中央版金圆券拾圆、贰拾圆正、反单面样票各一枚；伍拾圆双面样票一枚；壹佰圆正、反单面样票各一枚		16,100	北京诚轩	2014.05.22
民国三十三、三十五年中央银行华德路版法币券伍百圆、贰仟圆正、反单面样票各一枚		23,000	北京诚轩	2014.05.22
民国三十三年(1944年)江都县流通券伍圆		55,200	中国嘉德	2014.05.25
民国三十三年至民国三十五年陕甘宁边区贸易公司商业流通券一组五枚		13,800	中国嘉德	2014.05.25
民国三十三年中央银行大业版法币券贰百圆正、反单面样票各一枚		13,800	北京诚轩	2014.05.22
民国三十三年中央银行大业版法币券肆百圆正、反单面样票各一枚		11,500	北京诚轩	2014.05.22
民国三十三年中央银行德纳罗版法币券伍拾圆、壹百圆、伍百圆正、反单面样票各一枚		16,100	北京诚轩	2014.05.22
民国三十三年中央银行德纳罗版法币券壹百圆一百枚连号		27,600	北京诚轩	2014.11.24
民国三十三年中央银行华德路版法币券壹百圆正、反单面样票各一枚		69,000	北京诚轩	2014.05.22
民国三十三年中央银行华南版法币券壹百圆正、反单面样票各一枚		10,925	北京诚轩	2014.05.22
民国三十三年中央银行英美钞版法币券伍佰圆一百枚连号		10,350	北京诚轩	2014.11.24
民国三十三年中央银行中信版法币券伍佰圆正、反单面样票各一枚		10,925	北京诚轩	2014.05.22
民国三十三年中央银行中信版法币券壹百圆正、反单面样票各一枚		13,800	北京诚轩	2014.05.22
民国三十三年中央银行中信版法币券壹百圆正、反单面样票各一枚		10,925	北京诚轩	2014.05.22
民国三十三年中央银行中信版法币券壹百圆正、反单面样票各一枚		10,350	北京诚轩	2014.05.22
民国三十四年(1945年)鼎蜀镇商会流通券贰角		36,800	中国嘉德	2014.05.25
民国三十四年(1945年)江高宝兴流通券壹圆		46,000	中国嘉德	2014.05.25
民国三十四年(1945年)江淮银行五分区支行流通券壹圆		71,300	中国嘉德	2014.05.25
民国三十四年慈溪县观城区署临时兑换券抗币壹圆一枚		18,400	北京诚轩	2014.05.22
民国三十四年中央储备银行国币券拾万圆一枚		25,300	北京诚轩	2014.11.24
民国三十四年中央银行大东重庆版法币券贰仟圆正、反单面样票各一枚		13,800	北京诚轩	2014.05.22
民国三十四年中央银行大业版法币券肆佰圆正、反单面样票各一枚		43,700	北京诚轩	2014.05.22
民国三十四年中央银行福建百城版法币券伍百圆正、反单面样票各一枚		11,500	北京诚轩	2014.05.22
民国三十四年中央银行福建百城版法币券壹仟圆正、反单面样票各一枚		29,900	北京诚轩	2014.05.22
民国三十四年中央银行华南版法币券贰仟伍百圆正、反单面样票各一枚		11,500	北京诚轩	2014.05.22
民国三十四年中央银行美钞版金圆券贰拾圆、伍拾圆、壹百圆正、反单面样票各一枚		13,800	北京诚轩	2014.05.22

拍品名称	物品尺寸	成交价RMB	拍卖公司	拍卖日期
民国三十四年中央银行美钞版金圆券伍拾圆一百枚连号		11,500	北京诚轩	2014.11.24
民国三十四年中央银行中央上海版法币券拾圆、伍拾圆、壹百圆正、反单面样票各一枚		16,100	北京诚轩	2014.05.22
民国三十五年中国银行金元券2角100枚连号		10,350	北京保利	2014.06.08
民国三十一年交通银行大东书局版法币券壹百圆正、反单面样票各一枚		13,800	北京诚轩	2014.05.22
民国三十一年中国农民银行大东书局版法币券伍拾圆正、反单面样票各一枚		11,500	北京诚轩	2014.05.22
民国三十一年中国银行法币券壹仟圆正、反单面样票各一枚		16,100	北京诚轩	2014.05.22
民国三十一年中央银行大东书局版法币券拾圆正、反单面样票各一枚		20,700	北京诚轩	2014.05.22
民国三十一年中央银行大业版法币券壹百圆正、反单面样票各一枚		10,925	北京诚轩	2014.05.22
民国三十一年中央银行德纳罗版法币券伍圆一百枚连号		18,400	北京诚轩	2014.11.24
民国三十一年中央银行中信版法币券拾圆正、反单面样票各一枚		11,500	北京诚轩	2014.05.22
民国三十一年中央银行中信版法币券壹百圆正、反单面样票各一枚		13,800	北京诚轩	2014.05.22
民国十八年湖北省银行国币券加盖“此券由汉口豫鄂皖赣四省农民银行湖北省银行公库兑现”壹圆、伍圆、拾圆正、反单面印刷样票各一枚		11,500	北京诚轩	2014.11.24
民国十二年(1923年)吉林永衡官银钱号现大洋兑换券哈尔滨一组三枚		16,100	中国嘉德	2014.11.27
民国十二年吉林永衡官银钱号大洋辅币券哈尔滨伍分、壹角、贰角样票各一枚		10,925	北京诚轩	2014.05.22
民国十二年浙江兴业银行兑换券国币拾圆一枚		40,250	北京诚轩	2014.05.22
民国十二年浙江兴业银行兑换券国币伍圆一枚		40,250	北京诚轩	2014.05.22
民国十二年浙江兴业银行兑换券国币壹圆一枚		20,700	北京诚轩	2014.05.22
民国十二年浙江兴业银行兑换券国币壹圆一枚		13,800	北京诚轩	2014.05.22
民国十九年(1930年)绥远平市官钱局兑换券绥远壹圆		11,500	中国嘉德	2014.11.27
民国十九年河北银行国币券拾圆一枚		25,300	北京诚轩	2014.05.22
民国十九年中央银行关金兑换券样本		12,650	北京保利	2014.06.08
民国十九年中央银行美钞版关金券贰拾圆、伍拾圆、壹百圆正、反单面样票各一枚		10,350	北京诚轩	2014.05.22
民国十九年中央银行美钞版关金券上海壹圆一百枚连号		18,400	北京诚轩	2014.11.24
民国十九年中央银行美钞版关金券拾分双面印，式佰伍拾圆、伍佰圆正、反单面样票各一枚		11,500	北京诚轩	2014.05.22
民国十六年中南银行国币券壹圆一枚		20,700	北京诚轩	2014.11.24
民国十年(1921年)山东省金库兑换券伍圆		10,350	中国嘉德	2014.11.27
民国十年(1921年)山东省金库兑换券壹圆		13,800	中国嘉德	2014.11.27
民国十年山东省金库兑换券壹圆未完成票一枚		13,800	北京诚轩	2014.05.22
民国十七年至三十八年中央银行国币券、法币券、关金券、金圆券等纸币一组六十三枚		20,700	北京诚轩	2014.05.22
民国十七年中央银行美钞版国币券上海壹圆、拾圆、伍拾圆、壹百圆正、反单面样票各一枚		23,000	北京诚轩	2014.05.22
民国十三年(1924年)东三省官银号汇兑券伍拾圆		11,500	中国嘉德	2014.11.27
民国十三年东三省官银号汇兑券奉小洋壹圆、伍圆、拾圆(长、短框距各一枚)、伍拾圆、壹百圆样票六枚全套		18,400	北京诚轩	2014.11.24

拍品名称	物品尺寸	成交价RMB	拍卖公司	拍卖日期
民国十三年交通银行国币券拾圆一枚		16,100	北京诚轩	2014.11.24
民国十三年交通银行华德路版国币券拾圆一枚		28,750	北京诚轩	2014.05.22
民国十三年交通银行华德路版国币券拾圆一枚		13,800	北京诚轩	2014.05.22
民国十四年(1925年)山东省银行贰角伍角壹圆伍圆拾圆单正反样票		13,800	中国嘉德	2014.11.27
民国十四年边业银行美钞版国币券试印样票一组十四枚		34,500	北京诚轩	2014.05.22
民国十四年边业银行美钞版国币券样票一组十四枚		43,700	北京诚轩	2014.05.22
民国十四年交通银行国币辅币券壹角、贰角各一枚		11,500	北京诚轩	2014.05.22
民国十四年军需汇兑局兑换券国币汉口壹圆、伍圆、拾圆各一枚		25,300	北京诚轩	2014.05.22
民国十四年山东省银行美钞版国币券拾圆正、反单面样票各一枚		11,500	北京诚轩	2014.05.22
民国十四年山东省银行美钞版国币券拾圆正、反单面样票各一枚		11,500	北京诚轩	2014.05.22
民国十四年山东省银行美钞版国币券伍圆正、反单面样票各一枚		32,200	北京诚轩	2014.05.22
民国十四年山东省银行美钞版国币券壹百圆正、反单面样票各一枚		46,000	北京诚轩	2014.05.22
民国十四年山东省银行美钞版国币券壹圆正、反单面样票各一枚		32,200	北京诚轩	2014.05.22
民国十四年山西国民军兑换券拾圆一枚		19,550	北京诚轩	2014.05.22
民国十四年中国银行国币辅币券上海壹角、贰角、伍角各一枚		13,800	北京诚轩	2014.05.22
民国十四年中国银行国币辅币券上海壹角十枚连号		10,925	北京诚轩	2014.05.22
民国十一年(1922年)东三省官银号汇兑券奉天伍圆		10,350	中国嘉德	2014.11.27
民国时期山西太原北营广城号钱庄铜元票钞版一件		115,000	北京诚轩	2014.11.24
民国时期无年份豫鄂皖赣四省农民银行武汉印书馆版国币辅币券伍角一枚		16,100	北京诚轩	2014.11.24
民国时期无年份豫鄂皖赣四省农民银行武汉印书馆版国币辅币券伍角正、反单面印刷样票一枚		14,950	北京诚轩	2014.11.24
民国时期无年份中央银行中华书局版铜元改作法币券壹角一百枚连号		29,900	北京诚轩	2014.11.24
民国时期债券一组七件		23,000	北京诚轩	2014.05.22
民国时期中央银行东北九省流通券正、反单面样票一组十二种		86,250	北京诚轩	2014.05.22
民国四年(1915年)中国银行壹股股票(配套护照)		29,900	西泠拍卖	2014.12.15
民国四年(1915年)中华革命党债券壹千圆		92,000	中国嘉德	2014.05.25
民国四年黄帝像中国银行小银圆券壹圆、伍圆、拾圆正、反面试模样票各一枚		28,750	北京诚轩	2014.11.24
民国元年(1912年)中国银行兑换券北京拾圆		299,000	中国嘉德	2014.05.25
民国元年(1912年)中国银行兑换券北京壹圆		10,120	中国嘉德	2014.11.27
民国元年(1912年)中国银行兑换券东三省伍圆		28,750	中国嘉德	2014.11.27
民国元年(1912年)中国银行兑换券广东拾圆		10,350	中国嘉德	2014.05.25
民国元年(1912年)中国银行兑换券黄帝像四川重庆伍圆		23,000	中国嘉德	2014.11.27
民国元年(1912年)中国银行兑换券黄帝像四川重庆壹圆		10,120	中国嘉德	2014.11.27
民国元年(1912年)中国银行兑换券黄帝像伍圆样票		11,500	中国嘉德	2014.05.25
民国元年(1912年)中国银行兑换券云南伍圆		11,500	中国嘉德	2014.05.25
民国元年黄帝像中国银行兑换券拾圆一枚		25,300	北京诚轩	2014.05.22
民国元年黄帝像中国银行兑换券拾圆一枚		13,800	北京诚轩	2014.11.24
民国元年黄帝像中国银行兑换券伍圆一枚		36,800	北京诚轩	2014.05.22
民国元年黄帝像中国银行兑换券伍圆一枚		23,000	北京诚轩	2014.05.22
民国元年黄帝像中国银行兑换券壹圆样票一枚		11,500	北京诚轩	2014.11.24
民国元年黄帝像中国银行兑换券壹圆一枚		23,000	北京诚轩	2014.05.22
民国元年黄帝像中国银行兑换券壹圆正、反面试模样票各一枚；伍圆、拾圆正面试模样票各一枚		17,250	北京诚轩	2014.11.24
1913年江苏银行兑换券伍圆样票		57,500	中国嘉德	2014.05.25
1921年工商银行有限公司美钞版国币券汉口伍圆样票一枚		27,600	北京诚轩	2014.11.24
1933年中华苏维埃共和国湘赣省革命战争公债券伍角、壹圆、伍圆各一枚		57,500	中国嘉德	2014.05.25
1932、1933、1934年中华苏维埃共和国国家银行银币券壹圆各一枚		18,400	北京诚轩	2014.05.22
1934年闽浙赣省苏政府粉碎敌人五次围攻决战公债券壹圆		23,000	中国嘉德	2014.05.25
1937年中华民国国库券美金一千元样票		11,500	中国嘉德	2014.05.25
1945年泗安区临时流通券贰角、伍角、柒角伍分各一枚		18,400	中国嘉德	2014.05.25
1949年海南琼崖临时人民政府光银代用券五分、壹角、五角各一枚		25,300	北京诚轩	2014.05.22
1949年南方人民银行南方券壹角、伍角、壹圆、伍圆、拾圆样票各一枚		10,925	北京诚轩	2014.05.22
1949年中央银行德纳罗版金圆券伍万圆一枚		46,000	北京诚轩	2014.05.22
1949年中央银行中华书局版金圆券伍佰万圆一枚		18,400	北京诚轩	2014.11.24
1949年中央银行中央台北厂金圆券伍拾万圆一枚		46,000	北京诚轩	2014.05.22
1950年东北银行地方流通券蓝绿色拾万圆		86,250	中国嘉德	2014.11.27
1951年行军粮票一组六枚		172,500	西泠拍卖	2014.12.15
1954/1958年国家经济建设公债样票册五册全		13,800	北京诚轩	2014.11.24
1965年军用代金券一组六枚		149,500	西泠拍卖	2014.12.15
1979年中国银行外汇兑换券拾圆百枚连号		33,350	中国嘉德	2014.11.27
1979年中国银行外汇兑换券样票一组七枚		13,800	中国嘉德	2014.11.27
1979年中国银行外汇兑换券壹角百枚连号		11,500	中国嘉德	2014.05.25
1979年中国银行外汇兑换券壹角壹百枚连号		14,950	中国嘉德	2014.11.27
1981年中华人民共和国国库券拾圆、壹佰圆、壹仟圆各一枚		11,500	北京诚轩	2014.11.24
1981年中华人民共和国国库券拾圆百枚连号		29,900	中国嘉德	2014.11.27
1988年中国银行外汇兑换券伍拾圆百枚连号		74,750	中国嘉德	2014.11.27
1988年中国银行外汇兑换券壹佰圆百枚连号		78,200	中国嘉德	2014.11.27
1988年中华人民共和国财政部国家建设债券壹佰圆、伍佰圆、壹仟圆、壹万圆样票各一枚		10,925	北京诚轩	2014.05.22
1990年中华人民共和国国库券伍拾圆百枚连号		31,050	中国嘉德	2014.11.27
1993年中华人民共和国国库券壹佰圆(叁年期)百枚连号		25,300	中国嘉德	2014.11.27
1995年中华人民共和国国库券壹佰圆、伍仟圆各一枚		80,500	北京诚轩	2014.11.24
1996年中华人民共和国国库券壹佰圆百枚连号		26,450	中国嘉德	2014.11.27

拍品名称	物品尺寸	成交价RMB	拍卖公司	拍卖日期
日本银行兑换券壹千元加盖"见本"打孔样票一枚		17,250	北京保利	2014.06.08
中华民国新政府债券		33,350	北京保利	2014.12.01
中央银行东北流通券长春本票收藏册		14,950	中国嘉德	2014.11.27
光绪33年川汉铁路鄂镜股票龙银一百元一件		33,350	北京保利	2014.06.08
光绪二十一年台湾民主国股份票五大员一枚		115,000	北京保利	2014.06.08
梁思成购中原公司股票		109,250	中国嘉德	2014.05.20
民国二十二年山西同裕当号股份有限公司股票银洋一千元		12,650	北京保利	2014.06.08
民国二十二年山西长治县同裕当号股票银洋一千元		23,000	北京保利	2014.06.08
民国二十三年(1934年)中汇银行国币壹仟圆股票		19,550	西泠拍卖	2014.05.06
民国二十一年山西长治县葆元长盐号股票一股		40,250	北京保利	2014.06.08
民国四年(1915年)中国银行有限公司股票壹股股票		437,000	西泠拍卖	2014.05.06
1933年闽浙赣省苏维埃银行股票壹圆		33,350	中国嘉德	2014.05.25
钱币其他				
秦 始皇诏铜权	直径5.9cm	85,100	中国嘉德	2014.05.24
西汉 四瑞兽镜圆形	直径9.5cm	18,400	中国嘉德	2014.05.24
西汉 四决"五铢"铜范	通长25cm	92,000	中国嘉德	2014.05.24
东汉 "五铢"铜母范	通长12.5cm	57,500	中国嘉德	2014.05.24
汉 数钱钱型器		310,500	西泠拍卖	2014.05.06
汉 王莽"大泉五十"铜母范、内含"大泉五十"正反母范四枚。		36,800	北京保利	2014.06.08
北宋 绍圣元宝折三铁母		32,200	西泠拍卖	2014.12.15
北宋 "崇宁通宝"木刻粗钱直翻原母	直径3.48cm	24,150	中国嘉德	2014.05.24
北宋 "崇宁通宝"铁母		20,700	中国嘉德	2014.11.26
北宋 "绍圣元宝"折三行书铁母		28,750	中国嘉德	2014.11.26
北宋 "绍圣元宝"折三篆书铁母		12,650	中国嘉德	2014.11.26
北宋 "政和通宝"折三篆书、真书铁母各一枚		69,000	中国嘉德	2014.11.26
北宋 直读"庆历重宝"铁母	直径3.46cm	16,100	中国嘉德	2014.05.24
南宋 "临安府行用准壹拾文省"铅质钱牌		11,500	西泠拍卖	2014.05.06
南宋 宝庆元宝背汉月小平铁母		632,500	西泠拍卖	2014.12.15
南宋 端平元宝定伍北下铁母		13,800	西泠拍卖	2014.12.15
南宋 十二两半银铤铁质模具		23,000	西泠拍卖	2014.05.06
南宋"淳熙元宝"背上"松"折二铁母一枚		57,500	北京诚轩	2014.05.21
新莽 "货泉"铜母范	通长6.96cm	27,600	中国嘉德	2014.05.24
清 光绪通宝宝泉钱树		28,750	西泠拍卖	2014.12.15
清 金嵌玉塔元宝形摆件	长6.24cm	17,250	中国嘉德	2014.05.24
清 钱庄执照铜质印版一件		11,500	北京诚轩	2014.11.24
清 "光绪通宝"背"宝泉"小平雕母	直径2.52cm	138,000	中国嘉德	2014.05.24
清 "光绪重宝"背"宝泉当十"母钱	直径3.2cm	16,100	中国嘉德	2014.05.24
清 "乾隆通宝"背"宝源"雕母	直径2.78cm	115,000	中国嘉德	2014.05.24
清 "咸丰通宝"背"宝泉"戴书铁母一组两枚	尺寸不一	92,000	中国嘉德	2014.11.26
清 "咸丰通宝"背"宝泉"真书铁母		42,550	中国嘉德	2014.11.26
清 端方撰《陶斋吉金录》八册		23,000	中国嘉德	2014.11.26
清 砝码锭浇铸模具一件		12,650	中国嘉德	2014.11.26
清 古钱原拓二十二件		24,150	中国嘉德	2014.11.26
清、民国时期广东包括香港、澳门地区官钱局、造币厂、银行、民间银号、钱庄、金店等金融商业机构相关藏品系列共计一百六十二件		74,750	北京诚轩	2014.05.21
清、民国时期广东官钱局和造币厂制造的制钱和机制币计一百零六枚		20,700	北京诚轩	2014.05.21
清"咸丰重宝"宝源局当五十雕母一枚		115,000	上海崇源	2014.06.14
清官号钱帖一组二枚		23,000	中国嘉德	2014.05.25
清钱庄、商铺用大型立式银两称重天平架一件	高82cm	25,300	北京诚轩	2014.05.21
清钱庄天平用铜质砝码一套二十七枚；另大字、小字砝码五枚、带钱庄字号二十一枚		20,700	北京诚轩	2014.05.21
清晚期民初钱庄用银两称重大型天平一件	高91cm	63,250	北京诚轩	2014.11.22
清晚期民初钱庄用银两称重天平一件	高91cm	36,800	北京诚轩	2014.11.22
清晚期民初钱庄用银两称重天平一件，木质，另铜质砝码二十二件，骨质砝码十四件	高83.5cm	29,900	北京诚轩	2014.05.21
清晚期民初钱庄用银两称重小型天平一件	高67.7cm	28,750	北京诚轩	2014.11.22
清晚期民初钱庄章二十枚		23,000	中国嘉德	2014.05.25
清晚期民初永衡官银号钱庄章四枚		12,650	中国嘉德	2014.05.25
清咸丰 铜钞版	高19.2cm	23,000	北京翰海	2014.05.11
"货泉"铜母范一枚		20,700	上海崇源	2014.06.14
"齐之法化"背"上"四字刀石铸范一件		189,750	上海崇源	2014.06.14
"世界著名发明家"托马斯爱迪生(Thomas Alva Edison)亲笔全名签名支票，附PSA证书		23,000	北京保利	2014.06.04
1779年英国著名发明家瓦特(James Watt)与英国制造商马修博尔顿(Matthew Boulton)、汤姆斯(Thomas Tenton)共同签署合同书一份		17,250	北京诚轩	2014.11.23
1909年青岛大德国宝壹角镍币一枚		11,500	北京诚轩	2014.05.21
1936年中华苏维埃共和国经济建设公债一组六枚		10,120	中国嘉德	2014.11.27
1986年中国人民银行发行精装套币		149,500	中国嘉德	2014.05.24
1991年1角、5角、1元流通币样币全套三枚		23,000	北京诚轩	2014.05.21
L咸丰三年(1853年)十二月二十日署理陕甘总督易棠上奏咸丰皇帝奏折一件		23,000	北京诚轩	2014.11.23
陈介祺、潘祖荫等名家历代古钱集拓		598,000	中国嘉德	2014.11.26
大同二年(1933年)满洲中央银行齐齐哈尔分行印赠本分行旧纸币样本册		11,270	中国嘉德	2014.11.27
光绪十二年(1886)广东布政司较准伍拾两铜质砝码一枚		11,500	北京诚轩	2014.11.22
宣统二年(1910年)营口兵备道给大清银行公文一件		11,500	中国嘉德	2014.11.27
康德九年(1942年)伪满州国壹角镍质"见本"一枚		55,200	北京诚轩	2014.05.21
历代古钱一组一百七十余枚		69,000	中国嘉德	2014.11.26
民国 历代钱币手拓一组四册		24,150	中国嘉德	2014.11.26
民国二十六年国民政府财政部发行救国公债伍圆、拾圆、伍拾圆、百圆、千圆各一件		10,925	北京诚轩	2014.11.24
民国二十五年孙中山像背布图廿分、拾分、伍分镍质试铸样币各一枚		356,500	北京诚轩	2014.11.22
民国三年袁世凯像伍分镍质样币一枚		69,000	北京诚轩	2014.11.22
民国十二年造龙凤壹圆铅质单面试铸样币一枚		28,750	北京诚轩	2014.05.21
民国时期"红楼梦"香烟画片样张全套三十六张	20cm×14cm	43,700	北京诚轩	2014.11.23
民国时期"水浒传"香烟画片样张全套三十张	20cm×7cm	17,250	北京诚轩	2014.11.23
民国时期满洲中央银行旧纸币样本帖一册		63,250	北京诚轩	2014.05.22
民国辛亥革命时期广东地区"孙文收据"壹圆单面一枚		40,250	北京诚轩	2014.05.22
名家古钱手拓一册		103,500	中国嘉德	2014.11.26
世界各国硬币集锦	尺寸不一	10,350	中国嘉德	2014.03.22
香港回归纪念珍藏金卡	长19cm	156,222	中国艺海	2014.11.15
证章				
南朝"大吉五铢"、"大富五铢"、"大通五铢"背四出陶范一件		11,500	上海崇源	2014.06.14
清 "恩赏"银质奖牌，錾刻出双龙，保存完好		20,700	中国嘉德	2014.11.26
清 第二版二等三级双龙宝星勋章，银质镶珐琅		33,350	中国嘉德	2014.11.26
清第二版二等二级御赐双龙宝星勋章正、副章各一枚		69,000	北京诚轩	2014.05.21

拍品名称	物品尺寸	成交价RMB	拍卖公司	拍卖日期
清第二版二等三级御赐双龙宝星勋章正、副章各一枚		63,250	北京诚轩	2014.05.21
清第二版二等三级御赐双龙宝星勋章正章一枚		43,700	北京诚轩	2014.05.21
清第二版三等二级御赐双龙宝星勋章正章一枚		31,050	北京诚轩	2014.05.21
清第二版三等二级御赐双龙宝星勋章正章一枚		25,300	北京诚轩	2014.05.21
清第二版三等一级御赐双龙宝星勋章一枚		63,250	北京诚轩	2014.05.21
清第二版三等一级御赐双龙宝星勋章正章一枚		36,800	北京诚轩	2014.05.21
清第二版三等一级御赐双龙宝星勋章正章一枚		36,800	北京诚轩	2014.05.21
清第二版三等一级御赐双龙宝星勋章正章一枚		16,100	北京诚轩	2014.05.21
清光绪 二等二级双龙宝星勋章		145,360	保利香港	2014.04.07
清光绪 二等二级双龙宝星勋章		81,765	保利香港	2014.04.07
清光绪 二等二级双龙宝星勋章		77,223	保利香港	2014.04.07
清光绪 二等一级双龙宝星勋章		118,105	保利香港	2014.04.07
清光绪 三等二级双龙宝星勋章		68,138	保利香港	2014.04.07
清光绪 双龙宝星勋章		163,530	保利香港	2014.04.07
清光绪 一等二级双龙宝星勋章		345,230	保利香港	2014.04.07
清光绪 一等三级双龙宝星勋章		172,615	保利香港	2014.04.07
清光绪 三等一级双龙宝星勋章、伪满洲国一等大绶嘉禾章		81,765	保利香港	2014.04.07
宣统二年郡王衔多罗贝勒载赏牌一枚		36,800	北京诚轩	2014.05.21
宣统辛亥(1911年)吉林巡抚部院银质奖章，打有"庆升"、"厚记"戳		43,700	中国嘉德	2014.11.26
清宣统元年(1909年)、宣统二年(1910年)南洋大臣颁发物产会奖牌一对二枚		69,000	上海崇源	2014.06.14
大清宣统二年郡王衔多罗贝勒载银质赏牌一枚		36,800	北京诚轩	2014.11.22
清银鎏金、银质头等功牌各一枚		48,300	北京诚轩	2014.05.21
1893年上海开埠五十周年银质纪念章一枚		29,900	北京诚轩	2014.11.22
1895年光绪像背慈禧太后银质纪念章一枚		63,250	北京诚轩	2014.11.22
1896年李鸿章像中堂驾游汉伯克镌刻敬献铜章		66,700	中国嘉德	2014.05.24
1908年云南省造光绪元宝库平一钱四分四厘银币、1936年张学良赠合金质纪念章、民国时期阎锡山像"主张公道"纪念铜章各一枚		14,950	北京诚轩	2014.11.22
1908年造币总厂戊申开铸三年记念牌一枚		29,900	北京诚轩	2014.11.22
民国 各式纪念章九枚	尺寸不一	127,190	保利香港	2014.04.07
民国 各式纪念章六枚	尺寸不一	54,510	保利香港	2014.04.07
民国 各式纪念章四枚	尺寸不一	63,595	保利香港	2014.04.07
民国抗战纪念章等各式纪念章七枚	尺寸不一	109,020	保利香港	2014.04.07
民国 马尾船政徽章、海军部奖牌一组2枚		10,350	西泠拍卖	2014.12.15
民国 中国革命纪念章	高10.5cm	25,438	保利香港	2014.04.07
民国二十八年五月财政部中央造币厂桂林分厂周年纪念铜章一枚		16,100	上海崇源	2014.06.14
民国二十九年 "建国纪念"章	高8.7cm	17,262	保利香港	2014.04.07
民国二十九年蒋介石像中央造币厂桂林分厂二周年"抗战必胜建国必成"纪念铜章一枚		23,000	北京诚轩	2014.05.21
民国二十九年蒋介石像中央造币厂桂林分厂二周年"抗战必胜建国必成"铜质纪念章一枚		18,400	北京诚轩	2014.11.22
民国二十六年蒋委员长肖像"还我山河"银质纪念章一枚		48,300	北京诚轩	2014.05.21
民国九年(1920年)曹锟、张作霖双人头像，"东三省张作霖像"、"四省经略使曹"赠奖章，背"永增自造"、"九月七月"字样，铜质镶珐琅		155,250	中国嘉德	2014.11.26
民国九年安庆造币厂造倪嗣冲像纪念银章一枚		41,400	上海崇源	2014.06.14
民国九年安庆造币厂造倪嗣冲像银质纪念章一枚		40,250	北京诚轩	2014.05.21
民国九年北洋政府一等嘉禾勋章正、副章各一枚		43,700	北京诚轩	2014.05.21
民国三十年桂林造币厂造"还我河山"铜质纪念章一枚		11,500	上海崇源	2014.06.14
民国三十七年六等云麾勋章一枚		25,300	北京诚轩	2014.05.21
民国三十五年国民政府主席蒋中正签发《勋章证书》一件		16,100	北京诚轩	2014.11.22
民国十年北洋政府一等嘉禾勋章正章一枚		26,450	北京诚轩	2014.05.21
民国十年江苏第二次省地方物品展览会红铜鎏金奖章一枚		11,500	上海崇源	2014.06.14
民国十四年 国光代表会议纪念章	高9.5cm	29,072	保利香港	2014.04.07
民国十一年(1922年)佟凌阁赠刘志寅忠勇纪念银章，保存完好		34,500	中国嘉德	2014.11.26
民国时期"福"字金章	重31.28g	41,400	中国嘉德	2014.05.24
民国时期"广东巡按使李奖给"银质奖章一枚		23,000	北京诚轩	2014.05.21
民国时期"中华民国爱国徽章 陆等"一枚		10,350	北京诚轩	2014.05.21
民国时期北洋政府三等文虎勋章一枚		28,750	北京诚轩	2014.05.21
民国时期北洋政府四等嘉禾勋章一枚		10,350	北京诚轩	2014.05.21
民国时期财政部杭州造币厂孙中山像证章一枚		29,900	北京诚轩	2014.11.22
民国时期陈佐鏃敬贺银鎏金结婚志庆纪念杯一件	高46.5cm	10,350	北京诚轩	2014.05.21
民国时期孚威将军两湖巡阅使直鲁豫巡阅副使陆军第三师师长吴佩孚赠奖章，背双旗，铜质镶珐琅		14,950	中国嘉德	2014.11.26
民国时期孚威将军两湖巡阅使直鲁豫巡阅副使陆军第三师师长吴佩孚赠奖章，背双旗及"不为回利"，铜质镶珐琅		19,550	中国嘉德	2014.11.26
民国时期孚威将军两湖巡阅使直鲁豫巡阅副使陆军第三师师长吴佩孚赠奖章，背双旗及"技术擅长"，保存完好		18,400	中国嘉德	2014.11.26
民国时期孚威将军两湖巡阅使直鲁豫巡阅副使陆军第三师师长吴佩孚赠奖章，背双旗及"奖章"，铜质镶珐琅		13,800	中国嘉德	2014.11.26
民国时期孚威将军两湖巡阅使直鲁豫巡阅副使陆军第三师师长吴佩孚赠奖章，背双旗及"军学优长"，铜质镶珐琅		17,250	中国嘉德	2014.11.26
民国时期孚威将军两湖巡阅使直鲁豫巡阅副使吴佩孚像奖章，背双旗及"热心公益"字样，铜质镶珐琅		17,250	中国嘉德	2014.11.26
民国时期孚威上将军两湖巡阅使直鲁豫巡阅副使陆军第三师师长吴佩孚赠奖章，背"射击名誉奖章"，铜质镶珐琅		20,700	中国嘉德	2014.11.26
民国时期天津县杨柳青镇地方治安会三万民众恭颂"浩然正气"奖章一枚		12,650	北京诚轩	2014.05.21
民国时期天津造币厂制"段芝贵"像背嘉禾红铜纪念章一枚		276,000	上海崇源	2014.06.14
民国时期吴佩孚像"军学优长"双旗奖章一枚		14,950	北京诚轩	2014.05.21
民国时期吴佩孚像背双旗奖章一枚		11,500	北京诚轩	2014.05.21
民国时期吴佩孚像背双旗六角型奖章一枚		18,400	北京诚轩	2014.05.21
民国总统就职纪念章一组八枚		368,000	中国嘉德	2014.11.26
1916年袁世凯像中华帝国洪宪纪元飞龙纪念银章(LM942)		82,800	中国嘉德	2014.05.24
1916年袁世凯像中华帝国洪宪纪元飞龙纪念银章(LM942)		52,900	中国嘉德	2014.05.24
1923年曹锟戎装像纪念银章(LM960)		25,300	中国嘉德	2014.11.26
1923年曹锟武装像光边加厚纪念银章一枚		13,800	北京诚轩	2014.05.21

2014杂项拍卖成交汇总

(成交价RMB：1万元以上)

拍品名称	物品尺寸	成交价RMB	拍卖公司	拍卖日期
1923年曹锟武装像光边加厚金质纪念章一枚		345,000	北京诚轩	2014.11.22
1923年曹锟宪法成立纪念金质样章(LM1124)		80,500	中国嘉德	2014.05.24
1923年曹锟像小型厚板纪念银章		18,400	北京保利	2014.12.01
1924年两湖巡阅使箫耀南五秩纪念银质纪念章一枚		16,100	北京诚轩	2014.11.22
1936年张学良像背嘉禾图铜章		63,250	中国嘉德	2014.05.24
1936年张学良赠合金质纪念章一枚		16,100	北京诚轩	2014.11.22
1943年蒋介石像背天坛图铜质纪念章一枚		17,250	北京诚轩	2014.05.21
1947年东北民主联军模范奖章一枚		13,800	北京诚轩	2014.05.21
1956年庆祝中华人民共和国国庆节筹备委员会制发天安门观礼台纪念章、请柬以及观礼台嘉宾胸条各一件		11,500	北京诚轩	2014.11.22
1958年牡丹江市人民委员会颁发劳动模范银质奖章一枚；1959年11月河北省天津市人民委员会赠劳动模范银质奖章一枚		17,250	北京诚轩	2014.05.21
1958年中华人民共和国国务院赠友谊纪念章一枚		11,500	北京诚轩	2014.05.21
1983年中华人民共和国第六届全国人民代表大会精制铜质纪念章一枚		16,100	上海崇源	2014.06.14
1985年中国人民银行发行精铸套币，内含壹分至壹圆精铸币七枚及1985年牛年铜章一枚，共八枚		16,100	中国嘉德	2014.11.26
1985年中国人民银行发行套装精制流通硬币八枚全，内含壹分至壹圆精铸币七枚，铜质牛年纪念章一枚		16,100	北京诚轩	2014.11.22
1985年中国人民银行发行套装精制流通硬币八枚全，内含壹分至壹圆精铸币七枚，铜质牛年纪念章一枚		13,800	北京诚轩	2014.11.22
2014年上海造币有限公司和法国造币总公司共同发行中法建交50周年纪念黄铜章一枚		63,250	中国嘉德	2014.05.24
大绶采玉勋章	高12cm	127,190	保利香港	2014.04.07
第一版一等三级银质双龙宝星勋章(小型)，银质镶珐琅		172,500	中国嘉德	2014.11.26
二等、三等嘉禾章	高11.5cm	77,223	保利香港	2014.04.07
二等宝光嘉禾勋章	宽9.5cm	77,223	保利香港	2014.04.07
二等大绶嘉禾章	宽9cm	77,223	保利香港	2014.04.07
二等嘉禾勋章	宽9cm	86,308	保利香港	2014.04.07
二等文虎勋章	宽9.5cm	63,595	保利香港	2014.04.07
二级同光勋章	高12.7cm	45,425	保利香港	2014.04.07
二级同光勋章勋记		29,072	保利香港	2014.04.07
各式纪念章八枚	尺寸不一	72,680	保利香港	2014.04.07
各式纪念章共十枚	尺寸不一	19,987	保利香港	2014.04.07
解放战争时期东北人民解放军模范奖章一枚		10,350	北京诚轩	2014.05.21
康德七年四月二十九日　一等景云勋章勋记	高60.5cm	45,425	保利香港	2014.04.07
康德元年五月九日　二等景云勋章勋记	高60.5cm	45,425	保利香港	2014.04.07
康德元年五月九日　六等景云勋章勋记	高60.5cm	11,811	保利香港	2014.04.07
康德元年五月九日　三等景云勋章勋记	高60.5cm	17,262	保利香港	2014.04.07
康德元年五月九日　四等景云勋章勋记	高60.5cm	11,811	保利香港	2014.04.07
两广总督令八品功牌	直径3.9cm	104,000	荣盛国际	2014.07.26
三等、四等、五等文虎勋章	尺寸不一	99,935	保利香港	2014.04.07
四等嘉禾勋章勋记	50cm×68cm	17,262	保利香港	2014.04.07
伪满州国二等景云章	宽9cm高12cm	45,425	保利香港	2014.04.07
伪满州国二等柱国章	宽8.5cm	45,425	保利香港	2014.04.07
伪满州国龙光大绶章	宽9cm高12cm	272,550	保利香港	2014.04.07
伪满州国一等景云章	高10.6cm	99,935	保利香港	2014.04.07
伪满州国一等兰花大授勋章	高12.4cm	481,505	保利香港	2014.04.07
伪满州国一等瑞宝章二组	尺寸不一	13,628	保利香港	2014.04.07
伪满州国一等柱国章	宽8.1cm高6.3cm	290,720	保利香港	2014.04.07

拍品名称	物品尺寸	成交价RMB	拍卖公司	拍卖日期
伪满洲国“大同元年三月建国纪念章”一枚		13,800	北京诚轩	2014.05.21
勋章勋记三张	尺寸不一	34,523	保利香港	2014.04.07
一等大绶嘉禾章	宽10cm	145,360	保利香港	2014.04.07
一等文虎勋章	高12.5cm	109,020	保利香港	2014.04.07
一级同光勋章	宽9.2cm	77,223	保利香港	2014.04.07
袁世凯正装像奖章	直径4cm	218,040	保利香港	2014.04.07
邮票				
《中华盛世》邮票		130,185	中国艺海	2014.11.15
△1936年包裹单剪片一件，贴北京二版帆船邮票10元、20元各二枚，伦敦一版帆船邮票25分、2元各一枚		23,000	北京诚轩	2014.11.23
○ 1967/1970年文革盖销、信销邮票一册三百三十余枚		12,650	北京诚轩	2014.05.20
○ 冀东加盖“晋察热辽暂作”改值邮票100元/20元一枚		71,300	中国嘉德	2014.05.25
○ 全国山河一片红(撤销发行)邮票一枚		483,000	中国嘉德	2014.05.25
○ 文革邮票五十余枚		13,800	中国嘉德	2014.05.25
○ 大龙邮票1分银横双连		51,750	中国嘉德	2014.05.25
○ 纪10和平鸽(再版票)一千余枚		23,000	中国嘉德	2014.11.27
○ 纪92(8/1)蔡伦“公元前”错版邮票一枚		13,800	中国嘉德	2014.11.27
○ 加盖“华中解放区改作”改值邮票一百一十余枚		11,500	中国嘉德	2014.11.27
○ 文革盖销邮票一组		33,350	中国嘉德	2014.11.27
○1897/1936年蟠龙、帆船及其加盖邮票一册二千二百余枚		10,350	北京诚轩	2014.11.23
★ (1992/1)壬申年(猴)三十二枚连全张一百版连号二全		29,900	中国嘉德	2014.05.25
★ (2002/1)壬午年(马)兑奖小版张一百版连号二全		46,000	中国嘉德	2014.05.25
★ (2003/1)癸未年(羊)兑奖小版张一百版连号二全		48,300	中国嘉德	2014.05.25
★ (2004/1)甲申年(猴)大版、小版各一件		17,250	中国嘉德	2014.05.25
★ 1878年大龙薄纸邮票三枚全		11,500	北京诚轩	2014.05.20
★ 1878年大龙薄纸邮票三枚全		11,500	北京诚轩	2014.05.20
★ 1878年大龙薄纸邮票三枚全		10,925	北京诚轩	2014.05.20
★ 1878年大龙薄纸邮票三枚全		10,350	北京诚轩	2014.05.20
★1882年大龙阔边邮票5分银一枚		17,250	北京诚轩	2014.05.20
★ 1882年大龙阔边邮票三枚全		28,750	北京诚轩	2014.05.20
★1883年大龙厚纸光齿邮票三枚全		11,500	北京诚轩	2014.05.20
★1888年大清台湾邮政局龙马邮票改作车票二枚全(Chan F33、F34)		11,500	北京诚轩	2014.05.20
★ 1897年慈禧寿辰纪念再版大字长距改值邮票九枚全		18,400	北京诚轩	2014.05.20
★ 1897年慈禧寿辰纪念再版大字长距改值邮票九枚全		13,800	北京诚轩	2014.05.20
★ 1897年红印花加盖暂作邮票大字4分直双连		13,800	北京诚轩	2014.05.20
★ 1897年红印花加盖暂作邮票大字当壹圆一枚		33,350	北京诚轩	2014.05.20
★ 1897年红印花加盖暂作邮票大字当壹圆一枚		11,500	北京诚轩	2014.05.20
★1897年芜湖商埠第二次中文面值加盖“P.P.C.”邮票十枚全、第二次改作欠资加盖“P.P.C.”邮票十枚全		14,950	北京诚轩	2014.05.20
★ 1901/1910年伦敦版蟠龙邮票二十枚全		13,800	北京诚轩	2014.05.20
★ 1912年伦敦版蟠龙加盖楷字“中华民国”邮票十五枚全		13,800	北京诚轩	2014.05.20
★ 1912年伦敦版蟠龙加盖楷字“中华民国”邮票十五枚全		12,650	北京诚轩	2014.05.20
★ 1912年中华民国光复、共和纪念邮票二十四枚全		16,100	北京诚轩	2014.05.20
★ 1912年中华民国光复、共和纪念邮票二十四枚全		14,950	北京诚轩	2014.05.20
★1913年伦敦版帆船邮票十九枚全		18,400	北京诚轩	2014.05.20
★1913年伦敦版帆船邮票十九枚全		18,400	北京诚轩	2014.05.20

(成交价RMB：1万元以上)

拍品名称	物品尺寸	成交价RMB	拍卖公司	拍卖日期
★ 1914/1919年北京一版帆船邮票二十二枚全		29,900	北京诚轩	2014.05.20
★ 1916年北京一版帆船“限新省贴用”邮票二十二枚全		17,250	北京诚轩	2014.05.20
★ 1916年北京一版帆船加盖“限新省贴用”邮票二十二枚全		18,400	北京诚轩	2014.05.20
★ 1926/1949年北京二版帆船、伦敦一版孙中山像北平加盖、伦敦二版孙中山像、北平版烈士像“限滇省贴用”邮票各一套；孙中山像“滇省贴用”改作半开银元、全值银元邮票各一套；孙总理国葬、谭院长纪念“滇省贴用”邮票各一套		13,800	北京诚轩	2014.05.20
★ 1942年苏中区第一版无面值邮票红“平”字绿帆船一枚		17,250	北京诚轩	2014.05.20
★ 1942年苏中区第一版无面值邮票绿“平”字红帆船一枚		17,250	北京诚轩	2014.05.20
★ 1945年庆祝胜利纪念邮票20元变体一组四件		11,500	北京诚轩	2014.05.20
★ 1947年东北区双十节三十五周年纪念邮票有齿、无齿四枚全四方连		11,500	北京诚轩	2014.05.20
★ 1949/1967年纪特邮票大全集二册		218,500	北京诚轩	2014.05.20
★ 1950年纪6原版东北贴用邮票五枚全四方连		46,000	北京诚轩	2014.05.20
★ 1962年纪92邮票4分蔡伦“公元前”错体票一枚		23,000	北京诚轩	2014.05.20
★ 1962年特50“中国古代建筑一桥”邮票四枚全七十五套		19,550	北京诚轩	2014.05.20
★ 1967年文7邮票8分“七律 人民解放军占领南京”四方连		10,350	北京诚轩	2014.05.20
★ 1967年文7邮票十四枚全		17,250	北京诚轩	2014.05.20
★ 1974/1991年JT邮票一组一千余枚		11,500	北京诚轩	2014.05.20
★ 编号邮票大全套		14,950	中国嘉德	2014.05.25
★ 纪16(4/4)抗日战争四方连		11,500	中国嘉德	2014.05.25
★ 纪2政协会议原版邮票五十枚全张四全		10,350	中国嘉德	2014.05.25
★ 纪51共产党宣言四方连二全		10,925	中国嘉德	2014.05.25
★ 纪东3世界工联亚洲澳洲工会会议纪念东北贴用原版邮票三枚全		27,600	中国嘉德	2014.05.25
★ 纪东6开国一周年东北贴用原版邮票四方连五全		46,000	中国嘉德	2014.05.25
★ 特2(4/2)土地改革原版邮票四方连		11,500	中国嘉德	2014.05.25
★ 文10邮票五枚全		14,950	中国嘉德	2014.05.25
★ 文4祝毛主席万寿无疆35分七十枚全张		17,250	中国嘉德	2014.05.25
★ 1963年紫军邮一枚		12,650	中国嘉德	2014.11.27
★ T46庚申年(猴)十方连		115,000	中国嘉德	2014.11.27
★ T46庚申年(猴)四方连		39,100	中国嘉德	2014.11.27
★ T46庚申年(猴)一枚		16,100	中国嘉德	2014.11.27
★ T46猴至T158羊第一轮生肖邮票八十枚全张十二全		920,000	中国嘉德	2014.11.27
★ T56留园邮票四十枚全张四全		26,450	中国嘉德	2014.11.27
★ T58鸡八十枚全张		14,950	中国嘉德	2014.11.27
★ T82西厢记邮票二十五枚全张三张		17,250	中国嘉德	2014.11.27
★ T87京剧旦角邮票四十九枚全张八全		10,925	中国嘉德	2014.11.27
★ 安东第二版毛泽东、朱德像邮票10元五十枚全张三件		23,000	中国嘉德	2014.11.27
★ 北京一版帆船2元邮票中心倒印一枚		747,500	中国嘉德	2014.05.25
★ 北京一版帆船加盖“限新省贴用”邮票二十二枚全		17,250	中国嘉德	2014.05.25
★ 编号邮票大全套		14,950	中国嘉德	2014.11.27
★ 编号邮票大全套		13,800	中国嘉德	2014.11.27
★ 慈禧寿辰纪念邮票九枚全		10,350	中国嘉德	2014.05.25
★ 慈禧寿辰加盖大字长距改值邮票九枚全		13,800	中国嘉德	2014.05.25
★ 大龙厚纸毛齿邮票三枚全		10,580	中国嘉德	2014.11.27
★ 大龙邮票三枚全		10,580	中国嘉德	2014.05.25
★ 大龙邮票三枚全三套		25,300	中国嘉德	2014.11.27
★ 第一轮生肖邮票全张九件		17,250	中国嘉德	2014.11.27
★ 第一轮生肖邮票一组一百零五枚		12,650	中国嘉德	2014.11.27
★ 纪念五四运动邮票九十枚全张三全		10,925	中国嘉德	2014.11.27
★ 纪念邮票全张七件		16,100	中国嘉德	2014.11.27
★ 冀南抗日邮票1分四方连		46,000	中国嘉德	2014.11.27
★ 加盖“华中解放区”改值邮票		66,700	中国嘉德	2014.11.27
★ 伦敦版帆船邮票10元一枚		12,650	中国嘉德	2014.11.27
★ 毛泽东像加盖“胶东”改值邮票800元/20元一百四十四枚全张五件		33,350	中国嘉德	2014.11.27
★ 民国变体邮票一组七十枚		18,400	中国嘉德	2014.05.25
★ 民国划线伍角邮票一组七百余枚		17,250	中国嘉德	2014.05.25
★ 清第四次快信邮票三联		20,700	中国嘉德	2014.11.27
★ 全国山河一片红(撤销发行)邮票一枚		1,127,000	中国嘉德	2014.11.27
★ 日本版蟠龙邮票十二枚全		24,150	中国嘉德	2014.05.25
★ 日本版蟠龙邮票十二枚全		19,550	中国嘉德	2014.05.25
★ 日本版蟠龙邮票十二枚全		12,650	中国嘉德	2014.11.27
★ 山东邮政第三版毛泽东像邮票50元六十四枚全张五件		17,250	中国嘉德	2014.11.27
★ 特4广播体操再版票第十节四枚		11,500	中国嘉德	2014.11.27
★ 文革邮票大全套		80,500	中国嘉德	2014.11.27
★ 小龙光齿邮票1分银四十枚全张		36,800	中国嘉德	2014.11.27
★ 中国国民党五十年纪念邮票七百四十余枚		13,800	中国嘉德	2014.11.27
★ 中华民国光复、共和纪念邮票各一套		16,100	中国嘉德	2014.05.25
★○ 1946/1947年伪满洲国邮票东北地方加盖一册约二千枚		32,200	北京诚轩	2014.05.20
★○ 1950/1967年纪特邮票一组六百余枚		10,350	北京诚轩	2014.05.20
★○ 1952/1967年纪特邮票大全套一册		16,100	北京诚轩	2014.05.20
★○ 1952/1967年纪特邮票大全套一册		16,100	北京诚轩	2014.05.20
★○ 解放区邮票一组七枚		10,120	中国嘉德	2014.11.27
★○ 南通版毛泽东像邮票六百余枚		89,700	中国嘉德	2014.11.27
★○ 清商埠邮票七十余枚		12,650	中国嘉德	2014.05.25
★○1974/1991年新中国邮票、小型张一组一千一百余枚		12,650	北京诚轩	2014.11.23
★★ 1897年红印花加盖暂作邮票小字2分带右边纸一枚		17,250	北京诚轩	2014.05.20
★★ 1909年宣统纪念邮票三枚全五十方连		13,800	北京诚轩	2014.05.20
★★ 1941年香港版孙中山像、烈士像加盖“限冀省贴用”邮票十七枚全(Chan JNU18/34)；加盖“限鲁省贴用”邮票十六枚全(Chan JNU35/50)		17,250	北京诚轩	2014.05.20
★★ 1968年文13邮票四十五枚方连		40,250	北京诚轩	2014.05.20
★★ 1970/1973年编号邮票九十五枚大全套		12,650	北京诚轩	2014.05.20
★★ 1975年T.9“乡村女教师”邮票四枚全五十套		17,250	北京诚轩	2014.05.20
★★ 1980/1991年第一轮生肖邮票十二枚全		10,925	北京诚轩	2014.05.20
★★ 1980/1991年第一轮生肖邮票十二枚全		10,925	北京诚轩	2014.05.20
★★1941年香港版孙中山像、烈士像加盖“限冀省贴用”邮票十七枚全(Chan Jnu 18/34)		13,800	北京诚轩	2014.11.23
★★1970/1973年编号邮票九十五枚大全套		16,100	北京诚轩	2014.11.23
★★1980/1990年第一轮生肖邮票十一枚		13,800	北京诚轩	2014.11.23
★★1980/1991年第一轮生肖邮票十二枚全四方连		46,000	北京诚轩	2014.11.23
★★1992年1992/1“壬申年猴”生肖邮票二枚全三千二百套		34,500	北京诚轩	2014.11.23

2014杂项拍卖成交汇总

(成交价RMB：1万元以上)

拍品名称	物品尺寸	成交价RMB	拍卖公司	拍卖日期
★★1997年1997/1“丁丑年牛”生肖邮票二枚全三千二百套，计三十二枚全张二百件		57,500	北京诚轩	2014.11.23
★★2004年2004/1“甲申年猴”生肖邮票大版张、小版张各十件，为“双喜号”十连号		40,250	北京诚轩	2014.11.23
★1897年红印花加盖暂作邮票当壹分二十五枚全格		115,000	北京诚轩	2014.11.23
★1897年日本版蟠龙邮票十二枚全		23,000	北京诚轩	2014.11.23
★1897年日本版蟠龙邮票十二枚全		18,400	北京诚轩	2014.11.23
★1911年伦敦版蟠龙加盖西藏贴用邮票2元一枚		32,200	北京诚轩	2014.11.23
★1912年伦敦版蟠龙加盖楷字“中华民国”邮票1分二十枚全格九全格，含“壬”字头、大头“壹”各一枚		14,950	北京诚轩	2014.11.23
★1912年伦敦版蟠龙加盖楷字“中华民国”邮票十五枚全		10,350	北京诚轩	2014.11.23
★1912年中华民国光复、共和纪念邮票二十四枚全		14,950	北京诚轩	2014.11.23
★1914/1919年北京一版帆船邮票二十二枚全		32,200	北京诚轩	2014.11.23
★1916年北京一版帆船“限新省贴用”邮票二十二枚全		13,800	北京诚轩	2014.11.23
★1916年北京一版帆船加盖“限新省贴用”邮票二十二枚全		12,650	北京诚轩	2014.11.23
★1932/1945年伪满洲国邮政邮票大全集		23,000	北京诚轩	2014.11.23
★1941/1943年伪华北六省大字、小字加盖邮票一册四百二十余枚		29,900	北京诚轩	2014.11.23
★1949年华北区加盖“华北邮电暂作”改值变体邮票七十三枚		12,650	北京诚轩	2014.11.23
★1949年华北区加盖“华北邮电暂作”改值变体邮票一百五十二枚		16,100	北京诚轩	2014.11.23
★1963年特54“儿童”无齿邮票十二枚全四方连		11,500	北京诚轩	2014.11.23
★1964/1966年普13邮票十二枚全二百套		23,000	北京诚轩	2014.11.23
1878年薄纸大龙伍分银新票版张二十五枚		540,500	北京保利	2014.06.07
1878年薄纸大龙新票全套三枚		11,500	北京保利	2014.06.07
1894年初版慈寿玖分银新票四方连一件		13,800	北京保利	2014.12.02
1897年初版慈寿贰分银改2分旧票一枚		57,500	北京保利	2014.12.02
1897年初版慈寿加盖小字1分银改1分新票过桥32方连		11,500	北京保利	2014.06.07
1897年初版慈寿加盖小字3分银改半分新票过桥32方连带右纸边		11,500	北京保利	2014.06.07
1897年初版慈寿加盖小字3分银改半分新票两全格共40枚		14,950	北京保利	2014.06.07
1897年初版慈寿加盖小字3分银改半分新票两全格共40枚		14,950	北京保利	2014.06.07
1897年初版慈寿加盖小字3分银改半分新票两全格共40枚		12,650	北京保利	2014.06.07
1897年初版慈寿加盖小字3分银改半分新票两全格共40枚		12,650	北京保利	2014.06.07
1897年初版慈寿加盖小字3分银改半分新票两全格共40枚		12,650	北京保利	2014.06.07
1897年初版慈寿加盖小字3分银改半分新票两全格共40枚		12,650	北京保利	2014.06.07
1897年初版慈寿加盖小字5分银改5分旧票一组59枚		11,500	北京保利	2014.06.07
1897年初版慈寿加盖小字5分银改5分直五连		10,925	北京保利	2014.06.07
1897年慈寿加盖改值旧票一组约97枚		25,300	北京保利	2014.06.07
1897年改版慈寿加盖大字短距2分银改2分新票15方连		14,950	北京保利	2014.06.07
1897年改版慈寿加盖大字短距3分银改半分新票15方连		13,800	北京保利	2014.06.07

拍品名称	物品尺寸	成交价RMB	拍卖公司	拍卖日期
1897年红印花大字加盖4分新票四方连		63,250	北京保利	2014.06.07
1897年红印花大字加盖当壹圆新票一枚		13,800	北京保利	2014.12.02
1897年红印花大字加盖当壹圆新票一枚		13,800	北京保利	2014.12.02
1897年红印花加盖当伍圆新票一枚		667,000	北京保利	2014.06.07
1897年红印花加盖当壹分旧票六方连		19,550	北京保利	2014.06.07
1897年红印花加盖当壹分新票全格二十五枚		287,500	北京保利	2014.06.07
1897年红印花加盖小字暂作洋银4分旧票一枚		230,000	北京保利	2014.06.07
1897年红印花小字加盖2分新票横三连		19,550	北京保利	2014.06.07
1897年红印花原票一枚		598,000	北京保利	2014.06.07
1897年石印蟠龙半分新票两全格3组共120枚		10,350	北京保利	2014.06.07
1897年石印蟠龙半分新票全张共80枚		17,250	北京保利	2014.06.07
1897年石印蟠龙半分新票全张共80枚		13,800	北京保利	2014.06.07
1897年石印蟠龙半分新票全张共80枚		12,650	北京保利	2014.06.07
1897年石印蟠龙半分新票全张共80枚		11,500	北京保利	2014.06.07
1897年小龙加盖小字改值3分银改2分新票左上直角边十方连		10,925	北京保利	2014.06.07
1897年再版慈寿加盖大字短距3分银改半分新票两全格共40枚		14,950	北京保利	2014.06.07
1897年再版慈寿加盖大字长距12分银改10分旧票一组54枚		11,500	北京保利	2014.06.07
1897年再版慈寿加盖大字长距24分银改3角旧票一组八枚		10,925	北京保利	2014.06.07
1897年再版慈寿加盖大字长距2分银改2分旧票一组88枚		10,925	北京保利	2014.06.07
1897年再版慈寿加盖大字长距4分银改4分旧票一组102枚		11,500	北京保利	2014.06.07
1897年再版慈寿加盖大字长距5分改5分旧票一组89枚		13,800	北京保利	2014.06.07
1897年再版慈寿加盖大字长距旧票四套		19,550	北京保利	2014.06.07
1902年无水印飞雁伍圆高值票之纵6横8之完整全格		310,500	北京保利	2014.06.07
1912年蟠龙宋字及楷字加盖“中华民国”半分至贰圆旧票一批约427枚		11,500	北京保利	2014.06.07
1913年长城图印花税票1分无齿紫色样票一枚		92,000	北京保利	2014.06.07
1913年长城图印花税票2分无齿深绿色样票一枚		92,000	北京保利	2014.06.07
1913年长城图印花税票伍角无齿紫色样票一枚		92,000	北京保利	2014.06.07
1913年长城图印花税票壹角无齿红色样票一枚		92,000	北京保利	2014.06.07
1913年长城图印花税票壹圆无齿蓝色样票一枚		92,000	北京保利	2014.06.07
1914年北京一版宫门拾圆新票四方连		40,250	北京保利	2014.12.02
1918年横滨正金银行天津通用银元壹百圆样票		18,400	中国嘉德	2014.05.25
1922年广东银行有限公司银元票汉口壹圆样票一枚		11,500	北京诚轩	2014.05.22
1923/33年北京二版宫门出圆旧票八方连		10,925	北京保利	2014.12.02
1932年伪满洲国交通部邮务司《满洲国邮票》册二本		15,445	保利香港	2014.04.07
1944/45年重庆中央版版包裹票新票全套六枚		36,800	北京保利	2014.06.07
1945平等新约新票全套版张共50套		17,250	北京保利	2014.06.07
1947年上海大东版孙像十万元无齿右上直角边三连一件		46,000	北京保利	2014.06.07
1949年/68年新中国老纪特新票全集一部(不含原版票及梅兰芳小型张)		165,600	北京保利	2014.06.07
1949年湖北银元邮票1分、5分、10分、30分全组共四枚新票。其中罕见的5分与30分均带专家顾问证书。此票目前市场伪品甚多		253,000	北京保利	2014.06.07

拍品名称	物品尺寸	成交价RMB	拍卖公司	拍卖日期
1949年纪东1中国人民政治协商会议原版新票全套十方连		18,400	北京保利	2014.06.07
1949年银元加盖"定海"改值10万改1分旧票一枚		10,120	北京保利	2014.06.07
1950年改1上海大东版单位票加盖改值1000元新票四方连		28,750	北京保利	2014.06.07
1950年纪4中华人民共和国开国纪念原版新票全套四方连		14,950	北京保利	2014.06.07
1950年纪东6中华人民共和国开国一周年纪念原版新票全套横双连		14,950	北京保利	2014.06.07
1950年普3天安门新票全套四方连		126,500	北京保利	2014.06.07
1950年普4天安门新票全套四方连		126,500	北京保利	2014.06.07
1950年普旅大天安门35元新票左下角四方连		109,250	北京保利	2014.06.07
1951年改10汇兑印纸加盖改值伍拾圆点线齿新票50枚版张		172,500	北京保利	2014.06.07
1952年纪20伟大的苏联十月革命三十五周年纪念未发行新票全套四枚		391,000	北京保利	2014.06.07
1952年特4广播体操原版新票全套横四连		36,800	北京保利	2014.06.07
1955年普8空军2分新票横双连		109,250	北京保利	2014.06.07
1956年特15北京风光新票全套版张		80,500	北京保利	2014.06.07
1962年纪92(8/1)中国古代科学家蔡伦新票一枚		34,500	北京保利	2014.06.07
1962年纪92古代科学家(8/1)蔡伦新票版张一件		368,000	北京保利	2014.06.07
1962年纪94梅兰芳舞台艺术无齿新票全套		115,000	北京保利	2014.06.07
1962年纪94梅兰芳舞台艺术无齿新票全套八枚		23,000	北京保利	2014.12.02
1962年纪94梅兰芳舞台艺术小型张新一枚		184,000	北京保利	2014.06.07
1962年纪94梅兰芳舞台艺术小型张新一枚		69,000	北京保利	2014.06.07
1963年纪97革命的社会主义的古巴万岁新票全套二十方连		55,200	北京保利	2014.06.07
1964年特61牡丹小型张新一枚		10,350	北京保利	2014.06.07
1967年文4祝毛主席万寿无疆新票全套四方连		10,925	北京保利	2014.06.07
1968年全国山河一片红8分旧票一枚		356,500	北京保利	2014.06.07
1968年文12毛主席去安源新票版张一件		149,500	北京保利	2014.06.07
1969普无号"文革"普票10分解放军图11度半细齿"光齿"新票一枚		20,700	北京保利	2014.12.02
1971/74年编号新票大全一部		15,525	北京保利	2014.12.02
1974/82年JT新票大全一部		31,050	北京保利	2014.12.02
1979年J43中华人民共和国第四届运东会小型张原封包共100枚		43,700	北京保利	2014.06.07
1979年T41从小爱科学小型张新一枚		10,350	北京保利	2014.06.07
1979年T41从小爱科学小型张新一枚		10,350	北京保利	2014.06.07
1980/91年第一轮肖邮票新票横双连一组		19,550	北京保利	2014.12.02
1996年作 刘旦宅"红楼金陵十二钗"邮票及题签		23,000	中国嘉德	2014.06.21
2011年 CHANG YOONG CHIA 一见钟情		75,375	佳士得	2014.05.25
COL 1863/2006年香港、澳门邮票收藏集二册		12,650	北京诚轩	2014.05.20
COL 1894/1998年日本纪念邮票收藏集一册		11,500	北京诚轩	2014.11.23
COL 1926年发行《中国商埠邮票及台湾邮票》(1888/1897年)邮票集一册		34,500	北京诚轩	2014.11.23
COL 1936/1974年日本国立、国定公园邮票收藏集一册		11,500	北京诚轩	2014.11.23
COL 1949/1950年民国银元邮票收藏集一部，内有贴片四十页，含上海大东版单位邮票、香港亚洲版单位邮票、上海大东版飞雁图基数邮票、印花税票改作基数邮票、印花税改作单位邮票、重庆华南版孙中山像基数邮票、孙中山像金圆改作银圆邮票、上海大东版孙中山像改作基数邮票、国际联邮会七十五周年纪念邮票、北平风景图银元邮票以及福建、湖北、湖南、广西、江西、陕西、新疆、西川、云南加盖单位邮票、航空单位邮票等，共计邮票二百一十七枚，实寄封等十八件，邮票中的精品包括：香港亚洲版单位邮票"国内信函费"齿孔大移位一枚、北平风景		48,300	北京诚轩	2014.11.23
COL 1949年民国银元邮票邮集一部		40,250	中国嘉德	2014.05.25
COL 1974/1982年JT邮票全集二册		27,600	北京诚轩	2014.05.20
COL 解放区邮票一册		575,000	中国嘉德	2014.05.25
COL 解放区邮票一册		19,550	中国嘉德	2014.05.25
COL 解放区邮票一册		12,650	中国嘉德	2014.05.25
COL 解放区邮票一册		10,580	中国嘉德	2014.05.25
COL清、民国纪念邮票收藏集一册		34,500	北京诚轩	2014.05.20
COL 日本军事、在外国邮局、选举邮票、税票、封缄纸收藏集一册		18,400	北京诚轩	2014.11.23
COL 世界特别标记邮票收藏集一册		13,800	北京诚轩	2014.11.23
COL 新中国纪、特、编号、J、T邮票一组		25,300	中国嘉德	2014.05.25
COL 新中国普通邮票收藏集一部		21,850	中国嘉德	2014.05.25
COL 纪、特邮票一组四百六十九套		43,700	中国嘉德	2014.11.27
COL 民国纪念航空邮票一组一千余枚		10,580	中国嘉德	2014.11.27
COL 民国邮票一组四万余枚		34,500	中国嘉德	2014.05.25
COL 新中国纪、特、普邮票一组二千余枚		16,100	中国嘉德	2014.11.27
COL 新中国纪特J、T邮票一组四百余枚		16,100	中国嘉德	2014.11.27
COL 新中国普、改、航、欠邮票大全套		18,400	中国嘉德	2014.11.27
COL 新中国邮票一组三百余枚		11,500	中国嘉德	2014.11.27
FDC 1962年北京寄香港纪94"梅兰芳舞台艺术"有齿邮票航空首日封全套二件		27,600	北京诚轩	2014.11.23
FDC 1962年纪94"梅兰芳舞台艺术"有齿邮票首日封全套二件		10,925	北京诚轩	2014.11.23
M/S T103M梅花小型张一百枚		16,100	中国嘉德	2014.11.27
M/S T103M梅花小型张一百枚		14,950	中国嘉德	2014.11.27
M/S T28M奔马小型张新四枚		12,650	中国嘉德	2014.11.27
M/S T69M红楼梦小型张新八枚		11,500	中国嘉德	2014.11.27
M/S T82M西厢记小型张一百枚		73,600	中国嘉德	2014.11.27
M/S T89M仕女图小型张一百枚		96,600	中国嘉德	2014.11.27
M/S T99M牡丹亭小型张一百枚		14,950	中国嘉德	2014.11.27
M/S纪106M建国十五周年小全张新一枚		12,650	中国嘉德	2014.11.27
M/S 特61M牡丹小型张新一枚		10,580	中国嘉德	2014.11.27
M/S 1936/1956年第一次国立公园邮票邮折五十六件		10,925	北京诚轩	2014.11.23
M/S 1964年特61M"牡丹"小型张一枚		10,350	北京诚轩	2014.05.20
M/S 1979年T.41M"从小爱科学"小型张一枚		10,925	北京诚轩	2014.05.20
M/S 1979年T.41M"从小爱科学"小型张一枚		10,925	北京诚轩	2014.05.20
M/S 1979年T.41M"从小爱科学"小型张一枚		10,580	北京诚轩	2014.05.20
M/S 1979年T.41M"从小爱科学"小型张一枚		10,580	北京诚轩	2014.05.20
M/S 纪94M梅兰芳舞台艺术小型张新一枚		126,500	中国嘉德	2014.05.25
PS 1909年大清邮政第四次快信邮票四联全		23,000	北京诚轩	2014.05.20
PS 1913年邮政局汇银票一件，贴伦敦版帆船邮票3分二枚		23,000	北京诚轩	2014.11.23

拍品名称	物品尺寸	成交价RMB	拍卖公司	拍卖日期
PS伪满洲国“满日回信邮票券”十四枚，另日本“日满返信邮票券”一枚		11,500	北京诚轩	2014.11.23
S 1894年慈禧寿辰纪念邮票彩色香烟纸样票全套四方连		460,000	东方大观	2014.05.20
S 1916年中华帝国开国纪盛加盖“SPECIMEN”未发行样票三枚全(Chan AP1/3)		12,650	北京诚轩	2014.05.20
S 1916年中华帝国开国纪盛加盖“SPECIMEN”未发行样票三枚全(Chan AP1/3)		11,500	北京诚轩	2014.05.20
S 1943年中信版孙中山像加盖“改作伍角”、“划线伍角”邮票一组三十枚		11,500	北京诚轩	2014.05.20
S 蟠龙邮票1元、2元、5元打孔样票四十八枚全张各一件		57,500	中国嘉德	2014.11.27
S 文革红灯记国产邮票机试印样票七十枚全张		23,000	中国嘉德	2014.11.27
T1/T123大全套邮票册五百八十余枚		34,500	华艺国际	2014.09.28
薄纸大龙邮票三枚全		32,200	华艺国际	2014.09.28
二等三级宝星勋章勋票		40,883	保利香港	2014.04.07
顾景舟签名邮票《提璧》		195,500	上海春秋堂	2014.12.21
光绪三十年(1904年)中国通商银行上海通用银两伍元样票		28,750	中国嘉德	2014.05.25
光绪三十一年荆州将军兵部火票		172,500	中国嘉德	2014.05.25
光绪十七年兵部兵票		11,500	中国嘉德	2014.05.25
红印花加盖暂作邮票1元一枚		51,750	华艺国际	2014.09.28
红印花加盖暂作邮票5元倒盖一枚		575,000	华艺国际	2014.09.28
红印花加盖暂作邮票小字2分十五方连		287,500	华艺国际	2014.09.28
华东盐阜区1945年火车图五角新票一枚		46,000	北京保利	2014.12.02
纪20伟大的苏联十月革命三十五周年纪念盖销邮票二枚		28,750	华艺国际	2014.09.28
民国八年山西省银行银元票伍拾圆样票一枚		126,500	北京诚轩	2014.05.22
民国初期新旧票一批千余枚		21,850	北京保利	2014.06.07
民国二十三年(1934年)裕川合作银行壹圆单正面样票		20,700	中国嘉德	2014.05.25
民国二十三年四川开江农村银行银元票辅币券贰角一枚		13,800	北京诚轩	2014.05.22
民国十八年广州市市立银行银毫票伍圆、伍拾圆正、反单面试模样票各一枚		13,800	北京诚轩	2014.05.22
民国时期满洲帝国满日可信邮票券五分十一枚、大日本帝国日满返信切手券五钱十三枚、邮局代封五枚，共二十九枚		15,445	保利香港	2014.04.07
蟠龙西藏加盖邮票十二枚		34,500	华艺国际	2014.09.28
前国家主席江泽民亲笔签名十四大整版邮票		92,000	北京保利	2014.12.04
清 民国邮票册共三百一十二余枚		17,250	华艺国际	2014.09.28
清民国新旧邮票集三巨册		80,500	北京保利	2014.06.07
清税票，2册80贴片		115,000	华艺国际	2014.04.13
清晚期民初山西太谷利贞吉记钱庄牛角质钱庄票钞版一件		63,250	北京诚轩	2014.05.22
清珍邮(2册106枚)		126,500	华艺国际	2014.04.13
伪满1932/45年新票大全一部		11,500	北京保利	2014.12.02
文1毛主席语录连票十一枚全		11,500	华艺国际	2014.09.28
文2毛主席万岁一套八枚全		13,800	华艺国际	2014.09.28
文6毛主席与世界人民一套二枚全		13,800	华艺国际	2014.09.28
文革盖销或新票大全一部		29,900	北京保利	2014.12.02
文革信销大全一部共80枚		12,650	北京保利	2014.12.02
西北区陕甘宁边区1945年宝塔山伍圆点线齿新票全张80枚		115,000	北京保利	2014.06.07
新疆1916/19年北京一版帆船加盖“限新省贴用”新票全套22枚		11,500	北京保利	2014.06.07
新中国老纪特及编号新票一组23套约120枚		11,500	北京保利	2014.06.07
新中国早期中国人民银行甘肃省分行定额有奖存单伍圆样票二枚；宁夏省回族自治区分行定额储蓄存单叁圆、伍圆、拾圆、叁拾圆、伍拾圆各一枚		11,500	北京诚轩	2014.05.22
亚洲古典票一批		12,650	北京保利	2014.06.07

拍品名称	物品尺寸	成交价RMB	拍卖公司	拍卖日期
重庆中央版孙中山像邮票20圆一百枚方连		17,250	华艺国际	2014.09.28
邮品				
“法国著名雕塑家”罗丹(Auguste Rodin)亲笔签名明信片		11,500	北京保利	2014.06.04
“中国银行”侨批信汇业务，2册80贴片		161,000	华艺国际	2014.04.13
《中国国内邮政快件》5框(80贴片)邮集一部		18,400	北京保利	2014.06.07
■ 1946年临县晋绥一中校寄临县八区张家沟村印刷品封		112,700	北京诚轩	2014.05.20
■△ 1899年梧州寄德国莫斯封		13,800	北京诚轩	2014.05.20
△ 清北京寄上海西式封剪片		20,700	北京诚轩	2014.05.20
△ 1933年新疆寄天津航空封封背(无封面)		17,250	中国嘉德	2014.05.25
1934年8月，“国家政治保卫局江西省××县第二大队第五中队”寄江西省杨殷县“红军家信”		425,500	东方大观	2014.05.20
1810年法国皇帝拿破仑(Napol é on Bonaparte)自枫丹白露宫寄战争部长费尔特雷公爵(Duc de Feltre)亲笔信函一件		57,500	北京诚轩	2014.11.23
1859年法国著名女作家乔治桑(Georges Sand)亲笔信函一件		25,300	北京诚轩	2014.11.23
1867年法国著名作家雨果(Victor Hugo)亲笔信函一件		23,000	北京诚轩	2014.11.23
1886年北京寄天津小龙封，贴小龙毛齿邮票3分银一枚		115,000	北京诚轩	2014.11.23
1888年法国著名作家都德(Alphonse Daudet)亲笔信函一件		11,500	北京诚轩	2014.11.23
1894年天津寄美国实寄封一件		46,000	北京保利	2014.06.07
1895年台南寄厦门大型红条封一件		12,650	北京保利	2014.12.02
1896年12月10日 倍倍尔亲笔明信片		34,500	西泠拍卖	2014.12.15
1897年北京寄天津红条封一件		17,250	北京保利	2014.12.02
1901年镇江寄北京红条封一件		27,600	北京保利	2014.12.02
1902年盛京寄北京双挂号红条封一件		13,800	北京保利	2014.12.02
1902年云南龙州寄蒙自挂号封，贴蟠龙邮票2分一枚、5分四枚		23,000	北京诚轩	2014.11.23
1903年金华寄苏州封一件		11,500	北京保利	2014.06.07
1903年清江浦寄京都挂号红条封，背贴蟠龙邮票1分三枚、4分二枚		13,800	北京诚轩	2014.11.23
1904年广西桂林寄北京大型红条挂号封一件		19,550	北京保利	2014.12.02
1905年河南孟县寄天津挂号红条封一件		19,550	北京保利	2014.12.02
1907年法国雕塑家罗丹(Auguste Rodin)寄女性友人亲笔信函及实寄封各一件		17,250	北京诚轩	2014.11.23
1908年法国著名作家罗曼 罗兰(Romain Rolland)亲笔信函一件		20,700	北京诚轩	2014.11.23
1908年作章士钊致沈步洲明信片		32,200	西泠拍卖	2014.12.15
1909年汉口寄武昌大型红条封一件		13,800	北京保利	2014.12.02
1910年 明信片		13,000	北京华辰	2014.03.15
1911年6月26日(辛亥六月初一)红条封挂号由江苏伍佑寄南京		28,750	北京保利	2014.12.02
1911年湖北汉口寄北京红条封一件		11,500	北京保利	2014.12.02
1913年哈尔滨寄美国西式封，贴蟠龙加盖楷字“中华民国”邮票3分三枚、伦敦版帆船邮票1分一枚		23,000	北京诚轩	2014.11.23
1913年作 柳亚子 明信片一帧		23,000	西泠拍卖	2014.12.15
1916年5月26日苏州寄广州报价信函一件		11,500	北京保利	2014.12.02
1916年及1917年迪化寄科布多驿站公文封及公文封残片各一件		23,000	中国嘉德	2014.11.27
1917年作 乔伊斯 关于《都柏林人》致著作经纪人明信片		287,500	西泠拍卖	2014.05.03
1918年4月5日年 蒙克 致《呐喊》收藏画商明信片		80,500	西泠拍卖	2014.12.15
1925年 毕加索 致经纪人明信片		55,200	西泠拍卖	2014.12.15

拍品名称	物品尺寸	成交价RMB	拍卖公司	拍卖日期
1927/1950年各类实寄封一组十四件，另中国航空公司印制长江航线飞行时刻价目表二份；实寄封贴帆船、孙中山像、烈士像、航空、毛泽东像等邮票寄递，其中主要有：(1)1933年中国航空公司广州寄上海“广州上海航线开航纪念”首航封二件；(2)1934年成都寄加拿大航空封，贴帆船、烈士像加盖“限四川贴用”邮票七枚，销成都7月16日点线戳，另盖紫色“Airmail Service in China Only”(仅中国段航空)邮路指示戳，有加拿大8月20日到达戳；(3)1937年广东寄美国三件，均盖红色“上川四乡信		11,500	北京诚轩	2014.11.23
1932年伪满洲国“大满洲国邮便切手试刷见本”二册		254,380	保利香港	2014.04.07
1933年西康巴塘寄美国藏文挂号封一件		13,800	北京保利	2014.06.07
1935年间孙中山像2分半“未发行邮资片”改作挂号邮件回执于重庆本市投递使用		97,750	北京保利	2014.12.02
1946年英国陆军元帅蒙哥马利(Bernard Law Montgomery)寄希思(Heath)亲笔信函一件		17,250	北京诚轩	2014.11.23
1948年华北解放区“冀中十专区”寄“华北中央局教育研究室王焕勋”挂号封		172,500	东方大观	2014.05.20
1949年6月10日中式封由江西挂号寄上海		17,250	北京保利	2014.12.02
1949年7月8日中式封由江西挂快寄上海		13,800	北京保利	2014.12.02
1950年哈尔滨市委寄捷克布拉格实寄封一件		12,650	北京保利	2014.06.07
1950年普东1优军2500元邮简一件		11,500	北京保利	2014.06.07
1950年普东2橙色5000元邮简一件		46,000	北京保利	2014.06.07
1950年普东2橙色5000元邮简一件		34,500	北京保利	2014.06.07
1950年汕头黄潮兴批局寄泰国荣德泰银信局航空侨批总包一件		10,120	北京保利	2014.12.02
1957年英女王伊丽莎白二世和菲利普亲王殿下亲笔签名贺卡		105,800	中国嘉德	2014.05.20
1957年作 郑振铎 致女儿郑小箴、女婿萨空了明信片		80,500	西泠拍卖	2014.12.15
1959年普9天安门5/1958邮资封哈尔滨挂号寄西安一件		13,800	北京保利	2014.12.02
1959年四川康定东巴公路挂号寄西藏昌都1959/8普九天安门邮资封一件		14,950	北京保利	2014.06.07
1980年庚申猴黑色印样一件		18,400	北京保利	2014.06.07
1980年天津寄日本集邮家阿部达也航空挂号封		11,500	北京诚轩	2014.11.23
1982/2010年JT票原地首日封收藏集14册		16,100	北京保利	2014.12.02
1984/93年JP纪念邮资片(1/44)大全套首日实寄集一部		14,950	北京保利	2014.12.02
1999/2010年贴各大版张原地首日实寄封一组约167套(约330件)		36,800	北京保利	2014.12.02
2000/2010年贴各小版张原地首日实寄封一组约96套(约117件)		28,750	北京保利	2014.12.02
C 1905年库伦寄北京外馆红条封		345,000	中国嘉德	2014.05.25
C1912年库伦寄张家口双挂号红条封		23,000	中国嘉德	2014.05.25
C1914年蒙古汉丹王府寄张家口红条封		18,400	中国嘉德	2014.05.25
C 1915年北京寄恰克图挂号封		115,000	中国嘉德	2014.05.25
C 1921 年新疆省议会寄乌梁海总管巴彦巴达尔呼实寄封		57,500	中国嘉德	2014.05.25
C1946年河北腾芳寄天津国共通邮封		71,300	中国嘉德	2014.05.25
C 1949年旅顺寄天津封		11,500	中国嘉德	2014.05.25
C 1949年上海寄英国封		21,850	中国嘉德	2014.05.25
C 1950年汉口寄伦敦航空挂号封		12,650	中国嘉德	2014.05.25
C 1956年广州寄捷克航空封		28,750	中国嘉德	2014.05.25
C 1956年上海寄瑞士大型航空封		13,800	中国嘉德	2014.05.25
C新中国高级军事将领签名封二十件		10,350	中国嘉德	2014.05.25
C 1884年宁波寄美国封		34,500	中国嘉德	2014.11.27
C 1888年广州大关署寄汕头红条封		52,900	中国嘉德	2014.11.27
C 1898年天津寄上海贸易契邮件挂号封		299,000	中国嘉德	2014.11.27

拍品名称	物品尺寸	成交价RMB	拍卖公司	拍卖日期
C 1899年汕头寄香港挂号封		14,950	中国嘉德	2014.05.25
C 1899年武昌寄北京双挂号封		46,000	中国嘉德	2014.05.25
C 1901年江西九江寄德国慕尼黑挂号封		575,000	中国嘉德	2014.11.27
C 1902年长沙寄河南开封民信局红条封		12,650	中国嘉德	2014.11.27
C 1902年重庆寄上海挂号封		11,500	中国嘉德	2014.05.25
C 1911年北京寄上海挂号公文封		18,400	中国嘉德	2014.11.27
C 1911年蒙古外路经库伦寄张家口红条封		25,300	中国嘉德	2014.11.27
C 1912年福州寄厦门公文封		16,100	中国嘉德	2014.05.25
C 1913年营口寄山西祁县东观镇封		10,925	中国嘉德	2014.05.25
C 1915年张家口寄蒙古恰克图红条封		46,000	中国嘉德	2014.11.27
C 1917年恰克图寄山西汾州三泉镇美术封		34,500	中国嘉德	2014.11.27
C 1946年河北河间寄天津国共通邮封		40,250	中国嘉德	2014.11.27
C 1946年武强寄奉天封		11,500	中国嘉德	2014.11.27
C 1948年太行独立第二旅四十团寄河北涉县军邮封		59,800	中国嘉德	2014.11.27
C 1949年湖北郧县寄山西沁县封		17,250	中国嘉德	2014.11.27
C 庚申(1920年)蒙古库伦寄阿赤图手递封		11,500	中国嘉德	2014.11.27
C 光绪二十一年霞浦县寄福宁府驿站排单公文封		11,500	中国嘉德	2014.11.27
C 光绪三十二年保定寄天津文报局红条封		10,120	中国嘉德	2014.05.25
C 光绪三十二年由广西经广东寄上海大型文报局公函封		17,250	中国嘉德	2014.05.25
C 光绪十五年河南怀庆寄旅顺口公文封		11,500	中国嘉德	2014.11.27
C 光绪十五年金州防营寄旅顺口大型公文封		11,500	中国嘉德	2014.11.27
C 民国时期寄孔祥熙及夫人宋霭龄封四件		12,650	中国嘉德	2014.11.27
C 同治元年江苏巡抚部院(上海)寄嘉定县大型公文封		17,250	中国嘉德	2014.11.27
C 同治元年江苏巡抚部院(上海)寄苏藩司大型公文封		18,400	中国嘉德	2014.11.27
C 销信柜邮戳实寄封二件		10,925	中国嘉德	2014.11.27
COL 1974/1982年JT邮票首日封大全集二册		75,900	北京诚轩	2014.05.20
COL 1982/1991年逄增圣(圣艺)先生手绘极限首日封二册八十件		12,650	北京诚轩	2014.05.20
COL 1983/1988年逄增圣(圣艺)先生手绘极限明信片一册八十枚		11,500	北京诚轩	2014.05.20
COL《美国早期邮资明信片专集》邮集一部		23,000	中国嘉德	2014.11.27
COL《瑞典早期邮资信卡专集》邮集一部		29,900	中国嘉德	2014.11.27
COL《瑞士古典邮政史专集》邮集一部		66,700	中国嘉德	2014.11.27
COL 1904年/1931年《东北邮政史》邮集一部		26,450	中国嘉德	2014.11.27
COL 民国纪念邮戳集一部		28,750	中国嘉德	2014.11.27
D H 劳伦斯 致友人亲笔明信片		11,500	西泠拍卖	2014.05.03
FDC 1952年上海寄香港首日封九件		34,500	北京诚轩	2014.05.20
FDC 1961年纪86M第26届世乒赛中国集邮公司首日封		10,925	中国嘉德	2014.05.25
FDC 1962年纪94M梅兰芳舞台艺术小型张中国集邮公司首日实寄封		149,500	中国嘉德	2014.05.25
FDC 1962年钟笑炉寄香港纪94“梅兰芳舞台艺术”有齿邮票航空首日封全套二件		23,000	北京诚轩	2014.11.23
FDC 1964年纪106M“中华人民共和国成立十五周年”小全张首日封一件		10,350	北京诚轩	2014.05.20
FDC 1964年纪106M“中华人民共和国成立十五周年”小全张首日封一件		10,350	北京诚轩	2014.05.20
FDC 1964年纪106M中华人民共和国成立十五周年小全张中国集邮公司首日封		17,250	中国嘉德	2014.05.25

2014杂项拍卖成交汇总

(成交价RMB：1万元以上)

拍品名称	物品尺寸	成交价RMB	拍卖公司	拍卖日期
FDC 1966年北京寄柏林航空印刷品首日封，贴纪120“孙中山诞生一百周年”邮票横三连		20,700	北京诚轩	2014.11.23
FDC 1966年北京寄捷克斯洛伐克航空印刷品首日封，贴纪121“第一届亚洲新兴力量运动会”邮票四枚全		16,100	北京诚轩	2014.11.23
FDC 1966年北京寄捷克斯洛伐克航空印刷品首日封，贴纪122“鲁迅”邮票横三连		20,700	北京诚轩	2014.11.23
FDC 1980年T46庚申年(猴)北京市邮票公司首日封		20,700	中国嘉德	2014.05.25
FDC 贴T46庚申年猴票首日封二件		16,100	中国嘉德	2014.05.25
FDC 1955年上海寄日本封		11,500	中国嘉德	2014.11.27
FDC 1956年北京寄日本航空封		13,800	中国嘉德	2014.11.27
FDC 1956年北京寄日本航空挂号封		13,800	中国嘉德	2014.11.27
FDC 1957年北京寄日本航空封		21,850	中国嘉德	2014.11.27
FDC 1958年纪47纪念碑中国集邮公司首日实寄封		13,800	中国嘉德	2014.11.27
FDC 1959年纪68、纪69、纪70、纪71国庆十周年中国集邮公司首日实寄封四套		10,120	中国嘉德	2014.11.27
FDC 1980年T46猴北京市邮票分公司首日封		10,580	中国嘉德	2014.11.27
PC 1917年天津寄恰克图战俘明信片		11,500	中国嘉德	2014.05.25
PC 1931年乌兰巴托寄苏联明信片		12,650	中国嘉德	2014.05.25
PPC 1900年天津寄德国挂号明信片		12,650	中国嘉德	2014.05.25
PR 中华民国邮政总局成立五十周年纪念雕刻板印样二枚		17,250	中国嘉德	2014.05.25
PS 1894/1896年香港1分、3分、4分邮资明信片各一枚		16,100	北京诚轩	2014.05.20
PS 1915年上海寄比利时五色旗明信片，加贴帆船邮票3分一枚，		28,750	北京诚轩	2014.11.23
PS 1933年山东桑园寄济南火车邮局明信片		12,650	中国嘉德	2014.05.25
PS 1935年初中华邮政孙中山像未发行2.5分邮资明信片		218,500	东方大观	2014.05.20
PS 1952年广东长沙寄广东开平邮简		28,750	中国嘉德	2014.05.25
PS 1968/1969年上海宝山寄云南昆明航空明信片四件		10,120	中国嘉德	2014.05.25
PS 1970年甘肃平凉寄北京挂号封		47,150	中国嘉德	2014.05.25
PS 1970年广西融水寄天津剪纸图红绿邮资封“大庆人/焦裕禄”		25,300	北京诚轩	2014.05.20
PS 东北区加盖“人民邮政 贰仟伍佰元”改值邮资明信片三件		71,300	中国嘉德	2014.05.25
PS 1902年江西抚州寄德国明信片		28,750	中国嘉德	2014.05.25
PS 1903年济南寄德国明信片		74,750	中国嘉德	2014.05.25
PS 1907年奉天沈阳寄德国国际往返双明信片		368,000	中国嘉德	2014.11.27
PS 1916年长沙寄日本明信片		11,500	中国嘉德	2014.05.25
PS 1937年天津本埠欠资封		11,500	中国嘉德	2014.05.25
PS 1950年宝清寄哈尔滨邮简		46,000	中国嘉德	2014.11.27
PS 1950年热河北票寄南京邮简		17,250	中国嘉德	2014.11.27
PS 1950年沈阳寄山西盂县邮简		21,850	中国嘉德	2014.11.27
PS 1950年沈阳寄上海邮简		14,950	中国嘉德	2014.11.27
PS 1950年长春寄天津邮简		29,900	中国嘉德	2014.11.27
PS 1951年佳木斯寄沈阳邮简		20,700	中国嘉德	2014.11.27
PS 1951年上海寄杭州邮简		20,700	中国嘉德	2014.11.27
PS 1951年宋家坎寄黑龙江邮简		16,100	中国嘉德	2014.11.27
PS 1953年黑龙江穆棱寄上海邮简		11,500	中国嘉德	2014.11.27
PS 1958年黑龙江萝北寄山西太原航空封		17,250	中国嘉德	2014.11.27
PS 1959年新疆寄四川隆昌封		29,900	中国嘉德	2014.11.27
PS 1960年青海西宁寄上海封		103,500	中国嘉德	2014.11.27
PS 1970年辽宁海城寄上海封		13,800	中国嘉德	2014.11.27
PS 1970年山东牟平寄黑龙江五常封		17,250	中国嘉德	2014.11.27
PS 1973年浙江遂昌寄杭州封		17,250	中国嘉德	2014.11.27
PS 1974年新疆焉耆寄安徽歙县封		17,250	中国嘉德	2014.11.27
PS 东北贴用邮资明信片四件		11,500	中国嘉德	2014.11.27
PS 民国各版孙中山像邮资明信片新中国加盖挂号邮件回执使用十三件		11,500	中国嘉德	2014.11.27
PS 普4天安门图北京风光邮资邮简十二件		12,650	中国嘉德	2014.11.27

拍品名称	物品尺寸	成交价RMB	拍卖公司	拍卖日期
PS 普4天安门图红框邮资邮简四全		26,450	中国嘉德	2014.11.27
PS 普4天安门图剪纸邮资邮简加盖改作邮电公事使用三件		11,270	中国嘉德	2014.11.27
PS 普4天安门图剪纸邮资邮简十五件		23,000	中国嘉德	2014.11.27
PS 普9天安门图美术邮资封(8/1957)和平鸽		92,000	中国嘉德	2014.11.27
PS 普9天安门图美术邮资封(8/1957)和平鸽		40,250	中国嘉德	2014.11.27
PS 普9天安门图美术邮资封(9/1957)喜鹊		31,050	中国嘉德	2014.11.27
PS 普9天安门图美术邮资封28号“大炼钢铁”		230,000	中国嘉德	2014.11.27
PS 普9天安门图美术邮资封四十四件		161,000	中国嘉德	2014.11.27
PS 普9天安门图邮资封十一件全		46,000	中国嘉德	2014.11.27
PS 普东1天安门图(粉红底色)邮资邮简		25,300	中国嘉德	2014.11.27
PS 普东1天安门图单色邮资邮简五全		161,000	中国嘉德	2014.11.27
PS 普东1天安门图单色邮资邮简五全		26,450	中国嘉德	2014.11.27
PS 普东1天安门图双色邮资邮简二件		575,000	中国嘉德	2014.11.27
PS 普东1天安门图优军邮资邮简五全		51,750	中国嘉德	2014.11.27
PS 普东2天安门图彩色邮资邮简		92,000	中国嘉德	2014.11.27
PS 普东2天安门图绿色拥军邮资邮简二件		13,800	中国嘉德	2014.11.27
PS 清三次邮资明信片双片一件		11,500	中国嘉德	2014.05.25
PS 清一次片四十五件		23,000	中国嘉德	2014.05.25
PS 文革红绿木刻邮资封		460,000	中国嘉德	2014.11.27
PS 文革红绿木刻邮资封		345,000	中国嘉德	2014.11.27
PS 文革红绿木刻邮资封		63,250	中国嘉德	2014.11.27
PS 文革红绿木刻邮资封		36,800	中国嘉德	2014.11.27
PS 文革红绿木刻邮资封		36,800	中国嘉德	2014.11.27
PS 文革红绿木刻邮资封		26,450	中国嘉德	2014.11.27
PS 志愿军卫生邮简二十件全		48,300	中国嘉德	2014.11.27
PZ 1982年广州邮票展览邮折三件		31,050	中国嘉德	2014.11.27
PZ 宋庆龄亲笔签名贺卡三件		26,450	中国嘉德	2014.11.27
澳门八十年代至今邮票首日实寄封5巨册约500枚		10,350	北京保利	2014.12.02
查尔斯王子和妃戴安娜王妃亲笔签名贺卡		40,250	中国嘉德	2014.05.20
查尔斯王子和卡米拉亲笔签名贺卡		32,200	中国嘉德	2014.05.20
党和国家领导人签名封 (四件)		241,500	中国嘉德	2014.05.20
党和国家领导人签名封 (四件)		230,000	中国嘉德	2014.05.20
道光二十年五月初二台湾府城吕恒安奏本		48,300	中国嘉德	2014.05.25
法国文豪小仲马(Alexandre Dumas，fils)亲笔信函一件		11,500	北京诚轩	2014.11.23
法国著名作家大仲马(Alexandre Dumas)亲笔信函一件		18,400	北京诚轩	2014.11.23
法国著名作家莫泊桑(Maupassant)致霍兰德女士(Howland)亲笔邮制信卡一件		20,700	北京诚轩	2014.11.23
范曾 韩美林 陈逸飞签名纪念封		25,300	中国嘉德	2014.11.23
妇女界名人 签名纪念封		34,500	中国嘉德	2014.11.23
共和国将军签名封一本64件		23,000	北京保利	2014.06.04
共和国将军签名封一本68件		23,000	北京保利	2014.06.04
共青团领导人亲笔签名封2件		48,300	北京保利	2014.12.04
光绪二十一年三月二十日(1895年4月23日)广州多兴寄英国伦敦三老师私函		747,500	北京保利	2014.12.02
光绪三十年大清邮政各类邮件寄费清单		20,700	中国嘉德	2014.05.25
光绪三十三年云南河口交涉副督办《准单》		11,500	中国嘉德	2014.11.27
光绪十二年钦命督理江南织造部唐兼管龙江西新管税务发护照		43,700	中国嘉德	2014.05.25
国家领导人及名人签名封一本97件		63,250	北京保利	2014.06.04
国家领导人签名封		86,250	北京保利	2014.12.04
胡锦涛 温家宝 程思远 王光英 罗干 王兆国等 签名信封		28,750	中国嘉德	2014.11.23
华国锋 赵紫阳 签名明信片		57,500	中国嘉德	2014.11.23
华国锋 赵紫阳 签名明信片		51,750	中国嘉德	2014.11.23
江泽民 李鹏等 签名封		23,000	中国嘉德	2014.11.23

拍品名称	物品尺寸	成交价RMB	拍卖公司	拍卖日期
江泽民 朱镕基 李瑞环 万里 胡启立 叶选平 霍英东等 签名纪念封		34,500	中国嘉德	2014.11.23
江泽民，杨尚昆，李鹏亲笔签名封一件		28,750	北京保利	2014.06.04
两广驻沪文报局寄天津文报局总包		862,500	北京保利	2014.12.02
马丁 路德 金 签名明信片		28,750	中国嘉德	2014.11.23
毛泽东亲属签名纪念封(二件)		11,500	中国嘉德	2014.05.20
潘玉良 等 手绘明信片六件		80,500	上海道明	2014.12.11
普4剪纸邮简阁香楼一件		230,000	北京保利	2014.06.07
普4型北京风景佛得阁图邮简		28,750	北京保利	2014.06.07
普4型北京风景角楼图邮简		32,200	北京保利	2014.06.07
普4型剪纸赶骡图邮简		18,400	北京保利	2014.06.07
普9型天安门图美术邮资封11/1958“虾”		10,350	北京保利	2014.06.07
普9型天安门图美术邮资封13/1958“梅花”		21,850	北京保利	2014.06.07
普东2天安门图5000元橙色邮简		632,500	北京保利	2014.06.07
普契尼情诗手稿签名照片明信片		126,500	中国嘉德	2014.11.23
溥仪写真明信片共19枚		17,262	保利香港	2014.04.07
乾隆五十六年政治军事大臣奎林奏折		241,500	中国嘉德	2014.05.25
清、民国、解放区、新中国杂集一箱		16,100	北京保利	2014.06.07
清光绪年安徽按察使嵩昆黄绫请安折奏折一件		23,000	中国嘉德	2014.05.25
清光绪年间电报价目表二张		12,650	中国嘉德	2014.05.25
清嘉庆年获鹿县知县彭嘉恕奏折(局部)		11,500	中国嘉德	2014.05.25
清乾隆年四川巡抚纪山黄绫请安折		48,300	中国嘉德	2014.05.25
清三次片B型		23,000	北京保利	2014.06.07
清一次片1905年广东河婆寄香港一件		19,550	北京保利	2014.06.07
日本《丸一型(横书)邮戳(1888/1905)2册80贴片		138,000	华艺国际	2014.04.13
宋美龄 中国战时儿童保育会救济款亲笔签收单		40,250	西泠拍卖	2014.05.03
宋任穷等将军 签名封		20,700	中国嘉德	2014.11.23
西北解放区1949年中国人民解放军第三军通讯队寄山西显县军邮封一件		34,500	北京保利	2014.06.07
新中国JT邮票首日实寄封一批约335枚		10,925	北京保利	2014.12.02
杨尚昆 朱镕基等签名首日封		40,250	中国嘉德	2014.11.23
艺术家廖静文 胡洁青 范曾 关山月 韩美林等 签名封		32,200	中国嘉德	2014.11.23
于右任 梁寒操题签实寄封		23,000	中国嘉德	2014.05.20
章士钊 致吴弱男明信片		16,261	宝港国际	2014.11.26
中国成立40周年国家领导人亲笔签名纪念封		115,000	北京保利	2014.12.04
中国人民解放军开国上将签名封(九件)		155,250	中国嘉德	2014.05.20
中国现代史名人签名题词手迹一册		25,300	中国嘉德	2014.05.25
中国邮票公司及北京分公司发行早期JT邮票首日封一组32件		13,800	北京保利	2014.12.02
朱镕基签名首日封		82,800	中国嘉德	2014.05.20
著名匈牙利钢琴家李斯特(Franz Liszt)亲笔书写钢琴曲《前奏曲》乐谱一件		35,650	北京诚轩	2014.11.23
古籍善本				
写本写经				
《康有为年谱》誊录稿本		437,000	朵云轩	2014.12.17
《王箓友年谱》手稿及材料二册		552,000	琴岛荣德	2014.06.22
《校注项氏历代名瓷图谱》校样本及郭葆昌手稿(民国)郭葆昌校注		207,000	西泠拍卖	2014.12.13
1714年5月16日作 牛顿、燕卜荪家族旧藏1714年牛顿珍贵签名		460,000	西泠拍卖	2014.12.15
1881年4月作 李斯特《前奏曲》引用稿		126,500	西泠拍卖	2014.12.15
1889年作 格里格 手写乐谱一帧		138,000	西泠拍卖	2014.05.03
1893年4月8日作 恩格斯《五一节致捷克同志们》——有关马克思及国际工人运动的手稿		460,000	西泠拍卖	2014.12.15
1909年作 吴隐《遯盦古砖存》稿本四卷		322,000	西泠拍卖	2014.12.14
1920年作章士钊宪法回忆稿等四种		115,000	西泠拍卖	2014.12.15

拍品名称	物品尺寸	成交价RMB	拍卖公司	拍卖日期
1925 1926年作 章士钊 文稿四种		230,000	西泠拍卖	2014.12.15
1926年作 徐志摩《结婚日记》原稿一册		2,415,000	西泠拍卖	2014.12.15
1934年作董作宾甲骨文手稿四种		69,000	西泠拍卖	2014.12.15
1940年作董作宾《中国歌谣学草创》书稿、草稿一篇、小楷故事一则		172,500	中国嘉德	2014.03.24
1941年作 赛珍珠《战时世界必读书》原稿		126,500	西泠拍卖	2014.05.03
1944年作 胡适 有关《水经注》的校稿		63,250	西泠拍卖	2014.12.15
1948年左右作 解放军、新四军各大刊物原稿、底稿		92,000	西泠拍卖	2014.12.15
1952年作 郑振铎《十竹斋笺谱》有关文稿		92,000	西泠拍卖	2014.12.15
1953至1990年作 郭沫若《屈原》相关批改稿及自改简历		149,500	西泠拍卖	2014.12.15
1954至1958年间作 郑振铎 致女儿郑小箴、女婿萨空了最后的家书		552,000	西泠拍卖	2014.12.15
1958年8月23日作 蒋介石 关于1958年“金门炮战”的亲笔文稿		770,500	西泠拍卖	2014.12.15
1958至1993年作杨沫《青春之歌》三部曲之《芳菲之歌》手稿及其他		69,000	西泠拍卖	2014.12.15
1959 1960年作周建人《论革命利益是行动的尺度》稿本及致刘耀林信札		80,500	西泠拍卖	2014.12.15
1962年作 蒋介石 亲笔修改与美国总统肯尼迪(肯尼迪)谈话的原稿		747,500	西泠拍卖	2014.12.15
1963年作蒋介石关于《配合反攻准备加强国际宣传计划》的亲笔文稿		575,000	西泠拍卖	2014.12.15
1971年作 周恩来 有关中美建交的签赠本		218,500	西泠拍卖	2014.12.15
1974、1975年作 林语堂《红楼梦人名索引》稿本及相关通信		92,000	西泠拍卖	2014.12.15
1976年作林语堂为辜鸿铭英译《论语》所作序文原稿，及致辜振甫信札		57,500	西泠拍卖	2014.12.15
1980至1985年作 邓拓《人民日报》时期手稿十数种，以及他人集攒邓拓数据一批		97,750	西泠拍卖	2014.12.15
1991 1992年作周汝昌《曹雪芹新传》批改稿和致外文出版社编辑信笺		115,000	西泠拍卖	2014.12.15
般若波罗蜜多心经		287,500	中鸿信	2014.11.23
北京漫录		92,000	北京翰海	2014.10.25
蔡元培文稿		92,000	北京翰海	2014.05.09
曾国荃 等 中法战争间事函札册		63,250	中国嘉德	2014.11.21
陈伯达 读书笔记三册		345,000	西泠拍卖	2014.05.03
陈皋自书诗文册		575,000	北京翰海	2014.10.25
陈明庵 绘 燕京大学风景图		230,000	中国嘉德	2014.11.21
陈衍 朱孝臧 潘飞声 程颂万 诚一上款四条屏		126,500	中国嘉德	2014.11.21
春秋左传节录		138,000	北京翰海	2014.10.25
大般涅盘经卷第十七		805,000	北京保利	2014.12.03
大般若波罗密多经		149,500	北京卓德	2014.06.20
大般若波罗密多经存第三百廿四卷		172,500	博古斋	2014.07.06
大般若波罗蜜多经卷第二百四十九		172,500	博古斋	2014.12.14
大般若波罗蜜多经卷第二百四十四		356,500	博古斋	2014.12.14
大般若波罗蜜多经卷第四百九十三		57,500	北京保利	2014.06.03
大般若波罗蜜多经卷第五百四十三		172,500	北京保利	2014.06.03
大方广佛华严经卷第二十二		402,500	北京保利	2014.12.03
大观雅集		109,250	泰和嘉成	2014.11.30
董作宾《中康日食》《殷契辨伪》手稿		92,000	中国嘉德	2014.11.21
董作宾 甲骨摹本七幅		94,300	中国嘉德	2014.03.24
对根起行法一卷		1,782,500	北京保利	2014.06.03
敦煌残经		92,000	中国嘉德	2014.11.21
发觉净心经卷上下		1,437,500	北京保利	2014.06.03
樊增祥 诗稿册		92,000	西泠拍卖	2014.12.14
樊增祥晚晴轩诗稿零册		69,000	北京保利	2014.06.03
樊增祥写齐白石润格		195,500	北京保利	2014.06.03
冯康侯 撰 篆艺集四卷		57,500	中国嘉德	2014.03.22
佛说佛名经卷三		402,500	西泠拍卖	2014.12.13
佛说摩伽经第一		4,025,000	北京保利	2014.06.03
佛说延寿命经(存约半部)		74,750	北京保利	2014.06.03

2014杂项拍卖成交汇总

(成交价RMB：1万元以上)

拍品名称	物品尺寸	成交价RMB	拍卖公司	拍卖日期
高山寺旧藏大藏经两种		63,250	北京保利	2014.06.03
根本说一切有部毗奈耶杂事卷第十七		3,162,500	北京保利	2014.12.03
庚寅(1890年)作杨岘手书诗稿册		184,000	中国嘉德	2014.05.17
古砖录一卷 古瓦录一卷		74,750	西泠拍卖	2014.12.13
顾颉刚 重要文稿一批		782,000	西泠拍卖	2014.05.03
顾文彬 杨沂孙 李鸿裔 沈秉成 熙年上款四条屏		92,000	中国嘉德	2014.11.21
管窥集前后编		345,000	泰和嘉成	2014.06.01
广西奏稿		287,500	泰和嘉成	2014.11.30
郭沫若《五光图》手稿		57,500	北京匡时	2014.09.18
何义门批校精抄日知录		1,265,000	北京翰海	2014.10.25
洪宪年及民国年部政电文稿文献一组		207,000	北京保利	2014.06.03
后山诗集十二卷		287,500	泰和嘉成	2014.06.01
胡适《记曹溪宝林传的僧璨大师章里的房管碑文》手稿		1,495,000	中国嘉德	2014.11.21
画兰说不分卷(清)鲍明撰		69,000	西泠拍卖	2014.12.13
皇明采要编不分卷		80,500	西泠拍卖	2014.12.13
黄宾虹 宾虹诗草		82,800	中国嘉德	2014.05.18
黄侃 杂书		69,000	中国嘉德	2014.11.21
黄裳 黄裳手稿、批校本、他人赠黄裳藏书等一批		103,500	西泠拍卖	2014.12.15
黄易《嵩洛访碑日记》暨丙辰随录手稿(清)黄易著		2,070,000	西泠拍卖	2014.05.05
汲古阁钞宋人词集三种		172,500	中国嘉德	2014.05.20
季羡林手书稿		337,500	中鸿信	2014.11.23
姜氏秘史(明)姜清著		149,500	西泠拍卖	2014.12.13
金刚般若波罗蜜经		322,000	中鸿信	2014.11.23
金刚般若波罗蜜经论卷中		805,000	北京保利	2014.06.03
金光明经		517,500	中鸿信	2014.11.23
金光明经卷第二		828,000	北京保利	2014.12.03
金光明经卷第三		897,000	北京保利	2014.12.03
金光明经卷第三		724,500	北京保利	2014.12.03
金光明经卷第四		437,000	北京保利	2014.12.03
金光明经卷第一		828,000	北京保利	2014.12.03
金梁 陈宝琛 曹汝霖 宝熙 潘复 等默堂上款书法册页		66,700	中国嘉德	2014.11.21
金石录三十卷(宋)赵明诚撰		483,000	西泠拍卖	2014.12.13
景文集六十二卷(宋)宋祁撰		57,500	西泠拍卖	2014.12.13
康生批复“改进小学语文教材”手稿一页		184,000	上海明轩	2014.04.20
康熙六十一年满汉文诰命		184,000	泰和嘉成	2014.06.01
康有为 手稿		109,250	福建华夏	2014.05.12
快圆一笔经《大般若波罗蜜多经》(唐)玄奘译		345,000	西泠拍卖	2014.05.05
快圆一笔经《大般若波罗蜜多经卷第一百七十一》		57,500	西泠拍卖	2014.12.13
况周颐广西名胜志十卷清稿本		120,750	博古斋	2014.12.14
冷谦 18世纪 册页(一本)		552,000	八益拍卖	2014.10.24
李慈铭 手稿 书目残帙一卷		207,000	西泠拍卖	2014.12.14
李大钊 等 致吴弱男、章士钊签赠本十四册		943,000	西泠拍卖	2014.05.03
李鸿章临怀仁圣教序		105,800	北京中汉	2014.05.16
李苏堂(李释戡、李疏畦)诗稿		80,500	北京保利	2014.06.03
李宣龚致佩秋诗稿		86,250	北京保利	2014.06.03
梁鸿志所藏文献		690,000	泰和嘉成	2014.11.30
梁实秋“国立编译馆”古籍编纂稿		115,000	西泠拍卖	2014.12.15
梁漱溟佛学赠言		103,500	泰和嘉成	2014.11.30
梁思成 绘 枫丹白露宫画稿		448,500	中国嘉德	2014.05.20
梁思成 绘 卢浮宫石柱廊画稿		310,500	中国嘉德	2014.05.20
梁思成 绘 圣索菲亚教堂画稿		632,500	中国嘉德	2014.05.20
梁思成 绘 万神庙画稿		287,500	中国嘉德	2014.05.20
梁思成 绘 文特拉米尼府邸画稿		287,500	中国嘉德	2014.05.20
梁思成 美第奇/里卡迪宫		69,000	中国嘉德	2014.11.21
梁思成 圣彼得大教堂		94,300	中国嘉德	2014.11.21
梁思成 圣彼得大教堂		92,000	中国嘉德	2014.11.21
梁思成 圣彼得大教堂		89,700	中国嘉德	2014.11.21
梁思成 西南建筑图说		575,000	中国嘉德	2014.05.20
林徽因 北海公园		483,000	中国嘉德	2014.05.20
刘履芬 抄 吴地记		57,500	中国嘉德	2014.11.21
刘绍棠《地火》原稿及出版资料		57,500	西泠拍卖	2014.05.03
刘文西《深入生活的几点体会》文稿		82,800	中国嘉德	2014.05.20

拍品名称	物品尺寸	成交价RMB	拍卖公司	拍卖日期
六壬秘书		552,000	泰和嘉成	2014.06.01
满文观音菩萨心咒		115,000	泰和嘉成	2014.06.01
妙法莲华经		172,500	北京卓德	2014.06.20
妙法莲华经卷第二		575,000	北京保利	2014.12.03
妙法莲华经卷六		207,000	北京保利	2014.06.03
妙法莲华经卷三		770,500	朵云轩	2014.06.29
明或以前 竹纸《大般若波罗蜜多经卷》第九十九卷		230,000	浙江世贸	2014.04.13
潘天寿《听天阁画谈随笔》出版原稿		690,000	西泠拍卖	2014.05.03
皮日休 撰 松陵集十卷		63,250	中国嘉德	2014.11.21
溥儒 草书文稿		109,250	北京匡时	2014.12.02
溥儒 寒玉堂笔记		1,364,475	中国嘉德	2014.10.06
启功 诗笺		161,000	中国嘉德	2014.11.21
启功致金禹民诗稿		356,500	泰和嘉成	2014.11.30
钱钢 1986年作 书稿 唐山大地震		161,000	北京歌德	2014.05.31
钱磬室手写黄庭赤文阴符三经(明晚期文彦可旧藏、罗振玉递藏)		575,000	北京保利	2014.06.03
秦淮盐政图		63,250	西泠拍卖	2014.05.05
清东陵图		184,000	博古斋	2014.07.06
清高宗弘历、刘统撰等纂《评鉴阐要》六卷		69,000	中鸿信	2014.11.23
清魏源先生文稿册		55,200	北京翰海	2014.05.09
清仪阁题跋		57,500	北京翰海	2014.10.25
瞿鸿禨 白折小楷书法		71,300	中国嘉德	2014.11.21
瞿鸿禨 皇上 太后赏赐记录及帽领 衣箱 书目书画登记册		69,000	中国嘉德	2014.11.21
瞿鸿禨 清宫旧事之圣德纪略 恩遇纪略手稿及銮驾行程路线折		57,500	中国嘉德	2014.11.21
瞿鸿禨 手书《中日会订条约》		57,500	中国嘉德	2014.11.21
瞿元霖《苏常日记》手稿		92,000	中国嘉德	2014.11.21
仁王般若波罗蜜疏		230,000	西泠拍卖	2014.05.05
日人书悉昙十八章		805,000	泰和嘉成	2014.06.01
舌击编五卷		57,500	北京翰海	2014.05.09
沈从文手稿《论文盲》		184,000	中鸿信	2014.11.23
沈鹏《读刘文西人物画的几点体会》手稿		59,800	中国嘉德	2014.05.20
沈氏针灸实验录		75,900	朵云轩	2014.12.18
沈雁冰 手稿		149,500	福建华夏	2014.05.12
沈雁冰 手稿		149,500	福建华夏	2014.05.12
沈尹默 书 覃孝方丘逢甲秋怀倡和诗册		74,750	中国嘉德	2014.11.21
沈尹默 杂书册(二十六开选九)		1,058,000	北京匡时	2014.06.03
胜天王般若波罗蜜经述德品第十(六)		977,500	北京保利	2014.12.03
十诵僧尼要事羯磨一卷		4,542,500	北京保利	2014.12.03
说一切有部显宗论卷第二十一		1,725,000	北京卓德	2014.06.20
孙家鼐先生存稿十篇		276,000	北京保利	2014.12.03
泰戈尔 “季风”诗歌手稿		161,000	西泠拍卖	2014.05.03
唐 写经《大般若波罗密多经第五百廿三》		765,372	保利香港	2014.10.06
唐人写经 瑜伽师地论释		1,207,500	上海道明	2014.06.21
唐人写经残卷		74,750	北京保利	2014.06.03
汪慎生 陆和九等手卷		172,500	泰和嘉成	2014.11.30
王福厂 行书笔记		57,500	中国嘉德	2014.11.21
王世襄钞存枕善居所藏 二卷		230,000	泰和嘉成	2014.11.30
王朔书稿—种感觉(舞罢曲终)——《海马歌舞厅》电视剧剧本		287,500	北京歌德	2014.05.31
王颂蔚校定批注 四库简明目录标注校订稿		287,500	中国嘉德	2014.03.22
无垢净光大陀罗尼经一卷		4,427,500	北京保利	2014.12.03
吴昌硕 金心兰 往来诗词		126,500	中国嘉德	2014.11.21
吴昌硕 诗稿		69,000	西泠拍卖	2014.12.15
吴昌硕 文稿		299,000	中国嘉德	2014.11.21
吴昌硕(缶庐)自题画诗稿		2,990,000	北京保利	2014.06.03
吴大澂 画稿		82,800	中国嘉德	2014.11.21
吴大澂 行书官箴一篇		115,000	中国嘉德	2014.11.21
吴湖帆 曹元忠诗稿 范文正公诗余等		172,500	北京匡时	2014.12.02
吴湖帆 李长蘅书画册 笔记词稿		149,500	北京匡时	2014.12.02
西昆酬唱集		207,000	北京翰海	2014.05.09
席德进 1979年作 改革中国画的先驱者—林风眠		128,538	香港苏富比	2014.10.06

拍品名称	物品尺寸	成交价RMB	拍卖公司	拍卖日期
遐庵(叶恭绰)题高奇峰及女弟子画诗稿		132,250	北京保利	2014.12.03
写经《大般若波罗密多经卷第一百卅一》		280,014	保利香港	2014.10.06
谢觉哉《想一想》手稿		63,250	中国嘉德	2014.05.20
谢氏重续宗谱四卷(明)谢辉等编，谢爲校辑		92,000	西泠拍卖	2014.05.05
信力入印经卷第一		402,500	北京保利	2014.12.03
许梿、李鸿藻等题跋云巢居士浙游草(清)钱景星著		115,000	西泠拍卖	2014.05.05
砚笺四卷(宋)高似修撰		184,000	西泠拍卖	2014.12.13
叶恭绰 编撰《全清词钞》、《广箧中词》稿本一批		115,000	西泠拍卖	2014.05.03
一向生菩萨经		425,500	泰和嘉成	2014.06.01
佚名 大唐首罗比丘经		471,500	北京保利	2014.06.04
佚名 历朝写经		205,344	保利香港	2014.10.06
佚名 五代敦煌供养菩萨像		6,325,000	中国嘉德	2014.05.20
俞樾 吴格 陶焘 等 梦逋草堂图册		82,800	中国嘉德	2014.11.21
瑜伽师地论卷七十四		805,000	北京保利	2014.06.03
雨果《东方集》诗稿一则		138,000	西泠拍卖	2014.12.15
御制养正图解		299,000	泰和嘉成	2014.06.01
元人写经		78,750	中鸿信	2014.11.23
袁荣法 刚伐邑斋藏书志		63,250	北京匡时	2014.09.18
约1699年作牛顿珍贵数学演算手稿		828,000	西泠拍卖	2014.12.15
约1930年及1980年 赵元任《一套标调的字母》手稿及相关资料		195,500	西泠拍卖	2014.12.15
约7世纪 敦煌写经		121,339	保利香港	2014.10.06
臧克家 诗稿		57,500	中国嘉德	2014.11.21
詹天佑 京张铁路设计图纸		287,500	中国嘉德	2014.11.21
瞻岳山房闺秀诗钞		57,500	北京翰海	2014.05.09
张璧 草书		920,000	中国嘉德	2014.03.22
张伯驹 行书自述		1,012,000	中国嘉德	2014.11.21
张謇 诗文稿		460,000	中国嘉德	2014.05.19
张廷济 蔡升初 徐士燕 等 张廷济画像 自题 祝寿诗稿册		333,500	西泠拍卖	2014.12.14
章士钊《陆军八十八师纪烈碑记》原稿		80,500	西泠拍卖	2014.05.03
章士钊 文稿二种、诗文稿一册		230,000	西泠拍卖	2014.12.15
章太炎 撰书 碧云寺中旧思哀 观郑觐文作乐		138,000	中国嘉德	2014.11.21
章太炎撰书故驻日本公使汪君墓志铭		115,000	中国嘉德	2014.11.21
章太炎 撰书 汉儒识古文考上下		105,800	中国嘉德	2014.11.21
章太炎 撰书 汉学论手稿二件		115,000	中国嘉德	2014.11.21
章太炎 撰书 祭黎公文		172,500	中国嘉德	2014.11.21
章太炎 撰书 量守庐记		517,500	中国嘉德	2014.11.21
章太炎 撰书 论碑版法帖利病		322,000	中国嘉德	2014.11.21
章太炎 撰书 孟子大事考		86,250	中国嘉德	2014.11.21
章太炎 撰书 清故龙安学教授廖君墓志铭 清故宁阳县知县张君墓表		126,500	中国嘉德	2014.11.21
章太炎 撰书 诗作六首		322,000	中国嘉德	2014.11.21
章太炎 撰书 桃源饶子六十寿序 罗母白太夫人赞		105,800	中国嘉德	2014.11.21
章太炎 撰书 戊辰诗作五首		345,000	中国嘉德	2014.11.21
章太炎 撰书 音学通论题词		149,500	中国嘉德	2014.11.21
章太炎 撰书 嘤鸣集序 庐山志题词		172,500	中国嘉德	2014.11.21
章太炎 撰书 袁伯举墓志铭 栖霞寺印楞禅师塔铭		103,500	中国嘉德	2014.11.21
章太炎 撰书 杂稿三记		109,250	中国嘉德	2014.11.21
章太炎 撰书 正学报缘起		126,500	中国嘉德	2014.11.21
赵朴初 致段元培诗稿		71,300	中国嘉德	2014.05.20
赵之谦 诗札		51,336	保利香港	2014.10.06
治河全书存十三卷(清)张鹏翮纂		57,500	西泠拍卖	2014.05.05
周作人《元旦的刺客》手稿		230,000	中国嘉德	2014.11.21
周作人 楷书节录《一松斋随笔》		425,500	北京匡时	2014.06.03
朱彝尊《明诗综》手稿(清)朱彝尊撰		1,955,000	西泠拍卖	2014.12.13
历代刻本				
纂图互注扬子法言十卷		322,000	博古斋	2014.07.06
紫桃轩杂缀四卷 又缀四卷		287,500	泰和嘉成	2014.11.30
资治通鉴节要续编三十卷		747,500	博古斋	2014.12.14

拍品名称	物品尺寸	成交价RMB	拍卖公司	拍卖日期
资治通鉴纲目五十九卷首一卷续资治通鉴纲目二十七卷		460,000	博古斋	2014.12.14
资治通鉴二百九十四卷通鉴释文辨误十二卷(缺七册)		92,000	北京保利	2014.06.03
资治通鉴存二百七十六卷 附甲子会纪五卷 释文辩误十二卷(宋)司马光编		69,000	西泠拍卖	2014.05.05
资治通鉴		287,500	泰和嘉成	2014.11.30
篆书六经		138,000	泰和嘉成	2014.11.30
注韩柳集		115,000	博古斋	2014.12.14
朱批御旨(原一百零八册存三十八册)		97,750	北京保利	2014.06.03
朱批谕旨三百六十卷		793,500	博古斋	2014.12.14
周易本义十二卷易图一卷五赞一卷筮仪一卷		149,500	北京保利	2014.06.03
周密 撰 草窗韵语六藁		80,500	中国嘉德	2014.11.21
周礼全经释原十二卷附录二卷		109,250	博古斋	2014.12.14
重校正唐文粹一百卷		241,500	博古斋	2014.12.14
重校元典章六十卷附新集		115,000	博古斋	2014.12.14
重刻校正增释人相全编		161,000	泰和嘉成	2014.11.30
重刊校正笠泽丛书四卷补遗一卷续补遗一卷		149,500	北京保利	2014.06.03
种榆仙馆诗抄二卷 清陈鸿寿曼生著		63,250	北京保利	2014.12.03
中国文学史 (14函120册)		380,000	海王村	2014.03.22
中国画汇编		287,500	泰和嘉成	2014.06.01
致堂读史管见三十卷(清早期徐紫珊旧藏) 宋胡寅撰		1,092,500	北京保利	2014.12.03
直斋书录解题二十二卷 宋安吉陈振孙撰		69,000	北京保利	2014.12.03
知不足斋丛书全套		103,500	博古斋	2014.12.14
郑西谛 鲁迅 编 北平笺谱		172,500	中国嘉德	2014.11.21
郑若曾 撰 明 筹海图编十三卷		322,000	中国嘉德	2014.11.21
正谊堂全书		138,000	博古斋	2014.12.14
真西山心经政经		178,250	北京富古台	2014.05.30
真西山先生心经一卷政经一卷 宋真德秀撰		63,250	北京保利	2014.12.03
赵尔巽黄侃等撰批注清史稿目录		517,500	中国嘉德	2014.05.20
赵崇祚 汤显祖 辑 评 花间集四卷		138,000	中国嘉德	2014.11.21
昭代丛书十集并别集		138,000	博古斋	2014.12.14
长安获古编		195,500	朵云轩	2014.12.19
张志鱼题诗本康生旧藏百花诗笺谱		184,000	博古斋	2014.07.06
张荫椿过录吴骞过录何义门、翁方纲、卢文弨三色批校本《庚子销夏记附闲者轩帖考》		276,000	博古斋	2014.12.14
增壹阿含经		115,000	博古斋	2014.07.06
云间志三卷续一卷宋杨潜等纂修		57,500	西泠拍卖	2014.05.05
袁中郎集二种 明袁宏道撰		69,000	北京保利	2014.12.03
豫章丛书		184,000	博古斋	2014.12.14
御纂周易折中二十二卷首一卷		322,000	博古斋	2014.07.06
御纂性理精义十二卷		235,750	泰和嘉成	2014.11.30
御纂性理精义十二卷		172,500	泰和嘉成	2014.06.01
御注道德经一卷		517,500	北京保利	2014.06.03
御制资政要览三卷附后序一卷		103,500	北京保利	2014.06.03
御制盛京赋鸾凤篆一卷(恭亲王旧藏)		138,000	北京保利	2014.12.03
御制盛京赋龙书篆一卷(恭亲王旧藏)		138,000	北京保利	2014.12.03
御制全韵诗五卷		126,500	博古斋	2014.12.14
御制全唐诗		805,000	泰和嘉成	2014.06.01
御制拟白居易新乐府不分卷 清高宗弘历撰		55,200	北京保利	2014.12.03
御制律吕正义后编		115,000	泰和嘉成	2014.11.30
御制皇清职贡图		322,000	泰和嘉成	2014.06.01
御制赋汇一百四十卷		172,500	泰和嘉成	2014.06.01
御制词谱存卷一卷十		103,500	泰和嘉成	2014.11.30
御制避暑山庄诗二卷(满文)清圣祖玄烨撰 揆叙等注 沈嵛绘图		287,500	西泠拍卖	2014.12.13
御制避暑山庄诗不分卷		115,000	博古斋	2014.07.06
御选唐宋诗醇四十七卷		172,500	泰和嘉成	2014.11.30
御览西湖志纂十二卷首一卷末一卷		230,000	北京富古台	2014.05.30
玉台新咏十卷 札记一卷(陈)徐陵撰		69,000	西泠拍卖	2014.12.13

2014杂项拍卖成交汇总

(成交价RMB：1万元以上)

拍品名称	物品尺寸	成交价RMB	拍卖公司	拍卖日期
玉茗堂还魂记二卷 明汤显祖撰		126,500	北京保利	2014.12.03
渔山诗草二卷		74,750	北京保利	2014.06.03
影印四库全书样书四种		63,250	北京翰海	2014.10.25
影刻宋干道本韩非子二十卷 附韩非子识误三卷		57,500	西泠拍卖	2014.12.13
印史		690,000	泰和嘉成	2014.06.01
仪礼注疏十七卷(汉)郑玄注(唐)贾公彦疏		69,000	西泠拍卖	2014.12.13
医林类证集要十卷		977,500	博古斋	2014.12.14
一切如来心秘密全身舍利宝箧印陀罗尼经一卷		69,000	西泠拍卖	2014.12.13
一千零一夜(3函25册)		170,000	海王村	2014.03.22
学山堂印谱六卷本		920,000	泰和嘉成	2014.06.01
续古逸丛书四十六种		189,750	博古斋	2014.07.06
徐乃昌积余过录段玉裁、王念孙手校《一切经音义》二十五卷		230,000	博古斋	2014.12.14
徐陵 编 玉台新咏十卷		57,500	中国嘉德	2014.03.22
熊希龄、张均衡旧藏影宋本三国志三十卷		138,000	博古斋	2014.12.14
性理大全书七十卷		63,250	北京保利	2014.06.03
新刊资治通鉴纲目大全五十九卷续编纲目二十七卷前编十八卷		264,500	博古斋	2014.07.06
新镌海内奇观四卷		166,750	泰和嘉成	2014.06.01
新编古今事文类聚前集六十二卷后集五十卷别集三十二卷新集三十六卷外集十五卷		287,500	博古斋	2014.07.06
校元刊本韩诗外传十卷(1函2册)		125,000	海王村	2014.03.22
小校经阁金石文字拓本		103,500	泰和嘉成	2014.11.30
限量300册 张葱玉《木雁斋书画鉴赏笔记》全套13册		72,680	保利香港	2014.04.06
西山先生真文忠公文章正宗二十四卷		483,000	博古斋	2014.07.06
西清古鉴四十卷附钱录十六卷		172,500	博古斋	2014.07.06
西泠四家印谱附存四家		287,500	泰和嘉成	2014.06.01
西京职官印録二卷 清徐坚辑		207,000	北京保利	2014.12.03
西湖志四十八卷 清李卫、杭世骏、沈德潜、吴焯等奉敕编		115,000	北京保利	2014.12.03
西湖志四十八卷		172,500	博古斋	2014.07.06
西湖览胜诗志八卷、西湖览胜诗选六卷 清夏基评定		172,500	北京保利	2014.12.03
西谛所藏善本戏曲目录 附补遗		218,500	泰和嘉成	2014.06.01
五伦书存卷42/45		138,000	博古斋	2014.07.06
五礼通考二百六十二卷首四卷		1,150,000	北京翰海	2014.10.25
五局合刻二十四史		724,500	博古斋	2014.07.06
吴湖帆题赠《梅花喜神谱二卷》		51,750	西泠拍卖	2014.05.05
吴湖帆、潘景郑等题跋《玉台新咏十卷》(南朝陈)徐陵撰		943,000	西泠拍卖	2014.12.13
文字会宝		172,500	博古斋	2014.12.14
文选纂注十二卷(梁)萧统选，(明)张凤翼纂注		86,250	西泠拍卖	2014.12.13
文选十二卷 (明)张凤翼 纂注		207,000	北京卓德	2014.06.20
文选六十卷考异十卷 梁昭明太子著、唐李善等注		92,000	北京保利	2014.12.03
文选六十卷附考异十卷		57,500	北京保利	2014.06.03
文选六十卷		609,500	博古斋	2014.07.06
文美斋百花诗笺谱		55,200	朵云轩	2014.12.18
魏书一百十四卷		1,161,500	博古斋	2014.07.06
王祯 撰 农器图谱二十卷		184,000	中国嘉德	2014.05.20
王逸 陈深 注 批点 楚辞十七卷		138,000	中国嘉德	2014.11.21
王文恪公集三十六卷首名公笔记一卷		299,000	博古斋	2014.07.06
王世贞 汪云鹏 辑次 校梓 有象列仙全传九卷		112,700	中国嘉德	2014.05.20
王荆公诗五十卷补遗一卷		115,000	北京保利	2014.06.03
汪士贤 集著 山居集志		345,000	中国嘉德	2014.05.20
万首唐人绝句		230,000	泰和嘉成	2014.06.01
晚闻居士遗集		115,000	泰和嘉成	2014.11.30
宛平查氏支谱六卷		161,000	西泠拍卖	2014.05.05
外科集验方二卷(明)周文采撰		55,200	西泠拍卖	2014.12.13
拓跋廛丛书		345,000	泰和嘉成	2014.11.30
通商约章三十五卷 首一卷(清)徐宗亮辑		80,500	西泠拍卖	2014.05.05
通鉴纪事本末四十二卷		126,500	博古斋	2014.07.06

拍品名称	物品尺寸	成交价RMB	拍卖公司	拍卖日期
通鉴纪事本末存卷第三十九		103,500	博古斋	2014.12.14
天仙圣母源留泰山宝卷五卷		57,500	北京保利	2014.12.03
陶人心语五卷续选五卷附可姬传一卷		235,750	博古斋	2014.07.06
唐颜师古注 汉书一百卷		230,000	北京翰海	2014.10.25
唐钱起诗集十卷(唐)吴兴钱起撰		109,250	西泠拍卖	2014.05.05
唐陆宣公集二十四卷 唐陆贽撰		253,000	北京保利	2014.12.03
唐开成石经		414,000	博古斋	2014.07.06
唐才子传十卷附考异(元)辛文房撰		57,500	西泠拍卖	2014.05.05
泰山残石楼藏画、悲庵胜墨等五十二册		57,500	朵云轩	2014.12.18
太玄经(存卷一至四卷附释文一卷、说玄五篇)		299,000	博古斋	2014.12.14
太平御览一千卷目录十五卷		437,000	北京保利	2014.06.03
太平御览一千卷		109,250	博古斋	2014.07.06
隋董美人墓志等六种		63,250	中国嘉德	2014.09.20
苏长公易传		218,500	泰和嘉成	2014.06.01
苏文忠公全集一百十一卷年谱一卷墓志铭一卷		425,500	博古斋	2014.12.14
苏东坡诗集注三十二卷年谱一卷		287,500	泰和嘉成	2014.06.01
苏东坡诗集注		322,000	泰和嘉成	2014.06.01
宋元刻本零页十八种 附之襄至张溥泉信札		230,000	北京翰海	2014.10.25
宋名家词六十一种九十卷(第一集、第二集全)		80,500	北京保利	2014.06.03
宋名家词六集		408,250	博古斋	2014.07.06
宋刻《音注全文春秋括例始末左传句读直解七十卷》(宋)林尧叟注		4,600,000	西泠拍卖	2014.12.13
宋淳熙敕编古玉图谱		207,000	泰和嘉成	2014.06.01
宋 刘球 撰 隶韵		120,000	海王村	2014.01.11
四苏全集		74,750	北京保利	2014.06.03
四书蒙引十五卷		115,000	北京保利	2014.06.03
四书集注二十八卷 宋朱熹撰		276,000	北京保利	2014.12.03
四书集注		115,000	泰和嘉成	2014.11.30
说文真本十五卷(黄焯过录本)		97,750	北京保利	2014.12.03
水浒传 一百回 (10函100册)		350,000	海王村	2014.03.22
书史会要九卷补遗一卷明陶宗仪著		51,750	西泠拍卖	2014.05.05
释玄奘 译 阿毗达磨大毗婆沙论卷第一百五十三		511,750	雍和嘉诚	2014.05.30
世说新语		207,000	泰和嘉成	2014.06.01
史记一百三十卷 附评点四卷		138,000	西泠拍卖	2014.05.05
史记评林一百三十卷		149,500	博古斋	2014.07.06
石园全集三十卷(清)李元鼎撰		253,000	西泠拍卖	2014.12.13
十竹斋笺谱四卷		172,500	博古斋	2014.07.06
十三经注疏三百三十三卷		115,000	北京保利	2014.12.03
十三经注疏		138,000	博古斋	2014.12.14
十七史		460,000	西泠拍卖	2014.05.05
十六金符斋印存		207,000	北京富古台	2014.05.30
盛明杂剧三十卷(明)沈泰辑		287,500	西泠拍卖	2014.05.05
胜天王般若波罗蜜多经(陈)月婆首那译		115,000	北京卓德	2014.06.20
圣谕像解二十卷(清)梁延年编		897,000	西泠拍卖	2014.05.05
圣谕像解		644,000	泰和嘉成	2014.06.01
沈尹默题《强村丛书二百六十卷》(民国)朱祖谋辑并撰校记		115,000	西泠拍卖	2014.12.13
沈钦韩批校《昌黎先生集四十卷外集十卷 遗文一卷 朱子校昌黎先生集传一卷》(唐)韩愈撰 (宋)廖莹中注		575,000	西泠拍卖	2014.05.05
神州国光集(王世襄藏书)		57,500	北京保利	2014.06.03
尚书注疏二十卷(汉)孔氏序(唐)孔颖达疏		74,750	西泠拍卖	2014.12.13
陕西通志一百卷		178,250	博古斋	2014.12.14
三苏先生文粹七十卷		425,500	博古斋	2014.07.06
三苏先生文粹		402,500	泰和嘉成	2014.06.01
三古图		195,500	泰和嘉成	2014.11.30
泉布统志九卷卷首一卷附录一卷 清逸冈孟麟撰		86,250	北京保利	2014.12.03
清晚期民国历书		66,700	中国嘉德	2014.03.22
清圣祖御制文集		1,150,000	北京富古台	2014.05.30
清乾隆十一年(1746)《御笔画秋山亭子》卷		21,357,000	香港苏富比	2014.10.08

拍品名称	物品尺寸	成交价RMB	拍卖公司	拍卖日期
清乾隆十七年(1752)高宗《御笔西园雅集图记》册		9,523,640	香港苏富比	2014.10.08
清乾隆三十五年(1770)高宗《御临倪瓒画谱六帧》册		6,865,880	香港苏富比	2014.10.08
清乾隆三十六年(1771)高宗《御临米芾尺牍》册		12,371,240	香港苏富比	2014.10.08
清乾隆 御制佛说大智度论释学空不证品		2,200,000	北京九歌	2014.12.17
青邱高季迪先生诗集十八卷遗诗一卷扣舷集一卷附录一卷(施蛰存旧藏)		51,750	北京保利	2014.06.03
琴学丛书十种三十二卷		172,500	北京保利	2014.06.03
秦氏石研斋刊书三种		57,500	北京保利	2014.12.03
秦汉瓦当文字一卷、续一卷		71,300	北京翰海	2014.10.25
秦敦着 秦汉瓦当文字二卷续一卷		69,000	中国嘉德	2014.03.22
钦定书经图说五十卷		345,000	北京富古台	2014.05.30
钦定书经图说五十卷		57,500	西泠拍卖	2014.05.05
钦定书经图说(清)孙家鼐等纂		184,000	北京卓德	2014.06.20
钦定书经传说汇纂二十一卷序一卷首二卷		172,500	博古斋	2014.07.06
钦定古今图书集零册		86,250	北京保利	2014.06.03
乾隆三十五年(1770)高宗《御笔山水四帧》册		6,865,880	香港苏富比	2014.10.08
前四史		224,000	润德堂	2014.04.20
前汉书一百卷		161,000	博古斋	2014.12.14
曝书亭集八十卷附录一卷、笛渔小稿十卷附墓志铭 清朱彝尊著、朱昆田补著		51,750	北京保利	2014.12.03
曝书亭集八十卷(清)秀水朱彝尊撰		74,750	西泠拍卖	2014.05.05
平津馆丛书		356,500	博古斋	2014.12.14
内府耕织图		483,000	泰和嘉成	2014.06.01
南华真经十卷		184,000	博古斋	2014.12.14
南阜山人诗集类稿七卷(清)高凤翰撰		63,250	西泠拍卖	2014.05.05
牧斋初学集一百十卷		195,500	博古斋	2014.07.06
墨籔四卷附录一卷		103,500	北京保利	2014.06.03
墨法集要一卷		184,000	泰和嘉成	2014.06.01
明正统内府本《五伦书》六十二卷		4,140,000	博古斋	2014.12.14
明清古籍一组六种		69,000	北京保利	2014.12.03
名人书画扇集一至六十集		126,500	博古斋	2014.07.06
民国时期珂罗版文献一组三十七种		97,750	北京保利	2014.12.03
民国年中华书局制珂罗版一组二十七种		63,250	北京保利	2014.12.03
民国年书画著录珂罗版五十九种		166,750	北京保利	2014.06.03
民国珂罗版郑振铎亲笔作序张葱玉著《韫辉斋藏唐宋以来名画集》1函1册		51,750	北京翰海	2014.10.24
民国珂罗版赵之谦画集《悲庵书画集》全套1函2册		55,200	北京匡时	2014.09.17
民国珂罗版吴昌硕画集《吴昌硕书画谱》全套1函2册		55,200	北京匡时	2014.09.17
民国珂罗版日本有邻馆《有邻大观》 全套6函6册		103,500	上海明轩	2014.11.02
民国珂罗版狄平子《中国名画集》全套1函2册		207,000	北京翰海	2014.10.24
民国珂罗版《美展特刊》全套1函2册		51,750	北京翰海	2014.10.24
民国珂罗版 吴昌硕《吴昌硕书画谱》1函2册		51,750	上海明轩	2014.11.02
梦幻居画学简明五卷续五卷云泉高踞图一卷 题画诗稿一卷梦白图一卷 清郑绩著		63,250	北京保利	2014.12.03
梦窗甲乙丙丁稿附补遗		63,250	北京保利	2014.06.03
梦窗词甲乙丙丁稿四卷 补遗一卷札记一卷 梦窗词集一卷(宋)四明吴文英著		51,750	西泠拍卖	2014.05.05
孟麟 撰 泉布统志九卷 卷首一卷附录一卷		51,750	中国嘉德	2014.03.22
孟东野诗集十卷		253,000	博古斋	2014.12.14
孟东野诗集		184,000	北京翰海	2014.10.25
梅花喜神谱		63,250	朵云轩	2014.12.19
毛西河先生合集十函		109,250	博古斋	2014.07.06

拍品名称	物品尺寸	成交价RMB	拍卖公司	拍卖日期
毛诗注疏二十卷(汉)郑玄笺(唐)孔颖达疏		172,500	西泠拍卖	2014.12.13
满汉文圣谕广训		149,500	泰和嘉成	2014.06.01
马宗霍 著 文字学发凡		71,300	中国嘉德	2014.11.21
马宗霍 藏 聋道人百种诗笺		55,200	中国嘉德	2014.11.21
螺陂萧氏族谱		345,000	泰和嘉成	2014.06.01
萝轩变古笺谱		115,000	泰和嘉成	2014.11.30
罗祖五经		172,500	泰和嘉成	2014.11.30
罗浮外史不分卷首图一卷		115,000	博古斋	2014.07.06
楼村诗集二十五卷 清王式丹撰		80,500	北京保利	2014.12.03
六书正伪五卷		126,500	泰和嘉成	2014.11.30
六壬全书十三卷 明郭载騋校刻		74,750	北京保利	2014.12.03
六度集经卷第七		920,000	北京翰海	2014.05.09
六朝文絜四卷		138,000	博古斋	2014.07.06
六朝文絜四卷		109,250	博古斋	2014.07.06
刘义庆 撰 世说新语		51,750	中国嘉德	2014.11.21
刘王两先生评点郭注庄子十六卷		931,500	博古斋	2014.07.06
刘节广 陈蕙 校 广文选六十卷		299,000	中国嘉德	2014.05.20
灵鹣阁丛书		126,500	博古斋	2014.07.06
临川先生文集一百卷目二卷		506,000	博古斋	2014.12.14
列子冲虚真经八卷		97,750	中国嘉德	2014.11.21
梁诗正 蒋溥 辑 西清古鉴四十卷附钱录十六卷		253,000	雍和嘉诚	2014.05.30
笠泽丛书四卷补遗一卷续补遗一卷(王岂孙旧藏)		109,250	北京保利	2014.06.03
笠翁六种曲		207,000	泰和嘉成	2014.11.30
历代诗话二十七种五十七卷考索一卷		345,000	北京保利	2014.06.03
历朝印史十卷清黄学圮刻、黄学洙释		51,750	北京保利	2014.12.03
李义山文集十卷		63,250	北京保利	2014.06.03
李太仆恬致堂集四十卷		230,000	博古斋	2014.07.06
李太白文集三十卷 唐李白撰		69,000	北京保利	2014.12.03
李太白文集三十卷		80,500	北京保利	2014.06.03
李明仲营造法式三十六卷		92,000	北京保利	2014.06.03
李林松等藏批雅雨堂丛书十二种		103,500	博古斋	2014.07.06
李诫著李明仲营造法式三十四卷		161,000	中国嘉德	2014.11.21
李光地 等 撰 御纂周易折中二十二卷 卷首一卷		161,000	中国嘉德	2014.03.22
李白 杨齐贤 萧士赟 撰 集注 补注分类补注李太白诗卷之二十三		92,000	中国嘉德	2014.03.22
礼记二十卷附释文、考异二卷(陶氏涉园旧藏)		109,250	北京保利	2014.06.03
楞严经十卷		322,000	泰和嘉成	2014.06.01
乐府一百卷		195,500	泰和嘉成	2014.11.30
珂罗版陈仁涛《金匮藏画集》全套1函2册		126,500	北京翰海	2014.10.24
康有为、郑文焯题跋《石湖居士诗集三十四卷》(宋)范成大撰		86,250	西泠拍卖	2014.12.13
康熙字典		138,000	博古斋	2014.12.14
康熙御制全韵诗		713,000	泰和嘉成	2014.06.01
康熙万寿盛典图		322,000	北京保利	2014.06.03
攈古录金文三卷(清)吴式芬撰		55,200	西泠拍卖	2014.12.13
聚学轩丛书		184,000	泰和嘉成	2014.11.30
景宋寒山子集不分卷		115,000	博古斋	2014.07.06
经史证类大观本草三十一卷附本草衍义二十卷		86,250	北京保利	2014.06.03
锦绣万花谷前集 后集 续集		575,000	泰和嘉成	2014.11.30
锦囊印林		253,000	泰和嘉成	2014.06.01
津逮秘书零种		103,500	博古斋	2014.07.06
金石存		115,000	朵云轩	2014.12.19
焦秉贞 编 康熙御制耕织图		172,500	中国嘉德	2014.11.21
集千家注杜工部诗集二十卷文集二卷(放慵楼旧藏)		828,000	北京保利	2014.06.03
汲古阁六十种曲		517,500	北京富古台	2014.05.30
惠士奇先生集三种		126,500	北京保利	2014.12.03
晦庵先生朱文公集存卷第四十三		172,500	博古斋	2014.07.06
绘孟七卷		115,000	朵云轩	2014.12.18
徽言秘旨订不分卷		63,250	北京保利	2014.06.03
黄永年、顾廷龙题跋《北齐书五十卷》		1,610,000	西泠拍卖	2014.05.05
黄裳题跋《香叶草堂诗存不分卷》(清)罗聘著		57,500	西泠拍卖	2014.05.05

2014杂项拍卖成交汇总

(成交价RMB：1万元以上)

拍品名称	物品尺寸	成交价RMB	拍卖公司	拍卖日期
黄裳题跋《南田诗钞五卷》(清)恽寿平撰		172,500	西泠拍卖	2014.05.05
黄裳题跋《南河印怡二卷》(清)汪启淑鉴定柳州著程芝华参订		126,500	西泠拍卖	2014.12.13
鸿雪因缘图记初、二、三集		276,000	博古斋	2014.07.06
洪武正韵十六卷(明)乐韶凤、宋濂等撰		230,000	西泠拍卖	2014.12.13
洪武正韵十六卷		241,500	博古斋	2014.07.06
洪迈撰容斋随笔十六卷续笔十六卷三笔十六卷四笔十六卷五笔十六卷		55,200	中国嘉德	2014.03.22
汉魏丛书		1,725,000	北京翰海	2014.10.25
汉书一百卷后汉书一百二十卷		322,000	博古斋	2014.12.14
汉书一百卷后汉书一百二十卷		230,000	博古斋	2014.07.06
韩子迂评二十卷		264,500	博古斋	2014.12.14
过去现在因果经卷一 东晋佛那跋陀罗译		97,750	北京保利	2014.12.03
郭象 陆德明 注 音义 南华真经十卷		103,500	中国嘉德	2014.03.22
广东通志三百三十四卷目一卷		184,000	博古斋	2014.12.14
管子二十四卷存(卷首十卷)		51,750	北京保利	2014.06.03
关王事迹五卷		402,500	北京保利	2014.06.03
古玉图谱一百卷		276,000	北京富古台	2014.05.30
古逸丛书二十六种		207,000	博古斋	2014.12.14
古香斋袖珍渊鉴类函四百五十卷目录四卷		115,000	博古斋	2014.07.06
古香斋鉴赏袖珍礼记三卷		207,000	泰和嘉成	2014.06.01
古文渊鉴六十四卷(清)康熙帝选，徐干学等辑并注		437,000	西泠拍卖	2014.05.05
贡大化批跋《阳明先生文录五卷外集九卷别录十卷》(明)王守仁撰		287,500	西泠拍卖	2014.12.13
龚定盦文集九种		322,000	泰和嘉成	2014.11.30
高棅 编 唐诗品汇		345,000	中国嘉德	2014.05.20
福建通志五十一卷		132,250	博古斋	2014.12.14
佛说弥勒上生经一卷 李仁锐金刚经 弥勒下生经		25,300,000	北京保利	2014.12.03
佛说骂意经一卷(后汉)安世高译		782,000	西泠拍卖	2014.05.05
分类补注李太白诗		609,500	泰和嘉成	2014.11.30
非水舟遗集二卷		51,750	北京保利	2014.06.03
飞鸿堂印谱 初 二 三 四集		483,000	泰和嘉成	2014.11.30
方氏墨谱六卷(缺首二卷) 明方于鲁著		184,000	北京保利	2014.12.03
方氏墨谱六卷(明)方于鲁辑		713,000	西泠拍卖	2014.05.05
方氏墨海十卷 墨表四卷		63,250	西泠拍卖	2014.05.05
法集要颂经卷第三(印度)法救尊者集，(宋)天息灾译		287,500	西泠拍卖	2014.05.05
二十一史文抄三百三十二卷(零种全)		74,750	北京保利	2014.06.03
二十四史零种		161,000	泰和嘉成	2014.11.30
二十四史		747,500	泰和嘉成	2014.11.30
杜氏通典二百卷目一卷		552,000	博古斋	2014.12.14
东周列国志一百零八回		74,750	北京保利	2014.06.03
东西洋考		230,000	泰和嘉成	2014.06.01
东坡文选二十卷		287,500	泰和嘉成	2014.06.01
东坡全集		80,500	朵云轩	2014.12.18
东坡集十六卷(宋)苏轼撰，(明)李贽选评		138,000	西泠拍卖	2014.12.13
东坡禅喜集		345,000	泰和嘉成	2014.06.01
东林列传二十四卷卷末二卷清陈鼎辑		63,250	北京保利	2014.12.03
地藏菩萨本愿经三卷		69,000	北京保利	2014.12.03
道德宝章不分卷		207,000	博古斋	2014.07.06
丹隐诗存稿本 丹隐词		161,000	泰和嘉成	2014.11.30
大清龙藏		207,000	博古斋	2014.07.06
大清高宗皇帝圣训三百卷		161,000	泰和嘉成	2014.11.30
大明天元玉历祥异图说		345,000	泰和嘉成	2014.06.01
大佛顶首楞严经		207,000	泰和嘉成	2014.06.01
大佛顶如来密因修证了义诸菩萨万行首楞严经十卷(唐)刺密帝译		63,250	西泠拍卖	2014.12.13
大佛顶如来密因修正了义诸菩萨万行首楞严经十卷		448,500	中国嘉德	2014.03.22
大方广佛华严经三昧忏法八卷		92,000	中国嘉德	2014.05.20
大方广佛华严经(卷二十六至卷三十)唐释实义难陀译		57,500	北京保利	2014.12.03

拍品名称	物品尺寸	成交价RMB	拍卖公司	拍卖日期
大德重校圣济总录二百卷目一卷		172,500	博古斋	2014.07.06
大宝积经卷第五十一 宋刻宋印碛砂藏本		747,500	博古斋	2014.07.06
大般若波罗蜜经卷第二百二十三		563,500	博古斋	2014.07.06
大般若波罗蜜多经卷二百四十		356,500	博古斋	2014.07.06
大般若波罗蜜多经卷二百三		172,500	博古斋	2014.12.14
春秋左传注疏六十卷(晋)杜预注(唐)陆德明释文 孔颖达疏		138,000	西泠拍卖	2014.12.13
春秋经传集解三十卷		414,000	泰和嘉成	2014.11.30
春秋公羊注疏二十八卷(汉)何休学(明)李元阳校刊		74,750	西泠拍卖	2014.12.13
船山遗书 (明)衡阳王夫之撰		103,500	北京卓德	2014.06.20
褚德彝校跋《积古斋钟鼎彝器款识十卷》		115,000	西泠拍卖	2014.12.13
陈寅恪、陆丹林、冼玉清 赠金蜜公《元白诗笺证稿》《流离百咏》《玉岑遗稿》共三册		86,250	中国嘉德	2014.05.18
陈敬、郑文焯、赵俪生等旧藏、题跋王渔洋著作四十七种		258,750	博古斋	2014.12.14
昌黎先生诗集注十一卷年谱一卷		55,200	北京保利	2014.06.03
昌黎先生集四十卷外集十卷遗文一卷集一卷		540,500	博古斋	2014.12.14
茶经三卷(唐)陆羽撰		74,750	西泠拍卖	2014.12.13
草堂诗余		230,000	泰和嘉成	2014.06.01
曹子建集十卷		414,000	博古斋	2014.12.14
藏文大藏经		230,000	北京中汉	2014.05.16
藏书 六十八卷 续藏书 二十七卷(3函37册)		260,000	海王村	2014.03.22
泊如斋重修宣和博古图录三十卷		161,000	北京富古台	2014.05.30
本草纲目五十二卷 濒湖脉学一卷 脉诀考证一卷 奇经八脉考一卷 (明)李时珍撰		460,000	西泠拍卖	2014.05.05
北宋刻《妙法莲华经入注七卷》(姚秦)鸠摩罗什译，(隋)智者疏并记，(宋)道威入注		9,430,000	西泠拍卖	2014.12.13
北平荣宝斋诗笺谱		69,000	中国嘉德	2014.11.21
北梦琐言二十卷 宋孙光宪撰		55,200	北京保利	2014.12.03
北京荣宝斋新记木刻套版信笺样本		230,000	泰和嘉成	2014.11.30
北京笺谱		51,750	上海工美	2014.11.02
稗海		920,000	北京翰海	2014.10.25
八旗满洲氏族通谱八十卷		115,000	泰和嘉成	2014.11.30
爱新觉罗 福临 撰 御制资政要览三卷后序一卷		115,000	中国嘉德	2014.11.21
17世纪《耕织图》上下二册		98,875	香港苏富比	2014.10.08
《支那文化史迹》(十一册全)		74,750	北京华辰	2014.05.16
《御制盛京赋》		115,000	中鸿信	2014.11.23
《太上感应篇集传》四卷		74,750	中鸿信	2014.11.23
《日本搜储支那古铜精华》(六册全)		207,000	北京华辰	2014.05.16
《欧美搜储支那古铜精华》(七册全)		293,250	北京华辰	2014.05.16
《梅景画笈》一集二集		55,200	西泠拍卖	2014.05.05
(战国)孟子著《孟子》上下卷		184,000	中鸿信	2014.11.23
(清)张万选编注 《太平三书》十卷(清)萧云从绘 《太平山水图画》		103,500	中鸿信	2014.11.23
(清)吴伟业撰 《吴诗集览》二十卷		86,250	中鸿信	2014.11.23
(清)陆润庠等撰 《钦定书经图说》五十卷		287,500	中鸿信	2014.11.23
(清)李光地奉敕撰 《御纂性理精义》十二卷		126,500	中鸿信	2014.11.23
(清)李光地奉敕撰 《御纂性理精义》十二卷		51,750	中鸿信	2014.11.23
(明)陳所聞编纂 《新镌古今大雅南宮詞紀》六卷《新镌古今大雅北宮詞紀》六卷		124,200	中鸿信	2014.11.23
(北宋)林和靖著 《林和靖集》四卷 附拾遗附跋		63,250	中鸿信	2014.11.23
碑帖印谱				
《秦汉印范》一函六卷		264,500	中国嘉德	2014.11.22
《思慎斋秦汉玺印选》一函三册		80,500	中国嘉德	2014.11.22

(成交价RMB：1万元以上)

拍品名称	物品尺寸	成交价RMB	拍卖公司	拍卖日期
《玉篆楼百印》原稿		51,750	西泠拍卖	2014.12.15
1928年作 姚华 朱砂影拓佛像四屏		171,647	宝港国际	2014.11.27
1980年作 顿立夫刻青田石闲章、《顿立夫印谱》原石钤拓本		97,750	西泠拍卖	2014.12.15
19世纪末 窓斋所藏吉金图拓本		3,711,675	纽约苏富比	2014.03.18
白石翁印谱		115,000	北京匡时	2014.12.02
白石篆刻		57,500	北京保利	2014.06.03
宝苏堂印存不分卷		97,750	西泠拍卖	2014.12.13
宝贤堂帖十二卷		97,750	朵云轩	2014.04.21
北齐陶延标造像、北魏杨范墓志		57,500	西泠拍卖	2014.12.13
北魏四寇墓志		57,500	朵云轩	2014.06.29
碧玉版十三行洛神赋		149,500	北京保利	2014.06.03
曹望熹造像		172,500	博古斋	2014.12.14
曹望喜造像		149,500	北京卓德	2014.06.20
曹魏曹真碑		103,500	朵云轩	2014.06.29
岑镕 辑 师慎轩印存		253,000	中国嘉德	2014.11.21
曾熙、谭延闿等题跋《大唐中兴颂摩崖》		126,500	西泠拍卖	2014.12.13
查礼 辑 铜鼓书堂藏印		218,500	中国嘉德	2014.11.21
陈宝琛 辑 澄秋馆藏古封泥		241,500	中国嘉德	2014.11.21
陈宝琛 辑藏 澄秋馆印存		356,500	中国嘉德	2014.11.21
陈簠斋先秦文字集拓		713,000	中国嘉德	2014.11.21
陈汉第 辑 伏庐藏印		69,000	中国嘉德	2014.11.21
陈汉第 辑 伏庐藏印 庚申集		80,500	中国嘉德	2014.11.21
陈汉第 辑 伏庐藏印已未集		172,500	中国嘉德	2014.11.21
陈汉第 辑 伏庐藏印续集		115,000	中国嘉德	2014.11.21
陈介祺 簠斋印集		598,000	中国嘉德	2014.11.21
陈介祺 辑 簠斋手拓古玺		644,000	中国嘉德	2014.11.21
陈介祺 辑 十钟山房印举		51,750	中国嘉德	2014.11.21
陈介祺 辑藏 古印一隅		161,000	中国嘉德	2014.11.21
陈介祺、褚德彝等题跋诸家藏古器物拓本		287,500	西泠拍卖	2014.12.13
陈介祺旧藏大盂鼎拓本		103,500	西泠拍卖	2014.12.13
陈介祺拓毛公鼎		80,500	北京保利	2014.06.03
陈运彰题枯木庵树腹碑		51,750	中鸿信	2014.11.23
陈祖望 作 陈缵思印存		57,500	中国嘉德	2014.11.21
程荔江 藏 汉印谱		172,500	中国嘉德	2014.11.21
程彦明 摹选 古今印则		368,000	中国嘉德	2014.11.21
程芝华 古蜗篆居印选		101,200	中国嘉德	2014.11.21
澄清堂法帖残卷		816,500	泰和嘉成	2014.11.30
崇恩题跋宋搨褚临黄庭经		184,000	西泠拍卖	2014.12.13
初拓邓太尉祠碑		345,000	中国嘉德	2014.05.20
褚德彝 辑 缶庐印存		66,700	中国嘉德	2014.11.21
褚德彝、邹寿祺等题跋《晋左将军玉符文字》拓本		115,000	西泠拍卖	2014.05.05
爨宝子碑		55,200	西泠拍卖	2014.12.13
爨龙颜碑、爨宝子碑		69,000	北京翰海	2014.05.09
大谷秃庵 辑藏 梅花堂印赏		161,000	中国嘉德	2014.11.21
邓散木 粪翁印稿甲集		69,000	中国嘉德	2014.11.21
蜨芜斋自制印逐年存稿		55,200	西泠拍卖	2014.12.15
丁丙 辑 百石斋西泠八家印选		322,000	中国嘉德	2014.11.21
丁丙 辑 当归草堂西泠四家印存		207,000	中国嘉德	2014.11.21
丁丙 辑 师让庵汉铜印存		78,200	中国嘉德	2014.11.21
丁丙 辑 师让盦汉铜印存		57,500	中国嘉德	2014.11.21
丁辅之 辑 宗唐丁氏八家印谱		105,800	中国嘉德	2014.11.21
丁敬 作 龙泓山人印谱		69,000	中国嘉德	2014.11.21
丁敬 作 龙泓山人印谱		57,500	中国嘉德	2014.11.21
遯盦秦汉古铜印谱(清)吴隐辑		51,750	西泠拍卖	2014.12.13
多宝塔碑		437,000	朵云轩	2014.06.29
多宝塔二种		69,000	中国嘉德	2014.09.20
二金蜨堂印存		80,500	中国嘉德	2014.11.21
方节盦 辑 徐星洲印存		59,800	中国嘉德	2014.11.21
方节盦 辑 胡匊邻印存		55,200	中国嘉德	2014.11.21
方节厂手拓《苦铁印选》		299,000	北京匡时	2014.06.05
方约 辑藏 清晚期四大家印谱		402,500	中国嘉德	2014.11.21
飞鸿堂印谱初集八卷 二集八卷 三集八卷 四集八卷(清)汪启淑辑		287,500	西泠拍卖	2014.12.13
冯登府集《冯登府金屑录》		345,000	西泠拍卖	2014.12.13
缶庐印存初集、三集、四集		92,000	北京保利	2014.06.03
缶庐印存四集		115,000	北京保利	2014.12.03
簠斋珍藏器物旧拓		69,000	北京保利	2014.12.03

拍品名称	物品尺寸	成交价RMB	拍卖公司	拍卖日期
高南郑 辑 齐鲁古印攟		356,500	中国嘉德	2014.11.21
高文翰 辑藏 印邮		126,500	中国嘉德	2014.11.21
葛山维摩维喆经摩崖		115,000	泰和嘉成	2014.06.01
葛书徽 编 传朴堂藏印菁华		575,000	中国嘉德	2014.11.21
葛书征 辑 吴赵印存		322,000	中国嘉德	2014.11.21
龚心钊 辑 瞻麓斋古印征		149,500	中国嘉德	2014.11.21
龚心钊藏汉买地玉券、鲜卑带头合拓		184,000	西泠拍卖	2014.12.13
古玺及流派印谱一组十部		103,500	中国嘉德	2014.05.17
谷文达 谷氏简词——山川畅神		253,000	西泠拍卖	2014.12.13
谷文达唐诗后着：唐玄宗经鲁祭孔子而叹之碑林—唐诗后着拓片之四十一		276,000	朵云轩	2014.12.18
郭申堂 辑 续齐鲁古印攟		230,000	中国嘉德	2014.11.21
郭伟绩 辑 松筠桐荫馆印谱		126,500	中国嘉德	2014.11.21
郭宗泰 辑 种榆仙馆印谱		138,000	中国嘉德	2014.11.21
虢季子白盘铭拓本		57,500	西泠拍卖	2014.12.13
韩登安篆刻毛主席诗词三十六首		115,000	朵云轩	2014.12.18
汉 孔宙碑并阴		115,000	中国嘉德	2014.11.21
汉 少室石阙铭、开母庙石阙铭		149,500	中国嘉德	2014.11.21
汉 史晨前后碑		287,500	中国嘉德	2014.11.21
汉 嵩山三阙铭		218,500	中国嘉德	2014.11.21
汉鲍宅山凤凰画像刻石		92,000	西泠拍卖	2014.12.13
汉君车画像		212,750	博古斋	2014.12.14
汉开母庙等嵩山三阙铭(郑文焯长跋)		80,500	北京保利	2014.06.03
汉孔宙碑		1,092,500	中国嘉德	2014.03.22
汉孟孝琚碑		115,000	西泠拍卖	2014.12.13
汉铜印谱		51,750	中国嘉德	2014.11.21
汉武梁祠堂及石室画像		80,500	北京保利	2014.06.03
汉乙瑛碑		253,000	中国嘉德	2014.05.20
汉乙瑛碑		74,750	朵云轩	2014.06.29
汉执金吾丞武荣碑		69,000	北京保利	2014.06.03
汉中全套十三种		69,000	朵云轩	2014.06.29
何昆玉 辑 吉金斋古铜印谱正续		80,500	中国嘉德	2014.11.21
盉斋藏印原钤拓本(张大千题名)陈巨来辑		120,750	北京保利	2014.12.03
侯汝承 辑 意园古今官印勼		94,300	中国嘉德	2014.11.21
胡匊邻印存		82,800	北京翰海	2014.05.09
胡澍题跋六朝造像拓本八种		92,000	西泠拍卖	2014.12.13
胡澍题记汉武梁祠堂画像		345,000	泰和嘉成	2014.11.30
怀米山房吉金图		218,500	朵云轩	2014.06.29
黄宾虹 辑 宾虹草堂藏古玺印		126,500	中国嘉德	2014.11.21
黄宾虹 辑 宾虹草堂藏古玺印		126,500	中国嘉德	2014.11.21
黄宾虹 辑 宾虹草堂藏古玺印		115,000	中国嘉德	2014.11.21
黄宾虹 辑 宾虹草堂藏古玺印		115,000	中国嘉德	2014.11.21
黄宾虹 辑 宾虹集古玺印谱		78,200	中国嘉德	2014.11.21
黄宾虹 辑拓 宾虹草堂藏古玺印		80,500	中国嘉德	2014.11.21
黄伯川 辑藏 尊古斋集印(甲乙丙丁戊)		552,000	中国嘉德	2014.11.21
黄牧甫 黟山人黄牧甫印存		94,300	中国嘉德	2014.11.21
黄士陵 影拓《父乙尊》		126,500	北京匡时	2014.12.04
黄锡蕃 辑 续古印式		138,000	中国嘉德	2014.11.21
集古印谱六卷		207,000	博古斋	2014.07.06
江标、赵叔孺等题拓钟鼎四轴		51,750	北京保利	2014.06.03
江尊徐楙赵懿居悼作浙西四家印谱		59,800	中国嘉德	2014.11.21
姜东舒旧藏、沙孟海等十一家题跋《晋朱曼妻薛买地宅券拓片》		632,500	西泠拍卖	2014.12.13
姜东舒旧藏古镜拓本		55,200	西泠拍卖	2014.05.05
绛帖十二卷		287,500	北京翰海	2014.10.25
绛帖十二卷		103,500	中国嘉德	2014.05.20
金兰坡题跋《二百兰亭斋古铜印存》(清)吴云辑		322,000	西泠拍卖	2014.12.13
金文拓本		218,500	泰和嘉成	2014.11.30
金文拓片		103,500	泰和嘉成	2014.06.01
金薤留珍		322,000	中国嘉德	2014.11.21
金棫 辑 松崖藏印		103,500	中国嘉德	2014.11.21
晋 王羲之书兰亭序		86,250	中国嘉德	2014.11.21
晋 王羲之书兰亭序		63,250	中国嘉德	2014.11.21
晋石勘墓父子夫人墓志		63,250	北京保利	2014.06.03
晋唐正书		1,380,000	山东恒昌	2014.11.16
晋孝侯周处碑		161,000	西泠拍卖	2014.05.05
精拓虢季子白盘铭		402,500	长风拍卖	2014.01.05
精拓龙门二十品		51,750	北京保利	2014.06.03

2014杂项拍卖成交汇总

(成交价RMB：1万元以上)

拍品名称	物品尺寸	成交价RMB	拍卖公司	拍卖日期
旧拓《乙瑛碑》		97,750	上海道明	2014.06.21
旧拓定武兰亭帖		1,782,500	上海道明	2014.12.11
旧拓玉版十三行 小字麻姑等四种		218,500	泰和嘉成	2014.11.30
居贞草堂汉晋残石拓片		230,000	泰和嘉成	2014.11.30
开成石经		701,500	博古斋	2014.12.14
康生致魏文伯题砚拓		138,000	北京保利	2014.12.03
来行学 编 宣和集古印史		1,092,500	中国嘉德	2014.11.21
李松如 佛像拓片		149,500	北京匡时	2014.06.04
李尹桑题跋鄦专鼎拓本		63,250	西泠拍卖	2014.12.13
李佐贤 辑 得壶山房印寄		149,500	中国嘉德	2014.11.21
李佐贤 辑 得壶山房印寄		80,500	中国嘉德	2014.11.21
历朝史印十卷 清 黄学屺辑		57,500	西泠拍卖	2014.05.05
莲湖集古铜印谱		82,800	中国嘉德	2014.11.21
两周秦汉金文拓片		494,500	博古斋	2014.07.06
林朗庵 辑 磊斋玺印选存续集		86,250	中国嘉德	2014.11.21
林朗庵旧藏北魏至后蜀造像拓本十一种		92,000	西泠拍卖	2014.05.05
林石庐 辑 师慎轩印存		71,300	中国嘉德	2014.11.21
林石庐审定手拓二金蝶堂印谱		126,500	中国嘉德	2014.11.21
林云楼 辑 名人印谱		97,750	中国嘉德	2014.11.21
刘鹗 辑藏 铁云藏印		86,250	中国嘉德	2014.11.21
刘体智 编 善斋玺印录		63,250	中国嘉德	2014.11.21
刘体智辑小校经阁金文拓本十八卷		126,500	中国嘉德	2014.09.20
刘喜海旧藏宋紫府飞霞洞记拓本		57,500	西泠拍卖	2014.12.13
龙门造像石拓		55,200	北京保利	2014.12.03
鲁相乙瑛请置百石卒史碑		195,500	北京翰海	2014.10.25
陆抱景 题秦权诏版拓本 王震作佛像拓片 (三帧)		57,500	西泠拍卖	2014.05.05
陆恢旧藏孔子庙碑拓本		184,000	西泠拍卖	2014.12.13
罗振玉 辑 赫连泉馆古印存		92,000	中国嘉德	2014.11.21
罗振玉 辑 凝清室所藏周秦玺印		161,000	中国嘉德	2014.11.21
罗振玉 辑 罄室所藏玺印		172,500	中国嘉德	2014.11.21
罗振玉 辑 罄室所藏玺印续集		94,300	中国嘉德	2014.11.21
罗振玉旧藏并题跋武周袁公瑜墓志		414,000	西泠拍卖	2014.05.05
罗振玉题跋《西魏张始孙造像》		161,000	西泠拍卖	2014.12.13
罗振玉题跋古泉拓片十三种 附钱泳《孔宙碑》题跋		55,200	西泠拍卖	2014.12.13
罗振玉题旧拓一幅		74,750	北京保利	2014.06.03
马鸣寺根法师碑单片		115,000	博古斋	2014.07.06
毛公厝鼎铭全角文字		78,200	上海工美	2014.11.02
梅花草堂集古印存		69,000	朵云轩	2014.12.18
梅景书屋闲章拓片 全套一组16个		55,200	上海明轩	2014.11.02
梦坡室藏砚拓本(民国)周庆云辑		80,500	西泠拍卖	2014.12.13
明拓汉史晨前碑		71,300	朵云轩	2014.06.29
明拓唐颜真卿书多宝塔碑		101,200	博古斋	2014.12.14
明拓张猛龙碑		1,127,000	中国嘉德	2014.05.20
莫叔度 辑 古香室印存		69,000	中国嘉德	2014.11.21
墨池堂选帖五卷		55,200	北京保利	2014.06.03
凝清室古官印存		101,200	中国嘉德	2014.11.21
潘季彤 辑 听颿楼古铜印汇		103,500	中国嘉德	2014.11.21
攀古楼彝器款识		517,500	泰和嘉成	2014.06.01
戚叔玉、徐乃昌题跋《历代龙门造像文拓二千品》		977,500	西泠拍卖	2014.12.13
齐 子中姜镈		101,200	中国嘉德	2014.11.21
齐白石 签名印谱 诗稿		184,000	中国嘉德	2014.05.18
齐白石亲笔原稿印谱两册		1,552,500	中国嘉德	2014.05.17
契斋古印存		86,250	北京保利	2014.06.03
钱君匋辑完白印集等印谱三种		74,750	西泠拍卖	2014.05.05
钱瘦铁印存并画		51,750	北京保利	2014.12.03
乾隆御笔集拓五种		402,500	泰和嘉成	2014.06.01
秦 泰山刻石		115,000	中国嘉德	2014.11.21
秦权量诏版		270,250	博古斋	2014.12.14
清 高凤翰编		115,000	西泠拍卖	2014.12.15
清 罗振玉跋楚公逆钟全角拓		227,125	保利香港	2014.04.07
清晚期尚书端方藏旧拓(张之洞、张祖翼、杨守敬等名家题跋本)		3,737,500	北京保利	2014.12.03
瞿良士 辑 铁琴铜剑楼集古印谱		138,000	中国嘉德	2014.11.21
阮元、翁方纲题跋古剑柄拓本		184,000	西泠拍卖	2014.12.13
三希堂法帖		207,000	泰和嘉成	2014.06.01
三希堂法帖		161,000	博古斋	2014.12.14
三希堂法帖		138,000	中国嘉德	2014.09.20

拍品名称	物品尺寸	成交价RMB	拍卖公司	拍卖日期
三希堂法帖三十二卷		207,000	博古斋	2014.07.06
三砚斋金石编(清)王宇春篆并书		57,500	西泠拍卖	2014.12.13
三长两短斋印存五卷		86,250	朵云轩	2014.06.28
散氏盘铭文		138,000	中国嘉德	2014.03.22
散氏盘拓本		195,500	朵云轩	2014.12.18
山东平阴山三山二洪顶大空王佛大山岩佛		138,000	泰和嘉成	2014.06.01
善斋玺印录十六卷		109,250	西泠拍卖	2014.05.05
商承祚 辑 契斋古印存		161,000	中国嘉德	2014.11.21
商承祚 辑藏 契斋古印存		172,500	中国嘉德	2014.11.21
沈毓庆 编 二金蜨堂印存		82,800	中国嘉德	2014.11.21
十钟山房印举		345,000	西泠拍卖	2014.12.13
十钟山房印举		299,000	朵云轩	2014.06.28
石鼓文		218,500	中国嘉德	2014.05.20
石门铭		977,500	泰和嘉成	2014.06.01
石门铭摩崖拓本		552,000	泰和嘉成	2014.11.30
双壶外史所藏商周秦汉遗文拓本		276,000	西泠拍卖	2014.12.13
四宜堂法帖		287,500	泰和嘉成	2014.06.01
松石山房印谱续集八卷稿本(日)乡纯造编撰		109,250	西泠拍卖	2014.12.13
宋拓怀素藏真帖、律公帖、圣母帖		321,600	佳士得	2014.05.26
宋拓定武兰亭序		1,725,000	北京翰海	2014.10.25
宋拓画帖《华严经入法界品善财参问变相经》(北宋)忠禅师撰并绘		6,210,000	西泠拍卖	2014.12.13
宋拓小字麻姑壇记		616,000	润德堂	2014.04.20
宋拓虞恭公、化度寺二碑合册		598,000	西泠拍卖	2014.12.13
隋 汉白石刻碑		896,000	安徽艺海	2014.04.30
隋蔡君妻张贵男墓志		138,000	博古斋	2014.07.06
孙文楷辑藏稽庵古印笺—孙文楷藏印		59,800	中国嘉德	2014.11.21
太田孝太郎 辑 梦盦藏古铜印		101,200	中国嘉德	2014.11.21
泰山金刚经		189,750	北京翰海	2014.05.09
谭献、邹安题跋金石竹刻拓本一组		103,500	西泠拍卖	2014.12.13
唐东方画赞碑		437,000	中国嘉德	2014.03.22
唐纪泰山铭		86,250	朵云轩	2014.06.29
唐开成石经拓本		632,500	博古斋	2014.07.06
唐开元十四年泰山铭(附周湘云题皮箱一枚)		161,000	北京保利	2014.06.03
田焕 编集 玺苑		86,250	中国嘉德	2014.11.21
退斋印类十卷(清)汪启淑辑		333,500	西泠拍卖	2014.12.13
拓姜遐断碑		1,552,500	中国嘉德	2014.05.20
万印楼藏印		149,500	中国嘉德	2014.11.21
汪启淑 辑 秋室印剩		207,000	中国嘉德	2014.11.21
汪启淑 辑藏 汉铜印丛		63,250	中国嘉德	2014.11.21
王福庵题“敏求室藏印”印屏四件		138,000	中国嘉德	2014.05.17
王福厂 福厂藏印		322,000	中国嘉德	2014.11.21
王光烈 辑 昔则庐古玺印存		184,000	中国嘉德	2014.11.21
王国维题沈石友藏吴昌硕书画砚拓片		1,150,000	北京匡时	2014.12.04
王国维等题跋禹陵窆石题字拓本		402,500	西泠拍卖	2014.12.13
王石经 田镕叡 高鸿裁 刘嘉颖 同辑 古印偶存		115,000	中国嘉德	2014.11.21
王石经 田镕叡 高鸿裁 刘嘉颖 同辑 古印偶存		74,750	中国嘉德	2014.11.21
王氏藏印		57,500	中国嘉德	2014.11.21
魏高灵庙碑		253,000	中国嘉德	2014.03.22
魏高贞碑		92,000	中国嘉德	2014.05.20
魏郑文公下碑		287,500	中国嘉德	2014.03.22
翁方纲等题欧阳询《九歌赋》拓本		726,800	保利香港	2014.04.06
无款 高植墓志铭拓本		383,438	纽约苏富比	2014.03.20
无款 唐《怀仁王圣教序》拓本		76,663	纽约苏富比	2014.09.18
吴昌硕 手钤 削觚庐印存		161,000	中国嘉德	2014.11.21
吴昌硕 手钤 削觚庐印存		161,000	中国嘉德	2014.11.21
吴昌硕 自用印集		126,500	北京匡时	2014.09.18
吴昌硕题跋凤凰砖拓本		92,000	西泠拍卖	2014.12.13
吴大澂等题跋金石小品册		276,000	西泠拍卖	2014.12.13
吴大澄彝器全角拓并跋		172,500	北京保利	2014.06.03
吴大澂 手编 十六金符斋印存		310,500	中国嘉德	2014.11.21
吴观均 辑藏 吴氏稽古斋印谱		126,500	中国嘉德	2014.11.21
吴湖帆 跋全角拓		178,250	上海泓盛	2014.12.15
吴湖帆 辑 梅影书屋印选		78,200	中国嘉德	2014.11.21
吴湖帆手钤十六金符斋印存古铜印		345,000	中国嘉德	2014.11.21
吴湖帆 题跋唐阿弥陀佛经钟拓本		920,000	上海泓盛	2014.12.15

拍品名称	物品尺寸	成交价RMB	拍卖公司	拍卖日期
吴湖帆 题纪晓岚烟管拓片		1,322,500	北京中汉	2014.11.21
吴湖帆家藏毛公鼎铭拓片		1,725,000	北京翰海	2014.05.09
吴湖帆题《孔庙碑帖》拓本		172,500	北京翰海	2014.10.24
吴湖帆题、吴大澂 藏瓦当拓片(共四幅)		667,000	北京翰海	2014.10.24
吴让之先生印谱		115,000	中国嘉德	2014.11.21
吴让之印存		161,000	朵云轩	2014.12.18
吴石潜 编 遯盦秦汉印选		149,500	中国嘉德	2014.11.21
吴士鉴题钟铭		402,500	北京保利	2014.06.03
吴廷康题铜器铭		69,000	中国嘉德	2014.05.20
吴隐 辑 缶庐印存		69,000	中国嘉德	2014.11.21
吴隐 辑 三代古陶存		57,500	中国嘉德	2014.11.21
吴隐 辑 完白山人印谱		57,500	中国嘉德	2014.11.21
吴隐 辑 吴让之印存		82,800	中国嘉德	2014.11.21
吴隐 辑藏 遯盦古泉存		126,500	中国嘉德	2014.11.21
吴隐 辑藏 遯盦秦汉古铜印谱		78,200	中国嘉德	2014.11.21
吴隐 辑藏 遯盦秦汉古铜印谱		57,500	中国嘉德	2014.11.21
吴隐 辑藏 遯盦秦汉印选		78,200	中国嘉德	2014.11.21
吴云 编藏 二百兰亭斋古铜印存		253,000	中国嘉德	2014.11.21
吴云 辑藏 二百兰亭斋古铜印存		94,300	中国嘉德	2014.11.21
吴云 辑藏 二百兰亭斋古印考藏		80,500	中国嘉德	2014.11.21
戏鱼堂法帖十卷		115,000	泰和嘉成	2014.06.01
现代 宋草人 北碑南贴		90,735	澳门中信	2014.11.30
谢稚柳、陆俨少、唐云等旧藏明拓集王圣教序		368,000	博古斋	2014.12.14
徐士恺 辑 观自得斋印存		230,000	中国嘉德	2014.11.21
徐士恺 辑 赵悲盦印存		207,000	中国嘉德	2014.11.21
徐子静 辑 观自得斋印集		230,000	中国嘉德	2014.11.21
徐子静 辑 观自得斋印集		105,800	中国嘉德	2014.11.21
许梿题 焦山周鼎图		115,000	泰和嘉成	2014.06.01
宣和印社 辑 伏庐考藏玺印		287,500	中国嘉德	2014.11.21
玄宴斋十三行精拓本		345,000	泰和嘉成	2014.11.30
选拓齐鲁古印攈		287,500	朵云轩	2014.06.28
瑶华道人 辑 程荔江古铜印集		66,700	中国嘉德	2014.11.21
佚名 北齐《无量义经》旧拓本杨潜庵题跋 册页 (共一百零四页选五十六)		128,110	四川德轩	2014.03.16
佚名 大盂鼎拓片		317,800	四川德轩	2014.03.15
殷墟文字存真		345,000	泰和嘉成	2014.06.01
印存玄览四卷(清)胡正言撰		483,000	西泠拍卖	2014.12.13
印邮		92,000	朵云轩	2014.12.18
有邻馆古印存		80,500	北京匡时	2014.12.02
于右任题跋三体石经 溥儒书法		92,000	西泠拍卖	2014.12.13
盂鼎		69,000	朵云轩	2014.06.29
盂鼎拓本		69,000	朵云轩	2014.12.18
玉版十三行两种		207,000	西泠拍卖	2014.05.05
郁冈斋法帖		3,220,000	北京翰海	2014.10.25
御赐三希堂法帖樵本六卷(清)秦震钧摹		63,250	西泠拍卖	2014.12.13
御刻三希堂法帖		86,250	中鸿信	2014.11.23
御书般若波罗蜜多心经		172,500	泰和嘉成	2014.06.01
御制三希堂法帖		172,500	泰和嘉成	2014.11.30
御制四体书盛京赋拓本		333,500	泰和嘉成	2014.11.30
云峯山摩崖片四十种		69,000	朵云轩	2014.06.29
云间朱孔阳藏金石拓片集锦		287,500	西泠拍卖	2014.12.13
芸龛金文册		736,000	博古斋	2014.07.06
恽寿平题梁武帝铸观音像		92,000	朵云轩	2014.06.27
张厚谷 辑 碧葭精舍印存		126,500	中国嘉德	2014.11.21
张謇题跋《玉版十三行》		51,750	西泠拍卖	2014.12.13
张鲁庵 辑 张氏鲁庵印选		701,500	中国嘉德	2014.11.21
张鲁庵旧藏架斋古印存(民国)商承祚辑		184,000	西泠拍卖	2014.12.13
张鲁盦 辑藏 金罍印摭		126,500	中国嘉德	2014.11.21
张鲁盦 辑 退庵印寄		230,000	中国嘉德	2014.11.21
张士保 钟鼎拓片		168,000	福建华夏	2014.05.12
张廷济 辑藏 清仪阁古印偶存		368,000	中国嘉德	2014.11.21
张效彬旧藏金文册		747,500	泰和嘉成	2014.11.30
张学礼 选 考古正文印薮		517,500	中国嘉德	2014.11.21
张学礼 选 考古正文印薮		460,000	中国嘉德	2014.11.21
赵次闲 作 补罗迦室印谱 赵之琛		184,000	中国嘉德	2014.11.21
赵藩书李根源等题名碑拓本		57,500	西泠拍卖	2014.12.13

拍品名称	物品尺寸	成交价RMB	拍卖公司	拍卖日期
赵叔孺、邹寿祺等题跋金文拓本四种		69,000	西泠拍卖	2014.05.05
赵叔孺考藏吉金拓片		115,000	西泠拍卖	2014.12.13
赵撝叔印谱初集、二集 清 赵之谦刻印		109,250	西泠拍卖	2014.05.05
赵撝叔印谱初集二集		80,500	北京保利	2014.06.03
赵允中 辑 印揭		138,000	中国嘉德	2014.11.21
真州吴让之先生印存		69,000	北京翰海	2014.05.09
争座位帖		207,000	中国嘉德	2014.05.20
郑文焯旧藏并题跋《隋张通妻陶贵墓志》		92,000	西泠拍卖	2014.05.05
郑文公之碑拓本		145,600	朔方国际	2014.05.03
周 虢叔钟		94,300	中国嘉德	2014.11.21
周器侯骏方圆鼎		51,750	北京翰海	2014.10.25
周散氏盘铭		184,000	朵云轩	2014.06.29
周散氏盘拓本		1,437,500	朵云轩	2014.06.27
周叔弢、周一良藏汉甘陵残碑等金石拓本及书籍十九种		115,000	博古斋	2014.07.06
朱枫 辑 印征		71,300	中国嘉德	2014.11.21
朱拓大盂鼎铭文		92,000	中国嘉德	2014.03.22
朱拓散氏盘		74,750	北京翰海	2014.10.25
朱志瀛 辑 宾鸿堂藏印		460,000	中国嘉德	2014.11.21
竹松庐印谱		64,400	朵云轩	2014.12.19
邹安、赵叔孺题跋徐乃昌藏器拓片		51,750	西泠拍卖	2014.12.13
邹寿祺题跋《大盂鼎》拓本		86,250	西泠拍卖	2014.05.05
邹寿祺题跋《虢季子白盘》拓本三种		161,000	西泠拍卖	2014.05.05
邹寿祺题跋王氏藏砖瓦拓本四种		97,750	西泠拍卖	2014.05.05
2003/2005年作 谷文达 碑林/唐诗后著二号碑 拓片(24/25)		253,000	上海泓盛	2014.12.15
2003/2005年作 谷文达 碑林/唐诗后著一号碑 拓片(24/25)		253,000	上海泓盛	2014.12.15
2008年作 谷文达 谷氏简词碑六号：艺术爱恋		295,875	佳士得	2014.11.24
2009年作 邱志杰 给邱家瓦的三十封信 (三幅)		5,238,960	佳士得	2014.11.24
书札文牍				
“电话之父”亚历山大贝尔(Alexander Graham Bell)致OSHEN教授亲笔信		57,500	北京保利	2014.12.04
“法国大帝”拿破仑(Napol é on Bonaparte)致法兰西帝国将军Clarke亲笔信札及毛发一缕，附证书		103,500	北京保利	2014.06.04
“法兰西第一帝国皇帝”拿破仑(Napol é on Bonaparte)写给凯勒曼元帅的亲笔信及亲笔签名，附PSA证书		57,500	北京保利	2014.06.04
“美国第一任总统”乔治 华盛顿(George Washington)		86,250	北京保利	2014.12.04
“美国第一任总统”乔治华盛顿(George Washington)亲笔字扎及毛发一缕，附证书		195,500	北京保利	2014.06.04
“美国第一任总统”乔治华盛顿(George Washington)与“第二任国务卿”埃德蒙伦道夫(Edmund Jennings Randolph)联合亲笔签名的轮船Baltimore号运行许可证，附证书		74,750	北京保利	2014.06.04
“美国著名作家”马克吐温(Mark Twain)致Brooke小姐亲笔信		86,250	北京保利	2014.12.04
“英国女皇”维多利亚(Alexandrina Victoria)亲笔信一件		63,250	北京保利	2014.12.04
“英国女王”维多利亚(Queen Victoria)致宫廷医生Arnold Royle亲笔信及秀发一缕，附证书		69,000	北京保利	2014.06.04
“英国喜剧大师”查理 卓别林(Charles Chaplin)亲笔签名自画像		55,200	北京保利	2014.12.04
《曾国藩湖口大战手书饬令》及《淮军名将吴长庆致刘秉璋军中函札》		1,173,000	博古斋	2014.12.14
1727年作 雍正帝 御笔朱批谕旨		92,000	西泠拍卖	2014.12.14
1741年作 乾隆帝 御笔朱批奏折		69,000	西泠拍卖	2014.12.14
1750年8月17日作 伏尔泰 致教皇本笃十四世亲笔信		345,000	西泠拍卖	2014.12.15
1763年9月29日作 狄德罗 致《百科全书》书商之妻亲笔信		109,250	西泠拍卖	2014.12.15

2014杂项拍卖成交汇总

(成交价RMB：1万元以上)

拍品名称	物品尺寸	成交价RMB	拍卖公司	拍卖日期
1767年4月28日作 卢梭 流亡时期致房东亲笔信		207,000	西泠拍卖	2014.12.15
1772年法国启蒙思想家伏尔泰亲笔信函		402,500	中国嘉德	2014.05.20
1791年11月7日作 华盛顿 有关美国独立的重要亲笔信		437,000	西泠拍卖	2014.12.15
1815年9月27日作雪莱致书商亲笔信		483,000	西泠拍卖	2014.12.15
1815年作8月15日作 拜伦 亲笔信		368,000	西泠拍卖	2014.12.15
1820年3月23日作 杰斐逊 有关藏书的亲笔信		126,500	西泠拍卖	2014.12.15
1825年11月作 司汤达 亲笔信		115,000	西泠拍卖	2014.12.15
1825年作 道光帝 御笔朱批奏折		80,500	西泠拍卖	2014.12.14
1837年7月作 林肯 早年有关法律的亲笔信		161,000	西泠拍卖	2014.12.15
1838～1846年作张廷济诗文信札册		437,000	西泠拍卖	2014.12.14
1842年作 雨果 致泰勒男爵亲笔信		51,750	西泠拍卖	2014.05.03
1844年5月1日作 透纳 亲笔信		92,000	西泠拍卖	2014.12.15
1844年作 雨果 亲笔信		51,750	西泠拍卖	2014.12.15
1848年法国小说之父巴尔扎克亲笔信函		253,000	中国嘉德	2014.05.20
1849年英国小说家狄更斯亲笔信函		63,250	中国嘉德	2014.05.20
1852年5月5日作 安徒生 亲笔信		103,500	西泠拍卖	2014.12.15
1852年作 咸丰帝 御笔朱批奏折		57,500	西泠拍卖	2014.12.14
1853年5月16日作 罗西尼 亲笔信		143,750	西泠拍卖	2014.12.15
1858年钢琴之王李斯特亲笔信函		253,000	中国嘉德	2014.05.20
1860年法国作曲家柏辽兹亲笔信函		126,500	中国嘉德	2014.05.20
1861年8月21日作 波德莱尔 致拉科萨德亲笔信一通		138,000	西泠拍卖	2014.12.15
1861年丹麦童话作家安徒生亲笔信函		94,300	中国嘉德	2014.05.20
1864年12月7日作 林肯 在任总统期间的亲笔批复		161,000	西泠拍卖	2014.12.15
1865年作 福楼拜 有关创作《包法利夫人》、《萨朗波》、《情感教育》的重要亲笔信		322,000	西泠拍卖	2014.12.15
1868年法国作家雨果亲笔信函		184,000	中国嘉德	2014.05.20
1869年作 达尔文 亲笔信		575,000	西泠拍卖	2014.05.03
1869年作 雨果 亲笔信		149,500	西泠拍卖	2014.05.03
1870年9月16日作 瓦格纳 有关支付报酬的亲笔信		253,000	西泠拍卖	2014.12.15
1870年美国著名作家马克 吐温亲笔信函		105,800	中国嘉德	2014.05.20
1874年7月作 勃拉姆斯 亲笔信		218,500	西泠拍卖	2014.12.15
1876年之后作 李卜克内西 有关《前进报》的亲笔信		51,750	西泠拍卖	2014.12.15
1878年11月作 马奈 致音乐家范尼 克劳斯亲笔信		69,000	西泠拍卖	2014.12.15
1880年5月7日作 勃朗宁夫妇：罗伯特 勃朗宁、伊莉萨白 勃朗宁亲笔信各一通		126,500	西泠拍卖	2014.12.15
1881年6月2日作 马克思 有关马克思晚年思想，并提及恩格斯的重要亲笔信		4,197,500	西泠拍卖	2014.12.15
1882年作 光绪帝 御笔朱批奏折		80,500	西泠拍卖	2014.12.14
1882年作 小仲马 致女儿家书		51,750	西泠拍卖	2014.12.15
1886年10月10日作 哈代 亲笔信		57,500	西泠拍卖	2014.12.15
1886年2月4日作 威尔第 亲笔信		138,000	西泠拍卖	2014.12.15
1891年7月4日作 小约翰 斯特劳斯 致出版商西姆罗克亲笔信		115,000	西泠拍卖	2014.12.15
1892年作 左拉致内阁长官亲笔信		109,250	西泠拍卖	2014.05.03
1893年11月12日作 雷诺阿 致赞助人亲笔信		230,000	西泠拍卖	2014.12.15
1893年1月19日作 柴可夫斯基 致卡托夫人重要亲笔信		322,000	西泠拍卖	2014.12.15
1894年11月作 托尔斯泰 亲笔信		402,500	西泠拍卖	2014.12.15
1895年12月26日作 普契尼 有关出版乐谱的亲笔信		80,500	西泠拍卖	2014.12.15
1896年英国著名作家哈代亲笔信函		51,750	中国嘉德	2014.05.20
1896年作 惠斯勒 亲笔信		63,250	西泠拍卖	2014.12.15
1899等年作 罗振玉、袁克文 等致吴保初信札一批		207,000	西泠拍卖	2014.12.15
1899年8月30日作 易卜生 亲笔信		97,750	西泠拍卖	2014.12.15
18世纪《藏族医药史》丝绢诰文		828,000	北京翰海	2014.05.10

拍品名称	物品尺寸	成交价RMB	拍卖公司	拍卖日期
18世纪至20世纪初作 “湖畔三诗人”华兹华斯、柯勒律治、骚塞，丁尼生、狄更斯、托马斯 穆尔、瓦尔特 司各特、洪堡、法拉第、居维叶、第一惠灵顿公爵、第七世额尔金勋爵、约翰 富兰克林爵士等19世纪众多著名文学家、政治家、科学家、艺术家与英国望族博蒙特(Beaumont)家族通信集一百多封		782,000	西泠拍卖	2014.12.15
1900年10月11日作 爱因斯坦 早年重要亲笔信		287,500	西泠拍卖	2014.12.15
1905年1月23日作 拉赫玛尼诺夫早年亲笔信		55,200	西泠拍卖	2014.12.15
1906年作；1923年作；1924年作；1930年作；1949年作；1961年作托马斯曼、黑塞、博格森、夸西莫多、梅特林克、杜加尔六位诺奖获得者亲笔信		63,250	西泠拍卖	2014.12.15
1910年作 巴顿将军 有关结婚事宜致父亲家书		69,000	西泠拍卖	2014.12.15
1913年著名法国作曲家德彪西亲笔信函		112,700	中国嘉德	2014.05.20
1913至1921年作 孙文 等 致古贺廉造信札		57,500	西泠拍卖	2014.12.15
1914年2月9日作 泰戈尔 致安德鲁斯父亲亲笔信		63,250	西泠拍卖	2014.12.15
1914年3月14日作 克拉拉 蔡特金亲笔信		74,750	西泠拍卖	2014.12.15
1914年作 丘吉尔 致弟弟约翰家书		483,000	西泠拍卖	2014.05.03
1916年11月作 德加 亲笔信		51,750	西泠拍卖	2014.12.15
1916年作 莫奈 致艺术评论家吉弗鲁瓦亲笔信		253,000	西泠拍卖	2014.05.03
1916年作 西奥多 罗斯福 有关政治立场的重要亲笔信		97,750	西泠拍卖	2014.12.15
1917年法国印象派画家莫奈亲笔信函		126,500	中国嘉德	2014.05.20
1917年英国首相丘吉尔亲笔信函		195,500	中国嘉德	2014.05.20
1918 1925年作 邹鲁 等 致易培基信札三通		86,250	西泠拍卖	2014.12.15
1919、1929年作 弗洛伊德 致古特曼亲笔信		747,500	西泠拍卖	2014.05.03
1919年作 托洛茨基 亲笔批注文件		184,000	西泠拍卖	2014.05.03
1919年作 恽代英 有关五四运动刊物的重要信札		874,000	西泠拍卖	2014.12.15
1920 1936年作 李富春 致王首道信札等		109,250	西泠拍卖	2014.12.15
1920年11月18日后作 普鲁斯特 致兰道夫斯基重要亲笔信		322,000	西泠拍卖	2014.12.15
1920年居里夫人亲笔信函		212,750	中国嘉德	2014.05.20
1922 1927 1941 1956 1972年作 陶孟和、吴弱男 等 章士钊、吴弱男夫妇上款信札		97,750	西泠拍卖	2014.12.15
1922年 爱因斯坦访华途中亲笔手札一件及泰戈尔、尤金 奥尼尔、赵少昂等信札79件		356,500	北京中汉	2014.11.21
1922年爱因斯坦签名信		402,500	中国嘉德	2014.05.20
1924年作 爱迪生 有关销售留声机的亲笔信		86,250	西泠拍卖	2014.12.15
1924年作 胡适 致曹梁夏信札		402,500	西泠拍卖	2014.12.15
1925 1967年作 章士钊 致刘少奇、许世英信札底稿		207,000	西泠拍卖	2014.12.15
1925年及以前 康有为 致陈三立信札诗稿		1,552,500	西泠拍卖	2014.05.03
1926年英国著名小说家劳伦斯亲笔信函		51,750	中国嘉德	2014.05.20
1927年美国总统罗斯福签名照片亲笔信函各一件		241,500	中国嘉德	2014.05.20
1927年作 胡适 致曹梁厦等信札		575,000	西泠拍卖	2014.12.15
1929 1957年作 任鸿隽 致三姊家书二通		218,500	西泠拍卖	2014.12.15
1929年作 陈衡哲 致三姊家书二通		115,000	西泠拍卖	2014.12.15
1929年作 冼星海 请求津贴贷金书及国立音乐院公函一通		57,500	西泠拍卖	2014.12.15

拍品名称	物品尺寸	成交价RMB	拍卖公司	拍卖日期
1931年至1948年作 高剑父 致容漱石等信札二十五通，及岭南画派重要文献一批		805,000	西泠拍卖	2014.12.15
1931年作 丘吉尔 致剧作家郡克瓦特亲笔信		57,500	西泠拍卖	2014.05.03
1932年作 爱因斯坦 签名信		184,000	西泠拍卖	2014.05.03
1933年希特勒签名照片及帝国总理府回函		333,500	中国嘉德	2014.05.20
1934年作 顾颉刚 与商务印书馆往来信函		69,000	西泠拍卖	2014.05.03
1935年作 张学良 致宋子文信札等		138,000	西泠拍卖	2014.12.15
1935至1937年作 沈恩孚 致曹梁夏信札三通		69,000	西泠拍卖	2014.12.15
1936年作 谭泽闿、谭恩闿 书谭钟麟广东禁赌奏折		92,000	西泠拍卖	2014.12.15
1938至1945年作 沈尹默 致章士钊书札		195,500	西泠拍卖	2014.12.15
1939年2月23日作 约翰 肯尼迪 有关健康问题的私人亲笔信		86,250	西泠拍卖	2014.12.15
1940年4月21日作 萨特 情书		69,000	西泠拍卖	2014.12.15
1940年德国作曲家理查德 施特劳斯签名乐谱及亲笔信函各一件		92,000	中国嘉德	2014.05.20
1940至1942年作 汪精卫 致汪伪政权最高军事顾问影佐祯昭信札六通		149,500	西泠拍卖	2014.12.15
1945年作 海明威 关于《伊甸园》致密友迭戈信札		402,500	西泠拍卖	2014.05.03
1946年作 马叙伦 等 致曹梁厦信札三通		92,000	西泠拍卖	2014.12.15
1947年作、1935年作 通关文书、中研院聘书		55,200	中国嘉德	2014.03.24
1948年作陈布雷致吴铁城信札一通		149,500	西泠拍卖	2014.12.15
1948年作；1966年作；1967年作；1968年作戴高乐亲笔信及相关资料		51,750	西泠拍卖	2014.12.15
1949年作 胡适 致罗家伦有关印度外交的重要信件		115,000	西泠拍卖	2014.12.15
1950、1951年作 刘少奇 等 有关庄东晓的信札		115,000	西泠拍卖	2014.12.15
1951至1965年作林伯渠亲笔信一通		161,000	西泠拍卖	2014.12.15
1952 1998年作安南、王蘧常、刘海粟、王映霞等致黄若舟信札、题辞		184,000	西泠拍卖	2014.12.15
1952年5月12日作 爱因斯坦 致霍耶尔亲笔信		132,250	西泠拍卖	2014.12.15
1953年8月10日作 加缪 亲笔信		80,500	西泠拍卖	2014.12.15
1953至1962年作 蒋经国 等 与卜道明往来信札一批		109,250	西泠拍卖	2014.12.15
1955年毕加索手绘“和平鸽”签名明信片		425,500	中国嘉德	2014.05.20
1955至1987年间作 张学良 致于凤至及子女家书一批(包括致于凤至的最后一封信)		1,035,000	西泠拍卖	2014.12.15
1956、1966年作 蒋经国 国际关系研究所报告批文二册		109,250	西泠拍卖	2014.12.15
1956年等作傅斯年等致张其昀信札		115,000	西泠拍卖	2014.12.15
1957年周恩来留念签名卡		448,500	中国嘉德	2014.05.20
1959年 1972年作章士钊致周恩来信札		1,092,500	西泠拍卖	2014.12.15
1959年美国五星上将麦克阿瑟签名信		57,500	中国嘉德	2014.05.20
1959年作菲德尔 卡斯特罗“七二六运动”重要文件及签名照		126,500	西泠拍卖	2014.12.15
1960年作 杜鲁门 有关支持肯尼迪竞选总统的签名信及签名照		97,750	西泠拍卖	2014.05.03
1962 1963年作 竺可桢 与邹树文往来信札		172,500	西泠拍卖	2014.12.15
1962年作 巴金 有关出版《倾吐不尽的感情》的通信		253,000	西泠拍卖	2014.12.15
1964年作于右任、潘其武行楷“中正公园”、亲署推荐嵦硕任监院秘书长函		74,750	中国嘉德	2014.11.20
1964至1971年作 钱穆 等 致吴俊才信笺及吴俊才回信九通		63,250	西泠拍卖	2014.12.15
1966年作 林语堂 致梁寒操信札		92,000	西泠拍卖	2014.05.03
1967年4月24日作 里根 有关种族政策的亲笔信		74,750	西泠拍卖	2014.12.15
1967年等作 罗素、赛珍珠 亲笔信和签名照		55,200	西泠拍卖	2014.12.15
1967年作 李小龙 有关“功夫”的亲笔信		149,500	西泠拍卖	2014.12.15
1968年作章士钊致毛泽东信札底稿		414,000	西泠拍卖	2014.12.15
1971年作 张大千 摩登仕女连信札		92,460	宝港国际	2014.05.28
1972年作 沈从文 致革博、历博领导信札		207,000	中国嘉德	2014.11.21
1972年作沈从文致杨振亚、陈乔信札		230,000	中国嘉德	2014.11.21
1973年10月10日作 阿加莎 克里斯蒂 有关爱情小说的亲笔信		92,000	西泠拍卖	2014.12.15
1973至1975年作 叶剑英 致李德生等关于张爱萍上将的通信		494,500	西泠拍卖	2014.12.15
1973至1991年作 梁实秋 等 与杭立武往来信札十五通		63,250	西泠拍卖	2014.12.15
1975 1976年作 陈巨来、王蘧常致沈叔羊信札二通		78,200	西泠拍卖	2014.12.15
1976/1982年作 王世襄 诗文、手札		241,500	中国嘉德	2014.11.20
1977年作 恽宝惠 致王禔华等信札百余通		74,750	西泠拍卖	2014.12.15
1978至1987年作 刘海粟、刘开渠等 朱金楼上款信札一百一十四通		86.250	西泠拍卖	2014.12.15
1979年至1993年间作 楼适夷 致人民文学出版社信札六十四通		109,250	西泠拍卖	2014.12.15
1979年作 吴作人 信札一通		115,000	上海敬华	2014.07.01
1980年9月28日作克里克阐释堕胎问题的亲笔信，及DNA图解签名本		97,750	西泠拍卖	2014.12.15
1980年作 张伯驹、潘素 夫妇 致刘海粟信札一通		86,250	西泠拍卖	2014.12.15
1981年、1986年作 朱学范 陆定一 行书 致钱昌照信札一通		80,500	中国嘉德	2014.11.21
1982 1983年作 俞平伯 致荒芜信札及诗稿		97,750	西泠拍卖	2014.12.15
1982年作 沈从文 致巴金信札		253,000	西泠拍卖	2014.05.03
1982年作 叶浅予 舞女图 信札(带封) (二帧)		207,000	西泠拍卖	2014.12.13
1985至1993年作陈立夫与郑向恒、李殿魁夫妇往来信札六十六通		414,000	西泠拍卖	2014.12.15
1986年作 宋任穷 致欧阳毅信札二通		74,750	西泠拍卖	2014.05.03
1989年作 三毛 致戴盟贺卡一张		126,500	西泠拍卖	2014.12.15
1994至2004年作 金庸 与周洪昌往来信件一批		57,500	西泠拍卖	2014.12.15
1997年6月23日作 曼德拉 亲笔赠言		51,750	西泠拍卖	2014.12.15
埃及总统穆巴拉克、比利时国王阿尔贝二世夫妇等九位曾任或在任各国政要致杨秀文签名函及签名照		103,500	西泠拍卖	2014.05.03
艾森豪威尔威尔致妻子家书及签名照		97,750	西泠拍卖	2014.05.03
艾森豪威尔威尔威尔威尔威尔 亲笔家书和签名照		63,250	西泠拍卖	2014.12.15
爱因斯坦 签名信		57,500	中国嘉德	2014.11.23
爱因斯坦 亲笔题写质能公式E=mc2		276,000	中国嘉德	2014.11.23
奥巴马 题辞及签名照		57,500	西泠拍卖	2014.05.03
奥地利作曲家小约翰 施特劳斯签名乐谱		138,000	中国嘉德	2014.05.20
巴尔扎克 亲笔信		161,000	西泠拍卖	2014.12.15
巴金 刘旦宅 等 关于出版巴金作品《家》的插图的通信		632,500	中国嘉德	2014.11.21
白蕉 行书 手札		115,000	西泠拍卖	2014.12.15
柏辽兹 致德国作曲家贝多尔 达姆克亲笔信函		66,700	中国嘉德	2014.11.23
柏辽兹 致女中音维雅多亲笔信		184,000	西泠拍卖	2014.12.15
包世臣手书文稿四册		2,070,000	西泠拍卖	2014.12.14
贝多芬手札剪片		253,000	中国嘉德	2014.05.20
毕加索致法国舞蹈家利法尔亲笔信		94,300	中国嘉德	2014.11.23
冰心 致巴金信札及巴金、冰心创作展览纪念封		80,500	西泠拍卖	2014.05.03
冰心、曾敏之、陈国凯 为福建省文学基金会、台湾文学选刊题词		103,500	西泠拍卖	2014.05.03
勃拉姆斯 亲笔信函		97,750	中国嘉德	2014.11.23
蔡锷 书札		253,000	中国嘉德	2014.05.20
蔡廷锴 致舒新城信札		112,700	中国嘉德	2014.11.23

(成交价RMB：1万元以上)

拍品名称	物品尺寸	成交价RMB	拍卖公司	拍卖日期
蔡元培 1937年作 致张继信札		69,000	北京诚轩	2014.11.19
蔡元培 等 致曹梁厦信札三通		207,000	西泠拍卖	2014.12.15
蔡元培 与曹梁厦往来信札二通		207,000	西泠拍卖	2014.12.15
参寥子(款) 书札一通		89,700	北京匡时	2014.09.18
曹聚仁 俞平伯 陆丹林 简又文 吕叔湘 谢冰莹 曹聚仁 谢国桢 董作宾 致郑子瑜信札八通九纸《知堂老人的晚年》《知堂晚年》《知堂老人书信上下》致周作人信札一通一纸 致简又文信札一通一纸		97,750	北京匡时	2014.06.03
曹聚仁 致鲍公书札		105,800	中国嘉德	2014.11.21
曹聚仁 致鲍耀明书札		126,500	中国嘉德	2014.05.20
曾国藩 书法信札一通		460,000	河南原田	2014.08.17
曾国藩 信札		598,000	上海敬华	2014.07.01
曾国藩 信札		483,000	西泠拍卖	2014.12.14
曾国藩 信札一通		115,000	上海敬华	2014.07.01
曾国藩 致李榕信札十一通		713,000	北京保利	2014.12.03
曾国藩 致沈葆桢信札		747,500	上海道明	2014.03.27
曾熙 信札文稿		218,500	西泠拍卖	2014.05.03
曾熙 致谭延闿信札(一组)		310,500	中国嘉德	2014.11.21
柴可夫斯基致玛尼什卡夫人亲笔信函		345,000	中国嘉德	2014.11.23
陈布雷 1944年作 致萧铮信札		126,500	北京诚轩	2014.05.16
陈鸿寿 宦游江左诗札		80,500	中国嘉德	2014.05.17
陈鸿寿、郭麐、张廷济、王芑孙、钱伯坰等十二家 行书 信札		345,000	西泠拍卖	2014.05.03
陈叔通 致阮毅成手札六通九纸		212,750	北京匡时	2014.09.18
陈叔通 致阮毅成手札六通十二纸		287,500	北京匡时	2014.09.18
陈奕禧 行书		74,750	朵云轩	2014.04.21
陈毅 手札		155,250	北京歌德	2014.05.31
陈寅恪 董作宾 致杨树达书札		195,500	中国嘉德	2014.05.20
陈寅恪 致董作宾信札		2,760,000	中国嘉德	2014.11.21
陈元素 手札册		517,500	中国嘉德	2014.05.17
陈云 信札一通五开		57,500	北京华辰	2014.05.16
陈之佛 致阮毅成手札一通三纸		126,500	北京匡时	2014.09.18
陈子龙 撰并书 陈子龙书札		943,000	中国嘉德	2014.05.20
崇德元年十一月二十八日封纳密达等为拜他喇布勒哈番世袭罔替诰命		264,500	北京中汉	2014.05.16
崇实 满汉文奏折		57,500	中国嘉德	2014.11.21
崇祯元年十月三十日恩封张延登及其父其妻诰命		322,000	北京保利	2014.12.03
达尔文 亲笔信函		101,200	中国嘉德	2014.11.23
笪重光、李宗孔 诗札		126,500	中国嘉德	2014.05.17
大同元年十月十二日　执政令简字第五八号		68,138	保利香港	2014.04.07
大仲马 致雨果亲笔信函		94,300	中国嘉德	2014.11.23
大仲马、小仲马致迪斯洛瓦合写亲笔信		126,500	西泠拍卖	2014.05.03
丹麦童话作家安徒生 诗歌手稿		92,000	中国嘉德	2014.11.23
道光八年十二月十六日封朱秀祥仍承袭一等延恩侯世袭罔替诰命		166,750	北京中汉	2014.05.16
道光二十五年十月十五日封一等护卫常庆祖父为武功将军祖母为夫人诰命		161,000	北京中汉	2014.05.16
德国浪漫主义作曲家门德尔松亲笔信函		115,000	中国嘉德	2014.11.23
德国陆军元帅隆美尔签名信及签名照各一件		92,000	中国嘉德	2014.05.20
德国前总理施罗德、法国前总统希拉克等 十八位曾任或在任各国政要致杨秀文签名函及签名照		207,000	西泠拍卖	2014.05.03
德国哲学家黑格尔 签名文件		69,000	中国嘉德	2014.11.23
德国作曲家勃拉姆斯亲笔信函		172,500	中国嘉德	2014.05.20
邓力群手札13页		57,500	北京传是	2014.06.04
邓拓 周怀民 致上海人民美术出版社信札		78,200	中国嘉德	2014.11.21
邓颖超 信札		57,500	南京经典	2014.01.05
邓颖超 致郭蔚庭信札		138,000	西泠拍卖	2014.12.15
第二次鸦片战争法国全权特使葛罗致沙内海军上将 亲笔信函		184,000	中国嘉德	2014.11.23
第二次鸦片战争期间美国驻华公使列卫廉 亲笔信函		161,000	中国嘉德	2014.11.23
董必武 致谢觉哉诗札		66,700	中国嘉德	2014.05.20
董必武 致章士钊书札		115,000	中国嘉德	2014.11.21
董必武、袁雪崖、龙骧等致章行严先生书札		207,000	北京保利	2014.06.03
董其昌 行书 信札		448,500	上海敬华	2014.07.01
董作宾 关于殷墟第七次发掘致傅斯年 李济通信		138,000	中国嘉德	2014.11.21
董作宾 致李济信札		97,750	中国嘉德	2014.11.23
董作宾 致李济信札		66,700	中国嘉德	2014.05.20
杜衡 吕蒙正(款) 书札二通		103,500	北京匡时	2014.09.18
樊增祥公牍(稿本)		69,000	北京保利	2014.06.03
方济众 致周乃空信札一组		80,500	北京保利	2014.04.27
丰子恺 致阮毅成手札三通五纸		379,500	北京匡时	2014.09.18
丰子恺致郑子瑜选信札九通十七纸		287,500	北京匡时	2014.06.03
冯煦致佩秋书札一组		115,000	北京保利	2014.06.03
傅抱石 信札		115,000	苏州东方	2014.10.30
傅抱石 致吕斯百信札		437,000	北京匡时	2014.06.04
傅抱石致钱昌照、沈性元信札一通		299,000	中国嘉德	2014.11.21
傅抱石、曾涛等 信札		166,750	凤凰拍卖	2014.07.20
傅山 书札诗翰		3,795,000	中国嘉德	2014.11.21
傅斯年 致董作宾信札		644,000	中国嘉德	2014.11.21
富兰克林 罗斯福 亲笔信及签名照		97,750	西泠拍卖	2014.12.15
高尔基 致尼古拉耶维奇亲笔信		517,500	西泠拍卖	2014.05.03
高尔基手札		112,700	中国嘉德	2014.05.20
高二适 高二适致蒋永义信札		156,000	南京嘉信	2014.12.05
高二适 高二适致李茂元信札		109,250	南京嘉信	2014.12.05
高二适 信札		322,000	南京经典	2014.01.05
高二适 信札		178,250	凤凰拍卖	2014.07.20
高二适 致章士钊信札一通		345,000	北京匡时	2014.06.04
高二适、林散之、吕凤子 致张正吟信札共六通		161,000	西泠拍卖	2014.12.15
高阳 致周弃子信札		92,000	中国嘉德	2014.11.21
顾颉刚 致陈懋恒女士信札		172,500	中国嘉德	2014.11.21
观堂王国维致罗振玉书札十九通(罗继祖旧藏)		6,440,000	北京保利	2014.12.03
光绪五年闰三月初三日封福州将军穆图善继母为一品夫人诰命		143,750	北京中汉	2014.05.16
广州外侨商会主席滑摩 亲笔信函		241,500	中国嘉德	2014.11.23
郭沫若 赵朴初 致《雪松编辑部》书札		149,500	中国嘉德	2014.05.20
郭沫若 致陈君哲信札(二通)		195,500	北京匡时	2014.03.21
郭沫若 致胡乔木信札 手稿		57,500	北京华辰	2014.05.16
郭沫若 致赵清阁信札		66,700	中国嘉德	2014.05.20
国共第三次合作会议资料等文献史料		460,000	北京匡时	2014.03.21
何绍基 书札		69,000	中国嘉德	2014.11.21
弘一 1938年作 致李芳远信札稿		51,750	北京诚轩	2014.05.16
弘一 致玄父居士信札一通		391,000	北京匡时	2014.06.03
弘一、丰子恺签赠《乐石印谱第五集》		402,500	西泠拍卖	2014.05.03
弘治十二年恩封栗翥之父母诰命		109,250	北京保利	2014.12.03
胡汉民 致蒋介石信札		63,250	西泠拍卖	2014.05.03
胡适 董作宾 信札一通 甲骨《渔家乐》词		184,000	北京匡时	2014.09.18
胡适 致德平信札一通		57,500	北京匡时	2014.09.17
胡适 致近仁书一纸		115,000	北京保利	2014.01.11
胡适 致伍光健信札		264,500	中国嘉德	2014.05.20
胡先骕 致阮毅成手札一通二纸		149,500	北京匡时	2014.09.18
护理山西巡抚布政使吴廷斌奏事折		166,750	泰和嘉成	2014.11.30
黄 敬、傅连暲 建国初高级将领信札二通		57,500	西泠拍卖	2014.12.15
黄宾虹 致帅铭初信札一通		149,500	北京匡时	2014.06.03
黄宾虹 致朱砚英信札		172,500	上海嘉禾	2014.10.31
黄宾虹信札两通		172,500	北京匡时	2014.12.02
黄宾虹致黄谦吉信札		161,000	北京传是	2014.06.04
黄侃 书札		483,000	中国嘉德	2014.11.21
黄侃 书札		184,000	中国嘉德	2014.11.21
黄侃 致潘重规 黄子端书札		828,000	中国嘉德	2014.05.20
黄侃 致潘重规书札		149,500	中国嘉德	2014.05.20
黄绍竑 致阮毅成手札三通三纸		115,000	北京匡时	2014.09.18
黄士陵致沉长慰信札		63,250	北京传是	2014.06.04
黄思永、袁大化、宋伯鲁、荣禄、张荫棠、徐承焜、徐东甫、段芝贵等致帅少翁、少白信札		51,750	北京保利	2014.06.03
黄兴 致马骧信札		207,000	中国嘉德	2014.05.20
黄永玉 致人民日报信札		123,200	武汉中信	2014.10.23
黄胄 梅雀 致傅大卣信札		155,250	北京保利	2014.01.11

拍品名称	物品尺寸	成交价RMB	拍卖公司	拍卖日期
黄胄 信札一通		97,750	中国嘉德	2014.03.22
黄胄 致詹忠效信札		287,500	中国嘉德	2014.05.20
嘉庆二十四年正月初一日封一等轻车都尉德昌继妻为夫人诰命		120,750	北京中汉	2014.05.16
嘉庆二十四年正月初一日封一等子爵福克精阿父为建威将军母为一品夫人诰命		161,000	北京中汉	2014.05.16
姜逢元 撰并书 姜逢元书札		138,000	中国嘉德	2014.05.20
姜可生 致阮毅成手札二通七纸		126,500	北京匡时	2014.09.18
姜琦 致阮毅成手札一通三纸		74,750	北京匡时	2014.09.18
蒋介石1965年作致徐柏园信札(四帧)		322,000	北京诚轩	2014.05.16
蒋纬国 赵恒惕 陈立夫 严家淦 秦孝仪 信札5则		102,150	四川德轩	2014.03.16
蒋先凡关于1911年山东独立的重要通信		69,000	西泠拍卖	2014.05.03
蒋兆和 致詹忠效信札		69,000	中国嘉德	2014.05.20
蒋中正 书札		66,700	中国嘉德	2014.03.22
蒋中正 文告		103,500	北京中汉	2014.05.16
蒋中正张人杰等致张继信札(三通)		86,250	北京匡时	2014.03.21
蒋中正 致潘重规书札		78,200	中国嘉德	2014.05.20
蒋中正 致叔铭信札		253,000	中国嘉德	2014.11.21
蒋中正致王仲贤信札		57,500	北京传是	2014.06.04
金农 手札二通		517,500	西泠拍卖	2014.12.14
金庸 致董桥信札一通		55,200	西泠拍卖	2014.05.03
经亨颐、陈立夫 等 常云湄上款及旧藏信札、文稿近百件		126,500	西泠拍卖	2014.12.15
卡拉扬 亲笔信函		82,800	中国嘉德	2014.11.23
康同璧、罗昌往来书札九通附三通		230,000	朵云轩	2014.12.17
康熙九年五月六日封两江总督麻勒吉祖父为光禄大夫祖母为一品夫人诰命		299,000	北京中汉	2014.05.16
康熙六年恩封盛京工部笔帖赛西敕命一封		92,000	北京保利	2014.12.03
康熙六年十一月二十六日恩封綦汝楫父母之诰命		218,500	北京保利	2014.12.03
康有为 1922年作 致邱炜萱信札		86,250	北京诚轩	2014.11.19
康有为 草书手札		57,500	北京保利	2014.04.27
康有为、梁文卿往来书札五通		172,500	朵云轩	2014.12.17
康有为、汤铭三往来书札三通		207,000	朵云轩	2014.12.17
勒方锜 信札册		71,300	中国嘉德	2014.03.25
雷诺阿 致莫奈亲笔信函		230,000	中国嘉德	2014.11.23
李方桂、陆侃如、冯沅君、吕炯李方桂致董作宾函一通、陆侃如、冯沅君夫妇五月二十日致董作宾函一通、吕炯卅二年六月廿七日致董作宾函一通		59,800	中国嘉德	2014.03.24
李福 致黄丕烈丛札		207,000	中国嘉德	2014.05.17
李鸿章 等 清名人信札册(22帧)		86,250	北京匡时	2014.03.21
李鸿章 信札		920,000	西泠拍卖	2014.12.14
李鸿章 信札二通		97,750	保利厦门	2014.11.01
李鸿章 信札二通		51,750	上海敬华	2014.07.01
李鸿章、曾国荃、方汝翼、孔令贻、杨昌浚等 致芝山信札		69,000	西泠拍卖	2014.05.03
李鸿章、沈卫、陈夔龙等 手札、诗文册		69,000	中国嘉德	2014.11.22
李济、杭立武 李济七月七日致董作宾函一通、杭立武十一月三日致董作宾函一通		78,200	中国嘉德	2014.03.24
李可染启功钱钟书等题胡献生印拓册		402,500	北京保利	2014.01.11
李可染 王雪涛 朱屺瞻 等 致侯及名信札十六纸		57,500	北京保利	2014.01.11
李瑞清 致郑孝胥等信札册		161,000	西泠拍卖	2014.12.15
李石曾 致姜伯彰信札(一组)		78,200	中国嘉德	2014.11.21
李斯特 亲笔信函		195,500	中国嘉德	2014.11.23
李宗仁 致张群书札		82,800	中国嘉德	2014.05.20
理查德 施特劳斯 乐谱手稿		115,000	中国嘉德	2014.11.23
梁鼎芬 草书 信札		138,000	上海敬华	2014.06.30
梁鼎芬 信札		69,000	中国嘉德	2014.11.21
梁鼎芬、梁广照等 遗稿、手札等		161,000	西泠拍卖	2014.05.03
梁启超1912年作致康有为信札(二帧)		253,000	北京诚轩	2014.11.19
梁启超 致康同璧		115,000	朵云轩	2014.12.17
梁思成梁思成廿四日致董作宾函一通		149,500	中国嘉德	2014.03.24
梁同书、翁方纲等清名人尺牍		437,000	西泠拍卖	2014.05.03

拍品名称	物品尺寸	成交价RMB	拍卖公司	拍卖日期
廖志高、张云逸 建国初高级将领信札二通		138,000	西泠拍卖	2014.12.15
林庚白 致柳亚子信札		138,000	中国嘉德	2014.11.21
林肯 亲笔信函		345,000	中国嘉德	2014.11.23
林语堂 致传原信札四通及《论今日台湾国语音读之误》手稿		172,500	北京匡时	2014.03.21
林则徐 信札三通		460,000	保利厦门	2014.11.01
林则徐 致戴絅孙信札		667,000	北京保利	2014.06.04
刘鹗 致达泉仁兄信札册页		172,500	中国嘉德	2014.05.20
刘麟 行书致朱曰藩手札一通		632,500	北京匡时	2014.12.02
刘麟 行书致朱曰藩手札一通		598,000	北京匡时	2014.12.02
刘墉 行书 信札		483,000	西泠拍卖	2014.12.14
刘墉(古)致铁保信札(三通)		161,000	北京匡时	2014.06.03
柳亚子 信札一通 十二页 "其子之贤"文稿一开		172,500	上海明轩	2014.04.20
柳亚子、朱自清等致钱实甫先生信函册附实寄封		1,495,000	北京保利	2014.12.03
柳诒徵 致阮毅成手札八通十三纸		241,500	北京匡时	2014.09.18
娄东十子手札集珍册		115,000	北京保利	2014.08.03
陆维钊 致施蛰存信札		115,000	中国嘉德	2014.11.21
陆俨少 山水及信札一通		425,500	福建运通	2014.07.27
罗丹 亲笔信函		66,700	中国嘉德	2014.11.23
罗家伦 罗家伦四月二日致董作宾函一通		51,750	中国嘉德	2014.03.24
罗家伦、赵承嘏、吴承洛、窦维廉 等 致曹梁厦信札一批		115,000	西泠拍卖	2014.12.15
罗曼 罗兰 致俄国芭蕾名伶亲笔信三通		184,000	西泠拍卖	2014.05.03
罗斯福 签名照及签名委任状		92,000	西泠拍卖	2014.05.03
罗斯福 致长子家书		126,500	西泠拍卖	2014.05.03
罗振玉、张謇、张一麐 等 致吴保初信札一批		161,000	西泠拍卖	2014.05.03
马公愚 张含英 胡蕉华 陈伯达等致王云五 汪怡信札		138,000	中国嘉德	2014.11.21
马衡马衡四月廿四日致董作宾函一通		55,200	中国嘉德	2014.03.24
马君武、吴蕴初致曹梁夏信札二通		97,750	西泠拍卖	2014.12.15
马克思 致科勒特 多布森 科勒特亲笔信函		3,047,500	中国嘉德	2014.11.23
马相伯 致曹梁厦信札三通		161,000	西泠拍卖	2014.12.15
马叙伦 致阮毅成手札四通八纸		172,500	北京匡时	2014.09.18
马一浮 1945年作 致杨樵谷信札一通二纸		120,750	北京匡时	2014.12.02
马一浮 信札两通三页		287,500	福建定佳	2014.05.25
马一浮 信札一通三纸		201,250	北京匡时	2014.12.02
马寅初 致阮毅成手札一通二纸		402,500	北京匡时	2014.09.18
毛滂(传) 致知府学士札		690,000	北京保利	2014.12.03
茅盾《关于小学生学会拼音字母又回生的问题》手稿		690,000	中国嘉德	2014.05.20
茅盾 丰子恺 1956年作 致丰子恺信札一通 致华开进信札一通		74,750	北京东正	2014.05.18
茅盾 书法信札		57,500	中鸿信	2014.11.22
茅盾 严文井 邵荃麟信札(附1页诗稿)		276,000	中国嘉德	2014.11.21
茅盾 致李鲁歌 江晖信札		253,000	中国嘉德	2014.05.20
茅盾 致外甥家信		126,500	中国嘉德	2014.05.20
梅汝璈 致阮毅成手札二通二纸		586,500	北京匡时	2014.09.18
美国著名作家马克 吐温 亲笔信函		57,500	中国嘉德	2014.11.23
美国作家海明威 签名信		82,800	中国嘉德	2014.11.23
美国作家海明威致密友罗伯托赫雷拉的明信片两件		149,500	中国嘉德	2014.05.20
美国作家杰克 伦敦 亲笔信函		80,500	中国嘉德	2014.11.23
民国15年(1926)石印本 容庚 批注《梦坡室获古丛编》		207,000	西泠拍卖	2014.05.03
明吴仕安父母敕命		184,000	中国嘉德	2014.05.20
缪昌期 等撰书 缪昌期、冯清书札		184,000	中国嘉德	2014.05.20
莫泊桑 亲笔信		57,500	西泠拍卖	2014.05.03
莫奈 亲笔信函		126,500	中国嘉德	2014.11.23
拿破仑 西班牙半岛战争期间往来通信		356,500	中国嘉德	2014.11.23
倪会鼎、倪元璐、诸大绶、陆梦龙、熊汝霖、王尊德 陶望龄、钱象坤 等 信札		1,725,000	西泠拍卖	2014.12.14

2014杂项拍卖成交汇总

(成交价RMB：1万元以上)

拍品名称	物品尺寸	成交价RMB	拍卖公司	拍卖日期
宁举 撰并书 宁举书札		149,500	中国嘉德	2014.05.20
纽约长岛蝗虫谷孔宅旧藏民国要人致孔祥熙信札		598,000	北京保利	2014.06.03
欧阳予倩 致阮毅成手札一通一纸		74,750	北京匡时	2014.09.18
潘伯鹰 信札集手卷		138,000	上海明轩	2014.04.20
潘伯鹰 致阮毅成手札二通三纸		80,500	北京匡时	2014.09.18
潘天寿 致醒秋书信一通		230,000	北京匡时	2014.06.05
潘祖荫 行书 信札		345,000	西泠拍卖	2014.12.14
潘祖荫 信札		61,350	纽约苏富比	2014.03.20
潘祖荫寄赵之谦手札		368,000	西泠拍卖	2014.05.03
彭玉麐 书札		345,000	西泠拍卖	2014.12.14
溥儒 致陈之佛信札		57,500	中国嘉德	2014.11.21
溥儒 致大千信札		444,375	香港苏富比	2014.04.07
溥儒 致何敦仁手札		184,000	中国嘉德	2014.11.20
溥儒 致叶恭绰信札		92,000	中国嘉德	2014.05.19
溥儒、陈曾寿 心畬、苍虬手札		184,000	中国嘉德	2014.11.20
齐白石 手札		253,000	北京歌德	2014.05.31
齐白石 致思中信札		237,000	香港苏富比	2014.04.07
齐白石致张信之信札一通一页(附信封)		195,500	上海明轩	2014.04.20
启功 致韩瀚信札一通一页		57,500	上海明轩	2014.11.02
启功 致潘伯鹰信札		80,500	中国嘉德	2014.05.20
启功 致潘伯鹰信札		78,200	中国嘉德	2014.05.20
启功 致赵伟之信札		195,500	中国嘉德	2014.05.20
钱沣 信札		69,019	纽约苏富比	2014.03.20
钱瘦铁 行书 信札		109,250	西泠拍卖	2014.12.15
钱学彬 翁同龢 李鸿藻 宋晋 凌汉 景廉 载治等 信札册		92,000	北京保利	2014.06.04
钱钟书 1994年作 信札		109,250	北京歌德	2014.05.31
钱钟书 致马家驹手札三页		92,000	北京保利	2014.01.11
钱钟书 致任明耀札		161,000	上海道明	2014.12.11
钱锺书 致季霞题词及贝聿铭亲属照片一组		74,750	西泠拍卖	2014.05.03
钱宗起 致阮毅成手札八通十纸		57,500	北京匡时	2014.09.18
乾隆帝 诰命		69,000	北京翰海	2014.01.11
乾隆二十二年七月十六日外蒙古辅国公额尔克锡拉诰命		287,500	中国嘉德	2014.11.27
乾隆二十六年十一月二十日封一等子爵常安为光禄大夫妻王氏为一品夫人诰命		115,000	北京中汉	2014.05.16
乾隆二十六年十一月二十日封直隶督标易州营千总柴建基父为武信郎母为安人敕命		115,000	北京中汉	2014.05.16
乾隆二十六年十一月二十日封直隶督标易州营千总柴建基祖父为武信郎祖母为安人敕命		253,000	北京中汉	2014.05.16
乾隆二十年恩封王世治之祖父母诰命		74,750	北京保利	2014.12.03
乾隆三十六年十一月二十五日封一等轻车都尉塞太父为武功大夫母为夫人诰命		276,000	北京中汉	2014.05.16
乾隆三十六年十一月二十五日封浙江乐清营都司柴建业祖父为昭武大夫祖母为恭人诰命		230,000	北京中汉	2014.05.16
乾隆十二年十二月十七日封嘉浑等仍承袭骑都尉兼一云骑尉世袭罔替诰命		195,500	北京中汉	2014.05.16
乾隆十六年十一月二十五日封一等子爵积德为光禄大夫妻为一品夫人诰命		253,000	北京中汉	2014.05.16
乾隆十七年五月十九日封州同王中辉父儒林郎母继母汪氏为安人敕命		126,500	北京中汉	2014.05.16
乾隆十一年二月四日封朱绍美等仍承袭一等侯世袭罔替诰命		218,500	北京中汉	2014.05.16
乾隆四十二年五月初二日封浙江温州镇标右营分房宁村游击柴建业祖父为武翼大夫祖母为淑人诰命		287,500	北京中汉	2014.05.16
乾隆四十三年七月十八日封州同王中辉祖父为中宪大夫祖母为恭人诰命		184,000	北京中汉	2014.05.16
乾隆四十五年正月初一日封内务府主事双保父为中宪大夫母为太恭人诰命		178,250	北京中汉	2014.05.16
秦观 (款) 致宣德尊丈信札一通		149,500	北京匡时	2014.09.18
清 嘉庆六年诰命		138,000	远方拍卖	2014.06.02
清 赵之谦信札		575,000	北京翰海	2014.10.25

拍品名称	物品尺寸	成交价RMB	拍卖公司	拍卖日期
清 赵之谦信札		230,000	北京翰海	2014.10.25
清 织锦云龙纹诰命		109,250	中国嘉德	2014.03.24
清道光元年诰命		59,800	中国嘉德	2014.03.22
清光绪诰命		70,150	上海工美	2014.11.02
清嘉庆十四年诰命		89,700	中国嘉德	2014.09.20
清乾隆二十六年恩封宗室实麟之母李氏诰命		138,000	北京保利	2014.06.03
清人 清名贤手札二册		253,000	中国嘉德	2014.05.17
清晚期以来名士致佩秋信札稿一组一百二十余纸		69,000	北京保利	2014.12.03
清晚期以来文士名人信札稿一组一百六十余纸		126,500	北京保利	2014.12.03
清学士吴璥、吴崧圃、许延润等诗稿信札		51,750	北京保利	2014.06.03
丘吉尔 亲笔信函		57,500	中国嘉德	2014.11.23
瞿式耜致子家书		920,000	西泠拍卖	2014.12.14
饶宗颐行书〈凄凉犯〉及信札一通		346,063	香港苏富比	2014.10.07
饶宗颐饶宗颐二十日致董作宾函一通		161,000	中国嘉德	2014.03.24
任鸿隽 致阮毅成手札一通二纸		184,000	北京匡时	2014.09.18
容庚 致董作宾信札二通		92,000	北京匡时	2014.06.03
沙孟海 致阮毅成手札一通二纸		241,500	北京匡时	2014.09.18
沙孟海 致王个簃信札		109,250	西泠拍卖	2014.12.15
沙孟海 致王个簃信札		109,250	西泠拍卖	2014.12.15
邵裴子 致阮毅成手札六通九纸		103,500	北京匡时	2014.09.18
沈曾植 致沈瑜庆二札、自作诗稿		414,000	北京诚轩	2014.11.19
沈从文 等 致李石英手札共二十二页		57,500	北京保利	2014.01.11
沈从文 关于青瓷展览的讲解词		55,200	中国嘉德	2014.05.20
沈从文沈从文七月五日致董作宾函一通		264,500	中国嘉德	2014.03.24
沈从文 诗札		264,500	上海明轩	2014.04.20
沈从文 致董作宾信札		218,500	中国嘉德	2014.11.21
沈从文 致杨伯达信札		126,500	中国嘉德	2014.05.20
沈钧儒 章士钊 陈师曾 侯德榜 等致李滋敏信札册		109,250	中国嘉德	2014.05.20
沈钧儒 致阮毅成手札八通十二纸		218,500	北京匡时	2014.09.18
沈钧儒 致阮毅成手札六通八纸		218,500	北京匡时	2014.09.18
沈钧儒 致阮毅成手札六通八纸		195,500	北京匡时	2014.09.18
沈钧儒 致阮毅成手札六通八纸(附名片)		207,000	北京匡时	2014.09.18
沈钧儒 致阮毅成手札六通十一纸		253,000	北京匡时	2014.09.18
沈鹏 致方去疾信札		59,800	中国嘉德	2014.05.20
沈鹏 致刘国权信札		57,500	中国嘉德	2014.05.20
沈鹏致赵朴初信札2页		55,200	北京传是	2014.06.04
沈西溪 撰并书 沈西溪书札		74,750	中国嘉德	2014.05.20
沈雁冰 草书信札		69,000	北京翰海	2014.10.24
沈尹默 致钱昌照信札三通		161,000	中国嘉德	2014.11.21
沈尹默 致谢稚柳信札		230,000	西泠拍卖	2014.12.15
沈尹默致章士钊诗稿一页高二适致章士钊文札一页章士钊致徐调孚信札一页章士钊信札一通一页		195,500	上海明轩	2014.04.20
石涛 致八大山人信札		1,026,718	保利香港	2014.10.06
史可法、左光斗、杨 慎、熊廷弼、夏 言、祁彪佳、黄尊素、徐文华等 明贤忠烈尺牍集册		9,200,000	西泠拍卖	2014.12.14
舒新城 致阮毅成手札四通七纸		230,000	北京匡时	2014.09.18
顺治八年八月二十一日封阿思哈哈番俄木布为资政大夫继妻为夫人诰命		299,000	北京中汉	2014.05.16
斯大林 致最高国民经济委员会副主席皮达可夫亲笔信		345,000	西泠拍卖	2014.12.15
苏联元帅朱可夫签名鉴定书		287,500	中国嘉德	2014.05.20
孙■ 等撰书 孙■、张珪书札		94,300	中国嘉德	2014.05.20
孙文 任命书		63,250	北京保利	2014.04.27
索尔 贝娄 等六位诺贝尔文学奖得主亲笔信		138,000	西泠拍卖	2014.05.03
谭献书札		80,500	北京保利	2014.06.03
谭延闿 致王伯群信札28开		317,800	四川德轩	2014.03.15
谭延闿 致袁思彦信札一百余开		264,500	西泠拍卖	2014.12.15
汤铭三致康同璧书札二十三通		138,000	朵云轩	2014.12.17
天聪八年五月十七日封纳尔赛等承袭三等阿达哈哈番世袭罔替诰命		598,000	北京中汉	2014.05.16
天聪至康熙年杨于渭族世袭诰命		207,000	泰和嘉成	2014.11.30

(成交价RMB：1万元以上)

拍品名称	物品尺寸	成交价RMB	拍卖公司	拍卖日期
天启六年恩封魏应嘉夫妻诰命		195,500	北京保利	2014.12.03
田汉 致刘厚生信札		66,700	中国嘉德	2014.05.20
田汉 致阮毅成手札一通一纸		253,000	北京匡时	2014.09.18
同治六年十月二十八日封太常寺博士沈安行祖父母为奉宜大夫诰命		126,500	北京中汉	2014.05.16
瓦特 亲笔信函		92,000	中国嘉德	2014.11.23
万云鹏等撰书万云鹏、安希范书札		172,500	中国嘉德	2014.05.20
汪精卫《致影佐祯昭信札六通》		138,000	长风拍卖	2014.01.05
汪精卫至蔡子民、张溥泉信札		65,550	北京翰海	2014.10.25
汪兆铭 致易培基书札		172,500	中国嘉德	2014.11.21
王宠 杨士奇 等 明贤尺牍		57,500	中国嘉德	2014.03.25
王铎 致戴明说札		18,630,000	北京保利	2014.12.03
王尔德《厄洛斯的花园》诗句一则		368,000	西泠拍卖	2014.05.03
王国维 1912年作 书词合律		57,500	北京翰海	2014.08.23
王力 致辛冠洁信札		57,500	中国嘉德	2014.05.20
王明 致谢觉哉书札		1,380,000	中国嘉德	2014.05.20
王蘧常、顾颉刚、顾廷龙、陶孟和等致赵泉澄、陈懋恒夫妇信札一批		161,000	西泠拍卖	2014.12.15
王僧虔 款 王 慈 款 手札二通		356,500	西泠拍卖	2014.12.14
王世襄 致史树青书札 (一组)		69,000	中国嘉德	2014.05.20
王世襄、施蛰存、周退密、戴敦邦 等致纪克信札一批		57,500	西泠拍卖	2014.05.03
王守、康范生、朱志仁、梁阶平手札		54,510	中国嘉德	2014.04.08
王文治 书札		582,400	天津文物	2014.11.15
王文治 信札册		55,200	中国嘉德	2014.09.22
王文治 信札三通		115,000	北京保利	2014.06.04
王献唐信札三通		51,750	北京匡时	2014.12.02
王穉登 行书 信札		437,000	西泠拍卖	2014.12.14
威尔第 亲笔信函		51,750	中国嘉德	2014.11.23
维克多雨果致查尔罗贝林亲笔信函		126,500	中国嘉德	2014.11.23
文点 行书手札二通		80,500	北京匡时	2014.12.02
文点、金俊明 诗札		138,000	中国嘉德	2014.05.17
文彭 1562年作 草书致清溪手札一通		494,500	北京匡时	2014.12.02
文札遗珍		1,322,500	广州皇玛	2014.04.27
文徵明 黄姬水 徐中行 张凤翼 张誉 信札 书法		1,035,000	西泠拍卖	2014.12.14
文徵明 书札		287,500	福建运通	2014.07.27
文徵明(款) 信札两开		126,500	北京保利	2014.10.27
翁同龢 行书 信札		368,000	西泠拍卖	2014.12.14
翁同龢 信札		460,000	北京翰海	2014.05.09
翁同龢 信札44开		230,000	凤凰拍卖	2014.07.20
翁同龢 杨 岘 吴昌硕 等 行书 信札		667,000	西泠拍卖	2014.12.14
翁同龢、梁鼎芬、王懿荣、陆润庠等 清晚期诸贤手札		109,250	西泠拍卖	2014.05.03
翁同龢、张之洞、端 方、彭玉麐、陈夔龙［清］、陈希曾、张之万、傅增湘等 清名贤信札册		138,000	西泠拍卖	2014.12.14
翁同龢手札		270,250	朵云轩	2014.06.27
吴昌硕 行书 信札		82,800	上海敬华	2014.07.01
吴昌硕 行书 信札二函		109,250	上海敬华	2014.07.01
吴昌硕 行书信札		138,000	上海嘉禾	2014.06.22
吴昌硕 信札、诗稿 (六帧)		195,500	西泠拍卖	2014.05.05
吴昌硕 致任伯年信封		59,800	中国嘉德	2014.05.20
吴大澂 张謇 梁敦彦 尺牍		345,000	中国嘉德	2014.11.21
吴冠中 感谢信		109,250	中国嘉德	2014.05.20
吴冠中 致袁运甫信札		51,750	中国嘉德	2014.05.20
吴湖帆 佞宋词痕卷九		2,415,000	北京匡时	2014.12.02
吴敬恒 致曹梁夏信札二通		57,500	西泠拍卖	2014.12.15
吴玉如 信札 (十二件)		189,750	鼎天国际	2014.05.24
吴作人萧淑芳致吕斯百 马光璇信札		80,500	北京匡时	2014.06.04
吴作人 萧淑芳 致吕斯百信札		103,500	北京匡时	2014.06.04
吴作人 许麟庐 白雪石 等 信札		57,500	北京容海	2014.09.22
吴作人 致何善云信札		103,500	中国嘉德	2014.05.20
吴作人 致吕斯百 马光璇信札		74,750	北京匡时	2014.06.04
吴作人 致吕斯百 童第周信札		63,250	北京匡时	2014.06.04
吴作人 致吕斯百信札		161,000	北京匡时	2014.06.04
希特勒签名请柬及签名信各一件		94,300	中国嘉德	2014.05.20
咸丰八年十二月十八日封辅国将军安寿继室为辅国将军继夫人诰命		207,000	北京中汉	2014.05.16
咸丰三年十二月十七日封春龄承袭骑都尉兼一云骑尉世袭罔替诰命		115,000	北京中汉	2014.05.16

拍品名称	物品尺寸	成交价RMB	拍卖公司	拍卖日期
萧伯纳、加尔代雷 往来通信及亲笔批注评论文章		155,250	西泠拍卖	2014.05.03
小提琴演奏家帕格尼尼 亲笔信函		69,000	中国嘉德	2014.11.23
小约翰 施特劳斯 签名乐谱		57,500	中国嘉德	2014.11.23
小约翰 施特劳斯 手书乐谱		112,700	中国嘉德	2014.11.23
小仲马 十六通亲笔信等		287,500	西泠拍卖	2014.05.03
谢无量 手札1页		57,500	北京传是	2014.06.04
谢玉岑钱振鍠诗稿手札(十四通)		97,750	北京匡时	2014.03.21
谢稚柳 等 致魏文伯信札书法		184,000	西泠拍卖	2014.12.15
谢稚柳 致吕斯百信札		437,000	北京匡时	2014.06.04
信笺　线装本七册		5,175,000	西泠拍卖	2014.12.15
熊佛西 致阮毅成手札一通一纸		82,800	北京匡时	2014.09.18
徐悲鸿 1953年作 致周扬手札一通		3,795,000	北京匡时	2014.06.03
徐悲鸿 廖静文 信札及中央美院1952年过节费清册		86,250	中国嘉德	2014.05.20
徐悲鸿 廖静文 致吕斯百信札		345,000	北京匡时	2014.06.04
徐悲鸿 林子白信札		161,000	谷云轩	2014.04.29
徐悲鸿 信札 (一通)		345,000	雍和嘉诚	2014.05.30
徐悲鸿 致黄养辉信札		402,500	中国嘉德	2014.05.20
徐悲鸿 致刘勃舒信札一通		207,000	北京匡时	2014.06.03
徐悲鸿 致吕斯百信札		437,000	北京匡时	2014.06.04
徐悲鸿 致张安治信札		684,250	福建华夏	2014.05.12
徐会沣 杜受田等信札		115,000	上海道明	2014.06.21
徐世昌华世奎宝熙等零金碎玉戊集		368,000	北京匡时	2014.09.18
徐燕荪、陈师曾、台静农、王同愈、张叔通、汪亚尘、叶圣陶、杨度、虞和德、余叔岩、黄宾虹 信札		85,063	宝港国际	2014.05.28
徐志摩 致陶太太信札		184,000	中国嘉德	2014.05.20
许杰陈子善梁通罗香林王凤池王瑶朱德熙易君左吴小如等致郑子瑜信札		92,000	北京匡时	2014.06.03
许兆椿、吴俊行书 致蒋攸铦信札		80,500	西泠拍卖	2014.05.03
宣统元年十月二十日封知府衔徐文鋆曾祖父为资政大夫曾祖母为夫人诰命		138,000	北京中汉	2014.05.16
宣统元年十月二十日封知府衔徐文鋆祖父为资政大夫祖母为夫人诰命		115,000	北京中汉	2014.05.16
严复 致联翁信札		184,000	保利厦门	2014.11.01
严复 致鹿萍信札		747,500	西泠拍卖	2014.12.15
严复 致伍光建英文信		322,000	中国嘉德	2014.11.21
严复 致严君潜书札		690,000	中国嘉德	2014.11.21
严价 等撰书 严价等书札		230,000	中国嘉德	2014.05.20
严修、张佩纶信札		51,750	北京保利	2014.12.03
杨度 信札		102,150	四川德轩	2014.03.16
杨济、杨翰、慎毓林、沈光、沈宝昌、李鸿裔、张盛藻等名家信札		74,750	北京保利	2014.06.03
杨之光 致吴祖光 新凤霞信札		63,250	中国嘉德	2014.05.20
姚希孟 等撰书 姚希孟、吴龙书札		172,500	中国嘉德	2014.05.20
叶圣陶 书法		207,000	福建华夏	2014.05.12
伊秉绶 阮 元 行书 信札六通		230,000	西泠拍卖	2014.12.14
伊秉绶 书札		57,500	中国嘉德	2014.11.21
易培基、陶孟和、易寿铭 书札		63,250	西泠拍卖	2014.05.03
印度著名诗人泰戈尔诗歌手稿		184,000	中国嘉德	2014.05.20
印象派画家德加 邀其私人医生同雕塑家阿尔伯特.巴托罗美聚会的亲笔信		69,000	中国嘉德	2014.11.23
英国浪漫主义诗人拜伦 手迹		92,000	中国嘉德	2014.11.23
英国哲学家罗素亲笔信函		69,000	中国嘉德	2014.05.20
应宝时行书 致吴云信札		287,500	西泠拍卖	2014.05.03
雍正帝 诰命		69,000	北京翰海	2014.01.11
雍正二年十二月十六日封阿思哈尼哈番朱廷撒父一等侯爵世袭罔替诰命		264,500	北京中汉	2014.05.16
雍正满汉文朱批引见奏折		172,500	泰和嘉成	2014.11.30
雍正十三年九月初三日封副都统色尔登为光禄大夫妻继妻为一品夫人诰命		345,000	北京中汉	2014.05.16
游寿、朱玖莹 游寿四月二日致董作宾函一通、朱玖莹元月十五日致董作宾函一通		69,000	中国嘉德	2014.03.24
于右任草书节录王阳明与王勉之信札		184,000	中国嘉德	2014.05.19
于右任 致方豪信札		460,000	中国嘉德	2014.05.19
于右任 致易培基信札		103,500	中国嘉德	2014.11.23
俞平伯 叶圣陶 信札 (两通)		103,500	文津阁	2014.06.22
俞汝楫 等撰书 俞汝楫、严赞书札		55,200	中国嘉德	2014.05.20

2014杂项拍卖成交汇总

(成交价RMB：1万元以上)

拍品名称	物品尺寸	成交价RMB	拍卖公司	拍卖日期
俞樾、张之洞、翁同龢、王懿荣等 清名人手札		132,250	西泠拍卖	2014.05.03
俞樾等二十六家 致李桓、李辅耀等信札一批		126,500	西泠拍卖	2014.05.03
虞集 (款) 致昭文相公信札一通		184,000	北京匡时	2014.09.18
雨果 亲笔信及签名照		115,000	西泠拍卖	2014.05.03
袁桷 (款) 书札一通		112,700	北京匡时	2014.09.18
袁克文 致方尔谦信札手稿		57,500	中国嘉德	2014.11.21
袁克文、梁启超、康有为、于右任 等 诗词信札册		1,150,000	西泠拍卖	2014.05.03
袁世凯 书札		563,500	泰和嘉成	2014.05.31
张伯苓 致阮毅成手札一通二纸		287,500	北京匡时	2014.09.18
张大千 1965年作 信札一通		82,800	北京匡时	2014.06.04
张大千 行书手札		92,000	北京保利	2014.08.02
张大千 致罗寄梅信札两通		230,000	北京东正	2014.05.18
张大千 致孙家勤信札一通		74,750	北京匡时	2014.06.04
张大千 致张目寒手札一通		92,000	北京保利	2014.01.11
张大千 致张目寒书札		276,150	佳士得	2014.11.24
张大千 致张学良信札三通卷		460,000	北京诚轩	2014.11.19
张大千 致郑德芬札 — 购物		148,125	香港苏富比	2014.04.07
张大千致郑德芬札—扇展(两页)		64,188	香港苏富比	2014.04.07
张大千致张伯驹、王济远、徐伯郊、胡爽庵信札七通		2,932,500	上海工美	2014.06.28
张仃 致江丰信札		55,200	中国嘉德	2014.05.20
张烈 致阮毅成手札六通十五纸		63,250	北京匡时	2014.09.18
张雨 信札册		690,000	北京保利	2014.06.04
张之洞 梁鼎芬 荣禄 杨度 等 致瞿鸿禨信札 (一组)		276,000	中国嘉德	2014.11.21
张之洞、张度致高崇基、王瓘书札合册		178,250	北京保利	2014.04.28
张宗祥 致阮毅成手札二通三纸		178,250	北京匡时	2014.09.18
章炳麟致孙中山、陈炯明信札二通		184,000	西泠拍卖	2014.12.15
章炳麟 致张学良、孙至诚信札册		437,000	西泠拍卖	2014.05.03
章鸿钊 章鸿钊九月四日致董作宾函一通		51,750	中国嘉德	2014.03.24
章梫至佩秋书札		63,250	北京保利	2014.06.03
章士钊《论衡》批校本		690,000	西泠拍卖	2014.12.15
章士钊、吴弱男、陶孟和、沈性仁 往来信札		109,250	西泠拍卖	2014.05.03
章士钊《论反对清帝逊位条件事》等手稿		1,012,000	上海道明	2014.12.11
章士钊致陈独秀诗札镜片		368,000	上海明轩	2014.04.20
章太炎 1921年作 致张继信札		138,000	北京诚轩	2014.11.19
章太炎 致张继信札		126,500	中国嘉德	2014.05.20
赵抃 魏野 (款) 信札二通		66,700	北京匡时	2014.09.18
赵孟頫 (传) 信札一通		598,000	北京匡时	2014.12.02
赵朴初 行书手札		57,500	北京保利	2014.06.01
赵朴初 行书信札 (三通)		80,500	北京匡时	2014.03.21
赵朴初 谢富治追悼会后作诗文及采访文稿		105,800	中国嘉德	2014.05.20
赵朴初 致方致远信札		66,700	中国嘉德	2014.05.20
赵朴初 致林洙书札		172,500	中国嘉德	2014.05.20
赵朴初 致谢稚柳信札		230,000	西泠拍卖	2014.12.15
赵朴初 致周绍良信札三通		69,000	西泠拍卖	2014.12.15
赵朴初致袁鹰信札1页		287,500	北京传是	2014.06.04
赵之谦 (款) 信札册		69,000	中国嘉德	2014.03.25
赵之谦行书至益斋信札(四通)		138,000	中鸿信	2014.11.23
赵之谦、曾国藩、李鸿章等清人书札册		1,137,063	中国嘉德	2014.10.06
赵执信 信札(两通)		71,300	北京翰海	2014.04.12
郑晓沧 致阮毅成手札十通十八纸		69,000	北京匡时	2014.09.18
郑爰居先生信札公函等册页十二开		126,500	琴岛荣德	2014.06.22
郑振铎书信集		402,500	泰和嘉成	2014.11.30
致刘清辉信札		408,250	福建华夏	2014.05.12
致刘清辉信札		299,000	福建华夏	2014.05.12
周作人 1960年作《郑子瑜选集序》三纸《郑子瑜选集序》书签两纸 便条一纸		460,000	北京匡时	2014.06.03
周作人 1960年作 致郑子瑜选信札一通五纸		276,000	北京匡时	2014.06.03
周作人致徐耀辰先生信附实寄封		74,750	北京保利	2014.12.03
朱德 早年调任令、中药处方及夫人萧菊芬照片		109,250	西泠拍卖	2014.05.03

拍品名称	物品尺寸	成交价RMB	拍卖公司	拍卖日期
朱凤蔚 致阮毅成手札九通十五纸		103,500	北京匡时	2014.09.18
祝允明 行书 正德兴宁志序 信札		2,070,000	西泠拍卖	2014.12.14
祝枝山 奏疏稿二札		552,000	上海嘉泰	2014.06.18
左宗棠 信札二通		57,500	上海敬华	2014.07.01
左宗棠 致胡雪岩信札		805,000	保利厦门	2014.11.01
左宗棠 致士良书札		105,800	中国嘉德	2014.11.21
近代书刊				
"现代艺术创始人"巴勃罗毕加索(Pablo Picasso)亲笔签名本含蜡笔画像		69,000	北京保利	2014.12.04
《恭亲王府藏品》专拍图录精装本一册		74,750	中国嘉德	2014.11.20
《故宫藏瓷》(三十二册)		195,500	北京华辰	2014.05.16
《明式家具珍赏》王世襄签名英文版		57,500	中国嘉德	2014.05.19
《尼德兰皇室Wylen Me juffrouw珍藏艺术品》专拍图录一册		69,000	中国嘉德	2014.11.20
《齐白石作品集》三册全		57,500	北京盈时	2014.12.07
《宋瓷名品图录》、《明瓷名品图录》、《故宫清瓷图录》九册(一套)		161,000	北京东正	2014.11.20
《宋人画册》全套5函5册		59,800	北京翰海	2014.10.24
《尤氏藏瓷》一套六册		80,500	中国嘉德	2014.11.20
《有邻大观》六册全		51,750	保利厦门	2014.11.02
《张大千海外展览画册》等共十六册		57,500	北京盈时	2014.12.07
《中国画汇编》一函2册		69,000	北京诚轩	2014.05.17
《中国名画集》(上下册)《明四大家画谱》		63,250	北京华辰	2014.05.16
1897年 S.W. BUSHELL著《陶说东方陶瓷艺术》十册全		105,440	伦敦苏富比	2014.05.14
1904年 限量精装《摩根珍藏中国瓷器图录》两册全		99,694	纽约佳士得	2014.03.20
1911年EDGAR GORER和J.F. BLACKER著《中国瓷器与玉石》二卷全		85,670	伦敦苏富比	2014.05.14
1921/2007年作《中国家具》等共12册		69,000	北京诚轩	2014.05.17
1921/2009年《东方陶瓷学会会刊》		52,720	伦敦苏富比	2014.05.14
1925/1928年 R.L. HOBSON 著《George Eumorfopoulos珍藏中国、朝鲜及波斯陶器》六册全		112,030	伦敦苏富比	2014.05.14
1925/1928年作 限量编号《乔治欧默福普洛斯所藏中国 朝鲜和波斯陶瓷图录》6册全		57,500	北京诚轩	2014.05.17
1928年作《天龙山石佛集》1册		63,250	北京诚轩	2014.05.17
1933年《欧美收藏支那古铜精华》7册全		383,313	纽约苏富比	2014.09.16
1936/1962年作 卢芹斋藏品展览图录系列共7册		74,750	北京诚轩	2014.05.17
1939/1940年限量精装《凡乐生夫人藏十六至19世纪中国玉器》3册全		92,025	纽约佳士得	2014.03.20
1943年石印本		115,000	中国嘉德	2014.05.20
1951/1956年 限量精装《云冈石窟》32册全		291,413	纽约佳士得	2014.03.20
1958/2011年作《傅抱石画集》等 共25册		63,250	北京诚轩	2014.05.17
1958年作《北京笺谱》1函6册		63,250	北京诚轩	2014.05.17
1959/1964年 限量编号精装《日本搜储支那古铜精华》6册全		291,413	纽约佳士得	2014.03.20
1960/2013年香港纽约伦敦《苏富比佳士得瓷杂类》历年图录大套610册		483,000	北京匡时	2014.09.17
1961/1969年精装《故宫藏瓷》33册全		253,000	北京中汉	2014.05.17
1961年作《黄宾虹先生画集》		69,000	北京诚轩	2014.05.17
1970/2013年香港 纽约 伦敦《苏富比 佳士得瓷杂类重要私人专场》图录 大套163册		115,000	北京匡时	2014.09.17
1973/1980年作《宋瓷名品图录》《明瓷名品图录》《故宫清瓷图录》共9册		115,000	北京诚轩	2014.05.17
1973/1995年作《大成》200期		115,000	北京诚轩	2014.05.17
1973年/1980年《故宫藏瓷图录》九册 (一套)		172,500	北京东正	2014.05.18
1974/1978年 限量原函精装《东洋陶瓷大观》十二册全		57,500	北京盈时	2014.12.07
1978/2000年作 顾景舟签名 限量编号《宜兴紫砂珍赏(特藏本)》等紫砂类书籍共7册		74,750	北京诚轩	2014.05.17

拍品名称	物品尺寸	成交价RMB	拍卖公司	拍卖日期
1979/1990年作《张大千作品选集》等 共8册		71,300	北京诚轩	2014.05.17
1980/2013年《苏富比 佳士得中国书画》历年图录 大套242册		287,500	上海明轩	2014.04.20
1980/2013年香港纽约台湾《苏富比佳士得中国书画》历年图录大套249本		172,500	北京匡时	2014.09.17
1987年《兰千山馆书画》一套两册 1979年《艺珍堂书画》一套一册1976年《金石家书画集》一套两册1981年《故宫藏画精选》一套一册1959年《宋人画册》一套两册		51,750	北京东正	2014.05.18
1993年《故宫藏画大系》一套十六册		57,500	北京东正	2014.05.18
1994/2010年作《玫茵堂藏中国陶瓷》《玫茵堂藏中国铜器》共7册		51,750	北京诚轩	2014.05.17
20世纪中叶美国通运一帕克勃内画廊拍卖图录共四百八十四册		115,000	中国嘉德	2014.11.20
50年代作人民美术出版漫画杂志大全套		63,250	西泠拍卖	2014.05.03
NEW YORK, 1913 ILLUSTRATED CATALOGUE OF THE REMARKABLE COLLECTION OF THE IMPERIAL PRINCE KUNG OF CHINA		197,250	佳士得	2014.11.26
巴金 外文藏书一批		115,000	西泠拍卖	2014.12.15
巴黎建筑彩色巨幅版画集		55,200	北京保利	2014.06.03
大成杂志		126,500	北京卓德	2014.06.20
丁仁 编 悲盦賸墨		69,000	中国嘉德	2014.05.20
董盦藏书画谱 4册		71,300	北京东正	2014.11.20
法国大革命及拿破仑战争巨幅版画全集		51,750	北京保利	2014.12.03
黄宾虹艺林轩1册		63,250	长风拍卖	2014.01.05
雷德祖 封面原稿封面画(14幅框、14本书、插图稿13幅)		138,000	广西泓历	2014.05.25
梁思成 著 清式营造则例		92,000	中国嘉德	2014.05.20
林风眠早期展览画册 20本		52,900	上海明轩	2014.11.02
梅原末治 《欧美搜储支那古铜精华》一套七册		272,550	保利香港	2014.04.07
梅原末治 《日本搜储支那古铜精华》一套六册		236,210	保利香港	2014.04.07
美国雕塑家Paul Manship(1885/1966)作卢芹斋半身铜像		306,750	纽约佳士得	2014.03.20
民国《海粟丛刊 晋唐宋元明清名画大观》全套4册		55,200	北京翰海	2014.10.24
名人书画扇集		92,000	北京保利	2014.06.03
明四大家画谱等		126,500	中国嘉德	2014.03.22
拿破仑博物馆(卢浮宫)版画全集		63,250	北京保利	2014.06.03
拍卖图录一组		76,688	纽约苏富比	2014.03.18
溥心畬早期展览画册 14册		52,900	长风拍卖	2014.01.05
齐白石 题赠《白石诗草二集》		51,750	中国嘉德	2014.05.20
人美早期《齐白石作品集》全套3册		57,500	上海明轩	2014.11.02
人民美术出版社1959年《李可染水墨山水写生画集》等李可染早期展览画册16册		59,800	北京翰海	2014.10.24
人民美术出版社1960年代《齐白石作品集》全套3册		82,800	北京翰海	2014.10.24
日本平凡社《书道全集》全套28册		322,000	北京翰海	2014.10.24
日本早期珂罗版 有邻馆《有邻大观》全套 6函6册		126,500	北京匡时	2014.09.17
日韩早期《中国绘画大观》全套25册		63,250	北京匡时	2014.09.17
日韩早期大型画册《中国绘画大观》全套25册		68,138	保利香港	2014.04.06
石涛与八大画册集锦		51,750	北京保利	2014.06.03
苏富比、佳士得、嘉德、朵云轩等早期拍卖图录56册		94,300	北京翰海	2014.10.24
苏富比、佳士得中国艺术拍卖图录		461,300	伦敦苏富比	2014.05.14
苏富比佳士得书画图录大套 252册		253,000	上海明轩	2014.11.02
唐宋元明名画大观1函4册		66,700	长风拍卖	2014.01.05
图像平妖西游传		115,000	北京翰海	2014.10.25
汪近圣 等制 墨薮四卷 附录一卷		101,200	中国嘉德	2014.05.20
文人画粹编二十册		51,750	长风拍卖	2014.01.05
限量发行东方陶瓷学会(伦敦)1936/1981年会刊16册 1948年《中国玉器展》2册等 共20册		51,750	北京诚轩	2014.05.17
线装《支那南画集成》二辑二十四册		57,500	北京盈时	2014.12.07
香港1961大公报《黄宾虹先生画集》1册全		55,200	上海明轩	2014.11.02
香港大公报1961年《黄宾虹先生画集》1册		63,250	北京翰海	2014.10.24
香港开发出版社《艺苑遗珍》7册全		69,000	上海明轩	2014.11.02
香港早期《名家翰墨》大全套113册		82,800	北京匡时	2014.09.17
香港早期包兆龙画廊《齐白石作品展》等齐白石早期展览画册22册		57,500	北京翰海	2014.10.24
校注项氏历代名瓷图谱		57,500	北京保利	2014.12.04
徐悲鸿、黄宾虹、高剑父等名家画册六册		69,000	北京盈时	2014.12.07
徐冰 1987/1991年作 天书		632,500	北京匡时	2014.06.03
一千零一夜		63,250	北京保利	2014.06.03
艺苑遗珍		63,595	保利香港	2014.04.06
原函精装《宋画精华》三卷全		69.000	中鸿信	2014.11.23
运通公司历年图录共一百九十一册		195,500	中国嘉德	2014.05.18
张大千画集七册		87,400	北京华辰	2014.05.16
张大千题赠《张大千先生画集》、《大千诸相》等画册一组		138,000	西泠拍卖	2014.12.13
珍稀数据《大东美术》十二册全		51,750	北京盈时	2014.12.07
郑振铎 编 中国版画史图录		391,000	中国嘉德	2014.05.20
支那古铜精华		345,000	北京保利	2014.12.03
纂组英华		181,700	保利香港	2014.04.07
舆图照片				
“德国总理”希特勒(Adolf Hitler)与“意大利首相”墨索里尼(Benito Mussolini)亲笔签名明信片，希特勒签名照，希特勒照片一组3件，附证书		51,750	北京保利	2014.06.04
《大清万年一统天下全图》连镜架 清乾隆三十二年 黄千人证孙氏重订		443,808	香港普艺	2014.05.31
1735年作 1735年德国制中国地图		92,000	西泠拍卖	2014.12.15
1890年；1891年等作 莫泊桑 亲笔信及家人照片		74,750	西泠拍卖	2014.12.15
1905年10月14日作 普契尼 签名照		86,250	西泠拍卖	2014.12.15
1912年作 孙中山 英文签名照		207,000	西泠拍卖	2014.05.03
1914至1940年作 常云湄 藏旧照片、民国文献一批		138,000	西泠拍卖	2014.12.15
1923年作 黎元洪 英文签名照一帧		109,250	西泠拍卖	2014.12.15
1937年作 杨虎城 致刘允丞签名照		230,000	西泠拍卖	2014.12.15
1939年摄 周恩来、邓颖超 题赠钟赤兵合影		747,500	西泠拍卖	2014.05.03
1941等年作 于右任、张治中、王世杰 题赠常云湄、欧淑贞照片三帧		86,250	西泠拍卖	2014.12.15
1953年英国女王伊丽莎白二世签名照片		230,000	中国嘉德	2014.05.20
1956年作蒋介石致美国大使签名照		126,500	西泠拍卖	2014.12.15
奥黛丽 赫本《蒂凡尼的早餐》签名剧照及《罗马假日》剧照		86,250	西泠拍卖	2014.05.03
布列松《决定性瞬间》初版初印签赠本		86,250	西泠拍卖	2014.12.15
布列松及马格南通讯社 杭州照片九帧		172,500	西泠拍卖	2014.12.15
邓丽君 签名照		230,000	西泠拍卖	2014.05.03
俄国著名作家托尔斯泰 签名照片		149,500	中国嘉德	2014.11.23
方苏雅摄制云南老照片系列二		126,500	泰和嘉成	2014.11.30
胡志明、武元甲 等 签名照及王砚泉文献一批		69,000	西泠拍卖	2014.05.03
黄河兰阳口决堤后、黄河改道前夕黄淮下游水系舆图		138,000	博古斋	2014.12.14
己巳(1989年)作 郎静山 山居图行书七言句		54,579	中国嘉德	2014.10.06
蒋中正 李宗仁 程潜 于右任等银盐相片 (九帧)		166,750	北京匡时	2014.03.20
民族企业家慈善家王文典生平照片		1,610,000	泰和嘉成	2014.11.30
墨索里尼签名照片		126,500	中国嘉德	2014.05.20
溥儒赠文玛照片三帧签名文集一册		89,700	中国嘉德	2014.05.18
手绘江苏省苏州府等地图		120,750	泰和嘉成	2014.11.30

2014杂项拍卖成交汇总

(成交价RMB：1万元以上)

拍品名称	物品尺寸	成交价RMB	拍卖公司	拍卖日期
孙中山宋庆龄题赠外国友人合影照片		402,500	中国嘉德	2014.11.23
西方最早标示"钓鱼岛"名称的古地图等18世纪至20世纪早期英、法、德等国绘制的有关钓鱼岛的古地图十九张		368,000	西泠拍卖	2014.05.03
杨虎城照片		264,500	北京传是	2014.06.04
叶恭绰题跋梁鼎芬等合影 蛋白题跋照片 一张银盐照片		55,200	北京传是	2014.06.04
一九三二年遭受日机轰炸后的上海全景		112,700	泰和嘉成	2014.11.30
佚名 1950/1960年 刘少奇新闻照相册2册		82,000	北京华辰	2014.03.15
银盐照片 一张		69,000	北京传是	2014.06.04
英国查尔斯王储与王妃戴安娜签名照片		51,750	中国嘉德	2014.05.20
于右任 书法、签名照片一套		187,000	陕西诚挚	2014.06.29
于右任 题赠黄景南照片		57,500	中国嘉德	2014.11.23
郁达夫、郎静山 行书"终成眷属"愿作鸳鸯不羡仙		609,500	上海工美	2014.06.28
周恩来邓小平等签名四十张		172,500	朵云轩	2014.12.18
周恩来在南开学校获奖照		103,500	泰和嘉成	2014.11.30
印刷文物				
散氏盘		200,000	海王村	2014.01.11
清木活字连排版框架		172,500	博古斋	2014.12.14
16世纪 经板		46,000	北京保利	2014.06.05
朵云轩、十竹斋等各类彩笺信纸		43,700	西泠拍卖	2014.12.13
校碑随笔附正误表(朱文钧题跋本)		40,250	北京保利	2014.06.03
壬癸集不分卷(清)海宁王国维著		40,250	西泠拍卖	2014.05.05
北京荣宝斋新记诗笺谱		40,250	中国嘉德	2014.05.20
古籍善本其它				
1914年11月1日作列宁亲笔图书借阅卡		517,500	西泠拍卖	2014.12.15
1935年作 巴甫洛夫 主持第十五届国际生理学会相关文献		86,250	西泠拍卖	2014.12.15
1943年9月20日作 萧伯纳 "遗嘱"及签名照		74,750	西泠拍卖	2014.12.15
1945年作 董作宾 题辞一篇、春秋经传史日丛考稿本、干支木简		92,000	中国嘉德	2014.03.24
1947至1949年作 郑振铎《中国历史参考图谱》亲笔收条		115,000	西泠拍卖	2014.12.15
1953至1956年作 茅盾、阿英 等《平话小说选》相关通信及档案		207,000	西泠拍卖	2014.12.15
邓丽君签名照、艺术照及唱片数据一批		48,300	西泠拍卖	2014.05.03
林祥光 上款 海军战时签赠簿、毕业留念册等		51,750	西泠拍卖	2014.05.03
清 贝叶经(一组)		287,500	东拍国际	2014.07.31
撒切尔夫人 保罗上款签赠限量版威士忌、签名书及签名照		109,250	西泠拍卖	2014.05.03
英国首相的张伯伦、坎特伯雷大主教、男高音歌唱家卡鲁索、小提琴家克赖斯勒、指挥家汉斯里希特、钢琴家威廉巴克豪斯、美国国歌作曲者苏萨、钢琴家帕德雷夫斯基、插画家菲尔德斯爵士、澳大利亚女高音梅尔巴等三百名人为英国皇室特制的原版明信片签名照集册		402,500	西泠拍卖	2014.12.15
章炳麟、姚震、吴醒汉、陈以益、石光真臣、桂太郎、梅泽道治、大家彪雄、平井晴二郎等与胁川文近往来书信及有关中日关系文献一批活页夹三大册，地图一卷		195,500	西泠拍卖	2014.05.03
兵 器				
清乾隆 大马士革马首刀	长40.5cm	736,320	帝图艺术	2014.06.22
清中期 银镶宝石匕首	长28cm	115,000	浙江世贸	2014.07.27
清 波斯弯刀	长44cm	33,600	北京荣宝	2014.03.23
清 鲛鱼皮鎏金龙纹珮剑	长103cm	59,513	中信国际	2014.05.18
19世纪 奥匈帝国皇家陆军指挥刀	长96cm	32,200	北京保利	2014.08.02
19世纪 奥匈帝国皇家陆军指挥刀	长88cm	20,700	北京保利	2014.08.02
19世纪 凤首军刀	长76cm	34,500	北京传是	2014.06.05
19世纪 皮鞘武士刀(一组)	尺寸不一	10,350	北京传是	2014.06.05
19世纪 皮鞘佐官刀	长117cm	46,000	北京传是	2014.06.05
19世纪 鲨鱼皮将官刀	长101cm	35,650	北京传是	2014.06.05
19世纪 珍珠鱼武士刀	长102.5cm	32,200	北京传是	2014.06.05
19世纪末 美国共济会圣殿骑士指挥官巡山人金装佩剑	长90cm	18,000	北京华辰	2014.03.15

拍品名称	物品尺寸	成交价RMB	拍卖公司	拍卖日期
20世纪初 泰国皇家海军指挥刀	长95cm	27,600	北京保利	2014.08.02
金桃皮玉柄腰刀	长93cm	51,750	中国嘉德	2014.03.24
李小平 海黄文刀	长22.3cm	11,500	北京保利	2014.06.05
文化11年川部仪八郎水心子正秀长剑	长103cm	632,500	华艺国际	2014.05.31
现代 金桃皮鞘玉柄刀	长93cm	34,500	中贸圣佳	2014.06.01
现代 蒙镶宝剑	长83cm	115,000	印千山	2014.07.19
现代 日本江户后期半太刀	长100cm	132,250	印千山	2014.07.19
仪仗剑	91cm×12cm	14,389	中信国际	2014.02.23
折刀(一把)	长18.2cm	22,400	北京荣宝	2014.03.23
茶 品				
茶具				
元 茶具及茶棚(一组五件)	尺寸不一	13,800	北京保利	2014.12.04
元 抹茶具(一组)	尺寸不一	13,800	北京保利	2014.12.04
清 斑竹煎茶器局		11,500	北京匡时	2014.12.04
清 茶杯(一组)	尺寸不一	178,250	远方拍卖	2014.06.03
清 粉料茶杯	直径5.6cm	149,500	北京匡时	2014.06.05
清 金畊款锡制诗文茶则	长13.7cm	25,300	西泠拍卖	2014.12.13
清 藕粉料茶杯	直径5.8cm	172,500	北京匡时	2014.12.04
清 沈存周茶具(一套四件)	高10cm	552,000	远方拍卖	2014.06.02
清 竹编煎茶器局		20,700	北京匡时	2014.12.04
清/民国 茶道具(一组十九件)	尺寸不一	14,950	北京保利	2014.12.03
18世纪 高浮雕云龙纹提梁壶	高23cm	32,200	北京盘古	2014.06.25
19世纪 蔓草纹提梁壶	高19cm	25,300	北京盘古	2014.06.25
明治期长谷款"横行自在"品杯笼	高11cm	23,000	长风拍卖	2014.01.05
明治期 大国造富士玉兔望月壶	高16cm	74,750	荣宝斋(上海)	2014.05.09
明治期 龙文堂 清风明月汉诗嵌银梅花提梁壶	高14cm	34,500	荣宝斋(上海)	2014.05.09
明治期 龙文堂千棱宝榛壶	高13cm	17,250	荣宝斋(上海)	2014.05.09
2014 石大宇 两忘茶器(一套)		12,650	北京保利	2014.12.01
大正时期 龙文堂凤凰壶	高13cm	10,350	荣宝斋(上海)	2014.05.09
大正时期 龙文堂梅花嵌银提梁壶	高12.5cm	11,500	荣宝斋(上海)	2014.05.09
当代 茶席(一套九件套)	尺寸不一	50,850	广东省拍	2014.06.22
当代 茶席(一套六件套)	尺寸不一	11,300	广东省拍	2014.06.22
当代 茶席(一组十件套)	尺寸不一	28,250	广东省拍	2014.06.22
当代 茶席(一组五件套)	尺寸不一	24,860	广东省拍	2014.06.22
当代 茶席(一组五件套)	尺寸不一	11,300	广东省拍	2014.06.22
龟文堂波千鸟山水嵌银黄铜提梁壶	高15cm	20,700	荣宝斋(上海)	2014.05.09
煎茶茶席(一组八组)	尺寸不一	287,500	广东省拍	2014.12.07
瑾斋造莳绘日出飞鹤茶枣	高8.5cm	11,500	北京匡时	2014.06.05
抹茶茶席(一组十组)	尺寸不一	34,500	广东省拍	2014.12.07
抹茶茶席(一组十组)	尺寸不一	23,000	广东省拍	2014.12.07
嵌银龙纹高浮雕黄铜提梁壶	高15cm	20,700	荣宝斋(上海)	2014.05.09
双江红丝带圆茶		14,950	北京匡时	2014.12.04
昭和时期 龟文堂山水嵌银黄铜提梁壶	高20cm	13,800	荣宝斋(上海)	2014.05.09
昭和时期 龙文堂 波千鸟山水嵌银黄铜提梁壶	高14cm	28,750	荣宝斋(上海)	2014.05.09
茶叶				
1980(7542)88青饼(七片)	重2383.5g	184,000	北京匡时	2014.09.17
1980厚纸7542青饼(七片)	重2459.5g	195,500	北京匡时	2014.09.17
1996年7572玫瑰紫大益熟茶饼(勐海)		46,330	广东省拍	2014.06.22
1999年 中茶牌茶饼(四件一套)	尺寸不一	17,250	北京保利	2014.08.02
2005年帕卡生态乔木沱茶	重1000gcm×5	11,500	北京歌德	2014.06.01
60年代 大团结康砖		60,000	上海驰翰	2014.06.26
80年代 8653中茶牌普洱生茶泡饼(下关)		20,340	广东省拍	2014.06.22
90年代普洱茶砖五件班章味野生青砖	重1194.8g	31,050	北京匡时	2014.09.17
阿里山2014年春茶	1800克	63,250	北京翰海	2014.10.25
阿里山2014年春茶	2400克	18,400	北京翰海	2014.10.25
昌泰号圆茶		36,800	北京匡时	2014.12.04
陈年茶膏	50粒	86,250	北京翰海	2014.05.11
陈年大红袍私房茶		80,500	北京翰海	2014.05.11
陈年大红袍私房茶		115,000	北京翰海	2014.05.11
陈年大红袍私房茶		195,500	北京翰海	2014.05.11
陈年大红袍私房茶	重4000g	287,500	北京翰海	2014.05.11

拍品名称	物品尺寸	成交价RMB	拍卖公司	拍卖日期
陈年龙珠茶	重2000g	46,000	北京翰海	2014.10.25
陈年龙珠茶	重1500g	43,700	北京翰海	2014.10.25
陈年龙珠茶		28,750	北京翰海	2014.10.25
陈年龙珠私房茶		34,500	北京翰海	2014.05.11
陈年龙珠私房茶		55,200	北京翰海	2014.05.11
陈年龙珠私房茶		74,750	北京翰海	2014.05.11
陈年龙珠私房茶	重2500g	92,000	北京翰海	2014.05.11
陈年普洱私房茶		74,750	北京翰海	2014.05.11
陈年普洱私房茶		80,500	北京翰海	2014.05.11
陈年普洱私房茶 (50年)	重1500g	97,750	北京翰海	2014.05.11
陈年普洱私房茶		23,000	北京翰海	2014.10.25
陈年普洱私房茶		96,600	北京翰海	2014.10.25
陈年普洱私房茶		69,000	北京翰海	2014.10.25
陈年普洱私房茶 30年	重1500g	20,700	北京翰海	2014.10.25
陈年普洱私房茶 30年	重1000g	13,800	北京翰海	2014.10.25
陈年普洱私房茶 50年	重1000g	66,700	北京翰海	2014.10.25
陈年水仙大红袍		28,750	北京翰海	2014.05.11
陈年水仙大红袍		40,250	北京翰海	2014.05.11
陈年水仙大红袍 (50年)	重625g	80,500	北京翰海	2014.05.11
东方美人2014年春茶 四盒	300克/盒	23,000	北京翰海	2014.10.25
金花牌文革砖藏茶		15,000	上海驰翰	2014.02.22
金花牌文革砖藏茶		15,000	上海驰翰	2014.02.22
金奖大红袍 (丹霞颂008)	重10000g	1,150,000	北京翰海	2014.10.25
金奖大红袍 (丹霞颂008)	重1500g	207,000	北京翰海	2014.10.25
金奖大红袍 (丹霞颂008)	重1500g	195,500	北京翰海	2014.10.25
金奖大红袍 (丹霞颂008)	重1000g	92,000	北京翰海	2014.10.25
蒙顶山甘露		10,350	北京翰海	2014.05.11
蒙顶山甘露		25,300	北京翰海	2014.05.11
木栅铁观音2014年春茶 二盒	300克/盒	20,700	北京翰海	2014.10.25
木栅铁观音2014年春茶 十盒	600克/盒	11,500	北京翰海	2014.10.25
清晚期民国 同昌黄文兴圆茶	重330g	345,000	北京匡时	2014.12.04
天宗大红袍		71,300	北京翰海	2014.05.11
文革 茯砖黄标扇面 (十三片)		60,000	上海驰翰	2014.06.26
文革 黄标手拉手茯砖 (九片)		60,000	上海驰翰	2014.06.26
文山包种2014年春茶 三盒	600克/盒	11,500	北京翰海	2014.10.25
小红印黄标民族团结牌藏茶茶砖		10,000	上海驰翰	2014.02.22
约20世纪80年代 勐海茶厂八五九二"紫天"圆茶		73,600	北京匡时	2014.12.04
约20世纪80年代 下关茶厂繁体八六五三圆茶		115,000	北京匡时	2014.12.04
约20世纪80年代 下关茶厂七六六三销法沱茶		11,500	北京匡时	2014.12.04
赵李桥砖茶 (三块)	24cm × 19cm	101,706	澳门中信	2014.06.08
真枞水仙		23,000	北京翰海	2014.10.25
真枞水仙 3盒	125g/盒	36,800	北京翰海	2014.10.25
藏 酒				
1976年五星牌贵州茅台"三大革命"	540ml	65,254	保利香港	2014.04.07
1980/82年 三大革命 (6瓶)	540ml/瓶	51,801	北京保利	2014.02.05
1971年产五星牌三大革命茅台酒(2瓶)	540ml/瓶	126,500	北京翰海	2014.05.11
70年代产五星牌三大革命茅台酒(6瓶)	540ml/瓶	195,500	北京翰海	2014.05.11
1981年产五星牌三大革命茅台酒(6瓶)	540ml/瓶	207,000	北京翰海	2014.05.11
1979/1982年贵州茅台酒(三大革命) (6瓶)	540ml/瓶	155,250	北京保利	2014.06.04
1979/1982年五星牌贵州茅台酒(三大革命)(2瓶)	540ml/瓶	32,200	西泠拍卖	2014.05.06
1979/1982年五星牌贵州茅台酒(三大革命) (6瓶)	540ml/瓶	149,500	西泠拍卖	2014.05.06
1980/1983贵州茅台(三大革命)(6瓶)	540ml/瓶	149,500	广东崇正	2014.06.16
1980/1983年贵州茅台酒(三大革命)(6瓶)	540ml/瓶	149,500	华艺国际	2014.05.31
1980年五星牌贵州茅台"三大革命"(附棉纸)	540ml	50,339	保利香港	2014.04.07
1981年五星牌贵州茅台"三大革命"(附棉纸)	540ml	49,407	保利香港	2014.04.07
2003年贵州茅台酒 (6瓶)	500ml/瓶	20,700	北京保利	2014.06.04
2001/2003年 贵州茅台酒 (60瓶)	500ml/瓶	14,000	北京保利	2014.02.05
1966年8月16日飞天牌茅台酒 (1瓶)	540ml	207,000	北京翰海	2014.05.11
1966年产陈年茅台酒 (1瓶)	540ml/瓶	184,000	北京翰海	2014.05.11
1967年贵州茅台酒(陈年 / 木塞) (1瓶)	540ml	161,000	华艺国际	2014.05.31
1967年贵州茅台酒(棉纸大飞仙) (1瓶)	540ml	149,500	华艺国际	2014.05.31
1968/1972贵州茅台(小葵花)(12瓶)	270ml	178,250	广东崇正	2014.06.16
1971年产葵花牌茅台酒 (1瓶)	540ml	132,250	北京翰海	2014.05.11
1980年茅台，70年代中期茅台，1982年五粮液 (3瓶)	540ml/瓶	34,500	西泠拍卖	2014.05.06
1977/1982贵州茅台(大飞仙) (6瓶)	540ml/瓶	126,500	广东崇正	2014.06.16
1977/1982年贵州茅台酒(大飞仙) (6瓶)	540ml/瓶	115,000	华艺国际	2014.05.31
1977/1982年贵州茅台酒(大飞仙) (10瓶)	540ml/瓶	195,500	华艺国际	2014.05.31
1977/1988年五星牌贵州茅台酒(每个年份一瓶)	500ml/瓶	218,500	西泠拍卖	2014.05.06
1978/1982年贵州茅台酒(大飞天) (6瓶)	540ml/瓶	138,000	北京保利	2014.06.04
1978/1983年飞天牌贵州茅台酒(大飞天) (16瓶)	540ml/瓶	115,000	西泠拍卖	2014.05.06
1982/1992年五星牌贵州茅台酒(每个年份一瓶)	500ml/瓶	149,500	西泠拍卖	2014.05.06
1983/1985年飞天牌贵州茅台酒(大飞天) (6瓶)	540ml/瓶	126,500	西泠拍卖	2014.05.06
1983/1985年贵州茅台酒(大飞天) (6瓶)	540ml/瓶	143,750	北京保利	2014.06.04
1983/1986贵州茅台(地方国营) (6瓶)	540ml/瓶	138,000	广东崇正	2014.06.16
1983/1986年贵州茅台酒(地方国营) (30瓶)	1市斤/瓶	690,000	北京保利	2014.06.04
1983/1986年贵州茅台酒(黄酱、黑酱)棉纸 (2瓶)	540ml/瓶	126,500	华艺国际	2014.05.31
1983/1986年五星牌、飞天牌贵州茅台酒 (100瓶)	540ml/瓶	3,450,000	西泠拍卖	2014.05.06
1983/1986年五星牌贵州茅台酒(地方国营) (30瓶)	540ml/瓶	1,150,000	西泠拍卖	2014.05.06
1983/1986年五星牌贵州茅台酒(酱釉瓶) (2瓶)	540ml/瓶	112,700	西泠拍卖	2014.05.06
1983/1986年五星牌贵州茅台酒(全棉纸地方国营) (6瓶)	540ml/瓶	132,250	西泠拍卖	2014.05.06
1983/1986年五星牌贵州茅台酒(小地方国营) (6瓶)	270ml/瓶	78,200	西泠拍卖	2014.05.06
1983年产飞天牌黄酱茅台酒(1瓶)	540ml	115,000	北京翰海	2014.05.11
1983年贵州茅台酒(地方国营)(6瓶)	540ml/瓶	172,500	北京保利	2014.06.04
1983年茅台，70年代五粮液 (3瓶)	540ml/瓶	23,000	西泠拍卖	2014.05.06
1983年五星牌贵州茅台酒(地方国营) (6瓶)	540ml/瓶	126,500	西泠拍卖	2014.05.06
1983年五星牌贵州茅台酒(黄釉瓶酱茅) (1瓶)	540ml	103,500	北京保利	2014.06.04
1983年五星牌黄酱茅台酒 (6瓶)	540ml/瓶	172,500	北京翰海	2014.05.11
1984/1985年飞天牌贵州茅台酒(大飞天) (6瓶)	540ml/瓶	126,500	西泠拍卖	2014.05.06
1984/1985年贵州茅台酒(飞仙铁盖) (10瓶)	500ml/瓶	103,500	华艺国际	2014.05.31
1984年产五星牌地方国营茅台酒 (12瓶)	540ml/瓶	310,500	北京翰海	2014.05.11
1984年产五星牌棉纸地方国营茅台酒 (6瓶)	540ml/瓶	184,000	北京翰海	2014.05.11
1984年贵州茅台酒(地方国营)(6瓶)	540ml/瓶	172,500	北京保利	2014.06.04
1984年贵州茅台酒(地方国营)(6瓶)	540ml/瓶	126,500	华艺国际	2014.05.31
1984年五星牌贵州茅台酒(地方国营) (6瓶)	540ml/瓶	126,500	西泠拍卖	2014.05.06
1985/1987年五星牌贵州茅台酒 (4瓶)	540ml/瓶	34,500	西泠拍卖	2014.05.06
1985年产五星牌地方国营茅台酒(12瓶)	540ml/瓶	264,500	北京翰海	2014.05.11
1985年产五星牌棉纸地方国营茅台酒 (6瓶)	540ml/瓶	184,000	北京翰海	2014.05.11
1985年贵州茅台酒(地方国营)(6瓶)	540ml/瓶	172,500	北京保利	2014.06.04
1985年贵州茅台酒(地方国营)(6瓶)	540ml/瓶	126,500	华艺国际	2014.05.31
1985年贵州茅台酒(酱茅) (2瓶)	500ml/瓶	132,250	北京保利	2014.06.04
1985年贵州茅台酒(老飞天) (6瓶)	500ml/瓶	115,000	北京保利	2014.06.04
1985年贵州茅台酒(老飞天) (30瓶)	500ml/瓶	575,000	北京保利	2014.06.04
1985年五星牌贵州茅台酒(地方国营) (6瓶)	540ml/瓶	126,500	西泠拍卖	2014.05.06
1985年五星牌黑酱茅台酒 (2瓶)	540ml/瓶	172,500	北京翰海	2014.05.11

(成交价RMB：1万元以上)

拍品名称	物品尺寸	成交价RMB	拍卖公司	拍卖日期
1986年产酱茅、90年代珍品茅台(各一瓶)	540ml/瓶	17,250	长风拍卖	2014.01.05
1986年产五星牌地方国营茅台酒(12瓶)	540ml/瓶	241,500	北京翰海	2014.05.11
1986年产五星牌棉纸地方国营茅台酒(6瓶)	540ml/瓶	172,500	北京翰海	2014.05.11
1986年贵州茅台酒(地方国营)(6瓶)	540ml/瓶	143,750	北京保利	2014.06.04
1986年贵州茅台酒(地方国营)(6瓶)	540ml/瓶	126,500	华艺国际	2014.05.31
1986年五星牌贵州茅台酒(地方国营)(6瓶)	540ml/瓶	103,500	西泠拍卖	2014.05.06
1986年五星牌黑酱茅台酒(2瓶)	540ml/瓶	161,000	北京翰海	2014.05.11
1986年五星牌黑酱茅台酒(2瓶)	540ml/瓶	166,750	北京翰海	2014.05.11
1986年五星牌棉纸黑酱茅台酒(4瓶)	540ml/瓶	287,500	北京翰海	2014.05.11
1987/1989年五星牌贵州茅台酒(10瓶)	500ml/瓶	92,000	西泠拍卖	2014.05.06
1987/1990年贵州茅台酒(30瓶)	500ml/瓶	287,500	北京保利	2014.06.04
1987/1990年五星牌、飞天牌贵州茅台酒(30瓶)	500ml/瓶	299,000	西泠拍卖	2014.05.06
1987/1990年五星牌贵州茅台酒(12瓶)	500ml/瓶	115,000	西泠拍卖	2014.05.06
1987年 贵州茅台酒(6瓶)	500ml/瓶	93,600	北京保利	2014.02.05
1987年五星牌贵州茅台酒(6瓶)	500ml/瓶	87,400	西泠拍卖	2014.05.06
1987年五星牌贵州茅台酒(铁盖茅台)(6瓶)	500ml/瓶	92,000	北京保利	2014.06.04
1988年 贵州茅台酒(6瓶)	500ml/瓶	70,800	北京保利	2014.02.05
1988年产五星牌铁盖茅台酒(12瓶)	500ml/瓶	172,500	北京翰海	2014.05.11
1988年五星牌贵州茅台酒(6瓶)	500ml/瓶	69,000	西泠拍卖	2014.05.06
1988年五星牌贵州茅台酒(铁盖茅台)(6瓶)	500ml/瓶	79,350	北京保利	2014.06.04
1989年产五星牌铁盖茅台酒(12瓶)	500ml/瓶	172,500	北京翰海	2014.05.11
1989年贵州茅台酒(铁盖、无度)原箱(12瓶)	500ml/瓶	149,500	华艺国际	2014.05.31
1989年五星牌贵州茅台酒(6瓶)	500ml/瓶	67,850	西泠拍卖	2014.05.06
1989年五星牌贵州茅台酒(铁盖茅台)(6瓶)	500ml/瓶	72,450	北京保利	2014.06.04
1990/1991年 茅台(2瓶)	500ml/瓶	14,950	中贸圣佳	2014.07.06
1990/1994年飞天牌贵州茅台酒(12瓶)	500ml/瓶	69,000	西泠拍卖	2014.05.06
1990/2001年五星牌、飞天牌贵州茅台酒(每个年份一瓶)	500ml/瓶	57,500	西泠拍卖	2014.05.06
1990年产飞天牌铁盖茅台酒(12瓶)	500ml/瓶	143,750	北京翰海	2014.05.11
1990年产珍品茅台酒(6瓶)	500ml/瓶	74,750	北京翰海	2014.05.11
1990年贵州茅台酒(铁盖、无度)原箱(12瓶)	500ml/瓶	149,500	华艺国际	2014.05.31
1990年五星牌贵州茅台酒(6瓶)	500ml/瓶	46,000	西泠拍卖	2014.05.06
1990年五星牌贵州茅台酒(铁盖茅台)(6瓶)	500ml/瓶	67,850	北京保利	2014.06.04
1991/1994年贵州茅台酒(铁盖茅台)(30瓶)	500ml/瓶	241,500	北京保利	2014.06.04
1991/1994年五星牌、飞天牌贵州茅台酒(12瓶)	500ml/瓶	92,000	西泠拍卖	2014.05.06
1991/1994年五星牌、飞天牌贵州茅台酒(30瓶)	500ml/瓶	218,500	西泠拍卖	2014.05.06
1991年产飞天牌铁盖茅台酒(6瓶)	500ml/瓶	63,250	北京翰海	2014.05.11
1991年贵州茅台酒(铁盖茅台)(6瓶)	500ml/瓶	48,300	北京保利	2014.06.04
1991年五星牌贵州茅台酒(6瓶)	500ml/瓶	46,000	西泠拍卖	2014.05.06
1992年产飞天牌铁盖茅台酒(6瓶)	500ml/瓶	59,800	北京翰海	2014.05.11
1992年产五星牌铁盖茅台酒(12瓶)	500ml/瓶	112,700	北京翰海	2014.05.11
1992年贵州茅台酒(铁盖茅台)(6瓶)	500ml/瓶	48,300	北京保利	2014.06.04
1992年五星牌贵州茅台酒(6瓶)	500ml/瓶	46,000	西泠拍卖	2014.05.06
1993/1994年飞天牌贵州茅台酒(珍品)(6瓶)	500ml/瓶	34,500	西泠拍卖	2014.05.06
1993/1994年贵州茅台酒(珍品)(6瓶)	500ml/瓶	48,300	北京保利	2014.06.04
1993/1996年贵州茅台酒(铁盖)(20瓶)	500ml/瓶	138,000	华艺国际	2014.05.31
1993年产飞天牌铁盖茅台酒(6瓶)	500ml/瓶	57,500	北京翰海	2014.05.11
1993年产五星牌铁盖茅台酒(12瓶)	500ml/瓶	109,250	北京翰海	2014.05.11
1993年贵州茅台酒(铁盖茅台)(6瓶)	500ml/瓶	46,000	北京保利	2014.06.04
1993年五星牌、飞天牌贵州茅台酒(6瓶)	500ml/瓶	46,000	西泠拍卖	2014.05.06
1994年7月4日五星牌贵州茅台酒(原箱)(12瓶)	500ml/瓶	82,800	西泠拍卖	2014.05.06
1994年产五星牌铁盖茅台酒(12瓶)	500ml/瓶	115,000	北京翰海	2014.05.11
1994年贵州茅台酒(铁盖茅台)(6瓶)	500ml/瓶	43,700	北京保利	2014.06.04
1994年五星牌、飞天牌贵州茅台酒(6瓶)	500ml/瓶	39,100	西泠拍卖	2014.05.06

拍品名称	物品尺寸	成交价RMB	拍卖公司	拍卖日期
1995/1996年飞天牌贵州茅台酒(珍品)(6瓶)	500ml/瓶	34,500	西泠拍卖	2014.05.06
1995/1996年贵州茅台酒(30瓶)	500ml/瓶	189,750	北京保利	2014.06.04
1995/1996年贵州茅台酒(铁盖)(20瓶)	500ml/瓶	138,000	华艺国际	2014.05.31
1995/1996年五星牌、飞天牌贵州茅台酒(12瓶)	500ml/瓶	57,500	西泠拍卖	2014.05.06
1995/1996年五星牌、飞天牌贵州茅台酒(30瓶)	500ml/瓶	172,500	西泠拍卖	2014.05.06
1995年产飞天牌铁盖茅台酒(12瓶)	500ml/瓶	86,250	北京翰海	2014.05.11
1995年产五星牌铁盖茅台酒(12瓶)	500ml/瓶	97,750	北京翰海	2014.05.11
1995年贵州茅台酒(铁盖)(20瓶)	500ml/瓶	135,700	华艺国际	2014.05.31
1995年贵州茅台酒(铁盖茅台)(6瓶)	500ml/瓶	40,250	北京保利	2014.06.04
1995年五星牌、飞天牌贵州茅台酒(6瓶)	500ml/瓶	34,500	西泠拍卖	2014.05.06
1996/2000年"珍品"贵州茅台酒(20瓶)	500ml/瓶	101,200	华艺国际	2014.05.31
1996年产飞天牌茅台酒(12瓶)	500ml/瓶	80,500	北京翰海	2014.05.11
1996年产五星牌茅台酒(12瓶)	500ml/瓶	74,750	北京翰海	2014.05.11
1996年产五星牌铁盖茅台酒(12瓶)	500ml/瓶	86,250	北京翰海	2014.05.11
1996年贵州茅台酒(铁盖茅台)(6瓶)	500ml/瓶	32,200	北京保利	2014.06.04
1996年五星牌、飞天牌贵州茅台酒(6瓶)	500ml/瓶	32,200	西泠拍卖	2014.05.06
1997/2000年贵州茅台酒(珍品)(6瓶)	500ml/瓶	32,200	北京保利	2014.06.04
1997/2000年五星牌、飞天牌贵州茅台酒(12瓶)	500ml/瓶	46,000	西泠拍卖	2014.05.06
1997/2000年五星牌、飞天牌贵州茅台酒(30瓶)	500ml/瓶	138,000	西泠拍卖	2014.05.06
1997年6月9日庆香港回归特制飞天牌贵州茅台酒(原箱)(12瓶)	500ml/瓶	805,000	西泠拍卖	2014.05.06
1997年6月9日香港回归宴会特制茅台酒(12瓶)	500ml/瓶	448,500	北京保利	2014.06.04
1997年产飞天牌茅台酒(12瓶)	500ml/瓶	80,500	北京翰海	2014.05.11
1997年五星牌、飞天牌贵州茅台酒(6瓶)	500ml/瓶	29,900	西泠拍卖	2014.05.06
1998贵州茅台酒(6瓶)	500ml/瓶	28,750	北京保利	2014.06.04
1998年产飞天五星牌茅台酒(12瓶)	500ml/瓶	92,000	北京翰海	2014.05.11
1998年五星牌、飞天牌贵州茅台酒(6瓶)	500ml/瓶	28,750	西泠拍卖	2014.05.06
1999/2000年飞天牌贵州茅台酒(珍品)	500ml/瓶	63,250	西泠拍卖	2014.05.06
1999年3月30日五星牌贵州茅台酒(原箱)(12瓶)	500ml/瓶	66,700	西泠拍卖	2014.05.06
1999年贵州茅台酒(6瓶)	500ml/瓶	28,750	北京保利	2014.06.04
1999年五星牌、飞天牌贵州茅台酒(6瓶)	500ml/瓶	25,300	西泠拍卖	2014.05.06
1999年五星牌贵州茅台酒(原箱)(12瓶)	500ml/瓶	66,700	北京保利	2014.06.04
2000年产飞天牌茅台酒(24瓶)	500ml/瓶	120,750	北京翰海	2014.05.11
2000年贵州茅台酒(6瓶)	500ml/瓶	25,300	北京保利	2014.06.04
2001年7月27日飞天牌贵州茅台酒(珍品原箱)(6瓶)	375ml/瓶	13,800	西泠拍卖	2014.05.06
2001年飞天牌贵州茅台酒(珍品)(瓶)	500ml/瓶	24,150	西泠拍卖	2014.05.06
2002年飞天牌贵州茅台酒(原箱)(12瓶)	500ml/瓶	44,850	北京保利	2014.06.04
70/80年代精品茅台一组(6瓶)	540ml/瓶	575,000	西泠拍卖	2014.05.06
70年代产葵花茅台酒(4瓶)	270ml/瓶	115,000	北京翰海	2014.05.11
80年代产1704茅台酒(2瓶)	500ml/瓶	66,700	北京翰海	2014.05.11
80年代产飞天牌茅台酒(6瓶)	540ml/瓶	138,000	北京翰海	2014.05.11
80年代产飞天牌茅台酒(12瓶)	540ml/瓶	276,000	北京翰海	2014.05.11
80年代产五星牌棉纸地方国营茅台酒(20瓶)	250ml/瓶	414,000	北京翰海	2014.05.11
80年代初葵花牌贵州茅台酒(小葵花)(1瓶)	270ml	34,500	西泠拍卖	2014.05.06
80年代后期产飞天牌铁盖茅台酒(12瓶)	500ml/瓶	161,000	北京翰海	2014.05.11
80年代末飞天牌贵州茅台酒(一七〇四，方印珍品)(2瓶)	500ml/瓶	23,000	西泠拍卖	2014.05.06
80年代中期产飞天牌茅台酒(24瓶)	270ml/瓶	276,000	北京翰海	2014.05.11
90年代初产飞天牌茅台酒(24瓶)	375ml/瓶	138,000	北京翰海	2014.05.11
90年代飞天牌贵州茅台酒(珍品)(4瓶)	500ml/瓶	20,700	西泠拍卖	2014.05.06
90年代飞天牌贵州茅台酒(珍品)(8瓶)	500ml/瓶	40,250	西泠拍卖	2014.05.06
1991/1994年 贵州茅台酒(12瓶)	500ml/瓶	87,652	北京保利	2014.02.05
1995/1996年 贵州茅台酒(12瓶)	500ml/瓶	27,200	北京保利	2014.02.05

拍品名称	物品尺寸	成交价RMB	拍卖公司	拍卖日期
“毛泽东诞辰120周年”特制贵州茅台酒(1瓶)		86,250	北京保利	2014.06.04
“毛泽东诞辰120周年”特制贵州茅台酒(原箱)(6瓶)		322,000	北京保利	2014.06.04
庆祝建国60周年茅台酒(4瓶)	600ml/瓶	34,500	北京翰海	2014.05.11
约1986年飞天牌贵州茅台酒(老飞天)(30瓶)	500ml/瓶	1,058,000	西泠拍卖	2014.05.06
1955年产五星牌茅台酒(1瓶)	902g	667,000	北京翰海	2014.10.25
1959年9月9日产五星牌茅台酒(1瓶)	872g	977,500	北京翰海	2014.10.25
1963年产飞天牌茅台酒		86,250	北京翰海	2014.10.25
1966年产五星牌茅台酒		287,500	北京翰海	2014.10.25
1968/1972年贵州茅台酒(大小葵花)		126,500	华艺国际	2014.12.08
1971年产五星牌酱黄瓶三大革命茅台酒		322,000	北京翰海	2014.10.25
1974年茅台酒		23,000	中鸿信	2014.11.22
1978/1983年飞天牌贵州茅台酒(大飞天)		138,000	西泠拍卖	2014.12.14
1978/1983年飞天牌贵州茅台酒(大飞天)		40,250	西泠拍卖	2014.12.14
1978年、1988年8月23日五星牌贵州茅台酒		40,250	西泠拍卖	2014.12.14
1978年贵州茅台酒(葵花牌)		51,750	北京保利	2014.12.02
1979/1982年五星牌贵州茅台酒(三大革命)		161,000	西泠拍卖	2014.12.14
1979年贵州茅台酒(三大葵花)		103,500	华艺国际	2014.12.08
1980/1982年贵州茅台酒(大飞天)		138,000	北京保利	2014.12.02
1980/1982年贵州茅台酒(大飞天)		46,000	北京保利	2014.12.02
1980/1982年贵州茅台酒(三大革命)		149,500	北京保利	2014.12.02
1980/1982年贵州茅台酒(三大革命)		149,500	华艺国际	2014.12.08
1980/1982年五星牌贵州茅台酒(三大革命)		2,185,000	西泠拍卖	2014.12.14
1980年产五星牌三大革命茅台酒		345,000	北京翰海	2014.10.25
1981/1982年贵州茅台酒(三大革命)		51,750	北京保利	2014.12.02
1981年产五星牌三大革命茅台酒		322,000	北京翰海	2014.10.25
1981年产原箱大飞天牌茅台酒		299,000	北京翰海	2014.10.25
1982年产五星牌三大革命茅台酒		184,000	北京翰海	2014.10.25
1983/1984年贵州飞仙茅台酒(540ml)		115,000	华艺国际	2014.12.08
1983/1985年飞天牌贵州茅台酒(大飞天)		112,700	西泠拍卖	2014.12.14
1983/1986年产五星牌全棉纸地方国营茅台酒		2,070,000	北京翰海	2014.10.25
1983/1986年产五星牌全棉纸地方国营茅台酒		1,380,000	北京翰海	2014.10.25
1983/1986年产五星牌全棉纸地方国营茅台酒		552,000	北京翰海	2014.10.25
1983/1986年飞天牌贵州茅台酒(大飞天)		43,700	西泠拍卖	2014.12.14
1983/1986年飞天牌贵州茅台酒、约1983年五粮液、1989年瓷瓶汾酒		40,250	西泠拍卖	2014.12.14
1983/1986年贵州茅台酒(地方国营)		690,000	北京保利	2014.12.02
1983/1986年贵州茅台酒(地方国营)		126,500	华艺国际	2014.12.08
1983/1986年贵州茅台酒(黄酱、黑酱)		115,000	华艺国际	2014.12.08
1983/1986年五星牌、飞天牌贵州茅台酒		1,955,000	西泠拍卖	2014.12.14
1983/1986年五星牌贵州茅台酒(地方国营)		1,840,000	西泠拍卖	2014.12.14
1983/1986年五星牌贵州茅台酒(地方国营)		575,000	西泠拍卖	2014.12.14
1983/1986年五星牌贵州茅台酒(地方国营)		299,000	西泠拍卖	2014.12.14
1983/1986年五星牌贵州茅台酒(酱釉瓶)		126,500	西泠拍卖	2014.12.14
1983/1986年五星牌贵州茅台酒(全棉纸地方国营)		149,500	西泠拍卖	2014.12.14
1983年贵州茅台酒(地方国营)		138,000	北京保利	2014.12.02
1983年五星牌贵州茅台酒(地方国营)		126,500	西泠拍卖	2014.12.14
1983年五星牌贵州茅台酒(地方国营)		46,000	西泠拍卖	2014.12.14
1983年五星牌贵州茅台酒(黄釉瓶酱茅)		69,000	北京保利	2014.12.02

拍品名称	物品尺寸	成交价RMB	拍卖公司	拍卖日期
1984/1985年飞天牌贵州茅台酒(大飞天)		115,000	西泠拍卖	2014.12.14
1984/1985年贵州茅台酒(棉纸地方国营)		48,300	北京保利	2014.12.02
1984/1986年贵州飞仙茅台酒(500ml、铁盖)		106,950	华艺国际	2014.12.08
1984年10月20日产原箱飞天牌茅台酒		517,500	北京翰海	2014.10.25
1984年产五星牌全棉纸地方国营茅台酒		287,500	北京翰海	2014.10.25
1984年产原箱全棉纸五星牌地方国营茅台酒		379,500	北京翰海	2014.10.25
1984年贵州茅台酒(地方国营)		46,000	北京保利	2014.12.02
1984年贵州茅台酒(地方国营)		132,250	华艺国际	2014.12.08
1984年贵州茅台酒(地方国营)(半斤装)		57,500	北京保利	2014.12.02
1984年黄酱贵州茅台酒	重1044g	28,125	中鸿信	2014.11.22
1984年五星牌贵州茅台酒(地方国营)		115,000	西泠拍卖	2014.12.14
1984年五星牌贵州茅台酒(地方国营)		40,250	西泠拍卖	2014.12.14
1984年五星牌贵州茅台酒(全棉纸地方国营)		51,750	西泠拍卖	2014.12.14
1985年产五星牌全棉纸地方国营茅台酒		299,000	北京翰海	2014.10.25
1985年飞天牌贵州茅台酒(大飞天)		264,500	西泠拍卖	2014.12.14
1985年飞天牌贵州茅台酒(大飞天)		43,700	西泠拍卖	2014.12.14
1985年贵州茅台酒(地方国营)		138,000	北京保利	2014.12.02
1985年贵州茅台酒(地方国营)		46,000	北京保利	2014.12.02
1985年贵州茅台酒(地方国营)		126,500	华艺国际	2014.12.08
1985年贵州茅台酒(酱茅)		92,000	北京保利	2014.12.02
1985年贵州茅台酒(老飞天)		563,500	北京保利	2014.12.02
1985年贵州茅台酒(老飞天)		110,400	北京保利	2014.12.02
1985年贵州茅台酒(老飞天)		36,800	北京保利	2014.12.02
1985年黑酱贵州茅台酒	重955g	22,500	中鸿信	2014.11.22
1985年五星牌贵州茅台酒(地方国营)		115,000	西泠拍卖	2014.12.14
1985年五星牌贵州茅台酒(地方国营)		43,700	西泠拍卖	2014.12.14
1986年1704贵州茅台酒		28,750	中鸿信	2014.11.22
1986年产五星牌地方国营茅台酒		41,400	北京翰海	2014.11.22
1986年产五星牌全棉纸地方国营茅台酒		345,000	北京翰海	2014.10.25
1986年产原箱全棉纸五星牌地方国营茅台酒		299,000	北京翰海	2014.10.25
1986年贵州茅台酒(地方国营)		138,000	北京保利	2014.12.02
1986年贵州茅台酒(地方国营)		51,750	北京保利	2014.12.02
1986年五星牌贵州茅台酒(地方国营)		126,500	西泠拍卖	2014.12.14
1986年五星牌贵州茅台酒(地方国营)		51,750	西泠拍卖	2014.12.14
1987/1989年飞天牌贵州茅台酒(老飞天)		97,750	西泠拍卖	2014.12.14
1987/1990年飞天牌贵州茅台酒		69,000	北京保利	2014.12.02
1987/1990年贵州茅台酒(铁盖、无度)		110,400	华艺国际	2014.12.08
1987/1990年铁盖茅台酒		345,000	北京翰海	2014.10.25
1987/1990年五星牌贵州茅台酒		1,150,000	西泠拍卖	2014.12.14
1987/1990年五星牌贵州茅台酒		253,000	西泠拍卖	2014.12.14
1987/1990年五星牌贵州茅台酒		115,000	西泠拍卖	2014.12.14
1987年产五星牌铁盖茅台酒		138,000	北京翰海	2014.10.25
1987年五星牌贵州茅台酒		97,750	西泠拍卖	2014.12.14
1987年五星牌贵州茅台酒(铁盖茅台)		78,200	北京保利	2014.12.02
1987年珍品贵州茅台酒(方印)		18,400	中鸿信	2014.11.22
1988年产五星牌铁盖茅台酒		138,000	北京翰海	2014.10.25
1988年产原箱五星牌铁盖茅台酒		172,500	北京翰海	2014.10.25
1988年方印压陈年珍品茅台酒		105,800	北京翰海	2014.10.25
1988年五星牌贵州茅台酒		80,500	西泠拍卖	2014.12.14
1989年产五星牌铁盖茅台酒		126,500	北京翰海	2014.10.25
1989年五星牌贵州茅台酒		74,750	西泠拍卖	2014.12.14
1990年产飞天牌茅台酒		115,000	北京翰海	2014.10.25
1990年产五星牌铁盖茅台酒		115,000	北京翰海	2014.10.25
1990年五星牌贵州茅台酒		51,750	西泠拍卖	2014.12.14
1990年五星牌贵州茅台酒(铁盖茅台)		57,500	北京保利	2014.12.02
1991/1992年飞天牌贵州茅台酒(珍品)		51,750	西泠拍卖	2014.12.14
1991/1994年贵州茅台酒(铁盖茅台)		241,500	北京保利	2014.12.02
1991/1994年五星牌、飞天牌贵州茅台酒		862,500	西泠拍卖	2014.12.14
1991/1994年五星牌、飞天牌贵州茅台酒		230,000	西泠拍卖	2014.12.14
1991年产五星牌铁盖茅台酒		92,000	北京翰海	2014.10.25
1991年贵州茅台酒(铁盖茅台)		46,000	北京保利	2014.12.02

2014杂项拍卖成交汇总

(成交价RMB：1万元以上)

拍品名称	物品尺寸	成交价RMB	拍卖公司	拍卖日期
1991年五星牌贵州茅台酒		48,300	西泠拍卖	2014.12.14
1992/1996年铁盖茅台酒		368,000	北京翰海	2014.10.25
1992年产飞天牌铁盖茅台酒		74,750	北京翰海	2014.10.25
1992年产五星牌铁盖茅台酒		74,750	北京翰海	2014.10.25
1992年产原箱五星牌铁盖茅台酒		103,500	北京翰海	2014.10.25
1992年五星牌贵州茅台酒		51,750	西泠拍卖	2014.12.14
1993/1994年飞天牌贵州茅台酒(珍品)		46,000	西泠拍卖	2014.12.14
1993年产五星牌铁盖茅台酒		57,500	北京翰海	2014.10.25
1993年贵州茅台酒(铁盖茅台)		46,000	北京保利	2014.12.02
1993年五星牌、飞天牌贵州茅台酒		48,300	西泠拍卖	2014.12.14
1994年产飞天牌铁盖茅台酒		66,700	北京翰海	2014.10.25
1994年产五星牌铁盖茅台酒		51,750	北京翰海	2014.10.25
1994年产原箱五星牌铁盖茅台酒		86,250	北京翰海	2014.10.25
1994年五星牌贵州茅台酒		48,300	西泠拍卖	2014.12.14
1995/1996年飞天牌贵州茅台酒(珍品)		46,000	西泠拍卖	2014.12.14
1995/1996年贵州茅台酒		172,500	北京保利	2014.12.02
1995/1996年贵州茅台酒(红皮、铁盖)		120,750	华艺国际	2014.12.08
1995/1996年五星牌、飞天牌贵州茅台酒		195,500	西泠拍卖	2014.12.14
1995/1996年五星牌、飞天牌贵州茅台酒		57,500	西泠拍卖	2014.12.14
1995年产飞天牌铁盖茅台酒		63,250	北京翰海	2014.10.25
1995年产五星牌铁盖茅台酒		51,750	北京翰海	2014.10.25
1995年贵州茅台酒(铁盖茅台)		34,500	北京保利	2014.12.02
1995年五星牌、飞天牌贵州茅台酒		40,250	西泠拍卖	2014.12.14
1996/1999年茅台酒		460,000	北京翰海	2014.10.25
1996年产飞天牌铁盖茅台酒		60,950	北京翰海	2014.10.25
1996年产五星牌茅台酒		43,700	北京翰海	2014.10.25
1996年产五星牌铁盖茅台酒		48,300	北京翰海	2014.10.25
1996年产原箱五星牌茅台酒		63,250	北京翰海	2014.10.25
1996年贵州茅台酒(红皮、铁盖)		120,750	华艺国际	2014.12.08
1996年五星牌、飞天牌贵州茅台酒		36,800	西泠拍卖	2014.12.14
1997/1998年贵州茅台/珍品		65,337	保利香港	2014.10.06
1997/2000年飞天牌贵州茅台酒(珍品)		28,750	西泠拍卖	2014.12.14
1997/2000年贵州茅台酒		143,750	北京保利	2014.12.02
1997/2000年贵州茅台酒(珍品)		32,200	北京保利	2014.12.02
1997/2000年五星牌、飞天牌贵州茅台酒		115,000	西泠拍卖	2014.12.14
1997/2000年五星牌、飞天牌贵州茅台酒		57,500	西泠拍卖	2014.12.14
1997年产五星牌茅台酒		46,000	北京翰海	2014.11.22
1997年产五星牌茅台酒		40,250	北京翰海	2014.10.25
1997年产原箱五星牌茅台酒		109,250	北京翰海	2014.10.25
1997年飞天牌茅台酒		40,250	北京翰海	2014.10.25
1997年贵州茅台酒		28,750	北京保利	2014.12.02
1997年五星牌、飞天牌贵州茅台酒		34,500	西泠拍卖	2014.12.14
1998年产飞天牌茅台酒		43,700	北京翰海	2014.11.22
1998年产五星牌茅台酒		36,800	北京翰海	2014.10.25
1998年产珍品茅台酒		57,500	北京翰海	2014.10.25
1998年飞天牌茅台酒		78,200	北京翰海	2014.10.25
1998年五星牌、飞天牌贵州茅台酒		28,750	西泠拍卖	2014.12.14
1999/2000年飞天牌贵州茅台酒(珍品)		63,250	西泠拍卖	2014.12.14
1999年3月30日五星牌贵州茅台酒(原箱)		57,500	西泠拍卖	2014.12.14
1999年产五星牌茅台酒		41,400	北京翰海	2014.11.22
1999年产五星牌茅台酒		36,800	北京翰海	2014.10.25
1999年产原箱五星牌茅台酒		97,750	北京翰海	2014.10.25
1999年产珍品茅台酒		23,000	北京翰海	2014.11.22
1999年飞天牌茅台酒		74,750	北京翰海	2014.10.25
1999年贵州茅台酒(大、小庆典)		115,000	华艺国际	2014.12.08
1999年贵州茅台酒(小庆典原箱、未拆封)		138,000	华艺国际	2014.12.08
1999年五星牌、飞天牌贵州茅台酒		28,750	西泠拍卖	2014.12.14
2000年产五星牌茅台酒		32,200	北京翰海	2014.10.25
2000年产原箱五星牌茅台酒		97,750	北京翰海	2014.10.25
2000年飞天牌茅台酒		72,450	北京翰海	2014.10.25
2000年贵州茅台酒		28,750	北京保利	2014.12.02
2001年7月27日飞天牌贵州茅台酒(珍品原箱)		23,000	西泠拍卖	2014.12.14
2001年产茅台酒		299,000	北京翰海	2014.10.25
2001年贵州茅台酒(飞天)		12,650	中鸿信	2014.11.22
2002年产珍品茅台酒		28,750	北京翰海	2014.11.22
2002年飞天牌贵州茅台酒(原箱)		41,400	北京保利	2014.12.02
2002年贵州茅台酒(珍品)		28,750	北京保利	2014.12.02
2003年产国宴专用、北戴河专供茅台酒		184,000	北京翰海	2014.10.25

拍品名称	物品尺寸	成交价RMB	拍卖公司	拍卖日期
2003年贵州茅台酒(飞天)		16,875	中鸿信	2014.11.22
2004/2006年贵州茅台酒		69,000	北京保利	2014.12.02
2006年贵州茅台酒(30年、原箱)		115,000	华艺国际	2014.12.08
2014年国香馆2周年纪念专供茅台酒		46,000	北京翰海	2014.10.25
2014年国香馆2周年纪念专供茅台酒		46,000	北京翰海	2014.10.25
20世纪70/80年代贵州茅台酒(一组)		402,500	西泠拍卖	2014.12.14
20世纪70/80年代三大革命茅台酒		40,250	中鸿信	2014.11.22
20世纪80年代产飞天牌茅台酒		41,400	北京翰海	2014.11.22
20世纪80年代末20世纪90年代初珍品贵州茅台酒		57,500	中鸿信	2014.11.22
70年代产大飞天茅台酒		287,500	北京翰海	2014.10.25
70年代产葵花牌茅台酒		230,000	北京翰海	2014.10.25
70年代产葵花牌茅台酒		86,250	北京翰海	2014.10.25
70年代产葵花牌茅台酒		86,250	北京翰海	2014.10.25
80年代产1704珍品茅台酒		149,500	北京翰海	2014.10.25
80年代产飞天牌黄酱茅台酒		230,000	北京翰海	2014.10.25
80年代产全棉纸五星牌黑酱茅台酒		920,000	北京翰海	2014.10.25
80年代产全棉纸五星牌黑酱茅台酒		345,000	北京翰海	2014.10.25
80年代产五星牌黄酱茅台酒		299,000	北京翰海	2014.10.25
80年代初葵花牌贵州茅台酒(小葵花)		34,500	西泠拍卖	2014.12.14
80年代初期产全棉纸三大革命茅台酒		690,000	北京翰海	2014.10.25
80年代中期产大飞天茅台酒		575,000	北京翰海	2014.10.25
80年代中期产大飞天茅台酒		253,000	北京翰海	2014.10.25
80年代中期飞天牌茅台酒		402,500	北京翰海	2014.10.25
80年代中期飞天牌茅台酒		402,500	北京翰海	2014.10.25
80年代中期飞天牌茅台酒		97,750	北京翰海	2014.10.25
90年代初期产铁盖珍品茅台酒		115,000	北京翰海	2014.10.25
90年代初期飞天牌茅台酒		115,000	北京翰海	2014.10.25
90年代初期飞天牌茅台酒		43,700	北京翰海	2014.10.25
90年代初期飞天牌茅台酒		40,250	北京翰海	2014.10.25
90年代飞天牌贵州茅台酒(珍品)		40,250	西泠拍卖	2014.12.14
90年代飞天牌贵州茅台酒(珍品)		20,700	西泠拍卖	2014.12.14
贵州茅台/中国体育代表团庆功酒(原箱)		11,201	保利香港	2014.10.06
庆香港回归特制飞天牌贵州茅台酒(原箱)		460,000	西泠拍卖	2014.12.14
珍品茅台酒等		40,250	中鸿信	2014.11.22
1972年红旗牌五粮液(1瓶)	500ml	124,200	华艺国际	2014.05.31
1973/1975年产长江大桥牌五粮液		80,500	北京翰海	2014.10.25
1974年产长江大桥牌五粮液(2瓶)	500ml/瓶	63,250	北京翰海	2014.05.11
1980年产长江大桥牌五粮液		74,750	北京翰海	2014.10.25
1983年产交杯牌五粮液		103,500	北京翰海	2014.10.25
1984年产交杯牌五粮液(12瓶)	500ml/瓶	97,750	北京翰海	2014.10.25
1984年产交杯牌五粮液(12瓶)	500ml/瓶	161,000	北京翰海	2014.05.11
1985/1986年产优质牌五粮液(12瓶)	500ml/瓶	161,000	北京翰海	2014.05.11
1985年产交杯牌五粮液		92,000	北京翰海	2014.10.25
1985年产优质牌五粮液(12瓶)	500ml/瓶	132,250	北京翰海	2014.05.11
1986年产优质牌麦穗五粮液(20瓶)	500ml/瓶	276,000	北京翰海	2014.05.11
1986年产优质牌五粮液		86,250	北京翰海	2014.10.25
1987、1989年产优质牌麦穗五粮液(12瓶)	500ml/瓶	109,250	北京翰海	2014.05.11
1987年产麦穗牌五粮液		105,800	北京翰海	2014.10.25
1987年产优质牌麦穗五粮液(6瓶)	500ml/瓶	66,700	北京翰海	2014.05.11
1987年产优质牌五粮液		80,500	北京翰海	2014.10.25
1988/1999年五粮液(每个年份一瓶)	500ml/瓶	46,000	西泠拍卖	2014.05.06
1988年产麦穗牌五粮液(12瓶)	500ml/瓶	115,000	北京翰海	2014.10.25
1988年产铁盖萝卜瓶五粮液		80,500	北京翰海	2014.10.25
1988年产优质牌铁盖五粮液(6瓶)	500ml/瓶	78,200	北京翰海	2014.05.11
1989/1991年 五粮液(6瓶)	500ml/瓶	25,300	中贸圣佳	2014.07.06
1989年产铁盖萝卜瓶五粮液		74,750	北京翰海	2014.10.25
1989年产铁盖麦穗五粮液		34,500	北京翰海	2014.11.22
1990年 鼓瓶五粮液(单圈)(18瓶)	500ml/瓶	18,900	北京保利	2014.02.05
1990年产铁盖萝卜瓶五粮液		184,000	北京翰海	2014.10.25
1990年产铁盖萝卜瓶五粮液		63,250	北京翰海	2014.10.25
1990年产铁盖五粮液		51,750	北京翰海	2014.11.22
1990年产优质牌铁盖五粮液(12瓶)	500ml/瓶	109,250	北京翰海	2014.05.11
1990年鼓瓶五粮液(12瓶)	500ml/瓶	96,600	北京保利	2014.06.04
1991年产铁盖萝卜瓶五粮液		172,500	北京翰海	2014.10.25
1991年产铁盖萝卜瓶五粮液		115,000	北京翰海	2014.10.25
1991年产优质牌铁盖五粮液(24瓶)	500ml/瓶	178,250	北京翰海	2014.05.11
1992年产铁盖萝卜瓶五粮液		103,500	北京翰海	2014.10.25

(成交价RMB：1万元以上)

拍品名称	物品尺寸	成交价RMB	拍卖公司	拍卖日期
1992年产铁盖萝卜瓶五粮液		57,500	北京翰海	2014.10.25
1992年产优质牌铁盖五粮液 (24瓶)	500ml/瓶	172,500	北京翰海	2014.05.11
1993/1995年长城牌五粮液 (12瓶)	500ml/瓶	36,800	北京保利	2014.06.04
1993年产优质牌铁盖五粮液 (12瓶)	500ml/瓶	74,750	北京翰海	2014.05.11
1993年产长城牌铁盖五粮液		74,750	北京翰海	2014.10.25
1994年产优质牌铁盖五粮液 (12瓶)	500ml/瓶	80,500	北京翰海	2014.05.11
1995/1996年长城牌五粮液 (12瓶)	500ml/瓶	32,200	北京保利	2014.06.04
1996年长城牌五粮液		32,200	西泠拍卖	2014.12.14
1996年长城牌五粮液 (12瓶)	500ml/瓶	28,750	西泠拍卖	2014.05.06
1997年产原箱长城牌五粮液		34,500	北京翰海	2014.11.22
20世纪70年代 五粮液 (2瓶)	500ml/瓶	27,600	中贸圣佳	2014.07.06
60° 五粮液90年金奖纪念酒 (2瓶)	500ml/瓶	345,000	中贸圣佳	2014.07.06
60年代产交杯牌五粮液 (1瓶)	500ml/瓶	184,000	北京翰海	2014.05.11
80年代初期产交杯牌五粮液 (12瓶)	500ml/瓶	138,000	北京翰海	2014.05.11
1991年安酒(两原箱) (24瓶)	500ml/瓶	23,000	西泠拍卖	2014.05.06
1992年3月1日安酒(原箱) (12瓶)	500ml/瓶	17,250	西泠拍卖	2014.05.06
1986年8月11日安酒(原箱) (12瓶)	500ml/瓶	23,000	西泠拍卖	2014.05.06
1991年安酒(两原箱)		23,000	西泠拍卖	2014.12.14
1992年3月1日安酒(原箱)		11,500	西泠拍卖	2014.12.14
80年代八大名酒(1组) (8瓶)		46,000	北京保利	2014.06.04
80年代八大名酒套装 (8瓶)	500ml/瓶	161,000	北京翰海	2014.05.11
80年代中国八大名酒 (8瓶)	500ml/瓶	46,000	西泠拍卖	2014.05.06
90年代八大名酒(1组) (8瓶)	500ml/瓶	28,750	北京保利	2014.06.04
国窖 · 1573典藏纪念酒 (1瓶)	6斤装	40,250	北京保利	2014.06.04
国窖1573 · 马到成功		102,221	上海嘉禾	2014.10.30
国窖 1573典藏纪念酒		40,250	北京保利	2014.12.02
国窖1573 西泠印社110周年华诞纪念酒 (1瓶)	3.5L	57,500	西泠拍卖	2014.05.06
口子窖典藏纪念酒 (1瓶)	6斤装	28,750	北京保利	2014.06.04
1979年产红城牌红城董酒 (2瓶)	500ml/瓶	40,250	北京翰海	2014.05.11
1980年产红城牌董酒 (6瓶)	500ml/瓶	80,500	北京翰海	2014.10.25
1982/1983年产董牌蓝标董酒		41,400	北京翰海	2014.10.25
1984/1987年产董牌董酒 (100瓶)	500ml/瓶	299,000	北京翰海	2014.10.25
1984年产董牌董酒 (12瓶)	500ml/瓶	51,750	北京翰海	2014.05.11
1985年产董牌董酒 (12瓶)	500ml/瓶	66,700	北京翰海	2014.05.11
1986年产董牌董酒 (24瓶)		63,250	北京翰海	2014.10.25
1987/1989年产董牌铁盖董酒 (100瓶)	500ml/瓶	253,000	北京翰海	2014.10.25
1987/1990年白标董酒 (12瓶)	500ml/瓶	40,250	北京保利	2014.12.02
1987年产董牌董酒 (24瓶)		74,750	北京翰海	2014.10.25
1988年产董牌铁盖董酒 (24瓶)		63,250	北京翰海	2014.10.25
1989年产董牌铁盖董酒		57,500	北京翰海	2014.10.25
1990年产红标铁盖董酒		51,750	北京翰海	2014.10.25
1991年7月23日董窖(原箱)		23,000	西泠拍卖	2014.12.14
1991年产红标铁盖董酒		20,700	北京翰海	2014.11.22
1992年董酒 (12瓶)	500ml/瓶	23,000	西泠拍卖	2014.05.06
1993年3月29日董酒(原箱)(12瓶)	500ml/瓶	32,200	西泠拍卖	2014.05.06
1993年产红标铁盖董酒		34,500	北京翰海	2014.10.25
20世纪70年代产红城牌董酒		20,700	北京翰海	2014.11.22
20世纪80年代产董牌董酒		57,500	北京翰海	2014.10.25
20世纪80年代初期产红城牌红城董酒 (2瓶)	500ml/瓶	195,500	北京翰海	2014.05.11
红星牌二锅头典藏纪念酒6斤装 (1瓶)		28,750	北京保利	2014.12.02
1983年产古井亭牌铁盖汾酒 (12瓶)	500ml/瓶	20,700	北京翰海	2014.10.25
1985/1986年汾酒		34,500	北京保利	2014.12.02
1985年11月9日汾酒(原箱)		46,000	西泠拍卖	2014.12.14
1985年出口老白汾酒		14,625	中鸿信	2014.11.22
1986年1月26日瓷瓶汾酒(原箱)		40,250	西泠拍卖	2014.12.14
1987年10月24日瓷瓶汾酒(原箱)		40,250	西泠拍卖	2014.12.14
1987年白玉汾酒		13,800	中鸿信	2014.11.22
1987年产古井亭牌瓷瓶汾酒(12瓶)	500ml/瓶	32,200	北京翰海	2014.05.11
1988年2月11日瓷瓶汾酒(原箱)		34,500	西泠拍卖	2014.12.14
1988年4月8日汾酒(原箱)		40,250	西泠拍卖	2014.12.14
1988年产古井亭牌铁盖汾酒(12瓶)	500ml/瓶	32,200	北京翰海	2014.05.11
1989年产古井亭牌铁盖汾酒		32,200	北京翰海	2014.10.25
1990年产瓷瓶汾酒		13,800	北京翰海	2014.10.25
1990年产古井亭牌铁盖汾酒		12,075	北京翰海	2014.11.22
1991年产古井亭牌铁盖汾酒(12瓶)	500ml/瓶	25,300	北京翰海	2014.05.11
1992年5月22日特质老白汾酒(原箱)		17,250	西泠拍卖	2014.12.14
1992年9月27日汾酒(原箱)		23,000	西泠拍卖	2014.12.14
1993年6月18日汾酒(原箱)		28,750	西泠拍卖	2014.12.14

拍品名称	物品尺寸	成交价RMB	拍卖公司	拍卖日期
1994年产古井亭牌铁盖汾酒(12瓶)	500ml/瓶	20,700	北京翰海	2014.05.11
1995年产古井亭牌铁盖汾酒(12瓶)	500ml/瓶	17,250	北京翰海	2014.05.11
20世纪80年代产古井亭牌瓷瓶汾酒(12瓶)	500ml/瓶	25,300	北京翰海	2014.05.11
1981/1982年产古井贡酒 (6瓶)	500ml/瓶	46,000	北京翰海	2014.10.25
1988年5月19日古井贡酒(原箱)(20瓶)	250ml/瓶	23,000	西泠拍卖	2014.05.06
1991年产铁盖古井贡酒 (12瓶)	500ml/瓶	25,300	北京翰海	2014.05.11
1992年古井贡酒(24瓶)	500ml/瓶	34,500	西泠拍卖	2014.12.14
1993年12月20日古井贡酒(12瓶)	500ml/瓶	17,250	西泠拍卖	2014.12.14
1997年古井贡酒 (24瓶)	500ml/瓶	16,100	中鸿信	2014.11.22
1995年同仁堂护骨酒 (24瓶)	323ml/瓶	126,500	北京翰海	2014.05.11
20世纪90年代产同仁堂牌护骨酒(24瓶)		115,000	北京翰海	2014.11.22
1993年产铁盖特制黄鹤楼酒(20瓶)	500ml/瓶	20,700	北京翰海	2014.05.11
1984年产原箱剑南春酒 (20瓶)	500ml/瓶	155,250	北京翰海	2014.05.11
1988年产方瓶铁盖剑南春酒		41,400	北京翰海	2014.10.25
1990/1994年剑南春		69,000	西泠拍卖	2014.12.14
1992年9月30日剑南春(12瓶)		34,500	西泠拍卖	2014.12.14
1993/1994年连花瓶剑南春		23,000	北京保利	2014.12.02
1994年9月10日剑南春(12瓶)		23,000	西泠拍卖	2014.12.14
1997年剑南春 (12瓶)		13,800	中鸿信	2014.11.22
1999年莲花瓶剑南春 (12瓶)	500ml/瓶	20,700	北京保利	2014.06.04
20世纪80年代产方瓶剑南春酒 (6瓶)	500ml/瓶	34,500	北京翰海	2014.11.22
20世纪80年代产长江大桥牌剑南春酒 (6瓶)	500ml/瓶	43,700	北京翰海	2014.05.11
20世纪90年代剑南春 (24瓶)	500ml/瓶	36,800	北京保利	2014.06.04
1980、1982年产红标玻璃郎酒 (2瓶)	500ml/瓶	43,700	北京翰海	2014.05.11
1984年产朗泉牌郎酒 (6瓶)		29,900	北京翰海	2014.11.22
1986年产郎酒 (24瓶)	500ml/瓶	86,250	北京翰海	2014.10.25
1988年产铁盖郎酒 (12瓶)		40,250	北京翰海	2014.10.25
1989年产原箱铁盖郎酒 (12瓶)		41,400	北京翰海	2014.10.25
1990年郎酒 (12瓶)		23,000	西泠拍卖	2014.12.14
1991/1992年郎酒 (12瓶)		28,750	西泠拍卖	2014.12.14
1991年12月28日郎酒((12瓶))		23,000	西泠拍卖	2014.12.14
1994年9月25日郎酒 (12瓶)	500ml/瓶	20,700	西泠拍卖	2014.05.06
1996年产原箱铁盖郎酒 (12瓶)		17,250	北京翰海	2014.11.22
1999年产原箱郎酒		25,300	北京翰海	2014.11.22
20世纪80年代末郎酒 ((12瓶))		40,250	西泠拍卖	2014.12.14
1963年泸州老窖陈年老酒	重386kg	7,475,000	上海嘉禾	2014.10.30
1979年泸州老窖陈年老酒	重208kg	1,897,500	上海嘉禾	2014.10.30
1984年泸州老窖陈年老酒	重199kg	1,552,500	上海嘉禾	2014.10.30
1986年泸州老窖特曲 (40瓶)		23,000	中鸿信	2014.11.22
1987/1989年泸州老窖特曲 (12瓶)		51,750	西泠拍卖	2014.12.14
1988/1990年泸州老窖头曲 (12瓶)		23,000	西泠拍卖	2014.12.14
1988年产泸州老窖特曲酒 (12瓶)	500ml/瓶	55,200	北京翰海	2014.05.11
1988年产原箱泸州老窖特曲酒 (40瓶)	250ml/瓶	69,000	北京翰海	2014.10.25
1988年泸州老窖特曲 (20瓶)	500ml/瓶	92,000	西泠拍卖	2014.05.06
1989年泸州老窖陈年老酒	重200kg	1,265,000	上海嘉禾	2014.10.30
1989年泸州老窖大曲酒 (6瓶)	550ml/瓶	34,500	西泠拍卖	2014.12.14
1991/1992年泸州老窖特曲		28,750	西泠拍卖	2014.12.14
1992年10月30日泸州老窖特曲 (20瓶)	500ml/瓶	69,000	西泠拍卖	2014.05.06
1992年产原箱铁盖泸州老窖特曲酒(20瓶)	500ml/瓶	43,700	北京翰海	2014.05.11
1992年产原箱铁盖泸州老窖特曲酒 (40瓶)	500ml/瓶	80,500	北京翰海	2014.10.25
1993年产铁盖泸州老窖特曲酒(12瓶)	500ml/瓶	34,500	北京翰海	2014.05.11
1994年11月14日泸州老窖头曲(20瓶)	500ml/瓶	23,000	西泠拍卖	2014.05.06
1995年产铁盖泸州老窖特曲酒(12瓶)	500ml/瓶	28,750	北京翰海	2014.05.11
20世纪70年代产工农牌泸州老窖特曲酒 (2瓶)	500ml/瓶	40,250	北京翰海	2014.05.11
1992年4月14日湄窖 (12瓶)	500ml/瓶	17,250	西泠拍卖	2014.05.06
1995年10月25日湄窖(两原箱) (24瓶)	500ml/瓶	20,700	西泠拍卖	2014.05.06
1992年夜明窖 (40瓶)	500ml/瓶	46,000	北京保利	2014.06.04
1990年平坝窖酒 (24瓶)	500ml/瓶	28,750	西泠拍卖	2014.05.06
1992/1994年全兴大曲 (12瓶)	500ml/瓶	20,700	西泠拍卖	2014.05.06
1992年1月13日全兴大曲 (12瓶)	500ml/瓶	29,900	西泠拍卖	2014.05.06
1997年产铁盖全兴大曲酒 (12瓶)	500ml/瓶	21,850	北京翰海	2014.05.11
1992年1月13日全兴大曲 (12瓶)		23,000	西泠拍卖	2014.12.14
1998年产原箱全兴大曲酒 (12瓶)		13,800	北京翰海	2014.11.22
1986年9月26日双沟山河大曲 (20瓶)	500ml/瓶	34,500	西泠拍卖	2014.05.06
1986年产原箱双沟山河大曲酒 (20瓶)	500ml/瓶	43,700	北京翰海	2014.05.11
1990年产原箱沱牌曲酒 (12瓶)	500ml/瓶	28,750	北京翰海	2014.05.11
1993年产原箱沱牌曲酒 (12瓶)	500ml/瓶	20,700	北京翰海	2014.05.11
1980/1990年西凤酒		23,000	西泠拍卖	2014.12.14

2014杂项拍卖成交汇总

(成交价RMB：1万元以上)

拍品名称	物品尺寸	成交价RMB	拍卖公司	拍卖日期
1980/1990年西凤酒 (12瓶)	500ml/瓶	23,000	西泠拍卖	2014.05.06
1986/1991年西凤酒 (20瓶)	500ml/瓶	46,000	西泠拍卖	2014.12.14
1987/1991年西凤酒		20,700	西泠拍卖	2014.12.14
1987/1991年西凤酒 (12瓶)	500ml/瓶	20,700	西泠拍卖	2014.05.06
1987年西凤酒(原箱)		25,300	北京保利	2014.12.02
1990年5月25日西凤酒(原箱)		36,800	西泠拍卖	2014.12.14
1992年8月27日西凤酒(出口两原箱) (40瓶)	500ml/瓶	46,000	西泠拍卖	2014.05.06
1992年8月27日西凤酒(原箱)(20瓶)	500ml/瓶	28,750	西泠拍卖	2014.05.06
1993年西凤酒(出口两原箱)(80瓶)	125ml/瓶	28,750	西泠拍卖	2014.05.06
20世纪80/90年代白标西凤酒(专供出口)(20瓶)		20,700	北京保利	2014.12.02
20世纪90年代初期产西凤酒 (40瓶)		36,800	北京翰海	2014.10.25
1983年产二郎滩牌习水大曲酒(12瓶)		41,400	北京翰海	2014.10.25
1984年产二郎滩牌习水大曲酒(12瓶)		46,000	北京翰海	2014.10.25
1985年产习水大曲酒 (12瓶)	500ml/瓶	34,500	北京翰海	2014.05.11
1986年产习水大曲酒 (12瓶)	500ml/瓶	33,350	北京翰海	2014.05.11
1987年产习水大曲酒 (12瓶)	500ml/瓶	32,200	北京翰海	2014.05.11
1988年产高盖习水大曲酒 (12瓶)	500ml/瓶	23,000	北京翰海	2014.05.11
1992年产原箱习水牌习水大曲酒(20瓶)		34,500	北京翰海	2014.11.22
1993年习水大曲(两原箱)(24瓶)	500ml/瓶	40,250	西泠拍卖	2014.05.06
1995年11月28日习水大曲(两原箱)(24瓶)	500ml/瓶	23,000	西泠拍卖	2014.05.06
1985年产鸭溪窖酒 (12瓶)	500ml/瓶	20,700	北京翰海	2014.05.11
1986年鸭溪窖酒 (12瓶)	500ml/瓶	17,250	西泠拍卖	2014.05.06
1987年产鸭溪窖酒 (24瓶)	500ml/瓶	40,250	北京翰海	2014.05.11
1988年产原箱鸭溪窖酒 (20瓶)	500ml/瓶	32,200	北京翰海	2014.05.11
1989年产鸭溪窖酒 (12瓶)	500ml/瓶	20,700	北京翰海	2014.05.11
1991年鸭溪窖酒 (20瓶)		46,000	西泠拍卖	2014.12.14
20世纪80年代初凉亭牌鸭溪窖酒(20瓶)		74,750	西泠拍卖	2014.12.14
1984/1986年产美女瓶洋河大曲酒		28,750	北京翰海	2014.10.25
1988年产原箱铁盖洋河佳酿 (20瓶)	500ml/瓶	32,200	北京翰海	2014.05.11
1988年产原箱洋河大曲酒 (12瓶)	500ml/瓶	51,750	北京翰海	2014.05.11
20世纪80年代初 洋河大曲 (1瓶)	500ml/瓶	12,650	中贸圣佳	2014.07.06
1988/1989年匀酒 (40瓶)	500ml/瓶	40,250	西泠拍卖	2014.05.06
1992年5月12日匀酒(40瓶)		34,500	西泠拍卖	2014.12.14
中国名酒纪念珍藏酒 (17瓶)		40,250	北京保利	2014.06.04
1988年6月27日竹叶青酒 (24瓶)	500ml/瓶	28,750	西泠拍卖	2014.05.06
1993年竹叶青酒 (20瓶)	500ml/瓶	11,500	西泠拍卖	2014.05.06
1994年4月30日竹叶青酒 (20瓶)	500ml/瓶	17,250	西泠拍卖	2014.05.06
1996年竹叶青酒 (48瓶)	500ml/瓶	28,750	西泠拍卖	2014.05.06
20世纪80年代产竹叶青酒 (12瓶)	500ml/瓶	23,000	北京翰海	2014.05.11
1990年产原箱习酒 (12瓶)	500ml/瓶	34,500	北京翰海	2014.05.11
1992年产习酒 (12瓶)	500ml/瓶	32,200	北京翰海	2014.05.11
1992年习酒 (12瓶)		12,650	中鸿信	2014.11.22
1993年产习酒 (12瓶)	500ml/瓶	32,200	北京翰海	2014.05.11
1994年产原箱习酒 (12瓶)	500ml/瓶	25,300	北京翰海	2014.05.11
20世纪80年代产贵州大曲酒(12瓶)	500ml/瓶	57,500	北京翰海	2014.05.11
20世纪80/90年代瓷瓶四特酒(12瓶)	535ml/瓶	17,250	北京保利	2014.06.04
1993年出口四特酒 (12瓶)		14,950	中鸿信	2014.11.22
1989年尖庄曲酒 (20瓶)		20,700	中鸿信	2014.11.22
1990年8月4日尖庄曲酒 (20瓶)	501ml/瓶	28,750	西泠拍卖	2014.05.06
1993年9月24日尖庄曲酒 (20瓶)		20,700	西泠拍卖	2014.12.14
80年代甘泉大曲 (24瓶)	500ml/瓶	28,750	西泠拍卖	2014.05.06
1987年黑金龙 (24瓶)	600ml/瓶	140,007	保利香港	2014.10.06
1980年黑金龙 (2瓶)	600ml/瓶	14,934	保利香港	2014.10.06
1998年黑金龙 (4瓶)	600ml/瓶	14,001	保利香港	2014.10.06
1997年白金龙/顶级人蔘味		16,801	保利香港	2014.10.06
1990年1991年金门高粱端午节纪念酒		23,000	西泠拍卖	2014.12.14
1982/1992年金门高粱中秋节纪念酒		23,000	西泠拍卖	2014.12.14
1982/1998年 金门高粱春节纪念酒		32,200	西泠拍卖	2014.12.14
1982年 金门高粱中秋节纪念酒		28,750	西泠拍卖	2014.12.14
1983年 金门高粱春节纪念酒		25,300	西泠拍卖	2014.12.14
1988年 金门高粱端午节纪念酒		23,000	西泠拍卖	2014.12.14
民国80年台湾烟酒公卖局高粱酒		14,001	保利香港	2014.10.06
80年代北京同仁堂参茸药牌(李时珍牌) (6瓶)	647ml/瓶	69,000	北京保利	2014.06.04
20世纪80年代产同仁牌如意长生酒(24瓶)	323ml/瓶	28,750	北京翰海	2014.05.11
1988年同仁堂如意长生酒 (48瓶)	375ml/瓶	34,500	北京保利	2014.06.04
90年代同仁堂护骨药酒 (6瓶)	323ml/瓶	46,000	西泠拍卖	2014.05.06
1994年产琼浆药酒 (20瓶)		46,000	长风拍卖	2014.01.05
1994年9月30日同仁堂琼浆药酒(20瓶)	504ml/瓶	80,500	西泠拍卖	2014.05.06

拍品名称	物品尺寸	成交价RMB	拍卖公司	拍卖日期
1995年5月30日同仁堂护骨药酒(24瓶)	323ml/瓶	92,000	西泠拍卖	2014.05.06
1996年4月30日同仁堂护骨药酒(24瓶)	647ml/瓶	172,500	西泠拍卖	2014.05.06
1999年5月31日同仁堂琼浆药酒(12瓶)	500ml/瓶	34,500	西泠拍卖	2014.05.06
20世纪70/90年代李时珍牌药酒系列一组(参茸药酒，国公酒，万灵筋骨酒)(6瓶)		57,500	西泠拍卖	2014.05.06
20世纪80年代产同仁牌茵陈酒(24瓶)	323ml/瓶	23,000	北京翰海	2014.05.11
1985年同仁堂茵陈酒 (24瓶)	375ml/瓶	17,250	西泠拍卖	2014.05.06
20世纪80年代产同仁牌如意长生酒		230,000	北京翰海	2014.10.25
1989年同仁堂参茸药酒		172,500	西泠拍卖	2014.12.14
90年代同仁堂护骨药酒 (一组)		57,500	西泠拍卖	2014.12.14
1995年5月30日同仁堂护骨药酒(48瓶)		172,500	西泠拍卖	2014.12.14
1996年4月30日同仁堂护骨药酒(24瓶)		172,500	西泠拍卖	2014.12.14
1987年同仁堂如意长生酒 (48瓶)		34,500	西泠拍卖	2014.12.14
1997年同仁堂塞隆风湿酒 (48瓶)		23,000	西泠拍卖	2014.12.14
1985年同仁堂茵陈酒 (48瓶)		40,250	西泠拍卖	2014.12.14
20世纪80年代产同仁牌茵陈酒(24瓶)		28,750	北京翰海	2014.10.25
1994年同仁堂舒筋定痛酒 (24瓶)	300ml/瓶	11,500	西泠拍卖	2014.05.06
1998年同仁堂宝塔牌骨刺消痛液(48瓶)	300ml/瓶	23,000	西泠拍卖	2014.05.06
DRC/罗曼尼・康帝1988(12瓶)		1,102,500	佳士得(上海)	2014.10.24
DRC/拉塔希2001		110,250	佳士得(上海)	2014.10.24
DRC/罗曼尼・圣维安1990		91,875	佳士得(上海)	2014.10.24
DRC/大依瑟索1998		73,500	佳士得(上海)	2014.10.24
DRC/李奇伯格1997		55,125	佳士得(上海)	2014.10.24
DRC/依瑟索1989		26,950	佳士得(上海)	2014.10.24
阿贝 30年水晶瓶装 (1瓶)	700ml	11,186	保利香港	2014.04.07
阿曼德伯爵酒园波玛一级酒园埃泊努葡萄园红葡萄酒2011年(12瓶)	750ml/瓶	18,400	中国嘉德	2014.05.19
2009年埃斯图耐尔(12瓶)	750ml/瓶	48,300	北京保利	2014.06.04
2004年埃斯图耐尔(24瓶)	750ml/瓶	36,800	北京保利	2014.06.04
1998年埃斯图耐尔(6瓶)	1500ml/瓶	42,550	北京保利	2014.06.04
艾曼纽尔胡杰酒园依瑟索特级园红2005年(2瓶)	750ml/瓶	23,000	中国嘉德	2014.05.19
1989年 艾瑟索(1瓶)	750ml/瓶	11,500	北京保利	2014.06.04
1978年 大艾瑟索(1瓶)	750ml/瓶	19,550	北京保利	2014.06.04
爱蒙伯爵酒庄玻玛爱诺一级葡萄园大瓶装(1.5升)2012年份		16,100	中国嘉德	2014.11.21
爱诗图古堡1.5升大瓶装1998年(6瓶)	1500ml/瓶	40,250	中国嘉德	2014.05.19
爱诗图古堡1.5升大瓶装1999年(6瓶)	1500ml/瓶	16,100	中国嘉德	2014.05.19
爱诗图古堡1.5升大瓶装2006年(4瓶)	1500ml/瓶	12,650	中国嘉德	2014.05.19
爱诗图古堡1982年(3瓶)	750ml/瓶	29,900	中国嘉德	2014.05.19
爱诗图古堡1988年(6瓶)	750ml/瓶	14,950	中国嘉德	2014.05.19
爱诗图古堡1996年(6瓶)	750ml/瓶	10,350	中国嘉德	2014.05.19
爱诗图古堡2009年(12瓶)	750ml/瓶	44,850	中国嘉德	2014.05.19
爱诗图古堡2010年(12瓶)	750ml/瓶	35,650	中国嘉德	2014.05.19
爱诗图古堡3升大瓶装1996年(2瓶)	3000ml/瓶	19,550	中国嘉德	2014.05.19
爱诗图古堡3升大瓶装2000年(6瓶)	3000ml/瓶	35,650	中国嘉德	2014.05.19
爱诗图古堡3升大瓶装2006年(6瓶)	3000ml/瓶	34,500	中国嘉德	2014.05.19
爱诗图古堡垂直年份2006/2008年(18瓶)	750ml/瓶	25,300	中国嘉德	2014.05.19
爱诗图古堡签字白葡萄酒2005年(2瓶)	750ml/瓶	11,500	中国嘉德	2014.05.19
1989年奥比昂(12瓶)	750ml/瓶	149,500	北京保利	2014.06.04
1993年奥比昂(12瓶)	750ml/瓶	34,500	北京保利	2014.06.04
1997年奥比昂(12瓶)	750ml/瓶	41,400	北京保利	2014.06.04
2009年奥比昂(12瓶)	750ml/瓶	92,000	北京保利	2014.06.04
1989年奥比昂(1瓶)	750ml/瓶	17,250	北京保利	2014.06.04
奥纳亚3升大瓶装2009年(2瓶)	3000ml/瓶	19,550	中国嘉德	2014.05.19
奥纳亚珍藏礼盒套装2006/2008年(6瓶)	750ml/瓶	24,150	中国嘉德	2014.05.19
2010年白马(6瓶)	750ml/瓶	69,000	北京保利	2014.06.04
白马古堡1988年(6瓶)	750ml/瓶	47,150	中国嘉德	2014.05.19
白马古堡1999年份		28,750	中国嘉德	2014.11.21
白马古堡2008年份		18,400	中国嘉德	2014.11.21
白马古堡3升大瓶装1989年(1瓶)	3000ml/瓶	33,350	中国嘉德	2014.05.19
马上有金之白马古堡及滴金堡套装2007年 (18瓶)	750ml/瓶	115,000	中国嘉德	2014.05.19
白马庄2007年(12瓶)	750ml/瓶	40,250	中国嘉德	2014.05.19
百富 "三十"		11,201	保利香港	2014.10.06
百富 1937 (1瓶)	700ml	121,186	保利香港	2014.04.07
百富 1970 (1瓶)	700ml/瓶	22,373	保利香港	2014.04.07
百富 25 年 / 1974 (1瓶)	700ml/瓶	16,780	保利香港	2014.04.07
百富 50年 (2瓶)	700ml/瓶	279,660	保利香港	2014.04.07
百富1971年陈年桶		15,867	保利香港	2014.10.06
百富屯1858 限量版 (12瓶)	700ml/瓶	69,915	保利香港	2014.04.07

拍品名称	物品尺寸	成交价RMB	拍卖公司	拍卖日期
百龄坛40年 (1瓶)		37,335	保利香港	2014.10.06
柏翠古堡 2000年(3瓶)	750ml/瓶	112,700	中国嘉德	2014.05.19
柏翠古堡 2001年(3瓶)	750ml/瓶	48,300	中国嘉德	2014.05.19
柏翠古堡 2002年(3瓶)	750ml/瓶	71,300	中国嘉德	2014.05.19
柏翠古堡 2003年(1瓶)	750ml/瓶	16,100	中国嘉德	2014.05.19
柏翠古堡 2004年(3瓶)	750ml/瓶	40,250	中国嘉德	2014.05.19
柏翠古堡 2005年(1瓶)	1500ml	69,000	中国嘉德	2014.05.19
柏翠古堡 2006年(3瓶)	750ml/瓶	40,250	中国嘉德	2014.05.19
柏翠古堡 2007年(3瓶)	750ml/瓶	66,700	中国嘉德	2014.05.19
柏翠古堡 2008年(3瓶)	750ml/瓶	48,300	中国嘉德	2014.05.19
柏翠古堡 2010年(12瓶)	750ml/瓶	322,000	中国嘉德	2014.05.19
柏翠古堡1990年(3瓶)	750ml/瓶	96,600	中国嘉德	2014.05.19
柏翠古堡1998年(3瓶)	750ml/瓶	63,250	中国嘉德	2014.05.19
柏翠古堡1999年(3瓶)	750ml/瓶	43,700	中国嘉德	2014.05.19
柏翠古堡帕克百分收藏套装2009年、2010年(2瓶)	750ml/瓶	73,600	中国嘉德	2014.05.19
柏翠酒庄1967年份		28,750	中国嘉德	2014.11.21
柏翠酒庄1980年份		23,000	中国嘉德	2014.11.21
柏翠酒庄2010年份		47,150	中国嘉德	2014.11.21
追忆1975之柏翠酒庄2010年份、2011年份套装		35,650	中国嘉德	2014.11.21
追忆1975之柏翠酒庄标准装、大瓶装(1.5升)2011年份		57,500	中国嘉德	2014.11.21
柏翠酒庄大瓶装(1.5升)1988年份(3支)		126,500	中国嘉德	2014.11.21
柏翠酒庄大瓶装(1.5升)1992年份		69,000	中国嘉德	2014.11.21
柏菲庄园大瓶装(1.5升)2007年份		28,750	中国嘉德	2014.11.21
班尼杜克酒庄2010年份		12,650	中国嘉德	2014.11.21
班尼杜克酒庄大瓶装(1.5升)2008年份		25,300	中国嘉德	2014.11.21
2004年宝嘉龙(12瓶)	750ml/瓶	23,000	北京保利	2014.06.04
1999年宝嘉龙(24瓶)	750ml/瓶	49,450	北京保利	2014.06.04
2004年宝嘉龙(6瓶)	1500ml/瓶	23,000	北京保利	2014.06.04
宝嘉龙酒庄2009年份		27,600	中国嘉德	2014.11.21
宝玛古堡 1975年(12瓶)	750ml/瓶	20,700	中国嘉德	2014.05.19
宝玛古堡 2005/2006年 (12瓶)	750ml/瓶	40,250	中国嘉德	2014.05.19
宝玛古堡 2007年 (12瓶)	750ml/瓶	35,650	中国嘉德	2014.05.19
宝玛古堡 2008/2009年 (12瓶)	750ml/瓶	41,400	中国嘉德	2014.05.19
宝玛古堡1.5升大瓶装1988年 (3瓶)	1500ml/瓶	26,450	中国嘉德	2014.05.19
宝玛古堡1.5升大瓶装1990年(3瓶)	1500ml/瓶	24,150	中国嘉德	2014.05.19
宝玛古堡签字酒1983年(2瓶)	750ml/瓶	18,400	中国嘉德	2014.05.19
宝玛古堡签字酒1996年(12瓶)	750ml/瓶	24,150	中国嘉德	2014.05.19
2001年宝泽珠(24瓶)	750ml/瓶	16,100	北京保利	2014.06.04
1996年宝泽珠贝格(1瓶)	6000ml/瓶	11,500	北京保利	2014.06.04
1999年宝泽珠贝格(24瓶)	750ml/瓶	17,250	北京保利	2014.06.04
奔富酒园极品佳酿典藏套装(6瓶)	750ml/瓶	12,650	中国嘉德	2014.05.19
1992年 碧尚巴雄(3瓶)	3000ml/瓶	19,550	北京保利	2014.06.04
2007 碧尚女爵酒庄副牌干红(12瓶)	750ml/瓶	32,200	中贸圣佳	2014.07.06
波尔多1855年列级酒庄大瓶装(1.5升)大全套2010年份 (60支)		276,000	中国嘉德	2014.11.21
波尔多1855年列级酒庄大全套2007年份 (61支)		73,600	中国嘉德	2014.11.21
波尔多1855年列级酒庄大全套2008年份 (61支)		115,000	中国嘉德	2014.11.21
波尔多1855年列级酒庄大全套2009年份 (61支)		126,500	中国嘉德	2014.11.21
波尔多1855年列级酒庄大全套2010年份 (61支)		115,000	中国嘉德	2014.11.21
波尔多传统五大名庄合家欢套装2011年份 (5支)		32,200	中国嘉德	2014.11.21
波尔多典藏套装2009年 (9瓶)	750ml/瓶	172,500	中国嘉德	2014.05.19
波尔多典藏套装2010年(9瓶)	750ml/瓶	166,750	中国嘉德	2014.05.19
杜克洛波尔多精选套装2009年份 (9瓶)		105,800	中国嘉德	2014.11.21
杜克洛波尔多精选套装2011年份		69,000	中国嘉德	2014.11.21
波尔多梅多克地区1855头等苑61支典藏套装2010年	750ml/瓶	184,000	中国嘉德	2014.05.19
波尔多梅多克地区1855头等苑61支典藏套装2009年	750ml/瓶	218,500	中国嘉德	2014.05.19
波尔多梅多克地区1855头等苑61支典藏套装2008年	750ml/瓶	184,000	中国嘉德	2014.05.19
1982年波尔多一级名庄1.5升至尊套装(5瓶)		322,000	中国嘉德	2014.05.19
波尔多左岸五大名庄 右岸酒王之 1982超级年份套装	750ml/瓶	310,500	中国嘉德	2014.05.19
波菲酒庄2009年份		23,000	中国嘉德	2014.11.21
波摩 三部曲 (3瓶)	700ml/瓶	111,864	保利香港	2014.04.07
白波摩1964		42,002	保利香港	2014.10.06
波摩1964 Fino		114,806	保利香港	2014.10.06
黑波摩1964/43年限量版单一纯麦威士忌	750ml/瓶	69,440	北京荣宝	2014.08.24
20世纪70年代末 玻璃郎 (1瓶)	500ml/瓶	20,700	中贸圣佳	2014.07.06
勃艮第夜丘极致精选 (8瓶)	750ml/瓶	29,900	中国嘉德	2014.05.19
布雷迪波夏 DNA系列 32年		18,668	保利香港	2014.10.06
布罗拉 30年 (2002/2013) (12瓶)	700ml/瓶	102,542	保利香港	2014.04.07
达玛亚克 2000年 (1瓶)	6000ml/瓶	11,500	北京保利	2014.06.04
达索古堡1998年干红葡萄酒 (12瓶)	750ml/瓶	17,250	中国嘉德	2014.05.19
大玛尼 1983年 (2瓶)	6000ml/瓶	13,800	北京保利	2014.06.04
大玛尼 2000年 (6瓶)	1500ml/瓶	11,500	北京保利	2014.06.04
大摩 1973 (1瓶)	700ml	18,644	保利香港	2014.04.07
邓肯泰勒38年单一纯麦威士忌	700ml/瓶	11,200	北京荣宝	2014.08.24
滴金 2000年(干白)(24瓶)	750ml/瓶	36,800	北京保利	2014.06.04
滴金 2001年(甜白)(6瓶)	750ml/瓶	49,450	北京保利	2014.06.04
滴金堡2000年 "Y" 干白葡萄酒(12瓶)	750ml/瓶	48,300	中国嘉德	2014.05.19
滴金堡签字甜白葡萄酒2007年(12瓶)	750ml/瓶	69,000	中国嘉德	2014.05.19
世纪佳酿百年经典之滴金酒庄套装1893、1993年份 (2瓶)		101,200	中国嘉德	2014.11.21
杜哈特 米隆古堡特别年份套装1940年、2011年(13瓶)	750ml/瓶	24,150	中国嘉德	2014.05.19
杜加酒庄特选套装2010年(6瓶)	750ml/瓶	12,650	中国嘉德	2014.05.19
杜加酒庄香牡/香贝坦特级园红2004年(12瓶)	750ml/瓶	24,150	中国嘉德	2014.05.19
杜加香牡/香贝丹园收藏套装(4瓶)	750ml/瓶	19,550	中国嘉德	2014.05.19
杜克宝龙酒园 2009年(12瓶)	750ml/瓶	57,500	中国嘉德	2014.05.19
2003年杜萨(12瓶)	1500ml/瓶	13,800	北京保利	2014.06.04
杜雅克酒园典藏精选(6瓶)	750ml/瓶	13,800	中国嘉德	2014.05.19
多明纳斯园红葡萄酒2010年(6瓶)	750ml/瓶	11,500	中国嘉德	2014.05.19
格兰菲迪 1955(私人珍藏) (1瓶)	700ml/瓶	158,474	保利香港	2014.04.07
格兰菲迪 1961 珍稀 (1瓶)	700ml/瓶	46,610	保利香港	2014.04.07
格兰菲迪珍妮希德罗伯特55年(1瓶)	700ml/瓶	484,744	保利香港	2014.04.07
格兰哥尼 33年 (2瓶)	700ml/瓶	35,424	保利香港	2014.04.07
格兰花格 致敬 1968 (1瓶)	700ml	18,644	保利香港	2014.04.07
格兰花格60年 (1瓶)	700ml	116,673	保利香港	2014.10.06
格兰花格家族桶/1956年 龙标 (1瓶)		79,337	保利香港	2014.10.06
格兰杰 Pride		28,001	保利香港	2014.10.06
格兰利威 1943独立装瓶 (1瓶)	700ml	35,424	保利香港	2014.04.07
格兰利威酒窖收藏版/1969		14,001	保利香港	2014.10.06
凯登汉德/格兰威特 明尔摩1970/43年单一纯麦威士忌	700ml/瓶	10,080	北京荣宝	2014.08.24
格兰威特1948/40年单一纯麦威士忌	750ml/瓶	38,080	北京荣宝	2014.08.24
格兰威特1956/50年单一纯麦威士忌	750ml/瓶	17,920	北京荣宝	2014.08.24
格兰乌妮 36年 1968 (2瓶)	700ml/瓶	18,644	保利香港	2014.04.07
葛兰许1.5升大瓶装2006年(3瓶)	1500ml/瓶	32,200	中国嘉德	2014.05.19
葛兰许2008年(6瓶)	750ml/瓶	31,050	中国嘉德	2014.05.19
葛兰许垂直年份大瓶套装2006年2004年、2002年(3瓶)	1500ml/瓶	31,050	中国嘉德	2014.05.19
侯伯王古堡1964年(12瓶)	750ml/瓶	184,000	中国嘉德	2014.05.19
侯伯王古堡1964年(6瓶)	750ml/瓶	80,500	中国嘉德	2014.05.19
侯伯王古堡2000年份		23,000	中国嘉德	2014.11.21
侯伯王古堡2008年 (1瓶)	1500ml/瓶	10,350	中国嘉德	2014.05.19
吉佳乐世家极品佳酿套装2007年(18瓶)	750ml/瓶	47,150	中国嘉德	2014.05.19
吉佳乐世家最佳珍藏套装(6瓶)	750ml/瓶	24,150	中国嘉德	2014.05.19
加隆希格尔酒园 1964年(6瓶)	750ml/瓶	44,850	中国嘉德	2014.05.19
嘉雅1999年份珍藏套装(6瓶)	750ml/瓶	27,600	中国嘉德	2014.05.19
嘉雅超级托斯卡纳珍藏套装(6瓶)	750ml/瓶	42,550	中国嘉德	2014.05.19
嘉雅顶级大瓶装精选(2瓶)	3000ml/瓶	85,100	中国嘉德	2014.05.19
2001年金玫瑰(12瓶)	1500ml/瓶	21,850	北京保利	2014.06.04
1993年金玫瑰(3瓶)	3000ml/瓶	13,800	北京保利	2014.06.04
1997年金玫瑰(3瓶)	3000ml/瓶	11,500	北京保利	2014.06.04
金玫瑰城堡1982年份套装		41,400	中国嘉德	2014.11.21
金玫瑰城堡大瓶装(1.5升)1989、1999年份套装		23,000	中国嘉德	2014.11.21
金玫瑰城堡大瓶装(3升)1999年份		10,350	中国嘉德	2014.11.21
2010年金钟(12瓶)	750ml/瓶	34,500	北京保利	2014.06.04
金钟古堡 1985年(6瓶)	750ml/瓶	35,650	中国嘉德	2014.05.19

2014杂项拍卖成交汇总

(成交价RMB：1万元以上)

拍品名称	物品尺寸	成交价RMB	拍卖公司	拍卖日期
金钟古堡 2008年(12瓶)	750ml/瓶	51,750	中国嘉德	2014.05.19
金钟古堡大瓶装(1.5升)2011年份		27,600	中国嘉德	2014.11.21
卡慕皇家水晶瓶装		10,267	保利香港	2014.10.06
凯隆世家酒庄大瓶装(1.5升)1999年份		19,550	中国嘉德	2014.11.21
1999年克拉米伦(3瓶)	3000ml/瓶	14,950	北京保利	2014.06.04
2000年克拉米伦(3瓶)	3000ml/瓶	20,700	北京保利	2014.06.04
2010年 克莱门教皇(12瓶)	750ml/瓶	24,150	北京保利	2014.06.04
克莱蒙斯 1996 & 1997年(各12瓶)	750ml/瓶	12,650	北京保利	2014.06.04
拉菲 1998年 (1瓶)	1500ml/瓶	23,000	北京保利	2014.06.04
拉菲2009年份特惠套装 (2瓶)		21,850	中国嘉德	2014.05.19
拉菲古堡 1976年(12瓶)	750ml/瓶	161,000	中国嘉德	2014.05.19
拉菲古堡 1982年(12瓶)	750ml/瓶	690,000	中国嘉德	2014.05.19
拉菲古堡 2011年份		80,500	中国嘉德	2014.11.21
拉菲古堡1.5升大瓶装 2007年(1瓶)	1500ml/瓶	24,150	中国嘉德	2014.05.19
开国大典传世佳酿之拉菲古堡1949年份		63,250	中国嘉德	2014.11.21
拉菲古堡1966年份		48,300	中国嘉德	2014.11.21
拉菲古堡1967年、1973年 (2瓶)	750ml/瓶	47,150	中国嘉德	2014.05.19
拉菲古堡1970年份		52,900	中国嘉德	2014.11.21
拉菲古堡1972年份		49,450	中国嘉德	2014.11.21
拉菲古堡1975年份		33,350	中国嘉德	2014.11.21
拉菲古堡1976年份		149,500	中国嘉德	2014.11.21
拉菲古堡1982年份 (12支)	750ml/瓶	448,500	中国嘉德	2014.11.21
拉菲古堡1986年份		201,250	中国嘉德	2014.11.21
拉菲古堡1999年份		64,400	中国嘉德	2014.11.21
拉菲古堡2008年(12瓶)	750ml/瓶	161,000	中国嘉德	2014.05.19
拉菲古堡2009年(12瓶)	750ml/瓶	184,000	中国嘉德	2014.05.19
拉菲古堡2010年(12瓶)	750ml/瓶	138,000	中国嘉德	2014.05.19
拉菲古堡大瓶装(1.5升)1985年份		71,300	中国嘉德	2014.11.21
拉菲古堡大瓶装(1.5升)1988年份		57,500	中国嘉德	2014.11.21
拉菲古堡大瓶装(1.5升)2002年份		82,800	中国嘉德	2014.11.21
拉菲古堡大瓶装(1.5升)2004年份		108,100	中国嘉德	2014.11.21
拉菲古堡大瓶装(3升)1970年份		59,800	中国嘉德	2014.11.21
拉菲古堡大瓶装(3升)2007年份		51,750	中国嘉德	2014.11.21
世纪佳酿百年经典之拉菲古堡套装1908、2008年份 (2支)	750ml/瓶	80,500	中国嘉德	2014.11.21
2003 拉菲酒庄(12瓶)	750ml/瓶	239,200	中贸圣佳	2014.07.06
2000年史密斯拉菲特(6瓶)	1500ml/瓶	17,250	北京保利	2014.06.04
诗密拉菲特酒庄2009年份		31,050	中国嘉德	2014.11.21
诗密拉菲特庄园 2009年(12瓶)	750ml/瓶	35,650	中国嘉德	2014.05.19
拉菲珍宝(小拉菲)1902年份1支2011年份12支	750ml/瓶	54,050	中国嘉德	2014.05.19
拉菲珍宝(小拉菲)3升大瓶装2006年(1瓶)	3000ml	16,100	中国嘉德	2014.05.19
拉菲珍宝(小拉菲)大瓶装(3升)2005年份		10,350	中国嘉德	2014.11.21
拉菲珍宝(小拉菲)2012年份		41,400	中国嘉德	2014.11.21
拉兰德伯爵夫人庄园1.5升大瓶装1998年(6瓶)	1500ml/瓶	18,400	中国嘉德	2014.05.19
1985年 拉塔希(1瓶)	750ml/瓶	34,500	北京保利	2014.06.04
1999拉塔希(1瓶)	750ml/瓶	32,200	北京保利	2014.06.04
2005年 拉 塔希(1瓶)	750ml/瓶	34,500	北京保利	2014.06.04
2009年 拉 塔希(1瓶)	750ml/瓶	23,000	北京保利	2014.06.04
2006年 拉 塔希(3瓶)	750ml/瓶	54,050	北京保利	2014.06.04
1995年拉图(1瓶)	750ml/瓶	10,350	北京保利	2014.06.04
拉图堡垒大瓶装(1.5升)2007年份		20,700	中国嘉德	2014.11.21
拉图城堡 1982年(12瓶)	750ml/瓶	276,000	中国嘉德	2014.05.19
拉图城堡 1988年(12瓶)	750ml/瓶	172,500	中国嘉德	2014.05.19
拉图城堡 1999年(12瓶)	750ml/瓶	89,700	中国嘉德	2014.05.19
拉图城堡2003年 (2瓶)	750ml/瓶	36,800	中国嘉德	2014.05.19
拉图城堡签字酒2000年(2瓶)	750ml/瓶	28,750	中国嘉德	2014.05.19
拉图城堡特别年份精选套装1959年、1989年、1999年(6瓶)	750ml/瓶	126,500	中国嘉德	2014.05.19
拉图古堡1971年份		29,900	中国嘉德	2014.11.21
拉图古堡1975年份		23,000	中国嘉德	2014.11.21
拉图古堡1995年份		37,950	中国嘉德	2014.11.21
拉图古堡1995年份、拉图堡垒2005年份		50,600	中国嘉德	2014.11.21
合家欢之拉图古堡2006年份套装		20,700	中国嘉德	2014.11.21
拉图古堡2011年份、拉图堡垒2011年份		21,850	中国嘉德	2014.11.21
2000 拉图酒庄(12瓶)	750ml/瓶	287,500	中贸圣佳	2014.07.06

拍品名称	物品尺寸	成交价RMB	拍卖公司	拍卖日期
拉图普伊勒(三标酒)2009年(12瓶)	750ml/瓶	23,000	中国嘉德	2014.05.19
2008老佛爷酒庄贵腐甜白葡萄酒(6瓶)	750ml/瓶	26,220	中贸圣佳	2014.07.06
乐加维林 25 (2瓶)	700ml/瓶	14,915	保利香港	2014.04.07
勒弗莱夫顶级套装(4瓶)	750ml/瓶	24,150	中国嘉德	2014.05.19
勒桦酒园伏旧特级葡萄园2009、2010年份套装		57,500	中国嘉德	2014.11.21
勒桦酒园特级园珍藏套装2009年(3瓶)	750ml/瓶	51,750	中国嘉德	2014.05.19
勒桦酒园一级园精选套装2009年(6瓶)	750ml/瓶	40,250	中国嘉德	2014.05.19
勒维拉柏腾古堡6升大瓶装1993年(1瓶)	6000ml/瓶	11,500	中国嘉德	2014.05.19
里鹏堡1999年(1瓶)	750ml	21,850	中国嘉德	2014.05.19
里鹏堡2009年(2瓶)	750ml/瓶	74,750	中国嘉德	2014.05.19
里鹏酒庄2010年份(6瓶)		115,000	中国嘉德	2014.11.21
拉格朗日 2005年 (12瓶)	1500ml/瓶	29,900	北京保利	2014.06.04
拉格朗日 2007年 (12瓶)	1500ml/瓶	13,800	北京保利	2014.06.04
拉格朗日 1994年 (2瓶)	5000ml/瓶	10,350	北京保利	2014.06.04
力士金 2003年 (6瓶)	1500ml/瓶	18,400	北京保利	2014.06.04
力仙 1998年 (2瓶)	6000ml/瓶	13,800	北京保利	2014.06.04
靓茨伯古堡1.5升大瓶装1999年(5瓶)	1500ml/瓶	23,000	中国嘉德	2014.05.19
靓茨伯古堡1999年(12瓶)	750ml/瓶	19,550	中国嘉德	2014.05.19
靓茨伯古堡2006 2007年(12瓶)	750ml/瓶	18,400	中国嘉德	2014.05.19
靓茨伯古堡2009年(12瓶)	750ml/瓶	25,300	中国嘉德	2014.05.19
靓茨伯古堡2010年(12瓶)	750ml/瓶	21,850	中国嘉德	2014.05.19
靓茨伯古堡大瓶装(1.5升)2007年份		26,450	中国嘉德	2014.11.21
靓茨伯古堡大瓶装(1.5升)2008年份		18,400	中国嘉德	2014.11.21
龙船古堡 1962年 (6瓶)	750ml/瓶	35,650	中国嘉德	2014.05.19
龙船古堡1.5升大瓶装1957年(3瓶)	1500ml/瓶	44,850	中国嘉德	2014.05.19
龙船古堡1.5升大瓶装1976年(3瓶)	1500ml/瓶	35,650	中国嘉德	2014.05.19
龙船古堡1.5升大瓶装2008年 (3瓶)	1500ml/瓶	18,400	中国嘉德	2014.05.19
龙船古堡1.5升大瓶装垂直年份套装 2005/2009年 (5瓶)	1500ml/瓶	57,500	中国嘉德	2014.05.19
龙船古堡1.5升大瓶装垂直年份套装1978年/1983年 (6瓶)	1500ml/瓶	69,000	中国嘉德	2014.05.19
龙船古堡2000年 (6瓶)	750ml/瓶	19,550	中国嘉德	2014.05.19
龙船古堡2006年 (24瓶)	750ml/瓶	35,650	中国嘉德	2014.05.19
龙船古堡2006年份 (12瓶)		18,400	中国嘉德	2014.11.21
龙船古堡2007年 (24瓶)	750ml/瓶	34,500	中国嘉德	2014.05.19
龙船古堡3升大瓶装1979年(1瓶)	3000ml	17,250	中国嘉德	2014.05.19
龙船古堡3升大瓶装1981年(1瓶)	3000ml	12,650	中国嘉德	2014.05.19
龙船古堡5升大瓶装1975年 (1瓶)	5000ml	24,150	中国嘉德	2014.05.19
龙船古堡5升大瓶装1979年 (1瓶)	5000ml	23,000	中国嘉德	2014.05.19
龙船古堡6升大瓶装1964年	750ml/瓶	57,500	中国嘉德	2014.05.19
龙船古堡垂直年份套装2008/2011年(24瓶)	750ml/瓶	37,950	中国嘉德	2014.05.19
龙船古堡大瓶装(1.5升)2008年份		23,000	中国嘉德	2014.11.21
龙船古堡大瓶装(1.5升)2009年份		23,000	中国嘉德	2014.11.21
龙船古堡大瓶装(1.5升)2011年份		17,250	中国嘉德	2014.11.21
龙船古堡大瓶装(3升)1983年份		18,400	中国嘉德	2014.11.21
龙船古堡大瓶装(3升)1990年份		18,400	中国嘉德	2014.11.21
1983年鲁臣歌茜(2瓶)		21,850	北京保利	2014.06.04
2000年鲁臣歌茜(6瓶)	1500ml/瓶	10,350	北京保利	2014.06.04
乔治 鲁米耶酒园精选系列 (6瓶)	750ml/瓶	26,450	中国嘉德	2014.05.19
乔治 鲁米耶酒园尚博勒/穆西尼一级园2005年(9瓶)	750ml/瓶	11,500	中国嘉德	2014.05.19
鹿跃庄园加本力苏维翁红葡萄酒2010年(12瓶)	750ml/瓶	16,100	中国嘉德	2014.05.19
路易亚都特级葡萄园精选套装2011年份		24,150	中国嘉德	2014.11.21
路易亚都特级园精选套装2010年	750ml/瓶	18,400	中国嘉德	2014.05.19
露纹酒园艺术系列莎当妮2009/2010年(各12瓶)	750ml/瓶	26,450	中国嘉德	2014.05.19
2006 露仙歌酒庄干红(12瓶)	750ml/瓶	46,207	中贸圣佳	2014.07.06
1989年 罗曼尼/圣/维凡(1瓶)	1500ml/瓶	44,850	北京保利	2014.06.04
2006年 罗曼尼/圣/维凡(2瓶)	750ml/瓶	26,450	北京保利	2014.06.04
罗曼尼・康帝拉塔希特级园1996年份		333,500	中国嘉德	2014.11.21
罗曼尼・康帝特级园2011年份		126,500	中国嘉德	2014.11.21
亨利贾叶酒园沃恩/罗曼尼1989年(1瓶)	750ml	36,800	中国嘉德	2014.05.19
2000年产罗曼尼康帝 (1瓶)	700ml	80,500	北京翰海	2014.10.25
1976 罗曼尼康帝(2瓶)	750ml/瓶	345,000	中贸圣佳	2014.07.06
1967 罗曼尼康帝(2瓶)	750ml/瓶	388,700	中贸圣佳	2014.07.06
罗曼尼康帝庄园/罗曼尼 康帝1.5升大瓶装 1972年(1瓶)	750ml/瓶	287,500	中国嘉德	2014.05.19

(成交价RMB：1万元以上)

拍品名称	物品尺寸	成交价RMB	拍卖公司	拍卖日期
罗曼尼康帝庄园/罗曼尼 康帝1988年(1瓶)	750ml/瓶	172,500	中国嘉德	2014.05.19
罗曼尼康帝庄园2000年份至尊套装(12瓶)	750ml/瓶	276,000	中国嘉德	2014.05.19
罗曼尼康帝庄园顶级收藏套装1996年(9瓶)	750ml/瓶	874,000	中国嘉德	2014.05.19
亨利 贾叶酒园沃恩/罗曼尼一级园"秀峰"1990年(3瓶)	750ml/瓶	138,000	中国嘉德	2014.05.19
罗斯班克30年水晶瓶装1975(1瓶)	700ml	20,508	保利香港	2014.04.07
罗斯柴尔德白中白香槟	750ml/瓶	14,950	中国嘉德	2014.05.19
20世纪60年代末产透明盒路易十三(6瓶)	700ml/瓶	138,000	北京翰海	2014.10.25
20世纪50年代中期产路易十三白纸盒(4瓶)		55,200	北京翰海	2014.10.25
20世纪50年代/60年代路易十三红八角盒(12瓶)		230,000	北京翰海	2014.10.25
20世纪40年代50年代初路易十三未知年藤兰筐		69,000	北京翰海	2014.10.25
20世纪50年代产路易十三洋酒(2瓶)	700ml/瓶	92,000	北京翰海	2014.05.11
20世纪60年代产八角盒路易十三洋酒(4瓶)	700ml/瓶	172,500	北京翰海	2014.05.11
人头马路易十三(1瓶)	700ml/瓶	34,500	北京保利	2014.06.04
人头马路易十三干邑盒		22,401	保利香港	2014.10.06
1974年产人头马250周年纪念酒		28,750	北京翰海	2014.10.25
拿破仑XO、人头马CLUB(3瓶)	700ml/瓶	17,250	北京保利	2014.06.04
人头马xo(5瓶)	700ml/瓶	26,450	北京保利	2014.06.04
20世纪60年代产人头马白盒路易十三洋酒(4瓶)	700ml/瓶	172,500	北京翰海	2014.05.11
20世纪80年代初产红章一代马爹利		23,000	北京翰海	2014.10.25
马爹利(红太阳)(3瓶)	700ml/瓶	32,200	北京保利	2014.06.04
马爹利xo(蓝印、青瓶)(3瓶)	700ml/瓶	13,800	北京保利	2014.06.04
马爹利新猷创立280周年纪念版干邑		24,268	保利香港	2014.10.06
马赛多2008年(6瓶)	750ml/瓶	27,600	中国嘉德	2014.05.19
马赛多2010年(6瓶)	750ml/瓶	40,250	中国嘉德	2014.05.19
马赛多2010年份		20,700	中国嘉德	2014.11.21
马西庄园马兹诺经典2006年(12瓶)	750ml/瓶	24,150	中国嘉德	2014.05.19
玛歌 1997年 (12瓶)	750ml/瓶	57,500	北京保利	2014.06.04
玛歌 2008年 (12瓶)	750ml/瓶	51,750	北京保利	2014.06.04
玛歌 2009年 (12瓶)	750ml/瓶	97,750	北京保利	2014.06.04
玛歌 1989年 (1瓶)	1500ml/瓶	11,500	北京保利	2014.06.04
2007年小玛歌(24瓶)	750ml/瓶	29,900	北京保利	2014.06.04
马年年份套装之玛歌1978、1990、2002年份		92,000	中国嘉德	2014.11.21
玛歌白亭珍稀套装1988、1998、2008年份		21,850	中国嘉德	2014.11.21
玛歌古堡1964年(12瓶)	750ml/瓶	94,300	中国嘉德	2014.05.19
玛歌古堡2010年份 (3瓶)		23,000	中国嘉德	2014.11.21
玛歌红亭大瓶装(1.5升)1999年份		26,450	中国嘉德	2014.11.21
玛歌红亭大瓶装(1.5升)2009年份		31,050	中国嘉德	2014.11.21
玛歌红亭大瓶装(12升)2010年份	1支	103,500	中国嘉德	2014.11.21
玛歌红亭大瓶装(6升)2008年份		18,400	中国嘉德	2014.11.21
玛歌酒庄垂直年份1994/1999年(6瓶)	750ml/瓶	54,050	中国嘉德	2014.05.19
单一麦芽麦卡伦 1896年 (1瓶)		322,000	北京翰海	2014.10.25
单一麦卡伦 1892年珍藏版 (1瓶)		299,000	北京翰海	2014.10.25
单一麦芽麦卡伦 1879年 (1瓶)	700ml	368,000	北京翰海	2014.10.25
麦卡伦1959高登及麦克菲尔标签(1瓶)	750ml	29,830	保利香港	2014.04.07
麦卡伦 20年摄影大师系列：艾伯特 沃森版(1瓶)	750ml	13,983	保利香港	2014.04.07
麦卡伦 25年纪念版		16,801	保利香港	2014.10.06
麦卡伦 30年/蓝标		20,534	保利香港	2014.10.06
麦卡伦 30年雪莉桶		18,668	保利香港	2014.10.06
麦卡伦 50年/1928 (1瓶)	750ml	354,684	保利香港	2014.10.06
麦卡伦 888 系列		35,468	保利香港	2014.10.06
麦卡伦 璀璨 55年 (1瓶)	750ml	186,440	保利香港	2014.04.07
麦卡伦 璀璨 60年 (1瓶)	700ml	205,084	保利香港	2014.04.07
麦卡伦 女王就职纪念版 (1瓶)	700ml	25,169	保利香港	2014.04.07
麦卡伦 摄影大师系列第三代：安妮 莱柏维兹限定版 (4瓶)	700ml	111,864	保利香港	2014.04.07
麦卡伦18年/1964		16,801	保利香港	2014.10.06
麦卡伦18年/1966		10,267	保利香港	2014.10.06
麦卡伦18年/1967		11,201	保利香港	2014.10.06
麦卡伦18年/1969		11,201	保利香港	2014.10.06

拍品名称	物品尺寸	成交价RMB	拍卖公司	拍卖日期
麦卡伦18年/1970		10,267	保利香港	2014.10.06
麦卡伦18年/1971		11,201	保利香港	2014.10.06
麦卡伦18年/1972		14,001	保利香港	2014.10.06
麦卡伦18年/1979 特级珍藏版		14,001	保利香港	2014.10.06
麦卡伦18年/1980 特级珍藏版		11,201	保利香港	2014.10.06
麦卡伦1937年水晶瓶装		18,668	保利香港	2014.10.06
麦卡伦1938年红丝带装		42,002	保利香港	2014.10.06
麦卡伦1940年红丝带装		29,868	保利香港	2014.10.06
麦卡伦1946 (1瓶)	750ml/瓶	93,338	保利香港	2014.10.06
麦卡伦1950/31年手写酒标单一纯麦威士忌	750ml/瓶	69,440	北京荣宝	2014.08.24
麦卡伦1950年红丝带装		25,201	保利香港	2014.10.06
麦卡伦1955		25,201	保利香港	2014.10.06
麦卡伦1957年25周年纪念款		19,601	保利香港	2014.10.06
麦卡伦1958		16,801	保利香港	2014.10.06
麦卡伦1959		23,335	保利香港	2014.10.06
麦卡伦1961年Private Eye杂志纪念版		16,801	保利香港	2014.10.06
麦卡伦1962年水晶瓶装		38,269	保利香港	2014.10.06
麦卡伦1965		14,001	保利香港	2014.10.06
麦卡伦1966		10,267	保利香港	2014.10.06
麦卡伦25年/1974纪念版		14,934	保利香港	2014.10.06
麦卡伦25年/里纳尔迪25周年纪念版/1957		28,001	保利香港	2014.10.06
麦卡伦25年/周年纪念版/1964		16,801	保利香港	2014.10.06
麦卡伦55年 璀璨		214,677	保利香港	2014.10.06
麦卡伦60年 璀璨		233,345	保利香港	2014.10.06
麦卡伦女皇登基60年纪念版		14,001	保利香港	2014.10.06
麦卡伦摄影大师系列第三代：安妮·莱柏维兹限定版 麦卡伦摄影大师系列第三代：安妮·莱柏维兹限定版 麦卡伦摄影大师系列第三代：安妮·莱柏维兹限定版 麦卡伦摄影大师系列第三代：安妮·莱柏维兹限定版		74,670	保利香港	2014.10.06
麦卡伦与彼得·布莱克爵士的80年旅程纪念版		56,003	保利香港	2014.10.06
玫瑰山古堡1.5升大瓶装1999年(6瓶)	1500ml/瓶	16,100	中国嘉德	2014.05.19
玫瑰山古堡2009年(12瓶)	750ml/瓶	52,900	中国嘉德	2014.05.19
玫瑰山古堡2010年份(12瓶)		26,450	中国嘉德	2014.11.21
美讯堡1964年(12瓶)	750ml/瓶	184,000	中国嘉德	2014.05.19
美讯堡2006年(12瓶)	750ml/瓶	36,800	中国嘉德	2014.05.19
美讯堡2009年(12瓶)	750ml/瓶	60,950	中国嘉德	2014.05.19
美讯堡垂直年份套装2006/2008年份		19,550	中国嘉德	2014.11.21
美讯堡干白葡萄酒2009年份		74,750	中国嘉德	2014.11.21
1984年蒙哈榭(1瓶)	750ml/瓶	27,600	北京保利	2014.06.04
2004年蒙哈榭(1瓶)	750ml/瓶	40,250	北京保利	2014.06.04
蒙特伯爵雅文邑稀有年份系列1962年		13,800	北京保利	2014.03.02
莫漫诗酒园大德园特级园红2010年(2瓶)	1500ml/瓶	41,400	中国嘉德	2014.05.19
牟林圣乔治 2005年 (12瓶)	1500ml/瓶	26,450	北京保利	2014.06.04
木桐 2009年 (12瓶)	750ml/瓶	80,500	北京保利	2014.06.04
木桐 2010年 (12瓶)	750ml/瓶	97,750	北京保利	2014.06.04
木桐 1996年 (1瓶)	1500ml/瓶	13,800	北京保利	2014.06.04
木桐 2000年 (1瓶)	1500ml/瓶	37,950	北京保利	2014.06.04
木桐古堡2008年(12瓶)	750ml/瓶	161,000	中国嘉德	2014.05.19
木桐古堡垂直年份1981/2010年份		207,000	中国嘉德	2014.11.21
木桐古堡垂直年份套装1959/1968年(10瓶)	750ml/瓶	287,500	中国嘉德	2014.05.19
木桐古堡大瓶装(1.5升)1999年份(6瓶)	1500ml/瓶	69,000	中国嘉德	2014.11.21
金羊报喜之木桐古堡大瓶装(1.5升)2000年份(6瓶)	1500ml/瓶	195,500	中国嘉德	2014.11.21
木桐古堡大瓶装(3升)1988年份(1瓶)	3升	34,500	中国嘉德	2014.11.21
木桐家族2010年珍藏套装(36瓶)	750ml/瓶	115,000	中国嘉德	2014.05.19
欧肯特轩 1977 (3瓶)	700ml/瓶	14,915	保利香港	2014.04.07
欧肯特轩 1978 (6瓶)	700ml/瓶	30,763	保利香港	2014.04.07
欧肯特轩 50年 / 1957 (1瓶)	700ml	27,966	保利香港	2014.04.07
欧颂古堡 1969年(12瓶)	750ml/瓶	103,500	中国嘉德	2014.05.19
欧颂古堡 2009年(2瓶)	750ml/瓶	35,650	中国嘉德	2014.05.19
欧颂古堡2007年份(3瓶)	750ml/瓶	26,450	中国嘉德	2014.11.21
欧颂古堡2010年份(2瓶)		37,950	中国嘉德	2014.11.21
欧颂古堡2011年份(2瓶)		23,000	中国嘉德	2014.11.21
庞狄莎艺术典藏系列套装2011年份		11,500	中国嘉德	2014.11.21
庞特·卡奈古堡1990年份 (5瓶)		10,925	中国嘉德	2014.11.21
庞特·卡奈古堡2003年份 (12瓶)		16,100	中国嘉德	2014.11.21

2014杂项拍卖成交汇总

(成交价RMB：1万元以上)

拍品名称	物品尺寸	成交价RMB	拍卖公司	拍卖日期
庞特·卡奈古堡2010年份(12瓶)		36,800	中国嘉德	2014.11.21
庞特卡奈古堡2009年(12瓶)	750ml/瓶	47,150	中国嘉德	2014.05.19
2001年庞特卡内(24瓶)	750ml/瓶	20,700	北京保利	2014.06.04
2008年庞特卡内(24瓶)	750ml/瓶	41,400	北京保利	2014.06.04
2009年庞特卡内(6瓶)	1500ml/瓶	21,850	北京保利	2014.06.04
平古斯酒庄1998年(3瓶)	750ml/瓶	16,100	中国嘉德	2014.05.19
高原骑士25年第一版大头瓶(3瓶)	700ml/瓶	16,780	保利香港	2014.04.07
骑士红 1996年 (12瓶)	1500ml/瓶	35,650	北京保利	2014.06.04
骑士红 1999年 (12瓶)	1500ml/瓶	18,400	北京保利	2014.06.04
骑士红 2002年 (12瓶)	1500ml/瓶	14,950	北京保利	2014.06.04
骑士红 2003年 (24瓶)	750ml/瓶	23,000	北京保利	2014.06.04
骑士红 2000年 (6瓶)	1500ml/瓶	23,000	北京保利	2014.06.04
骑士酒庄干白葡萄酒2008年份 (12瓶)		11,500	中国嘉德	2014.11.21
轻井泽 1960 (1瓶)	700ml	233,345	保利香港	2014.10.06
轻井泽 1970 & 1971 艺妓标		51,336	保利香港	2014.10.06
轻井泽 1977 艺妓标 (1瓶)	700ml/瓶	18,644	保利香港	2014.04.07
轻井泽 1981(旧版) (6瓶)	700ml/瓶	35,424	保利香港	2014.04.07
轻井泽 1981/黑浪标 1981/红浪标 1984/蓝浪标 (3瓶)		65,337	保利香港	2014.10.06
轻井泽 1983 (6瓶)	700ml/瓶	39,152	保利香港	2014.04.07
轻井泽 30年、31年 艺妓标 (2瓶)	700ml/瓶	35,424	保利香港	2014.04.07
轻井泽45年白色命之水 1968 (1瓶)	700ml	19,576	保利香港	2014.04.07
轻井泽 白色命之水 45年		44,802	保利香港	2014.10.06
轻井泽 黑色命之水 30年		26,135	保利香港	2014.10.06
轻井泽 黑色命之水 45年		46,669	保利香港	2014.10.06
轻井泽 相扑全系列1981/1982/1983 相扑全景1981/1983 (5瓶)	700ml/瓶	37,288	保利香港	2014.04.07
轻井泽 原酒 第三版 (18瓶)	700ml/瓶	29,830	保利香港	2014.04.07
轻井泽 原酒第四版 (18瓶)	700ml/瓶	32,627	保利香港	2014.04.07
轻井泽/能系列 珍稀混桶装		18,668	保利香港	2014.10.06
轻井泽1972 (1瓶)		23,335	保利香港	2014.10.06
轻井泽1977 (1瓶)		23,335	保利香港	2014.10.06
轻井泽1977/艺妓标 (1瓶)		22,401	保利香港	2014.10.06
轻井泽1979 (1瓶)		15,867	保利香港	2014.10.06
轻井泽1981 艺妓标 (6瓶)	700ml/瓶	35,424	保利香港	2014.04.07
轻井泽1981/鸡尾酒系列 (1瓶)		14,934	保利香港	2014.10.06
轻井泽1981/相扑标 (2瓶)		23,335	保利香港	2014.10.06
轻井泽1981/艺妓标 (1瓶)		18,668	保利香港	2014.10.06
轻井泽1982/金鱼标 (1瓶)		17,734	保利香港	2014.10.06
轻井泽1983/艺妓标 (1瓶)		28,001	保利香港	2014.10.06
轻井泽1991/麦芽学校第三课		11,201	保利香港	2014.10.06
轻井泽19年/日本威士忌生活10周年纪念版原酒 (1瓶)		11,201	保利香港	2014.10.06
轻井泽23年/能系列 (1瓶)		12,134	保利香港	2014.10.06
轻井泽29年/仙鹤标 (1瓶)		20,534	保利香港	2014.10.06
轻井泽30年/能系列 (1瓶)		26,135	保利香港	2014.10.06
轻井泽40年 (1瓶)		44,802	保利香港	2014.10.06
轻井泽40年/白命之水 (1瓶)		39,202	保利香港	2014.10.06
轻井泽40年/艺妓标 (1瓶)		51,336	保利香港	2014.10.06
轻井泽40年/艺妓标		42,002	保利香港	2014.10.06
轻井泽50年/1963 (1瓶)		172,675	保利香港	2014.10.06
轻井泽纪念版14年 16年 21年		19,601	保利香港	2014.10.06
让·格里沃酒庄伏旧特级葡萄园套装		21,850	中国嘉德	2014.11.21
让·格里沃酒庄沃恩 / 罗曼尼美蒙特一级葡萄园套装		14,950	中国嘉德	2014.11.21
让·格里沃酒庄依瑟索特级葡萄园套装		14,950	中国嘉德	2014.11.21
山崎 1984(半岛酒店) (1瓶)	700ml	11,186	保利香港	2014.04.07
山崎 25年 (6瓶)	700ml/瓶	41,949	保利香港	2014.04.07
山崎 水楢桶 山崎 Puncheon桶 山崎 雪莉桶 山崎 波本桶		16,801	保利香港	2014.10.06
山崎1990/雪莉桶 山崎1993/重泥煤		14,934	保利香港	2014.10.06
2003年舍宛(12瓶)	1500ml/瓶	13,800	北京保利	2014.06.04
思福酒园山边精选加本力苏维翁2003年(3瓶)	1500ml/瓶	13,800	中国嘉德	2014.05.19
思福酒园山边精选加本力苏维翁2006年(1瓶)	6000ml	13,800	中国嘉德	2014.05.19
苏拉亚1.5升大瓶装2007年(3瓶)	1500ml/瓶	33,350	中国嘉德	2014.05.19
苏拉亚1.5升大瓶装2009年(3瓶)	1500ml/瓶	35,650	中国嘉德	2014.05.19
太阳园之苏拉亚经典年份套装 1982年、1985年、1997年(3瓶)	750ml/瓶	19,550	中国嘉德	2014.05.19

拍品名称	物品尺寸	成交价RMB	拍卖公司	拍卖日期
汤马丁 1982 (6瓶)	700ml/瓶	24,237	保利香港	2014.04.07
特朗蒙多庄园 2009年(12瓶)	750ml/瓶	24,150	中国嘉德	2014.05.19
1855头等苑61支典藏套装2007年	750ml/瓶	149,500	中国嘉德	2014.05.19
皇家托卡伊酒庄蜜房贵腐甜白葡萄酒2005年(12瓶)	500ml/瓶	24,150	中国嘉德	2014.05.19
80年代产蓝方威士忌		43,700	北京翰海	2014.10.25
20世纪90年代产蓝方威士忌 (6瓶)	700ml/瓶	28,750	北京翰海	2014.05.11
武戈公爵珍藏套装 (9瓶)	750ml/瓶	49,450	中国嘉德	2014.05.19
响35年/十四代酒井柿右卫门限量版		74,670	保利香港	2014.10.06
2008年雄狮(12瓶)	750ml/瓶	32,200	北京保利	2014.06.04
雄狮酒庄1979年份		21,850	中国嘉德	2014.11.21
轩尼诗 永恒干邑白兰地 (1瓶)	700ml	93,220	保利香港	2014.04.07
20世纪50年代产原箱轩尼诗EXTER (12瓶)	700ml/瓶	345,000	北京翰海	2014.05.11
轩尼诗vsop(青瓶) (4瓶)	1000ml/瓶	14,950	北京保利	2014.06.04
轩尼诗xo		17,250	北京保利	2014.12.02
20世纪80年代产轩尼诗XO (12瓶)	700ml/瓶	78,200	北京翰海	2014.05.11
轩尼诗xo (3瓶)	700ml/瓶	17,250	北京保利	2014.06.04
20世纪80年代产轩尼诗XO (6瓶)	700ml/瓶	55,200	北京翰海	2014.05.11
80年代轩尼诗XO (6瓶)		25,300	北京翰海	2014.10.25
轩尼诗xo(青瓶) (3瓶)	700ml/瓶	35,650	北京保利	2014.06.04
轩尼诗杯莫停		18,668	保利香港	2014.10.06
20世纪70年代产轩尼诗杯莫停 (2瓶)	700ml/瓶	40,250	北京翰海	2014.05.11
轩尼诗李察1代2代 (各一瓶)		51,750	北京翰海	2014.10.25
轩尼诗拿破仑 (6瓶)	700ml/瓶	19,550	北京保利	2014.06.04
轩尼诗原酒50，60，70年代		11,201	保利香港	2014.10.06
雅克普利尔酒园默尔索一级酒园柏悦葡萄园白葡萄酒2011年(12瓶)	750ml/瓶	18,400	中国嘉德	2014.05.19
雅克普利尔酒园特级园精选2010年(8瓶)	750ml/瓶	25,300	中国嘉德	2014.05.19
一号乐章1988年份		21,850	中国嘉德	2014.11.21
一号乐章纳柏谷1.5升大瓶装2006年(3瓶)	1500ml/瓶	18,400	中国嘉德	2014.05.19
一号乐章纳柏谷1.5升大瓶装2008年(3瓶)	1500ml/瓶	18,400	中国嘉德	2014.05.19
一号乐章纳柏谷1994/1995年份套装(6瓶)	750ml/瓶	52,900	中国嘉德	2014.05.19
一号乐章纳柏谷2000年(6瓶)	750ml/瓶	25,300	中国嘉德	2014.05.19
一号乐章纳柏谷2003年(6瓶)	750ml/瓶	23,000	中国嘉德	2014.05.19
一号乐章纳柏谷垂直年份套装2007/2010年(4瓶)	750ml/瓶	11,500	中国嘉德	2014.05.19
一号乐章纳柏谷精选年份套装1998/1999年(6瓶)	750ml/瓶	49,450	中国嘉德	2014.05.19
一号乐章纳柏谷精选年份套装1996/1997年(6瓶)	750ml/瓶	48,300	中国嘉德	2014.05.19
一号乐章纳柏谷酒垂直年份套装2000/2005年(12瓶)	750ml/瓶	46,000	中国嘉德	2014.05.19
羽生 扑克牌系列 (12瓶)	700ml/瓶	57,796	保利香港	2014.04.07
羽生扑克牌系列 方块10 黑桃J 黑桃Q 黑桃K 梅花A		74,670	保利香港	2014.10.06
羽生扑克牌系列 方块5 红桃6 黑桃7 梅花8 黑桃9		70,004	保利香港	2014.10.06
羽生扑克牌系列/彩色鬼牌		10,267	保利香港	2014.10.06
羽生扑克牌系列/黑桃7		14,001	保利香港	2014.10.06
羽生扑克牌系列/梅花A		16,801	保利香港	2014.10.06
羽生扑克牌系列/小丑(彩色)		14,934	保利香港	2014.10.06
1992年产御鹿瑰宝水晶		92,000	北京翰海	2014.10.25
约瑟夫菲尔普斯酒园勋章2009年(12瓶)	750ml/瓶	13,800	中国嘉德	2014.05.19
约瑟夫菲尔普斯酒园勋章垂直年份套装2005/2010年(6瓶)	750ml/瓶	14,950	中国嘉德	2014.05.19
云顶 千禧年纪念版 全套 (6瓶)	700ml/瓶	139,830	保利香港	2014.04.07
云岭冰酒(金牌橡木桶陈酿)2008年(12瓶)	375ml/瓶	10,925	中国嘉德	2014.05.19
芝路酒庄徐悲鸿贵腐葡萄酒套装1998、2000/2004年份(全球限量500套)		103,500	中国嘉德	2014.11.21
1998年卓龙梦特(24瓶)	750ml/瓶	28,750	北京保利	2014.06.04
卓龙梦特庄园2006年份		18,400	中国嘉德	2014.11.21
卓龙梦特庄园2007年份		14,950	中国嘉德	2014.11.21
卓龙梦特庄园2008年份		18,400	中国嘉德	2014.11.21
盆 景				
清 福寿百宝盆景 (一对)	高37cm	345,000	浙江世贸	2014.04.13
民国 于硕微雕吊坠	直径1.5cm	32,200	朵云轩	2014.04.21
约18世纪 博兰盆景	85cm × 70cm	246,875	香港苏富比	2014.04.07
约1975年 日本金银花盆景	45cm × 45cm	79,000	香港苏富比	2014.04.07
约1964年 胡椒木盆景	26cm × 38cm	69,125	香港苏富比	2014.04.07

拍品名称	物品尺寸	成交价RMB	拍卖公司	拍卖日期
约1935年 博兰盆景	28cm×75cm	88,875	香港苏富比	2014.04.07
约19世纪 黄槿木盆景	130cm×55cm	345,625	香港苏富比	2014.04.07
柏树	115cm×110cm	138,000	古天一	2014.12.05
扁柏	高150cm宽90cm	23,000	西泠拍卖	2014.12.15
赤松	高115cm宽120cm	517,500	西泠拍卖	2014.12.15
赤松	高60cm宽90cm	184,000	西泠拍卖	2014.12.15
赤松	高95cm宽100cm	172,500	西泠拍卖	2014.12.15
赤松	高80cm宽75cm	92,000	西泠拍卖	2014.12.15
赤松	高110cm宽58cm	86,250	西泠拍卖	2014.12.15
刺柏	高95cm宽100cm	46,000	西泠拍卖	2014.12.15
大阪松	高90cm宽130cm	287,500	西泠拍卖	2014.12.15
大阪松盆景	高80cm	74,750	中贸圣佳	2014.09.27
杜鹃	高68cm宽108cm	32,200	西泠拍卖	2014.12.15
杜鹃盆景	高55cm	20,700	中贸圣佳	2014.09.27
枫树盆景	高49cm	13,800	中贸圣佳	2014.09.27
扶石 山桔	高60cm宽45cm	13,800	西泠拍卖	2014.12.15
黑松	高95cm宽120cm	1,840,000	西泠拍卖	2014.12.15
黑松	高90cm宽110cm	218,500	西泠拍卖	2014.12.15
黑松	高55cm飘长102cm	115,000	西泠拍卖	2014.12.15
黑松	高80cm宽100cm	103,500	西泠拍卖	2014.12.15
黑松	高60cm飘长95cm	97,750	西泠拍卖	2014.12.15
黑松盆景	高85cm	207,000	中贸圣佳	2014.09.27
黑松盆景	高70cm	20,700	中贸圣佳	2014.09.27
黑松盆景	高91cm	11,500	中贸圣佳	2014.09.27
黑松飘长盆景	长130cm	195,500	中贸圣佳	2014.09.27
红果	高130cm宽100cm	17,250	西泠拍卖	2014.12.15
荒皮枫	高85cm宽97cm	23,000	西泠拍卖	2014.12.15
金银花	高105cm宽50cm	20,700	西泠拍卖	2014.12.15
九里香	高110cm宽75cm	28,750	西泠拍卖	2014.12.15
九重大阪盆景	高95cm	97,750	中贸圣佳	2014.09.27
罗汉松盆景	高80cm	25,300	中贸圣佳	2014.09.27
罗汉松盆景	高68cm	13,800	中贸圣佳	2014.09.27
朴树	高115cm宽130cm	63,250	西泠拍卖	2014.12.15
朴树	高115cm飘长90cm	40,250	西泠拍卖	2014.12.15
雀梅	高70cm宽95cm	63,250	西泠拍卖	2014.12.15
雀梅	高100cm宽30cm	51,750	西泠拍卖	2014.12.15
雀梅	高60cm宽75cm	43,700	西泠拍卖	2014.12.15
山甲木	高100cm宽55cm	28,750	西泠拍卖	2014.12.15
山桔	高50cm宽125cm	32,200	西泠拍卖	2014.12.15
山桔	高80cm宽75cm	13,800	西泠拍卖	2014.12.15
山松	高150cm宽68cm	49,450	西泠拍卖	2014.12.15
太行山野生云灵芝(祥云状体)		23,000	北京保利	2014.12.02
铁包金	高60cm宽80cm	28,750	西泠拍卖	2014.12.15
五品组合：真柏、黑松	尺寸不一	69,000	西泠拍卖	2014.12.15
五针松	高122cm宽90cm	69,000	西泠拍卖	2014.12.15
五针松	高100cm宽90cm	57,500	西泠拍卖	2014.12.15
小石积	高75cm宽100cm	28,750	西泠拍卖	2014.12.15
余仁芳 沧桑春依旧柏树盆景	宽63cm高70cm	12,650	北京保利	2014.12.05
余仁芳 道骨柏风盆景	宽40cm高45cm	11,500	北京保利	2014.12.05
余仁芳 亘骨灵云柏树盆景	宽50cm高63cm	14,950	北京保利	2014.12.05
余仁芳 梦之韵柏树盆景	宽50cm高80cm	23,000	北京保利	2014.12.05
余仁芳 明沧桑柏树盆景	宽60cm高80cm	39,100	北京保利	2014.12.05
余仁芳 情缘松树盆景	宽80cm高75cm	21,850	北京保利	2014.12.05
余仁芳 山野情趣榆树盆景	宽90cm高105cm	115,000	北京保利	2014.12.05
余仁芳 幽穴复羽翠榆树盆景	宽95cm高110cm	46,000	北京保利	2014.12.05
榆树	高160cm宽180cm	345,000	西泠拍卖	2014.12.15
榆树	高95cm宽105cm	230,000	西泠拍卖	2014.12.15
榆树	高125cm宽125cm	17,250	西泠拍卖	2014.12.15
真柏	高80cm宽110cm	368,000	西泠拍卖	2014.12.15
真柏	高110cm宽100cm	322,000	西泠拍卖	2014.12.15
真柏	高95cm宽100cm	287,500	西泠拍卖	2014.12.15
真柏	高100cm宽100cm	184,000	西泠拍卖	2014.12.15
真柏	高40cm飘长80cm	138,000	西泠拍卖	2014.12.15
紫薇	高100cm宽120cm	28,750	西泠拍卖	2014.12.15
手包				
2012年 镰田奈绪美 松纹漆手包	25cm×12cm×5cm	28,750	中国嘉德	2014.11.20
2012年 镰田奈绪美 竹纹漆手包	25cm×12cm×5cm	25,300	中国嘉德	2014.11.20
ARDOISE色尼罗鳄鱼皮28公分PLUME包附钯金配件	宽28cm×高20cm	49,313	佳士得	2014.11.24
ARGILE色SWIFT小牛皮20公分TOOLBOX包附钯金配件	宽20cm×高20cm×直径15cm	31,560	佳士得	2014.11.24
BISCUIT色SWIFT小牛皮34公分LINDY包附钯金配件	宽34cm×高20cm×直径17cm	49,313	佳士得	2014.11.24
BLUE JEAN色CLEMENCE小公牛皮26公分SO KELLY包附钯金配件	宽28cm×高33cm×直径13cm	23,670	佳士得	2014.11.24
BLUE JEAN色EPSOM牛皮大码EVELYNE II包附钯金配件	宽33cm×高33cm×直径8cm	14,794	佳士得	2014.11.24
BLUE LIN色CLEMENCE小公牛皮单肩凯莉包附钯金配件	宽41cm×高18cm×直径14cm	34,519	佳士得	2014.11.24
BOUGAINVILLIER色CLEMENCE小公牛皮30公分柏金包附黄金配件	宽30cm×高22cm×直径15cm	118,350	佳士得	2014.11.24
E2 TOURTERELLE色TOGO小牛皮30公分柏金包附钯金配件	宽30cm×高22cm×直径15cm	78,900	佳士得	2014.11.24
ETAIN色SWIFT小牛皮33公分TOOLBOX包附钯金配件	宽32cm×高28cm×直径23cm	31,560	佳士得	2014.11.24
FLEUR DE JAIS皮革CARROUSEL包	宽25cm×高17cm	17,753	佳士得	2014.11.24
FUCHSIA色鸵鸟皮25公分RETOURNE凯莉包附钯金配件	宽24cm×高18cm×直径9cm	187,388	佳士得	2014.11.24
H红色SWIFT小牛皮KELLY DANSE包附钯金配件	宽22cm×高17cm×7cm	44,381	佳士得	2014.11.24
H红色蜥蜴皮FACO I提包	宽24cm×高18cm	15,780	佳士得	2014.11.24
H橘色CLEMENCE小公牛皮34公分JYPSIERE信差包附钯金配件	宽33cm×高28cm×直径15cm	27,615	佳士得	2014.11.24
H橘色CLEMENCE小公牛皮JPG单肩柏金II包附黄金配件	宽42cm×高23cm×直径18cm	59,175	佳士得	2014.11.24
H橘色TOGO小牛皮32公分RETOURNE凯莉包附黄金配件	宽32cm×高23cm×直径10cm	83,831	佳士得	2014.11.24
H橘色TOGO小牛皮35公分RETOURNE凯莉包附钯金配件	宽35cm×高25cm×直径13cm	73,969	佳士得	2014.11.24
POTIRON色水牛皮及帆布中码GARDEN PARTY手提包附钯金配件	宽35cm×高25cm	10,849	佳士得	2014.11.24
POUDRE色鸵鸟皮三带多用肩包附钯金配件	宽28cm×高18cm×直径10cm	19,725	佳士得	2014.11.24
ROSE JAIPUR色TOGO小牛皮35公分柏金包附钯金配件	宽35cm×高25cm×直径18cm	78,900	佳士得	2014.11.24
ROUGE CASAQUE色CLEMENCE小公牛皮30公分柏金包附钯金配件	宽30cm×高22cm	108,488	佳士得	2014.11.24
ROUGE VIF色TADELAKT小牛皮EGEE提包附精铜配件	宽25cm×高10cm×直径4cm	29,588	佳士得	2014.11.24
VERT BENGALE色SWIFT小牛皮28公分RETOURNE凯莉包附钯金配件	宽28cm×高20cm×直径10cm	88,763	佳士得	2014.11.24
爱马仕 棕色金扣铂金包	30cm×39cm	97,750	北京保利	2014.06.06
爱马仕 haut/ à /croire 32 Clemence小公牛皮手袋	高29cm×宽32cm×直径16cm重1180g	61,667	日本伊斯特	2014.06.01
爱马仕 HERMES 红色Kelly包		58,501	北京保利	2014.02.05
爱马仕 柏金 40 Couchevel 牛皮袋	高30cm 重1440g	14,231	日本伊斯特	2014.06.01
爱马仕 凯莉28 鳄鱼皮手袋	高22cm 重800g	132,821	日本伊斯特	2014.06.01
爱马仕 凯莉28 鸵鸟皮手袋	高22cm 重 800g	56,923	日本伊斯特	2014.06.01
爱马仕 凯莉32 小牛皮手袋	高22cm 重840g	10,436	日本伊斯特	2014.06.01
爱马仕包 Gold Togo Birkin	30cm	86,250	北京匡时	2014.09.17
爱马仕包30cm Orange Togo Birkin		86,250	北京匡时	2014.09.17
白色水貂皮GRIPOIX花饰晚装包	宽18cm×直径3cm	29,588	佳士得	2014.11.24
板灰色小码PAILLETTE单盖包附磨光纯银配件	宽20cm×高10cm×直径5cm	27,615	佳士得	2014.11.24
翠竹色TOGO小牛皮25公分柏金包附钯金配件	宽25cm×高19cm×直径14cm	167,663	佳士得	2014.11.24
淡粉红色蟒蛇皮经典中码双盖包附纯银配件	宽25cm×高15cm×直径7cm	19,725	佳士得	2014.11.24
淡棕色CALF BOX小牛皮32公分SELLIER凯莉包附黄金配件	宽33cm×高23cm×直径11cm	73,969	佳士得	2014.11.24
蒂芙尼 18k金镶嵌钻石手包		139,830	保利香港	2014.04.06
蒂芙尼 古董黄金编织手包		27,966	保利香港	2014.04.06
靛蓝色CLEMENCE小公牛皮40公分柏金包附钯金配件	宽40cm×高28cm×直径20cm	138,075	佳士得	2014.11.24
干邑色鸵鸟皮31公分SELLIER BOLIDE包附黄金配件	宽32cm×高24cm×直径13cm	25,643	佳士得	2014.11.24
干邑色鸵鸟皮25公分KELLY SPORT包附黄金配件	宽24cm×高28cm×直径11cm	34,519	佳士得	2014.11.24
干邑色鸵鸟皮28公分SELLIER凯莉包附黄金配件	宽29cm×高22cm×直径11cm	108,488	佳士得	2014.11.24
国王蓝色鸵鸟皮30公分ESCAPADE包附钯金配件	宽30cm×高25cm×直径9cm	41,423	佳士得	2014.11.24

2014杂项拍卖成交汇总

(成交价RMB：1万元以上)

拍品名称	物品尺寸	成交价RMB	拍卖公司	拍卖日期
国王蓝色鸵鸟皮32公分凯莉包附黄金配件	宽33cm×高23cm×直径11cm	197,250	佳士得	2014.11.24
海洋蓝色SIKKIM小牛皮50公分KELLY RELAX包附钯金配件	宽50cm×高38cm×直径20cm	39,450	佳士得	2014.11.24
海洋蓝色鸵鸟皮LA包附钯金配件及金色内衬	宽30cm×高23cm×直径11cm	19,725	佳士得	2014.11.24
褐色及棕色编织皮革大码手提包附炮铜配件及蜥蜴皮边饰	宽47cm×高24cm×直径20cm	13,808	佳士得	2014.11.24
黑色CLEMENCE小公牛皮42公分JPG柏金单肩包附钯金配件	宽42cm×高23cm×直径18cm	49,313	佳士得	2014.11.24
黑色DALMATIEN水牛皮32公分RETOURNE凯莉包附钯金配件	宽32cm×高23cm×直径10cm	147,938	佳士得	2014.11.24
黑色EPSOM牛皮35公分SELLIER凯莉包附钯金配件	宽35cm×高25cm×直径13cm	88,763	佳士得	2014.11.24
黑色VACHE LIEGEE皮中码PARIS/BOMBAY包附钯金配件	宽36cm×高15cm×直径11cm	21,698	佳士得	2014.11.24
黑色及白色编织皮革带状装饰小码单盖包附纯银配件	宽20cm×高10cm×直径5cm	19,725	佳士得	2014.11.24
黑色菱格纹小羊皮珠宝盒附纯银配件	宽28cm×高8cm	10,849	佳士得	2014.11.24
黑色蜥蜴皮CONSTANCE ELAN包附黄金配件	宽25cm×高14cm×直径5cm	157,800	佳士得	2014.11.24
黑色小羊皮QUADRUPLE GUSSET盖包附纯银配件	宽25cm×高15cm×直径8cm	19,725	佳士得	2014.11.24
黑色小羊皮钻石缝线大码手提包附纯银配件	宽38cm×高30cm×直径18cm	15,780	佳士得	2014.11.24
红、灰及多色小羊皮小码WATERCOLOR单盖包附纯银配件	宽20cm×高10cm×直径5cm	27,615	佳士得	2014.11.24
红宝石色EPSOM牛皮35公分柏金包附钯金配件	宽35cm×高25cm×直径18cm	78,900	佳士得	2014.11.24
灰珍珠色及茴香色SIKKIM小牛皮大码DOUBLE SENS手提包	宽38cm×高41cm×直径13cm	10,849	佳士得	2014.11.24
加利西亚蓝色TOGO小牛皮40公分RETOURNE凯莉包附钯金配件	宽40cm×高29cm×直径15cm	83,831	佳士得	2014.11.24
金色CLEMENCE小公牛皮34公分JYPSIERE信差包附钯金配件	宽33cm×高28cm×直径15cm	21,698	佳士得	2014.11.24
金色NEGONDA小牛皮中码GARDEN PARTY手提包附钯金配件	宽35cm×高25cm×直径18cm	11,835	佳士得	2014.11.24
金色及H橘色CLEMENCE小公牛皮中码DOUBLE SENS手提包	宽35cm×高33cm×直径12cm	12,821	佳士得	2014.11.24
金色及银白色EPI女装系列牛皮PETITE MALLE提包附肩带	宽19cm×高11cm×直径5cm	25,643	佳士得	2014.11.24
橘红色鸵鸟皮30公分柏金包附钯金配件	宽30cm×高22cm	187,388	佳士得	2014.11.24
橘红色鸵鸟皮35公分柏金包附钯金配件	宽35cm×高25cm	157,800	佳士得	2014.11.24
橘色EPSOM牛皮三折BEARN皮夹附钯金配件	宽18cm×高9cm×直径2.5cm	11,835	佳士得	2014.11.24
蓝宝石、鸢尾花及马耳他蓝三色鸵鸟皮30公分GHILLIES柏金包附精铜配件	宽30cm×高22cm×直径15cm	443,813	佳士得	2014.11.24
蓝宝石色雾面尼罗鳄鱼皮20公分TOOLBOX包附钯金配件	宽20cm×高20cm×直径15cm	138,075	佳士得	2014.11.24
亮面BRAISE色POROSUS鳄鱼皮30公分柏金包附钯金配件	宽30cm×高22cm×直径15cm	345,188	佳士得	2014.11.24
亮面EBENE色短吻鳄皮31公分SELLIER BOLIDE包附黄金配件	宽32cm×高24cm×直径13cm	93,694	佳士得	2014.11.24
亮面FICELLE色POROSUS鳄鱼皮23公分CONSTANCE包附黄金配件	宽23cm×高16cm×直径5cm	147,938	佳士得	2014.11.24
亮面POUDRE色短吻鳄皮28公分PLUME包附黄金配件	宽28cm×高20cm×直径10cm	54,244	佳士得	2014.11.24
亮面波尔多色POROSUS鳄鱼皮PLUME ELAN包附黄金配件	宽28cm×高7cm×直径6cm	64,106	佳士得	2014.11.24
亮面黑色POROSUS鳄鱼皮25公分DALVY包附黄金配件	宽25cm×高19cm×直径9cm	98,625	佳士得	2014.11.24
亮面黑色POROSUS鳄鱼皮32公分SELLIER凯莉包附黄金配件	宽33cm×高23cm×直径11cm	197,250	佳士得	2014.11.24
亮面黑色短吻鳄皮手提包附纯银配件及链带	宽27cm×高27cm×直径14cm	59,175	佳士得	2014.11.24
亮面蓝宝石色POROSUS鳄鱼皮28公分SELLIER凯莉包附黄金配件	宽28cm×高21cm×直径11cm	414,225	佳士得	2014.11.24
亮面蓝宝石色尼罗鳄鱼皮18公分CONSTANCE包附黄金配件	宽18cm×高14cm×直径6cm	118,350	佳士得	2014.11.24
亮面绿茉莉色POROSUS鳄鱼皮27公分SELLIER BOLIDE包附黄金配件	宽27cm×高18cm×直径10cm	93,694	佳士得	2014.11.24
亮面珊瑚红色短吻鳄皮KELLY POCHETTE包附精铜配件	宽22cm×高13cm×直径6cm	187,388	佳士得	2014.11.24
亮面石墨色POROSUS鳄鱼皮27公分DRAG包附钯金配件	宽27cm×高18cm×直径10cm	108,488	佳士得	2014.11.24
亮面紫色鳄鱼皮小码多用提包附炮铜配件	宽25cm×高14cm×直径6cm	44,381	佳士得	2014.11.24
亮面紫水晶色POROSUS鳄鱼皮35公分柏金包附钯金配件	宽35cm×高25cm×直径18cm	295,875	佳士得	2014.11.24
亮面紫水晶色尼罗鳄鱼皮KELLY POCHETTE提包附钯金配件	宽22cm×高13cm×直径6cm	138,075	佳士得	2014.11.24
绿橄榄色SWIFT小牛皮KELLY CUT提包附黄金配件	宽30cm×高13cm×直径3cm	59,175	佳士得	2014.11.24
玫瑰粉色TOGO小牛皮35公分柏金包附钯金配件	宽35cm×高25cm×直径18cm	83,831	佳士得	2014.11.24
森林绿色鸵鸟皮单肩盖包附钯金配件	宽25cm×高17cm	31,560	佳士得	2014.11.24
森林绿色鸵鸟皮中码WHITEBUS包附黄金配件	宽30cm×高20cm×直径10cm	54,244	佳士得	2014.11.24
深灰色蜥蜴皮25公分柏金包附钯金配件	宽25cm×高21cm×直径13cm	414,225	佳士得	2014.11.24
石墨色鸵鸟皮30公分柏金包附钯金配件	宽30cm×高22cm×直径15cm	216,975	佳士得	2014.11.24
松石蓝色TOGO小牛皮30公分柏金包附钯金配件	宽30cm×高22cm×直径15cm	157,800	佳士得	2014.11.24
特别订制H红、棕及金三色TOGO小牛皮32公分凯莉包附黄金配件	宽32cm×高23cm×直径10cm	118,350	佳士得	2014.11.24
特别订制黄色TOGO小牛皮单肩凯莉包附钯金配件	宽41cm×高18cm×直径14cm	64,106	佳士得	2014.11.24
特别订制鸢尾花及葡萄紫双色TOGO小牛皮40公分RETOURNE凯莉包附雾面钯金配件	宽40cm×高29cm×直径15cm	83,831	佳士得	2014.11.24
雾面FAUVE色POROSUS鳄鱼皮35公分柏金包附钯金配件	宽35cm×高25cm×直径18cm	295,875	佳士得	2014.11.24
雾面HAVANE色POROSUS鳄鱼皮35公分柏金包附钯金配件	宽35cm×高25cm×直径18cm	315,600	佳士得	2014.11.24
雾面H红色短吻鳄皮40公分柏金包附钯金配件	宽40cm×高32cm×直径20cm	394,500	佳士得	2014.11.24
雾面H红色尼罗鳄鱼皮28公分PLUME包附钯金配件	宽28cm×高20cm×直径10cm	54,244	佳士得	2014.11.24
雾面OMBRE色鳄鱼皮DUO多用包附炮铜配件	宽30cm×高18cm×直径6cm	34,519	佳士得	2014.11.24
雾面PELOUSE尼罗鳄鱼皮30公分LINDY包附黄金配件	宽30cm×高20cm×直径15cm	157,800	佳士得	2014.11.24
雾面粉红色短吻鳄皮中码MADEMOISELLE包附纯银磨光配件	宽33cm×高15cm×直径13cm	44,381	佳士得	2014.11.24
雾面黑色短吻鳄皮中码MADEMOISELLE包附炮铜及黄金配件	宽33cm×高15cm×直径13cm	39,450	佳士得	2014.11.24
雾面黑色尼罗鳄鱼皮特小码VESPA包附钯金配件	宽18cm×高18cm×直径5cm	31,560	佳士得	2014.11.24
雾面马耳他蓝色短吻鳄皮35公分柏金包附钯金配件	宽35cm×高25cm×直径18cm	443,813	佳士得	2014.11.24
雾面石墨色尼罗鳄鱼皮35公分柏金包附黄金配件	宽35cm×高25cm×直径18cm	443,813	佳士得	2014.11.24
限量版ARGILE及ETOUPE色SWIFT小牛皮35公分GHILLIES柏金包附钯金配件	宽35cm×高25cm×直径18cm	147,938	佳士得	2014.11.24
限量版ARGILE色TADELAKT小牛皮30公分柏金包附交织纹钯金配件	宽30cm×高22cm×直径15cm	167,663	佳士得	2014.11.24
限量版BARENIA小牛皮32公分CONVOYEUR手提包附黄金配件	宽32cm×高36cm×直径14cm	36,491	佳士得	2014.11.24
限量版BARENIA小牛皮及深色帆布35公分PASSE/PASSE多用包	宽35cm×高20cm×直径14cm	11,835	佳士得	2014.11.24
限量版SO BLACK黑色CALF BOX小牛皮32公分RETOURNE凯莉包附黑色配件	宽32cm×高23cm×直径10cm	118,350	佳士得	2014.11.24
限量版黑及金双色TOGO小牛皮LORRAINE包附钯金配件及肩带	宽32cm×高20cm×直径10cm	98,625	佳士得	2014.11.24
限量版黑色小羊皮珍珠及链饰单盖包	宽25cm×高15cm	31,560	佳士得	2014.11.24

(成交价RMB：1万元以上)

拍品名称	物品尺寸	成交价RMB	拍卖公司	拍卖日期
限量版樱桃红魟鱼皮小码MADEMOISELLE包附磨光纯银配件	宽17cm×高13cm×直径10cm	19,725	佳士得	2014.11.24
洋茼香色鸵鸟皮30公分柏金包附钯金配件	宽30cm×高22cm×直径15cm	177,525	佳士得	2014.11.24
鸢尾花色SWIFT小牛皮迷你CONSTANCE MIRCO包附钯金配件	宽13cm×高10cm×直径3cm	49,313	佳士得	2014.11.24
摄影器材				
加里宁 俄国革命照相底片一卷及自用相机一台	尺寸不一	51,750	西泠拍卖	2014.05.03
徕卡M4		13,800	北京保利	2014.06.06
徕卡M3		13,800	北京保利	2014.06.06
望远镜		57,500	北京保利	2014.06.06
现代艺术				
1943年 汉斯·瓦格纳 中国圈椅	52cm×57cm×82cm	59,800	中国嘉德	2014.11.20
1945年 汉斯 瓦格纳 PP35 茶几	62cm×48cm	16,100	北京保利	2014.06.02
1949年 芬 尤 Chieftain Chair/2 Seater 双人酋长椅(限量版)	148cm×88cm×92.5cm	312,800	北京保利	2014.06.02
1953年 IB KOFOD LARSEN Penguin Chair 企鹅椅(摇椅)	54cm×85cm×74cm	46,000	北京保利	2014.06.02
1963年 GRETE JALK GJ Chair 黑色	70cm×63cm×75cm	51,750	北京保利	2014.06.02
1975年 汉斯 瓦格纳 PP52 (二把)	58cm×48cm×73cm	74,750	北京保利	2014.06.02
2011年 宋涛 燕尾桌	220cm×76cm×80cm	78,200	北京保利	2014.06.02
2012年 MAURICE BARILONE VOILES 长几(签名版)	160cm×45cm×80cm	59,110	北京保利	2014.06.02
2012年 吴卓阳 座椅8 号(Chair/08)(二件)	70cm×60cm×80cm	36,800	北京保利	2014.06.02
2013年 卜镝 香几2号	37cm×21.5cm×71cm	52,900	中国嘉德	2014.11.20
2013年 卜镝 香几3号	36cm×36cm×108.5cm	92,000	中国嘉德	2014.11.20
2013年陈大瑞春秋椅(签名版1把)	70cm×64cm×88cm	16,100	北京保利	2014.06.02
2013年 陈大瑞 蝴蝶桌(签名版)	直径 150cm×73.5cm	43,700	北京保利	2014.06.02
2013年陈大瑞莫言单体书柜(签名版)	188cm×39cm×162cm	43,700	北京保利	2014.06.02
2013年 陈暄 "本能"	200cm×100cm×95cm	299,000	中国嘉德	2014.11.20
2013年 陈燕飞 山水屏风(签名版)	75cm×170cm×6	66,700	北京保利	2014.06.02
2013年 郝量 直到长出蘑菇	9.5cm×10cm×12cm	41,400	中国嘉德	2014.11.20
2013年 姜杰 这不是一个烟斗	47cm×81cm×40cm	138,000	中国嘉德	2014.11.20
2013年 刘野 "多"	43cm×36cm×90cm	172,500	中国嘉德	2014.11.20
2013年 邵帆 圈	63cm×53.5cm×98cm	149,500	中国嘉德	2014.11.20
2013年 邵帆 椅	63cm×53.5cm×102cm	172,500	中国嘉德	2014.11.20
2013年 沈宝宏 看见 听园提盒(全球限量1/30)		55,200	北京保利	2014.06.02
2013年 师建民 星 (一组四件)	64cm×61cm×8cm×4	161,000	中国嘉德	2014.11.20
2013年 王亮《枝慢》系列之屏风	228cm×4.5cm×180cm	26,450	北京保利	2014.06.02
2013年 杨番 随杌架	61cm×61cm×193cm	66,700	中国嘉德	2014.11.20
2013年 杨番 随杌墩	44cm×42cm×51cm	66,700	中国嘉德	2014.11.20
2013年 张弓 课桌椅	42cm×52cm×90cm	75,900	中国嘉德	2014.11.20
2014年 高扬 时案	220cm×38cm×85cm	43,700	北京保利	2014.06.02
2014年 梁文峰 落 痕	桌 138cm×45cm×82cm	40,250	北京保利	2014.06.02
2014年 刘加斌 研言	49.8cm×28cm×3.5cm	11,500	北京保利	2014.06.02
2014年 四面平 "书香茗" 组合		287,500	北京保利	2014.06.02
林东茶桌/致敬克里姆特(限量版1/8)	209.1cm×69.5cm×69.5cm	195,500	北京保利	2014.06.02
药材				
清 宫廷药材 (一组)		36,800	北京保利	2014.06.05
清内务府永和宫御药房红木参刨子、针灸银针一套(二十八根)及秤一套		195,500	北京保利	2014.06.05
1986年北京中药厂(现北京同仁堂)阿胶 (5盒)		28,750	北京保利	2014.06.04
1977年韩国正官庄高丽参(天20)(1盒)		69,000	北京保利	2014.12.02
1979年韩国正官庄高丽参(天30)(1盒)		46,000	北京保利	2014.06.04
1986年韩国正官庄高丽参(天20)		106,950	北京保利	2014.06.04
1987年韩国正官庄高丽参(天30)		64,400	北京保利	2014.06.04
1989年韩国正官庄高丽参(天20)		42,550	北京保利	2014.06.04
1991年韩国正官庄高丽参(天10)		111,550	北京保利	2014.06.04
1995年韩国正官庄高丽参(天15)		59,800	北京保利	2014.06.04
1995年韩国正官庄高丽参(天20)		16,100	北京保利	2014.06.04
1998年韩国正官庄高丽参(天20)		14,950	北京保利	2014.12.02
北京同仁堂 安宫牛黄散		126,500	华艺国际	2014.12.08
北京同仁堂 安宫牛黄丸		126,500	华艺国际	2014.12.08
纯正野山参		36,800	北京保利	2014.06.04
纯正野山参		40,250	北京保利	2014.06.04
纯正野山参		207,000	北京保利	2014.06.04
纯正野山参		172,500	北京保利	2014.12.02
纯正野山参		149,500	北京保利	2014.12.02
那曲冬虫夏草		345,000	北京保利	2014.12.02
那曲冬虫夏草(精选750条/500克)		105,800	北京保利	2014.06.04
那曲冬虫夏草(精选750条/500克)		158,700	北京保利	2014.06.04
那曲冬虫夏草(精选750条/500克)		264,500	北京保利	2014.06.04
那曲冬虫夏草(精选800条/500克)		230,000	北京保利	2014.12.02
那曲冬虫夏草(精选800条/500克)		46,000	北京保利	2014.12.02
麝香	长9.5cm	126,500	北京保利	2014.06.05
四方礼箱 680根/斤 双支装(360支)		230,000	北京保利	2014.06.04
乐器				
宋/明 虢叔旅铁甬钟	带座高32cm	460,000	西泠拍卖	2014.05.06
施坦威型号4510立式钢琴	105cm×147cm	58,455	中信国际	2014.02.23
妮可菲莉气缸式八音盒"钢琴"	高16.0cm	15,531	日本伊斯特	2014.04.26
Kimball 古典迷你三角琴	92cm×140cm×140cm	36,708	中信国际	2014.04.19
法国 H.HORVILLEUR & GEORGES/PRESBERG "交响乐团" 超大滚轴打击乐自动钢琴	177cm×93cm×62cm	287,500	北京保利	2014.06.05
瑞士"木偶剧场"大型活动人偶音乐台	176cm×113cm×65cm	920,000	北京保利	2014.06.05
美国，芝加哥 MILLS NOVELTY "梦幻演奏艺术家" 双小提琴及钢琴自动演奏音乐柜	176cm×115cm×84cm	2,070,000	北京保利	2014.06.05
德国STEINWAY&SON施坦威"伯爵"细木拼花贴面鎏金三角钢琴	钢琴长度220cm	2,645,000	北京保利	2014.06.05
音响				
近代 RCA 12吋双蝶翼五丘陵全音域单体扬声器(音响)	长51.7cm宽31.4cm高150.2cm	247,200	台湾世家	2014.04.13
近代 ALTEC A/5(A/7分音器)扬声器(音响2)	长75.5cm宽61cm高146.5cm	98,880	台湾世家	2014.04.13
奈良 美智 狗仔收音机×RIMOWA旅行箱 限量盒套装	尺寸不一	36,051	日本伊斯特	2014.06.01
欧洲 银质 机械自鸣嵌蓝色珐琅鸟音盒	11cm×8cm	13,800	北京保利	2014.06.05
瑞士RUEGE微缩棘滚音乐盒		57,500	北京保利	2014.06.05
瑞士，日内瓦 BORNARD FRERES "旋转木马" 馆藏级活动人偶音乐盒	66cm×56cm×56cm	471,500	北京保利	2014.06.05
英国Cecilian柜式古董留声机		74,750	北京保利	2014.06.06
二十世纪瑞士Nicole Freres制造滚筒八音盒		22,400	北京荣宝	2014.06.15
十九世纪瑞士Nicole Freres制造管弦乐八音盒		100,800	北京荣宝	2014.06.15
欧洲铜质鸟笼音乐盒	22cm×18cm×11cm	11,500	北京保利	2014.06.05
工艺品其他				
北齐 兽面纹瓦片	高36.4cm	23,006	纽约苏富比	2014.03.18
汉 画像砖 (两件)	108cm×46cm	49,847	纽约佳士得	2014.03.20
汉 龙纹画像柱砖 (两件)	129.5cm×18.8cm	69,019	纽约佳士得	2014.03.20
明以前 镶蚀七线珠	长4.2cm	17,250	西泠拍卖	2014.05.06
明王世襄藏、赠韵荪凤尾鸠杖杖首	长10.5cm	34,500	北京保利	2014.06.05
明一清 西亚线珠 (一组)	数量10颗	11,500	西泠拍卖	2014.05.06
清乾隆 仿雄黄料海棠式水仙盆	21cm	641,875	香港苏富比	2014.04.08
清光绪 镶白旗棉甲及头盔 (一套)	尺寸不一	1,667,500	北京保利	2014.12.05
清中期 铜鎏金龙凤纹铁胄	高70cm	345,000	北京保利	2014.12.05
清 拂尘	长57cm	40,250	北京匡时	2014.06.05
清 澄泥制蟋蟀过笼	尺寸不一	24,150	西泠拍卖	2014.05.06
18世纪 中国画派 哺乳母亲(二幅)		113,706	邦瀚斯	2014.10.09
18世纪 中国画派 中国官员及中国官员之妻 (二幅)		54,381	邦瀚斯	2014.10.09
18世纪/19世纪 象牙雕、银累丝及金漆骨折扇 (一组五件)		108,763	邦瀚斯	2014.10.09
1936年第十一届柏林奥运会火炬		34,500	中国嘉德	2014.11.23
1946年设计 1996年作 查尔斯·伊姆斯及雷·伊姆斯五十周年限量版压合板折迭屏风	打开后 172.7cm×150cm×11cm	296,625	香港苏富比	2014.10.07
1989年作 阮思严 铜锣杂技		64,269	邦瀚斯	2014.10.09
1998年 德国 施坦威施坦威二百周年诞辰特别纪念版三角钢琴 JOSEPH BURR TIFFANY设计	钢琴长210cm	1,587,000	北京保利	2014.12.04

2014杂项拍卖成交汇总

(成交价RMB：1万元以上)

拍品名称	物品尺寸	成交价RMB	拍卖公司	拍卖日期
19世纪 皮壳武士刀	长74cm	11,500	中鸿信	2014.11.22
19世纪中/晚期 英裔中国画派 相亲		39,550	邦瀚斯	2014.10.09
19世纪中期中国画派珠江海岸(二幅)		69,213	邦瀚斯	2014.10.09
23金骑士皮带	高8.0cm×宽40.7cm	21,177	日本伊斯特	2014.04.26
70年代 胡进庆、钱家骍等 渔童连环画原稿 (八帧)	38cm×43cm×8	57,500	西泠拍卖	2014.12.13
ACE//7三轮场地竞技车全球限量9台车		920,000	北京保利	2014.06.06
OCC宾利摩托车		1,081,000	北京保利	2014.12.04
OCC铝版		828,000	北京保利	2014.12.04
巴卡拉“ZENITH”水晶吊灯(四十八灯)	200cm×140cm 重130千克	454,825	香港苏富比	2014.10.07
布伦斯瑞克柜式留声机		34,500	北京保利	2014.12.04
村上 隆 水母看世界×e/ma 花架“幸福的彩虹”	高164.2cm×宽144cm×直径74cm	26,564	日本伊斯特	2014.06.01
大正10年 东久迩宫下赐银镜框、烟草盒、银盒	尺寸不一	16,353	保利香港	2014.04.07
大正昭和期藤编茶托藤编茶架锡茶托	尺寸不一	17,250	上海春秋堂	2014.12.21
当代 黑耀彩金敞口碗	直径15.4cm	138,000	北京匡时	2014.12.04
当代 玫瑰彩金敞口碗	直径15.8cm	115,000	北京匡时	2014.12.04
二品官员朝冠夏帽	高32cm	201,600	一得阁	2014.10.20
仿唐曲项镶螺钿四弦琵琶	高107cm	230,000	华艺国际	2014.12.08
仿唐五弦漆琵琶“蝶恋”	高110cm	218,500	华艺国际	2014.12.08
菲利普·斯塔克 FLOS桌面“枪灯”及地面“枪灯”	地灯高170cm桌灯高92.5cm	168,088	香港苏富比	2014.10.07
戈雅 BILLIONAIRE BOYS CLUB 粉色及灰色行李箱	58cm×38cm	84,044	香港苏富比	2014.10.07
戈雅皮箱及内置四双BAPE球鞋	皮箱35.5cm×56cm	64,269	香港苏富比	2014.10.07
哥伦比亚木喇叭留声机		28,750	北京保利	2014.12.04
古斯塔夫库尔斯切纳铜制大厅立灯	尺寸不一	128,478	日本伊斯特	2014.04.26
海南黄花梨紫油梨竹节纹水烟筒	长33cm	20,160	上海联合	2014.12.06
江户 手柄山甲斐守正繁肋指	长75cm	632,500	华艺国际	2014.05.31
降龙罗汉站像	通高17cm	3,040,000	荣盛国际	2014.07.26
金花陶瓷书		161,000	华艺国际	2014.12.08
近代 香材及香道具 (一组)	规格不一	460,000	北京翰海	2014.10.25
近代 越南顶级手工红土卧香 2盒	约15g/盒	23,000	北京翰海	2014.10.25
近代 越南顶级手工红土卧香 2盒	约15g/盒	18,400	北京翰海	2014.10.25
近代越南 顶级红土卧香 3盒	约15g/盒	11,500	北京翰海	2014.10.25
李慧芳四足龙纹洒金扁腹壶	长14cm	20,700	北京艺融	2014.12.08
鎏金玛瑙西洋镜	高28.5cm	71,154	日本伊斯特	2014.05.31
路易威登 DAMIER COURIER及RAY é E COURIER衣箱	49cm×94cm×51cm; 49cm×102cm×52cm	237,300	香港苏富比	2014.10.07
路易威登 MALLE HAUTE衣箱	71.5cm×112cm×63cm	197,750	香港苏富比	2014.10.07
路易威登村上隆设计球鞋包及行李箱	尺寸不一	84,044	香港苏富比	2014.10.07
路易威登两个雪茄盒及一盒麻将牌	尺寸不一	93,931	香港苏富比	2014.10.07
路易威登特别版自然色牛皮包及配饰	尺寸不一	148,313	香港苏富比	2014.10.07
路易威登限量版“EYE DARE YOU”短途旅行包、由村上隆与马克·雅可布设计手饰盒、折迭式钱包及二〇〇三年限量版熊猫钥匙链	尺寸不一	128,538	香港苏富比	2014.10.07
路易威登 限量版一九九八世界杯足球、〈CONTE DE F é ES (童话)〉系列皮包及涂鸦礼帽盒	尺寸不一	64,269	香港苏富比	2014.10.07
路易威登 由NIGO、菲瑞尔·威廉姆斯、马克·雅克布合作设计太阳眼镜二十三副	约 5cm×14.5cm	64,269	香港苏富比	2014.10.07
民国林介候刻“观梅诗思”图成扇		23,000	北京艺融	2014.12.08
民国初/溥仪小朝廷时期内务府颁发楠木压字领药牌、宫廷医药(一组)	尺寸不一	34,500	北京保利	2014.06.05
明治期 金工花瓶 (一对)	高28cm×宽15cm	11,500	上海春秋堂	2014.12.21
明治期 南蛮烧侧把急需	高5.5cm宽9.5cm	13,800	长风拍卖	2014.01.05
欧洲 黄金 手工编织嵌欧泊烟盒		20,700	北京保利	2014.04.29
欧洲掐丝珐琅配铜鎏金七宝镜子套装	34cm×18cm×9.5cm	11,500	北京保利	2014.06.05
拳王迈克尔泰森(Michael Gerard Tyson)与霍利菲尔德(Evander Holyfield)双人亲笔签名手套一件及双人签名照一件，共2件，均含PSA证书		11,500	北京保利	2014.06.04
胜利柜式留声机		20,700	北京保利	2014.12.04
施文自行车公司 四辆STING/RAY自行车	101cm×139cm×67cm	197,750	香港苏富比	2014.10.07
驷马出巡	通长75cm	11,200,000	荣盛国际	2014.07.26
藤编茶箱	23cm×23.5cm	10,350	北京匡时	2014.09.17
王世襄藏、赠韵荪瓦中玉“无盖式”斗盆、过笼、水槽、鼠须探子 (一组)	尺寸不一	57,500	北京保利	2014.06.05
威图精致限量订制款商务手机		17,250	北京保利	2014.12.04
徐文哲 橘金墨彩提梁壶	长17.3cm高21cm	34,500	北京匡时	2014.12.04
芽庄绿奇楠品香料		10,350	福建东南	2014.05.25
杨坤藏KING HORSE		667,000	北京保利	2014.06.06
英 维多利亚时期野生鸵鸟羽毛玳瑁扇	长43cm展开直径70cm	12,650	南京经典	2014.04.27
英国风头自行车		14,950	北京保利	2014.12.04
约1890年 德国洛可可风格梅森花卉墙面镜	75cm×50cm×10cm	55,200	北京保利	2014.12.04
约1899至1910年 美国 12盘自动换盘大型音乐柜 REGINA制	170cm×90cm×60cm	34,500	北京保利	2014.12.04
约1900年 法国 自动演奏钢琴 SCHWANDER制	145cm×150cm	115,000	北京保利	2014.12.04
约19世纪末 瑞士大型芭蕾人偶和旋转木马音乐柜 AUG LASSUEUR制	205cm×74cm×58cm	345,000	北京保利	2014.12.04
周润发藏“中国龙”3.5M		552,000	北京保利	2014.06.06
周志宜九头芒果壶组	尺寸不一	43,700	北京艺融	2014.12.08
朱老五制 黄铃盒	直径8cm	20,700	上海工美	2014.11.02
朱莫肖像	高68.0cm	33,885	日本伊斯特	2014.04.26
竹编茶笼	26cm×24.5cm	13,800	北京匡时	2014.09.17
战国金皮牌		17,920	中联环球	2014.01.12